# Diccionario de lingüística moderna

Ariel

*Ariel Referencia*

Enrique Alcaraz Varó
y María Antonia Martínez Linares

# Diccionario de lingüística moderna

*Editorial Ariel, S.A.*
*Barcelona*

Diseño cubierta: Nacho Soriano

1.ª edición: mayo 1997



ISBN: 84-344-0510-5

Depósito legal: B. 15.650 - 1997

Impreso en España

# INTRODUCCIÓN

En 1989 el académico Ignacio Bosque Muñoz, en su libro *Las categorías gramaticales*, ponía de relieve que los problemas *terminológicos* nunca deberían ser los verdaderamente importantes en gramática, en lingüística o en cualquier otra rama del saber puesto que, en definitiva, lo que debería interesar al estudioso no es tanto dar nombre a los problemas como comprender los fenómenos que se examinan.

Sin embargo, para los profesores, para los estudiantes ya iniciados en el ámbito de la lingüística y, evidentemente, para los que acuden por primera vez a esta disciplina, la terminología constituye con frecuencia el principal obstáculo para la comprensión de lo que se estudia o se analiza. Son muchos, sin duda, los factores que han contribuido a situar en un primer plano de interés la terminología lingüística: su continua expansión y especialización, la existencia de polisemias, poco deseables en cualquier estudio científico y, sobre todo, la pluralidad de enfoques teóricos que ha presidido en las últimas décadas el desarrollo de las diferentes ramas de la ciencia del lenguaje. En 1994 afirmaba, a este respecto, el profesor J. L. G. Escribano que «ante la gran variedad de teorías lingüísticas resulta imposible y desconcertante, incluso para el iniciado, mantenerse al día en la investigación que se realiza en ellas y, como la investigación metateórica es escasa en nuestro campo, los lingüistas se adscriben a una u otra, procurando cerrar los ojos ante lo que hacen lo demás, lo cual, aun siendo comprensible, es lamentable porque fomenta el sectarismo gratuito».

Por todo ello y, fundamentalmente, por el desconcierto que puede producir la inflación de terminología, conviene cada cierto tiempo presentar en forma lexicográfica una panorámica de los términos lingüísticos nuevos, así como de los más utilizados, con los distintos sentidos que han ido adquiriendo. Éste es el propósito del **Diccionario de lingüística moderna**: ofrecer un instrumento útil al estudioso de esta disciplina.

Como es sabido, desde la aparición del *Curso de lingüística general* de Ferdinand de Saussure, de *Lenguaje* de Leonard Blooomfield y, sobre todo, desde la publicación de *Syntactic Structures* y *Aspects of the Theory of Syntax*, de Noam Chomsky, la lingüística ha experimentado un desarrollo, nunca conocido hasta entonces. En este diccionario se emplea el concepto de *paradigma* para intentar ordenar las teorías de las perspectivas investigadoras más destacadas del siglo XX: el *estructuralismo*, o *paradigma estructuralista*, el *generativismo* o *paradigma generativista*, y el *paradigma de la pragmática*; esta última tendencia se conoce también con otros nombres, como *análisis del lenguaje*, *lingüística del texto*, etc.

Una de las cuestiones básicas de todo diccionario es la elección de los términos teniendo en cuenta que sería imposible abarcar todos los que se han utilizado en los textos relacionados con la investigación lingüística. Con independencia de los que puedan haber escapado a su atención, a los autores les ha guiado en la elección, siempre subjetiva de los términos, el criterio de pertinencia, y para ello han tenido en cuenta cuáles eran, en su opinión, los más fundamentales o consolidados de los que se emplean en la teorización general de la naturaleza del lenguaje y de los componentes lingüísticos, a saber, el fonético-fonológico, el morfosintáctico, el léxico, el semántico y el pragmático. También se han incluido algunos de los términos principales de la estilística, la sociolingüística y la psicolingüística; se han excluido, sin embargo, las cuestiones vinculadas a la retórica, excepto las más relacionadas con la aludida estilística. Los autores son conscientes de que algunos de los términos aquí presentados no están consolidados, y probablemente nunca lo estarán, pero han sido incluidos por formar parte de la terminología de la lingüística actual.

Si la pertinencia ha sido el criterio utilizado en la selección de los términos, la claridad, junto con la economía, ha sido el objetivo que nos ha guiado en la elaboración de los diferentes artículos que componen este diccionario. En cada entrada léxica se han diferenciado, cuando ha sido necesario, las diferentes acepciones de un término, señalándolas como ①, ②, ③, etc. Se ha tratado de ilustrar las definiciones o explicaciones con ejemplos que contribuyeran a clarificar los conceptos expuestos. Asimismo, se mencionan fuentes bibliográficas tanto para que se reconozca la procedencia de la información utilizada como para orientar al lector que desee ampliar la contenida en el diccionario.

Pocos son los comentarios que merecen las cuestiones tipográficas de este diccionario: las **negritas** que aparecen dentro de una voz o entrada léxica señalan que es allí donde se aborda su definición o tratamiento, y las VERSALITAS indican que ese término está desarrollado en otra parte. Sin embargo, son muchos los términos como 'oración', 'discurso', 'enunciado', 'significado', 'palabra', etc., que, por formar parte del metalenguaje general de la lingüística, sólo aparecen en VERSALITAS cuando su significado es relevante en la definición correspondiente.

LOS AUTORES

*Alicante, abril de 1997*

# A

α. Véase en ALFA.

**ABDUCCIÓN.** ① En FONÉTICA ARTICULATORIA, la 'abducción', término que se toma de la anatomía, es el movimiento opuesto a la ADUCCIÓN, y consiste en la separación de las CUERDAS VOCALES, con la consiguiente ABERTURA de la GLOTIS, dejando paso a la columna o corriente de aire subglótico procedente de los PULMONES, e interrumpiendo, consecuentemente, la ACTITUD VOCAL previa. Desde un punto de vista fisiológico esta separación se produce merced a la acción de los cartílagos ARITENOIDES, situados en la parte posterior de la LARINGE.

② En el PARADIGMA GENERATIVISTA y, más en concreto, en la TEORÍA de la ADQUISICIÓN DEL LENGUAJE, se llama 'abducción', de acuerdo con Chomsky (1979: 71), a la capacidad natural que tiene la mente humana para concebir teorías correctas. Es un principio, una especie de instinto mental, desarrollado en el curso de la evolución, que pone límites a las HIPÓTESIS admisibles. En la adquisición de la primera lengua, esta *restricción innata* limita las hipótesis permisibles que el niño pueda hacer sobre la forma de la gramática de dicha lengua. Chomsky basa sus reflexiones en las ideas del filósofo Peirce (Peirce, 1955; Thomas, V., 1955; Buchler, J., 1995), quien define la 'abducción' como el primer paso inferencial durante la formulación y el mantenimiento de una hipótesis, ya como simple interrogación, ya como proposición sobre la que se tiene cierto grado de confianza. Dentro de la metodología triádica de Peirce (ICONOS, ÍNDICES y SÍMBOLOS; *primariedad*, *segundidad* y *tercerirad*, etc.), es un constituyente de la tríada (*cf* dualidad) llamada 'abducción', INDUCCIÓN, DEDUCCIÓN (Melrose, R., 1995: 495-507).

③ A la INVESTIGACIÓN LINGÜÍSTICA general puede extenderse también la reflexión del punto anterior. De acuerdo con el DRAE, la 'abducción' es el silogismo cuya premisa mayor es evidente y la menor, menos evidente o sólo probable. Como afirma A. Herrero (1989: 16-17) siguiendo a Peirce, las 'abducciones', que no son escasas en el razonamiento cotidiano, son INFERENCIAS probables, y por tanto, más DÉBILES, porque asumen los límites de la demostración inductiva y la exclusión propia del razonamiento deductivo. La forma lógica de las tres citadas inferencias (deducción, inducción y abducción) tiene una secuencialidad en un proceso inferencial completo, como a continuación se señala. **Deducción**: Regla: «Las judías de ese saco son blancas». Caso: «Estas judías vienen de ese saco». Resultado: «Estas judías son blancas». **Inducción**: Caso: «Estas judías vienen de ese saco». Resultado: «Estas judías son blancas». Regla: «Las judías de ese saco son blancas». **Abducción**: Resultado: «Estas judías son blancas». Regla: «Las judías de ese saco son blancas». Caso: «Estas judías vienen de ese saco».

La verdad de la hipótesis 'abducida' implica para Peirce también deducción e inducción, ya que de la hipótesis formulada se extrae el resultado o consecuencias, primero *deductivamente*, y, a continuación, se prueba la verdad de la hipótesis comprobando *inductivamente* esas consecuencias. Para Pierce, en la 'abducción' y en la 'inducción se parte de la ausencia de conocimiento (Bonorino, 1993: 214). La diferencia entre ambas está dada por lo siguiente: mientras que en la 'inducción' se desconoce si además de los objetos que se sabe poseen ciertas características existen otros que también las poseen, en la 'abducción', en cambio, se desconoce si, además de las características que se sabe que poseen ciertos objetos, los mismos tienen otras no implicadas por aquéllas. *Cf* analogía, modelos hipotéticos.

**ABERTURA.** ① En FONÉTICA ARTICULATORIA se llama 'abertura' al espacio que queda en la CAVIDAD BUCAL, según el mayor o menor grado de separación o de aproximación existente entre la mandíbula y el maxilar superior, en la emisión de un SONIDO ARTICULADO, o el que causan los movimientos de la LENGUA en la configuración de las VOCALES. A la mayor o menor 'abertura' se la llama GRADO DE ABERTURA, el cual es uno de los parámetros empleados en la clasificación de las VOCALES.

Algunos fonetistas diferencian la 'abertura' de la APERTURA, a semejanza de lo que sucede en la fonética francesa, que distingue entre *ouverture* y *aperture*. La 'apertura', como indica Mounin (1982: 18-9) es indisociable del LUGAR DE ARTICULACIÓN. Por tanto, estos fonetistas, cuando se trata del espacio existente entre los órganos articulatorios, usan el término 'apertura' y, consecuentemente, 'grados de apertura' en vez de 'grados de abertura'. A pesar de todo, la distinción entre 'abertura' y 'apertura' no está completamente generalizada, empleándose con frecuencia ambos términos indistintamente y, preferentemente, el primero. *Cf* aperturas secundarias.

② También se emplea el término para describir la GLOTIS, que es la 'abertura' o espacio que dejan entre sí las CUERDAS VOCALES, para que por ella pase el aire inspirado y ESPIRADO. *Cf* abducción.

③ Igualmente se utiliza el término 'abertura' para clasificar los DIPTONGOS en diptongos de 'abertura' creciente y diptongos de 'abertura' decreciente. En los diptongos, la vocal más abierta representa el ÁPICE o punto nuclear de la sílaba; la más cerrada se halla en TENSIÓN o en DISTENSIÓN

**ABESIVO.** Es el CASO MORFOLÓGICO, esto es, la forma flexiva, que se emplea en algunas lenguas para designar la carencia, falta o privación de algo. También se le llama **caritivo**. En finlandés (Mounin, 1982) el SUFIJO *–tta* (que tiene el mismo significado que la preposición española *sin*) es propio del caso 'abesivo', como en las palabras *kuri –tta* (sin disciplina), *kunnia –tta* (sin honor).

**ABIERTO.** ① En la CLASIFICACIÓN de las UNIDADES LINGÜÍSTICAS en CATEGORÍAS O CLASES, se habla de CLASES ABIERTAS y CLASES CERRADAS. *Cf* campo semántico.

② En FONÉTICA ARTICULATORIA se utiliza el adjetivo 'abierto' al hablar de las VOCALES (vocales abiertas), de los LABIOS, de la GLOTIS (glotis abierta) y de CONSTRICTURA DE APROXIMACIÓN ABIERTA. También se aplica este adjetivo a las SÍLABAS, aunque la denominación más corriente es la de SÍLABA LIBRE en vez de sílaba abierta. *Cf* abducción, abertura.

**ABLATIVO.** Véase en CASO ABLATIVO.

**ABLATIVO ABSOLUTO.** En algunos textos gramaticales de orientación tradicional se utiliza el término 'ablativo absoluto', procedente de las gramáticas latinas, con un sentido equivalente a CONSTRUCCIÓN ABSOLUTA.

**ABLATIVO AGENTE.** En algunas gramáticas consideradas tradicionales se emplea el término 'ablativo agente' para aludir al sintagma preposicional, encabezado generalmente por la preposición *por*, que representa al AGENTE en las construcciones PASIVAS. Así, por ejemplo, según Gili Gaya (1961: 122) o R. Seco (1975: 196), en las oraciones pasivas «El armario ha sido construido en una semana *por el ebanista*», «La semilla es esparcida *por el labrador*», son 'ablativos agentes' *por el ebanista* y *por el labrador*. *Cf* complemento agente.

**ABLAUT.** ① Véase en APOFONÍA.

② En algunas escuelas del GENERATIVISMO se emplea [+ablaut], como rasgo distintivo, para indicar que un verbo es FUERTE en las lenguas germánicas, como *come, came, come*; *do, did, done*, etc.

**ABOCINAMIENTO, ABOCINADO.** En FONÉTICA ARTICULATORIA se llama **abocinamiento** al movimiento hacia adelante, en forma de bocina, efectuado por los LABIOS, sobre todo en la LABIALIZACIÓN de un sonido, a fin de aumentar la cavidad del RESONADOR labial y, de esta forma, realzar el efecto GRAVE u OSCURO del sonido afectado. Cuando los labios adoptan esta posición se dice que están **abocinados**. El 'abocinamiento' también es llamado REDONDEAMIENTO abierto, para distinguirlo del redondeamiento simple o redondeamiento cerrado. *Cf* deslabialización.

**ABREVIACIÓN, ABREVIACIÓN LÉXICA.** En lingüística se llama 'abreviación', **acortamiento** o **reducción** al procedimiento basado en el PRINCIPIO DE ECONOMÍA LINGÜÍSTICA, mediante el cual una unidad lingüística (fonética, morfosintáctica o léxica) de una lengua puede representarse o manifestarse de forma más corta o breve.

① En FONÉTICA se dice que hay 'abreviación' o **reducción**, fenómeno opuesto al ALARGAMIENTO, cuando se acorta la CANTIDAD O DURACIÓN de un SONIDO, normalmente una VOCAL larga; por ejemplo, las VOCALES DÉBILES /i, u/ de los DIPTONGOS españoles se 'abrevian'. También se abrevian las VOCALES FUERTES de los DIPTONGOS IMPROPIOS. En inglés, por ejemplo, se abrevia la cantidad de las vocales cuando van seguidas de una CONSONANTE sorda. La vocal /iː/ de la palabra *beat* es más breve [iˑ] que la de *bead* [iː] por ir seguida de la OCLUSIVA sorda [t]. Si la 'abreviación' es total se llama ELISIÓN. *Cf* debilitamiento.

② En SINTAXIS cualquier sintagma largo («La niña que vino con Carmen») se puede abreviar (*La niña*) siempre que, después de haber sido introducido por primera vez en el DISCURSO, quede claro por el CONTEXTO O COTEXTO. A las formas sintácticas 'abreviadas' o 'reducidas' más complejas, como «Yo sí, pero ella no» se las llama ELIPSIS.

③ En LEXICOLOGÍA se llama **abreviación léxica** (*cf* neología) a la reducción de una parte de una UNIDAD LÉXICA simple o compuesta; a este procedimiento de 'abreviación' también se le llama **MUTILACIÓN** O TRUNCAMIENTO. La PALABRA ABREVIADA, truncada o mutilada (*profe, mili*) se lee como tal; aquí radica una de las diferencias principales entre las ABREVIATURAS y las palabras abreviadas. El ropaje fonético de ciertas 'abreviaciones' da lugar a formaciones híbridas en las que se combinan la LITERACIÓN y el ACRÓNIMO, tal como ocurre en *PSOE* /pesóe/.

**ABREVIADOR.** En la GRAMÁTIVA GENERATIVA, y en otras gramáticas formalizadas, el 'abreviador' es el SÍMBOLO que permite que varias REGLAS de la gramática sean expresadas en una sola NOTACIÓN (Palmatier, 1971:1). Entre los varios 'abreviadores' destacan los **paréntesis**, que expresan la opcionalidad de selección de una CATEGORÍA, las **llaves**, que señalan la libre elección de una UNIDAD LINGÜÍSTICA dentro de una categoría, y los **corchetes**, que alertan de la selección restringida de unidades dentro de una categoría. Por ejemplo:

| | |
|---|---|
| $A \rightarrow B\ (C)$ | Reescríbase A como B solo o como B más C |
| $A \rightarrow \begin{Bmatrix} B \\ C \end{Bmatrix}$ | Reescríbase A como B o C |
| $A \rightarrow B \left( \begin{Bmatrix} C \\ D \end{Bmatrix} \right)$ | Reescríbase A como B solo o como B más C o D |
| $A \rightarrow \begin{bmatrix} B \\ C \end{bmatrix} \begin{bmatrix} D \\ E \end{bmatrix}$ | Reescríbase A como B más D o como C más E |

**Abreviatura.** Es la ABREVIACIÓN, o representación gráfica reducida de una palabra o de unidad léxica, basada en el PRINCIPIO DE ECONOMÍA LINGÜÍSTICA, por medio de una inicial, o de varias, en letra mayúscula (*P. Rector* por *Padre Rector*, *S. A.* por *Sociedad Anónima*), o también con la inicial repetida (*PP Jesuitas* por *Padres Jesuitas*), o la inicial seguida de otras letras (*pág*. por *página*; *adv*. por *adverbio*; *Ud*. por *usted*; *Ilmo*. por *Ilustrísimo*).

La 'abreviatura' se diferencia de la ABREVIACIÓN LÉXICA en que en ésta la forma reducida se lee tal como está (*profe, mili*, etc.), mientras que en la 'abreviatura' la reducción es sólo en el plano grafémico (*cf* grafema), por lo que la palabra o el sintagma se leen en su forma plena, a saber, *pág*. como *página*, *adj*. como *adjetivo*, *EE.UU*. como *Estados Unidos*.

Las ciencias y la tecnología, la lingüística y la lógica formal, y la TERMINOLOGÍA en general son disciplinas apropiadas para las 'abreviaturas', las cuales se pueden leer como formas plenas o simplemente enunciando sus letras. Por ejemplo, en Química, *Na* se puede leer como *sodio* o como *ene a*. *Cf* terminología, sigla, acrónimo; apócope, truncamiento.

**Absolutivo.** Véase en CASO ABSOLUTIVO.

**Absoluto.** Véase en CONSTRUCCIÓN ABSOLUTA, TIEMPO ABSOLUTO, UNIVERSAL ABSOLUTO.

**Abstracción.** En la INVESTIGACIÓN LINGÜÍSTICA la 'abstracción', es decir, la consideración de un fenómeno, estado, cualidad o acción con independencia del objeto en el que existe o por el que existe, es uno de los rasgos propios del ANÁLISIS LINGÜÍSTICO en general. Consecuentemente no se puede negar que la 'abstracción' es un instrumento del conocimiento que preside todas las vías racionales de penetración en la realidad (Sacristán, 1964: 17).

Ha sido el PARADIGMA GENERATIVISTA el que ha puesto más énfasis en esta vía de conocimiento y de representación de la realidad, en la cual se distingue siempre un NIVEL 'abstracto'y otro CONCRETO en el que se realizan las unidades abstractas. Por ejemplo, los FONEMAS, los SINTAGMAS, etc., que son unidades lingüísticas, son 'abstracciones'; y lo mismo se puede decir de las TEORÍAS LINGÜÍSTICAS modernas, las cuales son formulaciones generales y 'abstractas' que intentan proporcionar una comprensión más profunda y exacta de los fenómenos a los que aluden, sin que se tengan que observar para comprenderlos.

El papel y el grado de 'abstracción' (y también el de FORMALIZACIÓN) de una DESCRIPCIÓN LINGÜÍSTICA dependerá fundamentalmente de: (a) la peculiaridad conceptual que del lenguaje tiene cada uno de los PARADIGMAS LINGÜÍSTICOS, y (b) los MÉTODOS con que se formulan las teorías. Así, son más 'abstractas' y formalizadas las teorías construidas dentro del MÉTODO HIPOTÉTICO-DEDUCTIVO que las del MÉTODO INDUCTIVO, y también tienen un bajo grado de 'abstracción' las teorías del PARADIGMA ESTRUCTURALISTA, porque sólo se interesan por la identificación de lo LINGÜÍSTICO-INMANENTE del lenguaje. *Cf* actualización, generalización, estructura superficial y profunda.

**Abstracto.** ① En la INVESTIGACIÓN LINGÜÍSTICA, el adjetivo 'abstracto' se aplica al ANÁLISIS y a las unidades resultantes de la ABSTRACCIÓN, realizada con el fin de diferenciar lo que pertenece a una esfera de hechos 'abstractos', como pueden ser, en FONOLOGÍA, los FONEMAS, de una esfera de hechos CONCRETOS, como son los ALÓFONOS O SONIDOS ARTICULADOS.

② Véase en NOMBRE ABSTRACTO.

③ En la SEMÁNTICA ESTRUCTURAL es uno de los CLASEMAS empleados en la caracterización semántica de un nombre [± abstracto].

En el PARADIGMA GENERATIVISTA es un RASGO SEMÁNTICO empleado en la caracterización del SIGNIFICADO de un nombre y en las REGLAS DE SELECCIÓN del mismo para indicar que aquél puede referirse o no a algo que no esté orientado físicamente en el espacio y en el tiempo. Por ejemplo, en la caracterización del significado de los nombres *piedad, confianza* o *adoración* entra el rasgo [+abstracto], mientras que en la de *casa* participa [-abstracto].

④ También en GRAMÁTICA GENERATIVA el término 'abstracto' se ha utilizado para identificar a las CATEGORÍAS (nombre, verbo, etc.) que, careciendo de realización explícita, se consideran presentes en una ESTRUCTURA por ser teóricamente necesarias para explicar un determinado proceso gramatical. Por ejemplo, M. L. Rivero (1977: 71 y sigs.), tomando como base las teorías de R. Lakoff y el concepto de MODO verbal esbozado por A. Bello, postuló la existencia de verbos 'abstractos', de elementos sin realización fonética pero con las propiedades sintácticas y semánticas de un verbo pleno, para explicar el funcionamiento de los modos en español. Así, según Rivero, las oraciones «Deseo que no me suspendan» y «Que no me suspendan», «Ordeno que venga Vd.» y «Venga Vd.», tendrían la misma estructura y el mismo significado. La única diferencia entre ellas estribaría en que, en unos casos («*Deseo* que no me suspendan», «*Ordeno* que venga Vd.»), el subjuntivo se halla subordinado a un verbo explícito o pleno; en otros («Que no me suspendan», «Venga Vd.»), se subordinaría a un verbo 'abstracto', a un verbo que no se halla fonéticamente realizado.

**ABSTRACTOR.** En la lógica formal y en las gramáticas formales se llama 'abstractor' al símbolo que representa ABSTRACCIONES. Por ejemplo, $\hat{x}$ [x personaje del *Quijote*] es un 'abstractor' que representa la CLASE de los personajes del *Quijote* (Sacristán, 1964: 224). *Cf* abreviador.

**ABUSO.** En la TEORÍA de los ACTOS DE HABLA de Austin (1962) se llama 'abuso', o **abuso de insinceridad**, al incumplimiento de las CONDICIONES DE FELICIDAD tercera («Las personas deben pensar, sentir y hacer lo que las normas convencionales tengan establecido») y cuarta («La conducta posterior de los participantes debe reflejar los compromisos contraídos al aplicar las normas convencionales») de todo ACTO DE HABLA.

**ACALCULIA.** Véase en PATOLOGÍAS DEL LENGUAJE Y DEL MEDIO.

**ACCESIBILIDAD.** Este término, también llamado **disponibilidad**, se emplea en dos sentidos: ① En PSICOLINGÜÍSTICA alude a la facilidad con que un HABLANTE NATIVO puede recuperar una unidad lingüística de su memoria.

② En DIDÁCTICA DE LAS LENGUAS es la mayor o menor facilidad que ofrece una UNIDAD LINGÜÍSTICA para su aprendizaje. Tienen mayor 'accesibilidad', entre otros, los PARÓNIMOS, las palabras breves y las palabras que son regulares en cuanto a su DECLINACIÓN O CONJUGACIÓN.

③ Véase en SUJETO ACCESIBLE.

**ACCESO.** Véase en ARCHIVO DE ACCESO.

**ACCIDENCIA.** 'Accidencia' es el nombre antiguo, hoy caído en desuso, para referirse a la parte de la gramática que aborda los problemas y las cuestiones propias de la moderna MORFOLOGÍA, también llamada **analogía** en el pasado.

**ACCIDENTE.** En la tradición gramatical europea se denominaban 'accidentes' las variaciones de forma que podían experimentar las palabras pertenecientes a una determinada CLASE (sustantivo, verbo, etc.) para expresar ciertas CATEGORÍAS o significaciones gramaticales (TIEMPO, NÚMERO, PERSONA, etc. Así, por ejemplo, para R. Seco (1975: 17) los **accidentes gramaticales** son las modificaciones de forma, que experimenta una palabra, por las cuales se hace ésta apta para expresar otros matices de la misma idea. Los 'accidentes' del nombre son GÉNERO, NÚMERO y CASO; los del verbo son PERSONA, TIEMPO, MODO y VOZ. Las clases de palabras que admiten 'accidentes' se llaman VARIABLES y las demás no-variables.

**ACCIÓN.** ① Según la tipología de ESTADOS DE COSAS propuesta por S. Dik (1978, 1981), una 'acción' es un ESTADO DE COSAS dinámico y controlado; es dinámico porque implica un ACONTECIMIENTO, un cambio de una situación a otra, y es controlado porque presupone un AGENTE o entidad humana o animada que determina que tal cambio tenga lugar. «El gobierno ha devaluado la peseta», y «Hemos cazado una perdiz», son enunciados que representan 'acciones'. *Cf* proceso.

② En la GRAMÁTICA TRADICIONAL se emplea 'acción' frente a ESTADO para distinguir los verbos y los nombres de acción, cuyo significado es dinámico, frente a los nombres y verbos de estado, cuyo significado es estático. Por ejemplo, el SUFIJO *-dad* (*modernidad*) sirve para formar nombres de estado, mientras que *-ción* crea nombres de acción (*modernización*); *caminar* es un verbo de 'acción', mientras que *permanecer* es un verbo de estado.

**ACCIÓN LINGÜÍSTICA/VERBAL.** ① En una primera acepción, el término 'acción verbal/lingüística' es sinónimo de ACTIVIDAD LINGÜÍSTICA o de ACTIVIDAD COMUNICATIVA.

② En una segunda acepción equivale a ENUNCIACIÓN y comprende, entre otros, los siguientes elementos: (1) la ARTICULACIÓN fonética del mensaje, (2) la REFERENCIA a entidades del mundo extralingüístico, (3) la PREDICACIÓN o atribución de propiedades o relaciones a esas entidades, (4) el SIGNIFICADO transportado, incluyendo las IMPLICACIONES y las PRESUPOSICIONES.

③ En esta tercera acepción, 'acción verbal' es sinónimo de HABLA. *Cf* acontecimiento de habla.

**ACENTO.** ① Analizado desde la FONÉTICA ARTICULATORIA, el 'acento' es la mayor INTENSIDAD relativa que se da, de forma intencionada, a una SÍLABA respecto de las demás, dentro de una palabra o de una UNIDAD ACENTUAL. «Intensidad relativa» quiere decir que la sílaba acentuada se realza o entra en CONTRASTE con las demás. Al proceso mediante el cual se le da mayor relieve a una sílaba, a expensas de las demás, se le conoce con el nombre de ACENTUACIÓN.

En esta primera acepción, al 'acento' se le llama también **acento tónico o de intensidad** (así como **acento dinámico** y **acento espiratorio**). La mayor intensidad espiratoria producida por la fuerza de la columna de aire expelida por los pulmones, gracias al diafragma y a los músculos intercostales que intervienen en la FONACIÓN y en la ESPIRACIÓN, se traduce en un aumento del volumen total del aire espirado y en una mayor presión de éste sobre las CUERDAS VOCALES y los ÓRGANOS DE ARTICULACIÓN. Es decir, la intensidad genera mayor energía articulatoria y mayor tensión en la producción de las VOCALES y de las CONSONANTES SILÁBICAS, con la consiguiente mayor ABERTURA de las vocales y la mayor precisión en el CIERRE O CONTACTO de los ÓRGANOS ARTICULATORIOS de las consonantes.

En la FONÉTICA ACÚSTICA, la INTENSIDAD del 'acento' está normalmente ligada a la AMPLITUD de la onda sonora.

Desde la FONÉTICA AUDITIVA, el 'acento de intensidad' coincide con la PROMINENCIA o mayor relieve que se percibe en una sílaba dentro de una palabra, también llamado PERCEPTIBILIDAD. Ahora bien, en ciertos experimentos auditivos (Ladefoged, 1975) se ha podido comprobar la subjetividad de la perceptibilidad, porque algunos percibían como acentuadas (intensidad) las sílabas más agudas, es decir, las sílabas en las que había habido una modificación en el TONO o altura melódica (tradicionalmente llamado ACENTO MELÓDICO), motivada por un aumento en la FRECUENCIA de VIBRACIÓN de las CUERDAS VOCALES, ya que es cierto que en muchas lenguas, entre ellas el español, la sílaba acentuada va acompañada de una elevación de TONO (más agudo). Y también se conseguía el efecto de intensidad empleando otros recursos acentuales, como la CANTIDAD SILÁBICA (DURACIÓN), la TENSIÓN o mayor precisión con que se articula el mismo TIMBRE (mayor abertura en la vocales y mayor precisión en el cierre o contacto de los ÓRGANOS ARTICULATORIOS) y, sobre todo, el citado tono o altura musical, recursos todos que, aun no siendo indispensables, constituyen lo que se llama la **potencia articulatoria**, por contribuir al efecto auditivo total.

De acuerdo con el 'acento', la **escala acentual de las sílabas** españolas es dual, ya que éstas pueden ser **tónicas**, **fuertes** o **acentuadas** y **átonas**, **débiles** o **inacentuadas**, según el grado relativo de la intensidad del 'acento' dentro de la palabra o UNIDAD ACENTUAL. En cambio, en algunas lenguas, como el inglés, la 'escala acentual' de las sílabas de las palabras tiene tres grados: **primario**, **secundario** y **átono**. Las sílabas de acento primario, representadas en la TRANSCRIPCIÓN FONÉTICA con la tilde [ˈ], reciben la mayor intensidad relativa de la palabra y conservan el timbre original pleno; las de acento secundario, representadas con la tilde [ˌ], no reciben la mayor intensidad relativa pero conservan el timbre pleno. Se encuentra este acento en palabras compuestas como *understand* [ˌʌndəˈstænd], y en las de origen latino, como *agricultural* [ˌægrɪˈkʌtʃərəl].

En cambio, las sílabas átonas del inglés pierden su timbre original y tienden a una CENTRALIZACIÓN convirtiéndose en /ə/, /ɪ/ o /ʊ/, como se puede comprobar en las sílabas átonas de palabras tales como *language* /ˈlæŋwɪdʒ/, *necessary* /ˈnesəsərɪ / o *plentiful* /ˈplentɪfʊl/. Esta característica hace que, en la conversación normal, se pueda confundir la pronunciación de palabras como *vacation* y *vocation*, aunque en una emisión oral cuidada se puedan diferenciar sin mayor problema. En lenguas como el español o el francés, las vocales de las sílabas inacentuadas conservan prácticamente el mismo TIMBRE que el de las acentuadas. *Cf* cambio prosódico.

No obstante, también en español se identifica un 'acento secundario' en varios casos (Marchese, 1991: 11): (1) en las PALABRAS COMPUESTAS, especialmente en los adverbios acabados en *-mente*; (2) en el pronombre final en posición ENCLÍTICA de unidades superesdrújulas (*cuéntaselò*); (3) cuando se quiere poner énfasis en un pronombre que se encuentra en posición enclítica (*acompáñamè*).

La **posición del acento**, dentro de la palabra, puede ser libre, también llamado móvil, como en español o en inglés, o fija, como en francés. En las lenguas de acento libre, como el español, las palabras pueden ser **agudas** (*pared*, *café*, *salmón*), **graves** (*mesa*, *árbol*, *carácter*) o **esdrújulas** (*cántaro*), según que el acento de intensidad recaiga sobre la última, la penúltima o la antepenúltima sílaba. También hay unidades **superesdrújulas** en las que el acento se sitúa antes de la sílaba antepenúltima. Es, por ejemplo, el caso de los verbos que tienen algún pronombre en posición enclítica («Cuéntaselo»). *Cf* acento gráfico.

Para la FONOLOGÍA, interesada en los aspectos funcionales, el 'acento' es uno de los PROSODEMAS O FONEMAS PROSÓDICOS de la CADENA HABLADA que se superponen a los FONEMAS SEGMENTALES de ésta con una función de CONTRASTE, es decir, destacar o resaltar la sílaba que tiene el acento primario, respecto de las demás (*cf* fonología no lineal). Esta FUNCIÓN CONTRASTIVA se puede subdividir en otras cuatro: la distintiva, la demarcativa, la culminativa y la rítmica.

(a) Mediante la **función distintiva** en las lenguas en las que el acento es móvil, como el español o el inglés, el lugar que éste ocupe (Martinet, A., 1960) sirve para diferenciar CLASES de palabras y también SIGNIFICADOS LÉXICOS, es decir, constituye un RASGO DISTINTIVO: «La *pérdida* de tu mujer», «La *perdida* de tu mujer»; «término, termino, terminó»; en inglés ˈ*export* (sustantivo, *exportación*) *ex*ˈ*port* (verbo, *exportar*), etc.

(b) La **función demarcativa** del acento colabora en la ordenación de los límites de las palabras; esta función se ve muy claramente en las lenguas en las que la posición del acento es fija; por ejemplo, en el francés, donde todas las palabras son agudas, el acento marca el final de la palabra, y en el checo, el acento, que recae siempre en la primera sílaba, marca el principio de una palabra.

(c) La **función culminativa** del acento (Martinet, A., 1960: 86-7) consiste en «notar la presencia en el enunciado de un determinado número de ARTICULACIONES importantes [...] y facilitar así el análisis del mensaje», por ejemplo: *mujeres oDIOsas* y *mujeres O diosas*; *un chico consenTIdo* y *un chico CON sentido*, etc. *Cf* juntura.

(d) Y, por último, en algunas lenguas, como la inglesa, el 'acento' y su ESCALA ACENTUAL desempeñan una **función rítmica**, ya que en estas lenguas el RITMO, llamado 'ritmo prosódico', está acompasado por el 'acento' y es distinto al español, que es 'ritmo acentual', es decir, acompasado por la sílaba. Una gran parte de la poesía inglesa se basa en una métrica acentual; en la poesía española también se cuenta con una métrica acentual que imita a la clásica, pero en nuestra lengua la sílaba larga grecolatina se convierte en tónica, y la breve en átona y, a estos efectos, se usan los nombres de los PIES clásicos como dáctilo, espondeo, yambo, etc. En los últimos años del siglo XX, el análisis y la representación del 'acento', con una nueva aproximación, ha sido objeto de estudio de la llamada FONOLOGÍA MÉTRICA. *Cf* unidad acentual.

② En una segunda acepción, el 'acento' también se llama ACENTO GRÁFICO.

③ En DIALECTOLOGÍA, y también en el habla diaria, se llama 'acento' a la VARIEDAD de una lengua, típica de una COMUNIDAD DE HABLA, que es marcadamente diferente de otras en sus aspectos fonológicos, a saber, la ENTONACIÓN, los ALÓFONOS elegidos en la realización de un FONEMA, etc. («El acento andaluz es distinto del manchego»). Si la variedad afecta también al LÉXICO y a la SINTAXIS se llama entonces **dialecto**.

También se aplica el término 'acento' a los hábitos articulatorios propios de un individuo. Si esta variedad individual afecta también al LÉXICO y a la SINTAXIS se la llama entonces **idiolecto**. *Cf* habla, base articulatoria.

④ En algunos países de tradición social jerarquizada, el 'acento', llamado también **acento social** en esta acepción, es la marca diferenciadora de las distintas clases sociales. *Cf* sociolecto, comunidad de habla.

⑤ Igualmente se aplica el término 'acento' para referirse a los efectos producidos por la INTERFERENCIA de los hábitos lingüísticos de todo tipo (aunque normalmente se refieren a los fonológicos) de la lengua materna sobre una lengua extranjera («Habla el inglés con un claro *acento* francés»).

⑥ En el habla diaria también se emplea 'acento' como sinónimo de TONO O ENTONACIÓN, por ejemplo: «Lo recalcó con un cierto *acento* de sorpresa».

**ACENTO AFECTIVO.** Dentro de la ESTILÍSTICA DE LA EXPRESIVIDAD, y siguiendo a Bally (1905), se llama 'acento afectivo' (y también **acento expresivo** y **acento de insistencia**) al que se le da a la SÍLABA de una palabra sobre la que no recae normalmente el ACENTO básico, para cumplir la FUNCIÓN EXPRESIVA del lenguaje, es decir, para evocar SIGNIFICADOS AFECTIVOS o para resaltar aspectos emotivos, enfáticos, etc., del mismo, en suma, aspectos subjetivos, como cuando se dice: «¡Ha sido FANNNtástico!». Este acento se percibe con más claridad en las lenguas, como el francés, cuyo ACENTO DE PALABRA es fijo, y se puede conseguir también con otros recursos prosódicos, como el ALARGAMIENTO de la CANTIDAD, la utilización de un TONEMA no esperado, etc. Este 'acento afectivo' también se puede aplicar a una palabra dentro de un enunciado u oración, en lo que se llama ACENTO DE ORACIÓN.

**ACENTO CUANTITATIVO.** Equivale a CANTIDAD.

**ACENTO DE GRUPO.** Véase en GRUPO ACENTUAL O DE INTENSIDAD.

**ACENTO DE ORACIÓN.** Se llama 'acento de oración' al mayor esfuerzo intencional que damos a determinada palabra o palabras dentro de un ENUNCIADO con el fin de resaltarlas respecto de las demás, de acuerdo con la importancia que se les otorgue, dado que los sentimientos tensivos elevan la intensidad de DICCIÓN y los deprimentes la rebajan (Gili Gaya, 1975: 30). En este sentido, el 'acento de oración' está relacionado con el FOCO (*cf* tonicidad). Las palabras resaltadas a continuación son las que reciben el 'acento de oración' en los enunciados siguientes: «*Juan* escribió cuatro cartas cada día (no su hermano)», «Juan *escribió* cuatro cartas cada día (no las leyó)», «Juan escribió *cuatro* cartas cada día (no una, ni dos, ni tres)». Cuando se resalta una palabra sobre las demás, con ÉNFASIS, para mostrar la actitud emotiva o subjetiva del hablante, este acento se llama ACENTO AFECTIVO. *Cf* acentuación, tono, entonación.

**ACENTO DE PALABRA.** Se llama 'acento de palabra', y también **acento léxico**, al que tiene la SÍLABA TÓNICA dentro de dicha palabra. En algunas lenguas, como el español o el inglés, la posición del acento dentro de la palabra es móvil; en otras como el francés, el checo o el polaco la posición es fija. En francés recae en la última sílaba de cada palabra; en polaco, en la primera; y en checo, en la penúltima. En español, las palabras, de acuerdo con la sílaba que reciba el acento pueden ser (1) **agudas** u oxítonas («Lo *calculó* bien») si el acento cae en la última sílaba; **graves**, **llanas** o **paroxítonas** («Yo *calculo* que llegará tarde») si el acento cae en la penúltima sílaba, y **esdrújulas** o **proparoxítonas** («El *cálculo* de las costas del juicio no fue fácil») cuando está en la antepenúltima sílaba. *Cf* acento gráfico.

**ACENTO DINÁMICO.** Véase en ACENTO.

**ACENTO GRÁFICO.** El 'acento gráfico' es un signo diacrítico, normalmente una TILDE [´], utilizado en algunas lenguas, como el español o el francés, con diversas funciones; en cambio, otras, como el inglés, no hacen uso del 'acento gráfico'. En español la tilde se coloca:

(1) en las PALABRAS AGUDAS de más de dos sílabas que acaben en VOCAL o en las CONSONANTES *-n* o *-s* no precedidas de otra consonante (*camión, sofá*);

(2) en las PALABRAS LLANAS que no acaben en *-n* o *-s* (*ágil, lápiz*);

(3) en todas las PALABRAS ESDRÚJULAS y sobreesdrújulas (*cántaro, álgebra*); y

(4) para diferenciar algunas palabras HOMÓNIMAS como *dé* (del verbo dar) y *de* (preposición).

El francés tiene tres tipos de tilde llamados **acento agudo** (´), **acento grave** (`) y **acento circunflejo** (ˆ), que tienen varias FUNCIONES:

(a) diferenciar la pronunciación de la letra *e* (cerrada en la primera *e* de *élève*; abierta en la segunda *e* de dicha palabra o en la primera de *être*), y la de la letra *a* (anterior en *patte* y posterior en *pâte*);

(b) distinguir homónimos: *ou* (la conjunción *o*) y *où* (el relativo *donde*); y

(c) señalar la pérdida de una fonema que existió en el pasado: *bâtiment* (edificio), *bâton* (bastón).

**ACENTO MELÓDICO/MUSICAL.** Equivale a TONO.

**ACENTO SOCIAL.** Equivale a ACENTO[4].

**ACENTUACIÓN.** ① En FONÉTICA ARTICULATORIA se conoce con el nombre de 'acentuación' al proceso mediante el cual se da mayor relieve a una SÍLABA dentro de una palabra, ya con mayor fuerza ESPIRATORIA, es decir, con mayor ACENTO TÓNICO, ya por medio de otros recursos acentuales (TONO, CANTIDAD, etc.). *Cf* acento[1].

② El concepto de 'acentuación' también se puede aplicar al mayor relieve que se da a una palabra sobre las demás del enunciado. *Cf* acento de oración.

**ACEPCIÓN.** En LEXICOLOGÍA es cada uno de los SIGNIFICADOS O SENTIDOS de las PALABRAS POLISÉMICAS. Por ejemplo, *cepillo* tiene, entre otras, las siguientes 'acepciones': instrumento de carpintería utilizado para alisar la madera, instrumento formado por manojitos de cerdas empleados para limpiar el polvo de la ropa, caja con una ranura para recoger limosnas, etc. En la LEXICOLOGÍA ESTRUCTURALISTA a la 'acepción' se la llama SEMEMA.

**ACEPTABILIDAD.** ① En el PARADIGMA GENERATIVISTA el término 'aceptabilidad' forma parte de la DICOTOMÍA **aceptabili-**

**dad/gramaticalidad**, y se usa para aludir al mayor o menor grado de admisibilidad o adecuación de un ENUNCIADO en una SITUACIÓN DE HABLA concreta, en función de factores no exclusivamente gramaticales, como pueden ser la rapidez de la ELOCUCIÓN, la presencia de RUIDO², y de otros, como los que siguen:

(a) que el enunciado sea comprensible en un CONTEXTO concreto;

(b) que sea admisible el ESTADO DE COSAS que describe; y

(c) que esté formulado en un REGISTRO adecuado a la situación, esto es, que se ajuste a las convenciones sociales.

La 'gramaticalidad', según los planteamientos de Chomsky, asumidos por la GRAMÁTICA GENERATIVA, es, teóricamente, una propiedad distinta de la 'aceptabilidad', porque es un concepto BINARIO: una expresión es 'gramatical' o no, con independencia del USO que se le dé en situaciones concretas, si puede ser GENERADA o explicada por las reglas de la GRAMÁTICA de una lengua. Un enunciado como «Mi cepillo de dientes tiene muy mal genio por las mañanas» es perfectamente interpretable por su estructura gramatical, pero puede tener un grado de 'aceptabilidad' bajo, por la anormalidad del ESTADO DE COSAS que representa. Por tanto, el concepto de 'aceptabilidad' es de grado, ya que unas expresiones son más aceptables y otras menos aceptables, dependiendo de factores variables. Por ejemplo, «El que el que me haya robado me guste me desagrada», es un enunciado gramatical, conforme a las reglas de la gramática, aunque su 'grado de aceptabilidad' sea bajo por las dificultades que pueda entrañar su comprensión. «Eres un pedazo de burro» es también un enunciado gramatical, ya que no contraviene ninguna regla de la gramática, aun cuando no sea 'aceptable' en un CONTEXTO formal de USO.

No obstante, hay zonas del lenguaje en las que no es fácil determinar la 'aceptabilidad' o 'no aceptabilidad'. Por ejemplo, la célebre oración de Chomsky «Las verdes ideas incoloras duermen furiosamente» (*Colorless green ideas sleep furiously*), que ha sido un ejemplo clásico de la 'gramaticalidad' y de la 'no aceptabilidad', con el tiempo ha suscitado dudas en cuanto a este último concepto, ya que, como se ha demostrado en varios artículos, se convierte en perfectable 'aceptable' en contextos especiales, al asignar, por ejemplo, a *incoloras* el significado de «insulso», a *verde*, el de «inmaduro», etc.

La dicotomía aceptabilidad/gramaticalidad, relacionada con otra del GENERATIVISMO, COMPETENCIA/ACTUACIÓN es, sin duda, una de las más fructíferas de este PARADIGMA y ha dado lugar, por ejemplo, a lo que en ESTILÍSTICA se llama ESTILÍSTICA DE LA DESVIACIÓN (Thorne, J. P., 1970) cuando se violan las REGLAS DE SELECCIÓN o los CLASEMAS. Sin embargo, por estar vinculada a la ACTUACIÓN, queda fuera del dominio de la GRAMÁTICA. *Cf* asterisco.

② En cambio, en el PARADIGMA DE LA PRAGMÁTICA, en la SOCIOLINGÜÍSTICA y en muchos MODELOS funcionales del lenguaje, en donde la actuación o LENGUAJE EN USO (Greenbaum, S. y Quirk, R., 1970, Greenbaum, S., ed., 1977) cae en el ámbito de estudio del lingüista, esta dicotomía ha servido de base para muchos trabajos de investigación, por ejemplo, en las llamadas **pruebas de aceptabilidad**, que forman parte de los EXPERIMENTOS a los que se someten los hablantes nativos de una lengua para determinar el **grado de aceptabilidad** de los DATOS lingüísticos recogidos por los investigadores. Así, se puede pedir a un grupo de hablantes nativos cultos que valoren el 'grado de aceptabilidad', marcando con una cruz la opinión que le merecen oraciones del tipo «Me amaneció el árbol temprano en alma llena»:

(2) ___ aceptable
(1) ___ casi aceptable
(0) ___ inaceptable

**ACEPTACIÓN.** Dentro del ANÁLISIS CONVERSACIONAL, se llama 'aceptación' a la categoría gramatical (*bueno, sí, bien*, etc.), empleada para mostrar la aprobación o conformidad con lo dicho o propuesto.

ACLIMATACIÓN. En LEXICOLOGÍA se emplea el término ACLIMATACIÓN para aludir al proceso en que se encuentran algunos PRÉSTAMOS que aún no se han ACOMODADO a las reglas fonotácticas y gráficas de una lengua, como en español las palabras *film* o *snob*. En cambio se han aclimatado por completo *estándar* o *estatus*.

ACOMODACIÓN. ① En LEXICOLOGÍA se usa este término, también llamado ADECUACIÓN O ASIMILACIÓN, para referirse a la aplicación de las reglas MORFOFONOLÓGICAS de una lengua a un PRÉSTAMO. Por ejemplo, ha habido 'acomodación' en el préstamo *fútbol* procedente del inglés *football*. A términos como éste se les llama 'acomodados' o **integrados**. *Cf* adopción léxica.

② En SOCIOLINGÜÍSTICA equivale a TEORÍA DE LA ACOMODACIÓN.

③ En FONOLOGÍA ARTICULATORIA el término **acomodación articulatoria** se emplea para tratar los fenómenos de solapamiento gestual (*cf* gesto$^{2}$), posiblemente de naturaleza cognitiva, porque implican una modificación en los planes fonéticos del hablante (Nolan, F. *et al.*, 1996: 114).

ACOMPAÑATIVO. Equivale a COMITATIVO.

ACONTECIMIENTO. Según la terminología utilizada por Dik (1980, 1981) y Siewierska (1991) entre otros, 'acontecimiento' es un ESTADO DE COSAS (o representación de la realidad configurada mediante una PREDICACIÓN NUCLEAR) que se caracteriza por ser *dinámico*, esto es, por implicar que las entidades (las personas, las cosas) a las que alude la predicación experimentan algún tipo de cambio o modificación debido a las propiedades o relaciones que les atribuye el predicado. Por ejemplo, «Juan se levantó rápidamente de la silla», «El árbol ha caído» son enunciados que representan 'acontecimientos'. La acción (*se levantó*) o el proceso (*ha caído*) que atribuye el predicado a *Juan* y *el árbol* implican que ambas entidades experimentan un cambio: modifican su situación anterior en el espacio. Los 'acontecimientos' se subdividen, a su vez, en ACCIONES («Juan se levantó de la silla») y PROCESOS («El árbol ha caído») tomando como rasgo diferenciador si el estado de cosas, además de dinámico, es *controlado* (acción) o *no controlado* (proceso).

ACONTECIMIENTOS DE HABLA. De acuerdo con la sugerencia hecha por Hymes (1972), en el análisis de la ACTIVIDAD COMUNICATIVA, propia de la INTERACCIÓN COMUNICATIVA (*cf* etnografía de la comunicación), se pueden distinguir tres planos:

(a) las SITUACIONES DE HABLA;

(b) los 'acontecimientos de habla'; y

(c) LOS ACTOS DE HABLA.

Los 'acontecimientos de habla' son las actividades regidas por normas, REGLAS o convenciones dentro de cada situación de habla (la conferencia, la ENTREVISTA, la CONVERSACIÓN cara a cara o por teléfono, el bautismo, la boda o cualquier ritual de tipo religioso, etc.). Evidentemente habrá 'acontecimientos de habla' que serán propios de una situación de habla y no de otras; y en un 'acontecimiento de habla' se podrán celebrar varios actos de habla, como pedir información, solicitar datos, invitar, expresar nuestro pesar, etc. La investigación de los 'acontecimientos de habla' ha sido objeto de investigación por parte de antropólogos y etnógrafos, pero, sobre todo, por la ETNOMETODOLOGÍA (Coulon, 1987). *Cf* acción verbal.

ACOPLAMIENTO. En ESTILÍSTICA DE LA ELECCIÓN el 'acoplamiento', término empleado por S. Levin (1962, 1963, 1964) con el nombre de *coupling*, alude a la REPETICIÓN, en dos o más enunciados, de unidades fonéticas, sintácticas o semánticas de carácter equivalente, con el fin de producir EFECTOS ESTILÍSTICOS de realce afectivo. Cuando la repetición se hace exclusivamente con elementos sintácticos se llama **paralelismo** (Alonso, D., 1962): *Disdain me not that am your own/Refuse me not* *that am so true* (sir Thomas Wyatt). *Cf* enunciados correlativos y paralelísticos.

**ACORTAMIENTO.** Equivale a ABREVIACIÓN.

**ACRIOLLAMIENTO.** En SOCIOLINGÜÍSTICA se usa el término para aludir al proceso de transformación de un PIDGIN en CRIOLLO.

**ACROLECTO.** En SOCIOLINGÜÍSTICA el término 'acrolecto', introducido por Bickerton (1975), se usa para referirse a la VARIEDAD O LECTO que goza de mayor prestigio en el desarrollo de los CRIOLLOS. *Cf* basilecto, mesolecto.

**ACRÓNIMO.** En LEXICOLOGÍA, y dentro de la formación léxica, se llama 'acrónimo' a la variedad de SIGLA formada por las iniciales de los componentes de una UNIDAD LÉXICA, que se lexicaliza y se adapta por completo a las normas fonotácticas, gráficas, etc., de la llamada forma CANÓNICA del lenguaje (Rodríguez González, 1993b: 275 y sigs.). Por ejemplo, *sida* y *Renfe* son 'acrónimos' formados respectivamente a partir de «síndrome de inmuno-deficiencia adquirida» y de «Red Nacional de Ferrocarriles Españoles», y se leen como palabras corrientes. *Cf* abreviaciones.

**ACRÓSTICO.** En LEXICOLOGÍA un 'acróstico' es la unidad léxica (normalmente una palabra simple o compuesta) formada por las letras iniciales, medias o finales de otras. La literatura religiosa, la clásica y la medieval, hace uso de los 'acrósticos' para la transmisión de mensajes crípticos, especialmente los proféticos. También emplea los 'acrósticos' la literatura satírica, por ejemplo la de Swift y, sobre todo, los textos en los que intervengan elementos lúdicos.

**ACTANTE.** Este término se emplea, especialmente en las GRAMÁTICAS DE DEPENDENCIAS O de VALENCIAS, para aludir al SUJETO y a los complementos nominales exigidos por el verbo (OBJETO DIRECTO, OBJETO INDIRECTO), en oposición a los CIRCUNSTANTES O complementos circunstanciales. Así, en la oración «La policía detuvo a los sospechosos» habría dos actantes, *la policía* y *los sospechosos*.

Pese a la coincidencia, en la práctica, del término 'actante' con el SUJETO y los COMPLEMENTOS tradicionales, el empleo del término 'actante' tiene su origen en una concepción del significado y de la estructura de la unidad oracional muy distinta de la transmitida por la GRAMÁTICA TRADICIONAL. Si el análisis de la oración en sujeto y PREDICADO, heredado de la lógica, responde a la idea, expresa o no, de que en la oración se dice o se predica algo sobre una entidad, el sujeto, la introducción del término 'actante' (próximo a 'actor' o 'actuante') obedecía a la hipótesis de que la oración expresaba, fundamentalmente, las relaciones que se establecían entre una serie de entidades (los actantes) conectados a través del proceso expresado por el verbo. De esta forma, para L. Tesnière, cuya obra *Eléments de syntaxe structurale* (1959) marca el inicio de las GRAMÁTICA DE DEPENDENCIAS, la oración venía a ser como la representación de un 'pequeño drama' que comportaba:

(a) un PROCESO, designado por el verbo;

(b) unas entidades participantes, es decir, los 'actantes', cuyo número y papel, como el de los actores de un drama, venía impuesto por el tipo de 'proceso', y,

(c) unas 'circunstancias' de modo, de lugar, etc., o sea los CIRCUNSTANTES que constituían el marco en el que se desarrollaba el proceso.

Por otro lado, si en el análisis tradicional el sujeto se sitúa en el mismo nivel jerárquico que el predicado, como corresponde a la ESTRUCTURA BIMEMBRE que se atribuye al contenido de la oración, en la concepción en que se origina el término 'actante' el sujeto no es más que uno de los actantes puestos en relación por el verbo, y dependiente de él, como el resto de los complementos.

**ACTITUD VOCAL.** En FONÉTICA ARTICULATORIA se dice que las CUERDAS VOCALES están en 'actitud vocal' cuando, al entrar en vibración, producen el estrechamiento de la GLOTIS, generando lo que se llama VOZ.

El abandono o interrupción de la 'actitud vocal' puede tener lugar al realizar una PAUSA en la cadena oral y, en lenguas como el inglés, al pronunciar las consonantes OCLUSIVAS sordas /p/, /t/, /k/ en posición inicial tónica, momento en el que la glotis permanece totalmente abierta durante la EXPLOSIÓN o tercera fase de la OCLUSIÓN. A la citada columna adicional de aire se la llama ASPIRACIÓN, y en su REPRESENTACIÓN FONÉTICA se coloca una [ʰ] detrás de la consonante oclusiva: *park* ['pʰɑ:k], *turn* ['tʰɜ:n], *key* ['kʰi:]. *Cf* abducción.

**ACTITUDINAL.** Véase en ADVERBIO ACTITUDINAL.

**ACTIVA.** Véase en VOZ ACTIVA.

**ACTIVADORES NEGATIVOS.** Reciben el nombre de 'activadores negativos' ciertas unidades gramaticales, pertenecientes a distintas categorías —preposiciones, adverbios, verbos, conjunciones— que, a semejanza de la negación *no*, facilitan la aparición de los TÉRMINOS DE POLARIDAD NEGATIVA en un enunciado. En «Se marchó *sin* que *ni siquiera* lo saludase», «*Me opongo* a que se le conceda *nada*», *sin* y *me opongo* son 'activadores negativos' porque hacen posible la aparición de los términos de polaridad negativa *ni siquiera* y *nada*.

**ACTIVADORES PRESUPOSICIONALES.** Véase en PRESUPOSICIÓN CONVENCIONAL.

**ACTIVIDAD.** El término 'actividad' alude a una clase de AKTIONSART, o modo de la acción. De conformidad con la clasificación propuesta por Vendler (1967), un verbo (*correr, caminar, escribir*, etc.) o más propiamente un sintagma verbal («Luis corría/caminaba/escribía todos los días») denotan una 'actividad' cuando reúnen las siguientes características:

(1) Designan una acción que precisa un intervalo de tiempo, más o menos amplio, para su desarrollo. Así, «Luis caminaba todos los días» implica un espacio temporal entre el comienzo y la finalización de la acción significada por *caminar*. En cambio, en «Luis saltó la valla», el predicado no denota una 'actividad', porque la acción que describe no requiere un intervalo de tiempo para su desarrollo. Su principio y su final coinciden en un instante (*cf* logro).

(2) La acción a la que hacen referencia es ATÉLICA, esto es, no precisa alcanzar un determinado objetivo para que pueda decirse que tal acción se ha producido. Así, las acciones descritas por «Luis escribía» o «Luis caminaba todos los días» no tienen asignado el logro de un objetivo. Pueden interrumpirse en cualquier momento de su realización y, no obstante, la acción de *caminar* o de *escribir* ya se habrá producido. En cambio, «Luis escribió un libro», «Ana contó una canción» no denotan una 'actividad' puesto que las acciones que describen sí implican que se habrá de alcanzar un objetivo (un libro, una canción). *Cf* realización.

**ACTIVIDAD COMUNICATIVA.** ① En un sentido general, los términos 'actividad comunicativa' y **actividad lingüística** se usan indistintamente para referirse a las manifestaciones verbales de la CONDUCTA SOCIAL dentro de la INTERACCIÓN COMUNICATIVA. En este sentido, es correcto hablar de las cuatro DESTREZAS LINGÜÍSTICAS O COMUNICATIVAS: COMPRENSIÓN AUDITIVA, EXPRESIÓN ORAL, COMPRENSIÓN LECTORA Y EXPRESIÓN ORAL. La razón de que se usen indistintamente se debe a que para muchos carece de sentido un análisis de los SIGNOS LINGÜÍSTICOS sin tener en cuenta la dimensión comunicativa. *Cf* acontecimientos de habla.

② En un sentido más especializado, el término 'actividad comunicativa' es más amplio que el anterior y abarca la COMUNICACIÓN que se lleva a cabo no sólo por medios verbales o lingüísticos sino con extralingüísticos también, como la KINÉSICA, la PARALINGÜÍSTICA y la PROXÉMICA, así como el análisis de las condiciones sociales y situacionales, es decir, el conjunto de procesos empleados para la consecución de un resultado utilizando los medios del lenguaje (Bernárdez, E., 1982: 290). La 'actividad comunicativa' está regida por REGLAS y por

MÁXIMAS, que reflejan las normas y convenciones comunicativas, a las que acudimos constantemente para entender y para producir el discurso.

③ En una tercera acepción, 'actividad comunicativa' es sinónimo de ACTO DE HABLA, en el que se distinguen, a su vez, ACTOS LOCUCIONARIOS/LOCUTIVOS, ACTOS ILOCUCIONARIOS/ILOCUTIVOS y ACTOS PERLOCUCIONARIOS/PERLOCUTIVOS.

**Actividad lingüística/verbal.** ① En un sentido general, los términos 'actividad lingüística' y ACTIVIDAD COMUNICATIVA son intercambiables.

② En una acepción más especializada, el término 'actividad lingüística', también llamado **actividad verbal**, abarca exclusivamente las formas de acción lingüística que surgen del sistema lingüístico, dentro de la actividad comunicativa, excluyendo los extralingüísticos (la KINÉSICA, la PARALINGÜÍSTICA y la PROXÉMICA y el análisis de las condiciones sociales y situacionales).

③ Para Coseriu, 'actividad lingüística' es equivalente a HABLAR (*cf* lingüística del hablar).

**Actividad ostensiva.** Véase en RELEVANCIA.

**Acto comunicativo.** ① Dentro de la visión funcional estructuralista de Roman Jakobson (1960) existe un 'acto comunicativo' cuando ha habido COMUNICACIÓN entre dos individuos, es decir, cuando uno de ellos, llamado **emisor**, envía un MENSAJE al otro, llamado RECEPTOR. Para llevar a cabo el 'acto comunicativo' el emisor o hablante realiza dos funciones: (a) elige (*cf* elección[1]) las UNIDADES LINGÜÍSTICAS del PARADIGMA, y (b) las combina en el SINTAGMA. *Cf* recepción del habla, combinación.

② Es el producto de la ACTIVIDAD COMUNICATIVA, en cuyo caso está integrado por SIGNOS VERBALES y no verbales. En una perspectiva más amplia, por ejemplo, la de un relato literario, habría que incluir en el análisis de un 'acto comunicativo' la SUCESIVIDAD que ofrece la LINEALIDAD del lenguaje correspondiente a la SIMULTANEIDAD de fenómenos (*decir, hacer* y *pensar*) que tienen lugar a la vez en la comunicación. *Cf* anacoluto.

③ Equivale a ACTO DE HABLA.

**Acto de habla.** Un 'acto de habla' es la emisión de un ENUNCIADO en un CONTEXTO dado para llevar a cabo los fines de la INTERACCIÓN COMUNICATIVA, tales como solicitar información, ofrecerla, pedir y ofrecer disculpas, expresar nuestra indiferencia, nuestro agrado o desagrado, etc. La TEORÍA de los 'actos de habla', que se basa en la idea de que siempre que emitimos un enunciado estamos realizando ACCIONES o cosas por medio de palabras, fue formulada en los años sesenta por el filósofo británico J. L. Austin (1962) en su célebre libro *Cómo hacer cosas con palabras*, y fue desarrollada más tarde por el filósofo norteamericano J. R. Searle (1969). Austin concibió esta teoría para demostrar, con lo que el llamó la **falacia descriptiva**, que una oración declarativa no se usa siempre para describir un hecho o un ESTADO DE COSAS. Por ejemplo, cuando usamos oraciones como «Yo os declaro marido y mujer» en el contexto apropiado no estamos *describiendo* algo sino *haciendo* algo.

Es, sin duda, una de las TEORÍAS SUSTANTIVAS más completas y más sistemáticas del PARADIGMA DE LA PRAGMÁTICA, ya que examina con claridad y precisión las relaciones existentes entre los SIGNOS y sus USUARIOS. Para Hymes (1972) es uno de los constituyentes básicos, junto a las SITUACIONES DE HABLA y los ACONTECIMIENTOS DE HABLA, para dar cuenta de la INTERACCIÓN COMUNICATIVA. El que cualquier enunciado sea interpretado como una invitación, una amenaza, etc., es básico para poder llegar a entender, en un análisis posterior, todo el SIGNIFICADO de la COMUNICACIÓN. Si alguien nos dice, por ejemplo, «Mañana tenemos una fiesta en casa», podemos contestarle «No sé por qué me lo dices, porque no le encuentro sentido a lo que me acabas de manifestar», ya que no entendemos la fuerza que dicho enunciado puede tener como 'acto de habla'. Ese enunciado puede ser una invitación, un ruego, una intimidación, o una simple participación de información. Si usa la ENTONACIÓN propia de las amenazas, podríamos entender que nos está *amenazando* y que, consecuentemente, debemos hacer algo que el interlocutor y yo sabemos, por ejemplo, pagarle una deuda que tengo contraída con él, a fin de que pueda comprar la comida y la bebida para la fiesta; también puede estar *invitándome* a su fiesta, o posiblemente está *rogándome* que no haga ruido, etc.

Poco se han analizado los **actos de habla conjuntos** (Clark, H. *et al.*, 1982), es decir, los actos en los que más de dos participantes coordinan intencionadamente sus acciones, con el fin de tener éxito en la comunicación. Casi todas las teorías formuladas sobre los actos de habla se refieren a lo que se llama **actos de habla canónicos** (Pratt, M. L., 1977), en los que hay un solo EMISOR y un solo RECEPTOR, los cuales pueden ser, a su vez, ACTOS DE HABLA DIRECTOS y ACTOS DE HABLA INDIRECTOS. Todo 'acto de habla canónico' consta de:

(a) un ACTO LOCUCIONARIO/LOCUTIVO;

(b) un ACTO ILOCUCIONARIO/ILOCUTIVO, que realmente constituye el núcleo del 'acto de habla';

(c) un ACTO PERLOCUCIONARIO/PERLOCUTIVO.

Desde otros puntos de vista se pueden hacer más clasificaciones de los 'actos de habla' (Searle, 1976; Bach, 1982). La de Searle, que sólo trata de los 'actos ilocucionarios', está muy ampliamente aceptada, ya que ha servido de punto de partida de otros muchos intentos de creación de tipologías de 'actos de habla' (Hancher, M., 1979: 1-14). Cinco son los grupos más destacados de esta clasificación: los representativos, los directivos, los comisivos, los expresivos y los declarativos.

(a) Los **representativos** (**constativos** o **asertivos**) los emplea el hablante para exponer que lo que declara es *verdadero* (asegurar, explicar, describir, explicar, etc.): «Les aseguro que...». Estos actos de habla requieren CONDICIONES DE VERDAD.

(b) Los **directivos** los emplea el hablante para intentar que el receptor haga algo (mandar, pedir, rogar, implorar, dar instrucciones, solicitar, etc). «Le *ruego* que no llegue tarde».

(c) Los **comisivos** expresan el *compromiso* que adquiere el que lo expresa de que actuará o ejecutará algo en el futuro (prometer, garantizar, amenazar, apostar, etc.): «Te prometo que iré» (con VERBO PERFORMATIVO O REALIZATIVO); «Iré por la tarde» (sin performativo o realizativo explícito).

(d) Los **expresivos** (agradecer, felicitar, disculparse, dar la bienvenida, expresar la condolencia, etc.) sirven para expresar el estado psicológico sobre lo que *siente* o *piensa* el hablante, de acuerdo con el contenido proposicional: «Lamento comunicarles que...», «Me complace poner en su conocimiento que...».

(e) Los **declarativos** se emplean en las *fórmulas* civiles y religiosas por medio de las cuales se adquiere una nueva condición o estado: «Vengo en nombrarle Ministro de Marina», «Yo os declaro marido y mujer», etc. Estos actos de habla requieren CONDICIONES VERITATIVAS.

**ACTO DE HABLA DIRECTO E INDIRECTO.** Los ACTOS DE HABLA pueden ser 'directos' e 'indirectos'. Son **actos de habla directos** aquellos en los que se emplea un **verbo performativo o realizativo** («Te *sugiero* que te vayas», o «Te *ruego* que te levantes»). Los 'actos de habla directos', con sus correspondientes 'verbos performativos o realizativos', son más propios del lenguaje oficial, contractual y escrito, en el que se dice con claridad *acuerdan*, *prometen*, *renuncian*, *convienen*, etc.

Pero la realidad es que la mayoría de los actos de habla se llevan a cabo de forma indirecta, por medio de lo que se llama **actos de habla indirectos**. En el primero de los casos anteriores podría haber dicho «¿Por qué no te vas ya?», que sintácticamente es una pregunta, o cualquier otra oración, ya aseverativa, ya interrogativa, para sugerir, y también podría haber empleado una pregunta como «¿Puedes levantarte?» en el segundo de los casos para rogar. En la CONVERSACIÓN o comunicación coloquial entre amigos o colegas se prefieren los 'actos de habla indirectos', y la utilización de 'actos de habla directos'; en estos casos habría de interpretarse como ÉNFASIS puesto en el mensaje ordinario.

Algunos enunciados se pueden interpretar como 'actos de habla directos' o como 'actos de habla indirectos'. Los interlocutores deciden sobre la marcha, pudiendo producirse situaciones de cierta hilaridad. Por ejemplo, si le decimos a una persona de rango superior «¿Puedo hablar con Vd.?» y nos contesta «Inténtalo», debemos deducir que ha interpretado el ENUNCIADO como un 'acto de habla directo'; pero lo más probable es que se debería haber interpretado como un 'acto de habla indirecto' en el sentido de *petición* o *solicitud*, en cuyo caso, nuestro interlocutor habría preferido que le hubiera presentado mi ruego con «¿Podría...?», más aproximativo y, por tanto, de mayor CORTESÍA que el directo «¿Puedo...?» que, por carecer de dicho valor, ha de interpretarse en su estricto sentido de *capacidad.* Igualmente, si le decimos a alguien «¿Puedes bajar la voz?» debe interpretarlo como un 'acto de habla indirecto' mediante el cual rogamos que la intensidad o volumen de su voz sea reducido.

**ACTO ILOCUCIONARIO O ILOCUTIVO, LOCUCIONARIO O LOCUTIVO Y PERLOCUCIONARIO O PERLOCUTIVO.** Todo ACTO DE HABLA CANÓNICO consta de un 'acto locucionario', un 'acto ilocucionario' y un 'acto perlocucionario'.

El **acto locucionario/locutivo** consiste en emitir un ENUNCIADO formado por oraciones aceptables gramaticalmente, es decir, oraciones significativas dentro de un sistema lingüístico, que aluden a un MUNDO O UNIVERSO DISCURSIVO. Por ejemplo, si pregunto a una amiga «¿Estás libre esta noche?», el 'acto locucionario' ha consistido en emitir una oración interrogativa, la cual alude a un universo de discurso.

El **acto ilocucionario/ilocutivo**, que es realmente el centro de atención de la teoría de los 'actos de habla', es la finalidad comunicativa concreta con que el hablante realiza el 'acto locucionario'. Dicho con otras palabras, en el 'acto ilocucionario' se considera el lenguaje como un artefacto para conseguir un fin. Al emitir la oración «¿Estás libre esta noche?» he estado realizando el 'acto ilocucionario' de *invitar*, y se comprueba si ha tenido lugar el acto ilocucionario cuando el acto locucionario ha producido en el interlocutor un **efecto ilocucionario/ilocutivo**, es decir, cuando la compañera ha detectado que mi enunciado era una invitación. Para que se lleve a cabo un 'acto ilocucionario' es preciso que se cumpla lo que Austin llama CONDICIONES DE FELICIDAD del acto de habla. Desde el punto de vista de la comunicación, el efecto que interesa es el ilocucionario, que es el que debe captar el receptor. Los actos de habla, de acuerdo con el 'acto ilocucionario', pueden ser ACTOS DE HABLA DIRECTOS y ACTOS DE HABLA INDIRECTOS.

El **acto perlocucionario/perlocutivo** comprende los efectos, deseados o no, a veces imprecisos o poco claros, que cualquier enunciado puede producir en el RECEPTOR en unas determinadas *circunstancias*. Son actos perlocucionarios: asustar, intimidar, convencer, etc., y realmente se puede comprobar si ha habido un 'acto perlocucionario' cuando se ha producido un **efecto perlocucionario/perlocutivo**, es decir, cuando el interlocutor está asustado, o intimidado o convencido, etc. Por ejemplo, con el 'acto ilocucionario' anterior («¿Estás libre este noche?») puedo haber cometido el 'acto perlocucionario' de asustar a mi compañera porque no se esperaba esa invitación. Pero como es fácilmente deducible, el 'efecto perlocucionario' (estar intimidado, convencido, asustado, etc.) se puede lograr también con gestos, elevando la voz, es decir, mediante la explotación de lo que se llama CANAL KINÉSICO y CANAL PARALINGÜÍSTICO de la comunicación.

Sin embargo, no siempre es fácil diferenciar el 'acto ilocucionario' del 'perlocucionario'. El acto ilocucionario está ligado a la emisión de un enunciado de acuerdo con las *normas y convenciones*, siendo algo concreto por naturaleza, en tanto que el acto perlocucionario surge de las *circunstancias* de la enunciación, y por tanto, no nace sólo por la simple emisión de un enunciado sino en un determinado CONTEXTO. Para Austin, un acto es ilocucionario cuando se puede traducir a un verbo performativo o realizativo, que en el ejemplo anterior sería «Te *invito* a salir conmigo esta noche».

**ACTO NO VERBAL.** La INTERACCIÓN COMUNICATIVA consta de ACTOS VERBALES y de 'actos no verbales'; estos últimos constituyen el **lenguaje no verbal**. Los 'actos no verbales', de acuerdo con su origen o procedencia, los estudian respectivamente la KINÉSICA, la PARALINGÜÍSTICA y la PROXÉMICA. De acuerdo con el SIGNIFICADO (*cf* significado no verbal) que producen, se clasifican en tres grupos distintos (Myers, 1979: 1-43): actos isoverbales, actos indiciales y actos metacomunicativos.

Los **actos isoverbales** están íntimamente ligados al SIGNIFICADO PROPOSICIONAL del acto verbal que lo acompaña, al que pueden sustituir, sin dificultad, en el discurso conversacional. Por ejemplo, los movimientos de cabeza para afirmar o negar son 'actos kinésicos iso-verbales'. Es decir, son funcionalmente equivalentes a los actos verbales, aunque pueden acompañarlos.

Los **actos indiciales** dan información al RECEPTOR sobre el EMISOR y coinciden con lo que Abercrombie (1967: 7 y sigs.) llama ÍNDICES IDIOSINCRÁTICOS, mediante los cuales se reconoce la VOZ, la edad, el sexo de las personas que hablan. Estos índices producen significados socio-emocionales y, en cierto sentido, pueden reducir, reforzar o anular el significado proposicional. Por ejemplo, el ceño fruncido o una sonrisa ('actos kinésicos'), el TONO de voz ('acto paralingüístico') cumplen las funciones antes indicadas, etc.

Los **actos meta-comunicativos** sirven para regular todo el PROCESO interactivo. Son actos kinésicos, paralingüísticos o proxémicos que se emplean para permitir que el otro hable (cederle el turno de la palabra), para censurarle porque no se atiene a las reglas de los TURNOS CONVERSACIONALES, para realzar PROSÓDICAMENTE algún segmento lingüístico sobre otro, con el fin de transmitir una información especial, etc.

**ACTO VERBAL.** Es el producto de la ACCIÓN VERBAL, en su doble sentido. *Cf* acto de habla, acto no verbal.

**ACTOR.** En la terminología utilizada por Halliday (1985), 'actor' alude a un PAPEL SEMÁNTICO, no muy claramente delimitado, que coincide sólo en parte con el papel más comúnmente denominado AGENTE. Se identifican como 'actores' las entidades que normalmente se representan como SUJETOS sintácticos en los procesos *de hacer*; esto es, las entidades que, como los agentes, llevan a cabo de un modo deliberado, voluntario, la acción a la que alude el verbo y que, también como los agentes, se realizan como sujeto en la estructura sintáctica de las oraciones activas. Así, según Halliday, en «El Dodo señaló a Alicia con un dedo», «Alicia metió la mano en su bolsillo», *el Dodo* y *Alicia* son los 'actores' del proceso representado en el enunciado; son las entidades que *hacen algo*. Pero también se hace extensiva la etiqueta 'actor' a otras entidades que participan en un proceso de modo involuntario, aunque en la estructura sintáctica de la oración se comportan de forma similar a los agentes o 'actores' voluntarios. Así, según Halliday en «Jack fell down» («Jack se cayó»), «The news weakened my resolve» («Las noticias debilitaron mi resolución»), *the news* y *Jack* son también 'actores' de los procesos a que hacen referencia los enunciados.

**ACTUACIÓN.** Con el fin de acotar el objeto de la GRAMÁTICA, A. N. Chomsky establece en el PARADIGMA GENERATIVISTA la distinción entre COMPETENCIA (*competence*) o conocimiento que el hablante nativo tiene de su lengua, y 'actuación' (*performance*), entendiendo como tal el USO real de ese conocimiento para producir ENUNCIADOS. Normalmente se ha definido la 'actuación' por exclusión, a modo de cajón de sastre, diciendo que es todo lo que no es la competencia. De esta manera, la 'actuación' se determina desde la competencia, que constituye el núcleo del ANÁLISIS LINGÜÍSTICO, y abarca no sólo las FORMAS lingüísticas que se han emitido, los mecanismos de comprensión y de producción de las mismas, sino también el conocimiento no-lingüístico que es necesario para la referida producción y comprensión. Esta definición negativa, o falta de precisión definitoria, ha encontrado reticencias en algunos lingüistas del PARADIGMA GENERATIVISTA (Lakoff, 1974). La 'actuación', que es la puesta en funcionamiento o activación de la competencia, siempre en un CONTEXTO determinado, se manifiesta en las dos DESTREZAS COMUNICATIVAS activas o productivas (EXPRESIÓN ORAL y EXPRESIÓN ESCRITA) y en la dos pasivas o receptivas (COMPRENSIÓN ORAL-AUDITIVA y COMPRENSIÓN LECTORA) de cada individuo. Por tanto, la 'actuación' es de naturaleza individual y sólo se manifiesta en el IDIOLECTO.

Según el planteamiento de Chomsky, asumido por sus seguidores, ni la 'actuación' en sí ni los ENUNCIADOS procedentes de ella son el objeto de la gramática porque, para teorizar sobre la 'actuación', no se puede prescindir de supuestos psicológicos y sociológicos, ya que en la producción real de los enunciados intervienen, en efecto, factores psicológicos, fisiológicos, sociales, etc., que no pertenecen al ámbito de la lingüística. Consecuentemente, dichos enunciados no pueden constituir el objeto adecuado para la gramática porque, por causas no lingüísticas —limitaciones de memoria, cambios del centro de atención, distracciones, cansancio, etc.—, los hablantes emiten con frecuencia enunciados que ofrecen una imagen distorsionada de la competencia, con omisiones, faltas o negligencias, que en la mayoría de los casos repara o completa el receptor gracias a su competencia. Así, un hablante que domine su lengua podría producir en una situación concreta un enunciado como «Yo, verá usted, la hipoteca... ¡niño, apaga ya la tele!», que no es una muestra idónea de construcción sintáctica correcta ni, por tanto, debería tomarse como base para elaborar una gramática. *Cf* habla, competencia comunicativa, pragmática, conducta linguística, actividad linguística, aceptabilidad, gramaticalidad.

**ACTUALIZACIÓN.** ① En la LINGÜÍSTICA DEL HABLAR de Coseriu (1967: 304 y sgs.) la 'actualización', concepto que fue utilizado previamente por Bally (1950), es una de las operaciones incluidas en la DETERMINACIÓN[4]. Consiste en dirigir hacia la realidad un signo léxico, con el fin de convertir lo virtual en actual, o dicho con otras palabras, para conectar las nociones virtuales a los objetos y procesos que les corresponden en la realidad (Bally). Un SUSTANTIVO, por ejemplo, *coche*, no está por sí solo 'actualizado', esto es, no puede utilizarse para aludir a una entidad extralingüística. De ahí, por ejemplo, la anormalidad de «*Coche iba a 200 por la autopista». Sin embargo, al combinarse con *el, mi, este,* la palabra *coche* se actualiza, es decir, queda capacitada para hacer referencia a un objeto: «El/este/mi coche iba a 200 por la autopista». 'Actualización' viene a ser equivalente a DETERMINACIÓN[2].

② En muchas de las TEORÍAS lingüísticas se emplea este término para aludir a la manifestación de cualquier FORMA o unidad lingüística ABSTRACTA por medio de la SUSTANCIA correspondiente. Por ejemplo, los FONEMAS, que son unidades abstractas o idealizadas, se 'actualizan', por medio de la sustancia fónica, en los FONOS O ALÓFONOS, los MORFEMAS, como MORFOS, etc.

③ En SEMÁNTICA es la operación mediante la cual una palabra aislada, sea POLI-

SÉMICA o no, gana un SENTIDO preciso gracias al CONTEXTO, este último entendido en su triple acepción de: (1) dimensión situacional o espacio-temporal, (2) CONTEXTO y (3) PRESUPOSIÓN PRAGMÁTICA o contexto extralingüístico.

**ACTUALIZADOR.** Es un elemento lingüístico cuyo papel básico es la ACTUALIZACIÓN. El ARTÍCULO, por ejemplo —como en general todos los DETERMINANTES—, es un 'actualizador'. Convierte a un sustantivo (*casa, vecino*), que por sí solo significa pero no tiene capacir para REFERIR, en una expresión referencial, esto es, una expresión que puede aludir a un objeto real: «La casa está cerca», «El vecino está enfermo». En definitiva, como afirma Coseriu (1973: 291), *actualiza* o dirige un signo virtual hacia la realidad concreta.

**ACUMULACIÓN SÉMICA.** Véase en CARGA SEMÁNTICA.

**ACUSATIVO.** Véase en CASO ACUSATIVO.

**ACÚSTICA.** Véase en FONÉTICA ACÚSTICA.

**ADAPTACIÓN.** Vázquez Ayora (1977) y Vinay y Darbelnet (1966) la definen como la técnica de TRADUCCIÓN OBLICUA mediante la cual algún elemento del referente original, al ser desconocido o extraño al mundo de los receptores de la traducción, es sustituido por un elemento distinto. Así, Vázquez Ayora ofrece el ejemplo «He kissed his daughter on her lips», para cuya traducción propone *Abrazó tiernamente a su hija*, puesto que una versión literal provocaría confusión y AMBIGÜEDAD en castellano. La aplicación de este recurso depende en gran medida del texto traducido; en una traducción jurada (Campos, 1995b), por ejemplo, no podría aplicarse, pues supondría una falsedad, al cambiarse el referente, mientras que en una traducción literaria, en la cual no importa el referente, sino el EFECTO ESTILÍSTICO, la sustitución sí sería aceptable.

**ADAPTACIÓN LÉXICA.** En LEXICOLOGÍA se llama así al procedimiento mediante el cual una lengua se enriquece con EXTRANJERISMOS, los cuales, tras pasar por el trámite de ACOMODACIÓN a sus normas morfofonológicas y fonotácticas, entran a formar parte de su léxico. Los procedimientos más importantes de 'adaptación léxica' son los PRÉSTAMOS y los CALCOS.

**ADECUACIÓN, ADECUACIÓN CIENTÍFICA.** ① En LEXICOLOGÍA se usa el término 'adecuación', también llamado ASIMILACIÓN, para referirse a la aplicación de las normas MORFOFONOLÓGICAS de una lengua a un PRÉSTAMO. Por ejemplo, ha habido 'adecuación' en el préstamo *fútbol* procedente del inglés *football. Cf* adopción léxica.

② En la INVESTIGACIÓN LINGÜÍSTICA moderna se emplea el término de 'adecuación' o **adecuación científica**', con el significado de grado de conveniencia o de optimización, como uno de los parámetros básicos empleados en la evaluación de las GRAMÁTICAS y de las TEORÍAS lingüísticas. A estos efectos, Chomsky distinguió tres niveles o grados de 'adecuación científica' para la evaluación de las gramáticas y de las teorías lingüísticas: la 'observacional', la 'descriptiva', y la 'explicativa'.

(a) La **adecuación observacional** constituye la exigencia mínima que debe satisfacer una gramática; dicho con otras palabras, alcanzar el nivel de 'adecuación observacional' es condición necesaria pero no suficiente para una gramática. De acuerdo con este nivel de adecuación, una gramática debe caracterizar adecuadamente los DATOS contenidos en un CORPUS lingüístico. Por ejemplo, una gramática que refleje que, en los enunciados de un corpus de datos, los nombres plurales van seguidos de verbos en plural es observacionalmente adecuada.

(b) La **adecuación descriptiva** va más lejos, ya que describe las INTUICIONES o COMPETENCIA de los hablantes nativos. Visto a través del prisma chomskiano, la 'adecuación descriptiva' da cuenta de las INTUICIONES lingüísticas de los hablantes nativos y caracteriza los datos observados por medio de GENERALIZACIONES significativas que expresan las regularidades subyacentes al lenguaje. Wunderlich (1979: 67) diferencia la 'adecuación observacional' de la 'adecuación descriptiva' utilizando dos términos que, en principio, parecen similares, los datos y los hechos. Los primeros nacen de la observación individual, mientras que los *hechos* lingüísticos se establecen por medio de la GENERALIZACIÓN y la ABSTRACCIÓN; es decir, los datos son las características o rasgos individuales o particulares que detectamos en el lenguaje, mientras que los hechos son las regularidades o generalizaciones más abstractas que se pueden predicar de un campo completo de fenómenos relacionados, no sólo de los observados.

De conformidad con los criterios planteados por Chomsky, una gramática consigue el nivel de 'adecuación descriptiva' cuando las reglas que formula, además de describir los datos contenidos en un *corpus*, reflejan generalizaciones lingüísticas. Por ejemplo, una gramática que contenga reglas del tipo «todo sintagma nominal sujeto debe concordar con el verbo» puede ser descriptivamente adecuada en relación con este aspecto. Las gramáticas de las lenguas que aspiran a poseer este nivel de adecuación diferencian las oraciones bien formadas de las mal formadas, describen los agrupamientos estructurales que se encuentren en ellas, muestran las relaciones entre los componentes o constituyentes de estos agrupamientos y facilitan una representación de la interpretación de las citadas oraciones. Una gramática que se limite a constatar que, en una serie de enunciados concretos, en español, por ejemplo, el nombre singular va seguido de un verbo en singular, mientras que el nombre en plural va seguido del verbo en plural, no alcanza este nivel, porque se limita a reflejar datos concretos y no plantea ninguna generalización válida. La adecuación descriptiva constituye un nivel de exigencia superior al de la simple ADECUACIÓN OBSERVACIONAL, pero inferior al de la ADECUACIÓN EXPLICATIVA.

(c) La **'adecuación explicativa'**, que, como se ha dicho, es de mayor calado, la alcanza una gramática cuando, además de cumplir los niveles de adecuación previos, el observacional y descriptivo (Nagel, E., 1968), está formulada de conformidad con los PRINCIPIOS generales que rigen el aprendizaje y el funcionamiento de las lenguas, intentando:

(1) dar cuenta de la génesis, de las causas o motivos que, en suma, producen lo que se manifiesta en los fenómenos lingüísticos, o dicho con otras palabras, dar las razones del porqué de los fenómenos lingüísticos; y

(2) predecir, es decir, anticipar de forma razonable, la trayectoria y el sentido en que se producirá un fenómeno, siempre que concurran las circunstancias conocidas.

Por tanto, se dice que esta adecuación es causal y predictiva.

En lo que a la **teorización lingüística** se refiere es de aplicación todo lo dicho sobre las gramáticas de las lenguas. Así, por ejemplo, el cometido de las teorías contenidas en la FONOLOGÍA GENERATIVA (Chomsky, N. *et al.*, 1977: 269-321) es relacionar las representaciones fonológicas y fonéticas por medio de un conjunto de reglas (o leyes) fonológicas que indiquen de una *forma explícita* lo que es predecible y lo que no es predecible o singular en el sistema fonético-fonológico de una lengua. Chomsky justifica con innumerables ejemplos que, en la teorización lingüística, no sólo en la de las lenguas particulares sino también en la del lenguaje en general, se debe alcanzar la 'adecuación explicativa', la que se puede utilizar para generar hipótesis contrastables (Robinson, W. P., 1972: 40), que es uno de los principios de la INVESTIGACIÓN LINGÜÍSTICA. Como se deduce lógicamente, la meta del nivel explicativo ha sido el estímulo que ha impulsado el desarrollo de las teorizaciones del paradigma generativista, aunque el concepto de 'adecuación explicativa', tal como se entiende en la investigación científica general, no es siempre fácil de armonizar con lo que significa para Chomsky en la 'teorización lingüística', lo que ha sido motivo de prolongadas polémicas, en ocasiones, no exentas de cierta acritud (Wunderlich, D.,1979: 88).

A pesar de todo lo dicho, la 'adecuación explicativa' no ha sido siempre la meta de todos los investigadores científicos. El estructuralismo, por ejemplo, heredó la adecuación observacional (por ejemplo, la que se encuentra en un sistema clasificatorio) y la descriptiva (la de las generalizaciones) como metas adecuadas y suficientes, propias de los trabajos del siglo XIX.

En la teorización lingüística también se habla de **adecuación externa** y de **adecuación interna**. En el primer caso, la 'adecuación' juzga la correspondencia existente entre una gramática y los datos a los que hace referencia; en el segundo caso, la 'adecuación' valora la coherencia y las características internas (claridad, econocomía, etc.) de una gramática (Crystal, 1991: 8).

**ADESIVO.** CASO gramatical empleado en algunas lenguas, como en la expresión húngara *hajó-nál* («cerca de la embarcación»), para expresar la presencia en un lugar, o la proximidad inmediata al mismo o a un objeto determinado (Raimondo, G., 1991: 6). *Cf* alativo, elativo.

**ADITAMENTO.** Este término fue introducido por E. Alarcos en sustitución de COMPLEMENTO CIRCUNSTANCIAL, con el fin de evitar las connotaciones puramente nocionales —complemento que alude a una circunstancia— que la denominación 'circunstancial' conllevaba en su uso tradicional. No obstante, tanto en su definición como en su empleo, 'aditamento' viene a ser equivalente a COMPLEMENTO CIRCUNSTANCIAL cuando, según es característico de las gramáticas de orientación funcional, el concepto se acota mediante rasgos sintácticos. En el enunciado «Hemos estado discutiendo *durante dos horas en el bar*», *durante dos horas* y *en el bar* serían, por tanto, 'aditamentos'.

**ADJETIVO.** ① En la acepción más corriente y más tradicional del término, se consideran 'adjetivos' palabras como *este, algún, rojo, actual*, que tienen en común el poder aparecer como modificadores directos del sustantivo en el SINTAGMA NOMINAL, y el presentar CONCORDANCIA con el SUSTANTIVO en las lenguas que, como el español, así lo admiten: «*esta* casa», «*algunos* días», «los coches *rojos*», «las *actuales* circunstancias». Aparte de ese rasgo común que permite agruparlas en una misma CLASE, palabras como *este, algún, rojo, actual* presentan notables diferencias en lo que concierne a su aportación semántica y a su comportamiento sintáctico. De ahí la necesidad de distinguir, al menos, adjetivos DETERMINATIVOS O DETERMINANTES (*este, algún*) y adjetivos CALIFICATIVOS (*rojo, actual*).

② En un sentido más restringido, se denominan 'adjetivos' sólo las palabras que en la acepción anterior serían consideradas **adjetivos calificativos** (*cf* adjetivo cualitativo). En este sentido, el término identifica, pues, a una clase de palabras que comparten los siguientes rasgos: (1) pueden actuar como modificadores directos del sustantivo en un sintagma nominal y presentar CONCORDANCIA con su núcleo, si la lengua así lo permite; (2) constituyen una CLASE ABIERTA, esto es, teóricamente ilimitada en cuanto al número de unidades que la integran; (3) no pueden funcionar como DETERMINANTES. Es el caso de *rojo, actual, francés, primero*. Pese a ser un rasgo comúnmente asociado a los adjetivos en la tradición gramatical, no todas las palabras incluidas en esta clase designan, en sentido estricto, propiedades o cualidades. En esta acepción, 'adjetivo' se opone a DETERMINANTE en tanto que modificador del sustantivo en el sintagma nominal. Los diferentes tipos de adjetivos que se mencionan en los estudios gramaticales reflejan los distintos puntos de vista que se han adoptado para clasificarlos:

(a) Así, atendiendo a la noción que expresan, se distinguen: 'adjetivos valorativos' (*extraordinario*), de **clase** (*aristócrata*), 'de cualidad física' (*blanco*), 'de cualidad moral' (*valiente*), etc.

(b) De acuerdo con sus propiedades combinatorias, asociadas también a sus propiedades semánticas, se diferencian adjetivos 'relacionales' (*paterno*), 'clasificadores' (*francés*), 'cualitativos' (*blanco*), 'perfectivos' (*lleno*), 'imperfectivos' (*imposible*).

(c) Según su DERIVACIÓN morfológica, se habla de adjetivos 'denominales' (*presidencial*), 'deverbales' (amable), 'deadverbiales' (*cercano*).

(d) Atendiendo a la función sintáctico-semántica que adopten en un sintagma nominal concreto, se distinguen: adjetivos EXPLICATIVOS O NO RESTRICTIVOS» («Los *blancos* caballos trotaban por la playa»), ESPECIFICATIVOS O RESTRICTIVOS («Los caballos *blancos* trotaban por la playa»), EPÍTETOS («La *blanca* nieve caía»).

(e) Por último, según la modificación sobre el sustantivo se realice con o sin intervención de un elemento verbal, se diferencia entre adjetivo 'adjunto' («Los caballos *blancos*») y adjetivo 'predicativo' («Los caballos son *blancos*»).

**ADJETIVO ADVERBIAL.** ① En algunos textos se denominan 'adjetivos adverbiales' elementos como los destacados en los siguientes enunciados: «Su padre trabajó *duro*», «La cometa vuela *alto* «El jefe habló *claro*». *Duro, alto, claro*, si bien coinciden formalmente con unidades de carácter ADJETIVO, funcionan en estos enunciados como ADVERBIOS, de ahí que no presenten variación de GÉNERO ni de NÚMERO: «María trabajó *duro*», «Juan y Alberto hablaron *claro*».

② En una segunda acepción se identifican como 'adjetivos adverbiales' los incluidos en los siguientes enunciados: «Es un *mero* asunto de trámite», «Se trata de una *simple* cuestión de orden». La denominación obedece a que los enunciados que contienen estos adjetivos pueden parafrasearse por otros que tengan en su lugar un ADVERBIO: «Es *meramente* un asunto de trámite», «Se trata *simplemente* de una cuestión de orden».

**ADJETIVO CALIFICATIVO.** Equivale a ADJETIVO CUALITATIVO.

**ADJETIVO CLASIFICADOR.** Se llaman 'adjetivos clasificadores' aquellos ADJETIVOS, como *inglés, budista, socialista, americano*, que clasifican según su origen, grupo político, religioso, social, etc., a la entidad a la que se asocian, ya sea como modificadores de un núcleo nominal («Los diputados *socialistas* votaron en blanco»), ya sea como ATRIBUTOS: «El nuevo futbolista del Barça es *inglés*». Los adjetivos anteriores han servido para incluir a las entidades «Los diputados», y «El nuevo futbolista del Barça» en una clase preestablecida. Los 'adjetivos clasificadores', a diferencia de los ADJETIVOS CUALITATIVOS, no se anteponen al nombre («*Los *socialistas* diputados»), ni admiten la INTENSIFICACIÓN, a no ser que se utilicen como adjetivos cualitativos, esto es, como alusivos a una serie de propiedades tópicamente asociadas a la clase: «Antonio es de Murcia pero es *muy inglés* en sus costumbres».

**ADJETIVO CUALITATIVO.** Son 'adjetivos cualitativos', también llamados **adjetivos calificativos**, los ADJETIVOS que expresan *cualidades*, esto es, aluden a propiedades de las entidades a las que se asocian, bien como modificadores del núcleo nominal («La casa *rosada* dominaba la colina»), bien como ATRIBUTOS («La casa de mis sueños es *blanca* y *solitaria*»). Los 'adjetivos cualitativos' son los que presentan los rasgos sintácticos más típicamente asociados a la CLASE adjetivo: (1) son intensificables («El coche es *muy amplio*»); (2) pueden anteponerse o posponerse al sustantivo («El *magnífico* jardín de mi abuela quedó destrozado»); y (3) como ya se ha señalado, pueden funcionar como modificadores del nombre o como atributos.

**ADJETIVO CUASIDETERMINANTE.** Clase de ADJETIVOS que, a semejanza de los DETERMINANTES, no son descriptivos, no describen propiedades, características de las entidades a las que se asocian. Como los determinantes, o bien las cuantifican o bien las sitúan espacial o temporalmente en relación con otras. Son, por ejemplo, de esta clase los adjetivos incluidos en las siguientes frases: «el *actual* presidente del Marbella C.F», «los *restantes* miembros de la familia», «el *primer* alumno de la lista», «el *próximo* concursante», «la *siguiente* canción». También como los determinantes, estos adjetivos tienden a preceder al sustantivo.

**Adjetivo descriptivo.** Se denominan así los ADJETIVOS CUALITATIVOS del tipo *blanco, verde, alto, redondo*. Se diferencian de los VALORATIVOS porque describen propiedades objetivas de las entidades a las que pueden asociarse: «Me he comprado un coche *blanco*», «El salón de la casa es *redondo*». Aunque son de posición libre, tienden normalmente a posponerse al núcleo nominal.

**Adjetivo determinativo.** La denominación tradicionalmente aplicada a las unidades adjetivas cuya función básica en el sintagma nominal es la DETERMINACIÓN. *Este, mi, algún*, por ejemplo, son 'adjetivos determinativos'.

**Adjetivo epíteto.** En las gramáticas del español se clasifican como 'epítetos' los adjetivos (generalmente antepuestos al sustantivo) que destacan una propiedad o característica que se considera implicada en la DENOTACIÓN del sustantivo al que acompañan. Por ello, ni modifican la extensión del núcleo sustantivo, ni tienen, en consecuencia, carácter RESTRICTIVO.

Los adjetivos destacados en «La *blanca* nieve caía lentamente», y en «Sus dedos se enlazaron torpemente sobre la *verde* hierba» son ejemplos típicos de 'adjetivos epítetos': el ser «blanca» es una cualidad consustancialmente asociada a la «nieve», así como el ser «verde» puede considerarse una propiedad inherente a la «hierba». En ninguno de los casos, por tanto, el 'adjetivo epíteto' añade algo nuevo a la comprensión del sustantivo; simplemente resalta o destaca una característica implicada en su denotación. Según la Real Academia Española (1973: 410), el 'adjetivo epíteto' tiene su campo principal en la lengua literaria. *Cf* énfasis.

**Adjetivo especificativo.** Se identifican como 'especificativos' los adjetivos que, en un sintagma nominal concreto, funcionan como complementos especificativos o RESTRICTIVOS del núcleo sustantivo. Pueden, por ejemplo, considerarse 'especificativos' todos los adjetivos destacados en los enunciados siguientes: «Los edificios *altos* son peligrosos en caso de incendio», «Para los viajes *largos* resultan más cómodos los coches *amplios*». *Altos, largos, amplios* son adjetivos 'especificativos' o **restrictivos** porque agregan su significado al del sustantivo núcleo (*edificios, viajes, coches*) para restringir su EXTENSIÓN y delimitar así los posibles REFERENTES del sintagma. Por ello, su supresión puede alterar tanto la referencia del sintagma nominal (aludiría a entidades distintas) como, en consecuencia, el estado de cosas representado por la oración. «Los edificios son peligrosos en caso de incendio», «Para los viajes resultan más cómodos los coches» no son oraciones equivalentes, en lo que concierne a su valor de verdad, a las anteriores.

**Adjetivo explicativo.** Se consideran 'explicativos' los adjetivos que, en un sintagma nominal concreto, funcionan como complementos explicativos O NO RESTRICTIVOS. Pueden identificarse como 'explicativos', por ejemplo, los adjetivos que se destacan en los enunciados siguientes: «Su *ronca* voz proseguía monótonamente el relato», «Desde la terraza sólo se divisaban los *polvorientos* caminos que conducían al pueblo». Tales adjetivos se considerarían 'explicativos' o **no restrictivos** porque, si bien destacan una propiedad de las entidades a las que alude el sintagma (*su voz, los caminos que conducen al pueblo*), no tienen como función delimitar su referencia; esto es, no se utilizan para delimitar a qué *voz* o a qué *caminos que conducen al pueblo* se refiere en concreto ese sintagma. De ahí que su supresión no modifique ni la EXTENSIÓN del sintagma nominal ni el estado de cosas representado en la oración. «Su voz proseguía monótonamente el relato», «Desde la terraza sólo se divisaban los caminos que conducían al pueblo» son, en lo que concierne a su valor de verdad, oraciones equivalentes a las anteriores.

**ADJETIVO REFERENCIAL.** Equivale a ADJETIVO RELACIONAL.

**ADJETIVO RELACIONAL.** Los **adjetivos relacionales**, también llamados **adjetivos referenciales**, son los ADJETIVOS derivados generalmente de un sustantivo, como «presupuestario», «agrario», «salarial», «sindical», «policial», que, cuando modifican a un nombre, expresan una relación entre dos entidades nominales: la designada por el nombre al que se adjuntan y la aludida por el sustantivo del que derivan. Por ejemplo, «la propuesta sindical» es equivalente a «la propuesta del sindicato», construcción en la que queda patente la relación entre dos entidades nominales.

Además de esta característica común, los 'adjetivos relacionales' presentan ciertas peculiaridades sintácticas que los diferencian de otros tipos de ADJETIVOS: (1) en español aparecen siempre pospuestos al nombre («*el presupuestario debate»); (2) no admiten INTENSIFICACIÓN («*la moderación muy salarial»); y (3) se utilizan, al menos en su sentido puramente relacional, sólo como modificadores del nombre y no como ATRIBUTOS: «la situación agraria» pero no «*la situación es agraria».

**ADJETIVO VALORATIVO.** Se clasifican como 'valorativos' los ADJETIVOS CUALITATIVOS del tipo *excelente, estupendo, espléndido, maravilloso*. Por su significado, estos adjetivos, a diferencia de los DESCRIPTIVOS, no describen propiedades objetivas, sino que expresan valoraciones subjetivas sobre las entidades a las que se asocian: «La *magnífica* victoria de la selección impresionó a los aficionados», «Aún recuerdo aquellos *maravillosos* años de mi juventud». Se anteponen al sustantivo con más frecuencia que los descriptivos.

**ADJUNCIÓN.** ① La adjunción es uno de los tipos generales de TRANSFORMACIÓN de movimiento o desplazamiento que se diferencian en la GRAMÁTICA GENERATIVA atendiendo al lugar en que se sitúa el elemento movido (véase también SUSTITUCIÓN). En el movimiento por 'adjunción' el elemento trasladado se adjunta a otro que ya existe en la unidad a la que ha sido desplazado, quedando ambos elementos, el preexistente y el trasladado, dominados por un mismo NUDO categorial. En la GRAMÁTICA TRANSFORMACIONAL-GENERATIVA clásica se distinguían al menos dos clases de movimiento por 'adjunción':

(a) **Adjunción fraternal** o **adjunción de hermana.** Según afirma Radford (1988a: 165 y sigs.), por ejemplo, adjuntar como hermana un constituyente A a otro constituyente B consistía en colocar A inmediatamente bajo el nudo C que domina inmediatamente a B conforme al siguiente esquema:

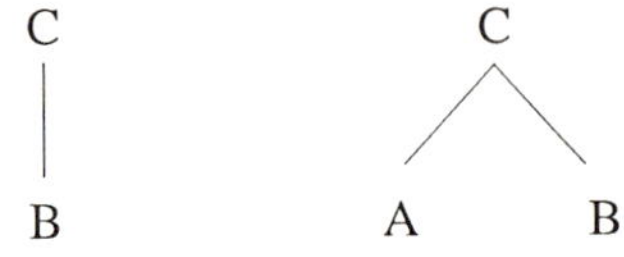


Estructura inicial antes de la adjunción — Adjunción de hermana de A a la izquierda de B

Así, por ejemplo, según el caso hipotético que tomamos del mismo Radford (1988a: 165-66), si en una ORACIÓN INTERROGATIVA INDIRECTA, como la que se destaca en cursiva en «I don't know *what he will do*» («Yo no sé *qué hará él*»), la frase Qu (*what*, *qué*), trasladada a posición inicial, se adjuntase como 'hermana' al complementador vacío (+*Wh* en el esquema de Radford) que teóricamente introduce la interrogativa subordinada, la oración «I don't know what he will do» tendría la siguiente estructura derivada:

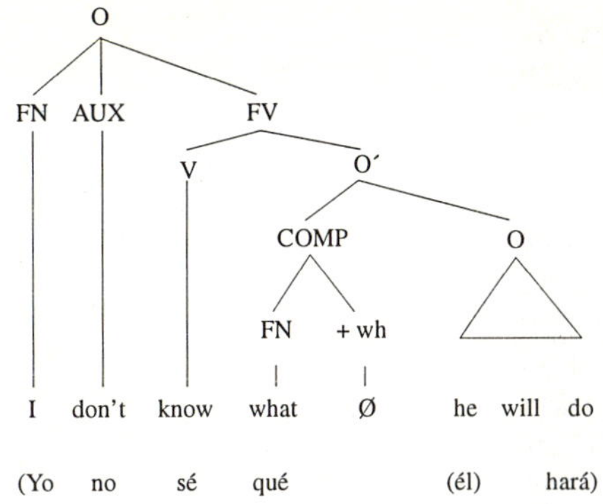


procedente de esta otra estructura básica:

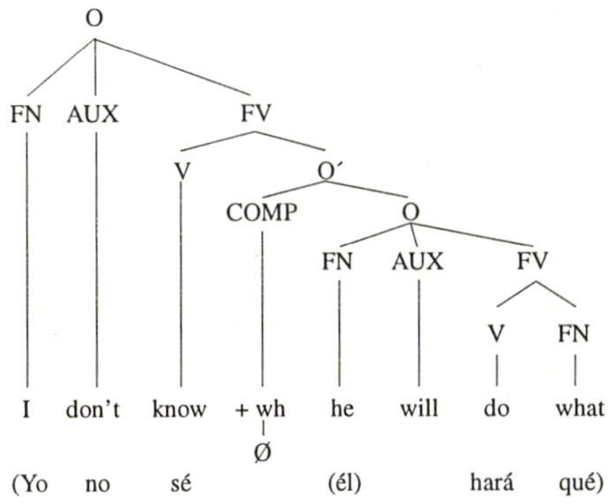


De conformidad con esta derivación, *what* (*qué*) se habría trasladado desde su posición inicial, como objeto de *do*, situándose junto al COMPLEMENTADOR (+WH) bajo el mismo nudo categorial COMP que lo dominaba. Por tanto, se habría adjuntado al complementador como 'hermana'.

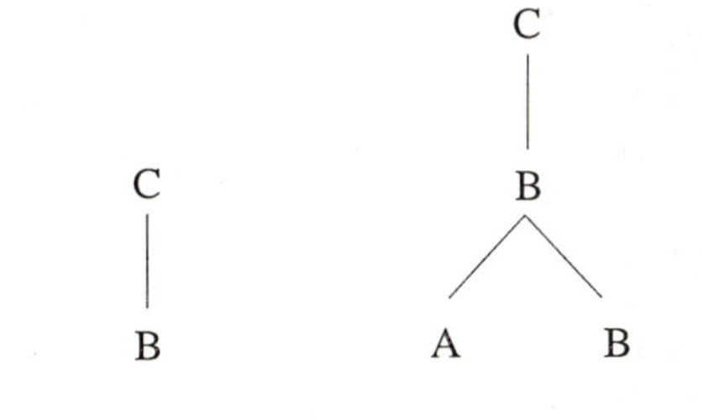


Estructura inicial antes de la adjunción

Adjunción chomskyana de A a la izquierda de B

(b) **Adjunción a lo Chomsky** o **adjunción chomskiana.** Consiste en que un elemento A se adjunta a otro elemento B creando un nuevo NUDO del tipo B que domina a los dos, tal como refleja este esquema tomado de Radford (1988a: 165):

Así, retomando las hipótesis planteadas por Radford sobre el ejemplo anterior («I don't know what he will do»), si la adjunción de *what* (*qué*) al complementador fuese 'a lo Chomsky', y no 'de hermana', ésta sería, según Radford, la estructura derivada:

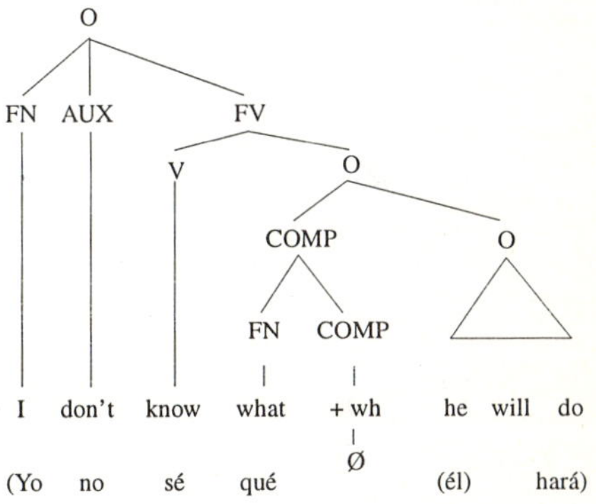


*What* se habría adjuntado al complementador (+WH), existente en COMP, creando un nuevo nudo del mismo tipo COMP que los domina a ambos.

② En modelos generativos más recientes, como es el caso de RECCIÓN Y LIGAMIENTO, por 'adjunción', sin más especificaciones, se entiende comúnmente el tipo de MOVIMIENTO anteriormente descrito como 'adjunción a lo Chomsky', dado que ésta parece ser la única clase de 'adjunción' que se admite en dicho modelo.

**ADJUNTO.** ① En el sentido más abarcador del término, se llama 'adjunto' a cualquier unidad que funciona como modificador dependiente de un NÚCLEO en una estructura sintáctica y cuya aparición en dicha estructura es opcional. Serían, pues, 'adjuntos' en esta acepción amplia las unidades destacadas en las siguientes expresiones: «La casa *roja*», «Las calles *de Madrid*», «Volverás *con mis amigos*».

② En una acepción más restringida, 'adjunto' se aplica sólo a SINTAGMAS NOMINALES, ADJETIVOS O ADVERBIALES que, además de modificar, con carácter opcional, a un núcleo, se unen a él de forma directa e inmediata, sin que medie preposición o pausa. En este sentido serían 'adjuntos' los elementos destacados en las siguientes expresiones: «La casa *roja*», «Comió *rápidamente*», pero no los sintagmas que aparecen destacados en «Madrid, *capital de España*», «Las calles *de Madrid*», «Volveré *con mis amigos*».

③ Este término ha desarrollado también una acepción más específica como función sintáctica, según la cual 'adjunto' es un constituyente opcional del SINTAGMA VERBAL, que, por tanto, está incluido en el PREDICADO, pero que no depende de la SUBCATEGORIZACIÓN verbal; es decir, no está seleccionado sintáctica y semánticamente por el verbo. Serían adjuntos, de acuerdo con esta acepción, las unidades destacadas en las oraciones siguientes: «Devolveré los libros *la semana próxima*», «Haremos la barbacoa *en mi jardín*». Cuando se emplea con este sentido, 'adjunto' se opone, por lo general, a COMPLEMENTO. *Cf* circunstante, satélite.

④ Por último, también se ha utilizado el término 'adjunto' para identificar un grupo de ADVERBIOS que tienen en común la capacidad de funcionar como elementos integrados en la oración, bien porque actúen como complementos del verbo, o del sintagma verbal («Comía *deprisa*», «Volveré *mañana*»), bien porque tengan como núcleo cualquier otro elemento incluido en la oración («*Incluso* yo sabría hacerlo», «Va *demasiado* rápido»). En esta acepción, 'adjunto' se utiliza en oposición a DISJUNTO y a CONECTOR, términos con los que se alude a una serie de adverbios cuyo núcleo es toda la oración y no un elemento de ella. Los 'adverbios adjuntos', por ejemplo, pueden ser: TOPICALES (*históricamente, lingüísticamente*), FOCALIZADORES (*incluso, sólo, exclusivamente*), MODALES (bien, lentamente), INTENSIFICADORES (*extraordinariamente, sumamente*), CUANTIFICADORES (*bastante, más*), LOCATIVOS (*aquí, lejos*), FRECUENTATIVOS (*frecuentemente, semanalmente, a menudo*), etc.

**ADLATIVO.** CASO gramatical empleado en algunas lenguas, como en la expresión húngara *hajó-hozl*, «hacia la embarcación», con el sentido de «hacia» o «en dirección a» un punto o lugar.

**ADNOMINAL.** Se identifican como 'adnominales' las unidades sintácticas que se integran en un sintagma nominal, bien con la función de DETERMINANTES O ESPECIFICADORES, bien con el papel de modificadores O COMPLEMENTOS del nombre núcleo del sintagma. Son, pues, constituyentes 'adnominales' los determinantes («*este* espejo», «*la* casa»), los sintagmas adjetivos que modifican al nombre («el espejo *antiguo*», «el ordenador *más completo*»), así como los sintagmas preposicionales y las ORACIONES DE RELATIVO que se incorporan al sintagma nominal con un papel similar al desempeñado por los sintagmas adjetivos: modificar o complementar al núcleo del sintagma: «el espejo *de mi abuelo*», «el ordenador *del año 2000*», «la casa *que deseamos*», «los cuadros *que hemos comprado*».

**ADOPCIÓN LÉXICA.** En LEXICOLOGÍA se llama así al procedimiento mediante el que entran a formar parte del léxico de una lengua determinados EXTRANJERISMOS, sin la correspondiente ADECUACIÓN (O ACOMODACIÓN) a sus normas MORFOFONOLÓGICAS, es decir, manteniendo su GRAFÍA propia; a estos extranjerismos también se les llama XENISMOS, como la palabra inglesa *stress*, o la latina *corpus* (de datos), etc. *Cf* barbarismo².

**ADPOSICIÓN.** 'Adposición' es la CLASE gramatical que agrupa a PREPOSICIONES y POSPOSICIONES como unidades que desempeñan una misma FUNCIÓN, aunque ocupen posiciones diferentes. Son, pues, 'adposiciones' tanto la PREPOSICIÓN española *ante*, que precede al SINTAGMA NOMINAL «Se paró *ante* la puerta», como, según ejemplo tomado de Moreno Cabrera (1991), su equivalente húngaro, la posposición *elött*, que se sitúa detrás del sintagma: «a ház *elött*», literalmente *la casa ante*.

ADQUISICIÓN DEL LENGUAJE. ① En PSICOLINGÜÍSTICA se conoce con el nombre de 'adquisición del lenguaje' el estudio teórico de las ESTRATEGIAS que siguen los niños para dominar las estructuras lingüísticas de su lengua materna y del LENGUAJE en general. El texto de Chomsky *Language and Mind*, publicado en 1968, plantea por primera vez una cuestión novedosa en el GENERATIVISMO: la 'adquisición del lenguaje', esto es, determinar cuál es el artilugio mental que poseemos los humanos, merced al cual podemos aprender o adquirir el lenguaje y, a la vez, emitir y entender un repertorio, potencialmente infinito, de oraciones jamás oídas con anterioridad. Este punto marcó una meta nueva para la investigación lingüística, que influyó considerablemente en otras disciplinas relacionadas con el lenguaje, como la filosofía o la psicología. En *Language and Mind* Chomsky se apoya en el pensamiento racionalista cartesiano y, en especial, en el de Port Royal (*cf* psicologismo racionalista). No obstante, con anterioridad, y con motivo de la denuncia formulada por Chomsky (1959) en su recensión de la obra de Skinner (1957) *Verbal Behavior*, que fue el modelo en el que se apoyó el CONDUCTISMO del ESTRUCTURALISMO NORTEAMERICANO, ya se había apuntado esta línea de investigación como uno de los retos básicos de reflexión especulativa de este paradigma.

Algunos especialistas distinguen entre 'adquisición' y **desarrollo**; el primero se refiere al control de una REGLA del lenguaje y el segundo a su aplicación en una amplia gama de contextos. Dentro del **innatismo** defendido por el GENERATIVISMO se postula la existencia en los niños de un mecanismo de adquisición del lenguaje llamado **L.A.D.** (*language acquisition device*), que consiste en una predisposición innata a 'adquirir' las estructuras lingüísticas de todo tipo. Este proceso es para Chomsky similar a la capacidad que los humanos poseen para formular HIPÓTESIS o para construir TEORÍAS utilizando solamente un reducido inventario de datos. La adquisición del lenguaje, que sólo puede tener lugar hasta determinada edad, consiste fundamentalmente en la construcción de una gramática, hecha por los niños barajando hipótesis sobre las posibles reglas gramaticales y desechando las que no le sirven, por medio de la llamada ABDUCCIÓN[2]. Estas hipótesis las formulan los niños al contrastar los datos externos (*input*) con las bases lingüísticas innatas, y las prueban, revisándolas o abandonándolas cuando sea necesario.

A pesar de que desde el principio hubo una diferenciación entre las teorías relacionadas con la 'adquisición' y las del APRENDIZAJE, con el tiempo se han percibido contactos entre ellas. Dicho con otras palabras, frente a los DRILLS de tipo mecanicista del estructuralismo, el generativismo insiste en los conocimientos del código lingüístico, de las reglas, es decir, de lo racional, minimizando el papel de la repetición y la imitación. En esta participación activa del alumno no se pueden ignorar una serie de elementos personales, entre los que sobresalen (a) su iniciativa, su esfuerzo y su responsabilidad, así como (b) la función que tiene en todo proceso de aprendizaje la satisfacción que se alcanza tras obtener los frutos obtenidos.

ADQUISICIÓN DEL SONIDO ARTICULADO. Dentro de las TEORÍAS de ADQUISICIÓN DEL LENGUAJE, la de la 'adquisición del sonido articulado', entendido éste de forma fonemática, es decir, con función distintiva, se basa, de acuerdo con Jakobson, en dos principios de carácter universal: el establecimiento de OPOSICIONES, muy amplias al principio, y en el desarrollo metodológico del análisis, desde lo sencillo a lo complejo. Un primer paso que establece el niño es la distinción entre VOCAL y CONSONANTE, es decir, entre ABERTURA y obstaculización. La primera vocal que aparece es la *a*, y la primera consonante una OCLUSIVA LABIAL; la primera oposición vocálica es la de *abierta-cerrada* (*papa–pipi*) y la primera OPOSICIÓN consonántica es la formada por oral y nasal (*papa–mamá*) . El consonantismo mínimo, constituido por la oposición universal *p/t,* se amplía más tarde a *p/t/k* (Lewandowsky, 1982: 10).

**ADSCRIPTIVA.** Véase en ORACIÓN ADSCRIPTIVA.

**ADSTRATO.** En la teoría de los CAMBIOS LINGÜÍSTICOS se emplea el término ADSTRATO para designar la influencia que ejercen dos lenguas vecinas entre sí, por ejemplo, cuando una de las comunidades de habla sueca de Finlandia recibe la influencia del finés, o la influencia del alemán sobre el francés hablado en Alsacia; o la del inglés sobre el galés (Malmberg, 1967: 22) o la del catalán sobre el castellano y a la inversa.

**ADUCCIÓN.** En FONÉTICA ARTICULATORIA, es el movimiento opuesto a la ABDUCCIÓN, y consiste en el acercamiento de las CUERDAS VOCALES, sin llegar al CIERRE GLÓTICO, merced a la unión de los cartílagos aritenoides, situados en la parte posterior de la laringe; con dicho acercamiento se genera un estrechamiento de la GLOTIS que fuerza al aire subglótico acumulado procedente de la ESPIRACIÓN a hacer vibrar en pequeñas bocanadas a las cuerdas vocales, en su intento de salir al exterior, iniciándose lo que se llama ACTITUD VOCAL, esto es, produciendo lo que en fonética se llama VOZ.

**ADVERBIAL.** Se clasifican como 'adverbiales' las unidades sintácticas que, por su significado y/o su funcionamiento, se consideran equivalentes a un ADVERBIO. *Cf* adjetivo adverbial, oración adverbial, sintagma adverbial.

**ADVERBIO.** Este término corresponde a una de las tradicionales PARTES DE LA ORACIÓN considerada, por lo general, como el «cajón de sastre» de las CLASES gramaticales, aquella en la que se han venido incluyendo los elementos cuya integración en otra clase mejor definida hubiera resultado problemática.

En efecto, la denominación 'adverbio' se ha hecho extensiva a elementos como *quizás, sólo, aquí, bastante, afortunadamente, lentamente, además*, que tienen en común no poseer FLEXIÓN de GÉNERO ni de NÚMERO, así como no coincidir plenamente en su funcionamiento ni con PREPOSICIONES ni con CONJUNCIONES, pero que, por otro lado, presentan rasgos de comportamiento diferentes. Así, por ejemplo, *lentamente* es un elemento que, en lo que concierne a su modo de funcionar, es el calificador del proceso, cuyo núcleo es el verbo o el sintagma verbal («Releyó *lentamente* los papeles»), pero no podría tener como núcleo un adjetivo u otro adverbio. *Bastante,* por el contrario, sí funciona como modificador de verbos, adjetivos u otros adverbios («Trabaja *bastante* últimamente»; «Vive *bastante* lejos»; «Está *bastante* viejo»), aunque no puede tener como ámbito sintáctico-semántico una oración o un sintagma nominal. *Sólo*, sin embargo, puede incidir desde el punto de vista sintáctico y semántico en un sintagma nominal («Voy al mercadillo *sólo* los jueves»). *Afortunadamente,* tiene, por lo general, como ámbito sintáctico y semántico toda la oración y no uno solo de sus elementos («*Afortunadamente*, todo ha sucedido como esperaba»). *Aquí*, por sus propiedades nominales, es un término que puede actuar como circunstancial sin necesidad de preposición («Guardaremos las cajas *aquí*, en la cocina»), pero no es modificador de adjetivos o adverbios, ni modifica el significado del verbo, al menos en el mismo sentido en que lo hace un 'adverbio' intensificador o calificador del proceso verbal.

Dada la heterogeneidad funcional de los 'adverbios', parece tarea vana tratar de asociar a la etiqueta 'adverbio' una caracterización gramatical que abarque a todos los elementos a los que se aplica y que, al mismo tiempo, sea diferenciadora y refleje rasgos privativos del funcionamiento de todos ellos. Las caracterizaciones generales más frecuentes en las gramáticas —«modificador del verbo o del sintagma verbal», «modificador del verbo, del adjetivo y de otro adverbio» o «modificador de rango terciario», «término que puede actuar como complemento circunstancial sin necesidad de índices funcionales»—, además de utilizar con bastante imprecisión conceptos como «modificador» o «circunstancial», no reúnen los requisitos mencionados, según se ha podido comprobar al aplicarlas a los ejemplos anteriores.

Mayor interés tiene para la gramática delimitar CLASES de adverbios que agrupen elementos de funcionamiento homogéneo. Así, por ejemplo, partiendo de criterios fundamentalmente sintácticos, pueden diferenciarse tres grandes grupos de adverbios:

(a) CONECTORES (*sin embargo, además, finalmente*);

(b) DISJUNTOS (*lamentablemente, posiblemente, francamente, quizás*);

(c) ADJUNTOS (*aquí, bien, incluso*).

Cada una de estas clases, a su vez, es susceptible de ulteriores subdivisiones, tomando como base rasgos sintácticos y semánticos. Los 'adjuntos', por ejemplo, pueden ser: TOPICALES (*históricamente, lingüísticamente*), FOCALIZADORES (*incluso, sólo, exclusivamente*), MODALES (*bien, lentamente*), INTENSIFICADORES (*extraordinariamente, sumamente*), CUANTIFICADORES (*bastante, más*), LOCATIVOS (*aquí, lejos*), FRECUENTATIVOS (*frecuentemente, semanalmente, a menudo*), etc.

**ADVERBIO ACTITUDINAL.** Equivale a ADVERBIO DE MODALIDAD, y a ADVERBIO EVALUATIVO.

**ADVERBIO ADJETIVAL.** Equivale a ADJETIVO ADVERBIAL.

**ADVERBIO ADJUNTO.** Véase en ADJUNTO[4].

**ADVERBIO CALIFICATIVO, CUALITATIVO.** 'Adverbio calificativo' o 'adverbio cualitativo' hace referencia a una de las numerosas clases que se han venido distinguiendo dentro de la clase más amplia ADVERBIO. Se consideran 'calificativos' o 'cualitativos' todos aquellos adverbios «que suelen tener su paralelo en adjetivos calificativos» (Carbonero Cano, 1978: 187). Así, por ejemplo, para Lamíquiz (1987: 181) son 'adverbios cualitativos' *bien, mal, mejor* «y todas las formas en *-mente*, en relación con los adjetivos calificativos».

**ADVERBIO CONECTOR.** Véase en CONECTOR.

**ADVERBIO CUANTIFICADOR.** Los 'adverbios cuantificadores', o también **adverbios de cantidad**, constituyen una de las clases semánticas tradicionalmente diferenciadas dentro de la categoría ADVERBIO. En la clase de los 'cuantificadores' se han incluido comúnmente adverbios como *bastante, poco, demasiado, mucho* o *muy*, que pueden incidir sobre el verbo, cuantificando el proceso verbal («Este hombre trabaja *mucho*», «María habla *poco*»), o pueden modificar a un adjetivo («Es *demasiado* listo») o a un adverbio («La casa está *bastante* lejos») graduando la propiedad designada por éstos. Las unidades que se clasifican como 'adverbios cuantificadores' vienen a coincidir con las que, asimismo, se incluyen en la clase de los ADVERBIOS INTENSIFICADORES. Debido a la proximidad existente entre las nociones de *cuantificación* e *intensificación*, las gramáticas no suelen establecer diferencias entre ellos. Así, si bien, por lo general, las gramáticas del español aluden a la clase de los 'adverbios cuantificadores', no suelen hacer referencia a los intensificadores como una clase de adverbios.

**ADVERBIO DE CANTIDAD.** Véase ADVERBIO CUANTIFICADOR.

**ADVERBIO DE ENUNCIACIÓN.** Equivale a ADVERBIO ILOCUTIVO.

**ADVERBIO DE LUGAR.** Véase ADVERBIO LOCATIVO.

**ADVERBIO DE MODALIDAD.** ① En un sentido amplio del término (Fuentes Rodríguez, 1991) se denominan 'adverbios de modalidad' los ADVERBIOS ORACIONALES (esto es, incidentes en toda la oración y no sólo en uno de sus componentes) que manifiestan la actitud del hablante con respecto a lo que se expresa en el enunciado: si, por ejemplo, lo considera cierto o sólo probable, o cuál es su valoración subjetiva, esto es, su reacción emotiva sobre el hecho que se enuncia. Son 'adverbios de modalidad', en este sentido, todos los destacados en cursiva en los siguientes enunciados: «*Posiblemente* ahora nos dejará en paz», «*Quizá* se olvide de nosotros», «*Lamentablemente*, dejó pasar su oportunidad», «*Afortunadamente*, lleva unos días sin venir por aquí», «*Obviamente*, este señor se ha equivocado», «*Sorprendentemente*, ha sido reelegido para el cargo».

② En una acepción más restrictiva se denominan 'adverbios de modalidad' sólo los adverbios oracionales que manifiestan el grado de probabilidad o certeza que confiere el hablante a lo que se expresa en el enunciado oracional. Se consideran, pues, 'adverbios de modalidad', en este sentido del término, tanto los que constituyen un refuerzo de la aserción contenida en el enunciado («*Obviamente*, este señor se ha equivocado»), como los que dejan en suspenso su valor de verdad: «*Posiblemente* ahora nos dejará en paz», «*Quizá* se olvide de nosotros». Se excluyen, sin embargo, los adverbios que aluden a una evaluación subjetiva sobre el hecho expresado en el enunciado: «*Lamentablemente*, dejó pasar su oportunidad», «*Afortunadamente*, lleva unos días sin venir por aquí», «*Sorprendentemente*, ha sido reelegido para el cargo». *Cf* ADVERBIO EVALUATIVO.

**ADVERBIO DE MODO.** Véase en ADVERBIO MODAL.

**ADVERBIO DE PUNTO DE VISTA.** Son 'adverbios de punto de vista' la clase de ADVERBIOS que tienen como característica común establecer el punto de vista desde el que es válido lo expresado por la unidad a la que modifican. Son de esta clase los adverbios incluidos en los siguientes enunciados: «Este coche es *técnicamente* inmejorable» (es inmejorable desde un punto de vista técnico, no se excluye que pueda mejorarse en otros aspectos), «*Políticamente*, su actuación me ha parecido correcta» (su actuación me ha parecido correcta hablando desde un punto de vista político, cabe la posibilidad de que no lo sea desde un punto de vista distinto).

**ADVERBIO DE TIEMPO, ADVERBIO TEMPORAL.** El término 'adverbio de tiempo', o 'adverbio temporal', alude a una de las clases semánticas tradicionalmente diferenciadas dentro de la categoría ADVERBIO. Se incluyen en esa clase una serie de unidades léxicas que, si bien pueden ser diferentes en su funcionamiento (*cf* Lázaro Mora, 1987), coinciden en implicar en su significación la noción de tiempo: *ya, aún, todavía, hoy, ayer, siempre, a menudo, diariamente, temprano*.

**ADVERBIO DETERMINANTE, DETERMINATIVO.** 'Adverbio determinante' o 'adverbio determinativo' designa a una de las clases que tradicionalmente se han venido distinguiendo dentro de la categoría más amplia ADVERBIO. Se han considerado 'determinantes' o 'determinativos' todos aquellos adverbios que significan nociones paralelas a las expresadas por los DETERMINANTES o adjetivos determinativos. Por ejemplo, para Hernández Alonso (1984) o para Álvarez Martínez (1992) serían 'determinantes' o 'determinativos' los adverbios de cantidad (*mucho, poco*), así como los de tiempo (*ahora, hoy*) y los de lugar (*aquí, allí, allá*) que, como los DEMOSTRATIVOS, tienen carácter DEÍCTICO, puesto que su significado hace referencia a unas «coordenadas concretas de espacio, de tiempo» (Álvarez Martínez, 1992: 30).

**ADVERBIO DISJUNTO.** Véase en DISJUNTO.

**ADVERBIO EVALUATIVO.** Se consideran 'evaluativos' los ADVERBIOS ORACIONALES (incidentes, por tanto, en toda la oración y no en uno solo de sus componentes) que expresan una evaluación o valoración subjetiva sobre el hecho al que alude el enunciado oracional. Son 'adverbios evaluativos' todos los destacados en cursiva en los siguientes ejemplos: «*Estúpidamente*, se empeñó en hacerlo solo», «*Lamentablemente*, sus hijos no quieren verlo», «*Afortunadamente*, Ana vuelve a estar con nosotros». Todos ellos expresan una valoración del hablante, bien positiva (*afortunadamente*), bien negativa (*lamentablemente, estúpidamente*) sobre el hecho enunciado: «Se empeñó en hacerlo solo», «Sus hijos no quieren verlo», «Ana vuelve a estar con nosotros».

**Adverbio focalizador.** Se denominan 'focalizadores' los ADVERBIOS del tipo *incluso, solamente, únicamente, exclusivamente*. Desde un punto de vista sintáctico, estos adverbios se caracterizan porque pueden incidir en cualquier constituyente oracional: «*Incluso* Juan se lo cree», «Se lee *incluso* las esquelas», «Se queda dormido *incluso* en una banqueta». Desde un punto de vista semántico, tienen en común que destacan como FOCO informativo, como información nueva o contraria a lo esperado, el constituyente oracional en el que inciden. En «Su marido trabaja *incluso* los domingos», «los domingos» queda destacado como información contraria a lo que normalmente se presupone: que en ese día se descansa.

**Adverbio frecuentativo.** Los **frecuentativos**, también llamados **iterativos**, constituyen una clase de adverbios que, semánticamente, se caracterizan por expresar la frecuencia o la periodicidad con que se realiza lo designado por el verbo o el sintagma verbal: «La comisión se reúne *semanalmente*», «El ascensor lo revisan *frecuentemente*». Su ámbito suele ser bien el verbo o el sintagma verbal, como en los ejemplos anteriores, bien toda la oración: «*Anualmente*, la empresa realiza una prospección de mercado», «*Habitualmente*, Juan lleva a sus hijos al colegio en el coche».

**Adverbio ilocutivo.** Los **adverbios ilocutivos**, también llamados **performativos** o **realizativos**, son adverbios como los incluidos en los enunciados «*Francamente*, querida, no puedo soportarlo» y «*Sinceramente*, has actuado con mucha precipitación», que se caracterizan porque no modifican a ninguno de los elementos incluidos en la oración; pero, a diferencia de otros ADVERBIOS ORACIONALES, puede entenderse que modifican a un verbo no expreso alusivo al tipo de ACTO ILOCUTIVO que representa el enunciado oracional: «Te digo *francamente* querida que no puedo soportarlo», «Afirmo *sinceramente* que has actuado con mucha precipitación». *Cf* performativo, acto ilocutivo.

**Adverbio intensificador.** Se consideran 'intensificadores' ADVERBIOS como *muy, poco, más, bastante, demasiado*, que forman una clase limitada cuyos miembros tienen su paralelo entre los DETERMINANTES INDEFINIDOS (*muchos, pocos, demasiados, bastantes*). Junto con ellos, también se incluyen entre los 'intensificadores' ciertos adverbios terminados en *-mente*, tales como: *sumamente, rematadamente, extremadamente, tremendamente*.

Unos y otros comportan, en su condición de 'intensificadores', estas dos características:

(1) Desde el punto de vista de su funcionamiento, pueden modificar tanto a elementos pertenecientes a la clase ADJETIVO como a otros adverbios: «Este problema es *sumamente* difícil», «La casa está *demasiado* lejos», «Este trabajo es *rematadamente* malo», «Ha quedado *bastante* claro».

(2) Desde un punto de vista semántico, la modificación que aportan al adjetivo o al adverbio consiste en una gradación de la cualidad expresada por éstos: «La casa está *ligeramente/ bastante/ muy/ demasiado/ extremadamente/ tremendamente/* lejos».

Debido a la proximidad o a la indeterminación de los conceptos de *intensificación* y *cuantificación*, la mayoría de estos adverbios, especialmente los del tipo *bastante, demasiado*, etc., aparecen también como ADVERBIOS CUANTIFICADORES O DE CANTIDAD en las clasificaciones de que ha sido objeto la categoría adverbio.

**Adverbio iterativo.** Equivalente a ADVERBIO FRECUENTATIVO.

**Adverbio locativo.** Se denominan 'locativos' (o también **de lugar**) adverbios como *aquí, allí, cerca, dentro*, que denotan un lugar en el que puede ubicarse algo, ya sea un objeto, ya sea la acción, estado o proceso significados por el predicado: «Nos veremos *allí*», «Vivo *aquí* desde que nací», «Pon *dentro* las tarjetas».

**Adverbio modal.** Se clasifican como **modales** o **de modo** los adverbios que, desde un punto de vista semántico, se caracterizan por expresar el modo o manera en que se realiza la acción o el proceso aludido por el verbo o el sintagma verbal: «Estrechó su mano *cordialmente*», «Revisó *cuidadosamente* sus notas», «Acarició *suavemente* su carita sonrosada». Desde un punto de vista sintáctico, son típicamente modificadores del verbo o del sintagma verbal.

**Adverbio nominal.** Se denominan así un grupo de adverbios —entre los que predominan LOCATIVOS y TEMPORALES— que presentan algunas características típicamente asociadas a los nombres. Pueden, por ejemplo, ser términos de preposición («Lo veo desde *aquí*», «No lo haré hasta *mañana*»), y son, asimismo, compatibles con algunas modificaciones adjetivas («*Hoy* mismo lo llevaré», «*Allí* mismo lo encontraron», «*Ahora* que me entendía bien con él, se marcha»). *Aquí, allí, hoy, mañana, ahora* son, pues, 'adverbios nominales'.

**Adverbio oracional.** Se denominan 'oracionales' los ADVERBIOS que afectan a toda la oración y no a uno de los elementos incluidos en ella. Todos los adverbios destacados en los siguientes enunciados serían oracionales: «*Probablemente* el dólar continuará bajando», «*Naturalmente*, nosotros nos hemos negado», «*Francamente*, me extraña mucho que vuelva». Viene a ser equivalente a DISJUNTO.

**Adverbio pronominal.** En algunos estudios gramaticales se utiliza el término 'adverbio pronominal' para designar una subclase de la categoría ADVERBIO en la que suelen incluirse unidades como *aquí, ahí, ahora, hoy, ayer, donde, así*. La denominación 'adverbio pronominal' que se les aplica se justifica porque, a semejanza de los PRONOMBRES, estos adverbios son términos de carácter anafórico (*cf* ANAFÓRA) o DEÍCTICO que implican en su significación la referencia a un componente de la situación discursiva o al texto mismo. Por ejemplo, *aquí, allí* señalan una ubicación tomando como punto de referencia el lugar en que se sitúa el emisor del enunciado: «Pon *aquí* la mesa», «Deja *allí* la maleta». *Hoy* y *ahora*, por otro lado, denotan un espacio temporal partiendo del momento en que se emite el enunciado: «*Ahora* estoy escribiendo», «*Hoy* me he levantado tarde». *Donde* puede remitir, como término anafórico, a un ANTECEDENTE, a una expresión, alusiva a un lugar, aparecida previamente en el enunciado y de la que *donde* recibe su referencia o su significado: «He vuelto a visitar el pueblo *donde* nacieron mis padres», «Iremos a cenar al restaurante *donde* nos conocimos».

**Adverbio topical.** Equivale a ADVERBIO DE PUNTO DE VISTA.

**Adverbio performativo/realizativo.** Equivale a ADVERBIO ILOCUTIVO.

**Adversativa.** Véase en CONSTRUCCIÓN ADVERSATIVA, CONJUNCIÓN ADVERSATIVA, COORDINACIÓN ADVERSATIVA, y ORACIÓN ADVERSATIVA.

**Adversativa excluyente.** ① Se clasifican como 'adversativas excluyentes' las CONSTRUCCIONES ADVERSATIVAS del tipo «Juan no trajo *el coche sino la moto*», «Carlos no es *inteligente sino listillo*». En ellas, uno de los miembros de la construcción adversativa —*el coche, inteligente*— se niega expresamente, mientras que el otro —*la moto, listillo*— se afirma como reemplazante del anterior.

② También se clasifican como 'adversativas excluyentes' las CONJUNCIONES ADVERSATIVAS que establecen ese tipo de relación semántica. *Sino* sería, por tanto, una conjunción adversativa excluyente.

**Adversativa no excluyente.** ① Se clasifican como 'no excluyentes' y también como **restrictivas** las CONSTRUCCIONES ADVERSATIVAS del tipo «Juan es *rico pero feliz*». En ellas, los dos miembros de la construcción adversativa —*rico, feliz*— se contraponen, pero no se excluyen entre sí; esto es, se afirman o se niegan conjuntamente: «Juan es ambas cosas a la vez», aunque desde el punto de vista del hablante, *rico* y *feliz* sean cualidades opuestas.

② También se denominan adversativas no excluyentes las CONJUNCIONES ADVERSATIVAS que, como es el caso de *pero*, establecen este tipo de relación semántica.

**ADVERSATIVA RESTRICTIVA.** Equivale a ADVERSATIVA NO EXCLUYENTE.

**ADYACENCIA.** ① En uno de los sentidos del término, 'adyacencia' es la relación sintáctica que se establece entre un elemento ADYACENTE¹ o subordinado y el NÚCLEO del que depende. Así, por ejemplo, para Hernández Alonso (1995: 184), la 'adyacencia' es la incidencia sintáctico-semántica de un elemento en otro nuclear o EJE, que se se ve modificado por el elemento 'adyacente'. Habría, pues, relación de 'adyacencia' entre, pongamos por caso, la oración adjetiva *que viven lejos* y el núcleo nominal *alumnos* en el sintagma nominal «*Los alumnos que viven* lejos llegan tarde a clase».

② En otro sentido del término, 'adyacencia' es la relación lineal que se establece entre dos elementos contiguos en la oración. *Cf* ADYACENTE², par de adyacencia, principio de adyacencia.

**ADYACENTE.** ① En uno de los sentidos del término se identifican como 'adyacentes' las unidades sintácticas subordinadas a un NÚCLEO. Así, por ejemplo, de conformidad con Alarcos (1994: 257) en «Escribe una carta a su amigo», tanto *una carta* como *a su amigo* son términos 'adyacentes' que dependen del núcleo verbal *escribió*. Asimismo, para Hernández Alonso (1995: 185), en la «la casa blanca» o «la ciudad de Burgos», *blanca* y *de Burgos* son unidades adyacentes de un núcleo sustantivo.

② En una acepción distinta, se dice que un elemento es 'adyacente' a otro cuando ambos ocupan posiciones contiguas en una secuencia. Es este, por ejemplo, el sentido que tiene 'adyacente' cuando se afirma que los objetos directos indeterminados (Fernández Lagunilla y Anula Rebollo, 1995: 287) deben aparecer en una posición 'adyacente' al verbo, como en «María escribe *cartas* rápidamente» pero «*María escribe rápidamente *cartas*».

**AFASIA.** Normalmente el término **afasia** significa pérdida total de algunas de las habilidades del lenguaje, especialmente la de la memoria en cuanto al SIGNIFICADO de las palabras y a su producción oral o escrita. Si la pérdida es parcial se habla de **disfasia**. Se distinguen dos tipos de 'afasia', la adquirida y la congénita. Cuando se habla simplemente de 'afasia', por lo general se refiere a la primera, que es la pérdida de las facultades normales que se tenían, por una lesión en los tejidos cerebrales debido a traumas, lesiones, accidentes cardiovasculares, tumores, etc., que afectan a los tejidos cerebrales, así como el envejecimiento, el estrés, etc. Dentro de la adquirida, a su vez, se distinguen dos, la afasia motora y la afasia sensorial. La **afasia motora**, también llamada **expresiva**, se caracteriza porque el paciente no puede recordar las pautas de la articulación, habladas o escritas, aunque puede saber lo que quiere expresar. En la **afasia sensorial**, o receptiva, el paciente puede hablar, a veces con excesos (lo que se llama **logorrea**) no exentos de errores, clichés, etc., pero no reconoce el mensaje recibido.

Una cuestión que queda por resolver es si la 'afasia' es un fenómeno unitario o si es un nombre que se da a distintos trastornos del área cognitiva del cerebro producidos por lesiones cerebrales (*cf* patologías del lenguaje y del medio). La 'afasia' la tratan varios tipos de especialistas y, por tanto, como son varios los enfoques hacia esa patología, hay tantas 'afasias' como especialistas de prestigio que la hayan descrito (Broca, Wernicke, etc.).

Desde un punto de vista exclusivamente lingüístico, Lewandoswki (1982: 12) distingue las siguientes 'afasias': la **motora** (carencia de entonación), la **fonemática** (omisión y deformación de fonemas), la **sensorial** (trastorno en la diferenciación de los sonidos), la **semántica** (estos trastornos de tipo léxico-semántico conducen a la HOMONIMIA —y su variante la HOMOFONÍA—, la POLISEMIA y la PARONIMIA). Jakobson (Lodge, 1977: 77-9) ha descrito dos tipos de 'afasia', basándose en los dos ejes del lenguaje: el de la ELECCIÓN (PARADIGMÁTICO) y el de la COMBINACIÓN (sintagmático). En la primera 'afasia', llamada **afasia de similaridad**, el paciente tiene dificultades en la SELECCIÓN, por ejemplo, sustituye *mesa* por *lámpara*, *humo* por *pipa*, etc., y en la segunda, llamada **afasia de contigüidad**, al enfermo le falla la capacidad de COMBINACIÓN, confunde los CONECTORES y las relaciones sintácticas; la oración es caótica, formada exclusivamente por un SUJETO. Algunas de las 'afasias' tienen nombres concretos. Por ejemplo, el **agramatismo** es un tipo de AFASIA caracterizado por la incapacidad de otorgar un orden sintáctico a los ENUNCIADOS, los cuales se convierten en expresiones incoherentes, llenas de ANACOLUTOS, y desprovistas de las categorías morfosintácticas (FLEXIÓN, DERIVACIÓN, orden sintáctico, etc.), la **dislexia**, que es la pérdida de la capacidad de la lectura por falta de coordinación entre la lengua hablada y la escrita, la **disgrafia** o pérdida de la capacidad de escribir. Pero el término 'afasia' también tiene un uso más amplio, equivalente a trastornos del lenguaje, en el que se incluyen las **disartrias**, que son trastornos en los órganos articulatorios generados por lesiones sufridas en el sistema nervioso central.

**AFECTIVO.** En el USO emotivo del lenguaje y, sobre todo, dentro de la ESTILÍSTICA DE LA EXPRESIVIDAD, el adjetivo 'afectivo' se emplea en los términos ACENTO AFECTIVO, ÍNDICE AFECTIVO y SIGNIFICADO AFECTIVO.

**AFÉRESIS.** Se llama 'aféresis' a la ELISIÓN o supresión de uno o de varios FONEMAS, incluso de SÍLABAS, en la posición inicial de una palabra. En inglés, la 'aféresis' es un fenómeno muy corriente tanto en DIACRONÍA (por ejemplo, la supresión de /k/ en *knife*), como en SINCRONÍA (la pronunciación de *'m* en vez de *am* en *I'm*, o la supresión de *sha* (o de *wi*) en *I'll*, etc. En español también existe, por ejemplo, al decir *norabuena* por *enhorabuena*, etc. A la 'aféresis' algunos también la llaman PROSIÓPESIS, pero este término debería reservarse para la ELIPSIS INDEPENDIENTE. *Cf* síncopa, apócope.

**AFIJACIÓN.** Se denomina 'afijación' al proceso morfológico que consiste en adjuntar a una RAÍZ, BASE o TEMA un AFIJO (*cf* morfema flexivo, morfema derivativo). Por ejemplo, la palabra *incapaz* es el resultado de un proceso de 'afijación', ya que se ha formado añadiendo a una base (*capaz*) un AFIJO derivativo *in-*.

**AFIJO.** ① El término 'afijo' alude genéricamente a los MORFEMAS LIGADOS que sólo pueden ser constituyentes de la palabra como elementos añadidos a una BASE o a un TEMA dotado de significación léxica, con el fin de desarrollar su FLEXIÓN o su DERIVACIÓN y, consecuentemente, modificar su sentido o valor gramatical. Son, por ejemplo, 'afijos' los elementos que se destacan en las siguientes palabras: *pre*ver, *re*leer, aburri*miento*, bodegu*ero*, recorda*ba*. Todos son unidades gramaticales mínimas —indescomponibles formalmente— unidas a la base o tema que aporta la carga léxico-semántica: *ver, leer, aburri-, bodegu-, recorda-*.

Los 'afijos' suelen subdividirse en varias clases tomando como base diversos criterios. Por ejemplo, atendiendo a si son unidades pertinentes en los procesos de FORMACIÓN DE PALABRAS o si, por el contrario, se integran en PARADIGMAS flexivos, se diferencian dos tipos de 'afijos': **afijos derivativos** (*re*-leer, bodegu-*ero*) y **afijos flexivos**: recorda-*ba* (*cf* morfema flexivo y derivativo).

Asimismo, utilizando como criterio de clasificación la posición que ocupan en la estructura de la palabra, los 'afijos' se subdividen en: PREFIJOS (*pre*-ver); SUFIJOS (aburri-*miento*); CIRCUNFIJOS (*em*-brut-*ecer*); INFIJOS (como el elemento nasal del verbo latino ru-*m*-po, «rompo»); INTERFIJOS: boton-*ad*-ura. Con respecto a este último tipo hay que señalar, no obstante, que su estatus como 'afijo' es algo controvertido.

② En la FONOLOGÍA NO LINEAL el 'afijo' es una unidad fonológica.

**AFINIDAD, AFINIDAD LINGÜÍSTICA.** ① En LEXICOLOGÍA se llama **afinidad** a la RELACIÓN DE SOLIDARIDAD (Coseriu, 1977: 143-61) existente entre dos LEXEMAS[1] en la que el CLASEMA del primero funciona como RASGO DISTINTIVO del segundo. Así, en la expresión latina *milex senex* existe una relación de 'afinidad' entre los dos lexemas, ya que el clasema [+humano] de *milex* funciona como RASGO DISTINTIVO en *senex*, al ser este tipo de «viejo» aplicable sólo a las personas. *Cf* selección, implicación.

② Se llama **afinidad lingüística** a la semejanza o analogía existente en las estructuras de dos o más lenguas entre sí, con independencia de su GENEALOGÍA. En estos casos se trata de lenguas que tienen una **relación tipológica** más que una **relación genética** (Malmberg, B., 1967: 31). Por ejemplo, el inglés, que es una lengua germánica, ya que es el resultado de un desarrollo continuo desde el inglés antiguo hasta la lengua actual, guarda mayor 'afinidad lingüística' con el francés moderno que con la lengua de la que procede. En FONÉTICA se podría dar el caso de que lenguas derivadas de una misma fuente común, en virtud de la evolución de la fonética y la fonología, llegaran a tener una estructura completamente diferente y, por el contrario, lenguas de diversa familia, de orígenes muy distintos, podrían llegar a poseer un sistema fonológico análogo (Alarcos, 1968: 136). *Cf* tipología lingüística.

**AFIRMATIVO.** Es un término usado en lingüística para indicar que una ORACIÓN carece de cualquier marca negativa de carácter morfosintáctico, semántico o prosódico. La oración «En la vida es importante saber comportarse» es afirmativa, mientras que «¡En la vida hago yo eso!» es negativa.

**AFRASIA.** Véase en PATOLOGÍAS DEL LENGUAJE Y DEL MEDIO.

**AFRICACIÓN.** En FONÉTICA ARTICULATORIA es el proceso percibido en la EXPLOSIÓN distendida de una OCLUSIVA que, en algunas lenguas como el inglés, produce un leve sonido fricativo, apenas audible, del tipo [$d^z$], [$p^\theta$], etc.

**AFRICADAS.** ① Analizadas desde la FONÉTICA ARTICULATORIA, las 'africadas', también llamadas **semioclusivas**, son CONSONANTES orales cuyo MODO DE ARTICULACIÓN es doble: un primer momento de cierre, seguido de otro de FRICACIÓN o roce, es decir, son consonantes con TENSIÓN OCLUSIVA y DISTENSIÓN FRICATIVA. Son orales porque, durante la emisión de la columna de aire procedente de los pulmones, el velo del paladar está adherido a la pared faríngea, con lo que todo el aire sale por la boca. La DURACIÓN de cada uno de estos dos momentos es variable; según predomine más uno u otro, la 'africada' estará más próxima a las OCLUSIVAS o a las FRICATIVAS (Gili Gaya, 1975: 152-4), aunque la fricativa nunca tiene la misma duración que si fuera independiente. En el ESPECTROGRAMA (Alarcos, 1968: 70), la mancha turbulenta de la explosión es más amplia que el breve borrón de las oclusivas. Para Quilis (1993: 293), en las africadas del español peninsular la duración media del momento oclusivo es de 9,25 cps, mientras que la del momento fricativo es de 7,36 cps, y la duración total de 16,61 cps. La diferencia, por consiguiente, entre el momento oclusivo y el fricativo es de 1,89 cps a favor del primero. La transición de la oclusiva a la fricativa no es brusca sino gradual porque se produce en el mismo PUNTO DE ARTICULACIÓN, es decir, son consonantes HOMORGÁNICAS. En esto se diferencian las 'africadas' de las CONSONANTES COMPUESTAS, como la *x* [k+s] española de palabras como *extraer, sexo,* etc., la [tθ] de la palabra inglesa *eighth*, o la ψ [p+s] griega, que tienen distintos puntos de articulación y, consecuentemente, la transición de una consonante a otra es menos gradual que en las 'africadas'. La PERCEPTIBILIDAD (Gili Gaya, 1975: 99) de las 'africadas' es baja, teniendo en cuenta el GRADO DE ABERTURA de las oclusivas y de las fricativas.

Con los RASGOS DISTINTIVOS INHERENTES, las 'africadas' del español son (Quilis, 1993: 298) acústicamente COMPACTAS, AGUDAS, INTERRUPTAS y ESTRIDENTES. De acuerdo con el PUNTO DE ARTICULACIÓN (*cf* zonas de articulación), las más frecuentes son (Gili Gaya, 1975: 154):

(a) **Africadas palatoalveolares** ([ʧ, ʤ]), también llamadas **africadas [linguo]palatales** y **africadas post-alveolares**. La primera, que es la SORDA, se representa con la grafía *ch* tanto en español (*chico, chupa*, etc.) como en inglés (*chop, catch, teacher*, etc.). La SONORA no existe en español como fonema independiente, aunque aparece en las realizaciones de la grafía *y* cuando se pronuncia con mucho énfasis en POSICIÓN INICIAL ABSOLUTA (*yo, ya*) o al principio de sílaba cuando ésta va precedida de *l* o de *n*, por ejemplo, *el yeso, cónyuge*, etc. En inglés se representa con las grafía *j* o *g* (*jet, judge, lodge, hedge*). El punto de arranque de [ʧ] como de [ʤ] en español es dental, mientras que en inglés es alveolar.

(b) **Africadas [linguo]dentales** ([ʦ, ʣ]), de las cuales la primera, que es sorda y se presenta con la grafía *z*, aparece en palabras alemanas (*Zeit*) e italianas (*Venezia*), y la segunda, que es sonora, se encuentra en palabras catalanas como *atzar* o *setze*.

(c) **Africada labial sorda** ([pf]), que se encuentra en el alemán en palabras como *Pferd* o *Pfaltz*.

Desde un punto de visto fonológico, interesado en los aspectos funcionales, no es siempre fácil la separación entre una 'africada' y una **consonante compuesta**, es decir, no está claro si la secuencia de una oclusiva y de una fricativa constituyen una unidad BIFONEMÁTICA, propia de las consonantes compuestas, o una unidad MONOFONEMÁTICA, característica de las 'africadas'. El criterio del punto de articulación, antes citado, es orientador para muchos fonólogos.

② En la FONOLOGÍA GENERATIVA, las 'africadas' /ʧ/, /ʤ/ son [+coronal], [-anterior] (Martínez Celdrán, 1983: 231).

**AGENTE.** ① Es el PAPEL SEMÁNTICO de la expresión nominal que alude, en un enunciado, a la entidad humana o animada que dirige y controla una ACCIÓN. En «*Eloísa* barrió toda la casa con alegría», y en «El trabajo fue revisado minuciosamente por *el jefe*», tanto *Eloísa* como *el jefe* son los agentes de las acciones designadas por *barrer* y *revisar*. *Cf* complemento agente.

② En LEXICOLOGÍA se denominan nombres 'de agente' o también NOMINALES DE AGENTE a los nombres que poseen un SUFIJO (*-or*, como en *conductor*; *-ente*, como en *dirigente*, etc.) indicativo del papel semántico antes indicado.

**AGENTIVO.** Equivale a AGENTE.

**AGLUTINACIÓN.** En MORFOLOGÍA la 'aglutinación' es un proceso de FORMACIÓN DE PALABRAS (*cf* neología) consistente en la unión indisoluble de dos o más palabras o morfemas, que previamente constituían un SINTAGMA, en una sola palabra. Aunque es el procedimiento de formación de palabras propio de las LENGUAS AGLUTINANTES, no son escasos los ejemplos en español (*todavía* procedente de *toda vía*) o en francés (*toujours* procedente de *tous jours*).

**AGLUTINANTE.** Véase en LENGUA AGLUTINANTE.

**AGNOSIA.** Véase en PATOLOGÍAS DEL LENGUAJE Y DEL MEDIO.

**AGRAFIA.** Véase en PATOLOGÍAS DEL LENGUAJE Y DEL MEDIO.

**AGRAMATICALIDAD.** Es la característica de las CONSTRUCCIONES que no se ajustan a las reglas de la gramática. La 'agramaticalidad' se representa con un ASTERISCO [*]

colocado delante de la oración o el enunciado. «*Mi tía Edelmira transcurría los meses alegremente», «*Chico listo se quedó con el dinero» son, por distintas razones, enunciados 'agramaticales'. *Cf* gramaticalidad, aceptabilidad.

**Agramatismo.** Véase en AFASIA.

**Agudo.** ① En FONÉTICA AUDITIVA el término 'agudo', o ALTO, alude al TONO o ALTURA MUSICAL percibido cuando es elevado el número de vibraciones por segundo de la FRECUENCIA FUNDAMENTAL, en contraste con BAJO o AGUDO. *Cf* falsete.

② En la FONOLOGÍA DE LA ESCUELA DE PRAGA, 'agudo' es el RASGO INHERENTE DE TONALIDAD (GRAVE-'agudo' constituye el número 10 en las lista de RASGOS DISTINTIVOS) que se caracteriza acústicamente por concentrar la energía en las FRECUENCIAS altas del ESPECTOGRAMA y, articulatoriamente, por una articulación media en la CAVIDAD BUCAL. Poseen el rasgo [+agudo] las VOCALES ANTERIORES y las CONSONANTES DENTALES, ALVEOLARES y PALATALES del español.

③ También se emplea el término 'agudo' para clasificar los FORMANTES. Son 'agudos' los formantes situados en la zona alta de una escala que va de cero a 4.000 ciclos por segundo.

④ Igualmente se utiliza esta palabra en el término ACENTO AGUDO (*cf* en acento).

**Aire espirado.** Véase en ESPIRACIÓN; COLUMNA DE AIRE FARÍNGEO.

**Aislado.** Véase en OPOSICIONES FONOLÓGICAS.

**Aislante.** Véase en LENGUA AGLUTINANTE, AISLANTE Y FLEXIVA.

**Aktionsart.** Es una CATEGORÍA semántica, también llamada **modo de acción** (aunque normalmente se deja sin traducir), asociada al significado del verbo o del sintagma verbal. Abarca una serie de distinciones relativas a la estructura temporal que requiere para su desarrollo la situación denotada por el verbo o por el sintagma verbal. *Conocer* y *existir*, por ejemplo, coinciden en la clase de *AKTIONSART* que implican. Ambos aluden a situaciones que deben desarrollarse durante un intervalo de tiempo más o menos amplio. *Saltar* y *disparar* son verbos que comportan un tipo de *aktionsart* diferente de los anteriores: designan eventos que sólo precisan un instante para su realización.

Según la tipología establecida por Vendler (1967), se distinguen, fundamentalmente, cuatro tipos de *aktionsart*: ESTADOS, REALIZACIONES, ACTIVIDADES, LOGROS. Los límites que establecen las gramáticas entre *aktionsart* y ASPECTO han sido y siguen siendo problemáticos, debido a que ambas categorías coinciden en el plano del significado: se refieren a diferentes perspectivas sobre el desarrollo temporal de la situación denotada por el verbo. Por lo general, se consideran aspectuales las distinciones que se expresan mediante la FLEXIÓN verbal —*saltaba/saltó*— o por medio de PERÍFRASIS VERBALES, en tanto que se remiten a la *aktionsart* las distinciones no gramaticalizadas, las que, como es el caso de *conocer, saltar* son inherentes al significado del verbo o del sintagma verbal.

**Alargamiento.** ① En FONÉTICA se llama 'alargamiento' a la prolongación de la CANTIDAD vocálica o silábica (DURACIÓN) del TIMBRE de un SONIDO, representada en la TRANSCRIPCIÓN FONÉTICA con el signo [ː], la cual no debe confundirse con la GEMINACIÓN, que es una repetición. *Cf* reducción, largo.

② El término 'alargamiento', o **alargamiento compensatorio**, se emplea en DIACRONÍA para aludir al CAMBIO FONÉTICO consistente en la mayor duración de una VOCAL por la pérdida de sonido adyacente. Por ejemplo, es el cambio operado en la palabra francesa *bâton* en la que la *a* se ha hecho más larga por la pérdida de una *s*.

③ En ESTILÍSTICA DE LA EXPRESIÓN el 'alargamiento' es un recurso del ACENTO EXPRESIVO o de la expresión del ÉNFASIS.

**Alativo.** CASO gramatical empleado en algunas lenguas, como el finlandés, para indicar «dirección a» o «movimiento hacia». *Cf* adesivo, elativo, ilativo.

**Alcance.** Se denomina 'alcance' de un elemento, en especial de un OPERADOR —como la NEGACIÓN o los CUANTIFICADORES—, a la parte de un ENUNCIADO sobre la que incide el SIGNIFICADO de este elemento. El 'alcance' de la NEGACIÓN, por ejemplo, es el constituyente del enunciado oracional al que se aplica en concreto esa negación, el que resulta específicamente negado. En «Ana *no* vino el jueves de Mallorca», *no* puede tener diversos 'alcances'. Puede incidir en todo el sintagma verbal *vino de Mallorca el jueves* (Ana no volvió el jueves de Mallorca, todavía sigue allí); puede incidir en *el jueves* (Ana vino de Mallorca otro día, pero no el jueves), o en el constituyente *de Mallorca* (Ana vino el jueves de algún sitio, pero no de Mallorca).

**Alexia.** Véase en PATOLOGÍAS DEL LENGUAJE Y DEL MEDIO.

**Alfa.** En las REGLAS formalizadas de la GRAMÁTICA GENERATIVA se emplea la letra griega α, por sencillez, claridad y economía, para hacer constar que el VALOR asignado a una categoría o el cambio de valor que pueda experimentar a la entrada de la REGLA es el mismo en la salida de la misma. También se emplean como variables β, γ, δ. *Cf* movimiento alfa, notación alfa, condición de la oración temporalizada.

**Alfabeto.** El 'alfabeto' es un conjunto de LETRAS o SÍMBOLOS gráficos que, ordenado convencionalmente, sirve para representar gráficamente las palabras de una lengua. El finés, el ruso, y el latín y el griego clásico, por tener una correspondencia bastante unívoca entre los FONEMAS de su sistema fonológico y las letras del 'alfabeto', se dice que son **lenguas muy fonológicas**. El español también lo es, a pesar de las ligeras incongruencias de emplear: (a) un mismo símbolo para distintos sonidos, como es la *c*, utilizada en la representación de [k] (*caso, culpa*) y [θ] (*cierre, cera*], y (b) distintos símbolos para el mismo sonido, como es el sonido [k], representado con *qu* (*queso*, *quilo*), con *k* (*kilómetro*), y *c* (*caro, coche*). En cambio, el inglés es una lengua 'poco fonológica' por la gran disparidad que existe entre el sistema fonológico y el alfabeto, lo que da lugar a un elevado número de HOMÓFONOS ([red] en *red* (rojo) y *read* (leí), y de HOMÓGRAFOS (*live* ['lɪv], vivir y *live* ['laɪv], en directo), mucho mayor que en otras lenguas.

La palabra 'alfabeto', en su forma latina —*alphabetum*—, fue usada por primera vez por Tertuliano. Sin embargo, poco se sabe sobre su origen. Aunque se atribuye tanto a los fenicios como a los egipcios, los asirios, los cretenses y los hebreos, se suele aceptar que el sistema consonántico actual fue desarrollado por los fenicios y fueron los griegos los que añadieron los caracteres vocálicos. El alfabeto romano es el más extendido en el mundo; sin embargo, algunas lenguas, de origen latino o no, emplean signos nuevos como la *ñ* del español, la *ç* del francés, la ligadura *ß* del alemán, la *ø* del danés, etc., o SIGNOS DIACRÍTICOS añadidos a las letras (ä, å, ë, î, etc.).

La Asociación Fonética Internacional ha creado el llamado **alfabeto fonético internacional**, que constituye la base de la TRANSCRIPCIÓN FONÉTICA y de la FONOLÓGICA, a fin de poder superar el bajo índice de correspondencia entre los fonemas de una lengua y su representación gráfica, de acuerdo con las siguientes bases:

(a) relación constante y biunívoca entre cada SÍMBOLO fonético y un FONO o CLASE de fonos, de modo que haya siempre un símbolo por cada sonido o CLASE de sonidos, y un solo sonido por cada símbolo;

(b) utilización, dentro de lo posible, de las letras del alfabeto romano;

(c) evitación en lo posible de signos diacríticos complementarios, ya que crearían un álgebra del lenguaje indescifrable.

**Alfonimia, alfónimo.** Siguiendo a Martínez de Sousa (1993: 50), se llama **alfonimia** al procedimiento de FORMACIÓN DE PALABRAS (*cf* neología) mediante **alfónimos**, los cuales son palabras creadas mediante la yuxtaposición del nombre de las *letras* iniciales de una denominación: *ele-*

*pé*, de *long play*; *penene*, de profesor no numerario, *ABC*, etc.

**Algoritmo.** El término **algoritmo**, tomado de la cibernética, se emplea también en lingüística para aludir al procedimiento dirigido a resolver operaciones complejas, de forma automática e inequívoca, por medio de un serie de reglas u operaciones elementales FORMALIZADAS. Se trata pues, de la formalización de un procedimiento sistemático que, mediante un número finito de pasos, da como resultado la solución a un problema, o dicho con otras palabras, es un conjunto detallado de estados secuenciales que deben seguirse para producir un resultado concreto (Dougherty, R, 1994). En muchas escuelas lingüísticas, como la GRAMÁTICA GENERATIVA, se estima que el 'algoritmo' es la forma más lógica y natural de representar los MODELOS lingüísticos. El término 'algoritmo' se utiliza frecuentemente en la **lingüística computacional** para designar el conjunto de pasos que formalizan un problema lingüístico y hacen posible que éste pueda resolverse de forma automatizada. La tarea del lingüista computacional consiste, por tanto, en describir cómo debe resolverse este problema lingüístico y para ello debe describir con detalle los diferentes pasos que deben seguirse para llegar al resultado esperado. Así, por ejemplo, para llevar a cabo el análisis sintáctico de una oración debemos contar con un 'algoritmo' que establezca cómo deben asignarse las estructuras sintácticas a las diferentes partes de la oración en función de una gramática determinada (Gazdar, G. y C. Mellish, 1989). La rápida explosión de la lingüística computacional está extendiendo sus métodos a los demás componentes de la gramática (Bird, S., 1995).

**Alienable.** Véase en POSESIÓN ALIENABLE.

**Aliteración.** En ESTILÍSTICA DE LA ELECCIÓN se llama 'aliteración' al procedimiento, basado en la REPETICIÓN ISOFÓNICA, consistente en la utilización, en el mismo enunciado, de palabras que comiencen con el mismo sonido, normalmente un consonante, al fin de conseguir algún EFECTO ESTILÍSTICO. Por ejemplo, la repetición de la *f* puede evocar el efecto de viento, la de la *l* puede recordar el ruido del agua, etc. La publicidad moderna hace uso de la 'aliteración' como procedimiento para llamar la atención («Pierda peso», «Siempre sabe suave», etc.). La 'aliteración' es un recurso utilizado por la literatura germánica medieval en lo que se llama **verso aliterado** (la cual perdió cierta importancia, con el tiempo) y por la rima derivada de los himnos latinos. *Cf* asonancia, consonancia, rima.

**Alocución.** Equivale a DISCURSO generalmente breve, ENUNCIADO o intervención en cualquier conversación. *Cf* elocución, tratamiento.

**Alo-.** En el ANÁLISIS LINGÜÍSTICO el SUFIJO -ÉMICO se opone al PREFIJO 'alo-'. El primero se emplea para aludir a las unidades funcionales o abstractas (FONEMAS, MORFEMAS, etc.), mientras que el segundo alude a las distintas REALIZACIONES, VARIANTES o ACTUALIZACIONES de los primeros (ALÓFONOS, ALOMORFOS, ALOTAGMAS), etc. En este caso el prefijo 'alo-' es equivalente al sufijo -ICO, en el contraste -ICO, -ÉMICO.

**Alófonos.** En FONOLOGÍA se llama 'alófonos' a cada una de las VARIANTES de un FONEMA, cuya TRANSCRIPCIÓN FONÉTICA se representa entre corchetes ([ ]). Por ejemplo, en inglés son 'alófonos' del fonema /t/ las variantes [t] (pura o no aspirada) de la palabra *style*, la ASPIRADA [$t^h$] de la palabra *time*, la DENTALIZADA [t̪] de la palabra *eighth*, etc. El tratamiento de los 'alófonos' como variantes o miembros de un fonema es controvertido en cuanto a sus límites. Desde un punto de vista estricto, sólo son 'alófonos' las variantes condicionadas por el contexto, unas en LIBRE VARIACIÓN, otras en DISTRIBUCIÓN COMPLEMENTARIA, y así lo postula Daniel Jones (1962: 54). Pero también hay quien defiende dentro del concepto de 'alófono' las VARIANTES regionales y las de estilo. De este modo, y utilizando terminología de E. Coseriu, tendríamos las variantes debidas al entorno lingüístico o **alófonos contextuales** (también llamados VARIANTES COMBINATORIAS por estar completamente determinadas por el entorno fónico), las variantes regionales o **alófonos diatópicos** y las variantes de estilo o **alófonos diastráticos**. Para Jones sólo son alófonos las variantes condicionadas por el entorno lingüístico, en especial por la presencia de ACENTOS O TONOS, que usa una sola persona cuando habla con un mismo estilo. A las variantes debidas a cambio de estilo las llama **diáfonos**. Los 'alófonos' de los fonemas de una lengua no suelen ser iguales a los 'alófonos' del mismo fonema en otra lengua. Por ejemplo, en español el fonema /s/ tiene, entre otros, los 'alófonos' [s] (*siempre, áspero*) y [z] (*desde, mismo*). En inglés el sonido o variante [z] constituye un fonema independiente, llamado FRICATIVA ALVEOLAR SONORA /s/ (*eyes*, pronunciado /aiz/), que CONTRASTA con el fonema fricativo alveolar sordo (*ice*, pronunciado /ais/).

**ALÓGRAFO.** Es cada una de las variantes gráficas en que se manifiesta un GRAFEMA, teniendo en cuenta muchos factores como los distintos tipos de letra (inglesa, gótica, *script,* arial, etc.), las variaciones individuales o las exigidas por el alfabeto de una lengua. Por ejemplo, el grafema *sigma* de la lengua griega tiene dos alógrafos [σ] [ς].

**ALOMORFO.** Se denominan 'alomorfos' las variantes fonológicas que puede presentar un mismo MORFEMA (entendido como unidad abstracta) en función de factores de diversa índole (fónicos, gramaticales) que debe sistematizar la gramática. Por ejemplo, en español, el morfema de {plural} y el morfema negativo {*in-*} se realizan mediante formas diversas según cual sea el entorno fónico en el que se insertan; {plural} se realiza como /*-es*/ tras consonante (*camion-es*, *ordenador-es*), como /*-s*/ tras vocal átona (*piedra-s, armario-s*). El prefijo negativo {in} adopta la forma /*im-*/ ante *p* o *b* (*im-borrable, im-perdonable*); se realiza como /*i-*/ cuando precede a una consonante líquida, *l* o *r* (*i-legal, i-rregular*) y se concreta como /*in-*/ cuando le sigue una consonante dental: *in-tachable, in-deseable*. Por tanto, /*-es*/ y /*-s*/ son 'alomorfos' del morfema de {plural}, así como /*in-*/, /*im-*/, /*i-*/ son 'alomorfos' del morfema negativo {in}; realizaciones distintas de un mismo morfema que, en ambos casos, están fonológicamente condicionadas, puesto que son factores de índole fónica (el fonema que precede o que sigue al afijo) los que determinan la aparición de una u otra forma.

Asimismo, /*-ia*/ y /*-ba*/ son 'alomorfos' del morfema {pretérito imperfecto} puesto que corresponden a las formas mediante las que, de conformidad con la conjugación regular, puede expresarse ese tiempo: *salta-ba, corr-ía, part-ía*. Sin embargo, en este caso, la variación no está determinada por factores fonológicos. Según señala Varela (1990: 66), por ejemplo, esta ALTERNANCIA alomórfica se halla gramaticalmente condicionada, puesto que es «la clase conjugacional del verbo», su pertenencia ya a la primera, ya a la segunda o tercera conjugación, el elemento determinante de la variación. La elección de los 'alomorfos' no siempre obedece, no obstante, a factores fonológicos o gramaticales que puedan reducirse a reglas generales. Así, por ejemplo, según Varela, el hecho de que con ciertos verbos se utilicen, en lugar de la forma regular /*-do*/, 'alomorfos' del participio como /*-to*/ (*roto*) y /*-so*/ (*impreso*), no obedece a causas fonéticas «ni depende de la clase gramatical de la base [...] Es, en realidad, una alternancia totalmente aleatoria que no puede expresarse mediante regla» (1990: 67).

**ALOTAGMA.** Véase en TAGMEMA.

**ALTERNANCIA, ALTERNANTE.** ① En LINGÜÍSTICA DIACRÓNICA, 'alternancia' es el CAMBIO FONÉTICO regular de determinadas VOCALES O CONSONANTES en palabras que se encuentran relacionadas ETIMOLÓGICAMEN-

TE. La 'alternancia' puede ser vocálica o consonántica, y a la 'alternancia' vocálica se la llama también APOFONÍA y GRADACIÓN VOCÁLICA. La alternancia consonántica o gramatical es el resultado de un primer CAMBIO O MUTACIÓN en el germánico. Se observa en inglés en las palabras cuyas consonantes varían según la vocal que les precede: *wake-watch, bake-batch, speak-speech*, etc.

② Aunque la 'alternancia' es, en principio, un término de la DIACRONÍA, también se usa en SINCRONÍA (Crystal, 1991), para aludir a las relaciones existentes entre las distintas FORMAS O VARIANTES de una UNIDAD LINGÜÍSTICA sean del NIVEL que sean. Pero es en MORFOLOGÍA en donde más arraigo tiene este término y aquí alude a la modificación o transformación fonética regular de un MORFEMA; cada una de las variantes es una **alternante**, que en lingüística estructural se llama ALOMORFOMO. Por ejemplo, en latín la transformación existente en *corpus, corporis* o en *onus, oneris*; en español *dormir, duermo* y *durmiera*; *recibir-recepción*; *concebir-concepción*, o *ir, fui, iré, iba*, etc. En FONOLOGÍA 'alternante' equivale a ALÓFONO.

③ Véase en MODIFICADORES para un uso distinto de 'alternante'.

**ALTERNANCIA DE CÓDIGO.** Equivale a CONMUTACIÓN DE CÓDIGO.

**ALTERNANCIA DE TURNOS.** Véase en TURNOS.

**ALTERNANCIA VOCÁLICA.** Equivale a APOFONÍA.

**ALTERNANCIA RÍTMICA.** Se llama 'alternancia rítmica' (Gili Gaya, 1975: 38-9) a la tendencia que tienen las INTENSIDADES relativas de las SÍLABAS inacentuadas a repetirse en el tiempo. Se trata de un vaivén inconsciente en el relieve silábico relativo que tiene su origen en el hecho psicofisiológico de que los movimientos iguales y repetidos en series más o menos extensas no son del todo idénticos, sino que se organizan con tendencia a un RITMO. Por ejemplo, si señalamos con las cifras 3, 2 y 1 los grados de intensidad relativa, la 'alternancia rítmica' del español podría representarse de la siguiente forma en las palabras *consuetudinario, guapetona* y *estudiar*: *con* (2) *sue* (1) *tu* (2) *di* (1) *na* (3) *rio* (1); *gua* (2) *pe* (1) *to* (3) *na* (1); *es* (2) *tu* (1) *diar* (3).

**ALTO.** ① En FONÉTICA ARTICULATORIA el término 'alto' se usa para describir la articulación vocálica en la que la lengua se eleva por encima de su posición neutra o de reposo y, consecuentemente, las VOCALES, como la /i/ y la /u/ del español, producidas con esta articulación son 'altas'.

② En FONÉTICA ACÚSTICA se emplea el adjetivo 'alto' en el término FORMANTE ALTO.

③ En FONÉTICA AUDITIVA el término 'alto', O AGUDO alude al TONO O ALTURA MUSICAL percibido cuando es elevado el número de VIBRACIONES por segundo de la FRECUENCIA FUNDAMENTAL, en contraste con BAJO O GRAVE.

④ En la FONOLOGÍA GENERATIVA (Chomsky y Halle, 1968), 'alto-no alto', representado con [+alto] y [–alto], es uno de los RASGOS RELACIONADOS CON EL CUERPO DE LA LENGUA, que definido articulatoriamente, consiste en elevar el dorso de la lengua por encima de su posición neutral o de reposo cuando es [+alto] y en no elevarlo cuando es [–alto]. Las VOCALES CERRADAS y las CONSONANTES PALATALES y VELARES son [+alto] y [–bajo]. *Cf* bajo, posterior.

⑤ En SINTAXIS equivale a SUBORDINANTE. *Cf* ascenso del objeto, categoría de bloqueo.

**ALTURA MUSICAL/TONAL.** En FONÉTICA AUDITIVA, el término 'altura musical/tonal' (*pitch*, en inglés), llamado también TONO, es la impresión que percibimos de la FRECUENCIA FUNDAMENTAL de una SÍLABA O SONIDO. Esta impresión se ordena en una escala que va de ALTO (AGUDO) a BAJO (GRAVE). El sonido será más agudo cuanto mayor sea el número de VIBRACIONES por segundo y, a la inversa, más grave cuando el número sea menor.

**ALVEOLARES.** Son CONSONANTES en cuyo PUNTO DE ARTICULACIÓN intervienen la

LENGUA como ARTICULADOR MÓVIL y los ALVÉOLOS como ARTICULADORES FIJOS. Las 'alveolares' pueden ser OCLUSIVAS ALVEOLARES , como [t, d] en inglés, FRICATIVAS ALVEOLARES [s, z] (también llamadas APICOALVEOLARES), FRICATIVAS ALVEOPALATALES [ʃ, ʒ] (también llamadas PALATOALVEOLARES), la LATERAL ALVEOLAR [l] y la NASAL ALVEOLAR [n].

**ALVÉOLOS.** Los 'alvéolos' posteriores de los incisivos superiores son el ARTICULADOR PASIVO que interviene en la formación de las ALVEOLARES.

**ALVEOLOPALATALES.** Equivale a PALATOALVEOLARES.

**AMALGAMA.** El término **amalgama** hace referencia al fenómeno gramatical consistente en que dos o más significados asociados a MORFEMAS O MONEMAS distintos (por ejemplo, *plural* y *genitivo*) se expresan fusionados en un solo MORFO, en un mismo segmento fónico inanalizable en segmentos menores con valor morfológico; de ahí que no pueda establecerse una correspondencia unívoca entre un significado y un significante fónico diferenciado. Según Martinet (1972: 391; 1974: 127; 1985: 83), por ejemplo, constituyen casos de 'amalgama' tanto el artículo contracto francés *au* («al»), contracción de *a* + *le*, como las DESINENCIAS *-orum*, *-arum* del genitivo plural latino: *malorum* («de las manzanas»), *rosarum* («de las rosas»). En *au* (/*o*/), el significado de la preposición *a* y el correspondiente al artículo (*le*) comparten, como resultado de la contracción, un segmento significante único, puesto que, evidentemente, /*o*/ no puede analizarse en segmentos fónicos más pequeños. Asimismo, las desinencias latinas *-arum*, *-orum* expresan, simultáneamente, los significados {plural} y {genitivo}, sin que se pueda deslindar un segmento significante para {plural} y otro para {genitivo}. No obstante, según el mismo Martinet, dentro de este concepto amplio de 'amalgama' pueden diferenciarse dos tipos:

(a) La 'amalgama' se especifica como **ocasional** cuando, como en el caso del artículo contracto *au*, los morfemas implicados no siempre aparecen fusionados en un solo segmento fónico inanalizable, sino que también pueden presentarse asociados a elementos significantes distintos. Así, puede decirse *au jardin* («al jardín»), pero también se dice *a l'hôpital* («al hospital»).

(b) La 'amalgama' se considera, en cambio, **permanente** cuando, como ocurre con las desinencias latinas, ros*arum*, mal*orum*, los significados asociados (en este caso {plural} y {genitivo}) aparecen siempre expresados mediante una secuencia fonémica inanalizable en unidades morfológicas menores. *Cf* sincretismo.

**AMBIGÜEDAD.** Es la peculiaridad de algunos ENUNCIADOS consistente en que son susceptibles de dos o más interpretaciones (*cf* elipsis). Y al proceso de supresión, corrección o anulación de la 'ambigüedad' se le llama DESAMBIGUACIÓN. La 'ambigüedad' puede ser estructural o léxica.

La **ambigüedad estructural** tiene su base en la posibilidad de interpretar de dos o más formas distintas las conexiones sintácticas entre los constituyentes. Es lo que sucede en «Los amigos de Pedro y Ana pagaron la fianza». Este enunciado tiene dos sentidos diferentes según se entienda que el constituyente *Ana* se coordina con el sintagma nominal *Los amigos de Pedro* (tanto los amigos de Pedro como Ana pagaron la fianza) o, por el contrario, se interprete como coordinado sólo con el constituyentes *Pedro* (los amigos tanto de Pedro como de Ana pagaron la fianza). En el GENERATIVISMO se dice que la 'ambigüedad' existe en la ESTRUCTURA SUPERFICIAL de la oración de una lengua pero nunca en la ESTRUCTURA PROFUNDA.

La **ambigüedad léxica** tiene lugar cuando la diversidad de sentido tiene su origen en el carácter POLISÉMICO de alguna de las unidades léxicas incluidas en el enunciado. Es el caso de «El banco estaba vacío», enunciado ambiguo debido a los posibles sentidos de la palabra *banco*, como *asiento*, *institución financiera*, etc.

**Ámbito.** Equivale a ALCANCE.

**Amplificación.** Es la técnica de TRADUCCIÓN OBLICUA, que consiste en la utilización de mayor número de UNIDADES LÉXICAS en la lengua meta para la traducción de un segmento de la lengua de partida. A diferencia de la EXPLICITACIÓN, las razones para este proceso son puramente lingüísticas, y no culturales. Como ejemplo podemos citar la traducción de las preposiciones del inglés jurídico al castellano; al traducir «the obligations under this contract», habremos de traducir *las obligaciones contraídas al amparo de este contrato* (Campos, 1995b).

**Amplitud.** Véase en ONDA SONORA.

**Anacoluto.** ① En SINTAXIS el término 'anacoluto' se emplea para denotar la pérdida del rigor sintáctico, característica de la ACTUACIÓN. Como etimológicamente 'anacoluto' significa *inconsecuente* (DRAE), gran parte de los 'anacolutos' nacen por la inconsecuencia en el régimen, o en la construcción de una cláusula.

② En ESTILÍSTICA es una FIGURA DEL LENGUAJE consistente en el abandono de una construcción sintáctica iniciada para continuar con otra. Es propio de la prosa de autores, comoVirginia Woolf, que han utilizado técnicas como la del monólogo interior, en las que intentan simular en el eje de las SUCESIVIDADES del relato lo que ocurre en el eje de las SIMULTANEIDADES de un ACTO COMUNICATIVO (*decir*, *hacer* y *pensar* a la vez).

**Anáfora.** ① En la acepción más extendida, se entiende por 'anáfora' la relación de identidad que se establece entre el REFERENTE de una UNIDAD DEÍCTICA —PRONOMBRE, SINTAGMA DEFINIDO— y el referente de un sintagma *previamente* aparecido en el texto, al que se denomina su ANTECEDENTE. Así, en «Mi jefe me ha invitado a ir con él», se da una **relación anafórica** entre *él* y *Mi jefe*, puesto que el pronombre remite a ese sintagma previo para la identificación de su REFERENCIA. En este sentido se opone, por lo general, a 'catáfora' (véase en el punto 2).

El empleo del término 'anáfora' se ha hecho también extensivo a los casos en que la relación entre una 'unidad deíctica' y la expresión precedente a la que remite, para su interpretación, dicha unidad no es estrictamente de CORREFERENCIA, sino sólo de identidad o conexión de significado. También se cataloga, pues, como un caso de 'anáfora' la relación entre *la* y *su paga* en la siguiente oración, aunque ambas unidades no aluden al mismo referente: «Carlos se gasta su paga en vino, mientras que Luis la invierte en acciones». En esta primera acepción la 'anáfora' es un tipo de DEÍXIS textual.

② En un sentido menos estricto, 'anáfora' se opone a deíxis, y se aplica a la relación que se establece cuando un término remite para la identificación de su referencia a otra expresión presente en el CONTEXTO, tanto si le precede como si le sigue. Según esta acepción, sería anafórica la relación entre *él* y *el Sr. Martínez* en estas dos oraciones: «El *Sr. Martínez* me ha ofrecido trabajar con *él*», «Aunque no estoy de acuerdo con *él*, *el Sr. Martínez* me parece una buena persona». En el primer caso estaríamos ante una 'anáfora propiamente dicha' y, en el segundo, ante una **catáfora**, estableciéndose una **relación catafórica** entre *él* y *el Sr. Martínez*.

La 'anáfora propiamente dicha' es levógira, es decir, mira hacia la izquierda porque dejó atrás su antecedente en algo ya expresado («Trajo una caja, *la* puso en la mesa y de *ella* sacó un objeto extraño»), en tanto que la 'catáfora' es dextrógira porque la información a la que hace referencia está a su derecha, es decir, aún no ha sido mencionada en su plenitud, aunque sí anticipada con una forma atenuada («*Estos* son los dos grandes pecados del mundo occidental: egoísmo e hipocresía»). La 'anáfora propiamente dicha' se sirve de elementos sustitutivos que repiten las unidades nombradas; la 'catáfora' anticipa, con los elementos que emplea, rasgos o características de las unidades que el receptor del mensaje descubrirá más adelante. Los elementos usados en la 'catáfora' generan incertidumbre y, por tanto, intensifican el interés del receptor y producen un cierto ÉNFASIS. En cierto modo, la 'catáfora' suscita una expectativa y ayuda a proyectar al receptor del mensaje hacia la comprensión global del contenido del enunciado (Beaugrande, R. de, 1980: 60).

En una visión más amplia aún, también se considera 'anáfora' a la relación que se establece cuando un término remite al CONTEXTO general (ya a la dimensión espaciotemporal o bloque I, ya a la PRESUPOSICIÓN PRAGMÁTICA o bloque III). En este caso estamos ante una **exófora** porque busca el referente en el contexto general. Si, mirando la ventana, le digo a un amigo: «Ábrela, por favor», la referencia que busca está fuera, en la realidad; en este caso la referencia de *la* es exofórica.

Desde otro punto de vista, se pueden reordernar la 'anáfora', la 'catáfora' y la 'exófora' en dos grandes grupos: las formas fóricas y las formas no-fóricas (Rochester, S. *et al.*, 1979: 105). Las formas **fóricas** (en las que se incluirían la 'anáfora' y la 'catáfora') se caracterizan por llevar la instrucción *Mi información está en otra parte del discurso. Búsquela.* La ELIPSIS y los PRONOMBRES son 'formas fóricas' por excelencia, que pretenden transmitir al RECEPTOR lo que el EMISOR considera como más TEMÁTICO o de mayor relieve porque quiere que se le preste la mayor atención posible. Las **no-fóricas** llevan las instrucción *Mi información no está en el discurso; búsquela en el contexto exterior.*

③ En el MODELO de RECCIÓN Y LIGAMIENTO, desarrollado en el marco de la GRAMÁTICA GENERATIVA, el término 'anáfora' se utiliza en un sentido diferente de los anteriores, aunque conectado con ellos, y mucho más restringido. En este modelo se da el nombre de 'anáfora' en sentido estricto, no a una relación entre unidades, como en las anteriores acepciones, sino a la CATEGORÍA nominal cuya referencia está determinada necesariamente dentro de la oración sin poder tener referencia independiente (Horrocks, G., 1987: 108). Dicho con otras palabras, se trata de un tipo de unidades, entre las que se incluyen los pronombres reflexivos y recíprocos que implican una relación de CORREFERENCIA con un sintagma anterior pero que, además, debe tener su antecedente en la misma oración o sintagma. Por tanto, en «El muchacho seguía luchando consigo mismo», la unidad *consigo* es una 'anáfora' en esta acepción del término puesto que el único antecedente posible para esta expresión es el sujeto de su misma oración *el muchacho.* Por el contrario, en «El muchacho seguía luchando con él», *él* ya no sería una anáfora, en este mismo sentido, pues, a pesar de que puede ser correferencial con una expresión anterior, su ANTECEDENTE no puede ser *el muchacho* sino que debe encontrarse fuera de la oración. *Cf* pronominal.

④ En RETÓRICA y en ESTILÍSTICA la 'anáfora' es una figura del lenguaje que consiste en la REPETICIÓN gramaticalmente innecesaria de una palabra o de una frase al principio de una cláusula o de una oración o en varias oraciones, con el fin de obtener un EFECTO ESTILÍSTICO especial: «No podemos aceptar, no podemos consentir, no podemos admitir...». James Joyce es muy amante de este tipo de recurso que confiere a la prosa tintes poéticos: *soft and light, light and soft*; *glimmering and trembling, trembling and unfolding*, etc.

**ANÁLISIS.** ① En la INVESTIGACIÓN LINGÜÍSTICA el término 'análisis', o más bien **análisis lingüístico**, ha sido utilizado por todos los PARADIGMAS lingüísticos, ya que la DESCOMPOSICIÓN objetiva de la CADENA HABLADA en sus COMPONENTES de rango inferior (enunciado, oración, sintagma, fonema, etc.) ha sido una de sus metas. 'Analizar' significa, en primer lugar, localizar, es decir, realizar la IDENTIFICACIÓN LINGÜÍSTICA de lo LINGÜÍSTICO-INMANENTE para, a continuación, desanudar los distintos cruces y conexiones del complejo entramado que existe en los diferentes NIVELES del lenguaje, aplicando la OBSERVACIÓN, o percepción sistemática del método científico y, consecuentemente, descubrir las leyes y las reglas que lo configuran.

② En la mayoría de los modelos lingüísticos han sido básicos el 'análisis' morfológico y el sintáctico de las oraciones. Aunque la mayoría de los análisis que se han hecho en oraciones se ha efectuado sobre FORMAS, es decir, ha sido **análisis formal** de unidades morfológicas (MORFEMAS), de unidades sintácticas (SINTAGMAS), de unidades léxicas (SEMAS), no han faltado los intentos de análisis de FUNCIONES o de PROCESOS, como los que se pueden encontrar en el PARADIGMA DE LA PRAGMÁTICA, por ejemplo, en el llamado ANÁLISIS CONVERSACIONAL.

③ El 'análisis' llevado a cabo en el PARADIGMA ESTRUCTURALISTA, especialmente el NORTEAMERICANO, ha consistido en dos operaciones, la SEGMENTACIÓN y la CLASIFICACIÓN objetiva de los DATOS obtenidos mediante la OBSERVACIÓN. Estas dos operaciones coinciden, respectivamente, con el PLANO SINTAGMÁTICO y el PLANO PARADIGMÁTICO del lenguaje, es decir, la segmentación se hace sobre el sintagma, y la clasificación con el paradigma. A pesar de la importancia que tuvieron en el 'análisis lingüístico' las citadas técnicas de segmentación y de clasificación, su excesiva variedad y la falta de un mínimo compromiso entre todas ellas contribuyeron a que, en gran parte, se abandonaran como objetivos de la investigación lingüística en cuanto hizo su aparición la GRAMÁTICA GENERATIVA (Martinet, A., 1974).

En este 'análisis' ha sido también muy útil el concepto de NIVEL (fonológico, morfológico, etc.) o el de RANGO y, de esta manera, cuando el análisis se centra en el de IDENTIFICACIÓN de los FONEMAS y de los RASGOS fónicos se ha llamado **análisis fonológico**, si ha sido en el nivel morfológico, **análisis morfológico**, si en el sintáctico **análisis sintáctico**, etc. Consecuentemente con todo lo que se acaba de decir, el producto del 'análisis lingüístico' en este paradigma serán TAXONOMÍAS, RELACIONES, LISTAS, CAMPOS, RASGOS, en suma, CLASES y CATEGORÍAS. En esta acepción, el término 'análisis lingüístico' coincide con el de INVESTIGACIÓN LINGÜÍSTICA.

④ En cambio, en el GENERATIVISMO el término 'análisis' se emplea en el sentido de «asignación de una estructura ABSTRACTA a una oración» (Palmatier, 1972: 10), no teniendo nada que ver con las operaciones empíricas, antes citadas, de SEGMENTACIÓN y CLASIFICACIÓN propias del 'análisis' del ESTRUCTURALISMO NORTEAMERICANO. *Cf* reanálisis.

**ANÁLISIS ACÚSTICO.** Véase en FONÉTICA ACÚSTICA y en ESPECTROGRAMA.

**ANÁLISIS BINARIO.** Véase en BINARISMO.

**ANÁLISIS COMBINATORIO.** Los procedimientos de ANÁLISIS FONOLÓGICO y SÉMICO del ESTRUCTURALISMO son 'análisis combinatorios', ya que, basándose en un CORPUS (*cf* segmentación), es decir, en un repertorio finito de unidades, intentan determinar las restricciones 'combinatorias' de éstas en la CADENA HABLADA con el fin de llegar a una TAXONOMIZACIÓN (*cf* clasificación).

**ANÁLISIS COMPONENCIAL.** Equivale a ANÁLISIS SÉMICO.

**ANÁLISIS CONVERSACIONAL O DE LA CONVERSACIÓN.** La 'conversación' (*cf* diálogo), esencia del lenguaje, es un área de interés lingüístico que ha sido activada por el PARADIGMA DE LA PRAGMÁTICA, aunque no es completamente nueva dentro de la lingüística (Robins, R. H., 1964: 8). La conversación es una actividad de interacción social, con una estructura propia e independiente (*cf* turnos de habla). En 1934 Jespersen la llamaba la «vida del lenguaje», y en los años cincuenta el lingüista británico Firth alertaba sobre su importancia, por residir en ella la clave para un mejor entendimiento de la naturaleza y el funcionamiento del lenguaje (Sinclair, J. M., *et* *al.*, 1975: 11). Hoy es el punto de encuentro apropiado para estudiar las formas y modalidades de INTERACCIÓN COMUNICATIVA, lugar al que acuden lingüistas, filósofos, antropólogos y sociólogos, en especial los de la corriente llamada ETNOMETODOLOGÍA. El DIÁLOGO es la forma conversacional que más atención ha recibido.

El 'análisis conversacional' y el ANÁLISIS DEL DISCURSO tienen zonas de coincidencia en cuanto a objetivos y a metodología, por ejemplo, a ambas les interesa el estudio de la COHERENCIA, el examen del papel de la ANÁFORA y de la CATÁFORA, la CONECTIVIDAD, el estudio de la INTENCIÓN, etc., en suma, lo que se llama las CONDICIONES DE TEXTUALIDAD. Es tal la conexión entre una y otra que muchos lingüistas hablan de 'análisis conversacional y del discurso' sin separar uno de otro (Malmkljær, 1991: 100-110).

Pero se pueden encontrar zonas de diferencia; por ejemplo, al 'análisis conversacional' le interesa la diferenciación de los ACTOS DE HABLA DIRECTOS E INDIRECTOS, el examen de los MACROMARCADORES conversacionales, las estrategias empleadas en los TURNOS de palabra, la introducción y abandono de los TÓPICOS conversacionales, la CORTESÍA conversacional (*cf* lenguaje aproximativo) y el estudio de todas las señales comunicativas, en especial, las del lenguaje no-verbal, abordado por la KINÉSICA, la PARALINGÜÍSTICA y la PROXÉMICA y, sobre todo, las normas, REGLAS o convenciones dentro de cada ACONTECIMIENTO DE HABLA (los saludos, las llamadas telefónicas, el diálogo utilizado en las sesiones de tratamiento psicoterapéutico, las discusiones entre sindicatos y patronal, los rituales religiosos, los debates académicos y políticos). *Cf* significado discursivo, inferencia.

Además, la metodología del 'análisis conversacional' es INDUCTIVA y EMPÍRICA por basarse en DATOS reales. Hoy en día se posee abundante material conversacional recogido, velada o abiertamente, por medio de técnicas observacionales y experimentales basadas en diversas perspectivas disciplinarias (Werth, P., ed., 1981: 41-57); e incluso se cuenta con depuradas técnicas de análisis, por ejemplo, las diseñadas por Labov y Fanshel (1977) para el examen del discurso terapéutico (*cf* claves conversacionales).

Las cuatro tendencias más importantes de análisis conversacional, además de la PRAGMÁTICA, son:

(a) la ETNOMETODOLOGÍA (Sacks, 1970, 1972; Schegloff, 1968; Turner, 1974; Gumperz y Hymes, 1972; Coulon, A., 1987);

(b) la filosófica (*actos de habla* e *implicativa conversacional*); Austin, 1961, 1965; Searle, 1969; Grice, 1957; Kempson, 1977);

(c) la Escuela de Birmingham del *English Language Research*; y

(d) la de los lingüistas interesados no sólo por el análisis del diálogo natural sino también el de las obras teatrales (Burton, D., 1980).

**ANÁLISIS DE CADENAS.** Véase en CADENA[2].

**ANÁLISIS DE CONSTITUYENTES.** Véase en CONSTITUYENTES.

**ANÁLISIS DE CONSTITUYENTES INMEDIATOS.** Véase en CONSTITUYENTES INMEDIATOS.

**ANÁLISIS DE CONTRASTES.** Dentro de la metodología del APRENDIZAJE DE LENGUAS EXTRANJERAS, el llamado 'análisis de contrastes', formulado por Robert Lado (1957), es una de las HIPÓTESIS del ESTRUCTURALISMO NORTEAMERICANO que postula que los errores que cometen los alumnos en su APRENDIZAJE de una segunda lengua se deben a la 'interferencia lingüística' causada por su lengua materna.

Se entiende por **interferencia lingüística** el fenómeno mediante el cual las estructuras de una lengua, normalmente la materna, afectan de forma negativa a las que se intenta aprender de otra lengua, provocando la comisión de **errores**. Esta 'interferencia' se basa en la idea de que el sistema de la lengua primera es un filtro que condiciona a la segunda lengua. Weinreich (1953) la define como el desvío de la norma de algunas de las lenguas que concurren en el BILINGÜE. Algunos proponen que a este fenómeno se le llame **transferencia** en vez de 'interferencia' y otros, **transferencia negativa**. Como dice López Morales (1993: 165), tanto si se le llama 'interferencia' como 'transferencia' se trata de la influencia de una lengua A sobre otra B que produce en esta última estructuras AGRAMATICALES.

De acuerdo con la hipótesis del análisis de contrastes', estos errores se podrían *evitar* si se compararan los CONTRASTES o puntos de diferencia o fricción existentes entre las estructuras de todo orden (fonología, sintaxis, léxico, etc.) de la lengua materna ($L_1$) y las de la lengua que es objeto de aprendizaje o ($L_2$), utilizando las descripciones rigurosas hechas con los modelos científicos del ESTRUCTURALISMO. Un ejemplo típico de error es el de los llamados FALSOS AMIGOS, formado por listas de términos como *constipé* en francés, *constipated* en inglés y *constipado* en español, que pueden producir situaciones embarazosas al estudiante de lenguas extranjeras.

El 'análisis de contrastes' ha constituido un instrumento metodológico útil para comparar y ordenar las dificultades estructurales dirigidas sobre todo al APRENDIZAJE DE LENGUAS EXTRANJERAS y de la TRADUCTOLOGÍA, siendo paradigma de estos trabajos la serie de estudios efectuados por Stockwell y Bowen, publicada por la Universidad de Chicago en 1965 y, en España, Emilio Lorenzo (1959, 1969, 1996) inauguró y continuó los estudios, abriendo caminos que otros siguieron: Fente (1971), Marcos Pérez (1975), Galván (1990), etc.

Sin embargo, se le echa en cara al análisis de contrastes que no se apoye en una teoría psicológica sólida, debido al hecho de que todas sus aseveraciones sobre la 'interferencia' de la lengua materna en el aprendizaje de una segunda lengua se basan exclusivamente en una perspectiva basadas en datos, o sea, sus fundamentos psicolingüísticos, de carácter mecanicista, son muy pobres o insuficientes. Y, también, desde un punto de vista práctico se ha visto que tiene varias incongruencias, ya que muchos de los errores que hacen los alumnos no se pueden predecir o explicar con la interferencia. Dicho con otras palabras, muchos de los errores que predijeron nunca surgieron y muchos de los que surgieron nunca fueron anticipados por el 'análisis de contrastes', ya que gran parte de ellos no se pueden atribuir exclusivamente a la interferencia de la lengua materna sino a otras muchas causas, como pueden ser los excesos en la generalización de las reglas, la aplicación incompleta de las mismas, problemas surgidos a raíz de una enseñanza inapropiada, etc.

La hipótesis del 'análisis de contrastes' tiene aún plena actualidad (James, C., 1980; di Pietro, R., 1980), pero la realidad es que, aun siendo atractiva esta hipótesis, el lenguaje es algo mucho más complejo. En este momento hay dos versiones: la fuerte y la débil. La primera, que defiende la predicción completa de todos los errores que los alumnos pueden hacer, siempre que identifiquemos los contrastes estructurales entre la $L_1$ y la $L_2$, es menos aceptable hoy porque parece un poco ingenuo o simplista pensar que todos los errores cometidos por el alumno en su aprendizaje hallan una fácil solución con el análisis de contrastes entre la lengua de partida y la de llegada. La versión débil, que es la que realmente tiene vigencia metodológica aún, es menos ambiciosa en sus objetivos, porque estima que hay errores que se deben a la interferencia de la lengua materna pero otros que no son atribuibles a dicha interferencia, como demuestra el ANÁLISIS DE ERRORES del PARADIGMA GENERATIVISTA.

En los últimos años del siglo XX no han perdido fuerza los estudios contrastivos microlingüísticos en FONOLOGÍA, como el de la ENTONACIÓN en español-inglés de Gonzaléz y Fernández Corugedo (1993), García Lecumberri (1996), etc., o en nuevas líneas de GRAMÁTICA y SEMÁNTICA, como los contrastes en ERGATIVIDAD léxica (Martínez Vázquez, 1996), o en DEGRADACIÓN semántica (Rodríguez Ledesma, 1996), etc. Sin embargo, como afirman Garrudo (1996: 17 y sigs.) y Downing (1996), la perspectiva se ha ampliado a la PRAGMÁTICA contrastiva e intercultural (*cf* sociopragmática), recibe mayor atención el estudio de la transferencia, y está dejando sentir su influencia la gramática universal en la búsqueda de las propiedades universales.

**ANÁLISIS DE ERRORES.** Dentro de la metodología del APRENDIZAJE DE LENGUAS EXTRANJERAS, el llamado 'análisis de errores' (Richards, J., 1990; Ellis, 1985) es una de las HIPÓTESIS DEL PARADIGMA GENERATIVISTA, nacida como reacción al ANÁLISIS DE CONTRASTES, propio de ESTRUCTURALISMO NORTEAMERICANO. El 'análisis de errores' nace del postulado de que no se puede aprender sin cometer errores. El **error**, a diferencia de lo que ocurre en el 'análisis de contrastes', es elevado a la categoría de instrumento metodológico; es decir, ya no se trata de evitar los errores, sino de utilizarlos con fines didácticos. Por tanto, la diferencia entre ambas hipótesis es conceptual, porque el error pasa de ser denostado, de estar proscrito, a convertirse en estrategia que guía y explica el aprendizaje. Cometer errores forma parte de la estrategias cognitivas utilizadas tanto en la ADQUISICIÓN DEL LENGUAJE, lo que se llama $L_1$, como en el aprendizaje de una segunda lengua, la llamada $L_2$. Si el error va a ser una de las guías metodológicas, es preciso hacer un inventario de los mismos, a fin de intentar explorar sus causas. La metodología que se sigue consta de cinco etapas: (a) formación de un CORPUS homogéneo de errores, en cuanto a la edad de los alumnos, su base cultural, estadio de desarrollo, etc.; (b) su identificación; (c) su clasificación; (d) su explicación; y finalmente (e) su evaluación. *Cf* Corder, 1981.

**ANÁLISIS DE LA CADENA HABLADA.** Visto desde la FONÉTICA ARTICULATORIA, el punto de arranque del 'análisis de la cadena hablada', también llamado 'análisis silábico', es la SÍLABA (base de toda agrupación de fonemas en la CADENA HABLADA). El análisis de la sílaba, consistente en la SEGMENTACIÓN de sus CONSTITUYENTES, es una operación mental, ya que ni la sílaba se concibe sin FONEMAS, ni éstos son pronunciables más que cuando solos o agrupados forman una sílaba (Abercrombie, 1968; Gili Gaya, 1975).

El análisis no es fácil porque los movimientos son complejos, rápidos, continuos y pequeños. Por ejemplo, en el habla normal, la LENGUA puede adoptar hasta doce posiciones distintas por segundo. El 'análisis de la sílaba' da como resultado unos segmentos conocidos con el nombre de SONIDOS, los cuales, a su vez, pueden agruparse en VOCALES y CONSONANTES (*cf* vocoides y contoides). Desde esta perspectiva, la sílaba es una estructura formada por vocales y consonantes. Cada lengua, de acuerdo con sus reglas FONOTÁCTICAS posee un conjunto de estructuras silábicas. En español, y en la mayoría de las lenguas europeas, la estructura silábica puede tener tres manifestaciones: CVC, VC, CV. Esta última, la formada por una consonante y una vocal (*la, te, casa*), se llama SÍLABA ABIERTA o libre y es, al parecer, la única de tipo universal, es decir, no falta en ninguna lengua. Una cuestión básica del análisis silábico es la **frontera silábica**, tratada bajo el nombre de JUNTURA.

**ANÁLISIS DE LAS RELACIONES LÉXICO-SEMÁNTICAS.** ① Dentro del PARADIGMA ESTRUCTURALISTA, el 'análisis de las relaciones léxico-semánticas' (junto al ANÁLISIS SÉMICO O COMPONENCIAL de las UNIDADES LÉXICAS y al estudio de los CAMPOS SEMÁNTICOS O LÉXICOS) constituye uno de los objetivos más importantes de la SEMÁNTICA LEXICOLÓGICA.

Las **relaciones léxico-semánticas** son 'relaciones lingüísticas' de tipo PARADIGMÁTICO, y también se las llama **relaciones de significación** y **relaciones de sentido**

(Lyons, 1990: 135). El estudio de estas relaciones constituye para muchos lingüistas (Pottier, 1965: 39; Rey, 1969: 27) el objeto central de la SEMÁNTICA LEXICOLÓGICA y la única aproximación aceptable al problema del SENTIDO. Por ejemplo, si la comprensión de una LEXÍA se basa sólo en su vinculación con la cosa designada, no se puede alcanzar con precisión el sentido de dicha unidad léxica. Por ejemplo, la palabra *loma* queda semánticamente mejor delimitada y con una nitidez más fina cuando se la relaciona con las lexías *montaña*, *sierra*, *cerro*, *altozano*, *colina*, etc., con las que mantiene relaciones de significación, y por tanto, comparte CONTENIDO SEMÁNTICO. El número de 'relaciones léxico-semánticas' que se puede establecer entre las unidades léxicas es muy elevado, infinito dicen algunos, y esta afirmación se puede comprender si recordamos que la 'relación' es el accidente más débil y difuminado de la metafísica aristotélica. Entre las tipologías más importantes destacan las siguientes:

(a) La de Odgen y Richards (1923/1972: 112), quienes proponen, desde un punto de vista práctico, cuatro tipos de relaciones: (1) relaciones de similaridad, (2) relaciones espaciales, (3) relaciones temporales, (4) relaciones de causación: físicas (la «tormenta» con el «trueno); psicológicas (el «inconsciente» con el «humor») y psicofilosóficas.

(b) Duchaček y Spitzova (1971: 59-72) estiman que las relaciones léxico-semánticas son muy complejas. Prescindiendo de las basadas en la forma de la expresión (HOMÓFONOS, HOMÓGRAFOS), de las que se fundan en la pertenencia a un PARADIGMA gramatical (*librero*, *librería*) y las contextuales (*influir*, *ejercer influencia*), éstas son las más importantes: relaciones de coordinación; relaciones de subordinación; relaciones entre el individuo y la colectividad; relaciones entre la parte y el todo; relaciones entre el producto y el productor; relaciones entre el material y el producto; relaciones entre el lugar y la cosa producida; relaciones entre el lugar y la persona, etc.

(c) Las seis que estableció John Lyons (1967) en sus análisis del vocabulario de Platón, y que él consideró de carácter universal, se consideran clásicas, con algunas modificaciones, por un gran número de lingüistas. Estas relaciones son: la SINONIMIA, la ANTONIMIA (*grande-pequeño*), la INCOMPATIBILIDAD (*rojo, verde, amarillo, azul*, etc.), la RECIPROCIDAD O COMPLEMENTARIEDAD (*enseñar-aprender*), la HIPONIMIA (*roble-árbol*) y la CONSECUENCIA (*destruir-atacar*).

② En el PARADIGMA DE LA PRAGMÁTICA las 'relaciones léxico-semánticas'son recursos lingüísticos básicos para el desarrollo y, consecuentemente, el análisis de la COHERENCIA discursiva.

**ANÁLISIS DEL CONTENIDO.** Equivale a ANÁLISIS SÉMICO.

**ANÁLISIS DEL DISCURSO.** ① El término 'análisis del discurso' fue utilizado por primera vez en 1952 por Zellig Harris (y también por Chafe, W. L., 1970; Benveniste, E., 1956; Greimas, A. J., 1966) para aludir al ANÁLISIS DE LA CADENA HABLADA desde un punto de vista comunicativo y también para relacionar los términos cultura y lengua.

② En una segunda acepción, 'análisis del discurso' coincide con lo que se llama ANÁLISIS DE TEXTO, es decir, de las manifestaciones del lenguaje, tanto orales como escritas.

③ En las dos últimas décadas del siglo XX (Hoey, M., 1986) el término 'análisis del discurso' abarca distintas metodologías de ANÁLISIS FORMAL del lenguaje oral, nacido desde el momento en que éste se pone en acción y va dirigido al *otro*; este examen implica un reto que significa superar la barrera de la lingüística oracional, e introducirse en otras dimensiones más difíciles de precisar, como son las de tipo psico-sociológico. Esta última aseveración en torno a la complejidad del discurso nos lleva a considerar la impresión general existente en el momento actual de que cualquier afirmación que se haga sobre la naturaleza y el 'análisis del discurso' es irremediablemente parcial y abierta a no pocas polémicas. Ya en 1965 Madelbrot planteó serias dudas sobre la viabilidad y los escollos del 'análisis del discurso'. M. Stubbs en 1983 añade que cualquier análisis formal de un texto superior a las cien palabras probablemente será tan complejo que nadie se sentirá tentado a leerlo. Teniendo en cuenta los límites y la parcialidad de la investigación del análisis del discurso se notan dos tendencias: una de tipo formal, que emplea criterios puramente lingüísticos (fonológicos, sintácticos, semánticos, etc.) y otra de tipo sociolingüístico:

(a) La primera coincide, a grandes rasgos, con los fines y métodos del ANÁLISIS DEL TEXTO y estudia cuestiones tales como la estructura de los ENUNCIADOS (*cf* enunciados bimembres), la COHESIÓN, la COHERENCIA, los MARCADORES DISCURSIVOS, la ANÁFORA y otra serie de cuestiones incluidas dentro de lo que algunos llaman la TEXTURA O TEXTUALIDAD, es decir, la que examina los principios que rigen la estructura de los textos.

(b) La segunda, de metodología sociolingüística, está próxima a los métodos del llamado ANÁLISIS CONVERSACIONAL.

No obstante lo anterior, los límites entre lo que se entiende por 'análisis del discurso', ANÁLISIS CONVERSACIONAL y LINGÜÍSTICA TEXTUAL no siempre están claros entre los especialistas del lenguaje en USO.

**ANÁLISIS DEL TEXTO.** ① Tradicionalmente se ha empleado el término 'análisis de texto', y también **comentario de texto**, para referirse a la técnicas de descubrimiento de los distintos elementos significativos del texto o del discurso, en especial los léxico-semánticos. Este análisis ha tenido siempre en cuenta las distintas MODALIDADES DISCURSIVAS O textuales, a saber, la DESCRIPCIÓN, la NARRACIÓN, la EXPOSICIÓN, la PERSUASIÓN y, también, la CONVERSACIÓN O DISCURSO DIALÓGICO.

② El término 'análisis de texto' abarca un número de tendencias metodológicas que intentan examinar, de una forma global, los aspectos sintácticos, semánticos y pragmáticos de un TEXTO desde distintos puntos de vista o con metas distintas. Cada una de estas tendencias metodológicas pone mayor énfasis en determinados objetivos metodológicos. Una gran cantidad de ellas dan mayor realce al estudio de la TEXTURA O CONDICIONES DE TEXTUALIDAD, por ejemplo, la COHESIÓN, la COHERENCIA, etc., y los recursos empleados en ellas. Otros ponen mayor empeño en lo que se llama la INTENCIÓN del hablante y la INTENCIONALIDAD del texto, y en los recursos empleados en ellas. Otros entran a fondo en el SIGNIFICADO TEXTUAL que comprende las IMPLICACIONES convencionales y pragmáticas, las PRESUPOSICIONES convencionales y pragmáticas, etc., es decir, las posibles manipulaciones que se hacen del texto con el lenguaje.

**ANÁLISIS DISTRIBUCIONAL.** Véase en DISTRIBUCIONALISMO.

**ANÁLISIS EMPÍRICO.** En la INVESTIGACIÓN LINGÜÍSTICA se entiende por 'análisis empírico' el *descubrimiento* de las propiedades de la realidad lingüística, esto es, de los ATRIBUTOS de sus unidades y de las RELACIONES que éstas mantienen entre sí, por medio de la OBSERVACIÓN y la EXPERIMENTACIÓN, el cual es previo a cualquier DESCRIPCIÓN. Para llevar a cabo el citado 'análisis empírico' normalmente se utiliza un CORPUS de DATOS, que se toma como representativo, y por medio de inferencias inductivas se sacan unas conclusiones, de las que se predica una cierta GENERALIZACIÓN.

Sin embargo, el análisis empírico de las CLAVES CONVERSACIONALES no ha sido una tarea fácil hasta hace poco porque, cuando se le pedía a un informante que recordara, además del contenido proposicional, todo lo que percibió en la conversación (KINÉSICA, PARALINGÜÍSTICA, y PROXÉMICA), para ser transcrito y analizado posteriormente, surgían problemas debido a la naturaleza efímera de los mismos. En los últimos años, gracias a los nuevos métodos de registro (por ejemplo, el vídeo), se han podido diseñar metodologías para analizar la función que desempeñan estas pistas en la coordinación de todo el desarrollo conversacional; en resumen, el magnetófono facilitó la investigación estructural (formas) y el vídeo colabora en el análisis de los *procesos* comunicativos de la PRAGMÁTICA.

**ANÁLISIS ESPECTRAL, ANÁLISIS ESPECTROGRÁFICO.** Véase en ESPECTROGRAMA.

**ANÁLISIS ESTADÍSTICO.** Se llama 'análisis estadístico' y también **análisis cuantitativo** al conjunto de técnicas y procedimientos, basados en la estadística y en los métodos cuantitativos, cuyo objetivo es el estudio de la frecuencia y la distribución de las unidades lingüísticas en ramas de la lingüística tales como la FONÉTICA, la SOCIOLINGÜÍSTICA, en algunos de los trabajos de campo y, sobre todo, en la ESTILÍSTICA cuando se trata de caracterizar el estilo de un autor o la autoría de un texto (Smarin, W., 1967).

Es evidente que la estadística aplicada a la lingüística, auxiliada por las posibilidades que ofrece la informática (Woods, A. *et al.*, 1986: 1-7; Muller, Ch., 1973; Anshen, F., 1969; Hatch, E., 1982; Winer, B., 1971), sirve para presentar, de forma simplificada, transparente y comprensible, datos complejos y magnitudes a veces desproporcionadas, que permiten poder sacar inferencias útiles y pertinentes de varias ramas de la lingüística, y es evidente que los métodos cuantitativos y estadísticos proporcionan rigor en la investigación. Hoy se cuenta con programas informatizados, los llamados *paquetes estadísticos* como el *SPSS* o *Superior Performing Software Systems* (Sánchez Carrión, J. J., 1988), que, con gran facilidad, rapidez y fiabilidad pueden manipular, analizar y presentar histogramas, polígonos acumulativos y todos los estadísticos (o dimensiones estadísticas): la media, el error típico de la media, la desviación típica, la varianza, la simetría, el recorrido, el valor mínimo, el valor máximo, la moda, etc.

Sin embargo, cuando en la INVESTIGACIÓN LINGÜÍSTICA se introducen cuestiones estadísticas, inmediatamente surgen sus firmes defensores, para quienes la cuantificación y la fijación estadística de todos los hechos y fenómenos sociales, incluido el lenguaje, es imprescindible, y también sus intransigentes adversarios, que no ven en la estadística y la cuantificación más que la presentación numérica de lo que resulta obvio con la simple OBSERVACIÓN. Ambas posturas pueden nacer, por una parte, del desprecio que se siente hacia lo que se desconoce y, por otra, del dogmatismo AXIOMÁTICO que, en no pocas ocasiones históricas, se ha proyectado sobre conceptos teóricos y metodológicos desde reductos académicos. Es evidente que los métodos cuantitativos y estadísticos, auxiliados por las posibilidades que ofrece la informática, proporcionan rigor en la investigación. Sin embargo, no son pocos los lingüistas que consideran que:

(a) este análisis no es necesario, ni siquiera útil, en gran parte de la investigación lingüística. Por ejemplo, algunos estiman que la aplicación de la estadística al análisis de los rasgos estilísticos no aporta nada a lo que es normalmente obvio; naturalmente, también hay voces que sostienen todo lo contrario;

(b) la infalibilidad y exactitud que predica pueden verse afectadas, como en todos los análisis, por la orientación y la parcialidad del investigador en el manejo de los datos; y

(c) no se pueden ignorar los asertos de Popper sobre la parcialidad de todos los MÉTODOS y todas las TEORÍAS en la investigación.

**ANÁLISIS FONÉTICO.** Véase en FONÉTICA.

**ANÁLISIS FONOLÓGICO.** Véase en FONOLOGÍA y en ANÁLISIS.

**ANÁLISIS FORMAL.** Véase en CLASE DE EQUIVALENCIA.

**ANÁLISIS LINGÜÍSTICO.** Véase en ANÁLISIS.

**ANÁLISIS LÉXICO-SEMÁNTICO.** Véase ANÁLISIS DE LAS RELACIONES LÉXICO-SEMÁNTICAS.

**ANÁLISIS MORFOLÓGICO.** Véase en MORFOLOGÍA y en ANÁLISIS.

**ANÁLISIS SÉMICO.** Dentro del PARADIGMA ESTRUCTURALISTA, el 'análisis sémico' de las UNIDADES LÉXICAS, junto al ANÁLISIS DE LAS RELACIONES LÉXICAS y al estudio de los CAMPOS SEMÁNTICOS O LÉXICOS, constituye uno de los objetivos más importantes de la SEMÁNTICA LEXICOLÓGICA.

El 'análisis sémico', término vinculado a escuelas semánticas europeas, en especial las francesas de B. Pottier (1968a) y J. Greimas (1966, 1970), y las alemanas de K. Heger (1974) y K. Baldinger 1970), asume que el SIGNIFICADO O SENTIDO de una UNIDAD LÉXICA es equivalente a su **contenido semántico**, y que éste está constituido por una serie de unidades mínimas, llamadas SEMAS, que hay que descubrir; al PROCEDIMIENTO DE DESCUBRIMIENTO que se sigue para la configuración de los SEMAS se le llama 'análisis sémico', y también **análisis del contenido**. En los Estados Unidos, la semántica ha seguido un proceso similar, considerando que el significado está constituido por MARCADORES (Katz y Postal, 1964), o por COMPONENTES (Nida, 1975; Weinreich, 1964) y ha recibido el nombre de **análisis componencial**. Esta metodología tiene sus antecedentes en los estudios TAXONÓMICOS llevados a cabo sobre ciertos dominios semánticos: (parentesco, linaje, etc.) por *The Bureau of American Ethnology* y, especialmente, por Lounsbury (1964) y por Goodenough (1970); por ejemplo, *tía* puede ser analizada con los siguientes componentes: «parentesco», «generación ascendente en primer grado», etc.

El 'análisis sémico' es un claro estudio de la metodología atomista o microlingüística, propia del estructuralismo, interesada en la búsqueda de las unidades mínimas. Hay dos ejemplos clásicos del análisis sémico. El primero, realizado por la lingüística francesa con las palabras *silla, sillón, taburete*, etc; todas estas unidades léxicas tendrían en común el **ARCHISEMEMA** (rasgo semántico propio de todos ellos) «asiento», y como rasgos específicos o diferenciales «los brazos», «el respaldo», «el número de patas», etc., y el segundo, por la linguística norteamericana, con el verbo *to kill*. En la linguística norteamericana la caracterización del contenido de *to kill* se expresa de la siguiente manera: *(cause (become (not) (alive))))*.

Este procedimiento de análisis, como apunta Lyons (1969: 472), está inherente en el método tradicional de género y de especie, y nace del ansia de GENERALIZACIÓN que existe en la naturaleza humana. Este análisis guarda un paralelismo con el fonológico: el sema equivale al RASGO FONOLÓGICO PERTINENTE, el SEMEMA al FONEMA, y el ARCHISEMEMA al ARCHIFONEMA. Pero hay diferencias muy grandes entre los dos tipos de análisis, por ejemplo, el conjunto de rasgos fonológicos es limitado y de carácter universal, y tienen un soporte acústico o articulatorio comprobable experimentalmente, además de presentarse en una ordenación BINARIA. En cambio, los semas, con la excepción de los CLASEMAS, pertenecen a CLASES ABIERTAS y son difícilmente aprehensibles.

**ANÁLISIS SILÁBICO.** Equivale a ANÁLISIS DE LA CADENA HABLADA.

**ANALÍTICO.** Véase en VERDAD.

**ANALIZABILIDAD.** ① En las GRAMÁTICAS FORMALES se llama **analizabilidad** o **composicionabilidad**, de acuerdo con las ideas de Frege (1971), al principio mediante el cual la interpretación de una unidad se alcanza, aplicando reglas sucesivas, a partir de la interpretación de sus COMPONENTES.

② En el ESTRUCTURALISMO NORTEAMERICANO la 'analizabilidad' o 'composicionabilidad' alude a la posibilidad de descomponer las ESTRUCTURAS y CONSTRUCCIONES en sus CONSTITUYENTES o elementos básicos. *Cf* análisis sémico.

**ANALOGÍA, ANALOGISTAS.** ① En LEXICOLOGÍA y en LINGÜÍSTICA HISTÓRICA, la 'analogía' es la regularidad de las FORMAS correspondientes de un PARADIGMA. Saussure (1945: 260 y sgs.) utiliza el término 'analogía' como procedimiento de FORMACIÓN DE PALABRAS mediante el cual se tiende a la regularidad y la unificación de los procedimiento de FORMACIÓN y de FLEXIÓN, a modo de contrapeso de la acción disgregadora de los CAMBIOS FONÉTICOS, que en todas partes contribuye a relajar los nexos que unen las palabras, aunque la 'analogía' pueda tener a veces su caprichos. En realidad, la 'analogía', junto con los PRÉSTAMOS, constituyen dos fenómenos que sirven para explicar las excepciones a las LEYES FONÉTICAS, y también para dar cuenta de la FORMACIÓN DE PALABRAS nuevas (desem*boca*dura, de boca; em*botella*miento, de botella), de DOBLETES y de POLISEMIAS.

Los NEOGRAMÁTICOS destacaron la función de la 'analogía' como factor principal en la evolución de las lenguas, junto a los cambios fonéticos, y como proceso mediante el cual las lenguas pasan de un estado a otro en su estructura interna (*cf* etimología). A estos efectos, corresponden a la 'analogía' las modificaciones normales del aspecto exterior de las palabras que no son de naturaleza fonética; por ejemplo, el nominativo latino *honor*, creado sobre el modelo *orator*, es 'analógico'. Consecuentemente una **forma analógica** es una forma hecha a imagen de otra o de otras muchas según una regla determinada. Los **analogistas** (Lyons, 1984: 175), frente a los **anomalistas** (*cf* significado), entendieron que la relación entre la FORMA y el SIGNIFICADO está regida por el principio de regularidad proporcional, o mejor, dicho como la regularización a partir de modelos previos de correspondencia entre forma y significado. Esta tendencia hacia la 'analogía' se puede comprobar, por ejemplo, en el lenguaje de los niños que emplean por 'analogía' formas tales como **cabió* en vez de *cupo* o **andó* en vez de *anduvo*. En inglés y en alemán la 'analogía' ha actuado para reducir la incidencia de la ALTERNANCIA VOCÁLICA.

② En ESTILÍSTICA la 'analogía', por representar la similitud o parecido entre SIGNIFICANTES o entre SIGNIFICADOS, es la fuente de muchas FIGURAS DEL LENGUAJE, entre las que destacan la RIMA, la ASONANCIA y la ALITERACIÓN por su significante, y los TROPOS por su significado.

③ La 'analogía' como método de descubrimiento fue utilizada por el CONDUCTISMO. De acuerdo con Pierce, la 'analogía' es un argumento complejo que se compone de un momento INDUCTIVO y de otro ABDUCTIVO. Se parte de considerar objetos particulares; luego, se induce, observando a uno de ellos, que todos los objetos de su CLASE poseen ciertas características; a continuación se constata que el otro objeto posee algunas características, por lo que mediante la ABDUCCIÓN se subsume en dicha clase. Finalmente, mediante la DEDUCCIÓN se puede predicar de este último cualquiera de las características definitorias de la clase (Bonorino, 1993: 214).

④ Equivale a MORFOLOGÍA. *Cf* accidente.

**ANARTRIA.** Véase en PATOLOGÍAS DEL LENGUAJE Y DEL MEDIO.

**ANCHO.** Véase en DIPTONGO.

**ANCHO DE BANDA.** Se llama 'ancho de banda' a la FRECUENCIA efectiva de un RESONADOR. Se calcula convencionalmente considerando sus límites entre aquellos ARMÓNICOS cuya AMPLITUD a la salida es el 70,7 % de la amplitud de salida de la frecuencia resonante. Véase en RESONANCIA y en FILTRO DE BANDA.

**ANCLAJE.** En la teoría de la ENUNCIACIÓN se llama 'anclaje' a la ubicación de todo ENUNCIADO en un determinado parámetro espacio-temporal (*cf* bloque I en CONTEXTO) por medio de DEÍCTICOS, tiempos verbales, MARCADORES, etc.

**ANGLICISMO.** El 'anglicismo' es el PRÉSTAMO o CALCO del inglés; constituye una de las fuentes más importantes de enriquecimiento de la lengua española del siglo XX. La larga lista de estudiosos del 'anglicismo' en España (*cf* Alfaro, 1964; Marcos Pérez, 1971; Pratt, 1981; Rodríguez

González, 1996, etc.) ha culminado con *Anglicismos Hispánicos* (Emilio Lorenzo, 1996), estudio moderno y profundo del 'anglicismo' que ha calado en nuestra lengua, en el que se analiza su justificación, su extensión y alcance, y su clasificación en PRÉSTAMOS y CALCOS. *Cf* Véase en BARBARISMO[1].

**ANIMACIDAD, ANIMACIÓN.** Véase en JERARQUÍA DE ANIMACIDAD.

**ANIMADO.** 'Animado' es el CLASEMA que diferencia a nombres como *niño, abuelo, gato* de otros como *jarrón, paraguas, coche* incluidos entre los NO ANIMADOS. Son típicamente 'animados' los nombres que pueden aludir a entidades dotadas de voluntad y control sobre sus acciones —seres humanos, animales superiores— o que, al menos, son tratados por la lengua como tales. Sin embargo, no es su posible base extralingüística lo que dota de pertinencia gramatical a la distinción 'animado'-'no animado', sino el hecho de que ambos tipos de nombres presenten comportamientos gramaticales diferenciados. En español, por ejemplo, el uso de la preposición *a* ante objeto directo se explica, en buena medida, mediante la oposición **animado-no animado**. Así, decimos «He cogido al niño de la mano», «He lavado al gato», «Dejaron al abuelo en el asilo», pero «He cogido la sartén por el mango», «He lavado el coche», «Dejaron el jarrón en la mesa». *Cf* personificación.

**ANISOMORFISMO.** Los estudios de traducción (Delabastita, D., 1990; Franco, J., 1995) han puesto de manifiesto que la transferencia interlingüística siempre está sujeta a los anisomorfismos: una serie de ASIMETRÍAS (*cf* isomorfismo) responsables de que un mensaje original y su traducción sean necesariamente distintos. Los 'anisomorfismos' son básicamente de cuatro tipos: el lingüístico, el cultural, el interpretativo y el genérico. El 'anisomorfismo' lingüístico se basa en el carácter arbitrario de las lenguas naturales, con la lógica consecuencia de que se produzcan diferenciaciones en la división de los CAMPOS SEMÁNTICOS, en la distribución de las CATEGORÍAS gramaticales, en los RASGOS obligatorios y optativos, etc. (Ortega y Gasset, J., 1937; Mounin, G., 1963). El cultural (*cf* cultura), quizá el más notable en traducción, parte de la base de que en el discurso humano se producen constantes PRESUPOSICIONES PRAGMÁTICAS y se asumen como *naturales* una serie de valores ideológicos que al trasladarse a otra comunidad epistemológica pueden provocar problemas de incomprensión o rechazo entre los nuevos receptores. El 'anisomorfismo' interpretativo atiende al hecho de que toda lectura o acto de recepción da lugar a un texto nuevo e intransferible en su integridad debido a la intervención de los rasgos IDIOLECTALES e idiosincrásicos del DESTINATARIO. El genérico o pragmático, finalmente, explica que cada COMUNIDAD EPISTEMOLÓGICA prefiere unas convenciones expresivas determinadas para alcanzar los fines propios de cada tipo textual, y que éstas no tienen por qué coincidir en dos comunidades distintas.

**ANOMALÍA, ANOMALISTA.** ① En la GRAMÁTICA GENERATIVA la mayoría de las anomalías del lenguaje se explican dentro de la DICOTOMÍA GRAMATICALIDAD/ACEPTABILIDAD. Muchas de las anomalías del lenguaje se tratan en la ESTILÍSTICA DE LA DESVIACIÓN.

② Para el uso del término 'anomalista' véase ANALOGÍA.

**ANTECEDENTE.** ① En la acepción más restrictiva y más tradicional del término, se llama 'antecedente', o más específicamente 'antecedente del RELATIVO', al constituyente nominal —nombre, pronombre, sintagma nominal— que es complementado por una oración adjetiva y determina el significado o la REFERENCIA del relativo introductor de dicha oración. *Alberto* es el antecedente de *que* en la siguiente oración: «*Alberto*, *que* se deja convencer muy fácilmente, ya ha dado su consentimiento».

② En una acepción más amplia, de uso común en la lingüística actual, designa al constituyente del que recibe su SENTIDO o su REFERENCIA un elemento ANAFÓRICO. De acuerdo con esta acepción, *el chico* sería el antecedente de *sí* en la oración «*El chico* ya no tiene confianza en *sí* mismo». *Cf* anáfora.

**ANTECOPRETÉRITO.** En la terminología adoptada por A. Bello para los tiempos verbales, 'antecopretérito' es el nombre que se da al tiempo en el que se incluyen las formas verbales del tipo *había sacado, había marchado*. Corresponde, por tanto, al tiempo del indicativo que la Real Academia Española (1931, 1973) identifica como **pretérito pluscuamperfecto** y Gili Gaya (1961) simplemente como **pluscuamperfecto**.

Según el punto de vista adoptado por Bello, que basa su terminología en las relaciones temporales sin tener en cuenta el ASPECTO, el nombre 'antecopretérito' vendría justificado por las siguientes razones:

(1) las formas incluidas en el 'antecopretérito' (*había sacado, había marchado*), a semejanza de las pertenecientes al ANTEPRETÉRITO (*hubo sacado, hubo marchado*), sitúan la acción, el estado o el proceso denotado por el verbo en un espacio temporal anterior (de ahí el prefijo 'ante-', común a ambos tiempos) a otra situación o momento anterior a su vez al instante del habla; de ahí que ambos sean 'pretéritos'. Así, en «Cuando volvió a casa ya se *había marchado* su mujer», o en «Cuando se *hubo marchado* entré en la habitación» la acción de «marcharse» se presenta como anterior a la de «volver» o a la de «entrar», pasadas, a su vez, en relación con el momento del habla.

(2) Pero si ambos tiempos coinciden en expresar estas relaciones, se diferencian, según Bello (1981: 406), «en el elemento de coexistencia» que implica el 'ante*co*pretérito'. Si el antepretérito expresa inmediatez entre dos acontecimientos previos al momento del habla (el «marcharse» y el «entrar», en el ejemplo anterior, se suceden de manera inmediata), en «Los israelitas desobedecieron al Señor, que los *había sacado* de la tierra de Egipto», con palabras de Bello, «el sacar es anterior al desobedecer, pretérito; pero nada indica que la sucesión entre las dos cosas fuese tan rápida que no mediase un intervalo más o menos largo» (1981: 406) y, por tanto «el *desobedecer* se representa como coexistente con una parte cualquiera de la duración de *haber sacado*».

**ANTEFUTURO.** Según la nomenclatura utilizada por A. Bello para los tiempos verbales, 'antefuturo' alude al tiempo que más comúnmente se conoce como **futuro perfecto**. *Habrá terminado, habré ido* son, pues, formas de 'antefuturo' de *terminar* e *ir*, respectivamente.

De conformidad con el sistema utilizado por Bello, la denominación 'antefuturo' dada a este tiempo se justifica porque sitúa el proceso denotado por el verbo en un momento que es anterior, pasado (de ahí el prefijo 'ante-'), en relación con otro momento u otro evento que, a su vez, es posterior, futuro, con respecto al instante de la enunciación. En «Ya me *habré ido* cuando te despiertes», «A media noche todo *habrá terminado*», los procesos a los que aluden *habré ido, habrá terminado*, se sitúan en un espacio temporal anterior a «cuando tú te despiertes» y «a media noche»; pero estos dos momentos, a su vez, son futuros en relación con el instante en que se emite el enunciado. *Cf* antepresente.

**ANTEFUTURO DE PROBABILIDAD.** Véase en FUTURO PERFECTO DE PROBABILIDAD.

**ANTEFUTURO HIPOTÉTICO.** Véase en ANTEPOSPRETÉRITO.

**ANTEPOSPRETÉRITO.** Según la terminología para los tiempos verbales introducida por A. Bello, «la más adecuada por su coherencia» en opinión de Porto Dapena (1987: 44), 'antepospretérito' es el tiempo en el que se incluyen las formas del tipo *habría marchado, habría terminado*. Abarca pues las formas del verbo que en otros estudios gramaticales se identifican como pertenecientes al **condicional perfecto**

(RAE, 1973), **antefuturo hipotético** (Gili Gaya, 1961), o también **potencial compuesto** (Porto Dapena, 1989).

De conformidad con la pauta utilizada por Bello para la denominación de los tiempos, el nombre 'ante-pos-pretérito' se justifica de la siguiente manera: en su significado básico o fundamental, formas como *habría marchado, habría terminado* sitúan la acción denotada por el verbo en un espacio temporal anterior (de ahí el prefijo 'ante-') a otro proceso o a otro momento que, a su vez, se presenta como posterior, futuro (relación indicada por '-pos-') en relación con otro instante o evento anterior al momento del habla (pretérito).

Así, en «Me advirtió que a las tres el jefe ya se *habría marchado*», «Me dijo que cuando yo volviera ya *habría terminado* el trabajo», las acciones de «marcharse» y «terminar» se localizan en un espacio temporal anterior a «las tres» y a la acción de «volver yo», respectivamente. Pero, a su vez, «las tres» y la acción de «volver» son futuras con respecto a «me dijo» o «me advirtió», dos acciones pasadas en relación con el momento del habla.

**ANTEPRESENTE.** Según la terminología para los tiempos verbales introducida por A. Bello, 'antepresente' es el tiempo en el que se incluyen las formas de indicativo como *he trabajado, ha limpiado*. Corresponde, pues, al tiempo que, con la terminología más común del *Esbozo* de la Academia (RAE, 1973), se denomina PRETÉRITO PERFECTO COMPUESTO. También se consideran de 'antepresente' (*cf* por ejemplo Alarcos, 1994) las formas *haya trabajado, haya limpiado*, pertenecientes al modo subjuntivo. No obstante, en lo que concierne específicamente a la gramática de Bello al menos, 'antepresente' es sólo uno de los valores que pueden asociarse a estas formas de subjuntivo. También pueden expresar ANTEFUTURO en función de la correlación temporal. Así, según Bello (1981: 409), *haya pasado* es 'antepresente' en «No se echa de ver que *haya pasado* por aquí un ejército», pero *haya ejecutado* es antefuturo en «Puede ser que para cuando vuelvas se *haya ejecutado* tu encargo».

De conformidad con la pauta utilizada por Bello para la denominación de los tiempos, el nombre 'antepresente' se justifica porque formas como *he trabajado, ha limpiado* sitúan el proceso designado por el verbo en un momento anterior al momento del habla. Expresan, pues, según afirma Rojo (1990), una relación primaria de anterioridad. De ahí el prefijo 'ante-' empleado por Bello. Pero es asimismo distintivo de este tiempo expresar que la acción «se halla de alguna manera conexionada con el presente» (Porto Dapena, 1989: 68) o, con palabras de Bello, indicar que dicha acción tiene «relación con algo que todavía existe» (1981: 403), es decir, con algo simultáneo con el presente.

Compárese a este respecto «No *ha limpiado* los cristales», «*He trabajado* mucho» con «No *limpió* los cristales» «*Trabajé* mucho», dos formas que también expresan anterioridad pero sin esa proyección hacia el presente que caracteriza al 'antepresente'. Obsérvese que, por ejemplo, sólo las primeras aceptan con naturalidad complementaciones temporales del tipo *hoy, esta semana* que abarcan el momento del habla: «No *ha limpiado* los cristales *hoy/esta semana*», «*He trabajado* mucho *hoy/esta semana*».

**ANTEPRETÉRITO.** En la terminología para los tiempos verbales utilizada por A. Bello, 'antepretérito' es el nombre que recibe el tiempo en que se incluyen las formas del tipo *hubo amado, hubo amanecido*. Corresponde, por tanto, al tiempo del indicativo que la Real Academia denomina **pretérito anterior**.

También se ha aplicado el nombre 'antepretérito' (véase Alarcos, 1994) al tiempo del subjuntivo identificado por la Real Academia como PRETÉRITO PLUSCUAMPERFECTO: *hubiera o hubiese amado, hubiera o hubiese amanecido*. No obstante, la opinión de Bello que queda reflejada en su

*Gramática* (1981: 408) es que «el subjuntivo castellano no admite ante-pretérito».

El nombre 'antepretérito' se justifica porque, en su significado básico, formas como *hubo amado, hubo amanecido* sitúan el proceso designado por el verbo en un espacio temporal *inmediatamente* anterior (de ahí el prefijo 'ante-' empleado por Bello) a otro proceso o momento anterior (pretérito) con respecto al instante de la enunciación o del habla. Así, según Bello, en el enunciado «Cuando *hubo amanecido* salí», «el *amanecer* se presenta como inmediatamente anterior al salir, que es una cosa pasada respecto del momento en que se habla» (1981: 404).

**ANTEFUTURO HIPOTÉTICO.** Véase en ANTEPOSPRETÉRITO.

**ANTERIOR.** ① En FONÉTICA ARTICULATORIA se emplea el término 'anterior' o **palatal** para aludir a cualquier sonido, sobre todo las VOCALES, cuyo lugar de articulación se encuentre situado en la parte anterior de la CAVIDAD BUCAL. Las vocales anteriores del español son la /i/ y la /e/, y en inglés /iː/, /ɪ/, /e/ y /æ/.

② En la FONOLOGÍA GENERATIVA (Chomsky y Halle, 1968), 'anterior-no anterior', representado con [+ant] y [–ant], es uno de los RASGOS DISTINTIVOS[2] de CAVIDAD referido a los sonidos producidos con una constricción localizada en la región palatoalveolar de la boca. Son, por tanto, 'anteriores' las CONSONANTES LABIALES, DENTALES y ALVEOLARES. Hay que tener presente, no obstante, que lo que abarca el término 'anterior' en la fonética articulatoria tradicional, en el sistema de la fonología generativa estaría disperso entre 'anterior' y CORONAL. A pesar de las críticas que ha recibido el término 'anterior' por unir en un mismo rasgo una discontinuidad articulatoria como lengua-labios, se sigue utilizando porque no ha habido ninguna propuesta que haya sido aceptada mayoritariamente (Martínez Celdrán, 1984: 230-1). *Cf* coronal, rasgos relacionados con el cuerpo de la lengua, redondeado, distribuido, cubierto, glotal.

**ANTICADENCIA.** Véase en TONEMA.

**ANTICAUSATIVA.** Véase en CONSTRUCCIONES ANTICAUSATIVAS.

**ANTICLÍMAX.** El 'anticlímax', también llamado *bathos*, es una FIGURA DEL PENSAMIENTO consistente en una gradación retórica descendente, pudiendo ir desde lo sublime a lo común, lo vulgar o lo ridículo. Por ejemplo, hablar del amor espiritual y pasar súbitamente a comentar recetas de cocina.

**ANTÍFRASIS.** ① Se llama 'antífrasis' a la expresión que se emplea con un significado contrario al que habitualmente tiene, generalmente acompañada de una entonación irónica («¡Eso está muy bien!», con el sentido de *Eso está muy mal*; «Tu comentario fue muy oportuno», con el sentido de *Tu comentario fue bastante desafortunado*).

② En LEXICOLOGÍA (Rodríguez González, 1989: 146; Lillo Buades, 1995: 76-77, 117) es el procedimiento de FORMACIÓN DE PALABRAS característico del ARGOT, consistente en emplear una VOZ con el significado contrario al que tiene en el uso estándar («hotel» por 'cárcel', o en inglés «*bad*» por *excelente*).

**ANTIMENTALISMO.** Véase en MENTALISMO.

**ANTIPASIVA.** Modalidad de oración, considerada característica de las LENGUAS ERGATIVAS, en la que, en contraste con la construcción ergativa típica, el AGENTE se pone en CASO ABSOLUTIVO y el PACIENTE o bien no se explicita, o aparece en un caso distinto del ergativo habitual, por ejemplo, en dativo o instrumental.

**ANTIRRESONANCIA.** Véase en CERO[2].

**ANTISEMANTISMO.** Se llama 'antisemantismo' a la renuncia a toda referencia al SIGNIFICADO de las UNIDADES LINGÜÍSTICAS o a la capacidad interpretativa del HABLANTE, en las técnicas de SEGMENTACIÓN y CLASIFICACIÓN. dirigidas a la constitución de las CLASES DE EQUIVALENCIA. El 'antisemantismo', en diversos grados, es un rasgo muy idiosincrático de las técnicas investigadoras del ANÁLISIS LINGÜÍSTICO del ES-

TRUCTURALISMO NORTEAMERICANO. Entre los procedimientos empleados para obviar cualquier referencia al significado en el análisis y clasificación de las unidades lingüísticas destaca el llamado DISTRIBUCIONALISMO, esto es, la utilización del criterio de DISTRIBUCIÓN (García Berrio, A., 1968).

**ANTÍTESIS.** Véase en OXÍMORON.

**ANTONIMIA, ANTÓNIMO.** La 'antonimia' es, junto a la SINONIMIA, la INCOMPATIBILIDAD (*rojo, verde, amarillo, azul*, etc.), la HIPONIMIA (*roble-árbol*), la RECIPROCIDAD (*enseñar-aprender*) y la CONSECUENCIA (*destruir-atacar*), una de las seis RELACIONES LÉXICO-SEMÁNTICAS fijadas por John Lyons en su análisis del vocabulario de Platón (1967), que él consideró de carácter universal. La 'antonimia' es, en principio, la relación léxico-semántica que se establece entre SIGNIFICADOS haciendo intervenir al operador lógico llamado **disyunción exclusiva**; en lógica se dice que dos proposiciones *p* y *q* se encuentran en 'disyunción exclusiva' cuando no pueden ser verdaderas y falsas a la vez, por ejemplo, *soltero* y *casado*, *blanco* y *negro*, etc. La 'antonimia' es, junto a la SINONIMIA, la relación léxico-semántica más universalmente aceptada.

La forma de 'antonimia' más simple y al mismo tiempo la más profunda es la tensión que surge entre la presencia y la ausencia, o entre lo positivo y lo negativo (*cf* binarismo). Los miembros que forman parte de una antonimia se llaman **antónimos**. De los miembros de la oposición, uno es «entendido o aprehendido como positivo por poseer un determinado rasgo del que carece el término entendido como negativo» (Jameson, F., 1972: 35). Esta es la razón por la que también se la llama «la relación polar» (Leech, 1969b: 36). Puede decirse que dos antónimos forman el CAMPO SEMÁNTICO MÍNIMO, y probablemente el más nítidamente definido (*cf* doblete). El término 'antonimia' se puede emplear en un sentido restringido y en otro más amplio; en el primer caso sólo estarían las relaciones polares marcadas por la ausencia o presencia de un rasgo y por medio de la operación lógica antes citada. Pero en un sentido más amplio, dentro de la relación de 'antonimia' también se incluyen las de COMPLEMENTARIEDAD (*casado/soltero*; *masculino/femenino*) y la de RECIPROCIDAD (*comprar/vender*; *tomar/dar*), debido a dos razones: (1) la larga tradición de incluir bajo un mismo rótulo estos fenómenos de términos opuestos; (2) la dificultad en trazar los límites entre ellos debido a que tienen puntos en común.

Entre los intentos llevados a cabo para clasificar la 'antonimia' destaca el de C. K. Ogden, que reconoce tres tipos de antónimos: por definición, por graduación y por división.

(a) **Antónimos por definición**. Cualquier elemento puede servir de objeto antitético de otro, si mediante una ABSTRACCIÓN que fije nuestra mente en dos, por medio de una disyunción, uno es antónimo de otro. Estos antónimos son menos universales, pertenecen a clases abiertas e ilimitadas y forman parte de los dialectos de un grupo (médicos, abogados, etc.), de una región o incluso de un idiolecto particular (visión de la vida de un poeta, artista o escritor).

(b) **Antónimos graduados**, que pertenecen a series escalonadas o jerarquizadas (*caliente, templado, tibio, frío*, etc.).

(c) **Antónimos por división**, en los que se sugiere que hay una línea divisoria entre lo que es y lo que no es (*vivo/muerto*).

La clasificación anterior se puede completar (Martín 1973: 47) con los 'antónimos' formados por la inversión espacial de posiciones (*derecha/izquierda*, *dentro/fuera*, etc.), la inversión temporal (*antes/después*, *principio/fin*, etc.) y la inversión de la dirección del movimiento (*ir/venir*, *subir/bajar*, etc.).

Y finalmente, también se puede incluir los **antónimos morfológicos** (*agradable, desagradable*), aunque ésta presenta muchos problemas. En primer lugar, hay palabras negativas (*indeleble)* que no tienen un 'antónimo' morfológico positivo y, en otros casos, si existe formalmente, no se trata de 'antónimos'; por ejemplo, *impedir* no es el 'antónimo' de *pedir*, ni *indiferente*, el de *diferente*, ni *desmentir*, el de de *mentir*, etc. (*cf* hueco).

La naturaleza y los mecanismos que intervienen en el nacimiento de la relación de 'antonimia' no siempre están claros, pero es evidente que es impresdindible el conocimiento del mundo para establecer de forma subjetiva, por asociaciones fortuitas, dos términos con exclusión de otros. Es lo que sucede cuando establecemos como 'antónimos' «El cuervo y el zorro», «Don Quijote y Sancho Panza», «Racine y Molière», etc. A éstos se les llama **antónimos culturales**.

**ANTONOMASIA.** De acuerdo con el DRAE, la 'antonomasia' es una especie de SINÉCDOQUE que consiste en poner el nombre apelativo por el propio, o el propio por el apelativo, como en *El Apóstol* por *San Pablo, la Primera Dama* por la *Reina*, etc. La expresión **por antonomasia** se usa, además, para denotar que a una persona o cosa le conviene el nombre APELATIVO con que se la designa, por ser, entre todas las de su clase, la más importante, conocida o característica.

**ANTROPOLOGÍA LINGÜÍSTICA.** Véase en ETNOLINGÜÍSTICA.

**APARATO ARTICULATORIO, FONADOR O VOCAL.** En FONÉTICA ARTICULATORIA se llama 'aparato articulatorio, fonador o vocal' al conjunto de ÓRGANOS DE FONACIÓN que intervienen en la formación de un SONIDO, incluyendo los RESONADORES o cajas de resonancia que se forman con éstos, y los llamados MECANISMOS DE FONACIÓN.

**APELATIVO.** ① Equivale a NOMBRE COMÚN.

② También equivale a sobrenombre, como en «El caballero de los Leones» (DRAE), de donde deriva el término **apellido**.

**APELLIDO.** Véase en APELATIVO².

**APÉNDICE.** Es una de las FUNCIONES PRAGMÁTICAS diferenciadas por S. Dik (1981); esto es, uno de los distintos valores informativos que, según su planteamiento, pueden asignarse a los constituyentes de un enunciado. Tienen la función de 'apéndice' los elementos que se añaden a una predicación, ya completa desde el punto de vista sintáctico, para aclarar o modificar alguna de las informaciones que contiene. En el enunciado «Ya los he llevado al tinte, *los trajes de noche*», *Ya los he llevado al tinte* representa una predicación sintácticamente completa; y *los trajes de noche* constituye un 'apéndice', puesto que clarifica a qué se refiere *los*, por si esa información no quedase suficientemente especificada por el contexto. El 'apéndice', tal como se refleja en los ejemplos, suele situarse en posición final y entre pausas, según corresponde a su papel de *añadido* informativo.

**APERTURA.** ① En la FONÉTICA española, a semejanza de lo que sucede en la francesa, que distingue entre *ouverture* y *aperture*, algunos fonetistas diferencian la 'apertura' de la ABERTURA; ésta alude exclusivamente al espacio existente entre la mandíbula y el maxilar superior o entre la lengua y el paladar, mientras que la 'apertura' se refiere al espacio que dejan los ARTICULADORES entre sí en el lugar de la ARTICULACIÓN. No obstante, la distinción entre estos dos términos no está completamente generalizada, empleándose con frecuencia indistintamente.

A la mayor o menor 'apertura' que exista entre los dos articuladores se la llama **grado de apertura**, el cual puede ser:

(a) de cierre (oclusivas, nasales, africadas, etc.), o

(b) de aproximación; en este último caso se puede distinguir, a su vez: (1) aproximación libre o abierta (vocales, diptongos, etc.) y (2) aproximación de contacto (fricativas).

② En el ANÁLISIS DEL TEXTO se considera que cada texto tiene un CIERRE, y por tanto, también una 'apertura', la cual consta de las primeras oraciones, en las cuales se encuentra el TEMA⁴ DISCURSIVO O TÓPICO sobre el que va a tratar el texto, que el receptor descubrirá mediante el procedimiento de TOPICALIZACIÓN.

**APERTURA SECUNDARIA.** Véase en RASGO DE CAVIDAD.

**ÁPICE, APICAL, ÁPICO-.** ① A la punta de la LENGUA se la llama **ápice**. Se emplea el adjetivo **apical** para aludir a las CONSONANTES en cuya articulación interviene el ÁPICE de la lengua. Por ejemplo en español son 'apicales' muchas de las realizaciones de los fonemas /t/, /d/, /s/, /n/, /r/, etc. En lugar de 'apical' se suele usar también el prefijo **ápico-**, sobre todo, al hablar de la FRICATIVA APICOALVEOLAR. *Cf* corona.

② También se emplea la palabra 'ápice' en el sentido de cumbre o centro, como en el término **ápice silábico** (*cf* abertura³), que es el punto nuclear de la SÍLABA. Al 'ápice silábico' (Alarcos Llorach, 1983: 97), denominado **punto silábico** por Saussure, también se le llama **núcleo silábico**. En la sílaba *las*, la *a* ocupa el 'ápice silábico'. El 'punto silábico', como se ve, lo ocupa normalmente una VOCAL, aunque en ocasiones lo puede ocupar un CONTOIDE con función silábica. *Cf* vocoide, sonante.

**APÓCOPE.** En SINCRONÍA y en DIACRONÍA se llama 'apócope' a la ELISIÓN o supresión de uno o de varios FONEMAS, incluso sílabas, en la posición final de una palabra, como en *su* por *suyo*, *algún* por *alguno*, etc., y en inglés *and* pronunciado [ən] en vez de [ənd]. Para Gili Gaya (1975: 185), las 'apócopes' voluntarias para ABREVIAR palabras largas (*cine*, *metro*) deben considerarse MUTACIONES, dentro de los CAMBIOS FONÉTICOS. *Cf* aféresis, síncopa, mutilación.

**APÓDOSIS.** Se da el nombre de 'apódosis' a la oración que en una CONSTRUCCIÓN CONDICIONAL representa *lo condicionado*, la situación que podría tener lugar en caso de cumplirse el estado de cosas que se presenta como condición. En «Si sigue lloviendo *se inundará el patio*», la 'apódosis' será, pues, *se inundará el patio*. *Cf* prótasis.

**APOFONÍA.** ① En FONÉTICA HISTÓRICA se llama 'apofonía' o **alternancia vocálica** (*Ablaut* en alemán) a la ALTERNANCIA de fonemas vocálicos, esto es, al CAMBIO FONÉTICO regular de determinadas vocales en palabras relacionadas etimológicamente, debido probablemente a las pautas acentuales del indoeuropeo. La 'apofonía' (Robins, 1975: 178) es el proceso formativo más importante de las lenguas germánicas y dentro de éstas, del alemán, que lo explota más que el inglés, como en el uso de la gradación vocálica en la FLEXIÓN y en la DERIVACIÓN de series de palabras como *sprechen* (hablar), *sprach* (habló), *gesprochen* (hablado), *sprich* (¡habla!), *Gespräch* (conversación), *Spruch* (dicho o proverbio), etc.

La 'apofonía' puede ser de cantidad o de cualidad. La primera, llamada *Abstufung* en alemán, puede tener tres grados (pleno, alargado, cero). En la 'apofonía' de cualidad o de cambio de TIMBRE, llamada *Abtönung* en alemán, hay una modificación del FONEMA vocálico; por ejemplo, en los nombres *man-men* del inglés o las formas de los llamados verbos fuertes como *bring* /'briŋ/, brought /'brɔːt/. A esta 'apofonía' también se la llama 'grado flexionado'. *Cf* metafonía, armonía vocálica.

② A pesar de ser un término de la DIACRONÍA, también se usa en SINCRONÍA, al hablar de la 'alternancia vocálica' o 'apofonía' de verbos fuertes actuales del alemán o del inglés (*get, got; sing, sang*; etc.), y en la DERIVACIÓN de palabras, por ejemplo, en inglés *breach* (rotura) y *break* (romper), *batch* (hornada) y *bake* (cocer en horno, enhornar). Algunos lingüistas recomiendan el uso de 'apofonía' para el fenómeno sincrónico, y el de 'umlaut' para el diacrónico.

**APOSICIÓN.** El término 'aposición' se ha utilizado para aludir a la relación que se establece, en el interior de una unidad sintáctica, entre un constituyente sustantivo y otra unidad nominal que le precede inmediatamente. Así, por ejemplo, en «Jorge, *mi amigo*, ha superado el examen», o en «Su padre, *el dueño de la empresa*, le ha conseguido el trabajo», para la mayoría de las gramáticas del español, *mi amigo, el dueño* *de la empresa* constituirían una 'aposición': son sintagmas nominales que siguen, de forma inmediata, a otro sintagma nominal, *Jorge, su padre*, constituyendo ambos la unidad sintáctica que se identifica como sujeto de la oración. No obstante, según suele destacarse en los estudios gramaticales (*cf* Paula Pombar, 1983; Martínez, 1985; Fuentes Rodríguez, 1989; Lago, 1991), 'aposición' es realmente un término ambiguo que no siempre designa el mismo concepto ni, en consecuencia, identifica el mismo tipo de construcción.

① En el sentido más restrictivo del término (*cf* Fuentes Rodríguez, 1989; Lago, 1991), 'aposición' aludiría a la función que asume en un sintagma una expresión nominal (como *mi amigo* o *el dueño de la empresa*) que presenta, entre otras, las características siguientes:

(1) Es un sintagma nominal situado entre pausas, sin ninguna preposición y sin ningún otro tipo de nexo que lo enlace con el sintagma nominal inmediatamente precedente. Es el caso de *mi amigo* o de *el dueño de la empresa* en los ejemplos anteriores.

(2) Tiene valor explicativo o NO RESTRICTIVO. Es decir, no tiene como función delimitar la referencia del sintagma que le precede. Simplemente, amplía o aclara la información aportada por dicho sintagma.

(3) Entre la 'aposición' y el sintagma nominal precedente se establece una relación semántico-pragmática de CORREFERENCIA; esto es, ambos aluden, en esa construcción, a la misma entidad extralingüística, a un mismo referente. Así, en «Jorge, *mi amigo*, ha superado el examen», *Jorge* y *mi amigo* designan, aunque de manera distinta, a la misma persona; en «Su padre, *el dueño de la empresa*, le ha conseguido el trabajo», *su padre* y *el dueño de la empresa* son expresiones que, en virtud de la construcción, aluden a un mismo referente.

(4) Dado el valor semántico-pragmático anteriormente mencionado, tanto la 'aposición' como el sintagma nominal al que se adjunta deben ser expresiones referenciales; esto es, deben ser sintagmas nominales determinados (*cf* determinante[1]), como *mi amigo, su padre, el dueño de la empresa*, o expresiones nominales equivalentes (nombres propios, como *Jorge*, pronombres como *él, ella*).

(5) Aunque es sumamente controvertido cuál es el tipo de conexión sintáctica que se establece entre la 'aposición' y el sintagma nominal precedente, parece haber coincidencia, al menos, en que esa conexión no responde a las pautas típicas de la SUBORDINACIÓN, puesto que los dos constituyentes parecen situarse en un mismo nivel estructural. Así, por ejemplo, según Fuentes Rodríguez, la relación que se establece entre los dos sintagmas nominales responde al tipo conocido como CONSTELACIÓN: no hay un núcleo y un complemento subordinado a él; ambos constituyentes son equifuncionales, en cuanto que podrían asumir, cada uno por separado, la función sintáctica que desempeña el conjunto («*Jorge* ha superado el examen», «*Mi amigo* ha superado el examen»).

Serían, pues, 'aposiciones' en esta acepción del término *mi amigo* y *el dueño de la empresa* en los ejemplos que hemos venido utilizando, ya que presentan todas las características (correferencia, igualdad de nivel estructural, valor no restrictivo) que se han mencionado. Quedarían excluidos, sin embargo, según este concepto estricto de 'aposición', los constituyentes que se destacan en los siguientes enunciados: «Flora Álvarez, *madre de cuatro hijos*, ha sido elegida para el cargo», «El atleta *Carl Lewis* recibió el premio al mejor deportista del año». El sintagma *madre de cuatro hijos*, aunque es un complemento no restrictivo, no implica correferencia, sino adscripción de una propiedad, y es una complementación subordinada al sintagma nominal precedente («*Madre de cuatro hijos resultó elegida para el cargo»). *Car Lewis*, por otro lado, es una complementación RESTRICTIVA del nombre común *atleta* al que está subordinado.

② En una acepción más amplia y más común del término, 'aposición' alude, simplemente, a una unidad nominal que se enlaza con otra que le precede y con la que forma una unidad funcional, sin que medie entre ambas una preposición o cualquier otro tipo de nexo expreso (*cf*, por ejemplo, Alcina y Blecua, 1975). Serían, por tanto, 'aposiciones' según esta acepción todas las unidades destacadas en los ejemplos anteriores: «Jorge, *mi amigo*, ha superado el examen», «Su padre, *el dueño de la empresa*, le ha conseguido el trabajo», «Flora Álvarez, *madre de cuatro hijos*, ha sido elegida para el cargo», «El atleta *Carl Lewis* recibió el premio al mejor deportista del año». Pese a sus distintos valores semánticos, en todos los casos se trata de constituyentes nominales que se adjuntan a otro constituyente nominal «sin acudir a transpositores prepositivos» (Alcina y Blecua: 1975: 948). La 'aposición', en este sentido más amplio del término, suele subdividirse en dos tipos:

(a) **Aposición explicativa** o **no restrictiva.** Se incluyen en esta clase las 'aposiciones' situadas entre pausas que no modifican la referencia del sintagma nominal precedente: «Jorge, *mi amigo*, ha superado el examen», «Su padre, *el dueño de la empresa*, le ha conseguido el trabajo», «Flora Álvarez, *madre de cuatro hijos*, ha sido elegida para el cargo».

(b) **Aposición especificativa** o **restrictiva.** Se denominan así las 'aposiciones' que tienen como función restringir la extensión del núcleo nominal al que se adjuntan y delimitar, así, la referencia del sintagma. A diferencia de las anteriores, no se sitúan entre pausas. Es el caso de «El atleta *Carl Lewis* recibió el premio al mejor deportista del año»; *Carl Lewis* es el complemento que restringe la extensión del nombre *atleta*.

③ También, ocasionalmente, la denominación 'aposición' se ha hecho extensiva a complementaciones preposicionales como las que se destacan en las construcciones siguientes: «el mes *de enero*», «la calle *de Alcalá*», «la ciudad *de Valencia*», «el objetivo *de que la inflación baje dos puntos*» (*cf* Escandell Vidal, 1995: 51). La razón que suele aducirse para catalogar tales complementos como 'aposiciones' es que, a diferencia de otras complementaciones nominales introducidas por preposición («la casa de mi padre», «el mes de las rebajas», «la calle de la moda»), la relación semántica que se establece entre el aparente núcleo nominal y el complemento es una relación de identidad: «el mes es enero», «la calle es Alcalá», «la ciudad es Valencia», «el objetivo es que la inflación baje dos puntos».

**APOSIOPESIS.** En GLOSEMÁTICA (Hjelmslev, 1963: 94) se llama 'aposiopesis' a las ELIPSIS del lenguaje, que se deben recuperar por medio de la CATÁLISIS como paso previo a todo ANÁLISIS. *Cf* prosiopesis.

**APRAXIA.** Véase en PATOLOGÍAS DEL LENGUAJE Y DEL MEDIO.

**APRECIATIVO.** Véase en SUFIJO APRECIATIVO.

**APRENDIZAJE DEL LENGUAJE, APRENDIZAJE DE SEGUNDAS LENGUAS Y DE LENGUAS EXTRANJERAS.** Los términos ADQUISICIÓN DEL LENGUAJE y 'aprendizaje del lenguaje' se suelen usar indistintamente. No obstante, 'adquisición del lenguaje' se aplica a la primera lengua (y a veces también a la segunda) y 'aprendizaje' se reserva a las segundas lenguas y a las lenguas extranjeras. En la teorización del 'aprendizaje' de las segundas lenguas y de lenguas extranjeras' el término 'adquisición' se utiliza en contraste con el de 'aprendizaje'. Los MÉTODOS y las ESTRATEGIAS del 'aprendizaje' son conscientes y dirigidos, mientras que los de la adquisición son inconscientes y naturales. En líneas generales, se puede hablar de tres grandes enfoques en el 'aprendizaje' de las lenguas extranjeras: (a) el que estima que hay un interfaz o interrelación entre 'adquisición' y 'aprendizaje'; (b) el que considera que no hay interrelación; y (c) los llamados trabajos sobre variabilidad o relación condicionada a ciertos factores.

Tanto unos como otros comparten dos rasgos: (1) el papel de lo RACIONAL frente al MECANICISMO del CONDUCTISMO y (2) la contribución activa del alumno. *Cf* bilingüismo.

El ESTRUCTURALISMO, el GENERATIVISMO y la PRAGMÁTICA han contribuido de forma muy positiva a mejorar el concepto y las técnicas dirigidas al 'aprendizaje de segundas lenguas y de lenguas extranjeras' (Sánchez, A., 1993, 1997):

(a) La aportación del ESTRUCTURALISMO al aprendizaje de las lenguas extranjeras fue muy positiva. Además de las excelentes descripciones fonológicas, morfosintácticas, e incluso semánticas de este paradigma, que mejoraron los métodos didácticos empleados, fueron muy influyentes los conceptos de ESTRUCTURA, el de DESTREZA LINGÜÍSTICA, el de ELEMENTO DISCRETO, el de DRILL y el de ANÁLISIS DE CONTRASTES.

(b) La contribución del GENERATIVISMO al 'aprendizaje de las lenguas extranjeras' ha sido menos importante en aspectos prácticos pero más en aspectos conceptuales, como los de ADQUISICIÓN DEL LENGUAJE, ANÁLISIS DE ERRORES, e INTERLENGUAJE.

(c) La PRAGMÁTICA, aparte de resaltar el papel del lenguaje como DISCURSO, sus FUNCIONES y USO en la COMUNICACIÓN, su interdisciplinariedad, la importancia de la CONVERSACIÓN, y el análisis del TÓPICO discursivo, del CONTEXTO y del SIGNIFICADO DISCURSIVO, ha diseñado un nuevo *syllabus* basado en la COMPETENCIA COMUNICATIVA. *Cf* método funcional, función comunicativa².

**APROXIMACIÓN.** En FONÉTICA ARTICULATORIA se llama 'aproximación' (Abercrombie, 1967: 44) a la modalidad de CONSTRICCIÓN en la que un ARTICULADOR activo se acerca a otro pasivo para formar una ARTICULACIÓN en un determinado lugar o PUNTO DE ARTICULACIÓN. Si la 'aproximación' o encuentro entre los dos articuladores permite que la CORRIENTE DE AIRE pase por el CANAL SUPRAGLÓTICO sin ningún tipo de roce u obstáculo se llama **aproximación libre o abierta**, que es la típica de las vocales; en caso contrario se llama **aproximación de contacto**, la cual puede producir FRICATIVAS y APROXIMANTES, según el estrechamiento del CANAL SUPRAGLÓTICO. *Cf* punto de articulación, zona de articulación.

**APROXIMANTE.** En FONÉTICA ARTICULATORIA se llama 'aproximante' al tipo de ARTICULACIÓN, y consecuentemente, a las CONSONANTES producidas con este tipo APROXIMACIÓN, en el que un ARTICULADOR activo se aproxima a otro pasivo para formar una ARTICULACIÓN DE CONTACTO con un menor grado de estrechamiento. Siguiendo a Martínez Celdrán (1984: 170-71), el término **articulaciones aproximantes** es un neologismo procedente del inglés, que es útil para diferenciar este tipo de articulación de las FRICATIVAS. Las 'aproximantes' tienen un grado menor de estrechamiento del CANAL SUPRAGLÓTICO, de tal manera que deja de percibirse claramente el RUIDO de frotamiento que caracteriza a las FRICATIVAS. Además, la tensión articulatoria y la cantidad total del sonido es bastante menor. Se escucha como una leve modificación de las VOCALES contiguas. Martinet las llama **espirantes**, término que en su opinión se debe emplear, en vez del de FRICATIVAS, cuando en un estrechamiento del canal se perciben más las RESONANCIAS que el frotamiento en un determinado lugar o PUNTO DE ARTICULACIÓN. La /θ/ de la palabra española *caza* es fricativa, mientras que la /d/ de *cada* es 'espirante'. Abercrombie (1967: 50) prefiere el nombre de 'aproximante' al que se le daba anteriormente de **continuante**, y sugiere que se emplee el SÍMBOLO DIACRÍTICO [˛] para indicar que una fricativa se ha convertido en 'aproximante' como en [ʂ̨]. No obstante, la denominación de 'aproximante' que se da en español o en francés no coincide plenamente con la del inglés. En esta lengua también son 'aproximantes' articulaciones como la /r/ de *run* o las SEMIVOCALES /j/ de *yes* o /w/ de *word*. Algunos a las semivocales las llaman **glides**. *Cf* continuas.

**Aproximativo.** Véase en LENGUAJE APROXIMATIVO.

**Arbitrariedad del signo lingüístico.** La 'arbitrariedad del signo lingüístico', junto con la CONTINUIDAD LINGÜÍSTICA y la REGULARIDAD, es uno de los pilares sobre los que se asienta el MÉTODO COMPARATIVO, ya que permitía concluir que las lenguas poseen formas semejantes a las de otras lenguas con las que están relacionadas históricamente (*cf* comparación genealógica), con lo que se ponía de relieve la no existencia de relación directa entre el SIGNO LINGÜÍSTICO y su REFERENTE o realidad extralingüística.

El SIGNO LINGÜÍSTICO posee dos características: la 'arbitrariedad' y la LINEALIDAD, es decir, el signo lingüístico es *arbitrario* y *lineal*. La 'arbitrariedad' (Saussure, 1945: 130) afecta tanto al significante como al significado, ya que las relaciones entre uno y otro no son lógicas ni racionales, ni poseen MOTIVACIÓN intrínseca, y se deben a las convenciones creadas por la tradición y el uso. Así, la idea de *sur* no está ligada por relación alguna interior con la secuencia de sonidos *s-u-r* que le sirve de significante; podría estar representada tan perfectamente por cualquier otra secuencia de sonidos. Por ejemplo, para designar el mismo referente se usa el significante *dog* en inglés, *chien* en francés, *perro* en español, *hund* en alemán, etc.; e igualmente son arbitrarios los significados al no ser coincidentes, por ejemplo, la división del espectro de colores de lenguas tan próximas como el español y el inglés. El recurso de acudir a las ONOMATOPEYAS para justificar la motivación del signo lingüístico y, por tanto, su no arbitrariedad es fácilmente desmontable.

**Árbol estructural, arborescencia.** Véase en DIAGRAMA ARBÓREO.

**Arcaísmo.** En LEXICOLOGÍA se aplica el término 'arcaísmo' a la UNIDAD LÉXICA usada sólo en un estadio de tiempo anterior al período desde donde se analiza. Aunque los 'arcaísmos' pueden manifestarse en fonología, en morfosintaxis y en lexicología, es en esta última rama de la lingüística en donde son mucho más frecuentes. La palabra *entuerto* empleada en lugar de *agravio* o *tuerto* es 'arcaica' o, al menos, así se pretende que suene en la expresión «desfacer entuertos», la cual contiene también el término arcaico *desfacer*.

**Archifonema.** Véase en NEUTRALIZACIÓN.

**Archilexema.** Véase en LEXEMA.

**Archisemema.** Véase en SEMEMA y en ANÁLISIS SÉMICO.

**Archivo de acceso.** En PSICOLINGÜÍSTICA y, de acuerdo con el MODELO de COMPRENSIÓN del lenguaje propuesto por Forster (1976: 257-87), los atributos orales o gráficos de una palabra invocan un 'archivo de acceso' del cual sale una serie de unidades léxicas que son comparadas con la palabra recibida y son analizadas teniendo en cuenta su frecuencia en el lenguaje, con lo que este modelo no reconoce la influencia del CONTEXTO en el reconocimiento de una palabra.

**Área de seguridad.** Equivale a CAMPO DE DISPERSIÓN.

**Argot.** Se llama 'argot' al subsistema léxico no ESTÁNDAR, de carácter eminentemente coloquial, formado principalmente por SINÓNIMOS de palabras y expresiones de la lengua estándar (Lighter, 1994: xi).

Aunque no siempre aparece ligado a un DIALECTO y es distinto del léxico científico-técnico de las jergas, el 'argot' muestra cierta VARIACIÓN regional y, con frecuencia, surge en círculos profesionales, pues forma parte de la escala estilística inherente a toda lengua o dialecto. Así, por ejemplo, podemos hablar de un argot barcelonés o madrileño, del argot de los estudiantes, de los músicos de rock o del mundo de la prostitución, pero también de un argot general o común que ha pasado al dominio general de la lengua y es empleado por la mayoría de los hablantes en contextos coloquiales (por ejemplo, *currar* por «trabajar» y *mogollón* por «gran cantidad de algo»). En este último caso, el argot confluye con el **len-**

**guaje coloquial** y, por ello, algunos autores prefieren emplear la denominación más general de **habla popular** para referirse al léxico empleado en situaciones sociales de familiaridad, como marca de proximidad afectiva o como signo de cohesión o connivencia entre personas que comparten unos mismos valores socioculturales (Lillo Buades, 1995: 12). De este modo, el 'argot' se puede entender como una categoría especial dentro del léxico coloquial de una lengua (Ayto y Simpson, 1992: v).

Frente a otras denominaciones más antiguas como **jerigonza**, **jácara** y germanía, el galicismo 'argot' goza de gran arraigo en el mundo hispánico porque resulta más adecuado para describir la situación lingüística actual, en consonancia con el término inglés *slang*. La **germanía** o germanía histórica alude al lenguaje de los bajos fondos de los siglos XVI y XVII, y, al igual que el *cant* inglés y el *Rotwelsch* alemán, surge con las características propias de una lengua secreta y con rasgos muy similares a los de un «antilenguaje» (Halliday, 1978: 174-225). El 'argot', sin embargo, no suele tener una finalidad críptica, aunque algunos de los procedimientos de formación léxica que le son propios le confieren cierto hermetismo, al menos en su origen, y pueden servir como recurso de exclusión de aquellas personas que no pertenecen a un determinado grupo.

En general, los procedimientos morfológicos y semánticos típicos del 'argot' revelan un afán de conseguir un mayor efectismo expresivo o AFECTIVO, y ello explica el carácter efímero y la constante renovación de su léxico (Casares, 1950: 17-18; Rodríguez González, 1989: 145-65). Entre los recursos más empleados destacan la profusión de PRÉSTAMOS (*tripi*, *caballo*, del inglés *trip* y *horse*, respectivamente) y de voces procedentes de SOCIOLECTOS o lenguas marginales —especialmente del caló (*menda*, *parné*, *fetén*)—, las REDUPLICACIONES (*cf* compuestos rimados) y expresiones rimadas (*menda lerenda*), deformaciones de todo tipo que van desde la remodelación (*boquerón* por *boca*) hasta el **vesre** o inversión de sonidos (*jermu* por «mujer»), y algunos SUFIJOS típicos, como *-ata* y *-ota* (*ordenata*, *drogata*, *drogota*). Asimismo, el carácter lúdico del argot se manifiesta de manera singular en las expresiones ANTIFRÁSTICAS (*hotel* por «cárcel») y, sobre todo, en la abundancia de TROPOS y DISFEMISMOS (*lechuga* por «billete de mil pesetas», *ciego* por «borracho», *dátil* por «dedo).

**ARGUMENTAL.** Véase en POSICIÓN ARGUMENTAL, en ESTRUCTURA ARGUMENTAL y en CADENA ARGUMENTAL.

**ARGUMENTO.** Procedente de la lógica de predicados, el término 'argumento' se emplea en gramática para designar a cada una de las entidades —representadas en la oración por sintagmas nominales— que pone en relación un predicado y que son requeridas por éste para realizar una predicación completa. *Coger*, por ejemplo, es un verbo que requiere dos 'argumentos', porque, por su significado, debe poner en relación dos entidades: «*Luis* cogió *los papeles*»; «*El gato* cogió al *ratón*». Por el contrario, *entregar* requiere tres 'argumentos': «*El equipo* entregó *el trofeo al alcalde*». A cada 'argumento' el NÚCLEO verbal le asigna una FUNCIÓN SEMÁNTICA (AGENTE, META, etc.) y una FUNCIÓN SINTÁCTICA (SUJETO, OBJETO DIRECTO, OBJETO INDIRECTO). Así pues, tanto el sujeto como los complementos seleccionados por el verbo (objeto directo, indirecto, preposicional) se corresponden con sus 'argumentos'. Aunque, según la corriente gramatical, existan preferencias por el empleo de un término u otro, 'argumento' viene a ser sinónimo de ACTANTE. *Cf* criterio temático.

**ARGUMENTO DAVIDSONIANO.** Posición —convencionalmente representada como <e>, de EVENTO— que, según la propuesta de Davidson, debe incluirse en la ESTRUCTURA ARGUMENTAL de los verbos que denotan eventos o acontecimientos, no estados. Sería, según su propuesta, un argumento correspondiente al evento. A diferencia de otros argumentos, no se representa en la oración por una expresión nominal, ni se le asigna PAPEL SEMÁNTICO. Pero sería necesario postular su presencia para explicar por qué determinados sintagmas verbales son incompatibles con determinadas expresiones adverbiales. Por ejemplo, «*Felipe sabía francés cuidadosamente» es un enunciado incorrecto porque *saber* implica un estado, no un evento. En cambio, «Felipe guardó los papeles cuidadosamente» es un enunciado correcto porque *guardar* denota un evento. En su estructura argumental habría, por tanto, una posición <e> alusiva a su condición de evento.

Según propuestas más recientes, no sólo los verbos, sino también otras categorías —nombres, adjetivos—, pueden implicar un argumento davidsoniano.

**ARGUMENTO ESCONDIDO.** Equivale a ARGUMENTO DAVIDSONIANO.

**ARGUMENTO EXTERNO.** En el modelo RECCIÓN Y LIGAMIENTO, desarrollado en el marco de la GRAMÁTICA GENERATIVA, se identifica como 'externo' al ARGUMENTO que se realiza como SUJETO de la ORACIÓN. Esta denominación obedece a que, según la concepción que se tiene en este modelo de la estructura oracional, el sujeto, a diference de los complementos subcategorizados (*cf* argumento interno), queda fuera de la PROYECCIÓN MÁXIMA correspondiente al sintagma verbal. Como puede verse en el siguiente esquema simplificado

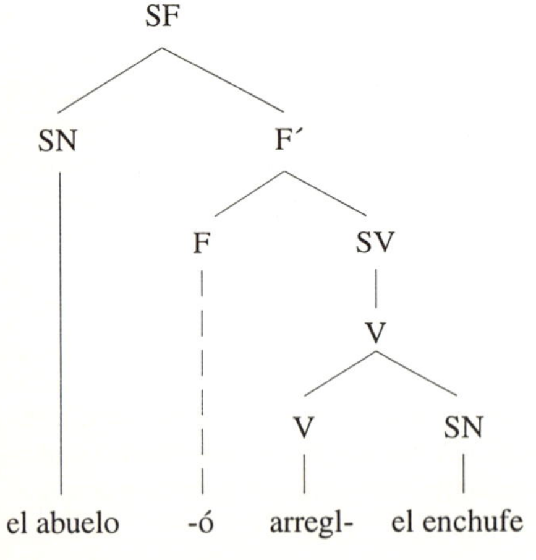


mientras el OBJETO DIRECTO (*el enchufe*) está incluido en SV, el SUJETO (*el abuelo*) es un constituyente de SF (sintagma flexión), no de SV.

**ARGUMENTO INTERNO.** En el modelo RECCIÓN Y LIGAMIENTO, desarrollado en el marco de la GRAMÁTICA GENERATIVA, se considera 'argumento interno' a cada uno de los complementos incluidos en el sintagma verbal (OBJETO DIRECTO, OBJETO INDIRECTO) que representan argumentos seleccionados por el verbo. Se diferencian así del ARGUMENTO EXTERNO, el SUJETO que, según la concepción de la estructura dominante en este modelo, no formaría parte de la PROYECCIÓN MÁXIMA corrspondiente al SV. Así pues, en una oración como «El profesor devolvió los exámenes a los alumnos», serían 'argumentos internos' tanto *los exámenes* como *a los alumnos*.

**ARITENOIDES.** En FONÉTICA ARTICULATORIA, los 'aritenoides' son dos cartílagos situados en la parte posterior de la LARINGE, cuyo movimiento de aproximación (*cf* aducción) o de alejamiento(*cf* abducción[1]) entre ellos marca el contacto o separación de las CUERDAS VOCALES, con el consiguiente cierre o abertura de la GLOTIS.

**ARMAZÓN PREDICATIVO.** Equivale a MARCO PREDICATIVO.

**ARMONÍA VOCÁLICA.** En FONÉTICA ARTICULATORIA se llama 'armonía vocálica' (Quilis, 1993: 81-2) a la ASIMILACIÓN A DISTANCIA que funciona en el nivel morfológico y léxico (FORMACIÓN DE PALABRAS): la presencia de una VOCAL determinada en el RADICAL condiciona el TIMBRE de las restantes vocales. Así, en turco, los morfemas de plural son *-ler* y *-lar* según que la vocal de la palabra sea PALATAL (*gül*, rosa; *güller*, rosas) o VELAR (*at*, caballo; *atlar*, caballos). Se diferencia de la METAFONÍA porque en esta última la 'asimilación a distancia' funciona sólo en el nivel fonético. El estudio de la 'armonía vocálica' es una de las cuestiones clásicas de la fonología abordadas en los últimos años por la FONOLOGÍA AUTOSEGMENTAL. En esta fonología, la 'armonía vocálica', dentro de un dominio fonológico (normalmente el ámbito de la PALABRA), es vista como la proyección sin restricciones de un RASGO fonológico a derecha e izquierda (bidireccionalidad), es decir, el rasgo armonizador de la BASE se extiende tanto hacia los SUFIJOS (derecha) como a los PREFIJOS (izquierda). *Cf* alternancia vocálica.

**ARMÓNICO.** Se llaman 'armónicos' o **hipertonos** (Gili Gaya, 1975: 14-5) a las VIBRACIONES secundarias que se suman al TONO fundamental (*cf* frecuencia) originando de esta manera un movimiento VIBRATORIO complejo, que confiere al SONIDO su TIMBRE particular. Los armónicos' corresponden a las vibraciones características de cada una de las partes del APARATO ARTICULATORIO que vibra y, por tanto, son concomitantes respecto del tono fundamental. La formación de estos 'armónicos' depende de la naturaleza y forma del cuerpo sonoro y de las RESONANCIAS que produce la onda al chocar con los cuerpos que halla en su camino. Muy raras veces se da en la naturaleza un sonido de onda simple, sin 'armónicos', los cuales se diferencian del TONO fundamental por su FRECUENCIA, por su INTENSIDAD relativa y por su fase (no comienzan todos a la vez), y de aquí resultan las formas complicadas de la onda que nos ofrecen los aparatos registradores del sonido. Los 'armónicos' son determinados gráficamente (Gili Gaya, 1975: 114) por medio de aparatos de sencillo manejo llamados **analizadores de armónicos** (*cf* espectrógrafo), los cuales suelen dar 8 o 10 armónicos, pero en la mayoría de los casos no se necesitan tantos. En lo que se refiere a los sonidos lingüísticos, bastan 2 o 3 para su caracterización fonológica. *Cf* resonancia.

**ARTICULACIÓN.** En lingüística el término 'articulación' se emplea con varias acepciones:

① En FONÉTICA ARTICULATORIA se llama 'articulación' al proceso que sufre en la FARINGE, las FOSAS NASALES y, sobre todo, en el TRACTO VOCÁLICO O BOCA, el aire procedente de la FONACIÓN[2], debido a los contactos o estrechamientos en determinados puntos de su trayectoria adoptados por los ARTICULADORES, esto es, por los órganos de la cavidad bucal que intervienen en la emisión de las VOCALES y las CONSONANTES. En el análisis de la 'articulación' se distinguen dos dimensiones básicas: la ZONA DE ARTICULACIÓN (por ejemplo, los LABIOS, el PALADAR, etc.) y el grado de ABERTURA. Para el estudio y clasificación de los 'sonidos' interesa examinar, además, su MODO DE ARTICULACIÓN, su PUNTO DE ARTICULACIÓN y sus FASES DE LA ARTICULACIÓN. *Cf* vocales, consonantes.

② Al hablar de las características estructurales de las unidades lingüísticas, el término 'articulación' alude al proceso mediante el cual se construyen dichas unidades, es decir, a la composición de unidades lingüísticas mayores, a partir de otras menores, que son limitadas en número y reutilizables en otras unidades, siguiendo siempre reglas sistemáticas. Decir que una expresión está articulada o, lo que es lo mismo, que es resultado de un proceso de 'articulación' implica que dicha expresión es analizable en unidades menores que podemos encontrar formando parte de unidades distintas. Por ejemplo, «el coche blanco» es una expresión articulada, porque, en un análisis meramente superficial, se reconocen en ella tres unidades: *el, coche, blanco*, que pueden encontrarse en otras expresiones diferentes como «el barco blanco», «el coche veloz», etc. Dicho de otra manera, la expresión 'el coche blanco' está formada mediante un proceso de articulación, de composición, en el que se combinan, conforme a las reglas de la gramática, unidades menores reutilizables en otros mensajes. A. Martinet y Charles F. Hockett han desarrollado el concepto de 'articulación' con el de DOBLE ARTICULACIÓN DEL LENGUAJE, que, a partir de sus trabajos, ha sido reconocido como una característica distintiva de las lenguas naturales.

**Articulación doble.** ① En FONÉTICA se llama 'articulación doble' a la consistente en dos articulaciones simultáneas e independientes, en la que una no depende de la otra, al contrario de lo que ocurre en la llamada ARTICULACIÓN SECUNDARIA. A las 'articulaciones dobles' se conoce con un nombre compuesto, como LABIOPALATALES, LABIOVELARES, etc. *Cf* coarticulación.

② Véase en DOBLE ARTICULACIÓN.

**Articulación secundaria.** Véase en SIMILITUD.

**Articulador.** Véase en BOCA.

**Articuladores de la experiencia.** En ESTILÍSTICA DE LA ELECCIÓN se llama 'articuladores de la experiencia' a las lexías elegidas de forma repetida por un autor, que sirven de eje de articulación para construir sintagmas sobre la experiencia. Por ejemplo: *sense* (*his sense of defeat, his sense of desolation, a sense of self-congratulation*, etc.), *air* (*with the air of one striving, with a fine air of casualness, the same air of eagerness*, etc.).

**Artículo.** En MORFOSINTAXIS, el término 'artículo' tiene dos sentidos, uno restrictivo y otro amplio.

① En el sentido más restrictivo, 'artículo' identifica a la forma *el* y sus variantes (*la, los, las*), así como a sus equivalentes en otras lenguas. El artículo, en este sentido, se caracteriza frecuentemente como un DETERMINANTE DEFINIDO. En calidad de tal, indica que la entidad designada por el sintagma nominal en que se incluye es identificable para el receptor, bien a partir del texto, bien a partir del CONTEXTO extraverbal. Así en la secuencia: «Mi abuela Antonia me regaló hace años una vajilla. *La* vajilla valdría ahora una fortuna», el artículo *la* indicaría al receptor que el objeto al que alude el sintagma *la vajilla* es el mismo que se ha mencionado antes con el sintagma *una vajilla*.

La inclusión del artículo *el* entre los DETERMINANTES DEFINIDOS no es, sin embargo, unánimemente aceptada en los estudios gramaticales del español. Por ejemplo, para Alarcos (1990, 1994) o para Álvarez Martínez (1986, 1989) el artículo, debido, entre otras razones, a su condición de unidad ÁTONA dependiente del sustantivo, ha de considerarse como un MORFEMA nominal, con un estatus gramatical distinto de los POSESIVOS y DEMOSTRATIVOS.

② En un sentido más amplio que el anterior, 'artículo' abarca tanto a *el* y sus variantes —identificado ahora como **artículo determinado** o **definido**— como a *un* —**artículo indeterminado** o **indefinido**— y las suyas. En contraste con el uso de *el*, el empleo de artículo indeterminado o indefinido no implica que la entidad aludida por el sintagma nominal sea necesariamente identificable para el receptor del mensaje: «Mi abuela me regaló hace años *una* vajilla. *Una* vajilla cuesta ahora una fortuna». En ninguno de los dos casos en que aparece, el sintagma nominal *una vajilla* indica al receptor que el objeto al que alude sea identificable para él, ya sea por el texto, ya por el contexto. *Cf* actualizador.

**Ascendente.** Véase en DIPTONGO y en TONEMA.

**Ascenso de clíticos.** Se llama 'ascenso del clítico' al proceso sintáctico mediante el cual un CLÍTICO vinculado al verbo de una oración subordinada aparece como dependiente del verbo de la oración subordinante. En «*Lo* quiero hacer yo», «No se *lo* permitieron ver», el clítico *lo* se presenta ligado a *quiero, permitieron*, pero de la interpretación de ambos enunciados se infiere que está, en realidad, señalando el objeto directo de *hacer* y *ver*: «Quiero hacer*lo* yo», «No le permitieron ver*lo*». Se ha producido, por tanto, el ascenso del clítico desde el verbo subordinado, *hacerlo, verlo* hasta el verbo subordinante: «*lo quiero* hacer», «no se *lo permitieron* ver».

**Ascenso de la negación.** Es el proceso sintáctico consistente en que una marca de negación —*no*— correspondiente a una oración subordinada («Creo que la gasolina *no* ha subido esta semana», «Me parece que el jefe *no* ha estado muy acertado») aparece como negación del verbo subordinante, sin que se produzcan cambios en la interpretación de los enunciados: «*No* creo que la gasolina haya subido esta semana», «*No* me parece que el jefe haya estado muy acertado».

**Ascenso del sujeto.** Es el proceso sintáctico que tiene como resultado que el ARGUMENTO correspondiente al SUJETO de una oración subordinada («Parece que *Carlos Alberto* lo ha comprendido») aparece como sujeto del verbo subordinante: «*Carlos Alberto* parece haberlo comprendido».

**Ascenso del sujeto a objeto.** Es el proceso sintáctico que tiene como resultado que el ARGUMENTO correspondiente al SUJETO de una oración subordinada («Oigo que *el coche* se acerca») aparece como objeto del verbo más alto, es decir, el inmediatamente subordinante: «Oigo acercarse *el coche*».

**Aserción, asertivo.** La 'aserción', también denominada **aseveración** y **afirmación**, es la MODALIDAD enunciativa que, frente a otras modalidades, se caracteriza porque el hablante presenta como conforme a la realidad el estado de cosas descrito en el enunciado. Por ello, es distintivo de las 'aserciones' el hecho de que se les pueda atribuir un valor de verdad: el enunciado **asertivo** —el que contiene una 'aserción'— puede ser considerado verdadero o falso. Es, por ejemplo, 'asertivo' el enunciado «Me ha tocado el gordo de Navidad este año»: el emisor presenta como real el evento denotado por el predicado. Puede, por tanto, ser catalogado como verdadero si se ajusta a la realidad, o como falso en caso contrario. En cambio, al emitir el enunciado «Ojalá me toque el gordo de Navidad este año», el hablante expresa un deseo, pero no realiza una 'aserción', de ahí que dicho enunciado no pueda considerarse ni verdadero ni falso. *Cf* verbo de aserción (fuerte), verbo de aserción débil, oración declarativa, acto de habla.

**Aseveración.** Equivale a ASERCIÓN.

**Aseverativo.** Equivale a DECLARATIVO[1].

**Asignación excepcional de caso.** Véase MARCADO EXCEPCIONAL DE CASO.

**Asilabema.** Véase en ANÁLISIS SILÁBICO.

**Asimetría.** Véase en LENGUAJE, en DIÁLOGO, en ANISOMORFISMO y en HUECO.

**Asimilación.** ① En FONÉTICA ARTICULATORIA, y en un sentido restringido, la 'asimilación' consiste en la conversión de un FONEMA en otro por la influencia del que le sigue o del que precede (*cf* coarticulación). A esta asimilación también se la llama **asimilación yuxtaposicional**, **asimilación de contacto** o simplemente **asimilación**, para diferenciarla de la **asimilación a distancia** (ARMONÍA VOCÁLICA y METAFONÍA) o **dilación** en que la influencia se produce entre sonidos que se encuentran distantes uno de otro en la CADENA HABLADA (Quilis, 1993: 81).

La 'asimilación', que no es un fenómeno obligatorio, tiene como objetivo reducir el número de movimientos y de ajustes que los órganos de fonación tienen que llevar a cabo en la TRANSICIÓN de una palabra a otra teniendo en cuenta el PRINCIPIO DE ECONOMÍA LINGÜÍSTICA. Por ejemplo, la palabra inglesa *statue*, que normalmente se pronuncia /s'tætjuː/, también puede pronunciarse /s'tæʧuː/, debido a la 'asimilación' de la OCLUSIVA ALVEOLAR SORDA /t/ en AFRICADA PALATAL SORDA /ʧ/, por influencia de la SEMIVOCAL /j/ que sigue a la /t/. En este caso, en que ha habido una anticipación de la posición articulatoria de los órganos de fonación, ya que /j/ ha influido sobre /t/, el fonema que le precedía, se habla de **asimilación regresiva** o **anticipatoria**. Cuando un fonema influye sobre el siguiente estamos ante una **asimilación progresiva**, es decir, un fonema se ha asimilado al segundo; por ejemplo, aunque en inglés *is* se pronuncia normalmente con /z/, en la palabra *it's* se pronuncia /s/, por influencia de la /t/ que le precede (Abercrombie, 1967: 133 y sigs.). Pero si el fonema que influye y el influido se convierten en uno solo, se habla entonces de **fusión**, **coalescencia** o **asimi-**

**lación doble o recíproca**. Por ejemplo, hay 'fusión' en inglés cuando pronunciamos la palabra *issue* ['isju:], como ['iʃu:], ya que la [s] y la [j] se han fundido en [ʃ].

La asimilación puede realizarse dentro de una palabra o entre fronteras de palabras: *un bien* [um 'bjen] y pueden afectar a (a) la GLOTIS (paso de SONORA a SORDA o a la inversa, esto es, SONORIZACIÓN o DESONORIZACIÓN), (b) el VELO DEL PALADAR (paso de oral a nasal o a la inversa, esto, NASALIZACIÓN u **oralización**), (c) el PUNTO DE ARTICULACIÓN; por ejemplo, en español, el fonema /n/ de *enviar*, por estar próximo a la OCLUSIVA bilabial sonora /b/, se pronuncia [m] [em'biar] por 'asimilación' al sonido bilabial.

② Todo lo dicho en el punto anterior sobre la 'asimilación' y sus variantes desde un punto de vista SINCRÓNICO es aplicable a la DIACRONÍA. En este caso se habla de **asimilación histórica**, la cual es una fenómeno de EVOLUCIÓN consistente en que la 'asimilación' se ha fijado dentro del sistema, como ocurre en inglés con la palabra *orchard*, que se ha formado por 'asimilación histórica' de *hortus* + *yard* (Abercrombie, 1968) o en la evolución del latín *mb* > esp. *m*: palumba > *paloma* (Quilis, 1993: 81).

③ En un sentido más amplio que el anterior, también se entiende por 'asimilación' la adición a un FONEMA de los rasgos de un sonido contiguo debido a la influencia de los movimientos articulatorios de estos rasgos sobre el fonema influido. Daniel Jones a este segundo fenómeno lo llama SIMILITUD, que para él no debe confundirse con la 'asimilación'; en este último caso un fonema se convierte en otro, mientras que en la similitud el fonema que se emite tiene una ARTICULACIÓN SECUNDARIA, sin perder sus rasgos distintivos.

④ En LEXICOLOGÍA equivale a ACOMODACIÓN[1].

**ASÍNDETON.** Con el término 'asíndeton' se alude generalmente al fenómeno consistente en la ausencia de CONJUNCIÓN entre los miembros de una relación sintáctica de COORDINACIÓN. Por ejemplo, en «Miraba la casa y los jardines como si fueran objetos desconocidos», o en «Quería ver de nuevo a su marido y a sus hijos», la relación de coordinación que se establece entre los sintagmas *la casa* y *el jardín*, *a su marido* y *a sus hijos*, está explícitamente marcada por la CONJUNCIÓN COPULATIVA *y*. En cambio, tanto en «Miraba *la casa, el jardín* como si fueran objetos desconocidos», como en «Quería ver de nuevo *a su marido, a sus hijos*», existe 'asíndeton' porque, si bien la relación que se establece entre los sintagmas es, como en los casos anteriores, de coordinación, no hay conjunción alguna que exprese específicamente esa relación. No obstante, también se hace a veces extensivo el término 'asíndeton' a los casos en que la unidad gramatical que no se explicita es un indicador de subordinación: «Os ruego no me abandonéis» («Os ruego *que* no me abandonéis»).

**ASOCIACIÓN, ASOCIATIVO.** ① El término 'asociación' se utiliza en lingüística con el sentido de conexión, vinculación o relación. Las más conocidas son las 'asociaciones' de palabras llamadas PARADIGMÁTICAS y SINTAGMÁTICAS (*cf* relaciones paradigmáticas y sintagmáticas). Sin embargo, Saussure (1945: 207) utilizó el término relaciones **asociativas** sólo para lo que, a partir de Hjelmslev, se llamó RELACIONES PARADIGMÁTICAS.

② El adjetivo 'asociativo' también se emplea en el término CAMPO ASOCIATIVO.

③ En PSICOLINGÜÍSTICA el término **asociación de palabras** se refiere al método experimental destinado a analizar, mediante el uso del lenguaje (en especial con palabras-estímulo), algunos procesos afectivos y de la vida intelectiva. En estos estudios se examinan la frecuencia de la asociación, el tiempo de reacción, y los contenidos y las redes de las palabras, con el fin de analizar hábitos lingüísticos (DIALECTOS, SOCIOLECTOS, APRENDIZAJE), o procesos psicoanalíticos (detección de mentiras, etc.), en suma, para determinar el papel del lenguaje en los procesos psicológicos. *Cf* conductismo.

**Asonancia.** El DRAE da varias acepciones del término 'asonancia':

① En MÉTRICA es la identidad de VOCALES en las terminaciones de dos palabras a contar desde la última acentuada, cualesquiera que sean las consonantes intermedias o las vocales no acentuadas de los diptongos. En los esdrújulos no se cuenta tampoco la sílaba penúltima. Por extensión de este significado, se llama ' asonancia' a cualquier repetición vocálica insistente. *Cf* aliteración, isosemia.

② En la tradición inglesa la 'asonancia', como recurso poético, es la REPETICIÓN de la misma vocal tónica dentro de palabras que tengan terminaciones consonánticas diferentes. Normalmente se combina con la ALITERACIÓN y la CONSONANCIA.

③ En RETÓRICA es un vicio de dicción así de la prosa como de la poesía, que consiste en el uso inmotivado de voces que se correspondan unas con otras, hiriendo el oído; también es el uso innecesario de dos o más cláusulas o miembros del período, voces que terminan en sílaba o sílabas iguales.

④ Puede equivaler a ANALOGÍA, esto es, a correspondencia o relación de una cosa con otra.

**Aspecto.** El 'aspecto' es una CATEGORÍA lingüística asociada al verbo, que abarca las diferentes perspectivas (el inicio, la continuidad, la reiteración, la conclusión) desde las que se puede enfocar el desarrollo de una ACCIÓN, ESTADO O PROCESO, con independencia de lo que exprese la categoría gramatical TIEMPO. Así, por ejemplo, para la mayoría de las gramáticas del español, en «Luis *escribió* un libro», y «Luis *escribía* un libro», *escribía* y *escribió* coincidirían en expresar un mismo tiempo, pasado, pero se diferenciarían por el 'aspecto': *escribió* presenta la acción como algo concluso, cerrado (ASPECTO PERFECTIVO), en tanto que *escribía* la enfoca en su desarrollo interno (ASPECTO IMPERFECTIVO).

Es de advertir, no obstante, que existen notables diferencias en los estudios gramaticales en lo que concierne a los límites que asignan a esta categoría, así como en lo que atañe a la identificación de las unidades lingüísticas (MORFEMAS del verbo, PERÍFRASIS VERBALES, sintagma verbal, etc.) que permiten expresar en una lengua el 'aspecto' (*cf* Fernández Pérez, 1993).

① En el sentido más restrictivo del término, el 'aspecto' abarcaría sólo las distintas perspectivas desde las que se puede enfocar la acción, estado o proceso denotado por el verbo cuando dichas perspectivas se expresan mediante la flexión verbal. Es el caso, antes comentado, de la oposición existente entre *escribió* y *escribía.*

② Es, sin embargo, más usual, que se incluyan también en la categoría 'aspecto' las diferentes perspectivas que se pueden manifestar a través de perífrasis verbales. Así, en «De repente *se puso a hablar*» y en «*Estuvo hablando* toda la tarde», la misma acción de *hablar* se presentaría, mediante una perífrasis verbal, con dos significaciones aspectuales distintas: en «De repente se *puso a hablar*» se destaca la fase inicial de la acción (ASPECTO INCOATIVO); en «*Estuvo hablando* toda la tarde» se destaca la prolongación de su desarrollo, su duración (ASPECTO DURATIVO). *Cf* aspecto gramatical.

③ En un sentido más amplio del término, se incluyen también en la categoría 'aspecto' los diferentes matices del desarrollo de una acción, estado o proceso que se expresan mediante la combinatoria sintagmática del verbo con sus complementos. Según esta acepción, se podría decir que «Juan *leyó un libro* (en dos horas)» y «Juan *leyó* (durante dos horas)» implican clases aspectuales distintas (*cf* García Miguel, 1995a: 90): mientras el primer enunciado denota un evento TÉLICO, una acción que tiene asignada una meta, un término, el segundo expresa una situación ATÉLICA, una actividad sin una meta concreta.

④ En una última extensión del término, que borra definitivamente los límites entre *AKTIONSART* y 'aspecto', se consideran incluidas en esta categoría 'aspecto' las diferencias en el desarrollo de la acción, estado o proceso que están implicadas en el propio significado del verbo (*cf* ASPECTO INHERENTE O ASPECTO LÉXICO). Por ejemplo, partiendo de este sentido más ámplio del término, se puede decir que *saber* y *saltar* implican 'aspectos' distintos. Si el primero presupone un intervalo amplio de tiempo para el desarrollo del estado a que hace referencia, la acción denotada por *saltar* requiere, para su realización, sólo un momento.

**ASPECTO DURATIVO.** Se denomina 'aspecto durativo' el significado aspectual (*cf* ASPECTO) que aporta una forma del verbo, o una PERÍFRASIS VERBAL (o el mismo verbo por su contenido léxico), cuando destaca la *duración*, esto es, el desarrollo, la prolongación durante un cierto espacio de tiempo, de la acción, estado, o proceso denotado por el predicado. Suele considerarse como una subdivisión del ASPECTO IMPERFECTIVO.

De conformidad con Roca Pons (1974) o con Gómez Torrego (1988: 139 y sigs.), por ejemplo, las perífrasis integradas por el verbo *estar*, o por otros VERBOS AUXILIARES, y un VERBO PRINCIPAL en gerundio comportan, por lo general, un significado aspectual 'durativo'. Con palabras de Gómez Torrego, la perífrasis *estar* + gerundio «expresa la acción durativa con más precisión y concreción que el tiempo correspondiente de la conjugación», de ahí que (empleando su propio ejemplo) si en el enunciado «Me resultó agradable ver pasar el campo como en una sábana de la que alguna mano *estuviera tirando*», se hubiera utilizado *tirara* en lugar de la perífrasis *estuviera tirando*, «el efecto estilístico del alargamiento de la acción y de una mayor lentitud en el proceso, quedaría más diluido».

**ASPECTO FLEXIONAL/FLEXIVO.** El término '**aspecto flexional/flexivo**', también llamado **aspecto morfológico**, se utiliza para aludir a las significaciones aspectuales (las diferentes perspectivas desde las que se puede enfocar el desarrollo interno de una acción, estado o proceso) que se expresan a través de la flexión verbal (*cf* aspecto). Así, de conformidad con Alarcos (1990: 50 y sigs.), por ejemplo, en el sistema verbal español está presente el 'aspecto flexional', ya que la diferencia de significado que existe entre las formas del imperfecto (*cantaba*) y las del perfecto simple (*canté*) es de tipo aspectual: las primeras, según Alarcos, expresan un proceso verbal sin término, mientras que las segundan significan un proceso con su término. Se trata, pues, de una significación aspectual que se manifiesta a través de la flexión verbal.

**ASPECTO FRECUENTATIVO.** Aunque el término 'aspecto frecuentativo' suele utilizarse como equivalente a ASPECTO REITERATIVO O ITERATIVO, también se emplea para aludir, específicamente, al valor aspectual (*cf* ASPECTO) que consiste en indicar que el evento denotado por el predicado se repite de forma frecuente, a intervalos temporales próximos entre sí (Moreno Cabrera, 1991: 309). Por ejemplo, según Gómez Torrego (1988), si la PERÍFRASIS VERBAL integrada por *volver* más un verbo en infinitivo («*He vuelto a desayunar* huevos fritos con jamón») indica, simplemente, la repetición de una acción (aspecto reiterativo), la perífrasis constituida por *soler* y un VERBO PRINCIPAL en infinitivo comporta un valor aspectual 'frecuentativo': «*Suelo desayunar* huevos fritos con jamón» no sólo implica que la acción de *desayunar huevos fritos* se repite, también significa que esa acción se lleva a cabo de forma habitual o frecuente, a intervalos temporales próximos entre sí.

**ASPECTO GRAMATICAL.** El término 'aspecto gramatical' (*cf* Comrie, 1976; Siewierska, 1991) se ha empleado para aludir a las significaciones vinculadas a la categoría ASPECTO, en su sentido más general (aquel en que no se distingue del MODO DE ACCIÓN O *AKTIONSART*), que no se expresan por medios léxicos (no se asocian al propio significado del verbo) sino mediante recursos gramaticales: la morfología verbal, o las PERÍFRASIS VERBALES. Suele oponerse a ASPECTO INHERENTE o aspecto léxico.

**Aspecto imperfectivo.** El 'aspecto imperfectivo' es una de las subcategorías básicas que se distinguen dentro de la categoría más amplia llamada ASPECTO, en cualquiera de las diferentes acepciones vinculadas a este término. Generalmente, se considera que un morfema verbal, una PERÍFRASIS VERBAL —incluso todo el sintagma o el mismo verbo por su significado léxico— expresan 'aspecto imperfectivo' cuando presentan una acción, estado o proceso destacando su desarrollo interno, sin implicar un principio o un término. Por ejemplo, ciñéndonos a las distinciones aspectuales expresadas mediante la morfología verbal, la mayoría de las gramáticas del español coinciden en afirmar que las formas incluidas en el IMPERFECTO de indicativo (*vivían, llovía*) se caracterizan por expresar, además de tiempo pasado, los valores asociados al 'aspecto imperfectivo', mientras que las formas correspondientes al PRETÉRITO PERFECTO SIMPLE (*vivieron, llovió*), si bien expresarían el mismo tiempo verbal, conllevarían un valor aspectual distinto: el perfectivo (*cf* ASPECTO PERFECTIVO).

Así, según Hernández Alonso (1984: 369), en «Aquí *vivieron* mis padres» el pretérito perfecto simple *vivieron*, además de situar el proceso denotado por *vivir* en el pasado, lo presenta como algo cerrado y acabado, como un evento que tuvo un término. En cambio, en «Aquí *vivían* mis padres», el uso del pretérito imperfecto implica que el hablante se sitúa paralelamente al desarrollo del proceso, lo presenta en su devenir, en su desarrollo interno, sin implicar que tal proceso tuvo realmente un término. Con palabras de Siewierska (1991) se podría decir que, con el imperfecto, el tiempo del evento denotado por el verbo parece extenderse más allá del punto de referencia temporal en que se sitúa el hablante.

Igualmente, en «Ayer a las cuatro *llovía*», mediante el uso del imperfecto, el «llover» se presenta como un proceso que está teniendo lugar en el momento fijado en el enunciado («ayer a las cuatro») sin implicar que tal proceso haya tenido un comienzo o que haya terminado. Por ello, como indica Porto Dapena (1989: 83), puede entenderse que ese proceso se extiende más allá de los límites temporales fijados en el texto: se supone que ya *llovía* antes de las cuatro y que continuó lloviendo después. En cambio, en «Ayer a las cuatro *llovió*», la forma del pretérito perfecto simple *llovió* presenta el «llover» como un proceso delimitado, como un proceso que tuvo un comienzo (implica que antes de las cuatro no llovía) y que está, además, terminado. (*Cf* Rojo 1974, 1988, 1991 para una interpretación diferente sobre el estatus de la categoría aspecto en el sistema verbal español.)

**Aspecto inceptivo.** Véase en ASPECTO INCOATIVO.

**Aspecto incoativo.** Se identifica como **incoativo** (también como **inceptivo** o como **ingresivo**) el valor aspectual (*cf* ASPECTO) que se singulariza por destacar la fase correspondiente al inicio de un estado o de un evento. El 'aspecto incoativo' es, por ejemplo, el valor que se asocia, en español, a determinadas PERÍFRASIS VERBALES constituidas por un VERBO AUXILIAR como *ponerse, echar(se), romper* y un VERBO AUXILIADO en infinitivo. Así, «Vaya, ahora *se pone a llover*», «*Se echaba a reír* cuando lo veía», «*Rompió a llorar* cuando se lo dijo», se diferenciarían de «Vaya, ahora llueve», «Se reía cuando lo veía», «Lloró cuando se lo dijo», por expresar 'aspecto incoativo', esto es, por destacar el comienzo de la acción denotada por el verbo.

**Aspecto ingresivo.** Se utiliza, por lo general, como equivalente a ASPECTO INCOATIVO.

**Aspecto inherente.** El término **aspecto inherente** o **aspecto léxico** (*cf* Comrie, 1976) se ha utilizado para hacer referencia a las significaciones vinculadas a la categoría ASPECTO, en su sentido más general (aquel en que no se distingue del MODO DE ACCIÓN O *AKTIONSART*), que vienen expresadas por el propio lexema verbal. Suele oponerse a ASPECTO GRAMATICAL. 'Aspecto inherente' es, por tanto, equivalente a MODO DE ACCIÓN O *AKTIONSART*.

**Aspecto iterativo.** Véase en ASPECTO REITERATIVO.

**Aspecto léxico.** Véase en ASPECTO INHERENTE. Equivale también a MODO DE ACCIÓN O *AKTIONSART*.

**Aspecto morfológico.** Equivale a ASPECTO FLEXIONAL.

**Aspecto perfectivo.** El 'aspecto perfectivo' es una de las subcategorías básicas que se diferencian dentro de la categoría ASPECTO, en cualquiera de las acepciones que tiene en los estudios gramaticales este término. Se ha definido como la subcategoría aspectual, expresada mediante MORFEMAS O PERÍFRASES VERBALES (o, incluso, por la propia clase semántica del verbo o por todo el sintagma verbal) que se distingue por significar que el evento denotado por el predicado es considerado en su totalidad, como algo completo, con un inicio y un término, sin atender a su transcurso, a su desarrollo interno.

El 'aspecto perfectivo' ha sido comúnmente destacado como la significación que diferencia al PRETÉRITO PERFECTO SIMPLE (*habló, vivieron*) del PRETÉRITO IMPERFECTO (*hablaba, vivían*) en el sistema verbal español. Así, por ejemplo, según Moreno Cabrera (1991: 307), la forma *habló* es 'perfectiva' porque indica una acción situada en el pasado y vista en su totalidad o globalidad, en cambio *hablaba* es imperfectiva (*cf* ASPECTO IMPERFECTIVO) porque es un pasado de una acción vista en su desarrollo interno. Asimismo, según Hernández Alonso (1984: 369), en «Aquí *vivieron* mis padres» el pasado *vivieron* implica 'aspecto perfectivo' porque enfoca el proceso como un todo cerrado, «como si rodásemos un plano general o de conjunto con una cámara fija». Sin embargo, en «Aquí *vivían* mis padres», la visión que se ofrece de la situación es imperfectiva porque es comparable a un «*travelling* horizontal» que acompaña el movimiento o desarrollo del proceso. Utilizando también un símil cinematográfico, para Porto Dapena (1989: 75), la imagen del evento denotado por el verbo que ofrece el pretérito perfecto es comparable a la de una fotografía: nos lo presenta en un instante o momento de su realización. En cambio, la visión ofrecida por el pretérito imperfecto sería comparable a la de una película: el movimiento aparece en su desarrollo completo.

**Aspecto progresivo.** Se identifica como 'progresivo' el significado aspectual (*véase* ASPECTO) que aporta una forma del verbo o una PERÍFRASIS VERBAL cuando expresa que el evento denotado por el predicado está «en progreso»; esto es, se está desarrollando o está avanzando hacia su cumplimiento en el momento que se toma como referencia para situarlo en el tiempo.

Por ejemplo, en inglés, de conformidad con Quirk y Greenbaum (1973), el 'aspecto progresivo' se expresa mediante la combinación del verbo *be*, como auxiliar, y una forma verbal en *-ing*. Así, mientras en «I *read* a book that evening» («Leí un libro esa tarde»), la acción de *leer un libro* se presenta como algo concluso, terminado al finalizar *esa tarde* (*cf* aspecto perfectivo), en «I *was reading* a book that evening», la misma acción se presenta como un evento *en progreso*, como algo que se estaba desarrollando en el espacio temporal a que hace referencia *esa tarde*.

Igualmente, en español, según por ejemplo Gómez Torrego (1988), algunas PERÍFRASIS VERBALES integradas por *estar* o por *ir* como VERBOS AUXILIARES y por un VERBO AUXILIADO en gerundio conllevan un significado aspectual 'progresivo': «El cielo se *está nublando*», «Se me *está durmiendo* la pierna», «Los niños *van creciendo*», «*Voy mejorando* de mi enfermedad».

El 'aspecto progresivo' suele considerarse como una subdivisión del ASPECTO IMPERFECTIVO.

**Aspecto reiterativo.** Se denomina **aspecto reiterativo** o **iterativo** el valor aspectual (*cf* ASPECTO) que comporta una forma del verbo, o una PERÍFRASIS VERBAL (o incluso el mismo lexema verbal, dadas las diferentes acepciones de 'aspecto') cuando implica la repetición del evento a que hace referencia el predicado. De conformidad con Hernández Alonso (1984) o Gómez Torrego (1988), por ejemplo, la perífrasis verbal integrada por *volver*, como VERBO AUXILIAR, y un VERBO AUXILIADO en infinitivo se caracteriza por expresar 'aspecto reiterativo'. Así, «*Volví a leer* el libro», «*He vuelto a pintar* el pasillo» significan, frente a «*Leí* el libro», «*He pintado* el pasillo», que la acción de *leer el libro* o de *pintar el pasillo* se ha repetido.

Aunque, como se ha indicado antes, 'reiterativo' e 'iterativo' suelen utilizarse como sinónimos, según se señala en J. Dubois *et al.* (1986), a veces se reserva el término 'reiterativo' para aludir a la repetición única de una acción mientras que 'iterativo' se utiliza en los casos en que la repetición es múltiple.

**ASPECTO SINTAGMÁTICO.** Con el término 'aspecto sintagmático' se hace referencia a las significaciones aspectuales —relacionadas con las diferentes perspectivas desde las que se puede enfocar el desarrollo interno de una misma acción, estado o proceso— que se expresan mediante una PERÍFRASIS VERBAL, mediante una combinación sintáctica de elementos: un VERBO AUXILIAR y un VERBO AUXILIADO o principal (*cf* ASPECTO). Así, de conformidad, por ejemplo, con Alarcos (1980: 50 y sigs.), el sistema verbal español incluye, junto al ASPECTO FLEXIONAL, un 'aspecto sintagmático': mientras las formas simples, como *cantar, canto*, *cantando*, expresan, según Alarcos, un proceso no delimitado, las formas compuestas *haber cantado, he cantado, habiendo cantado* significan un proceso delimitado. Se trata, pues, de una distinción aspectual no expresada a través de las DESINENCIAS verbales, sino mediante la combinación de un verbo auxiliar (*haber*) y un verbo auxiliado (*cantado*). Igualmente, para Gómez Torrego (1988: 20), pongamos por caso, el aspecto es tanto una categoría flexional como 'sintagmática' puesto que se expresa no sólo mediante desinencias sino también a través de perífrasis verbales: *estaba leyendo, va mejorando.*

**ASPECTO TERMINATIVO.** ① Se denomina 'aspecto terminativo', o también **aspecto egresivo**, el valor aspectual (*cf* ASPECTO) que aporta una forma del verbo o una PERÍFRASIS VERBAL cuando destaca la fase final de la acción, estado o proceso denotados por el predicado. Por ejemplo, según Gómez Torrego (1988) expresan 'aspecto terminativo' determinadas perífrasis de infinitivo que presentan la acción en su término o en su acercamiento a su término; es el caso de las perífrasis constituidas por los VERBOS AUXILIARES *dejar* o *acabar*: «He *dejado de fumar*», «José María *ha dejado de nadar*», «*Acabo de escribir* una carta», «Delia *acaba de barrer* la cocina».

② Según Alarcos (1980: 50 y sigs., 1994: 160 y sigs.) 'terminativo' es el valor aspectual que distingue al pretérito perfecto simple *cantaste* del imperfecto *cantaba. Cantaste* es 'terminativo' porque señala la conclusión, «la consumación de la noción designada por la raíz verbal».

**ASPIRACIÓN.** ① En FONÉTICA ARTICULATORIA se llama 'aspiración' a la ARTICULACIÓN SECUNDARIA consistente en la emisión de aire adicional, de unos centisegundos de duración que, en determinadas lenguas como el inglés, se produce en la pronunciación de las OCLUSIVAS sordas (/p, t, k/) en posición inicial tónica. Es como si hubiera un tiempo muerto de unos centisegundos antes del comienzo de la vibración de las cuerdas vocales para la producción de la vocal que sigue, durante el cual el aire pasa a través de la GLOTIS, produciendo un efecto de fricción. Esta 'aspiración', que se transcribe con una [ʰ] detrás de las oclusivas sordas (*time* ['tʰaim], *town* ['tʰaʊn]), es la marca que diferencia las sordas de las sonoras en inglés y en otras lenguas. Si no se hiciera, se corre el riesgo de que palabras como *town* (ciudad) o *coat* (abrigo) se entendieran como *down* (abajo) y *goat* (cabra), respectivamente. *Cf* oclusivas aspiradas, abducción, aducción, actitud vocal.

② En la fonología inglesa también se llama 'aspiración' al proceso que se sigue en la producción de la FRICATIVA GLOTAL SORDA O FRICATIVA LARÍNGEA.

③ En la pronunciación del español se llama 'aspiración' a la pronunciación como FRICATIVA LARÍNGEA [h] de la FRICATIVA ALVEOLAR SORDA [s], cuando ésta se encuentra en posición silábica posnuclear, como en *gasto* ['ga$^{h}$to], *peste* ['pe$^{h}$te], etc.; en este caso, se dice que la fricativa alveolar sorda se ha **aspirado**.

**ASTERISCO.** ① En el análisis gramatical sincrónico el 'asterisco' [*] es el signo que se utiliza para indicar que las construcción o la estructura a la que precede es, por alguna razón, agramatical (*cf* agramaticalidad). Así, en el «*El punto de María de vista» (Hernanz yBrucart, 1987) el 'asterisco' señala que el sintagma es agramatical. Igualmente en «*Juan quiere María volver con él» indica que la oración, por incluir un sujeto explícito (*María*) en una construcción de infinitivo (*volver con él*) no está formada de acuerdo con las reglas de la gramática. Si la construcción no se considera claramente gramatical, pero sí, al menos, dudosa, no se señala con un 'asterico' sino con signos de interrogación [?] [??]: «?? Su marido y el frío la obligaron a volverse a casa».

② En lingüística histórica se utiliza para hacer constar que la forma que se presenta con el 'asterico' es una forma RECONSTRUIDA, que pudo haber existido aunque nunca se pudiera comprobar su existencia. *Cf* analogía.

**ATAQUE, ATAQUE DE VOCAL.** ① En FONÉTICA ARTICULATORIA recibe el nombre de **ataque** (*onset* en inglés) el momento de arranque de la emisión de un ENUNCIADO, en POSICIÓN INICIAL ABSOLUTA y, consecuentemente, se llama **ataque de vocal** la forma en que se inicia la emisión de la VOCAL que se encuentre en posición inicial absoluta. En muchas lenguas, como el inglés y, sobre todo, el alemán, antes de la pronunciación de una oración que comience por una vocal en posición inicial absoluta suele haber un CIERRE GLÓTICO, con lo que las CUERDAS VOCALES se separan bruscamente; en este caso se dice que ha habido un **ataque duro**. Si por el contrario, la GLOTIS no está enteramente cerrada o las cuerdas laríngeas se abren de modo gradual, la vocal se inicia sin oclusión alguna, con **ataque suave**. El ataque duro dificulta el enlace silábico de la vocal con los sonidos que la preceden; el ataque suave lo favorece (Gili Gaya, 1975: 110).

② 'Ataque' también es el momento de arranque de una SÍLABA.

**ATÉLICO.** El término 'atélico' se emplea para identificar las situaciones, así como los verbos o sintagmas verbales que las denotan, que no implican, necesariamente, el logro de un objetivo. Pueden ser interrumpidas en cualquier momento de su desarrollo sin que ello suponga que el ESTADO DE COSAS que configuran no haya tenido lugar. Es 'atélica', por ejemplo, la situación representada en «El abuelo Luis está fumando otra vez». Puesto que no se trata de una acción orientada hacia un objetivo específico, la actividad de *el abuelo Luis* puede interrumpirse al momento de haberse iniciado, y aun así será cierto que *ha estado fumando*.

**ATLAS LINGÜÍSTICO.** Véase en GEOGRAFÍA LINGÜÍSTICA.

**ÁTONO.** EN FONÉTICA ARTICULATORIA, el adjetivo 'átono' se aplica a las SÍLABAS y las VOCALES que carecen de ACENTO. En lenguas como el español o el francés las vocales de las sílabas 'átonas' conservan prácticamente el mismo TIMBRE que el de las acentuadas. Pero en otras, como el ruso o el inglés, las átonas tienden a una CENTRALIZACIÓN; en esta última lengua la centralización se materializa en /ə/, /ɪ/ o /ʊ/, como se puede comprobar en las sílabas átonas de palabras tales como *language*

/ˈlæŋwɪʤ/, *necessary* /ˈnesəsərɪ/ o *plentiful* /ˈplentɪfʊl/. Esta característica hace que en la conversación normal se pueda confundir la pronunciación de palabras como *vacation* y *vocation*, aunque en una emisión oral cuidada se puedan diferenciar sin mayor problema. *Cf* acento primario; debilitamiento.

**ATRACCIÓN DEL PRONOMBRE.** Equivale a ASCENSO DEL CLÍTICO.

**ATRIBUCIÓN.** ① En uno de los sentidos del término, se da el nombre de 'atribución' a la relación que se establece entre un sujeto y un predicado constituido por un ATRIBUTO y un VERBO COPULATIVO. Es decir, se entiende por 'atribución' la adscripción de una característica o propiedad, denotada por el atributo, a la entidad representada por el sujeto de la oración, a través de un verbo copulativo. Por tanto, según esta acepción del término, existiría 'atribución' en «Ana está furiosa» o en «Federico es un borracho», pues en ambos casos se asocia una propiedad (*furioso, un borracho*) al sujeto (*Ana, Federico*) a través de un verbo copulativo: *está, es*. No habría, en cambio, 'atribución' en «Ana entró furiosa en su cuarto», o en «Luis estrechó sonriente su mano», pues si bien *furiosa* y *sonriente* adscriben una propiedad transitoria al sujeto, no lo hacen a través de un verbo copulativo.

② 'Atribución' también se utiliza, no obstante, con un sentido más abarcador. De conformidad, por ejemplo, con Porroche (1990) o con Gutiérrez Ordóñez (1986), puede entenderse por 'atribución' una relación sintáctico-semántica que implica tres elementos: (1) una base de atribución; esto es, una entidad, representada por un constituyente nominal, a la que se asocia una propiedad o característica. Puede ser tanto el sujeto de la oración («*Ana* está furiosa») como, por ejemplo, el objeto directo («Alquiló vacío *el piso*). (2) Un atributo, que es el constituyente que significa la propiedad o característica asociada a la base (*furiosa, vacío*). (3) Un verbo que relaciona a la base con el atributo, pero que no ha de ser, necesariamente, un verbo copulativo (*alquiló*, por ejemplo, no es copulativo). Así pues, existiría 'atribución', en este sentido del término, tanto en «Ana está furiosa» y «Federico es un borracho», como en «Ana entró furiosa en su cuarto», «Luis estrechó sonriente su mano» o en «Alquiló vacío el piso».

**ATRIBUTIVA.** Véase en ORACIÓN ATRIBUTIVA y en ATRIBUCIÓN.

**ATRIBUTO.** ① En la INVESTIGACIÓN LINGÜÍSTICA se emplea el término 'atributo' para aludir a las propiedades de las UNIDADES LINGÜÍSTICAS y a las RELACIONES que éstas mantienen entre sí. *Cf* análisis empírico.

② En SINTAXIS se llama 'atributo', en una primera acepción, al CONSTITUYENTE que, unido a un VERBO COPULATIVO, adscribe una propiedad o característica a una entidad representada por un sintagma nominal. En los casos más frecuentes, ese sintagma nominal es el sujeto de la oración. Así, en «El gato estaba *furioso*», «Federico es *pintor*», «Nuria es *de Salamanca*», *de Salamanca, furioso* y *pintor* son 'atributos'.

Como puede apreciarse en los ejemplos, el 'atributo' es un constituyente categorialmente diverso. Puede ser un sintagma adjetivo —*furioso*—, un sintagma nominal —*pintor*—, un sintagma preposicional —*de Salamanca*—, y cuando la categoría lo permite, presenta CONCORDANCIA en GÉNERO y NÚMERO con el sintagma nominal al que adscribe la característica o propiedad: *el gato-furioso, Federico-pintor*. Con este sentido, 'atributo' suele oponerse a COMPLEMENTO PREDICATIVO.

③ También en SINTAXIS, y en una acepción menos restrictiva que la anterior, se identifica como 'atributo' al constituyente del sintagma verbal que, con independencia de que el verbo sea COPULATIVO o no, adscribe una propiedad o característica a una entidad representada por un sintagma nominal de la oración —el SUJETO, el OBJETO DIRECTO— y concuerda en género y número con él, si su categoría gramatical lo permite. Serían 'atributos' según esta acepción, todos los constituyentes destacados en cursiva en los siguientes enunciados: «El gato está *furioso*», «Alberto subió *enojado* las escaleras», «Compré *barato* el piso», «Estimo *necesaria* su presencia». Con este sentido, el término 'atributo' englobaría los constituyentes que, según la acepción anterior, se denominarían COMPLEMENTOS PREDICATIVOS.

**ATRIBUTO ORACIONAL.** Con esta expresión se alude a determinados ADVERBIOS ORACIONALES que, desde el punto de vista semántico, manifiestan la actitud del hablante acerca del contenido expresado por medio de la oración (*cf* ADVERBIO EVALUATIVO, ADVERBIO DE MODALIDAD). Es el caso, por ejemplo, de los adverbios incluidos en los siguientes enunciados: «*Sorprendentemente*, no ha querido dejarnos solos», «*Desgraciadamente*, estos sucesos volverán a repetirse», «*Probablemente*, el precio de la gasolina volverá a subir».

La denominación 'atributo oracional' que se aplica a estos adverbios viene motivada porque los enunciados en los que se integran admiten una paráfrasis con los siguientes elementos:

(1) Verbo *ser*.

(2) ATRIBUTO constituido por un sintagma adjetivo o un sintagma nominal relacionado semánticamente con el adverbio.

(3) ORACIÓN SUSTANTIVA, con función de sujeto, coincidente en su estructura y contenido, aunque no necesariamente en el modo verbal, con la oración sobre la que incide el adverbio.

Los ejemplos anteriores son, de conformidad con este esquema, parafraseables de la siguiente manera: «Es *sorprendente* que no haya querido dejarnos solos», «Es *una desgracia* que estos sucesos vuelvan a repetirse», «Es *probable* que el precio de la gasolina vuelva a subir».

Dada la posibilidad de tales paráfrasis, puede entenderse que la relación semántica entre el adverbio y la oración que constituye su núcleo es similar a la que existe entre el ATRIBUTO y la oración sustantiva.

**AUDICIÓN.** Véase en FONÉTICA AUDITIVA, en UMBRAL DE AUDICIÓN y en CAMPO DE AUDICIÓN.

**AUMENTATIVO.** ① Véase en SUFIJO AUMENTATIVO y en SUFIJO APRECIATIVO.

② También se llama 'aumentativo' el nombre o el adjetivo que contiene un sufijo 'aumentativo' y expresa, por tanto, el tipo de significación que aporta a la BASE este tipo de sufijos. Por ejemplo, según la clasificación de los nombres sustantivos y adjetivos propuesta por Bello (1981: 182), *librote, mujerona, feote* son nombres 'aumentativos'. *Cf* diminutivo.

**AUTOINCRUSTACIÓN.** En GRAMÁTICA GENERATIVA se denomina 'autoincrustación' al fenómeno sintáctico consistente en que un determinado tipo de unidad (pongamos por caso un sintagma nominal o una ORACIÓN DE RELATIVO) se halla integrada, como constituyente, en otra unidad perteneciente al mismo tipo (en otro sintagma nominal u otra oración de relativo). Por ejemplo, según Chomsky (1971: 12 y sigs.) existe 'autoincrustación' en «The man who the boy who the students recognized pointed out is a friend of mine» («El hombre a quien el chico a quien los estudiantes reconocieron señaló es amigo mío»). La oración de relativo *who the students recognized* (a quien los estudiantes reconocieron) forma parte de otra oración del mismo tipo, de otra oración de relativo, *who the boy pointed out* (a quien el chico señaló). *Cf* incrustación.

**AUTOSEGMENTAL.** Véase en FONOLOGÍA NO-LINEAL.

**AUTOSEMÁNTICA.** Véase en PALABRA LLENA.

**AUX.** ① En GRAMÁTICA GENERATIVA se ha dado el nombre de 'AUX' (abreviatura de AUXILIAR) a un NUDO o categoría de la oración en el que se han ubicado tanto los morfemas específicamente verbales (TIEMPO, MODO, etc.) como determinados VERBOS AUXILIARES. La categoría 'AUX' fue introducida por Chomsky en 1957 como NUDO hermano de V, según queda reflejado en las siguientes reglas (*cf* Chomsky, 1972: 132): S → FN + FV, FV → Verbal + FN, Verbal → Aux + V, Aux → T (M) (*have* + *en*) [(haber + part.)] (be + ing) [estar + -ndo)]. No obstante, como tantos otros elementos de la gramática generativa, su estatus en la estructura de la oración, así como su contenido, se ha ido modificando con la evolución de los modelos generativos. *Cf* verbo auxiliar.

② En RECCIÓN Y LIGAMIENTO, los contenidos asociados a 'AUX' quedan asumidos en la categoría FLEX; de ahí que, según afirma J. M. Ballesta (1991), en el diseño del modelo planteado por Chomsky (1981, 1982) no haya ninguna definición específica de un nudo 'AUX'.

**AUXILIAR.** Véase en AUX y en VERBO AUXILIAR.

**AVANCE.** ① En FONÉTICA ARTICULATORIA, 'avance' también llamado **adelantamiento**, es el desplazamiento del PUNTO DE ARTICULACIÓN de un sonido hacia la parte anterior del PALADAR DURO.

② En GAMÁTICA GNERATIVA es el desplazamiento de un elemento sintáctico hacia la izquierda. *Cf* dislocación.

**AVULSIVO.** Equivale a CLIC.

**AXIOMA.** En la INVESTIGACIÓN LINGÜÍSTICA, y en la científica en general, los 'axiomas' son proposiciones referidas a principios o GENERALIZACIONES sobre los que no hay polémica o controversia, es decir, son universalmente aceptados por anticipado (hasta que son refutados) porque son evidentes o porque parecen razonables a los demás, y sirven de base para el desarrollo de la teorización, el cual se lleva a cabo por medio de los TEOREMAS. De un 'axioma' lo que interesa es su rentabilidad o fecundidad, es decir, la facultad que tenga para ser punto de arranque de muchas deducciones. Por ejemplo, para explicar lo que en semántica se llama REFERENCIA, es decir, la alusión al mundo que realizamos cuando hablamos de algo, Searle ha propuesto el siguiente axioma «Todas las cosas a las que hacemos referencia deben existir», 'axioma' que en principio es plausible. Así, Sherlock Holmes *existe* en el mundo de la ficción; pero este último 'axioma', que parece razonable, no es aceptado por todos; Ziff lo rechaza por innecesario, afirmando, en cambio, que tenemos capacidad de referirnos tanto a lo que existe como a lo que no existe, 'axioma' que le parece más realista y rentable (Adams, 1985: 3-4). Los 'axiomas' se interrelacionan por medio de los teoremas y, de esta forma, los axiomas forman parte de una red jerarquizada de interrelaciones. No obstante, hay que tener en cuenta que hoy se ha llegado a poner en duda la existencia de los axiomas, tanto en el ámbito de la física (Heisenberg), de la filosofía (Nietzsche, Heidegger, Whitehead), de la crítica (Derrida, de Man) o de la filosofía del lenguaje (Wittgenstein, 1979: *On Certainty*).

# B

**Bajo.** ① En FONÉTICA ARTICULATORIA el término 'bajo' se usa para describir la articulación vocálica en la que la posición del dorso de la LENGUA desciende por debajo de su posición neutra o de reposo; consecuentemente, las VOCALES /a/ del español y /ɑː/ del inglés, como *car*, *ask*, etcétera, producidas con esta articulación, son 'bajas'.

② En FONÉTICA ACÚSTICA se emplea el adjetivo 'bajo' en el término FORMANTE BAJO.

③ En FONÉTICA AUDITIVA el término 'bajo', o GRAVE, alude al TONO O ALTURA MUSICAL percibido cuando es menor el número de vibraciones por segundo de la FRECUENCIA FUNDAMENTAL, en contraste con ALTO O AGUDO.

④ En la FONOLOGÍA GENERATIVA (Chomsky y Halle, 1968), 'bajo-no bajo', representado con [+bajo] y [–bajo], es uno de los RASGOS RELACIONADOS CON EL CUERPO DE LA LENGUA. Definido articulatoriamente, consiste en bajar el dorso de la lengua por debajo de su posición neutral o de reposo cuando es [+bajo] y en no bajarlo cuando es [–bajo] (Martínez Celdrán, 1983: 231). Las VOCALES ABIERTAS y las CONSONANTES ANTERIORES son [+bajo] o [–alto]. *Cf* alto, posterior.

⑤ En SINTAXIS equivale a SUBORDINADO. *Cf* ascenso del objeto, categoría de bloqueo.

**Banda.** ① Equivale a ligamento, membranas, labios o tendones en la descripción de las CUERDAS VOCALES.

② Véase en FILTRO ACÚSTICO.

**Barbarismo.** En LEXICOLOGÍA el término 'barbarismo' se emplea en dos sentidos:

① Con el significado de EXTRANJERISMO, es decir, UNIDAD LÉXICA que, proveniente de un idioma extranjero, ha entrado a formar parte del LÉXICO de una lengua, ya mediante ADOPCIÓN, ya mediante ADAPTACIÓN LÉXICA. Los principales 'barbarismos' son los ANGLICISMOS, o términos procedentes del inglés (*cf* Lorenzo, 1996), los **galicismos**, o términos procedentes del francés, los italianismos, etc. *Cf* xenismo.

② Con el significado de SOLECISMO, el 'barbarismo' es un IDIOTISMO, esto es, un giro o expresión contrarios a las reglas generales de la gramática, aunque sea apropiado en otras lenguas. Dicho con otras palabras, es la expresión escrita u oral que, desde un punto de vista PRESCRIPTIVO, es considerada como incorrecta o mal empleada, es decir, no es admitida por una NORMA de uso. Por tanto, 'barbarismo' en este sentido es un vicio, llamado 'malapropismo' (*cf* impropiedad) en algunas lenguas.

**Barítono.** En FONÉTICA el adjetivo 'barítono' se aplica a las palabras que no son OXÍTONAS, es decir, las que llevan el acento en cualquier sílaba que no sea la última.

**Barra de explosión.** En FONÉTICA ACÚSTICA se llama 'barra de explosión' (Martínez Celdrán, 1983: 214) a la barra vertical que, en un ESPECTROGRAMA, denuncia la existencia de la EXPLOSIÓN, esto es, la tercera fase de una OCLUSIVA. En la IMPLOSIÓN suelen quedar restos vocálicos, pues coincide, en general, con la distensión vocálica, y en la OCLUSIÓN propiamente dicha se produce el espacio en 'blanco' propio de las oclusivas. En el ESPECTROGRAMA el término **blanco** es sinónimo de oclusiva, y también de PAUSA. *Cf* estriaciones.

**Barra de sonoridad.** Se llama 'barra de sonoridad' (Martínez Celdrán, 1983: 214) a la línea gruesa superpuesta a la línea de base cero, de frecuencia baja, que se aprecia con claridad en el ESPECTROGRAMA de las CONSONANTES SONORAS (y, por supuesto, de las VOCALES), en contraste con el de cualquier sonido SORDO, en que esta 'barra' no existe.

**Barrera.** ① En el modelo gramatical conocido como RECCIÓN Y LIGAMIENTO se denominan 'barreras' las PROYECCIONES MÁXIMAS (SN, SP, etc.) que, en determinadas configuraciones sintácticas, bloquean las relaciones de RECCIÓN o restringen las posibilidades de movimiento (*cf* MOVIMIENTO DE SN, MOVIMIENTO DE QU) de los constituyentes situados en su interior. Según Chomsky (1990: 17), una sola 'barrera' debe ser suficiente para bloquear la rección, mientras que se necesita más de una barrera para impedir el movimiento, «quizá de forma gradual».

Así, por ejemplo, según Demonte (1989: 129), la agramaticalidad de «*De quién cortaste el pan con un cuchillo» («De quién $_{SI}$[ pro $_{SV}$[cortaste el pan] $_{SP}$[con un cuchillo $t_i$]]») se puede explicar porque el constituyente *De quién*, que ha sido trasladado hasta la posición que ocupa desde la posición sintáctica en que ha quedado la HUELLA o traza *t*, ha cruzado en su traslado dos 'barreras': SP y SI.

Se distinguen, fundamentalmente, dos tipos de 'barreras': la BARRERA INHERENTE y la BARRERA POR HERENCIA. Puede, no obstante, añadirse un tercer tipo, la **barrera por minimidad**, sólo pertinente para la RECCIÓN PROPIA de las huellas.

② En SOCIOLINGÜÍSTICA se emplea este término para aludir a dos cuestiones: (a) la dificultad o 'barrera' de comprensión de SOCIOLECTOS, o VARIANTES lingüísticas de grupos institucionalizados (profesores, abogados, curas, deportistas, etc.), diseñada para dar mayor cohesión y refuerzo al grupo como identificación frente a otros; y (b) las dificultades o 'barreras'que se levantan frente a los alumnos de clases sociales bajas que, por no dominar plenamente el sistema lingüístico, no aprovechan al máximo las posibilidades del sistema educativo y social.

**Barrera inherente.** En el modelo generativo RECCIÓN Y LIGAMIENTO, una categoría sintáctica es considerada una BARRERA (una categoría que acota las relaciones de RECCIÓN y limita los desplazamientos de constituyentes) de tipo 'inherente' cuando constituye por sí misma una CATEGORÍA DE BLOQUEO; es decir, cuando es una PROYECCIÓN MÁXIMA a la que no asigna PAPEL SEMÁNTICO un núcleo léxico (*cf* marcar-léxicamente). Por ejemplo, según Fernández Lagunilla y Anula Rebollo, en la oración «Fabio rompió la pelota que le regalaste a Juan» («[$_{SF}$ Fabio rompió [$_{SN}$ la pelota [$_{SC}$ que [$_{SF}$ le regalaste a Juan]]]]»), el SC o sintagma complementante de la oración de relativo «que le regalaste a Juan» es una 'barrera inherente', puesto que se trata de una proyección máxima que no está marcada léxicamente: el núcleo nominal «pelota» no asigna papel semántico a la oración de relativo.

El sintagma nominal «la pelota...», en cambio, no puede ser una 'barrera inherente' dado que, pese a ser una proyección máxima, sí está marcado léxicamente: el verbo «romper», el núcleo léxico que lo selecciona, le asigna un papel semántico, el de TEMA u objeto afectado. No obstante, dicho sintagma nominal constituye también una barrera, pero no 'inherente' sino «por herencia» (*cf* BARRERA POR HERENCIA). De la existencia de esas dos barreras se derivaría, precisamente, la AGRAMATICALIDAD de la oración «*¿A quién Fabio rompió la pelota que le regalé?»: el sintagma interrogativo *a quién*, que ha sido trasladado desde la posición de objeto de *regalar*, habría tenido que atravesar dos barreras, una 'inherente' (el sintagma complementante de la oración de relativo) y otra por herencia, el sintagma nominal «la pelota que le regalé».

**BARRERA POR HERENCIA.** Según el modelo generativo RECCIÓN Y LIGAMIENTO, una PROYECCIÓN MÁXIMA puede actuar como BARRERA (como categoría que acota el dominio para las relaciones de rección y establece limitaciones para el desplazamiento de constituyentes) 'por herencia' cuando, aun no cumpliendo las condiciones que la habiliten como BARRERA INHERENTE, domina en la estructura de la oración a una categoría que sí es una barrera inherente. Por ejemplo, de conformidad con Demonte (1989:129), la oración «*¿A quién vio María al chico que insultó?» («*A quién$_i$ vio María $_{SN}$[ al chico $_{SC}$[que [$_{SI}$ [$_{SV}$[t'$_i$ $_{SV}$[insultó t$_i$]]]]]») es anómala porque el sintagma interrogativo desplazado *a quién* (compárese con «María vio al chico que insultó *a Pedro*») ha debido cruzar dos barreras, una inherente y otra 'por herencia'.

La primera barrera la constituye, según Demonte, el SC o sintagma complementante correspondiente a la oración de relativo «que insultó». Se trata de una barrera inherente porque no es una proyección máxima marcada léxicamente: el núcleo nominal «chico» no asigna PAPEL SEMÁNTICO a la oración de relativo (*cf.* MARCAR-LÉXICAMENTE).

La segunda barrera que cruza el sintagma interrogativo desplazado es el SN «al chico...». Este sintagma nominal no cumple las condiciones necesarias para ser una barrera inherente, puesto que, a diferencia de la oración de relativo, sí está marcado léxicamente: el verbo «ver», un núcleo léxico, asigna al sintagma nominal un papel semántico, el de TEMA u objeto afectado. Sin embargo, sí es una 'barrera por herencia': es una proyección máxima que domina, en la estructura de la oración, a una barrera inherente, el sintagma complementante de la oración de relativo que, según Demonte, transmite la condición de barrera al SN.

**BASE.** ① En MORFOLOGÍA, se identifica como 'base' la unidad morfológica, de complejidad variable (puede ser una RAÍZ, un TEMA complejo o compuesto, una palabra), que sirve de soporte inmediato para un proceso de FORMACIÓN DE PALABRAS. Por ejemplo, según Varela (1990: 39), *-scribir* es la 'base' para formar, mediante la adición del PREFIJO *pre-*, la palabra *prescribir*. Sin embargo, *prescrip-* es la 'base', la unidad a la que se añade el sufijo derivativo *-ción*, para constituir la palabra *prescripción*. Asimismo, de conformidad con Matthews (1980: 68), si la palabra *decente* es la 'base' sobre la que se crea, mediante prefijación, *indecente*, *indecente* es, a su vez, la 'base' para la formación del adverbio derivado *indecentemente*. *Cf* palabra posible.

② De acuerdo con Matthews (1980: 68), el término 'base' también se emplea como equivalente a TEMA y a RAÍZ.

③ En GRAMÁTICA GENERATIVA se usa la expresión 'de base' para indicar que una 'unidad de base', o una 'estructura de base', es anterior, más profunda o abstracta, o precede a las DERIVADAS de éstas. *Cf* forma básica.

④ En GRAMÁTICA GENERATIVA se denomina 'base' el componente de la gramática que da lugar a las ESTRUCTURAS PROFUNDAS o estructuras oracionales básicas (*cf* componente de base). Según comenta Gràcia i Solé (1989: 17), por ejemplo, el LEXICÓN y las REGLAS CATEGORIALES o componente categorial han sido, desde la formulación de la TEORÍA ESTÁNDAR, los componentes esenciales de la 'base', pero, no obstante, tanto la función de cada uno de ellos como su contenido específico han ido modificándose al hilo de los cambios introducidos en los diferentes modelos generativos.

⑤ En ESTILÍSTICA es la nota, semejanza o rasgo compartido por el VEHÍCULO y el TENOR de una IMAGEN LITERARIA. Por ejemplo, en la metáfora «El barco araba el mar» la 'base' es el parecido que existe entre los *surcos* de *arar* y las *olas* del *mar*.

**BASE ARTICULATORIA O DE ARTICULACIÓN.** En FONÉTICA ARTICULATORIA se entiende por 'base articulatoria o de articulación' el conjunto de hábitos articulatorios propios de una lengua o de una COMUNIDAD DE HABLA (por ejemplo, la comunidad francófona, los hispanohablantes, etc.) que afectan a todo el mecanismo de la ARTICULACIÓN, y establecen una condición básica primaria, dentro de la cual se moldea todo el sistema lingüístico (Gili Gaya, 1975: 158; Quilis, 1993: 76 y sigs.). Estos hábitos lingüísticos, que forman un todo coherente y sistemático para cada comunidad, sirven, además, de orientación para explicar los cambios de pronunciación del pasado y los previsibles en el futuro; entre los más característicos destacan:

(a) La TENSIÓN. Ciertas lenguas, como el español y el francés, poseen una articulación tensa. En las VOCALES la 'tensión' se percibe en la precisión, la brevedad y la uniformidad de los TIMBRES de las vocales TÓNICAS y en la conservación de los timbres de las vocales ÁTONAS. En cambio, en el inglés el cromatismo de las vocales es más impreciso, caracterizado por un RELAJAMIENTO articulatorio que favorece la diptongación de las vocales tónicas y, en las átonas, la pérdida del timbre, que pasa a /ə/, /ɪ/ o /ʊ/, con lo que el RITMO resultante es diferente. En lo que afecta a las CONSONANTES, se manifiesta en la ausencia de AFRICACIÓN en las mismas.

(b) El RITMO. Las pautas rítmicas del español estan acompasadas por la SÍLABA, mientras que las del inglés están acompasadas por el ACENTO.

(c) Estructura de la sílaba. La 'base de la articulación' de la SÍLABA española es ABIERTA. Además, si la comparamos con la inglesa, observamos que la carga consonántica de la sílaba inglesa es superior a la española: en una cadena de diez sílabas, habrá una media de diez vocales y de diez consonantes en inglés mientras que en español habrá ocho consonantes y diez vocales (Delattre, P., 1965). En inglés, con excepción de la /h/ todas las consonantes pueden aparecer en posición final de sílaba o de palabra; en español, por el contrario, son muy pocas las consonantes que se encuentran en posición final de sílaba o de palabra, y existe, además, la tendencia a relajar, e incluso a omitir las OCLUSIVAS finales, hábito este que afectará a la pronunciación de los PRÉSTAMOS de palabras que acaben en oclusiva.

(d) PUNTO DE ARTICULACIÓN. Cada lengua muestra su preferencia por un punto de articulación, a saber, las articulaciones anteriores (LABIALES, DENTALES, ALVEOLARES, APICALES, PALATALES), las centrales, las posteriores, etc. Por ejemplo, el sistema fonético del francés está dominado por la articulación labial, la cual se manifiesta en la frecuencia con que aparecen los redondeamientos y las posiciones más o menos abocinadas de los labios; otras, como el portugués, prefieren las articulaciones posteriores o velares, otras las faríngeas, etc.

(e) En ciertas lenguas, las consonantes sufren una fuerte influencia de las vocales que les siguen; en otras, esta influencia es muy reducida.

**BASE DE COMPARACIÓN.** En FONOLOGÍA se llama 'base de comparación' al conjunto de propiedades que son comunes a dos miembros de una OPOSICIÓN (Alarcos Llorach, 1983: 47). De acuerdo con la 'base de comparación', las OPOSICIONES pueden ser OPOSICIONES BILATERALES y OPOSICIONES MULTILATERALES. Toda oposición presupone no sólo las propiedades mediante las cuales se distinguen sus miembros sino también las propiedades que constituyen la 'base de la comparación', esto es, las que son propias de la oposición.

**BASE LEXEMÁTICA.** Véase en LEXEMA[3].

**BASILECTO.** En SOCIOLINGÜÍSTICA el término 'basilecto' se usa para referirse a las VARIEDADES O LECTOS que gozan de menor prestigio en el desarrollo de las LENGUAS CRIOLLAS; a las variedades cuyo prestigio es intermedio se las llama **mesolectos** y, a las más cultas, **acrolectos**.

**BEHAVIORISMO.** Véase en CONDUCTISMO.

**BEL, BELIO.** Véase en DECIBELIO.

**BEMOLIZADO-NORMAL.** En la FONOLOGÍA DE LA ESCUELA DE PRAGA, 'bemolizado' es el RASGO DISTINTIVO DE TONALIDAD, opuesto a **no bemolizado**, también llamado **normal** (el número 11 en la lista de RASGOS DISTINTIVOS), caracterizado por un descenso de tono o una disminución de los componentes de frecuencia más elevada. Articulatoriamente se consigue este efecto redondeando los labios o velarizando, es decir, reduciendo el orificio anterior o posterior de la boca y agrandando la cavidad bucal (Martínez Celdrán, 1983: 208).

**BENEFACTIVO.** ① Es el CASO MORFOLÓGICO, esto es, la forma flexiva, que en algunas lenguas expresa la entidad, normalmente con el rasgo [+animado], que recibe el beneficio de la acción expresada por el verbo.

② Por extensión, es el PAPEL SEMÁNTICO correspondiente a la entidad en cuyo beneficio se realiza la acción o proceso denotado por la predicación. Ese papel se expresa habitualmente en español mediante un sintagma preposicional encabezado por la preposición *para*: «He levantado este imperio *para mis hijos*».

**BIFONEMÁTICO.** En FONOLOGÍA se considera que las AFRICADAS son CONSONANTES **monofonemáticas**, es decir, están formadas por un solo FONEMA, mientras que las **consonantes compuestas** son 'bifonemáticas', esto es, están formadas por dos fonemas. Las africadas ([ʧ, ʤ]), además, se diferencian de las consonantes compuestas (la *x* [k+s] española, la [tθ] de la palabra inglesa *eighth*, o la ψ [p+s] griega), en que éstas tienen distintos PUNTOS DE ARTICULACIÓN y, consecuentemente, la transición de una consonante a otra es menos gradual que en las 'africadas'.

**BILABIALES.** Son CONSONANTES LABIALES, en cuyo PUNTO DE ARTICULACIÓN intervienen el labio inferior como ARTICULADOR ACTIVO y el labio superior como ARTICULADOR PASIVO. Las principales 'bilabiales' son las OCLUSIVAS BILABIALES [p, b], la NASAL BILABIAL [m] y la FRICATIVA BILABIAL [β].

**BILATERAL.** Véase en OPOSICIÓN BILATERAL.

**BILINGÜE, BILINGÜISMO.** Se llama **bilingüe** a la persona que domina dos lenguas, la materna y otra, que puede ser una SEGUNDA LENGUA o una lengua extranjera y, por tanto, puede comunicarse usando ambas. Por extensión, una comunidad es 'bilingüe' cuando existen dos lenguas en la misma. Consecuentemente, se llama **bilingüismo** al dominio de dos lenguas. Cuando el dominio es de más de dos lenguas también se emplean los términos **polilingüismo** o **multilingüismo**. Tradicionalmente sólo se aplicaba el término 'bilingüe' a los bilingües perfectos o **eubilingües**, es decir, siguiendo a Bloomfield, a las «personas que dominan dos lenguas como un HABLANTE NATIVO». Hoy se considera, sin embargo, 'bilingüe' la persona que puede comunicarse, además de en su LENGUA MATERNA, en una segunda lengua o en una lengua extranjera, aunque el dominio de éstas no afecte por igual a todas las DESTREZAS COMUNICATIVAS. Los 'bilingües' se clasifican en **generales** y **especializados**. Los primeros pueden utilizar las dos lenguas en todas las circunstancias; los segundos, como pueden ser los profesionales (médicos, científicos, etc.), entienden y pueden expresarse en el lenguaje de su especialidad, pero normalmente son incapaces de mantener una conversación sobre un tema cotidiano (Downing, 1983).

Desde un punto de vista PSICOLINGÜÍSTICO, los 'bilingües' pueden ser coordinados y compuestos. En el **bilingüe coordinado**, o independiente, las dos lenguas coexisten autónomamente. Posee el bilingüe dos lenguas maternas, en teoría, aunque este dominio no suele darse en ambas con el mismo grado, y utiliza cada una de ellas para expresar dos culturas o modos de entender la vida, es decir dos contextos diferentes. Dentro de este tipo de 'bilingüismo' habría varios grados y matices, de acuerdo con distintos factores, entre los que destacan la proximidad mayor o menor de las lenguas y culturas, y las circunstancias en que ambas se empleen. Así, no son iguales, aunque sea coordinados, el bilingüe que aprendió español en Estados Unidos, además del inglés, porque uno de sus padres hablaba castellano, que el de Bélgica o Cataluña, por ejemplo.

El **bilingüe compuesto** expresa la misma cultura, la suya propia, a través de dos lenguas distintas. Por lo general el bilingüe compuesto descubrió el mundo por medio de su lengua materna, y sobre ésta, que sirvió para la manifestación y el desarrollo de la capacidad humana llamada lenguaje, construyó la segunda lengua.

Con la llegada del PARADIGMA de la PRAGMÁTICA en los estudios de bilingüismo se incluyen no sólo los estudios de INTERFERENCIA de niveles lingüísticos sino también el análisis de las estrategias SOCIOPRAGMÁTICAS y de los elementos LINGUOPRAGMÁTICOS que afectan a ambas lenguas. *Cf* diglosia.

**BIMEMBRE.** Véase en ENUNCIADOS BIMEMBRES, ESTRUCTURA BIMEMBRE y en FRASE BIMEMBRE.

**BINARIO, BINARIEDAD, BINARISMO.** El **binarismo** o **hipótesis binarista** es una prolongación de la metodología del ESTRUCTURALISMO, basada en las DICOTOMÍAS, iniciada por Saussure, y continuada por Jakobson (METÁFORA y METONIMIA, ELECCIÓN y COMBINACIÓN, etc.), Chomsky (GRAMATICALIDAD y ACEPTABILIDAD, etc.) y otros. El adjetivo **binario** se aplica a cualquier sistema descriptivo que se apoye en PARES de elementos (como las DICOTOMÍAS, los PARES MÍNIMOS, etc.), o en un solo elemento o rasgo que puede estar presente o ausente en el fenómeno o categoría descrita.

Muchos consideran que el **binarismo**, concepto metodológico cardinal en lingüística, es la forma más lógica, incluso la más natural, de expresar si un elemento, rasgo o atributo pertenece o no a una determinada CATEGORÍA. Se basa en la existencia de la **binariedad** en la unidades lingüísticas. Mediante dicha 'binariedad' un atributo o un RASGO puede estar presente (marcado con el signo [+]), o ausente (marcado con el signo [–]) en la caracterización de cualquier unidad lingüística. Por ejemplo, el rasgo [SONORO] está presente en la caracterización de las OCLUSIVAS [b, d, g] y está ausente en [p, t, k]; y, de la misma manera, el rasgo [brazos] está presente en la caracterización semántica de *sillón* y de *sofá* y está ausente en la de *silla* y *taburete. Cf* clasema.

De acuerdo con las ideas del CÍRCULO LINGÜÍSTICO DE PRAGA, el 'binarismo' considera:

(a) que las unidades lingüísticas están formadas por una serie de RASGOS INHERENTES que se pueden descomponer (*cf* analizabilidad; análisis sémico);

(b) que esos rasgos inherentes están estructurados de forma 'binaria', es decir, por su presencia o por su ausencia en un unidad; y

(c) que los rasgos son de carácter UNIVERSAL;

El procedimiento utilizado en el descubrimiento y descomposición de los rasgos binarios, estableciendo las pertinentes OPOSICIONES metodológicas, se llama **análisis binario**, y consiste en la división o descomposición paulatina en dos partes de cualquiera de las categorías o fenómenos lingüísticos que constituyen el objeto de análisis, de acuerdo con un RASGO DISTINTIVO, a fin de constituir OPOSICIONES binarias. Esta hipótesis binarista ha sido muy fecunda sobre todo en FONOLOGÍA, en la que doce oposiciones binarias son suficientes para describir cualquier sistema fonológico. El éxito alcanzado en la FONOLOGÍA FUNCIONAL de la Escuela de Praga hizo que se extendiera la hipótesis del 'binarismo' como método de análisis a otros niveles del lenguaje, como la SEMÁNTICA, en lo que se llama ANÁLISIS SÉMICO O ANÁLISIS COMPONENCIAL, o al análisis de CONSTITUYENTES INMEDIATOS, para cuya SEGMENTACIÓN se sigue un orden binario. Sin embargo, no todos los fenómenos lingüísticos tienen en el binarismo o en el 'análisis binario' la base conceptual adecuada y el método apropiado para su descripción o explicación. *Cf* par, dicotomía, antonimia.

**BIPOLAR.** ① Véase en ORACIÓN BIPOLAR. ② Véase en PREGUNTA BIPOLAR.

**BIUNICIDAD, BIUNIVOCIDAD, BIUNÍVOCO.** La **biunicidad** (*biuniqueness* en inglés), también llamada **biunivocidad**, es un principio o AXIOMA (junto a la INVARIANCIA y la LINEALIDAD ) propio de la FONÉMICA, o FONOLOGÍA del ESTRUCTURALISMO NORTEAMERICANO (y también de su MORFOLOGÍA), mediante el cual toda secuencia fonológica es realizada siempre por una 'única' serie de FONOS, es decir, se postula la existencia de una relación «uno a uno» entre SONIDOS y FONEMAS, o dicho con otras palabras, a un FONO siempre le corresponde el mismo fonema, y cada fonema se manifiesta siempre con el mismo fono; por ejemplo, el fonema /m/ siempre es leído como [m]. Por tanto, de acuerdo con este principio, cualquier TRANSCRIPCIÓN FONOLÓGICA, que es abstracta, se lee siempre con las mismas realizaciones fónicas, y a la inversa, cualquier emisión oral sólo tiene una transcripción fonológica (*cf* isomorfismo). Sin embargo, este principio fue abandonado con la llegada del GENERATIVISMO (Robins, 1974: 222) porque la correspondencia **biunívoca** estricta es imposible. Existe, por el contrario, un fenómeno, el **solapamiento** o **intersección**, llamado NEUTRALIZACIÓN en la fonología europea, mediante el cual dos fonemas que normalmente ser realizan con fonos distintos (como pueden ser /t/ y /d/ pronunciados normalmente con los fonos [t] y [d] en las palabras inglesas *tie* y *die*) en determinados contextos son realizados con el mismo fono [ɾ], como en las palabras *metal* y *medal* del inglés americano.

**BIVALENTE.** Véase en VERBO BIVALENTE.

**BLANCO.** Véase en BARRA DE EXPLOSIÓN.

**BLANDO.** Véase en DURO y en EXPERIMENTACIÓN EN LINGÜÍSTICA.

**BLOQUEADO.** Véase en RECURSIVO.

**BLOQUEO.** Véase en CATEOGRÍA DE BLOQUEO.

**BOCA.** Equivale a CAVIDAD BUCAL.

**BREVE.** Véase en CANTIDAD SILÁBICA y en REDUCCIÓN.

# C

**CABEZA.** Véase en NÚCLEO.

**CACOFONÍA.** En ESTILÍSTICA, y más en concreto en FONOESTILÍSTICA, se emplea el término **cacofonía** para denotar el EFECTO ESTILÍSTICO producido por un SONIDO o una combinación de sonidos desagradables, malsonantes o de difícil pronunciación. Al efecto estilístico contrario, esto es, al que resulta agradable por la acertada combinación de sonidos, se le llama **eufonía**.

**CACUMINAL.** En FONÉTICA ARTICULATORIA se usa el término 'cacuminal' con referencia a los SONIDOS que se articulan con la LENGUA elevada hacia los ALVÉOLOS superiores o el PALADAR, de modo que los toque con el borde o cara inferiores de su ÁPICE. *Cf* retroflejo.

**CADENA.** ① De acuerdo con Martinet (1974: 24), una 'cadena' es la sucesión de UNIDADES LINGÜÍSTICAS en el HABLA, o dicho con otras palabras, la secuencia lineal de unidades lingüísticas del DISCURSO percibida por el oyente como un CONTINUUM coherentemente organizado, sobre el que se efectúa el ANÁLISIS LINGÜÍSTICO. Esta organización, también conocida con el nombre de **cadena hablada/oral** o **secuencia hablada**, es compleja y está formada por una serie de planos o NIVELES superpuestos en los que se combinan las UNIDADES LINGÜÍSTICAS. Corresponde a la SINTAGMÁTICA el estudio de estas unidades combinadas en la 'cadena'. El punto de arranque del ANÁLISIS DE LA CADENA HABLADA en la FONÉTICA ARTICULATORIA es la SÍLABA. *Cf* enunciado, segmentación de la cadena hablada; abducción[1].

② En las GRAMÁTICAS FORMALES una 'cadena' es una secuencia, esto es, una serie lineal o CONCATENACIÓN de elementos o SÍMBOLOS no vacíos, combinados por medio de OPERADORES (+, –, ⌒, etc.), que son los signos de la CONCATENACIÓN, siendo los elementos o símbolos de las 'cadenas' el VOCABULARIO de la gramática. El lenguaje se manifiesta de esta manera como un conjunto de 'cadenas' cuyas unidades sufren TRANSFORMACIONES de acuerdo con la TEORÍA que lo explica. La GRAMÁTICA TRANSFORMACIONAL-GENERATIVA es un ejemplo claro de SISTEMA DE CADENAS.

③ En RECCIÓN Y LIGAMIENTO se llama 'cadena' a la unidad integrada por un elemento movido o trasladado (*cf* movimiento de QU, movimiento de SN) y su HUELLA, la CATEGORÍA VACÍA que queda en la posición sintáctica que ocupaba antes de ser trasladado. El CONSTITUYENTE movido se identifica como NÚCLEO O CABEZA de la 'cadena' en tanto que la huella se considera la **coda** de esa cadena.

Ambos elementos forman una unidad a la que se asocian propiedades que, en otros casos, se atribuyen a un solo constituyente. Así por ejemplo, puede ocurrir que el núcleo reciba **marca de caso**, mientras que a la huella se le asigna el PAPEL SEMÁNTICO. Por ejemplo, de acuerdo con el análisis de las construcciones PASIVAS que se hace en Rección y Ligamiento, una oración como «Los asaltantes fueron detenidos» procedería de una estructura básica en la que el sintagma nominal *los asaltantes* ocuparía la posición sintáctica correspondiente al OBJETO de *detener*. Dicho sintagma, por tanto, habría sido movido o trasladado hasta la posición de SUJETO dejando en su posición sintáctica originaria una huella (h): «Los asaltantes$_i$ fueron detenidos h$_i$» (*cf* coindizar). Aplicando la definición de 'cadena' dada anteriormente, puede decirse que el SN *los asaltantes*$_i$ y su huella (h$_i$) forman una 'cadena' en la que el sintagma nominal es el núcleo que recibe la marca de caso correspondiente al sujeto de la oración y la huella es la **coda** a la que el verbo asigna el papel semántico de paciente u objeto afectado. Por ello, pese a que aparece como sujeto de la oración, *los asaltantes* se sigue interpretando como paciente o afectado por la acción. Suelen distinguirse dos tipos de cadena: CADENA-A y CADENA-A'.

④ Para la GLOSEMÁTICA una 'cadena' es la CLASE o clases dentro de un PROCESO.

**CADENA-A.** En RECCIÓN Y LIGAMIENTO se denomina **cadena-A** o **cadena argumental** a la CADENA cuyo núcleo ocupa una POSICIÓN-A O POSICIÓN ARGUMENTAL; es el caso de la cadena formada por el SN los *asaltantes* y su huella (h), en la construcción pasiva «Los asaltantes$_i$ fueron detenidos h$_i$». Se trata de una cadena-A' porque el núcleo, *los asaltantes*, ocupa la posición de sujeto de la oración, que es una posición argumental.

**CADENA-A'.** En RECCIÓN Y LIGAMIENTO se denomina **cadena-A'** o **cadena no-argumental** a la 'cadena' cuyo núcleo o cabeza se halla en una POSICIÓN-A' o posición no argumental.

**CADENA HABLADA/ORAL.** Véase en CADENA[1].

**CADENA NOMINATIVA.** Se llama 'cadena nominativa' al modelo de COHERENCIA textual desarrollado por Dieter Viehweger (Bernárdez, 1982: 123) consistente en las relaciones de ISOTOPÍA que se constituyen entre la nominación inicial y su RECURRENCIA como simple REPETICIÓN, sustituto pronominal o elemento léxico equivalente semánticamente. Por ejemplo, en el texto «Desde hace poco tiempo, Londres tiene una atracción más. A las celebridades tradicionales se ha añadido otra muy poco convencional. La comparación con los monumentos no es en absoluto exagerada». La 'cadena nominativa' que comienza en la primera frase del texto con la primera mención, *atracción*, se REPITE en las frases siguientes mediante sinónimos o cuasi-sinónimos, tales como *celebridades tradicionales*, *celebridad poco convencional*, *monumentos*.

**CADENA PRETERMINAL.** En el MODELO de GRAMÁTICA GENERATIVA de Chomsky de 1965 es la última CADENA generada en la DERIVACIÓN de la frase por el sistema de REGLAS de sustitución, la cual consta de FORMATIVOS gramaticales y de SÍMBOLOS complejos. Utilizando reglas léxicas (introducción de formativos léxicos) se forma la CADENA TERMINAL.

**CADENA TERMINAL.** En el MODELO de GRAMÁTICA GENERATIVA de Chomsky de 1965 el término 'cadena terminal' alude a la última fase de la DERIVACIÓN de una CADENA[2], fase en la que se insertan los FORMATIVOS léxicos en sustitución de los SÍMBOLOS terminales. *Cf* cadena preterminal.

**CADENCIA.** Véase en TONO[2].

**CADUCO.** En la FONÉTICA francesa se aplica el adjetivo 'caduco' a determinados FONEMAS, como la *e* de *samedi*, o de *petite* en *petite fille*, que son inestables o pueden desaparecer en determinadas posiciones de la CADENA HABLADA. *Cf* mudo.

**CAJA.** Véase en DESCRIPCIÓN y en NOTACIÓN.

**CAJA DE RESONANCIA.** Véase en CAVIDAD.

**CALCO.** En LEXICOLOGÍA recibe el nombre de 'calco' el procedimiento mediante el cual determinados EXTRANJERISMOS entran a formar parte del LÉXICO de la lengua receptora traduciendo a ésta su estructura semántica o léxica, esto es, utilizando palabras suyas. Igualmente recibe el nombre de 'calco', además del procedimiento, la VOZ calcada.

En el 'calco' la lengua extranjera deja su huella o impronta en la estructura sintáctica o semántica del NEOLOGISMO; en las palabras españolas *baloncesto, fin de semana, sala de estar, contenedor*, que son claros 'calcos' de las palabras inglesas *basketball, weekened, living-room, container*, se nota la reproducción morfosintáctica y semántica de la lengua donante. El 'calco' también ha sido denominado PRÉSTAMO SEMÁNTICO, para diferenciarlo del PRÉSTAMO LÉXICO (*cf* Santoyo, 1988).

Como afirma Emilio Lorenzo (1996: 560), el 'calco' es la traducción de una palabra extranjera palabra por palabra, pero hay variantes; algunos 'calcos' traducen literalmente la expresión extranjera, otros lo hacen por aproximación; otros la toman como modelo y, sin atenerse a la literalidad, crean una nueva motivada por el modelo, pero que no puede considerarse estrictamente traducción literal. Por ejemplo, para la traducción de *iron curtain*, en español tenemos «telón de acero», «telón de hierro» (utilizado por S. de Madariaga) y «cortina de hierro» (en parte de Hispanoamérica), etc. También hay **calcos sintácticos**, especialmente en el régimen preposicional, en la VOZ PASIVA («El presidente fue preguntado sobre los problemas de...», etc. *Cf* adaptación léxica.

**CALIFICADORES.** Véase en MODIFICADORES.

**CALIFICATIVO.** Véase en ADJETIVO CALIFICATIVO.

**CAMBIO.** Véase en CAMBIO LINGÜÍSTICO.

**CAMBIO CONDICIONADO.** Véase en CAMBIO FONÉTICO.

**CAMBIO DE CÓDIGO.** Equivale a CONMUTACIÓN DE CÓDIGO y a ALTERNANCIA DE CÓDIGO.

**CAMBIO DEPENDIENTE.** Véase en CAMBIO FONÉTICO.

**CAMBIO ESPONTÁNEO.** Véase en CAMBIO FONÉTICO.

**CAMBIO EXTERNO.** Véase en CAMBIO FONÉTICO.

**CAMBIO FONÉTICO/FONOLÓGICO.** Se llama 'cambio fonético' al CAMBIO LINGÜÍSTICO experimentado en el SISTEMA FONOLÓGICO de una lengua a través del tiempo; es decir, se trata más de un **cambio fonológico** que de un **cambio fonético**, aunque se siga utilizando este último término. El 'cambio fonético' ha constituido el objeto fundamental de la FONÉTICA HISTÓRICA desde el siglo XIX; a este respecto, se debería reservar el nombre de 'cambio fonético' sólo para las transformaciones de los hábitos de pronunciación de un FONEMA que no influyen en el sistema fonológico.

La **fonética histórica**, uno de los núcleos centrales de la LINGÜÍSTICA HISTÓRICA y COMPARADA, ha abordado el fenómeno de las tendencias regulares de los 'cambios fonéticos', bautizadas en el siglo XIX con el nombre de LEYES FONÉTICAS. Como afirma Gili Gaya (1975: 183 y sigs.), los 'cambios fonéticos' afectan a todas la cualidades físicas, fisiológicas y psíquicas de la palabra, tanto al mecanismo de la FONACIÓN como al de la ARTICULACIÓN.

Picard (1994) defiende lo que él llama la 'condición de naturalidad' para poder postular exactitud y realismo en los cambios fonéticos. Por **naturalidad** entiende la existencia de una coherencia interna en los cambios, por lo que no se necesitan fórmulas algebraicas que los expliquen. Esta condición consta, a su vez, de dos principios, el de minimalidad y el de direccionalidad. De acuerdo con el principio de **minimalidad**, los 'cambios fonológicos' constan de etapas intermedias mínimas; así, para pasar de /u/ a /i/ debe haber habido, al menos, dos etapas mínimas: la PALATALIZACIÓN de la /u/ y la pérdida de su REDONDEAMIENTO. De acuerdo con el principio de **direccionalidad** los cambios siguen siempre la misma dirección.

Para Martinet (1975: 72), las razones por las que la estructura de un sistema fonológico cambia se desprenden, en gran parte, de los hechos prosódicos y morfológicos, pero es, sobre todo, en la ECONOMÍA interna del sistema, en la manera de asegurar las OPOSICIONES, donde hay que buscar las fuentes de su inestabilidad propia del cambio. Son varias las HIPÓTESIS sobre las causas de los 'cambios fonéticos', aunque ninguna de ellas es plenamente convincente. Entre éstas destacan: la EUFONÍA, las diferencias de clima, las características raciales, la influencia extranjera, los errores cometidos por los niños, etc. Según el ritmo del cambio (*cf* analogía), se distingue la MUTACIÓN de la EVOLUCIÓN (Gili Gaya, 1975: 185) y, de acuerdo con su naturaleza, se habla de cuatro tipos de 'cambio fonético' (Gimson, A. C., 1962: 65 y sigs.):

(a) **Cambio independiente o espontáneo**, que afecta a un FONEMA en todas sus realizaciones, sin tener en cuenta el CONTEXTO lingüístico, por ejemplo, el 'cambio fonético' (*cf* ley fonética) de las OCLUSIVAS sordas /p, t, k/ del INDOEUROPEO en las FRICATIVAS /f, θ, h/ del germánico (por ejemplo, *piscis* → *fish*), el de las oclusivas sonoras /b, d, g/ a oclusivas sordas (*decem* → *ten*; *genu* → *knee*), con independencia de cualquier circunstancia, etc.

(b) **Cambio dependiente o condicionado**, que afecta a un fonema en determinados CONTEXTOS lingüísticos. Por ejemplo, la vocal *a* de la palabra inglesa *swan*, que hasta el año 1600 se pronunció probablemente [swan] o [swæn], por influencia del sonido [w], progresivamente se LABIALIZÓ y se retrasó, hasta llegar a la forma moderna [swɒn], fenómeno que se ha extendido a la mayoría de las secuencias formadas por [w] + [a], como *want, quality, war, water*, etcétera.

(c) **Cambio externo**, cuando no es ni dependiente ni independiente, y está afectado por las modas o por influencias dialectales.

(d) **Cambio prosódico.** Bajo el nombre de 'cambios prosódicos' se incluyen los de ACENTO o intensidad, los de CANTIDAD y los de TONO. Ninguno de ellos es observable, pero se pueden conocer, en parte por el testimonio dejado por los gramáticos, por las rimas poéticas y por las conjeturas de los medios de RECONSTRUCCIÓN histórica. Una tendencia del inglés ha sido la de centralizar o relajar el TIMBRE de las sílabas no acentuadas. De esta manera se explica que préstamos como *village* o *garage* pronunciados en un primer momento /vɪˈlaːʤə/ y /ˈgærɑːʒ/ se hayan convertido respectivamente en /ˈvɪlɪʤ/ y /ˈgærɪʤ/. CANTIDAD y ACENTO (Gili Gaya, 1975: 184) influyen en el TIMBRE de las vocales y condicionan su evolución: en el latín vulgar y en las lenguas romances, las diferencias cuantitativas del latín clásico pasaron a ser cualitativas o de timbre. Los cambios de ENTONACIÓN explican el tránsito del acento tónico al intensivo y viceversa.

**CAMBIO INDEPENDIENTE.** Véase en CAMBIO FONÉTICO.

**CAMBIO LÉXICO-SEMÁNTICO.** Se llama 'cambio léxico-semántico' al CAMBIO LINGÜÍSTICO experimentado en la evolución histórica del COMPONENTE LÉXICO-SEMÁNTICO de una lengua. De los componentes del lenguaje, el LÉXICO-SEMÁNTICO es el más propenso al cambio porque refleja de forma muy clara las modificaciones y transformaciones (técnicas, psicológicas, sociológicas, epistemológicas, etc.) propias de la evolución humana, con independencia de que el léxico básico permanezca inalterado. El 'cambio léxico-semántico', que ha sido uno de los problemas clásicos de la filología y la lingüística, se produce (Ullmann, 1968) (a) por **ampliación** de SENTIDOS, es decir, cuando se une un nuevo SENTIDO a un SIGNIFICANTE; por ejemplo, el adjetivo *bárbaro*, que se aplicó a quien chapurreaba una lengua —se puede decir que es una palabra ONOMATOPÉYICA—, amplió su sentido al de *extranjero* y, más tarde, al de *salvaje, cruel, no refinado,* etc.; (b) por **restricción** de los mismos, esto es, cuando un SIGNIFICADO abandona un significante, ya por **mejoramiento**, ya por **empeoramiento** del sentido. Todos somos conscientes de la ampliación o restricción de sentidos cuando decimos «Ahora para mí esa palabra ya no significa lo mismo que hace 30 años...».

Muchas son las causas que pueden originarlos; lo que parece cierto es que estos cambios no tienen lugar en las palabras aisladas sino en las palabras o UNIDADES LÉXICAS como miembros de CAMPOS SEMÁNTICOS. La DESVIACIÓN individual (*cf* estilística de la desviación*)* es probablemente una de las causas más probables del cambio. Esta desviación está causada a veces por errores repetidos, por ejemplo, el constante uso del verbo *prometer* por *asegurar* («Te prometo que lo hice»), o el de *detentar* por *ostentar* («Detenta el cargo de gobernador civil»), o por necesidades expresivas, de ironía (*cf* antífrasis), de juego de palabras, de énfasis, de prestigio social, etc., muchas veces basada en la ANALOGÍA. *Cf* degradación semántica, ennoblecimiento semántico, eufemismo, disfemismo, vulgarismo.

**CAMBIO LINGÜÍSTICO.** Se llama 'cambio lingüístico' a las modificaciones o transformaciones que, en su EVOLUCIÓN histórica, experimentan las lenguas en general, y las UNIDADES LINGÜÍSTICAS de cada uno de sus NIVELES en particular. El 'cambio lingüístico' se diferencia de la VARIACIÓN LINGÜÍSTICA en que en el primero las modificaciones son DIACRÓNICAS y, por tanto, las estudia la LINGÜÍSTICA HISTÓRICA, mientras que las variaciones son SINCRÓNICAS y las analiza, entre otras disciplinas, la SOCIOLINGÜÍSTICA.

En la lingüística del siglo XIX, el lenguaje se consideraba como un ser biológico con su nacimiento, **desarrollo** o EVOLUCIÓN, y muerte. Cada fase del 'desarrollo' está marcada por una serie de 'cambios lingüísticos'. Dos factores que han intervenido desde siempre en el cambio lingüístico han sido los PRÉSTAMOS y la ANALOGÍA. Muchas son las TEORÍAS que se han formulado para dar cuenta de los 'cambios lingüísticos' (teoría de los SUSTRATOS lingüísticos, de los SUPERESTRATOS y de los ADSTRASTOS), y también varias son las TIPOLOGÍAS que se han hecho de las lenguas, de acuerdo con su evolución histórica. Las más conocidas son las que las clasifican en AGLUTINANTES, FLEXIVAS y AISLANTES, y las que las dividen en SINTÉTICAS y ANALÍTICAS.

Andersen (1973), por su parte, cree que muchas de las innovaciones lingüísticas se deben al proceso psicológico de la ABDUCCIÓN[3] en la que un hablante aplica a un hecho lingüístico concreto una supuesta ley general (Coates, 1987: 183). En los últimos años del siglo XX, sin embargo, la SOCIOLINGÜÍSTICA ha introducido nuevas teorías, gracias a los trabajos de Labov, sus discípulos y seguidores, que han aportado modificaciones radicales a los postulados clásicos del 'cambio lingüístico' propugnados por los NEOGRAMÁTICOS. Para Labov es axiomático que el habla de todos los individuos es variable, esto es, manifiesta más de una forma. Esta variabilidad o VARIACIONISMO es observable también en las COMUNIDADES DE HABLA a las que pertenecen los individuos. Con este variacionismo se está poniendo de relieve que existe una motivación social en los cambios lingüísticos, y la REGULARIDAD, más que como esencia de los cambios, es vista como la consecuencia de los mismos (Coates, 1987: 194). Como afirman Serrano *et al.* (1994: 380), últimamente se ha demostrado que la conjunción de algunas VARIABLES SOCIALES, como el sexo (*cf* género) y el nivel sociocultural, es un factor explicativo de la fuerza que impulsa el 'cambio lingüístico'. De acuerdo con el *Linguistic Change and Variation Project* dirigido por Labov (Turell, 1990: 209-10) el 'cambio lingüístico' se origina casi siempre en un grupo intermedio en la escala social (la clase obrera alta o la clase media baja), y, dentro de estos grupos, los innovadores son personas importantes socialmente, con un alto índice de interacción dentro y fuera de la comunidad de habla, destacando el papel de las mujeres en esta función. Por tanto, la función de los grupos étnicos nuevos en el cambio lingüístico es inapreciable porque, al no estar integrados, no tienen los derechos y privilegios de los demás.

Los 'cambios lingüísticos' más importantes son: el CAMBIO FONÉTICO, el cambio morfosintáctico y el CAMBIO LÉXICO-SEMÁNTICO. El estudio de estos 'cambios', de acuerdo con el criterio de ADECUACIÓN científica, puede consistir en una simple DESCRIPCIÓN de estadios sincrónicos sucesivos (ADECUACIÓN OBSERVACIONAL Y DESCRIPTIVA) o en una EXPLICACIÓN (ADECUACIÓN EXPLICATIVA) de causas históricas, contextuales, articulatorias, etc. *Cf* neogramáticos, idealismo.

**CAMBIO PROSÓDICO.** Véase en CAMBIO FONÉTICO.

**CAMBIO SEMÁNTICO.** Véase CAMBIO LÉXICO-SEMÁNTICO.

**CAMPANILLA.** Equivale a ÚVULA.

**CAMPO.** ① En la INVESTIGACIÓN LINGÜÍSTICA se emplea la palabra 'campo' en el término TRABAJO DE CAMPO, con el que se expresa la fase de la investigación EMPÍRICA dedicada a la recogida de DATOS y la formación del CORPUS investigador. *Cf* técnicas de investigación empírica, empirismo, dato, corpus.

② Véase en PUNTO DE VISTA y en TAGMÉMICA.

③ En LEXICOLOGÍA y en SEMÁNTICA, con el término 'campo' se alude a la RED formada por un conjunto de UNIDADES LÉXICAS que mantienen RELACIONES entre sí o en torno a otra considerada la principal. En realidad, el 'campo' es uno de los muchos tipos de REPRESENTACIONES empleados en lingüística, como pueden ser los HACES, los DIAGRAMAS ARBÓREOS, las SARTAS, las MATRICES, etc. En lingüística, al igual que en física, estos 'campos' tienden a resaltar la idea de VALOR o de relación entre fuerzas, y hay que entenderlos como niveles intermedios de sistematización de las unidades léxicas de una lengua y también de los COMPONENTES más elementales de significación de dichas unidades. Para Rodríguez Adrados (1971: 6), en los campos semánticos se entrevé la solución a muchos de los problemas semánticos. El mismo Chomsky (1972: 196) los admite como método de estructuración aceptable del léxico. En cambio, Wittgenstein (1953: 84) cree que «sin tener una noción clara del concepto de significado, hablar de 'campos semánticos' es no saber de lo que se está hablando».

Para Suzanne Öhmann (1953: 123-34), el 'campo', como instrumento metodológico de exploración, sistematización y FORMALIZACIÓN de las pautas semánticas de una determinada lengua, fue utilizado por primera vez en lingüística por Ipsen en su trabajo *Der alte Orient und die Indogermanen* publicado en 1924, en la palabra compuesta *Bedeutungsfeld*, con el fin de caracterizar un grupo de palabras que forman una unidad de significación. Pero la obra capital en la que se consagra la palabra «campo», *Der deutsche Wortschatz im Sinnbezirk des Verstandes* («El vocabulario alemán en el área conceptual del entendimiento», Heidelberg, 1931), escrito por Jost Trier, es un estudio de carácter ONOMASIOLÓGICO, que ordena las esferas del saber de las habilidades manuales, y de las capacidades técnicas contenidas en palabras como *Weisheit* (sabiduría), *Kunst* (arte), *List* (artificio), etc. La exposición de Trier fue de gran nitidez, y fue muy influyente en la linguística europea posterior, especialmente por las matizaciones de tipo metodológico que introdujo, como la distinción entre CAMPO CONCEPTUAL y CAMPO LÉXICO, aunque a veces no fuera constante en la distinción. Sin embargo, el lingüista norteamericano Nida (1964) cita a Humbolt, a Ostoff (1899) y a Meyer (1910) como precursores de estos conceptos, sin olvidar a Saussure y sus CAMPOS ASOCIATIVOS.

Los 'campos' son áreas formadas por palabras que se arraciman sistemáticamente en sectores de la experiencia de los pueblos y de las personas individuales, por lo que pueden variar de una lengua a otra, de un período a otro, de una persona a otra, o de una obra a otra. Al decir que son áreas, queda claro que son REPRESENTACIONES planas, visualización que rechaza Coseriu (1977: 242) porque estima que los aspectos semánticos son mucho más complejos y que, con el tiempo, habrá que abandonar esta representación para sustituirla por la del edificio de varios pisos (*cf* geometría de los rasgos).

Todos los anteriores son, de acuerdo con la clasificación de Duchaček (1964), **campos naturales**, ya que los 'campos' también pueden ser, además, **artificiales** (grados militares u otros títulos), o **semiartificiales**, creados por especialistas (la TERMINOLOGÍA de diferentes disciplinas científicas, de ramos de la producción o administración) o por poetas (para la belleza, el amor, etc.). Los campos naturales que han tenido mayor desarrollo conceptual y práctico son los CAMPOS SEMÁNTICOS (con sus distintas variantes de CAMPO ASOCIATIVO, CAMPO CONCEPTUAL, CAMPO LÉXICO, etc.) y los CAMPOS SINTÁCTICOS.

No obstante, ha habido muchos otros enfoques. Por ejemplo, Matoré (1953) presenta en los **campos sociológicos** un enfoque de ordenación sociológica. Para él, la palabra no es un objeto aislado; es más bien un elemento en el interior de conjuntos más importantes que clasificamos jerárquicamente partiendo del análisis de estructuras sociales. De esta manera, él encuentra en el vocabulario **palabras-testigo**, que son NEOLOGISMOS que reflejan los varios aspectos de las condiciones sociales de un determinado período, y **palabras-clave**, que cristalizan el ideal de una sociedad determinada. Con estos dos criterios procede a la construcción de una jerarquía de palabras. El **campo morfosintáctico** de Guiraud (1966: 89-93) responde a un plan más ambicioso: basándose en los CAMPOS ASOCIATIVOS de Saussure, estructura el campo morfosintáctico de todos los vocablos susceptibles de mantener dentro de él relaciones, ya de forma, ya de sentido. *Cf* campo sintáctico.

④ En SOCIOLINGÜÍSTICA equivale a CAMPO DE DISCURSO.

**CAMPO ARTIFICIAL.** Véase en CAMPO.

**CAMPO ASOCIATIVO.** El 'campo asociativo' (*cf* asociación), que en algunos contextos es equivalente a CAMPO SEMÁNTICO, es un concepto mucho más amplio que éste, ya que abarca, siguiendo a Bally y a Saussure, no sólo las RELACIONES LÉXICO-SEMÁNTICAS sino las de todo tipo (incluyendo las sonoras y las ESTILÍSTICAS) basándose en los principios de ANALOGÍA y de CONTIGÜIDAD. Saussure (1945: 211) dice «en *enseñanza, enseñar, enseñemos* hay un elemento común a todos los términos, el RADICAL; pero la palabra *enseñanza* se puede hallar implicada en una serie basada en otro elemento común, el SUFIJO (*enseñanza, templanza, esperanza, tardanza,* etc.); la asociación puede basarse en la mera ANALOGÍA de los SIGNIFICADOS (*enseñanza, instrucción, aprendizaje, educación*, etc.) o, al contrario, en la simple comunidad de las IMÁGENES acústicas (*enseñanza, lanza*) [...] Un término dado es como el centro de una CONSTELACIÓN, el punto donde convergen otros términos coordinados cuya suma es indefinida», y los términos de una familia asociativa no se presentan ni en un número definido ni en un orden determinado. Como afirma Bally, el 'campo asociativo' es un halo que rodea al signo y sus «franjas externas se confunden con su entorno».

**CAMPO CONCEPTUAL.** Se llama 'campo conceptual', **campo nocional**, o **campo noemático** al CAMPO SEMÁNTICO cuyo punto de arranque metodológico es NOOLÓGICO, empleando terminología de Heger, o la SUSTANCIA DEL SIGNIFICADO, utilizando terminología de Hjelmslev (1963), esto es, lo que llamamos conceptos o nociones. Estos campos son totalidades, o sectores conceptuales, por ejemplo, la belleza, la justicia, el amor, etc., creadas con una metodología ONOMASIOLÓGICA, que, teniendo un valor semántico unitario, abarcan todas las palabras que implican un determinado concepto. Contienen un núcleo formado por el término o los términos más comúnmente empleados para expresar el concepto en cuestión, y también ciertas áreas, algunas de las cuales pueden estar próximas al núcleo, y otras en la periferia del campo (Duchaček, 1968: 285-97). Las estructuras de estos campos son más compactas que las de los CAMPOS LÉXICOS, en donde se encuentran huecos o lagunas, salvados con perífrasis como *ausencia de*, *el hecho de*, etc.

Uno de los intentos de elaboración de campos más serios dentro de la dimensión onomasiológica es de Coseriu (1977: 173-4) para quien el VOCABULARIO está estructurado análogamente a la FONOLOGÍA. Pero aclara que «analogía no quiere decir identidad». Basándose en la analogía anterior, estima que un campo se establece por OPOSICIONES simples entre las palabras, y se termina donde una nueva oposición exigiría que el VALOR unitario del campo se convirtiera en rasgo distintivo. La metodología que Coseriu propone, y que ejemplifica en cada momento o etapa, consiste en «partir de oposiciones inmediatas, por ejemplo, entre dos o tres LEXEMAS, identificar los rasgos distintivos que oponen estos términos y construir el 'campo léxico' de forma gradual, estableciendo nuevas oposiciones entre los términos ya considerados y otros términos. En cada etapa del análisis tendremos, por un lado, RASGOS DISTINTIVOS mínimos ya identificados y, por el otro, un VALOR común a los términos considerados, valor que podrá ser analizado, a su vez, en rasgos distintivos mínimos y en un valor común más reducido, sobre la base de otras oposiciones».

**CAMPO DE AUDICIÓN.** Véase en UMBRAL DE LA AUDICIÓN.

**CAMPO DE DISCURSO.** ① En SOCIOLINGÜÍSTICA se llama 'campo' o **campo de discurso**, siguiendo a Halliday (1978: 108 y sigs.), a la VARIEDAD sociolingüística formada por los términos de determinadas especialidades. Por ejemplo, «demandante, demandado, jurado, juez, etc.» pertenecen al 'campo' jurídico. *Cf* registro.

② Con frecuencia el mismo autor lo emplea en un sentido más amplio para abarcar, además, el tema sobre el que se mantiene un DIÁLOGO y las circunstancias del mismo.

**CAMPO DE DISPERSIÓN.** En FONÉTICA se llama 'campo de dispersión', y también **área de seguridad**, a los límites articulatorios de cada FONEMA, determinados por el MARGEN DE SEGURIDAD, el cual impide la confusión con los 'campos de dispersión' de otros fonemas (Alarcos Llorach, 1974: 43). En realidad, el 'campo de dispersión' está formado por las VARIANTES de todo tipo (DIASTRÁTICAS, DIATÓPICAS, etc.) de una persona o de una COMUNIDAD DE HABLA. Dicho con otras palabras (Quilis, 1993: 39), las REALIZACIONES de todo fonema no deben sobrepasar los límites acústicos y articulatorios que están condicionados por los 'campos de dispersión' de los demás fonemas del sistema fonológico de la lengua.

**CAMPO DE ENTONACIÓN.** En FONÉTICA se llama 'campo de entonación' (Gili Gaya, 1975: 54) a la zona comprendida entre los sonidos lingüísticos más AGUDOS y más GRAVES; su extensión puede variar según condiciones individuales, estados AFECTIVOS y ÉNFASIS de la DICCIÓN. Parece que los hábitos expresivos de cada lengua influyen en que su 'campo de entonación' sea más o menos amplio. Según las observaciones de Navarro Tomás, la entonación media del español hablado alcanza algo más de una octava. El italiano suele alcanzar, y aun rebasar, las dos octavas, y por ello es, sin duda, el idioma moderno de 'campo de entonación' más extenso. De aquí el efecto de modulación cantarina que produce al extranjero el habla italiana.

**CAMPO DE LA AUDICIÓN.** Véase en UMBRAL DE LA AUDICIÓN.

**CAMPO ESTILÍSTICO.** Guiraud (1971) usa el término 'campo estilístico' para referirse, en un sentido amplio, a las estructuras semánticas formadas por las UNIDADES LÉXICAS de un texto o de un autor, invocando sus CONTEXTOS, sus SINONIMIAS, sus ANTONIMIAS (*cf* RELACIONES LÉXICO-SEMÁNTICAS) y todos los valores CONNOTATIVOS.

**CAMPO LÉXICO.** El 'campo léxico' o **campo léxico-semántico** es el CAMPO SEMÁNTICO por excelencia, formado con metodología SEMASIOLÓGICA, es decir, usando como material de investigación las UNIDADES LÉXICAS o palabras de un CORPUS, en busca de una sistematización basada en las RELACIONES LÉXICO-SEMÁNTICAS (SINONIMIA, ANTONIMIA, HIPERONIMIA, etc.). Estos campos, también llamados **campos semasiológicos**, por estructurarse desde los SIGNOS LINGÜÍSTICOS a los conceptos, se emplean normalmente en la sistematización del léxico de una obra o de un autor, recurriendo al ANÁLISIS SÉMICO O COMPONENCIAL.

Para Coseriu (1977b: 185), un 'campo léxico' puede definirse como un PARADIGMA léxico, es decir, como una estructura lexemática opositiva. En cuanto tal, un 'campo léxico' se caracteriza por el hecho de que resulta de la repartición de un contenido léxico continuo entre varios LEXEMAS que se oponen de manera inmediata por RASGOS de contenido mínimo.

**CAMPO MORFOSINTÁCTICO.** Véase en CAMPO.

**CAMPO NATURAL.** Véase en CAMPO.

**CAMPO NOCIONAL.** Equivale a CAMPO CONCEPTUAL.

**CAMPO ONOMASIOLÓGICO.** Véase en CAMPO CONCEPTUAL y CAMPO SEMASIOLÓGICO.

**CAMPO SEMÁNTICO.** Dentro de la SEMÁNTICA LEXICOLÓGICA, propia del PARADIGMA ESTRUCTURALISTA , los 'campos semánticos' son CAMPOS de palabras que se arraciman sistemáticamente en sectores de acuerdo con la experiencia de los pueblos, de las personas y de las COMUNIDADES EPISTEMOLÓGICAS, y que aluden a DOMINIOS de su mundo extralingüístico (*cf* dobletes semánticos, antonimia, etimología). Los 'campos semánticos', cuya denominación puede variar de unos lingüistas a otros (CAMPO ASOCIATIVO, CAMPO CONCEPTUAL, CAMPO LÉXICO, etc.), son los herederos del concepto de FAMILIA DE PALABRAS. Una característica de los 'campos semánticos' reside en el hecho de que cada UNIDAD LÉXICA está condicionada por las demás y su VALOR nace de la posición que ocupa en la ESTRUCTURA. De acuerdo con la aproximación metodologógica que se emplee para su formación, ONOMASIOLÓGICA O SEMASIOLÓGICA, los 'campos semánticos pueden ser de dos tipos: CAMPOS NOCIONALES y CAMPOS LÉXICOS. Los 'campos semánticos' se caracterizan por ser contingentes, ABIERTOS e ilimitados.

Por contingentes se entiende que se han formado siguiendo unos criterios determinados de RELACIÓN, pero se podían haber usado otros. Ahora bien, el hecho de que sean contingentes no significa que carezcan de una solidez estable, aunque ésta no sea universal y permanente.

Son ABIERTOS porque están formados por UNIDADES LÉXICAS, que por naturaleza forman clases abiertas, contrariamente a las UNIDADES FONOLÓGICAS, que son clases cerradas. Pero en linguística para conseguir una sistematización se pueden transformar metodológicamente las clases abiertas en cerradas. Esto se logra constituyendo un corpus o repertorio que tenga una cierta homogeneidad y una representatividad.

Son ilimitados desde el momento en que son abiertos, pero como afirma Pottier (1968: 123), la idea de 'campo' sugiere límites, aunque a veces sean límites borrosos (Duchaek, 1968: 296; Wartburg, W., 1969: 150). *Cf* campos sintácticos.

**CAMPO SEMASIOLÓGICO.** Véase en CAMPO LÉXICO, CAMPO ONOMASIOLÓGICO.

**CAMPO SINTÁCTICO.** Son 'campos sintácticos' los CAMPOS formados por las relaciones de tipo horizontal, entre dos o más unidades léxicas que se combinan en el eje SINTAGMÁTICO del DISCURSO, en un alto grado de probabilidad. Se trata de palabras o de UNIDADES LÉXICAS como *ladrar* y *perro*, *relinchar* y *caballo*, *talar* y *árbol*, etc. Es improbable, aunque no imposible, que hallemos cerca de éstas, palabras como *merluza* o *cosechar* (Halliday, 1973: 32-33). Estos campos están formados por unidades relacionadas *in praesentia*, es decir que CONTRASTAN, mientras que las del CAMPO SEMÁNTICO están constituidas por unidades que se relacionan *in absentia*, es decir, que se OPONEN. Así, las palabras *silla, sillón, taburete, sofá*, etc., forman un CAMPO LÉXICO-SEMÁNTICO, mientras que *sentarse, sillón, cómodo*, etc., forman un 'campo sintáctico'.

A este tipo de campos Walter Porzig (1950: 68-70) los llama «campos semánticos de inclusión», Coseriu, **solidaridades**, y Halliday (1973: 32), **colocaciones**. Estas estructuras forman conjuntos de palabras que tienden a presentarse próximas entre sí, y sus relaciones no son ni más ni menos que la capacidad probabilista de aparecer en el mismo CONTEXTO. Este criterio, según Halliday, es más objetivo y preciso, por ser más susceptible de OBSERVACIÓN, que el criterio de similaridad o el de relación referencial o incluso el de relación conceptual.

**CAMPO SOCIOLÓGICO.** Véase en CAMPO.

**CANAL.** ① En FONÉTICA ARTICULATORIA se emplea el nombre de **canal**, **canal vocal**, **canal supraglótico**, o **conducto vocal** para aludir al RESONADOR o **caja de resonancia** formada por todos los órganos supraglóticos (la FARINGE, la BOCA y la NARIZ y los LABIOS). Este 'conducto vocal' (Quilis, 1993: 101-102) puede ser estrechado o cerrado por medio de los LABIOS en su parte anterior, o de la LENGUA, en cualquier lugar a lo largo de él; puede crear turbulencias o explosiones, y siempre funciona como un RESONADOR; como tal, su única función es responder selectivamente —como un filtro— a las frecuencias vibratorias que coinciden con la suya.

② También se utiliza en FONÉTICA ARTICULATORIA el nombre de **canal vocal**, con el sentido exclusivo de CAVIDAD BUCAL o RESONADOR BUCAL.

③ En el esquema de la COMUNICACIÓN, 'canal' es el conducto (el teléfono, una hoja de papel, etc.), que no hay que confundir con el MEDIO, por donde discurre la transmisión del mensaje. También equivale a marco discursivo. Jakobson (1960) al 'canal' lo llamó CONTACTO. Dentro del concepto 'canal comunicativo', también llamado **canal semiótico** (Wilkinson, 1974), se han distinguido siete tipos, además del verbal:

(a) El PARALINGÜÍSTICO. Por medio de este canal el receptor recibe los rasgos correspondientes a la voz, su calidad, su altura musical o su tono, la velocidad, las pausas y las vacilaciones.

(b) El visual. Por medio de este canal se aprecia el aspecto físico, el color de la piel y del pelo, de las ropas, etc.

(c) El canal PROXÉMICO. Este canal es el que sirve para informar de la colocación de los comunicantes, y de sus posiciones entre sí.

(d) El canal KINÉSICO. Los movimientos del cuerpo son percibidos por medio de este canal.

(e) El canal táctil o háptico. Este canal es como una especialización del anterior. Incluye el contacto, generalmente por medio de las manos, aunque también con el cuerpo. *Cf* medio.

(f) El canal olfativo. En determinados contextos las sensaciones olfativas tienen importancia comunicativa.

(g) El canal gustativo. Muchas veces quedan reducidos a uno el canal gustativo y el olfativo.

**CANAL SEMIÓTICO.** Véase en CANAL.

**CANÓNICO.** ① Se dice que un enunciado o cualquier UNIDAD LINGÜÍSTICA es 'canónica' cuando posee GRAMATICALIDAD, es decir, cuando se ajusta a las NORMAS lingüísticas (fonotácticas, morfológicas, sintácticas, etc.) de una LENGUA, sin tener en cuenta criterios socioculturales o estéticos. *Cf* elipsis canónica.

② También suelen calificarse como 'canónicas' las construcciones o unidades que presentan todas las propiedades asociadas a la clase gramatical en la que normalmente se incluyen. De ahí que las gramáticas suelan coincidir en presentarlas como ejemplares típicos de la clase, aunque discrepen cuando se trata de incluir en ella otro tipo de construcciones o unidades que no comparten la totalidad de esas propiedades. Por ejemplo, las oraciones cuyo sintagma verbal está constituido por un ATRIBUTO y por el verbo *ser* o el verbo *estar* («La casa era siniestra», «El pasillo estaba oscuro») pueden considerarse como el tipo 'canónico' de ORACIÓN ATRIBUTIVA[1]. Manifiestan todas las características que se han vinculado en las gramáticas del español al concepto de oración atributiva, incluida la posibilidad de permutar el atributo por el CLÍTICO neutro *lo*: «Sí, *lo* era», «Efectivamente *lo* estaba». Por ello, son unánimemente reconocidas como oraciones atributivas. Sin embargo, construcciones como «La casa se volvió siniestra», «El pasillo se quedó oscuro» o «Encontró más viejo a su padre», se desvían en algún aspecto de ese tipo 'canónico' y no todas las gramáticas las considerarían oraciones atributivas.

**CANTIDAD SILÁBICA/VOCÁLICA.** ① En FONÉTICA algunos lingüistas hablan indistintamente de la 'cantidad' o de la **duración** de los sonidos. No obstante, son más los que emplean el primer término para referirse a la dimensión articulatoria (o la física) de un sonido o SÍLABA (*cf* fonética auditiva), y el segundo para la percepción psicológica del mismo; en este caso, la 'duración', que se mide en milisegundos, es el correlato auditivo (*cf* fonética auditiva) de la 'cantidad'. A la 'cantidad' también se la llama ACENTO CUANTITATIVO, y no se debe confundir con la GEMINACIÓN, que consiste en una repetición y no en un ALARGAMIENTO.

De acuerdo con la 'cantidad', los sonidos pueden ser **largos** y **breves**. Las VOCALES no tienen todas la misma 'cantidad'. La CUALIDAD O TIMBRE influye sobre la 'cantidad'. Una vocal CERRADA es más 'breve' que una ABIERTA, emitidas las dos en las mismas condiciones. Por ejemplo, la /i/ es más breve que la /a/. También influye la posición de una vocal en la 'cantidad'. Por ejemplo, las VOCALES DÉBILES /i, u/ de los DIPTONGOS españoles se ABREVIAN y también son más 'breves' las VOCALES FUERTES de los DIPTONGOS IMPROPIOS. Y en inglés, por ejemplo, se abrevia la 'cantidad' de las vocales cuando van seguidas de una CONSONANTE sorda. Así, la vocal /iː/ de la palabra *beat* es más breve [iˑ] que la de *bead* [iː] por ir seguida de la OCLUSIVA sorda [t].

La 'cantidad' donde mejor se percibe es en las vocales, que son el núcleo de las sílabas. Por esta razón se habla de **cantidad vocálica** o **cantidad silábica**. Sin embargo, también se puede aplicar la 'cantidad' a las consonantes, por ejemplo, las FRICATIVAS suelen ser más largas que las OCLUSIVAS. Cuando se repite la 'duración' de una consonante, respecto de la simple correspondiente, se dice que está GEMINADA. El alargamiento es un recurso utilizado para cumplir la FUNCIÓN EXPRESIVA del lenguaje, es decir, para evocar SIGNIFICADOS AFECTIVOS (*cf* acento afectivo) o para resaltar aspectos emotivos, enfáticos, etc., del mismo, en suma, aspectos subjetivos, como cuando se dice: «¡Ha sido FANNNtástico!».

② No obstante, otros lingüistas usan el término 'cantidad' para referirse a un RASGO PROSÓDICO o suprasegmental de carácter CONTRASTIVO. En este caso, el término 'duración' se aplica al tiempo empleado en la articulación del sonido. Por eso, se llaman **lenguas cuantitativas** las que, como el latín o el inglés, hacen uso de la 'cantidad' como RASGO PERTINENTE. No es lo mismo en inglés *sheep* /ˈʃiːp/ (oveja) que *ship* /ˈʃɪp/ (barco) o *fool* /ˈfuːl/ (tonto) y *full* /ˈfʊl/ (lleno). Sin embargo, en ésta y en otras lenguas no es sólo la 'cantidad' el rasgo distintivo; intervienen otros como la TENSIÓN y, por supuesto, la CUALIDAD O TIMBRE. Desde un punto de vista fonológico la 'cantidad' en español no es pertinente (Quilis, 1993: 377), ya que la solución normal es un solo sonido, que el CONTEXTO desambiguará en la mayoría de los casos, aunque se presenten oposiciones como *azahar/azar, cohorte/corte*, etc.

③ En la FONOLOGÍA FUNCIONAL de Jakobson la 'cantidad' es uno de los RASGOS (DISTINTIVOS) PROSÓDICOS. De acuerdo con

Quilis (1993: 112), los rasgos de 'cantidad' hacen contrastar un fonema normal, breve o núcleo de sílaba, con los fonemas de mayor duración, largos, de otras sílabas; el fonema MARCADO es el que posee el rasgo prosódico de 'cantidad'.

**CAPA.** Equivale a ESTRATO.

**CAPACIDAD, CAPACIDAD GENERATIVA.** En el PARADIGMA GENERATIVISTA, Chomsky utiliza el término 'capacidad', al menos, en dos sentidos:

(a) el de la COMPETENCIA que poseen todos los hablantes de entender y de producir oraciones no oídas antes; es la sintaxis la que tiene la 'capacidad' para introducir novedades en el lenguaje y también para explicar la infinitud del mismo, es decir, su CREATIVIDAD ilimitada, regida por REGLAS;

(b) el de la fuerza GENERATIVA de las gramáticas; en este sentido se dice que una GRAMÁTICA tiene una **capacidad generativa** DÉBIL (Palmatier, 1972: 19) cuando es capaz de enumerar un conjunto de oraciones dentro del nivel de ADECUACIÓN OBSERVACIONAL. Si la gramática asigna, además, una DESCRIPCIÓN estructural, es decir, si tiene ADECUACIÓN DESCRIPTIVA, se dice que posee 'capacidad generativa' FUERTE.

**CARACTERIZACIÓN.** En la DESCRIPCIÓN LINGÜÍSTICA se emplea el término 'caracterización' en el sentido de determinación de los atributos o propiedades fónicas, sintácticas, semánticas, etc., de las unidades lingüísticas.

**CARDINALES.** Véase en VOCALES CARDINALES.

**CARGA SEMÁNTICA/SÉMICA.** En ESTILÍSTICA DE LA ELECCIÓN se llama 'carga semántica/sémica' o **acumulación sémica** al recurso consistente en acumular en un sintagma o en una oración palabras que contengan determinados SEMAS. Por ejemplo, para conseguir el EFECTO ESTILÍSTICO de «agobio» se pueden emplear en el mismo sintagma u oración palabras como *atestar, turba, muchedumbre, gentío*, etc., que poseen el sema *multitud*. También recibe el nombre de DENSIDAD SÉMICA.

**CARITIVO.** Véase en ABESIVO.

**CARTÍLAGOS ARITENOIDES.** Véase en ABDUCCIÓN/ADUCCIÓN.

**CASILLA, CASILLA VACÍA.** ① En FONOLOGÍA se llama **casilla**, empleando un expresión gráfica, al lugar que ocupa cada FONEMA dentro del *enrejado*, o sistema fonológico, de una lengua. Cuando éste deja vacante un punto o posición correspondiente a un fonema (o a un RASGO diferencial) se habla de **casilla vacía**, la cual está predestinada a ser ocupada por un nuevo fonema o a desaparecer (Alarcos Llorach, 1983: 124). *Cf* fonologización.

② Por extensión, en el ESTRUCTURALISMO se llama 'casilla' a la posición de cualquier elemento de una ESTRUCTURA O SISTEMA (morfológico, sintáctico, léxico, etc.).

③ También se emplea en la definición del TAGMEMA, como traducción del inglés *slot*.

**CASO.** ① En la GRAMÁTICA TRADICIONAL el 'caso' es uno de los tres ACCIDENTES del nombre. Se trata de una CATEGORÍA gramatical a la que se remiten distinciones como NOMINATIVO, ACUSATIVO, ERGATIVO, DATIVO, ABSOLUTIVO, ABLATIVO, etc. Tales distinciones y, por tanto, la CATEGORÍA GRAMATICAL 'caso' que las engloba, se expresan a través de la FLEXIÓN nominal. Por ejemplo, en latín el nominativo *dominus* se diferencia del acusativo *dominum* por la FLEXIÓN.

En cuanto al contenido, las distinciones casuales aluden a diferentes RELACIONES GRAMATICALES que pueden contraer en la oración los sintagmas nominales de acuerdo con la FUNCIÓN que desempeñen. Así, el nominativo es la forma que adopta en latín el sintagma nominal cuando actúa como sujeto de una oración. El acusativo es el 'caso' que indica que el sintagma nominal contrae con el verbo una relación equivalente al objeto directo. Los ocho casos del INDOEUROPEO (NOMINATIVO, GENITIVO, ACUSATIVO, DATIVO, VOCATIVO, ABLATIVO, INSTRUMENTAL y LOCATIVO) se han conservado en algunas lenguas. En español sólo se dan diferencias casuales en este sentido entre las formas personales *el, lo, le, yo, mí*, etc.

El término 'caso' cuando se emplea en esta doble acepción de RELACIÓN de carácter nominal, y de FORMA, según la flexión, suele denominarse **caso morfológico**, para diferenciarlo de otros posibles sentidos.

② En el modelo RECCIÓN Y LIGAMIENTO, 'caso' tiene un sentido más amplio, que suele especificarse como **caso abstracto** para distinguirlo del 'caso morfológico' de la acepción anterior. En esta segunda acepción se hace referencia a cualquier marca no necesariamente morfológica, que haga identificable la relación sintáctica establecida entre un sintagma nominal y el NÚCLEO que lo rige. Las lenguas difieren en los medios que utilizan para marcar esa relación, que pueden ser AFIJOS, PREPOSICIONES o la misma posición del sintagma nominal. Así, por ejemplo, en «El coche rompió la reja», el complemento no lleva más marca de 'caso' que su posición con respecto al verbo. Es, lógicamente, este sentido amplio de 'caso' el que está implicado en el principio, asumido en la teoría RECCIÓN Y LIGAMIENTO de que todos los sintagmas nominales deben recibir una marca de 'caso' del núcleo que los rige.

③ En la llamada GRAMÁTICA DE CASOS, propuesta por Fillmore (1968), 'caso' se ha utilizado con un sentido equivalente a PAPEL SEMÁNTICO. En esta acepción se denominan 'casos' a cada uno de los papeles semánticos que un predicado asigna en ESTRUCTURA PROFUNDA a las entidades que pone en relación. Así, según Fillmore, los sujetos de las oraciones «Antonio rompió el cristal» y «La pelota rompió el cristal», se hallan asociados a 'casos' diferentes en la estructura profunda: *Antonio* se corresponde con un 'caso' AGENTE, en tanto que *la pelota* representaría un 'caso' INSTRUMENTAL. Esta acepción semántica de 'caso' se llama **caso profundo**, para diferenciarla de las dos anteriores.

**CASO ABLATIVO.** Es el CASO MORFOLÓGICO, esto es, la forma flexiva, que en las lenguas como el latín se asocian a los sintagmas nominales que expresan circunstancias de lugar, tiempo, procedencia, instrumento, compañía, causa, etc. En otras lenguas que, como el húngaro, poseen casos como el LOCATIVO o el INSTRUMENTAL, el 'ablativo' queda restringido a la expresión de la procedencia o alejamiento.

**CASO ABSOLUTIVO.** El 'absolutivo' es el CASO MORFOLÓGICO NO MARCADO que en algunas LENGUAS ERGATIVAS, como el vasco, distingue tanto al único argumento de un verbo intransitivo (el SUJETO, en una LENGUA ACUSATIVA) como al participante menos activo (el correspondiente al OBJETO DIRECTO) en un proceso transitivo. Véanse, por ejemplo, las siguientes construcciones vascas tomadas de García Miguel (1995b: 53 y sigs.): «Nere anaia (mi hermano) etorri da (ha venido)» («Mi hermano ha venido»), «Ni (yo) etorri naiz (he venido)», «Nere anaiak (mi hermano) ni (a mí) ikusten nau (ve)» («Mi hermano me ve a mí»), «Nik (yo) nere anaia (a mi hermano) ikusten dut (veo)» («Yo veo a mi hermano»).

Como puede apreciarse en estos ejemplos, el argumento único del verbo intransitivo *venir* (*nere anaia, ni*) y el objeto del verbo transitivo *ver* (*nere anaia, ni*) aparecen sin ningún AFIJO específico, según es característico del 'caso absolutivo'. En cambio, como es propio de una lengua ergativa, el sujeto, el participante más activo del verbo transitivo *ver*, va marcado con el afijo *-k* (*nere anaiak, nik*), correspondiente al CASO ERGATIVO.

**CASO ABSTRACTO.** Véase en CASO2.

**CASO ACUSATIVO.** ① El 'caso acusativo'es el CASO MORFOLÓGICO, esto es, la forma flexiva, que en las LENGUAS ACUSATIVAS identifica al objeto directo de una oración. En la construcción latina «Paulus *librum* legit» (Paulo lee un libro), el nombre «liber» (libro) presenta la forma flexiva correspondiente al 'caso acusativo', *librum*, de ahí que se interprete como el objeto de «legit». En español los nombres no tienen caso morfológico, ni, por tanto, 'caso acusativo' en este sentido del término. Pero los tradicionalmente llamados pronombres personales átonos *lo, la* suelen denominarse CLÍTICOS de 'acusativo' porque son precisamente las formas utilizadas para aludir al objeto directo: «A Juan *lo* vi en el cine», «A María *la* han despedido», en tanto que el clítico *le* es la forma empleada para señalar un objeto indirecto: «Al presidente de la compañía ya *le* han tomado declaración».

② En RECCIÓN Y LIGAMIENTO se da también el nombre de 'acusativo' al CASO ABSTRACTO que, según este modelo generativo, asigna un verbo transitivo al sintagma nominal que ocupa la posición sintáctica de objeto. Así, según Fernández Lagunilla y Anula Rebollo (1995: 166), por ejemplo, en «Describió su pueblo» el verbo *describir* marca con 'caso acusativo' al sintagma nominal *su pueblo*.

**CASO DATIVO.** Véase en DATIVO.

**CASO ERGATIVO.** Se denomina 'ergativo' el CASO MORFOLÓGICO que, en algunas LENGUAS ERGATIVAS, como el vasco, marca formalmente al participante más activo —el correspondiente al SUJETO— de una oración transitiva, distinguiéndolo así tanto del OBJETO —el participante menos activo— de un proceso TRANSITIVO como del ARGUMENTO correspondiente al sujeto de un verbo INTRANSITIVO. Por ejemplo, según puede observarse en las siguientes construcciones vascas, tomadas de Moreno Cabrera (1991: 423): «*Gizona* (el hombre) etorri da (ha llegado)» («El hombre ha llegado»), «*Gizonak* (el hombre) *gozokia* (pastel) jan du (ha comido)» («El hombre se ha comido el pastel)», el nombre *gizona* va marcado con el SUFIJO *-k* (*gizonak*), propio del 'caso ergativo', cuando representa al agente del proceso transitivo «comer un pastel». Sin embargo, se realiza en CASO ABSOLUTIVO, esto sin, sin sufijo (*gizona*), cuando representa al sujeto del verbo intransitivo «llegar», coincidiendo en esa ausencia de marca con el objeto directo de «comer», *gozokia*. *Cf* lengua ergativa.

**CASO ESTRUCTURAL.** En el modelo gramatical RECCIÓN Y LIGAMIENTO se identifican como 'casos estructurales' el NOMINATIVO y el ACUSATIVO, esto es, las marcas que distinguen al SUJETO y al OBJETO DIRECTO de la oración. Los rasgos que, según este modelo, caracterizan a los 'casos estructurales' y los diferencian de los CASOS INHERENTES o no estructurales, son los siguientes:

(1) Son asignados por el verbo y sus AFIJOS flexivos. La marca que identifica al sujeto, por ejemplo, depende de los afijos de número y persona del verbo: «*El caballero* ya *se marchaba*», «*Los caballeros* ya *se marchaban*».

(2) Se asignan en la ESTRUCTURA-S, no en la ESTRUCTURA-P. Así, el que un sintagma nominal sea marcado como sujeto depende de la posición que ese sintagma ocupe en la estructura superficial, no del que, por su papel, le corresponda en estructura profunda. En «Los caballeros fueron generosamente recompensados», el sintagma nominal «los caballeros» presenta los rasgos de concordancia que lo identifican como sujeto debido a que se ha desplazado a la posición del sujeto desde el lugar correspondiente al TEMA O PACIENTE que ocupaba en estructura profunda.

(3) La marca de caso está constreñida sólo por esa configuración sintáctica superficial, no por las relaciones semánticas. Expresa una relación puramente sintáctica —sujeto, objeto directo— entre el verbo y los sintagmas nominales, con independencia del papel semántico que les corresponda. En «Los caballeros fueron generosamente recompensados», y en «Los caballeros las prefieren rubias», el sintagma nominal «los caballeros» es el que, mediante la CONCORDANCIA, se marca como sujeto, aunque su papel semántico sea diferente en ambos enunciados oracionales.

**CASO GENITIVO.** ① Se denomina 'genitivo' el CASO MORFOLÓGICO que, en algunas lenguas con flexión de caso, identifica típicamente al sintagma nominal que complementa al nombre núcleo de otro sintagma, ya sea designando al poseedor de la entidad a la que hace referencia el sintagma, ya sea asumiendo cualquier papel argumental (agente, objeto afectado, etc.) implicado por ese núcleo nominal. El latín, por ejemplo, es una lengua con caso morfológico 'genitivo'. En «domus Caesar*is*» («la casa de César»), la forma de 'genitivo' *Caesaris* marca al sintagma nominal que designa al poseedor de la entidad designada por *domus*. En «amor virtut*is*» («el amor de/a la virtud»), el nombre en 'genitivo' *virtutis* identifica al argumento objeto del núcleo nominal *amor*.

② Especialmente en gramática generativa, también se da el nombre de 'genitivo' al CASO ABSTRACTO (no necesariamente expresado mediante flexión, por tanto) que teóricamente se asigna a un sintagma nominal con los valores significativos anteriormente comentados. Por ejemplo, de conformidad con Demonte (1989), el complemento de un núcleo nominal marcado con el 'caso genitivo' puede materializarse en inglés de dos maneras distintas: mediante la preposición *of* («The destruction *of* the city», «La destrucción de la ciudad») o como SN'*s* en una posición prenominal: «The city'*s* destruction». En español, asimismo, el 'caso genitivo' se realizaría mediante la preposición *de* vacía de contenido: «La destrucción *de* la ciudad».

**CASO INHERENTE.** En el modelo generativo RECCIÓN Y LIGAMIENTO se distinguen, siguiendo las propuestas chomskianas, dos tipos de casos (*cf* CASO ABSTRACTO): los CASOS ESTRUCTURALES (el CASO NOMINATIVO con que se marca al sujeto, o el CASO ACUSATIVO que asignan los verbos transitivos a la posición de objeto) y los CASOS INHERENTES. Entre estos últimos se incluyen, por ejemplo, el CASO OBLICUO que asignan las preposiciones a los sintagmas nominales considerados sus complementos; el CASO GENITIVO con que marcan algunos nombres y adjetivos a sus argumentos; o el CASO PARTITIVO que, según Belletti (1987: 167 y sigs.), asignan los VERBOS INACUSATIVOS a la posición básica de objeto.

Los 'casos inherentes' coinciden con los estructurales en que son asignados bajo RECCIÓN, pero se distinguen de ellos por los siguientes aspectos:

(1) Están vinculados a los PAPELES TEMÁTICOS o semánticos, puesto que son asignados por un núcleo léxico (un nombre, un adjetivo, una preposición, un verbo) a los argumentos que selecciona y a los que otorga papel semántico.

Así, por ejemplo, de conformidad con Demonte (1989: 163), en «I gave a book to John» («Le di un libro a John») la preposición *to* marca con caso oblicuo a *John*, el sintagma nominal al que asigna el papel semántico META esa misma preposición.

Igualmente en «la declaración de Luis», el núcleo léxico *declaración* asigna 'caso inherente' genitivo (materializado mediante la preposición vacía *de*) al sintagma nominal *Luis*, que se corresponde con el argumento agente seleccionado por el nominal *declaración*.

(2) La asignación de caso inherente no depende, a diferencia de lo que sucede con el estructural, de la configuración sintáctica superficial. Se impone en el nivel de la estructura-P, el nivel en que, con palabras de Belletti (1987:168), «se determinan los papeles-theta asignados por los diversos núcleos léxicos».

**CASO MORFOLÓGICO.** Véase en CASO[1].

**CASO NOMINATIVO.** ① Se identifica como 'nominativo' el CASO MORFOLÓGICO que en las LENGUAS ACUSATIVAS distingue al sintagma nominal sujeto de una oración. Por ejemplo, en el enunciado latino «*Hannibal* a Scipione victus est» («Anibal fue vencido por Escipión»), la forma del nombre *Hannibal* es la que corresponde al 'caso nominativo' porque asume el papel de sujeto de la oración. En cambio, en «*Scipio Hannibalem* vicit» («Escipión venció a Aníbal») es *Scipio* el nombre en 'caso nominativo' porque es el sintagma que, en esta oración, desempeña el papel de sujeto, en tanto que *Hannibalem* va marcado como acusativo porque designa al objeto directo.

② En GRAMÁTICA GENERATIVA se identifica también como 'nominativo' el CASO ABSTRACTO (esto es, la marca, no necesariamente flexiva, que hace identificable una determinada función) que teóricamente asigna la flexión verbal al sintagma nominal sujeto de la oración; esto es, al sintagma nominal regido por el NUDO FLEX (Flexión). Así, por ejemplo, según Fernández Lagunilla y Anula Rebollo (1995: 169), en «*Los insumisos* fueron castigados», el sintagma nominal *los insumisos* recibe 'caso nominativo' de la flexión verbal, dotada de tiempo y concordancia. El 'caso nominativo' se identifica, además, como un CASO ESTRUCTURAL.

**CASO OBJETIVO.** ① En estudios gramaticales vinculados al modelo RECCIÓN Y LIGAMIENTO se ha utilizado el término 'caso objetivo' con un sentido equivalente al que tiene, en este mismo modelo, el término CASO ACUSATIVO. Esto es, 'caso objetivo' se ha empleado para aludir al CASO ABSTRACTO que asigna un verbo al sintagma nominal que ocupa la posición sintáctica correspondiente al objeto. Así, por ejemplo, Demonte (1989: 141) recoge, entre las reglas de asignación de caso, que el verbo asigna 'caso objetivo' a la posición $[SN, V]_{SV}$ (esto es, al SN hermano de V), mientras que la preposición (P) asigna CASO OBLICUO al SN. Por tanto, en la oración «John bought a book for Mary» («John compró un libro para Mary»), el verbo *bought* asigna 'caso objetivo' al sintagma nominal *the book*, en tanto que la preposición *for* asignaría caso oblicuo al SN *Mary*.

② También se utiliza, no obstante, el término 'caso objetivo' para aludir a la marca de caso que asignan tanto el verbo transitivo a su objeto como la preposición al sintagma nominal complemento. Así, por ejemplo, según Radford (1988a: 318), todo sintagma nominal tiene asignado rasgo casual [+objetivo] si está regido por un verbo transitivo o por una preposición. Por consiguiente, en «John ran towards me» («John corrió hacia mí») y en «John hit me», tanto la preposición *towards* como el verbo transitivo *hit* marcan con 'caso objetivo' al sintagma nominal *me*.

**CASO OBLICUO.** ① En la GRAMÁTICA TRADICIONAL se emplea el término **caso oblicuo** para abarcar los casos flexionados, distintos al nominativo, que se considera el **caso recto** o forma básica. Por tanto, son 'casos oblicuos' el GENITIVO, el DATIVO, el ACUSATIVO, etc.

② Especialmente en gramática generativa, también se da el nombre de 'caso oblicuo' al CASO ABSTRACTO que teóricamente marca al sintagma nominal complemento de una preposición. Por ejemplo, según Fernández Lagunilla y Anula Rebollo (1995), en «Era feliz en su pueblo», la preposición *en* marca con 'caso oblicuo' a *su pueblo*.

**CASO PARTITIVO.** ① Se denomina 'partitivo' el 'caso morfológico' que, en algunas lenguas con FLEXIÓN de CASO, distingue a un sintagma nominal que expresa una parte de un todo. Por ejemplo, el finés es una lengua con caso morfológico 'partitivo'. Según Comrie (1989: 184), en finés el objeto de un verbo va en 'caso partitivo' cuando sólo resulta parcialmente afectado por la acción: «Hän otti rahaa (partitivo)», «Cogió *algo de* dinero». En cambio, el objeto se marca con un caso morfológico distinto (el acusativo) cuando la entidad que designa resulta afectada en su totalidad por la acción expresada por el verbo: «Hän otti rahan (acusativo)», «Cogió el dinero».

② Especialmente en GRAMÁTICA GENERATIVA se denomina también 'partitivo' el CASO ABSTRACTO (no necesariamente expresado mediante flexión, por tanto) que se asocia a sintagmas nominales con una significación similar a la descrita en la acepción anterior. Esto es, según Belleti (1987: 177), por ejemplo, es el caso abstracto asociado a sintagmas con un significado equivalente al expresado por un cuantificador como *alguno*.

Así, por ejemplo, de conformidad con Fernández Lagunilla y Anula Rebollo

(1995: 175), en «Vendió ropa usada», el sintagma nominal indefinido *ropa usada* recibe 'caso partitivo', puesto que su lectura sería equivalente a «vendió algo de ropa usada» o «vendió alguna ropa usada». En cambio, en «Vendió la ropa usada», el sintagma nominal definido *la ropa usada* no recibe caso partitivo, ya que implica que la entidad designada resulta, no parcial, sino totalmente afectada.

Igualmente, según Demonte (1989:166), en «Hay promesas en el aire», el sintagma indefinido *promesas* estaría marcado con 'caso partitivo', puesto que, de conformidad con lo afirmado por Belleti, la significación del sintagma es equivalente a la que suscitaría el cuantificador «alguno»: «Hay algunas promesas en el aire».

**Caso profundo.** Véase en caso[3].

**Caso recto.** Véase en caso oblicuo.

**Catacresis.** Es una figura del lenguaje, muy útil en la neología de sentido, que sirve para cubrir los huecos léxicos de una lengua. En realidad, la 'catacresis' es una especie de metáfora, mediante la cual se amplía el significado de una palalabra, con nuevos sentidos que se extienden a otros dominios. Por ejemplo (Martínez de Sousa, 1993: 118), «los dientes de una sierra», «la raíz de un problema», «el ojo de la cerradura», «el cuello de la botella», etc.

**Catáfora.** Véase en anáfora[2].

**Catálisis.** ① En glosemática (Hjelmslev, 1963: 94) es la eliminación de los accidentes del habla, la cual es imprescindible antes de proceder al análisis lingüístico. Esta operación de eliminación consiste en la conversión o transformación en formas normales o plenas de las formas elípticas (aposiopesis), abreviadas, mutiladas, interrumpidas o incompletas propias de cualquier enunciado oral o escrito, motivadas por el principio de economía del lenguaje. *Cf* prosiopesis.

② En términos generales se aplica a la reposición de elementos elididos. *Cf* oración comparativa.

**Categorema.** Para Pottier es la clase formal de morfemas formada por lexemas y gramemas.

**Categoría, categorial, categorización.** ① En el sentido más amplio del término, 'categoría' alude a cualquier concepto ordenador que se introduce en el análisis o en la descripción lingüística. Así, por ejemplo, transitividad, sujeto, tópico, clítico, sema, denotan 'categorías' en esta acepción amplia del término.

② 'Categoría' se utiliza también para designar una clase de unidades lingüísticas establecida atendiendo a criterios de tipo variable (sintácticos, semánticos, formales). Por ejemplo, sustantivo, adjetivo, verbo son términos que designan 'categorías' (más específicamente conocidas como categorías léxicas) puesto que hacen referencia a las clases en que, tradicionalmente, se han agrupado las palabras que comparten determinadas propiedades. Pero también verbo transitivo, verbo intransitivo, por ejemplo, pueden considerarse, ya 'categorías', ya subcategorías o subdivisiones de una clase más amplia, puesto que los límites de las clases sólo vienen dados por los parámetros que se toman en consideración para establecerlas. Igualmente, sintagma nominal, sintagma verbal, sintagma adjetivo, denotan categorías (en este caso, **categorías sintácticas**), pues aluden a clases configuradas tomando como base la estructura interna de los sintagmas. 'Categoría', en este sentido del término, suele oponerse a función.

③ 'Categoría' designa, asimismo, las modificaciones gramaticales (tales como el número, el caso, el tiempo, la persona, el género) de que son susceptibles las 'categorías' léxicas mencionadas en el apartado anterior.

El adjetivo **categorial** se utiliza, lógicamente, con el sentido de 'relativo a la categoría'. *Cf* regla categorial.

**Categorización** hace referencia al proceso ordenador del que resultan las 'categorías', en cualquiera de las acepciones del término.

**CATEGORÍA DE BLOQUEO.** En el modelo generativo RECCIÓN Y LIGAMIENTO se considera que una unidad sintáctica A es una 'categoría de bloqueo' (una categoría que marca los límites para determinadas relaciones estructurales entre elementos de la oración) para otra categoría B cuando esa unidad sintáctica A cumple las siguientes condiciones: (1) es una PROYECCIÓN MÁXIMA que domina a la categoría B; o, de otra manera, incluye a B entre sus constituyentes. (2) No está marcada léxicamente (*cf* MARCAR LÉXICAMENTE); es decir, no es un NUDO hermano de un núcleo léxico que le asigne PAPEL SEMÁNTICO.

Tomemos por ejemplo el siguiente enunciado: «Leyó las instrucciones en un libro sobre cocina». De conformidad con el tipo de estructuración utilizado, por ejemplo, por Hernanz y Brucart (1987), el esquema correspondiente al SV podría ser, de modo simplificado, el siguiente:

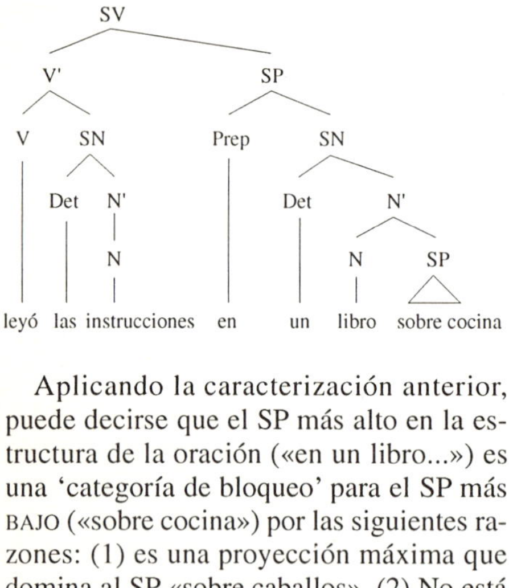


Aplicando la caracterización anterior, puede decirse que el SP más alto en la estructura de la oración («en un libro...») es una 'categoría de bloqueo' para el SP más BAJO («sobre cocina») por las siguientes razones: (1) es una proyección máxima que domina al SP «sobre caballos». (2) No está marcado léxicamente, dado que no es el nudo hermano de V («leyó») ni, puesto que no es un ARGUMENTO seleccionado por el verbo, recibe de éste PAPEL SEMÁNTICO.

**CATEGORÍA DE NIVEL CERO.** Véase $X^0$.

**CATEGORÍA FUNCIONAL.** En gramática generativa se consideran 'categorías funcionales' los núcleos que no poseen significado léxico y que, por tanto, no seleccionan ARGUMENTOS. Según Fernández Lagunilla y Anula Rebollo (1995), por ejemplo, DET, INF y COMP forman parte de las 'categorías funcionales'.

**CATEGORÍA GRAMATICAL.** Según indica Bosque (1989: 11 y sigs.), el término 'categoría gramatical' se emplea con varios sentidos en la bibliografía lingüística.

① En una de sus acepciones, 'categoría gramatical' alude a conceptos tales como GÉNERO, NÚMERO, PERSONA, TIEMPO, MODO, ASPECTO que se corresponden con los MORFEMAS de que son susceptibles las CATEGORÍAS LÉXICAS.

② En una acepción más amplia, 'categoría gramatical' hace referencia a «cualesquiera unidades de la gramática»; es decir, alude tanto a las categorías específicamente consideradas gramaticales en la acepción anterior, como también a las PARTES DE LA ORACIÓN o categorías léxicas (sustantivo, adjetivo, etc.) o a las funciones sintácticas.

**CATEGORÍA LÉXICA.** ① Con el término 'categoría léxica' se hace referencia a cada una de las clases (sustantivo, adverbio, adjetivo, etc.) en que se agrupan las palabras tomando como base sus propiedades morfológicas, sintácticas o incluso semánticas. 'Categoría léxica', en esta acepción, viene a coincidir con PARTE DE LA ORACIÓN.

② En RECCIÓN Y LIGAMIENTO se utiliza el término 'categoría léxica' para hacer referencia al nombre (N), el verbo (V), el adjetivo (A) y la preposición (P), que tienen, a diferencia de las CATEGORÍAS FUNCIONALES, la propiedad de seleccionar argumentos.

**CATEGORÍA RECTORA.** En RECCIÓN Y LIGAMIENTO es el dominio sintáctico que sirve de delimitación para las posibles relaciones de LIGAMIENTO. La noción de 'categoría rectora' suele definirse en términos similares a los siguientes: «A es una categoría rectora para B si [y sólo si] A es el SN y O mínima que contiene a B, al rector de B y que incluye un SUJETO accesible» (Demonte, 1989: 184). Remitimos a la noción de SUJETO ACCESIBLE para una comprensión más exacta de lo que implica esta definición. Pero debe tenerse en cuenta, al menos, que *sujeto* en RECCIÓN Y LIGAMIENTO no abarca sólo a los sintagmas nominales que tradicionalmente se identifican como sujetos de una oración («*María* se levanta muy temprano»). También se hace extensiva, por ejemplo, a ciertos sintagmas complementarios de un NOMBRE PICTÓRICO («Las fotos de *Elisa*») o de una NOMINALIZACIÓN («La acusación del *juez*»).

Teniendo en cuenta esa mínima precisión, y siguiendo la pauta de la caracterización anterior, veamos cuál es la 'categoría rectora' del reflexivo *sí* tanto en la oración «José Luis piensa que Paco sólo se quiere a sí mismo» como en el siguiente ejemplo que tomamos de Fernández Lagunilla y Anula Rebollo (1995: 183): «Pedro elogió la defensa de María de sí misma».

En $[_{O1}$José Luis piensa $[_{O2}$ que Paco$_i$ sólo se quiere a sí mismo$_i$]], la 'categoría rectora' para el reflexivo *sí mismo*, el dominio sintáctico en el que puede tener un antecedente, es la oración señalada como $O_2$ porque: (1) es la oración mínima, la más incrustada o más baja en la estructura oracional, que contiene al reflexivo. (2) Es, asimismo, la unidad sintáctica en que se encuentra el elemento que rige (*cf* rección) al reflexivo: el verbo *querer*. (3) Por último, tiene un sujeto, *Paco*, que, por cumplir ciertas condiciones, puede considerarse *accesible* para el reflexivo: se halla en una determinada posición estructural (MANDA-C al reflexivo) y puede estar COINDIZADO con él (*Paco*$_i$ ...*sí mismo*$_i$); esto es, ambos pueden ser CORREFERENTES, sin que la construcción resulte AGRAMATICAL.

La unidad oracional identificada como $O_1$, en cambio, no puede ser la 'categoría rectora' para el reflexivo, puesto que no es la oración mínima que lo contiene. Por ello, *José Luis*, el sujeto de $O_1$, no puede ser el antecedente del reflexivo [*$_{O1}$ José Luis$_i$ piensa $[_{O2}$Paco sólo se quiere a sí mismo$_i$]].

En «$[_O$Pedro elogió $[_{SN}$ la defensa de María$_i$ de sí misma$_i$]] la 'categoría rectora' para *sí*, por el contrario, no es la oración (O), sino el sintagma nominal situado entre corchetes, por las razones siguientes: es el sintagma nominal mínimo que, además de contener al reflexivo, cumple también estas dos condiciones: (1) incluye al elemento rector de *sí*, el sustantivo *defensa*. (2) Según lo anteriormente dicho sobre la noción de «sujeto» en rección y ligamiento, ese sintagma nominal contiene también un sujeto *María* accesible para el reflexivo (lo manda-c y puede estar coindizado con él: *María*$_i$ ... *sí misma*$_i$). Dado que el sintagma nominal *la defensa de María de sí misma* cumple las condiciones necesarias para ser la 'categoría rectora' del reflexivo, éste debe tener su antecedente, de forma obligada, en ese dominio. No puede, por tanto, tener como antecedente al sintagma nominal sujeto de la oración, *Pedro*, puesto que queda fuera de su 'categoría rectora': *$[_O$ Pedro$_i$ elogió $[_{SN}$ la defensa de María de sí mismo$_i$]].

**CATEGORÍA VACÍA.** Especialmente en GRAMÁTICA GENERATIVA, el término 'categoría vacía' alude a un elemento carente de REALIZACIÓN fonética, pero con ciertas propiedades sintácticas y semánticas, que se supone presente en una estructura oracional. Son, por ejemplo, categorías vacías PRO, la categoría que representa al SUJETO de una oración de infinitivo («José María quiere PRO descansar») y pro, la categoría que se postula como sujeto de un verbo en forma personal cuando no hay ninguna unidad explícita a la que pueda asignarse esa función: «pro vendrá esta tarde» , «pro iremos a casa de Eva». Son también 'categorías vacías' las HUELLAS.

**CATENATIVO.** Véase en ENCADENANTE.

**CAUSA.** Es el PAPEL SEMÁNTICO de la expresión nominal alusiva a la entidad ANIMADA o inanimada que se presenta como el motivo generador de un determinado proceso. Así, por ejemplo, *el ruido* tendría el papel semántico de 'causa' tanto en «*El ruido* asustó al pequeño» como en «El pequeño se asustó del *ruido*».

**CAUSAL DE LA ENUNCIACIÓN.** Véase en ORACIÓN CAUSAL

**CAUSAL EXPLICATIVA.** Véase en ORACIÓN CAUSAL.

**CAUSATIVO.** Véase en CONSTRUCCIÓN CAUSATIVA.

**CAVIDAD, CAVIDADES INFRAGLÓTICAS, CAVIDADES SUPRAGLÓTICAS.** ① En la FONÉTICA ARTICULATORIA el término 'cavidad', también llamado **resonador**, se emplea, en un sentido amplio, para aludir a los ÓRGANOS INFRAGLÓTICOS, o **cavidades infraglóticas**, y a los SUPRAGLÓTICOS de la FONACIÓN, e incluso a la misma LARINGE, que es llamada **cavidad glótica**. También se utiliza el término 'resonador' para referirse sólo a la **caja de resonancia** formada por todos los órganos supraglóticos (la FARINGE, la BOCA, la NARIZ y los LABIOS). En este caso es más apropiado hablar de **canal supraglótico**.

② En un sentido más estricto los términos 'resonador' y 'cavidad' se aplican a cada una de las cajas de RESONANCIA que forman los ÓRGANOS SUPRAGLÓTICOS (la FARINGE, la BOCA, O CAVIDAD BUCAL, la NARIZ o cavidad nasal, y los LABIOS o cavidad labial), es decir, a lo que se llama **cavidades supraglóticas**. Como su nombre sugiere, un 'resonador' es una caja de resonancia, que es necesaria para aumentar la intensidad del TONO LARÍNGEO, al fin de que pueda percibirlo el OÍDO. Los 'resonadores' añaden al TONO fundamental los ARMÓNICOS o hipertonos que caracterizan el TIMBRE de un sonido. La diferencia de timbre que el oído aprecia entre dos sonidos complejos depende del número de armónicos que acompañan al tono fundamental, de la intensidad relativa de éstos y de la diferencia de fase con que se producen (Gili Gaya, 1975: 112-13).

Por tanto, cuatro son los resonadores o **cavidades supraglóticas**: el resonador faríngeo, el resonador bucal o boca, el resonador nasal y el resonador labial. De todos ellos, el más importante es la BOCA o 'cavidad bucal', ya que gracias a la acción de la LENGUA, con sus movimientos hacia arriba y hacia abajo (eje vertical), y hacia adelante y hacia atrás (eje horizontal) se formarán diversas subcavidades, de distintas formas y volúmenes, que serán las generadoras de los diversos timbres.

Cada resonador posee una FRECUENCIA que le es propia, y una FUENTE DE SONIDO que emita en su misma frecuencia hará que el resonador vibre también, sumándose las AMPLITUDES, con lo que la INTENSIDAD quedará muy aumentada. Así, pues, el efecto de una posición determinada de la LENGUA, LABIOS y VELO DEL PALADAR, como la que adoptamos al pronunciar la *i*, por ejemplo, será el aumentar la intensidad de los armónicos comprendidos en los 200 y los 400 ciclos por segundo, el eliminar por absorción o debilitar los que se encuentren entre éstos y los 2.000 cps para, de nuevo, aumentar la intensidad de los que se hallen entre los 2.100 y los 2.400 cps aproximadamente (Martínez Celdrán, 1984: 86-87).

③ Las **cavidades infraglóticas** son los órganos del **sistema respiratorio**, es decir, los órganos propios de la **respiración**, a saber, los pulmones, los bronquios y la tráquea. Los **pulmones** (*cf* diafragma) son un almacén que constantemente se está llenando y vaciando de aire merced a dos funciones, la *inspiración*, o absorción del aire, mediante la cual se llena de aire, y la *espiración*, o expulsión del mismo. A los pulmones también se les llama el **iniciador**, por ser el órgano desde el que arranca toda la FONACIÓN, gracias a la cantidad de aire que suministran en la espiración (*cf* fuente). La función de los bronquios y de la tráquea es la de tubos de conducción.

④ En la FONOLOGÍA GENERATIVA (Chomsky y Halle, 1968) la palabra 'cavidad' se emplea en el término RASGOS DE CAVIDAD.

**CAVIDAD BUCAL.** La **boca**, también llamada **tracto vocal** y **cavidad bucal**, es el más importante de los RESONADORES O CAVIDADES SUPRAGLÓTICAS. Consiste en un tubo lleno de aire, que actúa como FILTRO. En ella se encuentran ARTICULADORES tan importantes como los DIENTES, los ALVÉOLOS, el PALADAR, el VELO DEL PALADAR, los LABIOS y, sobre todo, la LENGUA. Gracias a la acción de esta última, con sus movimientos hacia arriba y hacia abajo (eje vertical), y hacia adelante y hacia atrás (eje horizontal) se formarán las ZONAS DE ARTICULACIÓN y los PUNTOS DE ARTICULACIÓN, los cuales propiciarán la creación de nuevas CAVIDADES o subcavidades, generadoras de los diversos TIMBRES. *Cf* abertura, formante.

**CECEO.** Se conoce con el nombre de 'ceceo' la sustitución de la FRICATIVA LINGUOALVEOLAR SORDA [s] (la variante llamada 's' predorsal) por la FRICATIVA LINGUO INTERDENTAL SORDA [θ]. El 'ceceo' es característico de algunas partes de Andalucía y de Hispanoamérica, y también puede ser un defecto de pronunciación, llamado en inglés *lisp*, frecuente en el HABLA INFANTIL. Los que emplean el 'ceceo' neutralizan la OPOSICIÓN entre [θ] y [s] existente en palabras tales como *cazar* y *casar*. *Cf* seseo.

**CEGUERA DE LETRAS.** Véase en PATOLOGÍAS DEL LENGUAJE Y DEL MEDIO.

**CENEMA, CENEMATEMA, CENEMÁTICA.** **Cenema**, término equivalente a FONEMA, fue utilizado por la GLOSEMÁTICA (Hjelmslev, 1963) para designar a las unidades mínimas distintivas del plano de la expresión que se delimitan en el ANÁLISIS LINGÜÍSTICO. La **cenemática** es la parte de la glosemática que tiene por objeto el estudio del plano de la expresión; esto es, el estudio de los CENEMAS y de los PROSODEMAS. Se llama **cenematema** a los constituyentes del plano de la expresión o cenemático, esto es los 'cenemas' y los 'prosodemas'. Como indica Alarcos (1972: 47), la 'cenemática' es, en realidad, lo que más comúnmente se ha llamado FONOLOGÍA. Hjelmslev eligió el término 'cenema', con el significado de «unidad vacía o carente de sentido», para poder aplicarlo, en su caso, a lenguas hipotéticas, cuya sustancia de la expresión no fuese fónica. *Cf* plerema.

**CENTRAL.** En FONÉTICA ARTICULATORIA el adjetivo 'central' se emplea, por lo menos, en los términos VOCAL CENTRAL y POSICIÓN CENTRAL/NUCLEAR de la SÍLABA.

**CERO.** ① El término 'cero', representado con el SÍMBOLO Ø, se emplea en lingüística en varios casos para aludir a un rasgo abstracto que no tiene una REALIZACIÓN física (Crystal, 1991: 386), en un sistema en el que las CATEGORÍAS del nivel que sean se definen por la presencia o la ausencia de dicho rasgo. La tendencia a mantener PAUTAS regulares en la DESCRIPCIÓN lingüística obliga a introducir esta categoría. De esta manera, en inglés se utilizan el MORFO cero, el RELATIVO cero, el CONECTOR cero, etc., para explicar las construcciones de *took* (como /'tʊk/ + /Ø/), *the book I read* (como *the book Ø I read*), *she said it was raining* (como *she saidØ it was raining*), etc.

② En FONÉTICA ACÚSTICA, 'cero' es el nombre que se le da a las 'antirresonancias', en terminología matemática. Una **antirresonancia** (Quilis, 1993: 103) elimina una RESONANCIA de la misma FRECUENCIA y reduce el efecto de una resonancia adyacente. Las 'antirresonancias' aparecen siempre que hay un conducto lateral del conducto acústico principal, o cuando la FUENTE no se localiza en el final posterior del conducto vocal, fenómeno que ocurre en las CONSONANTES NASALES y en las nasalizadas.

**CERRADO, CERRAZÓN.** ① En la CLASIFICACIÓN de las unidades lingüísticas en categorías o CLASES, se habla de CLASES ABIERTAS y CLASES CERRADAS.

② En FONÉTICA ARTICULATORIA se utiliza el adjetivo 'cerrado/a' al hablar de las VOCALES (vocales cerradas), de los LABIOS y de la GLOTIS (glotis cerradas). También se aplica este adjetivo a las SÍLABAS, aunque la denominación más corriente es la de SÍLABA TRABADA en vez de sílaba cerrada. *Cf* abducción, abertura.

Se llama **cerrazón** al estrechamiento del canal bucal empleado en la producción de los FONEMAS cerrados (CONSONANTES y VOCALES CERRADAS). La OCLUSIÓN es la 'cerrazón' maxima.

**CESURA.** En la poesía (DRAE) es el corte o PAUSA que se hace en el verso después de cada uno de los acentos métricos reguladores de su armonía. En la poesía griega y latina es la SÍLABA con que termina una palabra, después de haber formado un PIE, y sirve para empezar otro. *Cf* hemistiquio.

**CHICHEO, CICEO.** Véase en SIBILANTES.

**CICLO, CÍCLICO.** ① Véase en FRECUENCIA.

② En GRAMÁTICA GENERATIVA (*cf* Radford, 1988a: 195; Palmatier, 1972: 38) se denomina 'ciclo' la aplicación completa y ordenada de un conjunto de reglas (ya fonológicas, ya sintácticas) a un NUDO que acota un dominio para la aplicación de dichas reglas. *Cf* nudo cíclico, principio del ciclo.

**CICLO GLOTAL.** Véase en FONACIÓN.

**CICLO LÉXICO.** En LEXICOLOGÍA SEMÁNTICA se llama 'ciclo léxico' o **conjunto cíclico** a los CAMPOS LÉXICOS formados por elementos sucesivos, como los días de la semana o los meses del año, los cuales se diferencian de los **campos graduados** como, por ejemplo, los rangos militares, por existir jerarquización en su estructuración.

**CICLO TRANSFORMACIONAL.** En GRAMÁTICA GENERATIVA se denomina 'ciclo transformacional' a la aplicación completa de un conjunto de reglas (ya sintácticas, ya fonológicas) a cada uno de los NUDOS que acotan su ámbito de operación, según el orden (de abajo arriba) determinado por el PRINCIPIO DEL CICLO o principio cíclico.

**CIERRE GLÓTICO.** El 'cierre glótico', también llamado **oclusiva laríngea** y **oclusión glotal**, consiste en cerrar momentáneamente la GLOTIS, con lo que se interrumpe el aire instantáneamente. En este caso se puede decir que las cuerdas vocales actúan de ARTICULADORES. Algunas personas comienzan la emisión oral inglesa con un cierre glotal perceptible.

En la TRANSCRIPCIÓN FONÉTICA se representa con el símbolo [ʔ]. También se emplea este 'cierre glótico' en algunas variantes del inglés en vez de las oclusivas sordas /p, t, k/, como en *letter* pronunciado ['leʔə] o *butter* pronunciado ['bʌʔə].

**CIERRE TEXTUAL.** Aunque un TEXTO pueda presentarse como ABIERTO, en el sentido de que puede ser ampliado y desarrollado incluso indefinidamente, por definición, desde el punto de vista del receptor, es algo cerrado, es decir, algo que tiene límites, y así lo percibirá automáticamente el destinatario. Dicho con otras palabras, el texto, al igual que la oración, tiene sus límites (Hartmann, P., 1974) y el receptor lo descubre como algo completo y terminado, es decir, como una cadena de signos que tiene un principio o APERTURA y un final o 'cierre', con el fin de que poder adoptar decisiones sobre el significado global del texto.

El 'cierre textual' (Bennet, J. R., 1976: 184-88; Smith, B. H., 1968; Suino, M. E., 1980: 271-5), también llamado **delimitación del texto, final de texto** o **clausura del texto**, es una de las CONDICIONES DE TEXTUALIDAD. Esta condición de clausura es fundamental para que un pasaje o fragmento pueda ser observado y estructurado como la unidad cerrada llamada texto. Si, a primera vista, el receptor percibiera el pasaje como algo incompleto, en una segunda lectura le asignaría un 'cierre' para poder adoptar la citada decisión sobre el significado global.

Todos los textos llevan MARCAS O RECURSOS que ayudan al lector a asignar el 'cierre', es decir, a concebir el texto como algo estructurado y jerárquicamente organizado. Entre los recursos que ayudan al 'cierre textual' están: la ENTONACIÓN descendente o de cierre, que es distinta a la de APERTURA del texto, los marcadores de conclusión («y para terminar», «finalmente», etc.), la REPETICIÓN de información introducida en el párrafo inicial, la ausencia de CATÁFORAS que anticipen nuevos temas informativos, en suma, la satisfacción de las expectativas psicológicas abiertas con el TÓPICO introducido en la apertura del texto.

**CIMA SILÁBICA.** Equivale a NÚCLEO SILÁBICO.

**CINÉSICA.** Equivale a KINÉSICA.

**CINESTESIA.** En FONÉTICA ARTICULATORIA se llama 'cinestesia' (Abercrombie, 1967) a la percepción que el HABLANTE tiene de sus movimientos articulatorios. Esta sensación, que es muy útil para el fonetista, es menos *tangible* en las VOCALES que en las CONSONANTES. Para desarrollar el dominio de esta sensación 'cinestésica' en la producción de las vocales, el HABLANTE debe producirlas repetidas veces, pasando desde las más cerradas a las más abiertas y desde las más anteriores a las más posteriores.

**CÍRCULO LINGÜÍSTICO DE PRAGA.** Véase en FONOLOGÍA FUNCIONAL.

**CIRCUNFIJO.** 'Circunfijo' es el AFIJO constituido por dos segmentos discontinuos, uno que precede y otro que sigue a la BASE a la que se adjunta el afijo. Es, por tanto, como una combinación de PREFIJO y SUFIJO pero con un contenido gramatical único. Por ejemplo, según recoge Moreno Cabrera (1995: 414), la palabra indonesia *kebisaan* (capacidad) está formada por una base de carácter verbal, *bisa* (ser capaz), y un 'circunfijo' o afijo discontinuo, *ke-...-an*, que se aplica para obtener sustantivos deverbales.

Asimismo, de conformidad, por ejemplo, con el análisis que hace J. Pena (1993) de formaciones verbales como *enloquecer, encarecer, ensombrecer, ensordecer*, en tales verbos puede identificarse una base de carácter nominal (*sombra*) o adjetivo (*loco, caro, sordo*) y un 'circunfijo', una combinación de sufijo *-ece(r)* y prefijo *en*, que aportan conjuntamente al derivado verbal un sentido incoativo (ponerse en un determinado estado: «Este hombre ha *enloquecido*») o causativo: hacer que alguien o algo se ponga en un determinado estado: «La crisis del Golfo ha *encarecido el petróleo*», «La maternidad la ha *embellecido*».

**CIRCUNLOCUCIÓN.** En ESTILÍSTICA y, por supuesto, en RETÓRICA, es la figura que consiste en expresar por medio de un rodeo de palabras algo que hubiera podido decirse con menos o con una sola, pero no tan bella, enérgica o hábilmente (DRAE).

**CIRCUNSTANCIAL.** Véase en COMPLEMENTO CIRCUNSTANCIAL.

**CIRCUNSTANTE.** Según la terminología propuesta por L. Tesnière, asumida en las GRAMÁTICAS DE DEPENDENCIAS, se denominan 'circunstantes' los complementos oracionales que no dependen de las VALENCIAS verbales y que, además, representan típicamente las circunstancias de tiempo, lugar, modo, etc., en que se inscribe el estado de cosas representado en la oración. Son, por ejemplo, 'circunstantes' los elementos en cursiva de los siguientes enunciados: «Le gusta escuchar música *a las tres de la mañana*», «Raquel y Carlota estuvieron dándoles comida a las palomas *en el parque*». Se opone a ACTANTE, y viene a ser equivalente a COMPLEMENTO CIRCUNSTANCIAL.

**CLARO.** Véase en OSCURO.

**CLASE.** En LINGÜÍSTICA, en especial desde el ESTRUCTURALISMO, se ha utilizado el término 'clase' para aludir al conjunto de unidades o elementos que tienen RASGOS formales o semánticos comunes. Las 'clases', también llamadas CONJUNTOS TÁXICOS, son el resultado de la TAXONOMIZACIÓN O CLASIFICACIÓN. De esta forma, se habla de 'clases' de sonidos, 'clases' de palabras, etc., que no son más que conjuntos de sonidos, de palabras, etc., las cuales son el resultado de la SEGMENTACIÓN de los elementos constitutivos de la CADENA HABLADA, propia del ANÁLISIS LINGÜÍSTICO. Un elemento pertenece a un 'clase' cuando está en relación de SUSTITUCIÓN con otro elemento del mismo conjunto.

En cierto sentido, el término 'clase' equivale a CATEGORÍA. Las dos primeras 'clases' que merecieron la atención del ESTRUCTURALISMO (Bloomfield, 1933) fueron las **clases de formas**, constituidas por MORFEMAS, y **clases de palabras**, formadas por palabras. Estas últimas pueden ser **clases abiertas** y **clases cerradas**. Las 'cerradas' (los pronombres, los artículos, las conjunciones y las preposiciones) se definen por EXTENSIÓN, es decir, enumerando los términos que las componen. Los nombres, los verbos, los adjetivos y los adverbios, que son 'clases abiertas', se definen por INTENSIÓN, es decir, citando las características que todas comparten. Dentro de las 'clases abiertas' se pueden encontrar **subclases cerradas**, como, por ejemplo, la clase formada por los verbos irregulares (*haber, ir*, etc.), que, a diferencia de la clase de verbos regulares, no admiten nuevos miembros.

**CLASE DE EQUIVALENCIA, CLASE FORMAL.** El **análisis de los constituyentes** de las estructuras, propio del ESTRUCTURALISMO NORTEAMERICANO, da como resultado CLASIFICACIONES de FORMAS —por eso, también se le llama se llama **análisis formal**— que se agrupan en 'clases de equivalencia', las cuales son conjuntos constituidos por elementos similares. De esta manera, partiendo de la unidad superior, la oración, hablamos de clases de oraciones, clases de sintagmas, clases de palabras, etc., hasta llegar, en el nivel inferior, a las clases de fonemas. Este concepto clasificatorio de 'clases de equivalencia' ha sido utilizado y desarrollado, no obstante, en varias escuelas estructuralistas, por ejemplo, la llamada LINGÜÍSTICA SISTÉMICA de Halliday (Berry, M., 1975).

El término **clase formal** y el de 'clase de equivalencia' son sinónimos, aunque el primero se aplica casi siempre al análisis de los elementos de la oración. De esta manera, son 'clases formales' aquellos conjuntos formados por partes del discurso que realizan la misma función sintáctica, es decir, que pueden ocupar la misma posición dentro del enunciado. Debido al ANTIMENTALISMO del estructuralismo norteamericano, las 'clases formales' no pueden ser descritas con criterios semánticos, sólo en función de su forma, esto es, de sus atributos, su estructura y su distribución. De esta manera, no se habla de sustantivos, adjetivos, verbos, etc., sino de 'clase 1', 'clase 2', 'clase 3', etc. Consecuentemente, una oración es una estructura formada por clases formales, obtenidas por el procedimiento de SUSTITUCIÓN.

**CLASE NATURAL.** ① En FONOLOGÍA se llama 'clase natural' al grupo de fonemas que, en su representación, requiere menos especificaciones de las que necesita cada uno de los FONEMAS del grupo. Por ejemplo, la 'clase natural' de /p, t, k, b,d, g/ está formada por un solo rasgo [–continuante], mientras que cualquiera de los fonemas requeriría dos o tres, así la de /p/ sería [–compacto], [+grave], [+tenso] (Malmkjær, 1991: 113).

② Visto desde la semántica, una 'clase natural', por ejemplo, la de árbol, posee mayor EXTENSIÓN y menor INTENSIÓN que cada uno de los miembros del grupo (*pino, roble*, etc.).

**CLASE SOCIAL.** En SOCIOLINGÜÍSTICA, 'clase social', en el sentido de **estrato social** o grupo al que pertenecen personas con determinadas características sociales, es una de las VARIABLES, junto con EDAD, SEXO, PROFESIÓN y otras, utilizadas en el análisis sociolingüístico del lenguaje. *Cf* diastrato.

**CLASEMA.** En el ANÁLISIS SÉMICO del SIGNIFICADO de una UNIDAD LÉXICA, los SEMAS pueden ser de dos clases: SEMAS NOCIONALES y SEMAS CATEGORIALES o 'clasemas'. En SEMÁNTICA ESTRUCTURAL se llama 'clasema' a los semas categoriales, los cuales se caracterizan por:

(a) Pertenecer a un CLASE CERRADA a diferencia de los semas. Los más frecuentes son [animado], [humano], [abstracto], [contable], [acontecimiento], etc.

(b) Ser universales. Son muchos los lingüistas que quieren ver en ellos UNIVERSALES LINGÜÍSTICOS.

(c) Presentarse en forma BINARIA, por ejemplo [±animado], [±humano], etc.

(d) Estar jerarquizados. Como dice Weinreich (1964: 46-8), están configurados, mientras que los semas están arracimados. Mediante esta jeraquización el rasgo [animado] es anterior al de [humano] y hace irrelevante al primero.

Cuando en un enunciado hay choques entre 'clasemas' se produce la no ACEPTABI-

LIDAD del mismo, como en «Verdes ideas incoloras duermen furiosamente» (*Colorless green ideas sleep furiously*) o, dicho con otras palabras, se producen las DESVIACIONES estudiadas en la ESTILÍSTICA DE LA DESVIACIÓN. Por ejemplo, en el enunciado «La roca ríe» hay un choque del 'clasema' [–humano] de la palabra *roca* con [+humano] de *reír*. Los 'clasemas' del estructuralismo europeo coinciden *grosso modo* con las reglas de subcategorización de la GRAMÁTICA GENERATIVA (Chomsky, 1965: 149).

**CLASIFICACIÓN.** ① Véase en TAXONOMIZACIÓN.

② En el análisis del texto, y en ESTILÍSTICA, la 'clasificación' es una de las técnicas de la ILUSTRACIÓN, propias de la PROGRESIVIDAD textual, es decir, de las que hacen avanzar o progresar el discurso. Se basa la 'clasificación' en uno de los atributos básicos del pensamiento sistemático, la búsqueda del orden, y se caracteriza por un movimiento ascendente, es decir, de lo particular a lo general. Cualquier enunciado que intente localizar la CLASE a la que pertenece una unidad (persona, animal, acontecimiento, etc.) es una 'clasificación'. En todos los tipos de discurso, no sólo en los EXPOSITIVOS, la 'clasificación'es muy corriente («Era una de esas personas que siempre escuchan», etc.). *Cf* división, ejemplificación.

**CLASIFICACIÓN DE LAS LENGUAS.** Véase en TIPOLOGÍA LINGÜÍSTICA.

**CLASIFICADOR.** ① Con el nombre 'clasificador' se alude a cierto tipo de MORFEMAS o a cierta clase limitada de palabras que, en algunas lenguas, se incorporan obligatoriamente al sintagma nominal o al sustantivo núcleo del sintagma, y se seleccionan en función de la pertenencia del sustantivo a una determinada clase semántica. El chino, por ejemplo, es, según Moreno Cabrera (1987: 27; 1991: 176), una lengua con 'clasificadores'. Para construir en chino un sintagma nominal determinado, como *este libro*, no basta simplemente con unir las palabras para «este», «zhèi», y la correspondiente a «hombre», «rén». Hace falta incorporar al sintagma un *elemento léxico* perteneciente a la clase restringida de los 'clasificadores' que sea adecuado al sustantivo núcleo del sintagma; en este caso, el 'clasificador' exigido es «ge», el correspondiente al sustantivo «hombre»: «zhèi *ge* ren» («este hombre»). En cambio, para decir *este libro*, ha de seleccionarse un 'clasificador' distinto, «ben», el requerido por «shu» («libro»): «zhèi *ben* shu» («este libro»). También incluye Moreno Cabrera a las lenguas bantúes entre las lenguas con elementos 'clasificadores', puesto que en ellas los sustantivos poseen un prefijo para el singular y otro para el plural según la clase a la que pertenezcan (Moreno Cabrera, 1991: 177). La palabra *bantú* misma, según Martinet (1987: 195), está formada por el MONEMA *-ntu*, que quiere decir *hombre*, y por el elemento prefijado *ba-*, que tiene un valor de *plural* pero caracteriza igualmente la CLASE de los seres animados.

② Véase en ADJETIVO CLASIFICADOR.

**CLÁUSULA.** Según el uso procedente de la lingüística de tradición inglesa, el término 'cláusula' designa a la unidad gramatical cuya estructura está constituida por las funciones sintácticas organizadas en torno a un verbo: SUJETO, OBJETO DIRECTO, OBJETO INDIRECTO, etc. El que una unidad sea o no considerada cláusula depende pues, exclusivamente, de su estructura y no de su funcionamiento. Así, en los ENUNCIADOS «Han llegado las lluvias», «Toma el dinero y corre», «Me prometió que devolvería el dinero», serían 'cláusulas', según este sentido, *Han llegado las lluvias, Toma el dinero, Corre, Me prometió que devolvería el dinero, que devolvería el dinero*, puesto que en todas ellas pueden reconocerse funciones sintácticas organizadas en torno al verbo. Es habitual que quienes utilizan este término en el sentido aquí descrito empleen asimismo ORACIÓN (sentence) con un sentido teóricamente distinto del que tiene *cláusula*, normalmente relacionado con el funcionamiento de la unidad y no con su estructura.

**CLÁUSULA ABSOLUTA.** Equivale a CONSTRUCCIÓN ABSOLUTA.

**CLÁUSULA REDUCIDA.** Véase en ORACIÓN REDUCIDA.

**CLAUSURA.** Véase en CIERRE TEXTUAL.

**CLAVE.** Véase en PALABRA-CLAVE.

**CLAVES CONVERSACIONALES.** Dentro de la TEORÍA de la ESTRATEGIA DE COOPERACIÓN, diseñada por Gumperz (1985) para explicar la racionalidad que rige la CONVERSACIÓN, además del concepto de MARCO DISCURSIVO, es básico el de 'claves conversacionales', las cuales son guías orientadoras y baremos de evaluación (IRONÍA, PARADOJA, etc.) que actúan sobre los citados marcos discursivos. El término está tomado de la música, y con él se designan las pautas interpretativas (*cf* interpretación textual) de un ACONTECIMIENTO LINGÜÍSTICO. Estas claves se aprenden en bloque como parte de los procesos de socialización del lenguaje diario y se utilizan y se interpretan normalmente de forma automática; su función es doble (Michaels, S. *et al.*, 1981):

(1) cambiar el MARCO DISCURSIVO cuando sea apropiado o conveniente; y

(2) resaltar algún rasgo mediante el ÉNFASIS contrastivo o la TEMATIZACIÓN de algún segmento del enunciado.

Las 'claves conversacionales' constan de elementos verbales y de no verbales, tales como:

(a) la ELECCIÓN léxica, o sea, el ESTILO y el REGISTRO.

(b) la PROSODIA, a saber, la ENTONACIÓN, el RITMO, la CANTIDAD, el ACENTO, etc.;

(c) la PARALINGÜÍSTICA (carraspeo, modulaciones de la voz, etc.);

(d) la KINÉSICA (movimientos faciales, dirección de la mirada, etc.); y

(e) la PROXÉMICA (o espacio, posición o distancia que, conscientemente, los interlocutores guardan entre sí).

**CLIC.** Los 'clics', también llamados **avulsivos** y **oclusivas secundarias**, son consonantes OCLUSIVAS NO ESPIRADAS, cuyo mecanismo de fonación es VELAR INGRESIVO, es decir, de tipo inspiratorio, que se perciben como sonidos chasqueantes. Son velares porque se producen con una OCLUSIÓN en el velo del paladar e ingresivas por la dirección de la corriente de aire, es decir, aire procedente del exterior. En los 'clics', además de la oclusión velar, existe otra, que puede ser BILABIAL O APICOALVEOLAR (*cf* articulación doble, coarticulación). Al efectuar la oclusión en dos puntos, por ejemplo, en alvéolos y velo, se origina una compresión del aire, porque la lengua desciende o se arquea hacia abajo, de modo que, al romper la primera oclusión, el aire exterior penetra produciendo una especie de chasquido (Martínez Celdrán, 1982: 178), por lo que se emplean en muchas lenguas en forma de interjecciones. Los 'clics' son FONEMAS normales en algunas lenguas africanas. En las lenguas europeas no lo son, aunque tienen valor comunicativo. Por ejemplo, son 'clics' el ruido producido por un beso, representado con [ʘ], el que se emplea para apremiar a los caballos, representado con [ʖ,] o con [//], el que se utiliza para mostrar desaprobación, representado con [ʇ] o con [/] y ortográficamente con *tutt, tutt*, etc. (Abercrombie, 1967: 126). *Cf* inyectivas, eyectivas, rasgo de relajamiento.

**CLICHÉ.** ① En LEXICOLOGÍA y en ESTILÍSTICA se llama 'cliché' a las palabras, frases o expresiones que aparecen fosilizadas, gastadas o trilladas por el uso, fruto de la prisa, de la falta de gusto o de la pereza en la expresión. Muchos de estos 'clichés' proceden de cualquier repetición publicitaria. En los tratados de DICCIÓN se advierte de la carga que representa para cualquier texto o discurso el uso de un solo 'cliché', debido a su falta de frescura y, sobre todo, de naturalidad; como avisa Perrin (1950: 334), probablemente no se pueda evitar el uso de 'clichés' ni siquiera para condenarlos. Pero el 'cliché' no debe confundirse con la DESVIACIÓN estilística, por lo general cargada de novedad y de frescura.

Algunos usan indistintamente los términos 'cliché' y **tópico**. Sin embargo, el 'tópico' se refiere más a las *cuestiones* triviales o comunes, es decir, a los contenidos o significados, mientras que los 'clichés' apuntan a la expresión («No me gusta ir a esa reunión porque me aburre oír los 'tópicos' de siempre —ideas manidas, manidas o trilladas— con los 'clichés' —expresiones gastadas— habituales»). Al 'cliché personal se le llama **tic**. Algunas personas no pueden evitar usar 'tics' como «a nivel de», «el tema es», etc., vengan o no a cuento.

Se clasifican los 'clichés' (Rodríguez González, 1993) en: (a) clichés de relleno (*a estos efectos*, *en este sentido*, etc.), (b) METÁFORAS muertas («En la flor de la vida»), (c) SÍMILES gastados («Fuma como un carretero»); y (d) expresiones paralelas unidas con *y* o con *o* («Dicho y hecho», «Para bien o para mal», «Más tarde o más temprano»).

② Algunos también llaman 'clichés' a los MODISMOS O FRASES IDIOMÁTICAS (*cf* idiomático).

**CLÍMAX.** Se emplea en ESTILÍSTICA para señalar el punto culminante o más elevado de un proceso o gradación ascendente, ya en un poema, ya en una acción dramática. *Cf* anticlímax.

**CLÍTICO.** ① En la acepción más abarcadora del término, se consideran 'clíticos' las unidades gramaticales que, por su condición de formas ÁTONAS, carentes de independencia fónica, se pronuncian integradas en el grupo acentual de la palabra TÓNICA que les precede (*cf* ENCLÍTICO) o que les sigue (*cf.* PROCLÍTICO) en el enunciado. Son elementos 'clíticos' en este sentido todas las unidades destacadas en cursiva en los siguientes enunciados: «*El* árbol se ha secado», «*Mi* casa está en venta», «Llláma*me* luego», «*Lo* dejé sobre la mesa».

② En la lingüística actual, 'clítico' suele usarse también con un sentido más restringido. Alude, específicamente, a ciertas unidades gramaticales átonas cuyo funcionamiento se aproxima al de los AFIJOS. Es el caso de las tradicionalmente llamadas *formas pronominales átonas*: «Seguramente, *lo* dejé sobre la mesa», «*Me* quiere a pesar de todo», «*Les* regalé un televisor el año pasado». A pesar de que, gráficamente, *lo, me, les* aparecen como unidades separadas del verbo, su grado de cohesión con éste es similar al de un AFIJO y no al de un sintagma autónomo. De ahí que, por ejemplo, a diferencia de lo que ocurre con las *formas pronominales tónicas*, no pueda interponerse ninguna otra unidad entre el 'clítico' y el núcleo verbal: «**Lo* seguramente dejé sobre la mesa», «**Me*, a pesar de todo, quiere», «**Les* el año pasado regalé una moto». *Cf* ascenso de clíticos; dativo, acusativo.

**COALESCENCIA.** Véase en ASIMILACIÓN.

**COARTICULACIÓN.** El término 'coarticulación' se emplea con dos sentidos (Crystal, 1991): el de ARTICULACIÓN DOBLE, como en la pronunciación de los CLICS (*cf* labiopalatal, labiovelar), y el de SIMILITUD, cuando una articulación está subordinada a otra o solapada con ella. En este último caso se llama **coarticulación anticipatoria** a la influida por el sonido que sigue. Por ejemplo, en inglés el fonema /ʃ/ que normalmente no está LABIALIZADO se labializa anticipadamente por la influencia de la vocal /uː/ en la palabra *shoe*.

Para la fonología actual (Ohala, 1993) el concepto de 'coarticulación' es sinónimo del de ASIMILACIÓN. Sin embargo, algunos diferencian entre asimilación, que es el empleo de determinadas *variantes alofónicas* de un fonema de una lengua en un contexto concreto, y 'coarticulación', que es el conjunto de *ajustes articulatorios* que tienen que hacer las realizaciones de cada fonema de acuerdo con los sonidos que les preceden y les siguen (*cf* nasalización). El estudio de la 'coarticulación' es también un objetivo de la FONÉTICA COGNITIVA (Sifakis, 1990).

**CODA.** ① Véase en SÍLABA.

② Véase en CADENA[3].

**CODIFICACIÓN.** Véase en COMUNICACIÓN.

**CÓDIGO, CÓDIGO ELABORADO Y CÓDIGO RESTRINGIDO.** El término 'código' ha sido utilizado en lingüística, con el significado de sistema lingüístico, es decir, el de LENGUA o *langue*, a imagen de las telecomunicaciones y de la teoría de la información. Un código es, pues, un sistema convencional explícito que, con un número limitado de señales, permite la conversión de la forma de un MENSAJE en otra forma (la escritura, por ejemplo) para su transmisión. Aunque normalmente el término 'código' se usa para sistemas de LENGUAS ARTIFICIALES, el mismo Saussure habla del «código del lenguaje» refiriéndose al sistema lingüístico. Aquí este término, que forma parte de la DICOTOMÍA 'código'-MENSAJE, alude al sistema convencional de símbolos y de reglas que permite que un mensaje pueda ser **codificado** o producido y **descodificado** o interpretado. Jakobson en su esquema de la COMUNICACIÓN utiliza el término 'código' en este sentido.

El sociológo Bernstein ha utilizado los términos **código restringido** y **código elaborado** aplicado a distintas CLASES SOCIALES. El primero es propio de una clase social baja, caracterizado por insuficiencias sintácticas, deficiencias nominales y pobreza en la adjetivación. El segundo es el de las ricas manifestaciones lingüísticas, caracterizado por una sintaxis compleja y una abundancia de nombres y de adjetivos. Aunque esta división de códigos no es teóricamente sólida o sostenible, ha servido también para aludir a los miembros de una comunidad de saberes o epistemológico. Así, los físicos, que pertenecen a la misma COMUNIDAD EPISTEMOLÓGICA, la de los físicos, pueden intercambiar entre ellos información y conocimientos especializados valiéndose de un 'código restringido'. En PRAGMÁTICA existe una modalidad de ELIPSIS llamada ELIPSIS DE LOS CÓDIGOS RESTRINGIDOS.

**COGNADO.** ① En LEXICOLOGÍA son 'cognados' los términos cuyos SIGNIFICANTES son similares por tener el mismo origen genealógico, aunque sus SIGNIFICADOS pueden haber cambiado. La palabras *apellido* y *apelativo* son términos cognados. En TRADUCTOLOGÍA a algunos 'cognados' que pueden producir situaciones embarazosas al traductor se les llama **falsos amigos**, como pueden ser las palabras *constipado* (resfriado) en español y *constipé* o *constipated* (estreñido) en inglés. *Cf* análisis de contrastes.

② Véase OBJETO COGNADO.

**COGNICIÓN, COGNITIVO.** Véase en LINGÜÍSTICA COGNITIVA, HOLÍSTICO, LINGÜÍSTICA DE CORPUS, INTERPRETACIÓN TEXTUAL, RELEVANCIA y en FONÉTICA COGNITIVA.

**COGNICIÓN SOCIAL.** Van Dijk (1980) emplea el término 'cognición social' para explicar el carácter social de nuestra capacidad cognoscitiva (*cf* lingüística cognitiva), la cual comprendería no sólo lo que llamamos percibir, producir, interpretar, memorizar, saber, etc., sino también todas las normas y restricciones o limitaciones de tipo social inherentes a la convencionalidad de las representaciones e interpretaciones de la vida. Todo sistema conceptual está ligado a una cultura y, por consiguiente, nuestras intenciones lingüísticas dependen del contexto cultural compartido, el cual es un sistema de normas y convenciones del que participan los miembros de una determinada comunidad. Este último término puede referirse al contexto cultural europeo, al de una nación, al de un club o asociación, etc. *Cf* comunidad epistemológica, interpretación textual, presuposición pragmática.

**COHERENCIA, COHESIÓN.** Dentro de la LINGÜÍSTICA TEXTUAL, la 'coherencia', junto con la 'cohesión', aparece en la mayoría de los MODELOS explicativos de las CONDICIONES DE TEXTUALIDAD O TEXTURA que debe poseer todo TEXTO, y algunos tratadistas (Beaugrande *et al.*, 1981: 3-12) resaltan la importancia de la 'cohesión' y de la 'coherencia' sobre las demás condiciones de textualidad.

La 'cohesión' es la trabazón morfosintáctica del texto y se puede entender como una concordancia supraoracional. En cambio, la 'coherencia' es su estabilidad conceptual, es decir, la 'coherencia' dirige su campo de acción hacia los conceptos y las RELACIONES, mientras que la 'cohesión' tiene que ver con los elementos lingüísticos que contribuyen a mantener la 'coherencia'. Los conceptos son configuraciones de contenido cognitivo (*cf* lingüística cognitiva) y las relaciones son los vínculos que los conceptos (expresados en forma de palabras, frases y oraciones) establecen entre sí en un texto. Aunque podemos encontrar textos 'coherentes' con problemas de 'cohesión' (*cf* aceptabilidad), y a la inversa, textos incoherentes con una buena cohesión (*cf* gramaticalidad), la dos están relacionadas de modo tal que algunos lingüistas (Halliday *et al.*, 1976; Bustos, 1996) engloban los recursos de las dos bajo el epígrafe de 'cohesión', y otros, los menos, sólo hablan de 'coherencia', conocida en la RETÓRICA clásica con el nombre DE SINDÉRESIS.

La diferencia entre la 'cohesión' y la 'coherencia' radica en que la primera debe estar patente en el texto, mientras que la 'coherencia' la descubre el DESTINATARIO del texto (*cf* interpretación textual), con la ayuda de los recursos de la 'cohesión', los cuales son imprescindibles, so pena de caer en la AGRAMATICALIDAD y de distorsionar la estabilidad conceptual. Halliday y Hasan (1976) han estudiado muy pormenorizadamente cinco tipos de vínculos de 'cohesión' (incluyendo en ésta a la 'coherencia'): la REFERENCIA (uso de pronombres para referirse a algo ya nombrado, conocido tradicionalmente con el nombre de anáfora), la SUSTITUCIÓN (frases como «y yo también», «y ellos lo mismo», etc.), la CONJUNCIÓN (a saber, los CONECTORES que marcan los distintos vínculos lógicos, temporales, causales, etc., que mantienen las oraciones adyacentes), la ELIPSIS («Él vive en Londres y ella ϕ en Madrid»), y la repetición léxica. A todos estos recursos también se les conoce como **marcadores de cohesión y coherencia**.

La REPETICIÓN es uno de los recursos fundamentales de la 'coherencia' textual, no sólo la ANÁFORA, que recuerda lo dicho, y la CATÁFORA, que anticipa algo que se va a repetir, sino también de la repetición ISOTÓPICA (o subyacente), la ISOTÁXICA y la ISOFÓNICA, y la llamada SUSTITUCIÓN MEDIANTE PROFORMAS (Bernárdez, 1982: 103 y sigs.). Otro recurso básico de 'coherencia' lo constituyen las RELACIONES LÉXICO-SEMÁNTICAS (SINONIMIA, ANTONIMIA, HIPONIMIA, etc.). *Cf* cadena nominativa, elipsis de la coherencia textual.

**COHIPÓNIMO.** Véase en HIPÓNIMO.

**COINDIZAR.** En algunos estudios gramaticales, como en RECCIÓN Y LIGAMIENTO, 'coindizar' es asignar un mismo **índice** o **subíndice** a dos o más unidades oracionales. Esta asignación es un recurso formal utilizado para indicar que entre las unidades 'coindizadas' existe una determinada relación, particularmente una relación de CORREFERENCIA. Por ejemplo, en «Alberto$_i$ duda de sí mismo$_i$», el sintagma nominal *Alberto* y el reflexivo *sí mismo* están 'coindizados', esto es, se les ha adjuntado un mismo subíndice [$_i$] para señalar que son unidades correferenciales, es decir, expresiones que aluden a la misma persona.

**COLABORACIÓN.** En algunos modelos explicativos del DIÁLOGO, éste queda caracterizado como un contrato que comprende las siguientes cláusulas: (1) la TOPICALIZACIÓN, (2) la TEMATIZACIÓN, (3) la **colaboración**, propia de la racionalidad comunicativa (PRINCIPIO DE COOPERACIÓN, ESTRATEGIA DE COLABORACIÓN) y el principio de RELEVANCIA y el de CORTESÍA, y (4) los TURNOS DE HABLA O DE PALABRA.

**COLECTIVO.** Véase en NOMBRE COLECTIVO.

**COLOCACIÓN.** ① En la tradición SEMÁNTICA inglesa (Halliday, 1973: 32) se emplea el término 'colocación' para aludir a la CONCURRENCIA, o tendencia que tienen nombres y verbos, y determinados nombres y adjetivos a "co-aparecer" en construcciones sintácticas, como *ladrar* y *perro*, *relinchar* y *caballo*, *talar* y *árbol*, etc. Estas estructuras forman conjuntos de palabras, que Halliday llamó CONJUNTOS LÉXICOS.

② Por extensión también se llama 'colocación' en MORFOLOGÍA a la distribución de palabras que tienen algún MORFEMA común con independencia de la CLASE a la que pertenezcan, como *recibir, recepción, receptor,* etc.

**COLUMNA DE AIRE FARÍNGEO.** En la FONÉTICA ARTICULATORIA recibe este nombre el aire VIBRANTE O SONORIZADO procedente de la LARINGE.

**COLOR, COLORACIÓN.** En FONÉTICA se usa el término 'color', con valor SINESTÉSICO, asociando sensaciones auditivas y sensaciones visuales en la caracterización de un SONIDO. Así, se dice que las CONSONANTES y VOCALES PALATALES tienen un 'color' CLARO, mientras que las VELARES tienen un 'color' OSCURO. Esta denotación es poco precisa, propia de la FONOESTILÍSTICA, pero es significativa. Por ejemplo, la [o] y la [u] (*pozo, hueco*) tienen un color oscuro. Consecuentemente se llama **coloración** a las modificaciones fonéticas producidas por las ARTICULACIONES SECUNDARIAS, PALATALIZACIÓN, VELARIZACIÓN, NASALIZACIÓN, etc.) propias de la SIMILITUD (*cf* asimilación) que, con el tiempo, pueden generar CAMBIOS FONOLÓGICOS.

**COMBINACIÓN.** El término 'combinación' es clave en las TEORÍAS lingüísticas, ya que la CADENA HABLADA y el DISCURSO están formados por la 'combinación de unidades'. La 'combinación' es el proceso mediante el cual cualquier unidad de la lengua se relaciona, en el HABLA, con otras unidades del enunciado (*cf* sintagma).

La 'combinación' forma parte de dos dicotomías metodológicas: ELECCIÓN/COMBINACIÓN y **combinación/sustitución**. Esta segunda dicotomía es muy importante para la lingüística saussureana, ya que la definición de cualquier unidad se basa en dos ejes, el de las sustituciones y el de las combinaciones. El EJE SINTAGMÁTICO es el de las 'combinaciones', mientras que el paradigmático es el de las sustituciones. En el eje de las 'combinaciones' las unidades mantienen relaciones de CONTRASTE, mientras que en el paradigmático las relaciones que se establecen son de OPOSICIÓN.

**COMBINATORIA.** Véase en VARIANTES COMBINATORIAS

**COMISIVO.** Véase en ACTO DE HABLA.

**COMITATIVO.** ① Se denomina 'comitativo' el PAPEL SEMÁNTICO correspondiente a la entidad humana o animada en cuya compañía se lleva a cabo o, al menos, podría llevarse a cabo, la acción o el proceso a que hace referencia el predicado. Por ejemplo, en los enunciados «Voy a ir al cine con Lola», «He estado cenando con mi hermana Eva», *Lola* y *mi hermana Eva* son las expresiones nominales a las que se asigna ese papel semántico: representan a las personas en cuya compañía se ha de realizar o se ha realizado la acción denotada por el predicado.

② También se denomina 'comitativo' el complemento preposicional mediante el que se representa en la oración el papel semántico antes comentado. Así, *con Lola, con mi hermana Eva* son **complementos comitativos** en sus respectivos enunciados.

③ 'Comitativo' o **acompañativo** es, asimismo, el término con el que se alude al CASO MORFOLÓGICO que, en algunas lenguas que poseen distinción de caso, diferencia al nombre que designa a la persona en cuya compañía *se hace algo*.

**COMP.** En RECCIÓN Y LIGAMIENTO es el NUDO categorial, situado a la izquierda de O (oración), que da cabida tanto a los COMPLEMENTANTES (por ejemplo, los subordinantes *que* o *si* de las oraciones sustantivas) como a los elementos interrogativos y relativos desplazados a posición inicial de oración mediante una transformación de MOVIMIENTO DE QU. Por ejemplo, según M. L. Rivero (1991: 39), una oración como «¿Con quién hablas?» tiene la siguiente estructura, una vez aplicado el movimiento de Qu:

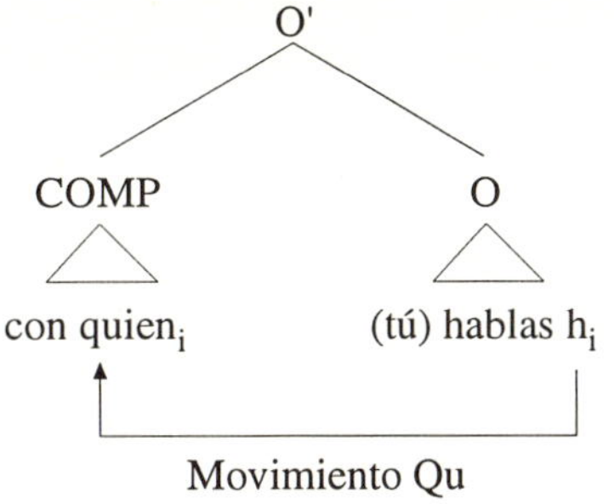


($h_i$ es la HUELLA que deja en su lugar de origen el elemento desplazado).

De conformidad con los planteamientos característicos del modelo RECCIÓN Y LIGAMIENTO, 'COMP', como cualquier categoría sintáctica, estaría constituida por un núcleo y un ESPECIFICADOR. La posición de núcleo correspondería al complementante, mientras que los interrogativos y relativos que han sido desplazados se situarían en la posición correspondiente al especificador.

**COMPACTO.** Equivale a DENSO[2].

**COMPARACIÓN.** ① Véase en ORACIÓN COMPARATIVA.

② En el análisis del texto, y en ESTILÍSTICA, la 'comparación' es una de las técnicas de la ILUSTRACIÓN, propias de la PROGRESIVIDAD textual, es decir, de las que hacen avanzar o progresar el discurso. Se basa la 'comparación' en la relación de semejanza que se establece entre dos entidades. La comparación en estilística cumple varias funciones: la ornamental («Tan bella como una flor»), la pedagógica, etc. Dos formas especiales de comparación son el SÍMIL y la METÁFORA. *Cf* contraste.

③ En la INVESTIGACIÓN LINGÜÍSTICA la 'comparación' ha sido una técnica muy utilizada. En los siglos XVII y XVIII la COMPARACIÓN TIPOLÓGICA (*cf* tipología) fue uno de los grandes objetivos de esta investigación, mientras que la COMPARACIÓN GENEALÓGICA (*cf* método comparativo, lingüística comparada) lo fue del siglo XIX.

**COMPARACIÓN GENEALÓGICA.** Véase en LINGÜÍSTICA COMPARADA y MÉTODO COMPARATIVO.

**COMPARACIÓN TIPOLÓGICA.** Véase en TIPOLOGÍA.

**COMPARATISMO, COMPARATISTAS.** Véase en MÉTODO COMPARATIVO.

**COMPARATIVO.** Véase GRADO y ORACIÓN COMPARATIVA.

**COMPETENCIA.** Con el fin de acotar el objeto de la gramática, en el GENERATIVISMO se establece la distinción entre la llamada 'competencia' y la ACTUACIÓN, que es una de las DICOTOMÍAS más motivadoras de este PARADIGMA (Bes, G., 1984).

La COMPETENCIA es el conocimiento interno o posesión intuitiva que tiene un hablante nativo idealizado de su propia lengua, con independencia de que sea consciente o no de ese conocimiento. En palabras de Chomsky es el «sistema finito de reglas flexibles constitutivas del lenguaje humano». El concepto de sistema de REGLAS es el elemento fundamental para que sea posible el dominio del lenguaje; estas reglas son RECURSIVAS y explicitables, aunque todos los hablantes nativos de una lengua no sean capaces de explicitarlas. El estudio de la 'competencia' es la actividad propia de los lingüistas y, en este sentido, los conceptos básicos del GENERATIVISMO, como las INTUICIONES lingüísticas o la CREATIVIDAD, hallan su respuesta dentro de una teoría de la competencia (Kasher, A., 1977). Sin embargo, la 'competencia' (Wunderlich, D., 1979: 110) es un CONSTRUCTO teórico que conlleva un triple grado de ABSTRACCIÓN:

(1) en primer lugar, lo que se describe es sólo la capacidad del HABLANTE-OYENTE IDEAL para producir y reconocer *oraciones*, no enunciados, y en este sentido, como no existe ningún hablante-oyente que tenga esa capacidad aislada, la abstracción reside en que la noción de hablante-oyente ideal hay que entenderla como una entidad teórica;

(2) la segunda abstracción radica en el hecho de que al hablante-oyente ideal se le toma como representativo de una comunidad de habla homogénea, la cual, como

constructo teórico, impide explicar dos factores lingüísticos básicos: el CAMBIO diacrónico y la VARIACIÓN sincrónica;

(3) en tercer lugar, la abstracción consiste en asumir una capacidad lingüística que debería especificarse dentro de la PSICOLINGÜÍSTICA o de los estudios de ADQUISICIÓN DEL LENGUAJE.

La DICOTOMÍA competencia/actuación, como el mismo Chomsky reconoce, está muy relacionada con la de LENGUA/HABLA de Saussure. Algunos lingüistas creen que son intercambiables *grosso modo*; no obstante, se notan marcadas diferencias, que surgen de las distintas perspectivas básicas de estos dos paradigmas: por una parte, el carácter social de la 'lengua' frente al psicolingüístico de la 'competencia'; por otra, la meta investigadora del ESTRUCTURALISMO, tanto en la versión europea como en la norteamericana, es estática (elaboración de repertorios, listas, colecciones, relaciones, clasificaciones, etc.) y, hasta cierto punto, se puede decir que la 'lengua'es un inventario de formas o elementos lingüísticos. En cambio, la meta investigadora del paradigma generativista es dinámica: la 'competencia' se concibe como un mecanismo formado por un conjunto de reglas, capaz de explicar la creatividad lingüística.

**COMPETENCIA COMUNICATIVA.** El término 'competencia comunicativa', introducido por Dell Hymes (1968) en lo que se llama ETNOGRAFÍA DE LA COMUNICACIÓN, se refiere al dominio de las reglas de tipo social, cultural y psicológico que rigen el USO del lenguaje en los distintos CONTEXTOS sociales. Este término abarca las técnicas de organización e INTERPRETACIÓN del discurso propias de la 'actividad del hablar' entendida en el sentido dado por Coseriu (1967: 282-323), técnicas en las que se incluyen las bases lingüísticas, las sociológicas y las psicológicas del discurso.

Siguiendo a Jasone Cenoz (1996: 101), la 'competencia comunicativa' se diferencia de la COMPETENCIA (lingüística) en que ésta es estática, innata y tiene una base biológica, mientras que la 'competencia comunicativa' es dinámica, aprendida y es de base social. El estudio de la 'competencia comunicativa', es decir, el descifrar cómo se lleva a cabo la **interlocución**, o comunicación entre **interlocutores**, o dicho con otras palabras, cómo éstos comprenden y emiten los enunciados, es el objetivo principal de investigación de la perspectiva pragmática (Sperber, D., y Wilson, D., 1982). También lo fue, en cierto sentido, del paradigma generativista, interesado, como estaba, por la COMPETENCIA del HABLANTE-OYENTE ideal y por la ADQUISICIÓN DEL LENGUAJE. Pero aquí, en la pragmática, por una parte, se analiza la interlocución como conjunto de estrategias propias de la «actuación», no de la competencia, que tienen el CONTEXTO como concepto central y, por otra, no se descuidan los problemas de la VARIACIÓN lingüística (frente al concepto de hablante-oyente ideal) producida por los DIALECTOS, los IDIOLECTOS y los cambios de REGISTRO.

Las teorías de APRENDIZAJE de lenguas extranjeras basadas en el PARADIGMA DE LA PRAGMÁTICA ponen de relieve que el conocimiento lingüístico ya no es sólo el conocimiento de formas, como en el GENERATIVISMO; es preciso que ese conocimiento se amplíe al uso comunicativo y a las restricciones y limitaciones que este uso impone.

**COMPETITIVO.** Véase en DIÁLOGO COMPETITIVO.

**COMPLEMENTADOR.** Equivale a COMPLEMENTANTE.

**COMPLEMENTANTE.** En GRAMÁTICA GENERATIVA, **complementante** —o también **complementador**— es la CATEGORÍA que abarca a las unidades gramaticales que tienen como función introducir ORACIONES COMPLETIVAS. Es el caso de *que*, el elemento que encabeza las oraciones completivas no interrogativas («Le aseguro *que* este detergente es buenísimo»), o el caso de *si,* la unidad que introduce ORACIONES INTERROGATIVAS INDIRECTAS: «Dime *si* estás conforme con el trato». Los 'complementantes', según señala Demonte (1989), constituyen el núcleo de COMP, el NUDO o categoría que alberga, asimismo, en la posición correspondiente al ESPECIFICADOR, a los elementos desplazados por MOVIMIENTO DE QU.

**COMPLEMENTARIEDAD.** Véase en RECIPROCIDAD.

**COMPLEMENTO.** ① En su acepción más abarcadora, 'complemento' alude a cualquier unidad gramatical incidente en un núcleo. Todas las unidades destacadas en cursiva en los siguientes enunciados pueden denominarse 'complementos', en este sentido amplio del término: «Este ejercicio *de matemáticas* es *bastante* fácil», «Su informe está lleno *de errores*», «Antonio vendió *la casa*». Se ve claramente que *matemáticas* incide sobre «ejercicio», *bastante* sobre «fácil», *de errores* sobre «lleno», etc.

② En GRAMÁTICA GENERATIVA, 'complemento' se utiliza también con un sentido más restringido. Alude sólo a los modificadores de un núcleo que, junto con éste, caen dentro del ámbito de los ESPECIFICADORES. Según esta acepción, serían 'complementos' los constituyentes *de matemáticas, de errores, la casa* de los enunciados anteriores. No así *este* y *bastante*, que funcionan como especificadores.

③ Cuando se utiliza en oposición a ADJUNTO o cualquier otro término de sentido similar, 'complemento' hace referencia a los constituyentes obligatorios de un predicado, aquellos cuya aparición está condicionada por las VALENCIAS verbales. En el enunciado «Puse *las cartas encima de la mesa*», *las cartas* y *encima de la mesa* son 'complementos' en este sentido del término, dado que el verbo *poner* requiere tanto un objeto como una complementación de lugar. Sin embargo, en «Estuvimos bailando durante dos horas encima de la mesa», ni *durante dos horas* ni el mismo sintagma *encima de la mesa* son ya 'complementos', sino adjuntos. Las valencias del verbo *bailar* no implican ni la expresión del tiempo empleado en la acción ni la del lugar donde se realiza.

④ En la terminología propuesta por E. Alarcos (*cf* Alarcos, 1980) para las funciones sintácticas del sintagma verbal, 'complemento' se utiliza, de modo específico, como equivalente al término OBJETO INDIRECTO, más tradicional y común en los textos gramaticales.

**COMPLEMENTO AGENTE.** 'Complemento agente' es el nombre que se da al sintagma preposicional, encabezado generalmente por la preposición *por*, que representa al agente de la acción denotada por el verbo en las oraciones PASIVAS. Por ejemplo, en «Ha sido absuelto *por el juez*, pero sigue estando bajo sospecha», «El coche fue registrado *por la policía*», son 'complementos agentes' los sintagmas *por el juez, por la policía*. Ambos designan a la persona que realiza la acción (*absolver, registrar*) representada en la construcción pasiva. Según la Real Academia Española (1973: 378), en los textos literarios primitivos y en la época clásica, también se empleaba la preposición *de* para hacer referencia al agente en las oraciones pasivas: «El que a muchos teme, *de muchos* es temido». No obstante, añade que, en la actualidad, es *por* la preposición preferida. *Cf* ablativo agente.

**COMPLEMENTO CIRCUNSTANCIAL.** Procedente de las llamadas gramáticas tradicionales, el término 'complemento circunstancial' se ha mantenido también en las gramáticas actuales más formalizadas, junto con otras denominaciones más o menos equivalentes en el plano designativo, tales como ADITAMENTO, ADJUNTO, CIRCUNSTANTE. Tanto las gramáticas tradicionales como aquellas más formalizadas que hacen uso de este término coinciden en emplear la denominación 'complemento circunstancial' para aludir a la función sintáctica que desempeñan en la oración unidades como las que van en cursiva en los siguientes enunciados: «Angel trituró los papeles *la semana pasada*», «Los niños estuvieron seleccionando fotos *tranquilamente en el jardín*». No obstante, el concepto que subyace a esta denominación varía de un tipo de gramática a otro:

① En las más tradicionales, 'complemento circunstancial' se asocia a una definición de base nocional: es el complemento que expresa las circunstancias de lugar (*en el jardín)*, tiempo (*la semana pasada*), modo (*tranquilamente*), etc., que rodean a la acción verbal.

② En otros tipos de gramática, el concepto de 'complemento circunstancial' se delimita a partir de rasgos sintácticos: es un complemento no seleccionado por el verbo, de lo que se deriva un comportamiento sintáctico distinto del de los complementos dependientes de la selección verbal. Así, por ejemplo, si se suprime en una oración, ni produce una secuencia agramatical, ni debe recuperarse por el contexto, ni queda necesariamente implícito en una interpretación indefinida o genérica. Compárense al respecto las oraciones siguientes: «*Los niños estuvieron seleccionando tranquilamente en el jardín», «Los niños estuvieron seleccionando fotos»; «*Ángel trituró la semana pasada», «Ángel trituró los papeles».

**Complemento comitativo.** Véase en COMITATIVO.

**Complemento directo e indirecto.** Véase en OBJETO DIRECTO y en OBJETO INDIRECTO.

**Complemento predicativo.** ① Constituyente de un SINTAGMA VERBAL no COPULATIVO, que atribuye una propiedad o característica a la entidad representada, bien por el sujeto de la oración («Antonio salió *borracho* del bar), bien por el objeto directo («Ana notó *nervioso* al muchacho»). Cuando, como es el caso de los ejemplos propuestos, el 'complemento predicativo' es un sintagma adjetivo, concuerda con el sintagma nominal al que atribuye la propiedad o característica (*Antonio* con *borracho, nervioso* con *el muchacho*).

② El término 'complemento predicativo' se utiliza también en algunos textos (RAE, 1973) en un sentido más amplio que el anterior; en esta segunda acepción alude a un constituyente del sintagma verbal que atribuye una propiedad, bien al sujeto, bien al objeto directo de la oración, sin tomar en consideración si el verbo es COPULATIVO o no. Abarca, pues, no sólo los constituyentes denominados 'complementos predicativos' en la acepción anterior, sino también los que en otros textos se identifican como ATRIBUTOS. En «El perro volvió a casa *sediento*», «La vida es *hermosa*», «Mario se ha vuelto *muy reservado*», «La ropa está *carísima*», *sediento, hermosa, muy reservado, carísima* son todos 'complementos predicativos' según este sentido amplio del término.

**Completiva.** Véase en ORACIÓN COMPLETIVA.

**Componencial.** Véase en ANÁLISIS COMPONENCIAL.

**Componente.** ① 'Componente' alude a cada uno de los subsistemas, integrados por determinados elementos y reglas, en que, según diversas teorías, se organizan las gramáticas. Por ejemplo, de conformidad con Hernanz y Brucart (1987: 18 y sigs.), que parten de una perspectiva generativa, la gramática está formada por cuatro 'componentes': (a) el **componente léxico**, que «tiene como misión el almacenamiento de las unidades significativas de la lengua»; (b) el **componente sintáctico** que, por medio de reglas, combina las unidades del léxico para dar lugar a las estructuras sintácticas de las oraciones; (c) el **componente fonológico**, «que se encarga de convertir la RS (representación sintáctica) en una representación fonética»; y (d) el **componente semántico**, formado por reglas mediante las que se obtiene la interpretación semántica de la oración.

② 'Componente' también hace referencia a los rasgos en que se analizan las unidades del nivel o plano semántico, así como a los que constituyen las unidades mínimas del nivel fonológico. Son pues 'componentes' de tipo semántico, en esta acepción del término, los rasgos significativos mínimos que se descubren en el ANÁLISIS SÉMICO o componencial de las unidades léxicas. Así, según Lyons (1971), el sentido de *hombre* podría considerarse como el producto de los 'componentes' (macho), (adulto) y (humano). *Cf* sema, marcador semántico.

Son 'componentes' fonológicos los RASGOS DISTINTIVOS de los FONEMAS que pone al descubierto el análisis fonológico.

Aunque el recurso al análisis semántico por medio de 'componentes' ha tenido numerosos detractores que han criticado su visión «atomista» del significado, son muchos los que consideran que la descomposición léxica goza de plena validez conceptual y metodológica (Jackendoff, 1985: 127).

**COMPONENTE FONOLÓGICO.** Véase en PRONUNCIACIÓN.

**COMPONENTE PRAGMÁTICO.** En muchos modelos de descripción del lenguaje, junto al componente fonológico, el morfosintáctico, el léxico, el semántico, existe otro, llamado 'componente pragmático' del análisis del lenguaje referido al dominio de las REGLAS y ESTRATEGIAS del USO del lenguaje. *Cf* pragmática.

**COMPOSICIÓN.** Se da el nombre de 'composición' a uno de los dos procedimientos principales —el otro se identifica como DERIVACIÓN— (*cf* abreviación, flexión) de que disponen las lenguas para formar nuevas palabras a partir de unidades gramaticales existentes en la lengua. En lenguas como el alemán o el inglés este recurso es mucho más corriente que en español. Se ve en ejemplos como *zapatería* y *librería*, formadas en español por derivación, que en inglés son respectivamente *shoeshop* y *bookshop*. *Cf* neología.

El tipo de procedimiento que unánimente se reconoce como 'composición', el que a menudo se toma como base para definir el término, consiste en la formación de una nueva unidad léxica mediante la combinación de dos o más palabras, de dos o más piezas léxicas que funcionan como formas libres, autónomas, en la lengua. Así, por ejemplo, desde el punto de vista de Moreno Cabrera (1995: 459), «en la composición dos o más palabras pasan a constituir una palabra nueva». De acuerdo con esta definición, *lavavajillas, sacacorchos, limpiabotas, sordomudo* son palabras formadas mediante 'composición', puesto que están integradas por dos unidades léxicas reconocibles como palabras con funcionamiento autónomo en la lengua: «Este detergente *lava* muy bien las *vajillas*», «Ese es el chico que *limpia* las *botas*», «Paco no es ni *sordo* ni *mudo*. Puede defenderse solo», «Este artilugio no *saca* los *corchos*, los rompe». El resultado de la composición se llama COMPUESTO, el cual es una unidad indisoluble, en el sentido de que el significado resultante es irreversible.

No obstante, fuera de este tipo canónico de 'composición' los límites que se establecen en los estudios gramaticales entre 'composición' y derivación resultan, como sugiere E. Martinell (1984), imprecisos y cambiantes, especialmente cuando los elementos implicados en la formación son PREFIJOS (*re*leer) o unidades léxicas de origen culto (*filo*soviético) inexistentes como palabras autónomas en la lengua. Por ejemplo, para Scalisse (1984) o para Cabré y Rigau (1986), la unidad léxica *filosoviético*, integrado por el TEMA o radical griego *filo* y la palabra *soviético*, se habría formado mediante 'composición', pese a que *filo* es una unidad léxica que no puede funcionar como palabra independiente en la lengua. Su concepto de 'composición' no se ciñe, pues, a la creación de ítems léxicos mediante combinación de palabras. Se hace extensivo también a la formaciónde unidades en las que se combinan, bien entre sí (*filólogo*) bien con palabras (*filo*soviético), elementos identificables como radicales o temas.

En cambio, Alvar Ezquerra (1993b) incluye formaciones similares entre las palabras creadas por derivación, atendiendo precisamente a que elementos como *filo*, *logo*, son siempre formas ligadas, carentes de independencia.

**Composicionalidad.** Véase en SEMÁNTICA COMPOSICIONAL, ANALIZABILIDAD.

**Comprensión lectora.** Véase en DESTREZAS COMUNICATIVAS.

**Comprensión oral-auditiva.** Véase en DESTREZAS COMUNICATIVAS.

**Compuesto.** En morfología se denominan 'compuestos' los elementos léxicos complejos que se han formado mediante COMPOSICIÓN. Son, por ejemplo, 'compuestos' canónicos adjetivos como *sordomudo* o *agridulce*, nombres como *limpiabotas, altavoz* o *malhumor*, verbos como *maldecir*. Todos ellos son ítems léxicos que se han formado por «composición», esto es, combinando unidades léxicas que funcionan como palabras independientes en la lengua.

Los 'compuestos' suelen subclasificarse atendiendo a diversos criterios:

(a) Tomando como base el tipo de conexión sintáctica existente entre las unidades que los constituyen, se diferencian dos tipos de 'compuestos': los **subordinados** o **hipotácticos** y los **coordinados** o **paratácticos.** Son 'subordinados' o 'hipotácticos' 'compuestos' como *maldecir, altavoz, malhumor, limpiabotas, tocadiscos*, ya que entre sus componentes existe una relación de dependencia: uno de los elementos es modificador del otro (*mal*decir, *alta*voz, *mal*humor) o «satisface la estructura argumental» del otro (Varela, 1990: 106); es el caso de «limpia*botas*» o «toca*discos*». En cambio, *agridulce, sordomudo, carricoche* se consideran 'compuestos coordinados' o 'paratácticos' porque están integrados por unidades pertenecientes a la misma categoría (adjetivo, nombre) que «están en pie de igualdad» (Moreno Cabrera, 1995: 454), que, simplemente, se yuxtaponen o coordinan.

(b) Atendiendo a la relación existente entre la categoría del 'compuesto' y la categoría o categorías en la que se incluyen las BASES, se distinguen, asimismo, dos clases de 'compuestos': los **endocéntricos** y los **exocéntricos**. Se consideran 'endocéntricos' los 'compuestos' que pertenecen a la misma categoría que sus miembros, o a la misma categoría que la unidad identificada como NÚCLEO del 'compuesto'. De no darse esa coincidencia categorial, el 'compuesto' se clasifica como 'exocéntrico'. *Sordomudo, agridulce, malhumor*, por ejemplo, son compuestos 'endocéntricos' en esta acepción del término. Su categoría (adjetivo, nombre) es idéntica a la de sus miembros (*sordo-mudo, agri-dulce*) o a la del componente considerado núcleo del compuesto (mal*humor*). Por el contrario, según señalan Varela (1990), Pena (1991) o Manteca Alonso-Cortés (1987), 'compuestos' como *abrelatas, limpiabotas, guardajugas* suelen interpretarse como formaciones de carácter 'exocéntrico'. Son unidades léxicas pertenecientes a la categoría sustantivo que estan aparentemente integradas por una base verbal (*abre, limpia, guarda*) y una unidad sustantiva (*latas, botas, agujas*) que no puede considerarse núcleo de la formación. (No obstante, en los trabajos antes citados todos estos 'compuestos' se consideran igualmente endocéntricos. Así, por ejemplo, según Varela o Pena, no están realmente integrados por un verbo, sino por un sustantivo deverbal que actúa como núcleo del 'compuesto').

Los términos 'compuesto endocéntrico', 'compuesto exocéntrico' se utilizan también, con un sentido diferente del anterior, para aludir a la relación semántica existente entre el 'compuesto' y sus elementos. Por ejemplo, la Real Academia Española (1973: 169) considera 'compuestos endocéntricos' aquellos en los que «se da una relación semántica de identidad entre el compuesto y uno de sus componentes o ambos: *camposanto* es una clase de campo; *sordomudo* es alguien que es sordo y mudo». En los 'exocéntricos', en cambio, no existe esa relación. Así, como indica Varela, desde este punto de vista semántico, se considerarían 'exocéntricos' todos los 'compuestos' opacos, fuertemente lexicalizados, como *pielroja*, que no alude a un tipo de «piel», o *aguamarina*, que no denota una clase de «agua».

**COMPUESTO RIMADO.** Es el nombre compuesto formado por repetición de la rima del primer componente. Este tipo de compuesto (Lillo Buades, 1995: 18, 33) es característico del lenguaje coloquial y argótico, donde la rima a menudo contribuye a la creación de significados CONNOTATIVOS favorables, humorísticos o PEYORATIVOS: inglés *legal eagle* (abogado eficaz y astuto), *wheeler dealer* (político o empresario intrigante).

**COMÚN.** Véase en NOMBRE COMÚN y en GÉNERO.

**COMUNICACIÓN.** En la visión FUNCIONALISTA del lenguaje que arranca de Bühler (1950) y continúa hasta Austin (1972), Grice (1975), Dik (1978), Halliday (1985), pasando por Jakobson (1970), la 'comunicación' ha sido la meta fundamental del mismo. Tanto en el PARADIGMA ESTRUCTURALISTA como en el de la PRAGMÁTICA el fin del lenguaje es la 'comunicación' (*cf* actividad comunicativa). Se puede decir que uno y otro se han interesado por la ACTUACIÓN, esto es, por la «presencia del otro», en contraste con el GENERATIVISMO, al que según Leont'eva (1974) le han sobrado excesos formalistas en la concepción del lenguaje como *sistema* idealizado, en detrimento de la 'comunicación'. Para Wallace Chafe (1970) fue errónea la lingüística del GENERATIVISMO, ya que que debió analizar el lenguaje funcionalmente, teniendo en cuenta lo que ocurre en la 'comunicación', en vez de considerarlo como un conjunto de estructuras formales abstractas.

Llamamos 'comunicación' al proceso mediante el que un MENSAJE emitido por un individuo, llamado EMISOR, es comprendido por otro llamado **receptor** o **destinatario**, que es la persona o entidad a quien va dirigido el mensaje (*cf* interlocutor), gracias a la existencia de un CÓDIGO común. Este proceso abarca dos etapas: la **emisión** y la **recepción** del mensaje, llamadas respectivamente la codificación y la descodificación.

La **codificación** es un proceso complejo que va desde el pensamiento hasta los sonidos, y consiste en la transformación de una serie de conceptos o contenidos de tipo psíquico en señales acústicas, convertidas en enunciados. La 'codificacion' es, en suma, un proceso de transmutación del MENSAJE mediante la elección de señales, símbolos o signos del CÓDIGO y su introducción en el CANAL. La 'codificación' ha tenido diferentes definiciones teniendo en cuenta el mayor o menor énfasis puesto en los aspectos mentalistas o mecanicistas del PARADIGMA en donde se ha definido. Igualmente, y dependiendo del paradigma, se ha concedido mayor importancia a la función coordinadora del componente semántico, del morfosintáctico o del fonológico, en la explicación de los diversos momentos, fases o etapas de la codificación. Normalmente se distinguen dos fases en la 'codificación', una de tipo psicológico (**fase intencional**) y otra de tipo fisiológico (**fase motriz**), llamada la **expresión**. La primera pertenece al campo de la conciencia, y en ella se ordenan las estructuras de orden semiótico o comunicativo que, por medio de impulsos nerviosos, se transmiten a los órganos de fonación. Con la FONACIÓN comienza la segunda fase, de orden fisiológico, la expresión, observable, y de fácil análisis gracias a la avanzada tecnología de la FONÉTICA.

Entre la emisión y la recepción se realiza la 'transmisión', que abarca el recorrido de las VIBRACIONES sonoras desde que salen del emisor hasta que llegan al receptor. Esta parte de la 'comunicación' es estudiada con medios físicos muy precisos por la ACÚSTICA.

En la **descodificación** (*cf* interpretación textual), que también consta de dos fases, la motriz y la intencional, llamada la **comprensión**, se sigue un proceso inverso (*cf* sonido). Las ONDAS SONORAS son recogidas por el **oído** y desde el pabellón de la oreja pasan al conducto auditivo externo que las conduce al tímpano, membrana de gran sensibilidad. El oído medio, que viene a continuación, está formado por una serie de huesecillos soldados al tímpano (martillo, yunque y estribo). El oído interno está formado por el vestíbulo, los conductos semicirculares y el caracol. El caracol está tapizado por millares de filamentos nerviosos, cuyas vibraciones son recogidas por el **nervio acústico**, el cual se encarga de transmitir las impresiones a los centros cerebrales, en donde comienza la fase intencional de la descodificación, abordada por la PSICOLINGÜÍSTICA. El oído sirve, a su vez, de mecanismo de **retroalimentación** o *feedback* en la fase de la emisión. Merced a este mecanismo, el individuo oye lo que ha dicho, va recogiendo la información dada y puede rectificar el tono, el volumen y el contenido del mensaje, en caso de que haya habido algún desajuste. *Cf* incertidumbre.

A los tres elementos básicos de la COMUNICACIÓN antes citados (MENSAJE, EMISOR y RECEPTOR) Jakobson (1960) añadió tres más, un CONTACTO, un CÓDIGO y un CONTEXTO:

Contexto

Emisor —— Mensaje —— Receptor

Contacto

Código

Para que un emisor pueda enviar un mensaje a un receptor hace falta un CONTEXTO, un CÓDIGO común al emisor y al receptor, y un CONTACTO entre el emisor y el receptor; este contacto se refiere al CANAL físico, vehículo o MEDIO, y a la conexión psicológica entre el emisor y el receptor, que les permita entrar y permanecer en comunicación.

De acuerdo con el medio en el que se transmite el mensaje, la comunicación se clasifica en audio-oral, visual o escrita, y táctil o háptica. Lo dicho hasta ahora pertenece al aspecto lingüístico de la **comunicación audio-oral**, que es la primaria y se realiza en el medio oral-auditivo. Dos DESTREZAS COMUNICATIVAS, derivadas de esta 'comunicación audio-oral', la EXPRESIÓN ORAL y la COMPRENSIÓN AUDITIVA, son las dos DESTREZAS básicas de la comunicación. La 'comunicación oral' se lleva a cabo en el medio oral auditivo y en ella el mensaje está sometido a factores negativos. Unos son de orden externo, como el RUIDO, y otros de orden interno (actitud y estado de ánimo del receptor, cansancio, etc.). Gracias a la REDUNDANCIA del mensaje se puede reconstruir el mismo y superar los elementos adversos citados. Pero la 'comunicación oral-auditiva' tiene aspectos no-verbales, ejecutados simultáneamente con los verbales, que son abordados por la KINÉSICA, la PARALINGÜÍSTICA y la PROXÉMICA.

Cuando la 'comunicación' se celebra en el MEDIO visual o gráfico se llama **comunicación escrita**; en esta comunicación, los elementos no-verbales, que eran simultáneos a los verbales, pasan a ser sucesivos, es decir, antes o después de lo que era estrictamente oral. Dos destrezas derivadas de esta comunicación escrita son la COMPRENSIÓN LECTORA y la EXPRESIÓN ESCRITA. Cuando la comunicación se realiza en el medio háptico o táctil se llama **comunicación háptica**.

**COMUNIDAD DE HABLA.** El término 'comunidad de habla' o **comunidad de hablantes** se emplea en SOCIOLINGÜÍSTICA y en DIALECTOLOGÍA, y aunque tiene muchas acepciones, normalmente sirve para designar el grupo de personas que utilizan el mismo sistema lingüístico, esto es la misma lengua, en la INTERACCIÓN COMUNICATIVA. También se usa para denotar el grupo de personas que utilizan una VARIEDAD de la lengua; en este sentido, el término 'comunidad de habla' intenta poner de relieve la flexibilidad y las variedad del CÓDIGO dentro de su unidad. Muchos sociolingüistas relacionan las 'comunidades de habla' con el ACENTO SOCIAL, que es la marca diferenciadora de las distintas clases sociales en algunos países de tradición social jerarquizada.

Algunos diferencian la 'comunidad de habla' (relacionada con la variación lingüística —DIALECTO, IDIOLECTO, REGISTRO, etc.— de la COMUNIDAD EPISTEMOLÓGICA O DE SABERES, interesada en otras cuestiones como, por ejemplo, el uso de CÓDIGOS RESTRINGIDOS. *Cf* dialecto, variedad, base de articulación, acontecimiento de habla, actividad comunicativa, acto de habla, acto no verbal, acto verbal, idealismo; red social.

**COMUNIDAD EPISTEMOLÓGICA O DE SABERES.** Se llama 'comunidad epistemológica o de saberes' al grupo formado por individuos que comparten la misma información. Este concepto es más amplio que el de COMUNIDAD DE HABLA, el cual se centra principalmente en la VARIACIÓN lingüística (DIALECTO, IDIOLECTO, REGISTRO, etc.). Los que pertenecen a una misma 'comunidad epistemológica' comparten gran parte de la información de dicha comunidad, y gracias a esta posesión, sus miembros pueden comunicarse fácilmente entre sí y utilizar CÓDIGOS RESTRINGIDOS. Pero por lo general, no formamos parte de una única 'comunidad epistemológica'; normalmente pertenecemos a varias, de acuerdo con los papeles o con las funciones que desempeñemos en la vida y con el grado de especialización de nuestros conocimientos. Por ejemplo, los físicos nucleares pertenecen a la misma comunidad epistemológica, la de los físicos; pero en su hogar, en su club, en su iglesia podrán comunicarse con los miembros de cada una de estas 'comunidades de saberes' utilizando conocimientos, información, y términos lingüísticos de las mismas que, en algunos casos, pueden ser para otros de tan difícil comprensión como los de los físicos nucleares.

**CONATIVO.** Véase en FUNCIONES DEL LENGUAJE.

**CONC.** En estudios gramaticales que siguen el modelo GENERATIVO llamado RECCIÓN Y LIGAMIENTO, 'CONC' (CONCORDANCIA) es uno de los NUDOS dominados por FLEX (FLEXIÓN), la CATEGORÍA a la que se adscriben los rasgos morfológicos del verbo flexionado. Así, de conformidad con Hernanz y Brucart (1987: 61), por ejemplo, el constituyente oracional FLEX domina (está integrado por) dos NUDOS O CATEGORÍAS, TIEMPO y CONC:

```
          FLEX
        /      \
  TIEMPO        CONC
```

En TIEMPO se integran los rasgos de tiempo y aspecto, considerados específicamente verbales en cuanto que no afectan al sujeto. A la categoría 'CONC' se adscriben, en cambio, los rasgos «nominales» del verbo; esto es, los rasgos de NÚMERO y PERSONA, que no sólo se relacionan con el verbo sino también, a través de la CONCORDANCIA, con el sintagma nominal sujeto.

**CONCATENACIÓN.** En las GRAMÁTICAS FORMALES el término 'concatenación' se usa, por lo menos, en dos sentidos:

(a) como equivalente a CADENA, o serie lineal de elementos o SÍMBOLOS, combinados por medio de OPERADORES (+, –, $\frown$, etc.) para producir SARTAS de elementos; y

(b) como el proceso que produce la citada cadena o yuxtaposición de elementos tras aplicar las operaciones correspondientes.

**CONCORDANCIA.** La 'concordancia' es un fenómeno gramatical consistente en que los MORFEMAS FLEXIVOS de un elemento oracional deben ajustarse a determinadas categorías gramaticales presentes en otra unidad con la que mantiene un cierto tipo de relación sintáctica. Así, por ejemplo, los MORFEMAS flexivos de GÉNERO y NÚMERO que adopten los DETERMINANTES y los ADJETIVOS integrados en un sintagma nominal deben corresponderse con el género y el número del sustantivo núcleo del sintagma. En caso contrario, la construcción resulta agramatical: «esta casa vieja», «este gato gordo», «estos libros caros», pero «*esta casa viejo», «*estos gato gorda», «*este libros caro».

Igualmente, los morfemas de número y persona que se seleccionen para el verbo núcleo de un sintagma verbal deben ajustarse a la persona y el número del sintagma nominal sujeto: «Tú mismo (2.ª pers., sing.) rechazaste (2.ª pers., sing.) ese proyecto», «Ellos mismos (3.ª pers., plural) rechazaron (3.ª pers., plural) ese proyecto». No sería, por tanto, gramatical «*Tú mismo rechazaron ese proyecto», dado que los morfemas de número y persona del verbo no resultan acordes con el número y la persona del sujeto. Así pues, puede decirse que en español existe 'concordancia' entre el sustantivo núcleo de un sintagma nominal y los determinantes y adjetivos que, junto con él, configuran el sintagma; como también existe 'concordancia' entre el verbo núcleo de un sintagma verbal y el sintagma nominal que funciona como su sujeto. *Cf* CONC, cohesión, repetición léxico-semántica.

**CONCORDANCIA DE TIEMPOS.** Se denomina **concordancia de tiempos** o **consecutio temporum** al fenómeno gramatical consistente en que el verbo de una oración subordinante impone, tanto por sus propiedades léxicas como por el tiempo verbal en que se halle, determinadas restricciones sobre el tiempo que puede expresar el verbo de la oración que se le subordina. Por ejemplo, los VERBOS DE INFLUENCIA, como *exigir* u *ordenar*, requieren, por su significado, una oración completiva que represente un evento futuro, aún no realizado, en el momento en que se formula la exigencia o el mandato. Por ello, en la oración completiva sólo se podrán utilizar formas verbales que permitan establecer esa relación de posterioridad con respecto al tiempo expresado por el verbo subordinante. Así, son gramaticales «Le exijo que *salga* inmediatamente de mi casa», «Le ordené que *clasificase* las pruebas», pero no «*Le exijo que *saliera* inmediatamente de mi casa», «*Le ordené que *hubiera clasificado* las pruebas».

En cambio, un VERBO DE ASERCIÓN O DECLARATIVO, como *decir* o *afirmar*, no impone límites tan estrictos a la temporalidad de la completiva. La acción, el estado o el proceso denotado por la oración sustantiva puede ser anterior, simultáneo o posterior a la referencia temporal establecida por el verbo declarativo. De ahí la mayor libertad en la elección del tiempo de la completiva: «Lola dice que *ha recibido/ recibió/ recibía/ recibe/ recibirá* la revista», «El acusado afirma que lo *ha visitado/ visitó/ visitaba/ visita* con frecuencia».

**CONCORDANCIAS LÉXICAS.** ① Es la tabla alfabética de palabras empleadas en la Biblia con indicación de los textos que las contienen (*cf* Martínez de Sousa, 1995).

② En ocasiones se emplea el término 'concordancias' para designar el índice alfabético de todas las palabras de una obra, indicando el lugar donde se hallan. Para esta acepción es preferible la denominación **índice de referencias**.

③ Más comúnmente, en la actualidad, se entiende por 'concordancias' o 'concordancias léxicas' aquella obra lexicográfica que presenta, en forma de catálogo alfabético, todas las palabras-texto de una obra o conjunto de obras de un autor, con indicación expresa de los CONTEXTOS en que aparecen (Schaeder, 1981; Alvar, 1993a). Modernamente, las 'concordancias' se obtienen de manera automatizada mediante la aplicación de programas expresamente diseñados para tal fin. A diferencia de otros productos lexicográficos, las concordancias no tienen una finalidad didáctica inmediata, sino que se emplean por parte de los especialistas para llevar a cabo diferentes tipos de estudios: sintácticos, léxico-semánticos, etc., al tiempo que constituyen un excelente material de base para la realización de diversos tipos de DICCIONARIOS.

**CONCRETO.** ① En GRAMÁTICA se aplica el término 'concreto', en oposición a ABSTRACTO, a los sustantivos que designan cosas que existen como individuos en el mundo sensible o suprasensible. *Cf* nombre concreto.

② En el PARADIGMA GENERATIVISTA es un RASGO SEMÁNTICO empleado en la caracterización del SIGNIFICADO de un nombre y en las REGLAS DE SELECCIÓN del mismo, para indicar que aquél puede referirse o no a algo que esté orientado físicamente en el espacio y en el tiempo. Por ejemplo, en la caracterización del significado de los nombres *casa* entra el rasgo [+concreto], mientras que en *piedad, confianza, adoración* participa de [–concreto]. En la SEMÁNTICA ESTRUCTURAL es un CLASEMA O SEMA CATEGORIAL aplicado también a algo que esté orientado físicamente en el espacio y en el tiempo. *Cf* nombre abstracto; abstracción.

**CONCURRENCIA.** Se emplea este término en el sentido de *co-aparición* o aparición conjunta de UNIDADES LINGÜÍSTICAS en un enunciado. Así, hay 'concurrencia' en las construcciones sintácticas en las que aparezcan *ladrar* y *perro*, *relinchar* y *caballo*, *talar* y *árbol*, etc., analizadas, por ejemplo, en la de las COLOCACIONES.

**CONDENSACIÓN.** Véase en EXPANSIÓN.

**CONDICIÓN DE LA ORACIÓN TEMPORALIZADA.** Es un condicionamiento operante sobre las TRANSFORMACIONES formulado por primera vez por Chomsky en 1973. La 'condición de la oración temporalizada' establecía que ninguna regla puede relacionar X, Y en una estructura ...X ...$[_{\alpha}$ ... Y ...], donde $\alpha$ es una oración temporalizada (Newmeyer, 1980: 257), es decir, una oración cuyo verbo conlleva marcas flexivas correspondientes al tiempo. Esta condición implica, de acuerdo con Radford (1988*a*: 235) que el sujeto de una oración subordinada dependiente de un VERBO DE ASCENSO como *parecer* («Parece que *los ejecutivos* están muy satisfechos») no puede experimentar el ASCENSO a la posición correspondiente al SUJETO del verbo subordinante («**Los ejecutivos* parecen que están muy satisfechos») si, como en el ejemplo propuesto, la subordinada es una oración con VERBO FLEXIONADO, es decir, temporalizada.

La estructura de la oración «Parece que los ejecutivos están muy satisfechos» sería, de manera simplificada, la siguiente: $_{SN}e$ parece [$O_1$ que los ejecutivos están muy satisfechos]. Al trasladarse el sintagma nominal *los ejecutivos* (identificable como Y) a la posición del sujeto del verbo *parecer* ($_{SN}e$, identificable como X), se pondrían en relación dos posiciones nominales X, Y, mediante una regla de MOVIMIENTO DE SN, cuando se da el caso de que Y forma parte de una oración temporalizada ($O_1$). Se violaría, por tanto, la 'Condición de la oración temporalizada'. En cambio, el ascenso del sujeto no produce anomalía alguna si el sintagma nominal trasladado proviene de una oración de infinitivo, es decir, de una oración no temporalizada: «*Los ejecutivos* parecen estar muy satisfechos».

**CONDICIÓN DE SUJETO ESPECIFICADO.** La 'condición de sujeto especificado' es una restricción sobre el alcance de las reglas gramaticales formulada por Chomsky en 1973, aunque posteriormente se le agregaran algunas modificaciones. Tal como se entendía a fines de los años setenta, la 'condición de sujeto especificado' venía a establecer lo siguiente: si un elemento nominal Y forma parte de una oración o un sintagma nominal que contiene un sujeto explícito Z (véase SUJETO²), ese elemento Y no podrá ponerse en relación mediante una regla gramatical con otro elemento X externo a su oración o sintagma, salvo (es una de las modificaciones añadidas) en el caso de que Y se encuentre en la posición sintáctica COMP.

Por ejemplo, la oración «*El concejal de deportes quiere que los periodistas hablen bien de sí mismo» es AGRAMATICAL porque la relación de CORREFERENCIA que se establece entre el reflexivo *sí mismo* y el sintagma nominal *el concejal de deportes* viola la 'condición de sujeto especificado': un elemento nominal, el reflexivo *sí mismo* (Y), que está incluido en una oración con un sujeto explícito, *los periodistas* (Z), se ha puesto en relación con un sintagma nominal, *el concejal de deportes* (X), que ocupa una posición sintáctica, la de sujeto de la construcción subordinante, externa a la oración completiva.

En cambio, «El concejal de deportes quiere hablar bien de sí mismo» es gramatical debido a que la relación de correferencia que se establece entre *el concejal de deportes* y el reflexivo *sí mismo* no contraviene la 'condición de sujeto especificado'. La unidad de la que forma parte el reflexivo es, en este caso, una oración de infinitivo cuyo sujeto es una categoría vacía (PRO) y carece, por tanto, de sujeto explícito.

**CONDICIÓN DE PRESERVACIÓN DE LA ESTRUCTURA.** La 'condición de preservación de la estructura' es uno de los requisitos establecidos en el seno de la GRAMÁTICA GENERATIVA para restringir las transformaciones de movimiento (*cf* muévase alfa, movimiento de SN, movimiento de QU). Esta condición, formulada inicialmente por Emonds en 1970, determina que el movimiento de un CONSTITUYENTE a lo largo de una DERIVACIÓN oracional no puede cambiar la estructura inicial de la oración, esto es, no puede tener como resultado que desaparezca un NUDO ya presente en la estructura, o que cambie su ubicación, ni que se cree un nudo nuevo o que cambie la categoría de uno ya existente (por ejemplo, que pase de ser un SN a ser un SV).

La'condición de preservación de la estructura' impone, pues, que un sintagma nominal, pongamos por caso, sólo podrá ser trasladado mediante un movimiento de SN a otra posición sintáctica nominal que esté ya presente en la estructura de la oración y que se encuentre vacía. Entraña, asimismo, que la posición en la que se hallaba originariamente el sintagma movido debe quedar ocupada por otra categoría nominal vacía. Es, por ejemplo, lo que ocurre con los movimientos de SN en las estructuras con VERBOS DE ASCENSO: partiendo de una estructura básica como «[$_{SN}$ e] parece [$_{SN}$ la casa [estar silenciosa]» el sintagma nominal *la casa* puede 'ascender' a la posición de sujeto de *parece* («La casa parece estar silenciosa») porque esa posición nominal de sujeto ya está presente en la estructura inicial de la oración, aunque se halle vacía ($_{SN}$ e). El movimiento de SN no implica, por tanto, crear un nudo nuevo. Asimismo, al efectuarse el movimiento de SN, en la posición que ocupaba *la casa*, la correspondiente al sujeto de la oración subordinada, queda una HUELLA, una categoría con propiedades nominales, pero vacía: «La casa$_i$ parece h$_i$ estar silenciosa». Por consiguiente, no desaparece ningún nudo que estuviera ya presente en la estructura. En definitiva, el movimiento de SN cumple los requisitos impuestos por la 'condición de preservación de la estructura': ni aumenta ni reduce las categorías que constituyen inicialmente la estructura de la oración, ni tampoco cambia su categoría o su ubicación.

**CONDICIÓN DE VISIBILIDAD.** La 'condición de visibilidad' es uno de los principios que, según el modelo generativo RECCIÓN Y LIGAMIENTO, determinan la gramaticalidad de las oraciones. Este principio establece que una categoría nominal sólo puede recibir un PAPEL TEMÁTICO o semántico (o, de otra manera, sólo es «visible» para la asignación de papel semántico) si recibe también marca de caso (*cf.* CASO ABSTRACTO). Para ello, la categoría nominal debe hallarse en una posición sintáctica en la que se le pueda asignar caso, o bien debe, al menos, estar ligada a una posición con caso. Por ejemplo, en la oración «La policía registró la casa», cuya estructura básica sería, de manera simplificada «[$_{SN}$ La policía] registró [$_{SN}$ la casa]», el sintagma nominal *la casa* es «visible» para la asignación del papel semántico TEMA O PACIENTE porque, además de ocupar la posición que corresponde a ese papel semántico, puede, en esa posición sintáctica, recibir del verbo marca de caso.

En cambio, en la estructura básica «[$_{SN}$ *e*] fue registrada [$_{SN}$ la casa]» ([$_{SN}$ *e*] indica que la posición del sujeto está vacía), que correspondería a la construcción pasiva «La casa fue registrada», el sintagma nominal *la casa*, pese a ocupar la posición correspondiente al argumento tema o paciente del verbo *registrar*, no podría recibir ese papel semántico porque, según suele admitirse en Rección y ligamiento, los participios pasivos no tienen capacidad para asignar caso. Al no recibir marca de caso, no sería tampoco, según la 'condición de visibilidad', «visible» para la asignación de papel semántico.

Para poder recibir marca de caso del verbo flexionado, el sintagma nominal *la casa* ha de trasladarse a la posición de sujeto ($[_{SN}\ e]$), vacía en la estructura básica, dejando en su lugar de origen una HUELLA (*h*): $[_{SN}$ La $casa_i]$ fue registrada $[\ h_i]$. Así, el sintagma desplazado y su huella formarían una CADENA en la que uno de los elementos recibe marca de caso y el otro, la huella, ocupa una POSICIÓN TEMÁTICA, la que corresponde al paciente o tema. De esta manera, la posición del argumento paciente o tema queda ligada a una posición con caso, la de sujeto, y se hace «visible» para la asignación de papel semántico. Según indica, por ejemplo, Brucart (1987: 41), la 'condición de visibilidad' viene a unificar en un solo mecanismo global el FILTRO DE CASO y el CRITERIO TEMÁTICO.

**CONDICIONAL.** Véase en FUTURO HIPOTÉTICO y en ORACIÓN CONDICIONAL.

**CONDICIONAL PERFECTO.** Véase en ANTEPOSPRETÉRITO.

**CONDICIONES DE FELICIDAD.** Este término se aplica a los ACTOS DE HABLA PERFORMATIVOS. Para que tenga lugar un ACTO ILOCUCIONARIO es preciso que se cumpla lo que Austin (1962) llama las **condiciones de felicidad** del ACTO DE HABLA:

(a) Se deben seguir las normas convencionales y las personas deben ser apropiadas a las normas convencionales. Por ejemplo, la formula «Yo os declaro marido y mujer» no se puede sustituir por otra, como «A partir de ahora ya sois esposo y esposa».

(b) Las normas y los procedimientos se deben aplicar plena y correctamente.

(c) Las personas deben pensar, sentir y hacer lo que las normas convencionales tengan establecido.

(d) La conducta posterior de los participantes debe reflejar los compromisos contraídos al aplicar las normas convencionales.

Cuando se incumple alguna de las dos primeras condiciones se produce lo que Austin llama **actos fallidos** (*misfires*, en inglés) y si el incumplimiento afecta a las condiciones (c) o (d) surgen los llamados **abusos** o «abusos de insinceridad» (Levinson, S., 1983: 229-30).

**CONDICIONES DE TEXTUALIDAD.** Véase en TEXTUALIDAD.

**CONDICIONES VERITATIVAS.** En la SEMÁNTICA VERITATIVA O SEMÁNTICA FORMAL (Lyons, 1990: 148-49) se llama 'condiciones veritativas' de una oración a la «exposición rigurosamente especificable de las condiciones que determinan el VALOR VERITATIVO de las PROPOSICIONES expresadas por ellas mismas cuando se emplean como aseveraciones». Por ejemplo, la oración «'La nieve es blanca' es verdadera si, y sólo si, la nieve es blanca» especifica las CONDICIONES VERITATIVAS (« ... si, y sólo si, la nieve es blanca»), esto es, subraya y explicita la conexión intuitivamente obvia entre VERDAD y realidad, cuya existencia asume la semántica veritativa. En los LENGUAJES ARTIFICIALES (Garrido, 1988: 44) es posible definir las condiciones de verdad de cada PROPOSICIÓN[5] mediante REGLAS. Siempre que se puedan definir mediante reglas las condiciones que se tienen que cumplir para todas y cada una de las proposiciones (o fórmulas) quedará definida la verdad. Esta definición lógica de la verdad se ha aplicado a la lengua, para definir el significado de las oraciones, de forma que dar 'condiciones veritativas' o de verdad es una manera de dar el **significado (veritativo)** de una oración, propio de la semántica veritativa. *Cf* mundos posibles.

**CONDUCTA, CONDUCTA SOCIAL, CONDUCTA VERBAL.** Tanto al ESTRUCTURALIS-

MO NORTEAMERICANO como a la PRAGMÁTICA les interesa el estudio de la 'conducta'. En el estructuralismo se produce un reduccionismo del lenguaje a **conducta verbal** (Skinner, 1957); tal es así que, a veces, a este estructuralismo se le ha llama estructuralismo CONDUCTISTA, posición que fue fustigada por Chomsky (1959) en su *Review of Verbal Behaviour*. La **conducta social** forma parte del análisis de la ACTIVIDAD COMUNICATIVA.

**CONDUCTISMO, CONDUCTISTA.** Dos de las grandes teorías PSICOLINGÜÍSTICAS referidas a la ADQUISICIÓN DEL LENGUAJE y al APRENDIZAJE DE UNA LENGUA son el 'conductismo', también llamado **behaviorismo**, y el MENTALISMO. El ESTRUCTURALISMO NORTEAMERICANO aceptó el credo del 'conductismo' en lo que a la adquisición del lenguaje se refiere y, por eso, se le llama **conductismo-estructuralista**. El 'conductismo' postula que el lenguaje es un conjunto de hábitos que se adquieren por medio de estímulos condicionados. Fue John B. Watson, influido por la teoría de los reflejos condicionados de Pavlov, quien abrió esta perspectiva, al considerar el LENGUAJE COMO CONDUCTA VERBAL. Desde Watson, y también antes con William D. Whitney, hasta Skinner en su obra *Verbal Behavior*, el 'conductismo' ha sido la base psicológica que ha intentado explicar la ADQUISICIÓN DEL LENGUAJE.

Los **conductistas** creen que las diferencias existentes entre las personas están condicionadas por el entorno o medio en que viven, es decir, la conducta es *reactiva* a los estímulos externos. Si la conducta es reactiva al medio, y el lenguaje es conducta, éste se adquiere por medio de un proceso repetido y continuado de **estímulos-respuestas-refuerzos**, similar al que siguen en el aprendizaje de ciertas conductas las palomas o los ratones en el laboratorio. Este modelo nos da a entender que aprendemos por *imitación*, de modo que todo lo que emitimos lo hemos oído antes, y, por tanto, estamos imitando, en la mayoría de los casos, y cuando no es así, cuando decimos algo nuevo o inédito, lo emitido se ha basado en una generalización de lo ya aprendido por medio de la **analogía**.

La crítica racionalista contenida en la recensión que hizo Chomsky («Review of 'Verbal Behavior'», *Language* 35, 1959) asesta al conductismo-estructuralista un golpe tan duro que le impidió su recuperación, al menos en su versión original, ya que destruyó la credibilidad, hasta entonces intocable, de los fundamentos teóricos del conductismo radical, fundamentos que intentaban describir la formación de hábitos lingüísticos y que, a partir de entonces, ya no sirvieron para explicar la adquisición del lenguaje. Lo que desde entonces quedó claro es que el lenguaje es una facultad específicamente humana, que existe en la mente de forma independiente, aunque forme parte de todo el aparato cognoscitivo.

**CONDUCTO VOCAL.** Véase en CANAL VOCAL.

**CONECTIVIDAD.** Se da el nombre genérico de 'conectividad' al estudio de los nexos, CONJUNCIONES y MARCADORES de todo tipo que colaboran en la COHESIÓN y COHERENCIA textual. *Cf* análisis conversacional.

**CONECTOR.** ① Se ha dado el nombre de 'conectores' a una serie de unidades, clasificadas a veces como ADVERBIOS, a veces como CONJUNCIONES, cuya función consiste en enlazar enunciados que se siguen en el discurso, haciendo explícita la relación semántica que se establece entre ellos: adición, equivalencia, contraste, causa-consecuencia, etc. Por su papel de enlace, se les ha asimilado en ocasiones a las conjunciones. Pero a pesar de las semejanzas semánticas que puedan aproximarles a ellas, el comportamiento sintáctico de los conectores es diferente del de las conjunciones típicas. Por ejemplo, aunque *pero* (conjunción) y *sin embargo* (conector) coincidan en establecer un contraste entre los elementos que unen, no funcionan de la misma manera. *Pero*, como conjunción, no puede combinarse con otras conjunciones

(«*Es feo y *pero* lo quiero»), ni tiene movilidad posicional, ya que ha de preceder siempre al segundo de los miembros enlazados («*Es feo lo quiero *pero*). *Sin embargo*, por el contrario, puede combinarse con conjunciones («Es feo y *sin embargo* lo quiero») y tiene movilidad posicional («Es feo y lo quiero, *sin embargo*»). Precisamente por sus diferencias sintácticas con las conjunciones se les ha incluido también entre los adverbios, la clase considerada, generalmente, como el «cajón de sastre» de la gramática. *Cf* enlace extraoracional.

② También se utiliza 'conector' con un sentido equivalente a CONJUNCIÓN coordinante (o, simplemente, conjunción). Son, pues, consideradas 'conectores', en esta acepción del término, unidades como *y, o, pero*, que «enlazan siempre elementos equifuncionales» (Hernández Alonso, 1984: 227), y hacen explícita la relación que se establece entre los miembros de una estructura coordinada.

**CONJUGACIÓN.** Se da el nombre de 'conjugación' al conjunto completo de formas flexionadas que, de manera sistemática, puede adoptar una unidad léxica perteneciente a la CLASE VERBO para expresar las distintas categorías gramaticales (TIEMPO, PERSONA, etc.) que se asocian a los verbos en una lengua determinada. Así, es comúnmente admitido que la 'conjugación' de un verbo en español está constituida por las formas que adopta para expresar las distinciones asociadas a la categoría tiempo (*leo, leeré, leí, he leído, había leído*, etc.), a la categoría MODO (*leo, leas*), a la persona (*leo, lees, lee, leemos*), al NÚMERO (*lee, leen*) e incluso al ASPECTO (*leía, leí*), aunque la pertinencia del aspecto como categoría independiente en el verbo español no es unánimemente aceptada. La existencia de una categoría verbal VOZ expresada de modo sistemático a través de la 'conjugación' ha sido mucho más ampliamente cuestionada. De ahí que combinaciones como *fue leído, será leído*, propias de oraciones de sentido PASIVO, no se incluyan, por lo general, en los modelos de 'conjugación' que se consideran válidos para el verbo español.

La 'conjugación' de un verbo se denomina **regular** cuando las distintas formas que adopta se ajustan a un determinado paradigma, a un modelo general. Así, por ejemplo, la 'conjugación' de los verbos *cantar, reflejar, espantar, amar* es 'regular', puesto que todos ellos se conjugan siguiendo un mismo modelo.

La 'conjugación' de un verbo es, por el contrario, **irregular** cuando se aparta, en mayor o menor medida, de los modelos o paradigmas genéricos, bien sea porque experimente variaciones en el TEMA al expresar una determinada categoría, bien sea porque incluya DESINENCIAS no acordes con el modelo. Es 'irregular', por ejemplo, la conjugación del verbo *venir*. No se dice, pongamos por caso, **veno*, según el modelo al que se ajusta *partir* (*parto*), para expresar la primera persona del singular del presente de indicativo. Se utiliza la forma *vengo*. Varía, por tanto, la unidad léxica que se identifica como base o tema para la adición de la desinencia. Tampoco se dice **vení*, siguiendo la misma pauta que *partí*, para expresar primera persona del pretérito. Se emplea en su lugar la forma *vine*.

Para los verbos cuya 'conjugación' es regular se distinguen en las gramáticas del español tres modelos o paradigmas, diferenciados por la VOCAL TEMÁTICA (*a, e, i*) que presenta el verbo en la forma de INFINITIVO: *-ar, -er, -ir*.

Se habla así de **primera conjugación** para aludir al paradigma al que se ajustan en su 'conjugación' los verbos cuyo infinitivo termina en *-ar*: *cantar, reflejar, amar, espantar*.

Se identifica como **segunda conjugación** el modelo que adoptan los verbos como *temer* o *coser*, cuya vocal temática (*cf* tema[5]) es *e*.

Se distingue, por último, como **tercera conjugación** el modelo que siguen regularmente los verbos cuyo infinitivo contiene la vocal temática *i*: *partir, resumir*.

**CONJUGACIÓN OBJETIVA.** Es el sistema de CONJUGACIÓN en el que existen AFIJOS verbales cuya utilización está motivada por el OBJETO —directo, indirecto—, de la misma forma que los afijos de número y persona están determinados, en lenguas como el español, por la existencia de un sujeto. El vasco, por ejemplo, es una de las lenguas en las que se da la 'conjugación objetiva'. Según Llorente y Mondéjar (1973: 13), así como García Miguel (1991: 387), el predicado *dakarkiot* de la frase «eperra dakarkiot nik aitari» («Yo le traigo la perdiz al padre») contiene, junto al lexema *-akar-* (traer), tres morfemas gramaticales: *-t*, determinado por el sujeto *nik* (yo); *d-*, concordante con el objeto *eperra* (perdiz); *-kio-*, exigido por el segundo complemento, el dativo *aitari* (padre). Tanto *d-* como *-kio-* son, por tanto, morfemas de 'conjugación objetiva', puesto que su presencia está determinada por los objetos, no por el sujeto de la oración.

Aunque este tipo de conjugación se considera característico de lenguas no indoeuropeas, como es el caso del vasco, en varios estudios (*cf* Llorente y Mondéjar, 1973; Heger, 1974) se ha planteado la hipótesis, sugerida ya por R. Lenz (1920), de que también en español, y en otras lenguas romances, se dan rasgos característicos de la 'conjugación objetiva'. Según Llorente y Mondéjar, las formas pronominales átonas (*me, os, lo, la, le*, etc.), por ejemplo, tienen un funcionamiento similar, en cierto grado, a los MORFEMAS objetivos. De acuerdo con sus planteamientos, en «La casa *la* he comprado yo», «Ana *les* dijo a los niños que se fueran», *la* y *les* no tendrían la función de OBJETO DIRECTO o de OBJETO INDIRECTO. Antes bien, son como afijos, formas dependientes del verbo, carentes de autonomía que, simplemente, indicarían la existencia de un objeto; en el caso de *la*, un objeto directo femenino singular (*La casa*), en el caso de *les*, un objeto indirecto plural (*a los niños*).

**CONJUNCIÓN.** ① En la acepción más tradicional se da el nombre de 'conjunción' a cualquier unidad, invariable en cuanto al GÉNERO y al NÚMERO, que pueda conectar sintácticamente oraciones. En este sentido son 'conjunciones' tanto las unidades COORDINANTES —*y, o*, etc.— como las que introducen ORACIONES SUSTANTIVAS —caso de *que*— o las que encabezan las llamadas ORACIONES ADVERBIALES —*si, cuando, porque,* etc.

② En la acepción más común de las gramáticas actuales se denominan 'conjunciones' sólo las unidades que tienen como papel básico señalar la existencia de una relación de COORDINACIÓN. Por tanto, *y, o* son 'conjunciones' en esta acepción, y no lo son, en cambio, *que, si*, puesto que no marcan una relación de coordinación.

**CONJUNCIÓN ADVERSATIVA.** Se clasifican como 'adversativas' las CONJUNCIONES que aportan a una estructura coordinada el valor semántico que se considera específico de la COORDINACIÓN ADVERSATIVA: la contraposición de los dos elementos relacionados.

Las 'conjunciones adversativas' básicas en español son *pero* y *sino*. La conjunción *pero* puede utilizarse en construcciones ADVERSATIVAS NO EXCLUYENTES: «Su trato era amable *pero* firme». *Firme* y *amable* son propiedades que se contraponen en la construcción, pero no se excluyen entre sí: ambas son cualidades conjuntamente asociadas a «*su trato*». El uso de *sino*, en cambio, se restringe a las construcciones ADVERSATIVAS EXCLUYENTES: «No quiero un cochecito de segunda mano *sino* una moto potente». Uno de los elementos coordinados (*un cochecito de segunda mano*) se excluye expresamente, mientras que el otro (*una moto potente*) se afirma como sustituto del anterior.

**CONJUNCIÓN COPULATIVA.** Se denominan 'copulativas' las CONJUNCIONES que aportan a una estructura coordinada el sentido que se considera específico de una COORDINACIÓN COPULATIVA: «asociación» o «combinación» de los elementos relacionados mediante coordinación (*cf* Dik, 1968; Jiménez Juliá, 1995).

Las conjunciones copulativas canónicas en español son dos: *y* (*e* cuando precede a una palabra que empieza por *i*) y *ni*. *Y* puede considerarse la'conjunción copulativa' básica, la de uso más general o menos marcado, «Recoge tus cosas *y* márchate», «Pide una tortilla de patatas *y* unos calamares». *Ni* es, como señala por ejemplo Jiménez Juliá, una conjunción formalmente discontinua, puesto que ha de situarse ante cada uno de los miembros coordinados; implica, además, que cada uno de esos miembros resulta negado: «*Ni* recoge sus cosas *ni* se marcha de una vez», «No compres *ni* tortilla de patatas *ni calamares*».

**Conjunción disyuntiva.** Se denominan 'disyuntivas' las conjunciones que aportan el sentido específico «alternancia» o «elección» característico de la COORDINACIÓN DISYUNTIVA.

En español, la 'conjunción disyuntiva' básica es *o* (*u* cuando precede a una palabra que comienza por *o*) que puede presentar dos variantes, pertinentes para el sentido de la construcción: (a) la variante simple *o* que, de conformidad con Jiménez Juliá (1995) es neutra en lo que concierne al sentido excluyente o no excluyente de la disyunción (*cf* disyunción exclusiva, disyunción inclusiva). Es decir, la coordinación disyuntiva marcada mediante la conjunción simple *o* puede intenderse como inclusiva o como exclusiva dependiente de factores contextuales. Así, «Pídeselo a Fernando *o* a Ana» puede interpretarse como una disyunción inclusiva: se ofrecen dos opciones (*a Fernando, a Ana*) pero sin excluir la posibilidad de optar por ambas.

(b) La otra variante es la forma discontinua *o...o* (*o* se repite ante cada uno de los miembros de la construcción coordinada) que, según el mismo Jiménez Juliá, aporta, de modo específico, el valor semántico «disyunción exclusiva»: el enunciado «Pídeselo *o* a Fernando *o* a Ana» implica, al haberse utilizado la variante discontinua, la elección de una sola de las dos opciones ofrecidas.

**Conjunto léxico, conjunto cíclico, conjunto graduado.** En la tradición lingüística inglesa (Halliday, 1973: 32) se emplea el término 'colocación' para aludir a la CONCURRENCIA, o tendencia que tienen los nombres y los verbos, y los nombres y los adjetivos, a «co-aparecer» en construcciones sintácticas, como *ladrar* y *perro*, *relinchar* y *caballo*, *talar* y *árbol*, etc. Estas estructuras forman conjuntos de palabras, que Halliday llamó **conjuntos léxicos**, los cuales están formados por palabras que tienden a presentarse próximas entre sí, y sus relaciones no son ni más ni menos que la capacidad probabilista de aparecer en el mismo CONTEXTO. Este criterio, según Halliday, es más objetivo y preciso, por ser más susceptible de OBSERVACIÓN que el criterio de similaridad o el de relación referencial o incluso el de relación conceptual. Walter Porzig (1950: 68-70) los llamó **campos semánticos de inclusión**, y Coseriu, **solidaridades**. Dentro de estos 'conjuntos léxicos' se distinguen los **conjuntos cíclicos**, los cuales están formados por elementos sucesivos, como los días de la semana o los meses del año, los cuales diferencian de los **conjuntos graduados** como, por ejemplo, los rangos militares, por existir jerarquización en la estructuración de estos últimos.

**Conjunto táxico.** Este término, equivalente a CLASE, lo emplea Pottier (1968: 66) para ordenar las diversas unidades del lenguaje. Los 'conjuntos táxicos' pueden ser finitos y no finitos . La GRAMÁTICA se ocupa de los primeros y la LEXICOLOGÍA (*decir*, *afirmar*, *proferir*, etc.) de los segundos. Los términos de los conjuntos no finitos se llaman DESIGNACIONES, y los de los conjuntos finitos se dividen en IDENTIFICACIONES, RELACIONES y FORMULACIONES. *Cf* clasificación.

**Conmutación.** ① En la metodología de la GLOSEMÁTICA (Hjelmslev, 1963: 73-4) la 'conmutación' y la PERMUTACIÓN son los dos tipos de MUTACIONES que se pueden hacer con las UNIDADES LINGÜÍSTICAS; la primera en el plano PARADIGMÁTICO, y la segunda en el plano SINTAGMÁTICO.

② En la FONOLOGÍA estructuralista (Alarcos Llorach, 1983: 43) es el procedimiento seguido en la SEGMENTACIÓN propia del ANÁLISIS DE LA CADENA HABLADA para IDENTIFICAR sus elementos mínimos y si éstos tienen valor distintivo, es decir, valor de FONEMA. Consiste la 'conmutación' en cambiar un trozo fónico de un significante por otro existente en la misma lengua, de modo que el resultado fónico evoque una significación diferente. A estas unidades que han evocado un significado diferente se las llama **conmutables** o **invariantes**. Si al cambiar un trozo por otro no se produce modificación del significado, los dos SEGMENTOS están en SUSTITUCIÓN; a estas unidades se las llama **sustituibles** o **variantes**. De esta forma, sabremos si el sonido tiene valor de distintivo. En la práctica, en la 'conmutación' se comparan, por PARES MÍNIMOS, significantes casi idénticos, diferenciados por un solo segmento, comparación que sirve para distinguir los significados de los elementos que componen el par.

Pero la 'conmutación' también se utiliza en la identificación de las formas que pertenecen al mismo MORFEMA. De esta manera, si dos formas o unidades son conmutables en un entorno o CONTEXTO lingüístico igual o idéntico se dice que son EQUIVALENTES, y todas las formas o unidades equivalentes se agrupan en CLASES DE EQUIVALENCIA.

**CONMUTACIÓN DE CÓDIGO.** Este término, también llamado **cambio de código** o **alternancia de código**, traducción del inglés *code switching*, alude en SOCIOLINGÜÍSTICA al uso alterno de dos lenguas en el mismo discurso, esto es, al cambio o paso de un NIVEL (REGISTRO, ESTILO, DIALECTO) de un CÓDIGO, o sistema lingüístico, a otro nivel del mismo, o también de un código o lengua a otro código, en los que son BILINGÜES. Gumperzs (1985: 59) lo define como la yuxtaposición en el mismo discurso de pasajes de habla que pertenecen a sistemas lingüísticos diferentes. De acuerdo con López Morales (1993: 171 y sigs.), el 'cambio de código' está regido por requisitos funcionales y pragmáticos, entre ellos la etnicidad del interlocutor y el registo o grado de formalidad. Este cambio sólo está permitido en enunciados que al ser trasladados de una lengua a otra resultan gramaticales en las dos. El análisis del 'cambio de códigos' muestra las maneras en que dos lenguas pueden reconciliar sus diferencias pero no modificarlas, hasta dar por resultado una forma de comunicación tan funcional como la del habla monolingüe.

**CONNOTACIÓN, CONNOTATIVO.** ① En SEMÁNTICA, una de las primeras distinciones que se hacen en el estudio del SIGNIFICADO de las UNIDADES LÉXICAS es la bifurcación entre lo que se llama DENOTACIÓN y 'connotación'. La 'connotación', junto con el LENGUAJE FIGURADO, es estudiada por la ESTILÍSTICA DE LA EXPRESIVIDAD.

La 'connotación' es el significado adicional de un SIGNO LINGÜÍSTICO, formado por el conjunto de sugerencias, asociaciones y valores afectivos, propios de la vida emotiva de las personas, que acompañan a la denotación, es decir, todo aquello que pueda evocar, sugerir, excitar, implicar de una forma clara o vaga el significado de un término. Por ejemplo, la REPETICIÓN en un mismo enunciado de un mismo SEMA, el de «multitud», en palabras como *aglomeración*, *muchedumbre*, *gentío*, *turba*, *atestar*, *apiñar* puede producir la 'connotación' de «agobio», «opresión», «molestia», «incomodidad», «despersonalización», etc. El **significado connotativo** es, por tanto, «evocador y afectivo», y nace por sugerencias implícitas o explícitas en la lengua, en el CONTEXTO o entre los comunicantes. Sin embargo, «desde un punto de vista psicológico es difícil (Eaton, 1966: 74) responder a la diferenciación existente entre pensamiento, es decir, la denotación, y sentimiento, esto es, la connotación, aunque se pueda intentar para un determinado UNIVERSO DE DISCURSO». Son muchos lingüistas los que afirman que el carácter inestable del significado (*cf* degradación semántica) es producido por las varias 'connotaciones' de un signo.

Se suele distinguir la **connotación de la lengua** y la **connotación del habla**. En la primera, los rasgos connotativos son estables, y en algunos casos se han hipostatizado en forma de SÍMBOLOS. Es el caso de palabras como *agua* o *fuego*, que además de sus valores cognoscitivos o referenciales permanentes, poseen 'connotaciones', también permanentes, como «pureza», «vida», etc., en el primer caso, y «amor», «pasión», etc., en el segundo caso. En la 'connotación del habla' los rasgos significativos son ocasionales, producidos por la CREATIVIDAD del habla, y son evocaciones debidas a asociaciones textuales o a asociaciones de tipo psicológico. También se habla de la **connotación cultural**. Por ejemplo: las lexías *drunk* o *ambitious* del inglés poseen connotaciones positivas en muchísimas más ocasiones que en español. Para encontrar la connotación cultural de esas palabras, en algunos casos habría que traducirlas por «alegre» y «emprendedor», ya que «borracho» y «ambicioso» pueden poseer connotaciones negativas inmediatas (Campos, 1991).

② En LÓGICA equivale a INTENSIÓN, es decir, el conjunto de los rasgos esenciales de un concepto.

**CONSECUENCIA.** En LEXICOLOGÍA la 'consecuencia'es, junto a la SINONIMIA, la ANTONIMIA (*grande-pequeño*), la INCOMPATIBILIDAD (*rojo, verde, amarillo, azul*, etc.), la HIPONIMIA (*roble-árbol*), y la RECIPROCIDAD (*enseñar-aprender*), una de las seis RELACIONES LÉXICO-SEMÁNTICAS fijadas por John Lyons (1967) en su análisis del vocabulario de Platón, que él consideró de carácter universal para la caracterización del SIGNIFICADO LÉXICO.

**CONSECUTIO TEMPORUM.** Véase en CONCORDANCIA DE TIEMPOS.

**CONSECUTIVA.** Véase en ORACIÓN CONSECUTIVA.

**CONSONADOR.** ① Se llama 'consonador' o VOCOIDE, en terminología de Pike, al sonido formado por medio de un obstáculo en las cavidades supraglóticas. *Cf* consonante.

② Se llama 'consonadores', en oposición a SONANTES (Martínez Celdrán, 1983), a los sonidos formados por medio de un obstáculo en las cavidades supraglóticas, que presentan el grado de obstáculo más débil (nasales, líquidas, vibrantes, *glides*) y se acercan en ello a las VOCALES.

**CONSONANCIA.** ① En prosodia, de acuerdo con el DRAE, se llama 'consonancia' a la calidad de aquellos sonidos que, oídos simultáneamente, producen efecto agradable y también a la identidad de sonido en la terminación de dos palabras, desde la vocal que lleva el acento, aunque las demás letras no sean exactamente iguales en su figura.

② EN MÉTRICA puede ser el uso inmotivado, o no requerido por la rima, de voces consonantes muy próximas unas de otras.

③ En la tradición inglesa la 'consonancia' es la REPETICIÓN de la misma consonante en posición media o final. Como recurso poético, normalmente se la combina con la ALITERACIÓN y la CONSONANCIA.

**CONSONANTE, CON-SONANTE.** La división de los SONIDOS ARTICULADOS en VOCALES y 'consonantes' es clásica desde la tradición grecolatina. Se suele aplicar el término 'consonante' a los dos siguientes conceptos: (a) los segmentos fónicos, cuyo MODO DE ARTICULACIÓN es de cierre o de APROXIMACIÓN; (b) los segmentos marginales de la SÍLABA. El primer concepto se refiere a la SUSTANCIA del segmento fónico y el segundo a su FUNCIÓN en la sílaba. Cuando los dos conceptos entran en conflicto, al primero, el que se refiere a sonidos formados por medio de un obstáculo en las cavidades supraglóticas, se le llama CONSONADOR, o CONTOIDE en terminología de Pike (*cf* sonante). Saussure a los sonidos de los márgenes silábicos los llamó **con-sonantes**. También se emplea el término 'con-sonante' para designar a las SEMICONSONANTES [j, w] de los diptongos crecientes y a las SEMIVOCALES de los diptongos decrecientes.

Al segmento fónico en cuya produccción hay algún tipo de obstáculo, así como al FONEMA correspondiente, se le llama 'consonante'. Las 'consonantes' se clasifican de acuerdo con cuatro criterios:

(1) por la POSICIÓN DEL VELO DEL PALADAR las consonantes pueden ser ORALES y NASALES;

(2) por la POSICIÓN DE LAS CUERDAS VOCALES las consonantes pueden ser SONORAS y SORDAS;

(3) por el MODO DE ARTICULACIÓN las consonantes pueden ser OCLUSIVAS, FRICATIVAS, AFRICADAS, LATERALES, y VIBRANTES;

(4) por el PUNTO DE ARTICULACIÓN las consonantes pueden ser BILABIALES, LABIODENTALES, DENTALES, INTERDENTALES, ALVEOLARES, PALATALES y VELARES.

En la FONOLOGÍA FUNCIONAL de Jakobson las 'consonantes' son fonemas caracterizados por poseer los RASGOS INHERENTES [–vocálico] y [+consonántico]. Para la definición ACÚSTICA de las consonantes españolas (Quilis, 1993: 123) se utilizan los siguientes rasgos: CONSONÁNTICO; NO VOCÁLICO; COMPACTO/DIFUSO; GRAVE/NO GRAVE; AGUDO/NO AGUDO; SONORO/SORDO; NASAL/ORAL; INTERRUPTO/CONTINUO; ESTRIDENTE/MATE. De esta forma, /b/, por ejemplo, es consonántico, no vocálico, difuso, grave, oral, sonoro.

**CONSONANTE COMPUESTA.** Véase en AFRICADAS y en BIFONEMÁTICO.

**CONSONANTE GEMINADA.** Véase en GEMINACIÓN.

**CONSONANTES SILÁBICAS.** Véase en LÍQUIDAS.

**CONSONÁNTICO/NO CONSONÁNTICO.** ① En la FONOLOGÍA FUNCIONAL de Jakobson 'consonántico' es un RASGO INHERENTE, que forma parte de la OPOSICIÓN BINARIA 'consonántico/no consonántico. Acústicamente (Quilis, 1993: 113-4), los elementos con este rasgo poseen la energía total reducida, esto es, 'el 'rasgo consonántico' se muestra bajo el efecto de una disminución de la energía total y por la presencia de zonas de NO RESONANCIA en su ESPECTRO, mientras que el 'rasgo no consonántico' se caracteriza por el efecto contrario. Articulatoriamente, el rasgo 'consonántico' se caracteriza por la presencia de un obstáculo en las cavidades supraglóticas, mientras que el rasgo 'no consonántico' no tienen dicho obstáculo.

② En la FONOLOGÍA GENERATIVA, 'consonántico' es un RASGO DE CLASE MAYOR caracterizado por tener una obstrucción tan marcada como la de las consonantes fricativas, que debe estar localizada en la región medio-sagital de la cavidad. Los 'no consonánticos' no cumplirán con estos requisitos. Además, esa obstrucción de los consonánticos suprimirá inmediatamente la SONORIZACIÓN ESPONTÁNEA (Martínez Celdrán, 1983: 229).

**CONSTANTE.** ① Las 'constantes' son signos con un sentido fijo que sirven para enlazar entre sí los símbolos del vocabulario primitivo. En los LENGUAJES FORMALES, los símbolos constantes se llaman también **operadores**. En matemáticas, los signos de sumar, restar o dividir son símbolos constantes u operadores. En lógica, el conjunto «∧» o el condicionador «→» son también constantes que enlazan unas VARIABLES con otras (Montaner, P., 1993: 13 y sigs.).

② En otra acepción, procedente de la lógica de predicados, 'constante' alude a la expresión, interpretable semánticamente, que sustituye a una VARIABLE. Así, por ejemplo, si en «x prefiere y», *x* e *y* son variables, símbolos sin contenido, en los enunciados «*Mi amigo Juan* prefiere *el coche pequeño*», «*El niño* prefiere *los pantalones vaqueros*», las variables han sido sustituidas por 'constantes', en este sentido del término, por expresiones nominales que denotan entidades y que son semánticamente interpretables: *mi amigo Juan, el niño, el coche pequeño, los pantalones vaqueros.*

③ Según el sentido dado por Hjelmslev al término, 'constante' designa al elemento de una relación gramatical cuya presencia es condición necesaria para que pueda existir el otro elemento implicado en la relación. Así, por ejemplo, en la relación gramatical que se establece entre el verbo núcleo de un sintagma verbal y el objeto directo que lo complementa («Juan *bebe demasiada cerveza*»), el verbo (*bebe*) representaría la 'constante', ya que su presencia resulta imprescindible para que pueda darse el otro término de la relación, el objeto directo: «*Juan demasiada cerveza».

**CONSTELACIÓN.** ① Según la terminología procedente de la GLOSEMÁTICA, una 'constelación' es la relación que se establece entre dos FUNCTIVOS variables. Esto es, se trata de una relación entre unidades lingüísticas que son compatibles pero que ni se presuponen mutuamente, ni una necesita a la otra para poder formar parte de una estructura. Podría, por ejemplo, considerarse una 'constelación' la relación que se establece entre los elementos enlazados en una COORDINACIÓN (Jiménez Juliá, 1987) «Mi marido me ha comprado *un macetero* y *un despertador viejo*». Los dos sintagmas coordinados (*un macetero* y *un despertador viejo*) con compatibles, puesto que ambos se integran conjuntamente en una construcción con la función de OBJETO DIRECTO. Pero ninguno de esos sintagmas presupone al otro, de manera que si cualquiera de ellos se suprime, ni obtenemos una oración anómala ni se modifica la función objeto directo que asume la estructura coordinada en su conjunto: «Mi marido me ha comprado un macetero», «Mi marido me ha comprado un despertador viejo».

② En los CAMPOS ASOCIATIVOS, de acuerdo con Saussure (1945: 212), una 'constelación' es el punto donde convergen los términos coordinados con otro término que se toma como referencia, siendo indefinida la suma de todos.

**CONSTITUYENTE.** ① Con el término 'constituyente' se hace referencia a un elemento lingüístico simple, o a una agrupación de elementos en RELACIÓN SINTAGMÁTICA, que forma parte de otra unidad lingüística más amplia. Por ejemplo, según Matthews (1981), *the kitchen* (la cocina) es un 'constituyente' del SINTAGMA *in the kitchen* (en la cocina). De conformidad con Hernanz y Brucart (1987: 57), el SINTAGMA NOMINAL *los estructuralistas* y el SINTAGMA VERBAL *admiran las ideas de Chomsky* son 'constituyentes' de la oración «Los estructuralistas admiran las ideas de Chomsky», como también lo son *las ideas de Chomsky*, o *de Chomsky*. Asimismo, según Lyons (1984: 102), por citar un ejemplo más, los MORFEMAS *des, en, amor, miento* son 'constituyentes' de la palabra *desenamoramiento.*

La relación de inclusión que se establece entre un 'constituyente' y la unidad o categoría de que forma parte puede ser, no obstante, de dos clases: directa o inmediata e indirecta o mediata. De ahí la distinción que se establece entre los CONSTITUYENTES INMEDIATOS y los **constituyentes mediatos** o **indirectos** de las unidades.

Una unidad lingüística, llamémosle X, es 'constituyente inmediato' de otra unidad (llamémosle Y) cuando no existe entre ambas una expresión compleja Z, de nivel intermedio, que sea 'constituyente' de Y e integre, a su vez, como 'constituyente' a X (*cf* Moreno Cabrera, 1991: 81 y sigs.). En caso contrario, X podrá ser un 'constituyente' de Y, pero mediato o indirecto.

Por ejemplo, según G. Rojo (1983: 47), en «Normalmente compramos un pescado muy fresco», *fresco* es un 'constituyente inmediato' de la frase adjetiva o sintagma adjetivo *muy fresco*, pero es un 'constituyente mediato' de la cláusula u oración, puesto que entre el adjetivo y la oración existen otros 'constituyentes' complejos: el sintagma adjetivo *muy fresco*, el sintagma nominal *un pescado muy fresco*. Igualmente, en la oración tomada de Hernanz y Brucart que utilizamos anteriormente como ejemplo, «Los estructuralistas admiran las ideas de Chomsky», *los estructuralistas* y *admiran las ideas de Chomsky* son los 'constituyentes inmediatos' de la unidad «oración», porque entre ambos sintagmas y la oración no existe otra categoría, de nivel intermedio, de la que puedan ser 'constituyentes'. En cambio, el sintagma nominal *las ideas de Chomsky* es un 'constituyente inmediato' del sintagma verbal, pero un 'constituyente mediato' de la oración.

② El término 'constituyente' también se emplea en alguna ocasión con el significado de NIVEL, distinguiéndose en este caso los siguientes 'constituyentes' del lenguaje: el fonético-fonológico, el morfológico, el sintáctico, etc. Sin embargo, lo más general ha sido considerar la fonética, la fonología, la morfología, etc., como niveles, y reservar los conceptos de constituyente y de componente para los elementos que integran las estructuras de cada nivel.

**CONSTITUYENTES INMEDIATOS.** En la metodología ANTIMENTALISTA del ESTRUCTURALISMO NORTEAMERICANO, cada uno de los elementos de un enunciado puede ser descrito como constitutivo de una unidad inmediatamente superior, de la que son sus 'constituyentes inmediatos'. El **análisis de constituyentes inmediatos** consiste en descomponer una oración, mediante un procedimiento binario en sus dos elementos mayores, llamados 'constituyentes inmediatos'. Cada uno de estos 'constituyentes inmediatos' pasan a ser unidades que, a su vez, están formados por 'constituyentes inmediatos', hasta llegar a los constituyentes más pequeños que son los MORFEMAS. Se basa en la idea de que la oración, aparte de ser una una secuencia lineal, es a la vez una unidad jerarquizada formada por componentes inferiores o inmediatos de grados intermedios que encajan perfectamente en aquélla, como se puede ver en las **cajas** contenidas en DESCRIPCIÓN.

Los sistemas de notación más empleados en el análisis de 'constituyentes inmediatos' son, además de las cajas, los paréntesis y los DIAGRAMAS ARBÓREOS. Entre los defectos de que adolece el 'análisis de los constituyentes inmediatos', puestos de relieve por el GENERATIVISMO, destacan: (1) su modesta aplicabilidad, ya que sólo sirven para oraciones sencillas, y no pueden explicar, por ejemplo, las construcciones de constituyentes discontinuos (*ne ... pas* en francés, entre otros), o de las aposiciones; (2) la carencia de una formalización de los criterios seguidos en la segmentación; y (3) la incapacidad para dar cuenta de las ambigüedades de las ESTRUCTURAS SUPERFICIALES con relación a la ESTRUCTURA PROFUNDA (por ejemplo, la oración *old furniture and curtains*).

**CONSTRICCIÓN, CONSTRICTURA.** ① En FONÉTICA ARTICULATORIA se llama 'constricción' y también **constrictura** —*stricture* en inglés— (Abercrombie, 1967: 44) al grado de OCLUSIÓN o de estrechamiento producido por la acción de un ARTICULADOR activo sobre uno pasivo. La 'constricción' puede ser de cierre y de APROXIMACIÓN. La 'constricción de cierre', a su vez, puede ser 'constricción total' (OCLUSIVAS) y 'constricción intermitente' (VIBRANTES); y la de aproximación puede ser ABIERTA (vocales) y de contacto (FRICATIVAS). *Cf* constricciones primarias, perturbación.

② También se utiliza el término 'constricción' en gramática con el sentido de condicionamiento o restricción que limita la aplicación de las reglas gramaticales. En este sentido equivale a **condición**.

**CONSTRICCIÓN DE LA ESTRUCTURA COORDINADA.** Una de las condiciones formuladas por J. R. Ross (1967), en el marco de la GRAMÁTICA GENERATIVA, para restringir la aplicación de las TRANSFORMACIONES. La 'constricción de la estructura coordinada' establece que un constituyente integrado en una estructura coordinada no puede ser extraído de esa estructura mediante una transformación que implique su desplazamiento.

«¿Qué has comprado?», por ejemplo, es una oración gramatical en la que, según los presupuestos de la gramática generativa, un objeto directo profundo ha sido desplazado a posición inicial (*Qué*) por tratarse de una oración interrogativa. Sin embargo, «*¿Qué ha comprado chocolates y» es una oración anómala, porque el elemento desplazado a posición inicial forma parte de una estructura coordinada («Ha comprado *chocolates y algo más*»). Tal desplazamiento viola, por tanto, la 'constricción de la estructura coordinada' establecida por Ross; de ahí la agramaticalidad de la oración.

**Constricción de la isla Qu.** En GRAMÁTICA GENERATIVA es una de las condiciones que restringen el desplazamiento de constituyentes. La 'constricción de la isla Qu' establece que ninguna frase nominal incluida en una ORACIÓN INTERROGATIVA INDIRECTA puede ser extraída de ese constituyente oracional mediante un MOVIMIENTO DE QU; esto es, no puede experimentar el traslado a posición inicial característico de los elementos interrogativos y relativos (elementos Qu). Esta restricción implica que las oraciones interrogativas indirectas son ISLAS para la extracción de constituyentes. Por ejemplo, «**Qué* no sabe *a quién le ha regalado Juan*» es una oración anómala porque no cumple esta condición: el elemento *qué* ha debido desplazarse desde la posición de objeto de *regalar*, por tanto, desde el interior de una oración interrogativa indirecta («No sabe *a quién le ha regalado Juan el collar de diamantes*»).

**Constricción del SN complejo.** Condición que limita la aplicación de las TRANSFORMACIONES, formulada por J. R. Ross en 1967. Según la 'constricción del SN complejo', ningún elemento de una oración integrada en un SN como complemento del núcleo nominal (*cf* sintagma nominal complejo) puede ser extraído de dicha oración mediante una transformación de movimiento.

Esta restricción se aducía para explicar la agramaticalidad de oraciones como la siguiente: «*¿A quién rechazaste su sugerencia de que Consuelo sustituyera?». En efecto, *a quién* es un elemento trasladado desde la posición de objeto de *sustituyera* («Debo rechazar su sugerencia de que Consuelo sustituya *a Susana*»). Dado que la oración en que se incluye es el complemento de un núcleo nominal (*sugerencia*), ese traslado incumple la condición establecida por Ross; en consecuencia, da como resultado una oración anómala.

En el modelo RECCIÓN Y LIGAMIENTO, la 'constricción del SN complejo' queda absorbida en el PRINCIPIO DE SUBYACENCIA.

**Constricción del sujeto gramatical.** Condicionamiento operante sobre las TRANSFORMACIONES formulado por J. R. Ross en 1967. Según la 'constricción del sujeto oracional', ningún constituyente puede ser extraído de una oración si tal oración es, a su vez, sujeto de otra.

En los siguientes ejemplos, que tomamos de Radford (1988a: 216), la agramaticalidad de los enunciados podría explicarse tomando como base esta restricción: «**What* would for me to give up — be a pity?» (lit.: «**¿Qué* sería para mí renunciar a — una pena?»); «**Linguistics*, for you to give up — would be a wise move» (lit.: «**La lingüística*, para ti renunciar a — sería un acto inteligente»). Tanto el elemento interrogativo *What*, en el primer caso, como el sintagma *Linguistics*, en el segundo enunciado, han sido extraídos de una oración («For me/you to give up *what/Linguistics*») que forma parte de una oración más amplia como sujeto de un predicado («would be a pity», «would be a wise move»). No se cumpliría, por tanto, la 'constricción del sujeto oracional', de ahí la agramaticalidad de las oraciones resultantes.

**Constricciones primarias.** Véase en RASGO DE CAVIDAD.

**Constrictivas.** Véase en FRICATIVAS; CONTINUAS; MOMENTÁNEAS.

**Construcción.** ① En términos generales, 'construcción' se emplea para aludir a cualquier unidad sintáctica (ORACIÓN, SINTAGMA) caracterizada por poseer una estructura peculiar o diferenciada, como CONSTRUCCIÓN ABSOLUTA, CONSTRUCCIÓN ADVERSATIVA, etc.

② En el ESTRUCTURALISMO NORTEAMERICANO el término 'construcción' equivale a estructura, siempre que se ponga de relieve que se puede descomponer en otras, es decir, su composicionabilidad o analizabilidad.

**CONSTRUCCIÓN ABSOLUTA.** Con la expresión **construcción absoluta**', también llamada **cláusula absoluta**, se hace referencia normalmente a secuencias, como las que aparecen en cursiva en estos enunciados: «*Ya vacía la casa*, Ángel sintió una profunda tristeza», «*Vistos los resultados*, el jefe tendrá que felicitarnos», cuyos rasgos más característicos son:

(1) se sitúan entre pausas, conectándose mediante la entonación con el núcleo oracional que modifican —*Ángel sintió una profunda tristeza, el jefe tendrá que felicitarnos*—;

(2) no presentan verbo en forma personal, pero suele reconocerse en ellas una estructura bimembre, con un predicado —*vacía, vistos*— y un sujeto propio —*la casa, los resultados*— distinto del de la oración que modifican —*Angel, el jefe*—; y

(3) establecen con el núcleo oracional un tipo de vínculo semántico que puede interpretarse como una relación de causalidad, condicionalidad, temporalidad, dependiendo, fundamentalmente, del contexto.

**CONSTRUCCIÓN ADVERSATIVA.** Es un tipo de construcción COORDINADA en la que dos unidades sintácticas —sintagmas, oraciones— se unen mediante una CONJUNCIÓN —*pero, sino*— que establece entre ambas una relación semántica de CONSTRASTE u OPOSICIÓN. En la construcción adversativa «Carlos es *rico pero feliz*», *rico* y *feliz* se presentan, al unirse mediante *pero*, como propiedades contrapuestas desde el punto de vista del que emite el enunciado. Las construcciones adversativas pueden ser EXCLUYENTES O NO EXCLUYENTES.

**CONSTRUCCIÓN ANTICAUSATIVA.** Son 'construcciones anticausativas' ciertas oraciones de esquema intransitivo, entre las que cabría incluir, por ejemplo, «Laura se adormecía lentamente», «El abuelo se emocionó por el suceso». El término 'anticausativa' con que se distingue a tales oraciones se justifica porque, en relación con las construcciones TRANSITIVAS formadas por los mismos verbos, presentan las siguientes modificaciones: (1) El argumento verbal «causa», que en la oración transitiva se realizaría como sujeto («*El rumor* adormecía lentamente a Laura», «*El suceso* emocionó al abuelo), en la 'construcción anticausativa' o bien se omite («Laura se adormecía lentamente») o bien pasa a ser complemento secundario («El abuelo se emocionó *por el suceso*); (2) el argumento «afectado», que en la construcción transitiva correspondería a la función sintáctica objeto directo (*a Laura, el abuelo*) pasa a ser SUJETO en la oración anticausativa.

**CONSTRUCCIÓN CAUSATIVA.** ① Se denominan así determinadas construcciones sintácticas formadas con el verbo *hacer*, tales como las ejemplificadas en los siguientes enunciados: «El alcalde *hizo* dimitir al concejal», «María *hizo* que Joaquín cogiera las riendas del negocio». La calificación 'causativa' se justifica porque, con respecto a las oraciones más básicas o simples, «Joaquín cogió las riendas del negocio», «El concejal dimitió», las construcciones con el verbo *hacer* incorporan un ARGUMENTO más a la oración: el sujeto de *hacer* (*María, el alcalde*) es, desde el punto de vista semántico, el agente instigador o la causa de que tenga lugar la acción expresada por la oración más simple. *María* es la causante de que «Joaquín cogiera las riendas del negocio», «el alcalde» lo es de que «dimitiera el concejal».

Desde un punto de vista sintáctico, sin embargo, estas construcciones con el verbo *hacer* responden a dos esquemas diferentes:

(1) En las del tipo «El alcalde *hizo* dimitir al concejal», la secuencia *hacer + infinitivo* se ha interpretado como una PERÍFRASIS, o como un núcleo verbal complejo resultado de un proceso de REANÁLISIS (Cano Aguilar, 1981; Fernández Lagunilla y Anula Rebollo, 1995), en tanto que el agente de la acción expresada por el infinitivo aparece como complemento: «al concejal».

(2) En las del tipo «María *hizo* que Joaquín cogiera las riendas», la acción causada está incorporada en forma de oración completiva con *que* («que Joaquín cogiera las riendas) dependiente de *hacer*.

② Asimismo, se ha utilizado la denominación 'construcción causativa' para aludir a determinadas oraciones transitivas, como «Aurora hirvió la leche», «La crisis de los cuarenta aumentó su inestabilidad emocional». Comparadas con las construcciones intransitivas formadas con los mismos verbos: «La leche hirvió», «Su inestabilidad emocional aumentó», también estas oraciones presentan un argumento más: la causa (su inestabilidad emocional) o el agente originador (Aurora) del proceso al que alude el verbo.

③ En algunos textos (RAE, 1973), enunciados como «Felipe II construyó El Escorial», «El general fusiló al cabecilla de la rebelión», se consideran 'oraciones de sentido causativo', porque el sujeto no se interpreta como el agente que directamente realiza la acción sino como el instigador de la misma: «Felipe II» no construye El Escorial; manda, ordena, «hace que» otros lo construyan; «el general» no fusila personalmente «al cabecilla de la rebelión»; manda, ordena, «hace que» otros realicen esa acción.

**CONSTRUCCIÓN CONDICIONAL.** Véase en ORACIÓN CONDICIONAL.

**CONSTRUCCIÓN CUASI-REFLEJA.** Con esta denominación, introducida por Andrés Bello en las gramáticas del español, se hace referencia a las oraciones que, si bien no tienen un sentido inequívocamente reflexivo, se asemejan a las ORACIONES REFLEXIVAS («Ana *se* ha maquillado esta mañana») por presentar junto al verbo una forma pronominal átona de tipo REFLEXIVO o reflejo; esto es, un pronombre átono (*me, te, os, nos*, etc.) que coincide en los rasgos de persona con el sujeto, cuando éste se halla presente en el esquema de la oración («*Vosotros os* preocupáis por nada»), y que, en tercera persona, adopta la forma específicamente reflexiva o refleja *se*: «*El niño* ya *se* ha dormido».

El término abarca, pues, a todas las CONSTRUCCIONES PRONOMINALES de carácter no reflexivo: MEDIAS O ANTICAUSATIVAS («La pobre mujer *se* emocionó al recibir el ramo»), PASIVO-REFLEJAS («*Se* registraron todas las habitaciones»), IMPERSONALES-REFLEJAS («*Se* come muy bien en este restaurante»), así como oraciones constituidas por un VERBO PRONOMINAL: «Este chico *se* queja de todo».

**CONSTRUCCIÓN FACTITIVA.** Equivale a CONSTRUCCIÓN CAUSATIVA[1]. También se utiliza con el sentido señalado en CONSTRUCCIÓN CAUSATIVA[3].

**CONSTRUCCIÓN PRONOMINAL.** Con la denominación 'construcción pronominal' se alude, generalmente, a oraciones como las que se incluyen en los siguientes enunciados: «Yo no me arrepiento de nada», «Las modelos se maquillan cuidadosamente», «Las flores se han marchitado», «Tú te asustas enseguida», «Se vive muy bien aquí».

El rasgo sintáctico que comparten todas ellas, el que justifica el hecho de que se denominen 'construcciones pronominales', consiste en la presencia, junto al verbo, de una forma pronominal átona (*me, te, se*), un CLÍTICO de carácter reflejo que, como tal, concuerda en los rasgos de persona con el sujeto, en caso de que éste se halle presente en el esquema oracional («*Tú te* asustas», «*Yo* no *me* arrepiento»), y adopta la forma específicamente refleja *se* cuando el clítico que requiere la construcción es el correspondiente a la tercera persona: «Las flores *se* han marchitado», «Las modelos *se* maquillan cuidadosamente», «*Se* vive muy bien aquí».

Aunque coinciden en ese rasgo común, las 'construcciones pronominales' constituyen, no obstante, un conjunto heterogéneo de esquemas oracionales en el que habitualmente se diferencian varias clases. *Cf* oración reflexiva, media, pasivo-refleja, impersonal refleja, verbo pronominal.

**Constructo hipotético.** En la INVESTIGACIÓN LINGÜÍSTICA, con el nombre de 'constructos hipotéticos' se designan las entidades imaginarias cuya existencia se postula al formular una TEORÍA LINGÜÍSTICA, con el fin de posibilitar la instrumentación intelectual necesaria para llegar a una comprensión mejor y más profunda de la naturaleza y del uso del lenguaje, de sus componentes, de las relaciones que éstos mantienen entre sí, de sus funciones, etc. Los nombres, los nombres abstractos, los verbos transitivos, las consonantes oclusivas, la juntura demarcativa, etc., son 'constructos hipotéticos'.

La postulación de estos 'constructos hipotéticos' se puede comprobar examinando someramente cualquiera de las principales teorías lingüísticas. Por ejemplo, en la teoría praguiana del FONEMA «como haz de rasgos fónicos» se defiende la existencia de dichos rasgos, aunque no existan de forma material y tangible, es decir, aunque no sean siempre directamente observables. A estos efectos conviene precisar que los 'constructos hipotéticos' cuya existencia se postula no están en el vacío, sino vinculados a la realidad observada y, consecuentemente, las teorías deben determinar cómo se relacionan estas entidades con los fenómenos observables. Pero ni que decir tiene que estos constructos, al tiempo que ayudan a describir y comprender mejor la naturaleza del lenguaje, inevitablemente enmascaran su realidad, pues, al resaltar estas categorías, eluden otros factores del mismo o de la comunicación lingüística general. *Cf* generalización, abstracción, formalización.

**Contacto.** ① Se dice que dos lenguas están en 'contacto' cuando son habladas durante un mismo período de tiempo por una misma comunidad. En DIACRONÍA el 'contacto' entre lenguas ha sido estudiado, entre otras, por las TEORÍAS de los SUSTRATOS, los SUPERESTRATOS y los ADSTRATOS.

En SINCRONÍA, desde que U. Weinreich utilizó esta palabra en su obra *Languages in Contact*, forma parte de la terminología SOCIOLINGÜÍSTICA, empleada, por ejemplo, en el análisis del BILINGÜISMO, y la DIGLOSIA, en los fenómenos de CRIOLLIZACIÓN de los PIDGINS y SABIRES, y también en las INTERFERENCIAS producidas en el aprendizaje de segundas lenguas, las cuales dieron como resultado la creación de áreas de estudio como el ANÁLISIS DE CONTRASTES y el ANÁLISIS DE ERRORES.

② Jakobson (1960), en su esquema de la COMUNICACIÓN emplea el término 'contacto' para hacer referencia a: (1) el CANAL físico, vehículo o MEDIO necesario para que el emisor pueda enviar el mensaje al receptor; y (2) a la conexión psicológica entre ambos que les permita entrar y permanecer en comunicación.

③ En fonética se usa en la llamada APROXIMACIÓN DE CONTACTO y en el análisis de la JUNTURA o fenómeno derivado del 'contacto' de dos unidades lingüísticas en la CADENA HABLADA.

**Contacto ocular.** En el análisis de los TURNOS DE HABLA, uno de los signos extralingüísticos que sirven para monitorizar LA CONVERSACIÓN, además de la KINÉSICA, la PROXÉMICA y la PARALINGÜÍSTICA, es el 'contacto ocular', que se considera como una MARCA conversacional orientadora de las tomas de turno por parte de los interlocutores.

**Contagio, contaminación.** Los términos 'contagio' o 'contaminación', propios de la LINGÜÍSTICA HISTÓRICA, también se utilizan en LEXICOLOGÍA para aludir al proceso mediante el cual el SENTIDO de una palabra cambia al de otra, normalmente la opuesta, por influencia del CONTEXTO o de otras palabras. Por ejemplo, la palabra española *álgido*, que significa «muy frío», algunos lo emplean con el sentido de «muy caliente» por emplearse en contextos políticos y sociales para referirse a los momentos críticos, en los que la temperatura ambiental es alta. *Cf* cruce.

**Contenido.** ① En líneas generales el término 'contenido' alude en lingüística al conjunto de características pertinentes de un NIVEL o de una unidad lingüística. De esta forma, el **contenido fonológico** es el conjunto de características fonológicamente PERTINENTES y lo mismo se puede decir del contenido sintáctico.

② En muchas teorías semánticas el término 'contenido' (y también **contenido semántico**) se emplea como equivalente a la suma de los COMPONENTES semánticos o SEMAS de una UNIDAD LÉXICA, empleándose con este sentido en la expresión ANÁLISIS DEL CONTENIDO. También se usa el término 'contenido' para aludir al sentido formado en el cruce o encuentro de las RELACIONES LÉXICO-SEMÁNTICAS.

③ En la GLOSEMÁTICA, Hjelmslev (1963: 47 y sigs.) convierte la DICOTOMÍA saussureana SIGNIFICANTE/SIGNIFICADO en EXPRESIÓN/CONTENIDO que, a su vez, enriquece distinguiendo en ambas la FORMA y la SUSTANCIA, es decir, la FORMA DE LA EXPRESIÓN y la FORMA DEL CONTENIDO, y la SUSTANCIA DE LA EXPRESIÓN y la SUSTANCIA DEL CONTENIDO.

④ Cuando 'contenido' se opone a FORMA, equivale a materia relevante, como por ejemplo en el 'contenido fonológico' el 'contenido sintáctico', etc., de un enunciado. Véase en FORMA[3].

**CONTEXTO.** El 'contexto' es la CATEGORÍA lingüística que cumple dos funciones básicas en la COMUNICACIÓN: (a) fijar el SIGNIFICADO de una UNIDAD LINGÜÍSTICA; y (b) convertir a una o más oraciones en un ENUNCIADO. Es uno de los conceptos básicos del PARADIGMA DE LA PRAGMÁTICA, y es tan grande su importancia en esta perspectiva investigadora (Goodwin, 1992; Bates, E., 1976; Slama Cazacu, T., 1961) que forma parte de algunas de las definiciones que se han hecho del término PRAGMÁTICA. Por ejemplo, para Levinson (1983: 14) «la pragmática es el estudio de la capacidad o habilidad que tienen los usuarios del lenguaje para emparejar oraciones y 'contextos' apropiados».

Sin embargo, el término no es nuevo, es clásico en casi todas las corrientes y perspectivas de la historia de la lingüística; incluso en el paradigma generativista encontramos investigadores del contexto, como los lingüistas de la SEMÁNTICA GENERATIVA (Lakoff, G., 1974), que analizaron varias de sus dimensiones. Algunas teorías de la INTERPRETACIÓN de los mensajes consideran que el receptor selecciona un 'contexto', que utiliza para interpretar el enunciado; otras estiman que el 'contexto' lo construye el interlocutor como parte del proceso de interpretación (Blakemore, D., 1987: 11; Ochs, E., 1979: 1). Tanto en unas como en otras el 'contexto' (*cf* contexto cero en SIGNIFICADO LITERAL) es una pieza fundamental que actúa de marco coordinador de las dimensiones lingüísticas, SOCIOLINGÜÍSTICAS y PSICOLINGÜÍSTICAS de la comunicación.

No es fácil la configuración del contexto; en la mayoría de los intentos caracterizadores del contexto se lo ha considerado como un conjunto de VARIABLES, que siempre se pueden caracterizar proposicionalmente, agrupables en tres bloques:

(a) Bloque I, formado por la **situación** o dimensión espacio-temporal. La 'situación', que ya había sido estudiada con anterioridad por Bloomfield (1933), Bühler (1934), Firth (1957), Monagham (1979), es el entorno físico inmediato, o sea, la localización espacio-temporal del enunciado, formada por una serie de índices descriptivos, entre los que destacamos, además del lugar, el tiempo y la identidad de los interlocutores y de los acompañantes, si los hubiere, todos los objetos que sean relevantes, los cuales condicionan las primeras expectativas interpretativas. De esta forma no sería un insulto preguntarle al carnicero: «¿Tiene Vd. pierna de cabrito y lengua de buey?»; pero sí lo sería fuera de la localización espacio-temporal de la carnicería.

(b) Bloque II, o **cotexto**, es el marco textual en que está enclavada la oración u oraciones de un enunciado. Este 'cotexto' alude a la **contextura**, que, en palabras de Jakobson, es una ley del lenguaje, mediante la cual toda unidad lingüística es, a su vez, entorno lingüístico o marco de referencia para otra de rango inferior, y está contenida, además, en otra de rango superior. El 'cotexto' puede ser **inmediato** o **acumulado**, según el grado de arrastre de unidades lingüísticas imprescindibles para poder interpretar una proposición. En el primer caso sólo precisamos de las unidades lingüísticas contiguas, mientras que en el segundo es necesario retroceder varias unidades para poder interpretar el enunciado. Las ANÁFORAS y los DEÍCTICOS TEXTUALES forman parte de la interacción existente entre enunciados y co-textos.

(c) Bloque III, o **presuposición pragmática**, que comprende las ideas, las escalas de valores, y los conocimientos culturales de todo tipo compartidos por los interlocutores. El bloque III es en realidad el mundo real o de ficción, llamado también UNIVERSO DISCURSIVO, a que hace alusión constantemente todo enunciado, por ejemplo, el de «Alicia en el País de las Maravillas» de L. Carroll, o el de la novela *1984* de G. Orwell. Este tercer bloque del 'contexto' crea un vínculo de solidaridad entre los INTERLOCUTORES, porque garantiza el que estén dentro del juego y que sepan de qué trata el discurso. El análisis de la vinculación existente entre este bloque y los otros dos es complejo ya que, en cierto sentido, se trata de relaciones asimétricas (Coseriu, 1967: 282-323; Ducrot, 1982).

Además de esta caracterización del contexto en tres bloques existen muchas otras. Por ejemplo, el 'contexto' puede quedar constituido por dos grandes variables, una *lingüística* y otra *extralingüística*. La lingüística, a su vez, consta de la variable *verbal* (las oraciones que se expresan) y de la *no-verbal* (los gestos, las modulaciones de la voz, etc.); la extralingüística está compuesta también de otras dos variables: la *objetiva* (el mundo en donde se emite el enunciado con las personas que intervienen, los acontecimientos, el tiempo, etc.); y la *subjetiva* (el mundo de los conceptos, de las relaciones, de las ideas, de las creencias y de la ideología, etc.).

**CONTEXTO DEL HABLAR.** El 'contexto', junto con la SITUACIÓN, la REGIÓN y el UNIVERSO DEL DISCURSO, constituyen el ENTORNO de la LINGÜÍSTICA DEL HABLAR. Coseriu (1967: 309 y sigs.) lo define como toda la realidad que rodea un signo, un acto verbal o un discurso, como presencia física, como saber de los INTERLOCUTORES y como ACTIVIDAD. Puede haber tres clases de contexto: el idiomático, el verbal, y el extraverbal. El idiomático es la lengua misma como contexto, como fondo del hablar. El verbal es el dicurso en cuanto entorno de cada una de las partes que lo componen. El extraverbal, o **extralingüístico**, está formado por todas la circunstancias extralingüísticas percibidas o conocidas por los HABLANTES. En el contexto extraverbal se distingue, a su vez, el contexto físico, el empírico, el natural, el práctico u ocasional, el histórico y el cultural.

**CONTEXTO SOCIAL.** Para Halliday (1978: 108 y sigs.) es la situación en donde se intercambian SIGNIFICADOS, la cual se puede caracterizar con las siguientes variables: el CAMPO DEL DISCURSO, el TENOR DEL DISCURSO y la MODALIDAD DEL DISCURSO.

**CONTEXTURA.** Véase en CONTEXTO.

**CONTIGÜIDAD.** Véase en AFASIA y en COMBINACIÓN.

**CONTINUANTE.** Equivale a CONTINUO. Véase en APROXIMANTE.

**CONTINUIDAD LINGÜÍSTICA.** La 'continuidad lingüística', junto con la ARBITRARIEDAD DEL SIGNO LINGÜÍSTICO y la REGULARIDAD, es uno de los pilares sobre los que se asienta el MÉTODO COMPARATIVO. El principio de 'continuidad lingüística' postula que la evolución de las lenguas es progresiva. Dicho con otras palabras, la evolución de la lengua se considera como una serie de ESTADOS DE LENGUA, en el que uno de ellos es siempre modificación de otro anterior.

**CONTINUO.** Véase en NOMBRE CONTINUO.

**CONTINUO, CONTINUUM.** El término **continuo** se usa en lingüística como sustantivo en la acepción 1, y como adjetivo en las demás:

① Como sustantivo (muchas veces se emplea la forma latina **continuum** en su lugar), es un compuesto de partes entre las que no hay separación y, en este sentido, en SOCIOLINGÜÍSTICA se dice que un CRIOLLO es un 'continuum' formado por BASILECTOS, MESOLECTOS y ACROLECTOS, y una COMUNIDAD DE HABLA es un **continuo de habla**.

También la CADENA HABLADA se percibe como un *continuum* coherentemente organizado.

② En FONÉTICA ARTICULATORIA el término 'continuas' es otro de los nombres con que se conoce a las FRICATIVAS, en contraste con el de MOMENTÁNEAS.

③ En FONOLOGÍA FUNCIONAL 'continuo' es el RASGO INHERENTE que forma parte de la OPOSICIÓN BINARIA **interrupto**/continuo. El rasgo de 'interrupto' se caracteriza acústicamente por presentar un BLANCO en el ESPECTROGRAMA por encima de la BARRA DE SONORIDAD. Ese blanco es la característica de la interrupción del sonido (Martínez Celdrán, 1984: 201), que articulatoriamente representa una OCLUSIÓN de cualquier tipo. Tienen el rasgo 'interrupto' y, por tanto, son **consonantes interruptas** las OCLUSIVAS, las AFRICADAS y las VIBRANTES.

El rasgo de 'continuo' se caracteriza porque el aire no habrá dejado de salir y no se producirá ningún blanco en el espectrograma. Tienen el rasgo 'continuo' y, por tanto, son **consonantes continuas (o continuantes)** las FRICATIVAS, las APROXIMANTES y las LATERALES.

**CONTINUUM POST-CRIOLLO.** Véase en CRIOLLIZACIÓN.

**CONTOIDE.** Véase en VOCOIDE.

**CONTRACCIÓN, CONTRACTO.** ① Se llama 'contracción' a la FORMA, y también al PROCESO, resultante de la FUSIÓN de dos formas, a la cual se la llama FORMA CONTRACTA, como en español *del* y *al*, resultantes de las 'contracciones' de *de+el* y de *a+el*. En algunas lenguas, como el inglés, las formas contractas son muy abundantes: *don't* por *do not*, *can't* por *cannot*, etc.

② En FONÉTICA ARTICULATORIA se llama 'contracción' al movimiento muscular opuesto a la RELAJACIÓN.

**CONTRASTE.** ① En lingüística se llama 'contraste' a las diferencias existentes entre unidades lingüísticas (FONEMAS, MORFEMAS, PALABRAS, etc.) sucesivas *presentes* en el decurso. Por ejemplo, en la palabra *sí* la *s*, como consonante, contrasta con la *í* (como vocal). En este sentido, 'constraste' es una diferencia distinta a la OPOSICIÓN.

② En FONOLOGÍA PROSÓDICA O SUPRASEGMENTAL, para que exista contraste se requiere la *presencia* sucesiva de un elemento portador del PROSODEMA y de otro no portador o, a la inversa, de uno no portador y otro portador. De esta manera, percibimos como tónica la segunda sílaba de la palabra *inglés* porque la primera es átona; si pronunciáramos la sílaba *glés* de forma aislada, es decir, precedida y seguida de silencio, scríamos incapaces de saber si es tónica o es átona; en este caso es tónica en 'contraste' con *in*, que es átona. En el ESTRUCTURALISMO NORTEAMERICANO no se hace distinción entre OPOSICIÓN y 'contraste'. *Cf* oposición.

② En ESTILÍSTICA y en el el ANÁLISIS DEL TEXTO, el 'contraste' es uno de los recursos (también llamados TÉCNICAS RETÓRICAS) propios de la PROGRESIVIDAD textual, es decir, de los que hacen avanzar o progresar el discurso. Alude a la marcada diferencia entre entidades manifestadas por medio de lingüísticas, cuyos rasgos diferenciales se ponen de relieve. Son recursos tradicionales del contraste la ANTONIMIA LÉXICA (alto-bajo), la ANTONIMIA CULTURAL (Don Quijote y Sancho Panza), la ANTONIMIA TEXTUAL («Mientras lo *poetas* se miran los ombligos, los *mineros* sudan en las entrañas de la tierra»), las DICOTOMÍAS, además de las FIGURAS DEL LENGUAJE empleadas para estos fines (el OXÍMORON, la ANTÍTESIS, la PARADOJA). Pero existen muchos otros recursos. Por ejemplo:

(a) medios sintácticos (preposiciones, adverbios, conjunciones que resalten la idea de diferencia): *en vez de ..., a diferencia de ...*;

(b) **incompatibilidad léxica**, la presentación sucesiva en el decurso de elementos de un mismo paradigma, es decir, de elementos que están en OPOSICIÓN, por ejemplo, presentar en un mismo enunciado varios colores: «La verja blanca que estaba detrás del negro roble proyectaba un brillo amarillo sobre ...»

③ Véase en ANÁLISIS DE CONTRASTES.

**CONTROL.** En RECCIÓN Y LIGAMIENTO, 'control' alude a la relación que se establece entre PRO, la categoría vacía que en este modelo se propone como sujeto de las oraciones de infinitivo, y su antecedente (si lo tiene): el argumento, expreso o implícito, del verbo subordinante a través del cual PRO recibe su interpretación y su referencia. Por ejemplo, en el análisis de «Javier obligó a *su madre*$_i$ a PRO$_i$ cederle la habitación», se diría que *su madre*, el sintagma nominal objeto de *obligó*, 'controla' a PRO, el sujeto del infinitivo *ceder*, puesto que es el elemento que determina su referencia: la entidad «obligada», *su madre*, y la que «cede la habitación» son la misma persona (*su madre* y PRO tienen asignado un mismo índice $_i$ para indicar, precisamente, que ambas categorías aluden a un mismo referente).

**CONTROL DEL OBJETO O DEL SUJETO.** Véase en VERBO DE CONTROL

**CONTROL OBLIGATORIO.** Véase en ESTRUCTURA DE CONTROL.

**CONTROL OPCIONAL.** Véase en ESTRUCTURA DE CONTROL

**CONTROLADOR.** Véase SINTAGMA NOMINAL CONTROLADOR.

**CONVERGENCIA FONOLÓGICA, CONVERGENTE.** Véase en DIVERGENCIA FONOLÓGICA.

**CONVERSACIÓN.** Véase en ANÁLISIS CONVERSACIONAL.

**CONVERSIÓN.** ① En LEXICOLOGÍA es uno de los recursos de FORMACIÓN DE PALABRAS de algunas lenguas, por ejemplo, el inglés. Así, las palabras *rain* (lluvia) o *work* (trabajo) se pueden 'convertir' automáticamente en los verbos correspondientes sin modificar en absoluto su forma.

② En LEXICOLOGÍA-SEMÁNTICA es una de las RELACIONES LÉXICO-SEMÁNTICAS establecidas por Lyons (1967), también llamada RECIPROCIPAD O COMPLEMENTARIEDAD.

**COOPERACIÓN.** Dentro del PARADIGMA DE LA PRAGMÁTICA, el concepto de 'cooperación' forma parte de algunas TEORÍAS, tales como el PRINCIPIO DE COOPERACIÓN de H. P. Grice (1975) o la ESTRATEGIA DE COOPERACIÓN de Gumperz (1985), destinadas a dar cuenta de la RACIONALIDAD que rige la CONVERSACIÓN como actividad humana (Grandy, R. *et al.*, eds., 1986). *Cf* diálogo cooperativo, colaboración, conversación, análisis conversacional.

**COORDINACIÓN.** La 'coordinación' es la relación sintáctica que se establece entre dos o más oraciones, o entre dos o más constituyentes oracionales, cuando se presentan como equivalentes desde el punto de vista de su función en el enunciado. Se da, por ejemplo, una relación de 'coordinación' entre los elementos en cursiva de los siguientes enunciados: «Debería(n) dimitir o *el chico o su padre*», «Quiero casarme con un hombre *amable y de buenas costumbres*», «Siempre estaba *enfermo y de mal humor*». Los constituyentes aparecen, en efecto, igualados en lo que atañe a su función: ninguno domina al otro, esto es, ninguno actúa como núcleo con respecto al otro. De modo que cada uno por separado podría asumir la misma función sintáctica y semántica que realizan conjuntamente: «Debería presentar la dimisión el chico (sujeto, agente)», «Debería presentar la dimisión su padre (sujeto, agente)», «Quiero casarme con un hombre amable (complemento nominal restrictivo)», «Quiero casarme con un hombre de buenas costumbres (complemento nominal restrictivo)»; «Siempre estaba enfermo (atributo adscriptivo)», «Siempre estaba de mal humor (atributo adscriptivo)».

La relación de 'coordinación' puede ir marcada por una CONJUNCIÓN —*y, o*— o, simplemente, por la entonación: «Quiero casarme con un hombre amable, de buenas costumbres», «Siempre estaba enfermo, de mal humor».

**COORDINACIÓN ADVERSATIVA.** En numerosos estudios gramaticales se clasifica como 'coordinación adversativa' la relación que se establece entre las dos unidades sintácticas que se enlazan mediante *pero*, *sino* o CONJUNCIONES equivalentes. Así, por ejemplo, para Bobes Naves (1973), en «Un hombre ambicioso *pero* egoísta», *ambicioso* y *egoísta* son los dos miembros de una 'coordinación adversativa'. Igualmente para Brucart (1987), en «No vino María *sino* Luis», *sino* uniría en una 'coordinación adversativa' dos miembros oracionales: *María* y *Luis*.

Esta clasificación implica, lógicamente, que se considera como COORDINACIÓN la relación sintáctica que se establece entre las unidades enlazadas por *pero* o *sino*, en tanto que la denominación 'adversativa' aludiría al valor semántico específico que aportan *pero* y *sino* a la estructura coordinativa: la contraposición de los miembros coordinados, bien porque sus significados sean contrarios o, al menos, su asociación sea contraria a lo esperado («Era rico pero muy desgraciado», «Sus cuadros son formalmente perfectos pero no tienen garra»), bien porque se establezca una relación de exclusión o sustitución entre ambos: «No es listo sino simplemente aprovechado». «No se encargará de la presentación Juan sino su hermano» (*cf* ADVERSATIVA EXCLUYENTE, ADVERSATIVA NO EXCLUYENTE).

No obstante, la clasificación de las construcciones con *pero* o *sino* entre las estructuras coordinadas no es unánime en los estudios gramaticales del español. Así, por ejemplo, para Jiménez Juliá (1987) o Rodríguez Sousa (1979), el hecho de que constituyan estructuras necesariamente binarias (sólo pueden enlazarse mediante *pero* y *sino* dos unidades) frente al carácter abierto de la COORDINACIÓN COPULATIVA O DISYUNTIVA, así como su asimetría semántica (no son semánticamente equivalentes «No es listo sino simplemente aprovechado» y «No es simplemente aprovechado sino listo»), impiden considerar a las construcciones con *pero* y *sino* como estructuras coordinadas. Antes bien, desde su punto de vista, correspondería a una relación de INTERDEPENDENCIA el tipo de conexión sintáctica que se establece entre las dos unidades enlazadas.

**COORDINACIÓN ASIMÉTRICA.** Es la COORDINACIÓN en la que no puede invertirse el orden de las unidades coordinadas porque esa inversión produciría una construcción agramatical o una alteración del sentido. «Juan se marchó a Brasil y allí contrajo una grave enfermedad», «Mi marido toca el piano y yo el trombón» son ejemplos de 'coordinaciones asimétricas'. Si se altera el orden de las unidades coordinadas en el primer enunciado: «Allí contrajo una grave enfermedad y Juan se marchó a Brasil», el sentido final varía. En el segundo ejemplo la inversión del orden conlleva que el enunciado sea agramatical: «*Yo el trombón y mi marido toca el piano».

**COORDINACIÓN CONSECUTIVA.** Véase en ORACIÓN CONSECUTIVA.

**COORDINACIÓN COPULATIVA.** Se denomina 'copulativa' la coordinación explícitamente marcada por las CONJUNCIONES *y*, *ni* (u otras de valor equivalente), que aportan a la construcción el significado específico «asociación» o «combinación» (*cf* Jiménez Juliá, 1995; Dik, 1968). Es decir, la 'coordinación copulativa', frente a la disyuntiva o a la adversativa, significa, simplemente, «asóciense, combínense» los elementos enlazados, sin precisar qué sentido final ha de darse a esa asociación o combinación. De ahí que la 'copulativa' se considere la forma más general y más neutra de coordinación, aunque, debido precisamente a su carácter neutro, sea también la que permite más matizaciones contextuales.

Por ejemplo, los enunciados «Tomó arsénico y se puso enferma», «Dio al interruptor y se hizo una luz extraña», están constituidos por dos oraciones relacionadas mediante 'coordinación copulativa', marcada por la conjunción *y*. De conformidad con Dik o Jiménez Juliá, la conjunción implica «asóciense, combínense los contenidos de estas dos predicaciones» sin más precisiones semánticas adicionales. Si, además, interpretamos que entre ambas predicaciones puede establecerse una relación de causa-consecuencia («Se puso enferma porque tomó arsénico») o de temporalidad («Cuando dio al interruptor se hizo una luz extraña») esa conexión no vendría impuesta por el significado de la conjunción, sino por el orden en que se suceden las oraciones y, fundamentalmente, por nuestro conocimiento del mundo, por nuestras presuposiciones. Son, pues, matizaciones contextuales, posibilitadas, pero no impuestas por la conjunción coordinante. Ésta, como ya se ha dicho, se limita a expresar «asóciense los hechos denotados por estas predicaciones».

**COORDINACIÓN DISTRIBUTIVA.** En algunas gramáticas del español (por ejemplo, RAE, 1973; Gili Gaya, 1961) se identifica como 'distributiva' la relación de COORDINACIÓN que presenta las siguientes características:

(1) Desde el punto de vista del significado, la coordinación denominada 'distributiva' implica que entre los miembros coordinados «se establece una alternancia o sucesión alternativa» (M. Seco, 1972) (como en «Pasaba los días *ya rezando, ya leyendo*», «Recibía con la misma serenidad *bien las alegrías, bien los infortunios*»), o que «se contraponen acciones distribuidas entre varios agentes, lugares, tiempos» (Bello, 1981: 132), como en «*En una parte* se oían tristes lamentos, *en otra* desesperadas imprecaciones», o en el texto cervantino «*Este* la maldice y la llama antojadiza, varia y deshonesta; *aquel* la condena por fácil, *tal* la absuelve y perdona, y *tal* la vitupera, *uno* celebra su hermosura, *otro* reniega de su condición».

(2) Tal significación no viene marcada por una CONJUNCIÓN específica. Las unidades coordinadas se enlazan, por lo general, mediante YUXTAPOSICIÓN, en tanto que el significado que se considera distintivo de este tipo de coordinación (el anteriormente descrito) viene dado por la existencia de elementos correlativos (*uno... otro*, *este... aquel*) o por la repetición de elementos en cada una de las unidades coordinadas: *ya... ya, bien... bien*.

No obstante, no todas las gramáticas del español incluyen la 'coordinación distributiva' como un tipo diferenciado de coordinación frente a la copulativa, la disyuntiva y la adversativa.

Así, por ejemplo, para Hernández Alonso (1984), como para Jiménez Juliá (1995), si la base para la clasificación de las estructuras coordinadas es la existencia de una conjunción (*y*, *o*) que aporta a la coordinación una significación específica («asociación», «elección»), la denominada 'distributiva' no puede ser considerada una clase diferenciada de coordinación precisamente porque carece de conjunción específica. Debería incluirse, por el contrario, entre la coordinación asindética o yuxtaposición o entre la coordinación disyuntiva.

**COORDINACIÓN DISYUNTIVA.** Es la COORDINACIÓN cuyo valor semántico específico, señalado básicamente mediante la CONJUNCIÓN *o*, consiste en expresar *alternativa* o *elección*. Esto es, las unidades conectadas por medio de la conjunción se presentan como alternativas posibles, como opciones entre las que se puede elegir: «Puedes fregar los platos *o* secarlos», «Esta noche podríamos ir al cine *o* al teatro», «para mi cumpleaños quiero que me regales un coche *o* una moto grande». Por lo general, se reconocen dos posibles valores semánticos en una 'coordinación disyuntiva': el que se identifica como DISYUNCIÓN EXCLUSIVA y el que corresponde a la denominada DISYUNCIÓN INCLUSIVA.

**Copretérito.** Según la nomenclatura introducida por A. Bello para los TIEMPOS verbales, 'copretérito' es el término que alude al tiempo que más comúnmente se denomina PRETÉRITO IMPERFECTO. *Asaba, jugaba*, por ejemplo, son 'copretéritos' de *asaba* y *jugar*, respectivamente. La denominación, de conformidad con el sistema utilizado por Bello, se justifica porque, según su significado básico, formas como *asaba* o *jugaba* sitúan la acción en un momento simultáneo, coexistente con (de ahí el prefijo *co-*) otro momento, otra acción o situación anterior (y, por tanto *pretérita*) con respecto al momento del habla o de la enunciación: «Yo *asaba* las chuletas cuando *llamaron* a la puerta», «Alberto *jugaba* al fútbol *a los trece años*» (los «trece años» de Alberto se sitúan en un periodo de tiempo anterior al momento de la enunciación).

**Copulativo.** Véase en CONJUNCIÓN COPULATIVA, ORACIÓN COPULATIVA, COORDINACIÓN COPULATIVA y VERBO COPULATIVO.

**Corchete.** Véase ABREVIADOR, PARENTETIZACIÓN.

**Corona, coronal.** ① En FONÉTICA ARTICULATORIA, y especialmente desde que Chomky y Halle (1968) lo introdujeron, el adjetivo 'coronal' alude a las ARTICULACIONES en las que interviene la **corona** de la LENGUA, esto es, el espacio comprendido entre el ÁPICE y la parte anterior del predorso.

② En la FONOLOGÍA GENERATIVA (Chomsky y Halle, 1968) 'coronal-no coronal' es uno de los RASGOS DISTINTIVOS[2] de CAVIDAD bucal. Los sonidos coronales se producen por elevación de la 'corona' de la lengua desde su POSICIÓN NEUTRAL o de descanso y se les representa de forma abreviada con [+cor]. Las consonantes DENTALES, las ALVEOLARES y las PALATOALVEOLARES, y las VOCALES RETROFLEJAS son [+cor]; las consonantes LABIALES y las VELARES son no-coronales [–cor]. *Cf* anterior, rasgos relacionados con el cuerpo de la lengua, redondeado, distribuido, cubierto, glotal.

**Corpus.** Los DATOS que se utilizan en un trabajo de INVESTIGACIÓN LINGÜÍSTICA constituyen el 'corpus' o **inventario** del trabajo, los cuales son los enunciados de la comunicación, que están compuestos por formas lingüísticas, como oraciones, palabras, y similares y también por categorías como sílabas, vocales, oclusivas, etc. La perspectiva investigadora del paradigma y la relevancia que domine en el análisis orientará la selección de los datos del corpus, el cual, por definición, es un **repertorio lingüístico** cerrado. Así, en el paradigma de la PRAGMÁTICA el dato primario es el DISCURSO, mientras que en el paradigma generativista es la ORACIÓN (Greimas, A. J., 1974). En los últimos años, y gracias a las prestaciones de la informática, se ha desarrollado la llamada LINGÜÍSTICA DE CORPUS.

Los datos de este inventario o repertorio lingüístico deben ser: (a) válidos, esto es, deben ser representativos de la HIPÓTESIS que se quiere demostrar; (b) comprobables, y (c) homogéneos. La *homogeneidad* del 'corpus', que en principio se refiere al dominio de los datos, debe extenderse a la homogeneidad de las técnicas y criterios (y, por supuesto, de la TEORÍA) que guían la recogida de los mismos. Por ejemplo, no es igual un 'corpus' creado con un procedimiento SEMASIOLÓGICO, que va de los datos (los signos lingüísticos) al concepto, que uno onomasiológico, que va del concepto a los datos, etc. En resumen, al caracterizar los datos del 'corpus' se debe indicar su procedencia, los límites que nos hemos marcado en su recogida y los criterios teóricos que nos han guiado. Así, podemos afirmar: «Estos datos han sido recogidos de fuentes escritas, que representan el dialecto estándar de la lengua, aunque alguna de estas fuentes, a su vez, son transcripciones de entrevistas y son, en cierto sentido, representativas de formas más coloquiales del lenguaje». *Cf* adecuación científica.

**Correferencia.** La 'correferencia, también llamada **identidad referencial**, es la relación que se establece entre dos EXPRESIONES REFERENCIALES (sintagmas nominales determinados, nombres propios, pronombres), entre dos unidades, coincidentes en un enunciado, con capacidad para aludir a entidades, cuando ambas se interpretan como alusivas a la misma entidad, cuando tienen el mismo REFERENTE. *Cf* coindizar.

En «*Le* he enseñado a *Anabel* las fotos de la boda», «*Alberto Pérez, el vecino del segundo*, es el nuevo presidente de la comunidad», entre *le* y *Anabel*, entre *Alberto Pérez* y *el vecino del segundo*, existe una relación de 'correferencia': las dos expresiones aluden a la misma persona. No se debe confundir la SINONIMIA con la 'correferencia' (Chafe, 1970: 137), relación extralingüística basada en el conocimiento del mundo no lingüístico; es el problema que se puede plantear al tomar como sinónimo a *Mr. Brown* con mi *profesor de inglés*, similitud que establecemos por nuestro conocimiento de la realidad. *Cf* anáfora.

**CORRELACIÓN, CORRELATIVO.** ① En general, una **correlación** es la correspondencia o relación recíproca entre dos o más cosas o series de cosas (DRAE), las cuales son **correlativas** entre sí.

② En FONOLOGÍA FUNCIONAL se llama 'correlación'al conjunto de dos series de FONEMAS opuestas por un mismo rasgo distintivo, esto es, al tipo de relación (Martinet, 1969: 124) que una MARCA establece entre dos SERIES DE FONEMAS; por ejemplo, las series de fonemas /b, d, g/ y /p, t, k/ mantienen una 'correlación' caracterizada por la marca de SONORIDAD. Dicho con otras palabras, una 'correlación' (Quilis, 1993: 42) es el conjunto de OPOSICIONES que se caracterizan por el mismo rasgo distintivo (el de SONORIDAD en el caso anterior), rasgo que constituye la **marca de correlación**, la cual queda definida (Alarcos Llorach, 1983: 51) como la propiedad fonológica O RASGO PERTINENTE por cuya presencia o ausencia se distingue un serie de PAREJAS CORRELATIVAS. En una **correlación bimembre**, es decir, formada por una pareja de fonemas, se llama **miembro marcado** (Gili Gaya, 1975: 87) el que posee el carácter distintivo o relevante, y **miembro no marcado** el que no lo posee. Así, por ejemplo, en la PAREJA /t, d/, /d/ es el miembro marcado porque tiene la sonoridad diferenciadora de la que carece /t/. *Cf* oposición.

③ Véase **correlativo** en PAREJA CORRELATIVA y en ENUNCIADO CORRELATIVO.

**CORRIENTE DE AIRE.** En FONÉTICA ARTICULATORIA se llama 'corriente de aire' a la columna de aire que interviene en la FONACIÓN y ARTICULACIÓN de los SONIDOS. De acuerdo con la dirección de la 'corriente de aire', el MECANISMO DE FONACIÓN puede ser **egresivo** o **ingresivo**; en el primer caso, el aire es espirado y en el segundo, inspirado. *Cf* abducción, perturbación.

**CORTESÍA.** El examen de la 'cortesía' y del tratamiento, así como de sus MARCADORES, es uno de los parámetros de la investigación de la ACTIVIDAD COMUNICATIVA del lenguaje en SOCIOLINGÜÍSTICA, en el ANÁLISIS CONVERSACIONAL y el del DIÁLOGO, en ETNOMETODOLOGÍA, así como en el PARADIGMA DE LA PRAGMÁTICA (Brown, P. *et al.*, 1987).

Tradicionalmente (Escandell Vidal, 1995a: 34 y sgs.) la 'cortesía'se había concebido como un conjunto de muestras de respeto o de deferencia, cuyo uso determina y exige la organización social del lenguaje, de acuerdo con el estatuto relativo de los participantes en la interacción. Pero en los estudios modernos, la 'cortesía' es analizada como una serie de ESTRATEGIAS lingüísticas de las que se sirve un HABLANTE para evitar o reducir al mínimo el conflicto con su interlocutor cuando los intereses de ambos no son coincidentes. Siguiendo a Guillén Nieto (1994: 164 y sigs.), que ha estudiado la 'cortesía', ésta puede ser no comunicativa (por ejemplo, ceder el paso) y comunicativa. La última, a su vez, puede ser metalingüística y lingüística. La primera tiene dos funciones: evitar el silencio, seguir hablando, lo que Jakobson llamó la FUNCIÓN FÁTICA, y el desarrollo de máximas tales como no interrumpir, no mostrar falta de atención, etc. La 'cortesía' lingüística está relacionada con el modo en que la distancia social existente entre los interlocutores se plasma en el lenguaje y en la forma en que éstos mantienen su PRESTIGIO.

Hay varios MODELOS para el estudio de los recursos, los usos y los efectos de la 'cortesía' (Mateo, J., 1996b; Bou, P., 1994; Hickey, L., 1994). Por ejemplo, la teoría de los ACTOS DE HABLA (locucionarios, ilocucionarios, perlocucionarios), que los divide en directos e indirectos, son un marco útil para el análisis de algunos aspectos de la cortesía. Por ejemplo, si le decimos a una persona de rango superior «¿Puedo hablar con Vd.?» y, si en su respuesta, nos dice «Inténtalo», es un claro indicio de que ha habido un fallo de 'cortesía', porque para la función de petición nuestro interlocutor habría preferido que le hubiera presentado mi ruego con «¿Podría...?», menos directo, esto es, más aproximativo y, por tanto, más cortés que el directo. El dominio de la 'cortesía' implica un conocimiento pleno de las FUNCIONES COMUNICATIVAS[2] de las normas sociolingüísticas de las ESTRATEGIAS comunicativas.

En suma, como afirma Escandell (1995a: 48), la 'cortesía' entendida como estrategia conversacional gira en torno a la noción de ACTO DE HABLA INDIRECTO y del carácter INFERENCIAL de su INTERPRETACIÓN. Por tanto, una cuestión importante de la 'cortesía' es el llamado **lenguaje aproximativo** (en inglés *hedging*), esto es, el uso de *circunloquios* o *rodeos* («creo que, posiblemente, es como si...»), con los que se crea un clima de cordialidad y se facilita la discusión. El 'lenguaje aproximativo', opuesto al taxativo, es un METALENGUAJE de la comunicación que afecta a todos los NIVELES del sistema lingüístico.

En el modelo de Leech (1983), el 'principio de cortesía' se ha caracterizado con las siguientes MÁXIMAS: (a) la de **tacto**, que consiste en atenuar la expresión de ideas que supongan una pérdida para el receptor y, por ello, potencia el uso de expresiones que indiquen beneficios para dicho interlocutor; el tacto es también el nombre que recibe la 'cortesía' personal (Sánchez Mateo, 1996); (b) la de generosidad, que defiende la necesidad de disminuir el uso de expresiones que resalten el beneficio que uno mismo puede recibir; (c) la de aprobación o de reducción de las expresiones críticas hacia el receptor; (d) la de modestia o reducción de las alabanzas hacia uno mismo; (e) la de pacto o avenencia, que atenúa las ideas de discrepancia; (f) la de solidaridad, que sugiere expresiones que resalten la solidaridad frente al poder que da un estatus superior. En resumen, como afirma Ruiz de Mendoza (1996: 52), la 'cortesía' de nuestra cultura impone que, en cualquier modo de conducta interpersonal, se ha de evitar todo aquello que suponga un coste para el prójimo y un beneficio excesivo para uno mismo.

**CREACIÓN LÉXICA.** Equivale a FORMACIÓN DE PALABRAS.

**CREATIVIDAD DEL LENGUAJE.** La 'creatividad' del lenguaje es una de las grandes aportaciones innovadoras de la investigación lingüística propias del GENERATIVISMO. Esta contribución a la teoría lingüística causó sensación cuando Chomsky (1972: 11) la formuló en el momento de mayor esplendor del CONDUCTISMO del ESTRUCTURALISMO NORTEAMERICANO, ya que para el generativismo chomskiano el lenguaje no es «un almacén de estructuras básicas» que se adquiere por medio de la repetición constante, como lo es para los conductistas. Cuando Chomsky (1974) habla del aspecto creador del USO del lenguaje está exponiendo como un hecho irrefutable, porque es obvio y, consecuentemente, no necesita de investigación empírica que lo confirme, «que el uso del lenguaje es innovador, en el sentido de que una gran parte de lo que decimos diariamente es completamente nuevo y no es repetición de lo que hayamos oído con anterioridad, está libre del control de ESTÍMULOS externos, es coherente y apropiado a las situaciones, al tiempo que suscita en el DESTINATARIO del MENSAJE pensamientos relacionados con los del EMISOR».

Chomsky considera que una de las metas prioritarias de la teorización lingüística es explicar esta CAPACIDAD que poseen todos los hablantes de entender y de producir oraciones no oídas antes. En el paradigma generativista se asigna a la sintaxis la capacidad para introducir novedades en el lenguaje y también para explicar la infinitud del lenguaje: la 'creatividad' ilimitada regida por reglas, concepto que se opone al de ANALOGÍA, utilizado por los estructuralistas. En opinión de Chomsky, el concepto de REGLA no se contradice con el de «creatividad» lingüística o con el significado general que se aplica a este término en la vida cotidiana; más bien al contrario, pues todo acto de creatividad se hace en el «marco de una regla». A un soneto no le falta creatividad porque se sujete a unas reglas formales, y una pintura no deja de ser producto de la creatividad porque observe ciertos cánones técnicos o del estilo de una época.

La 'creatividad' halla su explicación dentro de la COMPETENCIA y, a estos efectos, Chomsky hace una perfecta diferenciación entre la «creatividad regida por reglas», propia de la competencia, y la «creatividad modificadora de las reglas», propia de la actuación. La creatividad a la que él se refiere es a la primera, porque para Chomsky, el espíritu creador posee una dinámica guiada por reglas que conoce límites y se orienta hacia un fin (Aguiar y Silva, V., 1980: 45). *Cf* uso.

**CRECIENTE.** Véase en DIPTONGOS CRECIENTES y en ABERTURA CRECIENTE.

**CRIOLLO, CRIOLLIZACIÓN, CRIOLLOIDE.** En SOCIOLINGÜÍSTICA se llama 'criollo', o **lengua criolla** (Bickerton, 1975), al PIDGIN que se ha convertido en la LENGUA MATERNA de una COMUNIDAD DE HABLA, como es el caso de Jamaica o Haití (Crystal, 1991: 89). Son lenguas que han formado las comunidades africanas o indígenas de ciertas ex colonias sobre la base del inglés, el español, el portugués, el francés o el holandés. El 'criollo' debe concebirse como un CONTINUUM formado por BASILECTOS, MESOLECTOS y ACROLECTOS. Se llama **criolloide** (López Morales, 1993: 151) a la lengua que posee rasgos inconfundibles de un 'criollo', pero que no tienen un ascendiente pidgin, por haber nacido entre una lengua desarrollada y un pidgin.

Se llama **criollización** el proceso mediante el cual un pidgin adquiere una estructuración y complejidad semejantes al de cualquier otra lengua. También se emplea el término 'criollización' para aludir al proceso de simplificación sintáctica y léxica que sufre una lengua al ser usada como medio de comunicación por hablantes que no la tienen como lengua materna. La 'criollización', siguiendo a López Morales (1993: 149) puede partir de bases muy distintas, según se trate de un proceso simple sin etapas o de uno de larga duración, en el que hay distintos tipos de pidgin.

Por el contrario, se llama **descriollización** al proceso mediante el que los hablantes de un 'criollo', gracias a la influencia de la lengua dominante con la que conviven, comienzan a modificar sus hábitos lingüísticos produciéndose, como resultado de este cambio de hábitos lingüísticos, el nacimiento de un **continuum post-criollo**, en el que ambas lenguas, la influyente y la influida, se convierten en VARIEDADES de una misma lengua.

**CRITERIO TEMÁTICO.** En el modelo RECCIÓN Y LIGAMIENTO se da el nombre de 'criterio temático' a uno de los principios básicos que condicionan la GRAMATICALIDAD de las oraciones: cada uno de los ARGUMENTOS de un verbo representados en una oración debe recibir de éste la asignación de un PAPEL TEMÁTICO (AGENTE, TEMA, etc.), y, a la inversa, cada uno de los papeles que, por su significado, requiere un verbo, debe asignarse a uno, y sólo a uno, de sus argumentos. Así pues, según el 'criterio temático', un verbo no podría tener un número de argumentos mayor o menor que el número de papeles que exija. De este modo se explica la AGRAMATICALIDAD de «*El tiempo transcurrió los diez minutos» o de «*La chica frunció con desagrado». En el primer caso, hay dos sintagmas nominales correspondientes a dos argumentos, en tanto que *transcurrió* sólo selecciona un papel temático. En la segunda oración, *fruncir* conlleva dos papeles, agente y tema, pero únicamente hay representado un argumento en la oración —*la chica*— al que pueda asignar papel semántico. *Cf* condición de visibilidad, filtro de caso.

**CRÍTICA DE TEXTO.** Véase en FILOLOGÍA.

**CRUCE.** Equivale a FUSIÓN[2].

**CRUCE LÉXICO.** De acuerdo con Martínez de Sousa (1993: 141), se llama 'cruce léxico' al sintagma resultante de cruzar dos frases. Por ejemplo, *materia clasificada* ha nacido del cruce de *materia reservada* y de *información clasificada.*

**CUALIDAD DE LA VOZ.** Equivale a TIMBRE. Véase en RASGO SUPRASEGMENTAL.

**CUALITATIVO.** Véase en ADJETIVO CUALITATIVO.

**CUANTIFICADOR DISTRIBUTIVO.** Véase en DETERMINANTE DISTRIBUTIVO.

**CUANTIFICADORES.** Véase en DISCRIMINACIÓN, ADVERBIO CUANTIFICADOR, DETERMINANTE CUANTIFICADOR.

**CUASIDETERMINANTE.** Véase en ADJETIVO CUASIDETERMINANTE.

**CUBIERTO.** En la FONOLOGÍA GENERATIVA (Chomsky y Halle, 1968), 'cubierto-no distribuido' es uno de los RASGOS DISTINTIVOS[2] de CAVIDAD bucal, que, al parecer, no ha tenido mucho éxito. Los sonidos 'cubiertos', representados con [+cubierto], son definidos articulatoriamente como los que se producen con un estrechamiento de las paredes de la FARINGE, acompañados de un aumento de la tensión en estas últimas y de un ascenso de la LARINGE. Los sonidos 'no cubiertos' se producen sin que la faringe presente ningún estrechamiento o tensión especial (Martínez Celdrán, 1983: 237). *Cf* anterior, coronal, rasgos relacionados con el cuerpo de la lengua, distribuido, redondeado, glotal.

**CUCHICHEAR, CUCHICHEO.** Es el sonido que se genera cuando, por encontrarse la GLOTIS estrechada, se produce un cierre incompleto de las CUERDAS VOCALES. *Cf* rasgo redundante.

**CUERDAS VOCALES.** La importancia de la LARINGE como órgano central del SISTEMA FONATORIO reside en el hecho de que contiene las 'cuerdas vocales'. Éstas son unos ligamentos, membranas, bandas, labios o tendones (fisiológicamente se las llama **repliegues vocales**) situados horizontalmente en dirección anteroposterior, unidos al cartílago tiroides por la parte anterior y a los dos cartílagos aritenoides por la parte posterior, cuya función fundamental es la de formar la VOZ[1], también llamada VOZ LARÍNGEA. Dos son los pares de 'cuerdas vocales' (Gili Gaya, 1975: 66): el superior recibe el nombre de *cuerdas falsas*, y el inferior el de *cuerdas verdaderas* que, al parecer, tiene el papel principal, aunque no el exclusivo en la producción de la aludida voz laríngea. Al espacio que queda entre esta últimas cuerdas se le llama GLOTIS.

Gracias a la acción de los cartílagos ARITENOIDES, las 'cuerdas vocales' pueden acercarse, separarse, unirse firmemente, etc. (*cf* abducción, aducción), produciendo los cuatro estados de la glotis, que se llaman respectivamente glotis abierta, glotis en vibración, glotis estrechada y glotis cerrada. He aquí las cuatro posiciones de las 'cuerdas vocales':

(a) Separadas, posición adoptada para la respiración y para la pronunciación de las CONSONANTES SORDAS (glotis abierta).

(b) Próximas y tensas, posición adoptada para la FONACIÓN, que da como resultado la SONORIDAD, necesaria para la creación de los TONOS y para la pronunciación de las VOCALES y de las CONSONANTES SONORAS (glotis en **vibración**). La FRECUENCIA vibratoria de las 'cuerdas vocales' está determinada por su longitud y su tensión; cuanto más largas sean las 'cuerdas vocales', tanto más grave será el REGISTRO de la VOZ. Cuando las cuerdas están más tensas y su espesor es más reducido, es mayor el número de vibraciones. Por tanto, a mayor tensión corresponden notas más agudas. Las cuerdas vocales de los hombres son más largas y más gruesas que las de las mujeres y los niños, por lo que los tonos de las mujeres y de los niños serán más agudos. Pero las cuerdas vocales pueden modificar, a voluntad, su longitud, su tensión y su espesor o masa para producir los distintos tonos.

(c) Cierre incompleto; se produce un frotamiento glotal que constituye un segundo tipo fundamental de SONIDO llamado CUCHICHEO (glotis estrechada).

(d) Cierre completo; se emplea en la producción de lo que se llama CIERRE GLÓTICO, también conocido como OCLUSIÓN GLOTAL, representado en la TRANSCRIPCIÓN FONÉTICA con el signo [ʔ].

**CUESTIONARIO.** Véase en ENCUESTA.

**CULTO.** Véase en LENGUA ESTÁNDAR.

**CULTURA.** Una de las definiciones de 'cultura' más interesantes para fines lingüísticos (Goodenough, W. H., 1964) afirma que la cultura abarca todo lo que cada individuo debe saber o creer para operar de modo aceptable en una sociedad dada. Se diferencia de la herencia biológica en tanto que no nos viene dada, sino que se aprende, por lo que la cultura no está constituida por objetos, sino por la forma en que expresamos, organizamos y dotamos de contenido y connotaciones a objetos y creencias. La faceta cultural es fundamental en el estudio de las lenguas, ya que los hablantes de una comunidad dada hacen continuas referencias implícitas a conocimientos compartidos, lo que les permite incluir en su discurso importantes caudales de información que sería muy difícil tener que hacer explícitos en cada intervención.

En el siglo XX se ha llegado a considerar (Sapir, E., 1921; Whorf, B. L., 1973) que el ANISOMORFISMO cultural constituía un obstáculo insalvable para la comprensión de otras lenguas y, por tanto, para la traducción (*cf* determinismo). En la actualidad se tiende a reconocer la importancia de dicho 'anisomorfismo', pero constatando su carácter relativo, que no imposibilita ni el aprendizaje efectivo de otras lenguas ni la comunicación interlingüística (Franco, J., 1996b), ya que todas las lenguas cuentan por definición con medios para explicar de forma más o menos perifrástica cualquier concepto aunque carezcan de él (Jakobson, R., 1959). *Cf* etnolingüística.

**CUMBRE SILÁBICA.** Equivale a NÚCLEO SILÁBICO.

# D

**Dado.** Véase en ESTRUCTURA INFORMATIVA y en INFORMACIÓN.

**Dativo.** ① 'Dativo' es el CASO MORFOLÓGICO —diferenciado, por tanto, mediante la FLEXIÓN nominal— que típicamente marca a un sintagma que asume el PAPEL SEMÁNTICO considerado característico de un OBJETO INDIRECTO, es decir, el de DESTINATARIO, interesado o afectado por la ACCIÓN o el PROCESO denotados por el verbo. Así, en la frase latina «Magister dedit librum *puero*» («El maestro dio un libro al niño»), el nombre *puer* («niño») presenta la forma propia del caso 'dativo', *puero*, e identifica de este modo al destinatario de la acción.

En español, la forma pronominal átona *le* suele identificarse como pronombre o CLÍTICO de 'dativo', por ser la variante formal utilizada para indicar la existencia de un objeto indirecto: «*Le* he regalado una maceta preciosa *a mi suegra*».

② 'Dativo' también se utiliza en algunos tratados de gramática (*cf* Porto-Dapena, 1992; Sánchez Lancis, 1988; Gutiérrez Ordóñez, 1977-1978) para identificar una clase de COMPLEMENTOS que se consideran diferentes del OBJETO INDIRECTO, aunque coincidan con él en algunos aspectos. Se caracterizan porque pueden realizarse, bien mediante un clítico de 'dativo' («El chico se *les* va a la mili»), bien mediante el clítico y un sintagma nominal, precedido de *a*, alusivo a la misma entidad: «*A Doña María* se *le* casa la niña», «*A los vecinos* el abuelo se *les* duerme delante de las visitas»; de ahí su semejanza con los objetos indirectos, como en «*Les* he regalado la colección *a mis sobrinos*». Pero, a diferencia de los complementos conceptuados como objetos indirectos —en los textos que asumen esta distinción—, los 'dativos' no forman parte de las VALENCIAS verbales, no son seleccionados por el verbo. En tanto que *regalar* sí implica, por su significado, un destinatario (*a mis sobrinos*), *irse, casarse, dormirse* no requieren el tipo de complementación representado por el 'dativo'. Éste es, simplemente, un complemento añadido a la PREDICACIÓN NUCLEAR, alusivo a una entidad interesada o afectada, en alguna medida, por la acción o el proceso verbal.

③ En las descripciones gramaticales en las que no se establece la diferencia entre complemento u objeto indirecto y 'dativo', con la acepción anteriormente mencionada, es usual, no obstante, que el término 'dativo', acompañado de distintas especificaciones (DATIVO ÉTICO, DATIVO POSESIVO, DATIVO DE DIRECCIÓN, DATIVO DE RELACIÓN), se utilice para aludir a los diferentes valores o sentidos que puedan tener los objetos indirectos en enunciados concretos. Por ejemplo, según Cano Aguilar (1981: 336), en los enunciados «No me seas tan burro», «Este Betis me juega como quiere», el objeto indirecto *me* presenta «un valor de 'dativo ético'». Según Alcina y Blecua (1975: 868), en los enunciados «Le pareció magnífico», «Se le reían», el complemento indirecto *le* tiene el sentido especial que corresponde al **dativo de relación**, que expresa la persona para la que es válido lo que el verbo enuncia.

④ 'Dativo' alude también a uno de los CASOS PROFUNDOS —esto es, los PAPELES SEMÁNTICOS— diferenciados inicialmente por Fillmore (1968). Se identificaba como 'dativo' el caso correspondiente a la entidad ANIMADA afectada por la acción, estado o proceso denotado por el verbo. Según este sentido del término, podrían considerarse 'dativos' todos los elementos destacados en los siguientes enunciados: «*Ana* tiene una bicicleta», «La rama golpeó *a Juan*», «Entregó la carta *a su hermano*». En una versión posterior (1971) Fillmore suprimió el 'dativo' como caso profundo diferenciado.

⑤ En algunos análisis lingüísticos de orientación tradicional el término 'dativo' se utiliza como equivalente a COMPLEMENTO U OBJETO INDIRECTO.

**DATIVO DE DIRECCIÓN.** 'Dativo de dirección' es uno de los valores semánticos asociados al COMPLEMENTO denominado DATIVO², o al OBJETO INDIRECTO, en el sentido más amplio de este término (*cf* dativo³). Se identifica como 'dativo de dirección', bien el CLÍTICO de dativo (*le* u otra variante personal), bien el clítico y el sintagma precedido de *a* que lo expande, cuando aparecen con verbos de movimiento, que implican un desplazamiento, y la entidad a la que aluden se interpreta como origen, término u orientación del movimiento. Son, por ejemplo, 'dativos de dirección' los elementos destacados en los enunciados siguientes: «Se *le* acercó sigilosamente», «*Le* lancé el balón *al portero*», «*Le* aparté la estufa *al niño*», «El cofre se *le* vino encima».

**DATIVO DE INTERÉS.** Se identifica como 'de interés' el DATIVO² (véase, asimismo, DATIVO³) que designa a la entidad, generalmente humana, para la que resulta de interés el evento denotado por el predicado, o, al menos, se ve afectada por él. Por ejemplo, según Porto Dapena (1992), son 'dativos de interés' los CLÍTICOS que se destacan en los siguientes enunciados: «*Les* surgió un problema», «Enciénde*me* la luz, que no veo», «*Le* crearon un puesto en la empresa». Son 'dativos' porque no representan un argumento requerido por el verbo; y son, asimismo, 'de interés, porque hacen referencia a una persona que participa como interesada o afectada en la acción o el proceso que describe la predicación nuclear: «Surgió un problema», «Enciende la luz», «Crearon un puesto».

**DATIVO DE RELACIÓN.** Véase en DATIVO³.

**DATIVO ÉTICO.** En las gramáticas del español suele darse el nombre de 'dativo ético' —procedente de los valores asociados al DATIVO en las gramáticas latinas— al CLÍTICO o forma pronominal átona que, si bien no se corresponde con ninguno de los ARGUMENTOS requeridos por el PREDICADO, se introduce en el enunciado para aludir a una persona interesada o afectada por lo expresado en la predicación. Son, por ejemplo, 'dativos éticos' las formas pronominales destacadas en los siguientes enunciados: «Buen hombre, no se *me* enfade», «Por favor, no *me* lo suspenda», «A ver si al final *me* lo van a convencer». En los tres casos, *me* no representa ningún argumento requerido por el NÚCLEO verbal. Por ello, si se suprime la predicación no varía: «Buen hombre, no se enfade», «Por favor, no lo suspenda», «A ver si al final lo van a convencer». Pero añade un matiz subjetivo al implicar al hablante como persona vivamente interesada por el proceso o la acción a que hace referencia el enunciado. De ahí que el 'dativo ético' se considere comúnmente un elemento de carácter muy expresivo y ENFÁTICO, propio sobre todo de la LENGUA COLOQUIAL.

**DATIVO POSESIVO.** **Dativo posesivo**, también llamado **dativo simpatético**, es uno de los diferentes valores semánticos que pueden asignarse al COMPLEMENTO llamado específicamente DATIVO, o al OBJETO INDIRECTO, en el sentido más amplio de este término. Pueden interpretarse, por ejemplo, como 'dativos posesivos' los elementos destacados en los siguientes enunciados: «El médico *le* reconstruyó la nariz», «*Le* sale humo de la cabeza», «*Le* han pintado el coche *al vecino*», «*Le* arreglé la chaqueta *a José Carlos*». Se considera que el CLÍTICO de dativo (*le*), o conjuntamente con él, el sintagma precedido de *a* que lo expande (*al vecino, a José Carlos*) tienen valor 'posesivo', porque la entidad a la que aluden —normalmente *humana*, como en estos casos— se identifica como *poseedora* de otra entidad incluida en el enunciado, bien sea lo representado por el objeto directo (*la nariz, el coche, la chaqueta*), bien sea algo mencionado por otro constituyente oracional con una función distinta (*la cabeza*).

**DATIVO SIMPATÉTICO.** El término 'dativo simpatético' se utiliza como equivalente a DATIVO POSESIVO.

**DATO.** Para Popper (1973), los 'datos' son los enunciados que aseveran que un acontecimiento observable (*cf* hechos) ocurrió en un determinado lugar y tiempo, y en la INVESTIGACIÓN LINGÜÍSTICA (Ringen, J., 1975) los 'datos' del lenguaje son, en principio, el producto de la OBSERVACIÓN LINGÜÍSTICA. Estos 'datos' del lenguaje, que son el objeto final sobre los que actúan las TEORÍAS, los MODELOS y las HIPÓTESIS, se obtienen normalmente por la SEGMENTACIÓN de las MUESTRAS que se logran por medio de la formulación de preguntas a INFORMANTES, por la OBSERVACIÓN de una CONVERSACIÓN o de la lectura de un libro, por la audición de una cinta sonora, etc., es decir, son los RASGOS, elementos, atributos, propiedades o componentes que el observador percibe y SEGMENTA en forma de unidades que se repiten, guiado u obligado por las leyes de la racionalidad humana, entre las que destacan sus intereses, la atracción que siente por determinados fenómenos o aspectos del lenguaje y la relevancia o PERTINENCIA de lo que necesita para sus tareas investigadoras.

El potencial de 'datos' de una lengua es virtualmente infinito y, en este sentido, está extendida la creencia de que la realidad está formada por 'datos' y hechos observables que se extienden por nuestro entorno, y que los científicos y los especialistas formulan las teorías recogiendo simplemente estos 'datos'. Sin embargo, no hay nada más alejado de la realidad, ya que un 'dato', es decir, el producto de una observación lingüística, está condicionado por orientaciones teóricas o tendencias preteóricas (Wunderlich, D., 1979: 294), y la obtención y selección de DATOS que se hagan estarán basadas en dichas orientaciones. Los 'datos' observables que más han atraído la atención en la investigación lingüística son:

(a) las unidades lingüísticas constitutivas de una determinada lengua, es decir, sus CLASES (FONEMAS, MORFEMAS, SINTAGMAS, etc.);

(b) las RELACIONES que mantienen las unidades citadas, entre sí o con los SIGNIFICADOS;

(c) las PAUTAS formadas por las relaciones anteriores;

(d) las ESTRATEGIAS CONVERSACIONALES; etcétera.

En los MÉTODOS DEDUCTIVOS los 'datos' son también importantes porque sirven para poner en tela de juicio la validez de una teoría cuando haya disparidad entre los datos y dicha teoría. En cambio, en la GLOSEMÁTICA (Hjelmslev, 1963) los 'datos' sirven como indicador de la adecuación de una teoría a los datos proporcionados por la experiencia, no para comprobar su validez. Desde la llegada del GENERATIVISMO (Chomsky, 1961; 1965: 20) el concepto de 'dato lingüístico' es mucho más amplio por varias razones, estando incluido en él las INTUICIONES LINGÜÍSTICAS que el HABLANTE NATIVO tiene de su propia lengua. Estos 'datos' reciben el nombre de DATOS INTROSPECTIVOS O PUTATIVOS.

**DATOS INTROSPECTIVOS O PUTATIVOS.** Véase en INTUICIONES LINGÜÍSTICAS.

**DEADJETIVAL.** En LEXICOLOGÍA se identifican como 'deadjetivales' las UNIDADES LÉXICAS que se relacionan por DERIVACIÓN con un ADJETIVO. *Dureza*, por ejemplo, es un sustantivo 'deadjetival' porque deriva de *duro*, y *aclarar* es un verbo 'deadjetival' porque deriva de *claro*. *Cf* deverbal, nominalización[1], denominal.

**DÉBIL.** ① En FONÉTICA el adjetivo 'débil' se usa en los términos SÍLABA DÉBIL, VOCAL DÉBIL, y en las llamadas FORMAS DÉBILES del inglés.

② En la FONÉTICA de tradición anglosajona o germánica se emplea el término **lenis**, o 'débil', y también **flojo**, para aludir a lo que en la tradición latina se llama SONORO. Véase en FUERTE[1].

③ En la MORFOLOGÍA de algunas lenguas germánicas el término 'débil' (*schwach*), que fue introducido por Grimm (1880) en la LINGÜÍSTICA HISTÓRICA, se sigue empleando para aludir a:

(a) la conjugación de los VERBOS DÉBILES, también llamados **verbos regulares**, que forman el pretérito y el participio pasado con *-t/de: lachen - lachte gelacht*. Los verbos débiles son **productivos**, es decir, se utilizan para formar NEOLOGISMOS, como en *dealen - dealte - gedealt*; a los irregulares se les llama **fuertes**.

(b) los adjetivos 'débiles', que ostentan poca variedad en sus formas, ya que la indicación del CASO y del GÉNERO del sustantivo reside en el artículo determinado que antecede a éstos: *der alte Mann, die alte Frau, das nette Kind.*

(c) los sustantivos 'débiles', término que hoy día la mayoría de las gramáticas aplican a los sustantivos masculinos débiles (*schwache Maskulina*) que terminan en *-n/en* en todos los casos (acusativo, dativo y genitivo) salvo en nominativo.

④ En LINGÜÍSTICA GENERATIVA, por ejemplo, se emplea en CAPACIDAD GENERATIVA DÉBIL.

**DEBILITAMIENTO.** ① En FONÉTICA ARTICULATORIA se utilizan los términos 'debilitamiento' y **relajación** para aludir a la reducción de la tensión muscular en la pronunciación de una VOCAL o de una CONSONANTE. A veces, 'debilitamiento' se emplea para referirse sólo al resultado fonético, y 'relajación' (opuesto a contracción) para el proceso articulatorio que produce el 'debilitamiento'. En español los órganos que intervienen en la pronunciación de las vocales mantienen la TENSIÓN muscular necesaria para que su TIMBRE sea relativamente uniforme en toda su DURACIÓN, aunque en algunas SÍLABAS ÁTONAS sus vocales se pronuncien con menor tensión muscular, es decir, más relajadas, pero sin que el timbre llegue a ser impreciso. En inglés, en cambio, las vocales átonas, sobre todo, se pronuncian con variaciones articulatorias perceptibles, es decir, de forma relajada, que dan a la vocal un timbre impreciso (Gili Gaya, 1975: 110); este fenómeno es aún más perceptible en las llamadas FORMAS DÉBILES. En las consonantes el 'debilitamiento' se nota en español, por ejemplo, en la transformación de las OCLUSIVAS sonoras en FRICATIVAS sonoras, como en *lado* /'laðo/ o en su pérdida en posición final, como en ciudad /θju'daØ/, o en posición intervocálica como en la pronunciación coloquial de los participios *amado, comprado* [a'mao, kom'prao], o en la pronunciación vulgar de palabras como *Senado* [se'nao].

② En la INVESTIGACIÓN LINGÜÍSTICA se dice que una HIPÓTESIS fundamental sufre 'debilitamiento' cuando entra en crisis, al tener que admitir demasiadas excepciones contradictorias que justifiquen su validez. *Cf* abducción.

**DECADENCIA.** Véase en PROGRESO.

**DECIBEL, DECIBELIO.** La medida de la AMPLITUD (Martínez Celdrán, 1983: 37 y sigs.) se realiza en 'decibelios' (dB), que es una unidad relativa, comparable a los 0º de las escala centígrada en el punto de congelación. En ACÚSTICA se ha acordado convencionalmente colocar el cero en 'decibelios' (0 dB) en el UMBRAL DE LA AUDICIÓN, que es análogo a una potencia eléctrica de $10^{-16}$ w/cm$^2$ para un sonido de 1.000 CICLOS por segundo (cps). El UMBRAL DEL DOLOR se sitúa a unos $10^{-3}$ w/cm$^2$, lo que da una idea de la inmensa posibilidad auditiva del oído humano. Si compararamos el oído humano con una balanza, ésta podría pesar, según Josephs, con razonable precisión desde un cabello humano hasta el crucero *Missouri*. La unidad que el mundo de la técnica ideó para la medida física de la intensidad se llamó **bel** o **belio**, en honor del inventor del teléfono A. Graham Bell. Como resultó ser una unidad demasiado grande, se tomó un submúltiplo, que fue el **decibel** o 'decibelio', el cual por definición es igual a $10 \times \log I/I^o$, donde $I^o$ es la intensidad acústica de algún patrón arbitrario (por ejemplo, $10^{-16}$ w/cm$^2$) e $I$ es la intensidad que se compara. Este patrón y la fórmula nos definen el 'decibelio' como la unidad de *nivel de presión sonora*, conocida con las siglas *SPL* (*Sound Pressure Level*).

**DECISIÓN.** Véase en PROCEDIMIENTO DE DECISIÓN.

**DECLARATIVO.** ① En la GRAMÁTICA TRADICIONAL se dice que son oraciones o enunciados 'declarativos' o ASEVERATIVOS aquellos en los que el EMISOR O HABLANTE se limita a exponer, declarar o enunciar unos hechos que representan la realidad de un MUNDO, en forma afirmativa o negativa. En comparación con los demás tipos de ENUNCIADOS (imperativos, interrrogativos, exhortativos, etc.) se les considera no MARCADOS. *Cf* oración declarativa.

② En la GRAMÁTICA TRADICIONAL igualmente se aplica a los VERBOS, tales como *decir, afirmar, contar, declarar*, etc., también llamados **verba dicendi**, que introducen el ESTILO DIRECTO O el ESTILO INDIRECTO en una NARRACIÓN. *Cf* verbo de aserción.

② En la TEORÍA de los ACTOS DE HABLA, el 'declarativo' es una CLASE de ellos.

**DECLINACIÓN.** En la GRAMÁTICA TRADICIONAL se usa el término 'declinación', por lo menos, en tres sentidos:

(a) el proceso que sufren determinadas CLASES de palabras, las partes variables de la oración, de acuerdo con los ACCIDENTES gramaticales de GÉNERO, NÚMERO y CASO;

(b) el sistema de FLEXIONES de los nombres, adjetivos, artículos y pronombres de las LENGUAS FLEXIVAS, que sirve para indicar la FUNCIÓN que las anteriores palabras desempeñan respecto de las demás en los enunciados. *Cf* vocal temática;

(c) el conjunto de las FORMAS que ha sufrido el proceso de 'declinación', siguiendo un MODELO, como cuando en latín se dice «los nombres de la primera declinación». En este último sentido es equivalente a PARADIGMA[1].

**DECRECIENTE.** Véase en DIPTONGOS DECRECIENTES y en ABERTURA DECRECIENTE.

**DECURSO.** A veces se emplea con el significado de DISCURSO. En GLOSEMÁTICA equivale a TEXTO.

**DEDUCCIÓN, DEDUCTIVISMO.** ① Véase en MÉTODO HIPOTÉTICO-DEDUCTIVO y en EXPERIMENTOS HIPOTÉTICOS DEDUCTIVOS.

② En GLOSEMÁTICA, el término 'deducción' equivale a SEGMENTACIÓN de textos siguiendo un orden estrictamente marcado.

**DEFECTIVO.** En la GRAMÁTICA TRADICIONAL se dice que una CATEGORÍA es 'defectiva' cuando carece de algunas de sus FORMAS, es decir, cuando el PARADIGMA de su DECLINACIÓN O de su CONJUGACIÓN está incompleto. Por ejemplo, la palabra española *víveres* puede considerarse como 'defectiva' porque carece de la forma singular. Los VERBOS TERCIOPERSONALES O UNIPERSONALES son 'defectivos' porque sólo se conjugan en tercera persona del singular, aunque normalmente se aplica el nombre de VERBOS DEFECTIVOS a aquellos, como *agredir, transgredir, abolir*, etc., que no tienen completa su conjugación.

**DEFINICIÓN, DEFINIDOR, DEFINIENDUM.** ① La 'definición' es una de las categorías básicas de la SEMÁNTICA, especialmente de la LEXICOLOGÍA SEMÁNTICA y, por supuesto, de la LEXICOGRAFÍA. 'Definir' consiste, de acuerdo con su etimología (*de*, con relación a, y *finis*, límites), en poner límites al SIGNIFICADO de un objeto, un hecho, una idea, etc. En realidad, la 'definición' es una TRADUCCIÓN INTERNA, basada en la FUNCIÓN METALINGÜÍSTICA que todas las lenguas poseen, esto es, en la capacidad que tienen para describirse a sí mismas. La 'definición' es un ejemplo claro de discurso metalingüístico caracterizado por la EXPANSIÓN, y opuesto a la DENOMINACIÓN, que es una CONDENSACIÓN del mismo: Greimas (1966: 44).

La 'definición', desde la antigüedad, ha sido objeto de estudio de filósofos y de lingüistas, muchos de los cuales han sido escépticos sobre el valor de la misma. Wittgenstein (1968: 54), por ejemplo, no cree en ella porque sólo puede llevarnos a otros términos indefinidos, y porque somos incapaces de delimitar claramente los conceptos que utilizamos, no porque no conozcamos su verdadera definición, sino porque no hay definición verdadera de ellos. Esto explica, por ejemplo, las múltiples 'deficiones' que se dan de conceptos básicos de la LINGÜÍSTICA, como SUJETO, ORACIÓN, etc.

Los tratados sobre la 'definición' recogen múltiples clasificaciones. La más clásica es la que distingue la 'definición lógica' de la 'definición retórica'. La **definición lógica** (también llamada **definición formal** o **definición sustancial**) es la definición tradicional por excelencia, que consiste en una ecuación lógica en la que el **definiendum** (la cosa que se va a definir) equivale al *definiens* o definidor, el cual consta del *genus* o clase, más la *differentia*, o conjunto de rasgos diferenciales; al género más la diferencia se la llama la ESPECIE. El **definidor** es, por tanto, un enunciado en el que se determinan las características que son aplicables a todos los miembros de la clase. Este enunciado debe ser adecuado, claro, conciso e imparcial, y bajo ningún concepto puede ser circular o tautológico. La circularidad se puede comprobar en las definiciones de algunos DICCIONARIOS, en las que un término remite a otro, éste a un tercero, y este último vuelve al primero.

En las 'definiciones' hay una especie de METASIGNOS, que Weinrich (1972: 80-2) llama **delimitadores** y **modalizadores**, los cuales suelen encontrarse en la caracterización de los rasgos diferenciales. Los primeros normalmente son DETERMINANTES CUANTIFICADORES (*algunos, ciertos,* etc.) o ADVERBIOS DE FRECUENCIA (*normalmente, por lo general*, etc.). Los segundos se aproximan al significado por medio de perífrasis, tales como *similar a, empleado en, carente de, que sirve para, marcado por*, etc.

También se habla de la **definición por intensión** o 'definición intensional' y de 'definición por extensión'. La primera consiste en la exposición del conjunto de rasgos o características que definen la CLASE de objetos denotados por la unidad léxica. En el ANÁLISIS SÉMICO del SIGNIFICADO de una UNIDAD LÉXICA, propio del PARADIGMA ESTRUCTURALISTA, esta 'definición' equivale al SEMEMA del mismo. La **definición por extensión**, o definición extensional, consiste en la enumeración de los objetos componentes de la clase definidos.

Otros tipo de definiciones son la 'definición relacional', la ostensiva y la operacional. La **definición relacional** es aproximativa y tiene como base un **metasigno**. Por ejemplo, si definimos la cicatriz como fenómeno mediante el cual una herida se cierra, tenemos dos metasignos (*fenómeno, herida*) y el ARCHILEXEMA *cierre*. En la **definición negativa** el *definiens* comienza con un metasigno u operador negativo como *carente de, desprovisto de, ausencia de*. La **definición ostensiva**, también llamada ilustrativa, es la que dan algunos diccionarios con la ilustración gráfica. La **definición operativa** contiene en el 'definiens' el *proceso* que se sigue para la obtención del producto que se pretende definir.

La **definición retórica** o **informal**, empleada, sobre todo, en los textos literarios, se basa en la ANALOGÍA (comparación con lo que el lector está familiarizado: «Luisa era un torbellino de locura») y en la NEGACIÓN («No era persona de fácil acceso») y las emplean los autores para dar cuenta de las IMPLICACIONES y CONNOTACIONES del lenguaje en USO.

② En PRAGMÁTICA, y también en RETÓRICA, es una de las estrategias o (FUNCIONES RETÓRICAS) que facilitan la PROGRESIVIDAD del TEXTO O DISCURSO, es decir, gracias a ellas el discurso avanza. La 'definición retórica' es propia de la NARRACIÓN y de la DESCRIPCIÓN, y la lógica, del DISCURSO EXPOSITIVO.

**DEFINIDO.** Véase en DETERMINANTE DEFINIDO, EFECTO DEFINIDO, SINTAGMA NOMINAL DEFINIDO.

**DEGENERACIÓN.** Véase en PROGRESO.

**DEGRADACIÓN SEMÁNTICA.** La 'degradación semántica', también llamada **peyoración** o **empeoramiento de sentido**, es el CAMBIO SEMÁNTICO mediante el cual una palabra adquiere primero CONNOTACIONES negativas para pasar después a tener un SIGNIFICADO degradado o **peyorativo**, por ejemplo la palabra *chrétien*, en francés *cristiano*, que ha dado «cretino». Los nombres de ciertas profesiones (criada, portero, etc.) se abandonan por perífrasis más grandilocuentes, como *empleadas del hogar*, o *empleados de fincas urbanas*. La palabra DIALECTO (Raimondo Cardona, 1991: 81) por ejemplo, que, en el Renacimiento equivalía simplemente a LENGUA, ha ido asumiendo a lo largo del tiempo connotaciones negativas de lengua no acabada y de funcionalidad reducida. Rodríguez Ledesma (1996) ha hecho un ANÁLISIS CONTRASTIVO de la 'degradación semántica' en español y en inglés, con términos como *peasant/paisano, rustic/rústico, villain/villano*, etc. *Cf* ennoblecimiento semántico, eufemismo, disfemismo, vulgarismo.

**DEGRADADO.** Véase en ORACIÓN DEGRADADA.

**DEÍXIS, DEÍCTICO.** Se usa el término **deíxis** para designar la CODIFICACIÓN en los enunciados de los datos referidos al CONTEXTO situacional, es decir, del lugar, tiempo y participantes. Así, enunciados como el citado por Levinson (1983) del supuesto mensaje hallado dentro de una botella «Nos vemos aquí dentro de un año con un palo así de grande» serían imposibles de descodificar, pues nos falta la referencia del contexto. Tienen valor **deíctico** los PRONOMBRES DEMOSTRATIVOS y PERSONALES, los ADVERBIOS de lugar, tiempo y modo, pero también los TIEMPOS verbales. Además de este tipo de 'deíxis', existe la llama **deíxis textual** (Kurzon, 195), en la que se utilizan recursos similares para referirnos a elementos anteriores (ANÁFORA) y posteriores (CATÁFORA), y **deíxis presupuesta**, en la que el emisor utiliza los elementos deícticos para crear la ilusión de un contexto mutuo inexistente y así acercarse al RECEPTOR (Campos, 1995a).

**DELATIVO.** Es el CASO MORFOLÓGICO, esto es, la forma flexiva, que en las lenguas como el húngaro se emplea para indicar «bajada o alejamiento de la superficie».

**DELECIÓN.** Véase en ELIPSIS.

**DELIMITACIÓN.** ① El concepto de 'delimitación' es básico en la percepción humana. En lingüística se emplea con frecuencia con el sentido de SEGMENTACIÓN.

② En la LINGÜÍSTICA DEL HABLAR de Coseriu (1967: 304 y sigs.) la 'delimitación' es el tipo de DETERMINACIÓN que modifica las posibilidades designativas del signo, circunscribiendo la denominación, o que limita la DENOTACIÓN, orientando la REFERENCIA hacia una parte o hacia un aspecto del particular denotado. Los instrumentos verbales de la 'delimatación' son los **delimitadores**, entre los que se distinguen los **explicadores**, que destacan una característica de los nombrados («El vasto océano»), los **especializadores**, que precisan los límites («La vida entera», «Todo Madrid»), y los **especificadores**, que restringen las posibilidades referenciales, añadiendo notas no inherentes a su significado («Castillo medieval», «Niño rubio»).

**DELIMITACIÓN DEL TEXTO.** Equivale a CIERRE TEXTUAL.

**DELIMITADOR.** ① Véase en DEFINICIÓN. ② Véase en DELIMITACIÓN.

**Delocutivo.** De conformidad con la terminología utilizada por Benveniste (1972: 198 y sigs.), se denominan 'delocutivos' los elementos léxicos, derivados o compuestos, que se singularizan por implicar en su significado no tanto el sentido de las palabras que sirven de base para su formación como su empleo en un acto discursivo o enunciativo. Con palabras de Ducrot y Schaeffer (1995: 609), el 'delocutivo' no se construye a partir del sentido de otra expresión, sino a partir de cierta enunciación de esa expresión.

Por ejemplo, según Benveniste, el verbo latino *salutare* (saludar) es un verbo 'delocutivo'. Está, evidentemente, formado a partir de *salus-tis*. Sin embargo, no se considera un verbo DENOMINAL sino 'delocutivo' porque, de conformidad con Benveniste, el *salus* que sirve de base a su formación no es el signo nominal que significa «salud», sino el enunciado *Salus!* «¡Salud!». De ahí que *salutare* quiera decir, específicamente, «decir ¡salud!».

**Demarcación, demarcativo.** Se aplica en LINGÜÍSTICA el término 'demarcación' para aludir a la separación de los límites de las unidades lingüísticas en la CADENA HABLADA. Los elementos del lenguaje que sirven para marcar los límites existentes entre las unidades lingüísticas se dice que desempeñan la FUNCIÓN DEMARCATIVA. *Cf* juntura.

**Demostrativo.** Se denominan 'demostrativos' un conjunto limitado de elementos que está integrado en español por *este, ese, aquel* y sus variantes tanto de número como de género femenino (*esta, esa, aquella*) y neutro (*esto, eso, aquello*). Desde el punto de vista semántico, los demostrativos se caracterizan por ser términos DEÍCTICOS, que sitúan al referente del sintagma en que se integran en una escala de mayor o menor proximidad con respecto a un punto de referencia que puede ser: (1) la posición que ocupa el hablante en la situación discursiva; así, en «Coge *este* libro», *este* orienta hacia un libro situado próximo al hablante, en «Trae *aquel* libro», *aquel* indica que el referente del sintagma se halla alejado tanto del hablante como del receptor del mensaje; (2) el momento de la enunciación: «*Este día* ha sido muy frío» (el día en que se incluye el momento de la enunciación), «*Aquel* día fue muy frío» (un día alejado de aquel en que se emite el enunciado); (3) el lugar que ocupa la expresión en el texto: «Solía caminar durante dos horas todos los días y *esta* costumbre contrarrestaba sus pequeños excesos en las comidas».

Los 'demostrativos' pueden funcionar como constituyentes únicos del sintagma, es decir, sin un núcleo nominal expreso («Prefiero *este*», «Coge *aquel*», «No me gusta *eso*»), o como DETERMINANTES O ADJETIVOS DETERMINATIVOS, incidiendo en un núcleo sustantivo, salvo los demostrativos neutros: «Prefiero *este abrigo*», «Coge *aquel paraguas*».

Debido a esta peculiaridad, así como a los diferentes conceptos que se han asociado a la categoría PRONOMBRE (sustituto del nombre, término deíctico), las gramáticas del español no siempre han coincidido a la hora de incluir a los 'demostrativos' en una determinada categoría. Por ejemplo, la Real Academia Española, en su *Gramática* de 1931 (36 y sigs.), consideraba que los 'demostrativos' eran adjetivos determinativos cuando iban «unidos a un nombre; como *esta vida, ese libro, aquel jardín*». Pero los catalogaba como pronombres cuando ocupaban el lugar de un sustantivo: «Divididos estaban caballeros y escuderos. *Éstos* contándose sus vidas, y *aquéllos*, sus amores». Marcos Marín (1980: 226), partiendo de una concepción del pronombre como clase semántica que incluye elementos de diverso funcionamiento, clasifica a los 'demostrativos' como pronombres que pueden desempeñar «la función de núcleo (sustantivo)», como en «*este* es el hombre», o de «modificador primario (adjetivo)», como en «*este* hombre ha venido». Para Alarcos (1980: 287 y sigs.; 1994: 88 y sigs.), por citar un último ejemplo, los 'demostrativos' son «una subclase de los adjetivos caracterizados porque para su sustantivación no requieren la aparición del artículo, ya que en su significado contienen el valor de identificación propio del artículo».

**Denominación.** Véase en DESIGNACIÓN.

**Denominal.** En LEXICOLOGÍA se identifican como 'denonimales' las unidades léxicas que se relacionan por DERIVACIÓN con un nombre. *Trigueño*, por ejemplo, es un ADJETIVO DENOMINAL porque deriva de *trigo*, y *entronizar* es un VERBO DENOMINAL porque deriva de *trono*. *Cf* deadjetival, deverbal. *Cf* nominalización.

**Denotación, denotar, denotado.** ① En SEMÁNTICA, una de las primeras distinciones que se hacen en el estudio del SIGNIFICADO de las UNIDADES LÉXICAS es la bifurcación entre lo que se llama 'denotación' y CONNOTACIÓN. Se entiende por 'denotación', **designación** o **referencia**, la operación, mediante la cual determinamos por medio de un enunciado (normalmente una UNIDAD LÉXICA) cada uno de los objetos y conceptos de la realidad extralingüística, con el fin de distinguirlos de los demás. **Denotar** es, por tanto, hacer referencia a la realidad, al mundo físico y al de la experiencia humana, a saber, a los «valores que son comunes a los locutores de la lengua, o sea, lo que da un DICCIONARIO» (Martinet, 1967) y, por esta razón, al objeto de la realidad designada o nombrada por medio del lenguaje se le llama **denotado**.

La 'denotación', al igual que la REFERENCIA es una relación que se entabla entre expresiones y entidades, propiedades o situaciones del mundo externo. Pero hay una importante distinción entre 'denotación' y 'referencia': esta última, en contraste con la primera, está ligada al contexto de una enunciación concreta. Por ejemplo, la expresión *aquella vaca* puede utilizarse en el contexto apropiado para hacer referencia a una *determinada* vaca, esto es a su REFERENTE (Lyons, 1990: 145).

② También se usa el término 'denotación', o **significado denotativo**, para aludir al SIGNIFICADO atribuido a la realidad designada. El componente básico de este significado 'denotativo' está formado por su contenido conceptual, propio de la dimensión cognoscitiva o intelectual de las personas. A estos efectos, la 'denotación' se opone a la connotación, ya que esta última consiste en todo lo que puede evocar, sugerir, excitar, implicar de una forma clara o vaga en cada uno de los hablantes individualmente, es decir, los valores de tipo expresivo, propios de la vida emotiva; en definitiva, la 'connotación' abarca los sentimientos del hombre que suelen acompañar al significado denotativo. Por relacionar las unidades lingüísticas con la realidad extralingüística, a la 'denotación' también se la llama **significado referencial** o **significado cognitivo**. En resumen, el 'significado denotativo, referencial o cognitivo' es descriptivo, cognoscitivo o intelectual y general, mientras que el connotativo es «evocador y afectivo», y nace por sugerencias implícitas o explícitas en la lengua, en el contexto o entre los comunicantes. Para Martinet el significado 'denotativo' es el que facilita el diccionario, y el 'connotativo' es el del habla de las personas, individualmente o como grupos; sin embargo, esta distinción no está clara porque hay connotaciones que están recogidas en los diccionarios.

Desde un punto de vista psicológico (Eaton, 1966: 74) es difícil responder a la diferenciación existente entre pensamiento y sentimiento, aunque se pueda intentar para un determinado universo de discurso, y en la linguística también se encuentran obstáculos a una diferenciación nítida entre 'connotación' y 'denotación', pues, como afirman varios lingüistas, la lengua natural nunca es denotativa sino multiplana (Pottier, 1970: 9). La solución más aceptable sería considerar que la 'denotación' y la connotación forman un CONTINUUM (Guiraud, 1971: 66), que va desde la designación pura con valor connotativo cero («La suma de los ángulos de un triángulo es igual a dos rectos») a la expresión connotativa pura (la interjección) de valor denotativo cero. Estas últimas consideraciones demuestran lo difícil que resulta con frecuencia trazar la línea de separación entre denotación y connotación. Como afirma Chomsky (1965: 154), la estructura semántica de las lenguas naturales presenta muchos misterios, tanto de hecho como de principio, y cualquier principio de delimitar su fronteras tiene que ser muy provisional. Son muchos lingüistas los que afirman que el carácter inestable del significado es producido por las variables connotaciones de un signo, por ejemplo, la DEGRADACIÓN SEMÁNTICA. Para Gary-Prieur (1971), la connotación se caracteriza por su carácter de significacion adicional o secundaria. Según esta apreciación, habría un lenguaje en estado neutro que se opondría a otro «marcado» o connotativo.

**DENSIDAD, DENSO.** ① El término **densidad**, o **densidad sémica**, se emplea en SEMÁNTICA con dos sentidos:

(a) el número de SEMAS de un semema; en este sentido equivale a INTENSIÓN. Cuanto mayor es la **densidad sémica**, o intensión, tanto menor es su ámbito de aplicación o EXTENSIÓN. Por ejemplo, la 'densidad sémica' de *ruiseñor* es mayor que la de *pájaro*.

(b) En ESTILÍTICA DE LA ELECCIÓN se llama **densidad sémica** o CARGA SÉMICA al recurso consistente en acumular en una construcción semántica (sintagma u oración) palabras que contengan el mismo SEMA. Por ejemplo, para conseguir el efecto de 'agobio' se pueden emplear en el mismo sintagma u oración palabras como *atestar, turba, muchedumbre, gentío*, etc., que poseen el sema 'multitud'. También recibe el nombre de CARGA SEMÁNTICA.

② En la FONOLOGÍA FUNCIONAL de Jakobson, **denso** es un RASGO INHERENTE DE SONORIDAD, que forma parte de la OPOSICIÓN BINARIA 'denso-difuso', también llamada **compacto-difuso** (el número 3 en las lista de RASGOS DISTINTIVOS). Acústicamente, el 'rasgo denso' se caracteriza por una concentración más elevada de energía en una zona relativamente estrecha, central de su espectro, acompañada de un aumento de la cantidad total de energía y de su expansión en el tiempo. Por el contrario, el **rasgo difuso** se caracteriza por una concentración más reducida de energía en la zona central del espectro, acompañada de una disminución total de energía y de su expansión en el tiempo (Quilis, 1993: 114-115). Articulatoriamente el GRADO DE ABERTURA o altura de la lengua está relacionado con el grado de **densidad** o **difusión** de los FORMANTES de frecuencia (Alarcos Llorach, 1983: 59), siendo 'densas' las vocales /a, e, o/ y 'difusas' /i, u/. Véase en COMPACTO.

**DENTALIZACIÓN.** ① Es la ARTICULACIÓN SECUNDARIA, representada con [̪] debajo del símbolo correspondiente, consistente en el desplazamiento hacia los dientes que experimenta el punto de articulación de las FRICATIVAS ALVEOLARES /s/, /z/, cuando entran en contacto con una consonante dental (*cf* diente). Por ejemplo, la /s/ de las palabras españolas *cesto* y *casta* están 'dentalizadas' por la influencia de la oclusiva dental /t/. En este caso, siguiendo a Daniel Jones, se habla de un fénomeno de SIMILITUD.

**DEÓNTICO.** Véase en MODALIDAD DEÓNTICA.

**DEPENDENCIA.** ① En uno de sus sentidos, 'dependencia' alude a la relación que se establece entre un elemento subordinado y su núcleo o entre un elemento regido y la unidad que lo rige (*cf* rección).

② En RECCIÓN Y LIGAMIENTO también se habla de 'dependencia' para designar la conexión que se establece entre elementos de una estructura cuando la buena formación o la habilitación de uno de ellos depende de que se relacione con otro elemento en una forma establecida por el sistema de principios de la gramática.

**DEQUEÍSMO.** Fenómeno consistente en el uso indebido de la preposición *de* ante el *que* introductor de oraciones sustantivas, bien sea porque se emplee la preposición cuando, por la función sintáctica de la oración, no se requiere ninguna, bien sea porque se utilice *de* en lugar de la preposición realmente exigida. «*Pienso *de que* no tienes razón», «*Yo creo *de que* debemos ir» son enunciados incorrectos porque contienen 'dequeísmos': se ha introducido la preposición *de* ante la oración sustantiva, cuando lo adecuado es que, por tratarse de oraciones con función de objeto directo, no haya preposición alguna: «Pienso *que* no tienes razón», «Yo creo *que* debemos ir». Igualmente incluyen 'dequeísmos' y son, en consecuencia, anómalos, los siguientes enunciados que tomamos de Gómez Torrego (1993: 317): «*Confío *de que* vengas pronto», «*Quedamos *de que* me llamarías». En ambos casos se ha empleado *de* cuando la forma que, como objeto preposicional, requiere la oración sustantiva es la preposición *en*: «Confío *en que* vengas pronto», «Quedamos *en que* me llamarías». *Cf* queísmos.

**DERIVACIÓN, DERIVADO.** ① En LEXICOLOGÍA la **derivación** es, junto con la COMPOSICIÓN, uno de los recursos más utilizados en la FORMACIÓN DE PALABRAS. Consiste la 'derivación' en la adición de AFIJOS (SUFIJOS, INFIJOS, PREFIJOS, e INTERFIJOS) a una BASE para crear una nueva palabra; por ejemplo, de *gamberro*, *gamberrada*, o de *estudio*, *estudioso*. No obstante, la citada adición puede comportar cambios MORFOFONOLÓGICOS en el radical; por ejemplo, SINCRÓNICAMENTE, la palabra *portal*, que deriva de *puerta*, ha sufrido modificaciones morfofonológicas. A las formas resultantes (nombres, verbos, adjetivos, etc.) del proceso de 'derivación' se las llama **derivados**. *Cf* nominal de agente, nominal de evento, nominal de resultado, nominalización.

Se llama **derivación regresiva** (*backformation* en inglés) al proceso de formación de una palabra mediante su acortamiento, para recuperar un supuesto **primitivo**, esto es, una palabra que no se deriva de otra de la misma lengua. Por ejemplo, en inglés *housekeep* se ha formado de *housekeeper* y en español *legislar* de *legislador*.

② En la GRAMÁTICA GENERATIVA se denomina 'derivación' la secuencia de estructuras que median entre la estructura profunda y la estructura superficial, como resultado de la aplicación de las reglas y principios propios de cada nivel.

③ También se usa en LINGÜÍSTICA HISTÓRICA para indicar la procedencia de una forma o de una lengua. Así, se dice que la palabra española *primogénito* 'deriva' de la latina *primogenitus*, y el español y el francés 'derivan' del latín.

**DESAMBIGUACIÓN.** Se llama 'desambiguación' al proceso de eliminación de la AMBIGÜEDAD, equivocidad o vaguedad sintáctica o semántica de los enunciados. Todas las lenguas cuentan con numerosos medios para la 'desambiguación', entre los que destacan el CONTEXTO, la ISOSEMIA, y los recursos prosódicos, sobre todo la ENTONACIÓN. Por ejemplo, la primera parte del enunciado «*En la vida* hago yo eso», de acuerdo con la entonación, equivaldrá a *siempre* o a *nunca*.

La ISOSEMIA es también útil para la 'desambiguación'. En cuanto oye un mensaje el RECEPTOR automáticamente establecerá una primera hipótesis, que probablemente tendrá que descartar a continuación. Por ejemplo, el enunciado «El banco estaba muy lleno. Los pescadores rebosaban de alegría. Habían llegado los buenos tiempos...» es ambiguo debido a la POLISEMIA de la palabra *banco*. El oyente, en una primera hipótesis podrá asignar a *banco* el significado de *institución bancaria*, pero tendrá que descartar esa interpretación si el enunciado continúa con «Las redes apenas soportaban el peso de los peces...», que desbarataría la ambigüedad inicial, gracias a la REPETICIÓN del SEMA *pez*, contenido en las palabras *pescador*, *banco*, *red*, en cuyo caso se trataría evidentemente de un *banco de peces*. Pero habría sido válida la primera interpretación si el mensaje hubiera continuado con «El cajero dio a cada uno medio millón por el buen trabajo de la temporada».

El GENERATIVISMO en su sistema de NOTACIONES quiere resolver las ambigüedades propias del lenguaje, de forma que los SIGNIFICADOS de las proposiciones que los representen sean inequívocos. Para Chomsky forma parte de la COMPETENCIA de un hablante la capacidad de 'desambiguación' de los enunciados que pueden interpretarse en diversos sentidos.

**DESARROLLO DEL LENGUAJE.** ① Véase en ADQUISICIÓN DEL LENGUAJE.

② Véase en CAMBIO LINGÜÍSTICO, en EVOLUCIÓN, en PROGRESO y en RECONSTRUCCIÓN.

**DESARROLLO DISCURSIVO O TEMÁTICO.** Equivale a PROGRESIVIDAD.

**DESCENDENTE.** ① Véase en DECRECIENTE.

② Véase en ONOMASIOLOGÍA.

**DESCODIFICACIÓN.** Véase en COMUNICACIÓN.

**DESCOMPOSICIÓN.** Equivale a SEGMENTACIÓN.

**DESCOMPOSICIÓN LÉXICA.** Véase en ANÁLISIS SÉMICO.

**DESCRIBIR.** Véase en DESCRIPCIÓN.

**DESCRIOLLIZACIÓN.** Véase en CRIOLLIZACIÓN.

**DESCRIPCIÓN, DESCRIPCIÓN FORMAL, DESCRIPCIÓN LINGÜÍSTICA.** ① Uno de los fines de la lingüística, en especial la llamada **lingüística descriptiva**, es la 'descripción' del lenguaje; por esta razón se habla indistintamente de 'descripción' del lenguaje o **descripción lingüística**. Pero para describir es preciso llevar a cabo antes un ANÁLISIS LINGÜÍSTICO. En principio, una 'descripción' (Mulder, J., 1975) es una representación lingüística y, consecuentemente, **describir** es llevar a cabo representaciones lingüísticas, las cuales constan de una serie de enunciados referidos a unos DATOS, fenómenos o experiencias. Los enunciados que expongamos teniendo en cuenta la TEORÍA y los datos son HIPÓTESIS, y un sistema de hipótesis es una **descripción**. Los enunciados de las descripciones han de ser adecuados, coherentes y tan sencillos como sea posible. La adecuación de los enunciados se mide de acuerdo con el grado en que se cumple la finalidad, el propósito o fin de la teoría. La coherencia reside en la ausencia de contradicción, y la sencillez responde a una exigencia permanente de mayor claridad y de economía.

Es preciso poner de relieve que todas las 'descripciones' se hacen de acuerdo con una teoría, y dependen, por tanto, de ella, so pena de que resulten arbitrarias. Así, por ejemplo, siguiendo una determinada teoría, los DIPTONGOS ingleses no existen como tales, son simples variantes de las vocales largas y, de acuerdo con otras, tienen entidad fonológica propia e independiente de las vocales.

<table>
<tr><td rowspan="4">Luis<br>[3]</td><td rowspan="2">resolv-<br>[10]</td><td rowspan="2">-ía<br>[11]</td><td rowspan="2">un<br>[6]</td><td>crucigrama [8]</td><td>interesante [9]</td></tr>
<tr><td colspan="2">crucigrama interesante [7]</td></tr>
<tr><td colspan="2">resolvía [4]</td><td colspan="3">un crucigrama interesante [5]</td></tr>
<tr><td colspan="5">resolvía un crucigrama interesante [2]</td></tr>
<tr><td colspan="6">Luis resolvía un crucigrama interesante [1]</td></tr>
</table>

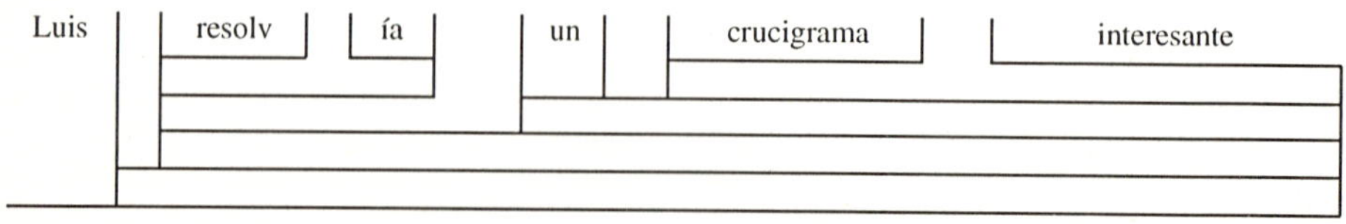

Cuando la descripción considera que el lenguaje es FORMA organizada en ESTRUCTURAS (Bloomfield, Hjelmslev, etc.), se trata de una **descripción formal**, la cual puede entenderse en un doble sentido: (a) la descripción de los aspectos puramente organizativos del lenguaje o de sus unidades, incluyendo los semánticos y los nocionales; o (b) la descripción de los aspectos organizativos del lenguaje, excluyendo los semánticos y también los funcionales (*cf* formalismo). La 'descripción formal' hace uso de NOTACIONES. Cuando la descripción considera el punto de vista teleológico, es decir el USO o de los fines del lenguaje o de cualquier elemento o unidad del lenguaje, estamos ante una DESCRIPCIÓN FUNCIONAL. Ambas visiones son complementarias de acuerdo con los que postulan DESCRIPCIONES SINCRÉTICAS del lenguaje.

Los dos diagramas de la página anterior nos mucstran, como en el juego de las **cajas** chinas, la estructura jerarquizada de los constituyentes inmediatos de la oración *Luis resolvía un crucigrama interesante*. En la parte inferior del primero aparece toda la oración completa, la cual está formada por dos constituyentes inmediatos, el 2 y el 3; el 2, a su vez, está formado por el 4 y el 5, y así sucesivamente (Hockett, C., 1958). Esta representación, por medio de cajas, arborescencias, matrices, etc., se alcanza aplicando la observación o percepción sistemática y, con frecuencia, la experimentación, de acuerdo con una determinada teoría (o preteoría), a los datos, o fenómenos lingüísticos que previamente hemos seleccionado de acuerdo con la citada teoría. *Cf* fenotipo.

② También se emplea el término 'descripción' para aludir a la MODALIDAD DISCURSIVA encargada de la caracterización de la SITUACIÓN o marco espacio-temporal del CONTEXTO. El objetivo de esta modalidad discursiva es la creación de una IMAGEN mental (un ambiente, un paisaje, el retrato físico, psicológico, moral, etc., de los INTERLOCUTORES, etc.) por medio de una representación verbal, en la que abundan los sintagmas nominales (nombres y adjetivos, y verbos en forma nominal) y las oraciones de relativo. *Cf* narración, diálogo, exposición, persuasión.

**DESCRIPCIÓN FUNCIONAL Y METAFUNCIONAL.** Cuando la DESCRIPCIÓN LINGÜÍSTICA considera el punto de vista teleológico, es decir, el USO o los fines del lenguaje o de cualquier elemento o unidad del lenguaje estamos ante una **descripción funcional** (*cf* funcionalismo) y cuando la descripción considera que el lenguaje es FORMA organizada en ESTRUCTURAS se trata de una DESCRIPCIÓN FORMAL (*cf* formalismo). El análisis del lenguaje como ACTOS DE HABLA es una descripción o concepción funcional, ya que lo que interesa es lo que se puede hacer con el lenguaje. Ambas visiones, la funcional y la formal, son complementarias, de acuerdo con los que postulan DESCRIPCIONES SINCRÉTICAS del lenguaje.

Cuando la 'descripción funcional' tiene en cuenta las FUNCIONES de cada uno de los elementos del lenguaje estamos ante una **descripción metafuncional**. La definición de la ORACIÓN como estructura constituida por un SUJETO y un PREDICADO es 'metafuncional', ya que se habla de dos elementos que cumplen una función, es decir, hay algo de lo que se habla, llamado sujeto, y algo que se dice o se predica del sujeto, que llamamos predicado. Este ejemplo nos sirve para demostrar que la concepción funcional del lenguaje es tan antigua como la formal. Otra aportación funcional es la llamada ESTRUCTURA TEMÁTICA del lenguaje, que se remonta a Aristóteles, y que en el PARADIGMA ESTRUCTURALISTA ha sido desarrollada principalmente por el Círculo de Praga, merced a la cual toda oración se organiza en dos unidades *informativas*, la inicial, que se llama TEMA, y la que le sigue, llamada **rema** o **comentario**. Las tres oraciones que siguen, aun siendo aparentemente iguales, informativamente son distintas, ya que sus temas (*dar*, en el primer caso; *Diana*, en el segundo; y *la carta*, en el tercero) son diferentes: «¿Le ha dado Diana la carta a Luis?» «¿Diana le ha dado a Luis la carta?» «¿La carta se la ha dado Diana a Luis?».

**DESCRIPCIONISMO, DESCRIPTIVISMO, DESCRIPCIONISTA, DESCRIPTIVISTA.** Uno de los rasgos definitorios más sobresalientes del ANÁLISIS LINGÜÍSTICO es el ser **descriptivista**, también llamado **descripcionista**. El término 'descriptivo' forma parte de dos DICOTOMÍAS 'descriptivo-histórico' y 'descriptivo-prescriptivo'. La primera dicotomía equivale a SINCRONÍA-DIACRONÍA.

El estructuralismo es 'descriptivo' en los dos sentidos, es decir, no adopta una actitud 'histórica' ni 'prescriptiva' ante el lenguaje. La actitud histórica es propia de la LINGÜÍSTICA HISTÓRICA y la actitud **prescriptiva** es propia de las gramáticas normativas o prescriptivas. En este sentido, el **descriptivismo**, o **descripcionismo**, es opuesto al **prescriptivismo**, cuya aproximación normativista se limitaba a establecer reglas prácticas sobre el USO correcto del lenguaje, con el fin de mantener su unidad o su pureza. Dicho con otras palabras, el 'prescriptivismo' intenta modificar la CONDUCTA lingüística de un HABLANTE por medio de reglas o normas, en tanto que el 'descriptivismo' pretende presentar o exponer la conducta lingüística de dicho hablante tal como es. La aproximación **prescriptivista** fue considerada como acientífica por los 'descriptivistas', quienes vieron en la DESCRIPCIÓN la única meta científica del ANÁLISIS LINGÜÍSTICO.

El 'descriptivismo', relacionado principalmente con el ESTRUCTURALISMO NORTEAMERICANO, es ANTIMENTALISTA, con lo cual se excluye el estudio del SIGNIFICADO, que fue considerado extralingüístico. Los criterios que se emplearon en sus descripciones eran DISTRIBUCIONALES y obtuvieron grandes resultados en el ANÁLISIS FORMAL de los FONEMAS, los MORFEMAS y de ANÁLISIS DE LOS CONSTITUYENTES INMEDIATOS, así como en diversas construcciones sintácticas, entre ellas, las ENDONCÉNTRICAS, las EXOCÉNTRICAS, las ELIPSIS, etc. *Cf* falacia descriptivista.

**DESCUBRIMIENTO.** Véase en PROCEDIMIENTO DE DESCUBRMIENTO.

**DESEMANTIZARSE.** Véase en VERBO COPULATIVO.

**DESFONOLOGIZACIÓN.** La 'desfonologización' o **desfonematización** (Alarcos Llorach, 1983: 133), junto con la FONOLOGIZACIÓN y la TRANSFONOLOGIZACIÓN, es una mutación fonológica que se produce cuando el CAMBIO FONÉTICO repercute en el sistema. La 'desfonologización' es un proceso DIACRÓNICO consistente en la pérdida de la OPOSICIÓN fonológica entre dos FONEMAS; en este caso, tales fonemas se reducen a simples variantes combinatorias o estilísticas, o bien confluyen en una sola realización; es el caso de /b/ y /v/, que en castellano medieval eran fonemas diferentes; o el de /ʎ/ (*llena)* y /j/ (*hiena*). En ocasiones, la 'desfonologización' no es AISLADA como en los ejemplos anteriores, sino que afecta a toda una serie CORRELATIVA.

**DESIDERATIVO.** Véase en ORACIÓN DESIDERATIVA.

**DESIGNACIÓN, DESIGNADO, DESIGNATUM/DESIGNATA.** ① En SEMÁNTICA, el término 'designación', también llamado **denominación,** es la relación de asociación que se establece entre un SIGNO LINGÜÍSTICO y un REFERENTE, esto es, la realidad extralingüística, llamada igualmente **designado** (o **designatum/designata**). De acuerdo con Coseriu (1968: 3-16), muchos de los problemas del análisis semántico han surgido por confundir la realidad extralingüística, o DESIGNATUM, con el contenido semántico o **significatum**.

② En la semántica de Pottier (1968: 66), una 'designación' es un término que pertenece a un CONJUNTO TÁXICO no finito, cuya forma es un LEXEMA[3].

③ Véase en RELACIONES DE DESIGNACIÓN.

**DESINENCIA.** Tradicionalmente, se han identificado como 'desinencias' los SUFIJOS (esto es, los AFIJOS pospuestos al TEMA) que representan MORFEMAS FLEXIVOS. Por ejemplo, en unidades léxicas pertenecientes a la clase ADJETIVO O SUSTANTIVO (*bonitos, ca-*

*sas*), las 'desinencias son los afijos alusivos a las categorías gramaticales de GÉNERO y NÚMERO (bonit-*o*-*s*, casa-*s*), así como los que representan el CASO en las lenguas que incluyen en la flexión nominal esta categoría. Por lo que concierne a los verbos, se conceptúan como 'desinencias' los afijos que comportan informaciones gramaticales tales como TIEMPO, PERSONA, NÚMERO. Así, por ejemplo, según Alarcos (1994: 59), en *venimos*, *ven* alude al significado léxico de «venir», y la 'desinencia' -*imos* significa los valores gramaticales «primera persona», «plural», etc.

**DESINENTE.** Véase en VERBO DESINENTE.

**DESLABIALIZACIÓN.** En FONÉTICA ARTICULATORIA se llama 'deslabialización' a la pérdida del redondeamiento o del abocinamiento característico de un fonema. Por ejemplo, en inglés americano la /ʊ/ de *good* se realiza con [ɯ], la cual se pronuncia con los labios extendidos, es decir, con pérdida de la LABIALIZACIÓN característica de este fonema posterior. Muchos españoles, al pronunciar palabras francesas como *sur, mur*, etc., con una /i/ española están deslabializando la /y/ francesa.

**DESLIZAMIENTO, DESLIZANTE.** En FONÉTICA se usa el término 'deslizamiento', como traducción del inglés GLIDE, para aludir a la VOCAL débil de los DIPTONGOS DESCENDENTES ingleses, como la [ɪ] del diptongo /aᶦ/ de la palabra *high* [haᶦ], que apenas es perceptible (*cf* aproximante y semivocal). Estas vocales reciben también el nombre de **vocales deslizantes**.

**DESONORIZACIÓN.** En FONÉTICA, tanto en SINCRONÍA COMO DIACRONÍA, se llama 'desonorización', o **ensordecimiento**, a la reducción o pérdida de la SONORIDAD de una consonante o semiconsonante, que se representa con el signo DIACRÍTICO [̥] en el sonido desonorizado. Esta 'desonorización' puede venir por la posición o por ASIMILACIÓN. Así, en inglés las OCLUSIVAS SONORAS en posición inicial se desonorizan [b̥, d̥, g̊], como en *dog, bed, good*, y en posición final pierden totalmente su SONORIDAD, es decir, se pronuncian como sordas, en cuyo caso las sordas se ASPIRAN para diferenciarlas de la sonoras. En español el ALÓFONO del fonema /d/ en posición final de palabra se 'desonoriza' totalmente en las variantes DIASTRÁTICAS de catalanes y valencianos (Madri<u>d</u>, pare<u>d</u>, carida<u>d</u>, etc.).

Por asimilación también puede venir la 'desonorización'. Por ejemplo, las consonantes sordas 'desonorizan' parcialmente a /j, w, l, m, r/, como en *play* ['pel̥ɪ], *quite* '[kw̥aɪt], *smile* ['sm̥aɪl], etc. Esta desonorización por asimilación también se percibe claramente en *it's* [ɪits], que en su forma no contracta se pronuncia [ɪt ɪz], y en *have to*, que se pronuncia ['hæf tə].

La 'desonorización' es un fenómeno que también tiene lugar en la diacronía. Por ejemplo, de acuerdo con la LEY DE GRIMM, las oclusivas sonoras /b, d, g/ del indoeuropeo, conservadas en el latín y el griego, pasan a oclusivas sordas (*decem* → *ten*; *genu* → *knee*) en germánico.

**DESPECTIVO.** Véase en SUFIJO DESPECTIVO.

**DESTINATARIO.** ① Véase en COMUNICACIÓN.

② En gramática, el término 'destinatario' hace referencia a un valor O PAPEL SEMÁNTICO asociado comúnmente a la función sintáctica OBJETO INDIRECTO. El 'destinatario' es la entidad a la que se transfiere algo (un objeto, una información, una orden), generalmente, lo representado por el OBJETO DIRECTO del predicado. Constituye, por tanto, el 'destino' u objetivo último de la acción que denotan conjuntamente el verbo y su primer complemento, el objeto directo. Por ejemplo, de conformidad con Vázquez Rozas (1995) o Cano Aguilar (1981), tienen un valor semántico 'destinatario' los constituyentes destacados en los siguientes enunciados: «Juan le ha regalado un coche *a su hijo*», «Le he dicho *al jefe* que puede guardarse la cesta de Navidad». Tanto *su hijo* como *el jefe* son las entidades a las que se transfiere lo representado por el objeto directo del predicado: en el primer caso, *un coche*; en el segundo, una información: *que puede guardarse la cesta de Navidad*.

**Destrezas comunicativas/lingüísticas.** De acuerdo con el esquema básico de la COMUNICACIÓN ORAL (un EMISOR envía un MENSAJE a un RECEPTOR), las 'destrezas comunicativas o lingüísticas' son dos: la **expresión oral** (que es la segunda fase de la CODIFICACIÓN), y la **comprensión oral-auditiva** (que es la segunda fase de la DESCODIFICACIÓN). Estas son las dos destrezas primarias, debido a que se celebran en el MEDIO oral-auditivo, pero si se proyectan sobre el medio visual (o escrito) entonces surgen otras dos: la **comprensión lectora** y la **expresión escrita**, con lo que se completa el esquema de las cuatro destrezas comunicativas. Éstas, por otra parte, se clasificaron en **destrezas activas** o de producción, y **destrezas pasivas**, receptiva, o de reconocimiento.

La 'comprensión oral' y la 'comprensión lectora' eran consideradas destrezas pasivas en el ESTRUCTURALISMO (Yule, G., 1986: 275-83). Pero la PRAGMÁTICA ha cambidado el estatus de estas dos detrezas, poniendo de relieve el carácter activo de las mismas, ya que quí la DESCODIFICACIÓN no es entendida como una *recuperación* del SIGNIFICADO sino como la construccción del mismo por medio del proceso llamado INTERPRETACIÓN TEXTUAL (inferencias creativas y expectativas), que es de aplicación a la 'comprensión lectora' como a la oral-auditiva. La diferencia entre ambas reside en el hecho de que mientras en la comprensión lectora el canal de información es sólo el visual, en la comprensión oral están activados, además, el canal PARALINGÜÍSTICO, el KINÉSICO y el PROXÉMICO.

**Desviación, desvío.** La DICOTOMÍA chomskiana GRAMATICALIDAD/ACEPTABILIDAD ha puesto de relieve en la lingüística moderna uno de los contenidos básicos de las RETÓRICA CLÁSICA, las llamadas FIGURAS DEL LENGUAJE, muchas de las cuales son estudiadas ahora desde otra perspectiva en la llamada ESTILÍSTICA DE LA DESVIACIÓN. Pero no todas las 'desviaciones' alcanzan el estatus de figuras del lenguaje. Éstas existen cuando el enunciado, aun teniendo un baja gramaticalidad (por ejemplo, «La roca ríe»), posee una buena aceptabilidad. Los enunciados cuya gramaticalidad es baja se marcan con un ASTERISCO (*). *Cf* cliché, cambio léxico-semántico.

**Determinación.** ① En una de las acepciones con que se emplea el término, se entiende por 'determinación' la función semántica común a las unidades que concretan las posibilidades referenciales de un sustantivo en un sintagma nominal, bien mediante la cuantificación (*tres coches*), bien relacionando con las coordenadas del discurso el objeto que se menciona (*este coche*), bien aludiendo a características de la entidad en cuestión (*coche nuevo*).

Si se toma la 'determinación' en este sentido, desempeñarían tal función el artículo, los demostrativos, los posesivos, los cuantificadores, así como los sintagmas adjetivos y los sintagmas u oraciones funcionalmente equivalentes a ellos.

② En otra acepción, con el término 'determinación' se alude sólo a la función que desempeñan en el sintagma nominal los cuantificadores, el artículo, los demostrativos y los posesivos. Quedan excluidos los sintagmas adjetivos, oraciones adjetivas o cualquier unidad con función equivalente. Al agrupar los elementos mencionados en una función común 'determinación' se han aplicado criterios tanto semánticos como sintácticos, sin que sea fácil establecer los límites entre ambos.

Por lo que respecta a su papel en el sintagma, se entiende que 'determinan' las unidades que entran en un sintagma nominal para formar expresiones potencialmente referenciales, que puedan actuar como términos o argumentos de una predicación. ARTÍCULOS, DEMOSTRATIVOS, POSESIVOS y CUANTIFICADORES comparten tal propiedad y pueden, en consecuencia, CONMUTAR en el sintagma con ese papel. *Coche* no es una expresión referencial, ni puede, por ejemplo, aparecer como sujeto de una oración, puesto que éste corresponde a uno de los argumentos conectados por un predicado: **coche se ha parado*. *Un coche*, en cambio, sí podría ocupar esa función: *un coche se ha parado*, y lo mismo ocurre si conmutamos *un* por *este, mi, algún, el*.

A diferencia de estas unidades, expresiones calificadoras como *rojo, de gran valor, que me regalaron*, si bien pueden restringir el potencial referencial de un sintagma designando propiedades del objeto al que se aplica, no capacitan al sustantivo para formar expresiones referenciales. *Coche rojo*, en consecuencia, no puede actuar como sujeto de una oración: **coche rojo se ha parado*. *Rojo*, pues, no determina, en el sentido en que ahora hablamos de *determinación*.

El distinto papel que tienen ambos tipos de modificadores nominales se corresponde, además, con una diferencia en el lugar que ocupan en la estructura del sintagma. Los elementos cuya función es la *determinación* tienen como ámbito el núcleo formado por el sustantivo y todas sus modificaciones adjetivas. Así, en *el coche rojo*, *el* determina a *coche rojo* y no sólo a *coche*. *El* y *rojo* ocupan, por tanto, un lugar distinto en la estructura del sintagma nominal. Actúan en diferente nivel.

③ El término 'determinación' también se usa, en un sentido más restringido que los dos anteriores, para aludir, exclusivamente, a la función semántica que tienen en el sintagma nominal aquellas unidades cuyo papel es facilitar al receptor de un mensaje la identificación del referente, remitiendo para ello, bien al texto, bien al contexto extraverbal, con todo lo que éste implica.

La 'determinación', en este sentido, es una función propia del artículo definido, los demostrativos y los posesivos. Esto es, de los elementos básicamente deícticos. En *el niño ha vuelto del colegio, mi coche es muy caro* todos los sintagmas nominales están, pues, determinados en la acepción que ahora nos ocupa.

④ Para Coseriu (1967: 291 y sigs.) la 'determinación' es el conjunto de operaciones que en la LINGÜÍSTICA DEL HABLAR, esto es, en el lenguaje como ACTIVIDAD LINGÜÍSTICA, se llevan a cabo para *decir algo de algo con los signos de la lengua*, o sea, para actualizar y dirigir hacia la realidad concreta un signo virtual. Se distinguen cuatro tipos de operaciones en la 'determinación' nominal: ACTUALIZACIÓN, DISCRIMINACIÓN, DELIMITACIÓN e IDENTIFICACIÓN.

⑤ En la acepción procedente de la GLOSEMÁTICA, 'determinación' alude a un tipo genérico de relación gramatical: la que se establece entre una VARIABLE, elemento prescindible, y una CONSTANTE, el elemento que debe presentarse necesariamente y que posibilita la existencia de la variable. Por ejemplo, la relación entre verbo y objeto directo en el sintagma verbal sería un caso de 'determinación', en este sentido. El objeto directo, una variable en el sintagma verbal, puesto que, teóricamente, no es necesario para su existencia, determina al verbo, la constante, ya que su presencia es necesaria tanto para que exista el sintagma como para que pueda haber un objeto directo.

**DET.** En GRAMÁTICA GENERATIVA, 'Det' (abreviatura de «determinante») es el NUDO en el que se sitúan los DETERMINANTES[1], tal como queda reflejado en el siguiente DIAGRAMA ARBÓREO:

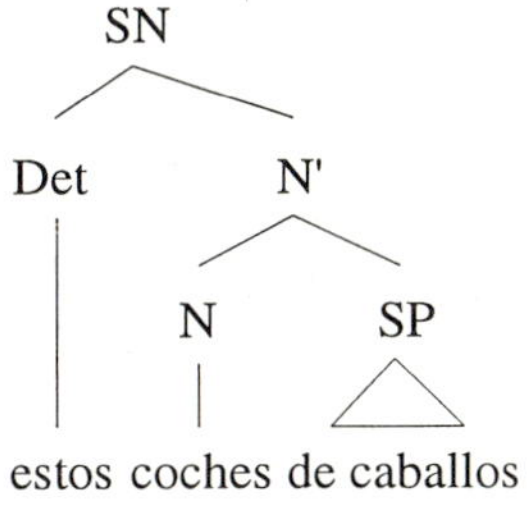


**DETERMINANTE.** ① En el sentido más común del término, se da el nombre de 'determinantes' al conjunto teóricamente limitado de elementos (ARTÍCULO, DEMOSTRATIVOS, POSESIVOS, CUANTIFICADORES) que pueden constituir, junto con el sustantivo, un sintagma nominal y presentan, entre otras, las siguientes peculiaridades:

(1) Realizan en el sintagma la función denominada DETERMINACIÓN[2]. Esto es, capacitan al nombre común para formar expresiones nominales potencialmente referidoras, con capacidad para referir a entidades. De ahí que los sintagmas nominales que asumen funciones sintácticas típicamente argumentales (*cf* argumento), tales como SUJETO u OBJETO INDIRECTO, requieran, por lo general, la presencia de un 'determinante' para que la oración sea gramatical. Así, «*Casa estaba llena de gente», «*Pidió un préstamo a banco» son oraciones anómalas porque el sujeto *casa* y el objeto indirecto *banco* carecen de 'determinante'. En cambio, «La/esta/aquella/mi casa estaba llena de gente», «Pidió un préstamo a un/otro/el/cada banco» son oraciones bien formadas porque *casa* y *banco* van precedidos de un 'determinante': *la, esta, aquella, mi, un, otro, el, cada.*

(2) No son términos descriptivos; esto es, no aluden a propiedades o características que proporcionen una descripción más completa del objeto denotado por el sustantivo. Por lo que concierne a su significado, o bien cuantifican, delimitan el número o la extensión de la referencia («He pedido *un* libro», «Me han traído *dos/ muchos/algunos* libros»), o bien son términos de carácter DEÍCTICO: posibilitan la identificación del REFERENTE poniéndolo en relación con algún componente (el espacio, los participantes) del entorno discursivo («Acércame *ese* cenicero», «*Tu* hijo tiene mucho cuento») o con alguna expresión presente en el texto mismo («Han venido *Juan* y *su* hijo», «Tenía una *casa* enorme. *La* entrada parecía un campo de fútbol»). *cf* DETERMINANTE DEFINIDO, DETERMINANTE INDEFINIDO.

(3) Como elementos que realizan la función 'determinación', se hallan vinculados a una posición concreta en el sintagma. Así, por lo que respecta al orden lineal, *este, nuestro, algún*, etc., cuando actúan como 'determinantes' deben preceder al nombre en la ordenación del sintagma.

En lo que atañe a su ubicación en la estructura del sintagma, los 'determinantes' han sido comúnmente considerados como unidades ADNOMINALES que inciden, bien en el nombre NÚCLEO del sintagma nominal («El *hombre* falleció horas después»), bien en el complejo formado por el nombre y sus complementos o modificadores («El *hombre de Alcatraz*», «El *hombre tranquilo*», «El *hombre que sabía demasiado*»). Así, por ejemplo, en los estudios gramaticales vinculados al modelo RECCIÓN Y LIGAMIENTO, la posición que se asigna a los 'determinantes' es la que corresponde al especificador del SN:

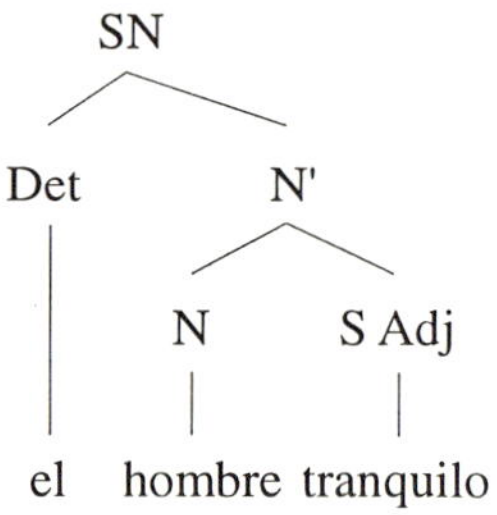


No obstante, también se ha planteado la posibilidad de que sea el 'determinante', y no el nombre, el elemento que asume el papel de núcleo en estas construcciones (*cf* sintagma determinante).

② También se ha utilizado 'determinante' para aludir a un elemento que 'determina' a otro en cualquiera de las acepciones que tiene el término DETERMINACIÓN.

**DETERMINANTE CUANTIFICADOR.** Se identifican como 'cuantificadores' los DETERMINANTES que tienen como función delimitar la extensión del sintagma nominal indicando que alude a una cierta cantidad, ya precisa («Ha vendido *dos* coches»), ya imprecisa («Ha vendido *pocos* coches»), de entidades. Son, pues, 'cuantificadores' todos los determinantes destacados en las siguientes oraciones: «Deme *un libro*», «Han venido *tres* hombres», «Ha tenido *muchos* novios».

**DETERMINANTE DEFINIDO.** Es el DETERMINANTE que, al incorporarse a un sintagma nominal, indica al receptor del mensaje que la entidad a la que se refiere ese sintagma es identificable para él, bien a partir de la información proporcionada por el texto, bien a partir del contexto extraverbal. El ARTÍCULO *el,* los POSESIVOS, los DEMOSTRATIVOS son 'determinantes definidos'.

**DETERMINANTE DISTRIBUTIVO.** Se denominan 'distributivos' (y también **numerales distributivos,** y **cuantificadores distributivos**) a cierta clase de DETERMINANTES, en la que suelen incluir las gramáticas del español las formas *sendos* y *cada,* a los que se han asociado, entre otras, las siguientes propiedades semánticas:

(1) Aun estando en singular, la presencia de un 'determinante distributivo' en el sintagma implica que la entidad a la que hace referencia forma parte de una pluralidad de elementos, de un conjunto integrado por dos o más entidades de la misma clase. Así, de conformidad con J. A. Martínez (1989: 107 y sigs.), en «*Cada* chico se comió un pastel», «*Cada* carpintero construyó dos mesas», «Las familias se reunían *cada* Navidad», el 'determinante distributivo' *cada* presupone un conjunto de, al menos, dos «chicos», dos «carpinteros», o una sucesión de «Navidades».

(2) Las propiedades o relaciones denotadas por la predicación oracional se atribuyen individualmente a cada una de las entidades componentes del conjunto, de la totalidad. En «*Cada* carpintero construyó dos mesas», el «construir dos mesas» se atribuye por igual a cada uno de los carpinteros que conforman el conjunto total. En «Las familias se reunían *cada* Navidad», el «reunirse las familias» se afirma por igual de cada una de las «Navidades» integradas en la totalidad.

(3) El 'determinante distributivo' puede, asimismo, implicar que cada ejemplar integrante del conjunto a que hace referencia el sintagma se corresponde con un ejemplar del conjunto designado por otra unidad oracional. Así, según J. A. Martínez, en el enunciado «En *las tres sillas* se sentaban *sendos caballeros*», el 'distributivo' *sendos* significa que a cada uno de los miembros integrados en el conjunto de los *caballeros* le corresponde un ejemplar del conjunto designado por *las tres sillas*: «Había tres caballeros y tres sillas, y cada caballero se sentaba en una silla».

**DETERMINANTE INDEFINIDO.** Se consideran 'indefinidos' aquellos DETERMINANTES[1] que, como es el caso de los CUANTIFICADORES precisos (*un, dos, tres* etc.) e imprecisos (*muchos, pocos*, etc.), cuando se incorporan al sintagma nominal delimitan el número o la extensión de su referencia («Quiero *dos/tres/muchos* discos»); pero, a diferencia de los DETERMINANTES DEFINIDOS, ni son términos DEÍCTICOS ni forman, en consecuencia, expresiones identificadoras: no remiten a ningún componente del texto o del contexto extraverbal para identificar al referente del sintagma. Así, en «*El hombre* ha venido», el determinante definido *el* indica que el referente del sintagma nominal *el hombre* es identificable para el destinatario del mensaje porque está ya, de algún modo, presente en el texto o en el contexto. En cambio, en «*Un hombre* ha venido», el 'determinante indefinido' *un*, simplemente cuantifica, pero no implica que se pueda o se deba identificar al referente del sintagma.

**DETERMINATIVO.** Véase en ADJETIVO DETERMINATIVO y en DETERMINANTE DEFINIDO.

**DETERMINISMO LINGÜÍSTICO.** En la teorización sobre las relaciones entre lenguaje y pensamiento, y la función que desempeña la lengua en la adquisición y representación del conocimiento, se distinguen dos claras tendencias: el 'determinismo lingüístico' y el UNIVERSALISMO (Lyons, 1990: 192 y 264). El 'determinismo lingüístico' está representado por la llamada **hipótesis de Sapir-Whorf** que, en su versión más general, concuerda con la llamada

RELATIVIDAD LINGÜÍSTICA, según la cual, frente a lo que se postula en el UNIVERSALISMO, no existen propiedades universales para las lenguas humanas.

En su manifestación más radical, la 'hipótesis de Sapir-Whorf' estima: (a) que en todos nuestros pensamientos y para siempre estamos a merced de la lengua que ha venido a convertirse en el medio de expresión de nuestra sociedad, pues no podemos sino ver y oír y, en todo caso sentir, en función de categorías y distinciones codificadas en la lengua; y (b) que las categorías y distinciones codificadas en un sistema lingüístico son peculiares a dicho sistema e incongruentes con las de otros sistemas. *Cf* cultura, anisomorfismo.

**DEVERBAL.** Se clasifican como 'deverbales' las unidades léxicas que se relacionan por DERIVACIÓN con un verbo. *Amable* es un adjetivo 'deverbal': deriva de *amar*; *obligación* es un nombre 'deverbal', ya que se deriva de *obligar*. *Cf* palabra posible.

**DIACRÍTICO.** Véase en SIGNO DIACRÍTICO.

**DIACRONÍA/SINCRONÍA, DIACRÓNICO/SINCRÓNICO.** Una de las distinciones metodológicas más valiosas del *Curso de lingüística general* (Saussure, 1945: 149 y sigs.) es la separación entre 'sincronía' y 'diacronía', debido al contexto dogmático en que se formuló, el HISTORICISMO, el cual descalificaba como acientífica toda investigación lingüística que no fuera histórica. Saussure afirmó que desde que existía la lingüística moderna había estado totalmente absorbida por la 'diacronía', hecho que para él constituía un error por no haber sabido distinguir bien entre los ESTADOS DE LENGUA y las sucesiones de lengua.

La **diacronía**, es decir, el estudio de las **sucesiones de lengua** en el tiempo, es la dimensión temporal de la lengua estudiada por la LINGÜÍSTICA DIACRÓNICA. Según Saussure, es **diacrónico** todo lo relacionado con procesos de EVOLUCIÓN motivados por el HABLA O PAROLE. La **sincronía**, en cambio, analiza los ESTADOS DE LENGUA, esto es, el significado actual de las unidades del lenguaje y las interrelaciones de todo tipo (SINTAGMÁTICO Y PARADIGMÁTICO) que las unidades mantienen entre sí y no está interesada en absoluto por la investigación etimológica sobre el origen y la evolución de cualquier unidad lingüística. La 'sincronía', que no conoce más que una perspectiva, la de los sujetos hablantes es estudiada por la LINGÜÍSTICA SINCRÓNICA, y su método consiste en recoger y sistematizar su testimonio. Una visión integradora de ambas vertientes es la PANCRONÍA. *Cf* descriptivismo.

**DIÁDICO.** Véase en DIALÓGICO.

**DIAFÁSICO.** Se emplea este término, acuñado por Coseriu, para referirse a los fenómenos de VARIACIÓN lingüística producidos por cambios de ESTILO O de REGISTRO.

**DIÁFONO.** Véase en ALÓFONO.

**DIAFRAGMA.** El 'diafragma' (DRAE) es la membrana formada en su mayor parte por fibras musculares, que separa la cavidad torácica de la abdominal. Tiene forma de cúpula (Martínez Celdrán, 1983: 77) y, con la contracción de las fibras del músculo, la cúpula se aplana de tal modo que la caja torácica se ensancha. Llenos los pulmones de aire, el 'diafragma' los comprime haciendo que el aire sea expelido con la fuerza y el ritmo necesarios para la FONACIÓN.

**DIAGRAMA ARBÓREO.** El 'diagrama arbóreo' es una de las formas de presentar gráficamente la estructura de CONSTITUYENTES de una oración, la manera en que se agrupan las unidades gramaticales que la integran. Consiste en que cada unidad —partiendo de la oración hasta sus últimos constituyentes— se representa como un punto O NUDO Y SUS CONSTITUYENTES INMEDIATOS COMO RAMAS, como líneas divergentes que nacen de él. Así, por ejemplo, la forma en que se agrupan los constituyentes del enunciado oracional «La mujer recogió el ramo» puede mostrarse gráficamente mediante el siguiente 'diagrama arbóreo':

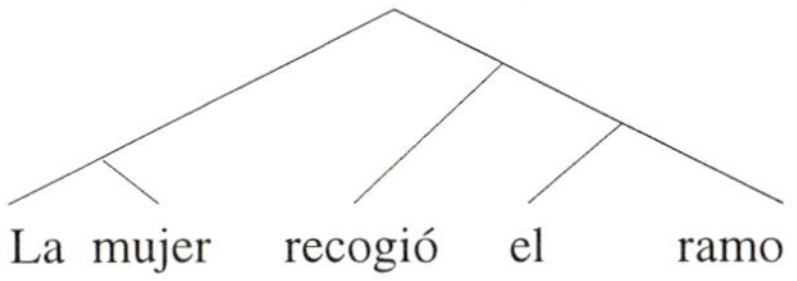


En este caso, el 'diagrama' sólo nos proporciona la organización de los constituyentes, pero puede también enriquecerse con otro tipo de información. En gramática generativa, por ejemplo, en cada punto o nudo se incluye la categoría —SN, SV, V, N etc.— a la que pertenece la unidad sintáctica. Así, el enunciado anterior se representaría, de forma simplificada, como sigue:

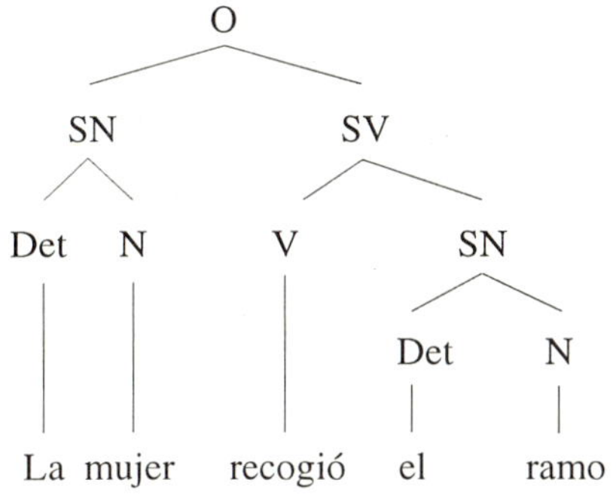


En gramáticas de orientación funcional (*cf* Rojo y Jiménez Juliá, 1989) se considera pertinente, incluso, añadir, junto a la etiqueta de la categoría, la correspondiente a la función sintáctica —sujeto, objeto directo, etc.— que asume la unidad. *Cf* notación.

**DIALECTO, DIALECTOLOGÍA.** En DIALECTOLOGÍA y en SOCIOLINGÜÍSTICA el término 'dialecto' es básico, diferenciándose, a estos efectos, los 'dialectos' geográficos y regionales, de los 'dialectos' sociales o SOCIOLECTOS. Para los NEOGRAMÁTICOS (Robins, 1975: 182 y sigs.), desde que el Romanticismo santificó todo lo relacionado con el «pueblo», la **dialectología**, junto con la FONÉTICA, constituyó el centro de atención de la lingüística. Pero la palabra 'dialecto' se empleó con dos sentidos: (a) como variante geográfica, y (b) como grupo de FAMILIAS o ramas del INDOEUROPEO. De esta forma se hablaba del dialecto germánico, del indoeuropeo o del dialecto céltico, etc.

El estudio de los 'dialectos' fue vital para la investigación de la lingüística del siglo XIX porque éstos podían arrojar luz sobre los CAMBIOS LINGÜÍSTICOS, ya que representaban el último estadio dentro de la diversificación de la familia indoeuropea. Pero, paradójicamente, los neogramáticos descubrieron que la división dialectal y la ANALOGÍA, por su conservadurismo o tendencia a la regularidad, eran dos factores principales que chocaban contra la universalidad de sus LEYES fonéticas.

La anterior, la de las leyes, fue una línea básica de investigación en 'dialectología' pero hubo otras. Por ejemplo, la del estudio de los 'dialectos' vivos, que constituye la base de la **dialectología moderna**, se opuso radicalmente a la tesis de los neogramáticos. Cuanto más se examinaba detalladamente el funcionamiento de una lengua en comunidades relativamente pequeñas, tanto más complejos eran los hechos y los fenómenos detectados, de forma que se llegó a la conclusión de que que las divisiones dialectales geográficas estaban en un estado de fluctuación constante y muy alejadas de las divisiones bien definidas que se pueden desprender de descripciones más superficiales. La 'dialectología' y dos ramas de ésta, la GEOGRAFÍA LINGÜÍSTICA y las PALABRAS Y LAS COSAS, constituyeron un frente radical contra las tesis de las LEYES FONÉTICAS de los neogramáticos, como se desprende, por ejemplo, del trabajo de Schuchard «Contra las leyes fonéticas: contra los neogramáticos».

Siguiendo a Alarcos Llorach (1983: 139), se llama **dialecto** a toda habla de una comunidad que presenta, dentro de ciertas esenciales similitudes, algunas «aberraciones», especialmente fonéticas respecto a la llamada lengua oficial (*cf* normalización, vernáculo). Pero cuando se ha querido dar los límites geográficos de un 'dialecto' se ha visto que con frecuencia son borrosos y graduales. Por eso, se defiende la idea de que los dialectos forman un CONTINUUM sin límites precisos, que varían insensiblemente y, en consecuencia, se hablado de **dialectos de transición**. Cuando más se examina una lengua, tanto más se puede comprobar que las divisiones geográficas están en un estado constante de fluctuación.

Hoy el término 'dialecto' tiene, al menos, tres acepciones, alusivas a los geográficos, los regionales y los sociales. La SOCIOLINGÜÍSTICA estudia estos últimos. Los **macrodialectos** o **dialectos geográficos** son variedades de grandes COMUNIDADES DE HABLA, como el inglés británico, el inglés australiano, etc. Los **microdialectos** o **dialectos regionales** son variedades de comunidades de habla más pequeñas, que existen dentro de los grandes dialectos geográficos. También se incluyen en la 'dialectología' el estudio de los CRIOLLOS y los PIDGINS.

En la tradición lingüística inglesa se diferencia el ACENTO del 'dialecto', reservándose el primero sólo para las variedades de tipo fonético, y el segundo, más amplio, comprende, además de las diferencias de pronunciación, las de léxico y sintaxis, tanto de tipo geográfico como sociológico. Es corriente oír en la conversación de los anglohablantes, poco dados al PRESCRIPTIVISMO, frases como «En mi dialecto [ya social, ya geográfico] esa oración sería incorrecta». Hoy el término es aceptado, sin CONNOTACIONES negativas (*cf* DEGRADACIÓN SEMÁNTICA), ya que lingüísticamente ningún dialecto es superior a otros, si alude a cada una de las VARIEDADES de USO de un territorio geográfico o de un ámbito social, aunque desde un punto de vista social es evidente que unas variedades tengan más PRESTIGIO que otras. Véase en ACENTO[3], idiolecto.

**DIALECTOSOCIAL.** Equivale a SOCIOLECTO.

**DIALECTIZACIÓN.** Equivale a DIVERGENCIA[2].

**DIÁLOGO, DIALÓGICO.** El término **diálogo**, también llamado **conversación diádica** o **discurso dialógico**, es la MODALIDAD DISCURSIVA, propia de la ACTIVIDAD LINGÜÍSTICA, consistente en el **intercambio** de información que llevan a cabo dos INTERLOCUTORES. El 'diálogo', que es la forma de CONVERSACIÓN (*cf* claves conversacionales, análisis conversacional) que más ha sido analizada, es una actividad mucho más complicada de lo que, a simple vista, pueda parecer, a saber, la simple suma de dos DESTREZAS COMUNICATIVAS: la COMPRENSIÓN ORAL-AUDITIVA y la EXPRESIÓN ORAL. Es, por el contrario, un proceso complejo regulado por principios organizativos intrincados, en parte desconocidos, que se celebra en situaciones sociales, entre interlocutores que mantienen relaciones sociales entre sí con el objetivo de intercambiar información de todo tipo (Werth, P., ed., 1981; Wardhaugh, R., 1985; Coulmas, F., ed., 1981). Analizado en el marco de la PRAGMÁTICA, el 'diálogo' es un *proceso*, sometido a los principios y a las reglas de un contrato tácito (Labov, W. *et al.*, 1977: 1), que consta de dos actividades:

(a) intercambio de información, y

(b) negociación del SIGNIFICADO COMUNICATIVO y de tópicos o TEMAS DISCURSIVOS (Levy, E., 1982).

La **negociación** del significado discursivo es todo un ritual sujeto a principios y a reglas. Como afirma Ruiz de Mendoza (1996: 49), en toda actividad discursiva se está constantemente negociando («No te entiendo», «¿A qué te refieres?», «¿Implica eso que...», «No lo digo en el sentido de...»), y esta negociación se atiene a dos tipos de reglas: unas que no se pueden violar (*cf* máximas) y rigen toda la actividad, y otras que se pueden cumplir o no cumplir o se puede aparentar que cumplen o infringen cuando de hecho se está haciendo todo lo contrario. No obstante, es, sobre todo, una empresa de colaboración (*cf* cortesía) que ha sido estudiada por varios MODELOS, de los cuales los más importantes son la ESTRATEGIA DE COLABORACIÓN de Gumperz (1985) y el PRINCIPIO DE COLABORACIÓN de Grice. En esta empresa de colaboración se coordinan las iniciativas comunicativas de los que participan en ella, de acuerdo con las reglas y los principios del citado contrato, que, a su vez, reflejan la idiosincrasia de la COMUNIDAD EPISTEMOLÓGICA a la que pertenecen los interlocutores, entre cuyas cláusulas destacan las siguientes:

(1) la TOPICALIZACIÓN: cómo se inician, se mantienen y se abandonan los TÓPICOS o temas discursivos, es decir, las normas y convenciones para pactar y tratar los TEMAS DISCURSIVOS dentro de una COMUNIDAD EPISTEMOLÓGICA (por ejemplo, «¿Te acuerdas de la caída del caballo?» «De esto prefiero no hablar», etc.);

(2) la TEMATIZACIÓN: cómo se ordena la información conocida y la desconocida, y cuáles son los recursos utilizados para marcar estos dos tipos de información;

(3) los TURNOS DE HABLA O DE PALABRA: cómo se organizan las ALTERNANCIAS DE TURNOS dentro de la actuación de los interlocutores (Sacks, H. *et al.*, 1974); y

(4) la colaboración (PRINCIPIO DE COOPERACIÓN, estrategia de colaboración) y el principio de RELEVANCIA y el de CORTESÍA.

Son muchas las clase de diálogos que se pueden establecer de acuerdo con la jerarquía de los interlocutores. Cuando lo dos tienen el mismo estatus se dice que el diálogo es **simétrico**, pero cuando uno de ellos goza de mayor poder o prestigio, por ejemplo, en la **entrevista**, se habla de un **diálogo asimétrico** (Guillén Nieto, 1995: 114 y sigs.). También puede ser el **diálogo cooperativo** (*cf* estrategia de colaboración) o **competitivo**. En el primero suele haber SUPERPOSICIONES, lo cual no indica que haya intento de arrebatar el TURNO al otro interlocutor, más bien al contrario es una marca de cooperación, mientras que el 'diálogo competitivo' está lleno de INTERRUPCIONES, dirigidas a arrebatar el turno al emisor sin que éste haya mostrado indicio alguno de querer cederlo.

**DIASISTEMA.** En DIALECTOLOGÍA se aplica el término 'diasistema' al sistema lingüístico que cubre o existe por encima de sistemas dialectales contiguos. De esta forma las discrepancias entre los sistemas no son más que VARIANTES de una misma unidad (Alarcos Llorach, 1983: 139-40). En este sentido, aunque se habla del DIALECTO leonés, para referirse a las variadas hablas extendidas entre Asturias y Extremadura, como si en algún momento este territorio hubiera tenido unidad lingüística, la realidad es que el citado dialecto nunca existió, lo cual no impide que se pueda trazar un diasistema de las hablas leonesas, que son dialectos con rasgos sincrónicos y diacrónicos comunes, pero también con discrepancias.

**DIASTRÁTICO.** Coseriu utiliza el adjetivo 'diastrático' para aludir a VARIANTES del lenguaje (*cf* ALÓFONO) o fenómenos motivados por las diferencias de ESTRATO social. *Cf* diatópico.

**DIÁTESIS.** ① En una primera acepción equivale a VOZ.

② En una acepción distinta, aunque relacionada con la anterior, este término alude a la asociación entre PAPELES SEMÁNTICOS y FUNCIONES SINTÁCTICAS que un verbo concreto proyecta sobre los ARGUMENTOS que selecciona. Por ejemplo, el verbo *aumentar*, según su 'diátesis' básica, selecciona dos argumentos, como puede apreciarse en este enunciado: «La crisis aumenta la inestabilidad». Al primero, se le asigna el papel semántico de 'causa' y la función sintáctica sujeto. Al segundo le corresponde el papel semántico de 'tema' u 'objeto afectado' y la función sintáctica objeto directo.

Un verbo puede presentar más de una 'diátesis' en este sentido del término. Así, el verbo *aumentar,* que en el ejemplo anterior seleccionaba dos argumentos, evidencia una 'diátesis' distinta en «La inestabilidad ha aumentado considerablemente». Sólo implica un argumento al que se le asigna el papel semántico de tema o paciente y la función sintáctica sujeto.

**Diatipo.** En SOCIOLINGÜÍSTICA se llama 'diatipo' a cualquier VARIEDAD de una lengua.

**Diatópico.** Coseriu utiliza el adjetivo 'diatópico' para aludir a variantes regionales del lenguaje (*cf* alófonos). *Cf* diastrático, diafásico.

**Dicción.** Se llama 'dicción' tanto a la manera de pronunciar, como a la ELECCIÓN apropiada, o inapropiada, de palabras o construcciones. El enunciado «Con una dicción muy cuidada» puede aplicarse a cualquier de las dos acepciones, la de emisión de sonidos o la de elección léxica y sintáctica. En la primera acepción es equivalente, en cierto sentido, a ELOCUCIÓN. *Cf* acento de entonación, campo de entonación.

**Diccionárica.** ① 'Diccionárica' es el término acuñado por el lexicógrafo francés Bernard Quemada (1987, 1990) para designar la especialidad científica que tiene por objeto el ámbito complejo y plural del DICCIONARIO. La 'diccionárica' se ocuparía de todos los aspectos relativos a la realización o producción de diccionarios y de las reflexiones teóricas que tengan por objeto el diccionario. La novedad que aporta este enfoque consiste en la concepción del diccionario como una entidad compleja integrada por, al menos, tres vertientes solidarias:

(1) La didáctico-comunicativa: el diccionario es, en primer término, un instrumento de comunicación que persigue una finalidad didáctica precisa de naturaleza lingüística: codificadora, decodificadora, normativa, etc.

(2) La documental: el diccionario es también una obra documental, puesto que su objeto consiste en reunir un gran número de informaciones y mostrar las relaciones complejas existentes entre ellas.

(3) La técnico-comercial: el diccionario es, finalmente, un producto manufacturado, involucrado en una determinada realización material y sujeto, por tanto, a los cambios que la técnica y el mercado dictan en cada momento.

Para abarcar tan complejo campo de actuación, Quemada propone el establecimiento de esta nueva disciplina, la 'Diccionárica'; reservando el término LEXICOGRAFÍA para denominar el ámbito científico que se ocupa de inventariar y analizar la forma y el significado de las piezas léxicas, observadas en sus diferentes usos y desde los más variados planteamientos metodológicos, sin tener como meta o principal motivación la realización de diccionarios.

**Diccionario.** ① Un 'diccionario' es un libro en el que se recogen y explican las unidades (PALABRAS, LEXEMAS) del LÉXICO (*cf* VOCABULARIO) de una LENGUA (o de una determinada materia), en forma de **entradas léxicas** (el término clásico es el de VOZ), colocadas alfabéticamente, al menos, en las lenguas europeas (*cf* silabarios). El conjunto de las 'entradas léxicas' de un 'diccionario' constituye su macroestructura; y el conjunto de las informaciones sobre las entradas, su microestructura (Cabré, 1993: 80). La información contenida en las 'entradas léxicas' se suele centrar en el SIGNIFICADO, aunque también contiene más datos lingüísticos. Tanto si el diccionario es monolingüe como si es bilingüe el significado se presenta en forma de traducción, interna («Una casa es un edificio») en el primer caso (*cf* definición), y externa («Casa es *house*»), en el segundo (las equivalencias en las dos lenguas). Los 'diccionarios' pueden ser DESCRIPTIVISTAS o PRESCRIPTIVISTAS. En el primer caso, tratan de reflejar el léxico tal como está fijado en los repertorios de uso (*cf* lingüística de corpus), indicando los REGISTROS de cada unidad léxica; en el segundo caso, sólo se recogen las palabras que han entrado a formar parte de la NORMA. *Cf* palabra posible.

La información adicional de las entradas léxicas, que es el fruto de largas investigaciones, en torno a las cuales han prevalecido los más diversos criterios, puede contener noticias sobre su PRONUNCIACIÓN (*cf*

LENGUAS FONOLÓGICAS), su ETIMOLOGÍA, su USO (ilustrado con expresiones tomadas del lenguaje cotidiano), su régimen preposicional y su construcción sintáctica, las ABREVIATURAS si las hay, y una lista de SINÓNIMOS, ANTÓNIMOS, HOMÓGRAFOS y HOMÓFONOS y palabras relacionadas (*cf* familia de palabras). Los grandes diccionarios, especialmente los históricos, también aportan información sobre la fecha de aparición de la palabra y varias citas que la respalden. Entre los recursos lingüísticos utilizados en la confección de los diccionarios sobresalen la DEFINICIÓN, la ILUSTRACIÓN y el CONTEXTO.

La anterior es la estructura de los diccionarios convencionales, los cuales están relacionados con los **diccionarios inversos** (por ejemplo, *diccionario*, *rutinario*, *sanguinario*, etc.), los GLOSARIOS, los 'tesoros' y las enciclopedias. Los **tesoros** o **tesaurus**, también llamados **diccionarios ideológicos**, se diferencian de los demás diccionarios en que su ordenación es ONOMASIOLÓGICA, mientras que la de los diccionarios corrientes es SEMASIOLÓGICA. La rama de la lingüística que trata de la elaboración de los diccionarios es la LEXICOGRAFÍA. En la construcción de un diccionario se plantean las cuestiones de POLISEMIA y de HOMONIMIA. Los 'diccionarios' tratan las unidades léxicas como polisémicas, mientras que los GLOSARIOS TERMINOLÓGICOS las tratan como homonimias.

Los 'diccionarios', además de monolingües y bilingües pueden clasificarse siguiendo varios criterios (Cabré, 1993: 80 y sigs.): (a) las fuentes de procedencia de la información, por ejemplo, un diccionario de autor; (b) el criterio de selección de las ENTRADAS de la lengua (temático, básico, etc.); (c) la ordenación de las entradas (semasiológica u onomasiológica), por ejemplo, un diccionario ideológico; (d) la función, por ejemplo, un diccionario de uso normativo, uno bilingüe, etc.

② Equivale a LEXICÓN.

**DICOTOMÍAS.** Las DICOTOMÍAS son pares conceptuales creados por la necesidad que tiene el espíritu humano de organizar sus conceptos como OPOSICIONES (*cf* binarismo) entre algo MARCADO (positivo) y algo no marcado (neutral o cero) y entre ESTADO y MOVIMIENTO. Estas parejas son muy abundantes en la bibliografía lingüística, sobre todo, desde de la expansión de las ideas estimuladas por el *Curso* de Saussure (1945) y por el ESTRUCTURALISMO (Malmberg, B., 1989: 7). Dado que el lenguaje es un hecho heteróclito, porque es a la vez unaacto individual, un acto social, un acto psicológico, las citadas 'dicotomías' ayudan a poner orden. Las principales 'dicotomías' del estructuralismo son: SIGNIFICANTE/SIGNIFICADO, LENGUA/HABLA, PARADIGMA/SINTAGMA. Algunas de ellas, como la de SIGNIFICANTE/SIGNIFICADO, PARADIGMA/SINTAGMA, LENGUA/HABLA han sido muy influyentes y rentables desde un punto de vista metodológico, ya que han servido de égida para llevar a cabo estudios de SEMIOLOGÍA sobre los sistemas significativos de las modas, las comidas, los anuncios, las señales de tráfico, los mitos, las relaciones familiares, la pintura, la música, las flores, los colores, etc. Así, en una determinada cultura, unas flores o colores significan condolencia, otras pasión, etc. (Barthes, R., 1967; Culler, J., 19762).

**DICTUM.** Equivale a PROPOSICIÓN[5].

**DIÉGESIS. Diégesis** es un término de origen griego (διήγησις) comúnmente emparejado con el de **mímesis** (μίμησις). Significan, respectivamente, *relato* e *imitación* y se emplean hoy en ESTILÍSTICA y, por supuesto, en teoría de la literatura para designar grados diferentes de distancia narrativa (Genette, 1966: 193-95; Genette, 1972: 162-63). En su *República*, Platón diferencia tres tipos de discurso: el **diegético**, el **mimético** y el **compuesto** (392d-394c). En el primero de ellos, el poeta habla en su propio nombre; en el segundo, el poeta habla pero haciéndonos creer que oímos la voz de sus personajes; y en el tercero se da una combinación de ambos. Esta dualidad entre 'diégesis' y 'mímesis' resurgió a principios del siglo XX en la crítica anglonorteamericana de la narración bajo las denominaciones de *telling* y *showing*, es decir, el tipo de novela dominada por un narrador omnisciente clásico frente a la novela dramática patrocinada por el novelista Henry James y sus seguidores (Álvarez Amorós, 1991: 9-10 y 102-107). A partir del término 'diégesis', Gérard Genette acuñó los adjetivos **homodiegético**, **heterodiegético**, **extradiegético** e **intradiegético** con los que llevar a cabo una TAXONOMÍA del narrador (1972: 227-31 y 243-52). Los dos primeros equivalen, de modo respectivo, a los narradores en primera y tercera personas, mientras que los dos últimos se aplican, también respectivamente, al narrador que cuenta el nivel principal del relato y a aquel que actúa dentro de dicho nivel (por ejemplo, el narrador principal de *Canterbury Tales*, Geoffrey Chaucer, frente a los múltiples narradores que cuentan sus propios relatos dentro de esta obra). *Cf* narración, polifonía.

**DIENTES.** Los incisivos superiores y los inferiores son los 'dientes' que intervienen como ARTICULADORES pasivos en la formación de la ARTICULACIÓN DENTAL y la INTERDENTAL. *Cf* dentalización.

**DIÉRESIS.** Véase en SIGNO DIACRÍTICO.

**DIFERENCIACIÓN.** Véase en DISIMILACIÓN.

**DIFERENCIADOR SEMÁNTICO.** En el modelo de componente semántico para una GRAMÁTICA GENERATIVA propuesto por Katz y Fodor (1976: 46), los 'diferenciadores'(o también distinguidores) son rasgos semánticos (*cf* semas) que, junto con los MARCADORES (también rasgos semánticos), permiten «descomponer el significado de un ítem léxico (en un sentido) en sus conceptos atómicos». Ahora bien, mientras los marcadores son rasgos que pueden identificarse como componentes significativos en diversas unidades léxicas, los 'diferenciadores' son los rasgos que reflejan los aspectos puramente idiosincrásicos, exclusivos, de cada uno de los sentidos que pueden asociarse a las palabras incluidas en el DICCIONARIO.

Por ejemplo, según Katz y Fodor (1976: 54), uno de los sentidos que tiene la palabra inglesa *bachelor*, en concreto, el sentido que podríamos traducir mediante la palabra española *soltero*, puede descomponerse en los siguientes rasgos significativos: (humano), (macho), [que nunca se ha casado]. De conformidad con sus planteamientos, [que nunca se ha casado] sería, precisamente, el 'diferenciador' semántico: el componente de significado exclusivo de este sentido de la palabra *bachelor*. Por el contrario, (humano), (macho), serían marcadores semánticos: rasgos constitutivos no sólo de este y otros sentidos del ítem *bachelor*, sino de muchos otros significados asociados a unidades léxicas integradas en el vocabulario de una lengua: *hombre, padre, yerno, actor*, pongamos por caso. Como puede verse en el ejemplo utilizado, los 'diferenciadores' semánticos se representan convencionalmente entre corchetes [ ], mientras que los marcadores se incluyen entre paréntesis.

**DIFERENCIADORES.** Véase en MODIFICADORES y en DIFERENCIADOR SEMÁNTICO.

**DIFERENCIAL SUBMORFÉMICO.** Véase en FONESTEMA.

**DIFUSIÓN, DIFUSO.** Véase en DENSO.

**DIGLOSIA.** ① El término 'diglosia' puede significar la coexistencia de dos lenguas en una comunidad, utilizadas con distintos fines, por ejemplo, una en el ámbito familiar y otra en el ámbito oficial, con predominio de la oficial sobre la familiar. El individuo diglósico usa la VERNÁCULA para comunicarse con su familia, sus amigos, la expresión del humor, etc., y la otra, la ESTÁNDAR, para los estudios, para la vida oficial, etc.

② Para Ferguson la 'diglosia' es el uso discriminado de dos VARIANTES de la misma lengua, una alta (A) y otra baja (B), por ejemplo, el griego clásico y el popular o demótico, el árabe clásico y el popular, etc. Siguiendo a López Morales (1993: 64 y sigs.), este fenómeno se caracteriza por varios rasgos: (1) la variedad alta se usa en situaciones formales u oficiales, y la baja en contextos familiares y cotidianos; (2) la variedad A está estandarizada y, a estos efectos, posee diccionarios, gramáticas, etc., más complejos y elaborados que los de la B; (3) la relación entre la lengua A y B está estabilizada; (4) la variedad A tiene PRESTIGIO; el de la B es tal que los hablantes pueden llegar a negar su existencia; (5) la B no suele tener *herencia literaria*; (6) la ADQUISICIÓN de la B es como lengua materna, mientras que la A es aprendida en situaciones formales.

Aunque a veces el término 'diglosia' se usa como equivalente de BILINGÜISMO de una comunidad, para la mayoría de los lingüistas estos términos están diferenciados, pudiéndose dar casos, según Fishman, de bilingüismo con diglosia, bilingüismo sin diglosia, diglosia sin bilingüismo y ni diglosia ni bilingüismo (López Morales, 1993: 73).

**DILACIÓN.** Equivale a ASIMILACIÓN A DISTANCIA.

**DIMINUTIVO.** ① Véase en SUFIJO DIMINUTIVO y en SUFIJO APRECIATIVO.

② Se llaman, asimismo, 'diminutivos' los sustantivos o los adjetivos que contienen un sufijo diminutivo y expresan, por tanto, las significaciones características de este tipo de sufijos. Así, según la clasificación de los nombres sustantivos y adjetivos propuesta por Bello (1981: 182), *palomita, fierecilla, bellacuelo*, son nombres 'diminutivos', puesto que contienen los sufijos *-ita, -illa, -uelo*. *Cf* aumentativo.

**DINÁMICA DE LA VOZ.** Véase en RASGO SUPRASEGMENTAL.

**DIPTONGACIÓN.** Se llama 'diptongación' al proceso mediante el cual determinadas vocales puras o **monoptongos** se desdoblan para formar DIPTONGOS. La 'diptongación' es un proceso gradual que comienza con la aparición de un sonido de DESLIZAMIENTO o *glide*, apenas perceptible al principio. Muchas veces se produce por corrimiento de la posición de los FONEMAS en el sistema. Por ejemplo, en el llamado «Gran cambio vocálico del inglés» (*Great vowel shift*) la *i* larga (*time*) y la *u* larga (*cow*) tuvieron que diptongarse en /aɪ/ y /aʊ/ porque su espacio fue ocupado por la ascensión o cierre de las largas *ee* (*see*) y *oo* (*fool*). Este proceso de diptongación fue gradual: /ii/, /ᵊɪ/, /əɪ/, /aɪ/, etc.

Para Gili Gaya (1975: 188), la 'diptongación' se produce cuando la emisión de una vocal se alarga a causa del acento o de su cantidad tradicional y, dado que a los órganos les resulta difícil mantener su posición articulatoria durante toda la emisión, se inicia un movimiento de ABERTURA o de CIERRE, que modifica el TIMBRE en mayor o menor grado. La 'diptongación' es un fenómeno propio de la DIACRONÍA (por ejemplo, el cambio del latín so*lum* a *suelo*), y de la DIALECTOLOGÍA (por ejemplo, las VARIANTES diptongadas del inglés británico respecto de las no diptongadas del inglés norteamericano: *sure* [ʃʊr] en Estados Unidos y [ʃʊə] en Inglaterra).

**DIPTONGO.** Se llama 'diptongo' al segmento vocálico que, dentro de una misma SÍLABA, comienza con un TIMBRE y acaba en otro. En español, de los dos timbres, el más ABIERTO, también llamado **fuerte** por llevar la mayor cantidad de energía, forma el NÚCLEO del diptongo, que es el punto vocálico de la sílaba. En los diptongos /ia/ y /au/, la vocal /a/ constituye el núcleo y las vocales cerradas /i/ y /u/ forman los márgenes o seminúcleos. Se las llama también vocales DÉBILES porque son las que llevan menor energía.

Los 'diptongos' sólo pueden formarse con las vocales cerradas no acentuadas, que fonéticamente se convierten en SEMICONSONANTES [j, w] si ocupan el margen o seminúcleo anterior de la sílaba o en SEMIVOCALES [i̯, u̯] si ocupan el margen o seminúcleo posterior (Martínez Celdrán, 1983: 372). En el primer caso se encuentra en posición implosiva, y en el segundo, en posición explosiva o en el punto de distensión. El GRADO DE ABERTURA de la vocal es el criterio utilizado en la clasificación general de los

DIPTONGOS, entre ellos los españoles y los ingleses: diptongos **crecientes** o **ascendentes** y diptongos **decrecientes** o **descendentes**. En los 'diptongos crecientes', la vocal débil es una semiconsonante, y en los 'diptongos decrecientes', una semivocal. Algunos lingüistas, en especial los de tradición anglosajona, tanto a una como a la otra la llaman semivocal.

En algunas descripciones lingüísticas, en especial las del inglés, se evita el término diptongo, y también el de triptongo, prefiriéndose el de vocal impura o el de **vocales deslizantes**. Esto se debe a que la segunda vocal es muy poco perceptible: la palabra *high* del inglés se pronuncia [haᶦ]. En algunos casos el diptongo, o el triptongo, puede llegar a la **monoptongación**, como se percibe en la pronunciación de las palabras *shower* /ˈʃaʊə/ y *flower* /ˈflaʊə/, que normalmente se realizan como /ʃɑː/ y /flɑː/.

Son **diptongos impropios** los que se forman con dos vocales (Gili Gaya, 1975: 120) abiertas (/a, e, o/) como en *traer, lealtad,* etc. En estos casos, la vocal menos abierta sufre un proceso de DEBILITAMIENTO y de ABREVIACIÓN al tiempo que se tiende a cerrar más su articulación. De esta forma se explican las pronunciaciones vulgares de [xuaˈkin] por *Joaquín* o de [ˈtjatro] por *teatro*.

Pero además del GRADO DE ABERTURA, se emplean otros criterios en la clasificación de los diptongos, en especial en la lingüística de tradición anglosajona. De acuerdo con la distancia que recorre la primera vocal hasta encontrarse con la segunda se llaman **anchos** /aɪ/, /aʊ/, /ɔɪ/ y **estrechos** /eɪ/, /əʊ/, /ɪə/, /eə/, /ʊə/. Según la posición del punto de arranque de la primera vocal se llaman **anteriores** (/aɪ/, /eɪ/, /aʊ/, /ɪə/, /eə/) y **posteriores** (/ɔɪ/, /ɔə/, /ʊə/). Teniendo en cuenta la posición de la vocal de llegada se llaman **cerrantes** (/aɪ/, eɪ/, /aʊ/ y /əʊ/) y **centrantes** (/eə/, /ɪə/ /ʊə/, /ɔə/), etc.

**DIRECCIÓN.** De conformidad con Dik (1981) o con Siewierska (1991), por ejemplo, el término 'dirección' alude a la FUNCIÓN SEMÁNTICA o papel semántico que corresponde a la entidad, frecuentemente un lugar, hacia la que se desplaza algo. Así, por ejemplo, según Dik (1981: 61), en «John sent a book *to London*» («John envió un libro a Londres»), *to London* conlleva el papel semántico 'dirección', esto es, designa el lugar hacia el que algo, *a book*, se ha desplazado.

**DIRECCIONAL.** Equivale a DIRECCIÓN.

**DIRECTIVO.** Véase en ACTO DE HABLA.

**DISARTRIA.** Véase en PATOLOGÍAS DEL LENGUAJE Y DEL MEDIO.

**DISCONTINUO.** Véase en NOMBRE DISCONTINUO y en MORFEMA DISCONTINUO.

**DISCRETO.** El adjetivo 'discreto' es un término tomado de la matemática, en donde se distingue la matemática de los valores discretos y la de los valores continuos. Se aplica también en lingüística con el significado de «discontinuo, separado, dividido» al hablar del SIGNO LINGÜÍSTICO y de las demás CATEGORÍAS lingüísticas, y se opone, por tanto, a CONTINUO. Con ello se quiere decir que los límites de las categorías lingüísticas están claramente marcados con relación a otras categorías, en función del VALOR de sus diversos elementos. La IDENTIFICACIÓN de lo LINGÜÍSTICO-INMANENTE del lenguaje está basada en el principio de que las categorías lingüísticas son 'discretas' y la SEGMENTACIÓN, propia del ANÁLISISIS LINGÜÍSTICO, da como resultado SEGMENTOS, los cuales son unidades 'discretas' en las que no se tienen en cuenta consideraciones funcionales de ningún tipo.

**DISCRIMINACIÓN.** En la LINGÜÍSTICA DEL HABLAR de Coseriu (1967: 304 y sigs.) la 'discriminación' es el conjunto de operaciones determinadoras (*cf* DETERMINACIÓN) ulteriores a la ACTUALIZACIÓN que se realizan en el plano de la significación objetiva y orientan la denotación hacia algún grupo eventual o real de entes particulares, aunque siempre dentro de las posibilidades referenciales de un nombre. La discriminación se realiza con **cuantificadores** (cien, muchos, pocos, etc.), **seleccionadores** («Las orillas *del Tíber*», «La historia *de Roma*») y **situadores** (este, ese, ni, tu, su, etc.).

**DISCURSO.** ① En esta primera acepción se llama 'discurso' al objeto de estudio de la PRAGMÁTICA, es decir, al LENGUAJE EN ACCIÓN, ya oral, ya escrito (Myers, T., 1979), usado en la interacción verbal para producir un efecto en el DESTINATARIO. Con este significado, 'discurso' es equivalente a TEXTO, aunque se prefiere el término 'discurso' siempre que se pongan de relieve las bases o metas sociológicas, funcionales o significativas del lenguaje, y texto se emplea para resaltar los aspectos formales, materiales y estructurales (Kress, G., 1985).

Algunos especialistas estiman que es obligación de los lingüistas recuperar el término 'discurso' del exilio marginal y precario en que se encontraba (Ricoeur, P., 1971), debido al desproporcionado énfasis que se había dado en lingüística al estudio de la ESTRUCTURA y del SISTEMA oracionales en el ESTRUCTURALISMO y el GENERATIVISMO. El término 'discurso', que es clásico y no exclusivo de la pragmática, se aplica, por extensión, a expresiones como «discurso económico», «discurso sexual», «discurso arquitectónico», etc. En lingüística lo encontramos en otros PARADIGMAS como, por ejemplo, en los trabajos de algunos lingüistas estructuralistas norteamericanos (Harris, Z., 1951; Chafe, W. L., 1970) o europeos (Benveniste, E., 1956; Greimas, A. J., 1966), quienes, hasta cierto punto, pueden considerarse precursores de esta nueva perspectiva lingüística.

② También se emplea el término 'discurso' para aludir exclusivamente al lenguaje oral, debidamente contextualizado, que se emplea en la comunicación social, es decir, al significado que se encuentra en la expresión ANÁLISIS DEL DISCURSO; en esta segunda acepción, 'discurso' o lenguaje oral se opone a TEXTO o lenguaje escrito. *Cf* modalidad discursiva.

**DISFASIA.** Véase en AFASIA.

**DISFEMISMO.** Véase en EUFEMISMO.

**DISFONÍA.** Véase en PATOLOGÍAS DEL LENGUAJE Y DEL MEDIO.

**DISFÓRICO.** Véase en EUFÓRICO.

**DISGLOSIA.** Véase en PATOLOGÍAS DEL LENGUAJE Y DEL MEDIO.

**DISILÁBICO.** Se llama 'disilábica' a la unidad fónica formada por dos sílabas, distinta de la monosilábica o la polisilábica.

**DISIMILACIÓN.** La 'disimilación' y la 'diferenciación' son dos CAMBIOS FONÉTICOS cuyo objetivo es hacer desiguales sonidos iguales o similares colocados en la misma palabra, con el fin de evitar su repetición, pero hay diferencias entre ellos.

En la **disimilación** el cambio fonético se caracteriza por hacer diferentes sonidos vecinos, pero no contiguos, dentro de una palabra, fenómeno que se opone a la ASIMILACIÓN A DISTANCIA. La mayoría de las 'disimilaciones' suceden en DIACRONÍA como *mármol* y *árbol* procedentes del latín *marmore* y *arbore*. Sin embargo, también se encuentran casos de 'disimilación' en SINCRONÍA, en especial en el habla vulgar, como en *mártil* por *mártir*, *golvemos* por *volvemos*, etc. (Martínez Celdrán, 1983: 377).

En la **diferenciación** el cambio tiene lugar entre sonidos vecinos y contiguos dentro de una palabra, fenómeno que se opone a la ASIMILACIÓN DE CONTACTO. Por ejemplo, el diptongo *ue* del español moderno en *fuego, puerta*, procede de un diptongo anterior *uo*, donde la vocal *o*, vocal similar a la *u* por ser posterior, ha pasado a la anterior *e* Quilis (1993: 83).

Para Gili Gaya (1975: 188) la 'diferenciación', uno de cuyos exponentes más claros es la DIPTONGACIÓN, está en la línea de los grandes cambios regulares, mientras que la 'disimilación' es esporádica.

**DISJUNTO.** En diversos estudios sobre el ADVERBIO y sus clases se denominan 'disjuntos' los que presentan estas características: (1) A diferencia de los adverbios ADJUNTOS[4], no se hallan incluidos en el núcleo oracional ni como complemento ni como modificador de algún otro elemento, y presentan un comportamiento sintáctico acorde con ese rasgo. Son, pues, adverbios periféricos que inciden, desde el punto de vista sintático y semántico, en la oración como un todo. (2) Pero, a diferencia de los CONECTORES, con los que comparten ese carácter periférico, no enlazan enunciados, sino que aportan un comentario, bien sobre el enunciado oracional, bien sobre el acto mismo de enunciación. Por ejemplo, funcionan como 'disjuntos' los adverbios que se incluyen en los siguientes enunciados: «Evidentemente, el libro tuvo una buena acogida», «Francamente, el espectáculo me ha decepcionado». Ambos inciden en la totalidad de la oración, no en uno de sus elementos. Prueba de ello es su movilidad posicional o el hecho de que, en caso de que el enunciado fuera negado, queden fuera del ámbito de la negación sea cual sea su posición, como en «El espectáculo no me ha decepcionado, francamente» «El libro no tuvo una buena acogida, evidentemente». Uno, *evidentemente*, aporta un comentario sobre el valor de verdad de lo enunciado. El otro, *francamente*, califica el acto de enunciación. Los 'disjuntos', al manifestar la opinión, son recursos discursivos muy importantes de la INTENCIONALIDAD textual. *Cf* adverbio de modalidad, adverbio evaluativo, adverbio ilocutivo, adverbio oracional, atributo oracional.

**DISLALIA.** Véase en PATOLOGÍAS DEL LENGUAJE Y DEL MEDIO.

**DISLEXIA.** Véase en AFASIA y en PATOLOGÍAS DEL LENGUAJE Y DEL MEDIO.

**DISLOCACIÓN.** ① El término 'dislocación', procedente de los estudios lingüísticos en lengua inglesa, hace referencia a la colocación de constituyentes en la PERIFERIA del núcleo oracional, bien sea en posición inicial («*Ese cuadro*, ¿cuándo lo has comprado?»), bien sea al final del enunciado: «Realmente no lo aguanto, *a tu hermano*»; de ahí la diferencia que suele establecerse entre **dislocación a la izquierda** («*Ese cuadro*, ¿cuándo lo has comprado?») y **dislocación a la derecha** («Realmente no lo aguanto, *a tu hermano*»). *Cf* extrapolación, tematización, topicalización, apéndice.

② También se da el nombre de 'dislocación' a la modificación de los valores temporales básicos de las formas verbales que se manifiesta en los denominados USOS DISLOCADOS de los tiempos. Por ejemplo, según Porto Dapena (1989: 40), en «El martes *salgo* rumbo a América» se produce un caso de 'dislocación' en el uso del presente *salgo*, puesto que, en realidad, alude a un acontecimiento futuro, aún no realizado. *Cf* avance.

**DISLOCADO.** Véase en USO DISLOCADO (de los TIEMPOS VERBALES).

**DISPERSIÓN.** Véase en CAMPO DE DISPERSIÓN.

**DISPONIBILIDAD, DISPONIBLE.** En la confección del **vocabulario fundamental** (uno de los componentes lingüísticos básicos en el aprendizaje de una lengua extranjera, junto con la sintaxis y la fonética), la **frecuencia léxica** es un parámetro básico. No obstante, existen ciertas palabras poco frecuentes (*pan, leche, ventana, puerta*, etc.) que son usuales y necesarias desde un punto de vista comunicativo. A estas palabras se las llama **disponibles**, y se llama **disponibilidad** el criterio mediante el cual se seleccionan vocablos que se considera deben estar a disposición de los hablantes de una lengua extranjera, aunque su frecuencia real sea baja. El criterio de la 'disponibilidad', también llamado **valencia de palabras**, es un fuerte corrector del de **frecuencia de palabras**, ya que no sólo las palabras frecuentes son las útiles sino también las que tienen un valor por su utilidad comunicativa, tanto activa como receptiva.

**DISTENSIÓN ALARGADA.** Véase en RASGO DE RELAJAMIENTO.

**DISTENSIÓN, DISTENSIÓN ARTICULATORIA.** Véase en TENSIÓN[1].

**DISTENSIÓN SILÁBICA.** Véase en SÍLABA.

**DISTINGUIDOR (SEMÁNTICO).** Equivale a DIFERENCIADOR (SEMÁNTICO).

**DISTINTIVO.** Véase en FUNCIÓN DISTINTIVA y en RASGO DISTINTIVO.

**DISTRIBUCIÓN.** Se entiende por 'distribución' de una unidad lingüística el conjunto total de contextos en que puede aparecer esa unidad lingüística. Por ejemplo, la 'distribución' de la unidad léxica *fría* estaría constituida por el conjunto de entornos sintácticos en los que puede figurar. Entre ellos, por ejemplo, los que se reflejan en los siguientes enunciados: «No me gusta la *comida fría*», «Su mano *estaba fría*», «Se *tomó fría la tila*». La 'distribución' se ha utilizado como criterio para establecer clases o subclases de unidades. Así, por ejemplo, si *caliente* tiene la misma 'distribución' que *fría*, ambas unidades pueden considerarse pertenecientes a la misma clase.

**DISTRIBUCIÓN COMPLEMENTARIA.** Se considera que dos unidades lingüísticas (sea cual sea su NIVEL) se encuentran en 'distribución complementaria' cuando no pueden aparecer nunca en el mismo contexto, aun cuando, por otros criterios, se consideren variantes pertenecientes a una misma clase. Por ejemplo, según Rodríguez Adrados (1974: 180), las unidades morfológicas *-ia, -ba* (*corría, amaba*) son ALOMORFOS, esto es, variantes de un mismo MORFEMA, que se hallan en 'distribución complementaria' puesto que nunca pueden adjuntarse a un mismo tema verbal. Asimismo, según Quilis y Fernández (1974), la [b] oclusiva, que se realiza después de pausa o tras nasal, y la [β] fricativa, que aparece en los restantes entornos, son ALÓFONOS del FONEMA /b/ en 'distribución complementaria', dado que cada una de estas unidades fónicas se realiza en una determinada posición y no en otras.

**DISTRIBUCIÓN DEFECTIVA.** Véase en NEUTRALIZACIÓN.

**DISTRIBUCIONALISMO.** Dentro de la metodología DESCRIPTIVA y TAXONÓMICA del ESTRUCTURALISMO NORTEAMERICANO, se llama 'distribucionalismo' al conjunto de PROCEDIMIENTOS DE DESCUBRIMIENTO y análisis, de carácter LINGÜÍSTICO-INMANENTISTA, cuyo objetivo fue la descripción de los elementos del lenguaje de una forma objetiva, teniendo en cuenta sólo el comportamiento de las unidades del lenguaje como criterio básico. Para llevar a cabo este análisis se distinguen tres niveles, el fonológico, el morfológico y el sintáctico, y entre el primero y el segundo, el morfofonológico. Al conjunto de técnicas y procedimientos empleados se le llama **análisis distribucional**.

**DISTRIBUIDO.** En la FONOLOGÍA GENERATIVA (Chomsky y Halle, 1968), 'distribuido-no distribuido' es uno de los RASGOS DISTINTIVOS2 de CAVIDAD bucal. Los sonidos 'distribuidos', representados con [+distribuido], son definidos articulatoriamente como los que se producen con una constricción que se extiende a una considerable distancia a lo largo de la dirección de la corriente de aire; los sonidos no distribuidos [–distribuido] se producen con una constricción que se extiende en una corta distancia en esa dirección. Las BILABIALES, las ALVEOLARES y las PREPALATALES son [+distribuidas] y las DENTALES y las LABIODENTALES son [–distribuidas] (Martínez Celdrán, 1983: 235). *Cf* anterior, coronal, rasgos relacionados con el cuerpo de la lengua, redondeado, cubierto, glotal.

**DISTRIBUTIVO.** Véase en COORDINACIÓN DISTRIBUTIVA, DETERMINANTE DISTRIBUTIVO y en ORACIÓN DISTRIBUTIVA.

**DISYUNCIÓN.** Se da el nombre de 'disyunción' a la relación semántica que se expresa mediante una COORDINACIÓN DISYUNTIVA. La 'disyunción se subdivide normalmente en **disyunción exclusiva** y **disyunción inclusiva** (*cf* en coordinación).

Una construcción coordinada tiene el significado de **disyunción exclusiva** cuando implica la elección de uno solo de los elementos conectados mediante la CONJUNCIÓN DISYUNTIVA: «Tienes que decidirte ya: o vendes la casa o lo pierdes todo», «O apruebas el examen o te quedas sin salir todo el mes». *Cf* ANTONIMIA.

Una construcción coordinada tiene el significado **disyunción inclusiva** cuando, según es característico de la coordinación disyuntiva, los elementos conectados mediante la conjunción *o* se presentan como posibles alternativas, pero sin implicar que la elección de uno invalide necesariamente las otras opciones ofrecidas: «Traeré unos bocadillos o unas patatas, lo que te apetezca», «Puedes invitar también a tus hermanos o a tus amigos». En ambos casos, la disyunción puede entenderse como 'inclusiva'. Los «bocadillos» y las «patatas», «tus hermanos» y «tus amigos», no se presentan como opciones que se excluyan; queda abierta la posibilidad de optar por ambos a la vez.

**DISYUNCIÓN DE LOS FONEMAS.** Véase en OPOSICIÓN.

**DISYUNTIVA.** Véase en CONJUNCIÓN DISYUNTIVA y en COORDINACIÓN DISYUNTIVA.

**DITRANSITIVO.** Véase VERBO DITRANSITIVO

**DIVERGENCIA, DIVERGENTE.** ① Siguiendo a Alarcos Llorach (1983: 136-37), fonológicamente hay dos tendencias de la lengua: la **divergencia fonológica** y la **convergencia fonológica**. Son lenguas **divergentes** las que, aun habiendo nacido de un sistema común, han llegado a diferenciarse profundamente en cuanto a su estructura fonológica. Son **convergentes** las lenguas que, aunque nacidas de sistemas no emparentados, han llegado a asemejarse hondamente en cuanto a su estructura. La aplicación de las teoría de la divergencia y la convergencia fonológicas a los métodos geográficos permite establecer ISOGLOSAS que reúnen los puntos en que un rasgo fonológico tienen PERTINENCIA. En las lenguas divergentes los ALÓFONOS de un mismo FONEMA se separan tanto que se convierten en dos fonemas distintos, mientras que en las convergentes el fenómeno es el inverso: dos fonemas pasan a neutralizarse en una sola forma. *Cf* afinidad lingüística, tipología lingüística.

② En SOCIOLINGÜÍSTICA se llama 'divergencia' o **dialectización** al proceso mediante el cual dos o más DIALECTOS se alejan cada vez entre sí, fenómeno que suele darse cuando no existen vínculos sociales o geográficos entre las poblaciones de una misma COMUNIDAD DE HABLA. Al proceso contrario se le llama **convergencia** (Crystal, 1991: 135).

**DIVISIÓN.** En el análisis del texto, y en ESTILÍSTICA, la 'división' es uno de los recursos del texto (también llamados técnicas retóricas) propios de la PROGRESIVIDAD textual, es decir, de los que hacen avanzar o progresar el discurso. Se basa la 'división' en uno de los atributos básicos del pensamiento sistemático y, como dice el DRAE, es uno de los modos de conocer las cosas, que sirve para dar clara idea de ellas. En su búsqueda del orden, la 'división' es un movimiento descendente, es decir, va de lo general a lo particular o del todo a las partes. Cualquier enunciado que intente buscar los elementos componentes de que consta una unidad es una 'división'. En todos los tipos de discurso, no sólo en los EXPOSITIVOS, la 'división'es muy corriente («Tiene una mansión de cinco dependencias», «Las extremidades superiores constan de brazo, antebrazo y manos», etc.). *Cf* clasificación, ejemplificación.

**DOBLADO DE CLÍTICOS.** Se denomina **doblado de clíticos** o **duplicación de clíticos** al fenómeno consistente en la aparición conjunta, en un mismo enunciado, de un CLÍTICO (*lo, le, me*, etc.), indicador de un objeto directo o indirecto, y el sintagma nominal pleno (objeto directo o indirecto) correferencial con él, alusivo a la misma entidad. En los siguientes enunciados, por ejemplo, se produce este fenómeno: «*Le* he regalado un ordenador *al niño*», «*Le* he pedido un aumento de sueldo *al jefe*». Coexisten el clítico *le*, que señala la existencia de un objeto indirecto, y el sintagma nominal que realiza tal función y alude al mismo referente: *al niño, al jefe*. Puede entenderse, por tanto, que el clítico 'dobla' o 'duplica' al sintagma.

**DOBLE ARTICULACIÓN.** ① A partir, sobre todo, de los trabajos de A. Martinet y de Charles F. Hockett sobre la ARTICULACIÓN[2] del lenguaje es habitual hablar de la dualidad o la **doble articulación del lenguaje**' como una característica distintiva de las LENGUAS NATURALES. Con ello se alude a que las unidades lingüísticas son resultado de, al menos, dos tipos de procesos compositivos, diferenciados por la naturaleza de las unidades que intervienen en ellos y por el subsistema lingüístico que los rige. En la **primera articulación**, o primer modo de articulación, las unidades lingüísticas dotadas de significado y significante se componen de unidades menores, pero también dotadas de significado y significante. Por ejemplo, *leonera*, unidad con significado, es analizable en dos unidades, también ambas con significado: el LEXEMA *león* y el MORFEMA *derivativo -era,* que podemos encontrar en otras formaciones apor tando un significado similar: *perrera*, *osera*. Las unidades de la primera articulación son, pues, siempre signos y se combinan según las reglas propias de la gramática.

En la **segunda articulación** o segundo modo de articulación los signos se componen a partir de unidades carentes de significado. Así, *león*, unidad de la primera articulación, dotada de significado, está a su vez articulada, aunque al analizarla en elementos menores no encontramos ya unidades significativas, sino unidades carentes de significado, los FONEMAS /l/, /e/, /o/, /n/.

② Desde la SEMIÓTICA del signo visual, varios analistas han intentado aplicar la doble articulación que existe en la mayoría de las LENGUAS NATURALES a signos visuales como el pictórico, con resultados bastante insatisfactorios (Yus Ramos, en prensa, c). La razón de esta aplicación fallida reside en que es muy difícil establecer unidades pertinentes dentro de la compleja organización semiótica del signo visual (Eco, 1974: 236), así que resulta casi imposible definir unidades constituyentes equivalentes a las que forman la doble articulación lingüística (MONEMAS y FONEMAS). Esta aplicación infructuosa de la terminología lingüística no implica, sin embargo, que el signo visual no pueda ser descompuesto, de una forma u otra, en unidades constituyentes, aunque adolezcan de una cierta falta de uniformidad en su aplicación. Eco (1974: 132), por ejemplo, propone el término **isotopía** como la parte definitoria de la composición de la imagen, cuya identificación varía de intérprete a intérprete. Otras terminologías que parten en su formulación de la doble articulación en monemas y fonemas son: *cinemorfo* y *cinema* (Pasolini), *signo icónico* e *iconema* (Gubern), *colorema* y *variable visual* (Saint-Martin), entre otras.

③ Véase ARTICULACIÓN DOBLE.

**DOBLE TRANSITIVIDAD.** La 'doble transitividad' es una característica asociada a las oraciones con dos objetos o complementos seleccionados por el núcleo verbal. En español, según señala Cano Aguilar (1981), el esquema típico de la 'doble transitividad' es el que presentan las oraciones cuyo sintagma verbal está integrado por un OBJETO DIRECTO y un OBJETO INDIRECTO, subcategorizados ambos por el verbo: «Juan regaló *un ramo de flores a María*», «Eva entregó *las llaves de la casa a la nueva inquilina*». No obstante, también se ha considerado que hay 'doble transitividad' en las estructuras constituidas por un objeto directo y un segundo OBJETO PREPOSICIONAL, dependiente, asimismo, de la subcategorización verbal. Así, por ejemplo, según Hernanz y Brucart (1987), la noción de 'doble transitividad' debe hacerse extensiva a oraciones como «Pedro invitó *a María a una cerveza*», «Acostumbremos *a los niños a la disciplina*».

**DOBLETE.** ① En LEXICOLOGÍA, un 'doblete' (Becerra, 1989: 23) está constituido por dos palabras con un mismo origen ETIMOLÓGICO (*cátedra*, *cadera*; *litigar* y *lidiar*). Se trata de palabras, como *colocar* y *colgar*, del latín *collocare*, que ya no son HOMÓFONOS y han dejado de ser SINÓNIMAS.

② En la LINGÜÍSTICA HISTÓRICA del inglés se llaman 'dobletes' a los pares formados por palabras, que comienzan por *sk-*, como *sky, skirt*, etc., las cuales son préstamos y constituyen una excepción a la ley fonética que cambia [sk] en [sh] ante vocales palatales, como por ejemplo *shy* y *shirt*.

③ Becerra (1989: 23) llama **doblete semántico** a dos significados emparejados por oposición o por contraposición que, basándose en las relaciones que siguen, constituyen un CAMPO SEMÁNTICO mínimo:

(a) ABSTRACTO-CONCRETO: *corrupción*, por ser un vicio es abstracto, y *corruptela*, por ser un hecho o práctica es concreto; se encuentran en esta misma relación: *conducta* y *proceder*, *convenio* y *concierto*, *enmienda* y *corrección*, etc.

(b) General-particular: *canto* y *cante*; *banca* y *banco*, *cinta* y *cinto*, etc. *Cf* antonimia, sinonimia.

**DOLOR.** Véase en UMBRAL DEL DOLOR.

**DOMINIO.** En lingüística (Crystal, 1991: 112) el término 'dominio' tiene varios sentidos. Por ejemplo, el 'dominio' de una lengua equivale a la posesión de un conocimiento profundo de la misma, tanto en su análisis como en su USO.

En MORFOSINTAXIS equivale al campo de aplicación de una REGLA, aunque en el GENERATISIVISMO expresa la jerarquía de un NUDO sobre las unidades que de él dependen y, sobre todo, las partes del DIAGRAMA ARBÓREO que salen de un nudo; por eso se dice «la estructura dominada por el nudo».

En SEMÁNTICA 'dominio' alude al campo de la realidad extralingüística a que se refiere un CAMPO SEMÁNTICO. Y en SOCIOLINGÜÍSTICA, concepto importante en el análisis de la VARIACIÓN en la INTERACCIÓN de los individuos, alude a las instituciones formadas por determinados grupos de individuos que manifiestan pautas de conducta similares; por ejemplo, el 'dominio' de la familia es la casa, el de la religión, la iglesia, etc. *Cf* campo³.

**DORSO, DORSAL.** Véase en LENGUA y en PREDORSAL

**DRILL.** El término *drill* es un PRÉSTAMO del inglés, utilizado en LINGÜÍSTICA APLICADA AL APRENDIZAJE DE LENGUAS EXTRANJERAS, que forma parte de la llamada práctica estructural o *pattern practice* apoyada en el CONDUCTISMO. En realidad, se trata de ejercicios de repetición y de insistencia, basado en la dicotomía *paradigma/sintagma* (lo que familiarmente se ha llamado «método machaca») dirigidos al dominio de las DESTREZAS COMUNICATIVAS. Sus defensores aseguran que con ellos se consigue (a) superar las TRANSFERENCIAS NEGATIVAS de la lengua materna, (b) automatizar la expresión por medio de la generalización analógica y (c) favorecer la «reorganización cognoscitiva» creando reglas en el subconsciente mediante repeticiones conscientes.

**DUAL.** En la GRAMÁTICA de las lenguas INDOEUROPEAS, además del SINGULAR y del PLURAL, existió el NÚMERO 'dual', tanto en la FLEXIÓN nominal como en la verbal, para indicar que se alude a dos seres o entidades. Este número persiste en algunas lenguas modernas, como el esloveno. También se percibe el 'dual' en la palabra inglesa *both* o en la española *ambos*.

**DUALIDAD, DUALISMO.** En la INVESTIGACIÓN LINGÜÍSTICA, una buena parte de su metodología se caracteriza por la presentación dual, ya como BINARISMO, ya como DICOTOMÍAS (*cf* par, pareja). Por ejemplo, se emplea con frecuencia el término **dualidad** para hacer referencia a la DOBLE ARTICULACIÓN DEL LENGUAJE. El término **dualismo** alude a las TEORÍAS de presentación BINARIA de la realidad lingüística (como las DICOTOMÍAS), en especial la de SIGNIFICANTE y SIGNIFICADO. Cuando en la presentación o el análisis de la realidad lingüística se hacen entrar tres elementos se emplea la palabra **tríada**, como la visión triádica del signo de Morris (*cf* pragmática) o la del SIGNIFICADO de Ullmann. *Cf* abducción.

Entre las teorías dualistas destacan las que, al poner, por ejemplo, énfasis en el MENTALISMO, parece que están creando la realidad cuerpo y mente. Pero como afirma Lyons (1990: 210), el GENERATIVISMO ha afirmado que el lenguaje es un claro exponente del mentalismo. Lo cual quiere decir, entre otras cosas, que la ADQUISICIÓN y el USO del lenguaje no pueden explicarse sin apelar a principios que en la actualidad están más allá de una explicación meramente fisiológica de los seres humanos, con lo cual no se adhieren al supuesto de que la mente sea una entidad no física distinta del cerebro o de otra parte del cuerpo.

**DUBITATIVO.** Véase en ORACIÓN DUBITATIVA.

**DUPLICACIÓN.** Véase en GEMINACIÓN.

**DUPLICACIÓN DE CLÍTICOS.** Véase en DOBLADO DE CLÍTICOS.

**DURACIÓN.** Véase en CANTIDAD.

**DURATIVO.** Véase en ASPECTO DURATIVO.

**DURO.** ① En fonética utilizada en la descripción de las lenguas eslavas se usa el término 'duro', de carácter impresionista, como opuesto a **blando** o **mojado**, para aludir a las consonantes que no tienen PALATALIZACIÓN, o que es muy escasa, debido a que la lengua, debido a una intensión fuerte, apenas tiene contacto con el paladar duro. En ruso el rasgo duro se representa con [ъ] y el blando con [ь].

② Véase en EXPERIMENTACIÓN EN LINGÜÍSTICA.

# E

**Eco.** Véase en PREGUNTA ECO.

**Ecolalia.** Véase en PATOLOGÍAS DEL LENGUAJE Y DEL MEDIO.

**Economía lingüística.** Véase en PRINCIPIO DE ECONOMÍA LINGÜÍSTICA.

**Ecuacional.** Véase en ORACIÓN ECUACIONAL.

**Ecuativa.** Véase en ORACIÓN ECUATIVA.

**Ecuativo.** Es el CASO MORFOLÓGICO, esto es, la forma flexiva, que en alguna lengua se emplea para indicar la similitud, la igualdad o el parecido.

**Efecto definido.** Se llama 'efecto definido' al requisito exigido por algunos tipos de CONSTRUCCIONES oracionales consistente en que una determinada posición sintáctica ha de estar ocupada por un sintagma nominal de carácter indefinido. Las ORACIONES EXISTENCIALES, por ejemplo, imponen generalmente ese requisito. «Hay *una cucaracha enorme* en la cocina», «Hay *un hombre extraño* junto a la puerta» son oraciones gramaticales, correctas. «Hay *la cucaracha enorme* en la cocina», «Hay *aquel hombre extraño* junto a la puerta», en cambio, son construcciones anómalas debido, precisamente, a que, a diferencia de los enunciados anteriores, la posición correspondiente al OBJETO DIRECTO está ocupada en ambos casos por un sintagma nominal con un determinante definido (*el*, *aquel*).

**Efecto estilístico.** Se llama 'efecto estilístico' a la impresión subjetiva, normalmente CONNOTACIONES, IMÁGENES, etc., que percibe el receptor de un MENSAJE, gracias a los RECURSOS ESTILÍSTICOS de cada una de las tres ESTILÍSTICAS, la de la ELECCIÓN, la de la EXPRESIVIDAD y la dc la DESVIACIÓN. Por ejemplo, la impresión de *agobio* puede ser un 'efecto estilístico' percibido por el receptor de un mensaje, cuya atención ha sido atraída por la REPETICIÓN (*cf* carga semántica) en un mismo sintagma u oración de palabras como *atestar, turba, muchedumbre, gentío*, etc., que contienen el SEMA *multitud*. *Cf* fonoestilística.

**Egresivo.** ① En FONÉTICA ARTICULATORIA, de acuerdo con el MECANISMO DE FONACIÓN se llama **egresivo** a todo sonido o articulación que se haya realizado con aire ESPIRADO. La gran mayoría de los sonidos y de las articulaciones de todas las lenguas son espirados o 'egresivos'. Sin embargo, cuando hablamos tras haber hecho un esfuerzo (correr, levantar algo pesado, etc.), el aire va en las dos direcciones, de y hacia los pulmones; en este caso se dice que se ha utilizado el mecanismo pulmonar ingresivo (*cf* mecanismo de fonación) para los sonidos producidos con aire inspirado (Abercrombie, 1967: 24-5). En casi todas las lenguas existen articulaciones y sonidos **ingresivos**, esto es, producidos con aire que va hacia los pulmones. Las dos CLASES fundamentales de consonantes 'ingresivas' son las INYECTIVAS y los CLICS. *Cf* impulso espiratorio.

② En gramática, 'egresivo' equivale a TERMINATIVO.

**EJE.** El término 'eje' se ha usado en lingüística, especialmente a partir del ESTRUCTURALISMO, como CATEGORÍA o instrumento auxiliar para el ANÁLISIS LINGÜÍSTICO. De esta forma, se habla de los siguientes 'ejes':

① **Eje sincrónico** o SINCRONÍA y **eje diacrónico** o DIACRONÍA.

② **Eje paradigmático** o PARADIGMA y **eje sintagmático** o SINTAGMA.

③ **Eje de la elección** o PARADIGMA y **eje de la combinación** o SINTAGMA. *Cf* elección y combinación, estructura sintagmática.

④ **Eje de las simultaneidades y de las sucesividades**, equivalentes respectivamente a SIMULTANEIDAD y SUCESIVIDAD.

**EJE SÉMICO.** Pottier (1968: 67) utiliza el término 'eje sémico' como el denominador común para la articulación del SIGNIFICADO LÉXICO. Toda necesidad distintiva implica que se ha querido inconscientemente situar un término en relación con otro que se le opondría. Este 'eje sémico' consta de un «+» y de un «–». Por ejemplo, en la CATEGORÍA *cantidad* consta de «+» (plural), «–» (singular); en la categoría *asociación*, de «+» (con), «–» ( sin); en la categoría *aseveración*, de «+» (sí), «–» (no), etc.

**EJEMPLIFICACIÓN.** En el análisis del texto, y en ESTILÍSTICA, la 'ejemplificación' es una de las técnicas de la ILUSTRACIÓN, propias de la PROGRESIVIDAD textual, es decir, de las que hacen avanzar o progresar el discurso, que consiste en nombrar un elemento de una CLASE, con el fin de clarificar, ilustrar o comprobar la naturaleza de la citada clase. La 'ejemplificación' normalmente, aunque no siempre, va precedida de expresiones como «por ejemplo», «a saber», etc. También se emplea la 'ejemplificación' en las ENTRADAS LÉXICAS. *Cf* diccionario, clasificación, división.

**ELATIVO.** ① Es el CASO MORFOLÓGICO, esto es, la forma flexiva, que en alguna lengua, como el húngaro o finlandés, se emplea para indicar movimiento hacia el exterior desde un lugar cerrado.

② Véase en SUPERLATIVO ABSOLUTO.

**ELECCIÓN.** ① El ESTRUCTURALISMO, gracias a Jakobson, desarrolló la dicotomía 'elección/combinación'. En toda ENUNCIACIÓN o creación de un ENUNCIADO, el HABLANTE efectúa dos operaciones: la 'elección' y la COMBINACIÓN. Estas dos operaciones están relacionados con los dos EJES del lenguaje, el PARADIGMÁTICO y el SINTAGMÁTICO (*cf* afasia). Dicho con otras palabras, todo hablante tiene a su disposición una cantidad de elementos en cada PARADIGMA, de los cuales 'elige' sólo uno, que luego 'combina' con sólo otro elemento del siguiente paradigma (*cf* estructura sintagmática). Por ejemplo, al referirse a una vivienda, el hablante puede elegir entre *vivienda, mansión, casa, residencia, morada*, etc. (es decir, elementos relacionados verticalmente) y combinar uno de ellos con otro elemento del siguiente paradigma, por ejemplo, *posee, tiene, consta de*, etcétera.

② El PARADIGMA DE LA PRAGMÁTICA ha seguido interesado en el estudio de la 'elección' de cualquier forma lingüística realizada por el EMISOR, pero ha puesto mayor énfasis en el análisis de los factores que intervienen en la 'elección', sobre todo el CONTEXTO y la identidad social del DESTINATARIO.

③ La importancia que se le ha dado a la 'elección' en lingüística ha originado el nacimiento de una rama de la estilística llamada ESTILÍSTICA DE LA ELECCIÓN. *Cf* claves conversacionales.

**ELEVACIÓN.** Véase en ASCENSO.

**ELIPSIS.** La 'elipsis' es la omisión o ausencia de algún elemento de la oración o del enunciado. Esta omisión, basada en el PRINCIPIO DE ECONOMÍA LINGÜÍSTICA, es un atributo del DISCURSO, que le confiere agilidad al mismo, de la misma forma que la RE-

PETICIÓN, atributo complementario del anterior, le otorga seguridad.

En la GRAMÁTICA TRADICIONAL se ha examinado la 'elipsis' casi siempre desde una óptica PRESCRIPTIVA (Sánchez de las Brozas, F., 1976) y, a estos efectos, es significativa la definición dada por el DRAE como figura de construcción, que consiste en omitir en la oración una o más palabras, necesarias para la recta construcción gramatical, pero no para que resulte claro el sentido. A estos efectos, María Moliner afirma que algunas 'elipsis' son no sólo permitidas sino obligadas («Trae el abrigo del niño y el ϕ mío»), otras son recomendables («Para la buena administración y [el buen] gobierno del municipio»), etc.

En el PARADIGMA ESTRUCTURALISTA la 'elipsis' es un fenómeno lingüístico exclusivamente de ESTRUCTURA SUPERFICIAL (Quirk, R. *et al.*, 1972), y con esta aproximación se han presentado CLASIFICACIONES u ordenaciones taxonómicas, listas bastante completas, de las diversas manifestaciones elípticas (Fries, C. C., 1940; Francis, W., 1958). Por ejemplo, María Moliner (1970: 1067) cita, entre otras, las siguientes: (1) la elipsis de la PRÓTASIS de una oración en «Te lo agradezco como (te lo agradecería) si lo hubieras hecho», «Lo dice como (lo diría) si estuviera seguro». (2) En EXCLAMACIONES, la supresión de la APÓDOSIS «¡Si supiera dónde está...!», «¡Si te fueras de una vez!», «¡Pero si está lloviendo!», en las cuales pueden considerarse inexpresas, por ejemplo, las oraciones «Estaría más tranquilo», «Qué tranquilo me quedaría» o «¿Cómo vamos a salir?», respectivamente. (3) La elipsis de participio pasado en «Se suprime el acento encima de la *i* (colocado, que se colocaría, encima de la *i*)»; (4) la del verbo que arrastra a otros elementos de la oración a que pertenece, de modo que ésta queda reducida a un complemento suelto, a veces un mero adverbio: «Tenía buen humor, pero no siempre (pero no siempre tenía buen humor)». Dentro de esta visión es interesante la diferenciación que se hace, por ejemplo, entre la ELIPSIS CANÓNICA, por una parte, y la ELIPSIS INDEPENDIENTE y la ELIPSIS INDEFINIDA, por otra.

En las primeras etapas del GENERATIVISMO la DICOTOMÍA ESTRUCTURA PROFUNDA/ ESTRUCTURA SUPERFICIAL sirvió para dar un nuevo impulso al estudio de la 'elipsis'. En este PARADIGMA, la 'elipsis' no era un simple fenómeno superficial, era una regularidad del lenguaje, expresada con una familia de TRANSFORMACIONES llamada de **tachado** o **deleción**, y la labor propia del lingüista consiste en descubrir y explicar, con HIPÓTESIS explícitas y formalizadas, examinando en lo posible su universalidad, las leyes de esta regularidad que evitan las repeticiones innecesarias de elementos lingüísticos y que bloquean la AMBIGÜEDAD no deseada (Shoppen, T., 1972; Koutsoudas, 1971; Kuno, 1976; y Rosembaum, 1977). Las principales elipsis abordadas por el GENERATIVISMO son: VACIADO, REDUCCIÓN DE COORDINADA y TRUNCAMIENTO.

En el PARADIGMA DE LA PRAGMÁTICA, el CONTEXTO, especialmente los bloques I y III (dimensión espacio-temporal y PRESUPOSICIÓN PRAGMÁTICA), juegan un papel fundamental. En los ejemplos que siguen (Schachter, P., 1977), el Bloque I, expresado entre paréntesis, guía en la búsqueda de una interpretación: (1. Cuando John intenta besar a Mary ésta le dice) *John you mustn't*. (2. Cuando John le sirve otro Martini, ella exclama) *I really shoudn't*. (3. La orquesta inicia los primeros acordes, las parejas se dirigen a la pista de baile, John se levanta y le dice) *Shall we?* (4. John le entrega el anillo de brillantes que le ha comprado, a lo que ella contesta) *Oh, John, you shouldn't have*. (5. John le dice) *Please do*.

Pero, además, se pueden distinguir varias líneas de investigación de la 'elipsis' en la pragmática, entre las que destacan; (a) ELIPSIS DE LOS CÓDIGOS RESTRINGIDOS; (b) ELIPSIS DE LA IMPLICACIÓN SOCIAL; y (c) ELIPSIS DE LA COHERENCIA TEXTUAL.

**Elipsis canónica.** La 'elipsis canónica', también llamada **elipsis léxico-sintáctica**, es la que más atención ha recibido en el ESTRUCTURALISMO, por el carácter central de la sintaxis, imprescindible para la inteligibilidad del mensaje. La supresión elíptica se hace no sólo en aras de la brevedad sino también de la insinuación y de la sugerencia. Este carácter sugestivo puede producir, en ocasiones, la hilaridad del receptor del mensaje por el efecto lúdico de los juegos de palabras. Por ejemplo, la oración «Madrid empieza con *m* y termina con *t*» tiene sentido si se interpreta como *(La palabra) Madrid empieza con m y (la palabra) termina ϕ con t*, pero es absurda, aunque eficaz en un JUEGO DE PALABRAS si se interpreta como *Madrid empieza con m y ϕ termina con t*. *Cf* elisión; abreviación.

**Elipsis de la coherencia textual.** La 'elipsis de coherencia textual', desarrollada en el PARADIGMA de LA PRAGMÁTICA cumple la función de activar la COHERENCIA textual. Todo enunciado se puede concebir constituido por dos elementos, el TEMA y el COMENTARIO, y en el discurso, el tema de algunos enunciados con frecuencia se omite. Por ejemplo, en el diálogo: «—¿Cómo fuisteis a Madrid?», «—En avión», *en avión* introduce algo nuevo que no estaba en el discurso (*en avión*) y omite, sin embargo, el tema discursivo o tópico del mismo (*Fuimos a París*), al estar constituido por información ya conocida. En este caso se dice que la elipsis del tema en el segundo enunciado ha actuado como dispositivo de coherencia textual, ya que *en avión* sólo tiene sentido si el receptor de este segundo enunciado, en la interpretación del mismo, recupera el tema.

**Elipsis de implicación social.** La 'elipsis de implicación social', desarrollada en el PARADIGMA DE LA PRAGMÁTICA nace por lo inferido del enunciado. Grice utiliza el término IMPLICATURA para referirse a la implicación conversacional (*cf* implicatura) generada por un enunciado. Por ejemplo, si en una habitación en donde la temperatura es elevada emito el enunciado «Hace calor hoy, ¿verdad?» dirigiéndome a un señor que está cerca de una ventana, probablemente la abrirá porque habrá (inferido) entendido lo elíptico del enunciado: «Por tanto, ¿tendría la bondad de abrir la ventana?».

**Elipsis de los códigos restringidos.** La 'elipsis de los códigos restringidos', también llamada **elipsis indefinida** (Shopen, 1976), desarrollada en el PARADIGMA DE LA PRAGMÁTICA, puede considerarse como la reducción de lo conocido por los interlocutores sin atenerse estrictamente a la dependencia creada por las reglas del sistema lingüístico. En el CÓDIGO RESTRINGIDO una palabra equivale a una o a varias oraciones. Esta es la elipsis que aparece cuando, por ejemplo, el marido le dice a la esposa «Los zapatos», y ésta le contesta «No puedo». Como se deduce por el ejemplo, esta elipsis es propia de la intimidad personal y de la profesional, de las alusiones veladas y de la ironía, así como de los chistes y de los refranes: «Más dura será la caída», «Aprendiz de todo...».; también la utilizan los niños, quienes no son conscientes de que se necesita un proceso comunicativo más elaborado.

**Elipsis indefinida.** Véase en ELIPSIS DE LOS CÓDIGOS RESTRINGIDOS.

**Elipsis independiente.** Véase en PROSIOPESIS.

**Elipsis léxico-sintáctica.** Véase en ELIPSIS CANÓNICA.

**Elisión.** La 'elisión' es un fenómeno de la 'cadena hablada' consistente en la omisión o supresión de uno o de varios FONEMAS tanto vocálicos como consonánticos, llegando a afectar la omisión a sílabas enteras. Cuando la 'elisión' está en posición inicial se llama AFÉRESIS (O PROSIOPESIS), si está en posición media, SÍNCOPA, y APÓCOPE si está en posición final. También equivale a ELIPSIS. *Cf* intrusión.

**Elisión de SN equivalente.** En GRAMÁTICA GENERATIVO-TRANSFORMACIONAL, la 'elisión de SN equivalente', también denominada simplemente **EQUI**, es una transformación (de la que se derivaban, por ejemplo, las ORACIONES SUSTANTIVAS en infinitivo), que consistía en la eliminación del sujeto profundo de una oración sustantiva cuando éste era CORREFERENCIAL con algún sintagma nominal argumento del verbo de la oración subordinante. Por ejemplo, según el análisis transformacional imperante en los años setenta (*cf* Demonte, 1977; Hernanz, 1982), las ESTRUCTURAS PROFUNDAS que se proponían para oraciones como «La señora desea *quedarse sola*», «Luis intenta *aprobar el examen*», eran, de forma muy simplificada, las siguientes: «La señora$_i$ desea la señora$_i$ quedarse sola», «Luis$_j$ intenta Luis$_j$ aprobar el examen» (los subíndices $_{i,\,j}$ señalan que los sintagmas aluden a un mismo referente: a la misma señora, al mismo Luis). Al ser el sujeto de la oración sustantiva (Luis, la señora) correferencial con un argumento del verbo refente (los sujetos de *desear* e *intentar*) se aplicaba la 'elisión de SN equivalente' que suprimía el sujeto de la oración sustantiva.

**ELOCUCIÓN, ELOCUTIVO, ELOCUCIONARIO.** ① Normalmente se emplea el término 'elocución' para calificar la forma de la expresión comunicativa oral, como cuando decimos «Elocución clara o precisa». En este sentido equivale a DICCIÓN. *Cf* alocución.

② También se utiliza con el sentido de ENUNCIACIÓN (*cf* acción lingüística[2]).

③ Igualmente equivale a ENUNCIADO ORAL. Por ejemplo: «En la 'elocución' ciertas palabras pierden o debilitan su acento propio y se agrupan en torno al acento dominante de una de ellas, que es el acento de grupo» (Gili Gaya, 1975: 34).

④ En la teoría de los ACTOS DE HABLA los términos **elocutivo** (o **elocucionario**) se emplean como traducción del original inglés *illocutionary*. *Cf* ilocucionario.

⑤ Véase en ELOCUTIO.

**ELOCUTIO.** La 'elocutio' es la tercera parte de la RETÓRICA CLÁSICA, siendo la *inventio* y la *dispositio* la primera y la segunda, respectivamente. Su meta era la ELECCIÓN (*electio*) de los TROPOS y de las FIGURAS DEL LENGUAJE para su combinación (*compositio*), objeto que ha sido asumido y ampliado por la ESTILÍSTICA moderna.

**-EMA, -ÉMICO.** En la INVESTIGACIÓN LINGÜÍSTICA el sufijo '-ema' se empleó para crear términos que denotaran unidades funcionales y abstractas, como FONEMA, MONEMA, PLEREMA, SEMANTEMA, etc. Esta corriente '-émica', o tendencia a emplear unidades mínimas abstractas de cada plano de análisis, gozó de mucho prestigio en el ESTRUCTURALISMO. Basándose en las terminaciones de las palabras *fonética* y *fonémica* (la FONOLOGÍA en el ESTRUCTURALISMO NORTEAMERICANO), que respectivamente apuntan a la sustancia (los SONIDOS) y la forma (los fonemas), Pike (1954) creó la DICOTOMÍA -ÉMICO/-ÉTICO para diferenciar el estudio de lo funcional o abstracto, lo '-émico', de lo concreto u observado, lo **-ético**, en cualquier plano o nivel de análisis del lenguaje.

**EMISOR.** Véase en COMUNICACIÓN.

**EMOTIVO.** Véase en ACENTO EMOTIVO, en SIGNIFICADO EMOTIVO O CONNOTACIÓN.

**EMPATÍA.** La 'empatía' es una de las ESTRATEGIAS comunicativas que pone de relieve la INTENCIÓN del EMISOR. Se trata del 'punto de vista' de quien formula el enunciado, que puede transportar o introducir IMPLICACIONES O CONNOTACIONES especiales. Por ejemplo, en el siguiente enunciado, leído en la prensa local, «Ha sido nombrado nuevo delegado del gobierno Don Juan Ruiz Pérez. El Sr. Ruiz Pérez está casado con Doña Luisa del Pino, que le ha dado, por ahora, cuatro hijos», el punto de vista es machista, es decir, el enunciado connota machismo (*cf* género) del que lo ha enunciado, ya que no dice que han tenido en su matrimonio cuatro hijos, sino *que le ha dado*. Se detectan en este enunciado otras implicaciones, como la de que su esposa es una mujer joven, o por lo menos en edad de procrear, porque aun habiéndole dado cuatro hijos, es posible que todavía tenga más.

**Empeoramiento de sentido.** Equivale a DEGRADACIÓN SEMÁNTICA.

**Empirismo lingüístico.** En la INVESTIGACIÓN LINGÜÍSTICA' se conoce con el nombre de 'empirismo lingüístico' a la práctica basada en las TÉCNICAS DE INVESTIGACIÓN EMPÍRICA, es decir, la OBSERVACIÓN de DATOS y de los fenómenos o HECHOS de la realidad lingüística, y en su EXPERIMEN TACIÓN, si fuera necesario. El prestigio de que goza este concepto en la investigación del ESTRUCTURALISMO, el GENERATIVISMO y la PRAGMÁTICA procede del uso de los datos. *Cf* corpus.

El 'empirismo' del ESTRUCTURALISMO y de la PRAGMÁTICA, por describir los atributos del lenguaje (propiedades y relaciones) es **empirismo-descriptivo**. Por ejemplo, Bally (1902/1951: 97) defiende la observación de los textos para un mejor conocimiento de los sinónimos y antónimos, y el pragmatista van Dijk (1984) también se basa en la observación para los trabajos de tipo pragmático, como puede ser el estudio de los prejuicios conversacionales. En cambio, el del GENERATIVISMO es **empirismo-explicativo**, en el sentido de que intenta reconstruir los procesos y las operaciones del lenguaje sirviéndose de un METALENGUAJE explícito y formalizado.

El 'empirismo' es, en principio, característico del MÉTODO CIENTÍFICO-INDUCTIVO y la reverencia que hacia él se tiene se debe a la creencia, que arranca desde los NEOGRAMÁTICOS en la última parte del siglo XIX, de que para tener derecho a reivindicar un cierto respeto intelectual, la lingüística tiene que ser una ciencia empírica (*cf* Castro, J., 1990) en el más estricto sentido de la palabra.

Sin embargo, la teorización que se lleva a cabo en el MÉTODO HIPOTÉTICO-DEDUCTIVO también es empírica (Lass, R., 1984: 217; Botha, R. P., 1971; Derwing, B. L., 1973), ya que se parte de hipótesis empíricas o hipótesis con consecuencias empíricas. Los datos, y los enunciados descriptivos que se hacen con ellos, sirven, en primer lugar, para sugerir HIPÓTESIS y problemas, que son imprescindibles a la hora de construir teorías que expliquen o den cuenta de los datos; y, en segundo lugar, esos mismos datos, junto con otros más, sirven para contrastar la validez de la teoría que con ellos se ha construido. Dicho con otras palabras, los datos, en un primer momento, son el apoyo de la construcción hipotética y, en un segundo momento, se utilizan para evaluar, en compañía de otros datos que sean representativos de una determinada parcela de la realidad lingüística, la validez de la misma, es decir, para comprobar si el modelo hipotético diseñado con ellos puede explicar o dar cuenta de la aludida realidad lingüística. *Cf* teoría.

**Enclisis, enclítico.** Se llama 'enclisis' a la tendencia de una o varias palabras, llamadas **enclíticas**, a ceder su ACENTO de intensidad a favor del acento dominante de la palabra que precede. Por ejemplo, *me* y *lo* son 'enclíticas' en el enunciado «Tráemelo». *Cf* proclisis, unidad acentual.

**Encuesta.** En lingüística y, sobre todo, en SOCIOLINGÜÍSTICA, en GEOGRAFÍA LINGÜÍSTICA y en DIALECTOLOGÍA, se emplea la 'encuesta' para obtener información o DATOS sobre la conducta lingüística, entendida en un sentido muy amplio (USOS, reacciones ante el lenguaje, etc.), que difícilmente podrían obtenerse de otra forma. La recogida de esta información se hace, en principio mediante la **entrevista** a las personas cuya opinión estamos interesados en conocer, o por medio de **cuestionarios**. Las respuestas que se obtienen, tanto con las entrevistas como con los cuestionarios, se llaman DATOS de la encuesta. Estos datos se someten a un ANÁLISIS ESTADÍSTICO y se presentan con los parámetros de dicho análisis, es decir, por medio de descripciones cuantitativas referidas a algunos aspectos de la población que es objeto de análisis y estudio. A veces, sin embargo, no interesa tanto la exactitud numérica; en estos casos, la presentación de los datos se hace con enunciados que reflejan las *características* generales de la población o la *naturaleza* de las relaciones entre las variables y la población (Fowler, F. J., 1988; Kelly, J. R., 1985; Berger, R., 1988).

Los puntos a tener en cuenta al preparar la 'encuesta' son: la MUESTRA de población, el diseño de las preguntas del 'cuestionario', la independencia de los entrevistadores y la modalidad de obtención de datos. La *modalidad* (por correo, por teléfono, por medio de 'entrevistas' personales, etc.) dependerá, entre otros factores, del tema de investigación y de la estructura de la muestra. A veces las 'encuestas' de una sola modalidad, por ejemplo, el 'cuestionario' por correo, se pueden completar con encuestas telefónicas, especialmente en los casos en que haya fallado el encuestado, es decir, cuando no haya contestado el cuestionario. En otros casos será preferible la 'entrevista' telefónica al 'cuestionario' por teléfono. En ocasiones, con una muestra pequeña de entrevistas personales se pueden generar más datos útiles que con un cuestionario administrado por teléfono o por correo. La decisión que se tome dependerá del tema de la encuesta y de la población elegida.

Las *preguntas* que se emplean en los cuestionarios y, por supuesto, en las entrevistas, pueden provocar respuestas abiertas y respuestas cerradas. Aunque las respuestas abiertas normalmente son muy ricas en información, no siempre se puede traducir esa información a datos útiles, por lo que se estima que son más rentables las preguntas precisas que se contestan con respuestas cerradas, es decir, marcando la opción u opciones más plausibles. La entrevista es una técnica útil cuando se quieren obtener respuestas abiertas, pero se ha de evitar, en lo posible, que en las mismas queden reflejados los sesgos propios de los *entrevistadores*.

**ENDOCÉNTRICO.** Este término fue usado principalmente por el ESTRUCTURALISMO NORTEAMERICANO (Bloomfield, 1933; Hockett, 1958) para referirse a las CONSTRUCCIONES sintácticas que pertenecen a la misma categoría —adjetiva, nominal, adverbial, verbal— que, al menos, uno de sus miembros, o, desde una perspectiva distribucional, que tienen la misma DISTRIBUCIÓN que uno, al menos, de los elementos que la integran. Es el caso, por ejemplo, del sintagma «*muy veloz*» en el que *muy* pertenece a la misma categoría —adjetiva— que uno de sus componentes —*veloz*—, y tiene, por tanto, su misma distribución: «No le aconsejo un coche veloz/muy veloz», «El coche es veloz/muy veloz». Generalmente se distinguen dos tipos de construcciones 'endocéntricas', las **endocéntricas subordinadas** como en el sintagma «muy veloz», en la que uno de los componentes funciona como NÚCLEO, y las **endocéntricas coordinadas** como «Al fin hemos comprado *la mesa y las lámparas*». *Cf* exocéntrico.

**ENERGÍA ARTICULATORIA.** Equivale a FUERZA ARTICULATORIA.

**ÉNFASIS, ENFÁTICO.** ① Se llama 'énfasis' al realce o puesta de relieve de un elemento lingüístico dentro de un enunciado. El lenguaje cuenta con medios para producir énfasis, llamados recursos **enfáticos**, en todos sus NIVELES. Por ejemplo, utilizando recursos fonéticos se puede poner de relieve cualquier unidad lingüística del enunciado por medio del ACENTO de intensidad, de la CANTIDAD O ALARGAMIENTO, de la ENTONACIÓN, etc.

La MORFOSINTAXIS y la SEMÁNTICA cuentan con múltiples recursos para expresar énfasis, que van desde el DATIVO ÉTICO («Buen hombre, no se *me* enfade») hasta los ACTOS DE HABLA DIRECTOS, la CATÁFORA, las ORACIONES HENDIDAS, la TEMATIZACIÓM, la FOCALIZACIÓN, etc.

La ESTILÍSTICA (y, por supuesto, la RETÓRICA) es el campo apropiado para estudiar los recursos y los EFECTOS ESTILÍSTICOS relacionados con el 'énfasis'. Entre los recursos destacan muchas FIGURAS DEL LENGUAJE, como el uso estilístico del EPÍTETO, la hipérbole o exageración, el PLEONASMO y, sobre todo, las figuras de REPETICIÓN, como la METÁBOLE y la TAUTOLOGÍA.

La GRAFÉMICA también cuenta con recursos como el subrayado, las mayúsculas, las cursivas, las acotaciones entre RAYAS, etc., para dar 'énfasis' a una parte del enunciado.

② En FONÉTICA se llama **enfático** al sonido resultante de una articulación FARINGALIZADA.

**ENLACE EXTRAORACIONAL.** Según el sentido dado por Gili Gaya (1961: 325) al término, se consideran 'enlaces extraoracionales' los recursos lingüísticos utilizados para conectar enunciados que se siguen en el discurso de manera que formen una unidad global de sentido, un texto coherente. Por ejemplo, en la secuencia discursiva «Me duele la cabeza. *Así que* no me molestes, por favor», *así que* es un 'enlace extraoracional', un elemento que conecta dos enunciados oracionales («me duele la cabeza», «no me molestes») estableciendo entre ambos una relación de sentido causal-consecutivo.

Como formas de 'enlace extraoracional' menciona Gili Gaya el empleo de *pues, no obstante, así que* (*cf* conector), esto es, unidades que hacen explícita la relación semántica que se establece entre los enunciados componentes del discurso, e incluye también el recurso a la REPETICIÓN léxica, la utilización de la ELIPSIS y ANÁFORAS y el uso del RITMO.

Los 'enlaces extraoracionales' de Gili Gaya vienen, pues, a coincidir con los recursos lingüísticos que comúnmente se destacan como medios de cohesión textual (Halliday *et al.*, 1976).

**ENMUDECIMIENTO.** En LINGÜÍSTICA HISTÓRICA, 'enmudecimiento' se emplea para aludir a la desaparición de un FONEMA en su evolución histórica; por ejemplo, la *p* de *scriptus* desapareció en su evolución a *escrito*. *Cf* caduco, mudo.

**ENNOBLECIMIENTO SEMÁNTICO.** Es el CAMBIO SEMÁNTICO, opuesto a la DEGRADACIÓN SEMÁNTICA, mediante el cual el SIGNIFICADO de una UNIDAD LÉXICA por razones sociológicas (utilidad, PRESTIGIO social, etc.) adquiere CONNOTACIONES positivas. En este caso, se dice que ha habido un 'ennoblecimiento semántico' o **melioración**. Por ejemplo, el verbo español *detentar*, cuyas acepciones son las de «Retener alguien lo que manifiestamente no le pertenece» o la de «Retener y ejercer ilegítimamente algún poder o cargo público» se ha 'ennoblecido' al significar simplemente «ostentar (un cargo)», o «poseer (un bien)», sin las CONNOTACIONES negativas que siempre había tenido.

**ENSORDECIMIENTO.** Equivale a DESONORIZACIÓN.

**ENTONACIÓN.** La 'entonación' es la curva melódica que describe la voz al pronunciar las palabras, las frases y las oraciones (Gili Gaya, 1975: 54). Cada una de estas curvas se forma por la combinación de los distintos TONOS (*cf* tonalidad, tonicidad) de las sílabas de cada palabra. Aunque nunca se debe perder de vista el carácter sincrético de la PROMINENCIA O SALIENCIA, que es lo que realmente percibe el oyente, y a pesar de la resistencia que ofrecen los FONEMAS SUPRASEGMENTALES para su sistematización, en el análisis de la CADENA HABLADA se suelen separar, en lo posible, los rasgos de TENSIÓN y de MELODÍA, es decir, los del RITMO y los de la 'entonación'. La 'entonación' es significativa, sistemática y característica de un individuo, grupo o región:

(a) Es significativa porque transporta DENOTACIONES y CONNOTACIONES, esto es, significados denotativos o generales y significados connotativos. Entre los primeros destacan, por ejemplo, los de los TONEMAS descendentes, relacionados con las aseveraciones, y los de los ascendentes vinculados a las preguntas, las oraciones inacabadas, etc. Entre los segundos sobresalen: (1) los índices idiosincráticos o características melódicas propias de cada individuo; (2) los índices dialectales, propios de un grupo, de una profesión o región; (3) los índices afectivos, expresivos del cansancio, la simpatía, la ironía, etc., y (4) los índices expresivos de la actitud mental del hablante. En ambos casos, la 'entonación' es muy importante en la creación de los significados de los ACTOS ILOCUCIONARIOS, y es, a la vez, un potencial de RECURSOS ESTILÍSTICOS de primer orden (Tench, 1990: capítulos cinco y seis). Además, la 'entonación' puede desempeñar la FUNCIÓN DEMARCATIVA de la CADENA HABLADA poniendo fronteras entre sintagmas y entre oraciones.

(b) Es característica de un individuo, grupo o región.

(c) Y, sobre todo, es sistemática, a pesar de que la sistematización no es sencilla, ya que no existe una relación unívoca entre oraciones y tonos, o sea, no podemos afirmar que un determinado tipo de oración (aseveración, exclamación, etc.) tenga siempre el mismo tonema, o a la inversa, que determinado tonema corresponda siempre al mismo tipo de oración. La idoneidad de un tonema con relación a una determinada oración dependerá de varios factores, siendo los más importantes la actitud del hablante, el tipo de oración gramatical y, sobre todo, el CONTEXTO, tanto el general como el gramatical y el tonal. Para llevar a cabo la sistematización se emplean varios MODELOS. Uno de ellos son los cinco TONEMAS de Navarro Tomás, o los seis que O'Connor y Arnold (1961: 80-257) han sistematizado presentando un inventario de las principales unidades melódicas, también llamadas TONADAS O GRUPOS FÓNICOS.

**ENTORNO.** ① Normalmente equivale a CONTEXTO lingüístico inmediato, sobre todo el fonético, como el que existe para un FONEMA, es decir, el formado por el fonema que antecede y el que le sigue. En este sentido, el 'entorno' de la /a/ de la palabra *las* es /l/ y /s/. El 'entorno' es influyente en el fenómeno llamado SIMILITUD.

② También se emplea con el sentido de COTEXTO.

③ Dentro de la LINGÜÍSTICA DEL HABLAR, para Coseriu (1967: 309 y sigs.) los 'entornos' (*cf* determinación) son los instrumentos circunstanciales de la ACTIVIDAD LINGÜÍSTICA, distinguiéndose cuatro: la SITUACIÓN, la REGIÓN, el CONTEXTO y el UNIVERSO DEL DISCURSO.

**ENTRADA LÉXICA.** Véase en DICCIONARIO.

**ENTREVISTA.** Véase en DIÁLOGO y en ACONTECIMIENTO DE HABLA.

**ENTROPÍA.** En la mayoría de los modelos comunicativos la 'entropía' es la medida del contenido de la información de un mensaje respecto de su grado de organización. Esta medida se manifiesta en forma de INCERTIDUMBRE. El antídoto de la 'entropía' es la REDUNDANCIA.

**ENUNCIACIÓN.** A la enunciación también se la llama ACCIÓN LINGÜÍSTICA[2] O ELOCUCIÓN. *Cf* elección, anclaje.

**ENUNCIADO.** ① Visto desde la FONÉTICA ARTICULATORIA, un 'enunciado' está formado por: (a) un flujo continuo de movimientos de los órganos de la fonación, y por (b) los sonidos resultantes (Abercrombie, 1967).

② Desde el punto de vista sintáctico, así como desde un enfoque PRAGMÁTICO, el 'enunciado' es una unidad comunicativa, producto de la ENUNCIACIÓN (Douay, G., 1984), que no se identifica con una estructura sintáctica concreta (*cf* Stati, 1972; Rojo, 1978). Puede estar constituido por un sintagma, una palabra o una oración. Así, las secuencias lingüísticas «¡Espléndida mañana!», «¿Un cigarrito?», «La Bolsa de Madrid ha experimentado un fuerte descenso», aunque son diferentes en cuanto a su estructura, se consideran 'enunciados' porque presentan las siguientes características:

(1) Son unidades de COMUNICACIÓN, esto es, por sí solas o formando parte de un DISCURSO más amplio, realizan una REFERENCIA a la realidad extralingüística con una determinada finalidad comunicativa: expresar un sentimiento de admiración, preguntar, informar de un hecho, etc.

(2) Como unidades comunicativas, son autosuficientes desde el punto de vista semántico, dentro de la secuencia y de la situación discursiva en que se integran, es

decir, son plenamente interpretables en el CONTEXTO en que aparecen. «¿Un cigarrito?», como expresión separada de su contexto, puede parecer incompleta, pero no lo es si la imaginamos en una situación discursiva concreta: alguien ofreciendo un cigarrillo a otra persona.

(3) Son también secuencias independientes desde el punto de vista sintáctico: no están incluidas como constituyentes en ninguna otra unidad sintáctica. Sólo son constituyentes del discurso.

(4) En su condición de unidades autosuficientes e independientes, se corresponden con una determinada pauta entonativa: van entre pausas y con una ENTONACIÓN acorde con su finalidad comunicativa (exclamativa, interrogativa, enunciativa, etc.).

Sintácticamente, cada 'enunciado' puede estar formado por una o varias oraciones CONTEXTUALIZADAS que, a modo de eslabón articulador (Bakhtin, M., 1982: 252) del DISCURSO, introducen nueva INFORMACIÓN en forma de TÓPICO, para contribuir a la PROGRESIVIDAD del TEXTO, debiendo estar motivado (Hoek, L. H., 1981: 231) a fin de lograr un efecto particular. El análisis de los enunciados se hace dentro de lo que se llama ANÁLISIS DEL DISCURSO, siendo las categorías más importantes que se distinguen en el análisis de los 'enunciados' oracionales los siguientes: el TEMA y el REMA, el TÓPICO y los MACROMARCADORES. *Cf* proposición[4].

**ENUNCIADOS BIMEMBRES.** ① Los enunciados pueden ser unioracionales, bioracionales y multioracionales. El análisis de los enunciados unioracionales no es difícil, ya que se pueden determinar con facilidad categorías tales como TEMA, REMA, FOCO, etc. Cuando el enunciado es multioracional la labor es mucho más compleja. Los 'enunciados bimembres' o bi-oracionales, como los que siguen, pueden presentar varias pautas en lo que a la organización del TEMA y del REMA se refiere:

(a) PROGRESIÓN lineal, en donde el contenido informativo del rema de una oración es el mismo que el del tema de la siguiente, es decir, la relación es a/b; b/c, siendo *c* información distinta a la contenida en la oración anterior:

(1) El profesor dio las instrucciones pertinentes.
(a) (b)
(2) Éstas cayeron en saco roto.
(b) (c)

(b) Progresión con temas paralelos, en donde el contenido de la información temática es el mismo en las dos oraciones; la relación es a/b; a/c:

(1) El profesor dio las instrucciones pertinentes.
(a) (b)
(3) A él le encantaba el orden en todo.
(a) (c)

(c) Progresión de remas paralelos, en donde la información remática de las dos oraciones es idéntica; la relación es a/b; c/b.

(1) El profesor dio las instrucciones pertinentes.
(a) (b)
(4) Todos las cumplieron al pie de la letra.
(c) (b)

(d) Progresión con tema-rema cruzados, en donde la información temática de la primera oración es similar a la información remática de la siguiente; la relación es a/b; c/a:

(1) El profesor dio las instrucciones pertinentes.
(a) (b)
(5) Un alumno extranjero no le entendió bien.
(d) (a)

② Equivale a FRASE BIMEMBRE.

**ENUNCIADOS CORRELATIVOS Y PARALELÍSTICOS.** En la ESTILÍSTICA DE LA ELECCIÓN se emplean estos dos términos para la aludir a la REPETICIÓN de forma paralelística o correlativa, de unidades sintácticas equivalentes en dos o más enunciados, sobre todo en poesía. (Alonso, D., 1961). La repetición paralelística es la que corresponde a los enunciados corrientes: ($A_1$, $B_1$, $C_1$), ($A_2$, $B_2$, $C_2$), ($A_3$, $B_3$, $C_3$,), ($A_4$, $B_4$, $C_4$): como en: «Los peces ($A_1$) nadan ($B_1$) en el agua ($C_1$)», «Los pájaros ($A_2$) vuelan ($B_2$) en el aire ($C_2$)», «Los ciervos (A3) corren (B3) en la tierra (C3)». En cambio, en los 'enunciados correlativos' la repetición sigue este orden: ($A_1$, $A_2$, $A_3$), ($B_1$, $B_2$, $B_3$), ($C_1$, $C_2$, $C_3$,): como en «Los peces ($A_1$), los pájaros ($A_2$), los ciervos ($A_3$), nadan ($B_1$), vuelan ($B_2$), corren ($B_3$), en el agua ($C_1$), en el aire ($C_2$), en la tierra ($C_3$).

**ENUNCIATIVO.** Véase en ORACIÓN ENUNCIATIVA.

**EPÉNTESIS.** Se llama 'epéntesis' a la FIGURA de dicción que consiste en añadir dentro de una palabra algún FONEMA inexistente en su ETIMOLOGÍA, como en *tendré* por *tenré* o en *hojaldre* por *hojalde.*

**EPICENO.** Véase en GÉNERO.

**EPIGLOTIS.** Véase en LARINGE.

**EPISEMEMA.** ① Para Blomfield los 'episememas' son los significados de los TAGMEMAS es decir, las unidades mínimas de significación gramatical.

② Pottier le da otro significado. Véase en SEMEMA.

**EPÍTETO.** Véase en ADJETIVO EPÍTETO.

**EPÓNIMO.** De acuerdo con el DRAE, se llama 'epónimo' al héroe o a la persona que da nombre a un pueblo, a una tribu, a una ciudad o a un período o época. Por extensión, son 'epónimos' los nombres comunes nacidos de un nombre propio, como un *ford* (por un coche de esa marca), una *gillete* (por una hoja de afeitar), etc.

**EQUI.** Véase en ELISIÓN DE SN EQUIVALENTE.

**EQUIVALENCIA.** ① Véase en CLASES DE EQUIVALENCIA.

② En TRADUCTOLOGÍA el concepto de 'equivalencia' es básico (Nida, Vinay y Darbelnet, Rabadán, Santoyo). La 'equivalencia', esto es, la posesión del mismo valor por parte de los enunciados de la LENGUA DE PARTIDA y de la de LLEGADA, ha tenido varios enfoques: el SEMÁNTICO, el ESTILÍSTICO y el textual. Los más tradicionales son los dos primeros, en los que se han abordado cuestiones tales como el estudio de las pérdidas y las ganancias, los PRÉSTAMOS, los CALCOS, el ANÁLISIS SÉMICO, la POLISEMIA, la HOMONIMIA, la SINONIMIA, la ANTONIMIA, la PARONIMIA, los FALSOS AMIGOS, etc. (*cf* análisis de contrastes). En la **equivalencia textual**, gracias a los parámetros del PARADIGMA DE LA PRAGMÁTICA, se trata, por ejemplo, el papel de la TEMATIZACIÓN, la FOCALIZACIÓN, las REPETICIONES, las ELIPSIS, las CARGAS SÉMICAS, etc., en la traducción de los enunciados de la lengua de partida a la de llegada.

③ Es la técnica de TRADUCCIÓN OBLICUA que permite que, dada una absoluta identidad entre los referentes de la lengua de partida y la de llegada, se utilice una fórmula en principio distinta, pero que produce el mismo EFECTO ESTILÍSTICO; así, traduciremos «Bless you!» por *¡Jesús!*, puesto que, a pesar de que pueda no existir correspondencia lingüística entre las unidades, la situación es la misma. Naturalmente, a cada contexto le corresponde una 'equivalencia' diferente; como señala Vázquez Ayora (1977), el equivalente de «Excuse me» puede ser *Con permiso*, *Perdone*, o incluso *¿Cómo se atreve?* Entre estas dos unidades, si se produce una 'equivalencia' clara, se dice que existe una equivalencia translémica, o que forman un **translema** (Rabadán, 1991).

**EQUIPOLENTE.** Véase en OPOSICIONES FONOLÓGICAS.

**EQUÍVOCO.** Se llama 'equívoco' a la AMBIGÜEDAD semántica de una UNIDAD LÉXICA motivada por la POLISEMIA o el CONTEXTO. En ESTILÍSTICA (y en RETÓRICA) es una FIGURA formada por la utilización intencionada de esa ambigüedad a fin de conseguir efectos lúdicos, expresivos o de ÉNFASIS.

**ERGATIVO.** Véase en CASO ERGATIVO, LENGUA ERGATIVA, ORACIÓN ERGATIVA, VERBO ERGATIVO.

**ERROR.** Véase en ANÁLISIS DE CONSTRASTES y ANÁLISIS DE ERRORES el papel del 'error' en el APRENDIZAJE DE LENGUAS EXTRANJERAS.

**ESCALA ACENTUAL DE LA SÍLABA.** Véase en ACENTO[1].

**ESCALA DE ANIMACIDAD.** Véase en JERARQUÍA DE ANIMACIDAD.

**ESCRIPTO-ICÓNICO.** Se llama **modelo escripto-icónico** al propuesto por Yus Ramos (en prensa, a y b) para la descripción de la INTERPRETACIÓN que se da en los discursos verbo-icónicos (cine, cómic, publicidad...). Según este modelo, las diferentes variedades comunicativas que pueden establecerse de estos discursos han de adecuarse, en última instancia, a uno de los dieciséis supuestos que resultan de la combinación matemática de cuatro parámetros:

(a) *Destinatario.* El receptor del mensaje puede ser el espectador o lector del discurso verbo-icónico, o un personaje dentro de la trama argumental.

(b) *Naturaleza del mensaje.* La forma de emisión de un mensaje puede ser verbal o no verbal.

(c) *Intencionalidad.* Los mensajes pueden responder al deseo del emisor de comunicar una cierta información, o puede tratarse de una información que, de una forma no intencionada, se extrae de la conducta del emisor sin que medie en dicha transmisión una intención explícita de comunicación.

(d) *Eficacia interpretativa.* Tomada en un doble sentido, a saber, por un lado, cuando la HIPÓTESIS interpretativa elegida por el destinatario coincide con la interpretación que deseaba el emisor que dicho destinatario eligiera; por otro lado, cuando el destinatario interpreta correctamente la información que accede a sus órganos de procesamiento sin que medie en la generación de información una intencionalidad por parte del emisor, situaciones que Wilson y Sperber (1993) llaman **transmisión accidental de información**.

**ESCRITURA, ESCRITO.** ① En la enseñanza de lenguas modernas es una de las CUATRO DESTREZAS COMUNICATIVAS, también llamada EXPRESIÓN ESCRITA, la cual es el efecto o resultado de escribir. *Cf* grafémica.

② Cuando el lenguaje (oral) se plasma en el MEDIO VISUAL recibe el nombre de 'escritura'.

③ También se da el nombre de 'escritura' (DRAE) al sistema de signos utilizado para escribir, como la escritura alfabética (*cf* alfabeto), la silábica, como el japonés, formada por SILABARIOS, la ideográfica, constituida por IDEOGRAMAS, la JEROGLÍFICA y la fonética (*cf* transcripción fonética).

④ En ESTILÍSTICA equivale al ESTILO O REGISTRO (claro, informal, solemne, etc.) empleado en la expresión escrita.

**ESCUELA ESTÉTICA.** Véase en IDEALISMO.

**ESDRÚJULO.** Véase en ACENTO.

**ESIVO.** Es el CASO gramatical empleado en algunas lenguas, como el finés o el húngaro, que indica un estado. En finés (Raimondo, 1991: 100), *-na* en la frase «Isäni on kipeäna» (Mi padre está *ahora* enfermo) frente a *isäni on kipea* («Mi padre está siempre enfermo»). *Cf* alativo, elativo.

**ESPECIALIZADORES.** En la LINGÜÍSTICA DEL HABLAR de Coseriu (1967: 304 y sigs.) los 'especializadores' son DELIMITADORES que precisan los límites EXTENSIVOS O INTENSIVOS dentro de los cuales se considera lo determinado («La vida entera», «Todo Madrid»).

**ESPECIFICADOR.** ① En GRAMÁTICA GENERATIVA, el término 'especificador' alude, en primer lugar, a cierta posición estructural, abstracta, presente en el esquema genérico de la unidad sintagma. En concreto, designa la posición correspondiente a los elementos que tienen como ámbito el conjunto formado por el NÚCLEO del sintagma y sus COMPLEMENTOS. Así se recoge en la regla genérica X'' → (Esp) X', donde X'' representa cualquier tipo de sintagma y X' el núcleo complejo formado por una categoría léxica (nombre, verbo, adjetivo, adverbio) y sus complementos.

② Asimismo, se da el nombre de *especificador* a los elementos que pueden ocupar esa posición en un sintagma concreto. Son *especificadores*, por ejemplo, los DETERMINANTES (*el, un,* etc.), ya que actúan como tales en el sintagma nominal (*el chico alto, un coche de carreras*) o adverbios como *muy, más*, que ocupan la posición de *especificador* en el sintagma adjetivo (*muy próximo a ti*) o en el sintagma adverbial (*más lejos de la casa*).

③ En la LINGÜÍSTICA DEL HABLAR de Coseriu (1967: 304 y sigs.) los 'especificadores' son DELIMITADORES que restringen las posibilidades referenciales, añadiendo notas no inherentes a su significado («Castillo medieval», «Niño rubio»).

**ESPECIFICATIVO.** Equivale a RESTRICTIVO.

**ESPECÍFICO.** Véase SINTAGMA NOMINAL ESPECÍFICO.

**ESPECTRO, ESPECTRÓGRAFO, ESPECTROGRAMA.** En la FONÉTICA ACÚSTICA el **espectrógrafo** es uno de los instrumentos básicos, ya que con él se puede (Gili Gaya, 1975: 22) descomponer con gran precisión y, consecuentemente analizar, la ONDA en sus ARMÓNICOS principales (cada uno de ellos con su INTENSIDAD y FRECUENCIA propias), y sobre el papel sensible obtener una representación gráfica de los mismos en forma de manchas separadas a modo de bandas o **espectros** (su nombre técnico es el de FORMANTES).

Siguiendo a Solé Sabater (1993: 12), el **análisis espectral** toma pequeñas porciones del 'sonido' en un momento determinado de tiempo y muestra la distribución de energía acústica en las diferentes frecuencias. Sin embargo, la representación espectral no ofrece información sobre los cambios que tienen lugar a través del tiempo. Dado que el habla es un proceso dinámico, es esencial disponer del **análisis espectrográfico** que facilite la observación de los cambios en la energía acústica en el tiempo. El **espectrograma** es una representación tridimensional del sonido, que nos permite visualizar cuánta energía existe en cada frecuencia a través del tiempo. Está formado por acumulación de energía, que se manifiesta como una mancha de color negruzco. La abscisa del 'espectrograma' marca el tiempo o la DURACIÓN y la ordenada, la FRECUENCIA; y la INTENSIDAD se aprecia por el mayor o menor grado de oscuridad de la mancha negruzca. El 'espectrógrafo' y el 'espectrograma' también se llaman respectivamente **sonógrafos** y **sonogramas**, debido a que uno de los más usados ha sido el *Kay Sonagraph*. Los 'sonogramas' pueden ser **sonogramas de banda estrecha** y **sonogramas de banda ancha**, según el tipo de FILTRO utilizado.

En los 'espectrogramas' de BANDA ANCHA (300 cps) los sonidos que tienen rasgos vocálicos se presentan como franjas horizontales atravesadas, verticalmente, por líneas muy delgadas, que corresponden a la ABERTURA de las CUERDAS VOCALES, mientras que los espacios en BLANCO intermedios indican los cierres de las cuerdas (*cf* estría, estriación). Las explosiones de las OCLUSIVAS se manifiestan a través de una línea vertical más o menos estrecha y un tanto separada de las estrías debidas al movimiento de las cuerdas vocales (*cf* barra de explosión). Los espacios en blanco son siempre oclusivas o pausas (Martínez Celdrán, 1983: 183-84). El 'espectrograma' de banda ancha (Solé Sabater, 1993: 22-3) es muy adecuado para observar la localización y los cambios de energía espectral a través del tiempo, tales como la duración de los segmentos, el modo de articulación de las consonantes, la calidad vocálica o timbre, la sincronización de los articuladores y la velocidad de las transiciones entre los diferentes segmentos. Los 'espectrogramas' de BANDA ESTRECHA (45 o 50 Hz) son los que ofrecen la información necesaria sobre las características de la voz (Solé Sabater, 1993: 23-4), ya que pueden detectar la energía de los armónicos individuales. También nos muestran la entonación de la frase, es decir, los cambios en la F0.

Los sonidos que tienen rasgos vocálicos se caracterizan normalmente con dos formantes, el primero, o **formante alto**, y el segundo, o **formante bajo**. Los 'espectrogramas', según la zona en donde se formen serán AGUDOS (o de alta frecuencia) y GRAVES (o de baja frecuencia). Si están juntos los dos formantes forman un **estructura espectral** COMPACTA, y si están separados, la estructural espectral es difusa. La estructura de la vocal /a/ es compacta y tiene los dos formantes en el centro del espectrograma, la de la /i/ es difusa y presenta los espectros en los extremos y claramente separados. Al pronunciar la serie *i, e, a* (Gili Gaya, 1975: 116) los dos formantes se acercan progresivamente, es decir, el alto desciende y el bajo asciende.

**ESPIRACIÓN, ESPIRADO, ESPIRATORIO.** De acuerdo con el MECANISMO DE FONACIÓN, se llama **espiración** al proceso de expulsión del aire por los pulmones durante la respiración, proceso que es complementario de la *inspiración* o absorción del mismo. Al proceso de expulsión del aire se le llama movimiento **espiratorio**, y al aire que sufre este proceso se llama **aire espirado** o EGRESIVO. Consecuentemente, son **articulaciones espiradas** y **sonidos espirados** aquellos en cuya realización interviene 'aire espirado', es decir, aire pulmonar. La gran mayoría de los sonidos y de las articulaciones de todas las lenguas son 'espirados'. No obstante, existen en casi todas ellas algunas articulaciones y algunos sonidos **no espirados** o INGRESIVOS, esto es, producidos sin aire procedente de los pulmones. Las dos CLASES fundamentales de consonantes ingresivas son las INYECTIVAS y los CLICS (Martínez Celdrán, 1983: 179).

**ESPIRANTE.** Véase en APROXIMANTE.

**ESQUEMA DISCURSIVO.** Equivale a MARCO DISCURSIVO.

**ESTADÍSTICA LINGÜÍSTICA.** Véase en ANÁLISIS ESTADÍSTICO.

**ESTADO.** ① Designa uno de los diferentes tipos de ESTADOS DE COSAS que, según la clasificación propuesta por S. Dik (1981), pueden representarse en un enunciado oracional. De conformidad con su caracterización, un 'estado' es una situación *no dinámica* y *no controlada*. «Luis es alto» y «La casa tiene dos balcones» son enunciados que representan 'estados'. Describen una situación no dinámica, porque las entidades implicadas, *Luis*, *la casa*, no experimentan ningún cambio durante el tiempo al que se refiere la predicación. Estas situaciones son, además, no controladas porque ni *Luis* ni *la casa* pueden determinar, voluntariamente, que tal situación tenga lugar. El enunciado «Luis permanece en su casa», por el contrario, ya no constituiría según Dik un estado, porque si bien alude a una situación no dinámica, *Luis* puede, en este caso, actuar como controlador, puede determinar voluntariamente que esa situación tenga o no tenga lugar. *Cf* posición.

② En las clasificaciones que resumen los diferentes tipos de *AKTIONSART* o MODOS DE ACCIÓN siguiendo las distinciones establecidas por Vendler (1968), 'estado' alude al modo de acción correspondiente a verbos o sintagmas verbales que designan situaciones no dinámicas, no cambiantes; pero no se incluye en la definición de 'estado' el que tal situación sea controlada o no. Por tanto, en «Luis es alto», el predicado, según la clasificación de Vendler, sería también un 'estado'. Pero asimismo puede clasificarse como estado, en este sentido del término, el predicado de «Luis permanece en su casa».

③ En la GRAMÁTICA TRADICIONAL se emplea 'estado' para distinguir a los verbos y los nombres cuyo significado es estático, frente a los nombres y verbos de ACCIÓN, cuyo significado es dinámico. Por ejemplo, el SUFIJO *-dad* (*modernidad*) sirve para formar nombres de estado, mientras que el sufijo *-ción* crea nombres de acción (*modernización*); *caminar* es un verbo de 'acción', mientras que *permanecer* es un verbo de estado.

**ESTADO DE COSAS.** En la terminología procedente de la GRAMÁTICA FUNCIONAL desarrollada por Dik o Siewierska, entre otros, 'estado de cosas' viene a denotar la representación de la realidad lingüísticamente conformada mediante una PREDICACIÓN NUCLEAR. Por ejemplo, la oración «Mi sobrina acarició al perro» expresa un determinado 'estado de cosas': representa una situación extralingüística en la que alguien (*mi sobrina*) realiza una acción (*acarició*) que afecta a otra entidad (*el perro*). Esta representación se configura al poner en relación un predicado (*acariciar*) con dos TÉRMINOS, dos expresiones nominales (*mi sobrina, el perro*), que se corresponden con los ARGUMENTOS que selecciona el predicado y a los que éste impone una función semántica o PAPEL SEMÁNTICO: AGENTE (*mi sobrina*) y META u objeto afectado (*el perro*). *Cf* acción, estado, posición, proceso.

**ESTADO DE LENGUA.** Un 'estado de lengua' (Saussure, 1945) no es un punto, sino una extensión de tiempo más o menos larga durante la cual la suma de modificaciones acaecidas es mínima; en realidad, un 'estado de lengua' es una ABSTRACCIÓN utilizada con fines operativos. Un 'estado de lengua' absoluto se define por la ausencia de CAMBIOS y como, a pesar de todo, la lengua se transforma por poco que sea, estudiar un 'estado de lengua' viene a ser prácticamente desdeñar los cambios poco importantes, del mismo modo que los matemáticos desprecian las cantidades infinitesimales en ciertas operaciones, por ejemplo, en el cálculo de logaritmos. Un 'estado de lengua' es similar a una época, que es un punto del tiempo, a diferencia de un **periodo**, que abarca cierta duración. Uno de los problemas que surgen en la delimitación de un 'estado de lengua' no es sólo la limitación del tiempo sino también la limitación en el espacio. En suma, la noción de 'estado de lengua' no puede ser más que aproximada, ya que en lingüística estática no hay demostración posible sin una simplificación convencional de los DATOS.

**ESTÁNDAR, ESTANDARIZACIÓN.** Véase en LENGUA ESTÁNDAR y en NORMALIZACIÓN.

**ESTÉTICA.** Véase IDEALISMO.

**ESTIGMATIZADO.** Véase en PRESTIGIO y en TABÚ.

**ESTILÍSTICA.** El término 'estilística' lo empleó por primera vez Charles Bally (1902/1951), aunque ya había sido usado antes en alemán en el siglo XVIII, como sinónimo de RETÓRICA. De forma general, el término 'estilística' se aplica, por lo menos, a dos tipos de estudios diferenciados: los que exploran los medios, hechos o RASGOS/ARTIFICIOS ESTILÍSTICOS de un texto o de una lengua, y los que se centran en la investigación del ESTILO de un autor (Ullmann, S., 1968: 41-2), es decir, lo que Guiraud (1971: 124) ha llamado la *stylistique* 1 y la *stylistique* 2, y que previamente Bally denominó ESTILÍSTICA LINGÜÍSTICA y estilística literaria. Ambas no se excluyen y, en cierto modo, se complementan, porque el estilo de un determinado autor comprende no sólo lo que ofrece el ANÁLISIS ESTILÍSTICO de sus textos y de su obra sino también muchas otras consideraciones literarias sobre los géneros, los argumentos, los personajes, los motivos y la estructuración literaria que, en cierto modo, reflejan su temperamento, su visión del mundo y, en suma, su concepción artística (Zoltan, 1972: 96-104).

Gracias a la 'estilística', cultivada especialmente dentro de la romanística por Bally (1902/1951, 1905, 1952), Spitzer (1961), Vossler (1961), A. Alonso (1955) y D. Alonso (1952), etc., y también en otras corrientes, como el formalismo ruso y checo (Albaladejo, T., 1984: 141-208) y en el *new criticism* norteamericano (Lázaro Carreter, 1969: 319-47), siempre existió un puente de entendimiento entre la lingüística y la literatura. *Cf* efecto estilístico.

**ESTILÍSTICA DE LA DESVIACIÓN.** Dentro de la ESTILÍSTICA LINGÜÍSTICA, la de la 'desviación' estudia el lenguaje anómalo resultante de las desviaciones de la norma y los efectos conseguidos con esta desviación. El PARADIGMA GENERATIVISTA y, en especial, la dicotomía chomskiana de GRA-

MATICALIDAD/ACEPTABILIDAD, ha sido la fuente de inspiración de esta estilística (Thorne, J. P., 1970). Aquí la investigación no es el estudio de las pautas estructurales, los rasgos, los atributos y las relaciones, como en la ESTILÍSTICA DE LA ELECCIÓN, ni lo valores afectivos o connotativos, como en la ESTILÍSTICA DE LA EXPRESIVIDAD. Ahora lo que interesan son las 'desviaciones estilísticas' de la norma, que son explicitadas, de acuerdo con la tendencia característica de este paradigma, a explicar con formalizaciones las intuiciones lingüísticas de los hablantes nativos. Levin (1962, 1963, 1964) ha intentado demostrar las desviaciones (sintácticas, léxicas, etc.), entre las que destacan:

(a) las que nacen al enfrentarse a las PAUTAS estructurales (sintácticas, léxicas, etc.) del lenguaje, como en *Verde que te quiero verde*;

(b) las que surgen al ignorar las normas convencionales del género, del contenido o finalidad del mensaje (informar, instruir, persuadir, etc.), etc.

La 'estilística de la desviación', en especial, a partir de la formulación de Levin, en el sentido de que desviación es equivalente al concepto teórico del generativismo llamado agramaticalidad, ha servido de marco metodológico para el análisis y la explicación de metáforas como «La roca ríe» o «Isla de amarillos silencios», de la misma forma que las dimensiones PARADIGMÁTICA y SINTAGMÁTICA sirvieron para que Jakobson, en el paradigma estructuralista, diera una explicación congruente del proceso de METAFORIZACIÓN (Lodge, D., 1977).

**ESTILÍSTICA DE LA ELECCIÓN.** La rama de la ESTILÍSTICA LINGÜÍSTICA llamada 'estilística de la elección' se basa en la creencia de que la REPETICIÓN de determinados rasgos o pautas (sintácticas, léxicas, sémicas, etc.) a lo largo y ancho de un texto es un recurso lingüístico de los más notables, que no debe ser indiferente al investigador del estilo y de los artificios estilísticos (Ullmann, 1969: 152). Aquí la investigación no es el estudio del lenguaje anómalo y de sus efectos, como en la ESTILÍSTICA DE LA DESVIACIÓN, ni de los valores afectivos o connotativos, como en la ESTILÍSTICA DE LA EXPRESIVIDAD; ahora lo que interesa son las pautas estructurales, los rasgos, los atributos y las relaciones lingüísticas. Esta aproximación, cuyo objetivo es detectar las PROPENSIONES DOMINANTES, para algunos debe hacerse con medios estadísticos. Para otros, estos medios son innecesarios, ya que para lo único que sirven es para demostrar cuantitativamente lo que es obvio. Entre las propensiones dominantes que el investigador debe detectar y sistematizar destacan las siguientes: (a) las CARGAS SÉMICAS, (b) los ARTICULADORES DE LA EXPERIENCIA, (c) la tendencia a la REIFICACIÓN, la PERSONIFICACIÓN, etc.

**ESTILÍSTICA DE LA EXPRESIVIDAD.** La 'estilística de la expresividad' es la rama más tradicional dentro de la ESTILÍSTICA LINGÜÍSTICA. Estudia, de acuerdo con Ullmann (1951: 133), la identificación de los valores expresivos, AFECTIVOS, socio-culturales, emotivos, alcanzados a través de artificios expresivos y evocativos, y también, como dice Wellek (1960: 418), los aspectos estéticos de todo recurso lingüístico que van adheridos a los semánticos, los cuales, sin duda alguna, dan color al SIGNIFICADO COGNOSCITIVO O DENOTATIVO. En otra obra posterior, Ullmann (1968: 152) resume todo lo anterior con un término más neutro: CONNOTACIÓN. En esta estilística no interesa el examen de las pautas estructurales, los rasgos, los atributos y las relaciones, como en la ESTILÍSTICA DE LA ELECCIÓN, ni el de las 'desviaciones estilísticas' de la norma, como en la ESTILÍSTICA DE LA DESVIACIÓN. Ahora el objeto es el estudio de los valores afectivos o connotativos, tal como lo concibió Charles Bally (1902/1951, 1905, 1952), así como el análisis de la SINONIMIA y del REGISTRO. En efecto, el trabajo inicial de Bally estuvo motivado por el empeño de que los estudiantes alemanes de francés percibieran las diferencias entre los sinónimos y los niveles o registros del lenguaje (culto, familiar, vulgar, etc.).

**ESTILÍSTICA LINGÜÍSTICA.** Para algunos, la 'estilística lingüística' es una rama de la lingüística (Wartburg, W. *et al.*, 1969: 293; Wellek, R., 1971: 68) que, en algunas de las caracterizaciones del SIGNIFICADO, aborda varios de sus parámetros significativos, como pueden ser la CONNOTACIÓN o la SINONIMIA. En cambio, para Ullmann (1967), los estructuralistas bloomfieldianos o el linguista británico Leech (1969: 28), la 'estilística lingüística' no es una rama de la lingüística sino una disciplina paralela y autónoma que investiga los fenómenos lingüísticos desde su propio punto de vista. Tanto en una aproximación como en otra, a cada división de la lingüística le corresponde un sector de estudio estilístico, ya que por medio de recursos fonológicos, léxicos o sintácticos se alcanzan metas estilísticas. *Cf* fonoestilística.

A pesar de las dudas e incertidumbres que pueda haber en cuanto a objetivos, métodos y terminología, la 'estilística lingüística', que, en cierto sentido, se considera la heredera de la ELOCUTIO de la RETÓRICA CLÁSICA, por estudiar los aspectos artísticos del lenguaje, es una de las ramas más activas y vigorosas de las disciplinas lingüísticas, ya que no sólo aporta criterios objetivos y precisos a la lingüística sino que también le ofrece el humanismo que necesita para que no caiga en excesos formalistas.

En un principio, los objetivos de la 'estilística lingüística' fueron principalmente el estudio de las CONNOTACIONES o valores afectivos, la SINONIMIA y el análisis del REGISTRO. No obstante, en la últimas décadas no sólo ha analizado los efectos expresivos de los textos sino también sus rasgos singulares, las pautas formales, los atributos constantes y repetidos, los temas elegidos, etc. Por esta razón, se suelen distinguir tres grandes dimensiones en 'estilística', la ESTILÍSTICA DE LA EXPRESIVIDAD, la ESTILÍSTICA DE LA DESVIACIÓN y la ESTILÍSTICA DE LA ELECCIÓN. La primera nos revela los valores añadidos que surgen cuando las palabras y, por supuesto, las construcciones sintácticas y las pautas fonéticas, actúan entre sí influyendo unas en otras; la segunda intenta explicar las METÁFORAS y todo tipo de fenómenos en los que se perciba un alejamiento de la norma; la tercera nos ayuda a descubrir recurrencias, propensiones, en suma, preferencias, y a evaluar los efectos desempeñados por cada uno de los artificios lingüísticos. *Cf* estilística.

**ESTILO.** ① Equivale a REGISTRO[3].

② En el análisis de las obras literarias, el 'estilo' es el conjunto de rasgos que caracterizan la escritura de un texto, o de los textos de un autor o conjunto de autores, o de una época. *Cf* estilística.

③ Véase en TEORÍA DE LA ACOMODACIÓN.

**ESTILO DIRECTO E INDIRECTO.** La forma más MIMÉTICA de representar las VOCES de los personajes de una NARRACIÓN es el **estilo directo** porque: (1) aquí aquéllos tienen plena autonomía para expresarse con naturalidad, sin pasar por el filtro del narrador; y (2) se puede percibir la POLIFONÍA de todas sus VOCES. El **estilo indirecto** tiene la desventaja de que los personajes hablan a través del narrador, aunque su lenguaje está más **narrativizado**, es decir, hay una suave fusión entre la voz del narrador y la de los personajes. Esta **narrativización**, integración de las voces en la narración, sin cambios bruscos entre la del narrador y las de los personajes, se hace a expensas de su naturalidad, autonomía y variedad, y comprende una serie de cambios lingüísticos: de TIEMPO (por ejemplo, del presente al pasado), de PERSONAS verbales (por ejemplo, de *yo* a *él* o *ella*), de ADVERBIOS (por ejemplo, de *ayer* a *el día anterior*), etc. Tanto un estilo como otro, en especial el segundo, hacen uso de los llamados **verba dicendi**, como *decir, preguntar, rogar, exclamar, mascullar, replicar, gritar,* etc., para introducir las voces de los personajes.

**Estímulo.** ① Véase en CONDUCTISMO.

② Sperber y Wilson (1987: 697), en su teoría de la RELEVANCIA, llaman 'estímulo' a cualquier enunciado (verbal) o conducta no verbal empleado en la INTERACCIÓN COMUNICATIVA.

**Estirado.** Véase en LABIOS.

**Estrategia, estrategia de cooperación.** ① Dentro de una escala de actuación metodológica están relacionados los términos 'estrategia', 'táctica' y 'técnica'. La **estrategia** es el enfoque general o gran aproximación que se adopta hacia un problema (en términos militares es la decisión del estratega o general). Las **tácticas** son las decisiones de segundo nivel, y las **técnicas** son las actividades concretas para desarrollar las 'tácticas'. En la ACTIVIDAD LINGÜÍSTICA (por ejemplo, en el DIÁLOGO y la CONVERSACIÓN) es corriente el uso de los términos 'estrategia' y 'táctica', junto al de REGLAS, y también lo es en didáctica del lenguaje. *Cf* empatía.

② La TEORÍA de la ESTRATEGIA DE COOPERACIÓN (*cf* diálogo de cooperación), propia del PARADIGMA DE LA PRAGMÁTICA, ha sido expuesta por Gumperz (1985) para explicar cómo se lleva a cabo la colaboración y la coordinación características de la RACIONALIDAD de la CONVERSACIÓN (Grandy, R. *et al.*, eds., 1986) o, dicho con otras palabras, cómo se transmiten y mantienen interactivamente los TÓPICOS O TEMAS DISCURSIVOS en la conversación. De acuerdo con esta teoría, para el desarrollo, control e interpretación de la conversación, los interlocutores se apoyan simultáneamente en dos perspectivas: (a) las expectativas generadas por los MARCOS DISCURSIVOS, y (b) las CLAVES CONVERSACIONALES. *Cf* principio de cooperación.

**Estratificacional.** ① En la descripción estructural del lenguaje se puede hablar de dos tipos de organizaciones: la mononivelar O LINEAL, y la plurinivelar o **estratificacional**. Esta última se aplica a las DESCRIPCIONES estructurales (o de la FONOLOGÍA NO LINEAL) que postulan una organización del lenguaje en forma de ESTRATOS O capas. Se puede afirmar que una gran parte de las escuelas del ESTRUCTURALISMO NORTEAMERICANO son 'estratificacionales' porque presentan la organización del lenguaje en forma de NIVELES.

② Sin embargo, en su sentido más estricto, el adjetivo 'estratificacional' se emplea en el término **gramática** o **lingüística estratificacional**, acuñado por Lamb (1966) para presentar un tipo de organización del lenguaje basado en estratos. Cuatro son los estratos más importantes, y dentro de ellos se distingue un nivel **táctico** y otro **realizativo**. Los cuatro niveles realizativos son: el sistema del estrato semémico, el sistema del estrato lexémico, el sistema del estrato morfémico y el sistema del estrato fonológico. Los niveles tácticos correspondientes a estos estratos son el **semotáctico**, el **lexotáctico**, el **morfotáctico** y el **fonotáctico**. La SINTAXIS, como tal, no existe y es en los niveles lexotáctico y morfotáctico en donde se dan las reglas organizativas. Pero cada uno de estos 'estratos' se complica; por ejemplo, el de de fonología comprende, a su vez, la hipofonémica, o fonética, y la fonémica, etc.

**Estrato.** ① Véase en GESTO y en FONOLOGÍA NO LINEAL.

② Véase en CLASE SOCIAL y en DIASTRATO.

**Estrecho.** Véase en DIPTONGO y en TRANSCRIPCIÓN ESTRECHA.

**Estría, estriación.** Véase en FONACIÓN y en VOZ.

**Estricto.** Véase en TRANSCRIPCIÓN ESTRECHA.

**Estridente.** 'Estridente'es el RASGO INHERENTE que forma parte de la OPOSICIÓN BINARIA estridente/**mate**. El rasgo 'estridente' se caracteriza acústicamente por tener ondas menos regulares que el de 'mate' (Alarcos, 1965: 79). Articulatoriamente, interviene un órgano suplementario que, a modo de barrera, aumenta la resistencia al paso del aire, el cual provoca una turbación enérgica del aire ESPIRADO y un tono tajante, a causa de la mayor complejidad del obstáculo suplementario. Son 'mates', por ejemplo, las BILABIALES, por tener un solo obstáculo, los labios; en cambio, son 'estridentes' las LABIODENTALES, porque tienen otro obstáculo adicional, los dientes. Tienen el rasgo 'estridente' y, por tanto, son **consonantes estridentes** las labiodentales, las CICEANTES, las CHICHEANTES y las UVULARES. Tienen el rasgo mate y, por tanto, son **consonantes mates** las bilabiales, las DENTALES, las PALATALES y las VELARES.

**ESTRUCTURA.** El concepto de 'estructura', junto con el de SIGNO LINGÜÍSTICO, es, probablemente, el más básico del ESTRUCTURALISMO, aunque también el menos definido. En una definición simple la 'estructura' queda caracterizada como la RELACIÓN que hay entre varios ELEMENTOS O TÉRMINOS (*cf* red). Para Hjelmslev (1963), la 'estructura' es una entidad autónoma de dependencias internas, o dicho con otras palabras, una totalidad constituida por elementos, hechos o fenómenos relacionados entre sí, cuyo valor o entidad depende de la relación que mantienen cada uno de ellos con los demás. Lo importante de una 'estructura' no son, por tanto, los elementos, sino el conjunto de relaciones coherentes que éstos mantienen entre sí, ya que en algunas escuelas del estructuralismo la existencia de los elementos no tiene otra finalidad que la de ser los términos de las relaciones (Greimas, A. J., 1974).

Por otra parte, la identificación de la 'estructura' suscita un problema, porque no se ve, lo que ha llevado a algunos lingüistas a pensar que se trata de una realidad inventada, inexistente fuera de la mente. García Berrio (1968), apoyándose en el criterio de prudente moderación expuesto por S. Z. Harris, afirma que la 'estructura' existe, y el análisis *estructural* y DISTRIBUCIONAL de un proceso lingüístico no se sustenta sobre un capricho, o un apriorismo impuesto por el investigador sino sobre una realidad objetiva llamada 'estructura'. Igualmente Martinet (1974) proclama la existencia de la 'estructura', aunque no sea inmediatamente perceptible, ya que es una realidad que se descubre, no se inventa, durante el proceso lingüístico, en el material que contribuye a su existencia, material que no constituye la estructura lingüística.

Seiler (1978) está dispuesto a aceptar como buenas todas o casi todas las definiciones de estructura con tal de que incluyan el rasgo de OPOSICIÓN. El gran paso de la lingüística consistió, abstrayendo OPOSICIONES, en establecer sistemas en el interior del nivel fónico (dominio que, en primera instancia, no aparecía como 'estructura'), tarea que correspondió a las generaciones que sucedieron a Saussure, primero Trubetzkoy, y más tarde R. Jakobson y A. Martinet (Jacob, A., 1969). El concepto de «estructura», que es básico en la lingüística moderna, se extendió luego al análisis de todos los NIVELES del lenguaje (morfológico, semántico, etc.).

**ESTRUCTURA ARGUMENTAL.** Especialmente en GRAMÁTICA GENERATIVA se denomina 'estructura argumental' a la estructura que refleja el número de ARGUMENTOS requeridos por una unidad léxica, particularmente un verbo, así como los PAPELES TEMÁTICOS o semánticos que asigna a cada uno de esos argumentos. Por ejemplo, según Fernández Lagunilla y Anula Rebollo (1995: 92), la estructura argumental de *meter* podría representarse de la siguiente manera:

*meter*: <1 2 3> (Agente, Tema, Locativo).

Esto quiere decir que el verbo *meter* requiere tres argumentos (<1 2 3>); al primero de ellos le asigna el papel de AGENTE, al segundo el de TEMA o paciente, en tanto que al tercero le corresponde el papel de LOCATIVO O UBICACIÓN. Así queda reflejado en el siguiente enunciado: «Juan Luis (agente) metió las cajas (tema) en el armario (locativo)». Igualmente, la 'estructura argumental' de *dar* («Juan le dio la botella de colonia a su madre»), por poner un ejemplo más, sería: *dar*: <1 2 3> (Agente, Tema, Receptor). *Cf* marco predicativo.

**Estructura bimembre.** En general, puede identificarse como 'bimembre' toda estructura integrada por dos unidades relacionadas (*cf* por ejemplo ENUNCIADO BIMEMBRE, FRASE BIMEMBRE). Cuando se alude a la ORACIÓN, lógicamente la 'estructura bimembre' es la que resulta del análisis de la oración como una unidad integrada por dos constituyentes: el sintagma nominal y el sintagma verbal, o el SUJETO y el PREDICADO.

Este análisis de la unidad oracional como una 'estructura bimembre' tiene su origen, según S. Stati (1972), en la concepción logicista de los hechos del lenguaje. Es, sin duda, el más extendido en toda la tradición gramatical de occidente, así como en los estudios actuales; pero, como asimismo subraya S. Stati, ni tiene una justificación incontrovertible ni es, por tanto, el único tipo de análisis posible. *Cf* actante, enunciado bimembre.

**Estructura de control.** En RECCIÓN Y LIGAMIENTO, es el tipo de configuración sintáctica en la que puede aparecer una oración de infinitivo cuyo sujeto sea la categoría vacía PRO. De acuerdo con van Riemsdijk y Williams (1986: 137), por ejemplo, pueden diferenciarse, al menos, dos tipos básicos de 'estructuras de control':

(a) Las **estructuras de control obligatorio**, que son aquellas en que PRO, el sujeto del infinitivo, debe tener, necesariamente, un CONTROLADOR, esto es, debe interpretarse como CORREFERENCIAL con un argumento del verbo que rige al infinitivo. Ese controlador es o el sujeto, o un argumento objeto del verbo subordinante. Es, por ejemplo, el caso de las siguientes oraciones: «María $_i$ desea fervientemente PRO$_i$ bailar con el príncipe», «El secretario de su partido lo$_i$ obligó a PRO$_i$ presentar la dimisión» (la asignación de un mismo índice $_i$ indica que ambas categorías son correferenciales).

(b) Las **estructuras de control opcional** son aquellas en las que PRO no requiere necesariamente un argumento controlador, un sintagma que le asigne una referencia concreta. De ahí que en las 'estructuras de control' opcional el argumento sujeto del infinitivo pueda tener una referencia arbitraria o genérica: se interpreta que puede ser cualquiera o todo el mundo en general. Como estructuras típicas de control opcional mencionan van Riemsdijk y Williams las configuraciones sintácticas en las que la oración de infinitivo ocupa la posición de sujeto: «Es agradable PRO$_{arb}$ bañarse a la luz de la luna», «Es imposible PRO$_{arb}$ resolver ese problema».

**Estructura de frase.** Véase en REGLA DE ESTRUCTURA DE FRASE.

**Estructura del significado.** Véase en ANÁLISIS SEMÁNTICO.

**Estructura espectral de los formantes.** Véase en ESPECTROGRAMA y en FORMANTE.

**Estructura fónica.** Véase en RASGOS DISTINTIVOS y en ESPECTROGRAMA.

**Estructura gramatical.** En gramáticas de orientación FUNCIONAL se llama 'estructura gramatical' a la integrada por las FUNCIONES SINTÁCTICAS (SUJETO, OBJETO DIRECTO, etc.), organizadas en torno a un núcleo verbal, que subyacen a un enunciado oracional concreto. Por ejemplo, los enunciados «El abuelo padecía fuertes dolores» y «Antonio recogió a los niños», aunque difieren en otros aspectos, se corresponden con una misma 'estructura gramatical', formada por SUJETO (*El abuelo, Antonio*), VERBO (*padecía, recogió*), OBJETO DIRECTO (*fuertes dolores, a los niños*).

**Estructura informativa.** Según la terminología utilizada por Halliday (1985) (*cf* asimismo Rojo, 1983), la 'estructura informativa' es la organización del ENUNCIADO en las unidades informativas correspondientes a lo **nuevo** y lo **dado**. Lo 'nuevo' es la información que se introduce por primera vez en el intercambio comunicativo, o la que se destaca como contraria a lo que supone el destinatario del enunciado. Lo 'dado' es la información que ya era accesible para el receptor, bien por haber sido introducida previamente en el texto, bien por ser, de algún modo, deducible de la situación. Por ejemplo, en «EL COCHE limpió ayer Juan (no la cocina)» (el uso de versalitas indica que el constituyente *el coche* es el FOCO destacado mediante la prominencia fónica o el ACENTO DE ORACIÓN), tendría la siguiente 'estructura informativa': EL COCHE es lo 'nuevo', la información que se destaca como contraria a lo esperado por el interlocutor (éste pensaba que lo que había limpiado Juan era la cocina); «limpió ayer Juan» contiene lo 'dado', la información ya conocida por el destinatario (ya sabía que «Juan limpió ayer algo»). Obsérvese que este enunciado podría estar incluido en una secuencia discursiva como «Me han dicho que Juan limpió ayer la cocina. —Pues estás equivocado. *EL COCHE* limpió ayer Juan, no la cocina». En cambio, «El coche lo limpió ayer Juan» no sería una réplica correcta para «Me han dicho que Juan limpió ayer la cocina», pero sí sería una respuesta adecuada para «¿Quién limpió el coche ayer?». Esto indica que en «El coche lo limpió ayer Juan», desde el punto de vista de la 'estructura informativa', «el coche lo limpió ayer» corresponde a lo 'dado', a la información previamente introducida, en tanto que el constituyente «Juan» representa lo 'nuevo', la información no conocida. *Cf* tonicidad.

**ESTRUCTURA LATENTE.** Véase en ESTRUCTURA PROFUNDA.

**ESTRUCTURA-P.** Véase ESTRUCTURA PROFUNDA.

**ESTRUCTURA POCO PROFUNDA.** ① En la TEORÍA ESTÁNDAR AMPLIADA REVISADA (*TEAR*), la **estructura poco profunda** o **estructura somera** (en inglés, *shallow structure*) es un NIVEL DE REPRESENTACIÓN sintáctica intermedio entre la ESTRUCTURA PROFUNDA y la ESTRUCTURA SUPERFICIAL absoluta. Según van Riemdisjk y Williams (1986: 187), corresponde a un nivel en el que, al menos, se han aplicado las reglas de MOVIMIENTO DE SN y de MOVIMIENTO DE QU, pero en el que aún no se han aplicado ciertas reglas que no parecen afectar a la FORMA LÓGICA de la oración, como las elisiones opcionales o los movimientos estilísticos. Es por ejemplo, de conformidad con van Riemsdijk y Williams, el caso del movimiento estilístico que desplaza a posición final los sintagmas nominales «pesados» o demasiado largos, como el sintagma nominal objeto directo destacado en el siguiente enunciado: «I gave to Mary *all of the things she requested*» («Le di a Mary *todas las cosas que solicitó*»).

② En el modelo RECCIÓN Y LIGAMIENTO, el nivel de 'estructura poco profunda' viene a ser equivalente al nivel de ESTRUCTURA-S.

**ESTRUCTURA PROFUNDA.** En su primer modelo de GRAMÁTICA GENERATIVA, A. N. Chomsky planteó la necesidad de diferenciar dos NIVELES en el proceso de generación de oraciones mediante las reglas del componente sintáctico: el nivel de **estructura superficial**, en el que la organización sintáctica de la oración estaba más próxima a su realización concreta, y el nivel de **estructura profunda**, o **latente**, más ABSTRACTO, del que se derivaría el anterior por medio de TRANSFORMACIONES. Admitiendo esta distinción, se podría explicar la semejanza semántica existente entre ENUNCIADOS como «Han robado las pruebas» y «Las pruebas han sido robadas»: ambos diferirían en su estructura superficial, pero compartirían una misma ESTRUCTURA PROFUNDA.

La DICOTOMÍA estructura superficial/estructura profunda nace, pues, de la necesidad de instrumentalizar el concepto de ADECUACIÓN EXPLICATIVA y está en consonancia con una de las formas en que intuitivamente nos acercamos a la realidad, en virtud de la cual a todo fenómeno observable se le puede encontrar un correlato no observable que facilita las raíces de la interpretación. Así, hablamos de una lectura superficial o primera lectura y de otra *profunda* o detallada, y de un significado superficial y de otro *profundo*, etc. De acuerdo con esta dicotomía, no es suficiente ni adecuada la simple DESCRIPCIÓN de las leyes lingüísticas que el investigador descubre; es preciso EXPLICAR el porqué. Chomsky propone que la descripción de las oraciones se haga por medio de la citada doble estructura: una profunda, constituida por las reglas de base que configuran la formación de las estructuras, y otra superficial, estando ambas relacionadas por unas reglas llamadas de transformación.

En los diferentes modelos desarrollados en el marco de la GRAMÁTICA GENERATIVA, el estatus de la 'estructura profunda' —las propiedades oracionales que refleja, su conexión con los restantes componentes de la gramática— no ha permanecido inalterado. Incluso se llegó a cuestionar su pertinencia como nivel sintáctico diferenciado. No obstante, en el modelo RECCIÓN Y LIGAMIENTO se siguen distinguiendo dos niveles en la representación sintáctica de las oraciones:

(1) el nivel de la ESTRUCTURA-S, que contiene HUELLAS, y es el resultado de los movimientos o traslados de CONSTITUYENTES (*cf* movimiento de SN, movimiento de QU); y

(2) el nivel de la ESTRUCTURA-P ( equivalente a la 'estructura profunda'), en el que las oraciones aparecen en su forma más básica y en el que se reflejan la estructura de las categorías que las componen, las posiciones sintácticas que ocupan, y todas aquellas relaciones pertinentes para la interpretación semántica de la oración que han de mantenerse en las estructuras derivadas.

Según señalan Fernández Lagunilla y Anula Rebollo (1995: 74), este nivel puede considerarse como «una proyección de las propiedades SEMÁNTICAS O TEMÁTICAS de los elementos léxicos, en ciertas posiciones estructurales, que está determinada por los principios de la teoría θ o TEORÍA TEMÁTICA y de la TEORÍA DE LA X, con sus correspondientes condiciones de LEGITIMACIÓN».

La DICOTOMÍA 'estructura profunda' *vs.* 'estructura superficial' se ha aplicado a las explicaciones de fenómenos no estrictamente lingüísticos, como pueden ser los literarios o culturales de cualquier tipo, que se han acogido a este paradigma para poder explicar (y también representar) que lo explícito y lo obvio (la estructura superficial) están determinados por lo implícito y lo profundo (la estructura profunda). Y también ha sido útil para sugerir algunas otras líneas de investigación, como la TAXONOMIZACIÓN de las proposiciones de la estructura profunda de diversos tipos de discurso (Longacre, R. E., 1972). A estos efectos podemos añadir que el generativismo es un paradigma oracional que se ha servido de la dicotomía estructura superficial/estructura profunda, pero no es el único. La gramática de los casos, por ejemplo, intenta describir las formas lógicas de las oraciones por medio de un predicado y los argumentos requeridos por éste (objeto, localización temporal y espacial, origen, meta, etc.); en el año 1968 Fillmore publicó las bases de esta aproximación con *The Case for Case*, que ha conocido diversos modelos (Chafe, 1970; Anderson, 1971; Jackendoff, 1972; Pike, 1977) hasta llegar al de Cook en 1989, contenido en *Case Grammar Theory*. *Cf* fenotipo, genotipo.

**ESTRUCTURA-S.** En el modelo gramatical conocido como RECCIÓN Y LIGAMIENTO se denomina 'Estructura-s' el nivel sintáctico (*cf* nivel de representación) que media entre la ESTRUCTURA-P y las representaciones de la FORMA LÓGICA y la FORMA FONÉTICA. Viene a corresponder, según señalan Fernández Lagunilla y Anula Rebollo (1995: 75) a la secuencia lingüística en la que los elementos sintácticos aparecen en el orden en que serán fonológicamente interpretados. Se deriva de la Estructura-p mediante la aplicación de reglas de movimiento (*cf* muévase-alfa) y contiene, en consecuencia, HUELLAS, CATEGORÍAS VACÍAS que permiten reconstruir la historia de los desplazamientos.

**Estructura semántica.** Se denomina 'estructura semántica' a la configurada por las FUNCIONES SEMÁNTICAS que subyacen al contenido concreto de un enunciado oracional. Por ejemplo, los enunciados «El carpintero guardó todas sus cosas» y «Un muchacho arrancó el cartel» presentan la misma 'estructura semántica', formada por un AGENTE (*El carpintero, Un muchacho*), una ACCIÓN (*guardó, arrancó*), y una META u OBJETO AFECTADO (*todas sus cosas, el cartel*).

**Estructura sintáctica.** Es la estructura integrada por funciones sintácticas que asumen las unidades integrantes de una construcción oracional.

**Estructura sintagmática.** Está formada por la sucesión de UNIDADES LINGÜÍSTICAS combinadas en el EJE SINTAGMÁTICO u horizontal procedentes de la ELECCIÓN efectuada en cada paradigma. Por tanto, la 'estructura sintagmática' está formada por unidades presentes y sucesivas o contiguas. *Cf* sintagma, eje de las sucesividades.

**Estructura somera.** Equivale a ESTRUCTURA POCO PROFUNDA.

**Estructura superficial.** Véase en ESTRUCTURA PROFUNDA.

**Estructura temática.** ① En la GRAMÁTICA FUNCIONAL de M. A. K. Halliday se llama 'estructura temática' a la organización del ENUNCIADO en TEMA y REMA. El 'tema' es el constituyente que se toma como punto de partida comunicativo, y el 'rema' es lo que se enuncia sobre el tema seleccionado. Así, la 'estructura temática' del enunciado «El índice de precios volvió a subir» constaría del 'tema' *el índice de precios* y del 'rema' *volvió a subir*. Según la diferenciación establecida por Halliday, la 'estructura temática' no tiene por qué coincidir con su ESTRUCTURA INFORMATIVA. Ambas se refieren a aspectos diferentes de la organización del enunciado.

② Según la terminología utilizada en los estudios gramaticales vinculados a la GRAMÁTICA GENERATIVA, 'estructura temática', o también **red temática**, es el conjunto de PAPELES TEMÁTICOS o papeles semánticos exigidos por una determinada unidad léxica. Así, por ejemplo, el verbo *adorar* comporta una 'estructura temática' integrada por dos papeles: EXPERIMENTADOR y TEMA («Juan (experimentador) adora la música (tema)». El verbo *poner*, por el contrario, implica una 'estructura temática' constituida por tres papeles temáticos: AGENTE, tema, UBICACIÓN («Los niños (agente) pusieron sus zapatos (tema) en el balcón (ubicación)»).

**Estructuración.** Véase en el PARADIGMA ESTRUCTURALISTA.

**Estructuralismo.** El 'estructuralismo', entendido como manifestación cultural ha sido un movimiento intelectual, científico y metodológico muy fecundo del siglo XX (Lepschy, G., 1970; Sturrock, J., 1979: 1), creado y desarrollado en la aproximación a las ciencias sociales, que con su luz, ha alumbrado una nueva forma de concepción y comprensión de la realidad, y cuya meta ha sido hacer inteligibles los DATOS empíricos de dicha realidad.

Y ha sido el ESTRUCTURALISMO LINGÜÍSTICO el que ha marcado, en gran parte, la pauta que ha servido no sólo para la INVESTIGACIÓN LINGÜÍSTICA sino también para el análisis de disciplinas no estrictamente lingüísticas, aunque próximas, como la antropología, y de otras alejadas, como la arquitectura, o simplemente para comprender el proceso del conocimiento o de la percepción (Tompkins, J., 1988), o para una mejor representación de los conocimientos (Brachman, R., 1978). En su concepción de la realidad el 'estructuralismo' parte del principio de que la cultura, o cualquiera de sus manifestaciones, es una ESTRUCTURA, a su vez constituida por otras, que puede concebirse como una UNIDAD formada por componentes vinculados entre sí, a modo de un entramado de nudos, de RELACIONES, que hay que desatar. Este principio es la piedra angular que sirve de sostén a las TEORÍAS, los MODELOS y los demás instrumentos del aparato metodológico del estructuralismo. *Cf* paradigma estructuralista.

**ESTRUCTURALISMO EUROPEO.** Las teorías sustantivas más originales del 'estructuralismo europeo', entre las que se encuentran la concepción del lenguaje como SISTEMA FORMAL de SIGNOS LINGÜÍSTICOS ARBITRARIOS y la aproximación SINCRÓNICA al mismo, están contenidas en el *Curso de lingüística general* de Saussure, piedra angular de toda la lingüística continental porque, como afirma Amado Alonso (Saussure, 1945: 7-30), sus métodos rigurosos, magistralmente elaborados, han fecundado el pensamiento lingüístico proyectando luz en todas las teorizaciones que le han seguido. Mención especial merecen las DICOTOMÍAS, que han proporcionado un equipamiento metodológico original para emprender el objetivo del 'estructualismo' que es el ANÁLISIS y la DESCRIPCIÓN LINGÜÍSTICA.

Saussure demuestra, adoptando un punto de vista relacional (frente al HISTORICISTA de sus contemporáneos neogramáticos), que, en un determinado punto temporal, las FORMAS y los SIGNIFICADOS de una lengua están relacionados entre sí al ser parte de un SISTEMA (*cf* estados de lengua). Esta consideración del lenguaje como un *sistema autónomo* constituido por elementos *interrelacionados* (la célebre frase «un sistema *où tout se tient*») ha sido, entre muchas, una de las grandes intuiciones de Saussure (Mounin, G., 1968). Al hablar de un sistema autónomo formado por elementos interrelacionados, está Saussure poniendo de relieve uno de los puntos más relevantes del ESTRUCTURALISMO EUROPEO: las RELACIONES entre los SIGNOS.

Aquí reside un punto de diferencia importante entre el ESTRUCTURALISMO NORTEAMERICANO de carácter CONDUCTISTA, observacional, y el carácter MENTALISTA de la concepción saussureana del lenguaje. Sin embargo, un punto de coincidencia fundamental del estructuralismo europeo y del norteamericano es la preocupación por el DESCRIPTIVISMO, llamado en terminología de Saussure el estudio SINCRÓNICO del lenguaje. En efecto, el *Curso de lingüística general* puede considerarse como el alegato más original y motivado contra las tesis de los neogramáticos, que habían fosilizado y restringido el estudio científico del lenguaje a su dimensión histórica.

En el 'estructuralismo europeo' se distinguen varias corrientes y tendencias, todas las cuales se consideran, hasta cierto punto, fieles intérpretes y continuadoras de las ideas contenidas en el *Curso*. Las más representativas son: (1) la relacionada, en mayor o menor medida, con la tradición del CÍRCULO LINGÜÍSTICO DE PRAGA (Jakobson y también Martinet), (2) la GLOSEMÁTICA de Hjelmslev, y (3) la lingüística firthiana (Firth, J. R., 1957) en el Reino Unido. No obstante, y a pesar de que las tres se basan en la misma fuente, la personalidad de cada una de ellas es tan marcada que sería difícil, e incluso injusto, hacer una síntesis unificadora de las tres (Martinet, A., 1974).

**ESTRUCTURALISMO LINGÜÍSTICO.** Dentro del ESTRUCTURALISMO, entendido como corriente cultural y EPISTEMOLÓGICA, al 'estructuralismo lingüístico' le ha correspondido el honor de marcar metas, MÉTODOS y MODELOS de ANÁLISIS válidos para otras ramas del saber, honor que comparten tanto el ESTRUCTURALISMO EUROPEO como el ESTRUCTURALISMO NORTEAMERICANO.

El 'estructuralismo lingüístico', en realidad, no es más que una rama especializada de la investigación lingüística tradicional, que siempre ha estado orientada hacia la *estructuración* (Hartmann, P., 1974), en el sentido de trabajo analítico de DESCOMPOSICIÓN, basado en la tradición de *secere naturam*, es decir, en el descubrimiento de los elementos más simples (Bloch, E., 1969) y, consecuentemente, las dos grandes metas de las TEORÍAS y de la METODOLOGÍA del 'estructuralismo lingüístico' han sido: el ANÁLISIS y la DESCRIPCIÓN del LENGUAJE y de las LENGUAS. El análisis, a su vez, ha seguido dos direcciones: (a) el de los ELEMENTOS que intervienen en la formación de la unidades lingüísticas (SIGNO LINGÜÍSTICO, SISTEMA, ESTRUCTURA, NIVEL, CLASE,

CONSTITUYENTE, COMPONENTE, etc.); y (b) el de las RELACIONES que éstos mantienen entre sí.

La lingüística europea pone mayor énfasis en la investigación de las relaciones, mientras que la norteamericana se centra más en los ELEMENTOS. Esta dedicación de mayor atención a los elementos, a expensas de las relaciones, corre el riesgo de convertirse en una especie de *análisis atomista* con todos los fallos que se apuntaron en la lingüística del siglo XIX (Greimas, A. J., 1974).

Cuando las estructuras se caracterizan por medios de los elementos se distinguen dos grandes modelos: el de las UNIDADES LINGÜÍSTICAS y el de los PROCESOS. De acuerdo con el primero, cualquier fragmento lingüístico está constituido por CONSTITUYENTES y por COMPONENTES. El segundo modelo completa el anterior expresando el proceso que ha tenido lugar. Por ejemplo, con el primer modelo, el tiempo pasado *fui* se describe como la suma de dos *elementos*: el MORFEMA verbal *ir* y el morfema de pasado. Con el segundo modelo, *fui* es la forma derivada de *ir* por medio de un *proceso* de preterización.

Aunque visto desde EL PARADIGMA GENERATIVISTA el ESTRUCTURALISMO no es científicamente muy ambicioso (su ADECUACIÓN no es EXPLICATIVA, es sólo OBSERVACIONAL y DESCRIPTIVA), ya que no intenta dar una EXPLICACIÓN y, consecuentemente, predecir por medio de una o de varias TEORÍAS por qué los DATOS, los fenómenos y los hechos lingüísticos son como son, Chomsky (1966) reconoce que la contribución del 'estructuralismo lingüístico' ha sido muy significativa para el progreso de la INVESTIGACIÓN LINGÜÍSTICA, por las siguientes razones:

(a) ha facilitado una base *metodológica científica* preocupada por el respeto a los datos, lo cual permite retomar el estudio de problemas de la gramática tradicional, ampliando y profundizando su concepción teórica sobre la estructura del lenguaje y el uso del mismo;

(b) el interés por los datos ha enriquecido el caudal de material disponible con las valiosas descripciones y clasificaciones hechas en varias lenguas;

(c) ha otorgado normas de claridad, precisión y de objetividad a la investigación lingüística;

(d) ha impulsado y reforzado la idea (especialmente en Saussure, Bloomfield, Harris, Hockett y otros) de que el lenguaje se puede estudiar como un SISTEMA FORMAL con sus correspondientes NOTACIONES.

**ESTRUCTURALISMO NORTEAMERICANO.** El término 'estructuralismo norteamericano' tiene dos acepciones, una estricta y otra amplia.

① En la estricta, comprende la INVESTIGACIÓN LINGÜÍSTICA efectuada por lingüistas norteamericanos siguiendo el llamado MÉTODO CIENTÍFICO. A esta perspectiva investigadora también se la conoce con el nombre de **estructuralismo naturalista-científico**, por servirse del método CIENTÍFICO-NATURALISTA, basado en la OBSERVACIÓN y en la INDUCCIÓN con una finalidad taxonómica o clasificatoria, similar a la de las ciencias naturales. Están tan identificados el 'estructuralismo norteamericano' y el llamado método científico que en ocasiones se les confunde, aunque son dos entidades distintas. Y esta identificación responde al hecho de que el 'estructuralismo norteamericano' se sirve del método científico-inductivo, pero el método científico, como su nombre indica, es un *modus operandi*, mientras que el 'estructuralismo' es un perspectiva conceptual e investigadora que reúne todas las características de un PARADIGMA científico, caracterizado por el ANTIMENTALISMO y el ANTISEMANTISMO. Las metas investigadoras del ESTRUCTURALISMO NORTEAMERICANO son dos: la DESCRIPCIÓN LINGÜÍSTICA, después de haber realizado el ANÁLISIS LINGÜÍSTICO correspondiente, es decir, la segmentación y la clasificación de los niveles del lenguaje, de sus unidades y de las relaciones que éstas mantienen entre sí.

② En un sentido amplio, el 'estructuralismo norteamericano' abarca también la contribución chomskiana, y no es sorprendente leer en algunos manuales de sociología o de antropología que Chomsky es un estructuralista (Scent, G., 1978). Parece evidente que, en puridad de concepto, Chomsky (1975: 57-8) sí lo es, pues cree y defiende la ESTRUCTURA, ya que:

(a) el objetivo general de su teorización lingüística es la formulación de la estructura general del lenguaje;

(b) reconoce dos estructuras en la descripción de las oraciones, la superficial y la profunda;

(c) habla de la estructura de la gramática universal; y

(d) sobre todo, considera que las reglas mentales innatas son de dependencia estructural.

Lo que ocurre es que para ser un mejor estructuralista, para elevar el nivel de logros del estructuralismo, Chomsky desarrolló su propia teoría lingüística, que significó la ruptura con el PARADIGMA en el que se formó y la creación de otro nuevo, por supuesto, independiente.

**-ÉTICO.** ① Véase en -ÉMICO.

② Véase en DATIVO ÉTICO.

**ÉTIMO, ETIMOLOGÍA.** La 'etimología' estudia el origen y la EVOLUCIÓN (*cf* cambios semántico) de las palabras, para lo que busca su *verdadero significado* o **étimo**, como sugiere el sentido de este nombre griego. La 'etimología', que está muy relacionada con la FORMACIÓN DE LAS PALABRAS y con la MOTIVACIÓN DE LAS PALABRAS, era una de las partes de la gramática tradicional, junto a la ANALOGÍA y la sintaxis. Y sigue siendo un componente importante de la LEXICOGRAFÍA; muchos diccionarios, por ejemplo, el DRAE o el Webster, ofrecen explicaciones etimológicas de las palabras. En las lenguas que, como el español, cuentan con una PROTOLENGUA culta, las explicaciones etimológicas suelen ser más felices que las de aquellas, como el inglés que, al no tener una protolengua de la misma naturaleza, presentan las formas 'etimológicas' con muchos ASTERICOS (*).

Los estudios de 'etimología' ya se perciben en las especulaciones filosóficas de los antiguos, por ejemplo en el *Cratilo* de Platón, en torno a si el lenguaje era lo que era por naturaleza o por convención, y si el lenguaje en su formación se guiaba por la ANALOGÍA o por la ANOMALÍA. Y la lingüística de los siglos XIX y XX (la HISTÓRICA y la COMPARADA, las PALABRAS Y LAS COSAS, la GEOGRAFÍA LINGÜÍSTICA, etc.) también se ocupó de la 'etimología', interesada como estaba por el origen del lenguaje.

A la 'etimología' tradicional se le imputan dos defectos: (a) ocuparse exclusivamente del punto de origen y del de llegada de las palabras, y (b) no haber tenido en cuenta otros NIVELES del lenguaje (MORFOLOGÍA, FONÉTICA, etc.) u otros fenómenos lingüísticos (como las LEYES FONÉTICAS, la ANALOGÍA, los PRÉSTAMOS, los CAMBIOS SEMÁNTICOS, los condicionamientos SOCIOLINGÜÍSTICOS, etc.). Para Ullmann (1968: 48 y sigs.) la 'etimología' moderna, en su búsqueda por el origen del significado de las palabras, no debería ignorar el papel de los CAMPOS SEMÁNTICOS, es decir, el examen del lugar que una palabra ocupaba en el campo semántico de partida y el que tiene en el de llegada; por ejemplo, la palabra francesa *femme*, que deriva del latín *femina* (término que significaba «hembra de la especie»), estuvo relacionada con otras, como *uxor* y *mulier*, del mismo campo semántico, a las que con el tiempo desplazó y, en cambio, al campo moderno pertenecen otras como *épouse*, *conjoint*, etc.

Se llama **etimología popular** o **pseudoetimología** a la explicación espontánea o ingenua que se da del origen de una palabra, sin tener en cuenta las leyes fonéticas y otros factores. Por ejemplo, las *Etimologías* de San Isidoro están llenas de mucha 'etimología popular' como la relacionar el origen de *célibe* a partir de *caelum*, por la felicidad que goza el no atado por vínculos de matrimonio.

**ETIQUETA.** Véase en METALENGUAJE y en PARENTETIZACIÓN.

**ETIQUETADO.** Véase PARENTETIZACIÓN.

**ETNOLINGÜÍSTICA, ETNOMETODOLOGÍA, ETNOGRAFÍA DE LA COMUNICACIÓN.** A partir de la década de los años sesenta han aparecido varias direcciones de estudio, dentro de la lingüística relacionadas con la sociología, la antropología y la etnología. De todas ellas, la que más fuerza tiene es la SOCIOLINGÜÍSTICA.

La **etnolingüística**, de acuerdo con Robins (1967: 352 y sigs.), es la rama de la lingüística que estudia el lenguaje en relación con los grupos étnicos y su comportamiento; es una especialidad que va a caballo entre la 'lingüística antropológica' y la SOCIOLINGÜÍSTICA, ya que toca aspectos de la etnología, la antropología y la sociología. La **antropología lingüística** analiza las lenguas de culturas primitivas en las que no hay restos escritos, para lo que se precisa la colaboración entre lingüistas y antropológos. Los trabajos que Sapir o Whorf hicieron con las lenguas amerindias pertenecen a la 'antropología lingüística' o **lingüística antropológica**, aunque para otros (Bonvillain, 1993: 183 y sigs.) pertenecen a la 'etnolingüística'. En ambos casos, la relación entre lenguaje y cultura es el centro de su investigación. Para ellos el lenguaje es un complejo inventario de las ideas, los intereses y las ocupaciones de una comunidad, que refleja la visión de la vida, los procesos de metaforización o creación de imágenes, etc. Por ejemplo, el inglés utiliza nombres referidos a partes del cuerpo para muchas imágenes: *the heart of the matter, to face a problem, to shoulder responsibilities, to finger at somebody,* etc.

El término **etnografía de la comunicación** fue acuñado Hymes (1972) para referirse al estudio de la INTERACCIÓN LINGÜÍSTICA o comunicativa (*cf* competencia comunicativa), en principio dedicado casi exclusivamente al comportamiento comunicativo de grupos tribales. Más tarde, con una depuración de las técnicas metodológicas, la 'etnografía de la comunicación' aborda el análisis de de la ACTIVIDAD COMUNICATIVA, propia de la interacción comunicativa, en la que se pueden distinguir tres planos: (a) las SITUACIONES DE HABLA; (b) los 'acontecimientos de habla'; y (c) LOS ACTOS DE HABLA. Dicho con otras palabras, la 'etnografía de la comunicación' aborda la descripción de las normas explícitas e implícitas de los aspectos verbales y no verbales (*cf* acto no verbal) y los parámetros sociales de la interacción (CONTEXTO, participantes, TÓPICOS, fines comunicativos etcétera).

La **etnometodología** también se centra en una parte de los 'acontecimientos de habla' (Coulon, 1987), sobre todo las técnicas de la comunicación, especialmente la CONVERSACIÓN. Éstas, tras ser grabadas y transcritas, son analizadas, no como cadenas de FONEMAS O CADENAS HABLADAS (aunque el estudio de la ENTONACIÓN pueda ser muy importante) sino como conjunto de técnicas comunicativas (TURNOS, REPARACIÓN, CORTESÍA, etc.). Uno de los MODELOS conversacionales más relevantes dentro de la 'etnometodología' es el de Sacks, Schegloff y Jefferson (1978). Siguiendo a Guillén Nieto (1994: 81 y sigs.), este modelo se centra fundamentalmente en explicar la organización de los TURNOS DE PALABRA, su duración, su adjudicación, su alternancia, la negociación y el control de los TEMAS conversacionales y la estructura de las fases iniciales y finales de la conversación.

**EUFEMISMO.** ① En ESTILÍSTICA, y por consiguiente, en la RETÓRICA CLÁSICA, el eufemismo es una FIGURA DEL LENGUAJE, consistente en la manifestación suave o decorosa de ideas cuya recta y franca expresión sería dura o malsonante (DRAE). Expresiones como *tercera edad* (las personas mayores, los ancianos) y *países en vías de desarrollo* (países subdesarrollados) son 'eufemismos' porque intentan evitar las CONNOTACIONES peyorativas que puedan tener *ancianos* y *países subdesarrollados*. El 'eufemismo' nace por presión social, a veces en detrimento de la claridad comunicativa. Desde un punto comunicativo, el 'eufemismo', también llamado **eufemia** (Benveniste, 1977: 259), forma parte de las estrategias propias de las máximas de CORTESÍA, especialmente la de respetar el derecho del oyente a no ser herido o molestado (*cf* prestigio), siempre que no se pierda la intelegibilidad del mensaje, ni la sinceridad, propias de la máxima de calidad (*cf* máximas conversacionales). El lenguaje diario está lleno de 'eufemismos' que evitan la mención de lo escatológico, en su doble sentido de *excremental* y de relativo a la muerte («pasar a mejor vida», por ejemplo). Sin embargo, es en el lenguaje de los políticos en donde abunda un 'eufemismo' («expediente de regulación de empleo» o «regulación de empleo» por *despido*, «fusilamientos limpios», etc.), que debe considerarse especial por fallar, en la mayoría de los casos, la aludida máxima de sinceridad. Varios son los procedimientos empleados por el 'eufemismo', entre los que destacan la LÍTOTES, la HIPÉRBOLE y la perífrasis. Por el contrario, el **disfemismo** consiste en nombrar una realidad con una expresión PEYORATIVA o con intención de rebajarla de categoría (DRAE). Siguiendo a Casas (1986: 86 y sigs.), los recursos con que cuenta el hablante para crear 'disfemismos' o **disfemias** son la METÁFORA, la perífrasis, la modificación fonética («mecachis»), la rima interrumpida («Te quiero jo ... ven y bella»), etc. Muchas veces los límites entre 'eufemismo' y 'disfemismo' son imprecisos y borrosos y la subjetividad tomará carta de naturaleza en el asunto. *Cf* tabú, argot, degradación semántica, ennoblecimiento semántico.

② La SOCIOLINGÜÍSTICA también aborda el estudio del 'eufemismo' y del 'disfemismo' dentro de lo que se llama la INTERDICCIÓN LINGÜÍSTICA. *Cf* tabú, argot.

**EUFONÍA.** Véase en CACOFONÍA.

**EUFÓRICO.** En ESTILÍSTICA DE LA EXPRESIVIDAD se aplica el término 'eufórico' a las palabras que producen una impresión agradable. *Suavidad, claridad, dulzura, felicidad*, etc., son palabras eufóricas; a las contrarias se las llama **disfóricas**, como *oscuridad, dolor, sufrimiento*. *Cf* degradación semántica, melioración.

**EVENTO.** Véase en ACONTECIMIENTO y en NOMINAL DE EVENTO.

**EVENTO COMPLEJO.** Véase en NOMINALIZACIÓN DE EVENTO COMPLEJO.

**EVOCATIVO.** Véase en ARTIFICIO EVOCATIVO.

**EVOLUCIÓN, EVOLUCIONISMO.** ① En un sentido general se llama 'evolución' de una lengua al conjunto de transformaciones que ésta experimenta a lo largo de su historia (*cf* etimología). El estudio de la 'evolución' se hace analizando los llamados ESTADOS DE LENGUA. El término 'evolución', en su acepción de DESARROLLO, no debe ser confundido con el sentido restringido dado por el **evolucionismo**, el cual postula una direccionalidad en el desarrollo histórico de las lenguas. Es cierto que el 'evolucionismo' ejerció una gran influencia en la lingüística del siglo XIX (el propio Jespersen defiende una determinada versión del mismo), aunque también es legítimo reconocer que la gran mayoría de los lingüistas de ese siglo rechazaron el 'evolucionismo' de las lenguas (Lyons, 1990: 188). *Cf* historicismo.

② Se llama 'evolución' al CAMBIO FONÉTICO gradual —a diferencia de la MUTACIÓN, que es súbita— que se produce sin fases intermedias, por ejemplo, la *b* del latín *debita* > español *deuda* se vocalizó en *u* después de haber pasado por la fase intermedia β (bilabial fricativa). Los grandes procesos de la 'evolución' fonética se agrupan en cuatro categorías de fenómenos: ASIMILACIÓN, DIFERENCIACIÓN, DISIMILACIÓN y METÁTESIS (Gili Gaya, 1975: 185-6).

**EXCLAMACIÓN, EXCLAMATIVO.** Véase en ORACIÓN EXCLAMATIVA.

**EXCLUYENTE.** Véase en ADVERSATIVA EXCLUYENTE.

**EXHORTATIVO.** Véase en ORACIÓN EXHORTATIVA.

**EXISTENCIAL.** Véase en ORACIÓN EXISTENCIAL.

**EXOCÉNTRICO.** Según el uso procedente de L. Bloomfield, este término se utiliza para identificar a cualquier construcción sintáctica que no sea ENDOCÉNTRICA, esto es, que no tenga un NÚCLEO o no sea COORDINADA. En textos de orientación estructuralista se presenta como tipo básico de construcción *exocéntrica* el SINTAGMA PREPOSICIONAL: « El colegio *del niño*», «Le pegó *con la escoba*», ya que, según esta orientación, ni la preposición ni el sintagma nominal actuarían como núcleos. *Cf* endocéntrico.

**EXÓFORA.** Véase en ANÁFORA.

**EXPANSIÓN.** ① En SEMÁNTICA se llama 'expansión' al discurso METALINGÜÍSTICO consistente en presentar el SIGNIFICADO de una UNIDAD LÉXICA de forma perifrástica. La DEFINICIÓN de un término es una forma de 'expansión' (Greimas, 1966: 44); en este sentido, todos los SEMAS del significado están esparcidos a lo largo de la perífrasis. El fenómeno contrario a la 'expansión' es la **condensación**, en la que todos los semas están organizados de forma jerárquica en el semema de la unidad léxica. El DEFINIENDUM o cosa que se va a definir es una unidad en 'condensación'.

② En SINTAXIS se llama 'expansión' (Navarro Domínguez, 1995: 19) a la adición, al esquema de la oración o de sus constituyentes, de elementos facultativos que no alteran su estructura básica. Esta expansión puede ser por coordinación o por subordinación.

**EXPECTATIVA.** Véase en INTERPRETACIÓN TEXTUAL y en LINGÜISTICA COGNITIVA.

**EXPERIMENTACIÓN EN LINGÜÍSTICA.** El EMPIRISMO de la INVESTIGACIÓN LINGÜÍSTICA debe entenderse en un doble sentido: el de la OBSERVACIÓN de DATOS y fenómenos, y el de la 'experimentación'. Aunque la observación y la 'experimentación' están inseparablemente ligadas, hay diferencias entre ellas: el carácter pasivo-receptivo de la primera, y el organizador-emprendedor de la segunda, a la que, en cierto sentido, se considera también un arte (Davis, P., 1973: 7), con metodología hipotético-deductiva. La 'experimentación en lingüística' (Solé Sabater, 1984) consiste básicamente en observar un cierto fenómeno lingüístico, *hipotetizar* sobre las posibles causas del mismo, encontrar algunos puntos en que HIPÓTESIS o explicaciones alternativas hagan *predicciones* diferentes, y diseñar experimentos para contrastar estas predicciones en los mismos hablantes de la lengua.

Durante cierto tiempo se han considerado como más científicos y de mayor prestigio los trabajos de investigación de tipo experimental (Fillmore, C., 1985), siendo un dogma indiscutible el *control* y la *medida* en la investigación de la CONDUCTA VERBAL. A esta actitud se la ha llamado la «aproximación dura», porque considera que las ciencias del lenguaje deben ser **duras**, como la física y la matemática; pero no son pocos, en especial desde el nacimiento del PARADIGMA GENERATIVISTA, los que abogan por una aproximación más **blanda**. Normalmente, cuando se habla de 'experimentación en lingüística' se piensa en la investigación que se lleva a cabo en los LABORATORIOS DE FONÉTICA, pero también se puede hacer investigación experimental sobre otras cuestiones, por ejemplo, el USO del lenguaje o la actitud hacia el mismo (principalmente en SOCIOLINGÜÍSTICA y en el PARADIGMA DE LA PRAGMÁTICA), la GRAMATICALIDAD y ACEPTABILIDAD de expresiones (PARADIGMA GENERATIVISTA), los ALÓFONOS en distintos REGISTROS y variantes regionales (PARADIGMA ESTRUCTURALISTA), etc. (Greenbaum, S. *et al.*, 1970; Dick, D., 1974).

En casi todos los PARADIGMAS lingüísticos, prácticamente en todos los NIVELES y COMPONENTES del lenguaje, y en muchos de los temas de investigación, existen PROBLEMAS o cuestiones teóricas y muchos de ellos son problemas experimentales, es decir, especulación con TEORÍAS y experimentación con DATOS. La diferencia sobre el lugar que debe ocupar la 'experimentación' en la investigación dependerá del paradigma, del MÉTODO y, muy especialmente, de la naturaleza del problema.

**EXPERIMENTADOR/EXPERIMENTANTE.** Es el PAPEL SEMÁNTICO de la expresión nominal que designa a la entidad humana o animada que experimenta un PROCESO. Así, por ejemplo, *el niño* sería el 'experimentador' del proceso al que alude *dormir* en la oración «Por fin el niño dormía plácidamente». En «Agustín admira a los que se enriquecen con facilidad», el sintagma *Agustín* designa al 'experimentador', esto es, a la entidad humana en la que tiene lugar el proceso denotado por *admirar*.

**EXPERIMENTO.** Un 'experimento' es una operación llevada a cabo ateniéndose a determinados *criterios*, en un proyecto que ha sido diseñado para ilustrar alguna verdad sugerida o conocida, o para comprobar hipótesis especificadas explícitamente. El más esencial de los criterios es la *precisión* en la definición de todos los factores que intervienen en el experimento, precisión que se debe reflejar en su formulización y cuantificación. La falta de precisión o de rigor en la definición conceptual de los factores y de los parámetros concurrentes puede conducir al fracaso de los resultados. Pero, además, los experimentos deben ser *válidos*, *fiables* y fácilmente *administrables*. La validez nos debe decir hasta qué punto el experimento mide lo que tiene que medir, o ilustra lo que tiene que ilustrar, es decir, hasta qué punto los resultados del mismo son representativos o sirven para los fines que se pensaron. La fiabilidad de la prueba nos debe asegurar que si el experimento se repitiera en condiciones similares se obtendrían resultados similares. Si un experimento es excesivamente complejo o embrollado, difícilmente será administrable o aplicable. Los 'experimentos' se clasifican en EXPERIMENTOS HIPOTÉTICOS-DEDUCTIVOS y en EXPERIMENTOS CIENTÍFICO-INDUCTIVOS.

**EXPERIMENTOS HIPOTÉTICOS DEDUCTIVOS.** De acuerdo con el MÉTODO HIPOTÉTICO-DEDUCTIVO se puede analizar en la EXPERIMENTACIÓN LINGÜÍSTICA una serie de factores o variables presentadas en forma de HIPÓTESIS. Por ejemplo, en una tesis que ha investigado sobre el uso del lenguaje obsceno, su autor (E. Baudhuin, 1970: 46-8) presenta hasta 10 HIPÓTESIS sobre los efectos que este tipo de lenguaje (TABÚ, TACOS, etc.), usado en la COMUNICACIÓN, puede producir en la credibilidad del emisor de un mensaje y para comprobar las HIPÓTESIS ha diseñado un experimento en el que ha tenido en cuenta los siguientes factores: (a) el objetivo del experimento; (b) la definición de los grupos experimentales y del grupo de control; (c) los cuestionarios utilizados, con las preguntas y el lenguaje apropiado para suscitar respuestas, reacciones y comentarios válidos; (d) el instrumental (magnetófonos, etc.); (e) las variables independientes: definición operativa del lenguaje obsceno (alto, medio, bajo); la credibilidad del emisor (alta y baja); el sexo de los interlocutores, etc.; (f) las variables dependientes: la opinión que los individuos tienen del tema en cuestión y del emisor del mensaje obsceno; y (g) el método estadístico empleado.

**EXPERIMENTOS INDUCTIVOS.** Los 'experimentos' del PARADIGMA ESTRUCTURALISTA por lo general intentan describir una serie de VARIABLES lingüísticas del problema que es objeto de análisis; por ejemplo, en un estudio sociolingüístico (Rochet, B. y Rodríguez González, F., 1989) cuyo objeto de investigación es el uso de tres valores (las palabras *mujer*, *señora* y *esposa*) de la VARIABLE «palabra utilizada para referirse a la cónyuge matrimonial», sus autores con el fin de determinar el uso de los valores de esta variables definen con precisión, para garantizar, en lo posible, el feliz éxito del trabajo, lo siguiente:

(a) el procedimiento empleado: ENCUESTAS escritas; en opinión de los autores, las limitaciones que pueda tener el experimento, en lo que a la validez se refiere, por tratarse de encuestas escritas, pueden quedar compensadas por su mayor fiabilidad;

(b) el número de INFORMANTES, su procedencia geográfica y los detalles muy minuciosos de las VARIABLES SOCIOLÓGICAS que se refieren a sus estratos sociales, sus profesiones, sexos y edades;

(c) las preguntas y las oraciones muy concretas que induzcan a los informantes a utilizar los VALORES de la variable que queremos investigar. Estas oraciones deben provocar el uso del valor (1) cuando un hombre habla de su propio cónyuge, (2) cuando alguien habla del cónyuge del interlocutor, o (3) cuando dos interlocutores hablan del cónyuge de una tercera persona. El punto (c) es de gran importancia y, como afirma Greenbaum (1977), casi siempre es posible diseñar un experimento que provoque en los interlocutores respuestas, reacciones o datos observables que nos ofrezcan información sobre el problema o cuestión que es objeto de investigación.

Y, además, se incluyen (d) el procedimiento de ANÁLISIS ESTADÍSTICO; y (e) el análisis de los resultados y las conclusiones.

**EXPLETIVO.** ① El término 'expletivo' hace referencia a un elemento cuya presencia no es estrictamente necesaria en una construcción, aunque pueda aportar un valor expresivo o intensificador, desde el punto de vista afectivo. Por ejemplo, según Alcina y Blecua (1975), el DATIVO ÉTICO es un elemento 'expletivo. En «*Se* lo leyó de cabo a rabo» o en «*Me* lo suspendieron», *se* y *me*, los dativos éticos, no son elementos imprescindibles ni para la interpretación ni para la gramaticalidad del enunciado. Pero son, a su juicio, elementos «de carácter muy expresivo». Igualmente se consideran 'expletivos' ciertos usos de *que* al comienzo de una oración independiente, como, por ejemplo, en «Por cierto *que* soy amigo de Grijalbo». El *que* sería 'expletivo' porque es igualmente válida la construcción con *que* o sin él, aunque la presencia de *que* imprime «una mayor fuerza a la expresión».

② En gramática generativa se denominan 'expletivos' ciertos elementos que, si bien carecen de significado, son necesarios para la gramaticalidad de una determinada construcción. Por ejemplo, según Demonte (1989) o Fernández Lagunilla y Anula Rebollo (1995: 124), *it* en inglés, o *il* en francés son pronombres 'expletivos' cuando aparecen como sujeto de verbos impersonales; esto es, cuando ocupan la posición de sujeto de un verbo que tiene «destematizada» esa posición y requiere, por ello, un sujeto sin papel semántico: «*It* seems that all the country is in crisis», «*Il* semble que tout le pays est en crise» («Parece que todo el país está en crisis»).

**EXPLICACIÓN.** Véase en ADECUACIÓN CIENTÍFICA y en DESCRIPCIÓN.

**EXPLICADOR.** En la LINGÜÍSTICA DEL HABLAR de Coseriu (1967: 304 y sigs.) los **explicadores** son DELIMITADORES que destacan una característica de lo nombrado («El vasto océano»).

**EXPLICATIVO.** ① Equivale a NO RESTRICTIVO.

② Véase en ADECUACIÓN CIENTÍFICA.

**EXPLICITACIÓN.** Es la técnica de TRADUCCIÓN OBLICUA (Vázquez Ayora, 1977) consistente en incluir en el texto meta información no explícita en el texto origen, aunque presente en la PRESUPOSICIÓN PRAGMÁTICA de los HABLANTES de la lengua original, de forma que la comprensión de la traducción no se ve obstaculizada por falta de datos. Al traducir, por ejemplo, «His problems could only be solved in Harley Street», no podemos obviar que los hablantes ingleses conocen que se trata de una calle donde viven los mejores médicos de Londres; así, una posible traducción sería «Sus problemas sólo podía solucionarlos un *médico* de Harley Street», en la cual hemos añadido una unidad no presente en el original, pero necesaria para que no se pierda el sentido (Campos, 1994).

**EXPLOSIÓN.** Véase en OCLUSIVA.

**Explosiva.** Quilis (1991: 189) llama 'explosivas' a las OCLUSIVAS, porque la EXPLOSIÓN es el momento más audible de estas CONSONANTES.

**Exponente.** Con el término 'exponente' se hace referencia a un MORFO o rasgo que permite identificar un MORFEMA, una propiedad gramatical. Por ejemplo, según Moreno Cabrera (1995: 432), en *niñ-o-s*, *-o-* es un morfo 'exponente del morfema de masculino, *-s* es un morfo 'exponente' del morfema de plural.

**Exposición.** Se emplea el término 'exposición' para aludir a la MODALIDAD DISCURSIVA encargada de transportar una información en la que se haga referencia explícita a procesos u objetos o se construya una argumentación lógica (*cf* retórica). Esta modalidad se utiliza en enunciados y textos que van desde la DEFINICIÓN de una palabra, a las instrucciones de utilización de un artilugio, pasando por la conferencia, el ensayo, el sermón, siempre haciendo uso de la ILUSTRACIÓN (Campos, 1991). *Cf* descripción, diálogo, narración, persuasión.

**Expresión.** Véase en FORMA[3].

**Expresión escrita/oral.** Véase en DESTREZAS COMUNICATIVAS y en ACTUACIÓN.

**Expresión-r.** Véase en EXPRESIÓN REFERENCIAL[2].

**Expresión referencial.** ① En el sentido más amplio del término, una 'expresión referencial' es cualquier sintagma de carácter nominal con capacidad para referir, para aludir a entidades del mundo extralingüístico. La 'expresión referencial', en esta acepción del término, puede ser, por tanto, un sintagma nominal constituido por un nombre común precedido de un DETERMINANTE[2] («*La esfera armilar* queda muy bien encima de *la librería*»), o por un nombre propio («*Gonzalo* ha pasado las vacaciones en *León*»); puede ser, asimismo, un sintagma constituido por un PRONOMBRE REFLEXIVO («Mi hermano sólo piensa en *sí mismo*») o no reflexivo («Ya me estoy cansando de *ella*»).

② En RECCIÓN Y LIGAMIENTO, el término 'expresión referencial', o también **expresión-r**, tiene, sin embargo, un sentido mucho más específico. Se clasifican como 'expresiones referenciales' sólo las categorías nominales que, a diferencia de las ANÁFORAS y de los PRONOMINALES, se caracterizan por los rasgos [–pronominal] y [–anafórico]. En esta segunda acepción serían, por tanto, 'expresiones referenciales' los sintagmas nominales constituidos por un nombre común («*La esfera armilar* queda muy bien encima de *la librería*») o por un nombre propio («*Gonzalo* ha pasado las vacaciones en *León*»), pero no los integrados por un reflexivo («Mi hermano sólo piensa en *sí mismo*»), puesto que posee el rasgo [+anafórico], ni los constituidos por un pronombre personal («Ya me estoy hartando de *ella*»), que se caracterizan por el rasgo [+pronominal] (no obstante, también, por ejemplo, se caracterizan como [–anafórico] [–pronominal] las HUELLAS de Qu (*cf* Demonte, 1989: 177; van Riemsdijk y Williams, 1986: 278). Esta distinción entre anáforas, pronominales y 'expresiones referenciales' obedece a que los tres tipos de categorías se comportan de distinto modo en lo que concierne a la TEORÍA DEL LIGAMIENTO.

**Expresividad, expresivo.** ① La 'expresividad', relacionada, según Bally (1905), con la expresión de los sentimientos del HABLANTE ha dado lugar a la ESTILÍSTICA DE LA EXPRESIVIDAD.

② Véase la FUNCIÓN EXPRESIVA en FUNCIONES DEL LENGUAJE.

③ Véase 'acto expresivo' en ACTO DE HABLA.

④ Véase 'acento expresivo' en ACENTO AFECTIVO.

**Extensión.** En semántica se llama **extensión** a la clase de objetos denotados por un signo. Por ejemplo, la 'extensión' del signo *hombre* es el conjunto de todos los hombres. Por el contrario, se llama **intensión** al conjunto de RASGOS SEMÁNTICOS (ser, racional, bípedo, etc.) que constituyen la unidad denotada. Cuanto mayor es la 'intensión' de un, signo tanto menor es su 'extensión'. Por ejemplo, la unidad léxica «hombre blanco» tiene más 'intensión' que «hombre» y, consecuentemente, posee menos 'extensión, es decir, se puede aplicar a menos individuos. Los términos 'extensión' e 'intensión' se emplean en la DEFINICIÓN por EXTENSIÓN y por INTENSIÓN.

**EXTRADIEGÉTICO.** Véase en DIEGÉTICO.

**EXTRALINGÜÍSTICO.** Véase en CONTEXTO, CONTEXTO DEL HABLAR.

**EXTRANJERISMO.** Véase en BARBARISMO.

**EXTRAMETRICALIDAD, EXTRAMÉTRICO.** En FONOLOGÍA se llama **extramétrico** a la UNIDAD FONOLÓGICA (SEGMENTO, MORA, SÍLABA, PIE, AFIJO O PALABRA) que es ignorada por una regla fonológica (*cf* fonología métrica), a saber, es considerada como si no existiera. Y la **extrametricalidad** trata de los elementos 'extramétricos', los cuales son siempre periféricos. Por ejemplo, en inglés la sílaba final de los nombres no cuenta en la asignación de acento, y en los adjetivos derivados el SUFIJO adjetival es 'extramétrico' (Don, 1996).

**EXTRAPOLACIÓN.** En GRAMÁTICA y también en ESTILÍSTICA se llama **extrapolación** o **dislocación** al desplazamiento de un elemento sintáctico a la derecha o la izquierda de su sitio habitual o no MARCADO. Por ejemplo, hay 'extrapolación' de *vino* en el siguiente enunciado «El vino, ¿lo bebes?» (¿Bebes el vino?).

**EXTRAPOSICIÓN.** Es el desplazamiento a posición final, tras el SINTAGMA VERBAL, de la oración que funciona como SUJETO de dicho SINTAGMA. «Es recomendable *que se tome unas vacaciones*» y «Es imposible *que regrese a tiempo*» son, pues, enunciados en los que se ha producido una 'extraposición'. En algunas lenguas, como el inglés, la 'extraposición' conlleva que un pronombre —*it*— ocupe la posición que inicialmente correspondía al sujeto desplazado: «That Mary didn't read the book surprised me» → «It surprised me that Mary didn't read the book». En español, sin embargo, el cambio de posición no implica la aparición de forma pronominal alguna.

**EXTRAVERBAL.** Véase en CONTEXTO y en CONTEXTO DEL HABLAR.

**EYECTIVAS.** Son consonantes OCLUSIVAS NO ESPIRADAS, cuyo MECANISMO DE FONACIÓN es GLOTAL EGRESIVO. Las 'eyectivas', representadas en la TRANSCRIPCIÓN FONÉTICA con los símbolos [p', t', k'] (Abercrombie, 1967: 126), son glotales porque hay una OCLUSIÓN en la GLOTIS, y egresivas porque el aire sale al exterior. Además de la oclusión en la glotis existe otra en los labios, en los dientes o alvéolos, o en el velo del paladar. El aire encerrado en el conducto vocal entre la glotis, por elevación de la laringe, y el órgano articulatorio, queda comprimido, y sale de forma brusca. La relajación de la oclusión bucal precede a la de la oclusión glotal (Martínez Celdrán, 1984: 178). *Cf* inyectivas.

# F

**F.** ① En FONÉTICA ACÚSTICA, *F* es la forma abreviada de FORMANTE. $F_0$ (a veces también **FO**) es el nombre de la FRECUENCIA FUNDAMENTAL o primer armónico.

② Véase en FLEX.

**FACTITIVO.** Equivale a CAUSATIVO. Véase en CONSTRUCCIÓN CAUSATIVA y en VERBO CAUSATIVO.

**FACTIVO.** Véase PREDICADO FACTIVO, VERBO FACTIVO.

**FALACIA DESCRIPTIVISTA.** Véase en ACTO DE HABLA.

**FALSABLE, FALSABILIDAD, FALSACIONISMO.** En la INVESTIGACIÓN LINGÜÍSTICA, muchas de las TEORÍAS que se formulan para dar cuenta de un determinado número de DATOS lingüísticos son verificables EMPÍRICAMENTE. Otras, en cambio, no lo son, aunque sí son 'falsables'. Se dice que una teoría es **falsable** cuando se encuentran contraejemplos que desbaratan sus generalizaciones o aseveraciones. Por ejemplo, la teoría que Lass (1980) ha formulado para reconstruir la historia de la /a/ del período de la historia del inglés llamada inglés medio no puede ser comprobada empíricamente, ya que es imposible confrontarla con la experiencia, pero sí es 'falsable' cuando se encuentren contraejemplos, en cuyo caso deberá ser corregida o desechada.

Nunca podemos afirmar si una teoría es verdadera o falsa, sólo podemos decir que es más completa o mejor que otras, en la medida en que ha superado pruebas que **falsaron** a las que la precedieron (Vargas Llosa, 1989). La **falsabilidad** es, de acuerdo con Popper (1973), el recurso definitivo para asegurarse de la veracidad de las teorías, ya que éstas sólo son formulaciones provisionalcs. La invcstigación se concibe, de esta forma, como el primer estadio de una marcha hacia la verdad científica, en cuyo camino se libera progresivamente de las falsas teorías. *Cf* teoría científica.

**FALSETE.** El término 'falsete', tomado de la música, alude en FONÉTICA al REGISTRO[1] más alto o más AGUDO de la VOZ HUMANA. También se le llama **voz de cabeza** y se opone a la **voz de pecho**, que representa el registro más GRAVE o bajo. El término procede del italiano *falsetto*, que significa «falso soprano», y se aplica a la voz de los hombres producida cuando se hace vibrar las CUERDAS superiores de la LARINGE dejando un orificio oval entre sus bordes.

**FALSO AMIGO.** Véase en COGNADO.

**FALLO DE PRESUPOSICIÓN.** Véase en PRESUPOSICIÓN CONVENCIONAL.

**FAMILIA.** ① En lingüística se emplea el término 'familia' con el sentido de «conjunto de elementos genéricamente relacionados», por ejemplo, **familia de transformaciones**.

② La **familia de lenguas** son conjuntos de lenguas relacionadas entre sí por su GE-

NEALOGÍA, de acuerdo con los postulados de la LINGÜÍSTICA COMPARADA, o por su AFINIDAD LINGÜÍSTICA O TIPOLÓGICA. *Cf* indoeuropeo, genealogía.

③ En LEXICOLOGÍA el término **familia de palabras** se refiere al grupo de palabras relacionadas sincrónica (*granja*, *granjero*, *heno*, *ganado*, etc.) o diacrónicamente (*conducir*, *deducir*, *inducir*, etc.). Las 'familias de palabras' son, metodológicamente, las precursoras de los CAMPOS SEMÁNTICOS.

**FARINGE, FARÍNGEO, FARINGALIZACIÓN.** La **faringe** es el primero de los cuatro RESONADORES SUPRAGLÓTICOS que interviene en la FONACIÓN, es decir, el primero que produce modificaciones en el aire procedente de la GLOTIS. Se trata de un CANAL en el que confluyen tres funciones: la deglución, la respiración y la fonación. La parte anterior tiene tres aberturas que comunican con la NARIZ (sección rinofaríngea), con la BOCA (sección orofaríngea, que sirve para prolongar la cavidad bucal en su parte posterior) y con la LARINGE (sección **hipofaríngea**). El papel de la 'faringe' es muy importante en la fonación, ya que se considera que la FRECUENCIA del primer FORMANTE está vinculada al resonador faríngeo: cuanto más grande sea esta cavidad y más pequeña o alargada sea la constricción bucal, tanto más baja será su nota de RESONANCIA. Como el volumen de la cavidad faríngea disminuye al pasar de la [i] a la [e] y de ésta a la [a], la frecuencia del primer formante aumentará regularmente de 250 Hz para la [i], a 350 para la [e] y a 750 para la [a] (Mounin, 1972: 76-7).

Pero también puede actuar la 'faringe' como ARTICULADOR; en este sentido se emplea el adjetivo **faríngeo** (Martínez Celdrán, 1983: 168) para aludir a las articulaciones en las que intervienen la RAÍZ, o parte RADICAL, de la lengua y la pared faríngea; las VARIANTES y los FONEMAS faríngeos se encuentran, por ejemplo en la llamada 'r' gutural [R] del francés parisino o en el fonema del árabe transcrito con *gh*, como en la palabra *Maghreb*. Consecuentemente, se llama **faringalización** a la ARTICULACIÓN SECUNDARIA, característica de ciertas lenguas, especialmente semíticas, consistente en el retroceso o descenso de la raíz de la lengua, al tiempo que se produce una articulación primaria de carácter dental o alveolar. A los sonidos resultantes se les llama 'faringalizados' o ENFÁTICOS. *Cf* laringe.

**FASE, FASE DE ARTICULACIÓN.** ① En lingüística se emplea el término 'fase' para hablar de los distintos momentos o etapas de todos los procesos del lenguaje. Véase en COMUNICACIÓN la **fase intencional** y la **fase motriz**.

② En FONÉTICA ARTICULATORIA, y dentro del análisis de los SONIDOS de la CADENA HABLADA se distinguen tres dimensiones básicas: el MODO DE ARTICULACIÓN, el PUNTO DE ARTICULACIÓN y las **fases de la articulación**, a saber, la INTENSIÓN, la TENSIÓN y la DISTENSIÓN.

**FASE DE INCERTIDUMBRE.** Véase en INCERTIDUMBRE.

**FÁTICO.** Véase en FUNCIONES DEL LENGUAJE.

**FEEDBACK.** Véase en FONÉTICA AUDITIVA.

**FELICIDAD.** Véase en CONDICIONES DE FELICIDAD DEL ACTO DE HABLA.

**FEMA.** Véase en RASGO DISTINTIVO.

**FEMENINO.** Véase en GÉNERO.

**FENOTIPO.** Los términos **fenotipo** y **genotipo**, tomados de la biología, se usan en la DESCRIPCIÓN lingüística para aludir a lo externo, observable, patente o manifiesto en el primer caso, como pueden ser las CATEGORÍAS morfosintácticas (CASO, GÉNERO, PERSONA, VOZ, etc.), frente a lo GENEALÓGICO, ABSTRACTO o no observable de los MODELOS lingüísticos. La llamada ESTRUCTURA PROFUNDA del GENERATIVISMO pertenece al 'genotipo', y la superficial[5] al 'fenotipo'.

**FIGURA, FIGURA DEL LENGUAJE, FIGURA DEL PENSAMIENTO.** En ESTILÍSTICA (Dubois y grupo µ, 1982; Leech, 1969) y, por consiguiente, en la RETÓRICA clásica, se llama **figura del lenguaje**' a «ciertos modos de hablar que, apartándose de otro más vulgar o sencillo, aunque no siempre más natural, da a la expresión de los afectos o las ideas singular elevación, gracia o energía» (DRAE). La literatura, la publicidad, etc., hacen uso constante de las 'figuras del lenguaje' o **lenguaje figurado**. He aquí una clasificación basada en cinco grandes grupos:

(a) figuras de identidad, similitud o ANALOGÍA: COMPARACIÓN, EPÍTETO, METÁFORA, CATACRESIS, METONIMIA, PARONOMASIA, PERSONIFICACIÓN, SÍMIL, SINÉCDOQUE, SINONIMIA, y EUFEMISMO, etc.

(b) figuras de CONTRASTE O ÉNFASIS: ANTICLÍMAX, ANTÍTESIS, ANTONIMIA, ELIPSIS, HIPÉRBOLE, IRONÍA, ÍTOTES, OXÍMORON, PARADOJA, etc.

(c) figuras de explotación de los sonidos: ALITERACIÓN, ANÁFORA, ASONANCIA, ONOMATOPEYA, REPETICIÓN ISOFÓNICA, etc.

(d) figuras de repetición: METÁBOLE, PLEONASMO, TAUTOLOGÍA, etc.

(e) figuras lúdicas: RETRUÉCANO O CONMUTACIÓN, anagrama, etc.

Las 'figuras del lenguaje' deben considerarse como CLASES abiertas a nuevas figuras creadas por el ingenio y la inspiración, y susceptibles de nuevas clasificaciones. Para Todorov (1971), desde la retórica clásica hasta nuestros días, existe una obsesión por la clasificación de las figuras del lenguaje; la anterior podría haberse hecho con otros criterios, por ejemplo, incluir el retruécano, la aliteración, en el grupo de las figuras de repetición, etc. A la metáfora, la metonimia, la sinécdoque, el símil y la ironía, entre otros, se les llama **tropos**, por implicar un sentido distinto del que propiamente les corresponde, aunque mantiene con éste alguna conexión, correspondencia o semejanza (DRAE). La paradoja, el anticlímax y la ironía y otros, cuyo EFECTO ESTILÍSTICO se halle en una oración o párrafo más que en una simple construcción léxica, se llaman **figuras de pensamiento**.

**FIJO.** Véase en ACENTO, en ARTICULADOR y en PALADAR.

**FILOLOGÍA.** La 'filología' y la LINGÜÍSTICA estudian el lenguaje, aunque cada una lo hace desde un punto de vista distinto. A la lingüística le interesa el funcionamiento del lenguaje como medio de expresión, y también el análisis de sus formas y funciones, mientras que la filología tiene unos objetivos más amplios. El término 'filología' no quiere decir lo mismo en todas las lenguas. Por ejemplo, en Gran Bretaña o Estados Unidos casi siempre equivale a lo que se llama GRAMÁTICA COMPARADA. En cambio, en España, en Alemania, en Francia, etc., la 'filología' se dedica a la interpretación de los textos literarios, en su sentido más amplio, analizando su historia, sus aspectos estéticos y humanísticos. En Alemania a los estudios de GRAMÁTICA COMPARADA se les llama *Vergleichende Sprachwissenschaft*, y en inglés a la filología hispánica, a la inglesa, etc., se las llama *Spanish Studies*, *English Studies*, etc.

La 'filología' (Malmberg, 1967: 1-2) ha desarrollado sus técnicas propias de análisis, entre las que destaca la **crítica de textos** o **crítica genética**: comparando los múltiples ejemplares diferentes de un texto que hayan sobrevivido es posible establecer la red de relaciones que los liga al original, y decidir cuál es el más auténtico. En tanto que la labor del filólogo está íntimamente ligada a la del historiador y la del crítico literario, la del lingüista se superpone con estudios de fisiología, acústica, sociología, psicología, lógica, etc., lo cual no quiere decir que el lingüista sea insensible al estudio de los textos literarios o que no haya contribuido a un mejor conocimiento de los mismos, como ha hecho con los trabajos de ESTILÍSTICA.

**FILOLOGÍA COMPARADA, FILOLOGÍA HISTÓRICA.** Véase en LINGÜÍSTICA COMPARADA Y LINGÜÍSTICA COMPARADA.

**FILOSOFÍA DEL LENGUAJE.** Desde el *Cratilo* de Platón (*cf* etimología) hasta nuestros días, pasando por las especulaciones de la Edad Media (*cf* MODI SIGNIFICANDI), la Edad Moderna (*cf* RACIONALISMO) y, la Edad Contemporánea (*cf* los estudios de los filósofos Austin y Searle sobre los ACTOS DE HABLA), el examen del lenguaje ha interesado tanto a los filósofos como a los lingüistas, y se puede afirmar que siempre ha habido muchas zonas de coincidencia en lo que a los problemas o temas de estudio se refiere. No obstante, los lingüistas se han centrado, casi siempre, en el análisis del SISTEMA LINGÜÍSTICO, con sus FORMAS, NIVELES y FUNCIONES, mientras que la preocupación de los 'filósofos del lenguaje' fue más profunda o abstracta, interesándose por cuestiones tales como las relaciones entre el lenguaje y el mundo, esto es, entre lo lingüístico y lo extralingüístico, o entre el lenguaje y el pensamiento. De los temas preferidos de la 'filosofía del lenguaje' merecen ser destacados el estudio del origen del lenguaje, la simbolización del lenguaje (*cf* lenguaje artificial) y, sobre todo, la actividad lingüística en su globalidad, y la SEMÁNTICA en particular, la cual en la 'filosofía del lenguaje' aborda las DESIGNACIONES y la llamada SEMÁNTICA VERITATIVA. Se encuadran, entre otros, dentro de la 'filosofía del lenguaje', los trabajos de John Locke, Frege, Bertrand Russell, Wittgenstein, Quine y también los de Austin, Searle y Grice.

**FILTRO.** Especialmente en las GRAMÁTICAS GENERATIVAS, se denominan 'filtros' ciertos condicionamientos generales que se aplican a las estructuras generadas por las reglas de algún componente de la gramática y que tienen como objeto restringir la formación de oraciones anómalas o agramaticales. Son, pues, condiciones que «filtran» las estructuras generadas por las reglas gramaticales, eliminando las que, por algún motivo, resulten anómalas. Por ejemplo, según señalan van Riemsdijk y Williams (1986: 158 y sigs.) o Radford (1988a: 283 y sigs.), mediante un MOVIMIENTO DE QU (la operación que traslada un elemento interrogativo o relativo desde su posición básica a la posición de ESPECIFICADOR del NUDO COMP), se pueden generar las secuencias gramaticales «I saw the man *to whom* you talked» («Vi al hombre con el que hablaste») o «The man *who* I saw» («El hombre al que vi»), pero también se podrían formar oraciones anómalas como «*I saw the man *to whom that* you talked» («*Vi al hombre con quien que tú hablaste») o «*The man *who that* I saw» («*El hombre a quien que vi»). Con el fin de evitar estas u otras estructuras anómalas similares, Chomsky y Lasnik propusieron en 1977 el denominado **filtro de COMP doblemente lleno** o **filtro de ocupación múltiple de COMP.** Este 'filtro' es una condición que venía a establecer que un nudo COMP no podía tener ocupadas, a la vez, la posición de especificador (aquella en la que se sitúan los elementos Qu desplazados, como *to whom, who*) y la de COMPLEMENTANTE, la posición en la que se ubica *that*, un elemento catalogado como complementante.

Así, como indica Radford, este 'filtro' venía a rechazar con naturalidad las estructuras superficiales como «*I saw the man to whom that you talked» o «The man who that I saw», puesto que contenían dos constituyentes expresos en COMP: *to whom that, who that.*

**FILTRO ACÚSTICO, FILTRADO.** En FONÉTICA ACÚSTICA se llaman 'filtros' (Martínez Celdrán, 1983: 48) a unos circuitos eléctricos especiales que tienen la propiedad de dejar pasar las señales de una determinada BANDA DE FRECUENCIA, atenuando las demás. Dicho con otras palabras, los 'filtros' son mecanismos que dejan pasar ciertos ARMÓNICOS de un sonido complejo y absorben, eliminándolos, los que no coincidan con la frecuencia para la que está preparada dicho filtro. Se llama **filtrado** a la función realizada por los filtros, por analogía con el proceso químico con el que se separan las partículas grandes de las pequeñas, haciendo pasar una solución a través de una membrana porosa, normalmente papel.

Estos 'filtros' (Quilis, 1993: 104 y sigs.) son RESONADORES que constituyen un sistema de transmisión pasiva, la cual sólo permite el paso de una determinada gama de FRECUENCIAS a través de ellos, es decir, que sólo dejan pasar aquellas ONDAS simples cuyas frecuencias coinciden con las de cada uno de los 'filtros'. De este modo, las ondas cuyas frecuencias son superiores o inferiores a las frecuencias que puede dejar pasar un determinado 'filtro' no pasarán a través de éste, sino que se dirigirán a otro 'filtro', sensible para frecuencias superiores o inferiores.

Los filtros pueden ser de banda ancha y de banda estrecha. Con un **filtro de banda ancha** se obtiene una banda de frecuencia de 300 cps, que comprende varios armónicos. De este modo se ponen de relieve las zonas de frecuencias que han sido reforzadas en las CAVIDADES SUPRAGLÓTICAS. Los filtros de banda ancha (300 Hz) son los más utilizados, puesto que dan un espectro conveniente para el estudio de los formantes VOCÁLICOS, los RUIDOS y otras informaciones que sirven como índices adecuados para el análisis de los sonidos emitidos. Cuando se utiliza el **filtro de banda estrecha** se extrae una banda de frecuencia de 45 cps, que es inferior siempre a la distancia entre dos armónicos. Este filtro proporciona un espectro en el que se pueden contemplar los diferentes armónicos de los que están compuestos los formantes vocálicos y la entonación; por otra parte, esta banda es la adecuada para trazar la amplitud tanto del conjunto de los armónicos como la de cada uno de ellos por separado (Martínez Celdrán, 1983: 48, 99). *Cf* sonograma.

**FILTRO DE CASO.** En RECCIÓN Y LIGAMIENTO se llama 'filtro de caso' a la condición general sobre la formación de oraciones que establece que todo sintagma nominal fonéticamente realizado debe recibir marca de CASO; esto es, debe tener una marca formal que haga posible asignarle un PAPEL TEMÁTICO.

«*El arreglo la casa nos ha salido muy caro» es una oración anómala porque viola esa condición impuesta por el 'filtro de caso': *la casa* es un sintagma nominal fonéticamente realizado, que no tiene marca de caso. Si se inserta una preposición, en cambio, la oración es gramatical, está bien formada, porque el sintagma nominal tiene ya una marca de caso que permite identificar su papel: «El arreglo de la casa nos ha salido muy caro». Se cumple así el requisito exigido por el 'filtro de caso'. *Cf* criterio temático, condición de visibilidad.

**FINAL.** Véase en ORACIÓN FINAL.

**FINAL DEL TEXTO.** Véase en CIERRE TEXTUAL.

**FISÍPARA.** Véase en HOMONIMIA.

**FLEX.** En RECCIÓN Y LIGAMIENTO, 'flex' o F (también INF, o I) es el NUDO o categoría que acoge a los morfemas gramaticales del verbo, tanto los específicamente verbales (los de TIEMPO, MODO y ASPECTO) como los de NÚMERO y PERSONA, que corresponden a la CONCORDANCIA con el sujeto. 'FLEX' se considera el núcleo de una PROYECCIÓN MÁXIMA (SF o sintagma flexión) cuyo ESPECIFICADOR es el SUJETO de la oración, en tanto que el sintagma verbal ocupa la posición de COMPLEMENTO. Así queda reflejado en el siguiente DIAGRAMA ARBÓREO que representa, de un modo simplificado, la estructura de la oración «Venancia suspiró»:

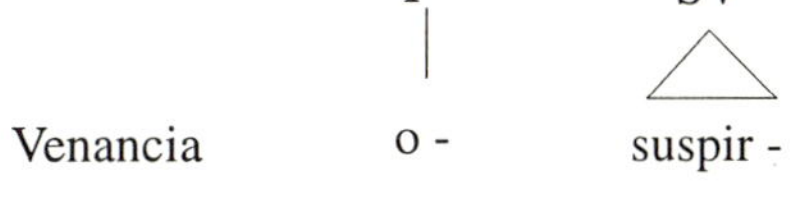


**FLEXIÓN.** ① Se da el nombre de 'flexión' al proceso morfológico consistente en la modificación de las palabras mediante la adjunción de MORFEMAS FLEXIVOS, esto es, de AFIJOS con significados o valores gramaticales tales como GÉNERO, NÚMERO,

TIEMPO, PERSONA. A diferencia de la DERIVACIÓN, la 'flexión' está generalmente determinada por las relaciones sintácticas que se establecen entre las palabras (*cf* concordancia).

② También se denomina 'flexión' de una palabra al conjunto de formas flexionadas de que es susceptible una unidad léxica; esto es, el conjunto de variaciones formales que constituyen el paradigma de esa palabra.

③ 'Flexión' también se utiliza para designar un determinado morfema flexivo. Por ejemplo, cuando se dice que «camion*es*» presenta 'flexión' de número, o «canta*ba*» 'flexión' de tiempo.

**FLOJO.** Véase en TENSO.

**FOCALIZACIÓN.** Se denomina 'focalización' al procedimiento, o conjunto de procedimientos, que se utilizan para destacar como FOCO, esto es, como información nueva o contraria a lo esperado, un constituyente oracional. Por ejemplo, la anteposición del constituyente, junto con la prominencia fónica, o el ACENTO DE ORACIÓN son considerados procedimientos de FOCALIZACIÓN. Así, en «UN COCHE, no una moto, quiere el niño», la anteposición de *un coche*, la prominencia fónica (indicada por el uso de versalitas), además de otros procesos tales como la posposición del sujeto, señalan al constituyente *un coche* como foco contrastivo; esto es, como información contraria a lo esperado. También las ORACIONES ECUACIONALES han sido consideradas como construcciones focalizadoras; esto es, como construcciones que tienen como finalidad destacar un foco informativo: «A Juan es al que han elegido», «Un coche es lo que quiere el niño».

**FOCO.** ① En el análisis de los ENUNCIADOS efectuado con metodología BINARIA, desde el punto de vista de la INFORMACIÓN contenida en los mismos, existen varias DICOTOMÍAS, como 'foco' y PRESUPOSICIÓN, DADO y NUEVO, TEMA y REMA, TÓPICO y COMENTARIO. En la primera dicotomía, **foco** se utiliza como equivalente a toda la INFORMACIÓN NUEVA. Según esta acepción, más amplia que la que sigue, en una secuencia discursiva como «¿Qué ha ocurrido?», «Ana ha tenido un accidente», toda la oración *Ana ha tenido un accidente* sería el 'foco', puesto que toda ella constituye INFORMACIÓN NUEVA.

② En un sentido más restrictivo, se considera 'foco', en un ENUNCIADO concreto, la UNIDAD SINTÁCTICA a la que el emisor atribuye un mayor relieve desde el punto de vista informativo, (1) bien porque tal unidad represente la INFORMACIÓN NUEVA, no compartida por el receptor o, incluso, contraria a lo que éste espera, (2) bien porque constituya la culminación de la información nueva, en el caso de que ésta abarque varias unidades. En el enunciado «Quiero ir CONTIGO, no con él» (se suele emplear VERSALITAS en los textos para indicar PROMINENCIA fónica), *contigo* es la unidad léxica a la que se asigna el papel de 'foco', puesto que en ella se centra informativamente la oración, esto es, representa la información nueva, contraria a lo esperado por el receptor. La prominencia fónica, utilizada en el enunciado que nos ha servido de ejemplo, es, ciertamente, uno de los procedimientos habituales para señalar el 'foco' (*cf* tonicidad). Existen, no obstante, otros medios para indicar a qué unidad se dota de especial relieve informativo. Por ejemplo, el orden de palabras o el empleo de construcciones especiales. En «PATATAS vas a comer, no caviar iraní», además de por el relieve fónico, el 'foco' *patatas* resulta destacado por situarse en posición inicial, no habitual en el objeto directo. En «*Es este coche* el que yo quiero», el foco *este coche*, con o sin prominencia fónica, se señala mediante el tipo de construcción sintáctica utilizada: la llamada oración ECUACIONAL, PSEUDOHENDIDA O PSEUDOESCINDIDA.

**FONACIÓN.** ① En FONÉTICA ARTICULATORIA, en un sentido general, se llama 'fonación' al procedimiento mediante el cual se forman los SONIDOS ARTICULADOS, gracias a: (1) la acción que la corriente o columna de aire ejerce sobre las CUERDAS VOCALES, y (2) la intervención posterior de los RESONADORES y de los ARTICULADORES en el aire laríngeo o procedente de las cuerdas vocales para la producción de la VOZ humana. *Cf* mecanismo de fonación.

② Pero en un sentido estricto, el término 'fonación' se refiere sólo a la primera fase anterior, es decir, a la generación de SONIDOS PERIÓDICOS por medio de la acción de las CUERDAS VOCALES (Solé Sabater, 1993: 1); consta esta acción de los llamados **ciclos glotales** o **pulsos glotales**, que son ciclos de aberturas y de cierres sucesivos producidos por las cuerdas cuando se encuentran próximas y tensas; en el ESPECTROGRAMA, estos 'pulsos glotales' se manifiestan en forma de **estriaciones** o rayas verticales (*cf* barra de explosión). En esta posición la presión del aire excede a la de los músculos y fuerza a abrirse a las cuerdas vocales y a dejar pasar una corriente de aire. Al ser expulsado el aire de manera continua produce una vibración sonora de origen laríngeo, que se llama VOZ LARÍNGEA y también TONO LARÍNGEO. Cuando vibran las 'cuerdas vocales' se está produciendo la mayor parte de las cualidades físicas de un SONIDO, a saber, el TONO, la INTENSIDAD y el TIMBRE. A este momento de la formación de los sonidos se le llama 'fonación', que es previo al de la **articulación**.

**FONEMA.** ① Si el SIGNIFICADO es el concepto central de la SEMÁNTICA, el 'fonema' lo es de la FONOLOGÍA y de las distintas escuelas fonológicas, especialmente de las del ESTRUCTURALISMO (*cf* fonología generativa y rasgo). El hallazgo del concepto de 'fonema' y su diferenciación del de SONIDO fue la piedra angular para la consagración de la FONOLOGÍA y también para el fecundo desarrollo de la FONÉTICA.

En principio, se puede decir que los 'fonemas' son entidades diferenciadoras, indivisibles y ABSTRACTAS (Gili Gaya, 1973: 83). Son diferenciadoras porque cada 'fonema' se delimita dentro del sistema por las cualidades que lo distinguen de los demás. Son indivisibles, salvando lo que se dice más abajo en la concepción número 7 del 'fonema', porque no pueden descomponerse en unidades menores, como le ocurre a la sílaba. Son abstractas porque no son sonidos sino modelos o tipos ideales de sonidos que se manifiestan en el HABLA en forma de SONIDOS. Los 'fonemas' se definen siempre en relación con la estructura y ordenación del sistema lingüístico al que pertenecen; por eso se llama **sistema fonológico** de una lengua al conjunto de 'fonemas' de la misma capaces de 'oponerse' entre sí con valor de signo en una época determinada de su desarrollo histórico (Gili Gaya, 1975: 88). Es, por tanto, evidente que el concepto de OPOSICIÓN es clave en la concepción del 'fonema'. Como las distintas escuelas fonológicas han adoptado distintos puntos de vista, diversas son las definiciones del término 'fonema':

② El carácter diferenciador antes apuntado es el que aparece en la concepción más tradicional, que es la que considera al 'fonema' como la unidad mínima distintiva. Dicho con palabras de Bloomfield (1933), sería la unidad mínima de rasgo sonoro distintivo, entendiendo el término 'sonoro' como fenómeno físico, es decir, el mínimo elemento al cual puede llegar el análisis lingüístico comparando distintos ENUNCIADOS; ese mínimo elemento sería, por ejemplo, el responsable de la diferencia de significado entre las palabras españolas *paso* y *peso* o *caso* y *queso* (pronunciadas /ˈkaso/ y /ˈkeso/). O sea, que la /a/ y la /e/ en castellano son dos fonemas distintos porque se oponen entre sí, es decir, en un mismo contexto lingüístico, por ejemplo, /ˈk_so/, producirán dos unidades significativas; en castellano, hay cinco fonemas vocálicos, que motivan la diferenciación del significado de grupos de palabras como *p<u>a</u>so*, *p<u>e</u>so*, *p<u>i</u>so*, *p<u>o</u>so*, *p<u>u</u>so*. Esta definición de Bloomfield y de varios lingüistas norteamericanos también la utiliza A. Martinet (1965, 1968), quien en su concepción de la DOBLE ARTICULACIÓN DEL LENGUAJE distingue la unidad mínima distintiva o 'fonema', que es de la SEGUNDA ARTICULACIÓN, de la unidad mínima significativa o MONEMA, que es de la PRIMERA ARTICULACIÓN.

③ Para Alarcos Llorach (1983: 41), un 'fonema' es el conjunto de propiedades fonológicamente relevantes de un complejo fónico; unidades fonológicas que, en una lengua dada, no son divisibles en unidades sucesivas más pequeñas y simples.

④ Sin embargo, contamos con una definición funcional del 'fonema', propuesta por el fonetista británico Daniel Jones (1962), que consiste en considerar el fonema como la familia de sonidos que colocados en el mismo contexto lingüístico no producen modificaciones en el significado. Así, la palabra española *mismo* puede ser pronunciada de tres formas, como mínimo: ['mismo], ['mizmo], ['mihmo]. Los fonos o sonidos [s], [z] y [h] se consideran miembros del fonema castellano /s/. Lo mismo podemos decir de la palabra *llave*. La *ll* puede ser pronunciada de las siguientes maneras: ['ʎaβe], ['ʤaβe], ['jaβe], ['ʒaβe]. Estos fonos o sonidos son las variantes o los constituyentes del fonema castellano [ʎ]. En esta segunda acepción el 'fonema' es un conjunto o CLASE de ALÓFONOS, y se elige como representativo del mismo al alófono que aparece mayor número de veces, y cuyo símbolo fonológico tiene mayor coincidencia con la representación ortográfica; está claro que en castellano el fono [z] se manifiesta pocas veces y, en cambio, el fono [s] es muy recurrente; por este motivo se representa este fonema así: /s/.

⑤ En el ESTRUCTURALISMO NORTEAMERICANO, el 'fonema' queda caracterizado sobre bases distribucionales (Hockett, Ch., 1955). Los sonidos o fonos son agrupados intuitivamente bajo el título o rótulo de un solo fonema teniendo en cuenta cuatro criterios: distribución complementaria o libre variación, similaridad fonética, coherencia del sistema y realismo fonético.

⑥ En el ESTRUCTURALISMO EUROPEO, en especial en la visión de la Escuela de Praga, el 'fonema' es definido como término mínimo de una OPOSICIÓN que no se deja analizar en unidades sucesivas, más pequeñas y simples (Troubezkoy, N. S., 1949); aquí es fundamental el concepto de oposición.

⑦ Pero la concepción lingüística que goza de gran prestigio y que parece cautivar más hoy a los lingüistas es la de los RASGOS FÓNICOS (*cf* fonología no lineal). En esta teoría, el 'fonema' es un haz de RASGOS DISTINTIVOS O PERTINENTES realizados simultáneamente, que son aquellos ante los que aprende a reaccionar cada individuo dentro de una comunidad de habla. El 'fonema' no es la unidad mínima de la FONOLOGÍA, por ser una unidad compleja, esto es, un haz de rasgos pertinentes; por ejemplo, el fonema /t/ del español tiene tres rasgos pertinentes: SORDO frente a SONORO /d/, ORAL frente a NASAL /n/ y OCLUSIVO frente a FRICATIVO /θ/. Esta concepción del 'fonema' por medio de los rasgos distintivos ha sido desarrollada por Jakobson (1963) desde un punto de vista articulatorio, acústico y auditivo, y, con modificaciones, es la empleada en la FONOLOGÍA GENERATIVA (Chomsky, N. y Halle, M., 1968; Ladefoged, 1971). *Cf* transcripción fonética y fonológica.

**FONEMAS SEGMENTALES O LINEALES Y SUPRASEGMENTALES O PROSÓDICOS.** Con los elementos que forman la CADENA HABLADA se forman dos grandes grupos: los 'fonemas segmentales o lineales' y los 'suprasegmentales o prosódicos' (*cf* fonología articulatoria, fonología no lineal, fonología de dependencias). Dentro de los primeros se incluyen las VOCALES, las CONSONANTES, los DIPTONGOS y TRIPTONGOS, y las SEMIVOCALES, los cuales se caracterizan porque se oponen paradigmáticamente. El nombre de segmentales (*cf* segmento) nace de la posibilidad de ser fácilmente aislados; aunque, con toda propiedad, algunos de ellos, al segmentarlos, no pueden ser pronunciados con su plena identidad. La representación lineal de los fonemas segmentales ha sido cuestionada por corrientes tales como la FONOLOGÍA NO LINEAL.

Los 'fonemas suprasegmentales o prosódicos', también llamados **prosodemas**, son el ACENTO, el RITMO y la ENTONACIÓN de la cadena hablada. La CANTIDAD y la JUNTURA también son considerados, con frecuencia, como fonemas prosódicos. Para la comprensión de un mensaje es importante que los 'fonemas segmentales' sean pronunciados con toda precisión, pero no se debe descuidar la producción de los prosódicos; la comunicación podría quedar interrumpida por una emisión incorrecta o inapropiada de los mismos, por ejemplo, al aplicar incorrectamente la JUNTURA («La más cara que he visto», «La máscara que he visto», «Una gente interesante», «Un agente interesante»), o el ACENTO («La pérdida de tu mujer», «La perdida de tu mujer», etc.).

El estudio de los fonemas prosódicos es distinto al de los FONEMAS SEGMENTALES por varias razones: (1) mientras que los rasgos definitorios de un 'fonema segmental' se refieren a un solo segmento, ya sea una sola vocal (diptongo o triptongo) o una sola consonante (o semiconsonante), los prosodemas pueden afectar a uno o a varios fonemas segmentales de la cadena hablada (*cf* mora); (2) los prosodemas, a diferencia de los fonemas segmentales, no se oponen en el PARADIGMA, sólo contrastan en el SINTAGMA O DECURSO (Alarcos Llorach, 1983: 88); y (3) no tienen un valor absoluto, como pueden tenerlo en fonología segmental, que utiliza unidades discretas; sus valores son relativos, así, el tono grave de una mujer puede aproximarse al agudo de un hombre, etc.

Por estas razones, algunos lingüistas estiman que no es posible (ni tampoco útil metodológicamente) examinar los fonemas suprasegmentales por separado, porque entre sí guardan una íntima interdependencia. Otros, en cambio, consideran que estos 'fonemas prosódicos', aunque tienen como meta dejar patente el contraste fonológico, no encajan dentro del carácter sistemático de la lengua, y por eso, prefieren hablar de otros rasgos fonéticos de la cadena hablada o de RASGOS PROSÓDICOS (*cf* en rasgo distintivo) de la cadena hablada. Si bien es verdad que los 'rasgos prosódicos' son los que más se resisten al análisis serio del lingüista, ya que el problema es cómo ordenar la multiplicidad de contrastes observados en los datos, algunos fonetistas (Crystal, D., 1969: 196) entienden que la complejidad de estos fenómenos no nos debe impedir alcanzar un adecuado nivel de sistematización de las principales pautas dentro de un aceptable grado de pormenorización o refinamiento descriptivo. En la fonología prosódica pasa lo mismo que en la segmental: en esta fonología no interesa describir (y contrastar) *todos* los rasgos de un fonema, sólo importan, en principio, los rasgos distintivos, e igualmente sólo interesan los rasgos y pautas relevantes, capaces de producir contrastes en fonología prosódica. Los fonemas segmentales son estudiados por la **fonología segmental**, y los suprasegmentales, por la **fonología suprasegmental** o **prosódica**, también conocida con el nombre de **prosodia**[1]. En los últimos años del siglo XX los fenómenos prosódicos han sido abordados con efoques novedosos por la FONOLOGÍA NO LINEAL, en especial, el TONO por la FONOLOGÍA AUTOSEGMENTAL, y el acento por la FONOLOGÍA MÉTRICA.

**FONEMÁTICA, FONÉMICA, FONEMÁTICO, FONÉMICO.** Debido a los muchos significados que históricamente ha tenido el término FONOLOGÍA, Martinet (1960: 55) ha precisado que dos son las disciplinas fonológicas: (a) la 'fonemática', que trata del análisis de los FONEMAS, de su clasificación y del examen de sus combinaciones para formar los SIGNIFICANTES de la lengua, y (b) la PROSODIA o examen de los hechos fónicos ajenos a la SEGUNDA ARTICULACIÓN, es decir, la ENTONACIÓN, los TONOS y el ACENTO; también incluye en la fonología un capítulo sobre la DEMARCACIÓN. El DRAE también divide la fonología en 'fonemática' y prosodia; sin embargo, Alarcos Llorach (1983: 26) recomienda no utilizar este término ni tampoco el de 'fonémica', calco del inglés *phonemics*, ya que no añaden nada al término español de 'fonología', y son, por tanto, innecesarios; 'fonemático-a', en todo caso, se puede restringir a usos de adjetivos referidos al término FONEMA.

**FONESTEMA.** En lingüística se denomina 'fonestema' (Firth, 1964) al segmento o aglomerado fonético, de rango inferior al MORFEMA, al que se le atribuye cierto contenido semántico, en ocasiones un tanto vago, debido a su presencia en una serie de palabras de significado similar o que comparten algún rasgo semántico. Así, por ejemplo, en inglés (Lillo Buades, 1995: 27), la secuencia *-ash* adquiere valor de 'fonestema' en palabras como *splash*, *mash*, *crash* y *dash*, donde sugiere la idea de «movimiento continuo». También se le denomina **diferencial submorfémico** y **psicomorfo**.

**FONÉTICA.** La 'fonética' es la parte de la LINGÜÍSTICA que examina el aspecto oral del lenguaje, es decir, los SONIDOS de la voz humana o dicho con otras palabras, la SUSTANCIA DE LA EXPRESIÓN. En su análisis de los aspectos materiales de los sonidos de la voz humana, la 'fonética', por una parte, describe los órganos y los mecanismos que intervienen en la FONACIÓN y en la PERCEPCIÓN de los mismos, y por otra, examina los instrumentos que se emplean en la descripción, el análisis y la síntesis de aquéllos. En la comunicación oral se producen unos actos de carácter psico-fisiológico y otros de carácter físico y, por esta razón, son varios los especialistas que estudian la voz humana: el fisiólogo, el psicólogo, el ingeniero de la comunicación —que analiza los sonidos como señales comunicativas—, el lingüista, etc.; de lo que se deduce que el análisis de la voz humana constituye un dominio interdisciplinar.

No obstante, desde un punto de vista lingüístico tres son las principales perspectivas que se distinguen en el estudio de la 'fonética', la articulatoria, la acústica y la auditiva y, por tanto, se distinguen tres fonéticas: la FONÉTICA ARTICULATORIA, la FONÉTICA ACÚSTICA y la FONÉTICA AUDITIVA. La investigación realizada dentro de los parámetros anteriores, especialmente los de la 'fonética acústica', se conoce con el nombre de **análisis fonético**.

Pero, además, dentro de la 'fonética' existe una rama, llamada FONOLOGÍA, y también fonética funcional o fonética lingüística, que se ocupa del estudio de los sonidos desde un punto de vista funcional, o sea, de lo que conocemos con el nombre de FONEMAS.

**FONÉTICA ACÚSTICA.** La FONÉTICA ACÚSTICA, también llamada **fonética experimental** (Johnson, 1997), estudia los componentes de la CADENA HABLADA como entes físicos, analizables en el laboratorio mediante instrumentación electroacústica. Como en esta fonética los SONIDOS son ONDAS SONORAS, que se propagan a través del aire a una velocidad de 340 metros por segundo, se emplean métodos electroacústicos, cuyo desarrollo (Quilis, 1981: 84) ha permitido la creación de toda una serie de aparatos de inmediata aplicación a la investigación fonética como el OSCILÓGRAFO, el ESPECTRÓGRAFO, los SINTETIZADORES DE VOZ, etc. Si bien existen diferentes técnicas de análisis acústico (Solé Sabater, 1993: 22), la mayor parte de ellas se basan en la **oscilografía** o representación de la onda temporal, el **análisis espectral** o descomposición de la onda sonora en sus frecuencias componentes en un gráfico A x F y el **análisis espectrográfico**. La fonética 'acústica' ha alcanzado un alto grado de precisión en el análisis y síntesis de los sonidos, gracias a los avances de la física y a los refinados instrumentos y medios que, en forma de programas de informática, se pueden utilizar en cualquier ordenador.

**FONÉTICA ARTICULATORIA.** De las tres fonéticas (articulatoria, acústica y auditiva), la 'fonética articulatoria', llamada también **fonética genética** o **psicofisiológica**', es la más antigua de todas, y se ocupa fundamentalmente de:

(a) la descripción del APARATO ARTICULATORIO, también llamado APARATO VOCAL o de FONACIÓN, utilizado en la formación de los SONIDOS: en dicha descripción se incluyen los MECANISMOS DE FONACIÓN, los ÓRGANOS DE FONACIÓN que intervienen en la misma, y los RESONADORES o cajas de resonancia que se forman con éstos; y

(b) la descripción exacta de los sonidos utilizados por los humanos en su comunicación social, incluyendo la ARTICULACIÓN de los órganos que intervienen en la formación de dichos sonidos; este primer objetivo, debido a la imposibilidad de su realización, se ha limitado a la descripción de los FONEMAS o CLASES de sonidos.

**FONÉTICA AUDITIVA.** La 'fonética auditiva', llamada también **fonética perceptiva** o **fisiopsicológica,** estudia los ÓRGANOS, los MECANISMOS y los procesos de los sistemas auditivos y cognitivos que intervienen en la 'audición' e interpretación del mensaje oral (Johnson, 1997).

El **oído** humano es el órgano receptor de las ONDAS SONORAS, el cual percibe SONIDOS con FRECUENCIAS comprendidas entre los 16 cps y los 20.000 cps. Entre estos valores están los límites de la percepción auditiva; por debajo del primero no se percibe nada (UMBRAL DE LA AUDICIÓN) y por encima del segundo se percibe dolor (UMBRAL DEL DOLOR). Al espacio teórico comprendido entre ambos límites se le llama CAMPO DE AUDICIÓN.

Consta el oído de tres partes: oído externo, oído medio y oído interno. Las ONDAS SONORAS son recogidas por el oído externo y, desde el pabellón de la oreja, pasan al conducto auditivo externo que las conduce al tímpano, membrana de gran sensibilidad. El oído medio, que viene a continuación, consta de una serie de huesecillos soldados al tímpano (martillo, yunque y estribo). El oído interno está formado por el vestíbulo, los conductos semicirculares y el caracol. Este último está tapizado por millares de filamentos nerviosos, cuyas vibraciones son recogidas por el nervio acústico, el cual se encarga de transmitir las impresiones a los centros cerebrales, en donde comienza la fase intencional de la DESCODIFICACIÓN, abordada por la PSICOLINGÜÍSTICA.

Pero el 'oído', puerta de entrada de los mensajes orales, es importante también para la FONÉTICA ARTICULATORIA en dos sentidos: sirve para controlar los mensajes orales articulados, mediante el mecanismo de *feedback* o **retroalimentación**, y gracias a él se puede aprender la utilización de los órganos y mecanismos de la FONÉTICA ARTICULATORIA. Merced al mecanismo de retroalimentación, el individuo oye lo que ha dicho, va recogiendo la información dada y puede rectificar el tono, el volumen y el contenido del mensaje, en caso de que haya habido algún desajuste.

La **audición** o **percepción auditiva** consta de dos partes: una fisiológica y otra psicológica. La fisiológica se llama **recepción** y la psicológica **percepción**. El aspecto fisiológico es fácilmente abordable, pero una vez que el sonido ha salido hacia el sistema nervioso comienzan las conjeturas y las teorías sobre la interpretación del mensaje oral. La psicolingüística estudia esta fase psicológica, también llamada descodificación, fase en que el cerebro se sirve de la información acústica y también de la lingüística, y en su caso, de la PRAGMÁTICA para interpretar los MENSAJES. Para la audición o percepción auditiva nos valemos de cuatro categorías o atributos psicológicos: TIMBRE, TONO, PERCEPTIBILIDAD y DURACIÓN. El 'timbre' nos sirve para reconocer la cualidad de un sonido; por el 'tono' distinguimos los sonidos agudos de los graves; la 'perceptibilidad' clasifica los sonidos en **fuertes** y **débiles**, y la 'duración' sirve para diferenciar los largos de los breves.

Estos atributos quedan fijados durante el proceso de adquisición de la lengua materna, y el mayor desarrollo o grado de especialización de cada uno de ellos depende de las características de cada lengua. Así, en una LENGUA TONAL como el chino, sus hablantes, al aprenderlo como lengua materna, desarrollan el **tipo perceptivo** tonal de palabra que prácticamente no está desarrollado en las lenguas europeas. Estos tipos perceptivos de la fonética auditiva están relacionados, en principio, con las categorías de la FONÉTICA ARTICULATORIA y las de la FONÉTICA ACÚSTICA. De esta manera, por ejemplo, el 'timbre' está relacionado articulatoriamente con la posición de las CUERDAS VOCALES y con las diversas articulaciones, y acústicamente con la ESTRUCTURA ESPECTRAL de los FORMANTES del ESPECTROGRAMA. La 'perceptibilidad' está vinculada, en principio, a la intensidad o esfuerzo articulatorio, y acústicamente a la amplitud; el 'tono' está relacionado articulatoriamente con la vibración de las cuerdas vocales, y acústicamente con la frecuencia; y la 'duración' está relacionada articulatoriamente con la CANTIDAD y acústicamente con el TIEMPO. La percepción de los sonidos (Quilis, 1993: 138) es un complejo de estas dimensiones y el juicio lingüístico depende de su interacción.

De acuerdo con este cuadro, un sonido percibido como alto habrá tenido más intensidad articulatoria, y acústicamente una amplitud mayor. Pero esta relación no es tan sencilla como parece. De esta forma, la intensidad de un sonido, por ejemplo, es proporcional al cuadrado de la amplitud, y no podemos afirmar que, si multiplicamos por dos la intensidad física, la sensación auditiva se habrá duplicado. La percepción de la intensidad y de la frecuencia están vinculadas: así, los tonos que tengan frecuencia muy baja o muy alta para ser percibidos deben ser emitidos con intensidad mucho más elevada. Por tanto, se puede afirmar que es interesante encontrar estas relaciones entre categorías auditivas, acústicas y articulatorias, pero no debemos olvidar que la percepción es un acto psicológico, y como manifiesta O'Connor (1976: 99-110), nuestra percepción de la intensidad y de la frecuencia está organizada en dos planos: uno que los vincula con la perceptibilidad, y otro que los relaciona con el timbre o cualidad sonora.

**FONÉTICA COGNITIVA.** La 'fonética cognitiva' (Tatham, 1984: 37-7) analiza algunos de los fenómenos relacionados con la producción y la percepción de la CADENA HABLADA, entre los que destaca el control de la mente, consciente y voluntario, de los mecanismos articulatorios: la contracción muscular, la sincronización articulatoria, las restricciones articulatorias, la COARTICULACIÓN, la precisión en la variabilidad, etc. La 'fonética cognitiva' surge (Sifakis, 1990) porque la FONOLOGÍA GENERATIVA (1975: 162) no planteó bien el problema cuando estableció una oposición entre lo fonológico y lo fonético, ya que la oposición real debe existir entre lo mental o cog-

| Fonética auditiva | Fonética acústica | Fonética articulatoria |
|---|---|---|
| Timbre o calidad del sonido | Estructura espectral (formantes) | Cuerdas vocales/articuladores/resonadores |
| Tono, tonía o percepción de la altura tonal del sonido | Frecuencia | Cuerdas vocales |
| Sonía, perceptibilidad o intensidad subjetiva | Amplitud | Esfuerzo o intensidad |
| Duración | Tiempo | Cantidad |

nitivo, por una parte, y los mecanismos físicos concretos o fonéticos, por otra. En este modelo, la cognición es un interfaz entre lo mental y lo físico (la fonética), para lo cual existen dos inventarios: en el primero una base conocimiento donde la información se almacena y se recupera con facilidad y, en el segundo, un conjunto de reglas de acción que maneja la información que va y viene de lo mental a lo físico. *Cf* lingüística cognitiva.

**Fonética correctiva.** Se utiliza este término para referirse a las técnicas pedagógicas no analíticas o descriptivas, sino a las que se emplean en el aula con fines didácticos para la enseñanza de la pronunciación de las lenguas extranjeras. La fonética correctiva se sirve de lo siguiente: (a) detallada articulación de los fonemas usando láminas, diagramas etc.; (b) simbolización gráfica precisa (*cf* transcripción); y (c) trucos ingeniosos o prácticos que, aunque sean poco científicos, den resultados. En las prácticas de adquisición de la pronunciación se debe tener presente que aprender a oír es un proceso largo y acumulativo y, por tanto, es contraproducente centrarse mucho tiempo en la solución de un mismo problema. *Cf* análisis de contrastes.

**Fonética diacrónica, dinámica, evolutiva o histórica.** La 'fonética diacrónica', también llamada 'histórica', 'evolutiva' o 'dinámica' se ocupa del estudio de los CAMBIOS FONÉTICOS. *Cf* fonología diacrónica.

**Fonética experimental.** Véase en FONÉTICA ACÚSTICA.

**Fonética funcional.** Véase en FONOLOGÍA.

**Fonética histórica.** Véase en CAMBIO FONÉTICO.

**Fono.** En FONÉTICA el **fono**, también llamado SONIDO, es la unidad fonética individual, es decir, el SEGMENTO mínimo obtenido en la fragmentación o análisis de la CADENA HABLADA o *continuum sonoro*, antes de ser clasificado fonológicamente. El 'fono' puede ser caracterizado desde la FONÉTICA ACÚSTICA, la ARTICULATORIA o la AUDITIVA. *Cf* alófono.

**Fonoestilística.** La 'fonoestilística' es la rama de la ESTILÍSTICA que estudia los EFECTOS ESTILÍSTICOS obtenidos con recursos fonéticos. *Cf* fonestema, cacofonía, onomatopeya, acento afectivo.

**Fonograma.** VÉASE EN JEROGLÍFICO.

**Fonología.** ① La 'fonología' es la disciplina lingüística cuyo objetivo es la reducción del infinito número de distintos SONIDOS de una lengua a un número limitado de elementos recurrentes (Basbøll, 1988: 183), es decir, se ocupa del estudio de los FONEMAS.

En principio, la 'fonología' es una obra del PARADIGMA ESTRUCTURALISTA, dado que su nacimiento se dio en los estudios lingüísticos efectuados por los estructuralistas de ambos lados del Atlántico, por ejemplo, por Saussure y Bloomfield (1933). Sin embargo, se pueden encontrar precedentes en los trabajos de Baudouin de Courtenay a finales del siglo XIX, y en ese sentido amplio se puede pensar que eran fonólogos los inventores de los primeros alfabetos, porque representaban con un mismo símbolo los sonidos de los que tenían una misma imagen mental (Jones, D., 1973: 188).

En las relaciones entre la FONÉTICA y la 'fonología' se suele considerar que la fonética es la disciplina más amplia y general de las dos, y que la fonología es un aspecto especial de ésta, por ejemplo, para Daniel Jones la 'fonología' es una parte de la FONÉTICA, ya que para él los fonemas son conceptos fonéticos. Si la fonética es la parte de la lingüística que estudia los sonidos, es decir, el aspecto oral del lenguaje, la 'fonología' es la parte de la fonética que se ocupa de los sonidos desde un punto de vista funcional, o sea, de lo que conocemos con el nombre de fonemas. La fonología, en cambio, no está interesada, en principio, en el estudio de los aspectos materiales de los sonidos; su campo de acción son los hechos fonéticos lingüísticamente pertinentes, como pueden ser las OPOSICIONES, los

CONTRASTES entre sonidos, tonos, etc., y las RELACIONES que éstos mantienen entre sí dentro del sistema de unidades mínimas distintivas de una lengua. Lo que se diga en fonética tiene valor lingüístico general, es decir, es aplicable a cualquier lengua, mientras que lo fonológico tiene sólo valor intralingüístico, esto es, sólo tiene validez dentro de un sistema dado (Alarcos Llorach, 1983: 46).

No obstante, también encontramos quienes opinan que, lingüísticamente, la 'fonología' es la que lleva el peso más importante del estudio del componente oral de una lengua, y la fonética es en este caso el sector de la misma que se ocupa de los aspectos acústicos y fisiológicos (ARTICULACIÓN y PERCEPCIÓN) de los sonidos, y de las variantes que pueda haber dentro de la unidad funcional llamada fonema; en esta última concepción, la FONÉTICA trataría, por ejemplo, de la descripción de los distintos alófonos de un fonema, por ejemplo, el alófono aspirado [tʰ], el no aspirado [t], el dentalizado [t̪], etc., del fonema inglés /t/. Tanto si adoptamos una concepción como la otra, no tiene sentido una separación estricta de la fonética y la fonología. Una distinción metodológica es conveniente, pero ambas se complementan para comprender el aspecto oral del lenguaje. En este caso, la fonología es conocida con el nombre de **fonética funcional** o fonética lingüística.

Como los fonemas pueden ser segmentales y supragmentales, la fonología puede ser segmental y suprasegmental de acuerdo con los tipos de fonemas que analice. Se llama **análisis fonológico** al conjunto de procedimientos y métodos empleados en la determinación de los inventarios de fonemas de una lengua, los cuales dependen de las aproximaciones conceptuales de las distintas escuelas lingüísticas. Las aportaciones más originales han sido las de la FONOLOGÍA FUNCIONAL de la ESCUELA DE PRAGA, la FONÉMICA del ESTRUCTURALISMO NORTEAMERICANO, y la FONOLOGÍA GENERATIVA. En los últimos años del siglo XX gran parte de la teorización fonológica (Goldsmith, 1995) se centra en el lugar que la fonología ocupa dentro de la gramática, en la interacción entre fonología y LEXICOLOGÍA (*cf* fonología léxica) y en el estudio de las unidades fonológicas de carácter PROSÓDICO (Katamba, 1989; Kelly *et al.*, 1989), como la MORA, la SÍLABA, el PIE, la palabra FONOLÓGICA y, sobre todo, el TONO en la FONOLOGÍA AUTOSEGMENTAL, y el ACENTO, en la FONOLOGÍA MÉTRICA (*cf* fonología no-lineal), sin olvidar las descripciones de los sistemas fonológicos de cada lengua, los estudios históricos, etc.

② En la LINGUÍSTICA NORTEAMERICANA el término 'fonología' se reserva casi exclusivamente para aludir al estudio DIACRÓNICO de los fonemas, usándose el de FONÉMICA para los estudios fonológicos sincrónicos.

**FONOLOGÍA ARTICULATORIA.** La 'fonología articulatoria' (Browman *et al.*, 1992), nacida en los últimos años del siglo XX, pone de relieve que, de acuerdo con los datos articulatorios, auditivos y acústicos que se poseen, las unidades fonológicas, los FONEMAS, no existen en la CADENA HABLADA como SEGMENTOS independientes, es decir, DISCRETOS, como se puede desprender del análisis efectuado dentro del INMANENTISMO LINGÜÍSTICO, propio del ESTRUCTURALISMO. La 'fonología articulatoria' intenta explicar muchos de los fenómenos de la organización fonológica de la cadena hablada (ASIMILACIÓN, COARTICULACIÓN, DEBILITAMIENTO, REDUCCIÓN, etc.) y para ello postula (1) la **superposición**, es decir, el solapamiento *temporal* o manifestación simultánea de unos elementos en otros, como concepto básico, y (2) la utilización de nuevas categorías que sustituyan a los aludidos segmentos: los GESTOS, o movimientos dinámicos, y los ESTRATOS, o agrupación de gestos (*cf* fonología autosegmental).

En esta fonología (Brown, C. y Goldstein, L., 1992), los gestos se definen como la caracterización abstracta, por medio de un conjunto de parámetros, de los *movimientos* dinámicos y coordinados de los ARTICULADORES en el TRACTO VOCÁLICO —especificados espacial (localización) y temporalmente (duración)— dirigidos al cumplimiento de tareas dinámicas. Los estratos pueden ser funcionales y articulatorios (Romero, J., 1996: 101). Los primeros sirven para separar las vocales (V) de las consonantes (C), y los articulatorios reciben el nombre del principal articulador activado; por ejemplo, [m] y [b] pertenecen al articulador labial, mientras que [n] pertenece al articulador alveolar. Cuando existe una **superposición** temporal de dos gestos que pertenecen a distintos estratos articulatorios como [nm] en la palabra española *inmenso* (la /n/ es alveolar y la /m/ bilabial) no existen problemas en sus trayectorias, pero si los dos pertenecen al mismo estrato, como [mb] en *ambos*, bilabilales los dos, aparece cierto grado de **fusión de gestos** por la coincidencia de los dos en el mismo estrato.

La tendencia al 'solapamiento' de gestos (Nolan, F. *et al.*, 1996: 115 y sigs.) que tiene lugar dentro del CONTINUUM articulatorio se debe a las relaciones temporales existentes entre éstos. Estas relaciones se pueden modelizar, utilizando la reducción y la amplificación de gestos, dentro de la 'superposición'. De acuerdo con Zsiga (1994: 124), estos modelos pueden, además, predecir las muy abundantes 'superposiciones' que se manifiestan tanto en el lenguaje descuidado como en el rápido, que suelen ser los más frecuentes.

**FONOLOGÍA AUTOSEGMENTAL.** Véase en FONOLOGÍA NO LINEAL.

**FONOLOGÍA DE DEPENDENCIAS.** En los últimos años del siglo XX (Van der Hulst, 1982: 23) surgen intentos de superar la REPRESENTACIÓN fonológica de carácter lineal (*cf* fonología no lineal, fonología articulatoria, fonología léxica), de metodología estructuralista, en la que las unidades de rango inferior son RASGOS O COMPONENTES de otras de rango superior. Uno de esos intentos es la llamada 'fonología de dependencias' (Anderson *et al.*, 1987), la cual forma parte de una teoría lingüística general en la que el concepto de *dependencia* se extiende al dominio sintáctico, al morfológico (*cf* gramática de dependencias) y al fonológico. Esta representación fonológica intenta dos cosas: (a) proponer modelos que sugieran un orden jerárquico de los rasgos que constituyen los SEGMENTOS, y (b) reinterpretar los fenómenos PROSÓDICOS como autónomos o independientes de los tradicionales FONEMAS SEGMENTALES. Para llevar a cabo esta nueva repesentación fonológica (Coates, 1987: 53-55) es fundamental el concepto de PROMINENCIA relativa, la cual no se formaliza como un rasgo marcado o no marcado ([± acento]), como en la FONOLOGÍA GENERATIVA, sino como una relación de control: el elemento más prominente rige o controla a los demás. Dicho con otras palabras, una estructura de dependencia está formada por un elemento que rige y otros dependientes, representados en un **gráfico de dependencias**, como el que sigue, correspondiente a la sílaba española *las*:

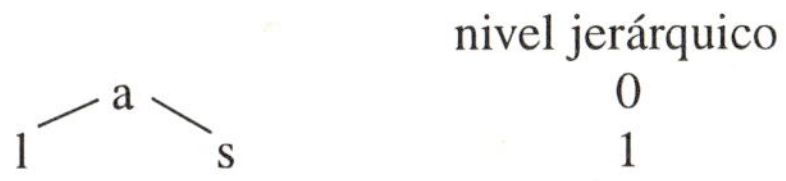


La sílaba es la unidad mínima de dependencia en fonología. En un segmento, como /'keso/, el núcleo silábico /e/ rige sobre todos los demás, que se encuentran en relación de dependencia:

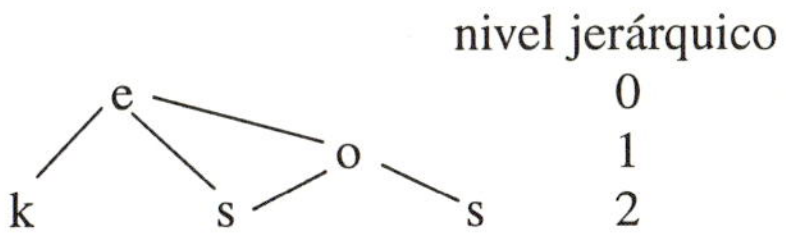


El término 'dependencia' realza, pues, la relación jerárquica entre rasgos, y se opone, en este sentido, al de constituyente, ya que pone de relieve que existe una unidad prominente dentro de un segmento, que rige o controla a las demás, las cuales se encuentran en relación de dependencia respecto de la primera. Esta representación fonológica, al tiempo que permite caracterizar la estructura subyacente o infrasegmental, es muy práctica para poder explicar fenómenos como los de la ARMONÍA VOCÁLICA, en la que que la presencia de una VOCAL determinada en el RADICAL condiciona el TIMBRE de las restantes vocales, o el de la reducción del timbre vocálico de las sílabas ÁTONAS de mucha lenguas como el inglés. Los rasgos (Durand, 1989: 263-64) que forman los segmentos, que aquí se llaman **componentes**, se agrupan en GESTOS, y son de carácter unario (no binario), que pueden estar presentes o ausentes. Cuando están presentes se pueden manifestar (1) en *combinación simple*, representada por medio de una coma (a,b); (2) en relación de *dependencia contrastiva*, señalada con punto y coma (a;b) en la que *a* rige a *b*; y (3) en relación de *reprocidad*, indicada con dos puntos (a:b).

Los gestos, que son las MATRICES de los rasgos de una relación de dependencia, pueden ser de tres clases (Crystal, 1993: 153): categoriales, articulatorios e iniciadores. No obstante, existe un cierto desacuerdo en cuanto al número de gestos. Los **categoriales**, que constituyen el esqueleto del gesto, aportan información (Durand, 1989: 263) que en los conjuntos de rasgos de la teoría generativa estándar quedaría tratada mediante nociones como consonantidad, voz, continuidad, sonoridad, etc. En el gesto categorial se emplean dos componentes: |V| (vocálico), que puede definirse como relativamente periódico, y |C| (consonántico), de reducción de energía periódica, existiendo entre |V| y |C| una gradación escalar que va desde las VOCALES que tienen pleno |V| hasta las OCLUSIVAS SORDAS que tienen |C|, pasando por las nasales, las fricativas y las oclusivas sonoras. Cada uno de los gestos consta a su vez de **subgestos**. Existe igualmente un cierto desacuerdo en cuanto al número de subgestos; por ejemplo, los subgestos de los gestos articulatorios de las vocales son tres: palatalidad, redondez, y retracción de la raíz de la lengua (para otros son cuatro); y en el gesto iniciador se distinguen tres subgestos: constricción glotálica, dirección de la corriente de aire y fuente de la corriente de aire.

**FONOLOGÍA DIACRÓNICA.** La 'fonología diacrónica' (Alarcos Llorach, 1983: 112 y sigs.) estudia los cambios funcionales y estructurales de los elementos fónicos de una lengua a lo largo de su historia. En principio, sólo se ocupa de lo que tiene una FUNCIÓN en el sistema dado; pero al buscar los orígenes de las transformaciones entra en contacto con otros elementos extrafonológicos, como son las variantes combinatorias, los sonidos y los demás elementos que estudia la FONÉTICA. Para Gili Gaya (1975: 181 y sigs.) las condiciones en que se ha desarrollado la evolución de un FONEMA pueden ser:

(a) fonéticas (base de articulación, acento, posición en la sílaba, en la palabra y en el grupo fónico, sonidos en contacto mediato o inmediato);

(b) cronológicas (cada evolución tiene su tiempo, y alcanza o no a todas las palabras que contiene el fonema);

(c) geográficas (áreas de las relaciones humanas);

(d) léxicas (el mayor uso de un vocablo lo desgasta, el poco uso lo conserva; oposiciones fonológicas);

(e) culturales (sustrato, uso culto y popular, migraciones, influencias externas, etc.).

Las verdaderas MUTACIONES fonológicas (Alarcos Llorach, 1983: 129) se producen cuando el cambio fonético repercute en el sistema, trastocando sus relaciones y valores, a la vez que, por necesidad, transforma el contenido de éstos en el DECURSO. Las principales mutaciones son: la FONOLOGIZACIÓN, DESFONOLOGIZACIÓN, TRANSFONOLOGIZACIÓN, DIVERGENCIA y CONVERGENCIA.

**FONOLOGÍA FUNCIONAL DEL CÍRCULO LINGÜÍSTICO DE PRAGA.** Dentro del ESTRUCTURALISMO EUROPEO surgió una rama muy singular llamada FONOLOGÍA FUNCIONAL o **fonología del Círculo Lingüístico de Praga**, la cual estudia los elementos fónicos teniendo en cuenta las diversas FUNCIONES que éstos desempeñan en cada lengua. Los SONIDOS de una lengua, además de las típicas FUNCIONES DEL LENGUAJE (representativa, apelativa, etc.), desempeñan otras fundamentales: FUNCIÓN DISTINTIVA, FUNCIÓN CONTRASTIVA y FUNCIÓN EXPRESIVA. De estas tres, la 'distintiva' es la esencial desde el punto de vista de la lingüística.

El acta formal de nacimiento de la 'fonología funcional' (*cf* lingüística funcional), aceptada por muchos linguistas, es la proposición 22 presentada en 1928 por los lingüistas del Círculo de Praga, R. Jakobson, S. Karcevsky, y N. Trubetzkoy, al Primer Congreso Internacional de Lingüistas celebrado en la Haya (Duchet, J. L., 1982: 25). En la fonología de la Escuela de Praga hay tres conceptos básicos:

(a) La determinación del inventario de los FONEMAS de una lengua mediante la CONMUTACIÓN.

(b) La determinación del **contenido fonológico** (las características fonológicamente pertinentes) de cada fonema y de su ensamblaje en un sistema, mediante un conjunto de OPOSICIONES.

(c) La determinación de las propiedades fónicas mediante las que se realizan en el HABLA los fonemas opuestos. Estas propiedades físicas, llamadas RASGOS DISTINTIVOS, se caracterizan acústica y articulatoriamente de forma binaria.

**FONOLOGÍA FRASAL.** Véase en FONOLOGÍA LÉXICA.

**FONOLOGÍA GENERATIVA.** Aunque las investigaciones teóricas más importantes del PARADIGMA GENERATIVISTA se han efectuado en torno al COMPONENTE sintáctico (el más influyente en la CREATIVIDAD del lenguaje), en determinados momentos la concepción generativa se ha extendido también a otros componentes lingüísticos, como el de la FONOLOGÍA. Se llama 'fonología generativa' a la TEORÍA o teorías fonológicas nacidas en en el PARADIGMA GENERATIVISTA, sobre todo en el MODELO que se conoce con el nombre de TEORÍA ESTÁNDAR de la GRAMÁTICA GENERATIVA (Chomsky, 1965). Dentro del generativismo, el COMPONENTE FONOLÓGICO no es un nivel autónomo como en el ESTRUCTURALISMO sino que está relacionado jerárquicamente con los demás niveles de la gramática y su función es explicar la competencia del hablante nativo en este nivel del lenguaje, asignando a las ESTRUCTURAS SUPERFICIALES, que son el producto de las reglas de TRANSFORMACIÓN, una pronunciación adecuada. Esta es la contribución al objetivo general del GENERATIVISMO, que es dar cuenta de la COMPETENCIA lingüística del HABLANTE NATIVO.

Casi toda la teorización parte de la obra de Halle y Chomky *The Sound Pattern of English* de 1968 en cuya página 9 definen la FONOLOGÍA GENERATIVA como el sistema de REGLAS que, aplicado a una ESTRUCTURA SUPERFICIAL, le asigna una determinada representación fonética extraída de las CLASES UNIVERSALES ofrecidas por la teoría lingüística general.

Los términos REGLA y RASGO son básicos en esta concepción fonológica. En efecto, una de las características de la fonología generativa es el abandono del FONEMA y su sustitución por los rasgos. Estos rasgos son las únicas entidades que tienen verdadero valor en la teoría lingüística, pues tanto los símbolos fonéticos [$t^h$], [ß], etc., como los fonológicos /p/, /ɑː/, /æ/, etc., son abreviaciones útiles para designar un conjunto de especificaciones, es decir, /n/ es un símbolo práctico para representar la matriz [–silábico, +consonántico, +nasal, –alto, –bajo, –posterior, –abocinado, –anterior, etc.]. Cada una de las piezas léxicas de las oraciones superficiales está formada, en parte, por secuencias de segmentos, los cuales a su vez están caracterizados por MATRICES DE RASGOS de representación binaria, es decir, presentes [+], o ausentes [–]. Al utilizar matrices se prescinde por completo de los FONEMAS. De esta forma, la caracterización de las vocales corresponde a la matriz (1), la de las consonantes a la (2), la de las semivocales /j,w/ a la (3), la del fonema /s/ a la (4), y la del fonema /p/ a la (5):

| (1) | (2) | (3) |
|---|---|---|
| + vocálico | – vocálico | + vocálico |
| + consonán. | + consonán. | + consonán. |

| (4) | (5) |
|---|---|
| – vocálico | – vocálico |
| + consonán. | + consonán. |
| + coronal | – coronal |
| + anterior | + anterior |
| + estridente | – estridente |
| + continuante | – continuante |
| – sonoro | – sonoro |
| – nasal | – nasal |

Este sistema universal de rasgos, heredado de la fonología funcional del Círculo de Praga, es de naturaleza empírica, es decir, se estima que se pueden comprobar experimentalmente por corresponder a parámetros perceptivos y articulatorios, y teóricamente expresan el conjunto de posibilidades articulatorias y auditivas que los humanos pueden utilizar con fines lingüísticos, por lo que son válidos para la descripción de todas las lenguas. En Jakobson, Fant y Halle (1952) se aborda por primera vez la idea de un sistema BINARIO de rasgos distintivos.

Otra característica de esta fonología, además de la sustitución de los fonemas por matrices de rasgos, es la utilización de REGLAS. La función de la fonología generativa es relacionar las representaciones fonológicas y fonéticas por medio de un conjunto de reglas (o leyes) fonológicas que indiquen de *forma explícita* lo que es predecible y lo que no es predecible o singular en el sistema fonético-fonológico de una lengua (Chomsky, N. *et al.*, 1977: 269-321). Por ejemplo, si formulamos la ley o regla «todas las consonantes oclusivas del inglés se aspiran en posición inicial tónica (*pain, tool, key*)», estamos prediciendo de una forma generalizada la realización de un hecho en unas condiciones determinadas. Consecuentemente, además del objetivo de *explicación* que debe poseer toda teoría, indicado en el punto anterior, podemos añadir el de *predicción*. Las reglas empleadas son del tipo A—>B/C____D, en la que *A* es la matriz de rasgos del SEGMENTO afectado: *C* y D representan el contexto y ____ es la posición del segmento afectado. De este modo, la regla que sigue sirve para caracterizar que la consonante oclusiva bilabial ([–coronal, +anterior]) sorda del inglés (/p/) se velariza ante vocales velares:

$$/p/ \longrightarrow [+\text{ poster.}] \, \frac{[+\text{ vocal}]}{[+\text{ poster.}]}$$

El componente de la regla que se encuentra a la derecha de la barra diagonal expresa las condiciones necesarias para el cumplimiento de la regla. Y toda regla tiene dos interpretaciones; de una parte, son enunciados que nos permiten deducir propiedades de la pronunciación de una lengua, y de otra, es un conjunto de instrucciones para llevar a a cabo una operación (Dell, F., 1980).

En resumen, si el objetivo de la FONOLOGÍA ESTRUCTURAL es describir, con un cierto grado de FORMALIZACIÓN, los FONEMAS y sus ALÓFONOS, DESCRIPCIÓN que a la postre se convierte en una lista o clasificación, el de la generativa es elevar el grado de formalización explicando, por medio de **reglas fonológicas**, las transformaciones que experimentan los rasgos básicos invariables de todas las piezas léxicas en la subyacencia o estructura profunda; no obstante, este afán explicativo, y no simplemente descriptivo, también fue asumido por la fonología del Círculo de Praga (Newmeyer, 1986: 39).

La primera teorización contenida en *The Sound Pattern of English*, de 1968, que fue la estándar durante muchos años, dio lugar al nacimiento de varios modelos (*cf* fonología léxica). Estos modelos, rivales entre sí, al parecer, han llegado a un punto de acuerdo, con el desarrollo de un nuevo marco llamado FONOLOGÍA NO-LINEAL, destacando dentro de éste la FONOLOGÍA AUTOSEGMENTAL y la FONOLOGÍA MÉTRICA, caracterizada por la GEOMETRÍA DE LOS RASGOS

**FONOLOGÍA LÉXICA.** La 'fonología léxica' es una de las muchas derivaciones de la FONOLOGÍA GENERATIVA. De acuerdo con Kiparsky (1983: 131 y sigs.), se llama 'fonología léxica' a la que intenta explicar la FORMACIÓN DE LAS PALABRAS dentro de una MORFOLOGÍA formada por niveles fonológicos ordenados; se basa en la idea de que la fonología participa junto con la morfología en las reglas de formación de las palabras. Por ejemplo, los procesos de FLEXIÓN y DERIVACIÓN no son más que una serie de niveles, vinculados a un conjunto de REGLAS FONOLÓGICAS, que definen el campo de aplicación de éstas. Para Kiparsky, las reglas de las estructuras de los MORFEMAS se pueden explicar como un conjunto de reglas de 'fonología léxica'. Dicho con otras palabras, en este modelo se aúnan las reglas morfológicas y las fonológicas. Y para ello establece dos grupos de reglas:

(1) Las de **fonología léxica**, de carácter cíclico, las cuales son de aplicación a uno o más niveles de las palabras antes de que éstas se hayan combinado sintácticamente para formar oraciones (por ejemplo, el nivel DERIVATIVO, el FLEXIVO, etc.); pertenecen a este grupo reglas tales como las de **inserción** («Insértese el afijo A en el entorno Y ____X» ), las de **bloqueo** de las reglas cíclicas, etc.

(2) Las que son de aplicación cuando las palabras ha entrado a formar parte de una unidad sintáctica, que son no-cíclicas, llamadas reglas de **fonología postléxica** o de **fonología frasal**, aplicándose por tanto a los fenómenos que tienen lugar en fronteras de palabras.

**FONOLOGÍA MÉTRICA.** Véase en FONOLOGÍA NO LINEAL.

**FONOLOGÍA NO LINEAL.** En los años ochenta y noventa, algunas de las teorías fonológicas surgidas dentro del PARADIGMA GENERATIVISTA han intentado resolver uno de los puntos más débiles de la FONOLOGÍA GENERATIVA, a saber, su LINEALIDAD. El objetivo de la FONOLOGÍA ESTRUCTURAL fue describir, con un cierto grado de formalización, los fonemas y sus alófonos, y el de la FONOLOGÍA GENERATIVA elevar el grado de FORMALIZACIÓN explicando, por medio de REGLAS FONOLÓGICAS, las transformaciones que experimentan los rasgos básicos invariables de todas las piezas léxicas en la subyacencia ABSTRACTA O ESTRUCTURA PROFUNDA (Newmeyer, 1986: 39). Dicho con otras palabras, para la FONOLOGÍA estructural y la generativa, la CADENA HABLADA está formada por SEGMENTOS y SUPRASEGMENTOS (o prosodias) que se representan de forma lineal, con FONEMAS en el primer caso, o por medio de MATRICES de RASGOS (propiedades de los fonemas) y con marcas de fronteras, de acuerdo con criterios morfosintácticos, en el segundo. Esta linealidad era insatisfactoria porque no tenía en cuenta la complejidad estructural de las citadas representaciones.

Para dar respuesta a la insatisfacción producida por la linealidad ha surgido la llamada 'fonología no lineal' y, dentro de ésta, se han desarrollado variantes, como la 'fonología autosegmental' y la 'fonología métrica' (Malmkjær, 1991: 114), en las cuales han surgido otras UNIDADES FONOLÓGICAS como el SEGMENTO, la MORA, la SÍLABA, el PIE, el AFIJO y la PALABRA. No se cree en las nuevas teorías que la representación lineal o la bidimensional de los rasgos ([± compacto], [± grave]), etc., sea la más apropiada para dar cuenta de rasgos suprasegmentales, tales como el ACENTO o el TONO y, por eso, se propugna una estructura mucho más rica, lo que Clements (1985) llama la **geometría de los rasgos**, y otros (van der Hulst, 1982: 23) la **fonología tridimensional**, las cuales tratan de dar respuesta a lo que Chomsky dijo sobre la notación lingüística: debe ser explícita y no confiarse en la inteligencia del lector (*cf* fonología de dependencias).

En la **fonología autosegmental** la representación consta de capas, **estratos** o niveles autónomos, aunque unidos entre sí por reglas de asociación, como pueden ser el estrato de punto de articulación, el de modo, el de nasalización, el de melodía o entonación, etc., los cuales están dominados por un estrato supralaríngeo. Este modelo tiene ventaja sobre los anteriores en la representación de los TONOS, que es para lo que realmente nació la 'fonología autosegmental', aunque después se extendiera a otras cuestiones fonológicas.

Fueron los propios Chomsky y Halle (1968: ix) quienes indicaron la carencia de un análisis sistemático de las funciones del tono en su *Sound Pattern of English.* La novedad de esta fonología, de acuerdo con Halle (1982: 85), reside en el hecho de que los tonos de un enunciado no son considerados como diacríticos de las vocales o de las sílabas, sino más bien como una serie de unidades autónomas.

En algunas lenguas el número de niveles tonales de un enunciado no coincide con el de sílabas, pudiendo ser inferior, en cuyo caso se extiende por varias vocales, o superior, en cuyo caso se distinguen dos tonos en una misma vocal. Con esta representación, el estrato de tono es independiente del de vocal o sílaba. Dicho con otras palabras, la representación lineal clásica de un solo estrato es sustituida por la de múltiples estratos. Sin embargo, y de acuerdo con van der Hulst (1983: 2-29), quedan muchas cuestiones por resolver en esta teoría, por ejemplo, la interrelación entre estratos.

La **fonología métrica** (van der Hulst, 1983: 30 y sigs.) es, en principio, una teoría sobre la jerarquización u organización fonológica interna, esto es, los segmentos forman sílabas, las sílabas forman pies, los pies forman palabras fonológicas, etc. Nació dentro del GENERATIVISMO (Liberman *et al.*, 1997; Hayes, 1981), cuando se intentó representar de forma más precisa (no lineal, sino con ESTRATOS jeraquizados) el ACENTO de la FONOLOGÍA GENERATIVA, por ejemplo, en la diferenciación del acento de palabras inglesas como *blackbird* (mirlo) y *black bird.* El acento, en esta rama de la fonología, es un fenómeno en el que se pueden diferenciar siete rasgos o propiedades en una representación muy pormenorizada (Hogg *et al.*, 1991: 64). Para llevar a cabo la representación del acento se utilizan las llamadas «rejillas métricas» (*metrical grids*), que son configuraciones jerarquizadas formadas por nudos **fuertes** (F) y **débiles** (D). Por ejemplo, el acento en el sintagma inglés *pretty girl* (Malmkjær, 1991: 170) se representaría así:

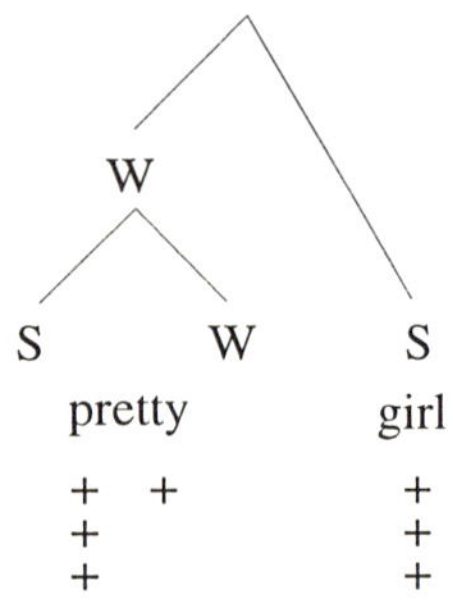


Y el ritmo, que nace del acento, tiene una doble configuración, por medio de rejillas métricas y también de DIAGRAMAS ARBÓREOS. Sin embargo, no todos los problemas de representación quedan resueltos con la 'fonología autosegmental' y la 'métrica'. Anderson (1980) sugiere que algunas cuestiones, como la de la ARMONÍA VOCÁLICA, tienen mejor solución con las reglas de la FONOLOGÍA GENERATIVA clásica que en el marco de estas representaciones tridimensionales.

**FONOLOGÍA PROSÓDICA.** ① El término 'fonología prosódica' equivale a FONOLOGÍA SUPRASEGMENTAL.

② También recibe el nombre de 'fonología prosódica' la desarrollada por el lingüista británico Firth (1964) en los años cincuenta. Este lingüista estaba convencido de que el FONEMA como unidad teórica era un concepto valioso sólo desde un punto de vista económico, en lo que se llamó la TRANSCRIPCIÓN ANCHA, pero que una exposición completa de las interrelaciones funcionales de los rasgos fónicos de los ENUNCIADOS requería otra terminología y otro sistema de análisis. Firth fue un ardiente defensor del criterio de que los conceptos analíticos sólo existen en el sistema descriptivo del lingüista y no en la realidad de la lengua, y que la coexistencia de estos sistemas conceptuales independientes no representa ningún tipo de problemas, ya que sirven para fines completamente diferentes. En el análisis prosódico hay que considerar las unidades fonemáticas y las prosodias y cada una de éstas hay que fijarlas en relación con algún rasgo fonético que le sirva de exponente en la lengua oralmente emitida. Las unidades fonemáticas son las consonantes y las vocales, las cuales van ordenadas en series a modo de segmentos; pero en cualquier estructura fonemática puede haber una o varias prosodias, las cuales corresponden a determinadas estructuras, no a posiciones entre unidades fonemáticas, y son fijadas para determinar las relaciones sintagmáticas existentes entre varios rasgos fonéticos. El 'análisis prosódico' puede establecer diferentes sistemas de unidades fonemáticas y de prosodias, en distintos puntos de las estructuras, siempre que así se facilite el análisis, y cualquier tipo de rasgo fonético que sintagmáticamente esté incluido en más de un segmento puede ser tratado como exponente de una prosodia (Robins, 1975: 211).

**FONOLOGÍA SEGMENTAL Y SUPRASEGMENTAL.** Véase en FONEMAS SEGMENTALES Y SUPRASEGMENTALES.

**FONOLOGÍA TRIDIMENSIONAL.** Véase en FONOLOGÍA NO LINEAL.

**FONOLÓGICO.** Véase en LENGUA FONOLÓGICA.

**FONOLOGIZACIÓN.** La 'fonologización', o **fonematización** (Alarcos Llorach, 1983: 131-32), junto con la DESFONOLOGIZACIÓN y la TRANSFONOLOGIZACIÓN, es una mutación fonológica que se produce cuando el CAMBIO FONÉTICO repercute en el sistema. La 'fonologización' surge cuando unos sonidos que eran ALÓFONOS ganan estatus de FONEMA, es decir, cuando nace entre ellos una OPOSICIÓN que no existía y dejan de ser VARIANTES, y la diferencia fónica que las distinguía pasa a ser diferencia fonológica. Por ejemplo, en inglés antiguo [v], [ð], [ɣ] eran alófonos de /f/, /θ/, /x/ y progresivamente pasaron a ser fonemas independientes.

La 'fonologización' también puede ocurrir al adaptarse un fonema extranjero inexistente en la lengua dada. Por ejemplo, el guaraní, que no conocía el fonema castellano /ʎ/, ha llegado a fonematizarlo, esto es, a incorporarlo a su propio sistema. Estas fonologizaciones de fonemas extraños son más fáciles cuando el fonema nuevo entra en una CORRELACIÓN ya existente en la lengua que adopta, es decir, cuando en el sistema de ésta había lo que se llama una CASILLA VACÍA, o cuando el fonema extraño existía en la misma como simple variante.

**FONOSINTAXIS, FONOTÁCTICO.** El término 'fonosintaxis' se usa en dos sentidos: (1) con el significado de FONOTÁCTICA, y (2) como estudio de los problemas fonéticos que surgen en la cadena hablada, tanto los lineales o segmentales (la JUNTURA), como los PROSÓDICOS O SUPRASEGMENTALES (el RITMO, la ENTONACIÓN, etc.).

**FONOTÁCTICA.** Véase en TÁCTICA.

**FÓRICO.** Véase en ANÁFORA.

**FORMA.** En la INVESTIGACIÓN LINGÜÍSTICA, especialmente en el ESTRUCTURALISMO y el GENERATIVISMO, el término 'forma' es clave, a pesar de ser una palabra polisémica, y de que algunos de sus significados estén solapados. Y no son menos importantes el adjetivo FORMAL (SEMÁNTICA FORMAL, sistema formal, etc.) y los nombres FORMALIZACIÓN y FORMALISMO, derivados de aquélla.

① En una primera acepción, la 'forma', que es considerada como la imagen perceptible del SIGNO LINGÜÍSTICO, puede entenderse en tres sentidos:

(a) Las UNIDADES LINGÜÍSTICAS de una lengua se llaman sus 'formas' o sus **formas lingüísticas**; cuando un conjunto de formas participan de la mismas características constituyen una **clase de formas**. Por ejemplo, los verbos transitivos, los nombres abstractos, los adjetivos atributivos, etc., constituyen 'clases de formas'.

(b) El conjunto de cada una de las variantes de una unidad lingüística. Por ejemplo, las variantes *voy, fui, iba*, etc., constituyen la 'forma' del verbo *ir*.

(c) Cada una de las manifestaciones de una unidad lingüística. Por ejemplo, *fui* es una 'forma' del verbo *ir*.

② En una segunda acepción, el término 'forma' se refiere a la organización estructural, interna o abstracta de todos los NIVELES (especialmente el fonológico, el morfosintáctico y el semántico) y de todas las unidades del lenguaje y de las lenguas. Así, la 'forma' de una unidad lingüística cualquiera, por ejemplo, de una palabra o de una oración, es la organización estructural o abstracta de dicha unidad. La **sustancia** es la realización material de la 'forma' del lenguaje, ya oral (sustancia fónica), ya escrito (sustancia gráfica). Este significado es el que se encuentra en la dicotomía saussureana **forma/sustancia**. La intuición saussureana de que el lenguaje es forma y no sustancia, que se puede remontar a los estudios clásicos de la gramática tradicional, ha servido de esquema analítico y de inspiración para muchos estudios llevados a cabo no sólo en lingüística (Coseriu, 1987; Lyons, 1969, etc.) sino también en las ciencias sociales. *Cf* actualización.

③ En la dicotomía **forma/contenido**, el significado del término 'forma' es similar al de la acepción anterior, pero aquí ya no comprende los aspectos semánticos o nocionales del lenguaje y de sus unidades lingüísticas. Éstos han pasado al segundo miembro de la dicotomía, al 'contenido'. Por esta razón, el término'forma' es equivalente a **expresión**. Y cuando se habla de 'formas lingüísticas' (FONEMAS, MORFEMAS, NOMBRES, ADJETIVOS, SINTAGMAS, etc.) no se tienen en cuenta sus aspectos significativos, que constituyen el 'contenido' de dichas formas.

④ En la dicotomía **forma/función**, 'forma' sigue manteniendo el significado de organización general y abstracta de las acepciones anteriores. Pero ahora se opone a los aspectos teleológicos de las unidades o de los niveles del lenguaje, representados por la 'función'. *Cf* función comunicativa.

⑤ **Forma y sustancia de la expresión y del contenido**. La dicotomía saussureana SIGNIFICANTE-SIGNIFICADO la convirtió Hjelmslev (1963) en EXPRESIÓN-CONTENIDO y, dentro de cada uno de estos dos planos, distinguió y desarrolló otra de las intuiciones de Saussure. Todos los SONIDOS que se pueden emitir formarían la 'sustancia de la expresión', en tanto que la 'forma de la expresión' estaría constituida por las interrelaciones abstractas establecidas por esos sonidos para configurar unidades funcionales. Por ejemplo, en español sonidos como [z] y [s] (fricativa alveolar sonora y sorda, respectivamente) no producen cambio de sentido en palabras como *desde* o *sabio*, porque son elementos de la misma unidad llamada fonema, aunque tengan sustancia distinta; en cambio, en inglés su formalización no es la misma: [ais], *ice*, no es lo mismo que [aiz], *eyes*.

La misma reflexión se puede aplicar a la 'sustancia del contenido' y a la 'forma del contenido'. La 'sustancia del contenido' se presenta como la masa global de pensamientos, sensaciones y emociones comunes a toda la humanidad, independiente de cada una de las lenguas, en tanto que la 'forma del contenido' está constituida por la estructura abstracta de interrelaciones. Por ejemplo, la emoción *dolor* (entendida como sustancia) se formaliza o se presenta en las red de relaciones que se establecen entre *migraña, jaqueca, molestia, suplicio, dolor*, etc.

La sustancia de la expresión y la del contenido, que lingüísticamente son irrelevantes, se manifiestan respectivamente a través de la 'forma' de la expresión y de la forma del contenido. La 'forma de la expresión' (significante) y del 'contenido' (significado) son ABSTRACTAS (Malmberg 1989: 11 y sigs.) y sin participación de 'sustancia' alguna, ni sonora (o gráfica) ni conceptual, quedando definidas estas 'formas' por las RELACIONES de sus elementos con los otros del sistema. La 'sustancia del contenido' es, en principio, toda la experiencia humana, que teóricamente no tiene límites, mientras que la 'sustancia de la expresión', que es amplia pero limitada, se reduce a un número de articulaciones y percepciones auditivas (*cf* vocoides y contoides) y a sus combinaciones posibles. Ésta es la sustancia primaria; la sustancia gráfica, o escritura, es sustancia secundaria de acuerdo con el MEDIO.

⑥ Halliday en su teoría lingüística habla de forma, sustancia y contexto. En este sentido, el CONTEXTO es un nivel intermedio del lenguaje que relaciona las formas lingüísticas con las situaciones extralingüísticas (Crystal, 80).

**FORMA ANALÓGICA.** Véase en ANALOGÍA.

**FORMA BÁSICA.** En la INVESTIGACIÓN LINGÜÍSTICA se llama 'forma básica' a cualquier unidad morfológica o sintáctica de carácter ABSTRACTO que sirve para abarcar o incluir un número de VARIANTES interrelacionadas. Por ejemplo, la UNIDAD LÉXICA *ir* en español es la 'forma básica' de otras, como *iba, fui, iré,* etc. Y lo mismo se puede decir de cualquier oración, como «Luisa abrió la puerta», que es la 'forma básica' de otras como «La puerta fue abierta por Luisa», «Se abrió la puerta», «Luisa no abrió la puerta», etc.

**FORMA CANÓNICA.** Véase en CANÓNICO.

**FORMA CONTAMINADA.** Equivale a CRUCE.

**FORMA DÉBIL/FUERTE.** En la FONÉTICA INGLESA existe un grupo de 46 palabras gramaticales (preposiciones, artículos, verbos auxiliares, etc.) caracterizado por tener dos pronunciaciones, una 'débil', con las vocales [ə, ɪ, ʊ], sobre todo la primera, y otra 'fuerte', con la pronunciación original de la palabra. A las primeras se las llama **formas débiles** y a las segundas **formas fuertes**. A veces la forma débil ha perdido todo rasgo vocálico. Por ejemplo, la forma fuerte del verbo auxiliar *shall* es [ʃæl], mientras que la débil es [ʃəl], [ ʃl] o simplemente [l]. En los enunciados orales, la 'forma débil' es la más usual, reservándose la fuerte para el énfasis, el dictado y otras cuestiones menores.

**FORMA FONÉTICA.** En el modelo generativo RECCIÓN Y LIGAMIENTO se da el nombre de 'forma fonética' al NIVEL DE REPRESENTACIÓN en el que se recoge la caracterización abstracta de la estructura fónica de la oración: secuencias de sonidos, pautas de acentuación, entonación.

**FORMA LÓGICA.** En el modelo RECCIÓN Y LIGAMIENTO se identifica como 'forma lógica' uno de los cuatro NIVELES DE REPRESENTACIÓN en que se desglosa la descripción de las propiedades de las expresiones lingüísticas. La 'forma lógica' constituye el nivel de la descripción oracional en el que se ofrece una representación, al menos parcial, del significado de las oraciones. Según van Riemsdijk y Williams (1986: 188), los aspectos semánticos reflejados en el nivel de la 'forma lógica' son esencialmente los mismos que se destacan en el cálculo de predicados; esto es, los aspectos semánticos vinculados a las conexiones que se establecen entre predicados y argumentos (determinadas por la estructura sintáctica); los conectados con las relaciones de identidad referencial, así como con el ámbito o ALCANCE de OPERADORES y cuantificadores.

Ciñéndonos al último de los aspectos mencionados, el ámbito de los cuantificadores, veamos, por ejemplo, la siguiente oración que tomamos de Leonetti Jungl (1990: 41): «Todos los chicos aman a una chica». Esta oración es ambigua debido a las posibles interpretaciones de los cuantificadores que encabezan los sintagmas nominales (*todos, una*): puede significar que «todos los chicos aman a una chica diferente» o que «todos aman a la misma chica». Estas dos posibilidades de interpretación no podrían explicarse adecuadamente tomando como base sólo la estructura sintáctica, pero en el nivel de la 'Forma lógica' deben corresponderse con dos representaciones distintas en las que se refleje el alcance específico de los cuantificadores del que deriva su interpretación.

Los aspectos semánticos anteriormente enumerados configuran, en su conjunto, el significado estructural de la oración, objeto específico de la 'forma lógica', según van Riemsdijk y Williams (1986). Quedan, sin embargo, al margen de la representación otras facetas semánticas, tales como el significado de los ítems léxicos o las condiciones de uso de las oraciones, relevantes para la pragmática. De ahí que las propiedades especificadas por la 'Forma lógica' constituyan sólo, según se ha dicho antes, una representación parcial del significado de las oraciones.

En la estructura general de la gramática asumida en el modelo Rección y ligamiento, el nivel de la 'Forma lógica' se halla conectado con la Estructura-S, de la que se deriva mediante la aplicación de ciertas reglas, como las que interpretan las relaciones anafóricas o las que asignan un ámbito o alcance a los cuantificadores (*cf* van Riemsdijk y Williams, 1986: 181 y sigs.).

**FORMA NO FLEXIONADA, NO FLEXIVA, NOMINAL (DEL VERBO).** Véase en FORMA NO PERSONAL.

**FORMA NO PERSONAL (DEL VERBO).** El término 'forma no personal' (también **forma no flexiva**, **forma no flexionada** o **forma nominal**) se utiliza en las gramáticas del español para hacer referencia al INFINITIVO, el GERUNDIO y el PARTICIPIO, las formas del verbo que tienen como rasgo común el no presentar formas flexivas correspondientes a la categoría PERSONA.

**FORMACIÓN DE PALABRAS.** 'Formación de palabras' alude a los procesos mediante los que se crean palabras nuevas a partir de otros elementos (palabras, RAÍCES, MORFEMAS DERIVATIVOS) existentes en la lengua. Los principales procedimientos de 'formación de palabras' son, en español como en muchas otras lenguas, la COMPOSICIÓN y la DERIVACIÓN. El estudio de la 'formación de palabras' es uno de los objetivos de la MORFOLOGÍA, en particular de la rama denominada **morfología léxica** o **morfología derivativa**.

**FORMAL.** ① El adjetivo 'formal' puede tener cada una de las acepciones derivadas del término FORMA. Sin embargo, la mayoría de las veces se emplea en uno de estos dos sentidos: (a) «riguroso y explícito», opuesto a INFORMAL, como cuando decimos una DESCRIPCIÓN FORMAL; (b) «atendiendo a la organización de las formas del SISTEMA O CÓDIGO LINGÜÍSTICO», en cuyo caso 'formal' (*cf* descripción formal) se opone a **funcional**, como cuando decimos una DESCRIPCIÓN FUNCIONAL.

Siguiendo a Gómez Soliño (1996: 44), desde una perspectiva 'formal,' el lenguaje, y la gramática también, es un sistema autónomo y ABSTRACTO, cuyos principios y reglas los lingüistas buscan establecer, con el fin de dar cuenta de la arquitectura combinatoria de los constituyentes gramaticales, como expresión del pensamiento, mientras que para la visión 'funcional', la constitución estructural de los enunciados no puede ser satisfactoriamente estudiada por separado, sin tener en cuenta los significados, usos y propósitos que motivan las interacción comunicativa de los usuarios del lenguaje.

② En ESTILÍSTICA también se emplea el término 'formal', por influencia del inglés, en el sentido de CULTO (*cf* lengua estándar).

**FORMALIDAD.** Véase en REGISTRO.

**FORMALISMO, FORMALISTA.** En lingüística se llama **formalismo** a la tendencia a hacer DESCRIPCIONES FORMALES del lenguaje, esto es, a la FORMALIZACIÓN de sus unidades y niveles, mediante la presentación explícita de su organización general y abstracta como CÓDIGO O SISTEMA, y los lingüistas, los paradigmas, las escuelas, etc., que siguen esta tendencia se llaman **formalistas**. El significado de 'formalismo' y 'formalista' nace de la acepción número cuatro del termino FORMA, la cual se opone a FUNCIÓN, es decir, a la finalidad (de las unidades y niveles) del lenguaje, entendido como instrumento de COMUNICACIÓN. El PARADIGMA ESTRUCTURALISTA y el GENERATIVISTA son más 'formalistas' que funcionalistas, pero nunca carecieron de estos últimos estudios. El PARADIGMA DE LA PRAGMÁTICA, por estar interesado más en la COMUNICACIÓN y el USO, es más funcionalista, aunque no falten en él los trabajos y las corrientes 'formalistas'.

**FORMALIZACIÓN.** Todas las DESCRIPCIONES cicntíficas son 'formalizaciones'. La teorización lingüística moderna, debido a la imprecisión característica del lenguaje corriente, hace uso de la 'formalización', con el fin de imprimir precisión y rigor conceptual a las GENERALIZACIONES, DESCRIPCIONES y EXPLICACIONES que se hagan del lenguaje. No obstante, el término 'formalización' se suele entender en dos sentidos:

(a) En el más estricto, la 'formalización' consiste en la descripción de las estructuras del lenguaje por medio de REGLAS derivables basadas en los postulados de la lógica formal y la matemática moderna, con un elevado grado de ABSTRACCIÓN. Los trabajos hechos en el PARADIGMA GENERATIVISTA hacen uso de la 'formalización' en este sentido estricto, ya que su meta es 'formalizar', lo más racionalmente posible, las INTUICIONES que los HABLANTES tienen de su propia lengua, 'formalización' que, de acuerdo con Chomsky (1974), «es necesaria hasta donde sea posible, por razones de confirmación, refutación y explicación». En este sentido hay que separar lo que se considera «conocimiento explícito del lenguaje», que es propio de los lingüistas, del implícito, que es el característico de todo hablante nativo de una lengua (Shankar Bhat, D., 1986).

(b) En un sentido menos estricto la 'formalización'es una NOTACIÓN formal que tiene la ventaja de exponer los conceptos con una brevedad relativa, contribuyendo a una presentación más clara y a un desarrollo más exacto de las nociones teóricas, es decir, tiene una simple función ilustradora. Los trabajos de los estructuralistas norteamericanos en fonología, morfología y sintaxis pueden considerarse 'formalizaciones' entendidas en esta segunda acepción.

Es evidente que la 'formalización' es necesaria al resultar imposible representar ningún tipo o clase de contenido epistemológico sin acudir a un mínimo esquema formal. Por eso, en la historia de la investigación moderna se percibe en general una tensión entre dos nociones solidarias, la forma y el contenido, necesarias para la DESCRIPCIÓN científica. Algunos trabajos de investigación no cuentan con la aceptación debida por eludir una 'formalización' mínima, y otros, al contrario, son rechazados por una 'formalización' hipertrofiada, que llega a ser una simple **formulización** más propia de una química que de una lingüística. Esta formulización ha empobrecido las descripciones lingüísticas al convertirlas en pura forma matemática vacía de todo contenido, que va más allá de lo que en lingüística es útil y aceptable, por lo que algunos lingüistas se han resistido a caer en ella (Martinet, A., 1974). Y lo que es peor, en ocasiones, al dar más importancia de la debida a las formalizaciones, se ha caído en el error de creer que se está avanzando en la investigación, es decir, creando conocimientos, cuando en realidad no se ha progresado lo más mínimo, y lo único que se ha hecho es conceder a las notaciones matemáticas un estatuto independiente (Wunderlich, D., 1979: 242).

La formalización y la SIMBOLIZACIÓN confieren precisión y rigor a la teorización lingüística, pero no son requisitos imprescindibles ni, por supuesto, siempre deseados; pues no son pocos los que estiman que la decadencia de la lingüística puede nacer de una doble hipertrofia: excesiva formalización (generalidad) y formulización (simbolización) del pensamiento lingüístico. Lo difícil es saber qué es un exceso formalizador (Parret, H., 1974), ya que para los generativistas, por ejemplo, la formalización hecha por los estructuralistas norteamericanos es insuficiente y, sin embargo, su misma 'formalización', conocida como la «formalización lingüística del M.I.T (*Massachusetts Institute of Technology*)», es excesiva para estructuralistas europeos como Greimas, o norteamericanos como Chafe.

La 'formalización' excesiva tiene muchos detractores. Tyler (1978: 7) afirma que «en ningún campo del saber se revela con más claridad la pobreza intelectual que en la vacua 'formalización' del lenguaje». Para Hartmann (1974), la 'formalización' tiene muchas limitaciones en su grado de utilización y en su ámbito de aplicabilidad. Y en este sentido se puede constatar que, aunque la teorización 'formalizada' pueda ser una meta lingüística más atractiva que la DESCRIPCIÓN minuciosa de los hechos lingüísticos observados, también se oyen dentro del GENERATIVISMO voces (Lakoff, G., 1974) que, en aras de la utilidad, defienden la vuelta a la «descripción lingüística efectuada con una prosa normal», no necesariamente formalizada. *Cf* METALENGUAJE o terminología especializada.

**FORMALIZAR.** El término 'formalizar' puede tener cada uno de los significados derivados de FORMA pero, sobre todo, el de FORMALIZACIÓN.

**FORMANTE.** Uno de los avances más espectaculares de la FONÉTICA ACÚSTICA es el alcanzado en el análisis y síntesis de los SONIDOS, gracias a los avances de la física y a los refinados instrumentos y medios que se están empleando, en especial desde la aparición del ordenador (*cf* perturbación). Con uno de estos intrumentos, el **espectrógrafo**, se pueden descomponer los sonidos en ESPECTROS, llamados técnicamente 'formantes'. Estos formantes, configurados por acumulación de energía, es decir, por las frecuencias reforzadas, muestran en un **espectrograma**, con espectacular precisión, la ESTRUCTURA ESPECTRAL de los sonidos. La de las vocales está constituida por dos (o tres) formantes, que nacen o corresponden a dos RESONADORES básicos del aparato fonador: la FARINGE y la BOCA. Estos dos 'formantes' son los responsables de los TIMBRES de cada una de las vocales. El primer 'formante' (Solé Sabater, 1993: 14-5) es inversamente proporcional a la altura vocálica, esto es, cuanto más alta o cerrada es la vocal ([i], [u]), tanto más baja es la frecuencia del primer formante. Así, podemos observar que la frecuencia del primer formante (F1) se eleva al pasar de las vocales cerradas a las abiertas. El segundo 'formante' (F2) es proporcional a la posterioridad o anterioridad de la vocal, de manera que las vocales anteriores ([i], [e]) tienen un segundo formante alto mientras que las vocales posteriores tienen un segundo formante bajo. La frecuencia del tercer formante (F3) se ve afectada por el REDONDEAMIENTO de los LABIOS; así, las vocales redondeadas ([u], [o]) tienen un tercer formante más bajo que las vocales no redondeadas. Este tercer formante es crucial en lenguas como el francés en la que sólo el redondeamiento de los labios distingue vocales como [i] y [y], ambas cerradas y anteriores. Los formantes superiores a estos tres son idiosincráticos, es decir, característicos de cada individuo, lo que explica en parte que podamos identificar a las personas por su voz. Por lo general, el TRACTO VOCÁLICO de las mujeres es más corto que el de los hombres, hecho que justifica que los formantes de aquéllas tengan una frecuencia más alta. En las consonantes, lo que ofrecen los espectrogramas, no es la imagen de sus propios formantes (Alarcos Llorach, 1968: 55) sino la modificación que esas consonantes ejercen sobre los formantes de las vocales vecinas.

Si los dos 'formantes' aparecen próximos, se dice que son **compactos** y si están separados, que son **difusos**. Si se presentan en la zona de alta frecuencia el sonido será **agudo**; si aparecen en la zona baja, el sonido será **grave**. Así, la vocal /i:/ posee una estructura espectral difusa, con el F1 en 280 cps (ciclos por segundo), y el F2 en 2.620 cps. Otros 'formantes' pueden intervenir para determinar las cualidades secundarias de las vocales, como la nasalidad. En lo que a las consonantes se refiere, su estructura está caracterizada por cambios súbitos; no es periódica y depende del punto de articulación. Las oclusivas se caracterizan por la ausencia de una estructura de formantes claramente definida. En las fricativas no aparece la ausencia de energía, como en las OCLUSIVAS y las AFRICADAS, sino sólo una zona de sonido turbulento mayor que la de la explosión de las africadas, siendo, además, menos rápidas que en las oclusivas, las transiciones de las vocales (Alarcos Llorach, 1983: 70).

No obstante, conviene no confundir las frecuencias de los formantes con las frecuencias de cualquier armónico de la onda sonora compleja, aunque puedan coincidir en algún caso. La frecuencia de los armónicos dependen de la frecuencia fundamental mientras que la frecuencia de los formantes depende de los resonadores (Quilis, 1993: 103).

**FORMATIVO.** Se da el nombre de 'formativo' a cualquier elemento constitutivo de una CADENA, ya sea MORFOLÓGICO, LÉXICO O SINTÁCTICO.

**FORMATIVO LÉXICO.** Véase CADENA TERMINAL.

**FORMULACIÓN.** De acuerdo con Pottier (1968: 65 y sigs.), se llama 'formulación' al término de un CONJUNTO TÁXICO finito, ligado a la situación misma de locución, por ejemplo, las personas, los deícticos, etc. *Cf* identificación, relación.

**FORMULIZACIÓN.** Véase en FORMALIZACIÓN.

**FORTIS.** Véase en FUERTE.

**FRAGMENTO.** En el PARADIGMA GENERATIVISTA principalmente, se alude con este término a expresiones que, aunque no constituyen oraciones completas, se pueden interpretar como integrantes de una oración en la que se han omitido elementos ya dados en el contexto. En las siguientes secuencias de enunciados las expresiones en cursiva constituyen 'fragmentos': «¿Con quién irá Cuca a la fiesta? *Con Luis Alberto*»; «El contable se ha ido al Caribe. *Y la secretaria del jefe*». Estos 'fragmentos' se pueden interpretar como 'Cuca irá a la fiesta con Luis Alberto' y 'La secretaria del jefe se ha ido al Caribe'.

**FRASAL.** Se usa como adjetivo derivado de FRASE equivaliendo a *oracional*. También se emplea el término **frástico** en su lugar. *Cf* fonología frasal.

**FRASE.** ① En la terminología procedente de la lingüística de habla inglesa, 'frase' es equivalente a SINTAGMA. Según esta acepción, «El libro nuevo» sería, pues, una 'frase' nominal, «Demasiado nuevo» una 'frase' adjetiva.

② Asimismo, 'frase' se ha utilizado, especialmente en la lingüística francesa, como equivalente a ORACIÓN, en cualquiera de sus variantes. «El representante sindical se marchó sin respuesta» sería, por tanto, una 'frase', según esta segunda acepción.

③ En una acepción diferente de las anteriores, 'frase' se ha empleado también para identificar, específicamente, al enunciado que carece de verbo en forma personal, como por ejemplo: «¡Qué día tan maravilloso!», «¡Un café, por favor!» (Stati, 1972; Alcina y Blecua, 1975). *Cf* regla de estructura de frase.

**FRASE BIMEMBRE.** ENUNCIADO integrado por dos constituyentes entre los que se establece una relación predicativa (atribución de propiedades o relaciones a una entidad), pero sin que dicha relación se exprese mediante un verbo en forma personal. «Buena vida la del canónigo», «Prohibida la entrada», «¡Lástima de cuadro!» son algunos de los enunciados que E. Alarcos presenta en su *Gramática* (1994: 389) como ejemplos de 'frase bimembre'. La llamada FRASE NOMINAL[1] es uno de los tipos de 'frase bimembre'.

**FRASE HECHA O IDIOMÁTICA.** Equivale a CLICHÉ.

**FRASE NOMINAL.** ① Es un enunciado integrado por dos constituyentes entre los que se establece una relación predicativa similar a la que puede darse en una ORACIÓN COPULATIVA (atribución de propiedades, relación de igualdad). Pero, a diferencia de ésta, la 'frase nominal' carece de verbo y, como destaca Hjelmslev (1972: 233), por ejemplo, no es posible insertar uno «sin correr el riesgo de provocar un cambio en el contenido». «El mejor alcalde, el rey», «Alegría callada, alegría pagada», son dos enunciados que Roca Pons (1974: 299) ofrece como ejemplos de 'frase nominal' en esta acepción del término. Ambos son, como se ha dicho, enunciados sin verbo copulativo expreso; pero, además, según comenta Roca Pons, «no se trata en tales casos de ELIPSIS, pues la presencia del verbo daría otro carácter a la expresión y perdería, precisamente, el que tiene como máxima, refrán, título, etc.».

② También equivale a SINTAGMA NOMINAL.

**FRASE UNIMEMBRE.** Es un enunciado no oracional, es decir, no organizado según una estructura sujeto-predicado o SN-SV, que está integrado por una sola unidad sintáctica. Los siguientes enunciados, constituidos únicamente por un sintagma nominal, son algunos de los ejemplos de 'frase unimembre' que ofrece E. Alarcos (1994: 389): «¡Mi madre!», «¡Lástima!», «¡El dolor que sentía!».

**FRÁSTICO.** Equivale a FRASAL.

**FRECUENCIA, FRECUENCIA FUNDAMENTAL.** En FONÉTICA ACÚSTICA (Martínez Celdrán, 1983: 37) se llama **ciclo** o **periodo** al tiempo completo empleado en la VIBRACIÓN completa de una ONDA, es decir, en su fase de ida y vuelta. Al número total de vibraciones completas por segundo se le llama **frecuencia**. La 'frecuencia' se mide con una unidad física llamada **hertzio**; por ejemplo, 600 Hz es equivalente a 600 cps. Éstas son las ABREVIATURAS que se emplean en la medida de la FRECUENCIA: Hz (hertzios), cps (ciclos por segundo) y p/s (períodos por segundo). El tiempo que dura un 'ciclo' es el inverso de la frecuencia, esto es, T = 1/F. *Cf* perturbación.

Al primer armónico se le llama **frecuencia fundamental**; o $\mathbf{F_0}$ (a veces también **F0**), que es la frecuencia más baja (Solé Sabater, 1993: 6). Los SONIDOS PERIÓDICOS COMPUESTOS, como las VOCALES, se describen como una ONDA simple básica, esto es, la frecuencia fundamental (o primer armónico) y otras secundarias. Cuanto más alta sea la $F_0$ tanto menor será la distancia entre los armónicos, y cuanto más alta sea la $F_0$ tanto mayor será la distancia entre ellos; el segundo y el tercer armónicos son el doble y el triple del fundamental porque en el tiempo que dura un periodo del fundamental, el segundo armónico tiene dos periodos y el tercero, tres. La 'frecuencia fundamental' varía de acuerdo con la edad y el sexo. La de los niños es de 264 ciclos por segundo; en las mujeres es de 223 cps, y en los hombres, de 123 cps. La voz de la mujer y de niño tiene un fundamental más alto que el del hombre, debido a que sus cuerdas vocales son más delgadas y cortas (Quilis, 1993: 62). La 'frecuencia fundamental' de un sonido se puede determinar automáticamente utilizando un **analizador de frecuencias**, también llamado **medidor de frecuencias** (Crystal, 1991: 265). La 'frecuencia fundamental', que es una categoría física, propia de la fonética acústica, está relacionada con el TONO o la TONÍA (*pitch*, en inglés), que son sus correlatos en la FONÉTICA AUDITIVA (Quilis, 1993: 94).

**FRECUENCIA LÉXICA.** Véase en DISPONIBILIDAD.

**FRECUENTATIVO.** Véase en ASPECTO FRECUENTATIVO y en ADVERBIO FRECUENTATIVO.

**FRICACIÓN.** Siguiendo a Solé Sabater (1993: 2), las dos FUENTES de SONIDO APE-

RIÓDICO son la 'fricación' y la PERCUSIÓN. Se llama **fricación** (*cf* fricativas) al RUIDO aperiódico producido por el paso de aire turbulento a través de una CONSTRICCIÓN articulatoria. El sonido creado por estas fuentes se amplifica en el TRACTO VOCÁLICO por efecto de la RESONANCIA. *Cf* antirresonancia.

**FRICATIVAS.** ① Analizadas desde la FONÉTICA ARTICULATORIA, las 'fricativas' son CONSONANTES orales cuyo MODO DE ARTICULACIÓN es de contacto, fricción o roce. Se producen cuando la columna de aire espirado provoca fricción al atravesar el *paso* o estrechamiento formado por los ARTICULADORES de la cavidad bucal. Son orales porque, durante la emisión de la columna de aire procedente de los pulmones, el velo del paladar está adherido a la pared faríngea, con lo que todo el aire sale por la boca. También se las conoce con el nombre de **consonantes constrictivas** o **espirantes** por la estrechez articulatoria que adoptan los órganos articulatorios al pronunciarlas.

Vistas desde la FONÉTICA AUDITIVA, a las 'fricativas' también se les llama **continuas** o **continuantes** (*cf* aproximantes) para diferenciarlas de las MOMENTÁNEAS, nombre con el que se conoce a las OCLUSIVAS, que se perciben como INSTANTÁNEAS, mientras que las 'fricativas' suelen tener una duración algo mayor que las anteriores. La PERCEPTIBILIDAD (Gili Gaya, 1975: 99) de las 'fricativas' es baja, teniendo en cuenta que su GRADO DE ABERTURA es 1. En el ESPECTROGRAMA (Alarcos Llorach, 1983: 70) no aparece la ausencia de energía, como en las OCLUSIVAS y las AFRICADAS, sino sólo una zona de sonido turbulento mayor que la de la explosión de las africadas, siendo, además, menos rápidas que en las oclusivas las transiciones de las vocales.

De acuerdo con el PUNTO DE ARTICULACIÓN (*cf* ZONAS DE ARTICULACIÓN), son varias las fricativas que se pueden formar. A continuación se describen las más frecuentes en un buen número de las lenguas europeas. En cada uno de los pares que se mencionan, la primera consonante es la SORDA, y la segunda, la SONORA. Sin embargo, algunos tratadistas prefieren hablar de consonantes tensas y FLOJAS O LAXAS, en vez de sonoras y sordas, dado que, como se ha comprobado en el espectrograma, la sordez o la sonoridad es un rasgo concomitante de la TENSIÓN o de la RELAJACIÓN (Martínez Celdrán, 1984: 311):

(a) **Fricativas bilabiales** ([φ], [β]). El paso de estas 'fricativas' se forma aproximando el labio inferior al superior. La sorda [φ], también llamada "f" bilabial, se encuentra, por ejemplo, en la pronunciación asturiana de *fuego* o *fuente* (Gili Gaya, 1975: 137); la sonora [β], representada en español con las grafías *b, v,* se utiliza siempre que éstas no estén en POSICIÓN INICIAL ABSOLUTA o vayan precedidas de una NASAL (por ejemplo, *enviar, embotellar*, etc.), en cuyo caso se pronuncian como OCLUSIVAS BILABIALES SONORAS.

(b) **Fricativas labiodentales** ([f], [v]). El paso de estas 'fricativas' se forma aproximando el labio inferior a los dientes incisivos superiores. La sonora [v] no se encuentra en castellano, aunque sí en valenciano y en el español de muchos hablantes que tienen el valenciano como lengua materna; en su lugar se emplean normalmente la OCLUSIVA BILABIAL SONORA /b/ o la FRICATIVA BILABIAL SONORA [β].

(c) **Fricativas [linguo]interdentales** ([θ], [ð]). El paso de estas 'fricativas' se forma aproximando el predorso de la lengua a la parte posterior de los dientes superiores. La sorda sólo se emplea en gran parte del español peninsular; en Andalucía, Canarias, etc., se emplea el llamado SESEO en su lugar. Véase OCLUSIVAS DENTALES sobre el uso de la sonora [ð] en español.

(d) **Fricativas [linguo]alveolares** ([s], [z]). El paso de estas 'fricativas' se forma aproximando el ápice de la lengua a los alvéolos superiores. En la mayoría de las lenguas europeas, como el francés o el inglés, existen las dos fricativas, la sorda y la sonora. En español sólo tenemos como fonema la primera, manifestándose la sonora como alófono de la sorda, en palabras como *mismo* ['mizmo], *desde* ['dezde], etc.

La fricativa linguoalveolar sorda se manifesta de muchas formas, siendo las dos más importantes la **predorsal** y la **apical**. En la primera, la lengua adopta una forma más o menos convexa, la punta se apoya en los incisivos inferiores y el predorso forma con los dientes y los alvéolos un estrechamiento por donde pasa el aire produciendo la fricción característica. En la segunda, también llamada **fricativa apicoalveolar**, la lengua adquiere una forma más o menos cóncava, y la punta establece contacto fricativo con los alvéolos (Gili Gaya, 1975: 129-40). Y cuando está en posición silábica posnuclear, en algunas partes de Andalucía, la [s] se aspira (*cf* aspiración[2]), como en *los amos* [lɒ 'hamɒ], o puede desaparecer, provocando la ABERTURA de la vocal anterior, como en *los meses,* que se pronuncia [lɒ 'mesɛ]. *Cf* ceceo, seseo.

(e) **Fricativa post-alveolar** ([r]). Se emplea este término para referirse a la variante o ALÓFONO más característico del fonema inglés /r/. Para formar esta CONSONANTE se coloca el ápice de la lengua detrás de los incisivos superiores al tiempo que la parte central de la misma forma una concavidad o retroflexión ligera y los márgenes de su parte posterior tocan los molares superiores.

(f) **Fricativas palatoalveolares** ([ʃ], [ʒ]), también llamadas **fricativas [linguo] palatales**. El paso de estas 'fricativas' se forma elevando el predorso de la lengua hacia el paladar duro, al tiempo que los márgenes de ésta se apoyan en los molares superiores. Desde un punto de vista acústico estas consonantes son agudas y difusas. No existen como fonemas en castellano. Sin embargo, la sorda se encuentra en la pronunciación de la *ch* de algunas partes de Extremadura y Andalucía, en palabras como *muchacho*, así como en algunas comarcas valencianas (X*ixona*). La sonora existe en francés en palabras como *je* y en inglés en palabras como *usually* /'ju:ʒʊəlɪ/.

(g) **Fricativas velares y uvulares** ([x], [ɣ]). El paso de estas fricativas se articula aproximando el posdorso de la lengua con el velo del paladar. El punto de roce o fricción dependerá de la vocal adyacente. La sorda aparece en palabras españolas como *gente, juerga*, etc.; la sonora, representada con las grafías *ga, gue, gui, go, gu*, siempre que éstas no estén en POSICIÓN INICIAL ABSOLUTA o precedidas de una NASAL (por ejemplo, *engullir, engatusar*, etc.), en cuyo caso se pronuncian como OCLUSIVA VELAR SONORA.

(h) **Fricativa laríngea** o **glotal** ([h]). Este sonido es producido por el paso del aire que procede de la LARINGE, con las CUERDAS VOCALES ABIERTAS, al rozar en cualquier parte de la garganta o del resonador bucal. El punto de roce o fricción dependerá de la vocal adyacente. Este sonido es típico de las lenguas germánicas. En español no existe, aunque se encuentra un sonido similar en la pronunciación, en ciertas partes de Andalucía y Extremadura, de palabras como *hijo, ojo, lejos, caja*, etc.

② En la FONOLOGÍA GENERATIVISTA, las 'fricativas' /f/, /v/ son [–coronal] y [+anterior]; /s/, /z/ son [+coronal]; /ʃ/ y /ʒ/ son [+coronal]; y /x/ es [–coronal] y [–anterior].

**FRONTERA SILÁBICA.** Véase en JUNTURA.

**FUENTE.** Véase en ORIGEN.

**FUENTE DE SONIDO.** En FONÉTICA ACÚSTICA se llama 'fuente' (Quilis, 1993: 84 y 101) a la fase productora de un movimiento vibratorio, por cualquier agente, en un cuerpo sólido, líquido o gaseoso. Hay tres tipos de 'fuentes' de producción: (a) la que produce los sonidos SONOROS, cuando los impulsos de la corriente de aire pasa a través de la GLOTIS; (b) la que produce el RUIDO como efecto secundario de la turbulenta corriente de aire al pasar a través de las constricciones, como en las FRICATIVAS; y (c) la que tiene lugar cuando se libera el aire comprimido por una obstrucción del conducto vocal, como ocurre al principio de la explosión de las OCLUSIVAS.

De acuerdo con Solé Sabater (1993: 2), la LARINGE es la fuente de los SONIDOS PERIÓDICOS, y las dos fuentes de SONIDO APERIÓDICO son la FRICACIÓN y la PERCUSIÓN. El sonido creado por estas 'fuentes' se amplifica en el TRACTO VOCÁLICO por efecto de la RESONANCIA. *Cf* antirresonancia.

**FUERTE.** ① En FONÉTICA, en especial en la de tradición anglosajona o germánica, se emplea el término **fortis**, o 'fuerte', y también **tenso**, para aludir a lo que en la tradición latina se llama SORDO, porque en la CADENA ORAL de aquellas lenguas la distinción entre SONORO y sordo no se realiza sólo por la presencia o ausencia de la VIBRACIÓN de la CUERDAS VOCALES sino también por la ASPIRACIÓN y, en la mayoría de los casos, por la presencia de mayor energía y esfuerzo en la ARTICULACIÓN de las sordas. Consecuentemente, a las CONSONANTES SONORAS, y a su articulación, por ser más DÉBIL, se las llama **lenis**, o flojas.

② En FONÉTICA también se usa el adjetivo 'fuerte' en los términos SÍLABA FUERTE, VOCAL FUERTE, y en las llamadas FORMAS FUERTES del inglés. Véase en FONÉTICA AUDITIVA.

③ En la MORFOLOGÍA de algunas lenguas germánicas el término 'fuerte' (*stark*) es el opuesto de DÉBIL. Los **verbos fuertes** forman su pretérito y participio con un cambio vocálico de la vocal de la raíz (por ejemplo, *schwimmen, schwamm, geschwommen* en alemán, o *swim, swam, swum* en inglés). Los sustantivos fuertes del alemán forman el genitivo con -(e)s, como en *Tag, des Tages*. Los adjetivos fuertes de esta lengua son las formas de adjetivo sin artículo, como *roter Saft*. *Cf* débil[3] y en ablaut.

④ En LINGÜÍSTICA GENERATIVA se emplea en CAPACIDAD GENERATIVA FUERTE.

**FUERZA.** Aunque no goza del mismo grado de aceptación que otros PAPELES SEMÁNTICOS (como pueda ser el caso de AGENTE O CAUSA), en algunos textos (*cf*, por ejemplo, Dik, 1980, 1981) se utiliza el término 'fuerza' para aludir al papel semántico que se asigna a una entidad inanimada, generalmente un fenómeno natural, que se presenta como causa desencadenante de un proceso. Por ejemplo, según Dik, en los enunciados «*El viento* abrió la puerta», «*El clima* dio a John nuevas fuerzas», tanto a *el viento* como a *el clima* les correspondería el papel semántico de 'fuerza'.

**FUNCIÓN.** ① Es el valor que adquiere una unidad lingüística por su relación con otra en el interior de una estructura. COMPLEMENTO, por ejemplo, es un término que alude a una 'función'. Una unidad lingüística aislada, pongamos por caso el adjetivo *amarillo*, no puede ser complemento; la asignación de ese valor implica que tal unidad esté en relación con otra —su NÚCLEO— como integrante de una unidad más amplia, un SINTAGMA: «El jarrón (núcleo) *amarillo* (modificador) se ha roto». Las 'funciones', en esta acepción del término, pueden especificarse como SEMÁNTICAS y SINTÁCTICAS.

② En un sentido conectado con el anterior, 'función' es el papel que una unidad lingüística desempeña en la estructura de que forma parte. Desde este punto de vista, complemento es el papel que la unidad *amarillo* del ejemplo anterior desempeña en el sintagma.

③ Según la terminología introducida por L. Hjelmslev (1963: 80 y sigs.), se da el nombre de 'función' a la relación entre dos elementos lingüísticos, a los cuales llama **funtivos**. Por ejemplo, el SIGNO LINGÜÍSTICO es una 'función', esto es, una relación entre dos 'funtivos', la EXPRESIÓN y el CONTENIDO, puesto que no hay expresión sin contenido, ni contenido sin expresión significante. Como tipos de 'función', en este sentido, se distinguen la INTERDEPENDENCIA, la DETERMINACIÓN, y la CONSTELACIÓN.

④ Cuando se utiliza referido a ENUNCIADOS, el término 'función' alude a la finalidad que tiene el enunciado en tanto que acto comunicativo. En este sentido, «Llámame esta noche» tiene una 'función' distinta de «Me ha llamado esta noche». En el primer caso, el enunciado tiene como finalidad influir en el receptor para que lleve a cabo una determinada acción. En el segundo, tiene como finalidad informar al receptor sobre un determinado estado de cosas. Como 'funciones', en esta acepción del término, se distinguen, entre otras, la APELATIVA, la EXPRESIVA, la REFERENCIAL.

⑤ Las 'funciones', siguiendo a Greimas (1966), serían unidades semánticas del relato formadas por condensación de unidades sintagmáticas, que responden a movimientos o esferas de acción. Entre las funciones inventariadas por Greimas, a partir de las de Propp, destacan las siguientes: ausencia, prohibición, violación, reconocimiento, entrega, fraude, complicidad, partida, lucha, victoria, etc.

**FUNCIÓN CONTRASTIVA DEL ACENTO.** Para la FONOLOGÍA, interesada en los aspectos funcionales, el 'acento' es uno de los PROSODEMAS O FONEMAS PROSÓDICOS de la CADENA HABLADA que se superponen a los FONEMAS SEGMENTALES de ésta con una función de CONTRASTE respecto de las demás, es decir, cumple una **función contrastiva**: destacar o resaltar la sílaba que tiene el acento primario, respecto de las demás. Esta función de CONTRASTE del acento se puede subdividir en otras cuatro: la distintiva, la demarcativa, la culminativa y la rítmica.

(a) Mediante la función **distintiva**, que nace directamente del concepto de OPOSICIÓN, en las lenguas en las que el acento es móvil, como el español o el inglés, el lugar que éste ocupe (Martinet, A., 1960) sirve para diferenciar CLASES de palabras y también SIGNIFICADOS LÉXICOS, es decir, constituye un RASGO DISTINTIVO: «La *pérdida* de tu mujer», «La *perdida* de tu mujer»; «término, termino, terminó»; en inglés '*export* (sustantivo, *exportación*) *ex'port* (verbo, *exportar*). En las lenguas tonales cada uno de los TONOS cumple una función distintiva.

(b) La función **demarcativa** del acento colabora en la ordenación de los límites de las palabras; esta función se ve muy claramente en las lenguas en las que la posición del acento es fija; por ejemplo, en el francés, donde todas las palabras son agudas, el acento marca el final de la palabra, y en el checo, el acento, que recae siempre en la primera sílaba, marca el principio de una palabra. *Cf* función demarcativa y juntura.

(c) La función **culminativa** del acento (Martinet, A., 1960: 86-7) consiste en «notar la presencia en el enunciado de un determinado número de ARTICULACIONES importantes [...] y facilitar así el análisis del mensaje», por ejemplo; *mujeres oDIOsas* y *mujeres O diosas*; *un chico consenTIdo* y *un chico CON sentido*, *la MÁScara que he visto*, *la más CARA que visto*, etc. *Cf* juntura.

(d) Y, por último, en algunas lenguas, como la inglesa, el 'acento' y su ESCALA ACENTUAL desempeñan una **función rítmica**, ya que en estas lenguas el RITMO, llamado 'ritmo prosódico', está acompasado por el 'acento' y es distinto al español, que es 'ritmo acentual', es decir, acompasado por la sílaba. Una gran parte de la poesía inglesa se basa en una métrica acentual; en la poesía española también se cuenta con una métrica acentual que imita a la clásica, pero en nuestra lengua la sílaba larga grecolatina se convierte en tónica, y la breve en átona y, a estos efectos, se usan los nombres de los PIES clásicos como DÁCTILO, ESPONDEO, YAMBO, etc. *Cf* unidad acentual.

**FUNCIÓN DEL LENGUAJE, FUNCIONES COMUNICATIVAS.** ① Los diferentes fines concretos de la COMUNICACIÓN, meta fundamental del lenguaje, constituyen las denominadas **funciones del lenguaje** o **funciones comunicativas** (*cf* función[4], forma[4]). Basándose en su esquema de la comunicación, conformado por seis elementos (el EMISOR, el RECEPTOR, el MENSAJE, el CONTEXTO, el CONTACTO, y el CÓDIGO), Jakobson (1960: 250-77) distinguió seis funciones del lenguaje, utilizando como criterio discriminador el componente de ese esquema comunicativo hacia el que se orientaba específicamente el mensaje.

**Función referencial**
(contexto)

**Función expresiva** — **Función poética** — **Función conativa**
(emisor) (mensaje) (receptor)

**Función fática**
(contacto)

**Función metalingüística**
(código)

Cuando el mensaje se centra en el emisor, en la expresión de su estado de ánimo, estamos ante la **función expresiva** o **emotiva**. Si el mensaje pone todo su peso en el CONTEXTO, está cumpliendo la **función referencial**; así, cuando hablamos del mundo, de la vida, estamos desarrollando la función referencial. Las relaciones entre el mensaje y el receptor se llevan a cabo por medio de la **función conativa**. Cuando el mensaje sirve para establecer la comunicación o para prolongarla, o para comprobar si el 'canal' o 'contacto' funciona estamos ante la **función fática**. Si empleamos el lenguaje para hablar del lenguaje estamos cumpliendo la **función metalingüística**. Cuando el mensaje se emplea para atraer la atención hacia la forma del mensaje mismo estamos cumpliendo la **función poética**.

Bühler las resumió en tres: la expresiva, la representativa y la apelativa. Mathesius añadió otra, la estética. Pero el esquema propuesto por Jakobson ha sido más completo, hasta el punto de que se ha convertido en paradigmático. La TEORÍA de los ACTOS DE HABLA y otras como la de los ACONTECIMIENTOS DE HABLA, que ponen el énfasis en el aspecto comunicativo del lenguaje, han potenciado el análisis de las 'funciones comunicativas'.

② En el APRENDIZAJE DE LENGUAS EXTRANJERAS el término 'función comunicativa' se emplea para aludir a los USOS y fines del lenguaje dentro de la COMUNICACIÓN humana, recogidos en forma de repertorios, con el fin de construir sílabos o programas didácticos comunicativos, esto es no formales (*cf* método comunicativo). En este sentido, 'función'[4] se opone a 'forma[4]'. Son 'funciones comunicativas', por ejemplo, la expresión del agrado o del desagrado, la petición de información, la expresión de la indiferencia, etc. Bajo estos rótulos se agrupan las expresiones que sirven para trasladar estos fines comunicativos. Por ejemplo: «me encanta», «me gusta», «es estupendo... » (en la expresión del agrado), «me da igual» , «me es indiferente», «a mí no me afecta que...», etc. (en la expresión de la indiferencia), etc.

**FUNCIÓN DEMARCATIVA.** De acuerdo con Alarcos Llorach (1983: 102 y sigs.), un elemento fónico (por ejemplo, un FONEMA) o una cualidad fónica (por ejemplo, un RASGO) puede cumplir, además de la FUNCIÓN DISTINTIVA, otra llamada 'función demarcativa', que sirve para señalar las fronteras entre las unidades (palabra, morfema, etc.) dentro de la CADENA HABLADA. Los medios fónicos utilizados para indicar las fronteras entre unidades se llaman **marcas de fronteras** o **señales demarcativas**. Uno de los recursos más utilizados para marcar las fronteras es el acento (*cf* función contrastiva del acento). Pero cada lengua tiene distintos recursos para delimitar las citadas fronteras. Muchas veces son FONEMAS, por ejemplo, el fonema /r/ del español nunca aparece en posición inicial; en este caso se habla de **señales demarcativas fonemáticas**. Otras veces son ALÓFONOS; por ejemplo, en inglés el grupo /tr/ en /'naɪt+reɪt/ y en /'naɪt+reɪt/ son distintos. La /r/ de /tr/ en *nitrate* está parcialmente DESONORIZADA ([tr̥]) por ir detrás de una 't' aspirada [t$^{h}$]. Lo mismo se puede decir de las secuencias *The next train* y *The next rain*, con /r/ parcialmente desonorizada ([tr̥]) en el primer caso. En las secuencias *It's still Monday* y *It's till Monday*, o en *A great abbey* y *A grey tabby* la frontera se percibe por la 't' aspirada [t$^{h}$] de *till y de tabby*. Cuando son ALÓFONOS, como [t$^{h}$], [r̥], los que cumplen la FUNCIÓN DEMARCATIVA, Alarcos Llorach (1983: 104) habla de **señales demarcativas afonemáticas**. Las señales demarcativas pueden ser complejas y negativas. Los grupos españoles /pt/, (*apto*) y /kt/ (*acto*), que sólo aparecen en el interior de una palabra, son marcas complejas. Los fonemas /ŋ/ y /h/ del inglés son marcas negativas, ya que indican que no hay ninguna palabra que comience por /ŋ/ / ni tampoco ninguna que acabe en /h/. Los idiomas son muy distintos entre sí; en unas lenguas las 'señales demarcativas' indican los límites entre palabras, en otras, los de frontera entre morfemas, etc., en unos abundan más los recursos fonemáticos, en otros los afonemáticos, etc. *Cf* demarcación, juntura.

**FUNCIÓN DISCURSIVA.** Véase en KINÉSICA y en PARALENGUAJE.

**FUNCIÓN DISTINTIVA.** De acuerdo con Alarcos Llorach (1983: 39 y sigs.), una cualidad fónica tendrá función distintiva cuando se oponga a otra cualidad fónica, esto es, cuando ambas formen una oposición. Las diferencias fónicas que en una lengua dada permiten distinguir las significaciones son OPOSICIONES DISTINTIVAS. Los FONEMAS, o unidades de la SEGUNDA ARTICULACIÓN (vocales y consonantes, diptongos, triptongos, semivocales y semiconsonantes) son las encargadas de llevar a cabo la 'función distintiva', que consiste en la identificación de una unidad o en su diferenciación de otra. Por ejemplo, las palabras *pasa, peso, piso, poso* y *puso* son diferentes gracias a la 'función distintiva' o diferenciadora de cada una de las vocales subrayadas, las cuales están todas en OPOSICIÓN, es decir, sólo una de ellas puede aparecer en la misma posición. La 'función distintiva' también la desempeñan los llamados RASGOS DISTINTIVOS; a estos efectos, un fonema se define como un haz de rasgos distintivos. Igualmente algunos FONEMAS SUPRASEGMENTALES pueden desempeñar la 'función distintiva', por ejemplo, en español, el ACENTO (*cf* función contrastiva del acento) en palabras como *término, termino, terminó*; *ingles, inglés*, etc., o el TONO, en las llamadas lenguas tonales.

**FUNCIÓN EXPRESIVA.** Véase en ACENTO AFECTIVO.

**FUNCIÓN LÉXICA.** Véase en IMPLICACIÓN LÉXICA.

**FUNCIÓN PRAGMÁTICA.** En la GRAMÁTICA FUNCIONAL diseñada por S. Dik se consideran 'funciones pragmáticas' el APÉNDICE, el FOCO$^{2}$, el TEMA$^{4}$ y el TÓPICO$^{2}$. Son pues 'funciones pragmáticas' los distintos valores informativos que se asignan a los constituyentes del enunciado en el intercambio comunicativo. Así, por ejemplo, un constituyente asume la 'función pragmática' de «apéndice» cuando es, simplemente, un añadido que aclara o modifica una información ya introducida previamente en la predicación: «No la he entendido, *la película, quiero decir*». Un elemento tendrá, por el contrario, la 'función pragmática' de «foco» si representa la información más destacada o relevante del enunciado: «*Luis* es el que se ha equivocado». Asimismo, un constituyente desempeña la 'función pragmática' de «tema» cuando es un elemento extrapredicativo que establece el marco en el que resulta pertinente el resto de la información aportada en el enunciado: «*En cuanto a la reforma laboral*, los sindicatos mantienen sus anteriores planteamientos».

**Función rítmica.** Véase en FUNCIÓN CONTRASTIVA y en ACENTO.

**Función semántica.** Equivale a PAPEL SEMÁNTICO.

**Función sintáctica.** Con el término 'función sintáctica' (o también **función gramatical**) se hace referencia a conceptos tales como SUJETO, OBJETO DIRECTO, OBJETO PREPOSICIONAL, COMPLEMENTO CIRCUNSTANCIAL. Sujeto, objeto directo, etc., son FUNCIONES porque implican un valor relacional. Esto es, no se corresponden con propiedades que tengan las unidades sintácticas debido a su estructura interna. Se corresponden con propiedades que adquieren dichas unidades por su relación con otras en el interior de la estructura oracional en que se integran. Así, una expresión como *los amigos de Juan* puede catalogarse como un SINTAGMA NOMINAL debido, únicamente, a su estructura: su núcleo es un nombre. Pero no puede, aisladamente, ser considerado sujeto u objeto directo, porque ambos conceptos presuponen la relación de una unidad con otro elemento.

En cambio, en «*Los amigos de Juan* registraron palmo a palmo *la habitación*», *los amigos de Juan* puede identificarse como sujeto y *la habitación* puede considerarse objeto directo por el tipo de relación que establecen ambas unidades con el verbo. En tanto que funciones, se especifican, además, como 'sintácticas' o gramaticales porque, aunque exista una relación entre determinados PAPELES SEMÁNTICOS y nociones tales como sujeto, objeto directo, éstas no se delimitan por medio de rasgos semánticos (como las funciones semánticas), o por su papel en la organización informativa del enunciado (como las FUNCIONES PRAGMÁTICAS). Se delimitan mediante rasgos de carácter gramatical o sintáctico, tales como los siguientes: la posición que ocupan las unidades en la estructura de la oración; la existencia de ciertas marcas formales, como los rasgos de CONCORDANCIA, o las marcas de CASO, o la presencia de una determinada preposición; la mayor o menor cohesión estructural existente entre las unidades y el verbo.

En «*Los amigos de Juan* registraron palmo a palmo la habitación», *los amigos de Juan* representa, desde el punto de vista semántico, al AGENTE que dirige y controla la acción. En «*La habitación* fue registrada palmo a palmo», *la habitación* alude, en cambio, al OBJETO AFECTADO por la acción. Pero ambas unidades se identifican como el sujeto de su oración por, entre otras, las razones siguientes: (1) son sintagmas nominales concordantes con el verbo. (2) Según los análisis binaristas de la oración (*cf* estructura bimembre), son las unidades nominales que, en conexión con el sintagma verbal, integran la estructura básica de la unidad oracional.

En «Los amigos de Juan registraron palmo a palmo *la habitación*», *la habitación* es también, desde el punto de vista semántico, el objeto afectado por la acción. Pero no se identifica como sujeto sino como objeto directo porque, entre otras razones, (1) no presenta concordancia con el verbo; (2) si se tematiza ha de quedar junto al verbo un CLÍTICO de ACUSATIVO («La habitación la registraron palmo a palmo»); (3) ocupa, en la estructura de la oración, una posición distinta de la del sujeto: se incluye en el sintagma verbal como primer complemento del verbo.

**Funcional.** Véase en FORMAL.

**Funcionalismo, funcionalista.** En lingüística se llama **funcionalismo** a la tendencia metodológica consistente en realizar DESCRIPCIONES FUNCIONALES del lenguaje, esto es, analizar las FUNCIONES de sus unidades y niveles, entendido el lenguaje como instrumento de COMUNICACIÓN, y los lingüistas, los paradigmas, las escuelas, etc., que siguen esta tendencia se llaman **funcionalistas**. En este caso, 'funcionalismo' y 'funcionalista' se oponen respectivamente a FORMALISMO y a FORMALISTA, interesados en la presentación explícita de la organización general y abstracta de lenguaje entendido como CÓDIGO O SISTEMA.

El 'funcionalismo' se basa en el axioma de que no se puede dominar nada por completo, sea de la naturaleza que sea, hasta que no se conocen los USOS —fines o funciones— del objeto que se quiere conocer. El 'funcionalismo' nace de la concepción teleológica del lenguaje, es decir, el lenguaje considerado como instrumento y, al mismo tiempo, como actividad que tiene una finalidad general, la comunicación, y varias finalidades específicas derivadas de ésta; a cada una de ellas se la llama FUNCIÓN (*cf* gramática funcional). El carácter teleológico del lenguaje está recogido en la tesis I de las presentadas en 1929 por el Círculo de Praga al I Congreso de Filólogos Eslavos, en la que se postula que el análisis lingüístico debe hacerse desde el punto de vista de la *función*, al ser la lengua un sistema de instrumentos de expresión utilizados con un *fin*.

Debido al carácter teleológico del 'funcionalismo', algunos (Mulder, J., 1975) estiman que esta perspectiva es más adecuada para la descripción lingüística que la FORMALISTA. El 'funcionalismo' es un campo muy prometedor para abordar algunas cuestiones básicas de la gramática, como la DETERMINACIÓN, la ATRIBUCIÓN, la GENERALIZACIÓN, etc.

En la actualidad el funcionalismo es una de las líneas independientes de la INVESTIGACIÓN LINGÜÍSTICA que goza de mayor grado de prestigio y desarrollo. No obstante, la perspectiva funcional de la oración siempre tuvo sus seguidores en el ESTRUCTURALISMO (por ejemplo, la TAGMÉMICA), en el GENERATIVISMO (por ejemplo, los estudios de la ELIPSIS) y en la PRAGMÁTICA (por ejemplo, el ANÁLISIS CONVERSACIONAL). *Cf* gramática funcional.

**FUNDAMENTAL.** Véase en FRECUENCIA FUNDAMENTAL.

**FUNTIVO.** Según la terminología introducida en la GLOSEMÁTICA por Hjelmslev (1963: 80), 'funtivo' es cada uno de los términos de una FUNCIÓN[3], esto es, de una relación entre elementos lingüísticos. En la unidad «Coches veloces», *coches* y *veloces* serían los 'funtivos' de una función DETERMINACIÓN.

**FUNTOR.** En algunas escuelas del GENERATIVISMO se emplea el término 'funtor' como la categoría que expresa la relación entre entidades. Por ejemplo, la propiedad *y* es la HERMANA de *x* se expresa con el 'funtor' *F*, formalizado de la siguiente manera: «y = F (x)» .

**FUSIÓN.** ① En un sentido general, se emplea el término 'fusión' en FONÉTICA para aludir a los fenómenos de sinalefa, SINÉRESIS y también de ELISIÓN y de CONTRACCIÓN. *Cf* fonología articulatoria.

② En un sentido más concreto se llama 'fusión' en fonética a la ASIMILACIÓN en la que el fonema que influye y el influido se convierten en uno solo. También se llama a este fenónemeno **coalescencia** o **asimilación doble o recíproca**. Por ejemplo, hay 'fusión' en inglés cuando pronunciamos la palabra *issue* ['ɪsju:], como ['ɪʃu:], ya que la [s] y la [j] se han fundido en [ʃ]. *Cf* contracción.

③ En LEXICOLOGÍA se llama **fusión**, **cruce** o **forma contaminada** (*blending* en inglés) al procedimiento de CREACIÓN LÉXICA mediante el cual se forma una nueva palabra con la parte inicial de una y la final de la siguiente, como en inglés las palabras *smog* y *brunch* construidas respectivamente con *smoke+fog* y *breakfast+lunch,* etc. *Cf* cruce léxico.

**FUSIONANTE.** Con este término 'fusionante' se alude en las lenguas flexivas a los MORFOS que transportan varios MORFEMAS. Por ejemplo, en latín el morfo *-us* de *hortus* transporta el morfema de nominativo y el de singular.

**FUTURO.** ① En los estudios gramaticales del español, el término 'futuro' se ha utilizado para designar dos tiempos verbales: uno incluido en el modo indicativo, o **futuro de indicativo**, al que corresponden formas como *iré, pondré, terminaré*; otro encuadrado en el modo subjuntivo, o **futuro de subjuntivo**, al que pertenecen formas como *fueres, vieres*.

(a) El 'futuro' de indicativo es, ciertamente, un tiempo verbal cuyo valor básico está relacionado con la noción temporal de *posterioridad* o *futuridad*: las formas correspondientes a este tiempo sitúan el estado o el evento denotado por el verbo en un espacio temporal posterior al momento del habla. Así, en «Manaña *iré* al médico», «Estas Navidades *pondré* el belén en la puerta», «No te preocupes. *Terminaré* el trabajo», las formas de 'futuro' *iré, pondré, terminaré* indican que la acción designada por el verbo aún no se ha llevado a cabo, sino que se ha de realizar en un momento posterior al de la emisión del enunciado. Este tiempo verbal también ha sido llamado **futuro simple**, **futuro imperfecto**, **futuro absoluto**.

(b) El tiempo del subjuntivo al que también se da el nombre de 'futuro' no es, sin embargo, según señala, por ejemplo, Porto Dapena (1989) equiparable semánticamente al 'futuro' del indicativo antes descrito. En primer lugar, según suele señalarse en las gramáticas del español, el 'futuro' de subjuntivo es prácticamente inusitado en la lengua actual. Subsiste en frases hechas («Adonde *fueres* haz lo que *vieres*») o, como arcaísmo, en el lenguaje jurídico y administrativo: «Si *tuviere* más de tres hijos, le corresponderá una pensión mayor». De ahí que algunas gramáticas (*cf* Hernández Alonso, 1984) prescindan de este tiempo al tratar de la CONJUGACIÓN del verbo español. En segundo lugar, además, el valor básico que se le ha asociado no se relaciona estrictamente con la noción de posterioridad (el subjuntivo carece de formas específicas para esta noción) sino, según Bello (1981: 411) o la Real Academia (1973), con la de condición o hipótesis, en definitiva, con la noción de contingencia. Así, de conformidad con Bello, en el enunciado cervantino «No sabemos quién sea esa buena señora que decís; mostrádnosla, que si ella *fuere* de tanta hermosura como significáis, de buena gana y sin apremio alguno confesaremos la verdad», *sea* y *fuere* designan el mismo tiempo presente, pero *fuere* presenta como una mera hipótesis la hermosura presente de la señora.

Este tiempo también ha sido denominado **futuro hipotético simple** y **futuro imperfecto**.

② 'Futuro' se utiliza también como término genérico para aludir, no ya a un tiempo verbal concreto, sino a cualquier tiempo verbal que implique, en su significación básica, una relación de *posterioridad* o *futuridad*. En este sentido amplio del término, son 'futuros' tanto *terminaré* como, por ejemplo, *habré terminado*, forma perteneciente al tiempo verbal específicamente denominado ANTEFUTURO O FUTURO PERFECTO.

**FUTURO ABSOLUTO.** 'Futuro absoluto' es uno de los nombres que han dado las gramáticas del español al TIEMPO del modo indicativo en el que se incluyen formas como *cantaré, viajarás, dormiremos*. Este tiempo verbal también ha sido denominado simplemente FUTURO.

**FUTURO COMPUESTO DE PROBABILIDAD.** Véase en FUTURO PERFECTO DE PROBABILIDAD.

**FUTURO DE PROBABILIDAD.** Con el término 'futuro de probabilidad' se hace referencia al empleo de una forma verbal perteneciente al FUTURO para expresar un valor modal de «probabilidad», y no el valor temporal de «futuridad» o «posterioridad» que corresponde, en su uso recto o básico, a este tiempo verbal. Por ejemplo, en el enunciado «La secretaria *estará* en su oficina mañana a las 10», la forma de futuro *estará* conlleva el significado temporal básico que tiene asignado este tiempo en el sistema verbal: sitúa el estado denotado por la predicación en un espacio temporal posterior al momento en que se emite el enunciado.

En cambio, en «La secretaria no ha venido hoy. *Estará* enferma» el valor aportado por la forma *estará* es el que corresponde a un 'futuro de probabilidad'. A semejanza de «*Está* enferma», el estado a que hace referencia «*Estará enferma*» se sitúa como simultáneo, no como posterior, al momento de emitirse el enunciado. Pero, a diferencia de *está*, la forma de futuro *estará* añade a la predicación un valor modal de probabilidad: el «estar enferma» no se afirma como un hecho sobre el que se tiene absoluta certeza; tan sólo se presenta como algo que se considera probable.

**Futuro hipotético.** ① 'Futuro hipotético' es el término que algunas gramáticas del español (*cf* por ejemplo Hernández Alonso, 1984; Gili Gaya, 1961) utilizan para referirse al tiempo verbal —cuyo estatus en el sistema de la conjugación española resulta bastante controvertido— en el que se incluyen formas como *escribirían, tendría, llegaríamos.*

La denominación 'futuro hipotético' parece estar fundamentada en que, según indica Hernández Alonso, por ejemplo, son dos los valores significativos que se asocian a las formas correspondientes a este tiempo: la futuridad o posterioridad con respecto a un pasado, y la hipótesis o probabilidad referida al futuro o al pasado. Así, por ejemplo, en «Me aseguraron que *escribirían*», «Le dijo que llegaríamos a tiempo», *escribirían, llegaríamos* expresan, de conformidad con Hernández Alonso o Gili Gaya, futuro con respecto a un pasado: ambas formas sitúan la realización del evento a que hace referencia el verbo en un espacio temporal posterior a otro evento (*aseguraron, dijo*) ya pasado en el instante del habla.

En cambio, en «*Tendría* entonces cincuenta años», *tendría* expresa, según Gili Gaya, fundamentalmente probabilidad, en este caso referida al pasado.

POSPRETÉRITO, **condicional**, POTENCIAL (SIMPLE) son otras denominaciones utilizadas para estas mismas formas verbales.

② También se ha dado el nombre de 'futuro hipotético (simple)' (*cf* Gili Gaya, 1961) al tiempo del modo subjuntivo al que corresponden formas como *tuviere, fueres, vinieren*. *Cf* futuro.

**Futuro imperfecto.** 'Futuro imperfecto' es uno de los nombres que tradicionalmente se han dado al tiempo verbal, incluido en el modo indicativo, también conocido como FUTURO, sin otras especificaciones. Es el tiempo al que pertenecen formas como *correrán, estudiaré, hablaremos.*

Asimismo se ha dado el nombre de 'futuro imperfecto' al futuro incluido en el modo subjuntivo.

**Futuro perfecto.** En las gramáticas del español se ha dado el nombre de 'futuro perfecto' a dos TIEMPOS verbales: uno incluido en el modo indicativo: el **futuro perfecto de indicativo**, al que pertenecen formas como *habremos terminado, habrán celebrado*; otro encuadrado, por lo general, en el modo subjuntivo: el **futuro perfecto de subjuntivo**, al que corresponden formas como *hubiere terminado, hubiere obtenido.*

(a) En lo que respecta al 'futuro perfecto' del indicativo, el nombre 'futuro perfecto' parece tener su justificación en que formas como *habremos terminado, habrán celebrado*, expresan *posterioridad* o *futuridad* en cuanto al tiempo y *pefectividad* (*cf.* ASPECTO PERFECTIVO) en lo concerniente al aspecto. Así, para la Real Academia (1973: 471), «es un tiempo perfecto y relativo que denota acción venidera anterior a otra también venidera»: «Cuando usted vuelva *habremos terminado* el trabajo».

Este tiempo verbal también ha sido denominado ANTEFUTURO, de conformidad con la terminología introducida por Bello, y **futuro compuesto** (*cf* ANTEFUTURO para una descripción más exacta del significado temporal básico asociado a este tiempo del verbo).

(b) Pese al pararelismo en la denominación, el tiempo incluido en el modo subjuntivo con el nombre de 'futuro perfecto' no es equiparable ni en su significación temporal ni en la vigencia o extensión de su uso al 'futuro perfecto' del indicativo.

Según suele señalarse en las gramáticas del español, el 'futuro perfecto' del subjuntivo «ha desaparecido prácticamente del habla coloquial moderna y es muy raro su empleo literario» (RAE, 1973: 482), aunque perviva, como arcaísmo, en textos administrativos o legales: «Podrán exigir... si no *hubiere obtenido* el beneficio de pobreza, el abono de los derechos, honorarios e indemnizaciones».

Además, su significado básico no parece relacionarse tanto con la noción de posterioridad (según Bello, podía ser igualmente antefuturo o antepresente) como con la noción de hipótesis o posibilidad.

También se ha dado a este tiempo el nombre de **futuro hipotético (compuesto)**. *Cf* Gili Gaya, 1961.

**FUTURO PERFECTO DE PROBABILIDAD.** Con el término 'futuro perfecto de probabilidad' (o también **antefuturo de probabilidad**, **futuro compuesto de probabilidad**) se hace referencia al valor que expresa una forma verbal perteneciente al FUTURO PERFECTO (también denominado ANTEFUTURO O FUTURO COMPUESTO) cuando no manifiesta su significado temporal básico sino que presenta como «probable» un estado o un evento temporalmente situado en el pasado. Por ejemplo, en «La película ya *habrá terminado* cuando él llegue», la forma del futuro perfecto *habrá terminado* expresa el significado temporal básico que tiene asignado en el sistema verbal: sitúa el evento designado por el predicado en un espacio temporal anterior a otro evento («cuando él *llegue*») posterior al instante en que se emite el enunciado.

En cambio, en «Son las 10. La película ya *habrá terminado*», el significado de *habrá terminado* corresponde a un 'futuro perfecto de probabilidad'. A semejanza del PRETÉRITO PERFECTO («Son las 10. La película ya *ha terminado*»), sitúa el evento denotado por el verbo en un espacio temporal anterior a la emisión del enunciado. Pero a diferencia de *ha terminado*, presenta sólo como una suposición, como algo probable, pero no como efectivamente realizado ese evento designado por el predicado.

**FUTURO SIMPLE.** 'Futuro simple' es una de las denominaciones utilizadas en las gramáticas del español para designar el tiempo verbal, incluido en el modo indicativo, al que pertenecen formas como *saldrá, regaré, cenaremos*. También se ha dado a este tiempo el nombre de FUTURO, sin otras especificaciones.

# G

**Galicismo.** Véase en BARBARISMO[1].

**Gambito.** En el ANÁLISIS CONVERSACIONAL se emplea el término 'gambito' (Jensen, 1996: 304) para aludir a expresiones idiomáticas (como *Mmm*, *¡No!*, *¿De veras?*, *¡Anda!*, *¿Sabes?*, etc.) que sirven para mantener y regular el intercambio conversacional aunque no desarrollan en sí la conversación. *Cf* macromarcador, turno.

**Geminación, geminado.** En lingüística se llama **geminación** o **duplicación** a la repetición de un elemento lingüístico inmediato, sobre todo CONSONANTES. Por tanto, son consonantes **geminadas** las que se repiten o duplican, no siendo suficiente su ALARGAMIENTO. El término se emplea tanto en SINCRONÍA como en DIACRONÍA. Existe 'geminación' de consonantes en algunas lenguas modernas, como el finés, el árabe, el catalán o el italiano, en las que la 'consonante geminada' se articula como dos simples, es decir, como final de la sílaba anterior y principio de la siguiente. En el italiano son distintas *fato* ['fa:to] (*destino*) y *fatto* ['fa:t·to] (*hecho*), *pena* ['pena] (*pena*) y *penna* ['pen·na] (*bolígrafo*), *anelo* ['anelo] (*deseo*) y *annello* ['anel·lo] (*anillo*), *tono* ['tono] (*tono*) y *tonno* ['ton·no] (atún), etc. En catalán se emplea el SIGNO DIACRÍTICO llamado **punto alto** (*punt volat*) para indicar que la grafía *ll* es 'geminada', como en la palabra *excel·lent*, y para distinguirla, consecuentemente, de la lateral palatal /ʎ/ de palabras como *llatí*.

Pero la 'duplicación' o 'geminación' también sirve de signo diacrítico. Por ejemplo, en francés señala la pérdida de NASALIDAD, como en los pares *chien* y *chienne*; y en inglés indica que la vocal que precede es BREVE, como en los pares *striped* /'straɪpt/ y *stripped* /'strɪpt/. *Cf* cantidad.

**Genealogía.** Uno de los logros más importantes de la investigación de la LINGÜÍSTICA COMPARADA es el establecimiento de los ascendientes de las lenguas y de su **parentesco lingüístico-genealógico** o **relaciones genéticas**, con el fin de fijar la FAMILIA a la que éstas pertenecen. Este interés investigador por la RECONSTRUCCIÓN de las lenguas para encontrar su filiación nació en el siglo XIX, siglo en el que los NEOGRAMÁTICOS quisieron dar a los métodos de la lingüística un fundamento científico, a fin de poner esta disciplina al nivel de las ciencias naturales; merced a esta visión, las lenguas eran concebidas como seres orgánicos, con su nacimiento, DESARROLLO y muerte (*cf* progreso). La Romania (Malmberg, 1967: 12 y sigs.), es decir, el territorio en el que se hablan las lenguas romances, fue la piedra de toque para los estudios de 'genealogía' del lenguaje, dado que en la lingüística romance se disponía de abundantes textos de su PROTOLENGUA y se sabía bastante sobre la historia de sus diversos DIALECTOS. Pero el éxito más espectacular en los estudios de 'genealogía' fue la reconstrucción de los grupos principales de la familia **indoeuropea** (indoiranio, armenio, albanés, baltoeslavo, germánico, céltico, itálico, y griego), y su división en dos grandes ramas, la **kentum** y la **satem**, de acuerdo con la evolución que hubiera tenido la palabra indoeuropea **k'mtóm*. Se cree que las lenguas de *satem* reflejan una etapa de desarrollo posterior, porque la palatal del indoeuropeo [k'] pasó a fricativa. *Cf* familia de palabras, tipología lingüística.

**GENERACIÓN.** Véase en GENERAR.

**GENERALIZACIÓN.** En toda INVESTIGACIÓN LINGÜÍSTICA (*cf* adecuación descriptiva) y sobre todo, desde la llegada del PARADIGMA GENERATIVISTA a principios de los años sesenta, ha ganado mayor relieve el concepto de 'generalización', junto a otros, tales como ABSTRACCIÓN, FORMALIZACIÓN, etc. La 'generalización' es una aseveración verdadera y relevante, utilizada en las DESCRIPCIONES LINGÜÍSTICAS, en la que se establece una relación entre dos nociones básicas: los DATOS y los enunciados. Pero todas las 'generalizaciones' son NO-EMPÍRICAS, en el sentido de que representan un nivel de IDEALIZACIÓN por encima de los datos que intentan describir. La 'generalización' probablemente sea una de las condiciones más importantes del pensamiento sistemático, porque pone orden a los datos a los que se refiere.

De acuerdo con Wittgenstein (1968: 12), la 'generalización' está unida a la idea de que debe haber algo común en todos los objetos, por ejemplo, en todos los juegos (ajedrez, parchís, póker, veo-veo, etc.), en todos los árboles (pino, roble, encina, etc.), etc.; y esta propiedad común en todos los juegos (o en los árboles) es la justificación de que se aplique el término *juego* (o árboles) a una FAMILIA de términos cuyos miembros tienen ese algo en común. Esta idea es comparable a la de que las propiedades son ingredientes de las cosas; por ejemplo, que la *belleza* es un ingrediente de todas las cosas bellas, de la misma forma que el alcohol es un ingrediente de la cerveza y el vino. Esta búsqueda de la generalización tiene otra fuente principal: la preocupación de los humanos por reducir la EXPLICACIÓN de los fenómenos naturales al menor número de leyes naturales primitivas. Por tanto, es propio del ser humano tender a la 'generalización' más simple posible de los fenómenos observados, aislando y realzando, a la vez, lo que se repite y se convierte en típico y general, y despreciando o ignorando los rasgos individuales y particulares. Y, tras *aislar* los rasgos anteriores, la mente tiende hacia un proceso de *comprensión*, combinando y agrupando los rasgos o notas comunes. En este doble proceso de *aislamiento* y de *comprensión* de propiedades o rasgos se debería evitar, en lo posible, que la idealización fuera excesiva, ya que podría alejar la 'generalización' de la realidad.

Es mayor el grado de 'generalización' de una TEORÍA cuando, con menos enunciados, puede dar cuenta del mismo número de datos que otra que tiene más enunciados, o cuando con los mismos enunciados puede dar cuenta de un mayor número de datos. Cuanto mayor es la 'generalización', tanto menor es la INTENSIÓN o contenido informativo; por ejemplo, la 'generalización' «Toda oración consta de un sujeto y de un predicado» tiene menos información que «Toda oración transitiva consta de un sujeto activo y de un predicado, que necesariamente posee un objeto». *Cf* constructo hipotético.

**GENERALIZACIÓN DE BURZIO.** En RECCIÓN Y LIGAMIENTO se conoce como 'generalización de Burzio' al principio establecido por Burzio (1981) según el cual un verbo que no asigna PAPEL SEMÁNTICO a la posición argumental correspondiente al SUJETO (de una manera simple, no implica un sujeto agente, experimentador, etc.), tampoco puede asignar MARCA de CASO a su ARGUMENTO INTERNO, al objeto. La 'generalización de Burzio', según señala, por ejemplo, Demonte (1989: 72) entraña, asimismo, que un verbo que no pueda asignar CASO ACUSATIVO a su objeto, tampoco podrá asignar papel semántico al sujeto.

La 'generalización de Burzio' es el principio que comúnmente se invoca para justificar los desplazamientos de sintagmas nominales que, según los estudios gramaticales que siguen el modelo rección y ligamiento, se producen en estructuras con VERBOS INACUSATIVOS, así como en construcciones pasivas o en oraciones con VERBOS DE ASCENSO. Por ejemplo, un verbo no inacusativo, como *leer*, implica un argumento agente que se realiza como sujeto: «*Juan* lee libros de aventuras»; por tanto, sí puede asignar caso a su OBJETO: «libros de aventuras» es reconocible formalmente como objeto directo con papel semántico de TEMA; sin embargo, un verbo INACUSATIVO como *llegar*, de conformidad con los planteamientos habituales en este modelo gramatical, se caracteriza precisamente por tener vacía la posición argumental básica correspondiente al sujeto (esto es, carecen de sujeto profundo), aunque seleccione un argumento tema en la posición de objeto. Por tanto, aunque en «El tren ha llegado», *el tren* aparezca como sujeto superficial de *llegar*, ése no es su papel básico: se trata del argumento tema que ha sido desplazado, movido desde la posición correspondiente al objeto directo: «$_O$[ha llegado el tren]». La necesidad de ese desplazamiento se explica precisamente mediante la 'generalización de Burzio'; puesto que *llegar* no asigna papel semántico al sujeto, tampoco puede asignar marca de caso al objeto, al sintagma nominal «el tren». De ahí que ese sintagma nominal deba moverse (*cf* filtro de caso) a otra posición sintáctica en la que sí pueda recibir marca de caso: la de sujeto de *llegar*, una posición originariamente vacía.

**GENERAR, GENERACIÓN, GENERATIVO.** A partir del GENERATIVISMO, los términos **generar** y **generación** (Palmatier, 1972: 61) se han empleado en lingüística, con la misma acepción que se usan en matemática, es decir, con el significado de caracterizar —en el sentido de enumerar, describir, especificar o predecir— formalmente todas las oraciones posibles de una lengua. A estos efectos, una lengua 'generada' es el conjunto infinito (si se aplican las REGLAS de forma RECURSIVA) de las secuencias especificadas con las reglas de la gramática, siempre y cuando se incluya en este conjunto una descripción estructural que enumere los elementos de cada secuencia y las relaciones entre estos elementos. El término **generativo** (*cf* capacidad generativa) se aplica a todo lo relacionado con la mencionada 'generación'. *Cf* generativismo, gramática generativa, fonología generativa, semántica generativa.

**GENERATIVISMO.** Se llama 'generativismo' o PARADIGMA GENERATIVISTA al conjunto de TEORÍAS, MODELOS e HIPÓTESIS que se han marcado como meta la EXPLICACIÓN de la ACTIVIDAD LINGÜÍSTICA, frente a la DESCRIPCIÓN LINGÜÍSTICA, propia del PARADIGMA ESTRUCTURALISTA. Otros rasgos propios del 'generativismo', además de la meta de la explicación antes citada, son los siguientes:

(a) El PSICOLOGISMO RACIONALISTA.

(b) El MENTALISMO.

(c) El FORMALISMO en la descripción lingüística.

(d) El EMPIRISMO en la descripción lingüística; pero el empirisimo del GENERATIVISMO es empírico-explicativo, en el sentido de que intenta reconstruir los procesos y las operaciones del lenguaje sirviéndose de un metalenguaje explícito y formalizado.

(e) La investigación de los UNIVERSALES LINGÜÍSTICOS.

(f) La CREATIVIDAD.

(g) El nuevo concepto de GRAMÁTICA.

(h) La prioridad dada a la SINTAXIS. En toda su investigación, Chomsky concede primacía, aunque no exclusividad, al nivel sintáctico, pues lo considera central en la TEORÍA DEL LENGUAJE. El ESTRUCTURALISMO

NORTEAMERICANO, por el contrario, se dedicó primordialmente a la FONOLOGÍA y a la MORFOLOGÍA, es decir, a los conceptos de FONEMA y MORFEMA, aunque más adelante también prestara su atención a las estructuras sintácticas; en cambio, la semántica sólo fue estudiada en los últimos años del auge estructuralista.

(i) El reforzamiento del concepto de ESTRUCTURA. A pesar de que el 'generativismo' nació como reacción contra el ESTRUCTURALISMO NORTEAMERICANO, también es estructuralista y, si se quiere, en sumo grado, por postular en la caracterización del lenguaje un MODELO de doble nivel estructural: la ESTRUCTURA SUPERFICIAL y la ESTRUCTURA PROFUNDA. Por tanto, el ESTRUCTURALISMO como el 'generativismo' tienen como meta el estudio de la estructura, pero las diferencias entre ellos son grandes (Bouveresse, 1974). En el primer caso, la estructura se concibe como una red estática de RELACIONES entre objetos lingüísticos; en el segundo caso, la relación entre los objetos lingüísticos se entiende como *operaciones* o procesos de TRANSFORMACIÓN de un elemento en otro. Y, además, tienen múltiples diferencias: distinta meta investigadora, distinto método básico, distintos procedimientos metodológicos, distinta concepción de los datos, etc., y, por ende, distinta conceptualización y distinto metalenguaje.

(j) Las DICOTOMÍAS del generativismo (COMPETENCIA/ACTUACIÓN, ESTRUCTURA SUPERFICIAL/ESTRUCTURA PROFUNDA y GRAMATICALIDAD/ACEPTABILIDAD).

Muchos lingüistas que están en contra de la metodología y de los MODELOS utilizados por el 'generativismo', por ser demasiado abstractos y por alejarse cada vez más del objeto de investigación (Moore, T., 1982), estiman, no obstante, que sigue siendo válida la meta del 'generativismo' de explicar las *bases cognitivas* de la ADQUISICIÓN y del funcionamiento del lenguaje.

**GÉNERO.** ① El 'género' es una categoría gramatical que, en determinadas lenguas (pues no todas establecen distinciones de 'género'), subclasifica a los nombres o sustantivos. Así, en español, los nombres se subdividen, en función del 'género', en **masculinos** (*hombre, diagrama, árbol*) y **femeninos** (*mujer, moto, puerta*). En latín, en cambio, el 'género' permitía clasificar a los sustantivos en 'masculinos' (*mensis*, «mes», *pater*, «padre»), 'femeninos' (*arbor*, «árbol», *mater*, «madre») y **neutros** (*genus*, «linaje», *bellum*, «guerra»).

Desde el punto de vista formal, el 'género', en español como en muchas otras lenguas, puede expresarse a través de rasgos flexivos del propio sustantivo; así, *señor, niño* son masculinos, en tanto que *señora, niña* son femeninos. Pero es básicamente un rasgo inherente al sustantivo que se manifiesta a través de la CONCORDANCIA, esto es, a través de los rasgos flexivos que impone el sustantivo a otras unidades (pronombres, determinantes, adjetivos) con las que establece determinadas relaciones sintácticas. De esta forma, *hombre, diagrama, árbol* son masculinos porque requieren ciertos rasgos flexivos en los determinantes (*el hombre, *la hombre*; *un diagrama, *una diagrama; este árbol, *esta árbol*) o en los adjetivos: *hombre alto/*alta, diagrama sencillo/*sencilla, árbol viejo/*vieja. Mujer, moto, puerta*, en cambio, son femeninos porque seleccionan otros rasgos flexivos distintos de los masculinos: *la mujer alta, una moto sencilla, esta puerta vieja.* Hay, no obstante, nombres que parecen admitir ambos tipos de concordancia sin cambio de sentido: *el/la calor*, *el/la mar*. Tales nombres han sido catalogados comúnmente como de **género ambiguo** o **ambiguos** en cuanto al género, ya que parecen funcionar, bien como masculinos (*el calor, el mar*), bien como femeninos (*la calor, la mar*).

Dado el vínculo existente entre 'género' y concordancia, se reconoce, por lo general, que si bien, como se ha dicho, el 'género' es una categoría inherente al sustantivo, afecta también a las restantes categorías que conllevan rasgos flexivos de 'género' porque los reciben por concordancia con el sustantivo. Así, según señala la Real Academia Española (1973: 172), «el nombre sustantivo pertenece a un género»; los pronombres y adjetivos no poseen 'género' propio, pero sí morfemas flexivos de 'género', simple repercusión, como indica Alarcos (1994: 78), del 'género' que afecta al sustantivo.

Si en el plano formal el 'género' de los sustantivos se identifica, fundamentalmente, a través de la CONCORDANCIA, más problemático resulta asignar a esta categoría gramatical un determinado contenido (*cf*, por ejemplo, González Calvo, 1979). Como afirma Alarcos, el uso de etiquetas tales como 'masculino', 'femenino' parece sugerir que las distinciones de género aluden a diferencias sexuales; en definitiva, a características o propiedades de las entidades denotadas por el sustantivo. Esa asociación resulta evidente en algunas definiciones de esta categoría gramatical como, por ejemplo, la que ofrece la Real Academia Española en su gramática de 1931 (RAE, 1931: 10): «Género es el accidente gramatical que sirve para indicar el sexo de las personas y de los animales y el que se atribuye a las cosas, o bien para indicar que no se les atribuye ninguno».

Asimismo, la conexión que, explícita o implícitamente, se ha venido estableciendo entre el 'género' gramatical y el sexo de las entidades denotadas por el sustantivo ha motivado que, sobre todo en las gramáticas consideradas tradicionales, se mantuviera, como un 'género' distinto del masculino y del femenino, el denominado **género epiceno** (*cf*, por ejemplo, RAE, 1931), el 'género' en el que se incluían, por ejemplo: *búho, atún, jirafa, rata, persona, criatura.* Tales sustantivos, como ya señaló en su *Minerva* «El Brocense», son, atendiendo a la concordancia, bien masculinos (*el búho sabio, el atún claro*), bien femeninos (*esta jirafa, la rata inmunda, una persona maravillosa, una criatura delicada*), por lo que, desde el punto de vista gramatical, no hay razones para incluirlos en un 'género' distinto. Si se han considerado especiales en cuanto al 'género' es porque denotan entidades sexuadas y, sin variar de forma o de concordancia, se utilizan indistintamente para designar entidades humanas o animadas que podían ser macho o hembra en razón de su sexo: «Este hombre/ mi vecina es *una persona magnífica*». Es, pues, la confusión entre el 'género' como categoría gramatical y las distinciones naturales de sexo lo que ha dado tradicionalmente sustento al llamado 'género epiceno'.

Ciertamente, en español, como en muchas otras lenguas, existe una correspondencia entre 'género' masculino o femenino y diferencias de sexo. Así, buena parte de los nombres que denotan seres sexuados indican el sexo de la entidad a la que hacen referencia modificando su 'género', bien sea a través de la flexión (*niño/niña, profesor/profesora, señor/señora*), bien sea, únicamente, variando su concordancia; es el caso de los nombres tradicionalmente catalogados como de **género común** o **comunes** en cuanto al 'género': *el testigo/la testigo, el atleta/la atleta, el periodista/la periodista.* Pero esa correspondencia es sólo parcial. Baste considerar que, como indica Lyons (1971: 296 y sigs.), en español y en otras lenguas indoeuropeas hay muchas palabras que denotan objetos inanimados y, no obstante, son masculinos o femeninos en cuanto al género, sin que pueda establecerse una clara motivación semántica para ello: *el tenedor, la cuchara, el plato, la mesa, la silla, el taburete.* Asimismo, como señalan por ejemplo Alcina y Blecua (1975: 522) o Alarcos (1994: 61), en muchos sustantivos coincidentes en el significante léxico las diferencias que establece el 'género' aluden a distinciones de significado que son difíciles de sistematizar pero que, en definitiva, son ajenas a la diversidad sexual: puede tratarse, por ejemplo, de diferencias de forma o tamaño (*mazo/maza, cesta/cesto, jarro/jarra*) o de la distinción entre árbol y fruto:

*cerezo/cereza, manzano/manzana, naranjo/naranja.*

Por estas y otras razones, en buena parte de las gramáticas actuales se considera que, con independencia de cuál fuera su motivación semántica originaria, el 'género' es, ante todo, una categoría formal, que no tiene ni una única ni una clara base semántica, que no se corresponde necesariamente con un **género natural**, con la clasificación que pueda hacerse de los seres o entidades tomando como base sus propiedades extralingüísticas, y que, en última instancia, sólo puede definirse como la «clasificación de los nombres en función de su referencia pronominal o su concordancia» (Lyons, 1971: 297).

② En las últimas décadas del siglo XX se ha desarrollado dentro de la SOCIOLINGÜÍSTICA una rama de investigación conocida con el nombre de 'género' y LENGUAJE. (Coates, 1986; Smith, P. M., 1985). Aquí el término 'género', de acuerdo con Malmkjær (1991: 256 y sigs.), alude a la investigación realizada en torno al USO diferenciado del lenguaje que hacen los hombres y las mujeres, uso en el que intervienen otras VARIABLES culturales. Por ejemplo, en toda clase de REGISTROS, las mujeres tienden a usar menos formas ESTIGMATIZADAS que los hombres y siempre las de mayor PRESTIGIO. El lenguaje de la mujer (Bonvillain, 1993: 183) es mucho más cortés y refinado que el del hombre, tanto en su volumen, velocidad, entonación, etc., sin dar datos que lo justifiquen, como en el uso de los TURNOS comunicativos (*cf* superposición). Sus peticiones, preguntas y opiniones normalmente constan de expresiones indirectas, propias del LENGUAJE APROXIMATIVO, o están moduladas con frases como *¿Verdad?, ¿No es verdad?*, que suelen transportar una CONNOTACIÓN afectiva, y su VOCABULARIO es más preciso en muchos CAMPOS SEMÁNTICOS, por ejemplo, el de los colores (*malva, beige, lavanda, burdeos*, etc.). Chambers (1995) estima que hay razones biológicas que justifican que las mujeres tienen una capacidad verbal innata superior a la de los hombres. Para algunos, el término 'género' es el constructo social del sexo, esto es, la variable de la investigación sociolingüística llamada sexo.

③ Tradicionalmente es cada una de las distintas categorías o clases en que se pueden ordenar las obras literarias, siendo tres los 'géneros' mayores, a saber, la lírica, la épica y la dramática.

④ Recientemente se llama 'género' (en inglés *genre*) a la disciplina dedicada al análisis lingüístico del discurso periodístico, el científico, el profesional, etc. (Bathia, 1993), con sus distintas modalidades (memoria, informe, etc.), así como al estudio de las técnicas formales y de contenido empleadas en su confección. También se incluyen en esta disciplina el examen discursivo de los debates, los cuentos, las canciones, la CONVERSACIÓN, etc. (Bonvillain, 1993).

**GENÉTICO.** Véase en FONÉTICA ARTICULATORIA, GENEALOGÍA, y CRÍTICA DE TEXTOS.

**GENITIVO.** Véase en CASO GENITIVO.

**GEOGRAFÍA LINGÜÍSTICA.** La **geografía lingüística**, también llamada **lingüística espacial**, es la rama de la DIALECTOLOGÍA que estudia la distribución y la extensión geográfica de las formas lingüísticas (sintácticas, léxicas, fonéticas) en **atlas lingüísticos**. Un concepto básico de estos atlas es el de **isoglosas** (término acuñado por imitación de las isobaras), las cuales son líneas ideales que, al tiempo que unen los puntos en donde se dan los mismos fenómenos fonéticos, léxicos, etc., marcan su ámbito espacial. Cuando la 'isoglosa' se refiere exclusivamente a formas léxicas se llama **isolecto**. Se atribuye a Gillieron (Malmberg, 1967: 60 y sigs.) la creación del método de la 'geografía lingüística', aunque en el último tercio del siglo XIX ya aparecieron precedentes importantes, en pleno auge de la LINGÜÍSTICA COMPARADA, que comenzaron a llenar este vacío existente en los estudios filológicos. Su atlas, publicado entre 1903 y 1910, ha servido de modelo para otros de las lenguas romances; se ocupaba, ante todo, del VOCABULARIO y recurría a tres diferentes categorías del material: ciertas palabras halladas en el vocabulario de la población campesina; un grupo de palabras aisladas con distribución marcadamente regional, y 100 frases muy sencillas cuya intención era proporcionar información acerca de las peculiaridades morfológicas y sintácticas. La 'geografía lingüística', como rama de la 'dialectología', estudia DIALECTOS y para ello recurre a los medios propios del TRABAJO DE CAMPO, tales como las ENCUESTAS, los INFORMANTES, los CUESTIONARIOS y los citados atlas lingüísticos, mapas dialectales, isoglosas, etc. Dentro de los estudios léxicos de la 'geografía lingüística' sobresalen dos: la ONOMÁSTICA y la TOPONIMIA. *Cf* palabras y cosas.

**GEOMETRÍA DE LOS RASGOS.** Véase en FONOLOGÍA NO LINEAL.

**GERMANÍA.** Véase en ARGOT.

**GERUNDIO.** 'Gerundio' es el término con que se designa en las gramáticas del español a las FORMAS NO PERSONALES del verbo que se flexionan como *cantando, comiendo, saliendo* (**gerundio simple**), o como *habiendo cantado, habiendo comido, habiendo salido* (**gerundio compuesto**). El 'gerundio' ha sido generalmente caracterizado en las gramáticas del español como una forma del verbo que tiene función o valor de ADVERBIO.

**GESTO.** ① El 'gesto', esto es, la posición o el movimiento de las facciones de la cara que generalmente expresa un estado de ánimo, es analizado dentro de la KINÉSICA' como una unidad comunicativa, propia de los ACTOS NO VERBALES (*cf* isoverbal, indicial y meta-comunicativo).

② En las FONOLOGÍAS de los últimos años del siglo XX derivadas de la FONOLOGÍA GENERATIVA (*cf* fonología no lineal, fonología articulatoria, fonología de dependencia), el término 'gesto', introducido por la FONOLOGÍA DE DEPENDENCIAS (Romero, 1996: 100), es una nueva CATEGORÍA fonético-fonológica, en muchos casos la categoría básica, a veces junto a las tradicionales de RASGO, OPOSICIÓN, REGLA o incluso FONEMA, empleada en la caracterización de los SEGMENTOS de la CADENA HABLADA. Crystal (1993: 153) lo define como la MATRIZ de rasgos que sirve para especificar un determinado segmento. Por ejemplo, un **gesto oral** especifica las características supraglóticas (lugar y modo de articulación), y un **gesto glótico**, las propias de la FONACIÓN[2]. Sin embargo, la definición más general es la que pone de relieve el conjunto de *movimientos* de los articuladores en el TRACTO VOCÁLICO. A pesar de todo, cada una de las fonologías antes citadas introduce modificaciones en su concepción de los gestos, como puede ser la dimensión espacial y temporal de la fonología articulatoria.

**GESTUALIDAD.** Equivale a KINÉSICA.

**GLIDE.** Equivale a DESLIZAMIENTO.

**GLOSARIO.** En LEXICOGRAFÍA y TERMINOLOGÍA se llama 'glosario' a la lista léxica, o al catálogo de palabras definidas o comentadas, relativas a una disciplina o campo profesional, científico o académico. *Cf* diccionario.

**GLOSEMA.** El término 'glosema' lo introdujo Bloomfield (1933: 264) para aludir a la mínima unidad significativa del lenguaje; en este sentido es equivalente a MONEMA. Para la GLOSEMÁTICA (Hjelmslev, 1974: 114), los 'glosemas' son las invariantes irreductibles, es decir, las formas mínimas que la TEORÍA nos fuerza a establecer como bases para un desarrollo explicativo del lenguaje.

**GLOSEMÁTICA.** 'Glosemática' es el término utilizado por L. Hjelmslev para designar la teoría lingüística que elaboró partiendo de los planteamientos estructuralistas saussureanos. Según P. Corneille, la 'Glosemática' «constituye un intento interesante —incluso, quizás, el primer intento serio— de eliminar los postulados implícitos de la investigación, mediante una explicación óptima de las premisas específicas de la lingüística inmanente o mediante un conjunto de definiciones lo más rigurosas posible». En efecto, Hjelmslev delimita el ámbito lingüístico como un dominio de FORMAS puras, en tanto que la SUSTANCIA conformada y la sustancia como tal quedarían excluida del objeto de su TEORÍA. En consecuencia, el enfoque científico que proyecta sobre la lengua alcanzaría el ideal de una lingüística inmanente y estrictamente formalizada, en la que el lenguaje debe aparecer, finalmente, «no como un conglomerado de fenómenos extralingüísticos [...] sino como una totalidad autosuficiente, como una estructura *sui generis*» (Hjelmslev, 1979: 14-15) o como «una entidad esencialmente autónoma de dependencias internas» (Hjelmslev, 1972: 27). Las propuestas de Hjelmslev han tenido una influencia nada desdeñable en el desarrollo de la gramática, tanto en lo que se refiere al rigor exigible al análisis lingüístico, como en lo que respecta a las implicaciones teóricas de algunos aspectos de su concepción lingüística. Por ejemplo, su concepto de FUNCIÓN, así como las clases que delimita, se ha incorporado de forma altamente productiva al instrumental científico de la gramática. Otro tanto cabe decir de conceptos técnicos tales como forma, PARADIGMÁTICO, etc., que, si tienen su origen en Saussure, han pasado a la lingüística posterior a través, sobre todo, de las formulaciones de Hjelmslev.

**GLOTAL, GLÓTICO.** ① Los términos **glotal** y **glótico** se utilizan para hacer referencia a los SONIDOS O ARTICULACIONES en que interviene la GLOTIS, como en CIERRE GLÓTICO (*cf* gesto glótico).

② En la FONOLOGÍA GENERATIVA (Chomsky y Halle, 1968), 'glotal-no glotal' es uno de los RASGOS DISTINTIVOS[2] de CAVIDAD. Los sonidos 'glotales', representados con [+glotal], son definidos articulatoriamente como los que se producen con un estrechamiento de la glotis por encima del de su posición neutral. *Cf* anterior, coronal, rasgos relacionados con el cuerpo de la lengua, distribuido, redondeado, cubierto.

**GLOTIS.** Es el orificio, espacio o abertura de forma triangular situado en la parte anterior de la LARINGE, formado por las CUERDAS VOCALES contenidas en ella. La 'glotis' sirve de punto de referencia para clasificar los órganos productores de los SONIDOS, llamándose **subglóticos** a los que están debajo de la 'glotis' (los pulmones, la tráquea) y **supraglóticos** (la FARINGE, la BOCA, la NARIZ y los LABIOS) a los que están por encima de ésta.

De acuerdo con la posición de las CUERDAS VOCALES, la 'glotis' puede encontrarse en cuatro estadios: (a) abierta; (b) en vibración; (c) estrechada; (d) cerrada.

(a) La 'glotis' está abierta cuando las cuerdas vocales se separan al máximo; ésta es la posición que adopta durante la respiración y la emisión de las CONSONANTES SORDAS.

(b) La 'glotis' está en VIBRACIÓN cuando las cuerdas vocales están próximas y en tensión. Ésta es la posición que adopta para la producción de las VOCALES, de las CONSONANTES SONORAS y de los TONOS, es decir, lo que se llama VOZ LARÍNGEA; en este estadio, el grado de **abertura de la glotis** es mínimo. Cuando la glotis está en vibración se están produciendo la mayor parte las cualidades físicas de un SONIDO, a saber, el TONO, la INTENSIDAD y el TIMBRE, con independencia de la gran influencia que tiene la boca o RESONADOR BUCAL en la formación de los sonidos, por ser el centro del sistema articulatorio, dado que allí se encuentran los ARTICULADORES.

(c) La 'glotis' está estrechada cuando se produce una cierre incompleto de las cuerdas vocales, generándose lo que se llama **cuchicheo**.

(d) La 'glotis' está cerrada, para producir el llamado CIERRE GLÓTICO. *Cf* abducción, aducción.

**GNÓMICO.** Véase en PRESENTE GNÓMICO.

**GRADACIÓN VOCÁLICA.** Equivale a ALTERNANCIA VOCÁLICA.

**Grado.** El término 'grado' se ha utilizado tradicionalmente para hacer referencia a ciertas modificaciones en la intensidad o extensión de la propiedad significada por un adjetivo (o por un adverbio) que, en algunas lenguas, como era el caso del latín o como es el caso del inglés, podían expresarse mediante MORFEMAS incorporados al adjetivo (o al adverbio), o también a través de combinaciones sintácticas equivalentes a esas variaciones morfemáticas en su sentido. Así, en latín, *fortis* («valiente»), *fortior* («más valiente (que...)»), *fortissimus* («el más valiente», «muy valiente», «valentísimo»), o en inglés *happy* («feliz»), *happier* («más feliz (que...)»), *happiest* («el más feliz», «muy feliz»), significan por medio de sufijos (*-ior, -issimus, -er, -est*) diferentes 'grados' de la cualidad significada por el adjetivo. En *more beautiful* («más hermoso que...»), *most beautiful* («el más hermoso», «hermosísimo») las mismas modificaciones de intensidad con respecto a *beautiful* («hermoso») se expresan mediante combinaciones sintácticas de un adverbio (*more, most*) con el adjetivo.

En español no han subsistido todos los morfemas de 'grado' existentes en el sistema latino. Como señala la Real Academia Española (1973: 195), sólo está dotado de vitalidad el sufijo *-ísimo*, correspondiente al 'grado' superlativo. No obstante, en algunos estudios gramaticales se sigue hablando de 'grados' del adjetivo para aludir a los significados correspondientes a los 'grados' latinos, aun cuando se expresen únicamente a través de construcciones sintácticas y no por medio de morfemas del adjetivo. Así, de conformidad con Marcos Marín (1980: 94 y sigs.), en «Juan es alto», «Juan es más alto que Pedro», «Juan es muy alto/ altísimo», la cualidad denotada por el adjetivo *alto* se manifiesta en tres 'grados' distintos. Los 'grados' o modificaciones de la intensidad comúnmente diferenciados según el modelo latino son los siguientes:

(a) **Grado positivo.** Corresponde a la expresión de la cualidad significada por el adjetivo (o por el adverbio) sin modificación alguna de su intensidad. En las lenguas con morfemas de 'grado', el 'positivo' es el 'grado' no marcado, no señalado mediante un morfema específico. Así, *fortis* («valiente»), *happy* («feliz») o, en español, *alto*, son adjetivos en 'grado positivo'.

(b) **Grado comparativo.** Se considera que un adjetivo (o un adverbio) se halla en 'grado comparativo' cuando a la propiedad que denota se le atribuye una mayor o menor intensidad por comparación con la intensidad de otra cualidad o con la extensión que manifiesta esa misma propiedad en otras circunstancias o en otra entidad. Así, en «Claudius *fortior* fuit quam Cassius» («Claudio fue más valiente que Casio»), o en «The children are *happier* now» («Los niños son más felices ahora») la cualidad significada por el adjetivo se presenta en 'grado comparativo'.

En español no existe actualmente un morfema productivo equivalente al *-ior* latino, aunque pervive como resto del latín en los denominados **comparativos sintéticos**: mejor, peor, mayor, menor. Por tanto, el denominado 'grado comparativo' únicamente se expresa en español mediante combinaciones sintácticas: «Juan es *más alto* que Pedro» (*cf* oración comparativa).

(c) **Grado superlativo.** Se corresponde con la atribución de una intensidad máxima a la propiedad designada por el adjetivo (o por el adverbio). Así, en «*Fortissimus* inter omnes Graecos» («El más valiente de todos los griegos»), en «They are the *happiest* people I know» («Son las personas más felices que conozco»), en «Juan es *el más alto* de la clase» o en «Juan es *altísimo*», a la propiedad denotada por el adjetivo se le atribuye, mediante sufijación o a través de combinaciones con adverbios cuantitativos, una intensidad correspondiente al 'grado superlativo'.

Como indican, por ejemplo, Alcina y Blecua (1975: 573 y sigs.), en el tratamiento tradicional de los grados suelen distinguirse dos tipos de 'superlativo': el **superlativo absoluto** o **elativo** y el **superlativo relativo**. Así, en «Juan es *muy alto*» o en «Juan es *altísimo*», el 'superlativo' se considera 'absoluto' o 'elativo' porque la cualidad designada por el adjetivo se presenta en su grado más alto de intensidad sin establecer ningún tipo de comparación entre entidades susceptibles de presentar esa misma propiedad. Por el contrario, en «Juan es *el más alto* de la clase» se diría que hay un 'superlativo relativo' porque a *Juan* se le atribuye la cualidad de *alto* en su grado máximo de intensidad, pero no en términos absolutos, sino por comparación con otras entidades integrantes de un grupo.

**GRADO DE ABERTURA.** A la mayor o menor ABERTURA se la llama **grado de abertura**, el cual es uno de los parámetros empleados en la clasificación de las VOCALES. De acuerdo con este criterio, la 'abertura' es una característica específica de las vocales, que se corresponde articulatoriamente con la **altura de la lengua**, y acústicamente con lo que se llama densidad o difusión de los FORMANTES de la frecuencia (Alarcos Llorach, 1983: 59). Sin embargo, algunos especialistas, siguiendo a Saussure y a Jespersen, emplean este término en un sentido más amplio aplicándolo también a las CONSONANTES, de las cuales las que menor 'abertura' tienen son las OCLUSIVAS.

Por otra parte, algunos fonetistas diferencian la 'abertura' de la APERTURA, a semejanza de lo que sucede en la fonética francesa, que distingue entre *ouverture* y *aperture*. La 'apertura' es una noción indisociable del LUGAR DE ARTICULACIÓN y alude al espacio que dejan los ARTICULADORES en el LUGAR DE LA ARTICULACIÓN (Mounin, 1982: 18-9). Por tanto, algunos hablarán en este caso de 'grados de apertura' en vez de 'grados de abertura'.

Esta es la clasificación de los SONIDOS, de acuerdo con el 'grado de abertura' (Gili Gaya, 1975: 100-1): grado cero, las OCLUSIVAS (/p, t, k, b, d, g/); grado 1, las FRICATIVAS (/f, θ, x, v, ð, ɣ, s, z, ʃ, ʒ/); grado 2, las NASALES (/m, n, ɲ, ŋ/); grado 3, las LÍQUIDAS (/l, r/); grado 4, las SEMIVOCALES (/j, w/); grado 5, las VOCALES CERRADAS (/i, u/); grado 6, las VOCALES SEMICERRADAS y SEMIABIERTAS (/e, æ,o/); grado 7, las VOCALES ABIERTAS (/a/). La 'abertura' está relacionada con la PERCEPTIBILIDAD; cuanto mayor es el grado de abertura, tanto mejor es la perceptibilidad; las vocales, por ser más ABIERTAS que las CONSONANTES tienen mejor perceptibilidad. Acústicamente (Alarcos Llorach, 1983: 64), el análisis en el ESPECTROGRAMA parece indicar que el 'grado de abertura' está en relación con la altura del primer FORMANTE: cuanto menor es la FRECUENCIA de éste (cuanto más bajo aparece en la escala), tanto más cerrada es la vocal; además, es observable que las vocales abiertas presentan más próximos entre sí sus formantes primero y segundo.

**GRADO DE ACEPTABILIDAD.** Véase en ACEPTABILIDAD.

**GRAFEMA, GRAFÉMICA, GRAFÍA, GRAFO.** El 'estructuralismo', por analogía con las unidades funcionales tales como el FONEMA (y los ALÓFONOS), el MORFEMA (y los MORFOS), creó el **grafema**, que es la unidad mínima del signo gráfico, es decir, la **letra** (alfabeto). Los **grafos** son las distintas formas de representar una letra, y la grafémica es la parte de la lingüística que estudia todas estas cuestiones. El término **grafía** es equivalente a 'grafema', de la misma forma que LEXEMA[1] es equivalente a LEXÍA. De esta manera se establece un paralelismo entre todas las unidades del lenguaje. Una LENGUA FONOLÓGICA es aquella en la que, como el español o el finés, existe una relación muy constante en sus letras o grafemas y su fonemas. *Cf* énfasis.

**GRAMÁTICA.** 'Gramática' es un término con varias acepciones, que difieren tanto en su extensión como en la naturaleza del objeto al que se hace referencia mediante este término.

① 'Gramática' se utiliza, en efecto, para aludir a dos objetos de naturaleza distinta:

(a) Por un lado, hace referencia a un determinado aspecto del lenguaje o de una lengua en particular. Es este sentido el que, por ejemplo, se refleja en la primera acepción de 'gramática' recogida por R. L. Trask (1993) en su diccionario de términos gramaticales: «Sistema por el que las palabras y morfemas de una lengua se organizan en unidades mayores, particularmente oraciones, percibido como existente con independencia de cualquier intento de describirlo».

(b) Por otro lado, 'gramática' también designa a la disciplina lingüística que tiene como objeto la descripción o el análisis de ese aspecto.

② 'Gramática', como término alusivo a una determinada disciplina lingüística, tiene también, al menos, dos acepciones diferenciadas por la extensión de su objeto.

(a) En un sentido más restringido, el «más antiguo y honorable» según Hockett (1974: 21) y, sin duda, el más vinculado tradicionalmente al término, 'gramática' es la disciplina lingüística que abarca a la SINTAXIS y a la MORFOLOGÍA, dejando fuera de su ámbito la SEMÁNTICA y la FONOLOGÍA.

Los límites de la 'gramática', en este sentido del término, quedan, pues, trazados por el MORFEMA (o por la palabra) como unidad mínima y por la ORACIÓN como unidad central y máxima de la sintaxis. En cuanto a su objetivo, puede cifrarse, fundamentalmente, en el análisis y descripción, en sus aspectos formales y funcionales, de las unidades significativas que componen los enunciados, así como el análisis y descripción de los recursos sistemáticos que permiten combinarlas para formar los enunciados.

(b) En un sentido más amplio, asociado especialmente, aunque no de forma exclusiva, a la corriente generativa, 'gramática' viene a ser equivalente a «teoría de la lengua» y, como tal, incluye también la fonología y la semántica, con la sintaxis como componente central (*cf* Palmer, 1971: 13).

③ Cuando se utiliza con especificaciones tales como «funcional», «sistémica», «generativa», 'gramática' alude también a un determinado enfoque de los hechos lingüísticos basado en una teoría. Las 'gramáticas', en este sentido, son sistemas teóricos que, si bien coinciden parcialmente en los datos que analizan, discrepan en los aspectos que consideran relevantes, en las categorías que identifican y en los criterios utilizados para definirlas. Reflejan, por tanto, de forma distinta un mismo objeto y explican de diferente manera los hechos.

④ Chomsky utiliza el término 'gramática' con una ambigüedad sistemática para referirse a dos aspectos: (a) la *realidad mental* que subyace a la conducta lingüística que todo hablante manifiesta en la comunicación de una lengua, a saber, el conocimiento tácito que posee, o dicho con otras palabras, el sistema de reglas y de principios interiorizados por el hablante-oyente, o sea, su *competencia* lingüística; y (b) el sistema de reglas y de principios *construidos* por el lingüista, es decir, una *teoría de la competencia*.

**GRAMÁTICA COMPARADA.** Véase en LINGÜÍSTICA COMPARADA.

**GRAMÁTICA CONTRASTIVA.** Véase en LINGÜÍSTICA DE CONTRASTES.

**GRAMÁTICA DE DEPENDENCIAS.** La 'gramática de dependencias' es un modelo de descripción gramatical que tiene como texto fundacional la obra de L. Tesnière *Eléments de syntaxe structural*, aparecida en 1959. Uno de los rasgos característicos de las 'gramáticas de dependencias' es su peculiar concepción de la estructura de la oración. Frente a las gramáticas que analizan las unidades sintácticas partiendo de la organización de constituyentes, las 'gramáticas de dependencias' conciben la estructura de esas unidades como una red jerárquica de dependencias bilaterales; esto es, como una red de relaciones entre un término regente o superior y un término subordinando o regido, dependiente del anterior. Así, según Tesnière, la estructura de «Mi amigo habla» se resume en que *mi* depende de *amigo*, que, a su vez, depende de *habla*. Y, a la inversa, *habla* rige o comanda a *amigo* que, asimismo, rige o comanda a *mi*. Esta red de relaciones puede visualizarse mediante una serie de trazos verticales que configuran una forma de representación denominada por Tesnière **stemma**. Así, las relaciones entre las unidades de la oración «Mi amigo habla» se pueden representar, según Tesnière, mediante el siguiente stemma:

habla<br>
I<br>
I<br>
amigo<br>
I<br>
I<br>
mi

Son también aspectos característicos de la 'gramática de dependencias' la relevancia que adquiere el concepto de VALENCIA y el hecho de que no se asuma la ESTRUCTURA BIMEMBRE como organización básica de la oración (véase ACTANTE, PREDICADO).

**GRAMÁTICA DE ESTRUCTURA DE FRASE GENERALIZADA.** Es una teoría de la gramática desarrollada por G. Gazdar a finales de la década de los setenta.

Según P. Sells (1989), la 'Gramática de estructura de frase generalizada' constituye una teoría muy homogénea, puesto que propone un único nivel de representación sintáctica, el de la estructura de superficie y, en su concepción más pura, postula un solo tipo de objeto sintáctico: la regla de estructura sintagmática o regla de estructura de frase.

Según el mismo Sells, explora al máximo las relaciones entre sintaxis y semántica, de forma que se limitan e interactúan entre sí, y reconoce la existencia de procesos sintácticos semánticamente orientados.

**GRAMÁTICA DE LOS CASOS.** Es un tipo de GRAMÁTICA GENERATIVA propuesto por Ch. Fillmore, a finales de los años sesenta, como alternativa al modelo gramatical diseñado por Chomsky en *Aspectos de la teoría de la sintaxis*. La característica más destacable de la 'gramática de casos'', con respecto a teorías anteriores, consiste en la incorporación de los PAPELES SEMÁNTICOS, o *casos*, según la terminología de Fillmore (*cf* caso profundo), a las ESTRUCTURAS PROFUNDAS de las oraciones.

Según sus planteamientos, la estructura profunda, como nivel que refleja la interpretación semántica de la oración, estaría constituida por un predicado que pondría en conexión uno o varios sintagmas nominales asociados con un determinado papel semántico o caso (agente, objeto, instrumental etc.), relativamente independiente de su función sintáctica superficial (sujeto, objeto directo, etc.). Así, por ejemplo, «Alberto roció la pared con pintura», «Alberto roció pintura en la pared», aunque difieren en su configuración sintáctica superficial, tendrían una misma estructura profunda: el predicado (*rociar*) relaciona tres sintagmas nominales a los que se asocian los mismos papeles semánticos, puesto que las entidades que representan parecen desempeñar el mismo papel en la predicación: «Alberto» (agente) la pared» (objeto), «pintura» (instrumental). *Cf* Caso[3].

**GRAMÁTICA ESTRATIFICACIONAL.** Véase en ESTRATIFICACIONAL.

**GRAMÁTICA FUNCIONAL** ① 'Gramática funcional', al igual que FUNCIONALISMO, no designa un conjunto único y homogéneo de modelos de descripción gramatical. 'Gramática funcional' se ha utilizado para aludir a cualquier corriente gramatical que asume, como elemento fundamental, el concepto de FUNCIÓN en cualquiera de las acepciones del término, y en cualquiera de sus planos o niveles de aplicación (FUNCIÓN SINTÁCTICA, FUNCIÓN SEMÁNTICA, FUNCIÓN PRAGMÁTICA, etc.). Se consideran, pues, 'funcionales' en este sentido del término, tanto los trabajos surgidos de las directrices gramaticales de la Escuela de Praga, como la GRAMÁTICA SISTÉMICA de M. A. K. Halliday, el funcionalismo «realista», más tradicional, de A. Martinet, la denominada, específicamente, Gramática funcional de S. Dik, o las gramáticas «funcionales» más próximas al concepto de función desarrollado por Hjelmslev.

② En un sentido más restringido, 'gramática funcional' es la denominación específica del modelo de gramática desarrollado por el holandés S. Dik y sus seguidores. Según el propio Dik (1980, 1981), su modelo de gramática es 'funcional' porque está basado en una concepción del lenguaje como instrumento de interacción social, y pretende descubrir el sistema de la lengua a través de los usos que se hacen de las expresiones lingüísticas en la interacción social. Además, el tipo de gramática que propone es 'funcional' porque en ella tienen un lugar central las nociones relacionales o funciones, en lugar de las nociones puramente categoriales. Así, por ejemplo, según Dik, la 'gramática funcional' especifica funciones en tres niveles de estructuración: el de las funciones sintácticas, el de las funciones semánticas, y el de las funciones informativas o pragmáticas.

**GRAMÁTICA GENERATIVA.** Equivale a LINGÜÍSTICA GENERATIVA.

**GRAMÁTICA HISTÓRICA.** Véase en LINGÜÍSTICA HISTÓRICA.

**GRAMÁTICA LÉXICO-FUNCIONAL.** La 'gramática léxico-funcional' es una teoría de la gramática propuesta por J. Bresnan y R. Kaplan a finales de los años setenta. Los rasgos más sobresalientes de la 'Gramática léxico-funcional', los que establecen sus principales diferencias con respecto a otros modelos gramaticales, quedan recogidos en los dos términos (léxico-funcional) que componen la denominación específica de esta teoría de la gramática: la relevancia que adquiere el LEXICÓN y la que se otorga a las funciones sintácticas o gramaticales. A diferencia de los modelos gramaticales más próximos a la ortodoxia chomskyana, funciones como «sujeto» u «objeto» no se reducen, en la 'Gramática léxico-funcional', a REALIZACIONES ESTRUCTURALES CANÓNICAS («sujeto es el sintagma nominal a la izquierda del sintagma verbal»). Al contrario, se consideran primitivos sintácticos cuya realización estructural canónica puede variar, no sólo entre lenguas, sino en una misma lengua, y que deben incluirse en las entradas que se asignan en el lexicón a las unidades léxicas. Por ejemplo, según Bresnan y Kaplan (1982), la entrada léxica de *kiss* («besar») puede reflejar la siguiente información:

kiss: kiss < (SUJ) (OBJ) >
AGENTE PACIENTE

Por lo que respecta al lexicón, asume parte del papel que, en otras teorías, corresponde a las reglas sintácticas. Así, según señala Sells (1989: 130), los procesos que alteran la valencia de los predicados (las relaciones entre funciones gramaticales y argumentos o papeles semánticas) se caracterizan por medio del lexicón y no mediante transformaciones. Por ejemplo, según Bresnan y Kaplan, las relaciones sistemáticas entre una construcción activa («Mary kissed John», «Mary besó a John») y una construcción pasiva («John was kissed by Mary», «John fue besado por Mary») no se expresan por medio de transformaciones tales como MOVIMIENTO DE SN. Como la activa y la pasiva conllevan diferentes relaciones entre argumentos y funciones, *kiss* debe tener dos entradas léxicas diferentes; una, la activa, con un sujeto agente, y otra, la pasiva, con un sujeto paciente:

(1) kiss: kiss < (SUJ) (OBJ) >
AGENTE PACIENTE
(2) kissed: kiss < ($OBL_{AG}$) (SUJ) >
AGENTE PACIENTE

Serían reglas léxicas las que darían cuenta de la relación sistemática entre las dos entradas léxicas asignadas a *kiss*.

**GRAMÁTICA LIMINAR.** La 'gramática liminar' es una teoría del lenguaje desarrollada fundamentalmente por A. López García en la década de los años ochenta; una teoría que, según el mismo López García

(1988), se inscribe en la línea del conjunto de hipótesis que se subsumen en la corriente denominada LINGÜÍSTICA COGNITIVA. El nombre de 'gramática liminar' obedece, según su principal proponente, a que su interés prioritario radica en las condiciones de «de-finición», esto es, de señalamiento de límites. Entre los aspectos distintivos básicos de esta teoría destaca, además, López García, los siguientes:

(1) Es una gramática «topológica», pues, admitiendo la «idea de pluralidad de enfoques como elemento consustancial a la disciplina [...] sólo se aceptarán aquellos métodos que deriven directamente de una cierta topología, es decir de un subconjunto determinado de elementos lingüísticos susceptibles de clasificar coherentemente a los demás».

(2) Parte de un planteamiento fenomenológico en el plano de la epistemología.

(3) Asume asimismo ideas procedentes de la psicología de la Gestalt.

Así, según López García, el principio rector de la investigación en la 'Gramática liminar' es el triple entronque «fenomenología-topología-psicología».

**GRAMÁTICA NUCLEAR.** En RECCIÓN Y LIGAMIENTO se conoce como 'gramática nuclear' de una lengua la parte de la gramática o, de otra manera, del conocimiento que el hablante tiene de su lengua, que comprende los aspectos delimitados por los PRINCIPIOS universales, así como por la fijación de los PARÁMETROS generales. En definitiva, la 'gramática nuclear' abarca los aspectos acordes con los caracteres más generales de las lenguas naturales. Quedan fuera de ella, como periféricos, «los aspectos más idiosincrásicos y menos sistemáticos de la gramática de una lengua» (Brucart, 1987: 17). Así, por ejemplo, los modismos o las peculiaridades de los verbos irregulares forman parte de la periferia, no de la 'gramática nuclear'.

**GRAMÁTICA RELACIONAL.** La 'gramática relacional' es una teoría de la gramática desarrollada por D. Perlmutter y P. Postal en los años setenta. Se distingue de otros enfoques gramaticales, como es el caso de los más próximos a la ortodoxia chomskyana, porque, a semejanza de la GRAMÁTICA LÉXICO-FUNCIONAL, considera las funciones sintácticas o gramaticales (sujeto, objeto directo, objeto indirecto) como elementos primitivos de la gramática.

**GRAMÁTICA SISTÉMICA.** La 'gramática sistémica' es una teoría de la gramática desarrollada por M. A. K. Halliday a partir de los años sesenta. Según el propio Halliday (1985), la 'gramática sistémica' está basada en las teorías de Firth, pero también debe mucho a la Escuela de Praga (Berry, M. *et al.*, 1996). Se inscribe, pues, dentro de una orientación funcionalista de la gramática. Entre los aspectos característicos de esta teoría pueden destacarse los siguientes:

(1) La 'gramática sistémica' es una GRAMÁTICA FUNCIONAL porque parte de la base de que las lenguas se han desarrollado para satisfacer necesidades humanas, y por tanto, la gramática ha de estar diseñada para dar cuenta de cómo se usa el lenguaje. De ahí la importancia que confiere a las funciones comunicativas o a los aspectos sociales del lenguaje.

(2) Es, a juicio de Halliday, una teoría de la construcción de significados como elección, puesto que considera el sistema lingüístico como una red de opciones interrelacionadas.

**GRAMÁTICA TRADICIONAL.** ① En el sentido más restrictivo del término, 'gramática tradidicional' alude a las gramáticas que, aun introduciendo innovaciones, continúan en sus método, definiciones y clasificaciones el esquema fundamental de la gramática clásica en su tendencia normativo-didáctica. Esto es, el esquema establecido inicialmente para el griego por Dionisio de Tracia y posteriormente desarrollado por los gramáticos latinos Donato y Prisciano. Es el caso de la *Gramática castellana*, de Nebrija, de la *Gramática de la lengua castellana según ahora se habla*, de Vicente Salvá, o de diversas ediciones de la

*Gramática de la lengua castellana* elaboradas por la Real Academia Española en los siglos XVIII y XIX. No obstante, como señala Bosque (1986: 19), también se catalogan frecuentemente como 'tradicionales' las gramáticas que, si bien describen y proporcionan datos sobre la lengua, «no se apoyan en una teoría explícita de la gramática a la que los datos sirvan».

② Vista desde el PARADIGMA ESTRUCTURALISTA, se da el nombre de 'gramática tradicional' a la GRAMÁTICA cuyo fin es el PRESCRIPTIVISMO en vez del DESCRIPTIVISMO, es decir, la construcción de oraciones correctas, de acuerdo con un número de REGLAS o recetas.

③ Vista desde el PARADIGMA GENERATIVISTA, la 'gramática tradicional' (Palmatier, 1972: 182) es una gramática de metodología descriptiva, con normas vagas e incompletas que, apoyándose en la intuición del lector (Chomsky, 1964: 78), busca más la DESCRIPCIÓN no explícita que la EXPLICACIÓN o la justificación, ya que no se esfuerzan en explicitar las reglas del lenguaje. Más bien apelan a la inteligencia del lector para que, con ejemplos, entiendan las reglas del lenguaje.

**GRAMÁTICA UNIVERSAL.** Tal como se utiliza el término en gramática generativa, viene a ser equivalente a «teoría de la gramática», la teoría de las propiedades universales de las lenguas que determinan la forma de las gramáticas particulares. La 'gramática universal' se considera constituida por el conjunto de PRINCIPIOS universales, susceptibles de parametrización (*cf* parámetros) que, teóricamente, forman parte de la facultad humana del lenguaje.

**GRAMATICALIDAD.** Es la propiedad de las ORACIONES que se ajustan a las reglas y principios de la GRAMÁTICA. *Cf* aceptabilidad.

**GRAMATICALIZACIÓN.** Se entiende por 'gramaticalización' (Cruz, J. de la, 1988: 56 y sigs.; Rodríguez Adrados, 1966) el fenómeno mediante el cual una UNIDAD LÉXICA ya existente asume un valor o significado gramatical específico, perdiendo el valor léxico concreto que tuviera. Es decir, se trata de creaciones de índole gramatical a partir de estructuras léxicas que pierden su SIGNIFICADO léxico-semántico. Por ejemplo, en las expresiones «*Tengo/van/llevo* operados a 30 enfermos» los verbos en cursiva se han 'gramaticalizado' y han perdido su valor léxico-semántico inicial (*cf* perífrasis verbal, verbo copulativo, verbo auxiliar). A veces coexisten la unidad 'gramaticalizada', es decir, la que ha perdido el contenido léxico-semántico original, con la forma léxica inicial; por ejemplo, gramaticalizada, en «Me voy a dormir» y conservando su valor léxico en «Me voy al pajar a dormir». La 'gramaticalización' es el fenómeno opuesto a la LEXICALIZACIÓN. El proceso de la 'gramaticalización' ha sido ampliamente analizado por Rodríguez Adrados (1966). *Cf* verbo auxiliar, lexicalización.

**GRAVE.** ① En FONÉTICA AUDITIVA el término 'grave', o BAJO, alude al TONO o ALTURA MUSICAL percibido cuando es menor el número de vibraciones por segundo de la FRECUENCIA FUNDAMENTAL, en contraste con ALTO o AGUDO. Desde un punto de visto fonoestilístico también se le llama **oscuro**, y a su opuesto, **claro**. *Cf* abocinamiento, falsete.

② En la FONOLOGÍA DE LA ESCUELA DE PRAGA, 'grave' es el RASGO INHERENTE DE TONALIDAD ('grave'-AGUDO constituye el número 10 en las lista de RASGOS DISTINTIVOS) que se caracteriza acústicamente por concentrar la energía en las FRECUENCIAS bajas del ESPECTROGRAMA y, articulatoriamente, por una articulación periférica en la cavidad bucal. Poseen el rasgo [+grave] las VOCALES POSTERIORES o VELARES y las CONSONANTES VELARES y LABIALES. *Cf* oscuro.

③ También se emplea el término 'grave' para clasificar los FORMANTES. Son 'graves' los formantes situados en la zona baja de una escala que va de cero a 4.000 ciclos por segundo.

④ Igualmente se emplea el adjetivo 'grave' en el término ACENTO GRAVE.

**Grupo acentual, fónico o de intensidad.** Los 'grupos acentuales, fónicos o de intensidad' son UNIDADES FONÉTICAS, formadas por las palabras de unidades sintáctico-semánticas (sintagmas, frases, etc.), como «por la tarde», «decírselo», «cuando la vi», etc., que ceden, pierden o debilitan su ACENTO a favor del acento principal de una de ellas. Este acento dominante, llamado **acento de grupo**, constituye el núcleo de los 'grupos de intensidad'. Los 'grupos de intensidad', también denominados **unidades acentuales**, son el principal soporte rítmico del HABLA. Las palabras que van antes del acento dominante se llaman PROCLÍTICAS y las que se encuentran detrás se llaman ENCLÍTICAS. En el enunciado «En la calle larga», las palabras *en* y *la* son proclíticas, mientras que *larga* es enclítica (Gili Gaya, 1975: 35-6).

**Grupo oracional.** En algunos textos (*cf* Molina Redondo, 1985; Alarcos, 1994, entre otros) se llama 'grupo oracional' a la unidad sintáctica constituida por dos o más oraciones relacionadas mediante coordinación. Por ejemplo, «Coco era un perro estupendo y sentí mucho su pérdida» es un 'grupo oracional', puesto que se trata de un enunciado integrado por dos oraciones coordinadas: «Coco era un perro estupendo», «sentí mucho su pérdida».

# H

**Habla.** Véase en LENGUA[3].

**Hablante, hablante nativo, hablante-oyente ideal.** ① Tanto en el ESTRUCTURALISMO como en la PRAGMÁTICA, que se interesan por los ACTOS COMUNICATIVOS, los ACTOS DE HABLA, etc., el término 'hablante' es básico junto, con el de **oyente**, también llamados **participantes** o **interlocutores**. En algunos esquemas comunicativos a estos participantes se les denomina también **emisor** y **receptor**, respectivamente.

② En los TRABAJOS DE CAMPO[1] realizados en SOCIOLINGÜÍSTICA, DIALECTOLOGÍA, etc., el **hablante nativo**, llamado también INFORMANTE, es un elemento decisivo para la INVESTIGACIÓN LINGÜÍSTICA.

③ Pero es a partir del GENERATIVISMO cuando el papel del 'hablante nativo', especialmente el **hablante-oyente nativo ideal**, adquiere mayor relieve debido a que sus INTUICIONES son DATOS para la INVESTIGACIÓN y la TEORIZACIÓN LINGÜÍSTICA. Al tratar sus TEORÍAS lingüísticas de las IDEALIZACIONES, es decir, del estudio de la *realidad mental abstracta subyacente* en el lenguaje, se habla de un **hablante-oyente ideal**, el cual es un conocedor de su lengua a la perfección dentro de una COMUNIDAD DE HABLA homogénea, a quien no le afectan factores irrelevantes desde un punto de vista gramatical, como pueden ser los fallos propios de la memoria, las distracciones, los cambios de atención o de énfasis, etc., cuando pone en práctica los conocimientos que posee de su lengua (Chomsky, N., 1965). No obstante, en INVESTIGACIÓN se considera peligroso asumir o aceptar con facilidad muchas de la intuiciones de los hablantes nativos. Ahora bien, puesto que nadie sabe cómo funciona la base mental que sirve para el nacimiento y formulación de las hipótesis, se considera buena práctica científica tomar estas intuiciones como hipótesis. *Cf* accesibilidad, aceptabilidad.

**Hablar.** ① Para Jakobson 'hablar' es la función que desarrolla el HABLANTE, la cual consta de dos operaciones distintas: ELECCIÓN del PARADIGMA y COMBINACIÓN en el SINTAGMA. Si digo «Luisa llevaba sandalias, pantalones, y una blusa», he hecho una selección vertical en los distintos paradigmas correspondientes a la ropa que se lleva en las distintas partes del cuerpo (sandalias, zapatillas, zapatos, etc.; falda, vaqueros, etc.; blusa, jersey, etc.) y las he combinado horizontalmente en el enunciado anterior.

② Véase en LINGÜÍSTICA DEL HABLAR.

**Háptico.** Véase en MEDIO.

**Haz.** El término 'haz' se emplea junto a otros, como RED O CAMPO, para caracterizar o poner de relieve las RELACIONES existentes entre diversos parámetros, CATEGORÍAS, NIVELES o unidades del lenguaje, especialmente en el ESTRUCTURALISMO, en donde el FONEMA se define como un 'haz' de RASGOS PERTINENTES.

**HECHO, HECHO LINGÜÍSTICO.** En la INVESTIGACIÓN LINGÜÍSTICA el término **hechos** es equivalente a fenómenos de la experiencia o ACONTECIMIENTOS lingüísticos OBSERVABLES, y se opone en este caso a INTUICIONES (*cf* hablante nativo) y a DATOS, los cuales son los enunciados que aseveran que un acontecimiento *observable* ocurrió en un determinado lugar y tiempo (Ringen, J., 1975), es decir, los 'datos' del lenguaje son, en principio, el producto de la OBSERVACIÓN LINGÜÍSTICA de los 'hechos'.

Sin embargo, a veces se establece la diferenciación entre datos y **hechos lingüísticos** de esta manera: los datos son las características o rasgos individuales o particulares que detectamos en el lenguaje, mientras que los 'hechos lingüísticos' son las regularidades o generalizaciones más abstractas que se pueden predicar de un campo completo de fenómenos relacionados, no sólo de los observados. Los primeros nacen de la observación individual, mientras que los 'hechos lingüísticos' se establecen por medio de la GENERALIZACIÓN y la ABSTRACCIÓN (Wunderlich, 1979: 67).

**HECHO ESTILÍSTICO.** Son 'hechos estilísticos' las estructuras de cualquier tipo (fonológica, léxica, sintáctica, etc.) creadas con RECURSOS ESTILÍSTICOS del lenguaje, las cuales atraen la atención del RECEPTOR de cualquier texto literario y le generan, por su inesperado CONTRASTE, EFECTOS ESTILÍSTICOS. En su análisis de la estructura verbal de «'Les chats' de Charles Baudelaire», Jakobson y Lévi-Strauss (1973) han descubierto multitud de 'hechos estilísticos' (productores de múltiples 'efectos estilísticos'), tales como la cadena de rimas masculinas y femeninas del soneto; la vinculación entre las rimas y las palabras elegidas; el paralelismo sintáctico entre la pareja de cuartetos y la de tercetos; el aspecto semántico de los sujetos gramaticales animados; la estructura con determinante de los sintagmas nominales; el empleo de adjetivos epítetos; el empleo de las consonantes nasales, las consonantes /l/ y /r/, etc.

**HEMISTIQUIO.** Un 'hemistiquio es cada una de las partes en que la CESURA divide un verso.

**HERENCIA.** Véase en BARRERA POR HERENCIA.

**HERMANO.** Véase en NUDO.

**HERMENÉUTICA.** Es el arte de la interpretación de los textos, aunque se aplica a otros dominios lingüísticos como puede ser la CONVERSACIÓN.

**HETERODIEGÉTICO.** Véase en DIÉGESIS.

**HETERORGÁNICO.** Véase en HOMORGÁNICO.

**HIATO.** En FONÉTICA ARTICULATORIA se dice que hay 'hiato' cuando dos o más VOCALES se pronuncian sin formar una SÍLABA única: *crear, peor*. Sin embargo, en español existe desde antiguo una tendencia muy marcada a convertir los 'hiatos' en DIPTONGOS IMPROPIOS (Gili Gaya, 1975: 117-18), como se observa en la pronunciación vulgar de *Joaquín* [xua'kin], así como en las SINALEFAS.

**HIJO.** Véase en NUDO.

**HIPÉRBOLE.** La **hipérbole** es una FIGURA DEL LENGUAJE que consiste en exagerar la importancia de los personajes, las circunstancias y los hechos relatados; por esto también se la llama **exageración**. «Una auditoría de infarto» y «Lo vi con mis propios ojos» son ejemplos claros de 'hipérbole'. La poesía amorosa, las sagas y los relatos mitológicos están llenos de 'hipérboles'. El EUFEMISMO con frecuencia recurre a la 'hipérbole'. *Cf* lítotes.

**HIPERONIMIA, HIPERÓNIMO.** Véase en HIPONIMIA.

**HIPOFARÍNGEO.** Véase en FARINGE.

**HIPONIMIA, HIPÓNIMO.** Se llama 'hiponimia' a la relación de inclusión de un término en otro (*cf* análisis de las relaciones léxico-semánticas). Por ejemplo, *roble* es un 'hipónimo' de *árbol*. Y, consecuentemente, la **hiperonimia** es la relación inversa a la hiponimia, es decir, es la relación de un término que abarca a otros semánticamente; equivale al DEFINIDOR en una DEFINICIÓN. Por ejemplo, *semana* es el 'hiperónimo' de *lunes*, *martes*, *miércoles*, etc., de la misma forma que *árbol* es el 'hiperónimo' de *roble*, *pino*, etc. Todos los 'hipónimos' subordinados al mismo hiperónimo se llaman **cohipónimos**. Por ejemplo, *rosa*, *clavel*, *camelia*, etc., son 'cohipónimos' de *flor*.

**HIPOTAXIS.** Equivale a SUBORDINACIÓN.

**HIPÓTESIS DE SAPIR-WHORF.** Véase en DETERMINISMO LINGÜÍSTICO.

**HIPÓTESIS DEDUCTIVAS.** Las 'hipótesis deductivas', llamadas también especulativas, son presuposiciones basadas en ciertos aspectos de un TEORÍA general que hay que probar en determinada fase de la investigación. Las 'hipótesis deductivas', propias del MÉTODO HIPOTÉTICO-DEDUCTIVO, utilizadas normalmente en el PARADIGMA GENERATIVISTA son enunciados que hacemos teniendo en cuenta la teoría y los DATOS, y no necesitan partir con un respaldo empírico porque sus conjeturas se basan o nacen de una teoría que previamente ha sido formulada, y tienden a sugerir lo que deberíamos saber de determinados fenómenos lingüísticos. Las 'hipótesis deductivas' no se infieren de la OBSERVACIÓN de fenómenos, como las inductivas; más bien al contrario, se formulan para intentar dar una EXPLICACIÓN de los hechos y fenómenos observados (Lass, R., 1980). Se precisa tener una gran capacidad inventiva para anticiparse a diseñar el entramado constituido por las hipótesis de los fenómenos que se investigan. Suelen ser formuladas con pocos datos, aunque tienen consecuencias empíricas que van más allá de la evidencia proporcionada por éstos (Cohen, D. *et al.*, eds., 1975).

**HIPÓTESIS INDUCTIVAS.** Las 'hipótesis inductivas' surgen como consecuencia de la investigación EMPÍRICA, especialmente la OBSERVACIÓN SISTEMÁTICA, de un hecho anómalo que ha llamado la atención del investigador. En esa observación siempre tendemos a percibir o a encontrar pautas o configuraciones regulares, sobre las que se elaboran hipótesis, las cuales deben entenderse como GENERALIZACIONES de lo OBSERVADO. Por esta razón, como afirma Hurford (1977: 580), el término hipótesis no se debe aplicar a estas generalizaciones puramente descriptivas (como las que se alcanzan en el paradigma estructuralista), aunque sean un paso previo al salto que tiene lugar en la formulación de las que para algunos son verdaderas hipótesis, o sea, las hipótesis deductivas. Para formular una 'hipótesis inductiva' se debe contar con respaldo empírico, el cual puede consistir en un pequeño CORPUS formado por ejemplos bien seleccionados, aunque también puede ser una MUESTRA elegida al azar. Las primeras 'hipótesis' serán de carácter restringido o limitado y, poco a poco, se convertirán en otras más amplias hasta llegar a ser teorías, entendidas éstas como generalizaciones sistemáticas de varias hipótesis. *Cf* Método científico-hipotético, teoría lingüística.

**HIPÓTESIS LEXICISTA.** Es la hipótesis, también conocida como **hipótesis lexicalista**, desarrollada por Chomsky, fundamentalmente en *Remarks on Nominalization* (1970), como respuesta a las revisiones críticas a las que había sido sometida la gramática transformacional por parte de la corriente conocida como SEMÁNTICA GENERATIVA. *Remarks on Nominalization* se centraba en demostrar que las NOMINALIZACIONES —por ejemplo, los nombres *crítica* o *descubrimiento*— no se derivaban de verbos —en este caso de *criticar*, o *descubrir*— mediante TRANSFORMACIONES, sino que deberían insertarse directamente en la base como nombres incluidos en el LEXICÓN. De ahí el nombre de 'hipótesis lexicista' adoptado por Chomsky para referirse a esta propuesta. Aunque su objetivo específico fueran las nominalizaciones, el trabajo de Chomsky daba también a entender, como destaca Newmeyer (1982: 162), «que esta hipótesis debería ampliarse para excluir toda regla transformatoria que produzca un cambio de categoría». La 'hipótesis lexicista' es el origen de la llamada TEORÍA ESTÁNDAR AMPLIADA, también llamada TEA. *Cf* nominalización[1].

**HIPÓTESIS LINGÜÍSTICAS.** En la INVESTIGACIÓN LINGÜISTICA, las 'hipótesis' son los cimientos o punto de partida de la edificación científica que culmina con la construcción de las TEORÍAS lingüísticas. Las 'hipótesis lingüísticas' son conjeturas que se hacen sobre algunos aspectos del lenguaje (su FORMALIZACIÓN, sus CATEGORÍAS, el USO, etc.) o sobre la naturaleza de las relaciones que existen entre dos o más VARIABLES del lenguaje. O dicho con otras palabras, la investigación lingüística es hipotética en un triple sentido (Wunderlich, D., 1979: 41): (1) todas las aseveraciones generales y abstractas que hace trascienden siempre a los conocimientos fácticos; (2) todos los conocimientos que presentan son conjeturales (*asumo*, *estimo*, *supongo*, etc.), nunca ciertos, y por tanto sujetos a la comprobación, ya por argumentación, ya por experimentación; y (3) consecuentemente, todos los conocimientos son revisables.

Sin hipótesis que puedan dar cuenta de la organización gramatical de una lengua y de la teoría del lenguaje en general carece de sentido todo el caudal de datos lingüísticos que se haya acumulado. Por tanto, formular hipótesis lingüísticas, barajarlas y aplicarlas y, en su caso, descartarlas, es una de las actividades de la investigación lingüística. Casi todos los trabajos de investigación, sean del paradigma que sean, acuden a las hipótesis para poder avanzar en el conocimiento. La formulación de hipótesis y la identificación de las variables es una destreza práctica que requiere entrenamiento.

De todas formas, las hipótesis que se sugieran deben tener una cierta relevancia o pertinencia con relación al problema que es objeto de investigación, y deben poseer valor anticipatorio suficiente, de modo que su utilidad no se agote con la explicación de los hechos y datos que son objeto de investigación, saben servir, además, para predecir fenómenos desconocidos y, sobre todo, deben ser formuladas con la claridad y precisión suficientes que permitan su comprobación EMPÍRICA, aunque muchas de ellas no sean verificables empíricamente, por aludir a hechos del pasado (por ejemplo, las que tratan de algunos problemas diacrónicos del inglés), por referirse a hechos inobservables o porque carecemos de la instrumentalización y de los procedimientos metodológicos necesarios (por ejemplo, las que tratan de intuiciones lingüísticas).

Con frecuencia se confunden los términos teorías e 'hipótesis', ya que tanto las primeras como las segundas son proposiciones coherentes que contienen nociones, hasta cierto punto, esquemáticas y abstractas. La principal diferencia radica en que las teorías son la culminación de la actividad investigadora, en tanto que las hipótesis son el punto de arranque de la misma; y por ser punto de partida tienen objetivos concretos, prácticos y provisionales, frente a los objetivos generales, básicos y firmes de toda teoría. Debido a este carácter operativo, Verhaar (1970) estima que las hipótesis pertenecen al campo de la metodología más que al de la teorización. Normalmente la vida de las hipótesis es efímera, porque muchas de ellas quedan refutadas en la marcha investigadora antes citada, pero algunas son de tal sustantividad que pueden dar lugar al nacimiento y, en algunos casos, también a la reactivación de líneas metodológicas muy atractivas. Cuando una HIPÓTESIS fundamental entra en crisis, por tener que admitir demasiadas excepciones contradictorias, para justificar la validez de la misma, se dice que sufre DEBILITAMIENTO. *Cf* abducción[2].

**HIPÓTESIS PERFORMATIVA.** En SEMÁNTICA se llama 'hipótesis performativa' a la propuesta por Ross (1970) en el sentido de que toda oración está relacionada con un ACTO ILOCUCIONARIO explícito, es decir, derivado de una estructura profunda que contiene un (verbo) PERFORMATIVO. En este sentido, la ESTRUCTURA SUPERFICIAL «Vendré mañana» se deriva de la profunda «Prometo que vendré mañana».

**Historicismo.** En palabras de Hermann Paul (Lyons, 1990: 188) el 'historicismo' es la idea de que la lingüística en tanto que es, o intenta ser científica, presenta un carácter necesariamente histórico. Más en particular, el historicista adopta el supuesto de que el único tipo de esclarecimiento válido en lingüística es el que daría un historiador, en el sentido de que las lenguas son lo que son porque en el curso del tiempo se han visto sometidas a una diversidad de fuerzas causales, internas y externas. Al suscribir esta concepción, los grandes lingüistas del siglo XIX no hacían sino reaccionar contra las ideas de los filósofos del Siglo de las Luces francés y sus predecesores, quienes formaban una larga tradición que se remontaba, en último término, a Platón, Aristóteles y los estoicos, cuyo objetivo consistía en deducir las propiedades universales del lenguaje a partir de presuntas propiedades universales de la mente humana. Bloomfield despachó el 'historicismo' porque para él estaba lleno de «pseudoexplicaciones filosóficas y psicológicas». *Cf* mentalismo, lingüística histórica.

**Holístico.** ① De acuerdo con Escribano (1990c: 179) es casi imposible para el lingüista actual no alinearse en uno de los dos bandos de una de las grandes polémicas contemporáneas basada en la psicología: la que enfrenta a quienes sostienen concepciones **holísticas**, esto es, globales, con quienes defienden concepciones **modulares**, esto es, analíticas. Para los primeros no hay una facultad del lenguaje específica y diferenciada, sino que el lenguaje es una manifestación más de la actividad de unos mecanismos de COGNICIÓN generales y homogéneos (*cf* Skinner, 1957). La segunda concepción es RACIONALISTA, conocida sobre todo a través de las obras de Chomsky, y sostiene que la mente tiene una estructura modular altamente diferenciada, constituida por sistemas autónomos regidos por principios específicos de cada dominio que intereaccionan entre sí, uno de los cuales sería la facultad del lenguaje.

② También emplea Escribano (1990c: 179-80) la DICOTOMÍA anterior para aludir a dos estrategias distintas de división del trabajo entre la lingüística y otras disciplinas. La 'holística', de carácter abarcador o imperialista (por ejemplo, las teorías de Petöfi, van Dijk, Hymes, etc.), debe dar cuenta de la conducta lingüística sin restricciones. En la visión 'modular', de carácter restrictivo (por ejemplo, las teorías de Saussure, Hjelmslev, Chomksy), la lingüística sólo es una de las ciencias que se reparten el dominio epistemológico del lenguaje, junto a la teoría de la comunicación, la psicología cognitiva, la sociología, etc.

**Homodiegético.** Véase en DIÉGESIS.

**Homofonía, homófono.** Véase en HOMONIMIA.

**Homografía, homógrafo.** Véase en HOMONIMIA.

**Homonimia, homónimo.** En LEXICOLOGÍA (y también en TERMINOLOGÍA y en LEXICOGRAFÍA), dos o más términos son **homónimos** cuando tienen el mismo SIGNIFICANTE, esto es, coinciden en la FORMA, aunque transporten SIGNIFICADOS totalmente diferentes, siendo la **homonimia**, por tanto, la cualidad que poseen dos o más palabras que tienen el mismo significante pero distinto significado. Por ejemplo, las palabras *cepillo* (caja con una abertura en la que se introducen limosnas) y *cepillo* (instrumento hecho de manojitos de cerdas que sirve para quitar el polvo, etc.) son 'homónimos'. Siguiendo a Ullmann (1968), el origen de los 'homónimos' se debe a diversas causas, entre las que destacan:

(1) la evolución divergente, en direcciones diferentes, de dos significados de la misma palabra hasta que finalmente se rompe el nexo entre ellas y acaban por ser consideradas como dos términos independientes, como las palabras *pupila* (alumna) y *pupila* (niña del ojo); a estas palabras Ullmann las llama **fisíparas**; y

(2) la evolución convergente de los significantes de palabras distintas, es decir, palabras con significados diferentes.

Dentro de la 'homonimia' se distingue entre homofonía y homografía. Son **homófonos** dos o más unidades de idéntica pronunciación pero de distinta GRAFÍA, como *pollo/poyo; vaca/baca*, y son **homógrafas** dos unidades de idéntica grafía, como *haya* (árbol) y *haya* del verbo *haber*, *vino* (de *venir*) y *vino* (bebida). El inglés, caracterizado por la relación arbitraria entre ortografía y pronunciación, GRAFEMAS y FONEMAS, es muy pródigo en 'homófonos' (/red/ de las palabras *red* (rojo) y *read* (leyó), y homógrafos en *lives* pronunciado /lɪvz/ (vive) y /laɪvz/ (vidas). Como se puede apreciar, el concepto de 'homógrafo' no es igual en inglés y en español; en nuestra lengua son 'homógrafas' las palabras de distinta significación que tienen la misma GRAFÍA, mientras que en inglés son palabras que, además de tener la misma grafía y distinto significado, poseen diferente pronunciación.

Relacionado con la 'hominimia' está el fenómeno de la **polisemia**, la cual se define como la propiedad universal, esto es, el UNIVERSAL SEMÁNTICO, que tienen las unidades léxicas de transportar varios significados o sentidos en un mismo significante. Se da una 'polisemia' cuando un solo significante puede tener o transportar un abanico de significados. La mayoría de las entradas lexicográficas son 'polisémicas'. En la LINGÜÍSTICA ESTRUCTURAL, a cada uno de los sentidos de las unidades léxicas se le llama SEMEMA. La 'polisemia' es uno de los medios más ricos que se conocen para ampliar el LÉXICO de una lengua, y es una fértil fuente de AMBIGÜEDAD en el lenguaje, es decir, es uno de los muchos recursos de la ESTILÍSTICA (*cf* figuras del lenguaje) y también de los chistes («El hombre *desciende* del mono... y el mono *desciende* del árbol»). El origen de la mayoría de los términos «polisémicos» reside en una ANALOGÍA basada en dos conceptos, analogía que permite que la denominación de uno pase a la del otro.

En la LEXICOLOGÍA no existe una línea de demarcación tajante entre la 'homonimia' y la 'polisemia'. Parece evidente que *pata* (de silla) y *pata* (hembra del pato) son 'homónimos', pero ya no está tan claro si una *mano* (capa de pintura) y una *mano* (del brazo) son también 'homónimos'. Para algunos, la 'polisemia' se diferencia de la 'homoninia' en que en la primera todos los sememas o ACEPCIONES tienen algún SEMA o rasgo común o están vinculados etimológicamente en cierto sentido; las entradas de los diccionarios están llenas de palabras que tienen algo en común, como *ala* (de un pájaro) y *ala* de un avión. Para otros es el criterio etimológico el que sirve. Por ejemplo, *casar* (una sentencia), derivado del francés *casser*, y *casar* («Los casó un juez») son ejemplos claros de *homonimia*, siendo también válida, a estos efectos, la prueba de los derivados: *casación* en el primer caso, y *casamiento* en el segundo. De todas formas, todos estos criterios son resbaladizos, porque para otros lingüistas son 'polisémicas' las palabras con más de una acepción, aunque no estén relacionadas entre sí.

En cambio, en la TERMINOLOGÍA la separación entre la 'polisemia' y la 'homonimia' es algo más precisa. De acuerdo con Teresa Cabré (1993: 214-19), el fenómeno de la 'homonimia' se da con mucha más frecuencia en la TERMINOLOGÍA que en la LEXICOLOGÍA, ya que en aquélla se considera cada CAMPO DE ESPECIALIDAD como un dominio cerrado y sólo en su interior los términos tienen un valor específico. Los términos *polo*[1] (en matemáticas), *polo*[2] (en geografía), *polo*[3] (en física) serían, por tanto, 'homónimos' para la terminología, y 'polisémicos' para la lexicología.

**HOMORGÁNICO.** Se dice de la consonante que se articula en el mismo PUNTO que la que le sigue o le precede. Por ejemplo, la /b/ y la /m/ son **homorgánicas** en la palabra *submarino*; la mayoría de las articulaciones son, no obstante, **heterorgánicas** como /b y /t/ en *subtítulo*. *Cf* coarticulación, africada, prenasalizado.

**Hueco, hueco accidental.** Las lenguas, por definición, son sistemáticas pero asimétricas. Se emplea el término **hueco** para dar cuenta de los vacíos, es decir, de las excepciones que existen en todos los niveles del lenguaje (fonológico, léxico, etc.), características de la citada asimetría del lenguaje. *Cf* asimetría.

Se llama **hueco accidental** (Don, 1996) al vacío existente en un paradigma de derivación porque no está la palabra que se espera, de acuerdo con las reglas morfológicas de una lengua. Por ejemplo, en inglés las palabras marcadas con un asterisco son 'huecos accidentales' en sus respectivos paradigmas: *recite, recital, recitation; arrive, arrival, *arrivation; refuse, refusal, *refusation; derive, *derival, derivation; describe, *describal, description.*

**Hueco parasítico.** En rección y ligamiento (o Principios y Parámetros) se denomina 'hueco parasítico' a una categoría vacía que aparece en una posición de sintagma nominal y recibe caso (Chomsky, 1981). El 'hueco parasítico' comparte con la huella de movimiento de QU la característica de estar ligada a una posición no argumental, pero difiere de aquélla en que puede aparecer, en principio, en posiciones desde las que no se puede efectuar movimiento. En la frase «Which articles$_i$ did you file t$_i$ without reading e$_i$?» (¿Qué artículos$_i$ archivaste t$_i$ sin leer e$_i$?), tanto la huella *t* como la posición *e* están relacionadas con *which articles*, un sintagma en posición no argumental; e sería el 'hueco parasítico' puesto que existe si aparece una huella en la oración (García Mayo, 1993a, 1993b, 1995a, 1995b y García Mayo y Kempchinsky, 1994).

**Huella.** En el modelo generativo rección y ligamiento, una 'huella' o **traza** (representada como *h* o como *t*) es una categoría vacía que queda en la posición sintáctica ocupada en la estructura-P por un constituyente que ha sido desplazado, mediante un movimiento de SN o un movimiento de Qu, a otra posición sintáctica distinta.

Por ejemplo, una oración como «¿Qué has leído esta semana?», según los análisis habituales en este modelo gramatical, provendría de una estructura-P en la que el interrogativo *qué* ocuparía la posición correspondiente al objeto directo de *leer* («Has leído *qué* esta semana»). Por tanto, *qué* ha sido trasladado desde el lugar en que se hallaba en la estructura básica a una posición sintáctica diferente, pero, al ser desplazado, queda en su posición inicial una 'huella' (*h*), una categoría vacía, que permite reconstruir la historia del movimiento: «¿*Qué*$_i$ has leído *h*$_i$ esta semana?».

Al constituyente desplazado *qué* y a su huella *h* se les asigna un mismo subíndice ($_i$) (*cf* coindizar) como convención indicativa de la relación que existe entre ambos elementos: constituyen una unidad, una cadena.

# I

**I.** Véase en INFL.

**ICONO, ICONICIDAD, ICÓNICO.** Siguiendo a Peirce (Buchler, 1955), los **iconos** o **imágenes** son SIGNOS, junto con los ÍNDICES y los SÍMBOLOS, caracterizados por mantener con sus SIGNIFICADOS una relación de semejanza. Dicho con otras palabras, la relación entre el 'icono' y lo representado no es convencional sino preexistente. Son **icónicas**, por ejemplo, las señales de tráfico que indican «ciclistas», «desprendimiento», «pavimento deslizante», etc. La palabra española **ojo** es bastante 'icónica' porque su forma recuerda «los dos ojos y la nariz de la cara». La ESTILÍSTICA estudia las palabras y las construcciones 'icónicas'. *Cf* abducción[2].

En la lingüística, en especial en la COGNITIVA, se llama **iconicidad** a la relación no ARBITRARIA entre una propiedad o distinción de orden conceptual y los medios lingüísticos que se asocian a su representación. Puede considerarse **icónica**, por ejemplo, la relación que se establece entre la secuencia de los acontecimientos descritos en el enunciado «La abuelita se murió y la incineramos» y la ordenación de las oraciones que lo integran. El orden LINEAL de las oraciones refleja el orden en que se producen los acontecimientos representados: en primer lugar, *la abuelita se murió*; en segundo lugar, *la incineramos*. *Cf* nombre icónico, índice.

**IDEALISMO.** Se conoce con el nombre de 'idealismo' (Robins, 1975: 185), o **escuela estética**, a la corriente lingüística de principios del siglo XX que resaltó la importancia del HABLANTE individual en la producción y difusión de toda clase de CAMBIOS LINGÜÍSTICOS, frente a la afirmación de los NEOGRAMÁTICOS de que no existía una lengua fuera de la COMUNIDAD DE HABLANTES. Aunque la concepción de la historia de las lengua de estos lingüistas (Vossler, Spitzer, Croce) fuera bastante diferente, está dentro de la propia tradición historicista. Vossler, siguiendo a Humboldt, resaltó el aspecto creador e individual de la COMPETENCIA lingüística de las personas (*cf* creatividad). Para él, todo CAMBIO LINGÜÍSTICO parte de las innovaciones de los hábitos lingüísticos individuales, y los que luego tendrán trascendencia son imitados por los demás, que contribuyen de este modo a su difusión. La INTUICIÓN estética es para Croce la guía de todos los aspectos de la vida del hombre, aun cuando uno no sea consciente de ello en todo momento. En resumen, los 'idealistas' defendieron que el lenguaje es fundamentalmente una expresión personal y, según ellos, el cambio lingüístico se debe a la labor consciente de los individuos que, con toda probabilidad, reflejan los sentimientos nacionales, siendo las consideraciones estéticas las dominantes en los estímulos del cambio.

**IDEALIZACIÓN.** Las TEORÍAS lingüísticas del PARADIGMA GENERATIVISTA tratan de 'idealizaciones' lingüísticas, es decir, de la *realidad mental abstracta subyacente* en el lenguaje del HABLANTE-OYENTE ideal, conocedor de su lengua a la perfección dentro de una COMUNIDAD DE HABLA homogénea, a quien no le afectan factores irrelevantes desde un punto de vista gramatical, como pueden ser los fallos propios de la memoria, las distracciones, los cambios de atención o de énfasis, etc., cuando pone en práctica los conocimientos que posee de su lengua (Chomsky, N., 1965). La OBSERVACIÓN, tan fundamental en la INVESTIGACIÓN LINGÜÍSTICA del ESTRUCTURALISMO, queda relegada a un segundo plano en este paradigma. *Cf* generalización.

**IDENTIDAD LINGÜÍSTICA.** El término **valor lingüístico** o **identidad lingüística**' fue introducido por Saussure (1945) para aludir a la 'identidad' funcional de una unidad lingüística dentro de un sistema de términos independientes. El 'valor' nace exclusivamente de la presencia simultánea de los otros signos a través de las relaciones PARADIGMÁTICAS y SINTAGMÁTICAS. Para explicar el concepto de 'valor lingüístico' o 'identidad lingüística', Saussure utilizó varias ilustraciones: el caballo del juego de ajedrez, por ejemplo, tiene identidad dentro del sistema de reglas de este juego; fuera de él podría ser una preciosa pieza de marfil o una simple talla de madera. Una calle que fuera demolida sería la misma cuando se reconstruyera, debido a su localización con relación a las demás, etc. Es decir, los aspectos materiales del juego de ajedrez o de la calle no se tendrían en cuenta para su identidad, sólo las RELACIONES establecidas con las demás fichas o las otras calles. *Cf* campo[2].

**IDENTIDAD REFERENCIAL.** Véase en CORREFERENCIA.

**IDENTIFICACIÓN, IDENTIFICADOR.** ① En ESTILÍSTICA y en el el ANÁLISIS DEL TEXTO, la 'identificación' es una de las técnicas de la ILUSTRACIÓN discursiva que consiste en aclarar o explicar, por medio de la ANALOGÍA o semejanza, el contenido de un TÓPICO. Varios son los recursos de 'identificación', entre los que destacan la SINONIMIA, la COMPARACIÓN, la METÁFORA, el SÍMIL, etc.

② En la LINGÜÍSTICA DEL HABLAR de Coseriu (1967: 304 y sigs.) la **identificación** es el tipo de DETERMINACIÓN que orienta al receptor hacia un valor semántico. La identificación se realiza con FORMAS, no con significados. Estas formas o **identificadores** pueden ser ocasionales (Córdoba, *Argentina*), usuales (Castellón *de la Plana*) o constantes (*Nueva* York).

③ De acuerdo con Pottier (1968: 65), se llama 'identificación' al término de un CONJUNTO FINITO que tiene una incidencia simple, por ejemplo, *los* en «los gatos». *Cf* relación, formulación.

④ Unos de los objetivos propios de la INVESTIGACIÓN LINGÜÍSTICA es la 'identificación' de los recursos del lenguaje, ya sean unidades lingüísticas, ya valores expresivos, AFECTIVOS, socio-culturales, emotivos, estéticos. Se llama **identificación lingüística** a la consideración o equiparación, como idénticas, semejantes o equivalentes, de las unidades lingüísticas que poseen rasgos comunes. Esta 'identificación' es imprescindible en todo ANÁLISIS LINGÜÍSTICO, previo a cualquier DESCRIPCIÓN. Lo que se identifica es lo LINGÜÍSTICO INMANENTE del lenguaje, es decir, lo esencial e inseparable. La 'identificación' está basada en el principio de que las CATEGORÍAS lingüísticas son DISCRETAS, es decir, poseen unos límites claramente marcados con relación a otras categorías, en función del VALOR de sus diversos elementos (*cf* inmanentismo lingüístico).

**IDIÓFONO.** Véase en IDIOLECTO.

**IDEOGRAMA, IDEOGRÁFICO.** Son **escrituras ideográficas** las que representan los conceptos y los significados de las cosas por medio de dibujos, imágenes convencionales, o signos gráficos, cada uno de los cuales, por representar una idea o un ser, se llama un **ideograma**. No existe ninguna escritura puramente ideográfica, como se pensó en un principio, ya que algunos de los 'ideogramas' tienen valores fonológicos, morfológicos, relacionales y gramaticales, como se puede apreciar en las lenguas JEROGLÍFICAS. Lo que se llama 'ideograma', en la mayoría de los casos, son LOGOGRAMAS.

**IDIOLECTO.** Se define el 'idiolecto' como el conjunto de hábitos lingüísticos (FONOLÓGICOS, LÉXICOS, SINTÁCTICOS, ESTILÍSTICOS) de una persona con relación a la LENGUA ESTÁNDAR, es decir, el HABLA o forma característica de hablar de un individuo. Entre los rasgos fonológicos destacan los que constituyen la DINÁMICA DE LA VOZ. Asimismo, todos tenemos tendencia a usar unas construcciones sintácticas con mayor o menor insistencia o a emplear unidades léxicas características. Por ejemplo, a veces hemos dicho «Esa frase es propia de mi padre», esto es, pertenece a su 'idiolecto'. Los sonidos que son identificables en el habla de una determinada persona se llaman **idiófonos**.

El término 'idiolecto' procede de los NEOGRAMÁTICOS, pero fue retomado por el ESTRUCTURALISMO y por la SOCIOLINGÜÍSTICA. Esta palabra, junto con DIALECTO y LENGUA, forma una trilogía muy útil para diferenciar el sistema general, el habla de un grupo y la de un individuo en el ANÁLISIS LINGÜÍSTICO. Los ÍNDICES IDIOSINCRÁSICOS ayudan en la identificación de los IDIOLECTOS. *Cf* sociolecto, estilo, actuación, lecto.

**IDIOMA, IDIOMÁTICO, IDIOMATICIDAD.** El término 'idioma' equivale a LENGUA y, en ocasiones, a LENGUAJE. Se emplea con mayor frecuencia al hablar de las lenguas extranjeras, como en el enunciado «Saber idiomas es muy importante». El adjetivo **idiomático** se utiliza para expresar que el SIGNIFICADO de una UNIDAD LÉXICA COMPLEJA no es transparente, esto es, no es deducible del significado de los elementos que lo componen. A las unidades léxicas idiomáticas se las llama **modismos** y también **frases idiomáticas**; a veces, también reciben el nombre de CLICHÉS. La **idiomaticidad** es, aparte de la característica propia de los modismos, el estudio y análisis de lo 'idiomático'.

El SIGNIFICADO de los 'modismos' es similar al de un LEXEMA[1], al que pueden sustituir en la oración («Pasó a mejor vida» o «Estiró la pata» pueden ser sustituidos por «Se murió»). Otras características de los 'modismos' son (Rodríguez González, 1993):

(a) el carácter estereotipado y rígido de su construcción; no se puede decir, por ejemplo, «*Estiró *una* pata»; este carácter estable de sus componentes facilita su memorización.

(b) no admiten la sustitución de sus componentes léxicos por SINÓNIMOS de ningún tipo («*Paso a superior vida»);

(c) no permiten la generación de otras unidades basadas en la ANALOGÍA, ni en la PASIVIZACIÓN o en la NOMINALIZACIÓN (*La pata fue estirada por él, *El paso a mejor vida).

**IDIOSINCRÁSICO.** Véase en ÍNDICE IDIOSINCRÁSICO.

**IDIOTISMO.** 'Idiotismo' es el término genérico que abarca las VOCES o expresiones prestadas de otras lenguas, como los ANGLICISMOS, los GALICISMOS, los LATINISMOS, etc. De esta forma, un anglicismo es un 'idiotismo' tomado del inglés. *Cf* barbarismo.

**ILATIVO.** ① Es el CASO MORFOLÓGICO, esto es, la forma flexiva, que en las lenguas como el húngaro (*-ba*) expresa el movimiento de acceso o de entrada a un local cerrado. *Cf* alativo, adesivo.

② El término 'ilativo' se ha utilizado, asimismo, para aludir a determinados CONECTORES, como *pues, luego, entonces*, que enlazan enunciados estableciendo entre ellos una relación de causa-deducción o consecuencia. Así, por ejemplo, según Roca Pons (1974: 267), *pues, luego* son conjunciones 'ilativas'. También se han denominado 'ilativas' las unidades oracionales que se enlazan con un enunciado precedente mediante uno de esos conectores. Por ejmplo, según Sánchez Márquez (1972: 197), en «Pienso, *luego* existo», «Estoy triste, mamá. *Pues* que se llame al doctor», «No está preparado para eso, *entonces* que se retire», las oraciones introducidas por *luego, pues, entonces,* son 'ilativas', porque indican una consecuencia o conclusión de lo anterior.

**ILOCUCIONARIO, ILOCUTIVO.** Véase en ACTO ILOCUCIONARIO.

**ILUSTRACIÓN.** Para el DESARROLLO DISCURSIVO (de los TÓPICOS) o PROGRESIVIDAD TEXTUAL, el DISCURSO cuenta con varios recursos, entre los que destaca la **ilustración**, la cual consta de enunciados dirigidos a aclarar o explicar el contenido de algún tópico. Alguna de estas aclaraciones o explicaciones, a su vez, se pueden convertir en subtópicos o en tópicos nuevos. Estos recursos, también llamados TÉCNICAS RETÓRICAS, propios del razonamiento INDUCTIVO y del DEDUCTIVO, aparecen en todo tipo de discurso (DESCRIPCIÓN, NARRACIÓN, etc.), aunque son más característicos de la EXPOSICIÓN y de la PERSUASIÓN. Las más importantes son: (1) la DEFINICION; (2) la EJEMPLIFICACIÓN; (3) la IDENTIFICACIÓN; (4) el CONTRASTE; (5) la CLASIFICACIÓN; (6) la DIVISIÓN, etc. Si utilizamos la primera técnica hablaremos de desarrollo textual o discursivo por definición, en la segunda, de desarrollo textual por ejemplificación, etc.

**IMAGEN, IMAGEN ACÚSTICA.** El término 'imagen' se emplea en lingüística con varios significados:

① Equivale a ICONO.

② En ESTILÍSTICA DE LA EXPRESIVIDAD y de la DESVIACIÓN la palabra 'imagen' es un término genérico que abarca las FIGURAS DEL LENGUAJE, nacidas de la COMPARACIÓN analógica y de la DESVIACIÓN (METÁFORA, SÍMIL, ONOMATOPEYA, etc.). La 'imagen', que normalmente se basa en la similitud (METÁFORA O SÍMIL) o en la contigüidad (METONIMIA), debe poseer algo nuevo, sorprendente o inesperado. *Cf* efecto estilístico.

③ Saussure (1945: 128-29) emplea el término 'imagen acústica' en la definición del SIGNO LINGÜÍSTICO, el cual es una entidad psíquica que une, no una cosa y un nombre, sino un concepto y una imagen acústica. La **imagen acústica** no es el sonido material, cosa puramente física, sino su huella psíquica. El carácter psíquico de estas imágenes aparece claramente cuando observamos nuestra lengua materna: sin mover los labios ni la lengua, podemos hablarnos a nosotros mismos o recitarnos mentalmente un poema.

**IMPERATIVO.** Se denomina 'imperativo' al conjunto de formas flexionadas del verbo que tienen como propiedad distintiva el hecho de que únicamente aparecen como núcleo del sintagma verbal en ORACIONES EXHORTATIVAS o yusivas. Por ejemplo, el 'imperativo' de los verbos *traer* y *levantar* estaría integrado por las formas *trae, traed* y *levanta, levantad*: «*Trae* la manta cuando vengas», «*Traed* vosotros la cena», «*Levanta* la tapa del cubo», «*Levantad* la cabeza». Son, pues, formas verbales que específicamente expresan una orden; o, de otra manera, manifiestan que la finalidad comunicativa del hablante es influir en el receptor para que lleve a cabo la acción denotada por el LEXEMA del verbo.

Hay discrepancias en los estudios gramaticales del español sobre si las formas del 'imperativo' constituyen un MODO verbal distinto del INDICATIVO y del SUBJUNTIVO, o si, por el contrario, o no es un modo, o queda subsumido en el subjuntivo (*cf* González Calvo, 1980; Mariner, 1971). Para Porto Dapena (1991: 37), por ejemplo, «está fuera de toda duda la existencia en nuestra lengua de un modo imperativo, independiente del subjuntivo y, evidentemente, también del indicativo». Desde el punto de vista de Lamíquiz (1982: 19 y sigs.), en cambio, el imperativo «queda fuera de la dimensión modal del verbo español». Para Hernández Alonso (1984: 294), por último, «*canta-cantad* son simples alomorfos [...] de la primera forma del subjuntivo, del llamado 'presente'» y ambos forman una sola unidad en el sistema.

IMPERFECTIVO. Véase en ASPECTO IMPERFECTIVO.

IMPERFECTO. Se usa como equivalente a pretérito imperfecto.

IMPERSONAL. Véase en ORACIÓN IMPERSONAL.

IMPERSONAL REFLEJA. Véase en ORACIÓN IMPERSONAL REFLEJA.

IMPLEMENTO. El término 'implemento' fue introducido por E. Alarcos en los estudios gramaticales como sustituto de los términos más tradicionales OBJETO DIRECTO O COMPLEMENTO DIRECTO. Son, por ejemplo, 'implementos' los CONSTITUYENTES destacados en las siguientes oraciones: «He comprado *otra lámpara*», «No le he puesto *gasolina* al coche».

IMPLICACIÓN. ① En LEXICOLOGÍA 'implicación' equivale a IMPLICACIÓN LÉXICA[1].

② En el análisis del SIGNIFICADO DISCURSIVO, el nombre 'implicación' se emplea en dos términos: IMPLICACIÓN LÉXICA O SIMPLE e IMPLICACIÓN CONVERSACIONAL.

③ Véase en RELACIONES DE IMPLICACIÓN.

IMPLICACIÓN LÉXICA. ① En el análisis de las RELACIONES LÉXICO-SEMÁNTICAS la **implicación léxica** o simplemente 'implicación' (Coseriu, 1977: 143-61) es la RELACIÓN DE SOLIDARIDAD existente entre dos LEXEMAS[1], en la que el primero funciona como RASGO DISTINTIVO del segundo. En *cavallo baio*, el lexema *cavallo* funciona como rasgo distintivo de *baio*, ya que *baio* sólo se predica de los caballos. Dicho con otras palabras, hay 'implicación léxica' cuando (el SEMEMA de) un LEXEMA es SEMA de otro. Por ejemplo, el lexema *atacar* es un sema del lexema *arma*, ya que en la DEFINICIÓN COMPONENCIAL de esta palabra interviene el sema *atacar*. De esta forma, se dice que *arma* implica *atacar*, y lo mismo ocurre con la relación *herir-atacar*. En ambos casos, hay una 'implicación' de finalidad. Pottier llama **participación** a este tipo de relación. Apresyan en su *Explanatory and Combinatory Dictionary* establece hasta cuarenta y siete relaciones de 'implicación' que él llama **función léxica**, que van desde «lugar de acción/acción» (*escena/representación*), «unidad/pluralidad» (*oveja/rebaño*), «autor/obra» (*Dios/Iglesia*), etc., hasta «ruido/agente generador del mismo» (*león/rugir*; *burro/rebuznar*; *dientes/rechinar*, etc.).

② En el análisis del SIGNIFICADO DISCURSIVO se emplea el término **implicación léxica** o **implicación simple** para distinguirla de la IMPLICACIÓN CONVERSACIONAL. Decimos que dos enunciados están 'implicados' cuando la afirmación (o la negación) de lo que se dice en uno supone automáticamente la afirmación (o la negación) de lo que dice en el otro. Por ejemplo, los enunciados «Mi padre tiene un coche» y «Mi padre tiene un vehículo» están implicados porque la afirmación o la negación de lo que se dice en el primero supone automáticamente la afirmación o la negación de lo que se asevera en el segundo.

Podríamos explicar esta relación semántica entre enunciados de otra forma, diciendo que, cuando entre dos enunciados existe implicación, se entraría en contradicción lógica si afirmáramos en uno lo que negamos en el otro. Por ejemplo, los enunciados «Anoche mi padre estaba tranquilo» y «Anoche mi padre no estaba preocupado en absoluto» se implican entre sí, pero si cambiáramos la forma enunciativa de sólo uno de los dos enunciados, dejarían de implicarse porque entrarían en contradicción lógica, habría SINDÉRESIS o falta de coherencia, ya que no tendría mucho sentido decir, por ejemplo, *...no estaba preocupado, ...no estaba tranquilo*.

Una diferencia clara entre 'implicación léxica' y PRESUPOSICIÓN CONVENCIONAL reside en el hecho de que la presuposición está constituida por una o varias proposiciones que son pre-condición (esto es, que deben ser verdaderas) para que el enunciado tenga sentido comunicativo, en tanto que la implicación aborda relaciones semánticas nacidas a través del léxico y de las demás unidades de la lengua (*langue*).

**Implicación social o conversacional.** Véase en IMPLICATURA.

**Implicatura.** En la caracterización del SIGNIFICADO DISCURSIVO, además de las IMPLICACIONES LÉXICAS, existen otras 'implicaciones' cuyo significado está completamente ligado al CONTEXTO y a los conocimientos e información que el emisor del enunciado asume que posee el receptor del mismo, y no tiene por qué guardar una relación léxico-semántica con la proposición o proposiciones de que consta el enunciado; también se las llama **implicaciones conversacionales**, ya que se presentan con mucha frecuencia, aunque no exclusivamente, en las conversaciones. Por tanto, la 'implicatura', utilizando los términos de Grice, es una proposición implicada por la enunciación, es decir, el enunciado y el contexto. La conversación diaria está llena de implicaturas, como se deduce de este diálogo entre marido y esposa: Marido: «Los lunes el periódico viene muy flojo». Esposa: «Entonces no lo compramos». Marido: «¿Por qué no?» Esposa: «¡Ah! Creía que querías decir que no deberíamos comprarlo». La 'implicatura' está formada por una proposición no expresa inferida con el contexto.

**Implosión.** Véase en OCLUSIÓN.

**Implosivo.** ① El término 'implosivo' se emplea en **consonantes implosivas**, que es el nombre que, en la tradición lingüística inglesa, se da a lo que se conoce como INYECTIVAS, debiéndose reservar, por tanto, el adjetivo 'implosivo' para aludir a la IMPLOSIÓN o primera fase de la oclusión.

② También se emplea este término para aludir a la pronunciación de las OCLUSIVAS inglesas en posición final (*put, cup,* etc.) en las que no es perceptible la tercera fase de la OCLUSIÓN. También se emplea el término en lo que se llama OCLUSIVA IMPLOSIVA.

**Impropiedad.** En LEXICOLOGÍA se llama 'impropiedad' al BARBARISMO consistente en usar una palabra o unidad léxica con un sentido distinto, generalmente opuesto, al que realmente posee. Por ejemplo, el verbo *detentar*, que significa «ocupar indebida o ilegítimamente un cargo o posición», ha sido utilizado *impropiamente* por algunos políticos, con el sentido de *desempeñar* u *ostentar*, en expresiones como «En el cargo que *detento...*». Igualmente ocurre con el adjetivo *álgido*; hasta que lo admitió la Academia en 1984 con el sentido de «momento crítico o culminante de un proceso», su uso se consideraba una 'impropiedad' en expresiones como «En el momento álgido de las conversaciones...», ya que el significado original de esta palabra es el de «acompañado de frío intenso en el cuerpo». *Cf* solecismo, malapropismo.

**Impulso articulatorio/espiratorio.** En FONÉTICA ARTICULATORIA se entiende por 'impulso articulatorio/espiratorio' cada uno de los movimientos de los ÓRGANOS DE ARTICULACIÓN (mandíbulas, lengua, labios, etc.), que modifican bruscamente la presión y el volumen del aire espirado, incluyendo las contracciones del tórax y del abdomen (Abercrombie, 1968; Gili Gaya, 1975). *Cf* sílaba.

**Inacentuado.** Véase en ÁTONO.

**Inacusativo.** Véase en VERBO INACUSATIVO.

**Incertidumbre.** En contra del modelo comunicativo basado en que los MENSAJES son simplemente CODIFICADOS y DESCODIFICADOS, en el PARADIGMA de la PRAGMÁTICA se propugna una visión de la interpretación (*cf* interpretación textual) mucho más sujeta a riesgos, basada, sobre todo, en la **inferencia no demostrativa** (Sperber y Wilson, 1986), según la cual la verdad de las premisas sólo hace que la verdad de las conclusiones sea probable. Para la pragmática, el DESTINATARIO tiene que esforzarse en determinar cuál es el mensaje que el emisor quiere que él extraiga de entre una variedad de interpretaciones posibles. Yus Ramos (en prensa, a) usa el término **fase de incertidumbre** para describir la etapa en la que el destinatario realiza los citados esfuerzos, siempre sometido a riesgos interpretativos. En esta fase lleva a cabo dos tareas que son esenciales para la interpretación óptima; por un lado, determina si media alguna INTENCIONALIDAD por parte de su interlocutor en la emisión de su enunciado o en su comportamiento no verbal y, por otro, elige como interpretación más probable la que se adecua a las intenciones del emisor. *Cf* entropía

**INCIDENTAL.** Se clasifican como 'incidentales' o como elementos con función 'incidental', las unidades sintácticas (sintagmas nominales, sintagmas adjetivos, oraciones, adverbios) que no forman parte del núcleo oracional (no son componentes ni del sujeto ni del predicado), sino que actúan como elementos periféricos a ese núcleo, incidiendo en la oración en su totalidad. Según, por ejemplo, Álvarez Menéndez (1988; 1989), serían unidades con función 'incidental' las destacadas en los enunciados siguientes: «*Desgraciadamente*, todo terminó mal» (Álvarez Menéndez, 1988: 224), «*Limpios y ordenados*, los libros son un bonito adorno» (Álvarez Menéndez, 1989: 34), «*Rey constitucional*, Don Juan Carlos se impuso a los sublevados». Como rasgos característicos de los unidades 'incidentales', ligados a su condición de elementos periféricos, pueden destacarse, entre otros, los siguientes:

(1) Suelen ir entre pausas, según puede constatarse en los enunciados anteriores.

(2) Gozan de mayor movilidad posicional que los elementos integrados en el núcleo de la oración. Pueden variar su posición en el enunciado, y, siempre que se mantenga la entonación entre pausas, la significación no varía: «Todo, *desgraciadamente*, ha terminado», «Todo ha terminado, *desgraciadamente*»; «Los libros son, *limpios y ordenados*, un bonito adorno», «Los libros son un bonito adorno, *limpios y ordenados*»; «Don Juan Carlos se impuso, *rey constitucional*, a los sublevados».

**INCLUSIÓN, INCLUSIVO.** Véase en HIPONIMIA, HIPÓNIMO.

**INCOATIVO.** Véase ASPECTO INCOATIVO, PERÍFRASIS INCOATIVA, VERBO INCOATIVO.

**INCOMPATIBILIDAD.** Véase en CONTRASTE y COMPATIBILIDAD.

**INCORPORACIÓN.** Se denomina 'incorporación' al proceso gramatical consistente en que una unidad sintáctica —un nombre, un verbo— pierde total o parcialmente su autonomía y pasa a formar una sola unidad compleja con el núcleo del que inicialmente dependía. El proceso de 'incorporación' puede tener manifestaciones diversas —fonológicas, morfológicas, sintácticas, semánticas— en función de la mayor o menor pérdida de autonomía de la unidad incorporada. Por ejemplo, según Moreno Cabrera (1987: 59; 1991: 494), en yucateco la 'incorporación' nominal (la 'incorporación' de una unidad nominal a un verbo) tiene carácter pleno. Mientras que en la frase «kinchakik che» («corto un árbol») el nombre *che* es una unidad nominal autónoma, que alude a un referente (a «un árbol» concreto) y mantiene las propiedades sintácticas, morfológicas y fonológicas que corresponden a un sintagma independiente, en la frase «kinchak*che*» («corto madera/árboles»), el sustantivo *che* «ha pasado a convertirse en un morfema más del tema verbal, y pasa a configurar con éste una oración que consta de una sola palabra» (Moreno Cabrera, 1991: 495). La predicación ya no alude, además, a una actividad («cortar») ejercida sobre un objeto concreto («un árbol»), sino a una actividad de carácter general: «cortar madera», «cortar árboles».

En español, así como en otras lenguas próximas, puede darse en cambio la 'incorporación' nominal sin que el nombre incorporado pase a convertirse en un morfema del núcleo verbal; es decir, la 'incorporación' sólo se manifestaría en el plano sintáctico y/o semántico. Por ejemplo, según Moreno Cabrera o García Miguel (1995b: 98 y sigs.) se pueden relacionar con la 'incorporación' nominal ciertas construcciones de verbo-objeto directo, como las que se reflejan en los siguientes enunciados: «Juan *busca piso*», «Pedro no *tiene televisor*», «Luisito *hizo novillos*», «Elisa *tiene miedo*». Aunque *piso, televisor, novillos, miedo* no se han incorporado morfológica y fonológicamente al verbo, estas construcciones presentarían algunas características sintácticas y semánticas asociadas a los procesos de 'incorporación' nominal; entre ellas, el nombre no tiene capacidad referencial, la predicación posee un significado genérico o habitual, y la construcción tiende a convertirse en modismo o frase hecha.

En gramática generativa (*cf* Baker, 1988; Llinàs i Grau, 1990), la 'incorporación' se ha interpretado como un caso de movimiento por ADJUNCIÓN que afecta a CATEGORÍAS DE NIVEL CERO. Esto es, implica la adjunción de un núcleo a otro núcleo, formando un NUDO de la misma naturaleza categorial que el nudo al que se adjunta el núcleo desplazado.

**INCRUSTACIÓN, INCRUSTADO.** En el GENERATIVISMO se llama 'incrustación' al procedimiento mediante el cual una oración (*cf* oración incrustada) entra a formar parte de otra unidad sintáctica. Por ejemplo, la unidad destacada en cursiva está **incrustada**: «El arbolito *que me regalaste* está precioso». *Cf* autoincrustación.

**INDEFINIDO.** Véase DETERMINANTE INDEFINIDO, SINTAGMA NOMINAL INDEFINIDO, PRETÉRITO INDEFINIDO, PRONOMBRE INDEFINIDO.

**INDICADOR.** ① El término 'indicador' se emplea como sinónimo de MARCADOR, distinguiéndose a estos efectos los **indicadores semánticos** (*cf* marcador semántico) y los **indicadores sintagmáticos**.

② Hjelsmlev (1963: 118) en el análisis textual distingue unas entidades llamadas 'indicadores', que entran a formar parte de los FUNTIVOS. Estos indicadores pueden ser connotadores y señales.

**INDICATIVO.** El término 'indicativo' hace referencia a un MODO verbal. 'Indicativo' alude, por tanto, a una determinada MODALIDAD, a un determinado tipo de actitud ante lo enunciado, diferenciado a través de la flexión verbal. *Está, han cancelado, han robado, tienen*, son formas pertenecientes al 'modo indicativo'; *esté, hayan cancelado, hayan robado, tengan*, por el contrario, se incluyen en un modo distinto: el SUBJUNTIVO.

No existe unanimidad en los estudios gramaticales sobre el español acerca de cuál es el contenido modal que puede asociarse al 'indicativo'. Son tres los valores que más comúnmente se le han asignado: *objetividad, realidad, aserción*.

(a) En algunos textos (*cf* Hernández Alonso, 1984) se afirma que el indicativo es el modo de la objetividad por entender que, al utilizar el indicativo, el hablante enuncia un hecho de una manera neutra, sin aportar ningún matiz subjetivo. Así, en «*Tienen* suerte», el hablante afirma un hecho, pero se inhibe ante lo enunciado. En «Ojalá *tengan* suerte», en cambio, «se expresa un hecho bajo un prisma determinado» (Jiménez Juliá, 1989: 202).

(b) En otros textos (*cf* Alarcos, 1994) se asocia al indicativo un significado *realidad* por considerar que, tanto en oraciones independientes, o no regidas, como cuando es exigido por un determinado núcleo regente, el uso del indicativo implica que lo denotado por la oración se presenta como algo acorde con la realidad. Según esta interpretación, en «El coche *está* en la puerta», «El jefe asegura que *han cancelado* la deuda», lo enunciado se presenta como verdadero, como real. En cambio, en «Ojalá el coche *esté* en la puerta», «El jefe desea fervientemente que *hayan cancelado* la deuda», los mismos estados de cosas se presentan sólo como deseables, no como hechos reales.

(c) Se considera, por último, que el 'indicativo' es el modo de la aserción (*cf* Bosque, 1990c), por entender que su uso, ya sea por elección del hablante, ya porque el núcleo al que se subordina lo exija, implica que lo denotado por la oración se introduce como foco de una aseveración, a la que puede atribuirse un valor de verdad. En «Me parece que *te han robado* el coche», «Te aseguro que todo *está* en orden», «Te *han robado* el coche», «Todo *está* en orden», son afirmaciones del hablante, más o menos suavizadas, que el receptor puede considerar verdaderas o falsas.

Los tres contenidos mencionados (*objetividad, irrealidad, aserción*) pueden parecer igualmente aplicables a un enunciado como «El coche *está* en la puerta»: enuncia un hecho de una manera neutra; la situación a la que alude se presenta como real; constituye una afirmación a la que se puede atribuir un valor de verdad. Sin embargo, no son enteramente coincidentes. En «Lamentablemente, te *han robado* el coche» no parece que el hablante aluda a un hecho de una manera objetiva, aunque sí puede sostenerse la existencia de un valor realidad o aserción. En «Siento que te *hayan robado* el coche», el hecho de «haberte robado el coche» se presenta como real, a pesar de no utilizarse el modo indicativo. No obstante, puede explicarse el empleo de un modo distinto si se acepta el valor aserción como característico del indicativo: «te *hayan robado* el coche» no se introduce como foco de una afirmación que pueda ser considerada verdadera o falsa. Es un hecho que se presupone verdadero: sabemos, damos por supuesto que «te han robado el coche», no pretendemos informar sobre ello, sino simplemente sobre el hecho de que «lo siento».

**ÍNDICE, INDICIO, INDICIAL.** ① El término 'índice' se utiliza tanto en SEMIOLOGÍA como en lingüística. De acuerdo con Peirce (Buchler, 1955), los **índices** o **indicios** son SIGNOS, junto con los ICONOS, las SEÑALES y los SÍMBOLOS. Los 'indicios' se caracterizan por representar una relación causal entre dos fenómenos, por ejemplo, el humo es 'índice' del fuego, el cielo nublado o los nubarrones, de la lluvia, etc. Aunque en esta acepción 'índice' e 'indicio' son sinónimos, muchos prefieren este último cuando se quiere poner de relieve la CONNOTACIÓN de «huella incompleta». La interpretación de los 'indicios' es tarea de todas las ciencias de OBSERVACIÓN. El 'indicio' se diferencia de la SEÑAL en que ésta es de carácter convencional, mientras que la del 'indicio' es de carácter natural. Dicho con otras palabras, en el 'indicio' no hay intención comunicativa. La forma y el color de las nubes, la temperatura, etc., son 'indicios', es decir, «hechos inmediatamente perceptibles que nos hacen conocer algo a propósito de otros hechos que no lo son» (Mounin, 1968b: 30-1). *Cf* abducción².

② Abercrombie (1967: 7 y sigs.) utiliza el término 'índice' como característica propia de los MEDIOS. Estos 'índices' nos sirven de orientación o catalogación. Los 'índices' del MEDIO VISUAL son estudiados por la grafología y por la psicología. Los 'índices' del MEDIO ORAL-AUDITIVO pueden ser dialectales, idiosincrásicos y afectivos, y sirven para caracterizar la PRONUNCIACIÓN.

Los **índices dialectales** ponen de relieve la procedencia geográfica o social de una persona o de un grupo, es decir, marcan el dialecto y el acento de una comunidad. A su vez, se dividen en **índices regionales** e **índices socioculturales**, si ponen al descubierto la procedencia geográfica de una persona o grupo en el primer caso, o su formación cultural, en el segundo.

Los **índices idiosincrásicos** son los que permiten reconocer por teléfono, en las oscuridad, etc., la VOZ, la edad, el sexo, en suma, los rasgos personales de la persona a la que se habla.

Los **índices afectivos** revelan el cansancio, la simpatía, la sospecha, la alegría, etc., y, en cierto sentido, pueden reducir, reforzar o anular el significado proposicional de un enunciado. Por ejemplo, el TONO de VOZ (ACTO PARALINGÜÍSTICO), e incluso, el ceño fruncido o una sonrisa (ACTO KINÉSICO), son 'índices afectivos'. *Cf* acento afectivo, significado afectivo.

A los índices socioculturales y a los afectivos, que pueden transportar múltiples

CONNOTACIONES, también se les llama REGISTROS. El adjetivo **indicial** se emplea en expresiones como ACTOS INDICIALES para *indicar* la relación de causa-efecto entre dos fenómenos.

③ Véase en COINDIZAR.

**ÍNDICE DE REFERENCIAS.** Véase en CONCORDANCIAS (LÉXICAS).

**INDOEUROPEO.** Se llama 'indoeuropeo' a la lengua RECONSTRUIDA, comparando las que se suponen que nacieron de ella, gracias a los trabajos de la LINGÜÍSTICA COMPARADA. No quedan restos escritos de esta lengua ni tampoco se puede decir que la hablara ninguna comunidad en concreto. Se concibe como la PROTOLENGUA de una comunidad glótica que se extendió desde la India hasta Islandia, con algunas excepciones geográficas. A pesar de las dificultades surgidas sobre el grado de parentesco y de la antigüedad de las distintas lenguas 'indoeuropeas', debidas, por ejemplo, a las invasiones de pueblos con lenguas no indoeuropeas, a la función de los PRÉSTAMOS, etc., al principio del siglo XX había un amplio consenso sobre la existencia de ocho grandes DIALECTOS indoeuropeos: indoiranio, armenio, albanés, baltoeslavo, germánico, céltico, itálico y griego (Malmberg, 1967: 10 y sigs.). Pero normalmente son dos los grandes grupos que se hacen con el 'indoeuropeo' —el de **centum** y el de **satem**— según que la palatal [k'] 'indoeuropea' haya quedado como consonante OCLUSIVA, como en latín *centum* (cien), o haya sufrido mayor PALATALIZACIÓN, pasando a continuación a FRICATIVA, como en *satəm* (cien) del avéstico (lengua del grupo indoiranio). Las ambiciosas expectativas creadas en el siglo XIX sobre la RECONSTRUCCIÓN del 'indoeuropeo', con el tiempo se tornaron más modestas, aunque la metodología, por otra parte, se ha enriquecido. Así, Shields (1992: 121-24) defiende la idea, ampliamente aceptada, de que las primeras flexiones nacieron de elementos ENCLÍTICOS, y en lo que a la afecta a la FONOLOGÍA las nuevas teorías tuvieron el efecto beneficioso de eliminar del inventario de FONEMAS del 'indoeuropeo' lo que no eran sino ALÓFONOS (Bernabé, 1988: 357-9). Por ejemplo, de las 25 vocales, 20 oclusivas, etc., propuestas por Brugmann en 1904 se pasó a las 9 vocales y 12 oclusivas de Lehmann en 1954. *Cf* genealogía, familia de lenguas.

**INDUCCIÓN.** Véase en MÉTODO CIENTÍFICO-INDUCTIVO y en EXPERIMENTOS INDUCTIVOS.

**INESIVO.** Es el CASO MORFOLÓGICO, esto es, la forma flexiva (*-ssä* en finés), que indica la estancia dentro de un lugar cerrado.

**INFERENCIA, INFERENCIAL.** ① Se llama **inferencia** (Yus Ramos, en prensa a) al proceso mental por el que dos participantes en una CONVERSACIÓN evalúan las INTENCIONES de los demás, en las que basan sus respuestas. Sperber y Wilson (1986a: 68) definen la 'inferencia' como el proceso por el que una suposición es aceptada como verdadera o probablemente verdadera, según la fuerza de la verdad o de la probable verdad de otras suposiciones; en su análisis se decantan por la inferencia no demostrativa, ya que no hay ningún modelo que explique las operaciones cognitivas de la mente que desembocan en una 'inferencia' correcta. En la **inferencia demostrativa** la verdad de las premisas garantiza la verdad de las conclusiones; en la **inferencia no demostrativa** (*cf* incertidumbre), la verdad de las premisas sólo hace que las verdad de las conclusiones sea probable.

② También se llama **inferencia** a la información deducida en un intercambio de expresiones lingüísticas o CONVERSACIÓN. Además del SIGNIFICADO DENOTATIVO, cualquier ENUNCIADO puede transportar CONNOTACIONES y, sobre todo, información adicional generada por el CONTEXTO en el que se produzca el enunciado, esto es 'inferencias'. Por ejemplo, el enunciado «¡Qué calor hace!» puede ser interpretado por un interlocutor que se encuentre cerca de una ventana como «Por favor, abre la ventana».

En la COMUNICACIÓN hay dos clases de significados, los denotativos o referenciales, aparte de las connotaciones, y los **inferenciales**. Las IMPLICATURAS son 'inferencias' contextuales. *Cf* significado discursivo, relevancia.

**INFIJO.** ① Un 'infijo' es una AFIJO que se inserta en el interior de la RAÍZ O BASE léxica. Por ejemplo, de conformidad con Malkiel (1993: 86) o Matthews (1980: 135), en los verbos latinos *rumpo* (rompo), *fingo* (doy forma) o *relinquo* (abandono) hay un infijo nasal */N/*, característico de los tiempos imperfectivos, que rompe la continuidad de la raíz *rup-*, *fig-*, *reliqu-*: *ru-m-po, fi-n-go, reli-n-quo*. La condición de 'infijo' de ese elemento nasal se pone de relieve al comparar estas formas, *rumpo, fingo, relinquo*, pertenecientes al presente, con las correspondientes a un tiempo perfectivo en el que la raíz aparece continua, sin ningún 'infijo' que la escinda: *rupi* (rompí), *figi* (di forma), *reliqui* (abandoné).

② También se utiliza 'infijo' con un sentido equivalente a INTERFIJO.

**INFINITIVO.** El término 'infinitivo' designa una clase de FORMAS NO PERSONALES del verbo, en concreto las del tipo *beber, cantar* (**infinitivo simple**), *haber cantado, haber bebido* (**infinitivo compuesto**). El 'infinitivo' se ha venido caracterizando en las gramáticas del español como un elemento verbal híbrido, pues posee tantos rasgos propios del verbo como también características que lo aproximan al sustantivo. Como verbo, puede, por ejemplo, llevar complementos propios del sintagma verbal (OBJETO DIRECTO, OBJETO PREPOSICIONAL): «*Tener* un marido rico es una gran ayuda para la vida social», «*Obligar* a los visitantes a *pagar* la entrada no es una buena táctica».

Pero, según suele destacarse en las gramáticas del español, también comparte ciertas características con el sustantivo porque, en primer lugar, forma estructuras oracionales que aparecen en las funciones sintácticas propias del sintagma nominal. Esto es, forma ORACIONES SUSTANTIVAS que pueden asumir la función de sujeto («Es agradable *viajar en otoño*»), objeto directo («Lamento *haber fallado en esta ocasión*»), objeto preposicional («Lo obligo a *tomar una decisión*), complemento del nombre («El deseo *de agradar a sus superiores* le hacía olvidarse de sus amigos»). En segundo lugar, como señala Hernanz Carbó (1982: 470 y sigs.), puede, asimismo, formar parte de secuencias como «el *sonar* de los truenos», «el duro *herir* de los cascos en la piedra», «ese *eternizarse* de lo fugaz», en las que «se explotan al máximo las posibilidades nominales de dicha forma no personal».

**INFL.** INFL, o también I, es la ABREVIATURA de la palabra *inflexión* (en inglés, *inflection* o *inflexion*). En los textos españoles se utilizan, con el mismo valor, tanto INFL o I como FLEX o F, abreviaturas estas últimas de la palabra flexión.

**INFLEXIÓN.** ① Equivale a METAFONÍA.

② Equivale a FLEXIÓN.

**INFORMACIÓN.** En lingüística la 'información' se puede definir en forma de DATOS, noticias, conocimientos, etc.; en cambio, en teoría de la COMUNICACIÓN es la proposición que reduce la incertidumbre inicial. En PRAGMÁTICA la información del enunciado y su ordenación es importante. Para que exista un discurso debe haber PROGRESIVIDAD, es decir, aportación constante de 'información', que con frecuencia llega por medio de las técnicas de ILUSTRACIÓN.

Pero en el análisis de los enunciados no sólo importa la cantidad de información sino también su ordenación dentro de ellos. Utilizando metodología binaria, desde el punto de vista de la INFORMACIÓN contenida en los mismos, existen varias DICOTOMÍAS, como 'dado' y NUEVO, TEMA y REMA, FOCO y PRESUPOSICIÓN, TÓPICO y COMENTARIO. En la primera dicotomía, **dado**, también llamada **información dada**, alude a la información ya conocida o la que se puede recuperar fácilmente con la ayuda de cualquiera de los tres bloques del CONTEXTO. En cambio, la **información nueva** se refiere a conceptos, ideas y pensamientos que no han sido suministrados previamente en el texto. Este tipo de análisis no presenta complicaciones en una gran mayoría de enunciados porque lo nuevo viene indicado por el orden o por el TONEMA que marca el ÉNFASIS del GRUPO TONAL. *Cf* estructura informativa, tonicidad.

**INFORMANTE.** Véase en HABLANTE NATIVO y en MUESTRA.

**INFRAGLÓTICO.** ① Se aplica el adjetivo'infraglótico' para aludir a los ÓRGANOS y a las CAVIDADES situados debajo de la LARINGE, en donde se encuentra la GLOTIS.

② Es el RASGO INHERENTE que forma parte de la OPOSICIÓN BINARIA INTERRUPTO/INFRAGLOTAL.

**INFRASONIDO.** Véase en UMBRAL DE LA AUDICIÓN.

**INGRESIVO.** ① Véase en EGRESIVO, implosivo, inyectivo.

② Véase en ASPECTO INGRESIVO y ASPECTO INCOATIVO.

**INHERENTE.** Véase en RASGO INHERENTE y en BARRERA INHERENTE.

**INICIADOR.** Véase en ÓRGANOS DE FONACIÓN.

**INMANENTISMO LINGÜÍSTICO.** El ESTRUCTURALISMO se basa en un 'inmanentismo lingüístico', según el cual las CATEGORÍAS lingüísticas son DISCRETAS, entendiendo este término en el sentido de discontinuo, separado, dividido, es decir, que los límites de las categorías lingüísticas están claramente marcados con relación a otras categorías, en función del VALOR de sus diversos elementos, y que tienen sentido dentro del SISTEMA que es el lenguaje, sin apelar en absoluto al CONTEXTO o factores extralingüísticos (*cf* pragmática, sociolingüística).

**INNATISMO.** Véase en ADQUISICIÓN DEL LENGUAJE y en UNIVERSALES LINGÜÍSTICOS.

**INSPIRACIÓN.** Véase en ESPIRACIÓN.

**INSTANTÁNEO.** Véase en OCLUSIVA.

**INSTRUMENTAL.** ① Es el PAPEL SEMÁNTICO asignado a la expresión nominal que, en una predicación, alude al objeto inanimado utilizado como medio para realizar una acción. Tal es, por ejemplo, el papel de *un palo de golf* en «El señor marqués destrozó el rosal con *un palo de golf*». *Cf* ablativo.

② En algunas lenguas flexivas es el CASO MORFOLÓGICO, esto es, la forma flexiva, con el que se expresa el papel semántico antes aludido.

**INTEGRADO.** Véase en ACOMODACIÓN.

**INTENCIÓN, INTENCIONALIDAD.** La **intención** es un elemento clave en todos los planos de la ELOCUCIÓN, tanto en el del SIGNIFICANTE como el del SIGNIFICADO. Por ejemplo, el ACENTO es un esfuerzo marcado por la 'intención' y, por esa razón, se le llama ESFUERZO INTENCIONAL. En el PARADIGMA DE LA PRAGMÁTICA se utiliza la palabra **intencionalidad**, término no recogido en muchos diccionarios por ser innecesario —con 'intención' basta—, para aludir a ciertos aspectos significativos de los ENUNCIADOS y de la COMUNICACIÓN. Normalmente se entiende por 'intencionalidad' la no neutralidad del texto y, como tal, es una de las CONDICIONES DE TEXTUALIDAD. En todos los textos se nota algún sesgo; no hay texto o enunciado imparcial o *inocente*, dado que cualquier REPETICIÓN O ELIPSIS textual, cualquier ordenación temática, adjetivación, adverbialización, etc., es portadora de una intención textual. El emisor de un texto o enunciado, ya en una CONVERSACIÓN ya en una NARRACIÓN, DESCRIPCIÓN O EXPOSICIÓN normalmente suele dar INFORMACIÓN, de forma intencionada, que sirve para crear una ESCALA evaluadora de hechos o conductas o para activar la que ya posee el receptor, lo que se llama PRESUPOSICIÓN PRAGMÁTICA del CONTEXTO. Pero, con tácticas exclusivas del sistema lingüístico, el emisor también puede influir claramente en los efectos del mensaje. Entre estas tácticas sobresalen la repetición y la elipsis antes citada, la NOMINALIZACIÓN, la MODALIDAD, la PASIVIZACIÓN, la TEMATIZACIÓN («Las palabras se las lleva el viento»), los DISJUNTOS, etc.

**INTENSIDAD, INTENSO.** ① En FONÉTICA ARTICULATORIA se llama 'intensidad' al mayor grado de energía que, de forma intencionada, se da a una SÍLABA o cualquier sonido dentro de la CADENA ORAL. Por tanto, la INTENCIÓN es la esencia de la 'intensidad' articulatoria, la cual está relacionada con la AMPLITUD de la FONÉTICA ACÚSTICA y la PERCEPTIBILIDAD de la FONÉTICA AUDITIVA. *Cf* acento de intensidad.

② En FONÉTICA ACÚSTICA la 'intensidad física' (Martínez Celdrán, 1983: 38), que corresponde a la AMPLITUD, se define como la energía sonora que pasa en una unidad de tiempo a través de 1 $cm^2$ colocado perpendicularmente a la dirección del movimiento de la vibración propia.

③ En FONÉTICA AUDITIVA también se conoce con el nombre de 'intensidad' o **intensidad perceptiva** a lo que más apropiadamente debe llamarse PERCEPTIBILIDAD.

**INTENSIÓN.** ① Para su significado en FONÉTICA véase en TENSIÓN.

② Para su significado en SEMÁNTICA véase EXTENSIÓN.

**INTERACCIÓN COMUNICATIVA O HUMANA.** De acuerdo con la sugerencia de Hymes (1972), la 'interacción comunicativa' está constituida por tres planos de análisis: (a) las SITUACIONES DE HABLA, (b) los ACONTECIMIENTOS DE HABLA, y (c) los ACTOS DE HABLA. También se la llama **interacción humana**, aunque este término es mucho más amplio porque puede abarcar igualmente conceptos como la interacción sexual, la económica, etc. *Cf* acontecimiento de habla, relevancia, actividad comunicativa, etnografía de la comunicación, comunidad de habla, acto de habla, acto no verbal, acto verbal, relevancia.

**INTERCAMBIO DE TURNOS.** Véase TURNO.

**INTERDENTAL.** Se aplica este adjetivo a la ARTICULACIÓN en la que el ÁPICE de la LENGUA se coloca entre los incisivos superiores e inferiores, articulación que también recibe el nombre de linguointerdental. *Cf* fricativas [linguo]interdentales.

**INTERDEPENDENCIA.** En las GRAMÁTICAS que adoptan la terminología procedente de la GLOSEMÁTICA, la 'interdependencia' designa una de las clases generales de relación gramatical, opuesta a la DETERMINACIÓN[4] y a la CONSTELACIÓN; alude, en concreto, a la relación que se establece entre dos CONSTANTES, esto es, dos elementos que se implican mutuamente y que son ambos necesarios para que exista la estructura en la que se integran. Cierta concepción de la relación sujeto-predicado puede servir para ilustrar en qué consiste la 'interdependencia.' Hay gramáticas que afirman que toda oración se compone, en última instancia, de sujeto y predicado; si así se admite, la relación sujeto-predicado sería un caso de interdependencia; ambas funciones se implican mutuamente: no podría haber un sujeto si no lo es de un predicado, ni podría haber predicado sin su sujeto correspondiente. Además, las dos funciones serían necesarias para que existiera la estructura en la que se integran: la oración.

**INTERDICCIÓN LINGÜÍSTICA.** Véase en TABÚ.

**INTERFAZ.** Véase NIVEL DE INTERFAZ.

**INTERFERENCIA.** La 'interferencia' consiste fundamentalmente en la utilización en una lengua de elementos léxicos, morfológicos, sintácticos y/o pragmáticos específicos de otra lengua distinta. Se la llama también **transferencia negativa**, ya que la **transferencia positiva** es la influencia facilitadora de la lengua primera para el aprendizaje de la segunda lengua.

El concepto de 'interferencia' es fundamental en el aprendizaje de lenguas extranjeras (*cf* análisis de contrastes y análisis de errores) y es un UNIVERSAL de la TRADUCCIÓN (Toury, G., 1995), más frecuente en textos técnicos que en los literarios o generales. Suele adoptar dos formas básicas: la de frecuencia y la sustitutiva. La **interferencia de frecuencia** consiste en usar elementos que sí existen en la lengua meta, pero que no se utilizan con tanta regularidad como en la lengua original (por ejemplo, la pasiva en español y en inglés). La **interferencia sustitutiva** consiste en utilizar elementos inexistentes o que habitualmente se consideran incorrectos en la lengua terminal (ANGLICISMOS como *software*; FALSOS AMIGOS como la palabra inglesa *actual*, que significa *real*, etc.). La 'interferencia' no tiene por qué ser negativa en traducción, ya que, utilizada de forma consciente, constituye un útil mecanismo para lograr incrementar el ambiente 'extranjero' que suele adornar a un texto traducido si se desea que siga reflejando su origen cultural, tal como sucede típicamente en la conservación de los NOMBRES PROPIOS. Además, en los textos de carácter técnico constituye con frecuencia un elemento necesario, si se desea cumplir las convenciones expresivas y terminológicas de sus destinatarios más habituales.

**INTERFIJO.** Un 'interfijo' es un AFIJO, de valor gramatical controvertido, que en algunas palabras derivadas aparece intercalado entre la BASE y otro afijo, básicamente un sufijo, identificado como productivo en los procesos de DERIVACIÓN. Por ejemplo, las palabras *polvareda, humareda*, derivadas de *humo* y *polvo*, presentan un 'interfijo' *-ar-*, un segmento introducido entre la base *hum-, polv-* y el sufijo derivativo *-eda*, el mismo que aparece, por ejemplo, en *alameda, arboleda, rosaleda, pineda*. Uno de los aspectos que convierten a los 'interfijos' en unidades de estatus controvertido es el hecho de que parezcan elementos con contenido gramatical nulo o, cuando menos, difícil de precisar. Para Malkiel, los 'interfijos' son «definibles semánticamentes como componentes vacíos» (1993: 86), y es, precisamente, su consideración como elementos sin contenido lo que induce, por ejemplo, a Martínez Celdrán (1978) a rechazar la condición de MORFEMAS para los 'interfijos'. En cambio, según, por ejemplo, Portolés Lázaro (1993: 340 y sigs.), el 'interfijo' es un morfema «ya que cumple la condición de ser una unidad mínima reconocible en el análisis gramatical» y, además, sí lo considera portador de contenido, aunque admite que ese contenido es generalmente difuso, menos definido que el de un sufijo o prefijo, de modo que «en la mayor parte de las ocasiones únicamente podemos percibir un impreciso sema que se confunde con el del sufijo».

**INTERJECCIÓN.** Se denominan 'interjecciones' ciertas frases (*¡vaya!, ¡porras!, ¡cielos!*) o ciertas unidades carentes de sentido ( *¡eh!, ¡ah!*) que forman por sí solas un enunciado y expresan una emoción o una reacción de tipo afectivo.

**INTERLENGUAJE.** Un término, y un concepto, que ha tenido éxito en las teorías mentalistas (*cf* conductismo, análisis de errores) del APRENDIZAJE de las lenguas, propias del GENERATIVISMO, es el de 'interlenguaje' o 'interlengua', el cual se define (Jesner, U., 1966: 117) como el lenguaje del que aprende lenguas. En realidad, el 'interlenguaje', término acuñado por Selinker (1972), es un constructo teórico que subyace a los intentos de los investigadores de ADQUISICIÓN/APRENDIZAJE de segundas lenguas para identificar las etapas por las que pasan los estudiantes de una segunda lengua en su camino hacia la competencia total. Se le considera como un proceso natural que consta de una serie de etapas, dentro del *continuum* que constituye el aprendizaje, en las que el estudiante alcanza cada vez niveles de competencia mayor (con sus estrategias, sin excluir errores, que cada vez serán menores). Dicho con otras palabras, todos los 'interlenguajes' son transitorios y son sustituidos por otros, en los que el dominio de las estrategias lingüísticas y comunicativas es más completo. El papel del profesor en esta hipótesis de aprendizaje es el de facilitador de los diversos 'interlenguajes' (*cf* Corder, 1981).

**INTERLOCUCIÓN, INTERLOCUTOR.** Véase en COMPETENCIA COMUNICATIVA.

**INTERORDINACIÓN.** Con el término 'interordinación' se hace referencia a una relación de INTERDEPENDENCIA cuando este concepto se aplica al ámbito de la sintaxis.

Según Rojo (1978: 107), el empleo del término 'interordinación', en lugar de «interdependencia», para aludir a una relación entre unidades del dominio sintáctico permite mantener el parelelismo con COORDINACIÓN y SUBORDINACIÓN en el plano terminológico.

**INTERPRETACIÓN, INTERPRETACIÓN TEXTUAL.** Dentro del PARADIGMA DE LA PRAGMÁTICA, la 'interpretación' del SIGNIFICADO de los ENUNCIADOS constituye uno de los núcleos centrales de cualquiera de sus TEORÍAS. En esta 'interpretación' es básico determinar la parte del mismo que corresponde a lo CODIFICADO por el sistema de la LENGUA, es decir, al TEXTO, y la parte que corresponde a lo INFERENCIAL gracias al CONTEXTO (Escandell Vidal, 1995a: 31 y sigs.).

Se llama 'interpretación textual' (*cf* comprensión) al proceso mediante el que se le asigna un SIGNIFICADO a un enunciado. La 'interpretación' de los ENUNCIADOS, de la que se sabe muy poco (Stubbs, M., 1983: 84), no se puede enmarcar fácilmente en una TEORÍA del lenguaje ni siquiera en una teoría de la COMUNICACIÓN, ya que no existe un mecanismo que permita asignar 'interpretaciones' semánticas a los enunciados. Más bien habría que encuadrarla en una teoría general de la COGNICIÓN, dado que los conocimientos y las ideas que poseemos no los adquirimos todos por medio del lenguaje, sino a través de los distintos sistemas perceptivos. Entendida como estrategia cognitiva, la 'interpretación' se puede configurar como constituida por dos etapas, dentro de un modelo de razonamiento lógico: (a) el establecimiento de INFERENCIAS creativas, y (b) la generación de expectativas.

A la primera etapa también se la llama movimiento ascendente (*bottom-up*), y a la segunda movimiento descendente (*top-down*). Mediante el movimiento ascendente el receptor construye, con todos los datos léxicos, sintácticos, etc., el TÓPICO discursivo como *hipótesis interpretativa*, la cual intenta, por una parte, imponer una regla de coherencia interpretativa y, por otra, integrar lo que ha dicho el emisor con lo que el receptor conoce o, en su caso, con lo que se ha dicho con anterioridad en el discurso. Dicho con otras palabras, el receptor se esfuerza en construir la COHERENCIA textual intentando descubrir (a) el TÓPICO o tema discursivo, (b) el ACTO DE HABLA que el emisor ha transmitido, (c) el SIGNIFICADO ORACIONAL, y (d) el SIGNIFICADO DISCURSIVO.

La segunda fase, la «descendente», consiste en la creación de *expectativas* semánticas sobre los significados que pueden surgir a continuación. Así, cuando alguien pregunta «¿Son caras esas flores?», el que contesta, en el contexto de una floristería, por ejemplo, ha entendido que el acto de habla es «solicitar información», y el tópico o tema discursivo es «el precio de las flores». Tras haber interpretado que se trata de «solicitud de información» y al contestar «No, sólo tres mil pesetas», está utilizando (a) un acto de habla (dar información), (b) un tema discursivo (el precio de la flores), y (b) un significado proposicional (cuestan tres mil pesetas) y, a la vez, está abriendo *expectativas* significativas, siempre de carácter provisional, las cuales consisten en proyectar, o anticipar, el significado del resto del texto. En realidad, el receptor está constantemente anticipándose a lo que el emisor le dirá a continuación; va como una jugada por delante del emisor dentro del proceso de *negociación* del significado y, al tiempo que se anticipa, descarta hipótesis tomadas con anterioridad. Y en el mismo sentido actúa el emisor: anticipándose a lo que el receptor inferirá, corrige su propio mensaje basándose en la retroalimentación recibida del receptor. Pero, como es de suponer, la anticipación es completamente provisional. Esta constante *provisionalidad* a que están sometidas todas las hipótesis del receptor, tanto las de INFERENCIA como las de *expectativa*, es una de las características más destacadas de todo el proceso interpretativo, que produce un efecto de gran movilidad de proposiciones, porque ninguna queda definitivamente fijada para el resto de la interpretación del discurso, dado que la información adicional que llegue, ya proposicional, ya pragmática (verbal o no verbal), puede hacer que desaparezcan proposiciones antes aceptadas.

Entre las causas generadoras de las *expectativas* sobresalen dos: (a) la misma incompletez proposicional de los enunciados, puesto que cuando decimos algo siempre dejamos mucho más sin decir, o sea, *no expresamos lingüísticamente* todo lo que realmente queremos decir ; y (b) la máxima de RELEVANCIA del PRINCIPIO DE COOPERACIÓN formulado por Grice, mediante el cual el que interpreta asume, ciñéndose a dicho principio, que cualquier enunciado es *pertinente* al anterior, a los conocimientos compartidos y al contexto.

Y cuando el emisor envía un enunciado cuyo significado el receptor no puede integrar en su circuito cognoscitivo, porque no sólo no coincide, sino que más bien choca, con las expectativas por él generadas, utilizará algún enunciado de REPARACIÓN del discurso (entendido en el sentido de negociación del significado): «No le comprendo; se refiere Vd. a...».

**INTERROGATIVA, INTERROGATIVA INDIRECTA.** Véase ORACIÓN INTERROGATIVA.

**INTERRUPCIÓN.** Véase en SUPERPOSICIÓN.

**INTERRUPTO.** Véase en CONTINUO[2].

**INTRADIEGÉTICO.** Véase en DIEGÉTICO.

**INTRANSITIVO.** Véase ORACION INTRANSITIVA y VERBO INTRANSITIVO.

**INTRATEXTUALIDAD.** Existe 'intratextualidad' en un MENSAJE cuando el TEXTO del mismo incorpora otro texto por medio de una cita o de cualquier recurso de ILUSTRACIÓN.

**INTUICIÓN, INTUICIÓN LINGÜÍSTICA.** La 'intuición' ha sido siempre uno de los instrumentos con que ha contado el lingüista en su análisis de los distintos NIVELES y CATEGORÍAS del lenguaje. En ESTILÍSTICA, sin intuición poco se podría hacer para descubrir la relaciones que existen entre efectos estilísticos y elementos lingüísticos, tanto en la ESTILÍSTICA DE LA DESVIACIÓN, COMO DE LA EXPRESIÓN O DE LA ELECCIÓN.

Pero ha sido Chomsky (1961; 1965: 20) el que ha elevado el rango de la intuición en la investigación lingüística. Para él, el objeto de estudio de la lingüística son las 'intuiciones lingüísticas' del hablante-oyente nativo ideal y, consecuentemente, ha puesto de relieve muchas veces el hecho de que el lingüista cuenta con una abundante cantidad de incuestionables 'datos' lingüísticos referidos a la intuición de ese hablante-oyente nativo que, en ocasiones, aunque no necesariamente siempre, puede ser el mismo lingüista. Desconocer o despreciar estos datos sería, en palabras de Chomsky (1965: 195), condenar el estudio no sólo de las lenguas sino el de la ciencia lingüística a la más completa esterilidad. A estos DATOS se les da el nombre de **datos introspectivos** o **datos putativos**. Levin (1963), a estos efectos, afirma que uno de los rasgos característicos de la práctica lingüística actual es la constante insistencia en que se expliquen, con descripciones o formulaciones, las 'intuiciones lingüísticas' que todo hablante tiene sobre su propia lengua. Consecuentemente, los datos primarios con que cuentan el gramático que describe una lengua y el teórico del lenguaje son sus juicios intuitivos e introspectivos.

Todo esto choca con lo que dice Popper (Ringen, J., 1977: 145-60) sobre los datos de la investigación científica: para él son enunciados que aseveren que un acontecimiento OBSERVABLE ocurrió en un determinado lugar y tiempo. Consecuentemente, la utilización de las 'intuiciones lingüísticas' como datos no cuenta con una aceptación generalizada. Toda o casi toda la controversia que han suscitado estos 'datos putativos' se centra en su débil validez y fiabilidad, debido a que tanto los juicios que el hablante emita sobre sus propios 'datos', como los que hagan los especialistas a quienes se consulte corren el riesgo de un posible sesgo. Está fuera de duda la utilidad de las 'intuiciones lingüísticas' en la investigación lingüística, porque gracias a ellas la lingüística ha podido descubrir problemas que antes no se habían planteado, pero depender exclusivamente de ellas puede ser peligroso, pues de todos es sabido que, al examinar durante un cierto tiempo un conjunto de ejemplos, el juicio queda obnubilado y, necesariamente, las opiniones y reacciones del lingüista sobre sus propios datos serán parciales, por lo que la fiabilidad y la validez de las mismas son muy cuestionables. Labov (1972) estima que no es serio que los lingüistas sean los autores de las TEORÍAS y de los datos, a la vez.

**INVARIABLE.** Véase en VARIABLE.

**INVARIANCIA, INVARIANTE.** La **invariancia** es un principio (junto a la BIUNICIDAD y la LINEALIDAD) propio de la FONÉMICA, o FONOLOGÍA del ESTRUCTURALISMO NORTEAMERICANO de los años cuarenta, mediante el cual los rasgos fonéticos de un fonema se realizan siempre que éste se manifieste en el discurso. Sin embargo, este principio fue abandonado con la llegada del GENERATIVISMO (Robins, 1974: 222) por su rigidez. La GLOSEMÁTICA distingue entre **invariantes** y VARIANTES. El fonema es una unidad 'invariante' que en la cadena hablada tiene distintas manifestaciones, REALIZACIONES, o variantes.

**INVENTARIO.** Véase en CORPUS y en LINGÜÍSTICA DE CORPUS.

**INVERSIÓN.** Véase en METÁTESIS.

**INVESTIGACIÓN LINGÜÍSTICA.** La 'investigación lingüística' (*cf* falsabilidad), que con frecuencia se llama ANÁLISIS LINGÜÍSTICO, está determinada por, al menos, cinco factores:

(a) El PARADIGMA.

(b) El *método* o conjunto de principios metodológicos generales del paradigma en el que nos movemos, por ejemplo, la OBSERVACIÓN y la DESCRIPCIÓN, la construcción de TEORÍAS y de MODELOS en el GENERATIVISMO, etc.

(c) El *objeto* que se investiga, en este caso el LENGUAJE, cuyo concepto dependerá del paradigma.

(d) Las *metas* o fines que se pretenden alcanzar (descubrir y describir algunos atributos, rasgos, componentes, etc., de una lengua, formalizar las intuiciones lingüísticas, etc.).

(e) La *finalidad* o propósito de la investigación, esto es, los beneficios o ventajas que se obtendrán desde el punto de vista del conocimiento.

**INYECTIVAS.** Las 'inyectivas' son consonantes OCLUSIVAS NO ESPIRADAS, es decir, oclusivas realizadas con un MECANISMO DE FONACIÓN glotal ingresivo. En su articulación (Martínez Celdrán, 1984: 178), la LARINGE desciende y el enrarecimiento del aire, que se halla en la BOCA, provoca que entre bruscamente aire exterior. Por tanto, siempre existe una doble oclusión, debiendo estar una de ellas forzomente en la glotis. A veces, por influencia de la lingüística inglesa, se les llama también **implosivas**, aunque este término debería reservarse para la primera fase de la OCLUSIÓN. *Cf* eyectivas.

**IRONÍA.** Véase en PARADOJA.

**IRREAL.** Véase en ORACIÓN CONDICIONAL.

**IRREGULAR.** Véase CONJUGACIÓN.

**ISLA.** En GRAMÁTICA GENERATIVA se da el nombre de 'isla' a determinados tipos de construcción —por ejemplo, el SINTAGMA NOMINAL COMPLEJO: «D. Luis confirmó *el hecho de que había cobrado comisiones*»— cuyo rasgo común es que los constituyentes que las integran no pueden ser objeto de determinados procesos sintácticos; por ejemplo, no pueden ser sacados de su interior mediante una operación de desplazamiento o movimiento. «**Comisiones* D. Luis confirmó *el hecho de que había cobrado*» es un enunciado anómalo, porque el sintagma nominal «*comisiones*» es un elemento del sintagma nominal complejo *«el hecho de que había cobrado comisiones»* que ha sido extraído de éste y desplazado a posición inicial de oración. *Cf* constricción de la isla qu.

**ISOCRONÍA, ISOSILABICIDAD.** En FONÉTICA ARTICULATORIA se llama 'isocronía' a la tendencia que se tiene en ciertas lenguas, por ejemplo el inglés, a dejar el mismo lapso de tiempo entre dos sílabas tónicas, con independencia del número de sílabas ÁTONAS que haya entre ellas (*cf* pie). De acuerdo con esta teoría, en los siguientes enunciados habría 'isocronía': «John said his foot's bad», «John said his footman is bad», «John said his footballer is bad». O dicho con otras palabras, el hablante nativo del inglés habrá tendido a dejar el mismo tiempo entre *John, said, foot's* (*footman, footballer*) y *bad*, a pesar de que entre ellas haya dos, tres o más sílabas átonas o ninguna. La cuestión de la 'isocronía' es controvertida, aunque es muy importante dentro de los estudios del RITMO. No todos los lingüistas están dispuestos a aceptar la 'isocronía' total de una lengua, en este caso el inglés, pero la gran mayoría reconocen la tendencia isocrónica. En cambio, se llama **isosilabicidad** a la tendencia que tienen algunas lenguas, como el español o el vietnamita, a asignar el mismo tiempo a cada una de las sílabas.

**ISOFONÍA.** La 'isofonía o **repetición isofónica** consiste en la repetición de fonemas segmentales o prosódicos en un texto para producir, al menos, tres resultados: (a) el sinfónico u orquestal, por su efecto musical; (b) el ICÓNICO, por sus sugerencias pictóricas o representativas; y (c) el AFECTIVO, por la respuesta emotiva que puede crear en el receptor. Desde la antigüedad clásica se poseen detallados catálogos de los mecanismo de repetición fónica, tanto la segmental (rima, ALITERACIÓN, etc.) como la prosódica (ritmo, pies, etc.). *Cf* isotopía[1].

**ISOGLOSA.** Véase en GEOGRAFÍA LINGÜÍSTICA.

**ISOMORFISMO.** El concepto de 'isomorfismo' (Lewandoswki, 1982: 195-96), nacido del álgebra moderna, es básico en los estudios de epistemología, los de teoría de la CULTURA y los de la ciencia. **Isomorfismo** (*cf* anisomorfismo) quiere decir simetría o paralelismo entre dos sistemas (*cf* asimetría). De esta forma, se dice que dos sistemas (*M* y *M'*) son **isomórficos** cuando, por tener la misma estructura, existe una reproducción inversamente inequívoca de *M* respecto a *M'* (*cf* biunicidad). Llevado a un punto extremo en lingüística, implica el paralelismo completo entre los planos del contenido y de la expresión, esto es, semejanza estructural entre el sistema fonológico y el semántico, con lo que debería ser posible SEGMENTAR el SIGNIFICADO (*cf* análisis sémico) del mismo modo en que se segmenta el SIGNIFICANTE (*cf* análisis fonológico). De acuerdo con Martinet (1971: 28), con este principio se va más allá de la idea de Saussure del SIGNIFICANTE y del SIGNIFICADO como unidades inseparables y constituyentes del SIGNO. Lyons aplica este término a la equivalencia entre la estructura semántica de dos lenguas en el sentido entendido por Sapir (1921), Whorf (1956), etc. (*cf* cultura). Así, los CAMPOS SEMÁNTICOS de dos lenguas son 'isomórficos' cuando tienen el mismo número de expresiones y esas expresiones tienen las mismas RELACIONES entre sí.

**ISOSILABICIDAD.** Véase en SINCRONÍA.

**ISOSEMIA.** Consiste en la REPETICIÓN de un SEMA O RASGO SEMÁNTICO en un texto, sin que ésta tenga que manifestarse necesariamente en el mismo en forma de UNIDAD LÉXICA. La categoría que se repite es un SEMA, el cual puede estar lexicalizado, en cuyo caso su localización no plantea problemas. Pero muchas veces el sema no está lexicalizado; por ejemplo, en el enunciado «Los pescadores lanzaban las redes en los bancos...» hay 'isosemia' del SEMA *pez* en *pescador*, *red* y *banco*. Los fines principales de la 'isosemia' son cuatro: (a) la NEXUACIÓN SUBYACENTE (Ramón Trives, E., 1982: 191); (b) la creación de TEMAS ESTILÍSTICOS; (c) la DESAMBIGUACIÓN; y sobre todo (d) la TOPICALIZACIÓN o activación de un significado proposicional. Por ejemplo, al iniciar el enunciado «El banco estaba muy lleno. Los pescadores rebosaban de alegría. Habían llegado los buenos tiempos...», los DESTINATARIOS del mismo pueden activar varias expectativas significativas, las cuales son provisionales y responden, en parte, a las polisemias que se puedan presentar (en este caso la de *banco*), hasta que la aparición de un sema fuerce al destinatario a una elección más definitiva, cuando se haya emitido todo el enunciado. Si se continúa con «Las redes apenas soportaban el peso de los peces...» se ha podido fijar el tema gracias a isotopía de *pez*, es decir, a la repetición de ese sema que existe en «pescador», «banco», «red». En cambio, el TÓPICO habría sido otro distinto si el texto hubiera seguido de esta manera: «El cajero dio a cada uno medio millón por el buen trabajo de la temporada». *Cf* isotopía[1].

**ISOTAXIA.** Es la repetición de una estructura sintáctica en un texto para colaborar en su COHESIÓN y COHERENCIA («Para él...., para ella...», « Con el dinero de la casa, con la herencia, con el préstamo...»), además de producir EFECTOS ESTILÍSTICOS de RITMO, de realce AFECTIVO o intelectual, de insistencia, casi siempre deseados. *Cf* enunciados paralelísticos y correlativos, isotopía[1].

**ISOTOPÍA.** Este término, acuñado por Greimas en 1967, y utilizado, entre otros, por Rastier (1972), Klinkenberg (Jean-Marie, 1973), etc., ha pasado a ser un término clásico de la SEMÁNTICA y de la lingüística textual.

① En un sentido general (Rastier, 1972), se entiende por 'isotopía' la repetición de un elemento fónico, sintáctico o semántico dentro de un texto. Consecuentemente, las 'isotopías' pueden ISOFONÍAS, ISOTAXIAS e ISOSEMIAS, según que la repetición sea de un elemento fónico, sintáctico o semántico.

② En un sentido más concreto, que es el primero que le dio Greimas, el término 'isotopía' coincide con el de ISOSEMIA. *Cf* repetición, cohesión, cadena nominativa.

**ISOVERBAL.** Véase en ACTO NO VERBAL.

**ITERACIÓN, ITERATIVO.** ① Véase en PERÍFRASIS ITERATIVA, ADVERBIO ITERATIVO, ASPECTO ITERATIVO.

② A veces equivale a FRECUENTATIVO.

# J

**Jácara.** Véase en ARGOT.

**Jerarquía.** En la INVESTIGACIÓN LINGÜÍSTICA se emplea con frecuencia el término 'jerarquía', con el sentido de orden de prioridad. En el lenguaje, por ser un SISTEMA, todo esta estructurado, es decir, sujeto a un orden **jerárquico** o de prelación en todas las CATEGORÍAS de todos los NIVELES, UNIDADES, CONSTITUYENTES y COMPONENTES. A estos efectos, el término **estructuración jerárquica o estructuración configuracional** se aplica a cualquier modelo lingüístico en el que cada constituyente o componente conste de otros constituyentes o componentes inferiores que se puedan representar con cualquier DIAGRAMA ARBÓREO descendente.

El INMANENTISMO LINGÜÍSTICO del estructuralismo se basa en el principio de la organización **jerárquica** de los distintos niveles, estructuras, unidades, constituyentes y componentes del lenguaje. Investigar en lingüística consiste, entre otras cosas, en descubrir las leyes y las reglas de la **jerarquización** mediante la cual las estructuras parciales inferiores derivan de la estructuración superior, y están contenidas en ésta. Por ejemplo, en morfosintaxis la oración está formada por sintagmas; éstos por palabras, las cuales, a su vez, están constituidas por morfemas. Y lo mismo se puede decir del ANÁLISIS SÉMICO: el SEMEMA está constituido por unidades inferiores, los SEMAS, y dentro de éstos existe una 'jerarquización', por ejemplo, el sema [animado] es jerárquicamente superior a [humano], etc. Los DIAGRAMAS ARBÓREOS, las CAJAS, etc., son representaciones gráficas de esta jerarquización.

En la lingüística moderna, el ESTRUCTURALISMO, dada su tendencia a la TAXONOMIZACIÓN del lenguaje, fue el primero que utilizó la palabra 'jerarquía', término que es hoy utilizado por el GENERATIVISMO (por ejemplo, siempre hay una jerarquización en la aplicación de las REGLAS), por la PRAGMÁTICA (por ejemplo, la ACTIVIDAD COMUNICATIVA está guiada por REGLAS y por MÁXIMAS basadas en una compleja ordenación jerarquizada) o por cualquier otro PARADIGMA o escuela (JERARQUÍA DE ANIMACIÓN, JERARQUÍA DE FUNCIONES SEMÁNTICAS, etc.).

**Jerarquía de animación.** Se llama 'jerarquía de animación' o **escala de animación** a la ordenación jerárquica de tipos de expresiones nominales según el mayor o menor grado de **animación**, o capacidad para actuar sobre otras entidades, que las lenguas otorguen a las entidades a las que normalmente aluden estas expresiones. Tomando como base la ordenación propuesta por Moreno Cabrera (1991: 174), por ejemplo, la 'jerarquía de animación' puede tener la siguiente forma: pronombres personales de 1.ª y 2.ª persona > pronombres personales de 3.ª persona > nombres propios humanos > sintagmas nominales humanos > otros sintagmas nominales animados > sintagmas nominales inanimados, siendo el signo > representativo de *más* o *mayor* 'jerarquía de animacidad'.

Esta ordenación, normalmente combinada con otros parámetros, se considera pertinente para explicar diferentes aspectos gramaticales. Por ejemplo, en español, el uso de la preposición *a* ante OBJETO DIRECTO parece responder, en parte, a esa jerarquía. Los objetos directos que se corresponden con sintagmas nominales humanos —sobre todo si son DEFINIDOS y ESPECÍFICOS— o con expresiones nominales situadas más altas que éstos en la escala de animacidad, llevan normalmente la preposición *a*: «Cariño, ya he bañado *a los niños*», «¿Has visto *a Jaime*?», «Lo llevé *a él*». Sin embargo, el uso de la preposición decrece a medida que se desciende en la escala de animacidad.

**JERARQUÍA DE FUNCIONES SEMÁNTICAS.** Con esta expresión se alude a la hipotética ordenación de las FUNCIONES SEMÁNTICAS O PAPELES SEMÁNTICOS de conformidad con sus posibilidades para realizarse como sujeto o como objeto en una lengua. Según S. Dik (1981), por ejemplo, la 'jeraquía de funciones semánticas' sería como sigue: agente > meta > receptor > beneficiario > instrumental > ubicación > tiempo. Esta jerarquía implica que si un verbo —por ejemplo, «*insultar*»— selecciona un agente y un paciente o meta, es al primero, al agente, al que se le asignará la función sintáctica sujeto, y al segundo, al paciente o meta, la función de objeto: «*Felipe* (agente, sujeto) *insultó a Luis* (meta, objeto)». Sólo en caso de que no exista agente, la función que ocupa el segundo lugar en la ordenación jerárquica pasará a realizarse como sujeto, puesto que se convierte en la función más prominente, la más alta, de la escala.

**JERARQUÍA TEMÁTICA.** Expresión utilizada preferentemente en gramática generativa. Viene a ser equivalente a JERARQUÍA DE FUNCIONES SEMÁNTICAS.

**JERGA.** Siguiendo a Martínez de Sousa (1993: 267), el término 'jerga' tiene tres significados:

① DIALECTO SOCIAL que afecta al LÉXICO empleado por una capa determinada que se considera distinta de las demás y desea no ser comprendida por los no iniciados. Se puede emplear en expresiones como la **jerga de los maleantes** y también la **jerga de los médicos**, abogados, lingüistas, etc. En este sentido equivale a argot, germanía o jerigonza.

② Lengua de mal gusto (*cf* cacofonía) compleja e incomprensible.

③ Conjunto de palabras de ETIMOLOGÍA oscura o difícil de hallar, que se introduce en la CONVERSACIÓN de todos los grupos sociales por broma O IRONÍA, por ejemplo, *dolorosa* por factura, *lechuga* por billete de mil pesetas, *un kilo* por *un millón* de pesetas, etc.

**JERINGOZA.** Véase en ARGOT.

**JEROGLÍFICO.** Se llama **escritura jeroglífica** a la usada por los egipcios y otros pueblos antiguos, principalmente en los monumentos, en la que, por regla general, no se representan las palabras con signos fonéticos o alfabéticos, sino el significado de las palabras con figuras o símbolos, y un **jeroglífico** es cada uno de los caracteres o figuras usados en este género de escritura (DRAE). En realidad, la escritura jeroglífica consta de tres grupos de símbolos: los **ideogramas** (*cf* logogramas), que representan objetos, los **fonogramas**, que representan sonidos, y los **determinantes**, que sin tener valor fonético sirven de guía u orientación al lector.

**JUEGO DE ALTERNANCIAS.** Véase en ALTERNANCIA DE TURNOS.

**JUEGO DE PALABRAS.** Véase en RETRUÉCANO y en ELIPSIS.

**JUNTURA.** La cuestión del análisis y la representación de la transición entre los FONEMAS de una CADENA HABLADA, en concreto lo que se conoce en la FONOLOGÍA europea con el nombre de FUNCIÓN DEMARCATIVA, se resuelve en el ESTRUCTURALISMO

NORTEAMERICANO con un fonema que se llama **juntura** o **sutura** (***juncture phoneme***). Puede haber dos clases de 'juntura': la abierta y la cerrada. Por ejemplo, la secuencia de fonemas de las palabras inglesas *nitrate* (nitrato) y *night rate* (*tarifa nocturna*) es la misma (/'naɪtreɪt/), pero la segunda tiene una **juntura abierta**, que se representa con el signo (+), es decir /'naɪt+reɪt/, y se materializa normalmente con una breve PAUSA. En el caso de /'natreɪt/ se habla de **juntura cerrada**. Pero, de acuerdo con esta teoría norteamericana, la breve pausa, que puede existir o no, no es realmente lo indicativo. Lo que especialmente tiene valor es el condicionamiento ALOFÓNICO al que la 'juntura' obliga. Por ejemplo, el grupo /tr/ en /'naɪt+reɪt/ y en /'naɪt+reɪt/ son distintos. La /r/ de /tr/ en *nitrate* está parcialmente DESONORIZADA ([tr̥]) por ir detrás de una 't' aspirada [t$^h$]. Lo mismo se puede decir de las secuencias *The next train* y *The next rain*, con /r/ parcialmente desonorizada ([tr̥]) en el primer caso. En las secuencias *It's still Monday* y *It's till Monday* (o en *A great abbey* y *A grey tabby*) la 'juntura' se percibe por la 't' aspirada [t$^h$] de *till y de tabby* (*cf* señales demarcativas afonemáticas en FUNCIÓN DISTINTIVA). De todas formas, como afirma Quilis (1993: 377 y sigs.), el fenómeno de la 'juntura' en la lingüística norteamericana tiene fluctuaciones en cuanto al propio concepto, sus límites y la forma de materialización de la misma en la CADENA HABLADA.

# K

**KENTUM.** Véase en GENEALOGÍA y en INDOEUROPEO.

**KINÉSICA.** La 'kinésica', junto con la PARALINGÜÍSTICA y la PROXÉMICA, estudia los ACTOS NO VERBALES, los cuales, a su vez, pueden ser ISOVERBALES, INDICIALES y META-COMUNICATIVOS. Para Guillén Nieto (1995: 214) es un sistema de comunicación no-verbal (y no-vocálico) en virtud del cual los hablantes no permanecen como estatuas inertes en los procesos de interacción verbal, porque disponen de un amplio y rico repertorio de expresiones faciales, direcciones y movimientos de la mirada, así como de gestos manuales y corporales, etc., con que acompañar, realzar e ilustrar la emisión de sus enunciados verbales.

Poyatos (1994: 186) la define como el estudio sistemático de los movimientos corporales y posiciones resultantes o alternantes de base psicomuscular, conscientes o inconscientes, somatogénicos o aprendidos, de percepción visual, auditiva, táctil o cinestésica (individual o conjuntamente), que, aislados o combinados con las coestructuras verbales y paralingüísticas y con los demás sistemas somáticos y objetuales, poseen un valor comunicativo intencionado o no. Fue el antropólogo norteamericano Birdwhistell (1952 y 1970) el fundador de la 'kinésica'. En sus trabajos de investigación, de marcada impronta estructuralista, se demuestra que cada cultura selecciona un número limitado de expresiones faciales, gestos y movimientos corporales del gran potencial existente; por ejemplo, en la kinésica norteamericana se han catalogado treinta y dos.

La 'kinésica', al igual que el PARALENGUAJE, es un sistema de comunicación aprendido, que cumple unas **funciones discursivas** bien definidas, entre las que sobresalen las siguientes: (a) marcar, de manera consciente o inconsciente, la sucesión gramatical de las palabras, en especial mediante los movimientos descritos por la cara, los ojos, y las manos; (b) resaltar algún aspecto semántico del mensaje discursivo; (c) señalar a alguna persona, animal, objeto o acción presente en el contexto referencial; (d) ilustrar objetos, modos de actuar, estados de ánimo, reacciones emocionales, etc.; (e) ofrecer pistas significativas acerca de la actitud e intención comunicativa de los sujetos en los procesos de interacción, por medio de los asentimientos con la cabeza, los movimientos de cejas, la mirada, los gestos producidos por las manos y los brazos, etc.; (f) contradecir el significado de los enunciados verbales; y finalmente (g) sustituir significativamente a todo un enunciado verbal o sólo a una parte del mismo (Guillén Nieto, 1995: 217). *Cf* canal semiótico, claves conversacionales.

# L

**'L' VELAR O HUECA.** Véase en LATERALES.

**LABIAL.** En FONÉTICA ARTICULATORIA son 'labiales' las consonantes en cuyo PUNTO DE ARTICULACIÓN intervienen los labios. En español, las 'labiales' pueden ser BILABIALES y LABIODENTALES. Dubois distingue, además, las labiopatalales y las labiovelares. Las **labiopalatales** son articulaciones complejas, ARTICULACIONES DOBLES (coarticulación), que combinan un estrechamiento del CANAL VOCAL, a la altura del PALADAR duro, con un REDONDEAMIENTO de los LABIOS, como la vocal palatal labializada [y] de la palabra francesa *salut* o la *e* cerrada LABIALIZADA [œ] de la palabra francesa *peu*. Las **labiovelares** son articulaciones complejas, articulaciones dobles, que combinan un estrechamiento o una oclusión a la altura del velo del paladar, con un redondeamiento de los labios, como las VOCALES VELARES, o la semiconsonante [w] de la palabra *hueso*.

**LABIALIZACIÓN, LABIALIZADO.** ① El adjetivo **labializado** se aplica, en principio, a las VOCALES en cuya formación los LABIOS están REDONDEADOS O ABOCINADOS; es decir, en estos casos, la 'labialización' es una propiedad o atributo de una CLASE de vocales. En la mayoría de las lenguas románicas, como el español, las vocales posteriores o velares ([o], [u]) se REALIZAN normalmente como 'labializadas', las cuales se oponen a las anteriores o palatales ([i], [e], [a]), que son, por lo general, 'no labializadas'. Pero en lenguas, como el francés, que tienen una vocalismo más complejo, existen dos series de vocales anteriores, unas 'no labializadas' ([i], [e], [ɛ]) y otras 'labializadas' ([y], [Ø], [œ]).

② Como ARTICULACIÓN SECUNDARIA, la **labialización** consiste en el ABOCINAMIENTO O REDONDEAMIENTO de los LABIOS que experimenta un SONIDO (el ALÓFONO de cualquier FONEMA), por el contacto con un sonido labial adyacente. Con el redondeamiento o abocinamiento de los labios entra en funcionamiento el RESONADOR LABIAL que le confiere a la ARTICULACIÓN un timbre más GRAVE. El sonido afectado por este resonador suplementario se llama **labializado**, representado en la TRANSCRIPCIÓN FONÉTICA con el signo [ ̫ ], colocado debajo del FONEMA correspondiente, o debajo del mismo [l̫], como le ocurre a la *l* española de la palabra española *lunar* [l̫u'nar]. Esta presencia complementaria confiere a la *l* un timbre más oscuro que el que tiene en palabras como *libro*, *liebre*, etc. Siguiendo a Daniel Jones, en estas circunstancias, no se habla de un fenómeno de 'asimilación' sino de SIMILITUD. En inglés, por ejemplo, el fonema /ʃ/ no es descrito normalmente como labializado; sin embargo, en la palabra *shoe*, el punto de articulación de este fonema sufre un ligero retroceso O VELARIZA-

CIÓN (la [ʃ], que es una consonante anterior o palatal, retrocede al buscar a la [u:], que es posterior), y también una 'labialización', que confiere a dicho fonema un timbre más grave [ˈʃ̫uː]. Desde un punto de vista acústico, la 'velarización' debilita y desciende el segundo FORMANTE (y también el tercero) de la vocal afectada, al contrario de lo que ocurre con la PALATALIZACIÓN. Cuando la 'labialización' va acompañada de VELARIZACIÓN se la llama **labiovelarización** (*cf* labiales).

**LABIODENTAL.** Las 'labiodentales' son consonantes LABIALES, en cuyo PUNTO DE ARTICULACIÓN se produce un contacto del labio inferior (ARTICULADOR MÓVIL) con los incisivos superiores (ARTICULADOR FIJO). Desde un punto de vista acústico, estas consonantes son GRAVES y DIFUSAS, como las demás labiales, siendo el rasgo ESTRIDENTE el identificador de esta CLASE de consonantes. En español, en francés y en inglés las 'labiodentales' son la FRICATIVA LABIODENTAL SORDA y la SONORA [f, v], aunque esta última sólo se manifiesta en algunas variedades del español; en el uso más generalizado del español se emplean, en su lugar, la OCLUSIVA BILABIAL SONORA [b] y la FRICATIVA BILABIAL SONORA [β]. *Cf* fricativas labiodentales.

**LABIOPALATAL.** Es el sonido caracterizado por una articulación BILABIAL y otra PALATAL (dorso del paladar) simultánea; también se le llama **labiodorsal**, y se representa en la TRANSCRIPCIÓN FONÉTICA con el símbolo [ɥ], como en la palabra francesa *huile* [ɥil].

**LABIOS.** En FONÉTICA ARTICULATORIA, los 'labios' intervienen en la realización de varias funciones fónicas, siendo tres las más importantes:

(a) la de ARTICULADORES en la producción de las LABIALES [p, b, m] y de las LABIODENTALES [f, v]. En ambas articulaciones el articulador móvil es el labio inferior, siendo el labio superior el articulador pasivo de las labiales, y los incisivos superiores el de las labiodentales. Del labio inferior también se dice que es lugar O ZONA DE ARTICULACIÓN;

(b) la de activos participantes en la creación de la ABERTURA vocálica; y

(c) la de RESONADOR. En esta última función los 'labios' forman el **resonador** o **cavidad** que, adoptando una forma tubular, actúa como prolongación o resonador suplementario del RESONADOR BUCAL, con lo que el TIMBRE se hace más GRAVE. En este caso el sonido resultante se dice LABIALIZADO.

Los 'labios' se clasifican, de acuerdo con la posición que adopten, en:

(1) cerrados, para producir las OCLUSIVAS BILABIALES ([p], [b] [m]);

(2) juntos, para producir fricción; el alófono [β] del fonema español /b/ que aparece en palabras como *sabe, lobo*, etc., se pronuncia con los labios en esta posición;

(3) extendidos o estirados; en esta posición los labios están tensos y entre ellos hay una abertura estrecha, como cuando decimos con énfasis la palabra española *sí*;

(4) relajados; esta posición, conocida con el nombre de **labios neutros**, es la que adoptan para la pronunciación de la *e* española en palabras como *ven*, *ten*, etc.

(5) abiertos es la posición que adoptan cuando pronunciación la *a* española;

(6) ABOCINADOS; en esta posición los labios, sin perder la condición de abiertos, tienden a redondearse; se encuentran en palabras inglesas como watch /ˈwɒʧ/, dog /ˈdɒg/, etc.

(7) REDONDEADOS, es la posición que adoptan al pronunciar con tensión palabras españolas como *salud*, *último*, etc.

A las posiciones (6) y (7) también se las llama 'labializadas'. *Cf* abocinamiento, protracción.

**LABIOVELAR.** Véase en SEMIVOCALES.

**LABIOVELARIZACIÓN.** Véase en LABIALIZACIÓN.

**LAÍSMO.** 'Laísmo' es el fenómeno consistente en el uso de la forma pronominal átona *la*, procedente del CASO ACUSATIVO latino y característica del OBJETO DIRECTO femenino («No *la* he reconocido», «Ya *la* he avisado»), para aludir a un objeto indirecto femenino, en sustitución de la forma de DATIVO *le*, propia de esta función: «A Elena *la* dije que no tenía razón», «¿*La* has hablado ya de lo mío?». Estos dos últimos enunciados constituyen ejemplos de 'laísmo' puesto que se ha utilizado la forma de acusativo *la* en lugar de la forma átona *le* que requeriría el objeto indirecto: «A Elena *le* dije que no tenía razón», «¿*Le* has hablado ya de lo mío?». El 'laísmo' es un fenómeno de mucha menor extensión que el LEÍSMO. Parece circunscribirse al habla de ciertas zonas de Castilla y León. En cualquier caso, la Real Academia Española (1973: 424) proscribe, como impropio del «uso culto y literario», este empleo antietimológico de la forma *la* para el objeto indirecto femenino.

**LARGO.** Véase en CANTIDAD SILÁBICA.

**LARINGAL.** En lingüística se reserva el término 'laringal' para la hipótesis propuesta por Saussure referida a la RECONSTRUCCIÓN de la FONOLOGÍA preindoeuropea. De acuerdo con esta hipótesis, comprobada especialmente gracias al hitita (Lewandowski, 1982: 348), las vocales largas de la serie APOFÓNICA *ā* - *ō* - *a* surgieron por contracccción de la vocal radical breve con un sonido que no ha dejado huellas en las lenguas transmitidas históricamente. La desaparición de la vocal radical en posición átona llevaba a la vocalización de la SONANTE o 'laringal'.

**LARINGE, LARÍNGEO, LARINGALIZACIÓN.** Desde un punto de vista fisiológico, la 'laringe' o CAVIDAD LARÍNGEA es un órgano tubular que, por su parte superior, comunica con la faringe o CAVIDAD FARÍNGEA y, por la inferior, con la tráquea. Está formada por cuatro cartílagos (Gili Gaya, 1975: 66): el **cricoides**, en su parte inferior y en contacto con la tráquea; el **tiroides**, que tiene forma de quilla y produce en la parte anterior del cuello la prominencia llamada *nuez* o *bocado de Adán* y los dos **aritenoides**, que situados en la parte posterior de la 'laringe, se mueven según las contracciones de los músculos insertos en ellos. Internamente está formada por dos pares de membranas o cartílagos llamados CUERDAS VOCALES, que son los órganos realmente importantes para la FONACIÓN. La 'laringe' acaba en la **epiglotis**, que es una válvula cuya función es cerrar la 'laringe' en la deglución.

Analizada desde la FONÉTICA ARTICULATORIA, a la 'laringe' se la llama también VIBRADOR u ÓRGANO FONADOR, ya que es el órgano central del SISTEMA FONATORIO, que junto con el SISTEMA RESPIRATORIO y el SISTEMA ARTICULATORIO, constituyen el sistema general de la producción de sonidos. La 'laringe' es la fuente de SONIDO PERIÓDICO (Solé Sabater, 1993: 2). Con independencia de la indudable influencia que tiene la BOCA O RESONADOR BUCAL en la formación de los SONIDOS, por ser el centro del sistema articulatorio, dado que allí se encuentran los ARTICULADORES, es en la 'laringe'en donde el SONIDO adquiere la mayor parte de sus cualidades físicas, a saber, el TONO, la INTENSIDAD y el TIMBRE (Gili Gaya, 1975: 67).

Pero la 'laringe' también puede ser un ÓRGANO DE ARTICULACIÓN para la producción de articulaciones glotales, glóticas o **laríngeas**, como el CIERRE GLÓTICO o la FRICATIVA LARÍNGEA. Algunos llaman 'oclusiva laringal' al **cierre glótico**, aunque otros defienden que el término LARINGAL debería reservarse para la LINGÜÍSTICA COMPARADA. Se llama, no obstante, **laringalización** a la articulación secundaria consistente en la relajación de las cuerdas vocales en su VIBRACIÓN y en un estrechamiento de los aritenoides, los cuales también participan en la vibración. Desde un punto de vista acústico el sonido procedente de la 'laringe' se torna más GRAVE por BEMOLIZACIÓN. *Cf* abducción.

**LATENTE.** Véase en ESTRUCTURA LATENTE.

**Lateral.** ① Analizadas desde la FONÉTICA ARTICULATORIA, las 'laterales' son CONSONANTES orales y SONORAS, cuyo MODO DE ARTICULACIÓN es de contacto, es decir, podrían considerarse FRICATIVAS, ya que el aire sale sin interrupción a través de un estrechamiento formado en uno o en ambos lados de la lengua, la cual está apoyada en la parte anterior del paladar duro. Son orales porque, durante la emisión de la columna de aire sonoro, el velo del paladar está adherido a la pared faríngea, con lo que todo el aire sale por la boca. Sin embargo, se las considera especiales, ya que éstas, junto con las NASALES y las VIBRANTES, constituyen el grupo de las CONSONANTES LÍQUIDAS. También se les da el nombre de **consonantes constrictivas** por la estrechez articulatoria que adoptan los órganos articulatorios al pronunciarlas.

El grado de ABERTURA de las laterales es 3 (Gili Gaya, 1975: 101). En el ESPECTROGRAMA aparecen ciertos formantes análogos a los vocálicos (Quilis, 1993: 321) debido a que las laterales se caracterizan por su continuidad. Las laterales más importantes son las siguientes:

(a) **Lateral [linguo]alveolar** ([l]). La 'lateral [linguo]alveolar' se produce cuando el aire sale a través de un estrechamiento formado en uno o en ambos lados de la lengua, la cual está apoyada en la parte anterior del paladar duro. En la pronunciación del fonema español /l/, Quilis (1992: 310) distingue los siguientes ALÓFONOS o realizaciones: **lateral linguoalveolar** (*ala, alférez, pulpo*), **lateral linguointerdental** (*dulce, calzar*), **lateral linguodental** (*toldo*), **lateral linguopalatalizada** (*el chico, el hielo*).

El fonema inglés /l/ tiene dos alófonos o realizaciones: la **palatal o clara** [l] y la **velar u oscura** [ɫ]. Para la ARTICULACIÓN de la primera, la lengua adopta una posición casi plana o ligeramente curvada hacia arriba y, apoyándose en la región palatoalveolar, forma un estrechamiento a cada lado de la cavidad bucal, por donde sale el aire; se pronuncia cuando precede a vocales o a la semivocal /j/. Para la articulación de la segunda, la **oscura** [ɫ], también llamada **«l» hueca**, la lengua adopta una forma cóncava; este alófono se presenta cuando vaya detrás de una vocal (*all*), cuando siga a una consonante (*filter*) o cuando sea silábica (*cf* en líquidas).

(b) **lateral linguopalatal** [ʎ]. La articulación de este fonema se realiza del siguiente modo (Quilis, 1993: 311): el ápice y los rebordes de la lengua se adhieren a los alveolos y a las encías superiores, respectivamente, así como algo de la parte central de la lengua a la parte central del paladar, dejando un pequeño canal que, desde el centro se dirige hacia la parte lateral de la lengua y del paladar por donde escapa el aire fonadoree

② En la FONOLOGÍA GENERATIVA (Chomsky y Halle, 1968), 'lateral-no lateral' es uno de los RASGOS DISTINTIVOS[2] de CAVIDAD, agrupado junto con NASAL bajo el epígrafe de APERTURAS SECUNDARIAS. Los sonidos 'laterales', representados con [+lateral], son definidos articulatoriamente como los que se producen cuando uno o los lados de la lengua están bajados, mientras que el centro o el otro lado se adhiere al paladar o a los alvéolos. En las no laterales el aire pasa por el centro de la boca. Existen sonidos laterales vocálicos (las LÍQUIDAS) que tienen un paso menos obstruido, y no vocálicos (Martínez Celdrán, 1983: 237-8). *Cf* anterior, coronal, rasgos relacionados con el cuerpo de la lengua, redondeado, cubierto, glotal.

**Lateralización.** ① En FONÉTICA se aplica el término **lateralización**, como ARTICULACIÓN SECUNDARIA, a los sonidos cuya articulación queda afectada por el estrechamiento formado en uno o en ambos lados de la lengua por la influencia de una LATERAL que le preceda o le siga. Este fenómeno se percibe principalmente en las VOCALES, y también en la llamada EXPLOSIÓN LATERAL de las OCLUSIVAS en palabras como *little*, *bottle*, etc.

② En NEUROLINGÜÍSTICA se llama 'lateralización' a la localización de las funciones, por ejemplo, las de carácter verbal del cerebro, en un lado del cuerpo con preferencia sobre el otro. El lenguaje está 'latelarizado' en el hemisferio izquierdo de la capa cortical del cerebro, que es el que domina el 99 % de sus principales funciones, especialmente las sintácticas y las de producción y expresión de los que son diestros. De acuerdo con Brocca, el 60 % de los zurdos y de los ambidiestros también tienen lateralizado el lenguaje en el hemisferio izquierdo, aunque un 30 % lo tengan en el hemisferio derecho. De acuerdo con Wray (1993), el hemisferio izquierdo enseña al derecho —durante la fase de ADQUISICIÓN DEL LENGUAJE— las pautas lingüísticas corrientes, las que operan como si fueren FRASES HECHAS en los espacios léxicos. De esta forma, mientras el hemisferio derecho hace los trabajos rutinarios, el izquierdo queda libre para el examen de las ideas transportadas por el lenguaje y también para el análisis de las estructuras complicadas o inesperadas.

**LATIVO.** Es el CASO MORFOLÓGICO, esto es, la forma flexiva, que en lenguas como el vasco (-era) indican el sitio hacia donde se camina.

**LAXITUD, LAXO.** Véase en TENSO.

**LECTO, LECTAL.** ① Se emplea **lecto** en SOCIOLINGÜÍSTICA para referirse al conjunto de fenómenos lingüísticos que tienen una cierta funcionalidad dentro de una lengua, como los DIALECTOS y los SOCIOLECTOS, y **lectal** para lo relacionado con los 'lectos'.

② También se usa el término 'lecto' para aludir a la VARIEDADES en que se descompone el *continuum* CRIOLLO, esto es, ACROLECTOS, BASILECTOS y MESOLECTOS.

**LEGITIMAR.** En GRAMÁTICA GENERATIVA se utiliza **legitimar** o 'legitimarse' con el sentido específico de hacerse identificable, reconocible, una relación gramatical, al darse determinadas condiciones de buena formación establecidas por algún componente o regla de la gramática. Con el mismo sentido se emplea el verbo **licenciar**. Por ejemplo, según M. L. Hernanz (1988), una secuencia como «*Pedro tranquilo» no puede interpretarse como una relación de predicación, con un sujeto, «Pedro», y un predicado «tranquilo», porque el sujeto debe estar regido y el adjetivo «tranquilo» no tiene capacidad para ello. El sintagma nominal, por tanto, no 'se legitima' como sujeto, no es identificable como tal, al no darse esa condición necesaria. En cambio, en «Pedro está tranquilo», «Pedro» está regido por la flexión verbal y, por consiguiente, 'se legitima', se reconoce como sujeto.

**LEÍSMO.** Se denomina 'leísmo' el fenómeno consistente en la utilización del CLÍTICO *le*, marca propia del OBJETO INDIRECTO en español, para sustituir a un OBJETO DIRECTO o para señalar su *existencia.* «Este detergente ya no *le* quiero», «A su hija *le* conocí hace poco» son enunciados que contienen 'leísmos'. En ambos casos *le* está haciendo referencia a un objeto directo: *este detergente*, *a su hija*. La Real Academia Española (1973) acepta para «el uso culto y literario» el empleo de *le* cuando indica un objeto directo masculino de persona («¿Has visto a José Manuel?», «*Le* vi ayer»), pero no cuando se utiliza para señalar un objeto directo de persona femenino («A su hija *le* conocí hace poco»), o cuando alude a un objeto directo no personal: «Este detergente ya no *le* quiero».

**LEMA, LEMARIO.** En la teoría lexicográfica, el 'lema' es la forma canónica a la que se reduce todo un PARADIGMA flexivo y que se toma como representante de todas las variantes morfológicas de la palabra (Alvar: 1993a). El 'lema', también denominado **entrada, palabra clave** o **voz guía**, es el elemento que encabeza los artículos en los DICCIONARIOS de la lengua. El conjunto de las entradas o 'lemas' de que consta un diccionario se denomina **macroestructura**, **nomenclatura** y, más recientemente, **lemario**. El proceso de reducción morfológica que exige la LEMATIZACIÓN estricta presupone, en el usuario que consulta la obra lexicográfica, un cierto conocimiento de la gramática de su lengua (*cf* Azorín y Martínez: 1994: 95), a veces sobrevalorado por el lexicógrafo, lo que puede constituir un serio obstáculo de cara a la identificación de la entrada en la **nomenclatura** del diccionario por parte del lector, de ahí que, en ocasiones, la lematización se quiebre en favor de la facilidad de manejo del diccionario.

**LEMARIO.** Véase en LEMA.

**LEMATIZACIÓN.** En LEXICOGRAFÍA se denomina 'lematización' el proceso de reducción de las diferentes formas flexivas de una palabra a la forma canónica que se selecciona como LEMA.

**LENGUA.** ① En FONÉTICA ARTICULATORIA la 'lengua' es el órgano más importante de la boca o CAVIDAD ORAL, ya que gracias a sus posiciones (plana, cóncava o convexa) y a sus movimientos hacia arriba y hacia abajo (eje vertical), y hacia adelante y hacia atrás (eje horizontal) se forman CAVIDADES o RESONADORES, de distintas formas y volúmenes, que son los generadores de los diversos TIMBRES. La 'lengua' se divide en tres partes: ÁPICE, dorso y RAÍZ, que es el extremo posterior, próximo a la faringe; el **dorso**, a su vez, consta de tres partes: PREDORSO, mediodorso y posdorso. A la parte que abarca el ápice y la parte anterior del predorso se le da el nombre de CORONA. De acuerdo con la parte de la lengua que intervenga, la ARTICULACIÓN se llamará **apical**, **dorsal** o **radical**. *Cf* abertura.

② En algunas acepciones, 'lengua' es equivalente a LENGUAJE, entendido como capacidad humana. No obstante, la acepción más corriente es la que es sinónima de IDIOMA, es decir, el instrumento de comunicación de una comunidad.

③ El término 'lengua' forma parte de la DICOTOMÍA **lengua-habla** propia del ESTRUCTURALISMO EUROPEO. Con la DICOTOMÍA 'lengua/habla', Saussure introduce en el *Curso de lingüística general* (1945: 65) un instrumento que permite separar (a) el sistema lingüístico, o 'lengua', esto es, el conjunto de unidades y de reglas del sistema, de (b) la puesta en funcionamiento de dicho sistema o **habla**. Para Saussure, la 'lengua' es la suma de acuñaciones depositadas en cada cerebro, más o menos como un diccionario cuyos ejemplares fueran repartidos entre los individuos; y, en ocasiones, también la caracteriza como *tesoro* (en sentido de TESAURO) de formas existentes en todos los individuos que pertenecen a la misma comunidad lingüística. Es, pues, algo que está en cada uno de ellos, aunque común a todos y situado *fuera de la voluntad* de los depositarios. El 'habla' es la suma de todo lo que la gente dice, y comprende las combinaciones individuales, dependientes de la voluntad de los hablantes y los actos de fonación igualmente voluntarios, necesarios para ejecutar tales combinaciones. La dicotomía 'lengua-habla' ha sido muy fecunda porque ha enriquecido el análisis de fenómenos no estrictamente lingüísticos, como las modas, las comidas, etc., con otra perspectiva, es decir, ha permitido el examen de estos hechos como signos duales que se pueden visualizar con perspectiva de 'lengua' y con perspectiva de 'habla', y ha dado lugar a otras muy similares, como puede ser COMPETENCIA/ACTUACIÓN, como el propio Chomsky reconoce.

**LENGUA ACUSATIVA.** Se identifican como ACUSATIVAS las lenguas que, en contraste con las denominadas ERGATIVAS, no establecen distinciones formales entre el SUJETO de un verbo TRANSITIVO («*Los abuelos* recogieron al niño») y el sujeto de un verbo INTRANSITIVO («*Los dos hombres* roncaban ruidosamente«»), pero sí diferencian de ambos, por procedimientos gramaticales, al OBJETO DIRECTO de una construcción transitiva («Los abuelos recogieron *al niño*»). El español, como puede deducirse de los ejemplos anteriores, es una 'lengua acusativa', al igual que el inglés y la mayoría de las lenguas europeas.

**LENGUA AGLUTINANTE, AISLANTE, ANALÍTICA.** Véase en TIPOLOGÍA LINGÜÍSTICA.

**LENGUA COLOQUIAL.** Véase en LENGUA ESTÁNDAR.

**LENGUA COMÚN.** Véase en LENGUA ESTÁNDAR.

**LENGUA CRIOLLA.** Véase en CRIOLLO.

**LENGUA CUANTITATIVA.** Véase en CANTIDAD.

**LENGUA DE PARTIDA, LENGUA DE LLEGADA.** El término LENGUA entra a formar parte de muchos términos compuestos. En TRADUCTOLOGÍA se llama **lengua de partida** o **lengua fuente** a la lengua en la que se ha escrito o emitido el texto que es objeto de la traducción o interpretación; la opuesta es **lengua de llegada** o **lengua objeto**.

**LENGUA ERGATIVA.** Se identifican como 'ergativas' las lenguas que utilizan idénticas marcas formales —el mismo CASO MORFOLÓGICO, o las mismas partículas, o el mismo orden de palabras— para distinguir tanto al participante o ARGUMENTO único de un proceso intransitivo como al participante menos activo de un proceso transitivo. Es decir, no establecen diferencias formales entre los argumentos que en una LENGUA ACUSATIVA, como el español, se realizarían como sujeto de una oración intransitiva y como objeto directo de una construcción transitiva. Pero sí diferencian de ambos, mediante procedimientos gramaticales —caso morfológico, orden, partículas—, al participante más activo de una construcción transitiva, el que, en español, se realizaría como sujeto de la oración transitiva.

El vasco, por ejemplo, es una 'lengua ergativa', una lengua que sigue un patrón similar al anteriormente descrito, según puede observarse en las siguientes oraciones que tomamos de García Miguel (1995b: 53 y sigs.): «*Nere anaia* (mi hermano) etorri da (ha venido)» («Mi hermano ha venido», «*Ni* (yo) etorri naiz (he venido)» («Yo he venido»), «*Nere anaiak* (mi hermano) *ni* (a mí) ikusten nau (ve)» (»Mi hermano me ve a mí»), «*Nik* (yo) *nere anaia* (a mi hermano) ikusten dut (veo)» (Yo veo a mi hermano»).

El participante único o —por utilizar un término más familiar aunque propio de las lenguas acusativas— sujeto del verbo intransitivo «venir» (*nere anaia, ni*) aparece en CASO ABSOLUTIVO, esto es, sin ningún afijo específico, exactamente igual que el objeto directo, el participante menos activo del verbo transitivo «ver»: *nere anaia, ni.* Sin embargo, el sujeto, el participante más activo del verbo «ver», aparece con el sufijo *-k*, propio del denominado CASO ERGATIVO: *nere anaiak, nik.*

**LENGUA ESTÁNDAR.** Se llama lengua estándar, o **lengua común**, a la utilizada como MODELO, por estar normalizada, de acuerdo con las normas prescritas (*cf* prescriptivismo), como correcta. Ésta es la lengua que usan los medios de comunicación, los profesores, los profesionales, etc. Por lo general, el concepto de 'estándar' se aplica sólo al LÉXICO y a la MORFOSINTAXIS, estando excluido del mismo las variedades fonológicas (*cf* acento, dialecto). Dicho con otras palabras, tan 'estándar' es el español hablado con acento andaluz o valenciano como el de Castilla, siempre que el léxico y la sintaxis correspondan a la norma. La lengua estándar tiene variantes, que van desde la **lengua coloquial**, o lengua familiar, hasta la académica o solemne. La primera se caracteriza por el uso de palabras y enunciados que tienen más carga expresiva, AFECTIVA o emotiva. El término **culto** lo mismo puede aplicarse al concepto de 'lengua estándar' que al de registro académico, **formal** o solemne. La 'lengua coloquial' se diferencia del llamado **lenguaje convencional** (Freire: 1989: 49 y sigs.), caracterizado por una fraseología formulística, propia de la función fática del lenguaje (*cf* función del lenguaje), en la que abundan modismos, refranes, saludos, felicitaciones, expresiones EUFEMÍSTICAS («¡Le llegó la hora!») y de autoafirmación («Te lo digo yo», «¿Sabes?», etc.), etc. *Cf* normalización.

**LENGUA FLEXIVA.** Véase en TIPOLOGÍA LINGÜÍSTICA.

**LENGUA FONOLÓGICA.** Se dice que una lengua es fonológica cuando la correspondencia entre FONEMAS y GRAFEMAS es alta. El español y el finés son lenguas muy fonológicas, mientras que el inglés es una lengua poco fonológica.

**LENGUA FUENTE.** Equivale a LENGUA DE PARTIDA.

**LENGUA MADRE, LENGUA MATERNA.** ① En la tipología de FAMILIAS DE LENGUAS recibe el nombre de **lengua madre** aquella de la que han nacido otras en el curso de la historia; el latín es la lengua madre del español. *Cf* protolengua.

② En la teoría de ADQUISICIÓN (Y APRENDIZAJE) DE LENGUAS se distinguen los siguientes términos: **lengua madre** o **lengua materna**, que es la lengua con la que se llevó a cabo la ADQUISICIÓN DEL LENGUAJE de un individuo; **lengua segunda**, que suele ser la oficial administrativa en comunidades plurilingües, utilizada en la educación, en la Administración, etc., y **lengua extranjera**. *Cf* bilingüismo.

**LENGUA OBJETO.** ① Véase en METALENGUAJE.

② Equivale a LENGUA DE LLEGADA.

**LENGUA POLISINTÉTICA.** Véase en TIPOLOGÍA LINGÜÍSTICA.

**LENGUA SEGUNDA.** Véase en LENGUA MADRE.

**LENGUA SINTÉTICA.** Véase en TIPOLOGÍA LINGÜÍSTICA.

**LENGUAJE, LENGUAJE NATURAL.** ① En su acepción más general, el 'lenguaje' es la capacidad que tienen los seres humanos para comunicarse entre sí por medio de SIGNOS LINGÜÍSTICOS, primariamente en el MEDIO oral auditivo y, secundariamente, en el medio visual o en el háptico. También se llama 'lenguaje' a la manifestación de los signos lingüísticos con fines comunicativos.

Visto desde la lógica, al 'lenguaje', por oposición con el llamado LENGUAJE ARTIFICIAL, también se le conoce con el nombre de **lenguaje natural**, o 'lenguaje ordinario', el cual consta de un conjunto finito de SÍMBOLOS —las palabras o SIGNOS LINGÜÍSTICOS— y un número determinado de REGLAS —morfosintaxis— para la formación de oraciones (*cf* universales lingüísticos). Este lenguaje, por sus imprecisiones semánticas y sus deficiencias sintácticas, resulta poco apropiado para las construcciones teóricas de la ciencia o para la expresión de razonamientos complejos, necesitados de unas exactitud que el lenguaje natural u ordinario no posee (Montaner, 1993: 10 y sigs.).

El 'lenguaje' es el objeto propio de análisis y estudio de la lingüística. Saussure afirmó que el punto de vista crea el objeto. Consecuentemente, la concepción que se tenga del 'lenguaje' en la lingüística dependerá del PARADIGMA lingüístico que lo defina (*cf* estructuralismo, generativismo, pragmática). Por ejemplo, para Chomsky (1965) el 'lenguaje' es una serie de enunciados finitos, formados por una serie finita de elementos en CONCATENACIÓN (*cf* conductismo). No obstante, la diversidad de visiones y de aproximaciones no impide que haya una relativa compatibilidad entre ellas, y en la práctica abundan los estudiosos que, aunque centran su investigación en un paradigma básico, adoptan, sin embargo, una visión ecléctica del lenguaje, encontrando complementariedad en vez de incompatibilidad en las aportaciones de los otros paradigmas, adonde acuden para engrandecer y perfeccionar la concepción y las soluciones del problema que es objeto de investigación.

Aparte de ser la capacidad humana, primordialmente oral y audiva que permite la comunicación, el lenguaje se caracteriza por lo siguiente:

(a) Es un sistema marcado por la ARBITRARIEDAD de sus signos.

(b) Es sistemático aunque asimétrico. La sistematicidad del lenguaje se observa en todos sus componentes y subcomponentes que se someten a todo tipo de reglas fonotácticas, morfológicas, sintácticas, etc., lo cual no impide que posea una **asimetría** característica, es decir, lo que se llaman reglas de excepción (*cf* hueco). Por ejemplo, en español se dice la Argentina, pero no *el Méjico.

(c) Gracias a su capacidad creadora es el principio de la CREATIVIDAD.

(d) Está basado en principios psicológicos innatos que permiten la ADQUISICIÓN DEL LENGUAJE (y el APRENDIZAJE DE LENGUAS EXTRANJERAS), además de desarrollar la dimensión racional de las personas, y si no fuera por él todo sería amorfo. En este sentido es un instrumento del pensamiento, como nos advierte Saussure: «Encerrado en sí mismo, el pensamiento es como una nebulosa en la que nada está necesariamente delimitado. No hay ideas preestablecidas, y nada es claro antes de la aparición del lenguaje».

(e) Es significativo, es decir, todas sus unidades transportan un SIGNIFICADO.

(f) Es redundante. Gracias a la REDUNDANCIA se pueden superar los problemas internos (estado de ánimo, actitud o cansancio del receptor) y externos de la comunicación (ruido).

(g) Posee una DOBLE ARTICULACIÓN.

② El término lenguaje se emplea con el significado de LENGUA en todos sus sentidos; así, se dice «Con un lenguaje atropellado, refinado, etc.».

③ Igualmente el término 'lenguaje' forma, con el término MEDIO, la DICOTOMÍA lenguaje-medio (Abercrombie, 1967). *Cf* interlenguaje.

**LENGUAJE APROXIMATIVO.** Véase en CORTESÍA y en GÉNERO².

**LENGUAJE ARTIFICIAL.** Ante las imprecisiones semánticas y las deficiencias sintácticas, propias de LENGUAJE NATURAL, poco apropiado para las construcciones teóricas de la ciencia o para la expresión de razonamientos complejos, necesitados de una exactitud que el lenguaje natural u ordinario no posee, surgen los 'lenguajes artificiales' (Montaner, 1993: 12 y sigs.), los cuales son lenguajes bien definidos que poseen un estructura operativa y eficaz. Desde un punto de vista expresivo, los 'lenguajes artificiales' disponen de un campo muy limitado, ya que sólo sirven para satisfacer las necesidades expresivas de aquellos sectores del conocimiento para los que fueron diseñados. La lógica y la matemática son prototipos de 'lenguaje artificiales'. Un lenguaje artificial consta de los mismos elementos que cualquier otro lenguaje, esto es, SÍMBOLOS y REGLAS sintácticas, con tal de que se cumplan las siguientes condiciones: (a) que los símbolos estén bien definidos; (b) que el conjunto de reglas para la formación de enunciados sea efectivo, es decir, permita saber en cualquier momento si nos encontramos ante una expresión bien formada del lenguaje artificial que se trate; y (c) que el conjunto de reglas operativas permita pasar de unas expresiones a otras construyendo cadenas deductivas rigurosas y exactas.

**LENGUAJE COLOQUIAL.** Véase en LENGUAJE FORMAL.

**LENGUAJE CONVENCIONAL.** Véase en LENGUA ESTÁNDAR.

**LENGUAJE EN USO.** Se llama **lenguaje en uso** o **lenguaje usado** el lenguaje propio de la COMUNICACIÓN, que es analizado por la PRAGMÁTICA, la SOCIOLINGÜÍSTICA, la ETNOGRAFÍA DE LA COMUNICACIÓN, etc. *Cf* uso.

**LENGUAJE FIGURADO.** Véase en FIGURAS DEL LENGUAJE.

**LENGUAJE FORMAL.** ① Se denomina «lenguaje formal» (Montaner, P., 1993: 13 y sigs.) al LENGUAJE ARTIFICIAL que utiliza una tabla de símbolos formales —formas que carecen de significado fijo— y cuyas reglas sintácticas poseen la operatividad y eficacia del cálculo. La lógica y la matemática son lenguajes formales. *Cf* símbolos formales.

② En ESTILÍSTICA se utiliza 'lenguaje formal', solemne o académico, en oposición a **lenguaje coloquial**. *Cf* prosopopeya.

**LENGUAJE NATURAL.** Véase en LENGUAJE.

**LENGUAJE NO VERBAL.** Véase en ACTO NO VERBAL.

**LENGUAJE USADO.** Equivale a LENGUAJE EN USO.

**Lenis, lenición.** ① El término **lenis** equivale a DÉBIL (*cf* fuerte[1]).

② Se llama **lenición** al proceso de RELAJACIÓN de una serie de CONSONANTES SORDAS, por ejemplo /p, t, k/ a otra serie de SONORAS /b, d, g/. En la mayoría de los casos la 'lenición' se consigue por medio de la SONORIZACIÓN.

③ También se llama 'lenición' al proceso mediante el cual las consonantes OCLUSIVAS O AFRICADAS, en algunas lenguas como el italiano, cambian de MODO DE ARTICULACIÓN y se pronunciacian como FRICATIVAS O como ASPIRADAS, por ejemplo, cuando se encuentran en posición intervocálica, como en italiano *casa* /'kasa/ y *la casa* /la 'hasa/.

**Letra.** Véase en GRAFEMA y en ALFABETO.

**Lexema.** ① Dentro del prestigio que durante mucho tiempo tuvo en el ESTRUCTURALISMO la llamada corriente -ÉMICA, se creó, a imagen y semejanza de las unidades mínimas de otros NIVELES de ANÁLISIS LINGÜÍSTICO (MONEMA, PLEREMA, SEMA, etc.), el 'lexema', con el significado de UNIDAD LÉXICA mínima, que no significativa, ya que la unidad mínima significativa era el MONEMA O MORFEMA. De esta manera intentaron evitar los muchos significados que sugiere el término tradicional de PALABRA. En esta primera acepción 'lexema' equivale totalmente a LEXÍA, pudiendo ser, por tanto, lexía/lexema simple, compuesta y compleja.

② En la lingüística inglesa, el término 'lexema' alude a la unidad significativa que subyace, como elemento constante, a las distintas formas flexivas que puede adoptar una palabra. Puede considerarse, por tanto, como la significación que resultaría al despojar a la palabra de todas las modificaciones aportadas por los MORFEMAS que configuran su PARADIGMA flexivo. Así, por ejemplo, según Matthews (1980: 35), *muere, muerto, muriendo, morir*, son formas de un mismo 'lexema,' de una misma unidad significativa que, convencionalmente, se representa como MORIR. Igualmente, podemos decir que *alto, altas, alta*, son palabras flexionadas que aportan distintas modificaciones gramaticales (género, número) a un mismo 'lexema' ALTO, la unidad significativa integrada únicamente por las propiedades comunes que comparten estas palabras concretas: los rasgos semánticos diferenciales (lo que distingue a *alto* de *bajo*, *viejo*, etc.) y el peculiar modo de significar que le confiere su pertenencia a una determinada categoría («adjetivo», en este caso).

El 'lexema' es, pues, una entidad abstracta que no puede identificarse con palabras concretas, puesto que todas conllevan alguna significación gramatical añadida. Así, por ejemplo, la palabra *alto* comporta, además de la significación léxica, los valores gramaticales {masculino} y {singular}. *Morir*, como palabra concreta, lleva asociado el morfema gramatical {infinitivo}. No obstante, cuando se menciona una palabra considerándola únicamente como 'lexema' (tal como se hace, por ejemplo, en las entradas de los diccionarios) suele representarse, convencionalmente, mediante la forma flexiva que se considera más neutra o menos marcada, la que teóricamente conlleva menos modificaciones morfemáticas: el infinitivo (*morir*) si se trata de un verbo, el masculino singular (*alto*) si es un adjetivo, el nominativo singular (*homo*, «hombre») cuando se trata de un sustantivo en una lengua con distinciones de caso.

③ Sin embargo, en la lingüística francesa también ha sido usado el término 'lexema' para referirse a los MONEMAS que transportan el SIGNIFICADO REFERENCIAL. De esta forma, un 'lexema' sería el complementario de un GRAMEMA. La palabra «casas», por ejemplo, constaría del 'lexema' *casa* y del gramema *s*. Son palabras de **base lexemática** los sustantivos, los adjetivos, los verbos y adverbios por contener en su composción un 'lexema', entendido en esta acepción, esto es, con significado referencial.

④ También en la lingüística francesa se ha usado para diferenciar las unidades del LÉXICO, que serían los 'lexemas, de las unidades del VOCABULARIO, que son los VOCABLOS (Muller, 1963: 155-170).

⑤ Se pueden encontrar otros muchos significados de 'lexema', como el de Greimas, para quien el 'lexema' es un conjunto de semas unidos entre sí por relaciones jerárquicas, o el de Schmidt, para quien el lexema es el resultante de la combinación de rasgos fonológicos, rasgos sintácticos y rasgos semánticos.

Se llama **archilexema**, de acuerdo con las ideas de Pottier y de Coseriu, al 'lexema' que posee todos los semas de un CAMPO SEMÁNTICO.

**LEXEMÁTICA, LEXEMÁTICO.** ① Siguiendo a Coseriu (1968: 3-16), se llama 'lexemática' a la parte de la SEMÁNTICA que aborda el estudio de las **relaciones de significación**, también llamadas RELACIONES LÉXICO-SEMÁNTICAS O RELACIONES DE SENTIDO (*cf* Trujillo, 1976).

② Se suele emplear el adjetivo 'lexemático' para aludir a las palabras que contienen un LEXEMA[2]. *Cf* base lexemática.

**LEXÍA, LEXÍA COMPUESTA, LEXÍA COMPLEJA.** En el ANÁLISIS LÉXICO-SEMÁNTICO, algunas escuelas lingüísticas estructuralistas emplearon el término 'lexía' como unidad lexicológica para evitar el término PALABRA. La **lexía** es, por tanto, la unidad de análisis del nivel lexicológico, es decir, la UNIDAD LÉXICA mínima, de la misma forma que el morfema es la unidad morfológica mínima. La lexía es equivalente a LEXEMA[1]. Pottier (1968: 7-25) distingue tres tipos de 'lexias', la simple, la compuesta y la compleja. Los nombres de 'lexía compuesta' y 'lexía compleja' engloban lo que tradicionalmente se ha conocido como palabras compuestas (*cf* composición) y FRASES HECHAS. Emile Benveniste las llama **sinapsias**, Greimas, **paralexemas**, y Martinet **sintemas**.

Las 'lexías compuestas y complejas' (*cf* cliché) son unidades formadas por más de una palabra que cumplen las siguientes condiciones:

(1) Los elementos de estas unidades mantienen una relación sintagmática estable y estricta, lo que permite que se puedan memorizar.

(2) Tienen una presencia y una frecuencia de uso elevadas.

(3) El comportamiento sintáctico de toda la unidad, y su significado, es similar al de una palabra, con la que pueda conmutar. Por ejemplo: *dar la espalda a alguien* por *rechazar*, *estirar la pata* por *morir*, etc. Greimas las define como unidades que han alcanzado un cierto grado de cohesión (por ejemplo, *pomme de terre* en francés), la cual nos permite distinguir estas unidades de los sintagmas; así, en español, *sentido común* sería un 'paralexema', y *sentido inverso* sería un sintagma.

Sin embargo, las 'lexías compuestas' (*dar marcha atrás*, en el sentido de *desdecirse*) y las 'lexías complejas' (*irse por los cerros de Úbeda*) se diferencian entre sí por su construcción sintáctica, por el grado de TRANSPARENCIA semántica (mayor en las 'lexías compuestas'), y porque las 'complejas' están dentro de lo que se llama IDIOMATICIDAD. Desde un punto de vista sintáctico (Nida, 1975: 229), las primeras son ENDOCÉNTRICAS, y las segundas, exocéntricas.

**LEXICALIZACIÓN.** Se llama 'lexicalización' el proceso mediante el cual un sintagma, o incluso una oración, se convierte en un LEXEMA[1] o lexía estable. Es, por tanto, un proceso que favorece al LÉXICO a expensas de la sintaxis (*cf* gramaticalización). La 'lexicalización', como muchos otros procesos lingüísticos, debe considerarse como un CONTINUUM en el que hay formas sintácticas completamente estabilizadas como unidades léxicas y otros que lo están determinadas posiciones. Por ejemplo, el sintagma *en la vida* en posición inicial y enfática se ha lexicado y por tanto es sustituible por una UNIDAD LÉXICA como en el enunciado «¡En la vida (nunca) hago yo eso!». *Cf* verbo auxiliar.

**LÉXICO.** ① El 'léxico' es, junto con la MORFOSINTAXIS, la FONOLOGÍA, etc., uno de los principales NIVELES O COMPONENTES del ANÁLISIS LINGÜÍSTICO. En principio, los términos 'léxico' y **vocabulario** son intercambiables, ya que, como afirma Perrot (1971: 61), el conjunto de palabras de una lengua constituye su 'léxico' o 'vocabulario' (*cf* neología).

No obstante, se suelen hacer algunas matizaciones. Por lo general, se reserva el término 'léxico' para aludir al conjunto de CLASES abiertas portadoras de SIGNIFICADO, mientras que el de 'vocabulario' se aplica a las clases cerradas, puesto que no se puede hacer una descripción lingüística sin que se reduzcan las clases abiertas a clases cerradas. Ésta es la razón por la que se habla con frecuencia del vocabulario de una novela (clase cerrada) o el de un autor (clase cerrada). A este respecto, se puede decir que los término 'léxico' y 'vocabulario' están relacionados respectivamente con la dicotomía saussureana LENGUA-HABLA. El léxico estaría en la LENGUA, en el sistema, mientras que el 'vocabulario' estaría en el HABLA. No obstante, también se oyen enunciados como el «léxico general de una obra» (Mitterand, 1961: 84). En resumen, el 'léxico' es el conjunto de unidades léxicas que en un momento determinado están a disposición de un locutor/receptor, y el 'vocabulario' es la puesta en uso de un determinado número de las mismas por un grupo o un individuo. El 'vocabulario' de una persona, con sus rasgos específicos, sería su IDIOLECTO, y el de un grupo regional, profesional o social, su DIALECTO.

El 'léxico', como CLASE ABIERTA que es, está enriqueciéndose constantemente por medio de la creatividad que el uso imprime al lenguaje. Este enriquecimiento produce tensiones que se manifiestan en vacilaciones, oscilaciones e inestabilidad dentro del propio sistema, especialmente cuando aparece un nuevo término y desplaza a otro o cuando hay mutación de significados. El léxico es sistemático y esta sistematicidad se comprueba en su doble articulación, la vertical o paradigmática y la horizontal o sintagmática. Fruto de la sistematización paradigmática y sintagmática son las distintas clases de CAMPOS SEMÁNTICOS.

② En el ESTRUCTURALISMO NORTEAMERICANO, que evitó el uso del término PALABRA en su ANÁLISIS LINGÜÍSTICO, el léxico es un nivel de segundo orden, como máximo, una lista de irregularidades básicas (Bloomfield, 1965: 274).

③ En algunas de las variantes del PARADIGMA GENERATIVISTA, en especial a partir de la publicación de *The Case for Case* de Fillmore (1968: 1-88), el término 'léxico' se aplica al «conjunto de rasgos semánticos» de la ESTRUCTURA PROFUNDA.

**LEXICOGRAFÍA.** ① Atendiendo a su cometido estrictamente práctico, la 'lexicografía' se ha venido definiendo como el arte o la técnica de componer léxicos O DICCIONARIOS (Casares, 1950; Lázaro Carreter, 1968; DRAE), siendo su contrapartida, en el plano teórico, la LEXICOLOGÍA, disciplina encargada del estudio científico del léxico y, en consecuencia, de los principios que rigen la elaboración de todo tipo de obras lexicográficas (Fernández Sevilla, 1974).

② Actualmente, el término 'lexicografía' designa tanto la técnica científica de componer diccionarios, léxicos, etc., como la disciplina lingüística que proporciona las bases teóricas y metodológicas de la praxis lexicográfica (DRAE, 1884 y 1992; Alvar, 1993a; Azorín, 1994). Hay que señalar que este componente teórico se empieza a fraguar en la década de los sesenta (Quemada, 1990) y tiene su origen en el creciente interés que el diccionario y sus métodos logran despertar en la comunicad lingüística. El diccionario se convierte en objeto de estudio para los lingüistas y, a su vez, los lexicógrafos se acercan a la lingüística para mejorar su práctica lexicográfica. El desarrollo de esta vertiente teórica, que cuenta ya con notables contribuciones dentro de un vasto *corpus* de estudios específicos (Alvar, 1993a; Zgusta, 1988), ha propiciado la aparición de nuevos términos tales como **lexicografía teórica** o **teoría lexicográfica** (Werner, 1982) y, sobre todo, **metalexicografía** (Wiegand, 1984) que intentan diferenciar la práctica lexicográfica en sí, para la que se sigue postulando la tradicional denominación 'lexicografía', de ese componente teórico de más reciente aparición. La 'metalexicografía' comprende, a su vez, cuatro vertientes fundamentales: la historia de la lexicografía, la teoría general de la lexicografía, la investigación sobre el uso del diccionario y la crítica de diccionarios (Wiegand, 1984).

También se ha propuesto recientemente el término DICCIONÁRICA para designar el dominio específico, teórico y práctico, del diccionario (Quemada, 1987).

**LÉXICO-GRAMÁTICA.** Metodología gramatical desarrollada por Michael Gross, cuyo precedente se halla en los trabajos de Zellig S. Harris. Se propone reflejar la gramática de un idioma describiendo, del modo más exhaustivo posible, los rasgos sintácticos de las unidades que integran su léxico. Para ello, cada elemento del léxico debe ser sometido a un análisis que ponga al descubierto los dos tipos de propiedades que, según esta metodología, deben quedar reflejadas en su caracterización:

(1) Su DISTRIBUCIÓN, esto es, con qué elementos puede combinarse. Así, por ejemplo, según el análisis planteado por C. Subirats (1987) en el marco de esta metodología, un verbo como *divertir* presenta, entre otras, las siguientes características relativas a su distribución: puede combinarse con un sujeto [±humano]: «Me divierte *el circo*», «*Luisito* divierte al abuelo con sus chistes». Su objeto, por el contrario, debe ser necesariamente humano o animado: «El circo divierte *a los niños*», «*El circo divierte *a las sillas*». Puede llevar como sujeto una oración sustantiva con el verbo en subjuntivo: «Me divierte *que se ponga esa peluca tan extraña para cenar*».

(2) Sus propiedades transformacionales (*cf* TRANSFORMACIÓN[2]). El mismo verbo *divertir* puede caracterizarse, en lo que concierne a este punto, mediante, entre otras, las siguientes propiedades: las oraciones que forma no pueden convertirse en una construcción pasiva con el verbo *ser*: «*El abuelo es divertido por Luisito». Si lleva como sujeto una oración sustantiva, ésta aparece con el verbo en infinitivo, y no en forma personal, cuando su propio sujeto es correferencial con el objeto de *divertir*: «Me divierte *ponerme esa peluca tan extraña para cenar*».

**LEXICOLOGÍA, LEXICOLOGÍA ESTRUCTURAL, LEXICOLOGÍA MORFOLÓGICA, LEXICOLOGÍA SEMÁNTICA.** La 'lexicología' es la parte de la lingüística que estudia los LEXEMAS O UNIDADES LÉXICAS básicas que constituyen el LÉXICO o el VOCABULARIO de una lengua, términos que, a estos efectos, se consideran sinónimos parciales. Este estudio abarca la formación y el significado de los lexemas, las combinación de estos entre sí, además de la relación de la 'lexicología' con los otros NIVELES del lenguaje, como la MORFOLOGÍA, la FONOLOGÍA y la SINTAXIS.

En principio, la 'lexicología' es fundamentalmente obra del PARADIGMA ESTRUCTURALISTA, dado que es aquí donde estos estudios adquieren su verdadera carta de naturaleza, a pesar de que ni en la antigüedad ni en la Edad Media ni en la Moderna nunca faltaron los estudios 'lexicológicos' sobre la PALABRA, sobre su SIGNIFICADO y sobre su ETIMOLOGÍA o perspectiva histórica, muchos de cuales se hicieron dentro de la LEXICOGRAFÍA. Ésta es la razón por la que también se la llama 'lexicología estructural'. El nacimiento de la 'lexicología', como disciplina independiente, suscita entonces un nuevo replanteamiento de las partes de la lingüística, ya que para algunos especialistas, ciertas partes tradicionalmente abordadas desde la MORFOLOGÍA se incorporan a los estudios de 'lexicología'. Pero el PARADIGMA GENERATIVISTA también ha dedicado un espacio al estudio del léxico en lo que se conoce como LEXICOLOGÍA GENERATIVA.

Dentro de la **lexicología estructural** se distinguen dos perspectivas de estudio: la 'lexicología morfológica' y la 'lexicología semántica'.

La **lexicología morfológica** aborda los aspectos relacionados con los procesos de formación de las unidades léxicas (FLEXIÓN, DERIVACIÓN, COMPOSICIÓN, PARASÍNTESIS, ONOMATOPEYAS y la ABREVIACIÓN), incluyendo en estos recursos a la NEOLOGÍA o rama de la 'lexicología' que estudia los NEOLOGISMOS.

La **lexicología semántica**, también llamada SEMÁNTICA LEXICOLÓGICA, trata de los aspectos semánticos de las unidades léxicas, en especial de las RELACIONES LÉXICO-SEMÁNTICAS. A esta parte de la 'lexicología semántica' se la llama también LEXEMÁTICA. También estudia la 'lexicología semántica' cuestiones tales como los TÉRMINOS COGNADOS, la IDIOMATICIDAD, los MODISMOS, los clichés, la ABREVIACIÓN, las SIGLAS, los préstamos, las onomatopeyas y las formas debidas a la VARIACIÓN ESTILÍSTICA y de REGISTRO (EUFEMISMO, DISFEMISMO), o las VARIACIONES SOCIOLINGÜÍSTICAS.

Los estudios de 'lexicología' son muy relevantes en la lingüística aplicada a la traducción (*cf* traductología) y al APRENDIZAJE DE LENGUAS EXTRANJERAS. *Cf* análisis de contrastes

**LEXICÓN.** El 'lexicón', también llamado **diccionario**, es el componente de la GRAMÁTICA en el que se reflejan las unidades significativas de la lengua, o bien sólo sus unidades específicamente léxicas, así como los rasgos lingüísticos de cada una de ellas que, en función del marco teórico en el que se inscriba, se consideren pertinentes para los objetivos de la gramática. Por ejemplo, según Fernández Lagunilla y Anulla Rebollo (1995: 96), la unidad *romper* puede quedar recogida en el 'lexicón' de una gramática generativa de la siguiente manera:

/ronpér/
[+V -N]
[persona, número, tiempo]
[+____ SN]
(<u>Agente</u>, tema)
<1, 2>

/ronpér/ constituye su representación fónica. [+V –N] indica la categoría a la que pertenece: es un verbo; [persona, número, tiempo] son los rasgos gramaticales con los que, como verbo, puede combinarse. [+____SN] especifica el contexto sintáctico en el que habitualmente aparece: va seguido de un sintagma nominal (*rompió* una ventana/ la taza/ el coche). (<u>Agente</u>, tema) son los papeles semánticos que asigna: «Eduardo (agente) *rompió* la ventana (tema)». <1, 2> indica los argumentos que requiere para formar una predicación.

**LEY FONÉTICA.** El concepto de 'ley fonética' surge en la LINGÜÍSTICA HISTÓRICA del siglo XIX en la explicación de los CAMBIOS FONÉTICOS. La primera 'ley fonética' que se suele mencionar se refiere a las correspondencias fonéticas descubiertas por Jakob Grimm, a quien se considera el verdadero fundador del método histórico. Estas correspondencias fonéticas suelen denominarse **ley de Grimm**, aunque la verdad es que ya Rask las había formulado antes, independientemente (Malmberg, 1967: 9-10). De acuerdo con la 'ley de Grimm', las OCLUSIVAS sordas /p, t, k/ del indoeuropeo, conservadas en el latín y el griego, se convierten en las FRICATIVAS /f, θ, h/ del germánico (por ejemplo, *piscis* → *fish*), y las oclusivas sonoras /b, d, g/ pasan a oclusivas sordas (*decem* → *ten*; *genu* → *knee*), etc. Casi cincuenta años más tarde el lingüista danés Karl Verner formuló la ley fonética suplementaria, la **ley de Verner**, que explica las aparentes excepciones a la ley de Grimm introduciendo el papel del ACENTO. Así, por ejemplo, las oclusivas sordas del indoeuropeo, en posición media, cambian a fricativas sordas, sólo si el acento caía en la vocal precedente. En los demás casos aparece la fricativa sonora. De esta manera, la oclusiva /t/ de *pater* se convierte en /ð/ en la palabra *faðir*, etc.

Para los NEOGRAMÁTICOS, todos los 'cambios fonéticos', como procesos mecánicos, tienen lugar de acuerdo con 'leyes 'que no admiten excepciones en el mismo DIALECTO, las llamadas **leyes ciegas**, y el mismo sonido siempre evolucionará igual. Sin embargo, la ANALOGÍA, junto con los PRÉSTAMOS, constituyen dos fenómenos que sirven para explicar las excepciones a las LEYES FONÉTICAS (Robins, 1975: 179). Las 'leyes fonéticas' de los neogramáticos (Weinrich, 1981: 338-43) fueron calificadas de *brillante sofisma* por Schuchardt en 1928, pero, como el mismo Weinrich afirma, las leyes fonológicas no son una utopía, ya que la imposibilidad de una OBSERVACIÓN universal no es óbice para la formulación de una ley fonológica con pretensiones de universalidad, siempre que esté basada en una rica gama de observaciones y fundamentada en una TEORÍA del lenguaje plausible, ya como ciegas **leyes fonéticas**, ya como tendencias regulares. Las leyes de Grimm y las de Verner son claros exponentes de esta preocupación por el 'cambio fonético'. El primero describió, entre otros, los 'cambios fonéticos' de las OCLUSIVAS sordas /p, t, k/ del indoeuropeo, conservadas en el latín y el griego, en las FRICATIVAS /f, θ, h/ del germánico (por ejemplo, *piscis* → *fish*), el de las oclusivas sonoras /b, d, g/ a oclusivas sordas (*decem* → *ten*; *genu* → *knee*), etc. Cuarenta años más tarde Verner completó las leyes anteriores introduciendo el papel del ACENTO. Así, por ejemplo, las oclusivas sordas del indoeuropeo, en posición media, cambian a fricativas sordas, sólo si el acento caía en la vocal precedente. En los demás casos aparece la fricativa sonora; de esta manera, la oclusiva /t/ de *pater* se convierte en /ð/ en la palabra *faðir*, etc.

**LIBRE.** ① En RECCIÓN Y LIGAMIENTO se dice que un elemento está 'libre' «si no está COINDIZADO con un elemento que lo MANDA-C en una POSICIÓN-A» (Fernández Lagunilla y Anula Rebollo, 1995: 182); es decir, si no está LIGADO. Por ejemplo, el pronominal *la* de la oración «El jefe$_i$ *la*$_j$ odia» está 'libre' porque *el jefe*, el único sintagma nominal que se halla en una posición-A (posición sintáctica correspondiente a un ARGUMENTO), la de sujeto, y mantiene con *la* la relación estructural conocida como MANDO-C, no puede ser el antecedente que determina las propiedades referenciales de *la* (*el jefe* y *la* aluden a distintas personas). Por ello, *el jefe* y *la* no están coindizados: no tienen asignado un mismo índice ($_i$) o ($_j$), como sería el caso si ambas categorías nominales tuviesen un mismo REFERENTE, designasen a la misma persona.

② Véase en MORFEMA LIBRE y SÍLABA LIBRE

**LICENCIAR.** En los estudios gramaticales que siguen el modelo RECCIÓN Y LIGAMIENTO se utiliza 'licenciar' con un sentido equivalente a LEGITIMAR.

**LIGADO.** ① En los términos técnicos habituales en los estudios vinculados al modelo RECCIÓN Y LIGAMIENTO se dice que un elemento esta 'ligado' «si tiene un antecedente coindizado que lo mande-c desde una posición argumental» (Brucart, 1987: 46). Esto es, un elemento como el reflexivo *sí (misma)* en «Elena $_i$ se adora a *sí misma*$_i$» está 'ligado' porque cumple los siguiente requisitos: (1) tiene un ANTECEDENTE, puesto que hay un sintagma nominal, «Elena», del que toma su referencia. (2) Ese antecedente ocupa una posición sintáctica de argumento (POSICIÓN-A o posición argumental), dado que es el sujeto (argumento externo) de *adora*. (3) El sintagma nominal *Elena* y el reflexivo *sí misma* tienen asignado el mismo índice ($_i$) (están, pues, COINDIZADOS), convención indicativa de que estas dos categorías nominales aluden a la misma entidad. (4) Ambas categorías mantienen una determinada relación estructural (conocida como MANDO-C): la categoría O (oración) de la que es constituyente el sintagma nominal *Elena* abarca también al reflexivo *sí misma*:

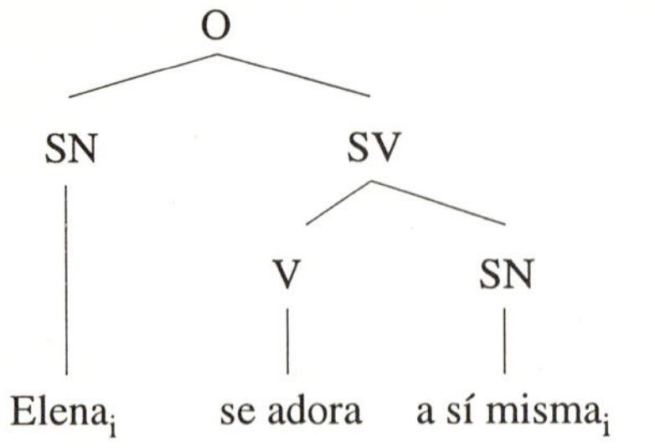


② Véase en MORFEMA LIGADO.

**Ligamiento.** En el modelo gramatical RECCIÓN Y LIGAMIENTO (*cf* teoría del ligamiento) este término alude a la relación que se establece entre dos elementos oracionales (por ejemplo, una ANÁFORA y un sintagma nominal) cuando, en condiciones fijadas por la TEORÍA DEL LIGAMIENTO, la referencia de uno viene determinada por la referencia del otro. En «Señora, *su hija* sólo se quiere *a sí misma*», entre *su hija* y *sí misma* hay una relación de 'ligamiento': la anáfora *sí misma* está 'ligada' por *Ana*, ya que es este sintagma el que establece su referencia.

**Ligamiento-A.** En RECCIÓN Y LIGAMIENTO se identifica como 'ligamiento-A' la relación de ligamiento que tiene lugar cuando el elemento que *liga*, el antecedente que determina la interpretación y la referencia de la categoría LIGADA, se halla en una POSICIÓN-A, una posición sintáctica ocupada por un argumento, como es el caso de la posición de sujeto.

Es, por ejemplo, una relación de 'ligamiento-A' la que se establece en «Federico$_i$ se odia a sí mismo $_i$ por lo que hizo» entre el reflexivo *sí mismo* y el sintagma antecedente «Federico», la categoría nominal que, desde la posición argumental de sujeto, *liga* al reflexivo y le confiere sus propiedades referenciales.

**Ligamiento-A'.** En los estudios que siguen el modelo RECCIÓN Y LIGAMIENTO se identifica como 'ligamiento-A' ' la relación de ligamiento que tiene lugar cuando la categoría que *liga*, la que determina las propiedades referenciales del elemento LIGADO, se halla en una POSICIÓN-A' o posición no argumental. Se considera, por ejemplo, no argumental, no ocupada por un argumento, la posición de COMP en la que se sitúan los elementos-Qu (interrogativos, relativos) desplazados o movidos. Es el caso de la posición sintáctica ocupada por *qué* en la oración «¿*Qué* has visto?», cuya estructura se representa, de forma simplificada, en el siguiente esquema:

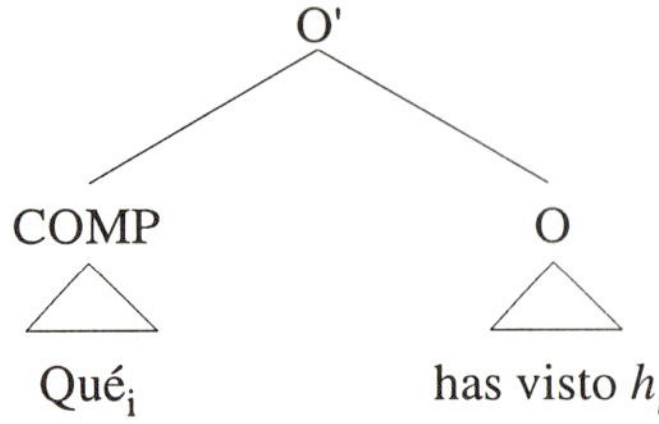


Por tanto, si, según suele plantearse en los estudios gramaticales vinculados a este modelo RECCIÓN Y LIGAMIENTO, el elemento Qu (*qué*) liga, desde esa posición, a la HUELLA (*h*) que queda en el lugar desde el que se ha desplazado, la relación que se establece entre ambos elementos (*Qué* $_i$ *h* $_i$) será un caso de 'ligamiento-A' ', ligamiento desde una posición (la de COMP) no argumental.

**Linealidad.** El SIGNO LINGÜÍSTICO posee dos características: la 'linealidad' del SIGNIFICANTE y la ARBITRARIEDAD, es decir, el signo lingüístico es *lineal* y *arbitrario*. La LINEALIDAD se debe a la naturaleza auditiva del significante que se desarrolla en la dimensión propia del tiempo: la extensión lineal. En cada momento de la CADENA HABLADA sólo existe un acto fónico único, a diferencia de otros sistemas sígnicos, como el del semáfora, en los que los significantes no son lineales sino pluridimensionales. *Cf* iconocidad, geometría de los rasgos.

**Lingüística, lingüística teórica, lingüística pura.** La 'lingüística' es la ciencia del LENGUAJE. En este sentido, el término lenguaje comprende la facultad comunicativa propia de los humanos y las

LENGUAS naturales en las que éste se manifiesta, junto con sus elementos constitutivos, las relaciones entre éstos, y las leyes o reglas de su funcionamiento, de describir y explicar sus formas y funciones como expresión del pensamiento humano y de la comunicación social. Este estudio es llevado a cabo con la precisión y el control propios de la investigación científica, esto es, mediante operaciones que se pueden comunicar, describir y justificar de acuerdo con teorías previamente formuladas, basadas en principios aceptados. Por tanto, la 'lingüística' es, a la vez, una disciplina teórica y empírica, naciendo su EMPIRISMO de la constante referencia a los DATOS (Arens, H., 1976; Robins, R. H., 1980; Sampson, G., 1980). A esta 'lingüística', para diferenciarla de la LINGÜÍSTICA APLICADA, se la llama **lingüística teórica**, y cuando su formulación es más abstracta, es decir, cuando la especulación prima sobre el empirismo, se le da el nombre de **lingüística pura**.

El lugar que ocupa cada una de las ciencias o especialidades dentro de la epistemología general es, con frecuencia, resbaladizo (Greene, J. C., 1974), circunstancia de la que no se escapa la lingüística, disciplina o ciencia que:

(a) Para unos, es una rama de la sociología (Saussure).

(b) Para otros es una especialidad de la psicología (Chomsky). Dentro de esta línea psicologista se encuadra a la 'lingüística' en el seno de las *ciencias de la cognición*, junto con las neurociencias, la inteligencia artificial, la epistemología y, por supuesto, la psicología cognitiva.

(c) Para unos terceros (Jakobson, 1970, por ejemplo) es una subdivisión de la SEMIÓTICA, es decir, el estudio de la COMUNICACIÓN por medio de signos, llamados esta vez SIGNOS COMUNICATIVOS, la cual es, a su vez, otra rama del gran tronco de las ciencias de la comunicación, de la que salen también la antropología (comunicación de personas y sexos), y la economía (comunicación de bienes). En esta última ubicación de la 'lingüística', el 'lenguaje' se convierte en TEXTO O DISCURSO, y el SIGNIFICADO en SIGNIFICADO DISCURSIVO, y cuenta cada vez con mayor aceptación, especialmente desde la consolidación del PARADIGMA DE LA PRAGMÁTICA, sin que las otras hayan perdido predicamento.

(d) Una cuarta posición es la posición ecléctica, que abarca las tres primeras en su conjunto.

Una característica de las dos primeras concepciones es el tratamiento exclusivo del COMPONENTE VERBAL, como puede deducirse de la definición que de la lingüística da Moreno Cabrera (1991: 28): la disciplina que se ocupa de investigar los fenómenos lingüísticos en lo que tienen de común y en lo que tienen de diferente, posibilitando así una teoría general de las lenguas humanas. En la tercera concepción, por ser de carácter comunicativo, merece un tratamiento especial el análisis del COMPONENTE NO VERBAL de la INTERACCIÓN COMUNICATIVA (Zurdo, 1994).

La diversidad de visiones y de aproximaciones al lenguaje no impide que, como hemos indicado antes en la posición cuarta, haya una relativa compatibilidad entre ellas, y en la práctica, abundan los estudiosos que, aunque centran su investigación en un PARADIGMA básico, adoptan, sin embargo, una visión ecléctica del lenguaje, encontrando complementariedad en vez de incompatibilidad en las aportaciones de los otros paradigmas, adonde acuden para engrandecer y perfeccionar la concepción y las soluciones del problema que es objeto de investigación. En este sentido, es práctica, por lo amplia, la definición de lingüística que nos da Fillmore (1985: 11): ciencia del lenguaje cuyo objetivo es el DESCUBRIMIENTO, la DESCRIPCIÓN y, cuando proceda, la EXPLICACIÓN de: (1) las *unidades* de FORMA y CONTENIDO lingüístico, (2) las ESTRUCTURAS o pautas en donde se encuentran las unidades anteriores, (3) las FUNCIONES que dichas unidades desempeñan dentro de las estructuras, y (4) las RELACIONES o vínculos interpretativos que surgen entre las distintas unidades del mismo texto.

De todo lo dicho se puede deducir que los datos constituyen el centro del análisis lingüístico. No obstante, desde la aparición del GENERATIVISMO ha surgido una controversia (Lyons, 1990: 36-7) sobre el papel que se le debe asignar a la INTUICIÓN en la investigación lingüística. En el pasado (*cf* ESTRUCTURALISMO), algunos lingüistas pensaron que había que prescindir de la intuición, esto es, de los juicios espontáneos y no condicionados que el hablante nativo tiene sobre la aceptabilidad o inaceptabilidad de enunciados, equivalencia o no equivalencia de enunciados, etc. Hoy muy pocos renunciarían a utilizar la intuición, no sin reparos, teniendo en cuenta los problemas de fiabilidad que plantean los datos obtenidos recurriendo a ella.

Una característica esencial de la lingüística moderna es su empeño de ser una ciencia (Lyons, J., 1981: 37-44; Ynge, V., 1986). Especialmente los lingüistas del ESTRUCTURALISMO NORTEAMERICANO pusieron el máximo empeño en la defensa de la lingüística como ciencia (Hockett, 1948: 432), lo que históricamente consigue cuando deja de ser PRESCRIPTIVA, a saber, normativa del buen uso, para convertirse en DESCRIPTIVA. Como ciencia, la lingüística intenta *aproximarse* a su objeto de estudio, es decir, al lenguaje y a las lenguas, de la misma forma que lo hacen las ciencias de la naturaleza con relación a sus respectivos objetos de análisis; y, consecuentemente, las aseveraciones que se hagan al presentar, describir o explicar teorías, modelos, hipótesis, datos y fenómenos lingüísticos deben atenerse a los *cánones* propios de la investigación científica (objetividad, coherencia, economía, etc.). En lo que a la visión científica de la lingüística se refiere, no existe una visión unitaria de la misma, pudiendo distinguirse, por lo menos, tres grandes posiciones en la aproximación al lenguaje: los que defienden una visión filológica, es decir, puramente humanística, sin pretensiones de alcanzar cánones científicos; los que estiman que los estudiosos del lenguaje deben ser, a la vez, filólogos y lingüistas, o sea, humanistas y científicos, y los que consideran que la única posición de prestigio y de respeto intelectual es la científica, o sea, puros lingüistas. Los que asignan este lugar a la lingüística la colocan entre las ciencias observacionales, vinculadas a la experiencia por medio de la observación, la exploración y la experimentación.

Los *límites* de la lingüística, como los de la mayoría de las disciplinas, son flexibles. La lingüística está constantemente en desarrollo, lo que quiere decir que descubre nuevos horizontes e incorpora nuevos espacios a su investigación, los cuales desbordan, sin lugar a dudas, los marcos del dominio que ella misma se marcó cuando definió su objeto de investigación al constituirse como ciencia. Desde la aparición del *Curso de lingüística general* de Saussure podemos observar cómo se ha ido ampliando, desde el simple examen de la estructura del lenguaje en el ESTRUCTURALISMO, al análisis de los circuitos cognoscitivos y sociológicos del discurso y del texto en el PARADIGMA de la PRAGMÁTICA, pasando por la racionalización de las INTUICIONES vislumbradas con datos del lenguaje, la formalización estricta del lenguaje o la formulación de hipótesis sobre el funcionamiento del mismo, en el PARADIGMA GENERATIVISTA.

En resumen, el lenguaje podrá ser estudiado desde la psicología, la sociología, la antropología, etc., pero la coordinación final de todos los conocimientos que haya sobre el mismo corresponderá siempre a la lingüística (Hymes, D. H., 1968). *Cf* holístico.

Son muchas las divisiones que se pueden hacer en el estudio de la lingüística. Las más importantes son: LINGÜÍSTICA DESCRIPTIVA, LINGÜÍSTICA HISTÓRICA, LINGÜÍSTICA COMPARADA y LINGÜÍSTICA APLICADA. Dentro de la lingüística hay dos ramas muy sobresalientes: la SOCIOLINGÜÍSTICA, y la PSICOLINGÜÍSTICA.

**LINGÜÍSTICA ANTROPOLÓGICA.** Véase en ETNOLINGÜÍSTICA.

**LINGÜÍSTICA APLICADA.** ① En un sentido general, el término 'lingüística aplicada' se emplea, en oposición a LINGÜÍSTICA TEÓRICA, para aludir a las aplicaciones prácticas que se han hecho de la lingüística teórica. No obstante, la historia de la lingüística ha mostrado que los límites entre teoría y práctica no han estado siempre bien diferenciados, dado que muchos de los principales renovadores de la lingüística procedían de otros campos del saber o compartían los suyos con la lingüística. La lingüística es aplicada a la teoría de la traducción o TRADUCTOLOGÍA, al análisis de textos o ESTILÍSTICA, a la enseñanza de lengua extranjeras, etc. Pero muchas de estas aplicaciones han dado frutos más estables, que han originado el nacimiento de nuevas materias interdisciplinares, como la SOCIOLINGÜÍSTICA, la PSICOLINGÜÍSTICA, la LINGÜÍSTICA COMPUTACIONAL, etc.

② En su sentido más estricto, cuando se habla de 'lingüística aplicada' se entiende en su vertiente pedagógica, es decir, **lingüística aplicada a la enseñanza de lenguas extranjeras** (*cf* aprendizaje de lenguas extranjeras, adquisición del lenguaje, método funcional). Cada uno de los PARADIGMAS lingüísticos ha influido para configurar distintos MODELOS de investigación didáctica, como el ANÁLISIS DE CONTRASTES y el ANÁLISIS DE ERRORES, los llamados MÉTODOS FUNCIONALES, etc.

**LINGÜÍSTICA COGNITIVA.** La 'lingüística cognitiva' es la rama de la lingüística que, tras la vigencia del MENTALISMO chomskiano y ante la creciente importancia del CONTEXTO en el estudio pragmático del lenguaje, orienta su investigación hacia el funcionamiento de los mecanismos cognitivos de representación y almacenamiento de la INFORMACIÓN y su posible influencia tanto en la COMUNICACIÓN oral o escrita, como en la propia gramática de la lengua (*cf* fonética cognitiva). En esta lingüística, el lenguaje es una parte más de toda la organización cognitiva del ser humano, aunque su papel es central en la INTERACCIÓN del ser humano con su entorno (Cifuentes, 1994: 21) y el interés de la psicología cognitiva por el lenguaje se orienta sobre todo hacia la naturaleza del conocimiento del lenguaje que posee el ser humano, y cómo se pone en práctica dicho conocimiento, teniendo muy en cuenta la importante mediación de la información ya atesorada en la mente del individuo (en forma de guiones, esquemas, marcos, escenas, dominios, etc. —según los distintos términos propuestos—) sobre el SIGNIFICADO que adquieren finalmente los enunciados y sobre la creación de nueva información. Dicha información ya no se refiere a creencias verdaderas e irrefutables, sino a **expectativas** más o menos certeras de cómo está estructurado el mundo y de la veracidad (*cf* semántica veritativa) respecto a las hipótesis interpretativas (Carston, 1988).

La intervención de la información ya atesorada (enciclopédica) en la interpretación (*cf* interpretación textual) y gestación de nueva información conlleva una serie de afirmaciones (Cifuentes, 1994: 27):

(1) la nueva información *se añade* a las estructuras ya existentes;

(2) la información existente se erige en modelo para la interpretación de la nueva información;

(3) los esquemas en cierto modo *anticipan* las características de la nueva información que accede al sistema mental de procesamiento;

(4) los esquemas mentales poseen una gran flexibilidad para incorporar nueva información; y

(5) el desarrollo cognitivo del ser humano parece ser el resultado de la combinación entre la información conseguida a través de estímulos experienciales, y las estructuras mentales dadas de antemano en el ser humano.

Por otra parte, desde mediados de los años ochenta se ha ido afianzando en los estudios del funcionamiento de la mente la concepción de una estructura mental modular, según la propuesta de Fodor (1983), articulada en ocho presupuestos (Kasher, 1984: 542):

(1) La mente genera y manipula símbolos;

(2) estos símbolos poseen ciertas propiedades formales;

(3) los procesos de la mente toman la forma de operaciones computacionales;

(4) la mente incluye varias capacidades, y éstas pueden mostrar varios grados de independencia entre sí;

(5) la mente posee partes que son mecanismos mentales, a pesar de no ser capacidades;

(6) algunas capacidades de la mente son 'módulos cognitivos', esto es, libres de otros mecanismos más elementales, y autónomos en sus operaciones computacionales.

(7) los sistemas de entrada de información a la mente [*input systems*] son modelos cognitivos encapsulados según su cualidad informativa; y

(8) la mente posee sistemas cognitivos 'centrales' que están destinados a desarrollar habilidades mentales generales como la elaboración de creencias y la resolución de problemas.

Esta visión modular de la mente la aleja de modelos 'descodificadores' anteriores, según los cuales la mente simplemente procesa el mensaje que accede a ella a través de los mecanismos humanos de captación de información. Por supuesto, no han faltado detractores de esta visión modular, con críticas centradas sobre todo en la falta de información sobre la naturaleza exacta del procesador central, o si los módulos son, en sí mismos, modulares; o acerca de la interconexión entre los módulos, o si el hecho de que el lenguaje es **bidireccional** (la información accede a la mente y a la vez parte de ésta) puede ser estudiado desde una perspectiva modular.

En general, el giro de la lingüística hacia la importancia de la COGNICIÓN ha traído consigo una visión más contextualizada y pragmática de la comunicación. Nuyts (1987: 727-728) apunta la necesidad del estudio de la cognición cuando señala que «la preocupación por la función comunicativa de la conducta lingüística de los individuos en situaciones sociales no se opone en absoluto a la preocupación por el aspecto mental (cognitivo, psicológico) de estos individuos; al contrario, cualquier afirmación respecto a la función comunicativa y el papel social del lenguaje implica afirmar la naturaleza de los sistemas mentales del lenguaje».

Sin embargo, esta apertura lingüística hacia la **contextualización cognitiva** ha introducido en la comunicación un elemento de incertidumbre en cuanto la interpretación óptima del mensaje ya no está garantizada (de ahí la pertinencia de los estudios actuales en el marco teórico de la pragmática). La optimización de la comprensión depende ahora de la eficacia de la cognición humana y su capacidad para extraer una nueva información relevante a partir de la información ya almacenada en la mente del individuo (Sperber y Wilson, 1986). Esta idea conlleva además la separación definitiva entre la forma lógica de un enunciado (descontextualizada) y el sentido que dicho enunciado adquiere en sucesivas fases contextualizadoras. Incluso cuando el hablante desea comunicar el sentido más literal de las palabras que pronuncia es necesaria una contextualización mínima (respecto al sentido de los deícticos, por ejemplo), de tal forma que se puede afirmar que todo enunciado es, de una forma u otra, indirecto respecto al significado neutro de las palabras que lo forman (Cifuentes, 1994: 22).

**LINGÜÍSTICA COMPARADA.** ① De acuerdo con Saussure (1945: 337), la LINGÜÍSTICA DIACRÓNICA puede ser, según la perspectiva que se adopte, LINGÜÍSTICA HISTÓRICA y **lingüística comparada**. Esta última, también llamada **gramática comparada**, tiene una metodología retrospectiva, es decir, remonta el curso del tiempo. La retrospección es un método reconstructivo que se apoya en la comparación. Por eso se dice que el objetivo de la 'lingüística comparada' es la RECONSTRUCCIÓN.

② En un sentido amplio, se llama 'lingüística comparada' a la que tiene por objeto comparar dos o más lenguas diferentes, de acuerdo con distintas teorías, métodos y procedimientos. Normalmente a este tipo de lingüística se la llama LINGÜÍSTICA CONSTRASTIVA.

③ En la 'lingüística histórica' también hay comparación, pero no con otras lenguas sino con los distintos ESTADOS DE LENGUA sucesivos que constituyen el *continuum* de una COMUNIDAD DE HABLA.

**LINGÜÍSTICA COMPUTACIONAL.** Véase en ALGORITMO.

**LINGÜÍSTICA CONTRASTIVA.** Véase en ANALISIS DE CONSTRASTES.

**LINGÜÍSTICA CORRELACIONAL.** Véase en VARIACIONISMO.

**LINGÜÍSTICA DE CAMPO.** La 'lingüística de campo' (*cf* campo), propia de la ETNOLINGÜÍSTICA, de la SOCIOLINGÜÍSTICA y también del ESTRUCTURALISMO, trata de los principios y procedimientos de descubrimiento dirigidos a recoger DATOS por medio de INFORMANTES con el fin de proceder luego a la CLASIFICACIÓN y DESCRIPCIÓN de los mismos.

**LINGÜÍSTICA DE CORPUS.** Se llama 'lingüística de corpus' a la rama de la lingüística que estudia las lenguas basándose en grandes **repertorios** lingüísticos llamados *corpora*. El nombre de CORPUS se aplica a toda colección de textos compilados según unos criterios explícitos que hacen que sea suficientemente representativo como para constituir, en sí mismo, un MODELO a escala de los aspectos lingüísticos que el investigador quiere examinar (Atkins, S. *et al.*, 1992). Hay diferentes maneras de clasificar un *corpus*, ya sea por su carácter oral o escrito, por representar el uso general de la lengua o el de un dominio específico, o por su carácter monolingüe, bilingüe o multilingüe (*cf* corpus). En los últimos años, la 'lingüística de corpus' se ha convertido en una disciplina de pleno derecho, que ofrece ayuda a otras ramas de la lingüística (Rico, C. y Martín de Santa Olalla, A., en prensa); los orígenes, sin embargo, se remontan a la LINGÜÍSTICA ESTRUCTURAL posterior a Bloomfield, cuando los textos (escritos y hablados) se consideraban la fuente primaria y única para la investigación lingüística. Hay, sin embargo, una diferencia entre la 'lingüística de corpus' de esta primera época y la concepción actual: se trata del uso de los ordenadores para almacenar y procesar grandes cantidades de información, lo cual supone facilitar la gestión de estos datos. Tal como señala G. Leech (1991), esta innovación está relacionada con tres aspectos: (1) la importancia del corpus como una fuente de donde extraer datos de manera sistemática; (2) la importancia del corpus como banco de pruebas para el análisis lingüístico; y (3) la importancia del corpus como metodología de trabajo para la creación de sistemas para el procesamiento informático de la lengua.

**LINGÜÍSTICA DEL HABLAR.** De acuerdo con Coseriu (1967: 282 y sigs.) es necesario introducir una 'lingüística del hablar', es decir, de la ACTIVIDAD LINGÜÍSTICA, dado que implícitamente se admite que la lingüística es la ciencia de la LENGUA (*langue*). Pero si se considera la lingüística como ciencia del LENGUAJE, éste ha de entenderse en todos sus aspectos, incluido el *hablar*. Entiende Coseriu que la lengua se encuentra contenida en el 'hablar' pero no a la inversa. Para él, una 'lingüística del hablar' es una lingüística teórica que considere los problemas del lenguaje desde el punto de vista de la actividad lingüística, entendida como técnica general del hablar. Y a esta técnica general del hablar pertenecen la DETERMINACIÓN y los ENTORNOS.

**LINGÜÍSTICA DEL TEXTO.** Véase en LINGÜÍSTICA TEXTUAL.

**LINGÜÍSTICA DESCRIPTIVA.** Véase en LINGÜÍSTICA SINCRÓNICA, DESCRIPCIÓN y en DESCRIPTIVISMO.

**Lingüística diacrónica.** La **lingüística diacrónica**, también llamada **lingüística evolutiva**, estudia las relaciones que unen términos SUCESIVOS no apercibidos por una misma conciencia colectiva, y que se reemplazan unos a otros sin formar SISTEMA entre sí. El término lo acuñó Saussure al crear la dicotomía SINCRONÍA/DIACRONÍA, esto es, el estudio de los ESTADOS DE LENGUA y estudio de la EVOLUCIÓN. En la 'lingüística diacrónica' se distinguen dos perspectivas: la prospectiva y la retrospectiva (Saussure, 1945: 337). La primera, llamada LINGÜÍSTICA HISTÓRICA, corresponde a la marcha de los acontecimientos. La segunda, llamada LINGÜÍSTICA COMPARADA, es un método reconstructivo que se apoya en la comparación.

**Lingüística estadística.** Se llama lingüística estadística a la rama de la lingüística que aplica las técnicas del ANÁLISIS ESTADÍSTICO en las TEORÍAS y en la DESCRIPCIÓN LINGÜÍSTICA.

**Lingüística estática.** Véase en LINGÜÍSTICA SINCRÓNICA.

**Lingüística estratificacional.** Véase en ESTRATIFICACIONAL.

**Lingüística estructural.** Véase en ESTRUCTURALISMO.

**Lingüística funcional.** Véase en GRAMÁTICA FUNCIONAL.

**Lingüística generativa.** Véase en GENERATIVISMO.

**Lingüística histórica.** De acuerdo con Saussure (1945: 337), la LINGÜÍSTICA DIACRÓNICA puede ser, según la perspectiva que se adopte, LINGÜÍSTICA COMPARADA histórica, o 'lingüística histórica' propiamente dicha. A esta última también se la llama **gramática histórica** y **filología histórica**, ya que cuando nació, en el siglo XIX, los estudios del lenguaje pertenecían a la FILOLOGÍA.

La lingüística histórica estudia las transformaciones de las diversas lenguas a lo largo del tiempo, es decir, elabora la comprensión y explicación de la naturaleza del CAMBIO LINGÜÍSTICO que ocurre en el tiempo. Este tipo de estudio se basa en las descripciones de dos o más ESTADOS DE LENGUA continuos (Gimeno Menéndez, 1995: 11). La lingüística histórica y la lingüística comparada, que están relacionadas entre sí, son las dos caras de la investigación lingüística del siglo XIX, que desde Saussure conocemos con el nombre de DIACRONÍA.

**Lingüística oracional y supraoracional.** La LINGÜÍSTICA ESTRUCTURAL, la GENERATIVA y la GRAMÁTICA TRADICIONAL, entre otras, constituyen lo que se llama la 'lingüística oracional', ya que para las tres la ORACIÓN es la unidad máxima de análisis. La lingüística que base su análisis en el TEXTO, el ENUNCIADO o el DISCURSO se llama también **lingüística supraoracional**.

**Lingüística sincrónica.** La 'lingüística sincrónica' estudia la SINCRONÍA, término acuñado por Saussure, cuando separó el estudio de los ESTADOS DE LENGUA de la EVOLUCIÓN de la misma. La 'lingüística sincrónica' analiza, mediante la OBSERVACIÓN, y describe con categorías formales (*cf* descripción y descriptivismo) los COMPONENTES de una lengua, las RELACIONES que éstos mantienen entre sí y las ESTRUCTURAS que se forman en un momento determinado (*cf* formalismo), así como el estudio del USO de lenguaje, en la vertiente llamada FUNCIONALISMO. Para el lingüista el análisis de la lengua se sitúa en el EJE DE LAS SIMULTANEIDADES, opuesto al EJE DE LAS SUCESIVIDADES, del que se ocupa la LINGÜÍSTICA DISACRÓNICA. El análisis sincrónico es anterior al diacrónico, ya que la diacronía está formada por una serie de estados de lenguas, analizados por la sincronía de elementos se ocupa de las relaciones lógicas y psicológicas que unen términos coexistentes y que forman sistema, tal como aparecen a la conciencia colectiva.

**Lingüística sistémica.** Véase en GRAMÁTICA SISTÉMICA.

**Lingüística textual.** En las últimas décadas del siglo XX la lingüística ha superado el techo que había constituido la oración dentro del ANÁLISIS LINGÜÍSTICO para pasar al estudio del DISCURSO, el TEXTO, la CONVERSACIÓN, etc. El término de 'lingüística textual' es lo suficientemente amplio como para abarcar distintos modelos de ANÁLISIS DEL TEXTO, en los cuales interviene el estudio del SIGNIFICADO COMUNICATIVO, las CONDICIONES DE TEXTUALIDAD, el CONTEXTO, etc., todo dentro de un marco en el que la COMUNICACIÓN es básica (Albaladejo; Aullón de Haro; Bernárdez; Beaugrande; Ramón Trives, etc.).

**LINGÜÍSTICO-INMANENTE.** Véase en INMANENTISMO LINGÜÍSTICO.

**LINGUOALVEOLAR.** Véase en FRICATIVAS LINGUOALVEOLARES.

**LINGUOINTERDENTAL.** Véase en FRICATIVAS LINGUOINTERDENTALES.

**LINGUOPALATAL.** Véase en FRICATIVAS-LINGUOPALATALES.

**LÍQUIDAS.** Para los griegos, las CONSONANTES LATERALES /l/, las VIBRANTES /r/ y las NASALES, es decir, las contenidas en la palabra **limonero**, constituían el grupo de las 'líquidas', comparando su sonido con el fluir del agua (Gili Gaya, 1975: 146). Hoy también se las llama **consonantes silábicas** porque en algunas lenguas, como el inglés, asumen el núcleo o posición central de la SÍLABA. En este caso la DURACIÓN de las consonantes silábicas es sensiblemente mayor que el de las no-silábicas, y se las representa fonéticamente con una tilde suscrita [l̩], [m̩], etc., como en las palabras inglesas *little* ['lɪtl̩], *reason* ['ri:zn̩], etcétera.

En la FONOLOGÍA FUNCIONAL de Jakobson las 'líquidas' son fonemas caracterizados por poseer los RASGOS INHERENTES [+vocálico] y [+consonántico]. Articulatoriamente (Quilis, 1993: 114), las 'líquidas' poseen unas características semejantes a las de las VOCALES (cavidad bucal con amplia dimensión longitudinal) y a las CONSONANTES (cierre y abertura de la salida del aire a través de la cavidad bucal o cierre intermitente de la misma). Para la definición ACÚSTICA de las líquidas españolas (Quilis, 1993: 123) se utilizan los siguientes rasgos: VOCÁLICO y CONSONÁNTICO; COMPACTO/DIFUSO; CONTINUO/INTERRUPTO; INTERRUPTO SIMPLE/INTERRUPTO MÚLTIPLE. De esta forma, /l/, por ejemplo, es vocálico, consonántico, continuo, compacto.

**LITERACIÓN.** Equivale a SIGLA.

**LÍTOTES, LÍTOTE.** Es una FIGURA DEL LENGUAJE, llamada de atenuación (*understatement* en inglés), contraria a la HIPÉRBOLE, que consiste en no expresar todo lo que se quiere dar a entender, sin que por esto deje de ser bien comprendida la intención del que habla. Se comete generalmente negando lo contrario de aquello que se quiere afirmar: «No está mal», «En esto no os alabo» (DRAE). El EUFEMISMO recurre con frecuencia a la 'lítotes'.

**LLAVE.** Véase en ABREVIADOR.

**LOCACIÓN.** Equivale a UBICACIÓN.

**LOCATIVO.** ① 'Locativo' es el CASO MORFOLÓGICO que, en algunas lenguas con FLEXIÓN de caso, distingue a la expresión nominal que alude al lugar en el que se ubica algo. Por ejemplo, según recoge Matthews (1980: 94), en turco la unidad léxica *koy*, que significa «pueblo», adopta la forma *-de* para el caso 'locativo': *köyde*, «en el pueblo».

② Equivale a UBICACIÓN. Véase también ADVERBIO LOCATIVO, ORACIÓN LOCATIVA.

**LOCUCIÓN.** Equivale a ENUNCIADO y a FRASE.

**LOCUCIONARIO, LOCUTIVO.** Véase en ACTO LOCUCIONARIO/LOCUTIVO.

**LOGOGRAMA, LOGOGRÁFICO.** Se llama **logograma** al símbolo escrito o pictórico que sirve para representar una palabra. No existen escrituras totalmente **logográficas**. La mayoría combina los 'logogramas' con símbolos representantes de SONIDOS o sílabas. Entre las escrituras parcialmente 'logográficas' destacan el chino y algunas de las JEROGLÍFICAS del antiguo Egipto.

**LOGORREA.** Véase en AFASIA.

**LOGRO.** De conformidad con las clases de AKTIONSART O MODOS DE ACCIÓN establecidas a partir de la clasificación de Vendler (1967), 'logro' es el tipo de aktionsart o modo de acción que corresponde a verbos o sintagmas verbales como «saltar la valla», «nacer», «dar una bofetada», «reconocer», «alcanzar la cima», «dar en el blanco». Se caracterizan por aludir a acciones TÉLICAS y puntuales. Esto es, designan acciones que implican alcanzar un término, conseguir un objetivo para que pueda decirse que se han realizado; pero ese objetivo se alcanza de modo instantáneo, en un momento y no en un intervalo de tiempo más o menos amplio. Por ello, los verbos o predicados pertenecientes a la clase 'logro' son extraños en perífrasis durativas: «?Le estoy dando una bofetada al niño», «?Estoy reconociendo al delincuente», «?La bala está dando en el blanco».

**LOÍSMO.** ① Se denomina 'loísmo' la utilización del 'clítico' *lo*, procedente del CASO ACUSATIVO latino y marca propia de un objeto directo masculino, para indicar la existencia de un objeto indirecto masculino, o, incluso, de un objeto indirecto alusivo a un referente inanimado o neutro. Por ejemplo, según Gómez Torrego (1993: 76-77), los usos de *lo(s)* en los siguientes enunciados constituyen claros casos de 'loísmo', en este sentido del término: «¡Qué *lo* vamos a hacer!», «A eso no hay que dar*lo* tantas vueltas», «Que *los* aproveche la comida». En los tres enunciados se ha empleado la forma *lo(s)* para aludir a un objeto indirecto, en lugar del CLÍTICO DE DATIVO *le*, normalmente utilizado para esta función: «¡Qué *le* vamos a hacer!», «A eso no hay que dar*le* tantas vueltas», «Que *les* aproveche la comida».

El 'loísmo' se localiza en la misma área geográfica que el LAÍSMO: es típico del habla de ciertas zonas de Castilla y León, pero tiene una extensión mucho menor. Además, es considerado un uso incorrecto y extremadamente vulgar y, como tal, es rechazado por la Real Academia Española.

② El término 'loísmo' también se utiliza, en una acepción diferente, para hacer referencia al uso recto o etimológico de *lo*, como indicador de objeto directo masculino («*Lo* he convencido», «*Lo* he abandonado»), en oposición al *leísmo*, a la utilización de *le* para la misma función. Así, según señala por ejemplo Fernández-Ordóñez (1993: 64), buena parte de quienes han tratado de estas cuestiones «al hablar de los escritores andaluces o americanos dicen que son *loístas* porque utilizan el pronombre *lo* para el complemento directo».

**LUGAR DE ARTICULACIÓN.** Véase en APERTURA.

# M

**MACROLINGÜÍSTICA.** En los estudios de lingüística se distinguen dos grandes grupos: la microlingüística y la macrolingüística (Lyons, 1990: 30-1). La **microlingüística** se ocupa tan sólo de la ESTRUCTURA de los sistemas lingüísticos, sin tener en cuenta cómo se adquieren las lenguas, cómo se almacenan en el cerebro, cómo se emplean en sus diversas funciones, y sin atender tampoco a la interdependencia que hay entre lengua y cultura, ni a los mecanismos fisiológicos y psicológicos que intervienen en el comportamiento lingüístico, cuestiones todas éstas que son objeto de la **macrolingüística**, en la que se suele incluir a la SOCIOLINGÜÍSTICA, la PSICOLINGÜÍSTICA, la ESTILÍSTICA, etc. Conviene, no obstante, subrayar que la distinción entre 'microlingüística' y 'macrolingüística' es independiente de que la que se establece entre LINGÜÍSTICA TEÓRICA y APLICADA.

**MACROMARCADOR.** Véase en MARCADOR DISCURSIVO.

**MADRE.** Véase en NUDO.

**MALAPROPISMO.** Véase en BARBARISMO.

**MANDAR-C.** Véase MANDO-C.

**MANDAR-M.** Véase MANDO-M.

**MANDO-C.** En el modelo gramatical RECCIÓN Y LIGAMIENTO se identifica como 'mando-c' un determinado tipo de relación entre categorías integradas en una estructura. La relación de 'mando-c' suele definirse, en los estudios gramaticales que siguen este modelo, con fórmulas similares a la que refleja la siguiente caracterización: «Un NUDO A manda-c a un nudo B si y sólo si (ssi) el nudo ramificado que domina más inmediatamente a A domina también a B» y «ni A domina a B ni B domina a A» (Brucart, 1987: 28-9). Según plantean Hernanz y Brucart (1987: 224), la estructura sintáctica que puede asignarse a una oración adscriptiva como «Pedro es alcalde» sería la siguiente:

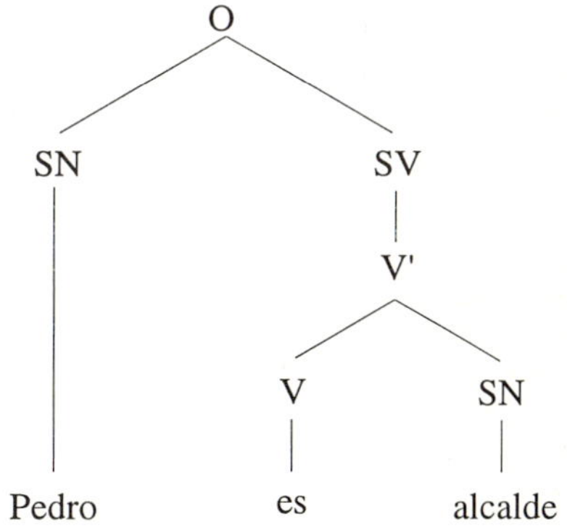


Pues bien, si ésa es la estructura, el sintagma nominal *Pedro*, de conformidad con Hernaz y Brucart, es una categoría que 'manda-c' al sintagma nominal *alcalde*, porque (1) O, la categoría o nudo ramificado que domina más inmediatamente a A, el SN *Pedro* (lo domina más inmediamente puesto que dicho sintagma es constituyente inmediato de O), domina también a B, el SN *alcalde*, dado que este sintagma es, asimismo, un constituyente de la misma oración. (2) Como ni *alcalde* es un constituyente del sintagma nominal *Pedro*, ni *Pedro* es un constituyente del sintagma nominal *alcalde*, ni A domina a B ni B domina a A.

La noción de 'mando-c' es fundamental en Rección y ligamiento, puesto que juega un papel crucial en la regulación de las relaciones anafóricas o de las transformaciones de movimiento. Así, según señalan Van Riemsdijk y Williams (1986: 142), «esencialmente el movimiento debe ser a una posición de mando-c y una anáfora debe estar siempre 'mandada-c' por su antecedente».

**MANDO DE CONSTITUYENTES.** Véase MANDO-C.

**MANDO-M.** En RECCIÓN Y LIGAMIENTO se identifica como 'mando-m' o **mando máximo** cierto tipo de relación estructural entre constituyentes oracionales. Su caracterización técnica suele formularse en términos similares a los siguientes: A manda-m a B si la primera PROYECCIÓN MÁXIMA que domina a A domina también a B y ni A domina a B ni B domina a A (*cf*, por ejemplo, Fernández Lagunilla y Anula Rebollo, 1995: 127).

Aplicando la caracterización anterior a la estructura representada en este DIAGRAMA ARBÓREO:

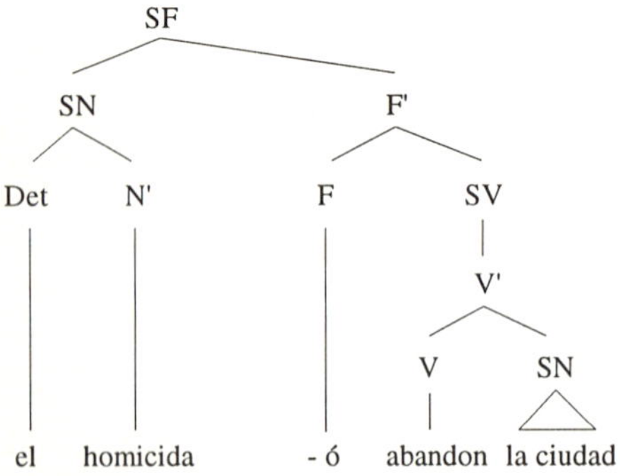


podríamos decir que el nudo categorial F o Flexión (al que podemos identificar como A) manda-m al sintagma nominal sujeto *el homicida* (B) por las razones siguientes: (1) SF o Sintagma Flexión que, según suele plantearse en Rección y ligamiento, es la expansión o proyección máxima de la categoría Flexión (F), es la primera proyección máxima que domina a F (F' ya no es una proyección máxima, de conformidad con la TEORÍA DE LA X') y también domina al SN *el homicida*, dado que este sintagma es un constituyente inmediato de SF. (2) Ni F es un constituyente del SN *el homicida* ni este sintagma es un constituyente dominado por F; por tanto, ni A (F) domina a B (*el homicida*) ni B domina a A.

En cambio, siguiendo con la estructura ejemplificada en el diagrama anterior, el núcleo verbal V (*abandon-*) ya no podría mandar-m al sintagma nominal *el homicida* (aunque sí al sintagma *la ciudad*), porque la primera proyección máxima que domina a V es SV o sintagma verbal, un nudo categorial que no domina al sintagma *el homicida*.

**MANDO MÁXIMO.** Véase MANDO-M.

**MANIFESTACIÓN.** Equivale a REALIZACIÓN.

**MARCA, MARCADO, MARCAR.** ① En FONOLOGÍA se llama **marca** al RASGO PERTINENTE que sirve para distinguir dos SERIES DE FONEMAS. Por ejemplo, en español la 'marca' de SONORIDAD diferencia las series /p, t, k/ y /b, d, g/ (Martinet, 1969: 124), y a los elementos que tienen la 'marca' se les llama **marcados** (*cf* miembro marcado en CORRELACIÓN). Así, los segundos fonemas de los siguientes pares /p, b/, /t, d/, /k, g/ son los 'marcados' por llevar la 'marca' de sonoridad. *Cf* marca de correlación.

② La acepción anterior de 'marcado', que nació en la fonología, se extendió a los demás NIVELES del lenguaje, en la dicotomía 'marcado'-'no marcado'. En este caso, **no marcado** significa lo más frecuente en cuanto a su distribución, lo menos especificado desde el punto de vista semántico y lo morfológicamente más simple. Por ejemplo, en español la activa es la VOZ no marcada, el masculino es el GÉNERO no marcado, el singular, el NÚMERO no marcado, etc. Por tanto, una 'marca' es, por lo general, una señal clara y formal que indica la presencia de un rasgo diferenciador, y **marcar** es asignar una señal que indique la existencia del citado rasgo diferenciador.

③ Véase en ÍNDICE.

④ A veces se emplea en sentido de MARCADOR[1]. Véase también MARCADOR CONVERSACIONAL y MARCAR.

**MARCA DE CASO.** Véase en CADENA[3].

**MARCA DE CORRELACIÓN.** Véase en CORRELACIÓN.

**MARCADO EXCEPCIONAL DE CASO.** En RECCIÓN Y LIGAMIENTO, 'marcado excepcional de caso' es el fenómeno al que se recurre para explicar ciertas construcciones que, pese a ser gramaticales, aparentemente incumplen alguna de las condiciones asumidas en esta teoría como requisitos que regulan la asignación de caso a los sintagmas nominales; en particular, la condición de que el elemento asignador de caso rija (*cf* rección), en condiciones apropiadas, al sintagma nominal que recibe la marca de caso.

Se incluyen en este supuesto las construcciones inglesas que ilustran los siguientes ejemplos: «John believes [Bill to be incompetent]» (Chomsky, 1988: 35) (lit: «John cree [Bill ser incompetente]»), «Bill believes [John to have left]» (Van Riemsdijk y Williams, 1986: 234) (lit. «Bill cree [John haberse marchado]»), «I believe [him to be a nice guy]» (Demonte, 1989: 147) (lit: «Creo [a él ser un tipo agradable]».

Frente a lo que es usual en las completivas de infinitivo (que no llevan como sujeto un sintagma nominal expreso), estas construcciones, según el análisis que suele hacerse de ellas en los estudios gramaticales vinculados al modelo Rección y ligamiento, presentan las siguientes peculiaridades: (1) con el infinitivo (*to be, to have left*) aparece un sintagma nominal expreso (*Bill, John, him*) que se interpreta como su sujeto. (2) Ese sintagma nominal no recibe marca de caso de un elemento integrado en su propia oración. Es el verbo subordinante (*believe* en las tres oraciones) el que asigna caso acusativo u objetivo, como si se tratase de uno de sus complementos, al sintagma nominal sujeto de la oración completiva (nótese que en «I believe him to be a nice guy» es la forma de acusativo *him* el elemento interpretado como sujeto de la completiva).

Ahora bien, dado que, de conformidad con este modelo, (1) el caso se asigna bajo rección, y (2) O', la categoría en la que se incluyen habitualmente las completivas, se considera una BARRERA que impide la rección, la cuestión que el anterior análisis suscita es: ¿cómo puede ser que *believe* asigne caso al sujeto de la oración completiva, teóricamente incluido en O'? Son varias las soluciones que se han propuesto para esta cuestión (*cf*, por ejemplo, las que resume Demonte, 1989: 149 y sigs.). Pero, sea cual sea la explicación adecuada, lo controvertido de la solución pone de relieve el carácter excepcional de estas construcciones en lo que concierne a la asignación de la marca de caso, de ahí que se incluyan entre las estructuras tipificadas como de 'marcado excepcional de caso'.

En cuanto al español, siguiendo, por ejemplo, a Hernanz y Brucart (1987), construcciones como «María considera injusta la repartición» pueden también explicarse mediante el recurso al 'marcado excepcional de caso'. En «María considera injusta la repartición», *considerar* asigna caso acusativo al sintagma nominal *la repartición*, tal como deja patente el uso de la forma de acusativo *la* cuando se efectúa la pronominalización: «María *la* considera injusta». No obstante, según el análisis que se propone para esta y otras construcciones similares (*cf* Hernanz, 1988), *la repartición* no es, en realidad, el argumento objeto directo de *considerar*. Es el sujeto de una oración completiva REDUCIDA (carente de flexión verbal) subordinada al verbo *considerar*, tal como se muestra en el siguiente diagrama arbóreo, tomado de Hernanz y Brucart (1987: 229):

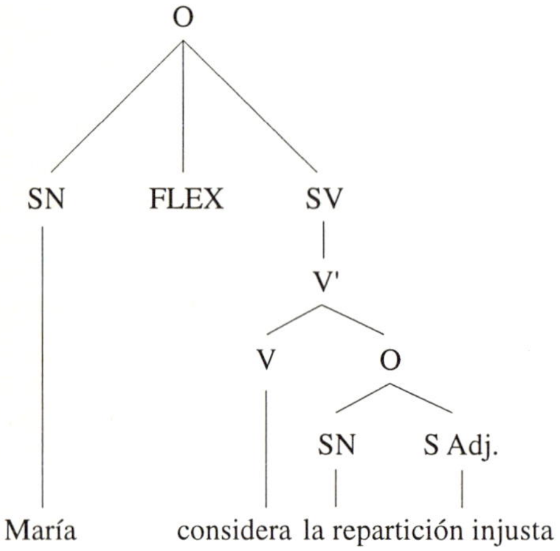


Por tanto, también en estas oraciones, como en los ejemplos ingleses antes comentados, se da el supuesto que distingue a las construcciones de 'marcado excepcional de caso': un verbo subordinante (*considerar*) asigna caso acusativo a un sintagma nominal (*la repartición*) incluido, en calidad de sujeto, en una oración completiva.

**MARCADOR, MARCADOR DISCURSIVO.** ① El término **marcador**, acuñado por la GRAMÁTICA GENERATIVA, se emplea, al menos, en dos sentidos: MARCADOR SEMÁNTICO y MARCADOR SINTAGMÁTICO.

② Igualmente se ha introducido el término 'marcador' en la mayoría de las teorías del DISCURSO o del TEXTO (*cf* CONDICIONES DE TEXTUALIDAD), también llamado **orientador** o **señalador**, para aludir a todos los recursos que tienden a guiar al DESTINATARIO en la INTERPRETACIÓN TEXTUAL. En este amplio sentido, los DEÍCTICOS, los recursos de la ANÁFORA, los CONECTORES, etc., son 'marcadores'. Sin embargo, se suelen distinguir dos tipos: los **micromarcadores**, en los que estarían los conectores y las unidades gramaticales con valor deíctico antes citados, y los macromarcadores.

Los **macromarcadores**, también llamados **marcadores discursivos** (Gumperz, J., 1985), son enunciados que cumplen una doble función METALINGÜÍSTICA: (1) orientar al receptor sobre el TÓPICO o TEMA DISCURSIVO que se va a introducir (por ejemplo, «Les ruego escriban lo siguiente»), y (2) darle tiempo (milésimas de segundo) para que éste lo procese. De acuerdo con la función que realizan respecto de los tópicos, los 'macromarcadores' pueden ser:

(a) De introducción, cuando sirven para presentar el TÓPICO o tema discursivo. Por ejemplo, «¿Te acuerdas de la chica con la que bailamos en Marbella?». Con el asentimiento del destinatario, se puede decir que el macromarcador ha servido para *introducir* el tópico o tema discursivo que, posiblemente, desarrollará a continuación: «Pues me la encontré con su marido y un niño pequeño, etc.».

(b) De mantenimiento, cuando sirven para indicar que se sigue con el mismo tópico, por ejemplo, «Abundando en lo dicho...», «Sin perder de vista lo que acabo de manifestar...», etc.

(c) De reparación, cuando el emisor envía un enunciado cuyo significado el destinatario no puede integrar en su circuito cognoscitivo, porque no sólo no coincide, sino que más bien choca con las expectativas por él generadas. En este caso, el receptor utiliza algún enunciado de reparación del discurso (entendido en el sentido de NEGOCIACIÓN del significado), como «No le entiendo; se refiere Vd. a...».

(d) De recuperación. Hay enunciados que comienzan con 'marcadores' que sirven para *recuperar* tópicos marginales o subtópicos que se han dejado en el camino, es decir, información citada anteriormente en el discurso: «Con relación a...», «En lo que afecta a...». *Cf* gambito, turno.

**MARCADOR CONVERSACIONAL.** Para que se lleve a cabo la ALTERNANCIA DE TURNOS, propia de la CONVERSACIÓN, los INTERLOCUTORES recurren a una serie de **marcas** o **marcadores conversacionales** que sirven para monitorizar la transición en el cambio de TURNOS, además de los MARCA-

DORES DISCURSIVOS, propios de todo discurso. Estos 'marcadores' pueden ser verbales o lingüísticos y no verbales o extralingüísticos (CONTACTO OCULAR, KINÉSICA, PARALINGÜÍSTICA, PROXÉMICA). Los lingüísticos (Cestero, 1994: 82-3) pueden ser: PROSÓDICOS (TONEMAS ascendentes o descendentes, etc.), fonéticos (ALARGAMIENTO, velocidad de emisión, etc.), morfosintácticos y semánticos (*cf* cierre textual) implícitos o explícitos («Esto es todo» «¿Y a ti qué te parece?», etc.) y de SUPERPOSICIÓN de habla.

**MARCADOR DE COHESIÓN Y DE COHERENCIA.** Véase en COHESIÓN/COHERENCIA.

**MARCADOR DISCURSIVO.** Véase en MARCADOR.

**MARCADOR SEMÁNTICO.** En la teoría semántica elaborada por J. J. Katz y J. A. Fodor (modelo básico del componente semántico incorporado a la gramática en *Aspectos de la teoría de la sintaxis*) se denominan 'marcadores' los rasgos semánticos que, junto con los DIFERENCIADORES, componen los SENTIDOS de una unidad léxica. Se distinguen los 'marcadores semánticos' de los diferenciadores porque, mientras éstos reflejan los aspectos puramente idiosincrásicos de los sentidos de una pieza léxica, los 'marcadores' son los componentes del significado identificables como sistemáticos en el VOCABULARIO de una lengua, en tanto que intervienen en la conformación de los sentidos de numerosas unidades léxicas. Por ello, según Katz y Fodor, son precisamente los 'marcadores' de una unidad léxica los rasgos semánticos que permiten reflejar «cuantas relaciones sistemáticas rijan entre esa unidad y el resto del vocabulario de una lengua» (1976: 47).

Son, por ejemplo, 'marcadores' rasgos semánticos como «humano», «adulto», «macho». Componen, en parte, el significado de, pongamos por caso, la unidad léxica *hombre*, pero son identificables, asimismo, como componentes significativos de otras muchas unidades: *mujer* (humano, adulto, hembra), *niño* (humano, no adulto, macho), *toro* (animado, adulto, macho), *vaca* (animado, adulto, hembra). Por ello, permiten dar cuenta de, por ejemplo, las relaciones de ANTONIMIA de sexo (Katz y Fodor, 1976: 46) que vinculan a pares de piezas léxicas como *hombre/mujer*, *toro/vaca*: ambos pares se diferencian sólo por el 'marcador semántico' «macho/hembra». Convencionalmente, los 'marcadores semánticos' se representan entre PARÉNTESIS: (humano), (adulto), (macho).

**MARCADOR SINTAGMÁTICO.** Especialmente en GRAMÁTICA GENERATIVA, un 'marcador sintagmático' es la representación gráfica de la ESTRUCTURA de una oración, que refleja tanto la agrupación de los constituyentes como la categoría —SN, SV, N, etc.— a la que pertenece cada uno de ellos. Por ejemplo, la estructura del enunciado oracional «El caballo saltó el seto» puede representarse, de forma simplificada, mediante el siguiente 'marcador sintagmático':

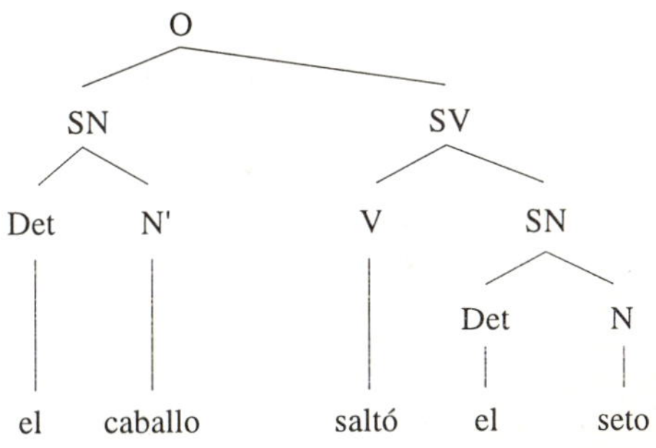


Los tipos de marcadores sintagmáticos más utilizados en gramática generativa son los DIAGRAMAS ARBÓREOS, como en el ejemplo propuesto, y los CORCHETES ETIQUETADOS.

**MARCAR.** En RECCIÓN Y LIGAMIENTO se utiliza 'marcar' con el sentido de asignar un elemento a otro un rasgo determinado, por ejemplo, una MARCA DE CASO, un PAPEL TEMÁTICO, etc. Véase en MARCA.

**MARCAR-L.** Véase en MARCAR-LÉXICAMENTE.

**MARCAR-LÉXICAMENTE.** En el modelo generativo de RECCIÓN Y LIGAMIENTO se dice que una categoría A 'marca léxicamente' a otra categoría B cuando cumple las siguientes condiciones: (1) es un núcleo léxico; es decir, se trata de una categoría N (nombre), V (verbo), A (adjetivo), P (preposición). En cambio, la categoría SF (sintagma flexión), por ejemplo, no puede 'marcar léxicamente' a otra categoría porque no es un núcleo léxico. (2) Como núcleo léxico, la categoría A asigna a B un papel semántico. (3) A y B son NUDOS hermanos; esto es, ambas categorías están dominadas inmediatamente por el mismo nudo.

Tomemos, por ejemplo, el siguiente esquema, que correspondería, de forma simplificada, al sintagma verbal «leyó las cartas»:

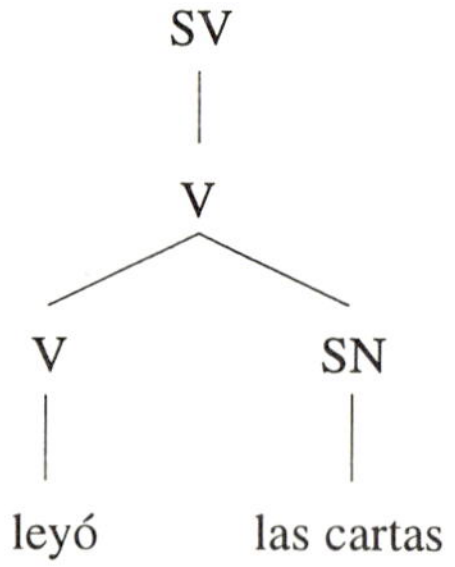


Aplicando la noción antes descrita, puede decirse que el verbo *leyó* 'marca léxicamente' al SN las cartas porque: (1) es un V, un núcleo léxico. (2) Asigna el papel semántico de TEMA u objeto afectado al SN *las cartas.* (3) V y SN son nudos hermanos; ambas categoría se hallan dominadas inmediamente por el mismo nudo o categoría: V'. La noción de 'marcado léxico' forma parte de la definición del concepto correspondiente a CATEGORÍA DE BLOQUEO.

**MARCO DISCURSIVO.** Dentro de la TEORÍA de la ESTRATEGIA DE COOPERACIÓN, diseñada por Gumperz (1985) para explicar la RACIONALIDAD que rige la CONVERSACIÓN, además del concepto de CLAVES CONVERSACIONALES, es básico el de 'marcos discursivos', que son los CANALES por donde discurre la conversación. Entre estos 'marcos' destacan la NARRACIÓN, el debate, la conferencia, la discusión, etc., y todas las rutinas y subrutinas que se emplean en la conversación, tales como solicitar información, pedir un favor, etc. Estos 'marcos discursivos', aparte de ser cauce para el desarrollo de la conversación, imponen al mismo tiempo una serie de restricciones en lo que se refiere a las opciones temáticas y a los derechos y las obligaciones de los interlocutores (por ejemplo, en los TURNOS o en las normas de CORTESÍA, etc.), o dicho con otras, el desarrollo de los TEMAS DISCURSIVOS y de las actuaciones de los interlocutores depende, en gran parte, del 'marco discursivo'.

**MARCO PREDICATIVO.** En la GRAMÁTICA FUNCIONAL desarrollada por S. Dik y sus colaboradores, el término 'marco predicativo' alude al conjunto de rasgos que, junto con la definición semántica, deben quedar reflejados en las entradas léxicas de los PREDICADOS incluidos en el LEXICÓN: la forma de ese predicado, su categoría (verbal, adjetival, nominal), el número de argumentos que requiere, las funciones semánticas (agente, meta, etc.) que les asigna y los rasgos semánticos (animado, inanimado) que deben tener los términos representativos de tales argumentos. Así, según Dik (1980: 6), el 'marco predicativo' de *dar*, por ejemplo, tendría, en el lexicón, la siguiente forma:

*dar*: V ($x_1$: animado ($x_1$)) Ag ($x_2$) meta ($x_3$: animado ($x_3$)) Receptor.

Este 'marco predicativo' queda interpretado como sigue; *dar* es un predicado perteneciente a la categoría verbo (v); requiere tres argumentos (x1, x2, x3); al primero le asigna la función semántica de agente (Ag), al segundo la de meta y al tercero la de receptor (Rec). Tanto el argumento agente como el receptor han de ser necesariamente [+animado].

**MARGEN DE SEGURIDAD.** Véase en CAMPO DE DISPERSIÓN.

**MATE.** Véase en ESTRIDENTE.

**MATRIZ.** Las 'matrices', término tomado de las matemáticas, son representaciones formadas por filas y por columnas; el cruce de filas y columnas produce unas celdas en las que hay un (+), un (–), o un (0). En la representación de los RASGOS FONOLÓGICOS que caracterizan a una UNIDAD LÉXICA las columnas corresponden a los segmentos o fonemas, mientras que las filas corresponden a los rasgos (*cf* fonología generativa). Pero en la representación gramatical (*cf* notación matricial) también pueden aparecer otras categorías, como [+ind], [–neg], [–hum], etc. He aquí la configuración matricial (*cf* matriz) de algunos pronombres indefinidos del español (Hadlich, R., 1971):

| *algo* | *nada* | *alguien* | *nadie* |
|---|---|---|---|
| +N | +N | +N | +N |
| +pro | +pro | pro | +pro |
| –masc | –masc | –masc | –masc |
| –fem | –fem | –fem | –fem |
| –pl | –pl | –pl | –pl |
| ±enf | ±enf | ±enf | ±enf |
| –hum | -hum | +hum | +hum |
| +ind | +ind | +ind | +ind |
| –neg | +neg | –neg | +neg |

**MÁXIMA DE RELEVANCIA.** Véase en RELEVANCIA.

**MÁXIMAS CONVERSACIONALES.** El PRINCIPIO DE COOPERACIÓN ha sido pormenorizado con cuatro grandes categorías, llamadas MÁXIMAS CONVERSACIONALES, que le sirven de sostén:

(a) máxima de *cantidad*: haga que el discurso emitido contenga la información necesaria;

(b) máxima de *calidad*: no diga lo que crea que es falso ni hable de lo que no tenga pruebas;

(c) máxima de *modalidad*: sea claro, sin ambigüedades, breve y ordenado; y

(d) máxima de *relación*: sea pertinente o relevante; a esta última máxima también se la llama MÁXIMA DE RELEVANCIA.

Todo lo anterior se puede resumir en: (a) máxima de estricta informatividad, (b) máxima de sinceridad, (c) máxima de educación y buenos modales y (d) máxima de pertinencia O RELEVANCIA (Kempson, R. M., 1975: 141-52). Chomsky (1974) ha acogido muy favorablemente esta teoría de las 'máximas' —**postulados conversacionales**, en palabras suyas—, no sólo porque constituye una contribución muy significativa a la teoría de la COMUNICACIÓN, sino también porque, en su opinión, ofrece una justificación adicional a la IDEALIZACIÓN que subyace en el desarrollo de la GRAMÁTICA GENERATIVA (Chomsky, N., 1974). *Cf* principio de cooperación.

**MECANISMO DE ADQUISICIÓN DEL LENGUAJE.** Véase en ADQUISICIÓN DEL LENGUAJE.

**MECANISMO DE FONACIÓN.** En FONÉTICA ARTICULATORIA se llama 'mecanismo de fonación' (Abercrombie, D., 1967: 24) al dispositivo que produce la 'corriente de aire' necesaria para la producción de un SONIDO y a la dirección de la misma. El 'mecanismo de fonación' puede ser **pulmonar**, **velárico** y **glotálico**, de acuerdo con la fuente de procedencia de la corriente del aire utilizado en la producción del sonido, y **egresivo** e **ingresivo**, según la dirección de dicha corriente; en este último hay una succión de aire.

El 'mecanismo de fonación' del español es 'pulmonar egresivo' porque la corriente de aire es ESPIRADA, es decir, procede de los pulmones. Sin embargo, a veces, cuando hablamos, tras haber hecho un esfuerzo (correr, levantar algo pesado, etc.), el aire va en las dos direcciones, de y hacia los pulmones. En este caso se dice que se ha utilizado el 'mecanismo pulmonar ingresivo', o sea, aire inspirado para producir algunos sonidos.

Cuando el iniciador es la GLOTIS se producen dos tipos de mecanismos, el 'glotal ingresivo' y el 'glotal egresivo'. El primero es el que sirve para la producción de las INYECTIVAS y el segundo para la formación de las EYECTIVAS. Los sonidos producidos con el 'mecanismo velar ingresivo' (como sonido de un beso, el de un silbido, para mostrar desaprobación, o el que se emplea para premiar a los caballos) se llaman **clics**; no se conocen lenguas que utilicen el 'mecanismo velar egresivo'. En el mecanismo glotal el iniciador es la laringe. *Cf* abducción, corriente de aire.

**Mecanismo pulmonar.** El mecanismo de aire pulmonar es complejo. Consta de, al menos, dos procesos o movimientos: (a) uno *periódico*, generador de las sílabas, en forma de pequeñas bocanadas de aire producidas por la contracción y la relajación alternativa de los músculos respiratorios unas cinco veces por segundo; (b) otro *a intervalos*, de refuerzo de algunas sílabas y generador, por tanto, de las sílabas tónicas. Estos dos movimientos o procesos —el generador de las sílabas normales o átonas, y el generador de las sílabas tónicas— constituyen el mecanismo pulmonar, que es la base sobre la que se construye el resto del proceso generador de la cadena hablada. No todas las lenguas combinan los dos procesos de la misma forma; las distintas formas de combinación de ambos procesos generan el RITMO de cada lengua.

**Media.** Véase en VOZ MEDIA.

**Medio.** Se llama 'medio' al soporte en que se apoya una lengua, de acuerdo con los sentidos. En principio, puede haber tantos 'medios'como sentidos, pero tres son los más importantes desde un punto de vista práctico: el oral-auditivo, el visual y el táctil o háptico. El **medio oral-auditivo** está formado por el aire, que es realmente el medio físico transmisor de los sonidos articulados. El 'medio oral-auditivo' forma PAUTAS de rápida producción, aunque son efímeras en el tiempo, mientras que las del **medio visual** son más lentas y elaboradas, y también duraderas y transportables. La fonética estudia el medio oral-auditivo; en cambio, no hay una ciencia única o específica para el medio visual; hay varias que tratan de aspectos parciales, como la grafología, la paleografía y la tipografía. El **medio táctil** o **háptico** es el empleado por el sistema de escritura Braille. Se diferencia el háptico del visual en que las pautas de éste son bidimensionales, en tanto que las del háptico son tridimensionales. Los medios poseen unas características llamadas ÍNDICES[2], porque nos sirven de orientación o catalogación.

La misma lengua puede ser transmitida a través de distintos medios, por que la naturaleza del lenguaje reside en sus estructuras y no en los soportes en que se apoya. A esta posibilidad de transferir un SIGNO LINGÜÍSTICO de un medio a otro se la llama **transferibilidad de medio**. De esta forma es posible expresar en el medio oral auditivo (leer) lo que está el medio visual, es decir, lo que está escrito (Lyons, 1990: 15). El 'medio' y la lengua van íntimamente unidos, y no podemos concebir uno sin el otro; sin embargo, a veces se puede tener conciencia o experimentar el medio sin la lengua cuando leemos u oímos una lengua que desconocemos, y cuando no recordamos con facilidad si un mensaje nos llegó por el medio visual o por el oral. Esta distinción entre lengua y medio es importante para la ordenación de las destrezas comunicativas y para el examen de las enfermedades del lenguaje. Para Abercrombie (1967) hay PATOLOGÍAS de la lengua y patologías del medio.

Aunque las nociones de CANAL y 'medio' se hallan intrínsecamente relacionadas entre sí, conviene diferenciar el 'medio' del canal, ya que tanto la lengua escrita, la del medio oral-auditivo, como la escrita, la del medio visual, pueden transmitirse a través de una gran variedad de canales: la radio, la televisión, el teléfono, etc., en el primer caso; la carta, el libro, el fax, etc., en el segundo. *Cf* forma y sustancia.

**Mejoramiento de sentido.** Véase en CAMBIO LÉXICO-SEMÁNTICO.

**Melodía del enunciado.** Véase en ENTONACIÓN.

**Mentalismo.** ① En el PARADIGMA GENERATIVISTA, la investigación lingüística es 'mentalista' porque se apoya en la INTUICIÓN y porque pretende acceder al conocimiento mental y abstracto, localizado en el cerebro, que posee el HABLANTE-OYENTE nativo de una lengua. El 'mentalismo' de este PARADIGMA es doble porque:

(a) no se limita al análisis de lo estrictamente superficial u observable; en este sentido se puede afirmar que el nacimiento del GENERATIVISMO estuvo motivado por la incapacidad del ESTRUCTURALISMO de dar una EXPLICACIÓN satisfactoria de las intuiciones lingüísticas de los hablantes nativos (Levin, 1963); y

(b) aspira a ser una teoría parcial que describa y explique el funcionamiento de la mente humana.

② No obstante, la palabra 'mentalismo' tiene una connotación negativa dentro del ESTRUCTURALISMO NORTEAMERICANO, especialmente para los bloomfieldeanos, quienes se declararon **antimentalistas**, ya que para ellos recurrir a la mente o hablar de 'mentalismo' era, por una parte, apelar a lo oculto y a lo esotérico en el análisis y la descripción lingüística y, por otra, apartarse de la *claridad* empírica (observacional y experimental), es decir, renunciar al rigor propio del método científico. Por tanto, el **antimentalismo** es un timbre de gloria del descriptivismo y del distribucionalismo propios del estructuralismo norteamericano, que rechazaron toda referencia a procesos mentales o psicológicos, y una descalificación o connotación negativa por parte de los generativistas, para quienes renunciar a los DATOS INTROSPECTIVOS del HABLANTE NATIVO constituye una valiosa renuncia y una limitación muy grande para la INVESTIGACIÓN LINGÜÍSTICA.

③ MENTALISMO es también el nombre de una de las dos grandes teorías PSICOLINGÜÍSTICAS referidas a la ADQUISICIÓN DEL LENGUAJE y al APRENDIZAJE DE UNA LENGUA. El 'mentalismo' estuvo vinculado a la concepción lingüística del PARADIGMA GENERATIVISTA, frente a la concepción del CONDUCTISMO-ESTRUCTURALISTA y, por eso, se le llamó **mentalismo transformacional**. Para el 'mentalismo', el lenguaje es un fenómeno o realidad mental, y no un conjunto de hábitos, y se adquiere mediante un proceso cognoscitivo, y no mediante estímulos y respuestas.

**MESOLECTO.** Véase en BASILECTO.

**META.** El nombre 'meta' alude a un PAPEL SEMÁNTICO. En general, el uso del término 'meta' implica que la expresión nominal a la que se asigna el papel semántico así denominado representa a una entidad considerada como el objetivo hacia el que se dirige la actividad denotada por el predicado. Pero al margen de ese sentido general, 'meta' no siempre designa la misma noción.

① Para Dik (1981) o Siewierska (1991), por ejemplo, 'meta' es el papel semántico de la entidad afectada o efectuada por la acción de una FUERZA o de un controlador, un AGENTE, pongamos por caso, que controla y dirige esa acción. Así, conllevan el papel semántico 'meta' todos los sintagmas nominales destacados en los siguientes enunciados: «Pamela rompió *el vaso*», «John leyó *un libro*», «John envió *un libro* a París», «John guardó *su dinero* en un calcetín viejo».

② Según el sentido recogido por Gràcia i Solé (1989), 'meta' es el papel semántico correspondiente a una entidad que es punto final de una actividad, de un movimiento físico o abstracto. Pero, a diferencia de los PACIENTES o de los OBJETOS EFECTUADOS, la entidad 'meta' no recibe las consecuencias de esa actividad (no resulta afectada o modificada) o las recibe en segundo lugar. Así, según Gràcia i Solé, tendrían el papel semántico 'meta' tanto los sintagmas destacados en «Iremos *al parque Güell*» o «Tendía *a la perfección*», como los que se destacan en los siguientes enunciados: «Quería enviar la carta *a tu casa*», «Le hemos regalado flores *a María*». 'Meta', en este sentido del término, viene a coincidir parcialmente con RECEPTOR$^2$ o con DESTINATARIO$^2$.

**METÁBOLE.** La 'metábole' es una FIGURA DEL LENGUAJE consistente en la REPETICIÓN de varios SINÓNIMOS parciales («¡fantástico!, ¡estupendo!, ¡maravilloso!»)

con el fin de producir un EFECTO ESTILÍSTICO de ÉNFASIS.

**METACOMUNICATIVO.** Véase en ACTO NO VERBAL.

**METAFONÍA.** En FONÉTICA ARTICULATORIA se llama 'metafonía', o **inflexión** (*Umlaut* en alemán), siguiendo a Quilis (1993: 82), a la ASIMILACIÓN A DISTANCIA que funciona sólo en el nivel fonético: es la modificación del TIMBRE de una vocal por la influencia de una vocal vecina. Así, en latín *feci* > español *hice*, la influencia de la *-i* cambió la *e* de *feci* en *i*. Se diferencia de la armonía vocálica porque esta última es un fenómeno de 'asimilación a distancia' que funciona sólo en el nivel morfológico y léxico.

**METÁFORA, METAFORIZACIÓN.** Desde la concepción aristotélica como «enigma bien construido», la 'metáfora' es la FIGURA DEL LENGUAJE por excelencia. Dada su importancia, se explica que al proceso de creación de cualquier IMAGEN del lenguaje se le llame **metaforización** (*cf* neología de sentido, catacresis). En la 'metáfora' hay una transposición consciente e intencional de significados, basada en la similitud de aspectos, de usos o de funciones. Por eso, Samuel Johnson afirma que la 'metáfora' te da dos IMÁGENES por una. En realidad, es una COMPARACIÓN condensada por la que afirmamos una identidad intuitiva y concreta. La 'metáfora' se puede explicar como una comparación elíptica («Ella es una rosa»), que es distinta del **símil**, que es una comparación parcial («Ella es *como* una rosa») y de la comparación plena («Ella es tan bonita como una rosa»).

También se puede explicar como una relación triangular (I. A. Richards) entre la cosa de la que se habla o TENOR, la cosa que se dice o VEHÍCULO, y el vínculo entre las dos, el *tertium comparationis*, llamado FUNDAMENTO, aunque para que haya metáfora debe existir también una cierta distancia entre el tenor y el vehículo. Igualmente se puede dar cuenta de la 'metáfora' mediante la ESTILÍSTICA DE LA DESVIACIÓN con el choque entre CLASEMAS. Por ejemplo, la metáfora «La roca ríe» se explica por el choque entre dos clasemas [–animado] de *roca* y [+animado] de *ríe* (Samaniego, 1996).

La **metonimia** es la figura formada por la sustitución del nombre de una cosa por uno de los atributos o RASGOS SEMÁNTICOS (*cf* sema) contenidos en su definición. Por ejemplo, el *cetro* es una metonimia de la *autoridad* (*cf* sinécdoque).

Jakobson, basándose en el eje vertical del lenguaje, el PARADIGMÁTICO, el de la ELECCIÓN, y el eje horizontal, el SINTAGMÁTICO, el de la COMBINACIÓN, ha presentado una nítida explicación y diferenciación de los procesos generadores de la 'metáfora' y la 'metonimia' (incluida la sinécdoque en esta última). Si transformásemos (Lodge, D., 1977) «Los buques cruzaron el mar» por «Los buques *-araron* el mar» habríamos sustituido *-labrar* por *cruzar*, al haber percibido una similaridad de movimientos entre el «arado de la tierra» y el «movimiento del barco en el mar». En «Los buques surcaron el mar» se produce una 'metáfora' porque el HABLANTE, en la elección de los VOCABLOS apropiados del PARADIGMA para combinarlos en el SINTAGMA, ha percibido una **similaridad**, no exenta al mismo tiempo de una sensación de disparidad, entre el movimiento del arado sobre la tierra (ABRIR SURCOS) y el del buque sobre el mar (*cruzar, atravesar, navegar*, etc.). En resumen, para que haya 'metáfora' se necesita la percepción de similaridad, sin que se suprima el sentido de disparidad, ya que son percepciones que pertenecen a esferas diferentes del pensamiento.

Pero si transformamos «Los barcos cruzaron el mar» por «Las quillas cruzaron la profundidad» (*Keels crossed the* deep), tendremos una **sinécdoque** (*las quillas*) que es una parte, por *el barco*, que es el todo y una **metonimia** (*la profundidad*, que es un atributo del mar). Pero esta vez no ha sido la *similaridad* la que ha permitido la sustitución de una unidad por otra, ya que *quilla* puede sustituir a *barco* no por su similaridad sino por su **contigüidad**.

METAFUNCIÓN, METAFUNCIONALISMO. Al FUNCIONALISMO que estudia, no las FUNCIONES COMUNICATIVAS del lenguaje, sino los PAPELES o funciones que desempeñan las unidades del lenguaje, se le llama **metafuncionalismo** y cada una de estas funciones recibe el nombre de **metafunción** o función lingüística (SUJETO, PREDICADO, ACUSATIVO, etc.). El 'metafuncionalismo' esta relacionado con el METALENGUAJE, esto es, son como dos caras de la misma moneda (*cf* descripción funcional). Así, si consideramos que en el estudio del lenguaje se pueden distinguir CLASES de FORMAS (nombre, adjetivo, sintagma, etc.) y clases de funciones (sujeto, predicado, ablativo, etc.), el metalenguaje trataría el lenguaje de las formas lingüísticas, mientras que el 'metafuncionalismo' abordaría el estudio de las metafunciones o funciones metalingüísticas.

El estudio de las 'metafunciones' ha dado lugar al nacimiento de una DICOTOMÍA metodológica práctica, la llamada -ÉMICO/-ÉTICO *-etic/-emic*. Esta oposición nace de la que existe entre la fonética y la fonología (*phonetic/phonemic*): la fonética estudia los sonidos en general, mientras que a la fonología le interesa lo funcional. Pertenecen, por tanto, en un sentido general al grupo -ético los datos sin clasificar, o las variantes de un grupo funcional, mientras que pertenece al grupo -émico lo funcional. Por ejemplo, el concepto de fonema pertenece al grupo -émico, en tanto que el de sonido al -ético.

METALENGUAJE, METALINGÜÍSTICA. El concepto de METALENGUAJE, proveniente de la lógica y las matemáticas (aunque su designación original fuera aristotélica), forma parte de la discusión lingüística, especialmente desde el ESTRUCTURALISMO, y hoy es elemento indispensable de todo el entramado científico de la lingüística (Weinrich, H., 1981: 111-39).

El lenguaje sirve, entre otras cosas, para hablar del mundo. Pero para hablar del lenguaje no existe otro recurso que acudir al propio lenguaje. Cuando el lenguaje se utiliza para hablar del propio lenguaje se le llama 'metalenguaje', el cual se puede definir como un lenguaje de segundo orden empleado para hablar sobre el lenguaje en general. En este caso al lenguaje que sirve para hablar del mundo, para las comunicaciones, etc., se le llama **lengua objeto**, para diferenciarlo del 'metalenguaje'. Por ejemplo, los enunciados «Juan es muy feliz» y «Juan es nombre propio» difieren porque en el primero el lenguaje es el lenguaje objeto, mientras que el segundo es el 'metalenguaje' que ha servido para hablar de CATEGORÍAS lingüísticas. En la escritura se emplean recursos gráficos para hacer referencia al 'metalenguaje', tales como letra cursiva, comillas, etc. *Cf* funciones del lenguaje.

El 'metalenguaje', o terminología especializada, es una de las cuestiones básicas de la DESCRIPCIÓN lingüística, ya que con él se concretan y se estabilizan los conceptos, en primer lugar con la definición clara y coherente que se les da y, en segundo, con la aceptación y firme adhesión a los mismos otorgada por los demás (Lehrer, A., 1983). En el 'metalenguaje' normalmente se distinguen dos clases de términos: (a) los de los MÉTODOS y las TEORÍAS (incluidos los MODELOS y las HIPÓTESIS); y (b) los de la descripción lingüística que hace el lingüista.

Los primeros tienen un grado mayor de permanencia y consolidación. A los otros también se les conoce con el nombre de **etiquetas** o *rótulos*, ya que son simples términos *ad hoc* que el investigador acuña para sus necesidades descriptivas.

En algunas ocasiones, sin embargo, la búsqueda de mayor rigor, y también de una visualización más conveniente en la GENERALIZACIÓN y en la DESCRIPCIÓN lingüística, ha significado la aparición de una terminología demasiado abstrusa y, a veces, cargante y fastidiosa, que ha sido muchas veces barrera, en vez de puente facilitador, que es realmente su función. Esta muralla ha impedido que especulaciones y pensamientos teóricos que poseían una naturaleza y perspectiva similares fueran considerados dentro de un mismo PARADIGMA.

**METALEXICOGRAFÍA.** Véase en LEXICOGRAFÍA.

**METATEMATIZACIÓN.** Véase en RELACIONES TEXTUALES.

**METÁTESIS.** Es un proceso de EVOLUCIÓN fonética consistente en el cambio de lugar que se produce entre dos sonidos que no están contiguos, es decir, es un cambio a distancia: *miraculum* > *milagro*. Su origen es de tipo psíquico relacionado con la anticipación mental de sonidos que forman parte de una imagen acústica; en muchos casos se trata de un error en la percepción o en la ejecución. No es un cambio regular o esporádico (Gili Gaya, 1975: 190). A la metátesis de contacto (Quilis, 1993: 83) se la llama **inversión** (*naide* por *nadie*, *premiso* por *permiso*).

**MÉTODO.** En la INVESTIGACIÓN LINGÜÍSTICA el término 'método' puede entenderse, por lo menos, en dos sentidos:

(a) *perspectiva* o enfoque general que se adopta en la investigación de los problemas de una disciplina y, a estos efectos, abarca los *principios* básicos organizadores y reguladores de una perspectiva investigadora, los cuales están constituidos por normas de rango superior, entre las que destacan las teorías, los modelos y las hipótesis; y

(b) conjunto de *técnicas*, procedimientos, prácticas o pasos que se llevan a cabo con mayor o menor regularidad en la investigación; de acuerdo con este sentido, no serán iguales las técnicas, prácticas o procedimientos que se sigan, por ejemplo, en el PARADIGMA GENERATIVISTA y las del PARADIGMA ESTRUCTURALISTA, ni tampoco serán iguales los procedimientos en las distintas ramas de la lingüística, como la DIALECTOLOGÍA, la SOCIOLINGÜÍSTICA, etc.

De acuerdo con el primer significado del término, distinguimos dos grandes métodos: (a) el CIENTÍFICO-INDUCTIVO; y (b) el HIPOTÉTICO-DEDUCTIVO.

Siguiendo a J. Bouveresse (1974), en lingüística la verdadera oposición metodológica básica es la que existe entre los dos métodos anteriores. En cambio, otros estiman que no existe oposición sino complementariedad (Hartman, 1974). R. de Beaugrande (1984) postula que toda teoría deductiva presupone la existencia de otra inductiva previa, por ejemplo, conclusiones sacadas de un inventario o *corpus* de hechos o acontecimientos lingüísticos. Y, a la inversa, las teorías inductivas tienen sentido en tanto en cuanto son guías deductivas para experiencias futuras. El éxito de la investigación lingüística reside en la feliz combinación de ambas. Por ejemplo, con una aproximación ecléctica, o sea, inductivo-deductiva, el método será inductivo en una primera fase (momento heurístico o de descubrimiento de cosas), mientras que en una segunda, en la que haya que diseñar una teoría, será deductivo. Las teorías nacidas de una aproximación científico-inductiva se contentan con *describir*, mientras que las hipotético-deductivas van más lejos y aspiran a *explicar* y *predecir* el comportamiento del lenguaje o de las unidades investigadas. Existe una relación entre el llamado método científico-inductivo y el paradigma estructuralista, por una parte, y entre el hipotético-deductivo y el paradigma generativista, por otra, Y con relación a los datos, el estructuralismo es empírico-descriptivista y el generativismo es empírico-explicativista. *Cf* teoría, hipótesis, empirismo.

**MÉTODO CIENTÍFICO-INDUCTIVO.** Se llama **induccción** o **método científico-inductivo** al conjunto de principios y de procedimientos empleados en la búsqueda sistemática de conocimientos accesibles intersubjetivamente por medio de: (a) la formulación de un problema; (b) la recogida de datos a través de la OBSERVACIÓN y, si fuera necesario, de la EXPERIMENTACIÓN; (c) la elaboración de HIPÓTESIS; y (d) la comprobación y confirmación de las hipótesis elaboradas.

Es el método científico-inductivo, por tanto, *observacional* y *experimental* a la vez. De todo lo anterior se puede inferir que la *meta* que se marca el método científico en lingüística es doble: (1) formular TEORÍAS sobre los fenómenos y DATOS lingüísticos observables; y (2) llevar a cabo DESCRIPCIONES, es decir, representaciones verbales de los citados fenómenos y datos lingüísticos, que sean claras, atractivas y, sobre todo, relevantes, mediante el ANÁLISIS EMPÍRICO.

El método científico-inductivo se apoya en la INDUCCIÓN o razonamiento inductivo, que intenta construir y ampliar conocimientos partiendo de los datos y los fenómenos particulares observados, hasta llegar, en primer lugar, a la formulación de HIPÓTESIS concretas o limitadas, y de éstas a otras más amplias, en segundo lugar y, en su caso, a la construcción de las TEORÍAS.

Como se ve, analizar y describir son dos metas del método científico, y durante mucho tiempo, especialmente durante el apogeo del ESTRUCTURALISMO, estuvo tan identificada la investigación general en lingüística con este descriptivismo-analítico del método científico-inductivo que, con frecuencia, se hablaba indistintamente de ANÁLISIS LINGÜÍSTICO y de INVESTIGACIÓN LINGÜÍSTICA. Mediante la inducción, la mente humana propende a expresar una realidad ilimitada sirviéndose de un número limitado de elementos, es decir, mediante las GENERALIZACIONES, las cuales, al utilizar sólo los rasgos y propiedades típicas de los objetos observados, son, hasta cierto punto, idealizaciones. En resumen, como afirma Escribano (1990c: 171), si se ve el objeto científico como un *datum* accesible a la inspección EMPÍRICA y el enfoque es DESCRIPCIONISTA, el método de investigación *natural* es el 'método inductivo' de observación cuidadosa, registro fiel y meticulosa extracción de generalizaciones. *Cf* deducción; abducción, hipótesis inductivas. *Cf* deducción; abducción, hipótesis inductivas.

**MÉTODO COMPARATIVO.** Se llama **comparatismo** o **método comparativo** a la investigación utililizada por la LINGÜÍSTICA COMPARADA del siglo XIX que, con un enfoque DIACRÓNICO, permitió la RECONSTRUCCIÓN de PROTOLENGUAS como el INDOEUROPEO. A los estudioss del 'comparatismo' se les llamó **comparatistas**. El CAMBIO LINGÜÍSTICO, especialmente el CAMBIO FONÉTICO, fue uno de los objetivos de este método. El 'comparatismo' o 'método comparativo' ha sido sido la primera aproximación al estudio del lenguaje que ha merecido el adjetivo de «científico». Tres son los pilares sobre los que se asienta el 'método comparativo': la CONTINUIDAD LINGÜÍSTICA, la REGULARIDAD de los CAMBIOS LINGÜÍSTICOS y la ARBITRARIEDAD DEL SIGNO.

De acuerdo con Lyons (1990: 173-74), el 'método comparativo' tiende a exagerar el grado de REGULARIDAD de un sistema lingüístico reconstruido y parte del supuesto de que cada miembro de una FAMILIA de lenguas emparentadas se encuentra en línea directa sin mantener ningún contacto a lo largo del tiempo. Por estas razones, las protolenguas reconstruidas han de considerarse CONSTRUCTOS HIPOTÉTICOS.

**MÉTODO FUNCIONAL.** El término 'método funcional' se emplea en el APRENDIZAJE DE LENGUAS EXTRANJERAS para aludir fundamentalmente a los sílabos o programas ordenados a partir no de las formas del lenguaje (nombres, adjetivos, la conjugación, etc.) sino de las necesidades comunicativas (la expresión del agrado o del desagrado, expresión de experiencias en el pasado, la solicitud de información, etc.) de los estudiantes. *Cf* función

**MÉTODO HIPOTÉTICO-DEDUCTIVO.** La **deducción**, también llamada **método hipotético-deductivo**, consiste en la producción o derivación de HIPÓTESIS a partir de una supuesta TEORÍA. La refutación de cualquiera de las hipótesis es, en cierto modo, la refutación de una parte relevante de la teoría, la cual deberá ser corregida o rectificada en lo que corresponda. Es el método opuesto a la INDUCCIÓN (*cf* abducción).

En la INVESTIGACIÓN LINGÜÍSTICA los teóricos del 'método hipotético-deductivo' estiman que el MÉTODO INDUCTIVO es incompleto ya que, aun admitiendo que existe la «pura» OBSERVACIÓN, una inducción derivada de ella no explica nada, sin recurrir al menos a la suposición, es decir, a la conjetura hipotética de una regla general. Las diferencias entre estos dos métodos se remontan a las disputas entre el EMPIRISMO y el RACIONALISMO y, en suma, se trata del contraste entre los lingüistas que (a) están interesados en la recogida y organización de DATOS que reflejen el USO del lenguaje, y en la formulación de teorías sobre dichos datos a modo de generalizaciones, y (b) los que dando un paso adelante formulan hipótesis explicativas de un fenómeno, que luego comprueban deductivamente frente a los datos que poseen.

En el método hipotético-deductivo se hacen pasar por el MODELO las oraciones que se producen, examinando de esta manera su pertenencia a la lengua, lo cual no es posible en el método inductivo, ya que el objeto de estudio se limita siempre a un conjunto de frases pre-existentes, el llamado CORPUS. Esta diferencia metodológica se puede observar en el hecho de que para los lingüistas modernos ciertas secuencias de formas no gramaticales tienen el mismo rango de importancia que las oraciones gramaticales. En la 'deducción' los datos, sin embargo, son también importantes porque sirven para poner en tela de juicio la validez de una teoría cuando haya disparidad entre los datos y dicha teoría. En resumen, como afirma Escribano (1990c: 171), si el objeto científico no es directamente accesible a la inspección sino que es generado por la teoría, la opción natural es el método hipotético-deductivo. *Cf* abducción.

**MICROLINGÜÍSTICA.** Véase en MACROLINGÜÍSTICA.

**MICROMARCADOR.** Véase en MARCADOR.

**MÍMESIS, MIMÉTICO.** Véase en DIÉGESIS.

**MODALIDAD, MODALIDAD DEL DISCURSO.** ① Se llama **modalidad** al contenido de la oración que se relaciona con la actitud del HABLANTE o del sujeto respecto de la PROPOSICIÓN que enuncia. Los enunciados «Luis debe invertir sus ahorros», «Luis invierte sus ahorros», «¿Invierte Luis sus ahorros?», «Quizá Luis invierta sus ahorros», representan 'modalidades' distintas, aunque coincidan en el contenido proposicional —*Luis invertir sus ahorros*—. En el primer enunciado el hablante plantea una necesidad; en el segundo simplemente afirma un hecho; en el tercero solicita una información; en el último alude a la posibilidad de que tenga lugar un determinado evento. Las 'modalidades' pueden expresarse por medios muy diversos (verbos AUXILIARES especializados —*debe*—, ADVERBIOS —*quizá*— orden de palabras, entonación —«¿Invierte Luis sus ahorros?»—, MODOS verbales —*invierta*—). *Cf* modalidad deóntica, modalidad epistémica.

② Para Halliday (1978: 108 y sigs.), la **modalidad del discurso** se caracteriza teniendo en cuenta su estructuración en forma de entrevista, conferencia, lección, etc., y el CANAL que está empleando en la transmisión del MENSAJE. *Cf* contexto social.

③ También se emplea el término **modalidad del discurso** para aludir a las distintas formas que el discurso adopta de acuerdo con su finalidad: el discurso descriptivo, o DESCRIPCIÓN, pinta escenas, personajes (o INTERLOCUTORES) con palabras; el narrativo, o NARRACIÓN, cuenta acontecimientos o incidentes; el expositivo, o EXPOSICIÓN, explica y clarifica; el persuasivo, o PERSUASIÓN, intenta convencer; el dialógico, o DIÁLOGO, deja hablar a los interlocutores, y el poético pone de relieve los rasgos estéticos o artísticos del discurso.

**MODALIDAD DEÓNTICA.** De conformidad con Lyons (1980: 754), se identifica como 'deóntica' la MODALIDAD (esto es, el contenido oracional que corresponde a la actitud subjetiva del hablante sobre lo enunciado) que se relaciona con la obligación y la permisividad. Así, por ejemplo, «Debes venir a las 8», «Puedes retirar los platos», son enunciados deónticamente modalizados. Mediante la PERÍFRASIS VERBAL *debes venir*, el hablante manifiesta que impone al receptor del mensaje la obligación de realizar la acción descrita en el enunciado: *Venir a las 8*. En «Puedes retirar los platos» la perífrasis *puedes retirar* expresa que el hablante permite al destinatario llevar a cabo la acción a que hace referencia el contenido proposicional del enunciado: *Retirar los platos*. *Cf* PROPOSICIÓN.

**MODALIDAD EPISTÉMICA.** Se identifica como 'epistémica' la MODALIDAD que se relaciona con el mayor o menor grado de probabilidad o certeza que el hablante otorga al contenido proposicional del enunciado (*cf* PROPOSICIÓN). Por ejemplo, según Lyons (1980: 728 y sigs.), «Juan puede haber ido a París», «Juan quizá fue a París», «Es posible que Juan fuese a París», son enunciados epistémicamente modalizados. En ellos, bien mediante una PERÍFRASIS VERBAL (*puede haber ido*), bien por medio de un adverbio (*quizá*), bien a través de un predicado (*es posible*), se expresa que el hablante considera posible, aunque no tiene absoluta certeza sobre ello, que se haya realizado lo descrito por la proposición común a los tres enunciados: *Juan fue a París*.

**MODELO.** Véase en modelo lingüístico.

**MODELO DESCRIPTIVO.** Los 'modelos descriptivos' son los MODELOS LINGÜÍSTICOS empleados especialmente en el PARADIGMA ESTRUCTURALISTA con fines DESCRIPTIVOS y TAXONÓMICOS para referirse a un esquema o bosquejo, más o menos superficial y con mayor o menor grado de elaboración. El ESTRUCTURALISMO NORTEAMERICANO, en una primera fase, desarrolló varios 'modelos de descripción' del componente fonológico (o fonémico) y morfológico (o morfémico), y también de la oración, siendo los más conocidos de estos últimos el modelo de CONSTITUYENTES INMEDIATOS (Wells, R., 1947; Bloch, B. y Trager, G., 1942), el de cajas, empleado por Hockett (1958) con el mismo fin, el de la TAGMÉMICA de Kenneth Pike, el de la GRAMÁTICA ESTRATIFICACIONAL de Sydney Lamb o el del ANÁLISIS DEL DISCURSO de Zellig Harris (1951, 1962), entre otros. Y en el nivel semántico también alcanzó gran relieve un modelo bastante elaborado llamado ANÁLISIS COMPONENCIAL (Nida, E., 1975).

**MODELO ESCRIPTO-ICÓNICO.** Véase en ESCRIPTO-ICÓNICO.

**MODELO FORMAL.** Véase en MODELO LINGÜÍSTICO.

**MODELO HIPOTÉTICO.** Véase en MODELO LINGÜÍSTICO.

**MODELO LINGÜÍSTICO.** En la INVESTIGACIÓN LINGÜÍSTICA, como en la de las demás ciencias o disciplinas, existe la tendencia a construir 'modelos' a fin de analizar el comportamiento de los DATOS lingüísticos en diversas circunstancias. En líneas generales un 'modelo' es un esquema coherente, o sea, una estructura operativa definida, formada por componentes relacionados entre sí, que se emplea para tratar, representar, explicar, definir y justificar un concepto simple, un problema, o un sistema complejo, en suma, cualquier cuestión investigadora o aspecto de la misma. Como la naturaleza del lenguaje es compleja, heteróclita en palabras de Saussure, los 'modelos' tienden a simplificarla de una forma operativa y práctica para entenderla mejor, ofreciendo fragmentos de la misma que representan los aspectos más esenciales o los que se juzgan más pertinentes de la investigación que se lleva a cabo de forma precisa y bien delimitada.

El término 'modelo lingüístico', desde la década de los años cincuenta, forma parte del instrumental teórico de la lingüística, así como de las demás disciplinas y ciencias modernas, ya que la investigación actual, como afirma M. Bunge, se hace planteando cuestiones claras e imaginando modelos conceptuales de las cosas (Bunge, M., 1985). Los 'modelos lingüísticos' son, por tanto, representaciones de un fragmento de la realidad lingüística construidas con una finalidad determinada, es decir, son esquemas precisos, funcionales, operativos y plausibles utilizados en la teorización, en la DESCRIPCIÓN o en la EXPLICACIÓN. Sin embargo, el término 'modelo lingüístico' no es unívoco; en lingüística tiene, al menos, cinco acepciones, algunas de las cuales poseen muchos elementos en común:

(a) la acepción en la que equivale a PARADIGMA, por ser similar a perspectiva investigadora, por ejemplo se puede hablar del *modelo estructuralista* en vez del PARADIGMA ESTRUCTURALISTA.

(b) la que es intercambiable con TEORÍA; con frecuencia se confunden los ámbitos y los significados de los términos TEORÍA y 'modelo'. Chomsky (1965: 25) en ocasiones utiliza estos términos como sinónimos, aunque casi siempre reserva el término TEORÍA para las formulaciones más generales o abstractas.

(c) la de **modelo teorético** o **modelo formal**, equivalente a una de las muchas interpretaciones de una teoría, muy vinculado al PARADIGMA GENERATIVISTA (Potts, T., 1975), ya que la investigación dentro de él da como resultado modelos audaces, los cuales puedan explicar el funcionamiento de los fenómenos lingüísticos. Estos modelos constituyen los marcos ideales que deben permitir la verificación de las hipótesis deductivas en que se basan, es decir, los modelos sirven, además, para experimentar y para verificar. Por tanto, en la raíz de todo modelo teorético hay una teoría explicativa o una serie de hipótesis, y la elección de un modelo o de otro se hará no sólo en función del determinado aspecto que se considera más importante, sino también de su capacidad explicativa. *Cf* verficación de los modelos.

(d) la de **modelo hipotético**, acepción que, junto a la anterior, es probablemente la más utilizada en lingüística; algunos de estos modelos, aun corriendo el riesgo de ser efímeros, son muy audaces. No obstante, algunos de estos modelos se han consolidado, y en su denominación conservan el nombre de hipótesis como la HIPÓTESIS LEXICALISTA (Scalise, M., 1984), la HIPÓTESIS DE SAPIR-WHORF (Whorf, B. L., 1974), etc. *Cf* modelo lingüístico.

(e) la de MODELO DESCRIPTIVO, equivalente esquema, diseño o bosquejo, con finalidad taxonómica o clasificatoria, muy vinculado a los postulados del ESTRUCTURALISMO.

(f) la de **modelo funcional**. Aunque la mayoría de los MODELOS LINGÜÍSTICOS son FORMALES, no son escasos los 'modelos funcionales', que consideran las funciones y metafunciones del lenguaje. *Cf* funcionalismo.

Cuando los modelos pasan por una fase posterior de perfeccionamiento en su formulación o encuentran mayor cimentación o fundamentación conceptual se convierten, a su vez, en TEORÍAS SUSTANTIVAS, como le sucede al modelo comunicativo de Jakobson (*cf* funciones del lenguaje). Y dentro de él, el desarrollo de la FUNCIÓN POÉTICA de este modelo se ha constituido en una teoría sustantiva, la POÉTICA LINGÜÍSTICA. En resumen, se puede decir que gran parte de la lingüística moderna es **lingüística de los modelos**.

**MODI SIGNIFICANDI.** Entre los precedentes de los estudios de SEMÁNTICA moderna se encuentran los 'modi significandi' medievales (Robins, 1974: 84 y sigs.). De acuerdo con esta doctrina gramatical, cada parte de la oración, o clase de palabras, se caracteriza porque representa la realidad por medio de un determinado modo o desde un determinado punto de vista. Los 'modi significandi' pueden ser considераros como un desarrollo morfosemántico de la gramática latina de Prisciano. Los especialistas de esta doctrina gramatical son conocidos con el nombre de **modistae**. *Cf* significado, analogistas, anomalistas.

**MODIFICADOR.** Equivale a COMPLEMENTO.

**MODIFICADORES.** Para Poyatos (1993: 199-449), los 'modificadores' son sistemas paralingüísticos (*cf* paralenguaje) empleados en la COMUNICACIÓN, entre los que destacan: (a) los **calificadores** o alteraciones causadas por los cambios producidos en la anatomía facial, así como en el área que comprende la cavidad torácica, la boca y la nariz; (b) los **diferenciadores** o distorsiones de la voz producidas por el susurro, el llanto, la risa, la tos, etc., y (c) los **alternantes** o sonidos articulados vocálicos o consonánticos (BILABIALES, LABIODENTALES, VELARES, etc.) o sonidos inarticulados y pausales (suspiros, carraspeos, onomatopeyas, etc.).

**MODISMO.** Véase en IDIOMÁTICO.

**MODISTAE.** Véase en MODI SIGNIFICANDI.

**MODO.** El 'modo' es una categoría gramatical que se expresa mediante la flexión verbal y cuyo contenido se ha asociado, generalmente, con la MODALIDAD, con la actitud subjetiva que se adopta ante el contenido proposicional (*cf* PROPOSICIÓN[5]) del enunciado. Por tanto, las subdivisiones, tales como INDICATIVO y SUBJUNTIVO, que se establecen dentro de la categoría 'modo', además de corresponderse con diferentes formas flexivas (*está/ esté, ha encontrado/ haya encontrado*), se relacionan con valores significativos vinculados a distintas modalidades enunciativas: realidad/ irrealidad o aserción/no aserción, pongamos por caso. Por ejemplo, en «Eva *ha encontrado* una casa muy bonita», o en «Creo que *está* equivocado», el uso de las formas pertenecientes al 'modo' indicativo *está, ha encontrado* implica que el hablante realiza una ASERCIÓN, más o menos suavizada. Esto es, asume como real, como conforme a la realidad el estado de cosas denotado por la predicación. En cambio, en «Ojalá Eva *haya encontrado* su casa ideal» o en «Deseo que *esté* equivocado», el uso del 'modo' subjuntivo implica «no aserción» o «irrealidad»; es decir, el proceso o el estado descrito en la oración no se afirma como un estado de cosas conforme a la realidad. Es sólo algo que el hablante desea que ocurra, que tenga lugar.

Aunque, como se ha dicho, los significados asociados a la categoría 'modo' se relacionan con la modalidad, no son coincidentes los límites de ambas categorías. La modalidad puede manifestarse a través de medios lingüísticos diversos (orden de palabras, entonación, adverbios), entre ellos el 'modo'. Pero sólo se incluyen, por lo general, en la categoría 'modo' aquellas diferencias de modalidad que se expresan a través de la flexión verbal.

**MODO DE ACCIÓN.** Equivale a *AKTIONSART*.

**MODO DE ARTICULACIÓN.** En FONÉTICA ARTICULATORIA se llama 'modo de articulación' al grado de aproximación que guardan los ARTICULADORES activos y pasivos entre sí durante el proceso de FONACIÓN. La ARTICULACIÓN puede ser de **cierre** o de **apertura**. En la de 'cierre', los articuladores permanecen en un oclusión tensa durante unos microsegundos. Esta articulación se utiliza para la producción de las consonantes OCLUSIVAS, NASALES, VIBRANTES y AFRICADAS. La de 'apertura' puede ser **libre** o de **contacto**; en la 'libre', que es la que se emplea en la formación de las VOCALES, DIPTONGOS Y TRIPTONGOS, los articuladores intervienen para formar diversas cavidades en la BOCA pero nunca llegan a encontrarse; en las de 'contacto', el paso del aire se estrecha en algún lugar de las CAVIDADES SUPRAGLÓTICAS. Por el 'modo de articulación' los sonidos articulados se dividen en VOCALES (articulación de apertura libre) y CONSONANTES (articulación de cierre o de contacto).

**MODULACIÓN.** Es la técnica de TRADUCCIÓN OBLICUA que, a fin de alcanzar una mayor naturalidad en la traducción, permite cambios de punto de vista, de metáforas, modificaciones en la estructura tema-rema y otras modificaciones similares. Así, Vázquez Ayora (1977) propone traducir «the almost complete absence of a neck» por «La cabeza empotrada entre los hombros». Para Vinay y Darbelnet es la técnica de traducción oblicua más importante. Para ellos, quien no sabe modular no sabe traducir (Campos, 1994).

**Modular.** En lingüística se aplica el adjetivo 'modular' aplicado a la TEORÍA, DESCRIPCIÓN, etc., lingüística que considera la existencia de conexiones entre cada uno de los COMPONENTES de una GRAMÁTICA. *Cf* holístico.

**Módulo.** Tal como se utiliza en las gramáticas vinculadas al paradigma de la generativa, el término 'módulo' designa un componente, subsistema o una subteoría de la gramática que contiene un conjunto de principios o de reglas destinados a dar cuenta de un aspecto específico de la formación de oraciones. Por ejemplo, la TEORÍA TEMÁTICA, LA TEORÍA DEL CASO, la TEORÍA DEL LIGAMIENTO, son algunos de los 'módulos' o subteorías diferenciados en el modelo generativo RECCIÓN Y LIGAMIENTO. Según señala González Escribano (1992a), el énfasis en la organización modular de la gramática es un rasgo común a buena parte de las teorías lingüísticas actuales, pero existen, no obstante, diferencias entre ellas en lo que concierne a la naturaleza específica de los 'modulos' y a la manera en que se relacionan para proporcionar una explicación de los procesos de formación de oraciones. Por ejemplo, según recoge el mismo González Escribano, desde el punto de vista de Sadock, la SINTAXIS AUTOLÉXICA se diferencia de otros modelos gramaticales (como el ya mencionado RECCIÓN Y LIGAMIENTO) por su concepción estrica de la modularidad. Así, mientras en algunos modelos los 'módulos' o componentes de la gramática son sistemas de principios relativamente autónomos, pero interactúan unos con otros y se «alimentan» mutuamente, en la Sintaxis autoléxica los 'módulos' están «informativamente encapsulados»; esto es, son gramáticas plenamente autónomas, que operan de forma independiente, sin acceso al tipo de información específico de otros 'módulos' y, por tanto, no se alimentan mutuamente.

**Mojado.** Véase en DURO.

**Momentáneas.** Véase en OCLUSIVAS.

**Monema.** Véase en MORFEMA[1].

**Monofonemático.** Véase en BIFONEMÁTICO.

**Monogénesis.** Véase en RELEXICACIÓN.

**Monoptongo, monoptongación.** Véase en DIPTONGO.

**Mora.** Se llama 'mora' a la subdivisión de una SÍLABA; es, por tanto, la 'mora' una unidad inferior a la sílaba. El término 'mora' arranca del griego, en donde se aplicaba para indicar que el acento afectaba sólo a la mitad de la duración de una sílaba larga, a la cual se la llamaba 'mora'.

En lingüística moderna se aplica en las lenguas en las que la CANTIDAD es un rasgo prosódico pertinente, con el fin de indicar en qué porción de la vocal recae el acento. De acuerdo con Martínez Celdrán (1983: 373-74), las vocales largas son equivalentes a dos 'moras', excepto si son finales de palabras polisílabas, y las largas por posición tienen igualmente dos 'moras' fonéticas. A las vocales largas se las llama **bimoraicas**, y a las breves, **monomoraicas**. En la FONOLOGÍA NO LINEAL ha recuperado su importancia el término clásico de 'mora' como UNIDAD FONOLÓGICA y se emplea para explicar el comportamiento de la regla del acento en lenguas sensibles a la CANTIDAD, es decir, aquellas en las que la cantidad es fonológica, como el inglés (*sheep*, *ship*).

**Morfema.** ① En uno de los sentidos del término, 'morfema' designa un tipo de unidad lingüística al que se han asociado las siguientes características:

(1) Es la unidad mínima del análisis gramatical, es decir, del análisis de las unidades significativas pertenecientes a la PRIMERA ARTICULACIÓN del lenguaje. Martinet (1966: 109) a esta unidad la llama **monema**. Por ejemplo, la palabra *codazos*

está constituida por tres 'morfemas, {codo} +{azo}+{plural}, representados por los segmentos *cod-*, *-azo-*, *-s*, puesto que son las tres unidades mínimas que se identifican en el análisis de la palabra *codazos*. Las tres unidades se consideran mínimas porque, si bien es posible proseguir el análisis de la palabra en términos fonológicos o semánticos, no es posible descomponerla en segmentos menores con valor gramatical o con significado.

(2) El 'morfema' se ha definido frecuentemente como una unidad mínima dotada de significado, ya sea su significado de carácter léxico (caso de {codo}), ya sea gramatical o gramaticalizado, caso de {plural} o de {azo}, «golpe dado con». No obstante, como indica Bosque (1983a: 119), a veces el valor semántico del 'morfema' se difumina o se pierde completamente. Así, por ejemplo, en *reaparecer, reconstruir*, es posible identificar un morfema {re} con el significado de «repetición», pero es difícil reconocer qué valor semántico tiene *re* en *recoger* o *resentir*. De ahí que, por lo que atañe a la identificación de los 'morfemas' pertinentes en una lengua, el valor semántico se haya dejado en ocasiones en un plano secundario.

(3) Los 'morfemas' pueden identificarse por su recurrencia en la estructura de las palabras. Así, los tres 'morfemas' delimitados en la palabra *codazos* forman parte de la estructura de otras palabras, aportando un mismo significado: *codearse, martillazo, libros*.

En el caso, por ejemplo, del 'morfema' {re}, integrante de palabras como *reaparecer, recoger, resentir*, es, precisamente, la recurrencia formal, ya que no el significado, lo que permite identificarlo.

(4) Los 'morfemas' son unidades abstractas que pueden realizarse mediante segmentos fónicos diferentes, debido a condicionamientos fonológicos, gramaticales o de otra índole; incluso, pueden no corresponderse con segmento fónico alguno.

Por ejemplo, en *imposible, ilógico, intolerable,* tendríamos tres realizaciones distintas (*im-*, *i-*, *in-*), condicionadas por el contexto fónico, de un 'morfema' único {in}, que aporta un sentido negativo a *posible, lógico, tolerable.*

En *las casas, las paredes, las crisis* habría un mismo 'morfema', una misma unidad gramatical mínima cuyo significado es {plural}, que se realiza de tres maneras diferentes: mediante el segmento fónico *-s* en *las casas*, como *-es* en *paredes* y como Ø en *crisis*, puesto que en esta palabra no hay un segmento fónico que lo represente.

En tanto que unidad abstracta, el 'morfema' se diferencia del MORFO y del ALOMORFO, que sí se corresponden con segmentos fónicos.

② El término 'morfema' se ha utilizado también para aludir, solamente, a las unidades mínimas de carácter abstracto, recurrentes en la estructura de las palabras, que tienen un significado o un valor gramatical. 'Morfema', en este sentido, no se hace extensivo, por tanto, a las unidades mínimas que comportan una significación léxica.

Así, volviendo a las unidades identificadas en el análisis de la palabra *codazos*, serían 'morfemas', según esta acepción, el {plural} representado por *-s* y la unidad {azo}, pero no {codo}, puesto que el significado que se asocia a esta unidad es de carácter léxico, y no gramatical.

Cuando se emplea con este sentido, 'morfema' puede oponerse a LEXEMA, PLEREMA, SEMANTEMA, términos que tienen en común el haberse utilizado para hacer referencia a las unidades mínimas del análisis gramatical con significación léxica.

③ Tanto en el sentido más abarcador de la primera acepción, como en el más restringido de la segunda, la unidad designada con el término 'morfema' se definía como una entidad abstracta, diferenciada del morfo o el alomorfo, como segmento concreto que la representa. No obstante, 'morfema' también se utiliza para referirse a las formas concretas, a los segmentos mediante los que se realizan esas unidades abstractas, en cualquiera de las dos acepciones antes descritas.

Según este sentido, se diría, por ejemplo, que la secuencia *-es* es el 'morfema' de plural en la palabra *paredes*, o que la palabra *codazos* está constituida por tres 'morfemas': *cod-azo-s*.

'Morfema', en esta acepción, viene a ser equivalente a MORFO o a ALOMORFO.

**MORFEMA CERO.** Es el MORFEMA teóricamente presente en la estructura de una palabra pero carente de realización fonemática; es decir, un morfema sin MORFO que lo represente en la cadena hablada. Por ejemplo, puesto que todos los sustantivos admiten, en español, un morfema flexivo, realizado regularmente como /-*s*/ o /-*es*/ (*foto-s, sillon-es*) que aporta al nombre el contenido {plural}, cabría plantear, y así lo hace la Real Academia Española (1973: 166 n.) que el sustantivo, cuando no está marcado como plural, conlleva también un morfema cuyo contenido gramatical es {singular} o no pluralidad, pero que no se representa mediante un segmento fónico en la cadena hablada; {singular} sería, pues, un 'morfema cero', una significación gramatical existente en la palabra pero sin morfo correspondiente en la cadena hablada: *foto-, sillón-* ({foto}+{singular}, {sillón}+{singular}).

Por otro lado, si *fotos, sillones* están constituidas por una unidad léxica y un morfema de plural, realizado como /-*s*/ o /-*es*/, palabras como *crisis, lunes* o *abrelatas*, cuando implican una significación plural («los malditos *lunes*», «las últimas *crisis*», «los *abrelatas* de diseño»), pueden considerarse integradas por los ítems léxicos *crisis, lunes, abrelatas* y el morfema al que se asocia esa significación {plural} pero, en este caso, con una realización cero, puesto que no se les adjunta una forma flexiva que las distinga del singular.

Ciertamente, a diferencia de lo que sucede con el hipotético morfema de singular, cero (Ø) no es la única representación que puede asociarse al morfema de plural; tan sólo es una de sus posibles variantes: *foto-s, sillon-es, crisis-*. Por ello, puede parecer más adecuado afirmar que *crisis, lunes* o *abrelatas* están constituidas por un ALOMORFO o variante de realización cero del plural, y no por un 'morfema cero' correspondiente al plural. No obstante, la distinción teórica entre morfema como unidad abstracta y alomorfo como variante concreta de un morfema no siempre se mantiene en la práctica. De ahí que se utilice indistintamente la denominación 'morfema cero' tanto para aludir a una significación gramatical que nunca tiene representación fonemática (caso del morfema de singular) como para hacer referencia a un contenido gramatical que, en determinadas palabras concretas, carece de morfo que lo represente, como es el caso del plural en palabras como *crisis, lunes* o *abrelatas*.

De todas formas, es preciso tener en cuenta que, como se ha señalado frecuentemente en los estudios gramaticales, la existencia de 'morfemas-cero' no es sino una hipótesis de los lingüistas, que puede resultar útil como recurso descriptivo, pero que, de admitirse, debe ser convenientemente acotada. Según indicaba, por ejemplo, Rodríguez Adrados, el recurso al 'morfema cero' puede ser peligroso si se utiliza demasiado libremente, «pues da la idea de una regularidad que no existe y a veces incluso de categorías que no existen» (1974: 187).

**MORFEMA DERIVATIVO.** Se clasifican como 'derivativos' los MORFEMAS LIGADOS que, a diferencia de los MORFEMAS FLEXIVOS, participan en los procesos de DERIVACIÓN. Por ejemplo, los sufijos *-ble* (*amable*), *-dor* (*corredor*), *-al* (*rosal*) representan 'morfemas derivativos'. Asimismo, los PREFIJOS, como *in-, re-*, han sido considerados a menudo 'morfemas derivativos', si bien el estatus de los prefijos con respecto a los procesos de derivación y COMPOSICIÓN resulta más controvertido que el de los SUFIJOS (*cf* prefijación, composición). Las características que se han asociado a los 'morfemas derivativos' son, lógicamente, distintas de las que se consideran propias de los morfemas flexivos. Entre esas características figuran, por ejemplo, las siguientes:

(1) Su adjunción a una base da como resultado una nueva palabra, una nueva unidad léxica, y una forma gramatical distinta del mismo LEXEMA. Así, de la palabra *rosa* se obtiene, mediante el 'morfema derivativo' *-al*, una nueva palabra *rosal*: que figura como tal palabra distinta en el diccionario.

(2) Los 'morfemas derivativos' pueden cambiar la categoría de la BASE a la que se adjuntan. Así, de verbos como *amar* y *correr* se obtienen, mediante el sufijo *-ble* o el sufijo *-dor*, adjetivos y nombres deverbales: *amable, corredor*. No obstante, no todos los sufijos derivativos cambian la categoría de la base (*rosa, rosal* son ambos sustantivos) y los prefijos nunca lo hacen.

(3) Tanto en su funcionamiento como en su significación son menos regulares que los morfemas que participan en los procesos de flexión. Así, por ejemplo, como señala Bosque (1983), es difícil deducir un mismo significado básico de todas las formaciones en que interviene el 'morfema derivativo' *-ero*: *limonero, librero, cenicero, justiciero.*

**MORFEMA DISCONTINUO.** Se llama 'morfema discontinuo' al MORFEMA, o unidad gramatical mínima con contenido, que, si bien se identifica como una sola CATEGORÍA desde el punto de vista del significado, se realiza en la palabra mediante dos segmentos fónicos discontinuos, esto es, separados por otra unidad gramatical. Por ejemplo, según el análisis propuesto por Bosque (1983a: 132), para ciertos verbos derivados de adjetivos como *embellecer, endurecer, enriquecer, empequeñecer*, en estos verbos puede identificarse una BASE correspondiente al adjetivo del que derivan (*bello, duro, rico, pequeño*) y un único morfema derivativo representado por dos segmentos discontinuos */eN/.../ecer/* que rodean a la base. Dichos verbos estarían, pues, integrados por dos unidades gramaticales: una base lexemática y un morfema derivativo 'discontinuo' que se realiza mediante dos segmentos fónicos separados por la base.

Entre las razones aducidas para justificar este análisis podríamos destacar las siguientes: (1) ambos segmentos */eN/.../ecer/* parecen añadirse simultáneamente a la base, dado que, por un lado, no existen palabras como **embello* o **bellecer* que puedan considerarse soporte para la adición de un nuevo afijo. Por otro lado, aun admitiendo como base formaciones hipotéticas de este tipo, como señala por ejemplo Varela (1990: 58), «no existen datos contundentes que nos permitan decidir qué dirección se sigue en la formación de palabras como estas», si *bell- → em-bell- → embell-ecer* o si *bell- → bell-ecer → em- bellecer.*

(2) Ambos segmentos */eN-/.../ecer/* parecen aportar conjuntamente el valor causativo que caracteriza a estas formaciones verbales: hacer o causar que alguien (o algo) adquiera la propiedad o se halle en el estado designado por el adjetivo identificado como base para la derivación. No puede, por tanto, asociarse a cada segmento un valor semántico distinto. De ahí que se consideren como el significante discontinuo de un morfema único, un morfema derivativo de significado causativo.

**MORFEMA FLEXIVO.** Se consideran 'flexivos' los MORFEMAS LIGADOS que, a diferencia de los derivativos (*cf* MORFEMA DERIVATIVO), sólo participan en los procesos de FLEXIÓN. Es, por ejemplo, el caso de los morfemas de GÉNERO y NÚMERO de los adjetivos o de los sustantivos, o de los morfemas de TIEMPO, número y PERSONA de que son susceptibles los elementos léxicos pertenecientes a la categoría verbo.

Como propiedades distintivas de los 'morfemas flexivos' se han señalado, entre otras, las siguientes:

(1) A diferencia de los derivativos, los 'morfemas flexivos' ni cambian la catego-

ría gramatical de la BASE o TEMA ni su adjunción da como resultado una nueva unidad léxica. Por ejemplo, el morfema derivativo *-ble*, que se adjunta a bases verbales, modifica la categoría de la base (*endosa-ble, estima-ble* son adjetivos DEVERBALES) y crea nuevas entidades léxicas que pueden figurar en el diccionario como tales. En cambio, la adjunción de un 'morfema flexivo' de plural a un sustantivo (*coche-s, cuadro-s*) ni cambia su categoría ni crea una nueva unidad léxica. Tan sólo da como resultado una forma gramatical distinta de un mismo LEXEMA.

(2) Constituyen paradigmas, conjuntos limitados de formas que se aplican, de forma sistemática y regular, a determinadas categorías léxicas. Así, como indica Bosque (1983a: 118), el 'morfema flexivo' de plural puede aplicarse prácticamente a cualquier sustantivo. En cambio, el morfema derivativo *-azo*, que significa «golpe dado con», no lo admite sistemáticamente cualquier nombre que designe un objeto.

(3) Conllevan significados gramaticales pertinentes en los procesos sintácticos. Están, pues, «sujetos a control sintagmático» (Moreno Cabrera, 1995: 428). Así, los morfemas de género y número del adjetivo están determinados por la CONCORDANCIA con el sustantivo («las maravillosas playas», «su maravilloso cuerpo»); los morfemas de número y persona del verbo dependen, asimismo, de la concordancia con el sujeto («Vosotros vigilaréis la entrada», «Marisa vigilará la salida»).

(4) Son periféricos en la estructura de la palabra (*cf* Varela, 1990: 70). Esto es, son los morfemas que completan la palabra y siguen, en su estructura, a los morfemas derivativos. Así, como señala Varela, **encoler-ba-iza, *libro-s-ería* son palabras anómalas, mientras que no lo son *encoler-iza-ba, libr-ería-s*, porque los segmentos fónicos correspondientes a los 'morfemas flexivos' *-ba, -s* preceden a los derivativos *-iza, -ería*.

**MORFEMA LIBRE.** Se identifica como 'libre' el MORFEMA, o unidad mínima del análisis gramatical, que puede constituir por sí solo una palabra, sin necesidad de combinarse con otros morfemas. Por ejemplo, según Bosque (1983a: 134), *sol, árbol, según*, son 'morfemas libres'. Los tres constituyen unidades gramaticales mínimas, puesto que son inanalizables en unidades menores con significado o valor gramatical. Los tres forman una palabra por sí mismos, sin el apoyo de otras unidades gramaticales.

**MORFEMA LIGADO.** Se identifica como 'ligado' el MORFEMA, o unidad mínima del análisis gramatical, que para constituir una palabra debe combinarse con otro morfema, con otra unidad gramatical. *Re-, -dor, -ción*, por ejemplo, son 'morfemas ligados'. Por sí solos no pueden formar una palabra; sólo pueden hacerlo combinados con otro morfema: *releer, vendedor, matriculación*.

**MORFEMA VACÍO.** Unidad o secuencia fonológica recurrente en procesos flexivos o derivativos a la que no parece posible asociar un contenido. Por ejemplo, según Varela (1990: 73), la llamada VOCAL TEMÁTICA (am-*a*-ba, cant-*a*-ba, tem-*e*-ré) es un 'morfema vacío: una unidad fónica (*a, e*) que aparece, de forma sistemática, en la flexión verbal, pero a la que no se asigna ningún contenido gramatical.

También suelen incluirse en la clase de los 'morfemas vacíos' los elementos catalogados como INTERFIJOS: hum-*ar*-eda, polv-*ar*-eda. Como en el caso de *-ar-*, los interfijos son secuencias fonológicas que, en ciertos procesos derivativos, se intercalan entre la BASE (hum-, polv-) y el SUFIJO (-eda), pero que parecen, asimismo, carentes de contenido.

Según sugiere, por ejemplo, Moreno Cabrera (1995: 416), sería más coherente emplear, para estos casos, la denominación 'morfo vacío', pues si el morfema se define como una unidad mínima con significación gramatical, hablar de 'morfemas vacíos', esto es, sin contenido, constituye, en cierto modo, un contrasentido. De hecho, de conformidad, por ejemplo, con Varela

(1990: 73) o Bosque (1983a: 135), los llamados morfemas vacíos no son más que «morfos sin morfema", morfos a los que no corresponde un morfema.

**Morfo.** Se denominan 'morfos' los segmentos fónicos constitutivos de las palabras que se identifican como pertinentes en el análisis morfológico, pero considerados en sí mismos como segmentos integrados por material fónico, prescindiendo de si son o no la realización de un MORFEMA determinado.

① Por ejemplo, la palabra *cantaba* está constituida por tres 'morfos': *cant-a-ba*, aun cuando el segmento *-a-*, la denominada VOCAL TEMÁTICA, sea un 'morfo' sin contenido o, como afirma Varela (1990: 73), «sin morfema correspondiente». En cambio, la palabra *canto* sólo está constituida por dos 'morfos', por dos segmentos fónicos relevantes desde el punto de vista morfológico: *cant-o*, aunque el 'morfo' *-o* pueda considerarse como la realización de diferentes morfemas (según Moreno Cabrera [1995: 413], por ejemplo, expresa los morfemas de primera persona, singular, presente e indicativo).

② También se utiliza 'morfo' como equivalente a ALOMORFO.

**Morfo acumulativo.** MORFO o segmento fónico pertinente desde el punto de vista morfológico, no analizable en segmentos más pequeños portadores, asimismo, de valor morfológico, que representa, de forma simultánea, dos o mas MORFEMAS.

Por ejemplo, según Moreno Cabrera (1995: 413), el segmento */-r/* que se delimita en la palabra latina «fera*r*» («seré llevado») es un 'morfo acumulativo', es decir, «un morfo que realiza más de un morfema: primera persona, singular y voz pasiva». *Cf* sincretismo.

**Morfología.** La 'morfología' es una disciplina lingüística cuyos límites y objetivos se han venido estableciendo tomando como base dos conceptos diferentes aunque vinculados: el concepto de palabra, y el concepto de forma (*cf* Llorente Maldonado, 1967).

① Como señalan Matthews (1980) o Bosque (1983a), pese al significado etimológico del término 'morfología' (procede del alemán *formenlhere*, «el estudio de las formas»), el concepto de «palabra» es el que ha tenido un mayor peso específico a la hora de establecer el dominio de esta disciplina. Así, según Matthews, la 'morfología' ha sido tradicionalmente la rama de la lingüística que estudia la estructura de las palabras. Según Bosque, asimismo, 'morfología' no designa el estudio de las formas, porque también la sintaxis se ocupa de formas y de relaciones formales entre elementos. Alude únicamente al estudio de las relaciones que se dan dentro de la palabra, entre unidades menores que ella. Es, pues, su tarea específica «tratar de comprender lo que ocurre dentro de la palabra». Como objetivos asignados a la 'morfología', así delimitada como disciplina, se pueden destacar los siguientes: la identificación de los MORFEMAS, esto es, de las unidades menores que la palabra que pueden integrar su estructura; la determinación de sus valores y relaciones, así como de la forma en que se combinan para formar las palabras. También, según Bosque, compete a la 'morfología' la teoría de las categorías léxicas.

② No obstante, como se ha señalado antes, el dominio de la 'morfología' también se ha delimitado tomando como base el concepto de 'forma' (entendida, frecuentemente, como «revestimiento fónico), en oposición al de significado gramatical o al de FUNCIÓN, que serían objeto de la sintaxis. Así, por ejemplo, según Tesnière (1966), la 'morfología' tiene como objeto la forma exterior o revestimiento fonético de la frase. Es esencial y únicamente «l'étude des marquants», de las formas a través de las cuales se expresan las conexiones entre unidades. Para Martinet (1978: 154-155), la 'morfología' puede considerarse como el «estudio de las variaciones formales de los MONEMAS», pero queda excluida de su ámbito «cualquier referencia a los usos de las diferentes categorías gramaticales, ya que la función de un monema no tiene conexión directa con las variaciones formales».

**MORFOFONOLOGÍA, MORFOFONOLÓGICO.** Se llama 'morfofonología' al nivel de análisis del lenguaje que estudia los cambios morfofonológicos, los cuales son las modificación fonológicas que sufre una palabra de acuerdo con los problemas que suscita la MORFOLOGÍA, ya sean cuestiones de DERIVACIÓN (*portal, puerta*) o de CONJUGACIÓN (*dormir, duermo, durmiera*).

**MORFOSINTAXIS.** El término 'morfosintaxis', difundido por la lingüística estructural postsaussureana, alude a la disciplina que tiene por objeto los aspectos del análisis lingüístico acotados por el límite inferior del MORFEMA y el límite superior de la oración, haciendo abstracción, por lo general, de lo que más específicamente se considera dominio de la Semántica. Entre esos aspectos objeto de la 'morfosintaxis' pueden destacarse: los tipos de unidades que pueden identificarse (morfemas, palabras, etc.), las categorías en que pueden agruparse (sustantivo, adjetivo, verbo, etc., son, por ejemplo, algunas de ellas), las variaciones formales que afectan a las palabras (por ejemplo, la flexión), la combinación de unidades y los valores relacionales resultantes de la combinación (por ejemplo, las funciones).

El ámbito asignado a la 'morfosintaxis' venía, pues, a coincidir con el de la GRAMÁTICA en el sentido más tradicional y común del término, aquel en que Gramática es la disciplina que abarca la Morfología y la Sintaxis.

No obstante, el recurso al término 'morfosintaxis' en sustitución del más tradicional gramática se justificaba en la lingüística postsaussureana por la necesidad de subrayar, de conformidad con los postulados estructuralistas, la inseparabilidad de FORMA y FUNCIÓN y, por tanto, de Morfología y Sintaxis, como elementos de una misma realidad lingüística. Para Hjelmslev (1976: 101), por ejemplo, «todo hecho sintáctico es morfológico, en el sentido de que concierne únicamente a la *forma* gramatical y dado igualmente que todo hecho morfológico puede ser considerado como sintáctico, ya que reposa siempre sobre una conexión sintagmática entre los elementos gramaticales en cuestión, estamos persuadidos de que la división posible de la gramática en Morfología y Sintaxis carece por completo de importancia desde el punto de vista práctico».

La denominación 'morfosintaxis' venía pues a enfatizar el convencimiento de que era imposible distinguir en la lengua dos órdenes diferenciados que permitieran sustentar la división tradicional de la gramática en Morfología y Sintaxis (*cf* Llorente Maldonado, 1971: 217-370). Con palabras de García Berrio y Vera Luján, «concebir la lengua como una estructura obliga a renunciar a la idea de que es posible practicar un previo estudio FORMAL de unas unidades que, a continuación, podían ser consideradas desde una óptica diferente, la relacional, obteniendo de esta forma una nueva información suplementaria pero independiente de la primera sobre su comportamiento. Y obliga también, en consecuencia, a encuadrar el estudio de esas unidades en una disciplina diferente, la *Morfosintaxis* (1977: 62)».

**MOTIVACIÓN.** Para Saussure (1945: 130) el SIGNO LINGÜÍSTICO se caracteriza por su ARBITRARIEDAD, ya que las relaciones entre el SIGNIFICANTE y el SIGNIFICADO, ni son lógicas ni racionales, ni poseen 'motivación' intrínseca, esto es, **motivación primaria o directa**, y se deben a las convenciones creadas por la tradición y el uso. Así, la idea de *sur* (Saussure, 1945: 130) no está ligada por relación alguna interior con la secuencia de sonidos *s–u–r* que le sirve de significante. El recurso de acudir a las ONOMATOPEYAS para justificar la motivación del lenguaje y, por tanto, su no arbitrariedad es fácilmente desmontable.

Sin embargo, Baldinger (1970: 31) defiende una **motivación secundaria** o indirecta. Por ejemplo, la palabra *cabra* no es 'motivada' pero sí lo es el verbo *encabritarse*, ya que, aunque no hay una 'motivación' directa a través de la realidad, sí existe una indirecta a través de *cabra*. Los procesos de METAFORIZACIÓN descansan sobre las 'motivaciones indirectas'; es más, toda la SEMÁNTICA se basa en motivaciones secundarias, pues todos los nuevos matices de significación están motivados por los precedentes. *Cf* onomatopeya.

**Móvil.** Véase en ACENTO, en ARTICULADOR y en PALADAR.

**Movimiento de alfa.** Véase MUÉVASE ALFA.

**Movimiento de Qu.** Especialmente en gramática generativa, se llama 'movimiento de Qu' a la regla que desplaza un pronombre interrogativo o un pronombre relativo (un elemento Qu) desde el lugar que teóricamente ocupa en la estructura subyacente, el propio del tipo de ARGUMENTO que representa, hasta la posición en que aparece en la ESTRUCTURA SUPERFICIAL. En «¿*Qué* has desayunado hoy?», por ejemplo, la posición inicial del interrogativo *qué* sería consecuencia de un 'movimiento de Qu': habría sido trasladado desde su posición inicial, tras el verbo («Has desayunado *qué* hoy»), puesto que ese es el lugar propio del argumento objeto.

**Movimiento de SN.** Especialmente en RECCIÓN Y LIGAMIENTO, se llama 'movimiento de SN' a la regla —cuya aplicación está constreñida por determinados principios de la gramática— que traslada un sintagma nominal desde la posición que teóricamente le corresponde en ESTRUCTURA PROFUNDA a la que finalmente ocupa en ESTRUCTURA-S.

De conformidad con los trabajos realizados siguiendo las pautas de este modelo gramatical, tanto *Ana* como *Mi equipo favorito* en «*Ana* parece haber engordado un poco», y «*Mi equipo favorito* ha sido derrotado» son sintagmas nominales desplazados, trasladados desde otra posición, como resultado de un 'movimiento de SN'. En el primer caso, el sintagma «Ana» habría sido movido desde el lugar correspondiente al sujeto de la oración incrustada «haber engordado»: «Parece [Ana haber engordado]». En lo que concierne al sintagma «mi equipo favorito», habría sido trasladado desde la posición básica postverbal característica del argumento «paciente» que representa.

**Mudo.** En FONÉTICA se emplea el adjetivo 'mudo' para indicar que determinadas letras o GRAFEMAS, la *h* del español, la *gh* de la palabra inglesa *through*, o la *ps* de la palabra francesa *temps*, que en el pasado correspondieron a FONEMAS que se pronunciaron, no se manifiestan en la CADENA HABLADA. *Cf* caduco.

**Muestra.** En la INVESTIGACIÓN LINGÜÍSTICA se llama **población** al conjunto de individuos (personas, familias, grupos, organizaciones, comunidades, acontecimientos, etc.) de quienes nos interesa obtener información. A cada uno de los miembros de la 'población', conocidos con el nombre de *elementos* o *unidades de análisis*, en lingüística también se les llama **informantes**. Como las 'poblaciones' son muy grandes y no se pueden analizar todos sus elementos por razones obvias, se recurre a fracciones o porciones de aquellas, llamadas **muestras**, que se seleccionan para ser objeto de análisis, esperanzados en que sus magnitudes se aproximen lo más posible a las de la población.

Dicho con otras palabras, las 'muestras' son subconjuntos finitos de elementos tomados de una población, la cual, consecuentemente, es el conjunto de todos los elementos sobre los que se van a obtener datos para realizar el estudio estadístico (Durá, J. M. *et al*., 1988: 8).

Las ENCUESTAS que se aplican a las 'muestras' tienen como objetivo recoger información con el fin de sacar conclusiones, o inferencias estadísticas, generalizables a una 'población' completa. Los dos factores que más influyen en la representatividad o validez de una muestra y en su fiabilidad son su tamaño y el método de elección de sus elementos. El primer atributo que debe poseer una muestra es su representatividad. Una muestra es representativa cuando los elementos de la misma son muy similares a la población de la que se ha extraído, en lo que se refiere a las variables que son relevantes para el objeto de investigación. Hay varios métodos para asegurarse la representatividad. Las muestras aleatorias son representativas porque responden al principio de aleatoriedad, principio que se puede entender intuitivamente, por ejemplo, echando al aire una moneda y comprobando las veces que sale cara o cruz; en las muestras aleatorias la elección de cada elemento de la muestra debe ser una experiencia igual e independiente de la elección de los restantes elementos, de modo que todos los elementos tengan las mismas posibilidades de ser elegidos. Si en una población cualquiera (por ejemplo, los alumnos de una universidad) hay el doble de varones que de mujeres, el muestreo aleatorio tenderá a guardar la misma proporción, aunque no haya garantías de que la refleje totalmente. Cuanto más pequeña sea una muestra, tanto más baja será su fiabilidad y, a la inversa, ésta aumentará normalmente cuando se amplíe el tamaño de aquélla.

**Muestreo.** En la INVESTIGACIÓN LINGÜÍSTICA el proceso mediante el que se obtiene una MUESTRA se llama 'muestreo', el cual puede ser de dos clases: probabilístico y no probabilístico, como el llamado **muestreo accidental** (Berger, R. M. *et al.*, 1988: 65-85), en el que los INFORMANTES son reclutados cuando se puede contar con ellos. Este 'muestreo accidental' se suele emplear en pequeños EXPERIMENTOS, como los que utilizaron, por ejemplo, Blausberg y Jarrett (1977: 101-9) para investigar la interpretabilidad de ciertas oraciones que se han saltado algunas reglas sintácticas, ya de restricción en la selección, ya de estricta subcategorización. A quince estudiantes de los cursos superiores se les pidió que clasificaran 15 oraciones en tres categorías: las que no tienen sentido, y por tanto, no se pueden interpretar (por ejemplo, *Procrastination drinks duplicity*); las que podrían tener una interpretación metafórica (por ejemplo, *The volcano burped*); y, en tercer lugar, las que siendo absurdas o incoherentes podrían ser comprensibles en un contexto apropiado (*Johns thinks with a fork* podría tener sentido, por ejemplo, en *How do you eat potatoes? John thinks with a fork*). Los resultados fueron tan sorprendentes (unos clasificaban como interpretable lo que era absurdo para otros) que los autores del experimento llegaron a la conclusión de que el SIGNIFICADO no debía entenderse como la existencia de relaciones de SENTIDO, sino como el acto en que éstas se descubren.

**Muévase alfa.** En el modelo generativo RECCIÓN Y LIGAMIENTO, 'muévase alfa' es la regla que subsume todas las transformaciones de movimiento (*cf* MOVIMIENTO DE SN, MOVIMIENTO DE QU). Implica que cualquier constituyente (alfa) puede ser movido o trasladado de la posición que ocupa en la Estructura-P o estructura básica. Las condiciones concretas en que es posible un traslado quedan, no obstante, determinadas por diversos componentes de la gramática.

**Mundo de discurso.** Véase en UNIVERSO DE DISCURSO.

**Mutación, mutación consonántica.** ① Se llama 'mutación' al CAMBIO FONÉTICO brusco —a diferencia de la EVOLUCIÓN, que es gradual— que se produce sin fases intermedias, las apócopes voluntarias para abreviar palabras (*cine, metro*) o las sustituciones de sonidos por ANALOGÍA. La propagación social de una 'mutación' puede ser lenta o rápida, pero su producción siempre es súbita y no alteran el sistema (Gili Gaya, 1975: 185).

② En MORFOLOGÍA se llama 'mutación' (Don, 1966) al procedimiento de formación de palabras sin AFIJACIÓN, modificando la consonante inicial de la BASE. Este procedimiento lo emplean algunas lenguas de Siberia (Don *et al.*, 1996) para la CONVERSIÓN de nombres a verbos, o de transitivos a intransitivos, etc.

③ En la GLOSEMÁTICA, 'mutación' (Hjelmslev, 1963: 73-4) es el término referido a los cambios que se pueden hacer con las UNIDADES LINGÜÍSTICAS que están relacionadas entre sí. Si estos cambios se hacen con las unidades relacionadas en el plano vertical o PARADIGMÁTICO se habla de CONMUTACIÓN; si se efectúan con unidades relacionadas en el plano horizontal o SINTAGMÁTICO se habla de PERMUTACIÓN.

④ Dentro de la lingüística histórica se llama **mutación consonántica**, también conocida como LEY DE GRIMM (*cf* en ley fonética), al cambio FONÉTICO regular del MODO DE ARTICULACIÓN que afecta a toda una CORRELACIÓN fonológica del sistema. La 'mutación consonántica', que es uno de los rasgos más importantes que distinguen al grupo germánico de los otros dialectos del INDOEUROPEO, consistió en que las OCLUSIVAS sordas /p, t, k/ del indoeuropeo, conservadas en el latín y el griego, se convirtieron en las FRICATIVAS /f, θ, h/ del germánico (por ejemplo, *piscis* → *fish*), el de las oclusivas sonoras /b, d, g/ a oclusivas sordas (*decem* → *ten*; *genu* → *knee*), etc. La ley de Grimm, también llamada mutación consonántica, fue completada cuarenta años más tarde por Karl Verner, introduciendo el papel del ACENTO. Así, por ejemplo, las oclusivas sordas del indoeuropeo, en posición media, cambian a fricativas sordas, sólo si el acento caía en la vocal precedente. En los demás casos aparece la fricativa sonora; de esta manera, la oclusiva /t/ de *pater* se convierte en /ð/ en la palabra *faðir*, etc.

**MUTILACIÓN.** Véase en TRUNCAMIENTO y en ABREVIACIÓN.

# N

**N.** Se emplea 'N' como símbolo representativo de la CATEGORÍA NOMBRE.

**NARIZ.** La 'nariz' es, junto con la FARINGE, la BOCA, y los LABIOS, una de las CAVIDADES supraglóticas o cajas de resonancia que añaden al TONO fundamental los ARMÓNICOS o hipertonos que caracterizan el TIMBRE de un sonido, en este caso, el de las NASALES y el de la NASALIZACIÓN.

**NARRACIÓN.** Se emplea el término 'narración' para aludir a la MODALIDAD DISCURSIVA encargada de la caracterización de la ACCIÓN y de los ACONTECIMIENTOS (hechos imaginarios o verdaderos) en los que intervienen los INTERLOCUTORES de la ACTIVIDAD COMUNICATIVA (*cf* estilo directo e indirecto). En la 'narración' (frente a la DESCRIPCIÓN) abundan los sintagmas verbales, con verbos en tiempo pasado, y adverbios. *Cf* diálogo, exposición, persuasión, estilo directo e indirecto.

**NARRATIVIZACIÓN.** Véase en ESTILO DIRECTO E INDIRECTO.

**NASAL, NASALIDAD.** ① En la FONOLOGÍA FUNCIONAL de Jakobson, 'nasal' es un RASGO INHERENTE DE SONORIDAD, que forma parte de la OPOSICIÓN BINARIA 'nasal-oral' (el número 6 en las lista de RASGOS DISTINTIVOS). Acústicamente, el rasgo de **nasalidad** se manifiesta en el ESPECTRO de las vocales a través de una reducción en la intensidad del primer FORMANTE ($F_1$), y en las consonantes, por la aparición de zonas de formantes en unas determinadas FRECUENCIAS. El rasgo de **oralidad** se manifiesta justamente por lo contrario. Articulatoriamente, el rasgo de 'nasalidad' se debe a la aparición de una nueva cavidad de RESONANCIA posterior, debida al descenso del velo del paladar (Quilis, 1993: 117).

② En la FONOLOGÍA GENERATIVA (Chomsky y Halle, 1968), 'nasal-no nasal' es uno de los RASGOS DISTINTIVOS[2] de CAVIDAD, agrupado junto con LATERAL bajo el epígrafe de APERTURAS SECUNDARIAS. Los sonidos 'nasales', representados con [+nasal], son definidos articulatoriamente como los que se producen con el velo del paladar bajado y despegado de la pared faríngea, de modo que permite el paso del aire a través del conducto rinofaríngeo. Los no nasales tienen el velo del paladar adherido a la pared faríngea y el aire ha de salir sólo por la boca (Martínez Celdrán, 1983: 237). *Cf* anterior, coronal, rasgos relacionados con el cuerpo de la lengua, redondeado, cubierto, glotal.

③ Cuando el VELO DEL PALADAR está adherido a la pared faríngea las VOCALES son orales; si está separado o bajado, las vocales son nasales, representado en la TRANSCRIPCIÓN FONÉTICA con el símbolo [˜] colocado encima de la vocal: [ã], [ẽ], etc.

En estos casos, el RESONADOR nasal se ha unido al resonador bucal. En el ESPECTROGRAMA (Alarcos Llorach, 1983: 66), la FRE-

CUENCIA del primer FORMANTE es la misma para todas las vocales: 500 ciclos por segundo. Además, las vocales nasales presentan formantes suplementarios; el principal a unos 250 ciclos por segundo. Por lo general, en las lenguas conocidas, es más rico en GRADOS DE ABERTURA y en clases de timbres el sistema de las vocales orales que el de las nasales correspondientes.

④ Las 'nasales' son CONSONANTES SONORAS para cuya emisión, analizada desde un punto de vista articulatorio, el velo del paladar está caído o separado de la pared faríngea, con lo que la columna de aire sonoro sale tanto por las fosas nasales como por la boca.

El MODO DE ARTICULACIÓN es de cierre, como en las OCLUSIVAS. En el ESPECTROGRAMA la 'nasalidad' (Gili Gaya, 1975: 75) consonántica se refleja porque en lugar del silencio de las oclusivas orales, aparecen varios formantes, el primero y más constante a unos 250 cs, del cual suele partir la transición del formante primero de la vocal. Este primer formante parece ser (Quilis, 1993: 233) el responsable de la nasalidad. Vistas desde la FONÉTICA AUDITIVA, a las 'nasales' también se las llama **momentáneas**, en oposición a *continuas*, nombre con el que se conoce a las FRICATIVAS, porque se perciben como *instantáneas*, mientras que las 'fricativas' suelen tener una duración algo mayor que las anteriores.

De acuerdo con el PUNTO DE ARTICULACIÓN son varias las 'nasales' que se pueden formar:

(a) **Nasal bilabial sonora** ([m]). Para la producción de este sonido, la posición de los órganos bucales es análoga a la de la OCLUSIVA BILABIAL SONORA, es decir, cierre de los labios, teniendo en cuenta, no obstante, lo dicho antes en cuanto al velo del paladar, que está separado de la pared faríngea, con lo que la columna de aire procedente de los pulmones sale tanto por las fosas nasales como por la boca. El fonema español /m/ acústicamente es (Quilis, 1993: 237) NO VOCÁLICO, CONSONÁNTICO, DIFUSO, GRAVE, NO AGUDO, NASAL, SONORO, CONTINUO. Gráficamente se representa con la grafía *m*.

(b) **Nasal [linguo]alveolar sonora** ([n]). Para la producción de este sonido, la posición de los órganos bucales es similar a la de la OCLUSIVA ALVEOLAR SONORA, es decir, el cierre del aire procedente de los pulmones se realiza con el ápice lingual y los alvéolos, siempre teniendo en cuenta que el velo del paladar está separado de la pared faríngea, con lo que la columna de aire sonoro sale tanto por las fosas nasales como por la boca. El fonema español /m/ acústicamente es (Quilis, 1993: 237): NO VOCÁLICO, CONSONÁNTICO, DIFUSO, NO GRAVE, NO AGUDO, NASAL, SONORO, CONTINUO. Gráficamente se representa con la grafía *n*.

(c) **Nasal [linguo]alveolar sonora** ([ɲ]). Para la producción de este sonido, la región predorsal de la lengua se adhiere a la zona prepalatal, cerrando de este modo la salida del aire (Quilis, 1993: 116); velo del paladar separado de la pared faríngea, con lo que la columna de aire sonoro sale tanto por las fosas nasales como por la boca. El fonema español /ɲ/ acústicamente es (Quilis, 1993: 237): NO VOCÁLICO, CONSONÁNTICO, DENSO, NO GRAVE, AGUDO, NASAL, SONORO, CONTINUO. Gráficamente se representa con la grafía *ñ* en castellano, *ny* en catalán, *gn* en francés, etc.

(d) **Nasal [linguo]velar sonora** ([ŋ]). Para la producción de este sonido, la región posdorsal de la lengua se adhiere a la zona pospalatal, cerrando de este modo la salida del aire. El velo del paladar está separado de la pared faríngea, con lo que la columna de aire sonoro sale tanto por las fosas nasales como por la boca. Existe como FONEMA independiente en inglés, donde se pueden contrastar palabras como *sin* (pecar) y *sing* (cantar). En castellano aparece como ALÓFONO del FONEMA /n/ en palabras como *manga* ['maŋga], *cinco* ['θiŋko], etc.

**NASALIZACIÓN, NASALIZADO.** La **nasalización** es la ARTICULACIÓN SECUNDARIA, representada en la TRANSCRIPCIÓN FONÉTI-

CA con el signo [˜] colocado encima del FONEMA correspondiente, que consiste en la emisión de aire por la CAVIDAD NASAL al pronunciar un sonido oral, debido a la influencia de otro NASAL. Por ejemplo, al pronunciar en inglés la palabra *comfort* [ˈkʌmf̃ət] el VELO DEL PALADAR está separado de la pared faríngea durante la emisión de la [m] permitiendo que el aire salga a la vez por la nariz; la consonante que sigue [f] queda **nasalizada**, esto es, afectada por el carácter nasal de la [m]. En Chomsky y Halle (1968) la 'nasalización' anticipatoria de la vocal precedente a una consonante nasal fue considerada como universal y automática, esto es, COARTICULATORIA. Sin embargo, como ha demostrado Solé Sabater (1995: 2 y sigs.), la magnitud, la duración y la velocidad de la apertura y del cierre del **puerto velar** es fonológica y depende, por tanto, de cada lengua. Así, en el inglés americano la 'nasalización' de la vocal precedente tiene lugar de forma más temprana, mientras que en español las vocales permanecen orales durante la mayor parte de su duración.

**NEGACIÓN.** ① Se da el nombre de 'negación' al rechazo o alteración del valor de verdad de la PROPOSICIÓN [5] contenida en un enunciado. Por ejemplo, «No ha venido María» constituye la 'negación', el cambio del valor de verdad, de la proposición «Ha venido María».

② 'Negación' también se utiliza para aludir a las unidades que, como es el caso de *no*, producen la alteración comentada en la acepción anterior. *Cf* polaridad, término de polaridad negativa.

**NEGOCIACIÓN DEL SIGNIFICADO COMUNICATIVO.** Véase en DIÁLOGO y en ANÁLISIS CONVERSACIONAL.

**NEOGRAMÁTICOS.** Los 'neogramáticos' (Robins, 1975: 182) marcaron una de las épocas más significativas de la lingüística de los dos últimos siglos, caracterizada por un avanzado grado de erudición lingüística, sobre todo en el estudio del CAMBIO LINGÜÍSTICO y en la RECONSTRUCCIÓN del INDOEUROPEO. La LINGÜÍSTICA DIACRÓNICA (LINGÜÍSTICA HISTÓRICA, LINGÜÍSTICA COMPARADA) se convirtió en verdadero PARADIGMA de investigación, en el sentido que Kuhn (1975) da a este témino. Defendió que el único tratamiento científico del lenguaje era el histórico explicitando de forma ordenada y disciplinada los principios en que se basa. Los grandes lingüistas de principios de siglo, J. Wright en Inglaterra, A. Meillet en Francia, y Boas, Sapir y Bloomfield en Norteamérica fueron educados dentro de los moldes neogramáticos en especial de acuerdo con la obra básica de Herman Paul, llamada *Principien der Sprachgeschichte* (1880). A los 'neogramáticos' se debe el respeto al EMPIRISMO de la lingüística moderna que arranca de la defensa que hicieron de los datos para que la lingüística fuera una ciencia en el más estricto sentido de la palabra. El *Curso de lingüística general* de Saussure fue la denuncia de los excesos de los 'neogramáticos', y marcó el principio del ESTRUCTURALISMO. *Cf* analogía, dialectología, idealismo, idiolecto, genealogía, ley de Grimm.

**NEOLOGÍA, NEOLOGISMO.** La **neología** estudia la CREACIÓN LÉXICA. Además de los EXTRANJERISMOS (CALCOS y PRÉSTAMOS), la 'neología' aborda la formación de los **neologismos**, o unidades léxicas nuevas, con recursos propios de cada lengua. Se distinguen dos procedimientos neológicos (Martínez de Sousa, 1996: 314-15): la neología léxica, o de forma, y la neología semántica, o de sentido. La **neología léxica** o **de forma** consiste en la creación de nuevas 'unidades léxicas' utilizando los recursos léxicos y morfológicos propios de cada lengua, de los cuales los más importantes en la lengua española son la DERIVACIÓN, la COMPOSICIÓN y la PARASÍNTESIS. En inglés también es un recurso importante la CONVERSIÓN. Además de los anteriores, existen la ABREVIACIÓN, el CRUCE y la SIGLONIMIA (*cf* alfonimia). La **neología semántica** o **de sentido**, caracterizada por otorgar un nuevo SENTIDO a una forma preexistente (*ala* de avión, *volante*, como resguardo, etc.). Los procedimientos más importantes de la 'neología de sentido' son la CATACRISIS y la METAFORIZACIÓN. *Cf* amalgama, aglutinación.

**NERVIO ACÚSTICO.** Véase en COMUNICACIÓN.

**NEUROLINGÜÍSTICA.** La 'neurolingüística' (*cf* psicolingüística) estudia las AFASIAS y las PATOLOGÍAS DEL LENGUAJE, incluidas las del MEDIO. *Cf* lateralización.

**NEUTRALIZACIÓN.** ① En la FONOLOGÍA de la Escuela de Praga se llama **neutralización** a la pérdida de dos o de varias OPOSICIONES en determinadas posiciones. Siguiendo a Alarchos Llorach (1983: 49-50), en estas posiciones de 'neutralización' sólo son relevantes los rasgos que pertenecen en común a los dos miembros de la oposición neutralizada. La 'neutralización' sólo se presenta en las OPOSICIONES NEUTRALIZABLES, no en las constantes. Al perderse la oposición surge una unidad fonológica nueva, de carácter funcional, llamada **archifonema**, que se representa con mayúsculas. El archifonema se define como el conjunto de RASGOS PERTINENTES comunes a los dos miembros de una OPOSICIÓN. Así, en español los fonemas /r/, /r̄/ se 'neutralizan' en /R/, excepto en posición intervocálica (*para, parra; coro, corro*).

Según Alarcos Llorach (1983: 99), hay que separar de la 'neutralización' los casos de **distribución defectiva**. Por ejemplo, el hecho de haber en español grupos *tr-* y *dr-*, y de faltar *tl-* d- no autoriza a decir que /r/ y /l/ se neutralicen tras /t/ y /d/. Para los lingüistas que, para la clasificación de los fonemas, dan más importancia a su DISTRIBUCIÓN que a su estructura constitucional de RASGOS PERTINENTES, los conceptos de 'neutralización' y 'archifonema' son innecesarios, y las llamadas oposiciones neutralizables se explican como casos de 'distribución defectiva' de determinados FONEMAS[6]. *Cf* solapamiento.

② El concepto de 'neutralización', entendido como la suspensión, en ciertas situaciones o contextos, de una oposición existente en el sistema lingüístico y pertinente en otros contextos, se ha hecho extensivo a otros ámbitos lingüísticos distintos de la fonología, tales como el LÉXICO, la MORFOLOGÍA e incluso la sintaxis (*cf* Jiménez Juliá, 1991). Por ejemplo, según Coseriu (1989: 218 y sigs.), en el llamado PRESENTE HISTÓRICO («Napoleón *nace* en Ajaccio y *muere* en Santa Elena») se produce una 'neutralización' de la oposición presente/pretérito, posibilitada porque el valor «pretérito» está dado por el propio contexto histórico.

**NEUTRO.** Véase en GÉNERO.

**NEXO.** ① Véase en NEXUS.

② También se utiliza el término 'nexo' para aludir a los elementos lingüísticos que tienen como función indicar la existencia de una relación entre unidades sintácticas. Por ejemplo, según Jiménez Juliá (1995), son 'nexos' los CONECTORES[2] O CONJUNCIONES coordinantes. Según Fernández Lagunilla y Anula Rebollo (1995: 322), *porque, para que, aunque* son 'nexos' conjuntivos, en tanto que *cuando* o *donde* son 'nexos' adverbiales.

**NEXUACIÓN SUBYACENTE.** E. Ramón Trives (1982: 191) utiliza el término 'nexuación subyacente' para aludir a la red de seguridad no lexicalizada o subyacente que, sirviéndose de recursos como la ISOSEMIA, garantiza la COHESIÓN y COHERENCIA textuales y facilita al lector la construcción del SIGNIFICADO PROPOSICIONAL.

**NEXUS.** En la terminología utilizada por Jespersen, 'nexus' (también adaptado al español como **nexo**) hacía referencia a una unidad sintáctica en la que se expresaba una relación de predicación, tanto si dicha unidad constituía una oración independiente («El perro ladra») como si formaba parte de otra unidad sintáctica más amplia: «Cuando *el perro ladra* se me acelera el corazón».

Partiendo del sentido dado por Jespersen al término, en algunas gramáticas del español (*cf* Hernández Alonso, 1984; 1995) se denomina 'nexus' a la unidad gramatical cuya estructura responde al esquema «SN-

SV» (sintagma nominal-sintagma verbal), sea cual sea su papel en el enunciado. Así, en «Si *Paco ha venido a verte* será porque *quiere algo*», «En cuanto a Juan *su padre lo ha desheredado*» todas las unidades destacadas en cursiva son 'nexus' en este sentido del término, todas responden al esquema «SN-SV».

En los textos en que se introduce esta denominación, 'nexus' se diferencia como CATEGORÍA sintáctica de ORACIÓN, término que se reserva, en este caso, para la unidad de comunicación autónoma desde un punto de vista sintáctico y semántico. *Cf* proposición, cláusula, oración.

**NIVEL.** ① El ESTRUCTURALISMO LINGÜÍSTICO, especialmente el norteamericano, en su ANÁLISIS LINGÜÍSTICO considera que el LENGUAJE está constituido por NIVELES que, en realidad, no son más que un conjunto de subsistemas jerarquizados. Esta concepción de 'niveles' del lenguaje también ha sido asumida por el GENERATIVISMO y por otros paradigmas porque es muy útil para la DESCRIPCIÓN lingüística. Aunque no hay inconveniente en fijar tantos 'niveles' como se crea necesario desde un punto de vista operativo para cumplir el objetivo de la investigación, normalmente, en especial en la fase inicial del estructuralismo, se consideraron tres niveles básicos: el FONÉTICO, el MORFOLÓGICO y el SINTÁCTICO. En fases posteriores se han añadido el nivel SEMÁNTICO, y el morfológico y el sintáctico se han convertido en uno solo, el MORFOSINTÁCTICO. En otras clasificaciones se ha valorado el nivel LÉXICO también, y el semántico, por su carácter especial de portador del significado, se ha convertido en un internivel que baña los otros tres. La ficción metodológica de los 'niveles', que es sin duda un recurso metodológico práctico y útil, ha experimentado en ciertos momentos hipertrofias innecesarias, caracterizadas por la tendencia a crear más niveles de los que operativamente son precisos. Por ejemplo, G. L. Trager (1963) distingue ocho niveles: *arthrotics*, *phonemics*, *eidics*, *morphemics*, *phrasics*, *se memics*, *phemics* y *rhymics*; y combinando cada uno de ellos con los sufijos *-typics*, *-oidics*, y *-tactics* se obtiene un total de veinticuatro niveles. La concepción metodológica de los 'niveles' ha sido y sigue siendo útil en el ANÁLISIS LINGÜÍSTICO. Sin embargo, sería excesivo considerar que esta concepción es un fiel reflejo de la naturaleza del lenguaje; sería más razonable pensar que es un recurso metodológico práctico.

② El concepto de 'nivel' también es utilizado por muchas otras teorías lingüísticas. Por ejemplo, en algunas gramáticas de orientación funcional (Gómez Soliño, 1996: 54-5) se habla de tres niveles: el representacional, el interpersonal y el retórico. Los dos primeros corresponden a la estructura jerárquica de los enunciados y el tercero está relacionado con la vertiente textual de los mismos. A su vez, cada uno de los tres niveles consta de tres ESTRATOS.

③ También se emplea el término 'nivel' para hacer referencia a cada una de las etapas sucesivas en el análisis de una expresión articulada (*cf* articulación) en que es posible descubrir constituyentes menores (*cf* Rojo, 1983).

④ En una acepción distinta de las anteriores, el término 'nivel' alude a cada uno de los planos de estructuración (semántico, sintáctico, informativo) a los que responde la organización del enunciado. Así, según Dik (1981) o Siewierska (1991), la GRAMÁTICA FUNCIONAL asigna funciones en tres 'niveles' diferentes: funciones semánticas, funciones sintácticas, funciones informativas o pragmáticas.

**NIVEL DE INTERFAZ.** En desarrollos recientes de la gramática generativa se identifican como 'niveles de interfaz' los NIVELES de representación que, o bien ponen en relación otros componentes gramaticales, o bien sirven de contacto entre el lenguaje y otras facultades o sistemas cognitivos. Según señalan Fernández Lagunilla y Anula Rebollo (1995), la FORMA FONÉTICA y la FORMA LÓGICA se consideran componentes o 'niveles de interfaz', puesto que, de acuerdo con los planteamientos chomskianos (*cf* Chomsky, 1992), pondrían en relación el lenguaje con el sistema articulatorio-perceptual y el conceptual-intencional.

**NIVEL DE REPRESENTACIÓN.** En GRAMÁTICA GENERATIVA, 'nivel de representación' hace referencia a cada uno de los estadios en la descripción de las expresiones lingüísticas en los que, mediante la aplicación de un determinado sistema de elementos, reglas y principios, propios de cada nivel, se proporciona cierta información sobre las propiedades de las oraciones consideradas relevantes para la descripción gramatical.

En el modelo RECCIÓN Y LIGAMIENTO son cuatro los 'niveles de representación' específicamente diferenciados:

(a) El nivel de la ESTRUCTURA-P, al que corresponde «una caracterización abstracta de la estructura argumental de la oración que satisface los requisitos seleccionales de las piezas léxicas» (Demonte y Fernández Lagunilla, 1987: 10).

(b) El nivel de la ESTRUCTURA-S. Corresponde a este nivel «una representación más concreta de la estructura sintáctica» (Demonte y Fernández Lagunilla, 1987: 10), y en él «se da cuenta de los procesos de movimiento que pueden experimentar los elementos lingüísticos y de las relaciones de cadenas originadas como resultado de tales procesos» (Fernández Lagunilla y Anula Rebollo, 1995: 75).

(c) El nivel de la FORMA FONÉTICA. Es el nivel en que se determina «la representación abstracta que subyace a la producción y a la percepción del habla, esto es, cómo se pronuncia la oración».

(d) El nivel de la FORMA LÓGICA. La 'forma lógica' es, según Demonte y Fernández Lagunilla (1987: 11), una caracterización abstracta de la interpretación de la oración. En ella se representan los aspectos del significado determinados por la estructura sintáctica que no pueden ser explicados teniendo en cuenta sólo la ESTRUCTURA-S.

Cada 'nivel' tiene su propia naturaleza, puesto que reflejan informaciones diferentes sobre las propiedades de las oraciones y son, asimismo, resultado de subsistemas diferentes. No obstante, están conectados entre sí de la manera que ilustra el siguiente esquema:

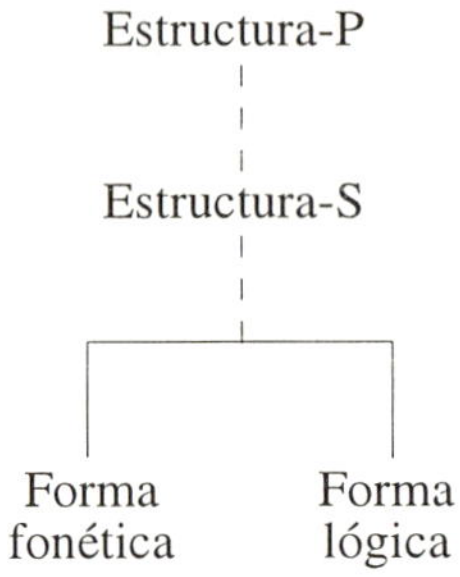


**NO RESTRICTIVO.** Con la especificación 'no restrictivo' se diferencia en gramática a los complementos del sintagma nominal —sean sintagmas adjetivos, sintagmas nominales u oraciones adjetivas— que aportan al enunciado una información suplementaria sobre la entidad a la que alude el sintagma, pero no influyen en la delimitación de su REFERENCIA. Por ello, se considera característico de los complementos 'no restrictivos' el hecho de que su supresión ni modifica la extensión del sintagma, ni altera el estado de cosas representado por el enunciado.

Son, por ejemplo, no restrictivos los complementos destacados en los siguientes enunciados: «Las *oscuras* paredes de la habitación lo deprimían», «Los muros del castillo, *que estaban muy deteriorados*, fueron reconstruidos inmediatamente». En caso de suprimirse, la extensión del sintagma, en efecto, no variaría: con complemento o sin él, se entiende que son *(todas) las paredes de la habitación* las que *lo deprimían*, *(todos) los muros del castillo* los que *fueron reconstruidos inmediatamente*. *Cf* restrictivo.

**NOCIONAL.** Véase en CAMPO NOCIONAL.

**NOEMA.** Véase en SEMASIOLOGÍA y en CAMPO CONCEPTUAL.

**NOMBRE.** ① En la tradición gramatical procedente de las gramáticas clásicas, 'nombre' era el término con el que se designaba a la categoría o PARTE DE LA ORACIÓN en la que se incluían palabras como *árbol, hombre, Antonio, blanco, suave, luminoso*. La categoría 'nombre' abarcaba pues a SUSTANTIVOS y a ADJETIVOS, unidades que los gramáticos clásicos consideraron pertenecientes a una sola CLASE debido, sobre todo, a sus semejanzas formales. Sólo como subdivisiones de esa amplia categoría distinguían las gramáticas continuadoras de esa tradición un **nombre sustantivo** (*árbol, hombre, Antonio*) y un **nombre adjetivo** (*blanco, suave, luminoso*). De conformidad con ese uso tradicional del término, la Real Academia Española, por ejemplo, habla en su *Esbozo* (1973) de un 'nombre sustantivo' y de un 'nombre adjetivo'. Asimismo, Alcina y Blecua (1975), por citar otro ejemplo, distinguen una clase única 'nombre' que abarca al SUSTANTIVO y al ADJETIVO como subclases diferenciadas por su funcionamiento.

② En un sentido más restringido el término 'nombre' se utiliza como equivalente a SUSTANTIVO.

③ Véase en SENTIDO.

**NOMBRE ABSTRACTO.** ① Con el término 'abstracto' se han venido identificando nombres como *piedad, confianza, adoración*. Según se recoge en las definiciones, los nombres de este tipo se diferenciarían de los CONCRETOS por aludir a conceptos que no son perceptibles, que no tienen existencia independiente, o que existen en otra cosa, y son resultado de un proceso de abstracción. Pese a la pervivencia de la distinción entre concreto y abstracto en las clasificaciones del nombre, se reconoce por lo general que es difícil justificar tal distinción en el plano lingüístico, por la escasa operatividad de definiciones como las anteriormente citadas, así como por la falta de rasgos objetivos que corroboren la pertinencia de esta distinción en la descripción gramatical de las lenguas (*cf* Bosque, 1983b). Para Postal (1968: 273), los verdaderos nombres abstractos son los que en su definición tienen los rasgos semánticos [–abstracto] y [–contable]; en cambio, Chomsky (1965: 230) también considera como 'abstractos' los nombres que tengan en su definición los rasgos [–abstracto] y [+contable], como en la palabra *idea*.

② En un sentido más restringido, el término 'abstracto' identifica a los nombres que son resultado de una NOMINALIZACIÓN, como, por ejemplo, el nombre *donación* (*cf* Moreno Cabrera, 1991: 216 y sigs.).

**NOMBRE APELATIVO.** Equivale a NOMBRE COMÚN.

**NOMBRE COLECTIVO.** Son 'nombres colectivos' aquellos que estando en singular, denotan un conjunto de entidades homogéneas (*policía*, *ejército*, *colmena*, *rebaño*, etc.). Tienen, en consecuencia, algunas peculiaridades que los aproximan a los sintagmas nominales plurales. Así, por ejemplo, pueden combinarse en singular con el adjetivo *numeroso*: «un numeroso ejército, el numeroso grupo», pero «*el numeroso lápiz, *un numeroso soldado». Aun estando en singular, pueden inducir, bajo ciertas condiciones, una concordancia en plural: «Un grupo de alumnos de Ciencias Empresariales presentaron varias demandas», «Un ejército de mendigos hambrientos, venidos de todas partes, pululaban por las calles de la ciudad».

La mayoría de las lenguas tienen recursos morfológicos, normalmente AFIJOS, para crear nombres 'colectivos', por ejemplo, los SUFIJOS españoles *-io* (*caserío*), *-edo* (*robledo*) *-al* (*naranjal*), etc. También se aplica el término 'colectivo' a ciertos nombres que estando en singular designan un conjunto de cosas no contables (*leña*, *trigo*), que pueden convertirse en contables por medio de cuantificadores (*un poco de*, *un kilo de*), etc. *Cf* continuo.

**NOMBRE COMÚN.** Se denominan 'comunes', y también **apelativos**, nombres como *atleta, perro* o *armario*, que se diferencian, tanto por su modo de significar como por su funcionamiento en el enunciado, de los nombres catalogados como propios, caso de *Juan, Alicante,* o *Antonio* (*cf* nombre propio). Como peculiaridades que singularizan a los 'nombres comunes' frente a los propios, se han destacado, entre otras, las siguientes:

(1) Los 'nombres comunes' son, a diferencia de los propios, unidades léxicas dotadas de significación. *Atleta, perro, armario* implican un conjunto de rasgos de significado alusivos a propiedades o características presentes en las entidades (las personas, los animales, los objetos) a las que se aplican. Por ello, cuando se utilizan en un enunciado, los 'nombres comunes' proporcionan una descripción de las entidades que designan.

Así, según el *Diccionario general ilustrado de la lengua española* (1987), la UNIDAD LÉXICA *atleta* significa «persona que practica el atletismo». De ahí que en un enunciado como «El *atleta* recibió el homenaje de sus compañeros de equipo», el sintagma nominal *el atleta* ha de referirse necesariamente a una entidad adecuada a esa descripción, esto es, a una «persona que practica el atletismo». En cambio, un nombre propio como *Antonio* carece de rasgos de significado y no proporciona, por tanto, ninguna descripción de su referente: «Antonio recibió el homenaje de sus compañeros».

(2) A diferencia también de los propios, los 'nombres comunes' no designan, por sí solos, individuos, ni tienen capacidad para aludir a un referente o a un conjunto de referentes determinado.

El 'nombre común' únicamente denota una clase genérica de entidades que comparten ciertas características o propiedades, y es potencialmente aplicable a todos los objetos integrados en esa clase. Así, el nombre *atleta*, sin modificadores ni determinantes, no alude a un individuo. Denota una clase: la constituida por las personas que practican el atletismo. De ahí que para formar una expresión nominal alusiva a una persona o a un conjunto determinado de personas, *atleta*, como 'nombre común' necesite combinarse con otros elementos, particularmente con determinantes: «**Atleta* recibió el homenaje de sus compañeros», «*El atleta/Aquel atleta que ganó la medalla de oro en 1.500* recibió el homenaje de sus compañeros», «*Estos atletas/Los atletas que triunfaron en la prueba de maratón* han sido seleccionados».

El nombre propio, en cambio, designa por si solo un referente inconfundible y único en una determinada situación discursiva: «*Carlos* recibió el homenaje de sus compañeros».

**NOMBRE CONTABLE.** Equivale a NOMBRE DISCONTINUO.

**NOMBRE CONTINUO.** Clase de nombres en la que se incluirían, por ejemplo, *tranquilidad, tráfico, arena*. Son nombres que no significan entidades discretas, objetos aislables y contables, sino sustancias, cualidades, que forman un continuo. En consecuencia, es característico de los 'nombres continuos' que no puedan combinarse libremente con cuantificadores en plural, sin experimentar cambio de significado, aunque sí pueden intensificarse o graduarse en singular: «En la casa de la playa había mucha arena/*varias arenas», «He tenido esta semana mucha bastante tranquilidad/*dos tranquilidades», «Este fin de semana había en las carreteras demasiado tráfico/*tres tráficos». Se opone a NOMBRE DISCONTINUO.

**NOMBRE DISCONTINUO.** Clase de nombres en la que, por ejemplo, se incluyen *mesa, lápiz, cuadro, reloj*. Son nombres que significan entidades discretas, objetos aislables y contables. Por ello, a diferencia de los NOMBRES CONTINUOS, pueden combinarse libremente con CUANTIFICADORES en plural: «He comprado varias mesas», «Tengo dos lápices», «En las paredes hay demasiados cuadros».

**NOMBRE ICÓNICO.** Véase en NOMBRE PICTÓRICO

**Nombre individual.** Nombre que no presenta las características del COLECTIVO. Es, por ejemplo, el caso de *lápiz, soldado, libro.*

**Nombre no contable.** Equivale a NOMBRE CONTINUO.

**Nombre personal.** En algunos estudios gramaticales se utiliza el término 'nombre personal' para aludir a las formas personales *yo, tú, nosotros, vosotros* y sus variantes. *Cf* pronombre personal.

**Nombre pictórico.** Se identifican como 'pictóricos' un número reducido de nombres, entre los que se encuentran, por ejemplo, *foto, cuadro, retrato, biografía*, que presentan las siguientes peculiaridades:

(1) Son sustantivos que, como *mesa* o *tintero*, aluden a objetos concretos.

(2) Pero, a diferencia de otros sustantivos comunes concretos, como los mencionados *mesa* o *tintero*, tienen estructura argumental: implican argumentos a los que puede asociarse un papel semántico de agente, paciente, experimentador, etc.

Por ejemplo, en «Me gusta ese *cuadro* de Miró», «Miró» conlleva el papel semántico de agente, ya que es la persona que ha realizado el *cuadro*. En «He visto las *fotos* de Delia que ha hecho la agencia», «Delia» representa el papel semántico de paciente: es la persona sobre la que se ha realizado la *foto*.

**Nombre propio.** Se denominan 'propios' nombres como *Rafael, Venancia, Alicante*, a los que se han asociado, entre otras, las siguientes peculiaridades:

(1) A semejanza de los sintagmas nominales con DETERMINANTES DEFINIDOS, los 'nombres propios' se utilizan para referir a una entidad específica, única, y perfectamente identificable para los hablantes en la situación discursiva en que se enuncian. Así, en los enunciados «*Rafael* no quiere divorciarse», «*Venancia* es un genio de la economía casera», «Yo he nacido en *Alicante*», los 'nombres propios' desempeñan, por sí solos, una función similar a la que podrían asumir sintagmas nominales definidos como *mi cuñado* («*Mi cuñado* no quiere divorciarse»), *mi madre* («*Mi madre* es un genio de la economía casera») o *esta ciudad* («Yo he nacido en *esta ciudad*»): orientar al interlocutor hacia una determinada entidad; posibilitar que identifique, de manera inequívoca, a qué persona concreta o a qué ciudad se refiere el mensaje.

(2) A diferencia de los NOMBRES COMUNES, como *cuñado, madre* o *ciudad*, los 'propios' carecen de rasgos inherentes de significado y no describen, en consecuencia, propiedades o características de los referentes a los que se aplican. Son puras etiquetas denominadoras, cuya función identificativa depende, únicamente, de que la asociación establecida entre el nombre y el referente que designa sea previamente conocida por los participantes en la actividad elocutiva. *Cf* onomástica, toponimia.

No obstante lo anterior, el análisis de los 'nombres propios' no es una tarea fácil, ya que constituyen una categoría situada a caballo entre lo lingüístico y lo sociocultural. Su mayor utilidad funcional radica en que permiten designar de forma muy económica a entes concretos al evitar la necesidad de definir o situar a su referente cada vez que aparece en un enunciado. Tal como comenta Algeo (1973), los filósofos y los lingüistas llevan más de 2.000 años (desde el *Cratilo* de Platón, en el s. V-IV a. de C.) dedicando sus esfuerzos a la ONOMÁSTICA y tratando sin éxito de establecer criterios objetivos para definir el nombre propio. Entre dichos criterios, cabe destacar el formal —divisible entre ortográfico y morfosintáctico—, el referencial (desde Dionisio de Tracia, s. II a. de C. hasta Alarcos Llorach, E., 1994) y el semántico (especialmente Mill, J. S., 1843). El formal se centra en el uso de la mayúscula inicial, que no es exclusivo de los nombres propios («El Ministro ha dimitido») ni sistemático (compárese, por ejemplo, *sol* y *Aldebarán*), así como en la supuesta imposibilidad de utilizarlos acompañados ni de plural ni de modificadores (pero considérese, por ejemplo, «Conozco a dos Juanes muy altos'). El criterio referencial afirma que los nombres definen categorías con un único miembro, lo que resulta incompatible con el ejemplo recién citado. El semántico, finalmente, asevera su carácter de ETIQUETAS vacías (como se ha dicho en el punto 2), algo que no ocurre ciertamente con nombres no convencionales como *El libro del buen amor*. En conjunto, resulta necesario conformarse con un criterio intuitivo, que los hablantes solemos basar en el referencial, aunque no deje de plantear graves problemas teóricos (razón por la que se ha afirmado su carácter de categoría parcialmente sociocultural).

En el campo de los estudios de traducción, los nombres constituyen una fuente de datos de gran interés en la faceta cultural (Hermans, T., 1988), lo que ha dado lugar a estudios sobre su tratamiento interlingüístico (Franco, J., 1996). Aprovechando la naturaleza histórica y textual de la actividad traductora, estos estudios han permitido utilizar los nombres como indicador del grado de cercanía entre las distintas lenguas y culturas, así como establecer una nueva clasificación lingüística, que los divide entre convencionales (Londres, Javier) y expresivos (Sierra Nevada, Iván el Terrible) en función de su carga semántica, y entre novedosos (Pedro Pérez, Villa Laura) y dotados de traducción prefijada (Washington, Firenze) según su historial interlingüístico.

**NOMINAL DE ACCIÓN.** Equivale a NOMINAL DE EVENTO.

**NOMINAL DE AGENTE.** Se identifican como 'nominales de agente' o 'nominales agentivos' nombres como *vendedor, destructor, repartidor, fabricante, dibujante*, fomados por DERIVACIÓN de una BASE verbal mediante la adición de SUFIJOS como *-dor/-tor* o *-nte*. El término 'nominales de agente' que se aplica de forma genérica a estos DERIVADOS verbales se justifica porque, ciertamente, abundan entre ellos los nombres que hacen refrencia a la entidad que realiza la acción denotada por la base verbal. Así, mediante la expresión «El *destructor* de la ciudad» se alude a la persona que realiza la acción de *destruir* la ciudad. Con la construcción «el *repartidor* del gas» se designa a la persona que realiza la acción de repartir el gas.

No obstante, como indican por ejemplo Gràcia i Solé (1995: 40 y sigs.) o Escandell Vidal (1995b: 30 y sigs.), pese a esa etiqueta genérica que se les aplica, no todos los nombres derivados de verbos mediante los sufijos *-dor* o *-nte* aluden en realidad a un AGENTE. De *admirador* o *conocedor*, por ejemplo, habría que decir, con más propiedad, que designan al EXPERIMENTADOR de un proceso, puesto que *admirar* y *conocer*, los verbos de los que derivan, no denotan unas acciones sino procesos. Igualmente, *encendedor* o *borrador* designan por lo general el INSTRUMENTO con el que se lleva a cabo la acción de *encender* o de *borrar* y no la persona que la realiza.

Además de presentar las propiedades semánticas antes descritas, los 'nominales de agente', según por ejemplo Escandell Vidal, se caracterizan también porque, a semejanza de otros derivados verbales, pueden mantener la estructura argumental de los verbos que sirven de base, salvo el ARGUMENTO agente que ellos mismos expresan. Así, si *destruir, repartir, fabricar, admirar*, además del argumento agente o experimentador absorbido en la derivación, implican un argumento objeto o TEMA («El general (agente) destruyó la ciudad (tema)», «Tono (agente) reparte el gas (tema)», «El abuelo (agente) fabricaba tornillos (tema)», «Pedro (experimentador) admira a Elena (tema)», también los 'nominales de agente' pueden proyectar un argumento al que asignan el papel semántico de objeto o tema: «El *destructor* de la ciudad (tema)», «El *repartidor* del gas (tema)», «El *fabricante* de tornillos (tema)», «El *admirador* de Elena (tema)».

**NOMINAL DE EVENTO.** Se llaman 'nominales de evento' (o también 'nominalizaciones de evento') cierta clase de nombres DERIVADOS de verbos (o, al menos, relacionados con verbos) entre los que, de conformidad con Demonte (1989: 82 y sigs.) y Gràcia i Solé (1995: 25 y sigs.), pueden incluirse los destacados en estos ejemplos: «El *cruce* del Ebro del ejército republicano», «El *relato* de Juan de lo sucedido llevó más de tres horas», «La *construcción* del puente por parte de los obreros duró tres meses». Según suele plantearse especialmente en los estudios vinculados a la GRAMÁTICA GENERATIVA, los 'nominales de evento' se singularizan por presentar, entre otras, las siguientes peculiaridades que los aproximan a los verbos:

(1) Desde el punto de vista semántico, denotan una acción o un proceso que se desarrolla o tiene lugar en el tiempo. Así, a semejanza de *cruzar, relatar* o *construir*, los nombres *cruce, relato, construcción* hacen referencia, en los anteriores ejemplos, a una acción que requiere un espacio temporal para su desarrollo. De ahí su compatibilidad con complementaciones alusivas a la duración del evento: *más de tres horas, tres meses.*

(2) En lo que respecta a su comportamiento sintáctico, los 'nominales de evento' se aproximan a los verbos fundamentalmente porque desarrollan una ESTRUCTURA ARGUMENTAL semejante a la proyectada por éstos. Así, si *cruzar, relatar* y *construir* requieren dos argumentos a los que asignan los papeles de AGENTE y TEMA u objeto («El ejército republicano (agente) cruzó el Ebro (tema)», «Juan (agente) relató lo sucedido (tema)», «Los obreros (agente) construyeron el puente (tema)»), los nombres *cruce, relato* y *construcción* conllevan la misma estructura argumental y asignan los mismos papeles semánticos a sus argumentos: «El *cruce* del Ebro (tema) del ejército republicano (agente)», «El *relato* de Juan (agente) de lo sucedido (tema)», «La *construcción* del puente (tema) por parte de los obreros (agente)».

Obsérvese que, por ejemplo, en «El cruce del río está bordeado de álamos» y en «Pintaron la construcción de blanco», como destacan Demonte y Gràcia i Solé, *cruce* y *construcción* ya no son 'nominales de evento', puesto que no designan acciones sino un lugar (*cruce*) o un objeto (*construcción*). Por tanto, tampoco tienen capacidad para desarrollar argumentos como los verbos, de ahí la agramaticalidad de: «*El cruce del río por el ejército (agente) está bordeado de álamos», «*Los pintores pintaron la construcción del puente (tema) por parte de los obreros (agente) de color blanco».

**NOMINAL DE PROCESO.** Equivale a NOMINAL DE EVENTO.

**NOMINAL DE RESULTADO.** Especialmente en trabajos vinculados a la GRAMÁTICA GENERATIVA, se llaman 'nominales de resultado' (o también 'nominalizaciones de resultado') los nombres DERIVADOS de verbos que, a diferencia de los NOMINALES DE EVENTO, no denotan una acción o un proceso, sino una entidad resultante de ellos. Por ejemplo, según Gràcia i Solé (1995: 25 y sigs.) y Escandell Vidal (1995b: 25 y sigs.), *composición* y *construcción* pueden catalogarse como 'nominales de resultado' cuando significan «entidad que resulta de la acción de *componer*» («Acabamos de escuchar una magistral *composición*») y «objeto efectuado por la acción de construir»: «Han pintado de blanco la *construcción*», «La enorme *construcción* parecía muy sólida».

El interés que suscita tanto esta clase de nombres como, en general, todos los sustantivos DEVERBALES, proviene, entre otras razones, de las diferencias de comportamiento sintáctico que separan a los diferentes tipos de nominales o nominalizaciones. Así, de conformidad con Gràcia i Solé, los 'nominales de resultado' no desarrollan una estructura argumental como los verbos; no pueden tener un argumento *agente* o un argumento *tema* u *objeto*. De ahí la anormalidad de: «*Los pintores pintaron la *construcción* del puente (tema) por parte de los obreros (agente) de blanco».

En cambio, cuando *construcción* tiene el sentido de «acción de construir» y no es, por consiguiente, un 'nominal de resultado' sino de evento, sí puede tener tales argumentos: «La construcción del puente (tema) por parte de los obreros (agente) duró tres meses».

**Nominalización.** ① En las etapas iniciales de la GRAMÁTICA GENERATIVA se dio el nombre de 'nominalización' a la transformación que, hipotéticamente, convertía una oración (por ejemplo, «Ellos rechazaron la oferta», «Ella criticó el libro») en un sintagma nominal («Su rechazo de la oferta», «Su crítica del libro»), con el consiguiente cambio de categorías: O (oración) se hacía SN (sintagma nominal), V (verbo) se convertía en N (nombre). Así, por ejemplo, según Ruwet (1974: 280 y sigs.), el sintagma nominal «La destrucción de Roma por Alarico» se derivaba de la oración «Alarico destruyó Roma» mediante una 'nominalización' que se aplicaba una vez que la oración había sido transformada previamente en pasiva: «Roma fue destruida por Alarico». En *Remarks on Nominalization*» (1970) Chomsky criticó ampliamente este análisis transformativo de los sintagmas nominales constituidos por nombres DEVERBALES y formuló, como propuesta de análisis alternativa, la denominada HIPÓTESIS LEXICISTA. De conformidad con esta hipótesis, nombres como *destrucción, rechazo* o *crítica* no se derivaban de verbos mediante transformaciones de 'nominalización' sino que se introducían, como nombres, directamente en el LEXICÓN.

② En MORFOLOGÍA, con el término 'nominalización' se alude, fundamentalmente, al proceso de formación de nombres (*honestidad, recaudación*) a partir de una BASE perteneciente a otra categoría: honesto (adjetivo) → *honestidad* (nombre); recaudar (verbo) → *recaudación* (nombre). Cuando la base a la que se adjunta el SUFIJO nominalizador es de naturaleza adjetiva, la 'nominalización' se especifica como DEADJETIVAL. Es el caso, por ejemplo, de *altura* (← alto), *honestidad* (← honesto), *rigidez* (← rígido). La 'nominalización' se califica, en cambio, como deverbal cuando corresponde a un verbo la unidad que sirve de base para la derivación nominal. *Recaudación* (← recaudar), *surtidor* (← surtir), *lavadora* (← lavar) son nombres, pues, procedentes de 'nominalizaciones deverbales'.

El término 'nominalización' también se hace extensivo, no obstante, a la formación de nombres a partir de bases catalogadas, a su vez, como nominales. Así, por ejemplo, según Lang (1992: 174), *campesinado, liderato, estocada* constituyen casos de 'nominalizaciones' DENOMINALES puesto que los elementos que se toman como base ya pertenecen a la categoría nombre: *campesino → campesinado, líder → liderato, estoque → estocada.*

③ 'Nominalización' también se utiliza para aludir a los nombres DERIVADOS mediante un proceso de 'nominalización' en el sentido anteriormente comentado. Así, *recaudación, altura, surtidor* son 'nominalizaciones' en esta acepción del término.

④ Siguiendo a R. Fowler (1986), la 'nominalización' es un proceso organizativo del MENSAJE (*cf* intencionalidad) que reduce una oración a un nombre y, de esta forma, se pierda el conocimiento de los participantes personales, así como la expresión de la modalidad, facilitando la **relexicación**, es decir, el acuñamiento de conceptos especializados, que con frecuencia transportan valores talismáticos. Por ejemplo, la palabra *admisión* esconde referencias personales como «yo admito a Vd.», en enunciados como «La admisión de los alumnos se hará de acuerdo con su expediente académico».

**Nominalizaciones de evento complejo.** Siguiendo la distinción que estableció Grimshaw (1990) entre nominales o nominalizaciones de evento complejo, de evento simple y de resultado (*cf* nominalizaciones de resultado), el término 'nominalizaciones de evento complejo' (*cf* García Mayo, 1994: 301-17) alude a las NOMINALIZACIONES que proyectan una estructura argumental y eventiva similar a la de los verbos con los que están relacionados. Grimshaw (1990: 49) propone varias pruebas para mostrar el valor eventino que distingue a este tipo de nominalizaciones:

(1) Pueden ir modificados por adjetivos como *frecuente* o *constante*, modificación que no es aceptable cuando la nominalización es de resultado: «(a) The expression is desirable. (b) *The frequent expression is desirable. (c) The frequent expression of one's feelings is desirable».

(2) Según recoge Demonte (1989: 85), la presencia de un posesivo interpretado como SUJETO obliga a la lectura de evento complejo, como puede apreciarse si se añade un adjetivo orientado hacia el agente (*voluntario*): «(a) Su relato llevó más de tres horas. (b) Su voluntario relato llevó más de tres horas. (c) Su voluntario relato de lo sucedido llevó más de tres horas».

Según señala Gràcia i Solé (1995), la distinción entre 'nominales' o nominalizaciones de evento simple y nominales o nominalizaciones de resultado no es muy clara. De ahí que se prefiera simplificar la triple distinción de Grimshaw reduciéndola sólo a dos tipos: nominales o NOMINALIZACIONES DE EVENTO o de proceso y las nominalizaciones o nominales de resultado.

**NOMINATIVO.** Véase en CASO NOMINATIVO.

**NOOLOGÍA.** Este término fue propuesto por Prieto (1964) para referirse al estudio del SIGNIFICADO. *Cf* noema.

**NORMA.** ① Se llama 'norma' (Martínez de Sousa, 1993: 323) al conjunto de reglas restrictivas que definen lo que puede ser objeto de ELECCIÓN entre los USOS de una lengua, si se ha de ser fiel a cierto criterio estético o sociocultural (*cf* canónico). Son **gramáticas normativas** (*cf* prescriptivismo) las que, basándose en una autoridad (por ejemplo, la Academia de la Lengua), dictan las 'normas' de lo que es correcto e incorrecto. *Cf* diccionario prescriptivo, registro, canónico.

② Coseriu convierte la DICOTOMÍA LENGUA/HABLA en **sistema, norma y habla**. Para Coseriu, la dicotomía de Saussure es muy rígida porque no permite saber cómo se pasa del sistema abstracto a las realizaciones concretas del habla, para lo que introduce un NIVEL intermedio, llamado 'norma', que define como la mediana de las realizaciones aceptadas en una COMUNIDAD DE HABLA. Dicho con otras palabras, en el sistema existe la posibilidad de crear muchas formas. Sólo pertenecen a la 'norma' de un comunidad las que se hayan realizado en ella y pertenezcan, por tanto, al uso de la misma.

**NORMAL.** En la FONOLOGÍA DE LA ESCUELA DE PRAGA, el término 'normal' se utiliza como integrante de las parejas de RASGOS DISTINTIVOS DE TONALIDAD, llamadas BEMOLIZADA-NORMAL, SOSTENIDO-NORMAL.

**NORMALIZACIÓN.** Aunque tiene varios sentidos en lingüística, por lo general **normalización** (y también **estandarización**) se refiere a la unificación del uso de uno de los DIALECTOS de una lengua (el de mayor prestigio) para ser empleado como lengua oficial o ESTÁNDAR en la comunicación oficial, la educación, etc., unificación que es realizada por instituciones oficiales de carácter nacional o supranacional; su PRESTIGIO suele emerger por el predominio cultural y político de los hablantes del citado dialecto. También se aplica a la unificación de los TÉRMINOS de campos especializados de la ciencia, de la tecnología o de cualquier disciplina. *Cf* norma.

**NORMATIVO.** Equivale a PRESCRIPTIVO.

**NOTACIÓN.** Una 'notación' es un sistema convencional formado por SÍMBOLOS y OPERADORES, que sirve de METALENGUAJE de una lengua objeto, con el que se intenta ganar rigor en todas las DESCRIPCIONES lingüísticas. La lingüística, cuando quiere convertirse en ciencia y ganar precisión, especialmente a partir del ESTRUCTURALISMO, y sobre todo en el GENERATIVISMO, ha hecho uso de 'notaciones' en todos los NIVELES (fonológico, sintáctico, etc.), para lo que se ha servido de CAJAS, DIAGRAMAS ARBÓREOS, MATRICES, SARTAS, REJILLAS MÉTRI-

CAS, etc. *Cf* abreviador, formalización, concatenación, fonología no lineal.

**NOTACIÓN α.** En FONOLOGÍA GENERATIVA se usa para evitar la repetición de reglas. Por ejemplo, si en una determinada lengua las oclusivas sonoras fueran siempre deslabializadas y las sordas labializadas, sería suficiente esta notación [α sonoridad] → [α deslabializado].

**NOTACIÓN MATRICIAL.** Véase en MATRIZ.

**NÚCLEO.** En una unidad gramatical se identifica como **núcleo** o **cabeza** el elemento básico de dicha unidad, aquel del que dependen sus propiedades fundamentales. Así, en los sintagmas «novelas policiacas» y «muy amable», los núcleos serían, respectivamente, *novelas* y *amable*. Ambos establecen, en efecto, las propiedades gramaticales de las unidades en que se integran: la categoría de la unidad —sintagma nominal en un caso, sintagma adjetivo en el otro—; sus propiedades distribucionales o funcionales: es el nombre *novelas* y no el adjetivo *policiacas* el que determina que la unidad pueda funcionar como objeto directo («He leído novelas policiacas», «He leído policiacas»); el tipo de categorías que pueden integrarse en el sintagma como complementos: *novelas*, como núcleo nominal, puede ir complementado por un adjetivo, *policiacas*, pero no por un adverbio —**he leído muy novelas*—; *amable,* como adjetivo, sí puede llevar como modificador un adverbio, *muy*. *Cf* endocéntrico, cadena[3].

**NÚCLEO SILÁBICO.** Equivale a ÁPICE[2].

**NUDO.** ① Especialmente en GRAMÁTICA GENERATIVA, se llaman 'nudos' los puntos de un DIAGRAMA ARBÓREO que se enlazan mediante líneas (las RAMAS del árbol) y, o bien dominan a una pieza léxica, o bien están rotulados con la etiqueta correspondiente a una CATEGORÍA: O, SN, SV, etc. En el siguiente diagrama arbóreo, que describe, de forma simplificada, la estructura de la oración «El público aplaudió» (*cf* Hernanz y Brucart, 1987)

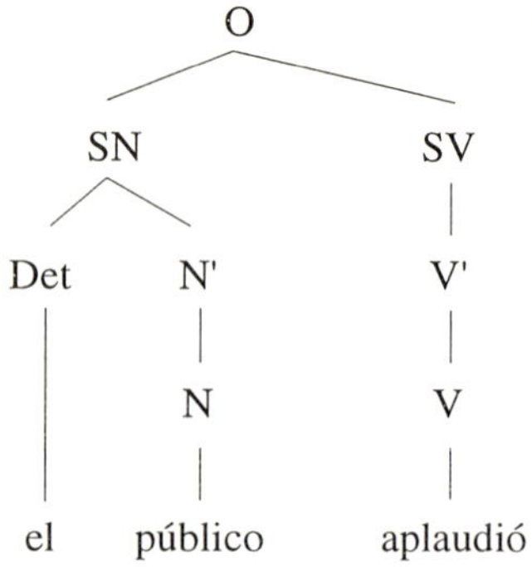


los 'nudos' son los puntos etiquetados como O, SN, Det, N', V', N, V, así como aquellos en los que se insertan las piezas léxicas *el, público, aplaudió*.

Cada 'nudo' representa la categoría a la que pertenece un constituyente en un determinado nivel de la estructura. Por tanto, las posiciones de los 'nudos' en el árbol y las relaciones que refleja su enlace mediante líneas representan tanto las posiciones estructurales de las categorías constitutivas de la oración como las relaciones sintácticas que se establecen entre ellas, fundamentalmente las relaciones de dominio o inclusión (qué categorías están dominadas por o son constituyentes de otra) y las de orden o precedencia: qué categoría precede a otra en la estructura.

Las relaciones de precedencia entre las categorías quedan reflejadas mediante la disposición de los 'nudos' en el plano horizontal del diagrama: un 'nudo' y, por tanto, la categoría que representa, precede a otro cuando se halla situado a su izquierda. Así, en el diagrama arbóreo utilizado como ejemplo anteriormente, el 'nudo' SN, puesto que se encuentra a la izquierda del nudo SV, lo precede. Igualmente, el 'nudo' rotulado como Det precede al rotulado como N'. Las relaciones de dominio, en cambio, vienen reflejadas en el diagrama verticalmente: un 'nudo', o la categoría que representa, domina a otro (lo abarca como uno de sus constituyentes), ya sea mediata o inmediatamente, cuando está situado en una posición superior y se une a él mediante líneas descendentes.

Volviendo al diagrama anterior, el 'nudo' O domina al resto de los 'nudos' del diagrama (todos representan categorías integradas como constituyentes en la oración). No obstante, a SN y SV los domina inmediatamente: no hay ningún otro 'nudo' que medie entre ellos y O. En cambio, al resto los domina mediatamente: entre O y N, por ejemplo, existen otros 'nudos' intermedios (SN, N'). Igualmente, el 'nudo' SN domina, inmediatamente, a los 'nudos' rotulados como Det y N' (ambos representan, pues, categorías integradas en SN), pero no a SV, puesto que ni se halla en una posición superior a éste ni, por tanto, puede unirse a él mediante una línea descendente.

Los 'nudos' se subclasifican en distintos tipos atendiendo a varios factores:

(a) Se consideran **nudos terminales** y **nudos no terminales**, según se sitúen al final del DIAGRAMA o se hallen en otra posición diferente. En el caso antes citado de «El público aplaudió», los 'nudos terminales' son los puntos en los que se inserta el material léxico: *el, público, aplaudió*. Se encuentran ya al final del diagrama arbóreo puesto que no hay ningún otro 'nudo' en una posición inferior.

El resto de los 'nudos' (O, SN, N', etc.) son, por consiguiente, 'no terminales'.

(b) Atendiendo a las relaciones de dominio con respecto a otros 'nudos' del diagrama, los 'nudos' pueden considerarse **nudos madres**, **nudos hijos** y **nudos hermanos**. Un nudo es 'madre' de otro u otros cuando los domina de forma inmediata. Así, en nuestro diagrama, O es el 'nudo madre' de SN y SV; SN es el 'nudo madre' de Det y N'. Consecuentemente, los 'nudos' dominados (SV y SN con respecto a O, Det y N' en relación con SN) son entre sí 'hermanos' e 'hijos' con respecto al 'nudo madre'.

(c) Por último, los 'nudos' se catalogan como **nudos no ramificados** (o **no ramificantes** y **ramificados** (o **ramificantes**) atendiendo a las ramas que surjan de ellos. Un 'nudo' es **no ramificado** cuando sólo nace de él una rama, cuando domina, de forma inmediata, a un único constituyente. Es el caso, por ejemplo, de N' o N en nuestro diagrama. Por el contrario, un 'nudo' es 'ramificado' si de él surge más de una rama. O y SN, en el ejemplo que venimos utilizando, son 'nudos' ramificados' dado que dominan de forma inmediata a dos constituyentes y, por tanto, de cada uno de ellos nacen dos ramas.

② Como los 'nudos' en el DIAGRAMA ARBÓREO representan categorías sintácticas, también se da el nombre de 'nudos' a estas categorías, aun cuando no se haga referencia a un determinado diagrama. Así, en la GRAMÁTICA GENERATIVA suele hablarse indistintamente del 'nudo' o categoría O, del 'nudo' o categoría N'.

**NUDO CÍCLICO.** En GRAMÁTICA GENERATIVA se identifican como 'cíclicos' los NUDOS (o categorías sintácticas) que delimitan el dominio en el que puede operar un ciclo transformacional. Esto es, son 'cíclicos' los nudos que sirven de límite para la aplicación de una regla transformacional, de manera que cuando una transformación afecta a más de un nudo catalogado como 'cíclico', dicha transformación deberá aplicarse varias veces, una por cada 'nudo cíclico', y en el orden determinado por el PRINCIPIO DEL CICLO: primero, se aplicará al nudo más incrustado o más bajo en la estructua oracional. Después, al 'nudo cíclico' inmediatamente superior, y así sucesivamente hasta completar la operación con el nudo situado en la posición más alta.

Por ejemplo, O', la categoría sintáctica constituida por COMP (posición sintáctica a la izquierda de O en la que se sitúan los elementos Qu desplazados) y O, está considerada como un 'nudo cíclico' en español y otras lenguas romances (en inglés, por el contrario, el 'nudo cíclico' parece ser O y no O').

Para la derivación de, pongamos por caso, «¿Qué casa dices que Lola quiere que le alquilen?», cuya estructura básica podría ser, grosso modo, «dices $_{O'}[_{COMP}$ que $_{O}[$ Lola quiere $_{O'}[_{COMP}$ que $_{O}[$ le alquilen qué casa]]]]», el hecho de que O' sea un 'nudo cíclico' implicaría lo siguiente:

El desplazamiento de *qué casa*, el objeto directo de la oración más incrustada, hasta su posición final a la izquierda de *dices*, no puede realizarse de una sola vez, puesto que cada uno de los nudos O' que median entre ambas posiciones constituye un límite para las transformaciones de movimiento. Por el contrario, el traslado de *qué casa* debe efectuarse mediante tres aplicaciones sucesivas de MOVIMIENTO DE QU, de manera que cada aplicación tenga como límite el dominio acotado por un nudo O'.

Primero, se desplazará *qué casa* a la posición COMP de la oración más baja; en los límites, por tanto, del primer 'nudo cíclico' O':

$_{O'}[_{COMP}$ *qué casa* que $_{O}[$ le alquilen h]]

movimiento de Qu (1)

((h) es la HUELLA que deja en su posición inicial el elemento desplazado).

Una vez en COMP, una segunda aplicación del movimiento de Qu trasladará a *qué casa* hasta la posición COMP de la oración inmediatamente más alta; de nuevo dentro del dominio acotado por un 'nudo cíclico' O':

$_{O'}[_{COMP}$ *qué casa* que $_{O}[$Lola quiere $_{O'}[_{COMP}$ h'que $_{O}[$le alquilen h]]]].

Por último, la tercera aplicación de movimiento de Qu desplazará de nuevo el sintagma interrogativo *qué casa* hasta su posición final, la posición COMP de la oración más alta.

Además de O, en el caso del inglés, o de O' en español y otras lenguas romances, también está catalogado como 'cíclico' el nudo categorial SN.

Los 'nudos cíclicos' coinciden con los NUDOS LÍMITE, de ahí que ambos términos se utilicen como equivalentes.

**NUDO LÍMITE.** En GRAMÁTICA GENERATIVA, NUDO o categoría que actúa como límite para las TRANSFORMACIONES. Las categorías catalogadas como 'nudos límite' son SN (sintagma nominal) y O (oración), al menos en algunas lenguas, como es el caso del inglés. Para el español, así como para otras lenguas romances, se ha planteado que la categoría que actuaría como 'nudo límite' no sería O sino O', la categoría constituida por COMP (posición sintáctica en la que se sitúan relativos, interrogativos y complementantes) y O.

El hecho de que SN y O' (u O) sean 'nudos límite' explicaría, de conformidad con los planteamientos del modelo RECCIÓN Y LIGAMIENTO, la agramaticalidad de, por ejemplo, «*¿Qué Antonio le comunicó la noticia de que su socio había robado?». El elemento interrogativo que encabeza la oración (*qué*) ha debido desplazarse desde la posición correspondiente al objeto de *había robado* («Antonio le comunicó la noticia de que su socio había robado *la recaudación*). La transformación de MOVIMIENTO DE QU habría cruzado, por tanto, un nudo O' («que su socio había robado») y un nudo SN («la noticia de que...»). Puesto que ambas categorías actúan como límite para las transformaciones, tal cruce no puede producirse sin que, como ocurre en este caso, la oración resulte agramatical.

**NUEVO.** Véase en ESTRUCTURA INFORMATIVA y en INFORMACIÓN.

**NUMERAL DISTRIBUTIVO.** Equivale a DETERMINANTE DISTRIBUTIVO.

**NÚMERO.** Categoría gramatical que se asocia al NOMBRE O SUSTANTIVO, al PRONOMBRE y a otras categorías léxicas, como el verbo y el adjetivo, a través de la CONCORDANCIA que establecen con el sustantivo. En el plano del contenido, el 'número' se relaciona con la cuantificación, puesto que alude a la cantidad (precisa o imprecisa) de entidades designadas por el nombre o el sintagma nominal. En español, como en muchas otras lenguas, la categoría 'número' abarca dos distinciones básicas, el **singular** y el **plural**, que se expresan fundamentalmente a través de la flexión nominal («coche/coche*s*», «camión/camion*es*»), aunque también, como se ha dicho, el 'número' afecta a la flexión de las restantes categorías que, en determinadas condiciones sintácticas, deben concordar con el nombre: «Un coche blanco le adelantó en la curva», «Uno*s* coche*s* blanco*s* le adelanta*ron* en la curva». El 'número singular' denota «unidad» o «no pluralidad», en tanto que el 'número plural' implica «más de uno», aunque sin precisar cantidad. Hay lenguas, no obstante, que establecen otras distinciones dentro de la categoría número, tales como el DUAL (indica «dos entidades»), el **trial** (número que implica «tres entidades»), o el **paucal** («unos pocos», sin concretar cantidad).

# O

**O.** Equivale a ORACIÓN.

**OBJETIVO.** Véase en CASO OBJETIVO y en CONJUGACIÓN OBJETIVA.

**OBJETO.** Véase en OBJETO DIRECTO y en OBJETO INDIRECTO.

**OBJETO AFECTADO.** Tradicionalmente se ha dado el nombre de 'objeto afectado' a la entidad representada por un OBJETO DIRECTO cuando tal entidad es algo preexistente a la acción o el proceso designados por el verbo y resultado afectada, de alguna manera, por esa acción o proceso. *La puerta* y las paredes representan 'objetos afectados' en los enunciados «Ana golpeó la puerta» y «El chiquillo siguió ensuciando las paredes». Se opone a OBJETO EFECTUADO.

**OBJETO COGNADO.** Muchos verbos INTRANSITIVOS se pueden convertir en TRANSITIVOS añadiéndoles un OBJETO DIRECTO formado por palabras relacionadas genealógica o semánticamente con ellos. Por ejemplo, *vida* y *sueño* son los núcleos de los 'objetos cognados' en «Vivir *una vida apasionada*», «dormir *un dulce sueño*». Equivale a OBJETO INTERNO.

**OBJETO DIRECTO.** Con la denominación 'objeto directo' se alude a la FUNCIÓN SINTÁCTICA que desempeñan en el sintagma verbal expresiones nominales —sintagmas, oraciones— como las destacadas en los enunciados «Han entregado *la documentación* a la policía» y «Encontraron *el billete* entre sus cosas». La función 'objeto directo' suele identificarse por los rasgos siguientes:

(1) Representa el primer ARGUMENTO INTERNO seleccionado por el verbo; con frecuencia se le asigna el PAPEL SEMÁNTICO de TEMA O PACIENTE. En lenguas como el español, o el inglés, no precisa preposición como marca de función sintáctica (*el billete, la documentación*), si bien en las lenguas con distinciones casuales puede llevar MARCA de CASO.

(2) Puede convertirse en SUJETO de una construcción pasiva, como en «Los documentos fueron entregados a la policía», «El billete fue encontrado entre sus papeles».

(3) En español, cuando se TEMATIZA deja junto al verbo el CLÍTICO *lo(s), la(s)* «Los documentos los entregaron a la policía», «El billete lo encontraron entre sus cosas».

No obstante, en español, la ausencia de preposición, el clítico y la posibilidad de conversión en sujeto de una construcción pasiva son variables, dependiendo de diversos factores. *Cf* sujeto, ergativo.

**OBJETO EFECTUADO.** Tradicionalmente se ha dado el nombre de 'objeto efectuado' a la entidad representada por un OBJETO DIRECTO cuando tal entidad es resultado de la acción o proceso designados por el verbo. *Una casa, un plan magnífico* son 'objetos efectuados' en los siguientes enunciados: «Mariano construyó una casa», «El ministro ideó un plan magnífico». Suele oponerse a OBJETO AFECTADO.

**Objeto indirecto.** En la acepción más extensa del término, 'objeto indirecto' alude a los complementos del SINTAGMA VERBAL que presentan estos rasgos característicos: (1): son sintagmas nominales precedidos de la preposición *a* («Ha concedido una entrevista *a Nieves Asencio*»); (2) pueden ser sustituidos por el CLÍTICO *le* («*Le* ha concedido una entrevista»); y (3) pueden ser duplicados por este mismo clítico, coexistiendo con él en el enunciado, como en «*Le* ha concedido una entrevista *a Nieves Asencio*». Son, pues, 'objetos indirectos' en este sentido amplio del término todos los complementos destacados en cursiva en los siguientes enunciados: «El abuelo *le* ha regalado un coche *al niño*», «*Al jefe le* ha gustado mucho tu informe», «*Al tío Juan* el perro se *le* ha comido una gallina».

No obstante, tales complementos difieren desde el punto de vista de su conexión con el verbo. Por ello, es usual que en algunas gramáticas y en estudios específicos sobre este tipo de complementación, o bien se distingan varias clases de 'objetos indirectos' o bien se utilice el término 'objeto indirecto' con un sentido más restringido, no aplicable ya a todos los enunciados anteriores.

(a) El tipo de 'objeto indirecto' que podemos llamar *canónico*, el que todas las gramáticas reconocen como tal, es el que aparece con verbos TRIVALENTES O DITRANSITIVOS, como *regalar* o *exigir*: «*Le* regalé un coche *al niño*», «*Le* exigí la factura *al vendedor*». En estos casos, el 'objeto indirecto' representa el tercer ARGUMENTO implicado por el verbo, dado que *regalar* y *exigir*, además del sujeto, requieren también un OBJETO DIRECTO, en este caso, *un coche*, *la factura*. En algunos textos (Hernaz y Brucart, 1987), el término 'objeto indirecto' se reserva específicamente para este tipo de complementos que presuponen un objeto directo en la estructura oracional.

(b) En «*Al jefe le* ha gustado mucho tu informe», «*A la empresa* no *le* desagrada tu propuesta», el esquema oracional es distinto. Los 'objetos indirectos', *al jefe, a la empresa*, representan también uno de los argumentos requeridos por el núcleo verbal: el EXPERIMENTADOR del proceso psicológico al que alude el verbo. Pero, a diferencia de los anteriores, el verbo no implica un objeto directo. No es trivalente o ditransitivo.

(c) En «*Al tío Juan* el perro se *le* ha comido una gallina», o en «*A la vecina* se *le* casa la niña», el complemento destacado en cursiva no representa ninguno de los argumentos requeridos por el verbo. *Comer*, por ejemplo, sólo implica un SUJETO AGENTE (*el perro*) y un objeto directo alusivo a la entidad afectada por la acción (*la gallina*). Por ello, en algunos textos (Gutiérrez Ordóñez, 1977-78; Sánchez Lancis, 1988), tanto al clítico *le* como al sintagma nominal precedido de *a* que aparecen en estas construcciones se les da el nombre específico de DATIVO, y no de 'objeto indirecto'. Este término lo reservan, exclusivamente, para los complementos que representan argumentos del verbo, como es el caso de los que aparecen en los dos tipos de construcciones anteriores.

**Objeto interno.** El 'objeto interno', también llamado **objeto cognado**, alude a una determinada clase de OBJETOS DIRECTOS. En ella pueden incluirse, por ejemplo, los complementos destacados en los enunciados siguientes: «Bruce Springsteen cantó *doce canciones*», «Fred y Ginger bailaron *un tango*», «Sus antepasados vivieron *una vida miserable*». La clasificación de estos complementos como 'objetos internos' tiene como base que, comparados con objetos directos como «El jefe golpeó *la mesa*», «Mi hermano ha comprado *una casa*», presentan las siguientes peculiaridades:

(1) Son sintagmas nominales vinculados desde el punto de vista léxico (*cantar-canción; vivir-vida*) o, al menos, desde el pun-

to de vista semántico (*bailar-tango*) con el verbo que les sirve de núcleo.

(2) El tipo de contenido que aportan a la oración está ya implicado, aunque de manera más genérica, en la significación del verbo. «Bruce Springsteen cantó» presupone que el resultado de su actividad hubo de ser, al menos, una canción. «Fred y Ginger bailaron» implica que lo efectuado por ambos fue una acción clasificable como un determinado tipo de baile.

(3) Por todo ello, más que representar una entidad autónoma, que puede desvincularse del proceso o de la acción denotados por el verbo —como es el caso de *la mesa* o *una casa* en los enunciados anteriores—, el 'objeto interno' viene a expresar una cuantificación («cantó *doce canciones*, no tres o cuatro»), una especificación («bailaron *un tango*, no un bolero»), o una calificación de esa acción o de ese proceso: «Sus antepasados vivieron *una vida miserable*, ellos en cambio viven *una vida feliz*».

**Objeto preposicional.** Complemento verbal que, a semejanza del objeto directo y del objeto indirecto, es requerido por las VALENCIAS verbales. Se diferencia de ellos, no obstante, porque no admite la sustitución por un CLÍTICO (*lo, la, le*) y porque lleva necesariamente una preposición, que puede ser *a* u otra preposición distinta: *con, de, en*. En «Aludí *a sus hazañas*», «Se olvidó *de sus penas*», «Insistió *en su inocencia*», *a sus hazañas*, *de sus penas* y *en su inocencia* son 'objetos preposicionales'. *Cf* suplemento.

**Oblicuo.** Véase en CASO OBLICUO.

**Obscuro.** A las VOCALES ANTERIORES se las llama **claras**, además de PALATALES, y a las posteriores, **obscuras** y VELARES. Son 'claras' las vocales /a, e, i/ (*calle*, *miel*, *tienda*, etc.), y 'obscuras' /o, u/ (*pozo*, *hueco*, *tosco*, etc.). En realidad, 'claro' y 'oscuro' son términos FONOESTILÍSTICOS, correspondientes a la impresión que se percibe cuando un sonido es PALATAL o está PALATALIZADO, o en caso contrario, es VELAR o está VELARIZADO. *Cf* grave, color.

**Observación.** La 'observación' es la percepción sistemática, mediante la cual ponemos de relieve unos rasgos y pasamos otros a un segundo plano, de acuerdo con un PUNTO DE VISTA. La 'observación' lingüística (Seiler, H. J., 1969) es una actividad llevada a cabo por todos los hombres; no existe ser humano alguno, por primitivo que sea, siempre que esté dotado de inteligencia normal, que no pueda dedicarse, y que en efecto no se dedique, a 'observaciones' de orden lingüístico, las cuales pueden referirse, en última instancia, a la diversidad de sistemas y estructuras lingüísticas. Las conversaciones de la vida cotidiana están repletas de semejantes observaciones; los juegos de palabras y, sobre todo, los sistemas de representación escrita de todas las lenguas del mundo son otros testimonios de la impresionante capacidad de observación lingüística que el hombre posee.

La 'observación', como percepción sistemática, se basa en la creencia de que hay un *orden constituyente* en todos los fenómenos de la realidad y, consecuentemente, en los lingüísticos, y que localizar y desanudar los distintos cruces y conexiones del complejo entramado que existe en los diferentes niveles del lenguaje es descubrir las leyes que lo rigen. En su INVESTIGACIÓN LINGÜÍSTICA, el PARADIGMA ESRUCTURALISTA y el de la PRAGMÁTICA pusieron más énfasis en la 'observación' de los fenómenos lingüísticos que en el análisis de las INTUICIONES o de los procesos mentales de los HABLANTES, propio del MENTALISMO del PARADIGMA GENERATIVISTA. *Cf* fenotipo.

**Obstruyente.** En FONOLOGÍA GENERATIVA son 'obstruyentes' (Martínez Celdrán, 1983: 229) las consonantes OCLUSIVAS y FRICATIVAS, caracterizadas por un estrechamiento o un cierre total de la CAVIDAD VOCÁLICA que hace imposible la SONORIZACIÓN ESPONTÁNEA. TODAS las 'obstruyentes' tienen el rasgo [–son]. *Cf* sonante.

**Oclusión, oclusivas.** Desde un punto de vista articulatorio, las 'oclusivas' son CONSONANTES orales cuyo MODO DE ARTICU-

LACIÓN es de cierre u OCLUSIÓN. El cierre lo producen los articuladores sobre la columna del aire espirado, los cuales, actuando a modo de obstáculo impiden momentáneamente su salida. Son orales porque, durante la emisión de la columna del aire espirado, el velo del paladar está adherido a la pared faríngea, con lo que todo el aire sale por la boca.

En una 'oclusiva' distinguimos tres fases o momentos: (1) la primera, llamada **implosión**, en la que los articuladores adoptan la posición articulatoria propia de la consonante; (2) la **oclusión** propiamente dicha, también llamada **tensión** o *momento tensivo*, en la que los articuladores en aproximación de cierre impiden la salida del aire; y (3) la **explosión** (*cf* barra de explosión), momento en que los articuladores que han formado la oclusión se separan y permiten la salida brusca del aire que había sido retenido. De estos tres momentos, sólo uno, la *oclusión*, es imprescindible, aunque sea muda o menos perceptible que los otros momentos. A veces puede faltar la 'implosión' o la'explosión'. En el primer caso se habla de **oclusiva implosiva** y, en el segundo, de **oclusiva incompleta** (*cf* explosivas).

**Oclusiva implosiva** o **nasal.** Cuando una 'oclusiva' va seguida de una nasal homorgánica, es decir, del mismo punto de articulación ([bm], [pm], [dn], [tn], etc., como en la palabra *submarino*, la 'explosión' de la oclusiva no se efectúa por vía oral sino nasal. Esto se debe a que, al tiempo que se ha producido la implosión de la oclusiva [b], el velo del paladar se ha bajado, con lo que se facilta la salida del aire por el resonador nasal. En este caso, la [b] es una 'oclusiva implosiva o nasal'.

**Oclusiva incompleta.** Cuando una 'oclusiva' va seguida de otra, formando un grupo consonántico, ya dentro de la palabra (*acto* /'akto/), ya en la frontera de las palabras (*bedtime* /'bed,taɪm/ en inglés), la última fase (explosión) del primera oclusiva no se percibe porque al tiempo que se produce la explosión de la primera consonante, los articuladores de la segunda han preparado la implosión de esta segunda consonante, que es la que se percibe.

En determinadas lenguas, como el inglés, las oclusivas, en posición inicial tónicas se convierten en OCLUSIVAS ASPIRADAS.

Vistas desde la FONÉTICA AUDITIVA, a las 'oclusivas' también se las llama **momentáneas**, en oposición a *continuas*, nombre con el que se conoce a las FRICATIVAS, porque se perciben como *instantáneas*, mientras que las 'fricativas' suelen tener una duración algo mayor que las anteriores. La PERCEPTIBILIDAD (Gili Gaya, 1975: 99) de las 'oclusivas', especialmente las sordas, es la mínima, teniendo en cuenta que su GRADO DE ABERTURA es 0. En el ESPECTROGRAMA (Alarcos, 1968: 70) las 'oclusivas' se reconocen por la repentina ausencia de energía (correspondiente al silencio de la oclusión), por el borrón breve (correspondiente a la explosión) y por la rapidez con la que los formantes de las vocales precedentes o siguientes alcanzan el nivel propio de éstas.

De acuerdo con el PUNTO DE ARTICULACIÓN, son varias las oclusivas que se pueden formar. He aquí las más frecuentes de un gran número de las lenguas europeas; en cada uno de los pares, la primera es SORDA y la segunda SONORA. Sin embargo, algunos tratadistas prefieren hablar de consonantes tensas y FLOJAS O LAXAS, en vez de sonoras y sordas, dado que, como se ha comprobado en el espectrograma, la sordez o la sonoridad es un rasgo concomitante de la TENSIÓN o de la RELAJACIÓN (Martínez Celdrán, 1984: 311):

(a) En las **oclusivas bilabiales** ([p], [b]) la OCLUSIÓN se forma con los dos labios.

(b) En las **oclusivas dentales** ([t], [d]) la OCLUSIÓN se forma apoyando firmemente el predorso de la lengua en los dientes superiores. En algunas lenguas, como el inglés, la oclusión no se hace sobre los dientes sino sobre los alvéolos superiores y, por esta razón, se las llama **alveolares** o **linguoalveolares**.

(c) En las **oclusivas velares** ([k], [g]) la OCLUSIÓN se forma apoyando firmemente el posdorso de la lengua en el velo del paladar. En español, excepto en los casos en que se encuentra en POSICIÓN INICIAL ABSOLUTA o seguida de alguna consonante nasal (*manga*), la realización del fonema /g/ es siempre FRICATIVO VELAR SONORO [ɣ].

Además de las oclusivas anteriores existe la **oclusiva laríngea**, también llamada **oclusión glotal**. Véase en CIERRE GLÓTICO.

En la FONOLOGÍA GENERATIVISTA, las 'oclusivas' /p/, /b/ son [–coronal] y [+anterior]; /t/, /d/ son [+coronal]; y /k/, /g/ son [–coronal] y [–anterior].

**OCLUSIVAS ASPIRADAS.** En determinadas lenguas, como el inglés, las oclusivas sordas /p, t, k/, en posición inicial tónica se convierten en 'oclusivas aspiradas'. Al producirse la tercera fase de las OCLUSIVAS, la 'explosión', en inglés hay una emisión de aire adicional que dura unos centisegundos antes de que comience la vibración de las cuerdas vocales para la producción de la vocal que sigue. A esta emisión adicional de aire se la llama ASPIRACIÓN, y es debida al hecho de que, al contrario de lo que ocurre en español, durante la producción de la consonate la GLOTIS permanece abierta. Es muy importante hacer la aspiración de las consonantes oclusivas sordas en posición inicial, ya que es la marca que diferencia las sordas de la sonoras; si no se hiciera, se corre el riesgo de que palabras como *town* (ciudad) o *coat* (abrigo) se entiendan como *down* (abajo) y *goat* (cabra).

**OCLUSIVAS SECUNDARIAS.** Véase en CLICS.

**OCURRENCIA.** Véase en TIPO.

**OÍDO.** Véase en FONÉTICA AUDITIVA.

**ONDA, ONDA SONORA.** ① Véase 'onda' en TAGMÉMICA.

② Las 'ondas sonoras' se forman por las VIBRACIONES o movimientos vibratorios en un cuerpo (*cf* sonido), los cuales constan de dos partes: la **compresión**, debido a la presión del aire, y la **rarefacción**, producida por la ausencia de presión. La rarefacción arrastra de fuera adentro (de adelante atrás), en capas sucesivas, las partículas de aire vecinas, que siguen el mismo camino que hicieron en la anterior compresión (Quilis, 1993: 86).

Las 'ondas', como tales, quedan caracterizadas por medio de las categorías físicas de **frecuencia** (o número de CICLOS O VIBRACIONES por segundo), relacionada articulatoriamente con la vibración de las cuerdas vocales; **tiempo**, medido en milisegundos, correspondiente a lo que se llama CANTIDAD articulatoriamente; y **amplitud** de los cambios de presión es la distancia entre la posición inicial de la molécula de aire y la separación máxima de esta posición. Las unidades de medida de la amplitud de la onda sonora son los DECIBELIOS; la amplitud está vinculada articulatoriamente a la INTENSIDAD.

La VIBRACIÓN laríngea (Solé Sabater, 1993: 9) produce una **onda periódica compleja** que se compone de una FRECUENCIA fundamental (**$F_0$**), determinada por la frecuencia de vibración de las cuerdas vocales y un gran número de ARMÓNICOS. En las vibraciones complejas, como las vocales, la sensación subjetiva de tono depende de la $F_0$ o frecuencia más baja (igual a la vibración de la laringe). No importa la amplitud de la $F_0$ en relación a la de otras frecuencias componentes ni tampoco si la $F_0$ no está de hecho presente debido a efectos de filtración o si está enmascarada por el ruido ambiental, el TONO que se percibe corresponde a la vibración fundamental.

Cada uno de los RESONADORES posee una FRECUENCIA que le es propia y una fuente de sonido que emita en su misma frecuencia hará que el resonador vibre también, sumándose las AMPLITUDES, con lo que la INTENSIDAD quedará muy aumentada. Así pues, el efecto de una posición determinada de la LENGUA, LABIOS Y VELO DEL PALADAR, como la que adoptamos en la *i*, por ejemplo, será (1) aumentar la intensidad de los armónicos comprendidos en los 200 y los 400 ciclos por segundo, (2) eliminar por absorción o debilitar los que se encuentren entre éstos y los 2.000 cps para, de nuevo, (3) aumentar la intensidad de los que se hallen entre los 2.100 y los 2.400 cps aproximadamente (Martínez Celdrán, 1984: 86-87). La 'onda' del lenguaje según Fant es la respuesta de los sistemas de FILTRO del CONDUCTO VOCAL a una o más FUENTES de sonido (Quilis, 1993: 102).

El sonido procedente de la vibración de las CUERDAS VOCALES es siempre una onda compuesta, es decir, una onda que es el resultado de la adición de un número determinado de ondas simples. El TONO LARÍNGEO o tono principal corresponde a la vibración del conjunto y los diversos armónicos a las vibraciones parciales. Los RESONADORES actúan de filtros acústicos, reforzando los tonos parciales cuya frecuencia coincida con la suya. Si se produce el refuerzo de los armónicos altos, el resultado será un sonido de timbre claro; en cambio, si se refuerza el fundamental o los armónicos bajos, el tono que se obtenga será grave.

**ONOMASIOLOGÍA.** Véase en SEMASIOLOGÍA y en CAMPO CONEPTUAL.

**ONOMÁSTICA.** Entre los fenómenos léxicos estudiados por la DIALECTOLOGÍA y la GEOGRAFÍA LINGÜÍSTICA, y también por la LEXICOLOGÍA, sobresalen la 'onomástica' y la 'toponimia'. La **onomástica** estudia la ETIMOLOGÍA, los significados y la difusión de los NOMBRES PROPIOS de personas y la **toponimia** el de los nombres propios de lugares (ciudades, ríos, valles, etc.). Estos últimos son conocidos con el nombre de **topónimos**. Tanto una como otra son excelentes auxiliares para todos los estudios de historia, entre ellos, por supuesto, los de LINGÜÍSTICA HISTÓRICA.

**ONOMATOPEYA.** Las 'onomatopeyas' son unidades léxicas cuyo significado está relacionado con las propiedades acústicas del significante. El caso más claro es el de las palabras que imitan con su SIGNIFICANTE los ruidos o sonidos de la naturaleza (*crac*, *splash*, *plof*, etc.).

Un análisis superficial del fenómeno de la onomatopeya desvela que es un fenómeno de imitación graduable. Habría, al menos, tres escalas: (a) la de imitación simple del sonido, es decir, palabras creadas por reproducción o imitación total del sonido (*crac, miau, guau guau*, etc.); (b) la de adaptación del sonido, llamada **onomatopeya cinética**, esto es, palabras creadas imitando los rasgos sonoros más destacados, de acuerdo con las reglas fonotácticas de la lengua (*chirriar, maullar, murmullo, susurrar, ladrar*, etc.); (c) la de simbolismo sonoro; la literatura crea estas últimas, llamadas **onomatopeyas fonoestilísticas**, explotando los recursos fónicos del lenguaje, por ejemplo, con la colocación sucesiva de palabras que comiencen o contengan un *f* se creará el efecto de viento, si es una *r*, el de tambores, tormenta, etc.

El recurso de acudir a las ONOMATOPEYAS para justificar la MOTIVACIÓN del lenguaje y, por tanto, su NO ARBITRARIEDAD es fácilmente desmontable, ya que las 'onomatopeyas' no son elementos orgánicos de un sistema lingüístico. Esta es la razón de que las palabras 'onomatopéyicas' pueden parecer distintas en las distintas lenguas, porque no se incorpora la cosa misma al lenguaje, sino sólo una señal de índole acústica o motora, por ejemplo *kikiriki* en español, *cocorico* en francés, *cock-doodle-do* en inglés, etc.

**OPACO.** Véase en TRANSPARENTE.

**OPERADOR.** ① En las GRAMÁTICAS FORMALES se llaman 'operadores' a los SÍMBOLOS de su vocabulario que señalan dos tipos de operaciones gramaticales: (a) la CONCATENACIÓN (+, –, ⌒, etc.) de los elementos en una CADENA y (b) la reescritura o TRANSFORMACIÓN de una CADENA en otra (por ejemplo: A → B). *Cf* abreviadores, símbolos.

② También se denominan 'operadores' las unidades gramaticales que pueden incluir dentro de su ámbito a distintas partes de la oración o enunciado, y dan lugar, por tanto, a interpretaciones diferentes según cual sea su ALCANCE. Por ejemplo, según Hernanz y Brucart (1987, 138n) los TÉRMINOS DE POLARIDAD (positiva o negativa) son 'operadores', puesto que pueden afectar a distintos componentes de la oración. Así, en «Luis *también* habla ruso», de conformidad con Hernanz y Brucart, el término de polaridad *también* puede incluir en su ámbito al sujeto (si, por ejemplo, la oración anterior fuese una réplica a «Pedro habla ruso»); puede afectar al verbo («habla ruso además de leerlo»), o al objeto directo («habla, además de ruso, inglés, francés»). Asimismo, a su juicio, adverbios como *incluso* o *solamente* manifiestan el comportamiento típico de los 'operadores'. En «María solamente recogió a los niños», *solamente* puede tener como ámbito al verbo *recogió* («únicamente los recogió, no les dio la merienda, ni los acostó»), o puede incidir en el objeto directo *a los niños* («recogió a los niños pero no al abuelo ni a la suegra»). También son comúnmente considerados 'operadores', entre otros elementos, la NEGACIÓN y los CUANTIFICADORES.

**OPOSICIÓN.** En lingüística se llama 'oposición' a la diferencia existente entre una unidad (FONEMA, MORFEMA, PALABRA, etc.) que aparece en el DECURSO y las que podrían ocupar o manifestarse en ese mismo CONTEXTO, esto es, las que pertenecen al mismo PARADIGMA. Por ejemplo, en la palabra española *paso*, la *a* se opone a las otras cuatro vocales (*e, i, o, u*), que podrían ocupar su lugar. Por tanto, en la 'oposición' la diferencia se establece entre una unidad presente o *in praesentia* (en el caso anterior, la *a*) y las posibles o virtuales o *in absentia*, mientras que en el CONTRASTE las diferencias se determinan entre unidades sucesivas presentes en el decurso (SINTAGMA). Cuando las 'oposiciones' se fijan entre fonemas, como en el caso anterior, estamos ante OPOSICIONES FONOLÓGICAS. El concepto de 'oposición', básico en el ESTRUCTURALISMO, es uno de los principios más fructíferos de Saussure, sobre el que descansa todo el sistema del lenguaje (Jakobson, R., 1983); su intuición fue desarrollada por las generaciones que le sucedieron, primero Trubetzkoy, y más tarde R. Jakobson y A. Martinet (Jacob, A., 1969).

El análisis de las primeras 'oposiciones' se hizo en el plano fonológico, gran paso de la lingüística, que consistió en establecer SISTEMAS en el interior del nivel fónico. Más tarde dicho análisis se extendió a otros niveles. Bajo este prisma, los SIGNOS sólo valen por 'oposición' a otros signos; mas estas 'oposiciones' tienen una cierta flexibilidad, es decir, en ocasiones se pierden o quedan neutralizadas debido, en gran parte, a la doble característica del sistema lingüístico: evolución y estabilidad, o sea, cambio en el tiempo sin perder su identidad. La NEUTRALIZACIÓN se presenta en todos los planos del sistema: en fonología, por ejemplo, entre la /b/ y la /v/ del castellano actual; en MORFOLOGÍA, entre la función presente o pasado de formas como *cantamos*; en SINTAXIS en construcciones como *en la vida* (nunca) «En la vida se me ocurren a mí tales disparates» y (constantemente) «En la vida hay que estar preparado para todo»), etc. Y, sin embargo, no es generadora de confusión o AMBIGÜEDAD en la COMUNICACIÓN, gracias a la REDUNDANCIA que poseen todos los subsistemas o niveles del lenguaje, aunque se la pueda explotar para algunos EFECTOS ESTILÍSTICOS.

**OPOSICIONES FONOLÓGICAS.** Las OPOSICIONES que se establecen entre FONEMAS se llaman 'oposiciones fonológicas'. En este sentido, un FONEMA se define como la suma de RASGOS PERTINENTES que cumplen una FUNCIÓN DISTINTIVA. Las 'oposiciones fonológicas' se dividen en **correlativas** y **disyuntivas**. Son correlativos (*cf* correlación) los fonemas afines entre sí y disyuntivos los que son discrepantes, por no tener ninguna cualidad común o porque sus cualidades comunes son escasas o insuficientes para ofrecer afinidad acústico-fisiológica; en este último caso se dice que hay **disyunción de fonemas** (Alarcos Llorach, 1983: 86) o que los fonemas se encuentran en **oposición disyuntiva**. De acuerdo con Alarcos Llorach (1983: 47-9), las 'oposiciones fonológicas' se pueden dividir siguiendo varios criterios:

(a) Por la BASE DE COMPARACIÓN, en 'bilaterales' y 'multilaterales'. En las **oposiciones bilaterales**, la base de comparación es propia de estos dos miembros y no aparece nunca en los demás miembros del sistema; en español la oposición *k/x* es 'bilateral', ya que las propiedades comunes de estos dos fonemas (ORALES, VELARES, SORDAS) no aparecen reunidas en otro fonema de la lengua. En las **oposiciones multilaterales** la base de comparación es propia también de otros miembros del sistema; la oposición *e/u* es multilateral, ya que las propiedades comunes a los dos fonemas (el ser vocales) aparecen en otros fonemas (a, i, o).

(b) Por el papel que los rasgos diferenciales de sus miembros desempeñan en el sistema, en 'proporcionales' y 'aisladas'. Se llama **oposición proporcional** la que forman dos fonemas cuya relación es idéntica a la de otra u otras oposiciones: en francés, *p/b* es proporcional, ya que la relación entre /p/ y /b/ es la misma que, por ejemplo, entre /t/ y /d/, /k/ y /g/, /f/ y /v/, etc. Por el contrario, *r/l* es **oposición aislada**, pues la relación entre /r/ y /l/ no se encuentra en ninguna otra oposición del sistema.

(c) Por la relación establecida entre sus miembros, pueden ser 'privativas', 'graduales' y 'equipolentes'. Son **oposiciones privativas** las formadas por miembros, caracterizados uno por la presencia, otro por la ausencia del mismo rasgo pertinente o MARCA. Por ejemplo, SONORIDAD/SORDEZ, LABIALIZACIÓN. El miembro positivo o característico por la presencia del rasgo dado se suele llamar MARCADO. Son **oposiciones graduales** las que se establecen entre dos miembros caracterizados cada uno por un grado diferente de la misma propiedad. Por ejemplo, los diferentes GRADOS DE ABERTURA de las vocales, o los diferentes TONOS de algunas lenguas en las que la altura musical es significativa. Son **oposiciones equipolentes** las que se establecen entre dos miembros lógicamente equivalentes, esto es, que no representan dos grados de la misma propiedad, ni la afirmación ni la negación de una propiedad; por ejemplo, *p/k* y *e/o*.

(d) Por la amplitud de distribución pueden ser **oposiciones constantes (o fijas)** y **oposiciones neutralizables (o intermitentes)**. En español los fonemas /s/ y /θ/ aparecen en cualquier posición de la palabra, forman una oposición constante o fija; por el contrario, la posición /r/, // sólo aparece en posición intervocálica (*para, parra; coro, corro*). En los demás casos se NEUTRALIZA.

Son mucho más sencillos de distinguir los fonemas que forman oposiciones bilaterales, proporcionales, privativas y neutralizables y cuantas más oposiciones de este tipo haya en un sistema, tanto más coherente es su estructura (Alarcos Llorach, 1983: 51-2). *Cf* correlación.

**OPTATIVA.** Véase en ORACIÓN OPTATIVA.

**ORACIÓN.** Aunque alude a un concepto central en la SINTAXIS, 'oración' no es un término unívoco ni, en consecuencia, identifica siempre el mismo objeto. Pese a las diferencias que se observan en el uso del término, la mayoría de las gramáticas coincidirían en utilizarlo para aludir a un enunciado como «La Bolsa de Madrid ha registrado un considerable ascenso», ya que reúne todas las características que, desde perspectivas gramaticales distintas, se han asociado a dicho término. Dichas características podrían resumirse de la siguiente manera:

(1) Forma una unidad autónoma, desde el punto de vista sintáctico, puesto que no está incluida como CONSTITUYENTE en otra unidad gramatical, a diferencia, por ejemplo, de *la Bolsa de Madrid*.

(2) Esa independencia sintáctica se corresponde con una determinada pauta fonética: va entre pausas y con una entonación final característica.

(3) A diferencia de *la Bolsa de Madrid* o de *un considerable ascenso*, es una unidad comunicativa autosuficiente desde el punto de vista semántico: no precisa nada más para ser interpretada como representación de un determinado estado de cosas, dentro, claro está, del contexto discursivo en el que pueda estar inserta.

(4) Como enunciado concreto, es realización de una estructura más abstracta, distinta de la que corresponde a unidades como *la Bolsa de Madrid* o *un considerable ascenso*: una estructura del tipo SN SV, o Sujeto-Predicado, o Sujeto V Objeto, según desde qué perspectiva teórica se analice.

Las divergencias entre los múltiples sentidos asociados al término *oración* proceden, fundamentalmente, de cuál o cuáles de las características mencionadas se toma como base para la definición (López Blanch, 1972; Stati, 1979).

① Para algunos (Marcos Marín, 1975; Alcina y Blecua, 1975), sólo es 'oración' el enunciado en el que están presentes todos los rasgos mencionados. No sería, según este concepto, 'oración' ni «¡Estupendo!», por su estructura, ni la unidad destacada «Un compañero me ha dicho *que Ana se marcha*» por carecer de independencia semántica y sintáctica.

② Otras definiciones, siguiendo la pauta de la establecida por Bloomfield, adoptan como criterio diferenciador la autonomía sintáctica, normalmente asociada con otro rasgo formal: la entonación y la limitación por pausas (Hockett, 1971). Así pues, según este sentido, también sería oración *¡Estupendo!*, pese a no responder al esquema SN-SV.

③ Otras hacen hincapié en la autosuficiencia comunicativa semántica o, según la fórmula más tradicional, el *sentido o pensamiento completo*, igualmente aplicable al enunciado «*¡Estupendo!*» (Alonso y Henríquez, 1977, 1981).

④ Otras definiciones, por último, asocian el término *oración* a la existencia de una determinada estructura: SN-SV, Sujeto-Predicado. A este tipo responde, por ejemplo, la caracterización de la 'oración' en la GRAMÁTICA GENERATIVA. 'Oración (O)' es el SÍMBOLO inicial de un sistema de REGLAS, dotado de una estructura definida: SN SV, o SN FLEX SV (Hernanz y Brucart, 1987). *Cf* frase, enunciado, proposición.

⑤ Finalmente, en algunos textos, predominantemente de orientación FUNCIONALISTA, se reserva el término 'oración' para aludir a un tipo de unidad gramatical cuya estructura, en un primer nivel de análisis, no está constituida por funciones del tipo Sujeto, V, Objeto, etc., sino por esquemas tales como CONDICIONANTE-CONDICIONADO, TESIS-ANTÍTESIS. Según esta acepción, sería 'oración' «Si vienes pronto te daré un premio», integrada en un primer nivel por Condicionante-Condicionado, así como «Llegó pronto pero no le dieron nada», constituida por tesis y antítesis, pero no se denominaría 'oración' a «Te daré un premio» (Rojo, 1978; Rojo y Jiménez Juliá, 1989). *Cf* cláusula.

**ORACIÓN ADJETIVA.** Se identifica como 'adjetiva' la oración, introducida por un pronombre relativo, que, a semejanza de los adjetivos, complementa, sin necesidad de preposición que marque esa relación, bien a un sintagma nominal («Las puertas del castillo, *que habían permanecido intactas durante siglos*, acabaron cediendo»), bien sólo al nombre núcleo de un sintagma: «Los coches *que estaban mal aparcados* fueron retirados por la grúa municipal». Cuando el relativo que introduce la 'oración adjetiva' va precedido de una preposición («Los amigos *con los que salí a cenar* son antiguos compañeros de colegio»), la PREPOSICIÓN no está indicando el vínculo que existe entre esa oración y el núcleo nominal al que modifica; marca específicamente la función que el pronombre relativo desempeña dentro de la propia 'oración adjetiva': *que*, en «con los que *salí a cenar*», representa a un complemento COMITATIVO o de compañía, de ahí que vaya precedido de la preposición *con*. La posibilidad de que complementen a todo el sintagma nominal o sólo al núcleo del sintagma sirve de base para diferenciar dos clases de oraciones adjetivas: RESTRICTIVAS, también llamadas ESPECIFICATIVAS, y NO RESTRICTIVAS O EXPLICATIVAS.

**ORACIÓN ADSCRIPTIVA.** Con la especificación 'adscriptiva' se identifica cierta clase de ORACIÓN COPULATIVA. A ella pertenecen, por ejemplo, «El perro es muy dócil», «Alberto está bastante tranquilo». En estas oraciones, a través de un verbo COPULATIVO (*es, está*) se 'adscribe' una determinada propiedad o característica (*muy dócil, bastante tranquilo*) a una entidad, normalmente la representada por el sujeto de la oración (*el perro, Alberto*). Como tipo de oración copulativa, la 'adscriptiva' suele oponerse a la ECUATIVA O IDENTIFICATIVA, de la que se diferencia, además de por tener un significado distinto, porque puede construirse con *ser, estar* o cualquier otro de los verbos considerados copulativos.

**ORACIÓN ADVERBIAL.** 'Oración adverbial' alude a una de las clases en las que, tradicionalmente, se han agrupado las ORACIONES SUBORDINADAS. En la clase de las 'oraciones adverbiales' se han incluido, por lo general, las ORACIONES LOCATIVAS, TEMPORALES, MODALES, CONDICIONALES, CONCESIVAS, COMPARATIVAS y CONSECUTIVAS; a ellas se han añadido, con frecuencia, las ORACIONES FINALES y las CAUSALES. La denominación 'adverbial' que se les aplica se ha justificado por la teórica equivalencia, tanto semántica como funcional, de las oraciones incluidas en esta clase con los elementos léxicos integrados en la categoría ADVERBIO. Así, según Gili Gaya (1961: 310), «las oraciones adverbiales ejercen el mismo papel que correspondería a un adverbio; es decir, modifican cualitativa o cuantitativamente a la principal». *Cf* oración circunstancial.

**ORACIÓN ADVERBIAL DE LUGAR.** Equivale a ORACIÓN LOCATIVA.

**ORACIÓN ADVERBIAL DE MODO.** Equivale a ORACIÓN MODAL.

**ORACIÓN ADVERBIAL DE TIEMPO.** Equivale a ORACIÓN TEMPORAL.

**ORACIÓN ADVERBIAL IMPROPIA.** Oración tradicionalmente incluida entre las ADVERBIALES que no tiene equivalente semántico en ninguna clase de ADVERBIOS, de ahí que no pueda ser sustituida por un elemento perteneciente a esta clase. Es, por ejemplo, el caso de las oraciones CONDICIONALES («Si me invitan al concurso, no iré»), CAUSALES («No iremos de vacaciones porque nos hemos quedado sin dinero»), CONCESIVAS («Aunque me jures que es verdad no te creo»).

**ORACIÓN ADVERBIAL PROPIA.** Oración tradicionalmente incluida entre las ADVERBIALES que tiene su correlato semántico en un tipo de ADVERBIOS. Puede, por tanto, ser sustituida por un elemento perteneciente a esta categoría. Es el caso de las oraciones MODALES («Corre como le han enseñado» = «corre así»), TEMPORALES («Volveré cuando me llamen» = «volveré entonces»), LOCATIVAS («Nos encontraremos donde solíamos merendar de pequeños» = «nos encontraremos allí»).

**ORACIÓN ASERTIVA.** Equivale a ORACIÓN DECLARATIVA.

**ORACIÓN ASEVERATIVA.** Equivale a ORACIÓN DECLARATIVA.

**ORACIÓN ATRIBUTIVA.** ① Equivale a ORACIÓN ADSCRIPTIVA.

② También se han identificado como 'atributivas' todas aquellas construcciones oracionales en las que existe una relación de ATRIBUCIÓN[2] aun cuando dicha relación forme parte de una PREDICACIÓN SECUNDARIA y el sintagma verbal del que depende no esté constituido por un VERBO COPULATIVO. Por ejemplo, según Porroche (1990), junto a las construcciones 'atributivas' integradas por un verbo copulativo, como «La casa *es* pequeña» o «El cielo *está* azul», hay construcciones 'atributivas' no copulativas, como «Él parece inteligente», «Juan vio la película muy tranquilo» o «Ella le miraba desconcertada». Aunque difieran en otros aspectos, se consideran 'atributivas' porque en todas ellas se da una relación de atribución: a través del verbo se atribuye una característica o propiedad (*inteligente, muy tranquilo, desconcertada*) a la entidad representada, en este caso, por el sujeto de la oración (*él, Juan, ella*), si bien los verbos *parece, vio, miraba* a los que se subordinan los adjetivos (como parte de una predicación secundaria) no son verbos catalogados (al menos por Porroche) como copulativos. *Cf* complemento predicativo.

**ORACIÓN BIPOLAR.** En algunos textos de orientación funcional (*cf*, por ejemplo, Rojo, 1978, 1983; Narbona, 1989, 1990) se denominan 'oraciones bipolares' determinadas unidades constituidas por dos ORACIONES O CLÁUSULAS, entre las que, según se plantea en estos textos, no existe relación de coordinación o de subordinación, sino de INTERDEPENDENCIA: ninguna de las dos oraciones se subordina a la otra, tienen funciones diferentes con respecto a la unidad en la que se integran, y son ambas igualmente necesarias, tanto para que puedan existir sus respectivas funciones, como para que pueda darse el valor que adquiere la unidad en su conjunto. Por ejemplo, las oraciones adversativas, como «Juan me pidió que apoyara el proyecto, pero me negué a hacerlo», e igualmente las condicionales, como «Si viene tu hermano a comer yo no hago la paella», son tipos de construcciones que se han catalogado como 'oraciones bipolares'. Tal clasificación se apoya en razones como las siguientes:

(1) Son siempre unidades constituidas únicamente por dos oraciones, o, según la terminología de Rojo, por dos cláusulas, aunque cada una de ellas pueda, a su vez, ser compleja: «Juan me pidió que apoyara el proyecto/ me negué a hacerlo»; «Viene tu hermano a comer/ yo no hago la paella».

(2) A cada una de estas cláusulas u oraciones se les asignan funciones diferentes: en el caso de las oraciones condicionales, una unidad asume la función de *condicionado* («Yo no hago la paella») y la otra la de *condicionante* («Viene tu hermano a comer»). Por lo que respecta a las oraciones adversativas, se dice que la cláusula u oración que aparece en primer lugar («Juan me pidió que apoyara el proyecto») desempeña la función de *tesis*, puesto que introduce una afirmación, en tanto que la segunda («Me negué a hacerlo») tendría la función de *antítesis*, dado que expresa un contraste u oposición con respecto a lo anterior.

(3) Las dos unidades, por último, se consideran igualmente necesarias para que pueda existir el valor *condicionalidad* o el valor *contraste* u *oposición* que caracteriza a ambos tipos de oraciones. Evidentemente, «Viene tu hermano» y «Yo no hago la paella», enunciadas aisladamente, ni tienen carácter de condicionante o de condicionado ni expresan por separado valor de condicionalidad.

**ORACIÓN CAUSAL.** Una de las clases que comúnmente se diferencian entre las denominadas ORACIONES SUBORDINADAS, aunque de hecho existen diversas interpretaciones con respecto al tipo de conexión sintáctica que se establece entre la 'oración causal' y la estructura predicativa con la que se enlaza (*cf*, por ejemplo, Lapesa, 1978; Rojo, 1978; Narbona, 1989, 1990). Se identifican como 'causales' las oraciones, introducidas por determinados nexos conectores (fundamentalmente *porque*, al que también se añaden otros como *ya que*, *puesto que*, *como*), que expresan, bien el motivo o causa del evento al que alude la oración subordinante («Está muy delgado *porque no come casi nada*»), bien el fundamento o razón que induce al hablante a enunciar esa oración subordinante: «No debe de comer casi nada, *porque está muy delgado*».

Esta diferencia en cuanto al plano del contenido con el que se relaciona la causa (el de lo enunciado, o el del acto mismo de enunciación) se asocia también a ciertos rasgos formales (tales como el orden de colocación con respecto a la subordinante, la ausencia o presencia de pausas entre ambas oraciones) y es la base principal sobre la que se establece la distinción entre dos tipos de 'oraciones causales':

(a) Las identificadas como **causales propiamente dichas** (*cf* Narbona, 1990), también denominadas **causales del enunciado** (*cf* Marcos Marín, 1980; Ramón Trives, 1982): «Está muy delgado *porque no come casi nada*», «No ha ido al pueblo *porque tiene el coche averiado*».

(b) Las llamadas **causales explicativas** (*cf* Narbona, 1990) o también **causales de la enunciación** (*cf* Marcos Marín, 1980; Ramón Trives, 1982): «No debe de comer casi nada, *porque está muy delgado*», «No se ha ido al pueblo, *porque el coche está en la puerta*».

**ORACIÓN CIRCUNSTANCIAL.** 'Oración circunstancial' es uno de los nombres dados tradicionalmente a la clase en la que se han agrupado las ORACIONES TEMPORALES, LOCATIVAS, MODALES, COMPARATIVAS, CONSECUTIVAS, CONDICIONALES, CONCESIVAS, FINALES y CAUSALES. Se les ha denominado 'circunstanciales' por considerar que las oraciones incluidas en esta clase son unidades subordinadas cuya relación sintáctica y semántica con la oración subordinante o principal es equivalente a la que caracteriza al COMPLEMENTO CIRCUNSTANCIAL.

**ORACIÓN COMPARATIVA.** ① Tradicionalmente se han considerado 'oraciones comparativas', incluidas en la clase de las subordinadas adverbiales o circunstanciales, unidades sintácticas como las que se destacan en los enunciados siguientes: «Ese gana más *que todos nosotros*», «Paquito quiere más a su coche *que a sus hijos*», «Lo odio tanto *como él a mí*», «Aún tiene menos inteligencia *que escrúpulos*».

Como puede apreciarse en los ejemplos propuestos, las construcciones denominadas 'oraciones comparativas' no presentan siempre la estructura típica de las oraciones canónicas, que implica la existencia de un sintagma verbal. Pese a ello, se han catalogado como oraciones porque se les supone elidido, bien un verbo idéntico al de la oración plena en que se incluyen, bien, además del verbo, alguno de sus argumentos. Así, por ejemplo, para la Real Academia (1973: 545), en «Juan dio ayer a tía Pepa más pesetas que anteayer» la segunda oración queda reducida al adverbio *anteayer* y tiene sobreentendidos el SUJETO, el VERBO y los COMPLEMENTOS DIRECTO e INDIRECTO, que son los mismos que van expresos en la primera.

Si en ese supuesto se basa la etiqueta 'oración' que se les aplica, la especificación 'comparativa' alude a la propiedad semántica que normalmente se les atribuye. Para Alarcos (1994: 341), por ejemplo, se denominan así porque en ellas se comparan entre sí dos realidades o conceptos estableciendo su equivalencia o desigualdad en lo que respecta a la cantidad, la calidad, la intensidad. Así, en «Paquito quiere más a su coche que a sus hijos» se establece una relación de desigualdad entre dos entidades, *sus hijos* y *su coche*, como resultado de una comparación que tiene como base la intensidad con que *los quiere Paquito*.

También tradicionalmente las 'oraciones comparativas' (*cf* grado) se han subdividido atendiendo a si la relación establecida como resultado de la comparación es de desigualdad o de equivalencia. Se han diferenciado, en consecuencia:

(a) **Comparativas de igualdad**, introducidas generalmente por *como* en correlación con *tanto, tan*: «Creo que lo odio tanto *como él a mí*».

(b) **Comparativas de desigualdad**, que abarcan a su vez dos clases: **de superioridad**, «Ése gana más *que todos nosotros*»; **de inferioridad**, «Aún tiene menos inteligencia *que escrúpulos*».

La caracterización aquí esbozada quizás sea la más común en los manuales de gramática. No obstante, en los estudios gramaticales del español ha suscitado numerosas críticas, que hacen referencia tanto a la estructura oracional que invariablemente se asigna a las construcciones comparativas, como a la condición de adverbiales o circunstanciales que se les atribuye, e incluye a su caracterización semántica, puesto que la expresión de la comparación no corresponde sólo a la unidad que se identifica concretamente como 'comparativa'.

Así, por ejemplo, en cuanto a la hipótesis del verbo elíptico que sirve de base al análisis de las construcciones comparativas como oraciones, sea cual sea su realización específica, cabe decir que, ciertamente, la recuperación de un núcleo verbal presente en el contexto previo da como resultado una oración gramatical en construcciones como «Creo que lo odio tanto *como él (me odia) a mí*», similares a las de VACIADO. Pero en otros muchos casos, como señala J. A. Martínez (1985b: 142), esa CATÁLISIS o reposición de elementos elididos da como resultado construcciones de una validez más que dudosa: «?Ése gana más que ganamos todos nosotros», «?Quiere más a su coche que quiere a sus hijos», «?Aún tiene menos inteligencia que tiene escrúpulos».

De ahí que se prefiera para las unidades comparativas la etiqueta 'construcción' que, frente a 'oración', no presupone una determinada estructura.

② Oración que contiene una construcción comparativa. Así, «Ése gana más que todos nosotros» sería un enunciado integrado por una 'oración comparativa' en esta acepción del término.

**Oración compleja.** Es la ORACIÓN que contiene, en algún nivel de su estructura, otra oración como constituyente. Por ejemplo, la oración «Eva afirma que su jefe es un psicópata» incluye otra oración (*que su jefe es un psicópata*) como objeto directo. En «Es muy difícil que de ese modo se reactive el consumo interior», el sujeto del que se predica el «ser muy difícil» es, asimismo, una oración: *que de ese modo se reactive el consumo interior*. En los dos casos nos hallamos, pues, ante 'oraciones complejas', ante oraciones que contienen otra oración como constituyente. 'Oración compleja' viene a ser equivalente a ORACIÓN COMPUESTA POR SUBORDINACIÓN.

**Oración completiva.** Se identifican comúnmente como 'completivas' las ORACIONES SUSTANTIVAS que asumen una función sintáctica argumental. Esto es, son oraciones sustantivas que se integran en otra unidad oracional asumiendo, bien el papel de SUJETO, bien el de OBJETO DIRECTO o el de OBJETO PREPOSICIONAL del verbo. Así, por ejemplo, pueden considerarse 'oraciones completivas' las unidades que se destacan en los siguientes enunciados: «Lamento *haber sido descortés*», «Me alegra *que hayas venido*», «Los animó a *que terminasen su trabajo*». *Haber sido descortés* es una oración sustantiva, con el verbo en infinitivo, que representa al objeto directo de *lamentar*. *Que hayas venido* es una oración sustantiva, con el verbo en forma personal, que funciona como sujeto de *alegrar*. *Que terminasen su trabajo*, por último, es la realización del objeto preposicional (*a* que terminasen su trabajo) requerido por *animar*. No obstante, también se utiliza 'oración completiva' simplemente como equivalente a ORACIÓN SUSTANTIVA.

**Oración compuesta.** ① Tradicionalmente se ha denominado 'oración compuesta' a la unidad sintáctica que contiene dos o más estructuras predicativas organizadas en torno a un verbo, con independencia de cuáles sean las relaciones sintácticas que existan entre ellas. «Tiene un pelo precioso y sus ojos son una maravilla», o «He notado que cada día estás más despistado» son, por tanto, 'oraciones compuestas' en este sentido de la expresión.

Por lo general, las 'oraciones compuestas', en la acepción que ahora nos ocupa, se subclasifican en 'oraciones compuestas por coordinación' («Tiene un pelo precioso y sus ojos son una maravilla») y 'oraciones compuestas por subordinación': «He notado que cada día estás más despistado».

② En un sentido más restringido, 'oración compuesta' hace referencia sólo a la unidad constituida por dos o más estructuras predicativas relacionadas mediante coordinación. Abarca, pues, únicamente a la 'oración compuesta por coordinación' según la acepción anterior: «Tiene un pelo precioso y sus ojos son una maravilla». Así, por ejemplo, para Carrillo Herrera (1963: 166), «las llamadas *compuestas por coordinación* son *realmente* oraciones compuestas, pues su unidad de sentido (mínima independiente) se estructura mediante la adición de dos o más campos simbólicos que tienen entre sí independencia sintáctica. En cambio, las llamadas *oraciones compuestas por subordinación* son sintácticamente simples».

**Oración concesiva.** ① Tipo de oración frecuentemente incluido entre las oraciones subordinadas identificadas como ADVERBIALES IMPROPIAS. No obstante, su condición de unidad subordinada es una cuestión controvertida en los estudios gramaticales (*cf*, por ejemplo, Narbona, 1990; Rivas, 1989). Pueden considerarse 'oraciones concesivas' canónicas las unidades oracionales introducidas por el nexo *aunque*, como es el caso de las destacadas en los enunciados siguientes: «*Aunque gana mucho*, siempre está sin un duro»; «*Aunque es muy bajito*, juega muy bien al baloncesto».

Como 'concesivas', tales oraciones se caracterizan porque lo denotado por la predicación («gana mucho dinero», «es muy bajito») implica una expectativa contraria a lo expresado en la unidad oracional con la que se relaciona la 'concesiva': del hecho de que gane mucho dinero cabe esperar que «no esté siempre sin un duro»; si «es muy bajito», puede suponerse que tenga dificultades para «jugar muy bien al baloncesto». Pero la 'oración concesiva' implica asimismo que dicha expectativa no se cumple: pese a ser contrario a lo esperado, ocurre aquello a lo que alude la otra oración, la no 'concesiva': «Está siempre sin un duro», «Juega muy bien al baloncesto».

② También se aplica esta denominación a la unidad integrada por la oración identificada como 'concesiva' en el sentido anterior juntamente con la oración con la que establece esa relación a la que antes hemos hecho referencia. Todo el enunciado «Aunque es muy bajito, juega muy bien al baloncesto» estaría constituido, pues, por una 'oración concesiva' en esta acepción del término

**Oración condicional.** ① Tipo de oración frecuentemente incluido en la clase de las oraciones subordinadas circunstanciales o adverbiales y, más específicamente, en la subclase de las ADVERBIALES IMPROPIAS. Es de advertir, sin embargo, que la clasificación de las 'condicionales' en el grupo de las oraciones subordinadas es una cuestión controvertida en los estudios gramaticales del español, debido a la interrelación (manifestada, por ejemplo, en las formas verbales) que existe entre la 'oración condicional' y la oración que se identifica como condicionada.

Se consideran 'condicionales' las oraciones en las que el contenido de la predicación se presenta como supuesto previo o como condición que debería darse para que tenga lugar o tenga validez lo expresado en otra oración (la principal o condicionada): «*Si riegas las macetas*, procura no tirar demasiada agua», «*Si limpias el coche*, me iré contigo».

El tipo canónico de 'oración condicional' lo constituyen las unidades oracionales introducidas por *si*, como las que integran los enunciados anteriores. No obstante, tal como señala, por ejemplo, Narbona, «Según los tratadistas, son numerosos los términos, expresiones, fórmulas o giros que expresan condición. Además de *si* —y de aquellas combinaciones en las que interviene: *como si, si acaso, si es que, si no, es que si, salvo si*, etc.—, la lista es tan larga como heterogénea» (1990: 95).

Tradicionalmente, las 'oraciones condicionales', particularmente las canónicas introducidas por *si*, se han subdivido en las siguientes clases:

(a) **Reales**: «*Si vuelves pronto* iremos al cine».

(b) **Potenciales** o **contingentes**: «*Si volvieras pronto* podríamos ir al cine».

(c) **Irreales**: «*Si hubieras vuelto pronto* podríamos haber ido al cine».

La base de clasificación es, fundamentalmente, la distinta vinculación «con la realidad que muestran los acontecimientos mencionados en el condicionante» (Rojo y Montero, 1983: 12). Esto es, el hecho de que el evento designado por la 'oración condicional' se presente como real o realizable («*Si vienes pronto*»), más o menos probable («*Si vinieras pronto*») o simplemente irreal o irrealizable: «*Si hubieras venido pronto*».

② También se da el nombre de 'oración condicional' a la unidad compleja constituida por la predicación condicionante y la condicionada: «Si limpias el coche, me iré contigo».

**ORACIÓN CONSECUTIVA.** ① En uno de los sentidos de la expresión, se denominan 'oraciones consecutivas' las estructuras predicativas organizadas en torno a un verbo que, desde un punto de vista semántico, se caracterizan por expresar una predicación que se presenta como consecuencia, resultado o deducción, bien de un hecho expresado en otra oración («Tiene el coche en la puerta, por tanto, *debe estar en casa*», «Hoy no he dormido, así que *necesito descansar*»), bien del grado de intensidad o cantidad que afecta a un elemento incluido en otra predicación: «Tenía los pies *tan* grandes *que había que hacerle los zapatos a medida*».

Las oraciones a las que es aplicable esta caracterización semántica general pueden formar parte, no obstante, de configuraciones sintácticas muy diferentes. De ahí que haya sido habitual en los estudios gramaticales del español distinguir al menos dos clases de 'oraciones consecutivas':

(a) Las 'oraciones consecutivas' del tipo «Tiene el coche en la puerta, por tanto, *debe estar en casa*», «Hoy no he dormido, así que *necesito descansar*» han sido consideradas, ya sintácticamente coordinadas, ya semánticamente cohesionadas con la oración que les precede en el discurso por medio de un CONECTOR O ENLACE EXTRAORACIONAL que hace explícita la relación de causa-consecuencia establecida entre las dos oraciones. En los ejemplos anteriores, son los conectores *por tanto, así que* los que desempeñan este papel.

(b) Las 'oraciones consecutivas' del tipo «Tenía los pies *tan* grandes *que había que hacerle los zapatos a medida*», más comúnmente clasificadas como subordinadas, van encabezadas por el nexo *que* y se hallan en correlación con un intensificador o cuantificador (*tanto, tan, tal*), perteneciente a la oración subordinante, que establece la intensificación o cuantificación de la que es efecto o resultado lo expresado por la subordinada.

② En algunos estudios gramaticales se reserva la expresión 'oración consecutiva' sólo para las oraciones que en el apartado anterior hemos identificado como subordinadas.

③ También se aplica la denominación 'oración consecutiva', no ya a la oración introducida por *que* sino a la unidad oracional compleja que la contiene. Todo el enunciado «Se movía tanto que me ponía nerviosa» estaría integrado, por tanto, por una 'oración consecutiva' en esta acepción del término.

**ORACIÓN COPULATIVA.** ① Se clasifican como 'copulativas' las oraciones cuyo predicado está integrado por un VERBO COPULATIVO. Por ejemplo, «La noche es hermosa», «La casa estaba desierta» son enunciados constituidos por 'oraciones copulativas puesto que *ser* y *estar*, los verbos que, junto con los ATRIBUTOS *hermosa* y *desierta*, forman el predicado, son comúnmente considerados copulativos.

② También se ha dado el nombre de 'oración copulativa' a la unidad sintáctica constituida por dos o más oraciones —dos o más estructuras predicativas— relacionadas mediante COORDINACIÓN COPULATIVA. Así, por ejemplo, el enunciado «Su padre trabaja sin descanso y él malgasta tontamente su fortuna» estaría constituido por una 'oración copulativa' en esta acepción del término.

**Oración de relativo.** Véase ORACIÓN RELATIVA.

**Oración declarativa.** Una de las clases de oraciones que se distinguen tomando como base la MODALIDAD de la enunciación. Se identifican como 'declarativas' las oraciones (o enunciados oracionales) cuya finalidad comunicativa es realizar una ASERCIÓN: el hablante presenta como conforme a la realidad la acción, el estado o el proceso representado por la predicación. «Ese hombre me persigue», «Los timbres no suenan», «Pamela me ha regalado un disco de Joe Cocker» son 'oraciones declarativas'. Dado que representan una aserción, se considera característico de las oraciones declarativas tanto el hecho de que lleven el verbo en modo indicativo, el modo de la aserción (*persigue, suenan, ha regalado*), como el hecho de que se les pueda atribuir un valor de verdad: lo expresado en la predicación puede ser considerado verdadero o falso.

Según puede verse en los ejemplos, las 'oraciones declarativas' pueden ser afirmativas («Ese hombre me persigue», «Pamela me ha regalado un disco de Joe Cocker») o negativas: «Los timbres no suenan».

**Oración degradada.** Una de las muchas denominaciones aplicadas a las estructuras predicativas organizadas en torno a un verbo que se incluyen, como constituyentes que desempeñan alguna función, en otra oración o unidad sintáctica más amplia. Por ejemplo, para Alarcos (1994: 314-315), «Cuando se decidió» y «Aunque hacía sol» son 'oraciones degradadas' en «*Cuando se decidió* ya era tarde» y «*Aunque hacía sol* el frío era intenso».

**Oración desiderativa.** Una de las clases o subclases de oraciones (*cf*, por ejemplo, Hernández Alonso, 1984; González Calvo, 1983) que se han diferenciado tomando como base la MODALIDAD de la enunciación, o actitud subjetiva del hablante ante lo enunciado. Se consideran 'desiderativas' las oraciones (o enunciados oracionales) en las que, mediante recursos tales como el empleo del modo subjuntivo, o la utilización de determinados ADVERBIOS DE MODALIDAD (como *ojalá*), se expresa que lo denotado por la predicación no es algo conforme a la realidad, sino tan sólo un deseo del hablante. Si «Mi hijo ha tenido una media de sobresaliente» es una ORACIÓN DECLARATIVA con la que el hablante presenta como real, como efectivamente realizado, el contenido de la predicación, «*Ojalá* mi hijo *haya tenido* una media de sobresaliente», es un enunciado constituido por una 'oración desiderativa'. Mediante el adverbio de modalidad *ojalá* y el empleo del modo subjuntivo (*haya tenido*) se expresa que el «haber tenido mi hijo un sobresaliente» es tan sólo algo que el hablante desea que haya ocurrido, y no necesariamente un proceso realizado.

**Oración distributiva.** ① Se ha dado el nombre de 'oración distributiva' a la unidad integrada por dos o más oraciones (dos o más estructuras predicativas) entre las que existe una relación de coordinación catalogada como distributiva (*cf* COORDINACIÓN DISTRIBUTIVA). Por ejemplo, el enunciado «Unos ríen, otros lloran» estaría constituido por una 'oración distributiva' (*cf* Lázaro Carreter, 1968) en este sentido del término. Asimismo se ha dado este nombre a la oración que contiene una coordinación distributiva: «Recibía con la misma serenidad, *bien las alegrías, bien los infortunios*».

② En una acepción distinta, el término 'oración distributiva' alude a oraciones, como «Cada uno de los niños golpeaba a los otros» (*cf* Bosque, 1985: 74 y sigs.), en las que la presencia de un DETERMINANTE DISTRIBUTIVO, como *cada*, impone a la oración el tipo específico de interpretación que los caracteriza.

**Oración dubitativa.** Una de las clases o subclases de oraciones que se han establecido tomando como base de clasificación la MODALIDAD o actitud subjetiva del hablante ante lo enunciado. Se consideran 'dubitativas' las oraciones (o enunciados oracionales) en las que, mediante recursos tales como el empleo de ADVERBIOS DE MODALIDAD que dejan en suspenso el valor de verdad de la oración (*tal vez, acaso, quizás, probablemente*) y la utilización del modo subjuntivo, que implica no aserción, se expresa que el hablante no asume como real, sino tan sólo como posible, el estado de cosas al que alude la predicación. «Nos han ingresado ya el dinero», por ejemplo, es un enunciado integrado por una ORACIÓN DECLARATIVA, con el que el hablante afirma como real la acción denotada por el predicado. «*Quizás* nos *hayan ingresado* ya el dinero», por el contrario, es un enunciado constituido por una 'oración dubitativa'. A través del adverbio *quizás* y mediante el empleo del modo subjuntivo (*hayan ingresado*), el hablante manifiesta que el «*haber ingresado ya el dinero*» es, desde su punto de vista, algo posible, pero no se compromete a presentarlo como efectivamente realizado.

**ORACIÓN ECUACIONAL.** Se identifica como 'ecuacional' cierta clase de oraciones construidas con el verbo COPULATIVO *ser*. Por ejemplo: «Es en ti en quien confiamos», «Es a Luis al que han elegido», «Pedro es quien lo ha hecho». A semejanza de las ORACIONES ECUATIVAS, en estas construcciones el verbo *ser* establece la igualdad entre los dos constituyentes que relaciona. Pero presentan algunas diferencias con respecto a otros tipos de oraciones con verbo copulativo: uno de los constituyentes enlazados es siempre una ORACIÓN RELATIVA sin ANTECEDENTE —*en quien confiamos, al que han elegido, quien lo ha hecho*—; implican un procedimiento de ENFATIZACIÓN. En relación con enunciados no enfatizados —*Confiamos en ti, Han elegido a Luis, Pedro lo ha hecho*— la 'oración ecuacional' destaca como FOCO informativo, como información nueva o contraria a lo esperado, un CONSTITUYENTE: *en ti, a Luis, Pedro*; cuando el elemento destacado va precedido de PREPOSICIÓN, ésta se repite en los dos constituyentes que conforman la 'oración ecuacional': en ti, en quien...; a Luis, al que...

**ORACIÓN ECUATIVA.** Se clasifican como 'ecuativas' las oraciones COPULATIVAS en las que, mediante el verbo *ser* —único posible en estas oraciones— o sus equivalentes en otras lenguas, se establece la identidad entre los referentes de dos expresiones nominales. Es, por ejemplo, 'ecuativa' la oración «El marido de Lola es ese hombre que nos mira». En ella se afirma que el individuo al que alude el sintagma nominal *el marido de Lola* es el mismo al que hace referencia el sintagma *ese hombre que nos mira*. Como clase de oración copulativa, la *ecuativa* suele oponerse a la ADSCRIPTIVA O ATRIBUTIVA en sentido estricto.

**ORACIÓN ENUNCIATIVA.** Equivale a ORACIÓN DECLARATIVA.

**ORACIÓN ERGATIVA.** En algunos textos (*cf* Demonte, 1991; Fernández Lagunilla y Anula Rebollo, 1995) se denominan 'oraciones' o 'construcciones ergativas' las CONSTRUCCIONES PRONOMINALES del tipo: «El abuelo se emocionó», «Alberto se ha deprimido», también llamadas ANTICAUSATIVAS.

**ORACIÓN EXCLAMATIVA.** Una de las clases de oraciones que tradicionalmente se han establecido tomando como base de clasificación la MODALIDAD, esto es, la actitud subjetiva o finalidad comunicativa específica del hablante. Se consideran 'exclamativas' las oraciones (o enunciados oracionales) en las que, mediante determinados recursos lingüísticos, se destaca la reacción emotiva (sorpresa, admiración, alegría, dolor) que suscita en el hablante aquello a lo que hace referencia el enunciado. Predomina, por tanto, en ellas la función expresiva, la manifestación de emociones, sobre la mera representación de acciones, estados o procesos.

«¡Han cerrado la puerta!», «¡Qué bien canta este hombre!», «¡Cuánto ha engordado Maribel este año!» son enunciados que contienen 'oraciones exclamativas'.

Entre los recursos lingüísticos que permiten manifestar ese predominio de la función expresiva, y que distinguen, por tanto, a las 'oraciones exclamativas, cabe citar los siguientes:

(a) La ENTONACIÓN. «Han cerrado la puerta» (ORACIÓN DECLARATIVA), «¿Han cerrado la puerta?» (ORACIÓN INTERROGATIVA) y «¡Han cerrado la puerta!», 'oración exclamativa', sólo se diferencian por el contorno tonal.

(b) El empleo de elementos exclamativos (*qué, cuánto, cómo*) en posición inicial de oración: «¡*Qué* bien canta este hombre!».

(c) El orden de palabras. En las 'oraciones exclamativas', a semejanza de las interrogativas, el sujeto suele posponerse: «¡Cuánto ha engordado *Maribel* este año!», pero «*Maribel* ha engordado mucho este año» (oración declarativa).

**ORACIÓN EXHORTATIVA.** Una de las clases o subclases de oraciones que, tradicionalmente, han diferenciado las gramáticas tomando como base la MODALIDAD de la enunciación, esto es, la *actitud subjetiva* o la finalidad comunicativa específica con que el hablante emite el enunciado. Se consideran típicamente 'exhortativas' las oraciones (o enunciados oracionales) en las que, mediante determinados recursos lingüísticos, tales como el uso de formas verbales de imperativo, se pone de manifiesto que la finalidad comunicativa del hablante es influir en el receptor para que lleve o no lleve a cabo la acción a la que alude el enunciado. «¡Quita de una vez los zapatos de la mesa!», «Devuélveme la pluma, por favor», «Canta otra vez esa canción», por ejemplo, son enunciados que contienen 'oraciones exhortativas'. No informan sobre la realización de un evento (como las ORACIONES DECLARATIVAS), no constituyen una petición de información (rasgo característico de las ORACIONES INTERROGATIVAS) ni expresan simplemente un deseo del hablante (como las ORACIONES DESIDERATIVAS). La utilización del imperativo (*quita, devuélveme, canta*) pone de manifiesto que la intención del hablante al emitir el enunciado es que el receptor de la comunicación lleve a cabo una determinada acción: «quitar los zapatos de la mesa», «devolver la pluma» o «cantar esa canción».

**ORACIÓN EXISTENCIAL.** Se clasifican como 'existenciales' cierto tipo de oraciones que se caracterizan por expresar, básicamente, que algo (un evento, una entidad) existe o tiene lugar, bien en un determinado espacio local («Aún hay osos *en Asturias*») o temporal («*El año pasado* ocurrió una tragedia similar»), bien en general, sin concretar una localización específica: «Realmente, hay hombres así».

**ORACIÓN FINAL.** Clase de oración habitualmente incluida en las gramáticas entre las subordinadas circunstanciales o adverbiales, más específicamente entre las denominadas ADVERBIALES IMPROPIAS.

Se identifican como 'finales' las oraciones que expresan, bien el objeto o propósito con que se realiza la acción denotada por la predicación subordinante («Hemos contratado a una agencia *para que nos lleve la publicidad*»), bien el propósito con que se enuncia el hecho al que hace referencia esa predicación: «*Para que te enteres*, estoy harta de veranear con la familia».

Las construcciones integradas por *para que* + oración en subjuntivo (como en los ejemplos anteriores) o por *para* + oración en infinitivo («He venido *para ver a la familia*») constituyen las fórmulas gramaticales básicas para la expresión de la finalidad. No obstante, como señala, entre otros, Alarcos (1994: 371), «la finalidad puede quedar expresada también con ciertas locuciones en que se inserta un sustantivo semánticamente acorde con esa noción». Entre ellas: *a fin de que, con el fin de que, con la intención de que*.

**ORACIÓN HENDIDA, PARTIDA O TRUNCADA.** ① Fue Jespersen quien acuñó el término *cleft sentence* ('oración hendida, partida o truncada'). Con él se hace referencia a ciertas construcciones que sirven para dar relieve temático y focal a un determinado constituyente de una estructura oracional (Quirk, R. *et al.*, 1972: 951; Taglight, J., 1984: 54). En inglés este tipo de construcción siempre comienza con el pronombre neutro *it* seguido de una forma de *to be* (Timm, L. A., 1987). La oración «It was to Paris where we went last year» es transformación de otra, «We went to Paris last year», en la que se ha tematizado el complemento circunstancial *a Paris* al pasarlo a posición inicial, al tiempo que se le ha dado mayor relieve sobre los demás elementos de la oración mediante la ayuda del tonema colocado sobre *'Paris*. De esta manera, *Fue a Paris* se ha convertido en un elemento focal, mientras que *adonde fuimos el año pasado* se ha convertido en la oración no focal.

② Adaptando la distinción que se establece en las gramáticas inglesas entre *pseudo-cleft sentences* y *cleft sentences*, algunos textos españoles utilizan la denominación 'oración hendida' para identificar las ORACIONES ECUACIONALES que corresponden a las 'cleft sentences' inglesas. Es el caso de «Fue Juan el que lo hizo», traducción de la *cleft sentence* «It was John who did it». Sin embargo, si bien en inglés existen diferencias gramaticales entre *cleft sentences* y *pseudo-cleft sentences*, tales como la utilización del pronombre *it*, en español tal distinción no parece justificada, porque no hay pronombre ni ningun otro elemento gramatical en el que fundamentar las diferencias (Moreno Cabrera, 1983).

**ORACIÓN IDENTIFICATIVA.** Equivale a ORACIÓN ECUATIVA.

**ORACIÓN IMPERSONAL.** Se identifican genéricamente como 'impersonales' las oraciones que, ya sea por exigencia del verbo («*Ha llovido* mucho esta noche», «*Hay* dos hombres en la puerta»), ya sea porque se utilice un determinado tipo de construcción sintáctica («*Se vive* bien aquí», «*Están llamando* al timbre»), no tienen sujeto expreso ni tampoco implícito o recuperable por el contexto. En «Se vive bien aquí», por ejemplo, no hay posibilidad de introducir un sintagma nominal sujeto. En «Están llamando al timbre» no puede incluirse ninguno sin que se pierda el sentido *agente inespecífico* que caracteriza a este tipo de construcción. También en algunos textos (*cf* RAE, 1973) se califican como 'impersonales' oraciones del tipo «Se han vendido los dos pisos», en las que, si bien hay un sujeto gramatical, un sintagma nominal concordante con el verbo (*los dos pisos*), ni el sujeto representa al agente implicado por el verbo, ni ese agente se expresa mediante algún complemento. Queda sin especificar, como agente indefinido o genérico.

**ORACIÓN IMPERSONAL REFLEJA.** Una de las clases de oraciones habitualmente diferenciadas, tanto en el conjunto de las CONSTRUCCIONES PRONOMINALES como en el de las genéricamente llamadas ORACIONES IMPERSONALES. Son 'impersonales reflejas', por ejemplo, las oraciones siguiente: «Se ha condenado a un inocente», «Se habló bastante del libro durante la cena». Coinciden con el resto de las construcciones pronominales en el empleo de la forma átona *se*, rasgo del que proviene su calificación como 'reflejas'. Se individualizan, no obstante, por las siguientes peculiaridades:

(1) Los verbos con los que se construyen (*hablar*, *condenar*) seleccionan un AGENTE o un EXPERIMENTADOR humano, que en las construcciones no pronominales se representa como sujeto de la oración: «*Los jueces* han condenado a un inocente», «*Alberto* habló bastante del libro durante la cena».

(2) A diferencia de lo que sucede en las oraciones no pronominales construidas con los mismos verbos, el agente o el experimentador no se hace explícito. No se realiza ni como sujeto ni como complemento: «*Se ha condenado a un inocente por los jueces», «*Se habló bastante del libro por Alberto» (tales oraciones sólo serían aceptables si «los jueces» y «Alberto» se inter-

pretasen como causa, no como agente de la acción). Queda implícito en una interpretación indefinida o genérica: se presupone, puesto que el significado de los verbos así lo exige, que «alguien» «ha condenado a un inocente», que «alguien» «habló del libro», pero no se concreta quién.

(3) En contraste con las ORACIONES PASIVO REFLEJAS, con las que coinciden en esa interpretación indefinida o genérica del agente o experimentador, ningún otro argumento pasa a realizarse como sujeto, como sintagma nominal concordante con el verbo: en «Se ha condenado a dos inocentes», «dos inocentes» sigue siendo el objeto directo. Son pues oraciones sin sujeto. De ahí su calificación como 'impersonales'.

**ORACIÓN INCRUSTADA.** Se identifica como 'incrustada' la oración que forma parte, como constituyente, de otra unidad sintáctica. Son, por ejemplo, 'oraciones incrustadas' las unidades que se destacan en los siguientes enunciados: «El arbolito *que me regalaste* está precioso», «El jefe les exige *que hagan horas extraordinarias*». Ambas son oraciones, estructuras predicativas organizadas en torno a un verbo, que se hallan incluidas, como constituyentes, en otra unidad sintáctica: *que me regalaste* es un modificador o complemento del núcleo sustantivo de un sintagma nominal (*El arbolito que me regalaste*); *que hagan horas extraordinarias* es el objeto directo del verbo exigir en el sintagma verbal *les exige que hagan horas extraordinarias*.

**ORACIÓN INTERROGATIVA.** Una de las clases de oraciones que se establecen atendiendo a la MODALIDAD de la enunciación. Se consideran 'interrogativas' las oraciones (o enunciados oracionales) cuya finalidad comunicativa es solicitar una información. «¿Ha presentado ya la declaración?», «¿Qué ha traído Federico para la fiesta?», «¿Cuánto has ganado este mes?» son 'oraciones interrogativas'. Las 'interrogativas' se diferencian de otras clases de oraciones, como las DECLARATIVAS, por aspectos tales como:

(1) La entonación: «¿Ha presentado ya la declaración?» tiene una pauta entonativa diferente de «Ha presentado ya la declaración».

(2) El orden de palabras: «¿Qué ha traído *Federico* para la fiesta?», frente a «*Federico* ha traído salchichas y morcillas para la fiesta».

(3) La utilización de palabras interrogativas: *qué, cuánto.*

Comúnmente se distinguen dos tipos de 'oraciones interrogativas': totales o absolutas (»¿Ha presentado ya la declaración?»), parciales o relativas: «¿Qué ha traído Federico para la fiesta?», «¿Cuánto has ganado este mes?». *Cf* respuesta bipolar.

**ORACIÓN INTERROGATIVA ABSOLUTA.** Se identifican como 'absolutas' las ORACIONES INTERROGATIVAS en las que la petición de información afecta a la predicación en su totalidad: se pregunta si tiene, ha tenido o tendrá lugar la acción, el estado o el proceso a que hace referencia la predicación. De ahí que la respuesta a tales preguntas se reduzca normalmente a dos posibilidades: *sí, no*. Los siguientes enunciados, por ejemplo, contienen 'interrogativas totales': «¿Vas a presentarte al examen?», «¿Lleva tacones?», «¿Te lo han presentado?». Todos ellas admiten como respuesta *sí* o *no*. *Cf* estilo directo e indirecto.

**ORACIÓN INTERROGATIVA INDIRECTA.** Clase de ORACIONES SUSTANTIVAS introducidas bien por *si* («Me preguntó *si* conocía al dueño de la empresa»), bien por un término interrogativo: «Quiero saber *quién* te lo ha contado», «Dime *dónde* has puesto mis calcetines». Tradicionalmente se les ha llamado 'interrogativas indirectas' por entender que implican una pregunta, como cualquier oración interrogativa independiente («¿Conoces al dueño de la empresa?»); incluso pueden tener su misma estructura: «¿Quién te lo ha contado?», «¿Dónde has puesto mis calcetines?». Pero, a diferencia de una pregunta directa, van introducidas por un verbo: *preguntó, saber, dime* son, como oraciones sustantivas, argumentos de un verbo, con función de objeto directo («Dime *quién te lo ha contado*»), de sujeto: «No me importa *si no quiere hacerlo*», «Me preocupa *qué pretenderá hacer*».

Sin embargo, no siempre equivalen realmente a una pregunta. Según señalan Alcina y Blecua (1975: 1129), a veces la interrogativa indirecta simplemente implica que su contenido es en cierta medida problemático; tal sería el caso de «No sabía *si había venido el cartero*» o «No me importa *si no quiere hacerlo*». Habitualmente se distinguen dos clases de 'interrogativas indirectas', paralelas a las clases que se diferencian en las interrogaciones independientes:

(a) **Totales**: las introducidas por *si*, en las que la petición de información o la condición de problemático recae sobre todo el enunciado.

(b) **Parciales**: las introducidas por un término interrogativo (*quién, dónde, qué*, etc.), en las que la pregunta o el carácter problemático incide específicamente sobre un elemento del enunciado: en «Quiero saber quién te lo ha contado» la pregunta se refiere sólo al agente de «contar».

**ORACIÓN INTERROGATIVA PARCIAL.** Se identifican como 'parciales' las ORACIONES INTERROGATIVAS en las que la petición de información no afecta a la predicación en su totalidad sino sólo a uno de sus componentes. Son, por ejemplo, 'oraciones interrogativas parciales' las que contienen los enunciados siguientes: «¿Quién te ha cortado el pelo?», «¿Dónde aparca el coche Paco a esas horas de la mañana?», «¿Cuántos paquetes de café has comprado?». En el primer enunciado se pregunta sólo por la identidad del agente: ¿*quién* ha realizado la acción? En el segundo se solicita información acerca del lugar donde habitualmente se realiza lo representado en la predicación. En el tercero, la pregunta se refiere sólo a la cantidad (*cuántos*) de los «paquetes de café», el objeto afectado por la acción de «comprar». Como puede verse en los ejemplos, es distintivo de las 'oraciones interrogativas parciales' la presencia, en posición inicial de oración, de una palabra interrogativa (*quién, dónde, cuántos*) alusiva al elemento sobre el que específicamente recae la solicitud de información. *Cf* respuesta bipolar.

**ORACIÓN INTERROGATIVA RELATIVA.** Véase en ORACIÓN INTERROGATIVA PARCIAL.

**ORACIÓN INTERROGATIVA TOTAL.** Véase en ORACIÓN INTERROGATIVA ABSOLUTA.

**ORACIÓN INTRANSITIVA.** Se denominan 'intransitivas' las oraciones que no presentan las características asociadas a las ORACIONES TRANSITIVAS, según los diferentes sentidos asociados a este término. Son 'oraciones intransitivas' canónicas aquellas cuyo verbo no implica un objeto directo, como es el caso, por ejemplo, de «Mi hermana vendrá la semana que viene», «Su marido roncaba tranquilamente» o «El perro dormía en el sofá».

**ORACIÓN LOCATIVA.** Una de las clases que suelen diferenciarse en el grupo de las oraciones subordinadas calificadas comúnmente como ADVERBIALES. Se consideran 'locativas' las oraciones, generalmente introducidas por *donde*, que hacen referencia a un espacio local, un lugar, con el que se relaciona la acción, estado o proceso representado por la predicación subordinante: «Volvimos a encontrarnos *donde nos vimos por primera vez*».

La relación semántica concreta que se establece entre la 'oración locativa' y la predicación incluyente es, no obstante, variable. Puede aludir al lugar en el que se ubica lo denotado por la predicación: es el caso del ejemplo anterior, o del enunciado «He comprado el jamón *donde me indicaste*». Pero puede también delimitar, por ejemplo, el lugar en el que se origina, hacia el que se orienta, o por el que se efectúa el movimiento o desplazamiento designado por el predicado subordinante: «Lo he traído *de donde se cría el mejor vino*», «Se arrastró *hacia donde se hallaban reunidos sus captores*», «Cruzaremos *por donde el río lleva menos agua*». La 'oración locativa', en estos casos, va precedida de una preposición (*de, hacia, por*) indicativa de su PAPEL SEMÁNTICO específico (origen, dirección, ruta). *Cf* ubicación.

**ORACIÓN MODAL.** Tipo de oraciones que las gramáticas incluyen, generalmente, en la clase de las subordinadas ADVERBIALES O CIRCUNSTANCIALES. Se consideran 'modales' las oraciones que, a semejanza de los adverbios de modo, especifican la forma en que se lleva a cabo la acción o se desarrolla el proceso denotado por la oración subordinante: «Yo coso los dobladillos *como me enseñó mi madre*», «Mezcló los ingredientes *según indicaba la fórmula*». Entre los elementos de mayor uso como introductores de las 'oraciones modales', las gramáticas suelen destacar el adverbio *como* y la forma *según*, integrada generalmente en la clase de las preposiciones. Pero añaden, asimismo, otras fórmulas introductorias, tales como *conforme* o las constituidas mediante combinación de *como* y *según* con otras unidades: *como si, comoquiera que, como que, según que, según y como.*

**ORACIÓN OPTATIVA.** Equivale a ORACIÓN DESIDERATIVA.

**ORACIÓN PARTIDA.** Equivale a ORACIÓN HENDIDA.

**ORACIÓN PASIVO-REFLEJA.** Con esta denominación se identifica a una de las clases de oraciones habitualmente diferenciadas en el conjunto de las CONSTRUCCIONES PRONOMINALES. Pertenecen a la clase de las 'oraciones pasivo-reflejas', por ejemplo, las siguientes: «Se han escrito varios libros sobre ese escándalo», «Esta semana se han debatido las dos enmiendas». Al margen de la utilización de la forma átona *se*, común a las construcciones pronominales, de la que proviene su calificación como 'reflejas', presentan las siguientes peculiaridades, que justifican el hecho de que, asimismo, se hayan conceptuado como 'pasivas':

(1) Están constituidas por verbos básicamente TRANSITIVOS que, como tales, seleccionan dos argumentos: un AGENTE O EXPERIMENTADOR humano, que en las construcciones transitivas, no pronominales, se realiza como sujeto de la oración: «*Los dos periodistas* han escrito varios libros sobre ese escándalo», «Esta semana *los diputados* han debatido las dos enmiendas». Un TEMA O PACIENTE, al que en la construcción transitiva se le asigna el papel sintáctico de objeto directo: *varios libros, las dos enmiendas.*

(2) A diferencia de lo que ocurre en la oración transitiva, el agente o experimentador no se hace explícito, sino que queda simplemente implicado en una interpretación indefinida o genérica: en «Se han escrito varios libros sobre el tema» se presupone, puesto que el verbo requiere necesariamente ese papel, que existe un agente, que «alguien» «ha escrito varios libros», pero no se concreta quién.

(3) A diferencia también de las oraciones transitivas construidas con los mismos verbos, el tema o paciente pasa a realizarse sintácticamente como sujeto: es el sintagma nominal concordante con el verbo: «*Se han debatido la enmienda», «*Se han escrito un libro sobre el tema».

**ORACIÓN PREDICATIVA.** Especialmente en gramáticas consideradas tradicionales, se identifican como 'predicativas' las oraciones en las que, a diferencia de las denominadas ATRIBUTIVAS, el núcleo del predicado es un verbo NO COPULATIVO. Para Gili Gaya (1961: 56), por ejemplo, «La fruta maduraba», «Han traído una carta para ti» son 'oraciones predicativas': el predicado está constituido por un verbo no copulativo (*maduraba, han traído*). «La casa es alta», «Mi amigo está enfermo», por el contrario, no son 'oraciones predicativas' sino atributivas: el predicado lo forman un verbo copulativo (*es, está*) y un atributo (*alto, enfermo*).

**ORACIÓN PRINCIPAL.** ① Tradicionalmente se ha identificado como 'principal' la oración, la estructura predicativa organizada en torno a un verbo, de la que dependen una o más ORACIONES SUBORDINADAS, pero no se halla incluida, a su vez, en otra oración más amplia. Pese a ser un término de uso común en las gramáticas conceptuadas como *tradicionales*, la forma en que se establece, en la práctica, la separación entre 'oración principal' y oración subordinada resulta bastante problemática, y así suele señalarse en las revisiones críticas de que ha sido objeto el análisis de la ORACIÓN COMPUESTA que llevan a cabo dichas gramáticas (*cf*, por ejemplo, Rojo, 1978).

Es, por lo general, característico de ese análisis tradicional el hecho de que se identifique como 'oración principal' la parte de una oración compleja que restaría una vez eliminadas las oraciones subordinadas. Así, por ejemplo, según la gramática académica de 1931, en el enunciado «*De una dama era galán un vidriero que vivía en Tremecén*», «la oración principal es *De una dama era galán un vidriero*» (Real Academia Española, 1931: 312). Según esta misma gramática, el enunciado «*Juan desea que venga Antonio para que papá descanse*» está integrado por tres oraciones: dos subordinadas, «*que venga Antonio*», «*para que papá descanse*», y una tercera, «*Juan desea*», a la que puede considerarse 'principal', puesto que es la única oración que en este caso tiene sentido por sí misma. En ambos casos, pues, según la gramática académica, las oraciones subordinadas quedan al margen de la 'principal', no forman parte de ella. La 'oración principal' está constituida sólo por el segmento del enunciado que quedaría después de haber aislado las oraciones subordinadas: «*De una dama era galán un vidriero*», «*Juan desea*».

Este análisis es, sin embargo, problemático (tal como señalamos antes) para buena parte de las gramáticas actuales. Obsérvese, fundamentalmente, que si en «Juan desea que venga Antonio» la oración sustantiva *que venga Antonio* es el objeto directo de *desea*, como lo sería el sintagma nominal *tu felicidad* en «Juan desea tu felicidad», no es coherente separar una 'oración principal', «Juan desea», y una oración subordinada, *que venga Antonio*, dado que esta última es un constituyente de la oración más amplia, se incluye en ella como uno de los argumentos requeridos por el verbo *desear* para formar una predicación completa. En todo caso, como sugiere, por ejemplo, Carrillo Herrera (1963: 170), si se quiere diferenciar una oración subordinada y una 'oración principal' habría que admitir que la 'principal' es, de hecho, toda la oración compleja «Juan desea que venga Antonio», y no sólo un segmento de ella. Debido a inconsistencias como la anteriormente señalada, algunas de las gramáticas actuales o bien prescinden de la denominación 'oración principal' o bien la utilizan con un sentido más restringido.

② En algunos textos se reserva la denominación 'oración principal' para el núcleo del enunciado complejo al que se subordinan las oraciones circunstanciales, las que no representan argumentos implicados por el verbo o complementan a todo el núcleo oracional. Para Alcina y Blecua (1975: 976), por ejemplo, «cuando el enunciado subordinado gramaticalmente no es un elemento completivo como lo son el sujeto, el complemento directo o los elementos regidos [...] es posible aislar una oración principal con sentido completo». En el enunciado «Antonio reconoció su responsabilidad para que le dejasen libre» es posible aislar como oración principal *Antonio reconoció su responsabilidad.*

**ORACIÓN PSEUDOHENDIDA.** En algunos estudios sobre el español (D'Introno, 1979) se utiliza la expresión *oración pseudohendida* —adaptación del inglés 'pseudo-cleft sentence— para identificar cierto tipo de ORACIONES ECUACIONALES. En concreto las que corresponderían a las 'pseudo-cleft sentences' de las gramáticas inglesas: «El que está gritando es Juan», «JUAN es el que está gritando» serían 'oraciones pseudohendidas'; no así «Es Juan el que está gritando», que se consideraría ejemplo de ORACIÓN HENDIDA. No obstante, como han destacado algunos investigadores (Moreno Cabrera, 1983), aunque en inglés tenga sentido diferenciar 'oraciones hendidas' —*cleft sentences*—, en las que el pronombre *it* ocupa la posición inicial, y 'oraciones pseudohendidas' —*pseudo-cleft sentences*—, sin esa peculiaridad, tal distinción no parece gramaticalmente pertinente en español.

**ORACIÓN RECÍPROCA.** Se califican como 'recíprocas' las oraciones en las que, mediante procedimientos gramaticales que pueden ser variables (utilización de CLÍTICOS, empleo de pronombres específicamente recíprocos), se viene a expresar que las entidades a las que alude el sujeto, necesariamente coordinado o plural, llevan a cabo la acción o el proceso denotado por el predicado en forma tal que cada una de ellas tiene como objeto, como meta, de ese proceso o de esa acción a las demás.

Las 'oraciones recíprocas' canónicas en las gramáticas del español, las que normalmente se presentan como ejemplos típicos de la clase, son CONSTRUCCIONES PRONOMINALES como las siguientes: «Marta y María se odian (mutuamente)», «Los miembros de la comisión se felicitaron (los unos a los otros)». En ambos casos, el carácter plural («los miembros de la comisión») o coordinado («Marta y María») del sujeto, junto con la presencia de un clítico, concordado con ese sujeto (*se*), hacen posible una lectura recíproca de los enunciados : «Marta odia a María y María odia a Marta», «Cada uno de los miembros de la comisión felicitó a los miembros restantes». Este sentido recíproco, posibilitado por la construcción pronominal, puede ser reforzado de forma específica, además, a través de adverbios como *mutuamente* o por medio de complementaciones de carácter inequívocamente recíproco: *los unos a los otros*.

Aunque, según se ha dicho, este es el tipo canónico de 'oración recíproca' en las gramáticas del español, la denominación puede hacerse también extensiva a otras oraciones que, si bien no son construcciones pronominales, expresan asimismo que la acción o el proceso se lleva a cabo de un modo recíproco a través de complementaciones que imponen ese sentido: «Juan y Alberto siempre hablan *el uno del otro*», «Fernando y Ana sólo piensan *el uno en el otro*», «Los dos ancianos vivían *el uno para el otro*».

**ORACIÓN REDUCIDA.** Especialmente en GRAMÁTICA GENERATIVA se denomina 'oración reducida' al constituyente cuya estructura responde al esquema sujeto-predicado pero que carece de verbo, o de la flexión verbal que caracteriza a una oración plena, no reducida. Como 'oraciones reducidas' se han analizado, por ejemplo, secuencias del tipo de las que van en cursiva en estos enunciados: «Duerme con *la boca abierta*», «Se volvió a su casa *cabizbajo*», «Considero *inevitable la ruptura*».

**ORACIÓN REFLEXIVA.** Las 'oraciones reflexivas' canónicas, las que comúnmente se describen como ejemplares típicos de la clase, son oraciones integradas por un verbo transitivo, en las que, bien mediante formas específicas en el objeto, bien mediante afijos en el predicado, se expresa que el agente o experimentador representado por el sujeto de la oración y el paciente o el receptor del evento denotado por el verbo son una misma entidad, que ambos papeles los asume, pongamos por caso, una misma persona. En español, las 'oraciones reflexivas' canónicas son CONSTRUCCIONES PRONOMINALES del tipo de las siguientes: «Juan sólo se quiere a sí mismo», «Felipe se felicitó por el éxito obtenido», «Yo siempre me peino antes de salir». Como 'reflexivas' estas construcciones presentan las siguientes peculiaridades:

(1) El sujeto es un sintagma nominal humano —podría ser también animado— al que se asigna el papel de agente (*Felipe*, *Yo*) o de experimentador (*Juan*).

(2) El sentido reflexivo, la coincidencia entre la entidad a la que alude el sujeto y el paciente o afectado que implica el verbo, viene posibilitada por los rasgos del CLÍTICO (*me, se*). En «*Yo* siempre *me* peino antes de salir», la coincidencia en los rasgos de

número y persona entre el pronombre sujeto (*yo*) y el CLÍTICO (*me*), indica que el sujeto efectúa la acción de peinar sobre sí mismo, no sobre una persona diferente. En cambio, en «*Mi madre* siempre *me* peina antes de salir», la falta de concordancia entre el sujeto y el clítico determina una interpretación claramente no reflexiva: agente y paciente son entidades distintas. En «*Felipe se* felicitó por el éxito obtenido», además de la concordancia en los rasgos de persona entre sujeto y clítico, es la utilización de la forma refleja *se*, en lugar de *lo* o *la*, lo que impone el sentido reflexivo: *Felipe* es, a la vez, el que realiza y el que recibe la felicitación. En cambio, en «*Felipe lo* felicitó por el éxito obtenido», ambos papeles recaen en personas diferentes.

(3) En los casos en que el clítico se expande, por énfasis o por contraste, mediante un pronombre tónico (*Juan* sólo *se* quiere *a sí mismo*), la forma pronominal correspondiente a la tercera persona ha de ser la inequívocamente reflexiva *sí*, normalmente con el refuerzo de *mismo*.

Aunque estas construcciones pronominales constituyen el tipo canónico de 'oración reflexiva' en español, tal denominación se hace también extensiva a oraciones como las siguientes: «Juan sólo habla de sí mismo», «Ana ya no confía en sí misma», «Yo ya estoy harta de mí misma». No son, evidentemente, construcciones similares a las anteriores, en las que la reflexividad venía expresada por medio del clítico, pero también en ellas las formas pronominales tónicas, con el refuerzo de *mismo* (*sí mismo, mí misma*) determinan un sentido reflexivo: es una misma entidad humana («Juan», «Ana», «Yo») la que asume los dos papeles, las dos funciones semánticas implicadas en la predicación.

**ORACIÓN RELATIVA.** Se clasifican como **relativas** o **de relativo** las estructuras oracionales que van encabezadas por un PRONOMBRE RELATIVO. Son, pues, 'oraciones relativas' las unidades que se destacan en los siguientes enunciados: «*Quienes no superen el examen* no podrán presentarse al segundo parcial», «El ordenador *que me compré la semana pasada* ya no funciona». El término 'oración relativa' suele utilizarse como equivalente a ORACIÓN ADJETIVA. Sin embargo, ambos términos no siempre se consideran coextensivos. En «El ordenador *que me compré la semana pasada* ya no funciona», la 'oración relativa», es decir, la encabezada por el relativo *que*, es una oración adjetiva en sentido estricto, ya que está modificando, como un adjetivo, a un núcleo nominal, *ordenador*. Pero en «*Quienes no superen el examen* no podrán presentarse al segundo parcial», la 'oración relativa' no modifica a ningún núcleo nominal, al menos, a ningún núcleo nominal expreso. De ahí que este tipo de oraciones se denominen, específicamente, **relativas libres** o **relativas anucleares**. Por tanto, su condición de oración adjetiva resulta, cuando menos, controvertida.

**ORACIÓN SIMPLE.** Es una unidad sintáctica independiente integrada por una sola ORACIÓN, por una única estructura predicativa que no contiene ninguna otra oración como constituyente. «Mi marido ha comprado dos figuras de bronce», por ejemplo, es una 'oración simple': ninguno de los constituyentes que la forman es, a su vez, una oración. En cambio, ni «Me rompieron la ventanilla del coche y fui a poner la denuncia», ni «Diles a los vecinos que bajen el volumen del televisor» son 'oraciones simples' en este sentido, el más habitual, de la expresión. En el primer caso, no estamos ante una 'oración simple' porque se trata de una unidad sintáctica integrada por dos oraciones coordinadas: «Me rompieron la ventanilla del coche», «fui a poner la denuncia». En el segundo, la oración no es 'simple' porque incluye, como constituyente con función de objeto directo, otra oración: «que bajen el volumen del televisor». *Cf* oración compuesta, oración compleja.

**ORACIÓN SUBORDINADA.** ① En el sentido más amplio y más tradicional de la expresión, se identifican como 'subordinadas' las ORACIONES, las estructuras predicativas, que forman parte, como constituyente con una función, de otra oración más amplia. Todas las unidades destacadas en cursiva en los siguientes enunciados son 'oraciones subordinadas' en este sentido de la expresión: «El chico *con el que sale* toca los timbales en la orquesta», «Le he prestado algo de dinero para *que me deje en paz por un tiempo*», «Los vecinos insisten en *que se abra el jardín*», «Me asombra *que le hayas prestado la moto*». Todas son oraciones que forman parte de otra estructura oracional, en la que desempeñan, como constituyentes, una función: complemento del núcleo del sintagma nominal sujeto («*con el que sale*»), complemento circunstancial con sentido final («*que me deje en paz por un tiempo*»), objeto preposicional («*que se abra el jardín*»), sujeto: «*que le hayas prestado la moto*».

② En algunos textos, no obstante, 'oración subordinada' se emplea con un sentido más restringido. Alcina y Blecua (1975: 976), por ejemplo, mantienen el «tradicional término de oración subordinada» sólo cuando «el enunciado subordinado gramaticalmente no es un elemento completivo como lo son el sujeto, el complemento directo o el elemento regido», de modo que «es posible aislar una oración principal con sentido completo». Así, según Alcina y Blecua, en «*Antonio reconoció su responsabilidad para que le dejasen libre*», *para que le dejasen libre* es una 'oración subordinada' porque es posible aislar como oración principal en segmento *Antonio reconoció su responsabilidad*. En cambio, en «Antonio no sabía *que vendrías a casa*» (1975: 975), como *que vendrías a casa* es el complemento directo de *sabía*, ya no es una 'oración subordinada', puesto que no se puede aislar una oración principal: *Antonio no sabía*.

**ORACIÓN SUSTANTIVA.** Se clasifican como 'sustantivas" las oraciones que, a semejanza de los sintagmas nominales, o (1) representan argumentos de un verbo o de un predicado, como en «Me emocionó *que me preparasen una fiesta sorpresa*» (la oración destacada en cursiva es el sujeto, con el PAPEL SEMÁNTICO CAUSA, de «me emocionó»), o (2) forman parte de un sintagma preposicional que complementa a un núcleo nominal («Les transmitió la orden de *que desalojasen el edificio*»), adjetivo («María, harta de *que le tomasen el pelo*, decidió pasar a la ofensiva»), o incluso a un adverbio: «Regresó antes de *que pudiera esconder los regalos*». En las gramáticas del español se reconocen tres tipos de 'oraciones sustantivas':

(a) Oraciones con el verbo en forma personal, introducidas por el subordinante *que*: «Me gustaría *que me subieran el sueldo*», «Le contesté *que todo estaba claro*».

(b) Oraciones con el verbo en infinitivo, que se caracterizan, además de por la forma verbal, por no tener expreso el argumento correspondiente al sujeto oracional, bien porque éste tenga un sentido indefinido o genérico («Es imposible *rechazar esa propuesta*»), bien porque sea correferencial con algún argumento del predicado subordinante o regente: «María desea *regresar sola*» (el agente de *regresar* y el sujeto de *desear* son una misma persona).

(c) Oraciones INTERROGATIVAS INDIRECTAS: «Me pregunto *si se habrá dado cuenta*», «Quiero saber *cuándo podré verlo*».

**ORACIÓN TEMPORAL.** Clase de oraciones tradicionalmente encuadrada en el grupo de las subordinadas ADVERBIALES O CIRCUNSTANCIALES. Se caracterizan porque el evento al que aluden se presenta como referencia para situar en el tiempo la predicación contenida en la oración subordinante o principal: «*Mientras desayunaba* leí los informes», «Limpiaré el salón *antes de que regresen mis padres*», «Se sumió en una profunda depresión *después de que lo abandonara*».

De conformidad con los tres tipos de relaciones temporales básicas, la predicación principal puede situarse como simultánea

(«Mientras desayunaba leí los informes»), anterior («Limpiaré el salón antes de que regresen mis padres») o posterior («Se sumió en una profunda depresión después de que lo abandonara») al estado de cosas representado en la subordinada. No obstante, a estas tres orientaciones básicas pueden añadirse otras matizaciones temporales, tales como la sucesión inmediata entre ambos hechos («*En cuanto llegó* se metió en la ducha») o «la simultaneidad pero entre el inicio y el fin del evento denotado por la principal y el de la subordinada» (Fernández Lagunilla y Anula Rebollo, 1995: 333): «*Desde que se ha casado* se ha vuelto muy hogareño», «Estaré aquí *hasta que me reciba*».

**Oración transitiva.** ① El concepto de 'oración transitiva' ha sido definido tanto con criterios exclusivamente sintácticos como apelando, fundamentalmente, a rasgos nocionales o semánticos.

(a) Con criterios nocionales o semánticos, las 'oraciones transitivas' se han caracterizado como aquellas oraciones en las que se expresa que «alguien (o algo) realiza una acción que recae sobre otro elemento» (Cano Aguilar, 1983: 20). De conformidad con esta caracterización, asociada sobre todo a gramáticas consideradas tradicionales, serían transitivas las siguientes oraciones: «José María abofeteó a Manolo porque se lo merecía», «El presidente del club insultó al concejal de deportes», «Mi abuela Antonia cazó al ratón con una taza y una escoba». En los tres casos, el estado de cosas descrito por la oración conlleva un esquema semántico «AGENTE/ACTOR-ACCIÓN-PACIENTE» que es, realmente, el que corresponde a la caracterización anterior: alguien, un agente (*José María, el presidente del club, mi abuela Antonia*), realiza una acción (*abofeteó, insultó, cazó*) que recae sobre otro elemento, el paciente o entidad afectada por la acción (*Manolo, el concejal de deportes, el ratón*).

(b) Tomando como base rasgos de tipo morfosintáctico, se han definido como 'transitivas' las oraciones cuyo núcleo verbal implica dos argumentos, realizados, sintácticamente, como SUJETO y OBJETO DIRECTO. Por tanto, las oraciones utilizadas en los ejemplos anteriores quedan delimitadas, asimismo, como transitivas atendiendo a este rasgo, ya que el agente que realiza la acción designada por el verbo y el paciente o entidad afectada por ella se corresponden, en el plano sintáctico, con el sujeto (*José María, el presidente del club, mi abuela Antonia*) y el objeto directo (*a Manolo, al concejal de deportes, al ratón*).

Así pues, las oraciones que, en su estructura semántica y en su estructura sintáctica o gramatical, son similares a «José María abofeteó a Manolo», «El presidente del club insultó al concejal de deportes» y a «Mi abuela Antonia cazó un ratón», pueden considerarse 'oraciones transitivas' canónicas o prototípicas, en cuanto que reúnen todas las características (semánticas, sintácticas) que se han asociado en los estudios gramaticales al concepto de 'oración transitiva'.

Sin embargo, como generalmente se ha destacado en las revisiones críticas de la concepción semántica de la transitividad anteriormente descrita, el esquema sintáctico «sujeto-verbo-objeto directo» puede corresponderse con esquemas semánticos distintos del configurado por el agente, la acción y el paciente u objeto afectado o efectuado por la acción. Así, de conformidad con Gràcia i Solé (1989), las oraciones «Juan pegó al niño», «Juan tiene un libro», «Pedro sabe francés», «María pesa cincuenta kilos» son 'transitivas' si nos atenemos a criterios sintácticos, puesto que están integradas por un sujeto (*Juan, Pedro, María*) y un objeto directo (*al niño, un libro, francés, cincuenta kilos*). Pero sólo en «Juan pegó al niño» se configura un estado de cosas en el que un agente (*Juan*) realiza una acción (*pegó*) que afecta a otra entidad (*al niño*). Únicamente ésta sería, por tanto, «nocionalmente» transitiva.

(c) También se han considerado 'transitivas' las oraciones cuyo núcleo verbal implica, además del sujeto, un segundo argumento, aun cuando no se realice como objeto directo sino como OBJETO PREPOSICIONAL. Por ejemplo, de conformidad con Gutiérrez Araus (1987) o con Cano Aguilar (1981), oraciones como «Hemos hablado *de todos sus problemas*», «Pedro cree *en los marcianos*», «Pensaré *en tu propuesta*» presentarían un esquema sintáctico transitivo, dado que el verbo conlleva un objeto preposicional: *de todos sus problemas, en los marcianos, en tu propuesta.*

Diferencian, no obstante, entre una **transitividad directa** y una **transitividad preposicional.** Así, según Cano Aguilar, «Cuidaré las vacas» es una construcción 'transitiva' directa, puesto que hay un objeto directo (*las vacas*). En cambio, «Cuidaré *de las vacas*» es una construcción 'transitiva' preposicional, puesto que *de las vacas* es un objeto preposicional.

② Las caracterizaciones recogidas en el apartado anterior responden a una visión de las 'oraciones transitivas' como una clase «discreta», esto es, como un tipo de oraciones diferenciadas, en términos absolutos, de las intransitivas o no transitivas. Sin embargo, Hopper y Thompson (1980) plantearon, en un influyente trabajo, que la transitividad ha de ser considerada, en primer lugar, como una propiedad oracional compleja, en cuanto que está configurada por la interrelación de diversos factores y no depende sólo de la presencia de un objeto directo, o de un agente y un paciente u objeto afectado. Además, en segundo lugar, debe ser considerada como una propiedad gradual, dado que las oraciones pueden presentar un mayor o menor número de rasgos relacionados con la transitividad. De ahí que pueda hablarse, no ya de 'oraciones transitivas' o intransitivas en términos absolutos, sino de oraciones más o menos 'transitivas' u oraciones con un mayor o menor grado de transitividad. Entre los factores determinantes de la transitividad (Hopper y Thompson diferencian diez en total) figuran los siguientes:

(1) El número de participantes implicados en la situación descrita por el verbo: las oraciones con dos participantes (como «*Juan* adora *la cerveza*») tienen un mayor grado de transitividad que las oraciones en las que hay implicado un participante único (como en «*Elena* se marchó»).

(2) La clase semántica del predicado: las oraciones cuyos predicados denotan ACCIONES son más transitivas que las que denotan PROCESOS O ESTADOS. Así, «Pedro *abrazó* a Susana», dado que describe una acción, sería más transitiva que «Juan *adora* la cerveza», aun cuando las dos oraciones impliquen dos participantes.

(3) El carácter más o menos TÉLICO y más o menos momentáneo o puntual de la acción descrita por el predicado: una oración como «Elisa *golpeó la puerta*» tendría un grado de transitividad más alto que «Elisa *estudia arqueología*», porque la acción que describe es télica y puntual, en tanto que «Elisa estudia arqueología» denota una actividad ATÉLICA y durativa.

(4) La existencia de un AGENTE que lleve a cabo de forma deliberada y voluntaria la acción. Así, según Hopper y Thompson, «Escribí tu nombre» es más transitiva que «Olvidé tu nombre», pues sólo en el primer caso hay implicado un agente que realiza voluntariamente la acción denotada por el predicado.

(5) El carácter más o menos individualizado del objeto, del segundo participante en la acción o proceso. En relación con este factor, «Busco *a mi novio*» estaría más alta en la escala de la transitividad que «Busco *un novio*», puesto que *a mi novio* es un objeto definido, específico y, en definitiva, individualizado.

De conformidad con el planteamiento que aquí se ha esbozado, las oraciones «José María abofeteó a Carlos porque se lo merecía», «El presidente del club insultó al concejal de deportes», «Mi abuela cazó al ratón con una taza y una escoba», que anteriormente calificamos como 'oraciones transitivas' canónicas o prototípicas, serían, precisamente, oraciones con el grado de transitivdad más alto teniendo en cuenta los factores mencionados: implican dos participantes; uno de ellos es un agente que realiza voluntariamente la acción descrita por el verbo; *Carlos, el concejal de deportes, el ratón* son objetos individualizados y los predicados designan acciones télicas y puntuales. «Juan tiene un libro», «Pedro sabe francés», o «Pedro cree en los marcianos» presentarían, por diversos motivos, un grado de transitividad mucho más bajo.

**ORACIÓN YUSIVA.** Equivale a ORACIÓN EXHORTATIVA

**ORAL.** Véase en NASAL[1] y en VOCALES.

**ORALIZACIÓN.** Véase en ASIMILACIÓN.

**ÓRDENES DE FONEMAS.** Se llaman 'órdenes de fonemas' al conjunto de fonemas organizado de acuerdo con el punto de articulación. Por ejemplo, las consonantes /p, b, m/ constituyen un 'orden de fonemas' organizado de acuerdo con el punto bilabial (Martinet, 1969: 124).

**ÓRGANOS ARTICULATORIOS.** ① En un sentido estricto son 'órganos articulatorios' (Abercrombie, 1967: 21) los contenidos en las CAVIDADES propias del SISTEMA ARTICULATORIO (fosas nasales, nariz, labios y boca).

② En un sentido amplio, el término 'órganos articulatorios' equivale a ÓRGANOS FONADORES[2].

**ÓRGANOS FONADORES.** ① En un sentido estricto, el único 'órgano fonador' es la LARINGE, también llamado CAVIDAD faríngea o cavidad glótica, por residir en ella las CUERDAS VOCALES y por ser ella la encargada de llevar a cabo los cometidos del SISTEMA FONATORIO (Abercrombie, 1967: 21).

② En un sentido amplio, son 'órganos fonadores' (aquí también llamados ÓRGANOS ARTICULATORIOS[2]) los que intervienen en la formación de los SONIDOS ARTICULADOS de la CADENA HABLADA dentro de los tres sistemas que actúan de forma conjunta: el respiratorio, el fonatorio y el articulatorio. Los 'órganos' que intervienen en la formación de estos tres sistemas se llaman, respectivamente, cavidades infraglóticas, CAVIDAD LARÍNGEA y CAVIDADES SUPRAGLÓTICAS.

Las 'cavidades infraglóticas' son los órganos del **sistema respiratorio**, es decir, los órganos propios de la respiración, a saber, los pulmones, los bronquios y la tráquea. Los **pulmones** (*cf* diafragma) son un almacén que constantemente se está llenando y vaciando de aire merced a dos funciones, la *inspiración*, o absorción del aire, mediante la cual se llena de aire y la *espiración*, o expulsión del mismo. A los pulmones también se les llama el **iniciador**, por ser el órgano desde el que arranca toda la FONACIÓN, gracias a la cantidad de aire que suministran en la espiración (*cf* fuente). La función de los bronquios y de la tráquea es la de tubos de conducción.

La laringe contiene la GLOTIS, la cual sirve de línea divisoria para hacer dos grandes grupos con los órganos articulatorios fonadores, los **infraglóticos**, es decir, los que están debajo de la glotis (diafragma, pulmones, bronquios y tráquea) y los **supraglóticos** (faringe, boca, nariz y labios).

El **sistema articulatorio** consta de cuatro RESONADORES o cajas de resonancia (la faringe, la boca, la nariz, los labios) y de los ARTICULADORES activos y pasivos que se encuentran dentro de la boca, en especial la lengua y los dientes (Abercrombie, 1968; Gili Gaya, 1975).

Los órganos anteriores, además de intervenir en la formación de los SONIDOS desempeñan otras funciones de carácter no lingüístico, como pueden ser masticar, toser, sollozar, reír, estornudar, etc. *Cf* impulsos articulatorios.

**ORIENTADOR.** Véase en MARCADOR.

**ORIGEN.** El término 'origen' —también se utiliza con el mismo sentido **fuente**— designa un PAPEL SEMÁNTICO, esto es, el papel que corresponde a la entidad, frecuentemente un lugar, en la que se inicia el movimiento o desplazamiento de algo, como resultado de la actividad denotada por el predicado. Por ejemplo, según Gràcia i

Solé (1989), Dik (1981) o Radford (1988b), en «Jaime venía *de Blanes*», «John cogió un libro *del estante*», o «John volvió *de París*», *de Blanes, del estante, de París* conllevan el papel semántico de 'origen': representan el lugar desde el que se mueve algo (*Jaime, un libro, John*) en virtud de la acción a que hace referencia el predicado.

**ORTOGRAFÍA.** De acuerdo con Martínez de Sousa (1993: 337) es el conjunto de normas que regulan la representación escrita de una lengua. La 'ortografía', junto con la prosodia, la analogía y la sintaxis, era una de las partes de la gramática tradicional.

**OSCILÓGRAFO, OSCILOGRAMA.** El 'oscilógrafo', junto con el ESPECTRÓGRAFO, es uno de los instrumentos básicos de la FONÉTICA EXPERIMENTAL. Tiene la ventaja (Gili Gaya, 1975: 19 y sigs.) de convertir la ONDA sonora en onda luminosa, que puede fotografiarse en cinta cinematográfica con la amplitud que se desee. En el 'oscilograma' quedan reflejadas tanto la AMPLITUD de onda, como su DURACIÓN, su FRECUENCIA y la forma resultante de los ARMÓNICOS que la componen. En resumen, los oscilogramas nos dan en representación lineal las ondas complejas, es decir, la resultante del tono fundamental con las modificaciones que le imprimen los armónicos.

**OSCURO.** Véase en OBSCURO.

**OSTENSIVO.** Véase en RELEVANCIA.

**OXÍMORON.** El 'oxímoron' y la 'antítesis' son dos FIGURAS DEL LENGUAJE basadas en el CONTRASTE, es decir, en términos marcadamente diferentes presentes en el discurso, que se emplean para producir EFECTOS ESTILÍSTICOS y también como técnicas de PROGRESIVIDAD del texto. La **antítesis** («Fue condenado a vivir)», de acuerdo con Nash (1989: 114), es un término general que se aplica a cualquier construcción marcada por la presencia de ideas opuestas (*cf* antonimia), incompatibles (*cf* incompatibilidad) o irreconciliables, llamadas **antitéticas**, que se presentan para crear una tensión significativa (*cf* retruécano). El **oxímoron** («Dulce muerte») es más preciso que la 'antítesis' porque se aplica al choque en un mismo sintagma de dos UNIDADES LÉXICAS (normalmente un nombre y un adjetivo o un verbo y adverbio) que expresan conceptos culturalmente opuestos (*dulzura, muerte*). *Cf* paradoja.

**OXÍTONO.** En la FONÉTICA se emplea el término 'oxítono' para referirse a las palabras que llevan el acento en la última sílaba. *Cf* barítono.

# P

**Paciente.** El término 'paciente' alude a un PAPEL SEMÁNTICO, el que corresponde a la entidad afectada por la acción que denota el predicado. Suele asociarse tanto al OBJETO DIRECTO de una oración transitiva como al sujeto de una construcción pasiva. Por ejemplo, en «El anciano profesor reprendía *a sus alumnos*», el OBJETO DIRECTO a sus alumnos asume el papel semántico de 'paciente', puesto que representa a la entidad afectada por la acción de *reprender*. En «*El perrito* fue cruelmente golpeado», el sintagma nominal *el perrito*, el SUJETO de la oración, asume ese mismo papel semántico, ya que designa, igualmente, a la entidad que sufre los efectos de la acción DENOTADA por el PREDICADO. *Cf* agente, sujeto paciente, objeto afectado, voz pasiva.

**Palabra.** La UNIDAD LÉXICA por excelencia es la 'palabra', y en la cultura occidental hay una larga tradición que asimila el concepto de unidad léxical de palabra. Ya Platón y Aristóteles trataron las palabras; este último, que la llamó μερός λογου, la definió como el «componente de la oración que tiene significación de por sí y no puede dividirse en más unidades» (Robins, 1975: 38). La consideración de la 'palabra' como unidad significativa e independiente ha continuado en toda la tradición occidental, desde los estudios de la Escuela de Alejandría hasta nuestros días. A lo largo de la historia de la cultura occidental, la concepción de la 'palabra' que se acepta es la de una unidad que «teniendo significado independiente, simboliza las ideas generales de un modo primario, esencial e inmediato» (Robins, 1975: 154).

Es en el siglo XX cuando se pone en tela de juicio el valor asignado a la 'palabra' como unidad mínima de significación e incluso como unidad operativa. Para el antropólogo Malinowski (1935), las palabras son «inventos linguísticos producto de un análisis linguístico avanzado», y entre los lingüistas estructuralistas de Occidente se nota la preocupación por la búsqueda de otras unidades léxicas, como el LEXEMA o la LEXÍA, o morfológicas, como el GRAMEMA, el MORFEMA, etc. Para Bloomfield, en la linguística norteamericana, y para Martinet, en la linguística europea, la unidad máxima de significación es la ORACIÓN, pero la mínima no es la 'palabra', es otra, el MORFEMA. No obstante, Bloomfield (1933: 178 y sigs.) le dedica más de 62 páginas en su *Language* y le concede gran importancia, ya que para él las 'palabras' son «mínimas unidades libres» que desempeñan una función muy importante en nuestra actitud hacia el lenguaje, porque son la primera forma de simbolizar las unidades lingüísticas.

La definición de la 'palabra' no es fácil, por lo que Coseriu (1966: 154) estima que es mejor fijarla intuitivamente, dado el número de problemas que su definición plantea. Los estructuralistas, Bloomfield entre ellos, huyen de la palabra, ya que no ven fácil su definición, por varias razones, entre ellas, que unas son PALABRAS LLENAS y otras PALABRAS VACÍAS. A pesar de todo lo dicho, y de la importancia secundaria que le asignaron a la 'palabra' los estructuralistas, no se puede prescindir de ella como unidad léxica, ya que es una unidad fundamental, por su amplia autonomía, por su funcionalidad, y porque responde al saber empírico de los hablantes. Por funcionalidad puede ser una unidad lexicográfica, fonológica, morfológica, etc., es decir, unidad del plano de la expresión y del de contenido. Gracias a su autonomía, la 'palabra' puede ser aislada de su CONTEXTO sin gran pérdida de valor semántico, aunque, como la mayoría de ellas son polisémicas, necesitan del contexto para la ACTUALIZACIÓN de un SEMEMA. Pero la 'palabra' es, además, y sobre todo, punto de cruce o lugar de encuentro de relaciones lingüísticas de todo tipo.

**PALABRA ABREVIADA.** Véase en ABREVIACIÓN[3].

**PALABRA ACCESORIA.** Véase en PALABRA LLENA.

**PALABRA AUTÓNOMA.** Véase en PALABRA LLENA.

**PALABRA AUTOSEMÁNTICA.** Véase en PALABRA LLENA.

**PALABRA CLAVE.** ① Para el análisis ESTILÍSTICO de los textos, Matoré (1953) introdujo dos conceptos: 'palabra-clave' y PALABRA-TESTIGO. Las 'palabras-clave' son las más significativas de un texto; en ellas está condensado o resumido el contenido de un pasaje o discurso. Se detectan fácilmente porque suelen ser la LEXICALIZACIÓN de REPETICIONES SÉMICAS (*cf* campo).

② En LEXICOGRAFÍA se emplea como referencia de los temas principales que se abordan en una publicación. Por ejemplo, en una publicación de pragmática pueden ser 'palabras-clave' LINGÜÍSTICA TEXTUAL, PRAGMÁTICA, DISCURSO, TEXTO, COHERENCIA, etc.

**PALABRA CATEGOREMÁTICA.** Véase en PALABRA LLENA.

**PALABRA COMPLEJA, PALABRA COMPUESTA.** Véase en LEXÍA .

**PALABRA DE CONTENIDO.** Equivale a PALABRA LLENA.

**PALABRA FUNCIONAL.** Equivale a PALABRA VACÍA.

**PALABRA GRAMATICAL.** Equivale a PALABRA VACÍA.

**PALABRA LÉXICA.** Véase en PALABRA LLENA.

**PALABRA LLENA.** Las **palabras llenas** son PALABRAS con SIGNIFICADO DENOTATIVO, es decir, que puede relacionarse con entidades, procesos, cualidades del mundo extralingüístico. En este grupo se incluyen los nombres y los adjetivos, los verbos y los adverbios. Por el contrario, las **palabras vacías** son palabras cuyo significado es gramatical, es decir, con un significado que expresa una relación, la pertenencia a una clase, etc. Son 'palabras vacías' las PREPOSICIONES, las CONJUNCIONES, los ARTÍCULOS y los PRONOMBRES.

La DICOTOMÍA 'palabra llena/palabra vacía' también se puede expresar con otras como **palabras autosemánticas/palabras sinsemánticas, palabras de contenido/palabras funcionales, palabras principales/palabras accesorias, palabras llenas/pseudopalabras, palabras categoremáticas/palabras sincategoremáticas, palabras autónomas/partículas, palabras léxicas/palabras gramaticales**.

**PALABRA MUTILADA.** Véase en ABREVIACIÓN[3].

**PALABRA POSIBLE.** Es la PALABRA que, si bien no está constatada como parte del LÉXICO de una lengua ya sancionado por el uso, puede ser construida de conformidad con las reglas o pautas sistemáticas que rigen en esa lengua la FORMACIÓN DE PALABRAS y, por tanto, de ser en algún momento utilizada, podría ser asimismo interpretada por los HABLANTES, quienes pueden reconocer sin dificultad esas pautas, que forman parte de su COMPETENCIA LINGÜÍSTICA.

Por ejemplo, pueden considerarse 'palabras posibles' en español formaciones como *adecentable* (Varela, 1990: 17), o *gafazo* (Vera Luján, 1987: 165). *Adecentable* no figura en los diccionarios del español. Sin embargo es, según Varela, una 'palabra posible' porque resulta de la aplicación de una regla de formación de palabras muy productiva en español: la que adjunta el SUFIJO *-ble* a una BASE constituida por un verbo transitivo (caso de *adecentar*) para formar adjetivos DEVERBALES, cuyo significado común puede entenderse como «susceptible de ser objeto de la acción o proceso denotado por el verbo base». Así, *censurable, justificable, recuperable* pueden parafrasearse como «susceptible de ser *censurado/justificado/recuperado*».

Puesto que la construcción de *adecentable* responde a una pauta productiva en la formación de palabras en español, en caso de que esta palabra fuera introducida en un enunciado, su significado podría ser deducido por el RECEPTOR, aun cuando *adecentable* no sea para él una palabra conocida: «Sólo se trata de una casa medio en ruinas aunque *adecentable* (susceptible de ser *adecentada*)».

Ahora bien, si la adjunción de *-ble* sólo es conforme a las reglas gramaticales cuando es transitivo el verbo que sirve de base, *fracasable* (un adjetivo DEVERBAL formado a partir del verbo intransitivo *fracasar*), no sería reconocible, de conformidad con Valera, como una 'palabra posible' en español ni, por tanto, se le podría asignar un significado deducible de su formación.

Tampoco *gafazo* es un palabra incluida en el DICCIONARIO. Pero es, según Vera Luján, una 'palabra posible' porque su formación sigue la misma pauta que *mazazo, martillazo o cabezazo*, palabras ya integradas en el vocabulario de la lengua. Como ellas, *gafazo* es el resultado de adjuntar a una base nominal (*gafas, maza, martillo, cabeza*) un SUFIJO *-azo* que aporta al NOMBRE DERIVADO el significado general «golpe dado con» el objeto denotado por el nombre que sirve de base. De ahí que, de encontrarnos con un enunciado como «Sólo tenía a mano las gafas, así que le di un *gafazo* en toda la cara», dicho enunciado puede ser interpretado, aun cuando sea la primera vez que veamos utilizada la palabra *gafazo*: «...así que le di un golpe con las gafas en la cara».

**PALABRA POTENCIAL.** Equivale a PALABRA POSIBLE.

**PALABRA PRINCIPAL.** Equivale a PALABRA LLENA.

**PALABRA SINCATEGOREMÁTICA.** Equivale a PALABRA VACÍA.

**PALABRA SINSEMÁNTICA.** Equivale a PALABRA VACÍA.

**PALABRA TESTIGO.** Para el análisis ESTILÍSTICO de los textos, Matoré (1953) introdujo dos conceptos básicos: PALABRA-CLAVE y 'palabra testigo'. Las 'palabras-testigos' son palabras que actúan como ÍNDICES de la época en la que se acuñaron o en la que se generalizó su uso. Por tanto, su utilización trae al recuerdo automáticamente un período histórico, un movimiento de ideas, etc. La palabras *consenso* o *pasota*, por ejemplo, son 'palabras-testigo' de los años setenta y ochenta, correspondientes a la transición política española (*cf* campo).

**PALABRA TEXTO.** En el estudio de las CONCORDANCIAS LÉXICAS se denomina 'palabra texto' a cada una de las ocurrencias de una palabra, en su forma flexionada concreta, que se producen en el texto.

**PALABRA TRUNCADA.** Véase en ABREVIACIÓN.[3]

**PALABRA VACÍA.** Véase en PALABRA LLENA.

**PALABRAS Y COSAS.** La rama de la DIALECTOLOGÍA llamada 'las palabras y las cosas', también conocida con el nombre de *Wörter und Sachen*, analizó la distribución geográfica e histórica de todos los útiles materiales de la casa y la cocina, los aperos, los cultivos, y el vocabulario relacionado con ellos, y en este sentido propuso la doctrina distinta a la de los neogramáticos, la hipótesis de que cada palabra tiene su propia historia. *Cf* geografía lingüística.

**Paladar.** Es la bóveda cóncava o pared superior de la CAVIDAD BUCAL que arranca, en su parte anterior, de los ALVÉOLOS de los incisivos superiores, y termina, en su parte posterior, en la ÚVULA o campanilla. El 'paladar' consta de dos partes: el paladar duro y el paladar blando.

El **palador duro**, que es de constitución ósea y rígida, ocupa dos tercios de la bóveda, y desempeña como ARTICULADOR FIJO una gran actividad, ya que, además de ser el punto de encuentro para la ARTICULACIÓN de las CONSONANTES PALATALES, forma con la LENGUA el *paso* o ABERTURA del RESONADOR BUCAL para la formación de la VOCALES anteriores o PALATALES; se distinguen tres zonas en el 'paladar duro': la prepalatal, la mediopalatal y la pospalatal.

El **paladar blando**, también llamado **velo del paladar**, es una tabique flexible y relativamente móvil, en el que se distinguen tres zonas: la prevelar, la posvelar y la uvular. La zona uvular esta constituida por la **úvula**, que es el apéndice final del 'paladar blando'. El 'paladar blando' es igualmente muy activo desde un punto de vista articulatorio, por dos razones:

(1) es el punto de encuentro para la articulación de las CONSONANTES VELARES y forma con la LENGUA el *paso* o ABERTURA del resonador bucal para la formación de las VOCALES posteriores o VELARES; y

(2) es el órgano que provoca la ABERTURA o el cierre del resonador nasal; cuando el 'velo' está elevado, el aire no puede salir por las fosas nasales, siendo orales los sonidos resultantes; si el velo está bajado, el aire atravesará el RESONADOR NASAL, con lo que el sonido resultante será nasal (*cf* nasalización). Al punto de comunicación del resonador oral con el nasal se le llama **puerto velar**.

**Palatal.** Son 'palatales' las vocales y consonantes producidas en la parte anterior de la CAVIDAD BUCAL, en la zona del PALADAR DURO. En varias lenguas se pueden diferenciar las PREPALATALES, las MEDIOPALATALES y las POSPALATALES. Desde un punto de vista acústico, los fonemas palatales son DENSOS y AGUDOS. En español son 'palatales' las VOCALES /i/, /e/, la SEMICONSONANTE /j/ y las CONSONANTES FRICATIVAS. Dentro de la tradición francesa (Mounin, Dubois) se distinguen las LABIOALVEOLARES y las LABIOVELARES. *Cf* fricativas linguopalatales.

**Palatalización, palatizado.** ① La **palatalización** es la conversión, normalmente por ASIMILACIÓN, de un SONIDO en otro palatal. Al igual que la asimilación, la 'palatalización' puede ser regresiva y progresiva. Cuando un fonema queda 'palatalizado' por la influencia de otro que le sigue se habla de **palatalización regresiva** o de **palatalización anticipatoria** (Abercrombie, 1967: 134); por ejemplo, en inglés, /s/ se convierte en /ʃ/ ante la semivocal /j/ (*This young man* ['ðɪʃ 'jʌŋ 'mæn]). Pero si el cambio se debe a la influencia del fonema que precede se habla de **palatalización progresiva**; por ejemplo, en inglés *did you...?* en la conversación normalmente se pronuncia ['dɪdʒʊ]; la /j/ ha quedado afectada por la oclusiva /d/.

La 'palatalización' ha sido un fenómeno muy importante desde un punto de vista DIACRÓNICO. Por ejemplo, históricamente se pueden explicar en español los cambios de *se<u>n</u>iore* a *señor* o de *<u>c</u>lamare* a *llamar* por la 'palatalización regresiva' de los fonemas /n/ y /k/ bajo la respectivas influencias de las palatales /j/ y /l/.

② La 'palatización' es también la ARTICULACIÓN SECUNDARIA, representada en la TRANSCRIPCIÓN FONÉTICA con el signo [$_j$] colocado detrás del fonema correspondiente, que consiste en el desplazamiento hacia adelante del PUNTO DE ARTICULACIÓN de un SONIDO (el ALÓFONO de cualquier FONEMA), por el contacto con un sonido PALATAL. En este caso, el predorso de la LENGUA se eleva hacia la posición propia de las vocales anteriores o palatales, como se puede observar en la pronuncicación de la palabra *kilo*

['$k_j$ilo]. Siguiendo a Daniel Jones (1962), en estas circunstancias no se habla de un fenómeno de 'asimilación' sino de SIMILITUD. El fenómeno inverso a la 'palatalización' es la VELARIZACIÓN.

La vocal o la consonante que resulte afectada por el desplazamiento anterior se llama **palatalizada**. Por ejemplo, la /k/, que es un fonema VELAR, está 'palatizada' en palabras como *kilo*, por influencia de la vocal palatal /i/; esta presencia complementaria confiere a la articulación un TIMBRE más claro que el que tiene en palabras como *cuesta*, *culpa*, etc. Desde un punto de vista acústico, la 'palatalización' refuerza y eleva el segundo FORMANTE (y también el tercero de la vocal afectada, al contrario de lo que ocurre con la LABIALIZACIÓN y la VELARIZACIÓN.

**PALATOALVEOLARES.** Las 'palatoalveolares' son CONSONANTES en cuyo punto de articulación intervienen el predorso de la LENGUA como ARTICULADOR ACTIVO, y la zona post-alveolar o palatoalveolar de la CAVIDAD BUCAL. Las 'palatoalveolares' pueden ser FRICATIVAS PALATOALVEOLARES [ʃ, ʒ] y AFRICADAS PALATOALVEOLARES [ʧ, ʤ]. Aunque el término 'palatoalveolar' es el clásico en FONÉTICA ARTICULATORIA, parece ser que últimamente el término PREPALATALES está desplazando al de 'palatoalveolares', así como al de alveopalatales y post-alveolares.

**PALATOGRAFÍA, PALATOGRAMA.** Se llama **palatografía** o **método palatográfico** al procedimiento inventado por Rudolph Lenz (Malmberg, 1967: 111) para conocer la posición de la lengua en la ARTICULACIÓN de ciertos sonidos. Se mete en la boca un paladar artificial especial, cubierto de un polvo apropiado, y se saca después de determinada articulación. Las áreas que la lengua ha limpiado muestran su contacto con el paladar. Si se trata de vocales (Gili Gaya, 1975: 72), importa a veces determinar la zona del contacto lateral de la lengua para conocer la mayor o menor estrechez del canal por donde pasa el aire. En los años recientes este método ha sido modificado y perfeccionado de varias maneras, por ejemplo, se pinta el paladar con una sustancia inofensiva y fácil de quitar. Después de terminada la experiencia se fotografía el paladar donde habrá quedado marcada la huella que el contacto de la lengua habrá producido en él.

Un **palatograma** es la representación gráfica o fotográfica de la parte del punto o lugar de encuentro de la lengua y el paladar durante la articulación de ciertos sonidos. Gracias a las técnicas palatográficas se han podido describir con mayor precisión dos dimensiones básicas de la articulación de ciertos sonidos: el GRADO DE ABERTURA y el PUNTO DE LA ARTICULACIÓN.

**PANCRONÍA, PANCRÓNICO.** Una de las distinciones metodológicas más valiosas del *Curso de lingüística general* (Saussure, 1945: 149 y sigs.) es la separación metodológica de la SINCRONÍA de la DIACRONÍA, debido al contexto dogmático en que se formuló, el HISTORICISMO, descalificaba como acientífica toda investigación lingüística que no fuera histórica. Sin embargo, el mismo Saussure (1945: 168) también utilizó el término 'pancronía' para aludir a las descripciones de fenómenos desde un punto de vista integrador de la SINCRONÍA y de la DIACRONÍA. Saussure defiende que en la LENGUA existen leyes en el sentido en que las entienden las ciencias físicas y naturales, esto es, como relaciones que se verifican en todas partes y para siempre. Se trata de principios generales que existen independientemente de los hechos concretos. Se llaman **pancrónicos**, por tanto, los fenómenos lingüísticos que no quedan afectados, durante un largo período de tiempo, por la evolución DIACRÓNICA.

El método 'pancrónico' se defiende hoy como integrador, dado que la EVOLUCIÓN de la lengua (diacronía) difícilmente se puede estudiar sin tener en cuenta los ESTADOS DE LENGUA (sincronía). Además, un concepto clave de la sincronía, como es la ESTRUCTURA, también es de aplicación a la diacronía, ya que las REGULARIDADES predicadas en ésta responden a una estructuración jerárquica del lenguaje.

**PAPEL SEMÁNTICO.** Se denominan 'papeles semánticos' los significados tales como AGENTE, PACIENTE, EXPERIMENTADOR, DESTINATARIO, INSTRUMENTAL, etc., que se asignan a los constituyentes nominales conectados por un verbo. Estos significados corresponden al papel que la entidad designada por el constituyente nominal desempeña en el estado de cosas representado por la oración. Así, en el ENUNCIADO «El anciano profesor reprendía a sus alumnos», *el anciano profesor* conlleva el 'papel semántico' AGENTE, puesto que se interpreta como la entidad que realiza y controla la acción de *reprender a sus alumnos*. A *sus alumnos*, por el contrario, le corresponde el 'papel semántico' de PACIENTE, puesto que se presenta como la entidad que sufre los efectos de la acción de *reprender*.

Los 'papeles semánticos' son SIGNIFICADOS RELACIONALES, ya que no dependen exclusivamente del significado de las expresiones nominales, sino de la relación sintáctica que se establece entre éstos y el verbo, así como del significado del lexema verbal mismo. En los ejemplos anteriores, efectivamente, *el anciano profesor* se interpreta como *agente* porque, además de ser un sintagma nominal con el rasgo de contenido [+humano], es el sujeto de un verbo que, por su significado, implica acción. En cambio, en «El anciano profesor padecía una grave enfermedad», el mismo sintagma (*el anciano profesor*) ya no tiene el 'papel semántico' de *agente* sino de EXPERIMENTADOR, porque el verbo *padecer* no designa una acción, ni puede, en consecuencia, implicar un *agente*. *Cf* semántica.

**PAPEL TEMÁTICO.** Denominación utilizada en la GRAMÁTICA GENERATIVA para aludir a significados tales como AGENTE, PACIENTE, INSTRUMENTAL, BENEFICIARIO. Equivale a PAPEL SEMÁNTICO.

**PAR, PAREJA.** Un buena parte de la METODOLOGÍA lingüística se caracteriza por la presentación DUAL, ya como BINARISMO, ya como DICOTOMÍAS y, a estos efectos, los términos 'par' y 'pareja' no son desconocidos en la TERMINOLOGÍA lingüística.

Así, en FONOLOGÍA un **par mínimo** está formado por dos palabras que se diferencian sólo en un FONEMA; por ejemplo, *caso* /'kaso/ y *queso* /'keso/ forman un 'par mínimo'.

El **par de adyacencia** es un concepto metodológico básico en el ANÁLISIS CONVERSACIONAL llevado a cabo en SOCIOLINGÜÍSTICA y en ETNOGRAFÍA DE LA COMUNICACIÓN que alude a la secuencia conversacional mínima desarrollada por dos PARTICIPANTES, teniendo en cuenta las convenciones sociales, así como las tácticas y estrategias empleadas en la introducción de TÓPICOS O TEMAS DISCURSIVOS, en su mantenimiento y su abandono para finalizar la CONVERSACIÓN o para cambiar a otro tópico (Gumperz, 1985). *Cf* macromarcadores.

Se llama **pareja correlativa** (Gili Gaya, 1975: 87) a la formada por dos FONEMAS que sólo se distinguen entre sí por la presencia o ausencia de alguna cualidad fonológica: /p, b/, /t, d/ y /k, g/. Alarcos Llorach (1983: 51) la define como la formada por dos fonemas que forman OPOSICIÓN bilateral proporcional y privativa. *Cf* marca de correlación, correlación.

**PARADIGMA.** En lingüística pueden distinguirse, al menos, tres acepciones del término 'paradigma':

① Con su significado etimológico de *arquetipo*, un 'paradigma' es un MODELO, y aplicado en este sentido a la lingüística, en especial a la GRAMÁTICA TRADICIONAL, se llama 'paradigma' a cada uno de los modelos, incluidas todas sus formas, de la FLEXIÓN nominal (DECLINACIÓN) y verbal (CONJUGACIÓN). Por ejemplo, en latín los nombres se declinan siguiendo uno de los cinco 'paradigmas', y en español los verbos regulares se conjugan de acuerdo con tres 'paradigmas' o modelos.

Por extensión, también se llama 'paradigma' al conjunto de MORFEMAS casuales y verbales empleados respectivamente en la declinación y conjugación de cada una de las unidades gramaticales (NOMBRES, ADJETIVOS, VERBOS, etc.) en cada uno de los modelos antes citados.

② Como miembro solidario de la DICOTOMÍA PARADIGMA/SINTAGMA. Saussure estableció en el *Curso de lingüística general* que todas las unidades (fonológicas, morfológicas, semánticas, etc.) de una LENGUA están vinculadas entre sí formalmente por medio de dos tipos de relaciones: relaciones asociativas y RELACIONES SINTAGMÁTICAS. Las primeras (*cf* asociación), fundadas en el ASOCIACIONISMO psicológico, unen signos o elementos de los mismos que, por tener una función lingüística (fonológica, sintáctica, semántica, etc.), son equivalentes y se caracterizan por sus sustituibilidad; estas relaciones son de tipo vertical o *in absentia* y se las ha llamado **relaciones paradigmáticas** desde que Hjelmslev (1938: 140) les dio este nombre a fin de evitar la connotación psicologista que conlleva el término *asociativo*. Saussure utilizó la palabra *enseñanza* para ilustrar este tipo de relaciones: la RAÍZ de *enseñanza* está relacionada con *enseño, enseñas, enseñamos,* etc.; y el SUFIJO *-anza* tiene relaciones paradigmáticas con *matanza, tardanza,* etc.; desde un punto de vista semántico, *enseñanza* está relacionada con *estudio, docencia, educación,* etc., y fonéticamente la palabra *enseñanza* está relacionada a cualquier palabra que acabe en *-anza*. El valor de cada unidad o elemento viene dado por la OPOSICIÓN que mantiene con con los demás elementos del paradigma.

Por el contrario, son **relaciones sintagmáticas** las que, basándose en el carácter LINEAL del lenguaje, mantienen las unidades lingüísticas de un mismo NIVEL en la sucesión de la CADENA HABLADA o escrita; estas relaciones, que son complementarias de las anteriores, son de tipo horizontal o *in praesentia*, ya que necesitan de la alineación de un elemento al lado del otro; el valor de cada unidad o elemento viene dado por el CONTRASTE con los elementos que le preceden y los que le siguen. *Cf* acento.

Después de todo lo dicho, se deduce que un 'paradigma' es un conjunto de unidades que pueden conmutar entre sí, es decir, que pueden manifestarse en el mismo CONTEXTO y, por tanto, las unidades de un 'paradigma' están en OPOSICIÓN entre sí, o sea, rivalizan por manifestarse en el **sintagma**. Éste se define como el conjunto de unidades del mismo nivel lingüístico en relación de CONTRASTE. Los 'paradigmas' y los 'sintagmas' están sometidos a dos operaciones: la elección y la combinación. En el HABLA o actuación comunicativa, todo hablante **elige** una unidad de entre las que constituyen el conjunto del paradigma y la **combina** en el sintagma la unidad siguiente de otro paradigma. Las palabras *piso*, *apartamento*, *casa*, *mansión*, *morada*, que siguen a continuación, están en relación paradigmática, ya que sólo podemos elegir una de ellas cuando formemos un enunciado, mientras que las palabras *el, piso, de, mi, tío* están en relación horizontal o sintagmática:

| | | |
|---|---|---|
| la<br>el | piso<br>apartamento<br>apartamento<br>mansión<br>morada | de mi tío |

En resumen, se puede decir que los términos SUSTITUCIÓN y OPOSICIÓN están relacionados con el 'paradigma', y los de CONTRASTE y COMBINACIÓN con los de 'sintagma'. La dicotomía de paradigma/sintagma ha sido muy fecunda porque ha enriquecido el análisis de fenómenos no estrictamente lingüísticos, como las modas, las comidas, etc., con otra

③ Con el el significado de PARADIGMA CIENTÍFICO.

**PARADIGMA CIENTÍFICO.** En la investigación científica se usa el término 'paradigma científico', o simplemente 'paradigma', introducido por Thomas Kuhn (1975,

1984), para referirse a un marco metodológico y conceptual entendido como el conjunto de realizaciones científicas universalmente reconocidas, que durante cierto tiempo proporcionan modelos de problemas y de soluciones, métodos, teorías y metas investigadoras a una comunidad científica (Masterman, 1970; Lakatos, I., 1970/1975). Existe, pues, un paradigma cuando en la comunidad científica hay una *uniformidad* de ideas y creencias en cuanto a las teorías, leyes, reglas, suposiciones, procedimientos, puntos de vista e incluso escuelas que constituyen su cuerpo conceptual, el cual actúa de contexto para la interpretación de todos los acontecimientos científicos. De acuerdo con este criterio, se habla de grandes paradigmas en la INVESTIGACIÓN LINGÜÍSTICA, como el HISTORICISMO, el ESTRUCTURALISMO LINGÜÍSTICO, el GENERATIVISMO, la PRAGMÁTICA o la misma GRAMÁTICA TRADICIONAL (Percival, W. K., 1976; Guba, E., 1983; Horrocks, G., 1987).

Por tanto, un paradigma consolidado debe entenderse como el marco de referencia, caracterizado por una homogeneidad relativa de pensamiento teórico básico que proporciona a la comunidad científica criterios para: (a) marcarse metas nuevas que estimulen la formulación de teorías enriquecedoras; (b) seleccionar hechos relevantes que se conviertan en problemas de investigación; y (c) proponer soluciones a los problemas anteriores dentro del paradigma.

**PARADIGMA DE LA PRAGMÁTICA.** La meta final de la investigación de este PARADIGMA lingüístico es el análisis es el LENGUAJE EN ACCIÓN, es decir, un mejor conocimiento de la COMPETENCIA COMUNICATIVA en su doble vertiente de comprensión y de producción del DISCURSO, o dicho con otras palabras, la formulación de teorías y de modelos que describan cómo se lleva a cabo la comprensión y la producción del lenguaje, explicando el modo en que los interlocutores, mediante el USO de los enunciados discursivos, logran transmitir información que no está contenida en los significados de las oraciones empleadas en la comunicación (Kempson, R. M., 1975).

En los años ochenta se percibe un agotamiento o insuficiencia del PARADIGMA GENERATIVISTA, cansancio que ha sido recogido por varias corrientes de investigación, como la LINGÜÍSTICA TEXTUAL, el ANÁLISIS DEL DISCURSO, la PRAGMÁTICA, etc., todas las cuales tienen una característica común, abordar el LENGUAJE EN USO (Schiffrin, D., 1987; Escandell, 1993a), es decir, el lenguaje que se utiliza en situaciones concretas, o visto desde otro ángulo, el estudio de las relaciones entre el lenguaje y los contextos comunicativos en que éste se manifiesta (Beaugrande, R. *et al.*, 1981: 209). Aunque cada una de estas corrientes pone mayor énfasis en distintos aspectos, como pueden ser la organización lingüística de los niveles supraoracionales, el tratamiento de la composición de los textos, el análisis de la conversación, etc., no son pocos los que estiman que el término 'pragmática' puede abarcar a todos los anteriores. Además, fue el mismo Chomsky (1969), cabeza central del paradigma anterior, quien sugirió que «probablemente el próximo avance en el estudio del lenguaje requerirá concebir nuevos instrumentos intelectuales que nos permitan considerar una variedad de cuestiones que ahora caen en el cesto de papeles conocido como la PRAGMÁTICA».

El 'paradigma de la pragmática' aborda, en cierto sentido, el estudio del lenguaje desde la perspectiva que Saussure denominó el HABLA (*parole*), Chomsky, la ACTUACIÓN (1965), Benveniste (1956), la ENUNCIACIÓN, Coseriu el 'hablar' (1967: 282-323), y también se aproxima a lo que Halliday (1985b) llama la 'perspectiva socio-semiótica' del lenguaje. En efecto, en el *Curso de lingüística general*, Saussure deja bien claro, al establecer la primera bifurcación en su intento de construir una teoría del lenguaje, que hay que elegir entre LENGUA y HABLA, ya que son dos caminos que es imposible tomar a la vez y, consecuentemente, tienen que ser recorridos por separado. El hecho de que primero Saussure y más tarde Chomsky marcaran esta bifurcación entre el estudio del sistema lingüístico propiamente dicho (LENGUA, COMPETENCIA) y su puesta en funcionamiento (HABLA, ACTUACIÓN), y dedicaran toda su atención a las primeras, es posiblemente, además de la propia dificultad que conlleva el análisis de la ACTUACIÓN lingüística, la causa principal del atraso en el mejor conocimiento de todo lo relacionado con la COMUNICACIÓN y el USO del lenguaje.

Las características más definitorias de este 'paradigma' investigador son:

(1) el lenguaje es fundamentalmente un medio de COMUNICACIÓN;

(2) el lenguaje como objeto de investigación es DISCURSO O TEXTO;

(3) lo que interesa del lenguaje es su USO, y en este sentido lo que se busca son las FUNCIONES en vez de las FORMAS; es, por tanto, éste es un paradigma esencialmente funcionalista, FUNCIONALISMO que surge del uso del lenguaje en CONTEXTOS concretos y definidos;

(4) el EMPIRISMO, el cual se puede comprobar por la utilización de enunciados y DATOS lingüísticos reales, es decir, contextualizados, lo que se llama *lenguaje auténtico*, frente a los enunciados inventados o construidos con la INTUICIÓN por el lingüista generativista.

(5) La *interdisciplinariedad* es otra de las características de este paradigma; la pragmática tiene muy en cuenta las posibles aportaciones de ciencias o disciplinas relacionadas con la lingüística y con el lenguaje en general, como la psicología, la sociología, la informática, la semiótica, la cibernética, los estudios literarios, etc.

(6) Y finalmente, en este paradigma se presta especial atención a la *utilidad* y a la *aplicabilidad* de las teorías lingüísticas (Beaugrande, 1980) que puedan dar cuenta de la COMPETENCIA COMUNICATIVA, y se evitan, en lo posible, los aspectos más ABSTRACTOS, más FORMALIZADOS y más especulativos del GENERATIVISMO.

En el 'paradigma de la pragmática' se ha conseguido reunir una enorme cantidad de información sobre la tipología comunicativa de los ACTOS DE HABLA y el comportamiento complejísimo de los interlocutores, sin haber logrado, en cambio, construir un FORMALISMO, salvo en parcelas muy reducidas. Es la libertad metodológica de que goza este paradigma (veáse, por ejemplo, la interdisciplinariedad antes citada o la laxa definición del término DISCURSO) la que explica los sentimientos contradictorios sobre sus límites y posibilidades (Cerdá, 1995: 294).

Entre los temas preferidos por esta perspectiva investigadora destacan los siguientes: el DISCURSO, el TEXTO, el CONTEXTO, los ACTOS DE HABLA, la FUNCIONALIDAD del lenguaje, la COMUNICACIÓN, la CONVERSACIÓN, el TEMA y el REMA, los MARCADORES DICURSIVOS, el SIGNIFICADO DISCURSIVO, en especial la PRESUPOSICIÓN y la IMPLICACIÓN, etc. *Cf* pragmática.

**PARADIGMA ESTRUCTURALISTA.** La meta fundamental del 'paradigma estructuralista' es explorar la estructuración de una lengua, con el fin de presentar DESCRIPCIONES generales de carácter TAXONÓMICO O clasificatorio de las ESTRUCTURAS y de los elementos de distintas lenguas, llevadas a cabo por medio de la INDUCCIÓN y basadas en la OBSERVACIÓN y el análisis de la conducta verbal.

La **estructuración** del lenguaje no se da por sí misma, jamás se revela a primera vista; más bien, lo que se le presenta al lingüista es un entramado de fenómenos lingüísticos que ha de desenmarañar, teniendo siempre presente que un hecho esencial de la estructuración es la JERARQUÍA, mediante la cual las ESTRUCTURAS parciales inferiores derivan de la estructuración superior, y están contenidas en ésta. El 'paradigma estructuralista' cumple las condiciones propias de todo PARADIGMA:

(1) Su nacimiento, por la nueva actitud científica, por los distintos problemas plan-

teados y por soluciones ofrecidas, representó una ruptura con el paradigma imperante en la época, el HISTORICISMO. Y fue, como la de casi la de todos los PARADIGMAS (Winston, M., 1976), un acto *subversivo*, en el sentido que Kuhn (1975) da a este término. A estos efectos, no se debe olvidar que el *Curso de lingüística general* de Ferdinand de Saussure, uno de los textos más revolucionarios e influyentes de la ciencia lingüística, no vio la luz en vida de su autor, probablemente por temor a ir contra la ortodoxia del paradigma constituido, que afirmaba que en lingüística, lo que no es histórico no es científico, pues su publicación habría significado, como así se pudo comprobar más tarde, una subversión contra el paradigma reinante.

(2) Posee textos fundacionales. Los *problemas* y los temas de investigación, las metas, y los objetivos son distintos a los del HISTORICISMO que le precede y están expresados en los libros de texto básicos que contienen los problemas y los métodos de investigación; entre los textos básicos de este paradigma destacan el *Curso de lingüística general* de Ferdinand de Saussure y *El lenguaje* de Leonard Bloomfield.

(3) No sólo la meta fundamental es diferente al del paradigma anterior; también lo son los MÉTODOS y las TEORÍAS. El INDUCTISMO y el EMPIRISMO son los rasgos característicos de la metodología más generalizada del paradigma estructuralista, especialmente en la perspectiva norteamericana, lo cual no impide que, teóricamente, alguna de sus escuelas básicas haya conjeturado con metodología deductiva, siendo la más famosa de todas éstas la GLOSEMÁTICA.

(4) Las dos grandes versiones del estructuralismo, el ESTRUCTURALISMO EUROPEO, y el NORTEAMERICANO, y las distintas *escuelas* que han surgido dentro de ellas son muestras de las grandes potencialidades investigadoras y creativas de todo el paradigma: la glosemática, ya citada, el Círculo de Praga, el FUNCIONALISMO de Martinet, la TAGMÉMICA (Pike, 1954, 1958; Cook, W., 1967), la gramática ESTRATIFICACIONAL (Lamb, S., 1966), etc.

(5) Y, sobre todo, es punto de convergencia de una rica y variada pléyade de especialistas y estudiosos que asumen y comparten los grandes postulados de esta visión investigadora. *Cf* estructuralismo; estructuralismo lingüístico.

**PARADIGMA GENERATIVISTA.** La meta final de la investigación de este PARADIGMA lingüístico es la DESCRIPCIÓN de la COMPETENCIA LINGÜÍSTICA de un hablante nativo ideal, es decir, la FORMALIZACIÓN lo más racionalmente posible de las respuestas intuitivas que los hablantes tienen de su propia lengua, dando una EXPLICACIÓN de cómo funciona esa competencia.

La actividad principal de este paradigma, es por tanto, la construcción de TEORÍAS que intenten explicar dicha competencia. Es tal el carácter teórico del generativismo que para algunos lingüistas hablar de teoría lingüística o gramatical es referirse exclusivamente a la investigación que se lleva a cabo dentro de este paradigma (Peters, S., 1972; McCawley, J., 1985); y, como es fácilmente comprensible, esta construcción teórica conlleva, además, una incesante multiplicación, dentro de él, de las HIPÓTESIS, los MODELOS y los CONCEPTOS que de las teorías se derivan. El 'paradigma generativista' cumple las condiciones propias de todo PARADIGMA:

(1) La renovadora actitud científica que significan los nuevos problemas y soluciones, distintos en el fondo y en la forma a los de la mera proyección clasificatoria del ESTRUCTURALISMO.

(2) La fundación de este paradigma, como la de casi todos los otros (Winston, M., 1976), fue un acto *subversivo*, en el sentido que Kuhn (1975) da a este término, ya que *Syntactic Structures*, manifiesto del paradigma, se publicó en Europa por las dificultades que tuvo dentro de la ortodoxia reinante del estructuralismo taxonómico post-bloomfieldeano en Estados Unidos.

(3) Posee textos fundacionales. Los PROBLEMAS, los temas de investigación, las metas, y los objetivos son distintos a los del ESTRUCTURALISMO que le precede y están expresados en los dos textos fundacionales del paradigma escritos por Chomsky: *Syntactic Structures* (1957) y *Aspects of the Theory of Syntax* (1965).

(4) Y por la vitalidad y fortaleza del mismo manifestado en las distintas escuelas nacidas del tronco central.

La **evolución** del paradigma generativista ha sido apasionante desde su nacimiento en 1957 con la publicación de *Syntactic Structures*. El carácter unitario de la teoría central transformacional-generativa en torno a la cual se generó el paradigma sólo se conservó durante ocho años, hasta 1965, año en que apareció *Aspects of the Theory of Syntax*. A partir de ese momento toda la teoría sustantiva del paradigma experimenta un acelerado proceso de revisión que pone en tela de juicio la mayor parte de las concepciones de partida (Sánchez de Zavala, V., 1974: 12): la teoría central pierde su carácter unitario y proliferan nuevos MODELOS, los cuales, tras haber contribuido a la creación de diversas escuelas, en cierto sentido, confirman y configuran el paradigma generativista y le confieren la pujanza y vitalidad antes aludidas.

A principios de los años setenta la ebullición conceptual es la nota predominante del paradigma, siendo el fruto de esta ebullición la aparición en Estados Unidos de sociedades académicas dedicadas a la investigación lingüística dentro del generativismo (*Chicago Linguistics Society* en 1973, *Berkeley Linguistics Society* en 1974, etc.). Pero la unidad teórica ya no fue posible: en los primeros años de esta década el paradigma se divide claramente en dos: los que defienden, como Chomsky (Emonds, Jackendoff y otros), la llamada SEMÁNTICA INTERPRETATIVA y los que se alejan de esta concepción con la SEMÁNTICA GENERATIVA (Lakoff, 1971; McCawley, 1973; Ross, Postal, etc.).

A mediados de los años ochenta aún se sigue hablando de una teoría general del GENERATIVISMO, cuyos componentes, de forma resumida, son los siguientes:

(a) el LEXICÓN;

(b) el componente categorial, es decir, las reglas estructurales, en las que se especifican las dependencias de los elementos de una estructura con los núcleos de la misma (la llamada teoría de la X');

(c) el componente transformacional;

(d) el componente FF (reglas que determinan la forma fonética);

(e) el componente FL (reglas que determinan la forma lógica). Las reglas 1 y 2 forman la *base* y generan las estructuras profundas (estructura P), que se convierte en estructuras superficiales (estructura S) por medio de las reglas de transformación (c), a las que se les aplica después las reglas FF y FL de los componentes (d) y (3)e.

En *Linguistic Theory in America*, texto de lectura recomendada para una comprensión de las líneas actuales de la investigación lingüística norteamericana, en especial por las 36 páginas de bibliografía actualizada, Newmeyer (1986) presenta una descripción detallada de los avatares por los que ha pasado la construcción teórica del paradigma generativista, desde *Aspects of the Theory of Syntax* (1965). Además de *Syntactic Structures* (1957) y de *Aspects* (1965), son varios los textos de Chomsky que han influido: *Language and Mind*, publicado en 1968, presenta la visión general del paradigma en lo que se refiere al ámbito filosófico de la lingüística como disciplina del lenguaje; pero se plantea, además, la cuestión esencial y más novedosa de esta perspectiva investigadora: la ADQUISICIÓN DEL LENGUAJE, esto es, cuál es el artilugio mental que poseemos los humanos, merced al cual podemos aprender o adquirir el lenguaje y, a la vez, emitir y entender un repertorio, potencialmente infinito, de oraciones jamás oídas con anterioridad. Este punto marcó una meta nueva para la investigación lingüística, que influyó considerablemente en otras disciplinas relacionadas con el lenguaje, como la filosofía o la psicología. En *Language and Mind* Chomsky se apoya en el pensamiento racionalista cartesiano y, en especial, en el de Port Royal.

Siete años después Chomsky publica *Reflections on Language* (1975), en donde desarrolla y da mayor precisión a las ideas básicas del paradigma y pasa revista a los conceptos nuevos sobre teoría del lenguaje y COMUNICACIÓN elaborados por Austin, Searle y Grice. Los aspectos comunicativos del lenguaje no encuentran eco en Chomsky, para quien la teoría del lenguaje, o sea, la lingüística, es la parte de la psicología que estudia el órgano MENTAL llamado lenguaje, órgano que, estimulado por la experiencia pertinente y continuada, crea la gramática generadora de oraciones poseedoras de propiedades formales y semánticas.

Once años más tarde, en una nueva publicación, *Knowledge of Language: its Structure, Origin and Use* (1986), Chomsky actualiza y completa los puntos de vista más destacados que el paradigma generativista tiene sobre esas cuestiones. Esta puesta al día implica la reafirmación de algunos de los principios básicos, ya tradicionales, del paradigma generativista, como puede ser el objeto del análisis lingüístico, que no es otro que el sistema de conocimientos lingüísticos que posee todo hablante nativo, lo que Chomsky llama ahora «lenguajes-I» (interiorizados), o gramáticas subyacentes, frente a los «lenguajes-E» (exteriorizados), o conjunto de oraciones, que para él son meros artefactos. En cambio, el interés principal de *Knowledge of Language* se va deslizando hacia cuestiones más generales pero a la vez más profundas: comprender y desarrollar el problema no exclusivamente lingüístico sino epistemológico, que se remonta a Platón, de cómo podemos llegar a saber tantas cosas teniendo en cuenta la limitación que tenemos los humanos en lo que se refiere a pruebas, evidencias y certidumbres, lo cual, aplicado a la lingüística se traduciría en explicar cómo un hablante nativo «construye» su COMPETENCIA LINGÜÍSTICA teniendo en cuenta las limitadas fuentes a las que tiene acceso, es decir, la escasa y deficiente base de datos, utilizando terminología moderna.

Otro principio reafirmado en los últimos años de vigencia del paradigma es el de la gramática UNIVERSAL, cuestión ya central en los albores de la primera teorización generativa; y, en este sentido, Chomsky divide los conocimientos lingüísticos de los hablantes nativos en centrales y periféricos, estando constituidos los centrales por el marco de los parámetros universales, y los periféricos por las excepciones MARCADAS y específicamente aprendidas, como son los verbos irregulares, las frases idiomáticas y fenómenos similares. Pero toda actualización también conlleva redefiniciones y, a veces, la introducción de cambios profundos; por ejemplo, Chomsky rechaza la idea inicial de «conjunto de oraciones» que empleaba en las primeras definiciones que dio de una lengua, para acercarse a una concepción más elaborada, como la de Lewis (1972), en la que la lengua está formada por «complejos de oraciones/significados/contextos».

En los últimos años del siglo XX son más de catorce los enfoques sintácticos, siendo Chomsky el principal heresiarca del paradigma. A modo indicativo citaremos las hipótesis *the lexical affix hypothesis* (Lieber, R., 1981), *the localist hypothesis* (Anderson, J., 1977), *the split morphology hypothesis* (Perlmuter, D., 1986), etc., el modelo *the word and paradigm model* (Matthews, P., 1985), y los conceptos de *government and binding*, *barriers*, etc. (Chomsky, N., 1981 y 1986). En 1981 el grueso central del paradigma va por nuevos caminos: Chomsky ha abierto otras líneas de investigación con las teorías de RECCIÓN Y LIGAMIENTO, que en realidad son dos nuevas teorías sustantivas (Sells, 1985), y con BA-

RRERAS, y en la década de los años noventa aparece una nueva dirección llamada PROGRAMA MINIMALISTA (*Logical Form*). Y, a su vez, las ramas del tronco sintáctico central han dado a luz nuevas subramas no estrictamente sintácticas; así, la 'lexicología generativa' ha nacido de la fonología generativa, al comprobar sus investigadores que la morfología no podía quedar diluida entre la fonología y la sintaxis generativa, pues algunos problemas fonológicos complejos, como el acento de las palabras compuestas, quedan mejor caracterizados si se tratan dentro de las reglas morfológicas de la construcción de las unidades léxicas (Coates, R., 1987). Constantemente se van incorporando nuevas categorías y subcategorías (principio de adyacencia, variación paramétrica, teoría Θ, criterio Θ, teoría de la X, etc.). Pero lo peor de todo es que las categorías nuevas que entran a formar parte de la teoría general, como la citada teoría de la X, pronto encuentran una proliferación de versiones, en la mayoría de los casos incompatibles entre sí (Horrocks G., 1987: 82).

El dominio del 'paradigma generativista' en los estudios de lingüística es tal que algunos al hablar de la lingüística como disciplina sólo citan los principios y postulados del generativismo.

**PARADIGMÁTICA.** Véase en SINTAGMÁTICA.

**PARADOJA.** La 'paradoja' y la 'ironía' son FIGURAS DEL LENGUAJE basadas en el CONTRASTE, como la ANTÍTESIS y el OXÍMORON, pero a diferencia de éstas, son figuras discursivas (Nash, 1989: 128; González, R., 1996: 57) porque están subordinadas al CONTEXTO. La **paradoja** (Romo Feito, 1995) es la contradicción en los términos expuestos. Consiste la 'paradoja' en el choque de dos ideas, aparentemente contradictorias, presentadas en forma discursiva («Si quieres la paz, prepara la guerra», «Vísteme despacio, que tengo prisa»), etc., no léxica como el OXÍMORON que, en suma, no es más que una 'paradoja' comprimida. El mencionado choque suele provocar una reflexión de la que sale una verdad conciliadora de las contradicciones contenidas. Bernard Shaw («Ir de misionero y volver pagano») o George Orwell («Todos los animales son iguales pero unos son más iguales que otros») son escritores amantes de esta figura del lenguaje.

La **ironía** es también una figura de contraste y discursiva, como la 'paradoja', que consiste en decir lo contrario de lo que se piensa con el fin de resaltar la idea no expresada. Como afirma Nash (1989: 118), la 'ironía' dice lo que no quiere decir y quiere decir lo que no dice. El DESTINATARIO debe, sin embargo, compartir con el EMISOR la misma PRESUPOSICIÓN PRAGMÁTICA, porque en caso contrario, se corre el peligro de que el SIGNIFICADO del MENSAJE se entienda de forma literal. Vista desde la PRAGMÁTICA, la 'ironía' no es más que una actitud del hablante (*cf* intencionalidad), siendo preciso contextualizarla, ya que *per se* ningún enunciado es irónico. La 'ironía' es una de las ESTRATEGIAS discursivas más fascinantes y complejas dentro de la INTERACCIÓN COMUNICATIVA, pero no se debe confundir la 'ironía' con el **sarcasmo** en la creencia de que éste es una variante más fuerte y radical de aquél. La ironía comprende una serie de elementos propios de una SITUACIÓN DE HABLA (Hymes, 1972), mientras que el 'sarcasmo' no es más que un ACTO DE HABLA: en este último existe una clara intención por parte del hablante de casuar daño moral al oyente, circunstancia que raras veces se da en la 'ironía' (Mateo, J., 1992: 121-44).

**PARAGOGE, PARAGÓGICO.** Es la adición de un elemento fonético en posición final, por ejemplo en la *e* **paragógica** de *felice*.

**PARALELISMO.** Véase en ENUNCIADO PARALELÍSTICO.

**PARALEXEMA, PARALEXÍA.** Véase en LEXÍA COMPUESTA y COMPLEJA.

**PARALENGUAJE.** El 'paralenguaje' es uno de los sistemas de comunicación noverbales fundamentales que el ser humano ha desarrollado junto al lenguaje verbal para comunicarse con sus semejantes en los procesos semióticos de comunicación e interacción verbal (Guillén Nieto: 1995). El 'paralenguaje' (Guillén Nieto, 1995: 210), como cualquier sistema de comunicación no-verbal, forma parte del comportamiento comunicativo y cultural aprendido con el fin de cumplir una serie de **funciones discursivas**, a saber: (a) marcar la PROGRESIVIDAD del discurso; (b) llamar la atención del receptor hacia algún aspecto significativo del mensaje; (c) indicar la persona u objeto del contexto referencial al que se hace referencia en el discurso; y (d) ofrecer pistas interpretativas sobre cuál es la actitud e intención comunicativa del hablante en el discurso. Por ejemplo, en la comunicación oral se puede crear un ambiente de «confesión personal» o de «declaración objetiva de un hecho» utilizando una enunciación descendente, voz baja, énfasis en las palabras clave, cantidad vocálica exagerada, etc. (Gumperz, J., 1985: 103). Y con frecuencia decimos «me lo dijo con una voz que no me gustó», o «puso un gesto de pocos amigos», o «me dio la impresión de que guardaba cierta distancia», etc.

Siguiendo a Poyatos (1994: 28), el 'paralenguaje' comprende las cualidades no verbales de la VOZ, sus modificaciones y las emisiones independientes cuasiléxicas, producidas o condicionadas en las zonas comprendidas desde las CAVIDADES SUPRAGLÓTICAS hasta los músculos abdominales, así como los silencios momentáneos, que utilizamos consciente o inconscientemente para apoyar o contradecir los signos verbales, kinésicos, proxémicos, químicos, dérmicos y térmicos, simultáneamente o alternando con ellos, tanto en la interacción como en la no-interacción.

**PARALINGÜÍSTICA.** El término 'paralingüística' tiene, al menos, cuatro acepciones:

① Para Abercrombie (1968) es el estudio exclusivo de los signos no-verbales (y no vocálicos) que desempeñan un papel fundamental en la comunicación oral, pudiendo ampliar, modificar, e incluso contradecir el significado oracional de los enunciados. Entre los signos no-verbales citados se encuentran, por ejemplo, los gestos, los movimientos y direcciones de la mirada, las expresiones faciales, etc.

② En una visión más restrictiva (Baamonde Traveso, 1986: 836) es el estudio de los fenómenos prosódicos (la ENTONACIÓN, el ACENTO, el tiempo de la elocución, la modulación de la voz, etc.) que proporcionan datos del HABLANTE, como pueden ser su personalidad, su estado de ánimo, su procedencia geográfica, su nivel cultural, su sexo, etc. *Cf* índice idiosincrásico.

③ Desde una perspectiva más amplia e integradora, la 'paralingüística' (Guillén Nieto, 1995) es el estudio de los sistemas de signos no-verbales, tanto los vocálicos como los no-vocálicos, que tienen un papel convencional y sistemático en el uso conversacional de la lengua hablada, a saber, el PARALENGUAJE (que comprende los sistemas de signos prosódicos y los paraverbales), la KINÉSICA (expresiones faciales, gestos, movimientos, direcciones de la mirada, etc.) y la PROXÉMICA (distancias interpersonales). En este sentido, la 'paralingüística'estudia los ACTOS NO VERBALES, los cuales, a su vez, pueden ser ISOVERBALES, INDICIALES y META-COMUNICATIVOS. *Cf* claves conversacionales, canal semiótico.

④ Equivalente a PARALENGUAJE.

**PARÁMETRO.** Según la hipótesis sustentada en el modelo RECCIÓN Y LIGAMIENTO, las lenguas, y por tanto las gramáticas, comparten una serie de PRINCIPIOS comunes, que no se aprenden, sino que pertenecen a la facultad del lenguaje. No obstante, esos principios generales llevan asociadas una serie de opciones de realización de las que cada lengua selecciona una y, por eso, las lenguas son diferentes. Esas opciones asociadas a los principios, de las que depende la variación en las lenguas, son los denominados 'parámetros'. Por ejemplo, uno de los principios hipotéticamente comunes a todas las lenguas es que «todo predicado ha de tener un sujeto». Este principio, sin embargo, puede concretarse de dos maneras diferentes. Hay lenguas, como el inglés, en la que todo predicado ha de tener un SUJETO fonéticamente realizado, de ahí que sea anómalo un enunciado como «*eats apples in the garden». Otras, como el español, permiten que el sujeto no esté realizado mediante un pronombre o un sintagma nominal, sino sólo indicado mediante la terminación verbal: «Escogió un traje precioso». El español y el inglés son, pues, lenguas que responden a parámetros diferentes.

**PARÁMETRO DEL NÚCLEO.** En RECCIÓN Y LIGAMIENTO se conoce como 'parámetro del núcleo' la posibilidad de que las lenguas opten (*cf* parámetro) por situar, sistemáticamente, el núcleo de una estructura, bien a la izquierda, bien a la derecha de sus complementos. La adopción de una u otra pauta permite diferenciar dos tipos de lenguas: las que optan por el **parámetro del núcleo inicial** y las que seleccionan el **parámetro del núcleo final**.

El español, como el inglés, se considera, dentro de este modelo gramatical, como una lengua de 'núcleo inicial' porque adopta la pauta de ordenación en la que los núcleos preceden a los complementos: «Los consejos *de los compañeros* no sirvieron de nada», «Destrozaron *la puerta del jardín*», pero no «**De los compañeros* los consejos no sirvieron de nada», ni «**La puerta del jardín* destrozaron».

En cambio, el japonés o el coreano responden al parámetro del núcleo final. Según Radford (1988b: 1973), por ejemplo, en coreano, tanto los nombres como los verbos siguen a su núcleo. Igualmente, de conformidad con el parámetro seleccionado, mientras el español o el inglés utilizan preposiciones, el coreano hace uso de POSPOSICIONES: elementos que, como las preposiciones, indican el papel sintáctico y semántico de un sintagma pero que, a diferencia de las preposiciones, se posponen a dicho sintagma.

**PARÁMETRO DEL NÚCLEO FINAL.** Véase en PARÁMETRO DEL NÚCLEO.

**PARÁMETRO DEL NÚCLEO INICIAL.** Véase en PARÁMETRO DEL NÚCLEO.

**PARÁMETRO DEL SUJETO NULO.** Véase en PRO-DROP.

**PARASINTÉTICO.** El término 'parasintético' se ha utilizado en morfología para aludir a palabras complejas que, en principio, presentan dos tipos de estructuras distintas.

① Por un lado, se denominan 'parasintéticos' los complejos léxicos del tipo *picapedrero, misacantano* (Moreno Cabrera, 1995: 457), que contienen dos bases léxicas (*pica-pedr-, misa-cant-)* y un AFIJO derivativo: *-ero, -ano*. De ahí que las palabras 'parasintéticas', en este sentido del término, se hayan definido como unidades léxicas que participan de la COMPOSICIÓN y de la DERIVACIÓN a la vez.

② Por otro lado, también se da el nombre de 'parasintéticos' a los elementos léxicos que «se caracterizan por formarse mediante la aplicación simultánea de la PREFIJACIÓN y la SUFIJACIÓN» (Varela, 1990: 58), como es el caso de *envejecer, aterrorizar* o *embellecer*.

**PARASÍTICO.** Véase en HUECO PARASÍTICO.

**PARATAXIS.** Equivale a YUXTAPOSICIÓN o a COORDINACIÓN.

**PAREMIOLOGÍA.** Es el estudio de los refranes y proverbios de una lengua.

**PARENTESCO LINGÜÍSTICO-GENEALÓGICO.** Véase en FAMILIA LINGÜÍSTICA y en GENEALOGÍA.

**PARÉNTESIS.** Véase ABREVIADOR, PARENTETIZACIÓN.

**PARENTETIZACIÓN.** La 'parentetización' es una de las fórmulas adoptadas para representar gráficamente la estructura de CONSTITUYENTES de la oración o de cualquier otra unidad gramatical. Consiste en incluir entre **paréntesis** «( )», o entre **paréntesis cuadrados** (más comúnmente denominados **corchetes** «[ ]», los CONSTITUYENTES INMEDIATOS de cada NIVEL oracional, de manera que los paréntesis, o los corchetes, de un determinado nivel se incrusten, como los constituyentes, en los que reflejan la organización del nivel inmediatamente superior. Por ejemplo, la estructura de la oración «Elena revisó la factura» podría representarse, mediante 'parentetización', de la siguiente manera: ((Elena) (revisó ((la) (factura)))); o bien [[Elena] [revisó [[la] [factura]]]], si se utilizan los paréntesis cuadrados o corchetes. Esta representación implica que:

(1) la oración (Elena revisó la factura) está constituida inmediatamente por dos unidades: ((Elena) (revisó la factura));

(2) a su vez, «revisó la factura» es una unidad integrada por dos constituyentes, «revisó» y «la factura»: ((Elena) ((revisó) (la factura)));

(3) por último, «la factura» contiene, asimismo, dos unidades, «la» y «factura»: ((Elena) ((revisó) ((la) (factura)))).

Se distinguen, por lo general, dos tipos de 'parentetización': la no etiquetada, o no rotulada, y la etiquetada o rotulada.

(a) La 'parentetización' es **no etiquetada** o **no rotulada** cuando sólo indica la organización de los constituyentes, pero no su categoría. Es el caso del ejemplo utilizado anteriormente.

(b) La 'parentetización' es, por el contrario, **etiquetada** o **rotulada** cuando a cada paréntesis o corchete se adjunta un subíndice indicativo de la categoría a la que pertenece el constituyente:

$_{O}[_{SN}[\text{Elena}]\ _{SV}[_{V}[\text{revisó}]\ _{SN}[_{Det}[\text{la}]\ _{N}[\text{factura}]]]]$.

**PAROLE.** Equivale a HABLA.

**PARÓNIMO, PARONOMASIA.** De acuerdo con Martínez Sousa (1993: 348), son **parónimos** los vocablos que tienen una grafía semejante, bien por su etimología (*altura/altitud*), por su SONIDO (HOMÓFONOS) o su GRAFÍA (HOMÓGRAFOS). En TRADUCTOLOGÍA se debe evitar la **tentación paronímica** o tendencia a dejarse arrastrar o seducir por palabras homófonas u homógrafas, como al traducir al español palabras inglesas como *certain, various, particular,* etc., cuyos significados no coinciden plenamente con los del español. *Cf* accesibilidad.

La **paronomasia** es la FIGURA DEL LENGUAJE que consiste en usar PARÓNIMOS con el fin de producir EFECTOS ESTILÍSTICOS. La publicidad y muchos titulares de prensa hacen uso constante de esta figura.

**PAROXÍTONO.** Véase en ACENTO DE PALABRA.

**PARTES DE LA ORACIÓN.** En la tradición gramatical procedente de las gramáticas clásicas, el término 'partes de la oración' hacía referencia a las clases o categorías en las que se agrupaban las palabras tomando como base propiedades de índole diversa: semánticas o nocionales («el nombre es una palabra que sirve para nombrar las cosas»), morfológicas o flexivas («el adverbio es una palabra invariable» o «indeclinable»), y combinatorias o sintácticas («preposición es una palabra llamada así porque se pone antes de otras partes de la oración»). Según la *Gramática* de la Real Academia del año 1771 (RAE, 1984: 120-121), por ejemplo, son nueve «en nuestra lengua» las 'partes de la oración': nombre, pronombre, artículo, verbo, participio, adverbio, preposición, conjunción, interjección. «De suerte que cualquier palabra ha de ser precisamente, o nombre, o pronombre, o artículo, o verbo, etc.».

**PARTICIPACIÓN.** Véase en IMPLICACIÓN LÉXICA.

**PARTICIPIO.** Se da el nombre de 'participio' a las FORMAS NO PERSONALES del verbo que se flexionan como *amado, temido, partido*. El 'participio' ha sido comúnmente caracterizado en las gramáticas del español como un elemento híbrido, que participa tanto de las características del verbo como de las del adjetivo. Así, a semejanza del adjetivo, posee variación de género y número en CONCORDANCIA con un término de carácter sustantivo.

**Partícula.** ① En inglés, alemán, holandés, polaco, etc., se emplea el término 'partícula' para designar un elemento (casi siempre una PREPOSICIÓN o ADVERBIO) que se une a un verbo simple para fomar otro complejo, como en los verbos ingleses *look for* (buscar), *look after* (cuidar), *look at* (mirar) formados con el verbo *look* (parecer) y una 'partícula'.

② Véase en PALABRA LLENA.

③ Véase en PUNTO DE VISTA y en TAGMÉMICA.

**Partitivo.** Véase en CASO PARTITIVO.

**Patologías del lenguaje y del medio.** El MEDIO y el LENGUAJE van íntimamente unidos, y no se puede concebir uno sin el otro. Sin embargo, a veces se puede tener conciencia o experimentar el medio sin la lengua cuando leemos u oímos una lengua que desconocemos, y cuando no recordamos con facilidad si un MENSAJE nos llegó por el medio visual o por el oral. Esta distinción entre lengua y medio es importante para el examen de las enfermedades del lenguaje. Para Abercrombie (1967) hay patologías del lenguaje y patologías del medio.

Son **patologías del medio** la **alexia**, la **agrafia** y la **anartria**. En el primer caso el paciente puede ver perfectamente pero no puede leer, en el segundo, no puede escribir; en ambas patologías se habla de **ceguera de letras**, ya que los pacientes podrían dibujar y pintar sin dificultad alguna. En el tercer caso, el paciente puede oír perfectamente aunque es incapaz de reconocer lingüísticamente lo que ha oído. A las enfermedades del medio también se las llama **agnosias** o afasias perceptivas.

El término AFASIA, tomado en sentido general, cubre las **patologías del lenguaje**, las cuales son estudiadas por varias disciplinas, entre ellas la NEUROLINGÜÍSTICA. Las principales 'patologías del lenguaje' son: **acalculia** (pérdida de la capacidad de identificar los números y de utilizarlos en las operaciones más simples), **afrasia** (pérdida de la capacidad de construcción sintáctica; el enfermo sólo utiliza unidades léxicas), **agramatismo** (*cf* afasia), **apraxia verbal** o apraxia bucofacial (incapacidad de ejecutar los movimientos de la articulación debido a una parálisis, o a una **ataxia**, o descoordinación de los movimientos voluntarios), **disartria** (trastornos en el sistema central o periférico que afectan a la FONACIÓN, a la ARTICULACIÓN, a la PROSODIA), **disglosia** (desórdenes articulatorios que afectan a algún órgano del sistema periférico, por defecto adquirido o por parálisis, como, por ejemplo, la disglosia labial), **dislexia** (incapacidad para leer, motivada por causas psicológicas que impiden el reconocimiento de GRAFEMAS y de FONEMAS o la relación entre ambos), **dislalia** (trastorno relacionado con el sistema periférico, como la omisión de sílabas, los errores de pronunciación, etc.), **ecolalia** (repetición rutinaria sin significación alguna de las palabras u oraciones expresadas por el paciente o por personas de su entorno; la suelen padecer, entre otros, los autistas, los afásicos y los esquizofrénicos). La 'disartria' recibe distintas donominaciones según el nombre de la articulación interesada: **lambdacismo**, cuando afecta a la pronunciación del fonema /l/, **rotacismo**, a la de las vibrantes, **sigmatismo**, a la del fonema /s/, y **zetacismo**, a la pronunciación de las africadas /ʧ/ y /ʤ/. *Cf* lateralismo.

A las patologías de la VOZ se las llama **disfonías**, las cuales son alteraciones causadas por infecciones o factores psicológicos, como la ansiedad o la depresión, siendo la **afonía**, o pérdida total o parcial de la voz, la más grave.

**Pasiva.** Véase en VOZ PASIVA.

**Pasivización.** Siguiendo a R. Fowler (1986), la 'pasivización' es un proceso organizativo del mensaje que responde a la pérdida de interés informativo por el agente de la acción, que puede encerrar un engaño sutil (*cf* intencionalidad), ya que invierte la distribución de los papeles en lo que a derechos y obligaciones se refiere. La 'pasivización' consiste en la conversión de una estructura básica transitiva en una oración pasiva. En el enunciado «los alumnos oficiales han sido convocados a una reunión», debido a la TEMATIZACIÓN de *los alumnos*, da la impresión de que los agentes son los alumnos, y es más, anima a seguir leyendo porque al parecer son los alumnos los que llevarán a cabo alguna acción.

**PAUSA.** ① En FONÉTICA se dice que hay una 'pausa', representada en la TRANSCRIPCIÓN FONÉTICA con el símbolo [#], cuando hay interrupción o suspensión de los componentes de la CADENA HABLADA. La pausa se representa gráficamente con la coma, el punto y coma, los dos puntos, y el punto. Hay pausas imperceptibles, llamadas **pausas virtuales** por Martinet, que se emplean en la DESAMBIGUACIÓN de algunos mensajes provocados por problemas de JUNTURA («Mujeres o diosas, mujeres odiosas»). *Cf* posición inicial absoluta, oclusiva bilabial sonora, oclusiva dental sonora y oclusiva velar sonora.

② La 'pausa' es una unidad del ANÁLISIS CONVERSACIONAL (*cf* interrupción, solapamiento) que permite que uno de los interlocutores tome la iniciativa en la llamada ALTERNANCIA DE TURNOS.

**PAUTA, PAUTA ESTRUCTURAL, PAUTA FONOLÓGICA.** El concepto de **pauta** o **pauta estructural**, traducción del inglés *pattern*, es básico en el ESTRUCTURALISMO NORTEAMERICANO. Se usa normalmente con el significado de ESTRUCTURA o de estructura abstracta, en cuyo caso equivale a MODELO. En el estudio de las 'pautas estructurales', unos ponen más énfasis en los aspectos relacionales y organizativos que se encuentran en todos los niveles del lenguaje, y otros en sus COMPONENTES. El resultado del ANÁLISIS es un inventario de unidades lingüísticas que responden a determinadas 'pautas'. La LINGÜÍSTICA CONTRASTIVA se basó, en gran parte, en el concepto de pautas para llevar a cabo sus comparaciones. Hay 'pautas' o modelos fonológicos, morfológicos, sintácticos, de las ELIPSIS, etc.

**PERCEPCIÓN AUDITIVA.** Véase en FONÉTICA AUDITIVA y en UMBRAL DE LA AUDICIÓN.

**PERCEPTIBILIDAD.** En FONÉTICA AUDITIVA se llama 'perceptibilidad' (Gili Gaya, 1975: 99), también conocida con los nombres de **sonía** y de **sonoridad**, a la mayor o menor facilidad con que se perciben unos sonidos respecto de otros pronunciados con igual DURACIÓN, INTENSIDAD y TONO. Esta 'perceptibilidad' varía en función de su energía vibratoria y de su FRECUENCIA y está relacionada con la ABERTURA de los órganos de articulación. Cuanto mayor es el grado de abertura de lo sonidos, tanto mejor es su 'perceptibilidad'. Las vocales, que tienen el mayor grado de abertura, alcanzan el índice más alto de 'perceptibilidad', el cual, de mayor a menor, es el siguientes: *a, o, e, i, u*. Las CONSONANTES sonoras son, por lo general, más perceptibles que las sonoras y las OCLUSIVAS, cuyo grado de abertura es cero, son las menos perceptibles. En lo que afecta a la SÍLABA, también existe una relación entre el grado de perceptibilidad y el de abertura de las articulaciones. La 'perceptibilidad' está relacionada, en principio, con la intensidad o esfuerzo articulatorio, y acústicamente con la amplitud. *Cf* fonética auditiva.

**PERCUSIÓN.** Siguiendo a Solé Sabater (1993: 2), las dos FUENTES de SONIDO APERIÓDICO son la 'percusión' y la FRICACIÓN. Se llama **percusión** (*cf* oclusivas y africadas) al RUIDO aperiódico generado por la explosión de la presión de aire creada tras un oclusión articulatoria. El sonido creado por estas fuentes se amplifica en el TRACTO VOCÁLICO por efecto de la RESONANCIA. *Cf* antirresonancia.

**PERFECTIVO.** Véase en ASPECTO PERFECTIVO.

**PERFECTO.** Véase en PRETÉRITO.

**PERFORMATIVO.** En la TEORÍA de los ACTOS DE HABLA (Austin, 1962) son verbos **performativos** o **realizativos** aquellos que expresan con claridad el objeto del ACTO ILOCUCIONARIO. Por ejemplo, si digo «Te *sugiero* que te vayas», o «Te *ruego* que te levantes», son 'performativos' los verbos *sugerir* en el primer caso, y *rogar* en el segundo porque el HABLANTE está realizando un acto (sugerir, rogar), no se está describiendo a sí mismo en la ejecución del acto. Los verbos performativos no tienen condiciones de verdad sino CONDICIONES DE FELICIDAD y son muy frecuentes en el lenguaje oficial, contractual y escrito, en el que se dice con claridad *acuerdan*, *prometen*, *renuncian*, *convienen*, etc. *Cf* acto de habla directo, hipótesis performativa, adverbio performativo, verbo performativo.

**PERIFERIA.** Se denomina 'periferia' el componente o conjunto de componentes de una estructura que quedan al margen del núcleo y los elementos dominados por éste. Por ejemplo, según recoge Matthews (1981), para Longacre, si el núcleo de la cláusula lo constituyen el predicado y los complementos que controla directamente, la 'periferia' estaría integrada por los complementos restantes. Así, en «I saw him yesterday» («Lo vi ayer»), la 'periferia' sería *yesterday*.

**PERÍFRASIS ASPECTUAL.** Se clasifican como 'aspectuales' las PERÍFRASIS VERBALES en las que el sentido aportado por el VERBO AUXILIAR, juntamente con la forma no personal (infinitivo, gerundio, participio) del VERBO AUXILIADO o principal, se relaciona con la categoría ASPECTO: se destaca una determinada fase o perspectiva temporal (el inicio, el final, la reiteración, la continuidad) del proceso al que alude el verbo auxiliado. «*Se ha puesto a llover*», «*Ha vuelto a llover*», «*Está lloviendo*», «*Acaba de llover*», por ejemplo, son 'perífrasis aspectuales'. Destacan el comienzo (*se ha puesto a llover*), la reiteración (*ha vuelto a llover*), el discurrir (*está lloviendo*), la finalización (*acaba de llover*) de un mismo proceso: el designado por el verbo *llover*.

**PERÍFRASIS FRECUENTATIVA.** Es la PERÍFRASIS VERBAL en la que el VERBO AUXILIAR expresa que lo denotado por el VERBO AUXILIADO o principal es una acción o proceso que se reitera de forma frecuente o habitual. Las construcciones con el verbo *soler* seguido de un verbo en infinitivo constituyen 'perífrasis frecuentativas': «*Suele contar* historias de la guerra», «El párroco *suele venir* los lunes». Según Gómez Torrego (1988: 116), las 'perífrasis frecuentativas' pueden considerarse una subclase de las 'perífrasis reiterativas'.

**PERÍFRASIS INCOATIVA.** Es la PERÍFRASIS VERBAL en la que el significado aportado por el VERBO AUXILIAR, junto con la forma no personal del VERBO AUXILIADO o principal (un infinitivo), consiste en destacar, bien la fase inicial, bien la inmediatamente previa al inicio del proceso al que alude el verbo principal. *Va a llover, se ha puesto a llover, se ha echado a llorar*, por ejemplo, son 'perífrasis incoativas'. Las 'perífrasis incoativas' suelen incluirse en la clase más extensa de las PERÍFRASIS ASPECTUALES.

**PERÍFRASIS MODAL.** Es la PERÍFRASIS VERBAL en la que el significado aportado por el VERBO AUXILIAR se relaciona con la categoría MODALIDAD: el proceso al que alude el VERBO AUXILIADO o principal se presenta como una obligación, una posibilidad, una necesidad. *Tengo que salir, debo ayudarle, puedo defenderme, debe de tener la gripe*, por ejemplo, son 'perífrasis modales'.

**PERÍFRASIS OBLIGATIVA.** Se denominan 'obligativas' las PERÍFRASIS VERBALES en las que la acción o el proceso al que alude el VERBO AUXILIADO o principal se presenta como una obligación o una necesidad ineludible. Son 'obligativas', por ejemplo, las perífrasis verbales destacadas en los siguientes enunciados: «*Tengo que limpiar* la casa», «*Debes pagar* la renta», «*He de regresar* antes de que se despierte». Las 'perífrasis obligativas' se incluyen en la clase más amplia de las PERÍFRASIS MODALES.

**PERÍFRASIS REITERATIVA.** PERÍFRASIS VERBAL en la que el VERBO AUXILIAR expresa la reiteración del proceso al que alude el VERBO AUXILIADO o principal. «*He vuelto a recordarlo*», por ejemplo, es una 'perífrasis reiterativa'. En contraste con «Lo he recordado», «*He vuelto a recordarlo*» indica que el proceso de «recordarlo» ya se había producido en otro u otros momentos y es, por tanto, un proceso que se repite. Las 'perífrasis reiterativas' pueden incluirse en la clase más amplia de las PERÍFRASIS ASPECTUALES.

**Perífrasis terminativa.** PERÍFRASIS VERBAL cuyo significado específico consiste en presentar el proceso al que alude el VERBO AUXILIADO o principal en su conclusión o en una fase próxima a su terminación. «He dejado de fumar», por ejemplo, es una 'perífrasis terminativa'. Con ella se indica, según Gómez Torrego (1988: 119), «el fin o la interrupción de una acción o un estado que venía siendo habitual». Igualmente es 'terminativa' «*Acabo de recogerlo*», pues con esta perífrasis se expresa que «la acción que refleja el infinitivo ha ocurrido recientemente» (Gómez Torrego, 1988: 120). Las 'perífrasis terminativas' pertenecen a la clase de las PERÍFRASIS ASPECTUALES.

**Perífrasis verbal.** El término 'perífrasis verbal' alude a una unidad constituida por dos verbos que, conjuntamente, funcionan como núcleo de un sintagma verbal. Uno, al que se denomina VERBO AUXILIAR, aporta las marcas flexivas de tiempo, modo, aspecto, número y persona, necesarias para la existencia de una predicación autónoma, e introduce, asimismo, determinados matices de carácter MODAL O ASPECTUAL; pero no constituye el núcleo semántico del predicado. El otro verbo, al que se llama AUXILIADO O PRINCIPAL, no se halla en forma personal (puede ser un infinitivo, un gerundio o un participio) pero conlleva los rasgos semánticos específicos de la predicación.

En «El abuelo *va a estornudar* de un momento a otro», «Lisardo *ha vuelto a guiñarme* un ojo», «Luis *está revisando* cuidadosamente los planos», las unidades destacadas en cursiva constituyen 'perífrasis verbales':

(1) *Va, ha vuelto, está* son los verbos auxiliares. Puesto que están en forma personal, indican el tiempo, la persona, y las restantes categorías asociadas a los morfemas del verbo. Pero no determinan por sí solos los rasgos semánticos de la predicación. Antes bien, suele destacarse como característica de los verbos auxiliares que, con respecto a otros usos no perifrásticos, se han desemantizado, se han vaciado de significado léxico, han modificado, en consecuencia, su capacidad para seleccionar argumentos, y han pasado a significar sólo matices modales o aspectuales no expresados por la flexión verbal.

*Ir, volver*, cuando no forman parte de una perífrasis, son verbos de desplazamiento que requieren, por su significado, una complementación de «lugar a dónde», alusiva al término hacia el que se efectúa el desplazamiento: «El abuelo *va al bar* todas las tardes», «Lisardo *ha vuelto a casa* por Navidad». Sin embargo, cuando actúan como verbos auxiliares, ya no denotan un desplazamiento ni, por tanto, implican ese tipo de complemento. Simplemente aportan al predicado una significación aspectual: «El abuelo *va a estornudar* de un momento a otro», «Lisardo *ha vuelto a guiñarme* un ojo» no presuponen que el sujeto se desplace a un lugar; sólo indican que la acción de «estornudar» está a punto de realizarse» o que «guiñarme un ojo» es una acción que se repite, significados ambos clasificables como aspectuales.

(2) *Estornudar, guiñarme, revisando*, son los verbos principales o auxiliados. Puesto que están en infinitivo o gerundio, necesitan al auxiliar para formar una predicación, pero constituyen el núcleo semántico del sintagma verbal: aportan el significado léxico específico y determinan, por ejemplo, el papel semántico del sujeto. «*Va a estornudar*», «*Ha vuelto a guiñarme*», «*está revisando*» requieren un sujeto hu-

mano porque «*estornudar*» , «*guiñar*», «*revisar*» implican un agente humano: «*El televisor *va a estornudar* de un momento a otro», «*La piedra *ha vuelto a guiñarme* un ojo», «*La mesa *está revisando* cuidadosamente los planos». «*Va*», «*ha vuelto*», «*está*», en cambio, puesto que no constituyen el núcleo semántico, no asignan al sujeto ningún papel ni exigen, en consecuencia, ningún rasgo semántico: «El televisor va a explotar de un momento a otro», «La piedra ha vuelto a desprenderse», «La mesa está perdiendo color».

**Periodo.** ① En algunos estudios gramaticales (*cf* RAE, 1973; Gili Gaya, 1961), el término 'periodo' se utiliza como equivalente a ORACIÓN COMPUESTA en su sentido más amplio: unidad sintáctica integrada por dos o más oraciones, dos o más estructuras predicativas organizadas en torno a un verbo, tanto si la relación sintáctica que se establece entre ellas es de coordinación («Viene la familia esta noche y no tengo nada en la nevera») como si es de subordinación o dependencia: «Es evidente que todo está contra él».

② También se ha empleado 'periodo' con un sentido más restringido, como equivalente a ORACIÓN BIPOLAR u ORACIÓN[5]. Para Molina Redondo (1985: 521), por ejemplo, 'periodo' es «la unidad sintáctica constituida por dos —y solamente dos— oraciones en relación de interordinación». Como pertenecientes a este tipo de unidad menciona, entre otros, el 'periodo adversativo' («Quisiera ayudarle pero no puedo») o el 'periodo condicional' («Si te portas bien te llevaré al parque temático»), dos de los casos en los que, según la interpretación planteada, por ejemplo, por Rojo (1978), la relación sintáctica entre las oraciones no es de coordinación o de subordinación sino de INTERDEPENDENCIA O INTERORDINACIÓN.

**Perlocucionario, perlocutivo.** Véase en ACTO PERLOCUCIONARIO.

**Permutación.** ① En la metodología de la GLOSEMÁTICA (Hjelmslev, 1963: 73-4) la CONMUTACIÓN y la 'permutación' son los dos tipos de MUTACIONES que se pueden hacer con las UNIDADES LINGÜÍSTICAS; la primera, en el plano PARADIGMÁTICO, y la segunda en el plano SINTAGMÁTICO. Hay permutación cuando existe un cambio de orden, de desplazamiento o de sucesión de las mismas unidades sintácticas de una oración con tal de que el resultado sea también una oración. Por ejemplo, hay 'permutación' en «Cuando lo vea, hablaré con él» y «Hablaré con él cuando lo vea»; pero no hay 'permutación' en «La casa de mi padre es vieja» y «*De mi padre vieja es la casa».

② En la GRAMÁTICA GENERATIVA la 'permutación' es una TRANSFORMACIÓN formada por una regla de deleción y otra de inserción.

**Persona.** ① Se da el nombre de 'persona' a la CATEGORÍA gramatical cuyo significado básico consiste en referir a las entidades participantes en el acto comunicativo, distinguiendo, además, el papel que asumen en el mismo: el de emisor, el de receptor o destinatario, el de entidad sobre la que se habla pero que no es ni emisor ni destinatario. La categoría gramatical 'persona' forma parte del significado de diversas unidades lingüísticas. Constituye, en primer lugar, el contenido esencial de los PRONOMBRES PERSONALES. Así, *yo, tú* expresan 'persona' porque son pronombres que tienen como referente a la entidad humana que actúa como emisor («*Yo* estoy de acuerdo») o como destinatario («*tú* debes ir») del enunciado.

② También, en segundo lugar, expresan 'persona' las DESINENCIAS verbales. En «Teng*o* que pagar los impuestos», «Tiene*s* que sacar al perro», las desinencias *-o, -s* identifican como sujeto, en cada caso, al emisor (*tengo*) y a la persona a quien se dirige el enunciado (*tienes*).

③ 'Persona' es, por último, una categoría gramatical que forma parte, asimismo, del contenido expresado por los POSESIVOS. En el enunciado «*Mi* casa no está en venta», el posesivo *mi* identifica como poseedor a la persona que asume el papel de emisor en el acto comunicativo. En «*Tu* casa necesita un buen arreglo», *tu* distingue como poseedor de la casa al destinatario del enunciado, a la persona a quien se habla. En «Dile a Pedro que *su* coche está mal aparcado», *su* refiere a *Pedro*, una persona que no es ni el emisor ni el destinatario del enunciado.

La categoría 'persona' suele subdividirse en 'primera', 'segunda' y 'tercera persona' según cuál sea el papel participante al que se remite como referencia. Una unidad gramatical expresa **primera persona** cuando incluye en su referencia al emisor del enunciado, ya sea como referente único (caso de *yo, mi, tengo* en los ejemplos antes comentados), ya sea como integrante de un conjunto referencial más amplio: «*Nosotros* no pode*mos* aceptar eso», «*Nuestra* casa es estupenda». Indica **segunda persona**, en cambio, cuando señala como referente al destinatario, o a un conjunto de personas del que forma parte el destinatario; es el caso del pronombre personal *tú* o de *vosotros*, de la forma verbal *tienes*, o del posesivo *tu* («*tu* casa»). Por último, se considera que una unidad gramatical expresa **tercera persona** cuando señala, como referente, a una entidad que no participa directamente en el acto de comunicación, a una entidad distinta tanto del emisor como del destinatario. Es el caso de *su* en «*su* coche está mal aparcado», o del pronombre personal *ella*: «*Ella*, evidentemente, se ha equivocado».

**PERSONIFICACIÓN.** La **personificación**, también llamada **prosopopeya**, es la FIGURA DEL LENGUAJE en la que una cosa inanimada o un ser animado recibe el rasgo [+animado], como en «La roca ríe». *Cf* reificación.

**PERSPECTIVA.** ① En un sentido amplio de la INVESTIGACIÓN LINGÜÍSTICA, 'perspectiva' equivale a PARADIGMA.

② En un sentido restrictivo de la INVESTIGACIÓN LINGÜÍSTICA, 'perspectiva' equivale a PUNTO DE VISTA. *Cf* observación.

**PERSPECTIVA FUNCIONAL (DE LA ORACIÓN).** El término 'perspectiva funcional de la oración' ha sido utilizado, especialmente, por lingüistas procedentes de la Escuela de Praga, como Mathesius, Daneš o Firbas. Alude a la organización del enunciado en unidades diferenciadas por su aportación al progreso informativo; esto es, por el distinto papel que desempeñan en el avance de la información que comporta el enunciado como unidad del discurso.

Así, de conformidad con Mathesius o Daneš, todo enunciado se divide, atendiendo a la 'perspectiva funcional', en dos partes o unidades: (1) el TEMA, o segmento del enunciado que contiene la información ya conocida; es decir, lo que el hablante presupone ya presente en la conciencia del interlocutor. (2) El **rema**, o parte del enunciado que conlleva la información considerada como nueva; esto es, los elementos que el emisor del mensaje supone desconocidos para el receptor. Por ejemplo, según H. Contreras (1978: 88), en «Ella está procurando enseñarte» (que puede ser una respuesta perfectamente adecuada a «¿Qué hace ella?»), el constituyente *ella* representa el tema, es decir, lo ya conocido, lo que ya se supone presente en la mente del destinatario. El resto del enunciado se correspondería con el rema, con la información que el hablante aporta como nueva.

El concepto de 'perspectiva funcional de la oración' ha sido relevante, sobre todo, en el análisis del orden lineal que se asigna a los constituyentes del enunciado. De conformidad con Mathesius, por ejemplo, en el orden de constituyentes que se considera **objetivo** normal, o no marcado, el tema precede al rema. Así, en «Ella está procurando enseñarte», los elementos oracionales se hallan dispuestos según un orden objetivo o no marcado, puesto que el tema *ella* precede en la ordenación lineal al rema, *está procurando enseñarte*. En cambio, el orden es **subjetivo** enfático o marcado cuando el rema precede al tema en la disposición de las unidades componentes del enunciado. Así, si a «Juan me ha hundido el proyecto» se replica, por ejemplo,

«PACO, no Juan, te ha hundido el proyecto» (el uso de versalitas indica que *Paco* se destaca como FOCO mediante un ACENTO DE ORACIÓN), el orden de los constituyentes sería subjetivo o marcado, ya que el rema, lo que se destaca como desconocido para el interlocutor, está presentado por PACO, y precede en el orden lineal al tema, a lo ya conocido o dado. *Cf* estructura informativa, estructura temática, función pragmática.

**PERSUASIÓN.** Se emplea el término 'persuasión' para aludir a la MODALIDAD DISCURSIVA encargada de convencer o persuadir al RECEPTOR del mensaje, utilizando las técnicas de ILUSTRACIÓN (*cf* retórica). Esta modalidad la emplean los abogados, los profesores, los predicadores, etc., y, sobre todo, se percibe en la publicidad política y comercial; y se diferencia de la EXPOSICIÓN en que intenta influir en el receptor, mientras que la exposición se centra en la presentación de información de la forma más objetiva. *Cf* descripción, diálogo, narración, estilo directo e indirecto.

**PERTINENCIA.** Véase en RELEVANCIA.

**PERTINENTE.** Véase en RASGO DISTINTIVO O PERTINENTE.

**PEYORACIÓN, PEYORATIVO.** Véase en DEGRADACIÓN SEMÁNTICA.

**PIDGIN, PIDGINIZACIÓN.** Siguiendo a López Morales (1993: 143 y sigs.), un 'pidgin' (*cf* sabir) es en esencia una variedad lingüística creada a partir de dos o más lenguas existentes, con el fin de satisfacer inminentes necesidades de comunicación entre individuos y grupos de individuos que no poseen ninguna variedad en común (*cf* criollización). El pidgin, por definición es una lengua suplementaria, de estructura simplificada, mezcla de dos o más, que no tiene hablantes nativos, y su fin especial es la comunicación social. Se suelen distinguir dos tipos de 'pidgin', el incipiente y el elaborado. El **pidgin incipiente** es el que ha sido creado para satisfacer exclusivamente las necesidades de los usuarios en una actividad específica, por ejemplo, compraventa de ganado, y su sintaxis es la mínima para encuadrar esos LEXEMAS . El **pidgin elaborado**, por el contrario, posee una estructura sistemática y elaborada, aunque carezca de morfología flexiva.

**PIE.** ① Un **pie** es la unidad mínima métrica formada, en la poesía clásica, por la combinación de dos o más sílabas LARGAS y BREVES. Más tarde, adaptado a las lenguas europeas, especialmente las germánicas, es el grupo formado por una o más sílabas TÓNICAS O ÁTONAS. Hay 28 tipos de 'pies' en la retórica clásica, de los cuales los más importantes son el **yámbico**, esto es, sílaba átona y sílaba tónica (˘ ´), el **trocaico**, esto es, sílaba tónica y sílaba átona (´ ˘), el **anapesto**, esto es, átona, átona y tónica (˘ ˘ ´) , y el **dáctilo**, esto es, tónica, átona, átona (´ ˘ ˘). *Cf* cesura.

② En la fonología inglesa los 'pies' son unidades rítmicas (*cf* ritmo) caracterizadas por la ISOCRONÍA, es decir, por la tendencia a dejar el mismo lapso de tiempo entre dos sílabas TÓNICAS.

③ En la FONOLOGÍA MÉTRICA (Selkirk, 1980), un 'pie' es una unidad fonológica de orden superior a la sílaba, o dicho con otras palabras, las sílabas se combinan en unidades superiores, llamadas 'pies', los cuales se pueden representar con DIAGRAMAS ARBÓREOS O con REJILLAS métricas (*cf* fonología métrica). Dentro de cada pie hay una sílaba dominante, el núcleo, el cual puede encontrarse en el margen izquierdo (pies levógiros) o derecho (pies dextrógiros) del pie.

**PIEZA LÉXICA.** Equivale a UNIDAD LÉXICA.

**PIVOTE.** El término 'pivote' hace referencia a la función sintáctica nominal que, en un tipo concreto de lengua, se singulariza, se destaca, como función privilegiada o central en la estructura de la oración. En español, y, en general, en las LENGUAS ACUSATIVAS (francés, inglés, latín, etc.), la función considerada 'pivote', la privilegiada en la organización sintáctica de la oración, es la que corresponde al sujeto oracional. Sin embargo, 'pivote' no se identifica invariablemente con sujeto en todas las lenguas. En las de tipo ERGATIVO, como es el caso del vasco, el papel de 'pivote' se asocia al sintagma que se destaca mediante el CASO ABSOLUTIVO. Puede ser, en consecuencia, tanto el sujeto de una construcción intransitiva como el objeto paciente de una oración transitiva.

**PLENO.** Véase en VACÍO.

**PLEONASMO, PLEONÁSTICO.** De acuerdo con el DRAE, el 'pleonasmo' es una FIGURA DEL LENGUAJE que consiste en emplear en un enunciado uno o más vocablos innecesarios para el recto y cabal sentido de ella, pero con los cuales se da gracia o vigor a la expresión, como en «Yo lo vi con mis propios ojos». Se utiliza como recurso de expresión del ÉNFASIS, aunque puede llegar a ser una forma de REDUNDANCIA viciosa. Son **pleonásticos** los recursos lingüísticos que han servido para crear el 'pleonasmo'.

**PLEREMA.** En la terminología procedente de la GLOSEMÁTICA, 'plerema' es el nombre dado a los constituyentes o unidades del plano del contenido, que incluyen tanto RAÍCES (**pleremas centrales**) como elementos derivativos (**pleremas marginales**). *Cf* lexema, morfema derivativo.

**PLOSIVA.** Equivale a OCLUSIVA.

**PLURAL.** Véase en NÚMERO.

**PLURALIA TANTUM.** Se emplea el término **pluralia tantum** para referirse a las palabras que sólo existen o se usan en PLURAL, como *víveres, exequias,* etc., y por el contrario son **singularia tantum** las palabras que se usan sólo en SINGULAR o que no cambian del singular al plural (*diócesis, lunes*, etc.).

**PLUSCUAMPERFECTO.** Véase en ANTECOPRETÉRITO.

**POBLACIÓN.** Véase en MUESTRA.

**POÉTICA LINGÜÍSTICA.** La 'poética lingüística' (Culler, J., 1975), que prácticamente se inaugura a partir de la FUNCIÓN POÉTICA del esquema funcional del lenguaje presentado por Jakobson (1960) en el Congreso de Indiana, segmenta y clasifica, de acuerdo con las metas y los métodos del ESTRUCTURALISMO, las estructuras superficiales del discurso. En palabras de Jakobson (1960), la 'poética' investiga los problemas y las cuestiones relacionados con la 'estructura verbal', de la misma forma que el análisis de la pintura aborda la estructura pictórica. Aunque la aproximación al hecho literario de la poética sea lingüística, en opinión de Jakobson, tiene derecho a ocupar un lugar privilegiado dentro de los estudios literarios, ya que para él en el análisis de los textos tan anacrónico es el lingüista insensible a la realidad del hecho literario como el especialista de los estudios literarios indiferente a la presencia de los métodos aportados por la lingüística.

El análisis presentado por Jakobson y Lévi-Strauss (1973) en «'Les chats' de Charles Baudelaire» (y la réplica de Rifaterre, 1972) puede considerarse como un trabajo ejemplar de investigación en poética, cuyo análisis aborda toda clase de unidades y componentes de diversos niveles lingüísticos: (a) la cadena de rimas (masculinas y femeninas) del soneto; (b) la vinculación entre las rimas y las palabras elegidas; (c) el paralelismo sintáctico entre la parejas de cuartetos y la de tercetos; (d) el aspecto semántico de los sujetos gramaticales (animados); (e) la estructura (con determinante) de los sintagmas nominales; (f) el empleo de adjetivos epítetos; (g) los efectos estilísticos de las consonantes nasales, las consonantes /l/ y /r/, etc.

Tras el análisis, el poema se presenta como formado por sistemas de equivalencia que se encajonan unos en otros y que en conjunto adoptan el aire de un sistema cerrado, dando al poema el carácter de un objeto absoluto.

**POLAR.** Véase en RESPUESTA BIPOLAR.

**POLARIDAD.** De conformidad con Halliday (1985: 75), la 'polaridad' es el rasgo semántico de la oración que corresponde a la especificación de su contenido, ya como positivo o afirmativo, ya como negativo. Así, mientras «Vicente ha aprendido a manejar el ordenador» es una oración con **po-**

**laridad positiva**, «Vicente no ha aprendido a manejar el ordenador» se diferencia de la anterior por su **polaridad negativa**. *Cf* término de polaridad positiva, término de polaridad negativa.

**POLARIDAD NEGATIVA.** Véase en TÉRMINO DE POLARIDAD NEGATIVA.

**POLIFONÍA.** En el análisis de los personajes de una NARRACIÓN (*cf* estilo directo e indirecto) se usa el término 'polifonía' para aludir a las distintas VOCES (la del niño, el padre, el amante, etc., incluso la del narrador), que si están bien logradas por el autor, pueden alcanzar, por su riqueza, un EFECTO ESTILÍSTICO orquestal. *Cf* registro[2].

**POLISEMIA, POLISÉMICO.** Véase en HOMONIMIA.

**PORT ROYAL.** Véase en UNIVERSALES LINGÜÍSTICOS, PARADIGMA GENERATIVISTA y en PSICOLOGISMO RACIONALISTA.

**POSESIÓN ALIENABLE.** Una RELACIÓN SEMÁNTICA de posesión se califica como 'alienable' cuando entre lo *poseído* y la entidad *poseedora* existe una vinculación contingente. En los enunciados «El coche de Carlos es una maravilla», «Ha dejado aquí su maleta», la relación de posesión a la que aluden tanto «*el coche de Carlos*» como «*su maleta*» es de la clase 'alienable'. «El coche» y «Juan», «la maleta» y la persona a la que hace referencia «su», son entidades independientes entre las que se ha establecido un vínculo ocasional, contingente.

**POSESIÓN INALIENABLE.** Una RELACIÓN SEMÁNTICA de posesión se califica como 'inalienable' cuando entre lo *poseído* y la entidad *poseedora* existe un vínculo intrínseco, necesario y, por consiguiente, constante. En los enunciados «La nariz de Antonio es impresionante», «Su carita de ángel me emociona», tanto «*la nariz de Antonio*» como «*su carita*» denotan una relación de 'posesión inalienable'. «La nariz» y «Antonio», la «carita» y la persona a la que alude «su» no son entidades desconectadas, independientes, entre las que se establece una conexión ocasional y contingente. Puesto que lo poseído forma parte del poseedor, la vinculación entre ambos es necesaria y constante.

**POSESIVO.** Se denominan 'posesivos' un conjunto limitado de ítems integrado, en español, por los siguientes elementos: las formas tónicas, plenas, *mío, tuyo, suyo* y sus variantes átonas, apocopadas, *mi, tu, su*, así como *nuestro* y *vuestro*.

Los 'posesivos' en español son unidades de carácter ADJETIVO en el sentido más amplio del término (pueden funcionar como DETERMINANTES, como modificadores pospuestos al sustantivo, como ATRIBUTOS) y su significado básico, el que los distingue como 'posesivos', consiste en indicar que la entidad a la que hace referencia el sintagma nominal en que se integran («*mi* traje de novia», «*tu* propuesta») o el sintagma sujeto de la oración, cuando funcionan como atributos («ese traje es *mío*», «esa propuesta es *tuya*») está relacionada con alguno de los participantes en el acto comunicativo: con el emisor del discurso («*mi* traje de novia», «*nuestra* respuesta»), con el receptor o destinatario («*tu* propuesta», «*vuestro* coche») o con una entidad sobre la que versa el enunciado, pero que es distinta tanto del emisor como del destinatario: «Han venido Eva y *su* marido». Los 'posesivos' implican, pues, en su contenido la categoría gramatical PERSONA, la referencia a los papeles que asumen en el acto comunicativo las personas o entidades participantes en el mismo.

Ese significado general «relación con los participantes en el discurso» puede, no obstante, concretarse en varios sentidos distintos, entre ellos el de posesión o pertenencia en sentido estricto, ya se trate de una POSESIÓN ALIENABLE, como la expresada en «*mi traje* de novia», o «*vuestro* coche», ya se trate de una POSESIÓN INALIENABLE, como en «*Su* nariz parece una berenjena», «*Mi* corazón está a punto de estallar»; pero también la relación semántica establecida puede ser, por ejemplo, actancial o argumental cuando el 'posesivo' alude al AGENTE, EXPERIMENTADOR, PACIENTE, TEMA etc., implicado por un NOMBRE ICÓNICO o DEVERBAL: «*Nuestra* respuesta fue rotunda», «*Tu* propuesta ha sido rechazada», «*Su* detención es cosa de horas», «*Tu* retrato de la princesa ha quedado perfecto».

Aunque, como se ha dicho, los 'posesivos' en español son unidades de carácter adjetivo, suelen incluirse en la categoría PRONOMBRE cuando ésta se delimita como una clase semántica en la que se incluyen términos coincidentes en su significado, en su carácter deíctico, aunque difieran en su funcionamiento.

**POSICIÓN.** Según la terminología propuesta por S. Dik (1978), 'posición' designa uno de los diferentes tipos de ESTADOS DE COSAS que pueden representarse en un enunciado. Según su caracterización, una 'posición' es una situación 'no dinámica', a semejanza de los ESTADOS, pero que, a diferencia de éstos, puede ser 'controlada'. «Luis permaneció en su habitación hasta las cuatro», «Ana se quedó toda la tarde junto al fuego» representan 'posiciones' según este sentido del término. Aluden a una situación no dinámica: Ni «Ana» ni «Luis», las entidades implicadas, experimentan cambio alguno mientras dura esa situación. Pero ambos pueden controlarla; pueden decidir, voluntariamente, que tal situación tenga lugar o que se interrumpa en un momento determinado.

**POSICIÓN-A.** En RECCIÓN Y LIGAMIENTO se identifican como **posiciones-A**, o **posiciones argumentales**, las posiciones sintácticas de las estructuras oracionales básicas en las que puede aparecer un ARGUMENTO (*cf* cadena A). Son, pues, 'posiciones-A', por ejemplo, las posiciones sintácticas básicas características del sujeto o del objeto directo, dado que son funciones sintácticas correspondientes a dos argumentos (EXTERNO e INTERNO) del verbo.

En los estudios gramaticales que siguen este modelo Rección y ligamiento se afirma, asimismo, que las 'posiciones-A' son las únicas en las que un núcleo puede asignar PAPEL TEMÁTICO o semántico (agente, paciente, destinatario, etc.) a sus argumentos. Así, por ejemplo, el papel semántico paciente lo asigna el verbo a la 'posición-A' correspondiente al objeto directo («[ $_{SN/SUJ}$ Elvira] abofeteó [$_{SN/OBJ}$ *a Luis*] con rabia»). De ello se infiere que las denominadas POSICIONES TEMÁTICAS, las posiciones que pueden recibir papel semántico, son, a su vez, 'posiciones-A'. Pero, como advierten, por ejemplo, Demonte o van Riemsdijk y Williams, no todas las posiciones-A son posiciones theta (Demonte, 1989: 72), ya que una posición-A como la de sujeto puede ser, dado un verbo en particular, una posición no temática (*cf* van Riemsdijk y Williams, 1986: 260). Tal es el caso de las oraciones con VERBOS INACUSATIVOS, como la del siguiente ejemplo que tomamos de Gràcia i Solé (1989: 73):

[ $_{SN}$ e] han arribat [$_{SN}$ tres nois]

[$_{SN}$e] han llegado [$_{SN}$ tres muchachos].

En esta oración, según indica Gràcia i Solé, la posición de sujeto es una posición no temática que nace vacía (e) en la estructura-P.

**POSICIÓN-A'.** En RECCIÓN Y LIGAMIENTO se denominan **posiciones-A'**, o **posiciones no argumentales**, las posiciones sintácticas de la estructura oracional que, si bien pueden ser, como las argumentales, ocupadas por una categoría nominal, quedan al margen de las posiciones básicas de la oración que, teóricamente, ocupan los argumentos de un núcleo, como es el caso de la posición ocupada por el sujeto o por el objeto directo. *Cf* cadena-A'.

Por ejemplo, se considera una 'posición-A'' la correspondiente a COMP, la categoría sintáctica, situada a la derecha de O (oración), en que se ubican los elementos Qu (interrogativos y relativos) trasladados por un MOVIMIENTO DE QU. Así pues, la oración «¿A quién han elegido?» podría tener la siguiente estructura (representada de forma muy simplificada):

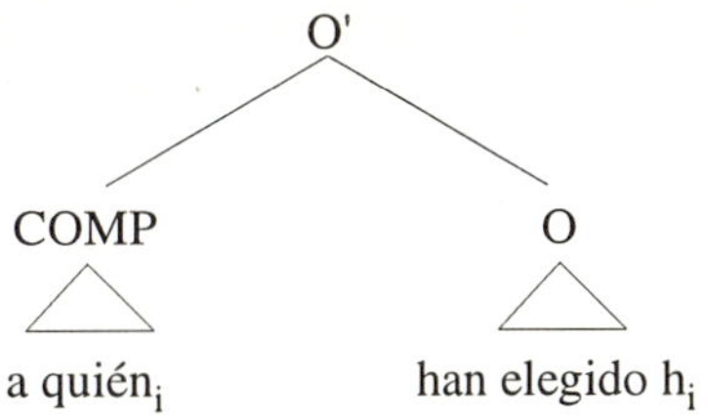


COMP está ocupado por una categoría nominal, pero la posición argumental correspondiente al objeto de *han elegido* (*cf* «Han elegido *a alguien*») es la indicada por $h_i$, la huella que deja el elemento movido en la posición desde la que ha sido desplazado.

Dado que no son posiciones correspondientes a argumentos de un núcleo del que reciben PAPEL TEMÁTICO o semántico, las 'posiciones-A' son, asimismo, POSICIONES-THETA' o no temáticas, esto es, posiciones a las que no se asigna papel semántico. Así, en el ejemplo anterior, según suele asumirse en los estudios vinculados al modelo RECCIÓN Y LIGAMIENTO, el papel semántico de paciente, correspondiente al objeto, no lo recibe el sintagma interrogativo (*a quién*) sino su huella (*h*), puesto que es el elemento situado en la posición argumental de objeto.

**POSICIÓN ARGUMENTAL.** Véase POSICIÓN-A.

**POSICIÓN DEL ACENTO.** Véase ACENTO[1], ACENTO GRÁFICO.

**POSICIÓN DEL CUERPO DE LA LENGUA.** En su posición neutral, el cuerpo de la lengua está levantado ligeramente con respecto a la posición de reposo y un poco adelantado (Martínez Celdrán, 1983: 231). *Cf* rasgos relacionados con el cuerpo de la lengua.

**POSICIÓN INICIAL ABSOLUTA.** En FONÉTICA se dice que un sonido está en 'posición inicial absoluta' cuando va precedido de una PAUSA, representada en la TRANSCRIPCIÓN FONÉTICA con el signo [#]. *Cf* ataque de la vocal, oclusiva bilabial sonora, oclusiva dental sonora y oclusiva velar sonora.

**POSICIÓN NEUTRAL.** En FONÉTICA ARTICULATORIA y, sobre todo, en FONOLOGÍA GENERATIVA, se llama 'posición neutral' a la disposición que adopta el APARATO VOCAL de modo característico antes de comenzar a hablar, que es distinta a la que se tiene en la respiración normal. Rasgos de esta posición neutral son: el VELO DEL PALADAR elevado, para impedir el paso del aire por la NARIZ, levantamiento del cuerpo de la LENGUA hasta la posición en que normalmente se articula un *e* abierta, elevación de la presión del aire en los pulmones por encima de la presión atmosférica, el cierre de la GLOTIS y la disposición de las CUERDAS VOCALES a vibrar espontáneamente (Martínez Celdrán, 1984: 227). *Cf* sonorización espontánea.

**POSICIÓN NO ARGUMENTAL.** Véase POSICIÓN-A'.

**POSICIÓN NO TEMÁTICA.** Véase POSICIÓN THETA.

**POSICIÓN TEMÁTICA.** Véase POSICIÓN THETA.

**POSICIÓN THETA.** En RECCIÓN Y LIGAMIENTO se denominan 'posiciones theta' (θ) las posiciones sintácticas argumentales (las ocupadas por ARGUMENTOS) a las que se asigna un PAPEL TEMÁTICO o semántico (agente, paciente, tema, destinatario, etc.). Así, por ejemplo, es 'theta' la posición que en la estructura oracional básica corresponde al OBJETO DIRECTO de un verbo ($_{SN/SUJ}$ [Marisa] $_{SV}$ [$_{V}$ [felicitó] $_{SN/OBJ}$ [a Lola]), puesto que es la posición sintática del argumento interno al que el verbo asigna el papel semántico de paciente.

Sin embargo, se considera no temática, por ejemplo, la posición argumental que corresponde al sujeto de los VERBOS DE ASCENSO, como *parecer*, o de los VERBOS INACUSATIVOS, como *llegar*, ya que, según suele asumirse en los estudios gramaticales que siguen el modelo Rección y Ligamiento, lo que distingue a estos verbos es, precisamente, que no asignan papel semántico alguno a la posición del sujeto.

**POSICIÓN THETA'.** En RECCIÓN Y LIGAMIENTO se identifican como 'theta' ', o como no temáticas, las posiciones sintácticas a las que no se asigna PAPEL TEMÁTICO o semántico en una estructura oracional determinada. Puesto que los papeles semánticos los asigna un núcleo a sus ARGUMENTOS, todas las posiciones sintácticas no argumentales, no ocupadas en la estructura básica por argumentos, son, por definición, 'posiciones theta' '. Es, por ejemplo, el caso de la posición correspondiente a COMP, la categoría sintáctica situada a la izquierda de O en que se sitúan los elementos Qu desplazados:

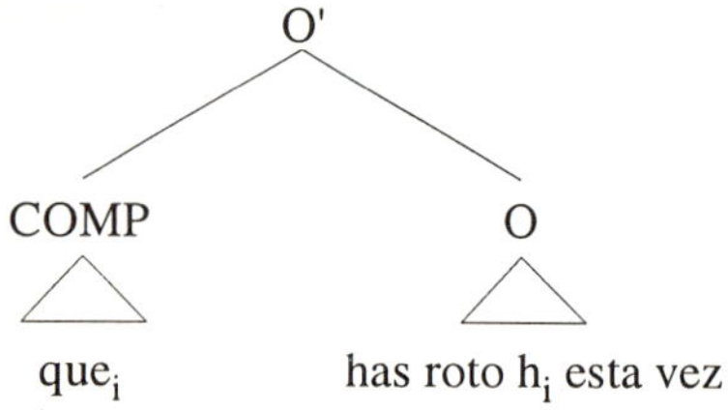


COMP es siempre una posición no argumental y, por tanto, inaccesible a la asignación de papel semántico. Precisamente por ello puede albergar elementos como *qué*, trasladados desde una posición argumental (indicada por la huella *h*), la de objeto (*cf* «He roto *el jarrón chino*»), que sí recibe papel semántico (*cf* CRITERIO TEMÁTICO).

También se consideran no temáticas, por ejemplo, las posiciones de sujeto en las oraciones con VERBOS INACUSATIVOS, como *llegar*, o con VERBOS DE ASCENSO, como *parecer*, puesto que, según suele admitirse en los estudios gramaticales que siguen el modelo Rección y Ligamiento, tales verbos se distinguen por no asignar papel semántico en la estructura-P a la posición de sujeto: $_{SN}$[e] $_{SV}$[parece que Ana está enferma] ([e] señala una posición vacía).

**POSPOSICIÓN.** Categoría gramatical que abarca elementos con una función similar a la que desempeñan las preposiciones: indican el papel sintáctico y semántico de un sintagma nominal dentro de la construcción en que se integra. Pero, a diferencia de las preposiciones, se posponen a dicho sintagma. Según Moreno Cabrera (1987: 96; 1991: 372), por ejemplo, el húngaro es una lengua que se caracteriza por hacer uso de 'posposiciones', en lugar de preposiciones: en la frase húngara «a (la) ház (casa) *elött* (ante)», *elött* es una 'posposición'. Su papel es semejante al de su equivalente en español: *ante*. Pero mientras en español *ante* precedería al sintagma nominal «la casa» («Nos veremos *ante la casa*»), en húngaro *elött* se pospone a la expresión nominal. Por su papel común, las 'posposiciones' se agrupan junto con las preposiciones en la categoría ADPOSICIÓN.

**POSPRETÉRITO.** De conformidad con la terminología introducida por A. Bello para los tiempos verbales, 'pospretérito' identifica al tiempo al que pertenecen, por ejemplo, las formas *llevaría*, *pagaríamos*, de los verbos «llevar» y «pagar», respectivamente. La denominación 'pos-pretérito' se justifica porque, según puede apreciarse en los siguientes enunciados: «Carlos me aseguró que él lo *llevaría*», «Le repliqué que nosotros *pagaríamos* los desperfectos», *llevaría* y *pagaríamos* sitúan la acción designada por el verbo en un espacio temporal futuro, posterior (de ahí el prefijo 'pos-') con respecto a otra acción expresada en el texto (*aseguró, repliqué*) que, a su vez, es pasada, pretérita, en relación con el momento en que se emite el enunciado.

**POST-ALVEOLARES.** Equivale a PALATOALVEOLARES.

**POSTERIOR.** En la FONOLOGÍA GENERATIVA (Chomsky y Halle, 1968), 'posterior-no posterior', representado con [+posterior] y [–posterior], es uno de los RASGOS RELACIONADOS CON EL CUERPO DE LA LENGUA, que, definido articulatoriamente, consiste en retraer el dorso de la lengua con relación a su posición neutral [+posterior] y en no retraerlo cuando es [–posterior]. Por no tener aquí la palabra 'posterior' el mismo significado que en la fonética tradicional, se emplea en su lugar el término **retraído** (Martínez Celdrán, 1983: 231). Las VOCA-

LES ABIERTAS y las POSTERIORES, y las CONSONANTES VELARES y UVULARES son [+posterior/retraído]. *Cf* alto, bajo.

**POSTÓNICO.** Véase en PRETÓNICO.

**POSTULADOS CONVERSACIONALES.** Véase en MÁXIMAS CONVERSACIONALES.

**POTENCIA ARTICULATORIA.** Véase en ACENTO[1].

**POTENCIAL.** ① Se ha dado el nombre de 'potencial' al MODO verbal que se asocia a la expresión de la probabilidad o posibilidad. En español, las formas verbales como *cantaría, habría cantado* han sido a menudo vinculadas al modo 'potencial', ya que mediante esas formas se puede expresar conjetura, posibilidad, probabilidad: «Según fuentes fidedignas, el gobierno *habría pactado* ya los presupuestos», «*Estaría* aún enfermo, porque no fue a trabajar», «Me *tomaría* muy a gusto una cerveza si me invitas».

No obstante, la existencia de un modo 'potencial' en español es una cuestión bastante controvertida. En gramáticas anteriores al *Esbozo* (RAE, 1973), la Real Academia Española incluyó las formas como *cantaría* y *habría* cantado en un modo 'potencial' que definió como el modo verbal caracterizado por expresar un hecho «no como real sino como posible» (RAE, 1931: 265). Sin embargo, buena parte de las actuales gramáticas del español (*cf* Alcina y Blecua, 1975; Hernández Alonso, 1984; M. Seco, 1972), incluido el *Esbozo* de la Academia, han seguido la pauta de la gramática de Bello al considerar que, en su significado básico, tales formas expresan TIEMPOS pertenecientes al modo INDICATIVO y no un modo verbal distinto: indican «futuridad» con respecto a un pasado. De ahí las denominaciones POSPRETÉRITO, ANTEPOSPRETÉRITO, FUTURO HIPOTÉTICO (simple o compuesto) que se les han aplicado.

Sin embargo, tampoco hay actualmente unanimidad en este sentido. Así, por ejemplo, según Porto Dapena (1989: 58), en «Aquella mujer *tendría* unos treinta y cinco años» o en «*Habrían* dado las nueve cuando salió de casa», las formas verbales *tendría, habrían dado* han sustituido sus rasgos temporales por otros de orden modal, constituyendo «un modo secundario distinto del indicativo, el llamado potencial»; si bien, según indica asimismo Alarcos, en ese modo 'potencial deberían incluirse también las formas de FUTURO cuando se utilizan con el significado conocido como FUTURO DE PROBABILIDAD: «*Serán* las diez», «Ya *habrán salido* los niños».

② 'Potencial' es, asimismo, el nombre que se da en algunas gramáticas a las formas verbales como *cantaría* (**potencial simple**) o *habría cantado* (**potencial compuesto**), aun cuando no se quiera indicar con ello que expresan un modo verbal distinto del indicativo. Así, para M. Seco (1972), *estudiarías* («Ayer dijiste que hoy *estudiarías*») es un 'potencial simple', *habrían pintado* («Ayer creíamos que hoy ya *habrían pintado* el comedor») es un 'potencial compuesto', incluidos ambos en el modo indicativo como tiempos.

**PRAGMALINGÜÍSTICA.** La **pragmalingüística** es una rama de la PRAGMÁTICA que examina todos los tipos de recursos lingüístico-estructurales relacionados con el USO de la misma, mientras que la **sociopragmática** aborda las condiciones del uso del lenguaje que nacen de las distintas SITUACIONES sociales. *Cf* pragmática.

**PRAGMÁTICA.** El término 'pragmática', que tiene varias acepciones en lingüística, aborda el estudio de cualquier aspecto discursivo, comunicativo o social del lenguaje, es decir, lo que se llama LENGUAJE EN USO y también lenguaje usado. El uso moderno de este término se remonta al que le dio Morris (1938: 6) cuando pretendió determinar los atributos peculiares de la SEMIÓTICA. En dicha caracterización, la 'pragmática' aborda el estudio de las relaciones de interpretación, es decir, las que existen entre los signos y sus usuarios dentro del CONTEXTO en que éstos utilizan aquéllas. En la comunicación hay un signo, un *designatum* y un usuario o intérprete, y entre ellos se desarrolla una triple relación, conforme indicamos en este esquema:

Signo
(SINTÁCTICA)

Designatum ——— Usuario(s)
(SEMÁNTICA) ——— (PRAGMÁTICA)

Como se puede deducir de este esquema triádico de la SEMIOSIS, la 'pragmática' aborda las relaciones más dinámicas, las que existen entre los signos y sus usuarios dentro del contexto en que éstos utilizan aquéllas (**relaciones de interpretación**). De las otras dos ramas, la primera, la **sintáctica**, trata de los diversos nexos que los signos mantienen entre sí y de los que se establecen en el seno de los propios signos (**relaciones de implicación**), y la segunda, la SEMÁNTICA, analiza las vinculaciones de éstos con el mundo al que hacen referencia, es decir, con los objetos a los que se aplican (**relaciones de designación**). Pero el hecho de que la 'pragmática' trate el aspecto más dinámico, la INTERPRETACIÓN, no significa que pueda prescindir de las otras dos ramas, la sintactica y la semántica, ya que es prácticamente imposible interpretar ningún mensaje si no se conocen las relaciones que los signos guardan entre sí, ni las que mantienen con el mundo al que hacen referencia.

Algunos creen ver en los objetivos y postulados de la 'pragmática' una forma moderna de la RETÓRICA clásica, que arrancaría de *De institutione oratoria* de Quintiliano. Y si bien es cierto que el mayor mérito del nacimiento de la 'pragmática' se puede atribuir a Morris, no se puede ignorar que el mayor impulso lo ha recibido de las intuiciones y los trabajos de Austin y de Searle (1980), con los llamados ACTOS DE HABLA, que constituyen un estudio pragmático por excelencia.

El término 'pragmática' se afianza también en disciplinas próximas o afines a la lingüística (Habermas, J., 1988), como la filosofía, la antropología y otras ciencias del comportamiento humano que se han marcado entre sus objetivos la explicación del sistema de reglas subyacentes a toda comunicación humana, aunque, evidentemente, haya diferencias metodológicas y conceptuales entre ellas. En lingüística son hoy muchas sus acepciones, casi todas relacionadas con lo que se llama LENGUAJE EN ACCIÓN (Levinson, 1983: 5), a saber, el estudio del lenguaje en su relación con los usuarios y las circunstancias de la comunicación, aunque algunas sean distintas, como la dada en el programa de semántica formal de la gramática de Montague (1972) o las utilizadas en crítica literaria (Chico Rico, 1988: 32). He aquí algunas de las más importantes:

① Rama de la lingüística que estudia el COMPONENTE PRAGMÁTICO del lenguaje. En este sentido, la pragmática puede tener el rango de disciplina o campo de investigación, aunque incipiente también, similar a la FONOLOGÍA, la SINTAXIS, la SEMÁNTICA, etc., y trata aquellos aspectos del significado, no abordados por la semántica y la sintaxis, que nacen del uso de las oraciones. La diferencia de la 'pragmática' con los otros componentes del lenguaje reside en el hecho de que éstos se rigen por reglas, mientras que la pragmática se rige por principios, como el PRINCIPIO DE COOPERACIÓN de Grice.

② Disciplina que estudia las relaciones entre el lenguaje y los CONTEXTOS comunicativos en que éste se manifiesta (Beaugrande, R. *et al.*, 1981: 209).

③ En otra acepción relacionada con la anterior, aunque más restrictiva, la 'pragmática' aborda el funcionamiento del contexto en la interpretación de los enunciados, es decir, los aspectos y las condiciones contextuales de la comunicación.

④ En otra, también vinculada a la segunda, aunque con visión más psicologista, la pragmática analiza las TEORÍAS que investigan la estructura mental subyacente a la capacidad interpretativa de los enunciados de los interlocutores (Blakemore, D., 1987: 8).

⑤ Finalmente, como PARADIGMA investigador, es decir, como el PARADIGMA DE LA PRAGMÁTICA. En este caso la 'pragmática' es una nueva perspectiva investigadora (Mey, J. L., 1995) que estudia el lenguaje en general, o cualquier aspecto del mismo, como fenómeno discursivo, comunicativo y social a la vez, es decir, lo que se llama LENGUAJE EN USO O LENGUAJE EN ACCIÓN.

Siguiendo a Blum-Kulka (1996: 155 y sgs.), las ramas más reconocidas de la 'pragmática' son dos: la **pragmalingüística**, que pone mayor énfasis en el análisis de los *recursos* lingüísticos-estructurales que se necesitan en el USO del lenguaje, y la **sociopragmática**, interesada en el análisis de las *condiciones* de los usos del lenguaje que surgen en las SITUACIONES comunicativas o sociales concretas.

**PREDICACIÓN.** ① En uno de los sentidos del término, se denomina 'predicación' a la relación que se establece entre el sujeto y el PREDICADO[1], tanto si éste está constituido por un VERBO COPULATIVO como si contiene un núcleo verbal no copulativo. Esta relación de 'predicación' implica, en el plano semántico, atribuir las propiedades, acciones o procesos denotados por el predicado a la entidad o entidades representadas por el sujeto. Así, en «Mi perro Raspa es muy simpático», «Jaime se ha llevado los cuadros», «Su marido adora el fútbol», se da una relación de 'predicación', en este sentido del término, entre el sujeto (*mi perro Raspa, Jaime, mi marido*) y el predicado (*es muy simpático, se ha llevado los cuadros, adora el atletismo*); y mediante esa relación se atribuye al sujeto la propiedad (*simpático*), la acción (*se ha llevado los cuadros*) o el proceso (*adora el fútbol*) denotados por el sintagma verbal predicado.

② En un sentido diferente del anterior, vinculado sobre todo a las gramáticas consideradas tradicionales (*cf* Gutiérrez Ordóñez, 1986; Porroche, 1990; Navas Ruiz, 1977), se entiende por 'predicación' la relación que se establece entre un sujeto y un predicado integrado por un verbo no copulativo. En el plano semántico, la 'predicación', en esta acepción del término, sigue implicando la atribución al sujeto de las acciones o procesos denotados por el verbo y sus complementos, pero excluye la adscripción, mediante un verbo copulativo, de las cualidades o propiedades significadas por un ATRIBUTO. Así, habría una relación de 'predicación', en este sentido, tanto en «Jaime se ha llevado los cuadros», como en «Su marido adora el fútbol». Pero ya no habría 'predicación' en «Mi perro Raspa es muy simpático». Cuando se utiliza con este contenido, 'predicación' suele oponerse a ATRIBUCIÓN[1].

③ Tal como lo definen Dik (1980, 1981) o Siewierska (1991), en el marco de la GRAMÁTICA FUNCIONAL, el término 'predicación' alude al proceso que consiste en combinar un PREDICADO[3] (por ejemplo, *dar*) con un número adecuado de expresiones (por ejemplo, *el anciano, un libro, John, la librería*) correspondientes tanto a sus ARGUMENTOS (agente, meta, receptor), como a los SATÉLITES añadidos a su MARCO PREDICATIVO (por ejemplo, la función satélite UBICACIÓN), con el objeto de configurar un ESTADO DE COSAS determinado: «El anciano$_{\text{(agente)}}$ le dio un libro $_{\text{(meta)}}$ a John $_{\text{(receptor)}}$ en la librería $_{\text{(ubicación)}}$».

**PREDICACIÓN EXPANDIDA.** En la GRAMÁTICA FUNCIONAL desarrollada por S. Dik y sus colaboradores se denomina 'predicación expandida' a la estructura que se obtiene al agregar a una PREDICACIÓN NUCLEAR (la estructura constituida por el predicado y las unidades nominales correspondientes a los argumentos que requiere) expresiones con función de SATÉLITES; esto es, expresiones que no representan argumentos seleccionados por el predicado, sino que se añaden para especificar ciertas propiedades adicionales de la predicación nuclear, tales como el tiempo o el lugar en que se ubica la acción, el estado, o el proceso a que hace referencia. Así, por ejemplo, de conformidad con Dik, el enunciado

«John compró un coche en Amsterdam» contiene una 'predicación expandida'. A la predicación nuclear, conformada por el verbo *comprar* junto con los TÉRMINOS *John* y *el coche* que asumen los papeles semánticos (agente, meta) requeridos por *comprar*, se ha añadido un elemento satélite, *en Amsterdam*, un elemento no argumental que especifica el lugar en el que se ubica la acción denotada por la predicación nuclear: «John compró el coche».

**PREDICACIÓN NUCLEAR.** En la GRAMÁTICA FUNCIONAL desarrollada por S. Dik y sus colaboradores se da el nombre de 'predicación nuclear' a la estructura integrada por un PREDICADO (un verbo, pongamos por caso) y los TÉRMINOS o expresiones nominales que asumen los papeles semánticos asignados por el predicado a sus argumentos, a las entidades que debe poner necesariamente en relación de conformidad con su significado. *Dar*, por ejemplo, es un predicado que, por su significación, requiere tres argumentos, a los que asigna los papeles semánticos de agente (la entidad que realiza la acción de «dar»), meta (lo «dado») y receptor o destinatario (la entidad que recibe lo dado). Por tanto, la 'predicación nuclear' contenida en un enunciado como «Presuntamente, Marilyn entregó la carta a Rob durante la reunión del personal» será, de confomidad con Siewierska (1991: 40 y sigs.), la estructura constituida por el verbo *dar* y las tres expresiones nominales que asumen los papeles de agente (*Marilyn*), meta (*la carta*) y receptor o destinatario (*Rob*): «$dar_v$ $(Marilyn)_{ag}$ (la $carta)_{met}$ (Rob)rec».

Los restantes elementos incluidos en el enunciado (*presuntamente, durante la reunión del personal*) no forman parte de la predicación nuclear, puesto que ya no representan argumentos requeridos por el predicado.

**PREDICACIÓN SECUNDARIA.** Se denomina 'secundaria' la PREDICACIÓN, es decir, la atribución de propiedades o relaciones a un sujeto, que carece de verbo con marcas flexivas y, por tanto, es dependiente de otra predicación considerada principal. Los COMPLEMENTOS PREDICATIVOS, por ejemplo, constituyen estructuras usualmente analizadas como casos de 'predicación secundaria'. En «Antonio regresó a casa *borracho perdido*», «*borracho perdido*» representa una predicación: atribuye una propiedad a un sujeto, coincidente, en este caso, con el sujeto de «regresó», «Antonio». Pero a diferencia de una oración como «Antonio está borracho perdido», carece de marcas verbales propias, y aparece incluida en otra predicación, la representada por «Antonio regresó a casa».

**PREDICADO.** ① En una de las acepciones del término, vinculada a la concepción de la oración como ESTRUCTURA BIMEMBRE, 'predicado' es la función del constituyente (frecuentemente, aunque no de forma exclusiva, un sintagma verbal) que, junto con el SUJETO, integra la estructura básica de la oración. Como señala Matthews, viene a ser «la otra parte que no es sujeto». En «Manolo puso las cartas sobre la mesa», *puso las cartas sobre la mesa* sería, pues, el 'predicado' en este sentido del término.

② En corrientes gramaticales que no asumen la estructuración bimembre de la oración, 'predicado' es la función de la unidad (comúnmente un verbo, o un complejo formado por un verbo auxiliar y otro elemento) que pone en conexión a los restantes constituyentes de la oración. Por ejemplo, según Vázquez Rozas (1995: 57), la oración o CLÁUSULA no está integrada por un sujeto y un predicado como componentes inmediatos. Está configurada por «un número variable de constituyentes organizados en torno a un 'predicado' que, en lenguas como el español, se identifica con el verbo». Según esta acepción del término, en «José ha comprado los cuadros» y en «Manolo puso las cartas sobre la mesa» habría, pues, un 'predicado' que se identifica con el verbo, *ha comprado, puso*, y una serie de constituyentes (sujeto, objeto directo, objeto indirecto) conectados mediante el predicado.

③ En la acepción vinculada a la lógica de predicados se entiende por 'predicado' un elemento léxico con capacidad para seleccionar argumentos y para atribuirles propiedades o designar relaciones entre ellos. Por ejemplo, para Dik (1981, 1980), un verbo como *dar* es un 'predicado' que debe figurar como tal en el lexicón; pero no sólo los verbos sino también los sustantivos, los adjetivos e incluso las preposiciones han sido catalogados como 'predicados' en este sentido del término, dado que también se les reconoce capacidad para seleccionar argumentos. Así, según Fernández Lagunilla y Anula Rebollo (1995: 93), tanto *meter* como *persuasivo, descripción* o *hacia* pueden ser entendidos como 'predicados'.

**Predicado factivo.** En SEMÁNTICA y en SINTAXIS se llama **predicado factivo** al que presupone VALOR VERITATIVO a uno de sus argumentos, como en «Carmen sabe (está segura de, es consciente de, etc.) que su hija está embarazada». Son **predicados no factivos** aquellos cuyo valor veritativo no depende del valor veritativo de sus argumentos, como en «Carmen cree (piensa, estima, etc.) que su hija está embarazada» Y son **predicados contrafactivos** aquellos cuyo valor veritativo se cumple cuando carecen de valor veritativo uno de sus argumentos, como en «Carmen simula que su hija está embarazada». En este último caso, *Carmen simula que su hija está embarazada* sólo tiene VALOR VERITATIVO si no es verdad que esté embarazada. *Cf* verbo factivo.

**Predicado nominal.** ① Especialmente en gramáticas consideradas «tradicionales» (*cf*, por ejemplo, Real Academia Española, 1973: 364) se clasifica como 'nominal' el predicado constituido por un VERBO COPULATIVO y un ATRIBUTO, en oposición al PREDICADO VERBAL integrado por un verbo no copulativo. Son, por tanto, 'nominales' los predicados destacados en los enunciados siguientes: «Su marido *es arquitecto*», «Mi perro *es un encanto*», «Los cristales *están sucios*».

La denominación 'predicado nominal' obedece a que, en este tipo de predicados, no es el verbo copulativo (*es, están*) el elemento que se considera portador de sentido. El papel de núcleo semántico de la predicación se asigna, por el contrario, al atributo, un constituyente, por lo general, de carácter nominal (sustantivo o adjetivo): *arquitecto, un encanto, sucios*.

② También se utiliza esta expresión con un sentido equivalente a ATRIBUTO. En este caso, 'predicado nominal' ya no hace referencia a todo el predicado, incluido el verbo copulativo, sino sólo al constituyente que atribuye una característica o propiedad al sujeto de la oración. Según R. Seco (1975: 147), por ejemplo, el sustantivo *abogado* y el sintagma preposicional *de Madrid*, «frase de sentido adjetivo», son los 'predicados nominales' en las oraciones: «Ese muchacho es *abogado*», «Mi padre es *de Madrid*».

**Predicado verbal.** Tradicionalmente se han identificado como 'verbales' los predicados cuyo núcleo está constituido por un verbo no copulativo (como *dormir, coger, sobornar*), para diferenciarlos de los PREDICADOS NOMINALES, los integrados por un ATRIBUTO y un VERBO COPULATIVO (*ser, estar*). Son, pues, 'verbales' los predicados destacados en los siguientes enunciados: «Carlos Alberto *cogió su fusil*», «Elvira *dormía plácidamente*», «Su suegro *sobornó a un miembro del jurado*».

**Predorsal, predorso.** La LENGUA se divide en tres partes: ÁPICE, dorso y RAÍZ; y el dorso, a su vez, se divide en tres partes: 'predorso', mediodorso y posdorso. El 'predorso' es la parte anterior de la cara superior, llamado *blade* en la lingüística anglosajona. Son 'predorsales' las articulaciones, y los sonidos resultantes, en que interviene el 'predorso' de la lengua, como los fonemas ingleses /ʧ/ y /ʤ/ de las palabras *chair* y *John*, respectivamente. *Cf* corona.

**Prefijación.** Se llama 'prefijación' al procedimiento de CREACIÓN LÉXICA consistente en la adición de un PREFIJO a una BASE. El lugar que ocupa este procedimiento entre los mecanismos de formación de palabras es algo vacilante, puesto que para algunos se trata de un recurso de COMPOSICIÓN, mientras que para otros debe incluirse en la DERIVACIÓN (*cf*, por ejemplo, Cabré y Raigau, 112 y sigs.). Así, por ejemplo, según Alvar Ezquerra (1993b), la creación de palabras mediante la adjunción de un PREFIJO vulgar (*a-*, *in-*, *des-*, *re-*) a una base se considera tradicionalmente parte de la 'composición' y no de la derivación debido, entre otras razones, a que los prefijos vulgares coinciden, en buena medida, con las preposiciones. De ahí que incluya unidades como *acientífico* (*a-* científico), *incapaz* (*in-*capaz), *desautorizar* (*des-*autorizar), *reajustar* (*re-*ajustar) como ejemplos de 'composición' de palabras a partir de prefijos vulgares.

Para otros, por el contrario, como es por ejemplo el caso de Cabré y Rigau (1986), la 'prefijación' debe integrarse en el marco general de la derivación, debido, fundamentalmente, a que los prefijos se comportan como AFIJOS y no como temas o radicales, esto es, son elementos carentes de autonomía, como los SUFIJOS, que, a diferencia de los temas o radicales cultos (*filo*soviético, anglófilo), ocupan una posición fija en la estructura de la palabra y no pueden combinarse entre sí, ni con sufijos, para constituir nuevas palabras. Evidentemente, como destaca, por ejemplo, Valera (1990: 34), **preción* (*pre* + *ción*) o **indad* (*in* + *dad*) no son palabras posibles en español, en tanto que *filólogo* (*filo* + *logo*) o *logopeda* (*logo* + *peda*) sí son palabras existentes en la lengua.

**Prefijo.** Se denominan 'prefijos' los AFIJOS que preceden a la la RAÍZ, BASE O TEMA en la estructura de la palabra. Todas las unidades destacadas en «*re*plantear», «*des*calificar», «*pre*selección» son, pues, 'prefijos'. *Cf* prefijación, composición.

**Pregunta bipolar/polar.** En la lingüística inglesa se llama 'pregunta polar/bipolar' aquella que se responde con *Sí* o *No* y tiene entonación ascendente, por ejemplo, «¿Te gusta el teatro?». A las demás se las llama 'no polares': «¿Dónde vives?», «¿Qué haces por la mañana?». *Cf* polaridad, oración interrogativa absoluta.

**Pregunta eco.** En SINTAXIS se suele llamar 'pregunta eco' a la oración aseverativa que contiene una frase QU en su posición sintáctica básica, no desplazada. Por ejemplo, el segundo enunciado de los que siguen: «Carmen bailó *mestriján*», «Carmen bailó, ¿qué?».

**Prenasalizado.** En algunas lenguas africanas existen articulaciones llamadas 'prenasalizadas', formadas por una OCLUSIVA, precedida de una NASAL HOMORGÁNICA, es decir, del mismo punto de articulación, que se representan en la TRANSCRIPCIÓN FONÉTICA de esta forma: [$^{m}$b], [$^{n}$d], etc.

**Prescriptivismo.** Véase en DESCRIPTIVISMO.

**Prepalatales.** En FONÉTICA ARTICULATORIA parece ser el término que está desplazando al de alveopalatales, palataloavolares y post-alveolares.

**Preposición.** Se denomina 'preposición' a la CLASE, teóricamente limitada, de elementos léxicos a la que pertenecen, entre otras, las siguientes unidades: *a, hacia, hasta, desde, por, en, sobre*. Como peculiaridades de esta clase de unidades que, en algún momento, se han tomado como base para su caracterización, figuran las siguientes:

(a) Son elementos sin posibilidad de variación morfológica; de ahí que, tradicionalmente, la 'preposición' se haya definido como una parte invariable de la oración.

(b) Posicionalmente, preceden al sintagma nominal o, en general, al sintagma sobre el que ejercen su influencia morfosintáctica y semántica (*cf* adposición, posposición). Este rasgo posicional está en el origen de la denominación dada a estas unidades, y ha sido frecuentemente utilizado en la tradición gramatical como peculiaridad definidora de la clase.

(c) Son unidades de relación, elementos relacionales; esto es, ponen en relación sintáctica y semántica a otras dos unidades. De ahí que hayan sido consideradas como palabras bivalentes o como elementos con una estructura argumental de dos lugares. Por ejemplo, para S. Stati (1979: 68), «las preposiciones son palabras bivalentes; una de las valencias es cumplida por un nombre, un verbo o un adjetivo antepuesto, mientras que la otra consiste en requerir un nombre o un verbo infinitivo pospuesto».

(d) También han sido, frecuentemente, caracterizadas las 'preposiciones' como indicadores de función, o como unidades con un papel fundamentalmente TRANSPOSITOR.

Para Alarcos (1994: 214), por ejemplo, «las preposiciones son unidades dependientes que incrementan a los sustantivos, adjetivos y adverbios como índices explícitos de las funciones que tales palabras cumplen bien en la oración bien en el grupo unitario nominal». Para Tesnière (1966), las preposiciones se incluyen entre los elementos que tienen como función transformar la categoría de las palabras plenas; es decir, realizar una TRASLACIÓN. Próxima a esta concepción se halla la definición que propone F. Lázaro Carreter en su *Diccionario de términos filológicos*: «Podemos también definirla como el morfema que, antepuesto a un sustantivo o a un pronombre, lo convierte en término de rango secundario o terciario en la frase». Esto es, convierte al sustantivo en un adjetivo o en un adverbio.

**PREPOSICIÓN INCOLORA.** Véase en PREPOSICIÓN VACÍA

**PREPOSICIÓN LLENA.** Se consideran 'llenas' las preposiciones que, bien sea invariablemente, bien en determinados usos concretos, están dotadas de un contenido definido que las capacita para configurar papeles semánticos específicos. *Desde* o *hasta*, por ejemplo, son preposiciones generalmente catalogadas como 'llenas' en todos sus usos. En efecto, se les puede asignar un sentido: según M. L. López (1970: 143), *desde* indica el movimiento de alejamiento de un límite con contacto inicial y *hasta* indica el movimiento hacia un límite. Es, precisamente, por implicar tales contenidos por lo que se utilizan para construir complementaciones que hacen referencia a un punto de origen o inicio (*desde*), o a un punto término o límite (*hasta*) tanto en el espacio como en el tiempo: «Lo han enviado *desde Barcelona*» (origen espacial de un desplazamiento), «Puedo llevarle *hasta Novelda*» (término espacial de un desplazamiento), «Estoy trabajando *desde las 8 de la mañana*» (punto inicial de una acción en el tiempo), «Te he estado esperando *hasta las 7*» (límite temporal que marca el término de un proceso).

**PREPOSICIÓN PLENA.** Equivale a PREPOSICIÓN LLENA.

**PREPOSICIÓN VACÍA.** Se denominan comúnmente 'vacías' las preposiciones en las que no puede identificarse, o, al menos, por su carácter difuso e impreciso, es difícil identificar, un significado básico (finalidad, origen, ubicación, etc.) configurador de un determinado papel semántico. Por ello, su función parece restringirse a ser meras marcas formales de relación sintáctica.

Tradicionalmente se han considerado 'vacías' las preposiciones que, por ser de uso muy frecuente, aparecen asociadas a valores contextuales tan diversos que es difícil encontrar en ellas significados básicos, reconocibles en cualquier uso concreto. Tal es, por ejemplo, el caso de la preposición *de* («el idiota *de* tu primo», «la argumentación *de* Chomsky», «la casita *de* madera», «Estuvimos hablando *de* poesía»), o de la preposición *a*: «Trabajo de 11 *a* 12», «Lo escribí *a* mano», «Se vende *a* trescientas pesetas el kilo», «He visto *a* los niños».

Pese a que es tradicional diferenciar PREPOSICIONES LLENAS y 'preposiciones vacías' como si se tratase de preposiciones pertenecientes a clases distintas, según afirma, por ejemplo, Sancho Cremades (1995), cabría hablar, más que de 'preposiciones vacías' en términos absolutos, de 'usos preposicionales vacíos', o más o menos vacíos, pues aun las preposiciones tradicionalmente consideradas 'vacías' pueden usarse con un significado pleno. Así, por ejemplo, según el mismo Sancho Cremades (1995: 123), si en «la ciudad *de* Valencia» *de* puede parecer vacía de significado, en «Vengo *de* Valencia» la misma preposición tiene un significado pleno que configura un papel semántico de «origen»: lugar desde el que se realiza un desplazamiento.

Asimismo, según Demonte (1991, 1989), mientras que la preposición *a* que precede al objeto directo humano es una 'preposición vacía', simple indicador de un papel sintáctico («He visto *a* los niños»), cuando la preposición *a* introduce un objeto indirecto («Le he entregado las facturas *a*l contable»), es una preposición plena, que determina un papel semántico meta o destinatario «y no un mero marcador de caso, desprovisto, por tanto, de todo peso semántico» (Demonte, 1991: 224).

**PRESCRIPTIVO, PRESCRIPTIVISMO.** Véase en DESCRIPTIVO, DESCRIPTIVISMO.

**PRESENTE.** 'Presente' es el TIEMPO verbal cuyo valor básico consiste en significar que la acción, el estado o el proceso a que hace referencia el verbo y, por tanto, la predicación que configura, se sitúa en un espacio temporal coincidente, en un sentido amplio, con el momento de la enunciación. En el sistema verbal español se distinguen dos 'presentes': el 'presente de indicativo' y el 'presente de subjuntivo'.

(a) Al denominado **presente de indicativo** pertenecen formas como *conoce, inquieta, duerme*. Su significado básico es el anteriormente descrito. Así, en enunciados como «Ella *conoce* muy bien tus intenciones», «Tu mirada me *inquieta*», «El abuelo *duerme* plácidamente», las formas del 'presente de indicativo' *conoce, inquieta, duerme* expresan que el proceso denotado por la predicación tiene lugar mientras se emite el enunciado. Ahora bien, según suele señalarse en los estudios gramaticales del español, a esa relación de simultaneidad con el momento de la enunciación que establecen las formas del 'presente' pueden añadirse diversos matices dependiendo del peculiar MODO DE ACCIÓN o *AKTIONSART* significado por el verbo o de otros factores contextuales.

En «Ella *conoce* muy bien tus intenciones» está implicado que el proceso de «conocer» tiene lugar ya antes del momento de la enunciación y continuará después, dado que «conocer» presupone un espacio temporal amplio para su desarrollo. En cambio, en un enunciado como «En este preciso instante el atleta *cruza* la meta tambaleándose» puede decirse que el momento en que se realiza la acción de «cruzar la meta» coincide, en sentido estricto, con el momento en que se emite el enunciado, puesto que «cruzar la meta», a diferencia de «conocer», no requiere para su realización un intervalo de tiempo amplio.

En «Fermín siempre *levanta* los brazos cuando cruza la meta en solitario», con la forma verbal *levanta* no se alude, por el contrario, a una acción que tenga lugar en el instante preciso en que se realiza la enunciación, sino a un hábito continuado, vigente cuando se emite el enunciado.

Esta diversidad de matices asociados a la noción de «coincidencia temporal» queda reflejada en los diferentes usos o valores secundarios del 'presente de indicativo' que, por lo general, se distinguen en las gramáticas del español, y que son, fundamentalmente, los siguientes:

(1) **Presente puntual.** El 'presente' se considera 'puntual' (*cf*, por ejemplo, Hernández Alonso, 1984: 331) cuando el evento denotado por el verbo se interpreta como absolutamente coincidente en sus límites temporales con el momento en que se emite el enunciado. Es, por ejemplo, el caso antes comentado de «En estos precisos instantes el atleta *cruza* la meta tambaleándose».

(2) **Presente actual.** El 'presente' se califica como 'actual' cuando el momento de la enunciación coincide en el tiempo con el desarrollo del evento o del estado a que ha-

ce referencia el predicado, pero en un sentido amplio: puede haberse iniciado antes de la enunciación y proseguir una vez que se ha emitido el enunciado. Así, por ejemplo, según Rojo (1974: 95) y Porto Dapena (1989: 47), «*Vivo* en el campo», «Ahora *está* dormido» son enunciados que contienen 'presentes actuales'. También sería un 'presente actual' el incluido en «Ella *conoce* muy bien tus intenciones».

(3) **Presente permanente, general** o **gnómico.** Se identifica así el 'presente' que forma parte de asertos de carácter general, cuya vigencia no está limitada en el tiempo. «La tierra *gira* alrededor del sol», «La sangre *circula* por las venas» son, por ejemplo, enunciados en los que el 'presente' puede interpretarse como 'permanente', 'general' o 'gnómico'.

(4) **Presente habitual, iterativo** o **reiterativo.** El 'presente' se especifica como 'habitual', o también como 'iterativo' o 'reiterativo', cuando el enunciado en el que se incluye no alude a un evento que tenga lugar, literamente, en el momento de la enunciación, sino que hace referencia a un hábito, a un proceso, a una acción que se lleva a cabo de forma reiterada y habitual. «*Desayuno* dos cafés todas las mañanas», «*Trabajo* de 6 a 7», o el ejemplo antes comentado «Fermín siempre *levanta* los brazos cuando cruza la meta en solitario», son enunciados que contienen 'presentes habituales'. Aluden a acciones que se realizan habitualmente, a intervalos regulares, o en determinadas circunstancias, aun cuando no se estén necesariamente llevando a cabo en el instante en que se emite el enunciado.

Todos estos valores o usos secundarios del 'presente de indicativo' no son sino, como se ha dicho, matices de ese significado básico «simultaneidad» que se asocia al 'presente' en el sistema verbal. A estos usos se han añadido frecuentemente en las gramáticas del español otros dos valores, el denominado PRESENTE HISTÓRICO («Colón *descubre* América en 1492») y el PRESENTE *PRO FUTURO* («La semana que viene me voy a Mallorca») que no parecen adecuarse a esa noción básica de SIMULTANEIDAD, de ahí que en algunos estudios gramaticales se incluyan entre los USOS DISLOCADOS del 'presente' y no entre los usos o valores secundarios.

(b) Como se dijo anteriormente, junto al 'presente de indicativo' se incluye en el sistema verbal español un **presente de subjuntivo** al que pertenecen formas como *encuentre, escriba, marche, esté.*

No obstante, según suele señalarse en las gramáticas del español, el 'presente de subjuntivo' no sólo expresa *simultaneidad* («Quizá (ahora) se *encuentre* enfermo», «Lamento que *esté* enfadado»), sino también «posterioridad», dado que el modo subjuntivo carece de formas específicas para indicar esa relación: «Ojalá *encuentre* la felicidad allá donde vaya», «Quiero que me *escriba* cuando se *marche*».

Por ello, como indica, por ejemplo Porto Dapena (1989: 123), puede considerarse que el valor básico del 'presente de subjuntivo' no es tanto expresar «simultaneidad» como significar, realmente, «no anterioridad», significado que puede a su vez concretarse como «simultaneidad» («Quizá se *encuentre* enfermo») o como «posterioridad»: «Ojalá *encuentre* la felicidad allá donde vaya».

**PRESENTE DE ANTICIPACIÓN.** Equivale a PRESENTE *PRO FUTURO*.

**PRESENTE HISTÓRICO.** Se denomina 'presente histórico' el PRESENTE que se utiliza, en lugar de un PRETÉRITO, un tiempo verbal pasado, para aludir a un evento cronológicamente situado en un espacio temporal anterior al momento en que se emite el enunciado. Así, por ejemplo, los enunciados «Juan Ramón *nace* en Moguer en 1881», «El 4 de noviembre de 1956 las tropas soviéticas *entran* en Budapest», o «Ayer mismo, me *tropiezo* con él en la escalera y le *digo*: ¡qué cara más dura tienes!» contienen 'presentes históricos'. *Nacen, entran, tropiezo* y *digo* no se emplean para aludir a un evento coincidente en el tiempo con la enunciación, sino para hacer referencia a eventos ya pasados, como indican las complementaciones temporales «en 1881», «el 4 de noviembre de 1956» o «ayer mismo». Las tres formas de presente podrían, por tanto, ser sustituidas por pretéritos, sin que variase el valor de verdad del enunciado: «Juan Ramón *nació* en Moguer en 1881», «El 4 de noviembre de 1956 las tropas soviéticas *entraron* en Budapest», «Ayer mismo, me *tropecé* con él y le *dije*: ¡Qué cara más dura tienes». Sin embargo, como suele señalarse en las gramáticas del español, el EFECTO ESTILÍSTICO o expresivo sería diferente en ambos casos. Con el 'presente histórico' el relato adquiere mayor viveza o expresividad (*cf.* Gili Gaya, 1961: 155; Hernández Alonso, 1984: 330) en cuanto que parece aproximar al presente un hecho ya pasado.

En algunos estudios gramaticales (*cf*, por ejemplo, Porto Dapena 1989: 50), el 'presente histórico' se cataloga como un USO DISLOCADO de las formas del presente, dado que el valor «anterioridad» que conllevan en estos casos parece contrario al significado básico que tiene asignado el presente en el sistema verbal: simultaneidad de la acción, proceso o estado a que hace referencia el verbo con el momento en que se emite el enunciado.

No obstante, no existe unanimidad sobre este aspecto en los estudios gramaticales del español. Para Rojo (1974) o Veiga (1987), por ejemplo, el 'presente histórico' implica, simplemente, un desplazamiento del *punto de origen*, del punto que toma el hablante como referencia para situar en el tiempo el evento denotado por la predicación. Si en «Estoy deprimido», o en «Te odio», el origen, el punto de referencia para el hablante, es el momento de la enunciación, en «Ayer mismo me tropiezo con él y le digo: ¡Qué cara más dura tienes!», el hablante desplaza el origen, el punto de referencia al pasado; se traslada, por así decir, al ayer, y una vez situado en el pasado presenta el desarrollo del acontecimiento como simultáneo. Por ello, según Rojo (1974: 96), «los hechos se nos ofrecen con la misma perspectiva que si estuviesen ocurriendo ante nuestros ojos, precisamente porque son expresados del mismo modo».

De conformidad con este punto de vista, el 'presente histórico' no implicaría una dislocación, una alteración del significado básico del presente. El presente seguiría expresando simultaneidad con el punto de referencia temporal, con la peculiaridad de que éste ha sido trasladado del momento de la enunciación al pasado.

**PRESENTE *PRO FUTURO*.** Se da el nombre de 'presente *pro futuro*' (o también **presente prospectivo** o **presente de anticipación** a la forma verbal perteneciente al PRESENTE que, en un enunciado concreto, tiene un valor equivalente a una forma de futuro: hace referencia a un evento cuya realización se sitúa en un espacio temporal posterior a la emisión del enunciado. Por ejemplo, en «La semana que viene me *voy* de viaje», o «Eugenio se *casa* el próximo día 7», las formas de presente *voy* y *casa* están aludiendo a un evento que no está teniendo lugar en el momento de la enunciación, sino que se llevará a cabo con posterioridad, tal como indican las complementaciones temporales «la semana que viene», «el próximo día 7». De ahí que, si en lugar de las formas *voy* y *casa* se utilizasen las correspondientes al futuro, *iré, casará*, el valor de verdad del enunciado no se vería alterado: «La semana que viene me *iré* de viaje», «Eugenio se *casará* el próximo día 7». Ambos enunciados contienen, por tanto, un 'presente *pro futuro*'.

El 'presente *pro futuro*' se considera en algunos estudios gramaticales (*cf*, por ejemplo, Porto Dapena, 1989) un USO DISLOCADO de las formas del presente; esto es, un uso que implica una alteración del sistema temporal, en cuanto que las formas del presente expresan un contenido —«posterioridad»— no acorde con su significado básico: simultaneidad de la acción, proceso o estado a que hace referencia el predicado con la emisión del enunciado: «Me *acuerdo* muy bien de ti», «Me *duele* la cabeza».

En otros estudios (*cf*, por ejemplo, Rojo, 1974; Veiga, 1987), en cambio, esta utilización del presente con valor de futuro se explica, no como un caso de dislocación, sino como producto de una NEUTRALIZACIÓN de oposiciones temporales: la oposición presente —como indicador de simultaneidad, o no posterioridad—/futuro, como indicador de posterioridad, queda suspendida al existir en el enunciado complementaciones temporales que aportan, por sí solas, la idea de posterioridad: «la semana que viene», «el próximo día 7».

**PRESENTE PROSPECTIVO.** Equivale a PRESENTE *PRO FUTURO*.

**PRESERVACIÓN DE LA ESTRUCTURA.** Véase en CONDICIÓN DE PRESERVACIÓN DE LA ESTRUCTURA.

**PRÉSTAMO, PRÉSTAMO LÉXICO, PRÉSTAMO SEMÁNTICO.** ① En LEXICOLOGÍA recibe el nombre de 'préstamos' el procedimiento mediante el cual determinados EXTRANJERISMOS, adaptándose a las normas morfonológicas de la lengua prestataria, entran a formar parte del léxico de ésta. La palabra española *fútbol* es un ejemplo claro de préstamo del inglés *football*. También se le llama **préstamo léxico** para diferenciarlo del CALCO o **préstamo semántico**. El PRÉSTAMO, junto con la ANALOGÍA, es uno de los factores más importantes en el llamado CAMBIO LINGÜÍSTICO.

Con los 'préstamos léxicos' se suelen hacer dos grupos: los de necesidad y los de lujo. Los primeros llenan un hueco, enriquecen el sistema léxico semántico de una lengua, porque el significante y el significado de la voces introducidas no existían antes, como puede ser el caso de unidades léxicas procedentes del mundo de las finanzas. Por ejemplo, una gran parte de los ANGLICISMOS (Lorenzo, 1996) introducidos responden a verdaderas necesidades, como los procedentes de la ciencias y la tecnología o del mundo de los negocios (*scanner, marketing*, etc.); otros, en cambio, son superfluos e innecesario, como *living-room* (cuarto de estar). Sin embargo, siempre quedan zonas intermedias; por ejemplo, Emilio Lorenzo (1996: 110) afirma: «No sé si quedará más claro el anglicismo crudo *overlapping* o su traducción *traslapo*». *Cf* adaptación léxica, neologismo.

Los préstamos masivos contribuyen a modificar la fisonomía de una lengua como la llamada *Spanglish*, en la que el mercado es la «marqueta», el *tejado* es el «rufo», etc. Algo similar ocurrió en los siglos XII al XVI en Inglaterra, en los que la influencia del francés normando contribuyó a configurar el inglés actual.

② También recibe el nombre de 'préstamo' la voz prestada.

③ En LINGÜÍSTICA HISTÓRICA los 'préstamos', junto con la ANALOGÍA, constituyen dos fenómenos que sirven para explicar las excepciones a las LEYES FONÉTICAS, y también para dar cuenta de la creación de DOBLETES. Por ejemplo, en inglés, muchas de las palabras que comienzan por *sk-*, como *sky, skill, skirt*, constituyen una excepción a la ley fonética que cambia [sk] en [sh] ante vocales palatales, y la explicación es que fueron tomadas de algunos de los dialectos escandinavos llevados a Inglaterra durante las invasiones vikingas (Lyons, 1982: 178).

**PRESTIGIO.** ① En algunos MODELOS de ANÁLISIS CONVERSACIONAL se emplea la categoría **prestigio** (Goffman, 1967) para aludir a la imagen social que los interlocutores exigen para sí mismos. Este 'prestigio' tiene dos caras (Guillén Nieto, 1995: 164 y sigs.): un imagen positiva y otra negativa. La primera se refiere al hecho de que todos deseamos que nos aprueben y nos aprecien; la segunda realza la libertad que exigimos para imponer a los demás nuestra voluntad. Por ejemplo: si el emisor quiere ordenar al receptor que abra la ventana puede elegir una ACTO DE HABLA DIRECTO (¡«Abra la ventana»!), que cumple las MÁXIMAS CONVERSACIONALES (sincero, breve, relevante y carente de ambigüedad); pero probablemente con este tipo de enunciado el emisor ha descuidado la cara positiva de su imagen social y la cara negativa de la imagen social del receptor. *Cf* cortesía.

② En SOCIOLINGÜÍSTICA se suele hablar de dos clase de **prestigio** (lingüístico): el **abierto** y el **encubierto**. El primero procede del uso de la NORMA estándar del lenguaje, propia del lenguaje **urbano** y profesional; el segundo, relacionado con el habla de la clase trabajadora, posee **formas estigmatizadas**, es decir, construcciones, pautas o pronunciaciones no aceptadas o sin prestigio social, por ser tacos o palabrotas, o por corresponder a expresiones de procedencia marginal, rural, etc. En los TRABAJOS DE CAMPO realizados, la mujer, por ser más sensible a las normas lingüísticas, utiliza las formas de 'prestigio abierto' (*cf* género[2]), mientras que una gran mayoría de hombres se deja llevar por el uso de las de 'prestigio encubierto', al estimar que poseen más *masculinidad* (López Morales, 1993). *Cf* registro.

**PRESUPOSICIÓN, PRESUPOSICIÓN CONVENCIONAL/LÉXICA.** ① En el análisis de los ENUNCIADOS efectuado desde el punto de vista de la INFORMACIÓN contenida en los mismos con una metodología binaria existen varias DICOTOMÍAS, entre ellas destaca la de FOCO[1] y 'presuposición'. 'Foco'[1] equivale a INFORMACIÓN NUEVA y 'presuposición' a INFORMACIÓN DADA. *Cf* TEMA y REMA, TÓPICO y COMENTARIO.

② Todo ENUNCIADO, al ser emitido cumple una doble función: *expone* una información y *presupone* otra. Podemos caracterizar la **presuposición**, también llamada **presuposición convencional** o **léxica**, para distinguirla de la PRESUPOSICIÓN PRAGMÁTICA, como el conjunto de proposiciones que el hablante asume como verdaderas en el momento de emitir un enunciado, para que éste pueda ser transmitido con todo éxito (Kiefer, F., ed., 1970; Maccawley, J. D., 1973). Por ejemplo, si digo «Su yerno está enfermo», para que este enunciado tenga sentido debe ser verdadera la proposición «La hija de este hombre está casada». Es decir que la 'presuposición' es una condición necesaria de la verdad o de la falsedad de [la proposición o proposiciones] de un enunciado. Cuando no se cumple esta condición se habla de un **fallo de presuposición**. La 'presuposición convencional' se emplea también como táctica conversacional para *dejar caer* información de una forma indirecta. Los abogados o fiscales igualmente la utilizan como técnica interrogatoria; si al preguntarle al acusado «¿A qué hora salió Vd. de la casa del Dr. Martínez?», contesta «A las ocho», ha dado a entender de forma muy clara que sí estuvo en su casa porque salir de un sitio 'presupone' que se ha estado allí. Muchas unidades léxicas, como hemos visto antes con *yerno*, transportan presuposiones; y también *salir*, que presupone que se *ha entrado*, *divorciarse*, que presupone que *se ha estado casado*, etc. Pero, además, de las presuposiciones que nacen de los significados de las unidades léxicas, todas las lenguas tienen expresiones y recursos, llamados **activadores presuposicionales**, que dan lugar a presuposiciones (Garrido Medina, 1988). He aquí algunas:

(a) Los verbos de cambio de actividad o estado, por ejemplo, las construcciones con el verbo *dejar de* («Él ha dejado de fumar» presupone «Él fumaba);

(b) Los verbos iterativos («Él ha vuelto de trabajar» presupone «Él ha ido a trabajar»);

(c) Los verbos y predicados **factivos**: «*Lamento* que te hayan despedido» y «*Es sorprendente* que hayan rechazado su petición» presuponen que son verdaderos *que te hayan despedido* y *que hayan rechazado su petición* (Keenan, 1971; Levinson, 1983).

La 'presuposición convencional' y la IMPLICACIÓN LÉXICA han sido con frecuencia foco de confusión conceptual (Kempson, R. M., 1975: 47 y sigs.; Burton-Roberts, N., 1989). En la 'presuposición convencional', para que la oración (y, consecuentemente, sus proposiciones) tenga sentido, lo que se 'presupone' debe ser verdadero; por ejemplo, para que tenga sentido «Su yerno está enfermo», o sea, la oración que se expresa, debe ser verdadera la presuposición «La hija de este hombre está casada»; si fuera falsa, la primera no tendría sentido desde un punto de vista comunicativo hecho con sinceridad. En cambio, existe IMPLICACIÓN LÉXICA entre dos oraciones («Él posee una mina de oro» y «Él tiene mucho dinero») cuando la verdad de la segunda oración, la implicada («Él tiene mucho dinero»), deriva de la verdad de la primera. Dicho con otras palabras, para que haya relación de implicación, la oración implicada deber ser verdadera siempre que lo sea la primera; y, a la inversa, si la implicada es falsa, la primera también es falsa. Pero si la primera es falsa, es decir, no es cierto que posea una mina de oro, la segunda («Él tiene mucho dinero») puede ser verdadera o falsa (Campos, 1991).

**PRESUPOSICIÓN PRAGMÁTICA.** La 'presuposición pragmática' presenta en forma de proposiciones los conocimientos, las expectativas, y las escalas de valores imprescindibles para que el enunciado pueda tener sentido. En el diálogo siguiente entre la esposa y el marido, el marido (y también los lectores del mismo) pueden interpretar el enunciado gracias a los conocimientos culturales que poseen: Esposa: «Te peleas con molinos de viento y quieres que te tenga comprensión». Marido: «Gracias por llamarme ingenuo». Los conocimientos que hay que poseer, expresados en forma proposicional son los siguientes: «Don Quijote luchaba contra molinos de viento. Creía que eran verdaderos enemigos. Su visión de la realidad es falsa. Era un loco o un ingenuo», etc. (*cf* ironía).

Como claramente ha demostrado Anderson (1978), el SIGNIFICADO TEXTUAL depende en gran medida del UNIVERSO DEL DISCURSO que el receptor del enunciado aporte al texto. Este mundo, llamado con terminología lingüística 'presuposición pragmática', comprende, por tanto, no sólo los saberes y la información cultural que posea el receptor, sino también los datos sobre la escala de valores, las expectativas e incluso sobre la ideología general o concepción de la vida de los interlocutores. Por eso, el enunciado emitido en una COMUNIDAD EPISTEMOLÓGICA que no posea nuestra misma escala de valores, las mismas expectativas o la misma información, no significará lo mismo (Ochs, E. *et al.*, 1979: 160). Si alguien dice «A todo cerdo le llega su San Martín» después de haber reprochado la conducta de alguien, el receptor debe poseer la siguiente presuposición pragmática para que tenga sentido el enunciado anterior: «El día de San Martín se sacrifican los cerdos», «La conducta que se acaba de censurar se califica de propia de un *cerdo*», etc. En las distintas MODALIDADES DISCURSIVAS la presuposición pragmática se ofrece de distintas formas. Por ejemplo, en *Orgullo y prejuicio* de Jane Austen, cuando la autora nos dice en el primer párrafo «Es una verdad universalmente aceptada que al hombre soltero de gran fortuna le hace falta una esposa», está trasladando al lector con estas proposiciones la escala de valores que va a regir en ese pasaje o narración. *Cf* cognición social.

**PRETÉRITO.** Según la terminología utilizada por Bello para los tiempos verbales, 'pretérito' es el tiempo al que pertenecen formas de indicativo como *fumé, arregló, recogiste*. Alude por tanto el tiempo verbal que en los estudios gramaticales del español se ha identificado como **pretérito indefinido**, **pretérito perfecto simple** o **pretérito perfecto absoluto**.

La denominación 'pretérito' se aplica también a las formas de subjuntivo del tipo *fumara/fumase, arreglara/arreglase, regieras/recogieses* (*cf* Alarcos, 1994). No obstante, en la gramática de Bello (1981: 408-409) 'pretérito' es sólo uno de los valores que, en función del tiempo del verbo regente, pueden expresar estas formas. Así, según Bello, *fundara o fundase* es 'pretérito' en «Hoy no se tiene por un hecho auténtico que Rómulo *fundara* o *fundase* Roma». Pero *hablara* o *hablase* es COPRETÉRITO en «No percibí que nadie *hablara* o *hablase* en el cuarto vecino». *Llegara* o *llegase*, por último, es POSPRETÉRITO en «Por improbable se tenía que al día siguiente *llegase* o *llegara* la tropa».

De conformidad con el sistema de denominación empleado por Bello, basado únicamente en las relaciones temporales y no en significados aspectuales, el nombre 'pretérito' se justifica porque el valor temporal básico de *fumé, arregló* o *recogiste* es situar la acción denotada por el verbo en un momento anterior, pasado (pretérito) con respecto al momento de la enunciación o del habla: «La semana pasade me *fumé* un puro», «El carpintero *arregló* la puerta del armario», «Ayer no *recogiste* la chaqueta de la tintorería».

**PRETÉRITO ANTERIOR.** Véase ANTEPRETÉRITO.

**PRETÉRITO IMPERFECTO.** Con el término 'pretérito imperfecto' se hace referencia tanto al tiempo del modo indicativo al que pertenecen formas como *cantaba, bebía*, como al tiempo del modo subjuntivo en el que se incluyen *cantara, cantase, bebiera, bebiese*. Para el valor temporal del 'pretérito imperfecto' de indicativo, véase COPRETÉRITO. Por lo que respecta a la temporalidad del 'pretérito imperfecto' de subjuntivo, suele señalarse en las gramáticas del español que puede expresar relaciones de anterioridad, simultaneidad o posterioridad. Según Rojo (1974: 110), tiene como función principal la de indicar relación de anterioridad: «Quizá se lo *dijera*». Pero puede expresar también simultaneidad con una acción o proceso anterior («No creía que estuvieras»), o bien posterioridad con respecto a una referencia anterior al momento del habla: «Le pedí que se *marchara*».

**PRETÉRITO INDEFINIDO.** Véase en PRETÉRITO.

**PRETÉRITO PERFECTO ABSOLUTO.** Véase en PRETÉRITO.

**PRETÉRITO PERFECTO COMPUESTO.** Véase en ANTEPRESENTE.

**PRETÉRITO PERFECTO SIMPLE.** Véase en PRETÉRITO.

**PRETÉRITO PLUSCUAMPERFECTO.** Véase en ANTECOPRETÉRITO.

**PRETÉRITO PLUSCUAMPERFECTO DE SUBJUNTIVO.** Véase en ANTEPRETÉRITO.

**PRETÓNICO.** Se aplica el adjetivo 'pretónico' a las VOCALES, CONSONANTES o SÍLABAS anteriores a la que lleva el ACENTO principal de una palabra. En la palabra *ayuntamiento* son pretónicas todas las sílabas anteriores a *-mien-*. La sílaba *-to-*, por ir detrás de la que lleva el acento principal, se llama **postónica**. La posición de un FONEMA en posición protónica o postónica ha sido determinante en muchos casos en su EVOLUCIÓN histórica. Véase, por ejemplo, las LEYES DE VERNER.

**PRIMERA CONJUGACIÓN.** Véase en CONJUGACIÓN.

**PRIMERA DE PASIVA.** En algunas gramáticas consideradas tradicionales se utiliza el término 'primera de pasiva' para identificar a las oraciones pasivas que incluyen un COMPLEMENTO AGENTE. Por ejemplo, según R. Seco (1975: 196 y sigs.), «La semilla es esparcida por el labrador», «Tu proposición hubiera sido acogida por todos con gran cariño», son oraciones 'primeras de pasiva', dado que en ambas está expresado el AGENTE, la persona que realiza la acción denotada por el predicado: *por el labrador, por todos*.

**PRIMERA PERSONA.** Véase en PERSONA.

**PRIMITIVO.** Véase en DERIVADO.

**PRINCIPAL.** Véase en ORACIÓN PRINCIPAL.

**PRINCIPIO.** En algunas teorías gramaticales, como es el caso del modelo generativo conocido como RECCIÓN Y LIGAMIENTO (también llamado, precisamente, PRINCIPIOS Y PARÁMETROS), se denominan 'principios' los condicionamientos sobre la formación de las oraciones que se consideran válidos para todas las lenguas porque, hipotéticamente, forman parte de la facultad del lenguaje y no dependen de la experiencia. No obstante, los 'principios', según este modelo gramatical, conllevan una serie limitada de opciones (*cf* PARÁMETROS) que sí se fijan por la experiencia y determinan las diferencias existentes entre las gramáticas particulares de las lenguas. Por ejemplo, uno de los 'principios' aceptados en Rección y ligamiento establece que todo predicado ha de tener un sujeto. Este condicionamiento, conocido como PRINCIPIO DE PROYECCIÓN EXTENDIDO, se supone válido para todas las lenguas y debería formar parte, por tanto, de la gramática universal. Sin embargo, las lenguas pueden diferir en lo que concierne a la necesidad de que el sujeto se realice mediante un pronombre o un sintagma nominal para que una oración con verbo flexionado resulte gramatical. Así, en las lenguas que, como es el caso del español, optan por el parámetro del sujeto nulo o parámetro PRO-DROP, el sujeto de la oración no ha de estar obligatoriamente expreso; puede ser también una categoría vacía (PRO). De ahí la gramaticalidad de «Volveré pronto, querida», o «Pese a todo, habló». El inglés, en cambio, no pertenece al mencionado parámetro y requiere que el sujeto de la oración se halle fonéticamente realizado. De ahí, como indica Demonte (1989: 20), la agramaticalidad de «*Talked» («habló»), cuando, en español, es perfectamente gramatical «Habló».

**PRINCIPIO A, PRINCIPIO B, PRINCIPIO C.** Véase en TEORÍA DEL LIGAMIENTO.

**PRINCIPIO A SOBRE A'.** Restricción sobre la aplicación de las TRANSFORMACIONES propuesta por Chomsky en 1964. Establece que si una categoría A es un constituyente integrado en una unidad perteneciente a la misma categoría A, cualquier transformación que haga referencia a dicha categoría deberá aplicarse al constituyente A más alto en la estructura oracional.

Según Van Riemsdijk y Williams (1987: 22), este principio implica, por ejemplo, que si un sintagma nominal es parte de una oración relativa («Bill encontró un principio que soluciona *el problema*») no puede ser objeto de una transformación que lo convierta en un elemento interrogativo: «¿*Qué problema encontró Bill un principio que soluciona?». Dicha transformación iría, efectivamente, en contra del 'principio A sobre A'. El sintagma nominal *ese problema* es un constituyente integrado en otro sintagma nominal situado sobre él en la estructura oracional: «un principio que solventa *ese problema*». Por tanto, la transformación interrogativa no puede aplicarse, en primera instancia, al sintagma nominal incluido, al más bajo en la estructura oracional: *ese problema*.

El 'principio A sobre A', junto con otros condicionamientos sobre las transformaciones formulados posteriormente, ha sido abandonado en modelos generativos más recientes, puesto que buena parte de esos condicionamientos quedan abarcados por principios más generales. *Cf* principio de subyacencia.

**PRINCIPIO CÍCLICO.** En FONOLOGÍA GENERATIVA este principio es el que rige, y explica, el orden de aplicación, de las REGLAS CÍCLICAS. El 'principio cíclico' fue establecido por Chomsky y Halle para explicar el papel de las modificaciones acentuales con relación al TIMBRE vocálico dentro de las palabras y de las oraciones inglesas.

**PRINCIPIO DE ADYACENCIA (ESTRICTA).** Principalmente en GRAMÁTICA GENERATIVA se conoce como 'principio de adyacencia (estricta)' la condición, operante en algunas lenguas, que establece que un complemento debe ocupar una posición ADYACENTE al núcleo que le asigna CASO; esto es, no puede ir separado de ese núcleo por ningún otro constituyente sintáctico. En inglés, por ejemplo, parece ser operativa esa condición: el objeto directo no puede ir separado del verbo que le asigna caso; así, mientras «Mary *read the book* in the garden» («Mary leyó el libro en el jardín») es una oración gramatical, «*Mary *read* in the garden *the book*» («Mary leyó en el jardín el libro») es una oración anómala porque el objeto directo *the book* está separado del verbo *read* por otro complemento. En español, sin embargo, el 'principio de adyacencia' no parece tener la misma validez; así ,«Ana *recogió* ayer rápidamente *sus cosas*» es una oración correcta, a pesar de que entre el verbo y el complemento directo hay otros elementos (*ayer, rápidamente*) interpuestos.

**Principio de cooperación.** El 'principio de cooperación' está basado (Grice, H. P., 1975) en la racionalidad (Grandy, R. *et al.*, eds., 1986) que posee la CONVERSACIÓN como actividad humana. Este principio asume que los interlocutores son conscientes de los fines y de la dirección de la conversación, por lo que su aportación conversacional irá siempre dirigida a cumplir las metas que ambos asumen. El citado principio ha sido pormenorizado con cuatro grandes categorías que le sirven de sostén:

(a) máxima de *cantidad*: haga que el discurso emitido contenga la información necesaria;

(b) máxima de *calidad*: no diga lo que crea que es falso ni hable de lo que no tenga pruebas;

(c) máxima de *modalidad*: sea claro, sin ambigüedades, breve y ordenado; y

(d) máxima de *relación*: sea pertinente o relevante.

Todo lo anterior, de acuerdo con Kempson (1975: 141-52), se puede resumir en: (a) máxima de estricta informatividad, (b) máxima de sinceridad, (c) máxima de educación y buenos modales y (d) máxima de PERTINENCIA O RELEVANCIA.

**Principio de cortesía.** Véase en CORTESÍA.

**Principio de economía lingüística.** Normalmente se emplea este término para aludir al principio del mínimo gasto de energía dirigido a obtener, con el mínimo esfuerzo lingüístico, el mayor efecto comunicativo. La ELIPSIS y todos los tipos de elisión se basan en el 'principio de economía lingüística'. Y en la evolución de la lengua, para algunos lingüistas, este principio es básico aunque no el único. En la lingüística moderna se considera a Martinet (1969: 69-74) el padre de la formulación del 'principio de economía lingüística', a pesar de ser una cuestión tratada con anterioridad por otros lingüistas, como Jespersen, por ejemplo, en la teoría del mínimo esfuerzo (*ease theory*), o por Hjelmslev (1963: 61), cuando da este nombre a la sencillez los procedimientos empleados en las DESCRIPCIONES lingüísticas. Y también es una cuestión de la PRAGMÁTICA moderna, por ejemplo, en la máxima de cantidad del PRINCIPIO COMUNICATIVO de Grice.

Para Martinet, la economía es el marco en el que se desarrolla la dinámica del lenguaje, la cual es fundamentalmente la lucha entre dos fuerzas contrarias: (a) el gasto de energía física y mental, marcada por la inercia física, mental y natural de las personas, y (b) la satisfacción de sus necesidades comunicativas o, dicho con otras palabras, la ley del mínimo esfuerzo y la necesidad de comunicar. Para Martinet, toda investigación que pretenda explicar los hechos lingüísticos no puede hacerse sin recurrir a este principio, el cual, según demostró Martinet, no significa un menor gasto sino la *organización económica* de todos los factores que contribuyen a la dinámica del lenguaje, de modo que la energía ahorrada en un punto se pueda gastar más eficazmente en otro. Un ejemplo claro de la citada organización económica se encuentra en la REDUNDANCIA, que es indispensable para la COMUNICACIÓN, aunque, en principio, parezca un gasto inútil por consistir en la REPETICIÓN de elementos.

De acuerdo con Martinet, en la economía de la lengua, todas las unidades del lenguaje (fonemas y morfemas, sintagmas, etc.) entran en juego sobre los dos ejes, el sintagmático y el paradigmático. En el cálculo relativo de la energía gastada para producir una de las citadas unidades no hay que olvidar nunca que la inercia de la memoria y la inercia articulatoria son dos fuerzas que se oponen, y que la energía gastada en el acto de habla es la suma de ambos factores: realizar una economía sobre el eje sintagmático significa gastar menos energía articulatoria, realizar una economía sobre el eje paradigmático significa gastar menos energía de la memoria.

En FONOLOGÍA el sistema más económico será el que posea el mayor número de fonemas bien integrados. Pero un fonema bien integrado y de articulación fácil no será económico si requiere un gran esfuerzo de precisión articulatoria para diferenciarse de los fonemas vecinos en el sistema. *Cf* abreviación, abreviatura, elipsis.

**PRINCIPIO DE PROYECCIÓN.** Condición sobre la buena formación de las oraciones que en el modelo RECCIÓN Y LIGAMENTO se asume como fundamental. Establece que la ESTRUCTURA ARGUMENTAL que conlleva una pieza léxica debe mantenerse en cada uno de los NIVELES DE REPRESENTACIÓN de la gramática. Así, por ejemplo, si el verbo *regalar* requiere un DESTINATARIO, representado normalmente por un sintagma preposicional —«Regalé mi colección *al niño*»—, implicará ese papel tanto en la ESTRUCTURA PROFUNDA como en la ESTRUCTURA SUPERFICIAL, aun cuando, en algún caso, no se halle fonéticamente realizado «Regalé mi colección».

**PRINCIPIO DE PROYECCIÓN EXTENDIDO.** En RECCIÓN Y LIGAMENTO es una condición para la buena formación de las oraciones según la cual todo predicado debe tener un sujeto, aun cuando éste no se halle fonéticamente realizado. De conformidad con esta condición, en «El médico le ha prohibido comer grasas», al predicado «comer grasas» se le ha de asignar un sujeto. En este caso, puesto que no tiene expresión fonética, sería una CATEGORÍA VACÍA.

**PRINCIPIO DE SUBYACENCIA.** En RECCIÓN Y LIGAMENTO es una condición general que restringe los desplazamientos de constituyentes. El 'principio de subyacencia' establece que ningún constituyente puede atravesar, mediante una sola transformación de movimiento, más de un NUDO LÍMITE, teniendo en cuenta que los nudos o categorías considerados límite para las transformaciones son SN (sintagma nominal) y, o bien O (oración), como en inglés, o bien O' (categoría constituida por COMP y O), según se ha planteado para el español y otras lenguas romances. Por ejemplo, en «¿Cuántos libros dices que has leído?» el sintagma interrogativo *cuántos libros* ha sido trasladado desde la posición correspondiente al objeto de *has leído*. El desplazamiento, en consecuencia, sólo atraviesa un nudo límite O' («que has leído») y no contraviene el 'principio de subyacencia'; de ahí que la construcción sea gramatical.

En cambio, el siguiente ejemplo que tomamos de Fernández Lagunilla y Anula Rebollo (1995: 148) es agramatical precisamente porque incumple este principio: «*¿Qué ha comprado Benito una parcela en la que ha plantado?». Si *qué* se ha trasladado desde la posición de objeto de *ha plantado* (*cf* «Benito ha comprado una parcela en la que ha plantado *tomates*»), como señalan Fernández Lagunilla y Anula Rebollo, «hemos tenido que atravesar los límites de la oración de relativo en la que desempeña la función de objeto [...] y los del SN en que se halla incrustada dicha oración» (1995: 148).

Debe tenerse en cuenta, no obstante, que el 'principio de subyacencia' no obliga a que entre la posición final de un elemento desplazado y su posición de origen exista un solo nudo límite. Acota, según se ha dicho, el número de nudos que se pueden atravesar mediante *una sola* operación de movimiento, pero no impide que el traslado de un constituyente pueda cruzar más de una categoría límite si dicho traslado se realiza mediante desplazamientos sucesivos que atraviesan un solo nudo límite en cada ocasión. Por ejemplo, la siguiente oración que tomamos de Demonte (1989: 117) es gramatical, a pesar de los nudos O' que median entre el elemento interrogativo *qué* y su teórica posición inicial como objeto de *regalar*, el verbo de la oración más incrustada, la más baja en la estructura oracional: «¿Qué me contaste que le dijo Pedro que le contó su hermano que le *regalaron*?» (*cf* «Te conté que Pedro le dijo que su hermano le contó que le regalaron *una jaula de grillos*»). La GRAMATICALIDAD de la construcción se explica porque el desplazamiento de la frase interrogativa *qué* no se realiza directamente desde la posición originaria hasta la posición que finalmente ocupa, sino que se efectúa a través de varias aplicaciones de MOVIMIENTO DE QU: en primer lugar, se traslada desde su lugar de origen hasta la posición COMP (la posición a la izquierda de O en la que se sitúan los elementos interrogativos y relativos) de la O' más incrustada. De forma simplificada:

$_{O'}$ [*qué* que $_{O}$ [le regalaron $_{t}$]

Movimiento Qu

$_{O'}$ [*qué* que $_{O}$ [le regalaron $_{t}$]]

($_{t}$ indica la HUELLA o traza que deja en su posición original el elemento desplazado). De ahí se traslada hasta la posición COMP de la O' inmediatamente superior, dejando a su vez una huella ($_{t'}$) en el lugar que había ocupado:

$_{O'}$ [*qué* que $_{O}$ [le contó su hermano $_{O'}$ [$_{t'}$ que $_{O}$ [le regalaron $_{t}$.]]]]

Movimiento Qu Movimiento Qu

$_{O'}$[*qué* que $_{O}$[le contó su hermano $_{O'}$[$_{t'}$ que $_{O}$[le regalaron $_{T}$.]]]].

Y así sucesivamente hasta alcanzar la posición COMP más alta en la estructura oracional:

Qué $_{O}$[me contaste [$_{O't'''}$ que $_{O}$[le dijo Pedro $_{O'}$[$_{t''}$ que $_{O}$[le contó su hermano [$_{O't'}$ que $_{O}$[le regalaron $_{t}$]]]]]]] (*cf* Demonte, 1989: 117).

No se produce, por tanto, según los planteamientos chomskyanos, ninguna infracción del 'principio de subyacencia', puesto que cada vez que se desplaza el elemento interrogativo *qué* lo hace cruzando un solo nudo límite O', pese a la distancia que finalmente media entre ese elemento interrogativo y la posición desde la que se inicia su desplazamiento

**PRINCIPIO DEL CICLO (TRANSFORMACIONAL).** En GRAMÁTICA GENERATIVA el 'principio del ciclo' es una condición gramatical que determina el orden en que deben aplicarse las transformaciones cuando afectan a dos o más dominios sintácticos jerarquizados, a dos o más oraciones, pongamos por caso, relacionadas como subordinante y subordinada. Según lo resume, por ejemplo, Radford (1988a: 195), el 'principio del ciclo' establece que las transformaciones deben aplicarse «de abajo arriba»: en primer lugar, al constituyente más INCRUSTADO, después al constituyente que lo domina. Así, si las transformaciones afectan a dos o más oraciones jerarquizadas, primero se aplicarán a la oración más baja. Una vez completada la operación en este dominio, se pasaría a la oración inmediatamente superior en la estructura jerárquica, y así sucesivamente hasta llegar a la oración más alta.

Cada aplicación de las transformaciones dentro de un dominio sintáctico constituye un **ciclo**. Tomemos por ejemplo la oración «¿Qué libro dices que Juan le recomendó a Emma que leyera?». Si *qué libro* es el objeto directo de la oración más baja (*que leyera*), su traslado a la izquierda de *dices* afecta a tres oraciones jerarquizadas: $_{O}$[dices $_{O}$[que Juan le recomendó a Emma $_{O}$[que leyera *qué libro*]]]. Por tanto, según el 'principio del ciclo', la transformación que lo desplaza debería aplicarse tres veces, una a cada oración, siguiendo el orden que marca la jerarquía estructural: primero, el sintagma interrogativo debería trasladarse a la posición inicial de la oración más incrustada: dices [que Juan le recomendó a Emma [*qué libro* que leyera]]. En una segunda aplicación, se trasladaría al frente de la oración situada en la posición superior inmediata: dices [*qué libro* que Juan le recomendó a Emma [que leyera]]. Finalmente, una última aplicación de la regla lo situaría al frente de la oración más alta: «*Qué libro* dices que Juan le recomendó a Emma que leyera».

**PRINCIPIO DE LA CATEGORÍA VACÍA.** En RECCIÓN Y LIGAMIENTO, es la condición que limita los ámbitos estructurales en que pueden estar regidas las HUELLAS (*véase* rección) y restringe, en consecuencia, los desplazamientos de las categorías nominales (los elementos que, cuando se trasladan, dejan en su lugar de origen una huella). El 'Principio de la categoría vacía' establece que una HUELLA debe estar *propiamente regida*, entendiendo como tal, bien que el elemento que la rige sea un núcleo léxico (nombre, verbo, adjetivo, preposición), bien que el rector sea una categoría COINDIZADA con la huella (*cf* rección propia). Según indica, por ejemplo, Demonte (1989: 120 y sigs.), esta condición permite dar cuenta, entre otras cosas, de las diferencias que se observan en inglés en cuanto a las posibilidades de extraer el SUJETO o el OBJETO de una oración completiva introducida por un complementante como *that* (*que*). Por ejemplo, en la oración «*Who* do you think that Bill saw?» («*(A) quién* crees que vio Bill»), según los análisis característicos del modelo RECCIÓN Y LIGAMIENTO, el elemento Qu *who* se ha trasladado a la posición que finalmente ocupa desde la posición correspondiente al objeto directo de *saw*, el verbo de la completiva, dejando en esa posición inicial una huella (*t*): «$Who_i$ do you think $[_O[_{COMP}\ t'_i$ that$]_{COMP}$ Bill saw $t_i]_O$» (*cf* van Riemsdijk y Williams, 1986: 292; Demonte, 1989: 121). Por tanto, el objeto directo de la completiva introducida por *that* ha sido desplazado fuera de su ámbito oracional y, no obstante, la construcción que resulta es gramatical. En cambio, «*Who do you think that saw Bill?» («¿Quién crees que vio a Bill») es, en inglés (no así la oración equivalente en la traducción española), una construcción anómala.

La diferencia en lo que concierne a la gramaticalidad de ambas construcciones se explicaría mediante el 'Principio de la categoría vacía'. En el caso de «$Who_i$ do you think $[_O[_{COMP}\ t'_i$ that$]_{COMP}$ Bill saw $t_{iO}$», la HUELLA *t* está *propiamente regida*, puesto que el elemento rector es, como corresponde al objeto, el verbo *saw*, un núcleo léxico que asigna papel semántico a su argumento interno. En «*Who do you think that saw Bill?», por el contrario, *who* proviene de la posición correspondiente al sujeto de la oración completiva y es, por tanto, esa posición la que debería ocupar la huella que deja el elemento Qu desplazado: «$Who_i$ do you think $[_{O\ COMP}\ t'_i$ that$]_{COMP}$ $t_i$ saw Bill$]_O$». Dado que, según suele admitirse en los estudios vinculados al modelo Rección y ligamiento, es la categoría funcional FLEX (flexión) la que rige al sujeto, la huella *t* no estaría, en esta construcción, *propiamente regida*, en primera instancia porque no hay un núcleo léxico que la rija (cabe también señalar que, por razones que omitimos para evitar una excesiva complejidad, la presencia del complementante *that* impide también la segunda posibilidad: que el elemento rector de la huella sea una categoría coindizada con ella).

Como ya se indicó antes, esta asimetría que se observa en inglés en cuanto a la posibilidad de extraer el sujeto o el objeto de la oración completiva no se produce en español: tanto «¿A quién crees que vio Bill?» como «¿Quién crees que vio a Bill?» son oraciones gramaticales. Las diferencias que existen en este sentido entre el español y el inglés se atribuyen, según señala Demonte (1989: 125) al hecho de que el español, como las otras lenguas romances con una flexión verbal rica, corresponde al PARÁMETRO DEL SUJETO NULO.

**PRINCIPIOS Y PARÁMETROS.** Se conoce con el nombre de 'principios y parámetros' la teoría gramatical desarrollada por Chomsky y sus seguidores durante la década de los ochenta y comienzos de los noventa. La hipótesis básica a la que responden los trabajos realizados en el marco de esta teoría es que la gramática de una lengua está constituida por un conjunto limitado de PRINCIPIOS generales, comunes a todas las lenguas puesto que forman parte de la facultad humana del lenguaje, junto con una serie de PARÁMETROS, de opciones, también limitadas en número, que se fijan en contacto con el medio durante el proceso de aprendizaje de la lengua, y que son los responsables de las variaciones que existen entre las lenguas.

Así, por ejemplo, uno de los principios generales admitidos en los trabajos que se inscriben dentro de esta teoría es que todo predicado ha de tener un sujeto (*cf* principio de proyección extendido). Tal principio lleva, no obstante, asociada una opción: la de expresar obligatoriamente ese sujeto o no (*cf* parámetro del sujeto nulo). De ahí la diferencia que existe entre una lengua como el inglés, que requiere la presencia de un sujeto explícito («*Had left the book in the restaurant») y una lengua como el español que permite su supresión: «He dejado la chaqueta en el coche».

El modelo de gramática generativa diseñado de conformidad con esta teoría es generalmente conocido con la denominación RECCIÓN Y LIGAMIENTO, «quizá por los títulos de los primeros trabajos de Chomsky donde se exponen las ideas básicas de esta aproximación» (Fernández Lagunilla y Anula Rebollo, 1995: 60).

**PRIVATIVO.** Véase en RASGO PRIVATIVO.

**PRO.** En RECCIÓN Y LIGAMIENTO, PRO es una CATEGORÍA VACÍA, no realizada fonéticamente, que se postula como SUJETO de las oraciones de infinitivo. Puede tener una interpretación arbitraria o genérica, como en «Es imposible PRO rebajar más las prestaciones sociales». O puede, a semejanza de un pronombre, recibir su REFERENCIA de un ANTECEDENTE, en concreto, un sintagma nominal incluido en la oración matriz (*cf* sintagma nominal controlador). Sería el caso de «Luis quiere PRO asaltar un banco. Aquí se entiende que el sujeto de *asaltar* es también *Luis*.

**pro.** En el modelo generativo denominado RECCIÓN Y LIGAMIENTO se identifica como 'pro' una CATEGORÍA VACÍA, con propiedades similares a las de los PRONOMBRES PERSONALES (*cf* pronominal), que se postula como sujeto de un verbo flexionado cuando no existe en la oración un sintagma expreso al que pueda asignarse esa función. Por ejemplo, en «Viene todas las tardes a esta cafetería», o en «Llevan ya dos horas discutiendo», la posición sintáctica correspondiente al sujeto estaría ocupada por la categoría vacía 'pro', ya que, si bien el verbo se halla en forma personal, no hay ningún sintagma nominal que represente al sujeto de la oración.

**PROCEDIMIENTO DE DECISIÓN.** En el GENERATIVISMO se llama 'procedimiento de decisión' (Palmatier, 1972: 39) al requisito, inalcanzable, exigible a una teoría de que ofrezca un procedimiento mecánico que decida si la gramática aplicada a un determinado CORPUS es la mejor de las gramáticas.

**PROCEDIMIENTO DE DESCUBRIMIENTO.** En la INVESTIGACIÓN LINGÜÍSTICA se llama 'procedimiento de descubrimiento' (Palmatier, 1972: 47) al método mecánico para construir la gramática de una lengua por medio de la SEGMENTACIÓN y CLASIFICACIÓN de un CORPUS de enunciados. *Cf* análisis sémico.

**PROCEDIMIENTO DE EVALUACIÓN.** En la INVESTIGACIÓN LINGÜÍSTICA se llama 'procedimiento de evaluación' (Palmatier, 1972: 53) a la exigencia que se le hace a cualquier teoría lingüística para que ofrezca un procedimiento práctico de evaluación de dos o más gramáticas construidas con el mismo corpus y seleccione la mejor.

**PROCESAMIENTO DE LA INFORMACIÓN.** Véase en RELEVANCIA.

**PROCESO.** ① Según la tipología establecida por S. Dik (1981), un proceso es un ESTADO DE COSAS DINÁMICO —implica un acontecimiento, un cambio— pero no controlado, no presupone ninguna entidad que determine, voluntariamente, que tal acontecimiento tenga lugar. «Carlos advirtió el peligro», «Celeste se acordó de sus padres» son enunciados que representan 'procesos' según este sentido del término.

② En GLOSEMÁTICA se llama 'proceso' a la relación jerárquica (horizontal) complementaria del PARADIGMA. *Cf* cadena.

**PROCLISIS, PROCLÍTICO.** La 'proclisis' es la tendencia de una o varias palabras a ceder su acento de intensidad a favor del dominante de la palabra que precede. En español predomina la 'proclisis' sobre la ENCLISIS. *Cf* unidad acentual.

**PRO-DROP.** En GRAMÁTICA GENERATIVA alude a un fenómeno sintáctico característico de algunas lenguas, entre ellas el español. Consiste en que no es preciso que el sujeto esté representado por un sintagma nominal o un pronombre para que la oración sea gramatical. «Llevas los calcetines rojos», «He recogido la ropa a tiempo» no contienen ninguna expresión nominal que desempeñe la función de sujeto, pero son oraciones gramaticales. El inglés, en cambio, es una lengua que no admite el fenómeno 'pro-drop.' «*Came yesterday», «*Reads novels in the bed» son oraciones agramaticales por no llevar expreso un pronombre o un sintagma nominal sujeto.

**PROFUNDO.** En la INVESTIGACIÓN LINGÜÍSTICA se emplea con el sentido de ABSTRACTO. *Cf* estructura profunda.

**PROGRAMA MINIMISTA.** Se conoce con el nombre de 'programa minimista' a la, hasta el momento, última propuesta chomskiana (*cf* Chomsky, 1992, 1995), como programa de investigación lingüística. Viene pues a suceder, en la evolución interna característica del paradigma generativista, al modelo de principios y parámetros, más conocido como RECCIÓN Y LIGAMIENTO. El 'Programa minimista' parte de los planteamientos desarrollados en el modelo anterior, principios y parámetros, pero introduce ciertas modificaciones técnicas, que afectan al sistema sintáctico o sistema computacional y a los niveles de representación, así como a la autonomía de las condiciones gramaticales o lingüísticas, más integradas en el conjunto de las habilidades cognitivas. Así, según señala Mendikoetxea (1996), el objetivo del 'Programa minimista' es «minimizar» la gramática en busca de una mayor adecuación explicativa. En última instancia, implica, a su juicio, el fin de la sistaxis, con la computación reducida a un sistema simple de composición de elementos proyectados desde el lexicón que desemboca en los módulos cognitivos limítrofes con la facultad del lenguaje a través de los niveles de interfaz: la forma fonética y la forma lógica.

**PROGRESIÓN TEMÁTICA.** Véase en PROGRESIVIDAD.

**PROGRESIVIDAD.** ① Se llama 'progresividad', o **desarrollo textual**, a la introducción o aportación de nueva información que está teniendo lugar constantemente en el DISCURSO. La 'progresividad', junto con la COHESIÓN, la COHERENCIA, el SIGNIFICADO DISCURSIVO, la INTENCIONALIDAD y el CIERRE TEXTUAL, constituyen las CONDICIONES DE TEXTUALIDAD. De entre los recursos que posee el texto para introducir nueva infomación destacan las técnicas de ILUSTRACIÓN, las cuales podrán dar lugar a nuevos tópicos o subtópicos.

② También se llama 'progresividad' a la ordenación de TEMAS y REMAS en un enunciado. *Cf* enunciados bimembres.

**PROGRESIVO.** Véase en ASPECTO PROGRESIVO.

**PROGRESO.** En la LINGÜÍSTICA COMPARADA (Malmberg, 1968: 17-8) se consideró que todas las lenguas habían sufrido un proceso de DESARROLLO que era esencialmente el mismo: de un sistema rico en formas, con complicados PARADIGMAS de sustantivos y verbos y varias DECLINACIONES y CONJUGACIONES se pasó a otro, consistente en recursos de tipo sistáctico y léxico, como se puede comprobar en el paso del latín al castellano, el catalán, el francés, etc. Los COMPARATISTAS consideraron que este desarrollo era, de acuerdo con las tesis biológicas (*cf* genealogía), la época de **decadencia** o **degeneración** de las lenguas antiguas. En cambio, en la **teoría del progreso** que Jespersen formuló (*Progress in Language*, 1894; *Efficiency in Linguistic*

*Change*, 1941) se consideró que estos CAMBIOS no significaban una degeneración sino, más bien al contrario, un desarrollo hacia tipos de lenguaje más eficientes y más capaces de formar abstracciones. La tesis de la eficiencia en los CAMBIOS LINGÜÍSTICOS, basada en el optimismo evolucionario darwiniano de la época, es tan rebatible como la de la degeneración de las lenguas.

**PROMINENCIA.** En FONÉTICA AUDITIVA se llama 'prominencia' a la sensación percibida, consistente en que unas sílabas sobresalen de las demás, como *picos* (sílabas prominentes) dentro de las *llanuras* (sílabas no prominentes). Y esta 'prominencia' percibida, de acuerdo con experimentos auditivos y acústicos (Ladefoged, P. A., 1975), se debe a la acción conjunta del ACENTO, el TONO, la CANTIDAD y el TIMBRE; en estos experimentos de tipo perceptivo algunos oían como tónicas (acento) las sílabas más agudas (tono). Así, cuando decimos en inglés, por ejemplo, *at night*, el oyente percibe como prominente la sílaba /nait/, formada por un diptongo de timbre pleno, tónico, con tono descendente y cantidad larga. Dicho con otras palabras, lo que en realidad percibe el oyente son sílabas prominentes y sílabas no prominentes, y la prominencia se puede deber, como se ha dicho, a la acción del acento, del tono, de la cantidad o del timbre pleno. Algunos lingüistas estiman que las cuestiones derivadas del TONO y de la INTENSIDAD no se pueden tratar por separado, porque uno implica al otro, y prefieren hablar, por esa razón, de 'prominencia' (O'Connor, J. D. y Arnold, G. F., 1961: 272) para referirse a las cuestiones prosódicas. *Cf* tonicidad, foco[2], fonología de dependencia.

**PRONOMBRE.** Designa tanto una categoría en la que se incluyen términos como *yo, mío, este, ninguno*, como a los elementos que la integran.

① En la actualidad suele afirmarse que la categoría 'pronombre' está constituida por elementos que tienen como característica común un determinado modo de significar, aunque puedan ser diferentes desde el punto de vista del funcionamiento: son términos no descriptivos, esto es, no proporcionan una descripción de la entidad a la que aluden —en «*esto* no está bien», el pronombre *esto* no describe a su referente, mientras que el nombre «ejercicio» sí nos da una descripción en «El ejercicio no está bien»—; son, además, términos, bien de carácter cuantificador —«No he recibido *muchos*»—, bien de contenido DEÍCTICO: en «*yo* me voy», el pronombre *yo* señala, orienta, como elemento díctico, hacia el emisor del discurso en que aparece.

② Según una concepción tradicional, acorde con la denominación 'pronombre' que se da a esta categoría, lo característico de los miembros de esta clase —*yo, mío, este, ninguno*, etc.— sería actuar como sustitutos del nombre y ocupar su lugar en la oración. De ahí que, por ejemplo, partiendo de esta concepción, se distinga un pronombre DEMOSTRATIVO, «*este* no me gusta» y un adjetivo demostrativo, «*este* coche no me gusta», según el demostrativo acompañe al nombre o 'lo sustituya', ocupe su lugar.

Habitualmente los pronombres, en cualquiera de los dos sentidos mencionados, se clasifican en: PERSONALES y REFLEXIVOS, DEMOSTRATIVOS, POSESIVOS, INDEFINIDOS y RELATIVOS.

**PRONOMBRE INDEFINIDO.** Se han denominado 'pronombres indefinidos' ciertas unidades sustantivas cuyo rasgo común viene a ser que «no señalan con precisión la realidad mentada» (Alarcos, 1994: 114). Es el caso de *algo, alguien, nadie, nada*. Pero también se ha hecho extensivo el término 'pronombre indefinido' a unidades como *alguno, cualquiera, bastantes, otro*, que pueden funcionar, bien como DETERMINANTES o adjetivos, incidiendo en un núcleo nominal («*Algún* compañero te podrá ayudar», «*Cualquier* niño podría hacerlo»), o bien «como sustantivos», sin núcleo nominal expreso: «*Alguno* podrá ayudarte», «*Cualquiera* puede hacerlo». A diferencia de otros elementos que se incluyen en la categoría PRONOMBRE, los denominados 'indefinidos' no son elementos de carácter deíctico (*cf* deixis), por lo que su consideración como pronombres puede resultar problemática. No obstante, suele justificarse esta catalogación tanto por su significación «indeterminada o vaga», como por considerar que «reciben su pleno sentido por referencia al contexto que antecede o que les sigue» (Martínez, J. A., 1989: 14).

**PRONOMBRE PERSONAL.** ① Se denominan 'personales' el conjunto de PRONOMBRES (esto es, de términos de carácter DEÍCTICO que remiten a un REFERENTE identificable a partir de determinadas circunstancias del ACTO COMUNICATIVO) que tienen como característica semántica básica el referir a las entidades participantes en el acto comunicativo según el papel que les corresponde en el mismo: el de EMISOR (*yo*), el de DESTINATARIO O RECEPTOR (*tú*), o el de entidad sobre la que versa el mensaje pero que es diferente tanto del emisor como del destinatario (*él, ella*). Los 'pronombres personales', en este sentido del término, se subdividen comúnmente en pronombres de primera, segunda o tercera persona tomando como base la función que corresponde al referente pronominal en el acto elocutivo.

Se identifican como **pronombres de primera persona** las formas que incluyen en su referencia al emisor del discurso, ya sea como referente único (*yo, mí, conmigo*), ya sea como parte de un conjunto (*nosotros*). Así, en «*Yo* no lo hubiera hecho», el pronombre de 'primera persona' *yo* tiene como referente a la persona que emite el enunciado que lo contiene. En «*Nosotros* no lo hubiéramos hecho», *nosotros* refiere a un conjunto de personas que puede incluir al hablante y al destinatario o destinarios («Tú y yo no lo hubiéramos hecho»), o podría incluir, asimismo, al hablante, al destinatario y a otra u otras personas distintas de ambos: «Ni tú, ni él, ni yo lo hubiéramos hecho».

Se denominan **pronombres de segunda persona** las formas como *tú, ti, contigo, vosotros* que incluyen en su referencia al destinatario o los destinatarios del enunciado, pero excluyen, específicamente, a la persona que realiza el acto de enunciarlo. Así, en «*Tú* deberías habérmelo advertido», *tú* tiene como referente la persona a la que se dirige el mensaje. En «*Vosotros* deberíais votar en contra», el pronombre de 'segunda persona' *vosotros* tiene como referente un conjunto de personas que puede estar integrado por dos o más destinatarios, o por un destinatario y otra u otras personas que no participan directamente en el acto de comunicación («Tú y ellas dos deberíais votar en contra»), pero no incluye en el conjunto referencial al emisor del enunciado.

Los **pronombres de tercera persona**, por último, son formas como *él, ella, ello* que refieren a entidades (no necesariamente a *personas*) que no participan directamente en el acto de comunicación: no son ni emisor ni destinatario, sino entidades (personas, cosas, eventos, etc.) sobre las que versa el enunciado. Así, en «No estoy de acuerdo con *ellos*», «No quiero ni hablar de *él*» refieren a entidades distintas tanto del que emite el enunciado como de la persona a la que va dirigido, del destinatario.

Tradicionalmente, las gramáticas del español han incluido en el sistema de los 'pronombres personales' dos tipos de unidades:

(a) Los denominados **pronombres personales tónicos** o **formas personales tónicas**: *Yo, mí, tú, ti, sí, conmigo, contigo, consigo, nosotros, vosotros, él, ella, ello*. A ellos suele añadirse *usted* como forma de tratamiento.

(b) Los llamados **pronombres personales átonos** o **formas personales átonas**: *me, te, se, nos, os, la, lo, le*.

No obstante, como con frecuencia se ha destacado en los estudios gramaticales del español, ambos tipos de unidades, aunque están históricamente emparentadas y coinciden en referir a entidades participantes en el acto comunicativo, tienen un funcionamiento gramatical distinto.

Los 'pronombres personales tónicos' constituyen sintagmas con un funcionamiento similar al de los sustantivos y, en particular, al de los NOMBRES PROPIOS: pueden ir, como sintagmas autónomos, separados del verbo («*Yo*, realmente, no te *entiendo*»), pueden constituir enunciado en el coloquio («¿Quién ha hecho esto? *Yo*»), pueden ir modificados por ciertos adjetivos («Lo haré *yo mismo*», «Irás *tú solo*») o por complementos de tipo NO RESTRICTIVO: «*Yo*, que tanto he hecho por ellos, he sido vilmente despedido».

Las 'formas átonas', en cambio, no constituyen sintagma, ni tienen un funcionamiento autónomo («**Me*, realmente, han fastidiado», «¿A quién quieren enviar?» **Me*, «*El jefe *me*, que tanto he hecho por el negocio, ha despedido»). Son, por el contrario, CLÍTICOS, elementos dependientes del verbo con un funcionamiento similar al de los AFIJOS (*cf* Bosque, 1987). De ahí que, como indica, por ejemplo, Álvarez Martínez (1989: 43), las 'formas personales átonas' se hayan considerado en ocasiones como morfemas objetivos (formas ligadas al verbo que indican la existencia de un objeto directo, de un objeto indirecto o de un atributo), más que como pronombres con un funcionamiento similar al de los sustantivos.

② En algunos estudios gramaticales se emplea el término 'pronombre personal' para aludir únicamente a las formas que, en la acepción antes comentada, se identificaban como pronombres de tercera persona: *él, ella, ello*. Para las formas *yo, tú, nosotros, vosotros* y sus variantes suele emplearse, en este caso, la denominación **nombres personales** (*cf*, por ejemplo, Moreno Cabrera, 1991: 264 y sigs.).

Con esta distinción entre 'pronombres' y 'nombres personales' se pretende, sobre todo, subrayar las diferencias de significación y de funcionamiento que existen entre ambas clases de unidades:

(1) Los 'pronombres' *él, ella, ello* pueden aparecer en los mismos entornos sintácticos que los nombres o los sintagmas nominales: «*Él/ Alberto/ mi cuñado* vendrá estás Navidades», «Tengo que hablar con *él/ Alberto/ mi cuñado*». De ahí que estas formas de tercera persona parezcan adecuarse a la caracterización tradicional de los pronombres como sustitutos del nombre, como términos deícticos que pueden utilizarse en lugar de un nombre.

En cambio, en los entornos en que aparecen *yo, tú, nosotros, vosotros* nunca se utiliza un sintagma nominal o un nombre: «*Yo* quiero irme a un balneario», «**María Antonia/ esta mujer* quiero irme a un balneario».

(2) Los 'pronombres' *él, ella, ello* pueden utilizarse como elementos ANAFÓRICOS o CATAFÓRICOS; esto es, como términos que remiten a una expresión nominal ya introducida en el discurso («No me gusta *ese hombre*, no quiero hacer negocios con *él*») o que se va a mencionar más adelante: «Aunque tengo que hacer negocios con *él*, no me fío mucho de *ese individuo*».

Los 'nombres personales', en cambio, no poseen capacidad anafórica o catafórica; su referencia queda siempre fijada por los participantes en el acto elocutivo. Como indica Benveniste (1972: 173), *yo* es siempre el individuo que ENUNCIA la presente instancia del discurso, *tú* es siempre el individuo al que se dirige la elocución en la presente instancia del discurso.

(3) Los 'pronombres' *él, ella, ello* no refieren realmente a participantes directos en el acto comunicativo, sino, como ya se ha dicho, a las entidades distintas del emisor y del receptor sobre las que versa el acto elocutivo. De ahí que su referente pueda ser tanto una persona como cualquier entidad de otro tipo: «*El coche* es pequeño pero estoy muy contenga con *él*», «Me ha dicho que *vendrá*, pero no estoy muy segura de *ello*».

Los 'nombres personales', en cambio, puesto que tienen como referente invariable al emisor o al destinatario del discurso, implican siempre *persona* en el sentido común del término.

**Pronombre recíproco.** Se identifican como 'recíprocos' los PRONOMBRES que imponen a una construcción un sentido inequívocamente recíproco (*cf* oración recíproca): cada una de las entidades a las que hace referencia el sujeto (necesariamente plural o coordinado) de la oración lleva a cabo la acción o el proceso denotado por el verbo teniendo a los demás como meta de esa acción o ese proceso. En algunos estudios gramaticales del español se ha catalogado como 'pronombre recíproco' la forma átona *se* (o sus variantes personales) cuando aparece en CONSTRUCCIONES PRONOMINALES que admiten este sentido, como por ejemplo en «Jose María y Manolo *se* culpan de lo sucedido» o en «Francis y Luisa *se* adoran». Sin embargo, la consideración de *se* como 'pronombre recíproco' ha sido frecuentemente rechazada, tanto por su condición de CLÍTICO, con un funcionamiento similar al de los AFIJOS, como por el hecho de que su sola presencia no implica un sentido inequívocamente recíproco. Así, aunque la interpretación más natural de las oraciones anteriores sea la acorde con el sentido recíproco, nada impide asignarles un sentido reflexivo (*cf* oración reflexiva): «José María y Manolo se culpan a sí mismos de lo sucedido», «Francis y Luisa se adoran a sí mismos».

En cambio, de conformidad con Bosque (1985), los sintagmas del tipo *el uno P el otro* (donde *P* es una preposición) sí pueden considerarse elementos de carácter pronominal, puesto que toman su referencia del sintagma nominal sujeto que les precede (según Bosque, serían ANÁFORAS en la acepción estricta que tiene este término en RECCIÓN Y LIGAMIENTO) y sí imponen una interpretación inequívocamente recíproca a la construcción: «Jose María y Manolo se culpan *el uno al otro* de lo sucedido», «Francis y Luisa se adoran *el uno al otro*», «Paco y Juan están hartos *el uno del otro*».

**Pronombre reflexivo.** Se denominan 'reflexivos' los pronombres que se utilizan específicamente para significar que la entidad a la que hacen referencia coincide con la designada previamente por otro elemento de la misma unidad oracional; típicamente, aunque no de forma exclusiva, por el sujeto de la oración («*Juan* confía en *sí* mismo», pero «Me resulta insoportable la confianza de *Juan* en *sí* mismo»).

*Sí* o *consigo*, por ejemplo, son 'pronombres reflexivos'. El enunciado «Felipe sólo habla de *sí* mismo» significa que la persona a la que alude el sintagma sujeto *Felipe* es la misma a la que hace referencia el objeto preposicional *sí* (mismo). En cambio, en «Felipe sólo habla de *él*», *Felipe* y *él* pueden tener referentes distintos, dado que *él* no es un 'pronombre reflexivo'. Igualmente, «José María mantiene una lucha constante *consigo* mismo» significa que son idénticos los referentes de *José María* y *consigo*; ambas unidades aluden a la misma persona. Por el contrario, en «José María mantiene una lucha constante con *él*» no se impone esa identidad referencial porque, como ya se ha dicho, *él* no es un 'pronombre reflexivo'.

Tradicionalmente, en las gramáticas del español la clase de los 'pronombres reflexivos' se ha considerado integrada por los siguientes tipos de unidades:

(1) La forma átona *se*, correspondiente a la tercera persona, que se utiliza, a diferencia de *lo(s), la(s), le(s)*, en ORACIONES REFLEXIVAS canónicas: las oraciones en las que se expresa que la entidad designada por el sujeto coincide con el paciente o receptor del evento denotado por el verbo: «Antonio *se* afeita todas las mañans», «Ana y Pilar *se* peinan con mucho esmero». El resto de las formas personales átonas utilizadas en oraciones de sentido reflexivo («Yo *me* maquillo muy bien», «Tú *te* menosprecias absurdamente») no implican necesariamente reflexividad, puesto que

pueden utilizarse también en entornos no reflexivos: «Ana *me* maquilla muy bien», «Paco *te* menosprecia absurdamente».

(2) El pronombre tónico *sí*, y la variante *consigo* (empleada cuando el reflexivo *sí* se combina con la preposición *con*), ambos indicativos de tercera persona y de sentido inequívocamente reflexivo. Los restantes pronombres personales tónicos (*mí, ti, nosotros, vosotros*) que pueden emplearse en oraciones de carácter reflexivo («Me estoy cansando de *mí* mismo», «Nos preocupamos poco de *nosotros* mismos») tampoco significan específicamente reflexividad, dado que se emplean igualmente en oraciones de sentido no reflexivo: «Me lo ha encargado a *mí*», «También nos ha engañado a *nosotros*».

No obstante, como también suele señalarse en los estudios gramaticales del español (*cf* Vera Luján, 1990, por ejemplo), aunque formas tónicas y átonas están históricamente emparentadas y pueden aportar, igualmente, a la oración un sentido reflexivo, su funcionamiento es distinto. *Sí* y *consigo* son, como pronombres tónicos, autónomos y pueden constituir sintagmas por sí mismos. *Se*, en cambio, es un CLÍTICO, una unidad gramatical ligada al verbo, carente de independencia, cuyo funcionamiento se aproxima al de los AFIJOS.

**PRONOMBRE RELATIVO.** Se denominan 'pronombres relativos' o, simplemente, 'relativos, un conjunto limitado de elementos que, en español, se considera integrado por las siguientes unidades: *que, (el) cual, quien, cuyo*. A ellas suelen añadirse *donde, cuando, como* e incluso *cuanto*, también llamados **adverbios relativos**. Como propiedades distintivas de los 'relativos' suelen destacarse comúnmente las siguientes:

(1) Encabezan ORACIONES ADJETIVAS que, o bien modifican al núcleo de un sintagma nominal («He encontrado la peana *que* buscaba»), o bien inciden en todo el sintagma nominal que les precede («Su hijo, *que* era un holgazán, acabó por arruinar la empresa»), y toman su referencia o su sentido de ese nombre o sintagma nominal al que modifica la oración adjetiva (*cf* ANTECEDENTE). Así, en «Su hijo, que era un holgazán, acabó por arruinar la empresa», el relativo *que* alude al mismo referente que el sintagma nominal *su hijo* que le precede. Son, pues, unidades ANAFÓRICAS, que remiten para su interpretación a otro elemento que les precede en el texto y varían su referencia o su sentido en función de ese elemento. De ahí la inclusión de los 'relativos' en la clase de los PRONOMBRES.

(2) Son unidades de carácter nominal (*que, quien, cual*), adjetivo (*cuyo*) o adverbial (*donde, cuando, como*) que asumen en la oración que encabezan una función sintáctica y semántica acorde con esas categorías. En «He encontrado la peana *que* buscaba», *que* representa al objeto directo de *buscaba*, el OBJETO AFECTADO en el plano de los papeles semánticos. En «La anciana a *quien* entregaron el premio abandonó pronto el asilado», *quien* representa al RECEPTOR O DESTINATARIO de *entregar*, que se realiza como OBJETO INDIRECTO en el plano sintáctico.

**PRONOMINAL.** ① En RECCIÓN Y LIGAMIENTO se identifican como 'pronominales' ciertos elementos que, a diferencia de las ANÁFORAS y de las EXPRESIONES REFERENCIALES, están sujetos al principio-B de la TEORÍA DEL LIGAMIENTO. Son 'pronominales' en este sentido del término los pronombres personales no reflexivos (*él, ella*, etc.), la CATEGORÍA VACÍA PRO que se postula como sujeto de los infinitivos («María quería PRO bailar»). Los 'pronominales' (*él*, PRO, etc.) se diferencian de las ANÁFORAS (el reflexivo *sí*, por ejemplo) en que no precisan que su antecedente, el elemento del que reciben su interpretación, esté incluido en la misma oración. En «Ana me habló de *ella*», *ella*, como 'pronominal', puede aludir a una persona distinta de «Ana». En cambio, en «Ana me habló de *sí* misma» sólo puede interpretarse que el antecedente de *sí* es el sujeto de la oración, «Ana»; como anáfora exige que su antecedente se halle en la misma oración. *Cf* construcción pronominal, verbo pronominal.

② Relativo al PRONOMBRE.

**PRONUNCIACIÓN.** Este es un término no técnico que alude a la emisión de los SONIDOS ARTICULADOS de una lengua, los cuales son siempre las REALIZACIONES alofónicas de sus FONEMAS, de acuerdo con sus distintas VARIEDADES LINGÜÍSTICAS (*cf* acento). Cuando se dice que la 'pronunciación' de una lengua es distinta de la de otra se está poniendo de relieve que las dos tienen diferentes BASES DE ARTICULACIÓN.

En la mayoría de los modelos lingüísticos actuales la información fonológica de la 'pronunciación' puede encontrarse en tres niveles distintos: en el LEXICÓN, en el componente fonológico y en la interpretación fonética (Solé Sabater, 1994: 22 y sigs.). El **componente fonológico** consta de los rasgos predecibles y sistemáticos regidos por reglas, y de las reglas que rigen dichos rasgos. Por ejemplo, en el componente fonológico del inglés están, entre otras, la regla de ASPIRACIÓN que hace que la pronunciación de *kids* sea [kʰɪdz], la de la CANTIDAD vocálica que obliga a que la pronunciación de [ɪ] de *kids* sea más larga [kʰɪˑdz] que la de *kits* [kʰɪts], etc.

**PROPORCIONAL.** Véase en OPOSICIONES FONOLÓGICAS

**PROPOSICIÓN.** El término 'proposición' se ha venido utilizando en las gramáticas del español como opuesto, en algún sentido, a ORACIÓN. De ahí que su alcance específico en cada teoría gramatical dependa, en gran medida, del significado concreto que se dé, asimismo, al término oración (*cf* Lope Blanch, 1979). Las distintas definiciones concuerdan en que con el término 'proposición' se alude a «una unidad gramática en la que puede reconocerse un SUJETO y un PREDICADO, según el esquema derivado del análisis lógico». Así, quienes hacen uso de esta denominación coincidirían en que en el ENUNCIADO «El presidente aseguró que sus peticiones serían estudiadas», *sus peticiones serían estudiadas* constituiría una 'proposición', puesto que está formada por un sujeto, *sus peticiones*, y un predicado, *serán estudiadas*.

① Las diferencias entre las gramáticas proceden de que algunos sólo otorgan el rango de 'proposición' a esa estructura cuando, a su vez, está integrada con una función sintáctica en otra unidad, como es el caso del ejemplo anterior, en que *sus peticiones serán estudiadas* es OBJETO en un predicado que la engloba. Pero, según este sentido específico, no recibiría el nombre de 'proposición' la secuencia «El presidente dimitió» ni tampoco las dos unidades coordinadas en «Las calles estaban vacías y las luces se apagaron», a pesar de que las tres presentan una estructura similar, ya que no desempeñan ninguna función sintáctica en otra unidad (Alcina y Blecua, 1971; Marcos Marín, 1972).

② Algunos especialistas, en cambio, llaman 'proposición' a cualquier unidad formada por SUJETO y PREDICADO que no forme ENUNCIADO independiente, con lo cual serían también 'proposiciones' «Las calles estaban vacías y las luces se apagaron», ya que están sintácticamente vinculadas por una conjunción coordinante (Kovacci, 1965).

③ Otros, sin embargo, amplían el concepto anterior y siguiendo a Bello (1981) denominan 'proposición' a toda estructura sujeto-predicado, con independencia de su funcionamiento. Según este uso, todas las unidades utilizadas en los ejemplos anteriores serían 'proposiciones', incluida «El presidente mintió».

④ También puede ser una aseveración a la que se puede asociar un valor de verdad; esto es, que puede ser verdadera o falsa; en este caso la 'proposición' es coincidente con el contenido de un enunciado oracional DECLARATIVO. Esta acepción de 'proposición' coincide con la que se le da en la lógica formal (Garrido, 1988: 41), en donde se define la 'proposición' como el significado de una oración simple declarativa, empleada para afirmar algo acerca de la realidad, algo que es susceptible de ser verdadero o falso. Por ejemplo, «El cielo está gris», «La salsa boloñesa se ha encarecido» contienen 'proposiciones' en este sentido del término. *Cf* valor veritativo de una proposición, verdad.

⑤ Esta última acepción alude al contenido de un enunciado oracional haciendo ABSTRACCIÓN de la MODALIDAD. Por ejemplo, «El cielo está gris», «¿Está gris el cielo?», «Ojalá esté gris el cielo» contienen la misma 'proposición' (la relación sujeto-predicado que se establece entre *el cielo* y *estar gris*), pero difieren en la modalidad. En esta acepción la 'proposición' trata del ámbito lógico-lingüístico subyacente de un pensamiento completo, es decir, de una expresión en la que se predica algo de una persona, animal, cosa o acontecimiento, mientras que la ORACIÓN correspondería a la manifestación externa de la 'proposición' o de un conjunto de proposiciones. Por ejemplo, la oración «Ella estudia ingeniería y yo derecho» consta de dos 'proposiciones': *Ella estudia ingeniería* y *Yo estudio derecho*. Por otra parte, si se contextualiza la oración anterior se la transforma automáticamente en un ENUNCIADO, al darle pertinencia, intencionalidad, motivación, etc., a fin de producir un efecto, por ejemplo, informar, sugerir, insinuar, etc.

**PROPOSICIÓN INORDINADA.** PROPOSICIÓN —estructura predicativa organizada en torno a un verbo— que forma parte del núcleo de una oración en calidad de sujeto, de complemento del sintagma verbal, o de complemento de cualquier otro constituyente integrado en el núcleo oracional.

Por ejemplo, en «Es una pena *que no pueda asistir al concierto*», la unidad destacada en cursiva es una 'proposición inordinada': una estructura predicativa que funciona como sujeto de la oración en que se incluye. Asimismo, en «El presupuesto *que me ha presentado* es demasiado elevado», «*que me ha presentado*» es una 'proposición inordinada'. Complementa a «presupuesto» el núcleo del sintagma nominal sujeto de «es demasiado elevado». Por tanto, forma parte, como complemento, de un constituyente integrado en el núcleo oracional.

En los textos que hacen uso de esta denominación, 'proposición inordinada' suele oponerse a 'proposición subordinada', entendiendo como tal una proposición que tiene como función «complementar a toda la principal o subordinante» (Marcos Martín, 1975: 259) y, por consiguiente, «queda fuera de ella» (Alonso, A. y Henríquez Ureña, P., 1981: 34).

**PROSIOPESIS.** La 'prosiopesis' (Jespersen, 1934: 22-5), también llamada **elipsis independiente**, consiste en la omisión de elementos lingüísticos no ligada a ningún CONTEXTO O CO-TEXTO. Los interlocutores pueden reconstruir o recuperar los elementos elípticos merced al conocimiento que tienen del lenguaje. Por ejemplo, en *told you so*, los hablantes interpretan *I told you so*. A este tipo de supresión, como *(I) thank you*, *(God) damn/confound it*, etc., que no es infrecuente en inglés, algunos dudan en darle el rango de ELIPSIS y lo llaman simplemente ELISIÓN, por estar muy próximo al fenómeno léxico del mismo nombre. Los rasgos más característicos de esta 'prosiopesis' o 'elipsis independiente' son su base léxica, ya citada, y su aparición en textos que poseen REGISTROS muy coloquiales. En inglés se presenta no sólo como omisión del sujeto sino también del verbo auxiliar en posición inicial o intermedia («ϕ you got a cigarette?», «ϕ it far?», «Listen. I ϕ been thinking about this»), elipsis de sujeto y del verbo auxiliar, etc. *Cf* aposiopesis; aféresis.

**PROSODEMA.** ① El término 'prosodema' equivale a FONEMA SUPRASEGMENTAL. Estos FONEMAS en la CADENA HABLADA no funcionan por OPOSICIÓN, como los fonemas segmentales, sino por CONTRASTE.

② Para la GLOSEMÁTICA (Hjelmslev, 1963), la CENEMÁTICA estudia los CENEMAS y los PROSODEMAS.

**PROSODIA.** ① Equivale a FONOLOGÍA SUPRASEGMENTAL O PROSÓDICA, y a RASGO

SUPRASEGMENTAL. *Cf* claves conversacionales.

② En la gramática tradicional es la parte de la gramática (prosodia, ortografía, ANALOGÍA y SINTAXIS) que trata los fenómenos de la ELOCUCIÓN.

**PROSOPOPEYA.** ①. Equivale a PERSONIFICACIÓN.

② Engolamiento o afectación en el lenguaje.

**PRÓTASIS.** Se identifica como 'prótasis' la unidad oracional que, en una construcción u ORACIÓN CONDICIONAL[2], representa la «condición»; esto es, representa el estado de cosas de cuyo cumplimiento se hace depender la realización de lo expresado en la APÓDOSIS, la unidad oracional que expresa lo «condicionado». Por ejemplo, en «Si me lo pides amablemente te lo prestaré», o en «Si tuviera tiempo lo haría con más tranquilidad», *si me lo pides amablemente* y *si tuviera tiempo* constituyen la 'prótasis' de la construcción condicional.

**PROTOLENGUA.** El término 'protolengua' alude a la lengua primera de la que salieron otras. La mayoría de las veces se emplea para referirse a lenguas RECONSTRUIDAS (INDOEUROPEO) o lenguas de las que existen documentos históricos (el latín, por ejemplo). Así, se dice que el latín es la 'protolengua' del castellano, el catalán, etc., y también que el indohitita (lengua de la que no se tiene constancia) fue, para algunos, una protolengua, que se dividió en dos ramas: las lenguas indoeuropeas y las anatolias. *Cf* familia de lenguas.

**PROTOTIPO.** El 'prototipo' es la CLASE de elementos más representativos de una CATEGORÍA; esto es, la constituida por los ejemplares canónicos. Así, por ejemplo, los ADJETIVOS CALIFICATIVOS, como *alto, bello, grande*, constituyen la clase 'prototípica' dentro de la categoría ADJETIVO y son los que más comúnmente asocian los hablantes a la categoría; presentan la mayoría o la totalidad de las características asociadas a los adjetivos —en español, concuerdan en género y número con el sustantivo, pueden intensificarse o graduarse, pueden funcionar como modificadores del nombre o como ATRIBUTOS, pueden anteponerse o posponerse al sustantivo—; sirven de referencia para determinar la adscripción a la categoría de otros elementos no prototípicos: su inclusión dependerá de la mayor o menor semejanza con el 'prototipo'. Así, elementos como *segundo, paterno* se adscriben a la categoría adjetivo por compartir algunos, aunque no todos, los rasgos asociados a los calificativos.

La noción de 'prototipo' se inscribe dentro de una concepción gradual de las categorías lingüísticas: ni los elementos adscritos a una determinada categoría tienen por qué compartir la totalidad de los rasgos asociados a la clase, ni los límites entre categorías distintas están perfectamente delimitados. El que un elemento se incluya en una clase es una cuestión de grado, de proximidad al 'prototipo'.

**PROTRACCIÓN.** En FONÉTICA ARTICULATORIA se llama 'protracción' al movimiento hacia adelante efectuado por los labios, sobre todo en la LABIALIZACIÓN de un sonido, por ABOCINAMIENTO, a fin de aumentar la cavidad del RESONADOR labial y, de esta forma, realzar el efecto GRAVE u oscuro del sonido afectado. *Cf* abocinamiento.

**PROXÉMICA.** La 'proxémica', junto con la KINÉSICA y la PARALINGÜÍSTICA, estudia los ACTOS NO VERBALES, los cuales, a su vez, pueden ser ISOVERBALES, INDICIALES y META-COMUNICATIVOS (*cf* acto no verbal). En concreto, la 'proxémica' estudia la estructuración y el uso del espacio, en especial las distancias mantenidas de forma consciente o inconsciente por los hablantes en la COMUNICACIÓN verbal, siempre teniendo en cuenta que la utilización del espacio es un factor nada desdeñable en la determinación y el análisis del SIGNIFICADO DISCURSIVO, por ser indicativa no sólo de una cultura sino también de una actitud. Como sistema comunicativo de origen corporal, la conducta proxémica se estructura y combina con otros sistemas de signos portadores de significado, como el lenguaje verbal, el PARALENGUAJE, la KINÉSICA, el contacto físico y la percepción olfativa (Hall, 1959, 1966 y 1968; Guillén Nieto, 1995: 224). Se suelen distinguir cuatro distancias interpersonales: (a) la íntima (entre 0,15 m y 0,45 m), la personal (entre 0,46 m y 1,20 m), la social (entre 1,20 m y 3,5 m) y la pública (por encima de 3,5 m). Fue el antropólogo E. T. Hall (1959 y 1966) quien acuñó el término de **relaciones proxémicas** en su investigación del uso del espacio que las personas hacen en sus actividades laborales, domésticas, urbanas y estéticas, etc., las cuales, al formar parte de un sistema cultural, cumplen FUNCIONES DISCURSIVAS esenciales, entre las que destacan la de determinar el tipo de relación social y nivel de intimidad existente entre los interlocutores, y la de ofrecer pistas significativas acerca de la actitud personal e INTENCIÓN comunicativa de los hablantes en la comunicación interpersonal (Guillén Nieto, 1995: 225). *Cf* claves conversacionales, canal semiótico, diálogo.

**PROYECCIÓN.** Véase en PRINCIPIO DE PROYECCIÓN y en REGLA DE PROYECCIÓN.

**PROYECCIÓN MÁXIMA.** En GRAMÁTICA GENERATIVA se identifica como 'proyección máxima' de una categoría (por ejemplo, de un nombre, de un adjetivo) la unidad sintáctica más amplia que contiene como NÚCLEO a dicha categoría y deriva, por tanto, de ella sus propiedades sintácticas fundamentales: su naturaleza categorial (SN, SA), la categoría de los elementos que puede integrar como constituyentes, los procesos sintácticos que le pueden afectar. Así, por ejemplo, el sintagma nominal es la 'proyección máxima' de la categoría nombre: es la unidad sintáctica más amplia que tiene como núcleo a un nombre, y su categoría (SN), así como los elementos que puede incluir como constituyentes (determinantes, adjetivos, etc.) vienen determinados por las propiedades de ese núcleo nominal.

Según el sistema de NOTACIÓN utilizado en el modelo RECCIÓN Y LIGAMIENTO, **X''** o (y también **SX**) es la variable que simboliza una 'proyección máxima', siendo X la variable empleada para representar a cualquier categoría, ya léxica, ya funcional. Así, N'' representa la 'proyección máxima' de la categoría léxica N; F'' es la forma convencional de indicar la 'proyección máxima' de la categoría funcional F o FLEX. Atribuir a una 'proyección máxima' el valor X'' implica que son dos los niveles sintácticos en que puede expandirse una categoría. Así, según el esquema categorial establecido en la TEORÍA DE LA X', toda 'proyección máxima' X'' está constituida por un ESPECIFICADOR y una proyección intermedia X'. X', a su vez, está integrada por el núcleo categorial X y sus posibles complementos:

X''
Especificador X'
X Complemento

Por tanto, un núcleo categorial X puede proyectarse o expandirse en dos niveles: X' y X''. De ahí el carácter 'máximo' de la proyección X''.

**PRUEBAS DE ACEPTABILIDAD.** Véase en ACEPTABILIDAD.

**PSEUDOPALABRA.** Véase en PALABRA LLENA.

**PSICOLINGÜÍSTICA.** ① En un sentido estricto, la 'psicolingüística' es la disciplina en la que confluyen y se aúnan los puntos de vista lingüístico y psicológico del lenguaje, con el fin de llegar a una mejor comprensión de los aspectos cognitivos de su producción (EXPRESIÓN ORAL Y ESCRITA) y de su recepción (COMPRENSIÓN ORAL Y ESCRITA). Pero esta disciplina se interesa, además, como objetivos básicos, por la formulación de teorías y de modelos que permitan comprender mejor los aspectos mentales de la ADQUISICIÓN DEL LENGUAJE y de su desarrollo, del APRENDIZAJE DE LAS LENGUAS EXTRANJERAS (*cf* conductismo y mentalismo) y de los problemas del BILINGÜISMO.

La 'psicolingüística', junto con la SOCIOLINGÜÍSTICA, es una de las ramas más originales de los estudios lingüísticos, consolidada a partir de los años sesenta. No obstante, se considera el libro de Wundt *Die Sprache*, publicado a principios del siglo XX, como el precedente más importante de la investigación psicolingüística (Malmkjær, 1991: 362), la cual sufrió un parón importante durante los años cuarenta y cincuenta, debido al predominio del CONDUCTISMO, que impidió el desarrollo de teorías sobre los procesos mentales del lenguaje, por su cariz EMPIRISTA y ANTIMENTALISTA. Durante los años setenta, el marco teórico del PARADIGMA GENERATIVISTA impulsó el desarrollo de teorías psicolingüísticas, pero, a partir de los años ochenta, han sido más influyentes las teorías psicológicas, como la de la modularidad, las de los procesos interdependientes o autónomos, etc. (Flores d'Arcais, 1983) en el desarrollo de esta disciplina.

② En un sentido más amplio, la 'psicolingüística' comprende también el estudio de las perturbaciones y PATOLOGÍAS DEL LENGUAJE (*cf* afasia) y los problemas de tipo neurolingüístico.

**PSICOLOGISMO RACIONALISTA.** En el PARADIGMA GENERATIVISTA se percibe una vuelta hacia la concepción *psicologista* del lenguaje de los siglos XVII y XVIII, es decir, se ha producido una nueva valoración de la psicología racionalista de las facultades mentales, frente a la inspiración *comunicativa*, en que se apoya, hasta cierto punto, el ESTRUCTURALISMO (sociológica en lo que a Saussure se refiere, y conductista en lo que afecta a Bloomfield). Chomsky afirma que siempre pensó que el CONDUCTISMO era un escándalo intelectual (Parret, H., 1974: 27-54). El texto de Chomsky *Language and Mind*, publicado en 1968, plantea por primera vez una cuestión novedosa en el GENERATIVISMO: la ADQUISICIÓN DEL LENGUAJE, esto es, determinar cuál es el artilugio mental que poseemos los humanos, merced al cual podemos aprender o adquirir el lenguaje y, a la vez, emitir y entender un repertorio, potencialmente infinito, de oraciones jamás oídas con anterioridad. Este punto marcó una meta nueva para la investigación lingüística, que influyó considerablemente en otras disciplinas relacionadas con el lenguaje, como la filosofía o la psicología. En *Language and Mind* Chomsky se apoya en el pensamiento racionalista cartesiano y, en especial, en el de Port Royal.

Las características del 'psicologismo racionalista' son la IDEALIZACIÓN del lenguaje, con la consiguiente carga de ABSTRACCIÓN que conlleva, y la importancia que se confiere a la INTUICIÓN y a la INTROSPECCIÓN. Pero este recurso a la intuición y a la introspección en modo alguno significa que la lingüística renuncie a ser considerada como estudio científico del lenguaje y, por tanto, su ámbito es el mismo que el de las demás ciencias (Chomsky, N., 1965: 20). En la historia de la lingüística, **Port Royal** representa los antecedentes en los que Chomsky basa su teorización lingüística. *Cf* filosofía del lenguaje.

**PSICOMORFO.** Véase en FONESTEMA.

**PULMONES.** Véase en ÓRGANOS DE ARTICULACIÓN.

**PULSO GLOTAL.** Véase en FONACIÓN.

**PUNTO DE ARTICULACIÓN.** En FONÉTICA ARTICULATORIA se llama 'punto de articulación' al lugar de la CAVIDAD BUCAL en donde se produce la CONSTRICCIÓN, es decir, el contacto o estrechamiento necesario para articular una CONSONANTE (Gili Gaya, 1975: 70) mediante el encuentro de dos ARTICULADORES de acuerdo con un MODO DE ARTICULACIÓN. Según el 'punto de articulación', las CONSONANTES se clasifican en BILABIALES, LABIODENTALES, INTERDENTALES, DENTALES, ALVEOLARES, PALATALES y VELARES.

Como en la producción de las VOCALES la forma de encuentro de los ARTICULADORES es de APROXIMACIÓN ABIERTA se prefiere el término **zona o lugar de articulación** en vez de 'punto de articulación'.

**PUNTO DE VISTA.** Fue Saussure el que dijo que «el punto de vista crea el objeto». El 'punto de vista' es el esquema conceptual teórico o pre-teórico con que abordamos el estudio de un objeto; este punto de vista, como nos decía Saussure, es el que crea el objeto, en este caso, las distintas unidades de la realidad lingüística.

El punto de vista influye en la OBSERVACIÓN. Frente a un mismo árbol (Martinet, 1965: 68), un observador notará la majestad de su aspecto y el carácter imponente de su follaje; otro observará las resquebrajaduras del tronco y los reflejos de sus hojas tornasoladas, un tercero precisará cifras estadísticas; un cuarto indicará la forma característica de cada órgano. Toda descripción será aceptable a condición de que sea coherente, es decir, construida desde un punto de vista determinado. Una vez adoptado ese punto de vista, es necesario retener ciertos rasgos llamados pertinentes; los otros, no pertinentes, deben ser resueltamente descartados. [...]. Consecuentemente, no se pueden observar los datos de la realidad sin estar condicionado teóricamente. Por ejemplo, en el esquema conceptual de la TAGMÉMICA, el observador puede percibir las unidades del lenguaje como **partículas**, como **ondas**, o como **campos**, o dicho con otras palabras, desde una perspectiva estática, desde una dinámica, o desde otra de interrelaciones (Pike, K., 1967).

Vista como 'partícula', cualquier unidad lingüística es un elemento independiente, bien definido y con límites precisos, que es miembro de un conjunto o clase de unidades. Al elegir este 'punto de vista', el observador pone de relieve, o pasa a primer plano, las características indicadas e ignora las que facilitan las visiones de onda o de campo. La perspectiva 'onda' se centra en el descubrimiento de los rasgos dinámicos de las unidades lingüísticas, es decir, de aquellos que están sometidos a cambios en el tiempo y a variaciones en el espacio. Bajo esta perspectiva se distingue un núcleo de la onda, claramente diferenciado de los elementos periféricos, los cuales se funden gradualmente con los elementos marginales de otras unidades. Con la perspectiva 'campo', el observador percibe las unidades lingüísticas no como elementos independientes o dinámicos, sino como componentes de sistemas mayores, que, a su vez, están formados por subsistemas interrelacionados. *Cf* perspectiva.

**PUNTO VOCÁLICO.** Equivale a ÁPICE[2].

# Q

**Queísmo.** Se llama 'queísmo' al fenómeno consistente en la supresión indebida de la preposición *de* cuando precede al *que* introductor de una oración sustantiva. Los siguientes ejemplos, que tomamos de Gómez Torrego (1993: 317), constituyen enunciados anómalos porque contienen 'queísmos': «*Me alegro *que* hayas aprobado», «*No se dio cuenta *que* lo perseguían», «*El profesor se enteró *que* yo no había ido a clase». En todos los casos se ha omitido la preposición *de* ante la oración sustantiva, cuando lo correcto hubiera sido incluirla: «Me alegro *de que* hayas aprobado», «No se dio cuenta *de que* lo perseguían», «El profesor se enteró *de que* yo no había ido a clase». *Cf* norma.

# R

**Racionalidad.** El término 'racionalidad' se ha introducido en lingüística, especialmente en la PRAGMÁTICA, para dar cuenta de la COOPERACIÓN que rige en la explicación de algunas TEORÍAS de la CONVERSACIÓN y de algunos de los SIGNIFICADOS INFERENCIALES (*cf* interpretación textual).

**Racionalismo.** Véase en PSICOLOGISMO RACIONALISTA, en UNIVERSALES LINGÜÍSTICOS y en PARADIGMA GENERATIVISTA.

**Radical.** ① Se aplica el adjetivo 'radical' a todo lo relacionado con la RAÍZ, ya en su sentido morfológico como en el fonético. A veces equivale también a TEMA.

② En FONÉTICA se aplica el adjetivo 'radical' a las articulaciones en las que interviene la RAÍZ de la LENGUA como, por ejemplo, en la FARINGALIZACIÓN.

**Raíz.** ① En FONÉTICA la'raíz' es el extremo posterior de la LENGUA, opuesto al ÁPICE, en el que se efectúan algunas ARTICULACIONES como la FARINGALIZACIÓN.

② En MORFOLOGÍA y en LEXICOLOGÍA se denomina 'raíz' a la unidad morfológica mínima —no analizable en elementos morfológicos menores— que transporta una significación léxica. Podría, pues, considerarse, según afirma, por ejemplo, J. Pena (1993: 389) como la unidad morfológica que quedaría al eliminar de la palabra los AFIJOS DERIVATIVOS y las DESINENCIAS O AFIJOS FLEXIVOS. Por ejemplo, de conformidad con M. F. Lang (1992: 34), *mezquin-* sería la 'raíz' común a *mezquino* y *mezquindad*, puesto que constituye la unidad portadora de significado léxico que permanece en ambas palabras cuando se suprimen los afijos derivativos (*-dad*) y flexivos (*-o*). El término raíz, con este significado es poco usado en la lingüística moderna, prefiéndose en su lugar otros como TEMA[5].

**Rama, ramificación.** Se da el nombre de 'rama' o 'ramificación' a cada una de las líneas que enlazan dos NUDOS en un DIAGRAMA ARBÓREO. Tomemos, por ejemplo, el siguiente diagrama, que representa gráficamente la estructura de un sintagma nominal:

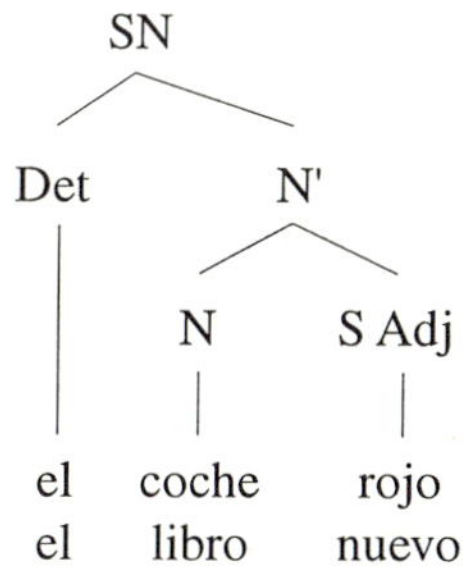


Se identificarían como 'ramas' en este diagrama las líneas descendentes que unen el nudo rotulado SN con los nudos que llevan la etiqueta Det y N', como también, lógicamente, las líneas que enlazan el nudo N' con N y SAdj. Dado que los NUDOS representan las CATEGORÍAS que constituyen, en distintos niveles, la estructura de la oración, las 'ramas' que los enlazan reflejan, fundamentalmente, las relaciones de dominio que se establecen entre esas categorías. Así, en el diagrama anterior, el hecho de que del nudo o categoría SN surjan dos 'ramas' que lo enlazan con Det y N', indica que estas dos categorías están dominadas inmediatamente por SN; o, de otra manera, que Det y N' son los constituyentes inmediatos de SN. Asimismo, si los nudos N y SAdj se hallan al final de dos 'ramas' que surgen del nudo N', es porque N y SAdj están dominados por N', las dos categorías están integradas en N' como sus constituyentes.

**Rango.** ① Según el sentido dado por Jespersen, el término 'rango' alude a cada una de las tres CATEGORÍAS (rango primario, secundario, terciario) en que, de conformidad con sus planteamientos, pueden agruparse tanto las palabras de BASE LEXEMÁTICA (SUSTANTIVO, ADJETIVO, VERBO, ADVERBIO), como otras unidades sintácticas mayores que la palabra (oraciones, sintagmas) atendiendo a su papel en la combinación sintáctica, esto es, atendiendo a si modifican o se subordinan a otras o si sólo son modificadas, así como al 'rango', en su caso, de la unidad a la que modifican. Así, por ejemplo, en la combinación sintáctica «Casa excesivamente amplia», el sustantivo *casa*, de acuerdo con Jespersen, es un término de 'rango primario', ya que es modificado por el adjetivo *amplia*, al que impone los rasgos de CONCORDANCIA, y no está a su vez subordinado a ninguna otra unidad. *Amplia* es un término de 'rango' secundario, porque incide en el sustantivo *casa*, se subordina, pues, a un elemento de 'rango' primario. *Extremadamente* es un término de 'rango' terciario, dado que modifica a un modificador, a un elemento de 'rango' secundario, *amplia*.

② En otra acepción del término (Lyons, 1971; Halliday, 1977), 'rango' viene a ser equivalente a NIVEL en uno de sus sentidos, al aludir a cada una de las etapas sucesivas en el análisis de la unidad gramatical más amplia, la oración, en la que es posible encontrar, como constituyentes, unidades menores con una estructura diferenciada (sintagma, palabra, morfema). La oración, el sintagma, la palabra y el morfema son unidades de 'rango' diferente porque se encuentran en distintas etapas del análisis de la unidad más amplia, y forman una escala jerárquica. Las unidades de rango superior pueden analizarse (o «descomponerse») en unidades de rango inferior» (Lyons, 1971: 176). Así, la oración «Los árboles ocultaban la casa» se descompone en unidades de 'rango' inferior, los sintagmas: «los árboles», «ocultaban la casa». Los sintagmas se componen de palabras: «los», «árboles». Las palabras, por último, son analizables en los morfemas «árbol», «-es», que son las unidades de 'rango' inferior en la escala.

③ Equivale a RANGO DE LA VARIABLE.

**Rango de la variable.** Se llama 'rango de la variable' al conjunto o CLASE específica de elementos que pueden sustituir a una determinada VARIABLE. Según Bosque y Moreno Cabrera (1990: 18), por ejemplo, las variables *x* e *y* de «x es el padre de y» tienen el mismo 'rango', esto es, pueden ser sustituidas por un mismo tipo de elementos, en este caso, por expresiones que denotan entidades: «*Pedro* es el padre de *Antonio*», «*El vecino del quinto* es el padre de *el secretario de mi oficina*».

**Rasgo.** Uno de los COMPONENTES más utilizado en el ANÁLISIS LINGÜÍSTICO es el 'rasgo', el cual se define como la propiedad o atributo mínimo de una unidad fonética o semántica o de cualquier otro NIVEL. El 'rasgo' mínimo en el ANÁLISIS SEMÁNTICO se llama SEMA O NOEMA, el cual ha dado lugar al ANÁLISIS SÉMICO O COMPONENCIAL, y el 'rasgo' mínimo fónico se llama RASGO DISTINTIVO O PERTINENTE. El 'rasgo' es un CONSTRUCTO HIPOTÉTICO que, como unidad mínima, forma parte de las descripciones de todos los niveles; por ejemplo, se habla de RASGO FONOLÓGICO, de RASGO ESTILÍSTI-

CO, etc. El BINARISMO suele ser una característica de los rasgos, los cuales se presentan normalmente en forma de MATRICES.

**Rasgo de cavidad.** En la FONOLOGÍA GENERATIVA (Martínez Celdrán, 1983: 230), de acuerdo con los principios de la obra de Chomsky y Halle (1968) *Sound Pattern of English*, los 'rasgos de CAVIDAD' (*cavity features*) constituyen, junto a los RASGOS DE CLASE MAYOR (*major class features*), los RASGOS DE MODO (*manner-of-articulation features*), los RASGOS DE FUENTE (*source features*) y los RASGOS PROSÓDICOS (*prosodic features*), una de las dimensiones básicas para analizar los sonidos del lenguaje. Los 'rasgos de cavidad', a su vez, se dividen en 'constricciones primarias' y 'aperturas secundarias'. Las **constricciones primarias**, analizables en forma de OPOSICIONES, son los rasgos: CORONAL, ANTERIOR, RASGOS RELACIONADOS CON EL CUERPO DE LA LENGUA, REDONDEADO, DISTRIBUIDO y CUBIERTO. Las **aperturas secundarias**, también analizables en forma de oposiciones, son los rasgos NASAL y LATERAL.

**Rasgo de clase mayor.** En la FONOLOGÍA GENERATIVA (Martínez Celdrán, 1983: 228), de acuerdo con los principios de la obra de Chomsky y Halle (1968) *Sound Pattern of English*, los 'rasgos clase mayor' (*major class features*) constituyen, junto a los RASGOS DE MODO, los RASGOS DE CAVIDAD, los RASGOS DE FUENTE y los RASGOS PROSÓDICOS, una de las dimensiones básicas para analizar los sonidos del lenguaje. Los 'rasgos de clase mayor' se refieren a las posibilidades de APERTURAS y cierres propias de la articulación de los sonidos. Se analizan en forma de OPOSICIONES y son los rasgos siguientes: SONANTE, VOCÁLICO (SILÁBICO) y CONSONÁNTICO.

**Rasgo de fuente.** En la FONOLOGÍA GENERATIVA (Martínez Celdrán, 1983: 240), de acuerdo con los principios de la obra de Chomsky y Halle (1968) *Sound Pattern of English*, los 'rasgos de fuente' (*source features*) constituyen, junto a los RASGOS DE MODO, los RASGOS DE CAVIDAD, RASGOS DE CLASE MAYOR, y los RASGOS PROSÓDICOS, una de las dimensiones básicas para analizar los sonidos del lenguaje. Los 'rasgos de fuente', analizables en forma de OPOSICIONES, son: PRESIÓN SUBGLOTAL AUMENTADA, SONORO y ESTRIDENTE. *Cf* rasgo distintivo[2].

**Rasgo de modo.** En la FONOLOGÍA GENERATIVA (Martínez Celdrán, 1983: 238), de acuerdo con los principios de la obra de Chomsky y Halle (1968) *Sound Pattern of English*, los 'rasgos de MODO' constituyen, junto a los RASGOS DE CLASE MAYOR, los RASGOS DE CAVIDAD, los RASGOS DE FUENTE y los RASGOS PROSÓDICOS, una de las dimensiones básicas para analizar los sonidos del lenguaje. Los 'rasgos de modo', analizables en forma de OPOSICIONES, son los siguientes: CONTINUO, RASGOS DE RELAJAMIENTO (INSTANTÁNEO Y RETARDADO), MOVIMIENTOS SUPLEMENTARIOS (SUCCIÓN y PRESIÓN), TENSO.

**Rasgo de relajamiento.** En la FONOLOGÍA GENERATIVA (Martínez Celdrán, 1983: 238 y sigs.) los 'rasgos de relajamiento' son RASGOS DE MODO. El 'relajamiento' puede ser instantáneo y retardado.

Las OCLUSIVAS primarias [p, t, k] tienen un **relajamiento instantáneo o brusco**, en donde se puede apreciar una ligera BARRA DE EXPLOSIÓN, que, en algún momento, llega a faltar. El **relajamiento retardado**, también llamado **distensión alargada** y **escape gradual**, es un rasgo pensado para las AFRICADAS como [ʧ, ʤ] en palabras como <u>ch</u>ico y *con<u>y</u>úge*. La última parte de la africada correspondiente a la relajación es la retardada o alargada. Distensión alargada es la traducción de Martínez Celdrán (1983: 239) al término inglés *delayed release*.

En los CLICS u **oclusivas secundarias** de algunas lenguas, Chomsky y Halle han reconocido que algunos, por ejemplo, los clics de los hotentotes, tienen relajamiento instantáneo y otros relajamiento retardado.

Los rasgos de Jakobson (*cf* rasgos de sonoridad) diferenciaban las oclusivas de las africadas, sólo por ser aquéllas no estridentes y éstas estridentes. Pero Chomsky y Halle consideran que existen lenguas con africadas no estridentes. Por tanto, es más adecuado distinguir las oclusivas de las africadas por el relajamiento instantáneo o retardado, respectivamente.

**Rasgo de sonoridad.** Véase en RASGO DISTINTIVO.

**Rasgo de tonalidad.** Véase en RASGO DISTINTIVO.

**Rasgo distintivo, rasgo pertinente, rasgo relevante.** ① Se llama 'rasgo distintivo' —**pertinente, relevante o válido**— (Alarcos Llorach, 1983: 42) a toda característica fónica susceptible de diferenciar por sí sola el significado de una palabra o de una frase. La SONORIDAD, por ejemplo, es un rasgo diferencial que permite distinguir PARES MÍNIMOS como *vaso* y *paso*, *cebo* y *cepo*, etc. Los 'rasgos pertinentes' son de naturaleza fónica, es decir, no son ABSTRACCIONES sino atributos o propiedades que se encuentran en los sonidos. Pottier a los rasgos distintivos los llama **femas**, por oposición a SEMA. Para este teórico, el sema es el rasgo mínimo del plano del contenido, mientras que el fema lo es del plano de la expresión.

Los 'rasgos distintivos', por ser los componentes mínimos y por asegurar la FUNCIÓN DISTINTIVA, son, de acuerdo con las ideas de Jakobson, las unidades mínimas y básicas de la FONOLOGÍA, en vez del FONEMA, el cual es, en cambio, un haz de RASGOS PERTINENTES; por ejemplo, el fonema /t/ del español tiene tres rasgos pertinentes: SORDO frente a SONORO /d/, ORAL frente a NASAL /n/ y OCLUSIVO frente a FRICATIVO /θ/. Por tanto, por ser una unidad compleja no puede ser la unidad mínima de la FONOLOGÍA.

La teoría de los 'rasgos distintivos', nacida en los trabajos del CÍRCULO DE PRAGA (Trubetzkoy, 1939), desarrollada posteriormente por Jakobson, Fant y Halle (1951), y más tarde reformulada y ampliada por Chomsky y Halle (1968), es probablemente la más original de la fonología, por su carácter BINARISTA, porque puede considerarse como una hipótesis de UNIVERSALES LINGÜÍSTICOS y, también, porque ha servido de modelo para otros estudios, como el ANÁLISIS SÉMICO. Es, por tanto, imprescindible conocerla para poder entender la fonética y la fonología moderna.

Dos son los sistemas más importantes de 'rasgos distintivos' que se han formulado, el FUNCIONAL, expuesto en *Preliminaries to Speech Analysis* (Jakobson, Fant, y Halle, 1951), y el GENERATIVO, contenido en *Sound Pattern of English* (Chomsky y Halle, 1968). Sobre éstos se han hecho modificaciones y propuestas, algunas de mucha entidad, como la de Ladefoged (1982).

Así, el BINARISMO de Chomsky y Halle (por ejemplo, /b/ es [+sonoro], [–nasal], etc.) ha sido una cuestión muy debatida, con la propuesta de 'rasgos' de un solo valor o valor **unario** y otros de múltiples valores, lo que ha dado lugar a la GEOMETRÍA DE RASGOS de Clements (*cf* fonología no lineal).

De acuerdo con los postulados contenidos en el citado *Preliminaries,* los 'rasgos distintivos' se definen desde el punto de vista de la FONÉTICA ARTICULATORIA, la FONÉTICA ACÚSTICA y la FONÉTICA AUDITIVA, es decir, desde la producción, la acústica y la percepción. Con la caracterización acústica de los fonemas se alcanza un mayor número de GENERALIZACIONES que con la visión articulatoria. Así, por ejemplo, los rasgos GRAVE y AGUDO sirven para caracterizar tanto a las vocales posteriores y anteriores como a las consonantes velares y palatales. Con el mismo rasgo de grave se caracterizan las consonantes labiales y velares en oposición con las dentales y las palatales.

Los 'rasgos distintivos' se dividen en dos clases: los 'rasgos inherentes' y los **rasgos (distintivos) prosódicos** (*cf* fonema suprasegmental). Estos últimos sólo se presentan en los fonemas que constituyen el núcleo silábico y únicamente se pueden definir en función del relieve de la SÍLABA o de la cadena silábica. Jakboson distingue los de

TONO, FUERZA y CANTIDAD. Los **rasgos (distintivos) inherentes** o **intrínsecos** (Quilis, 1993: 111 y sigs.), a su vez, pueden ser 'rasgos de sonoridad' y 'rasgos de tonalidad':

(a) Los **rasgos de sonoridad** están relacionados con los 'rasgos prosódicos' de INTENSIDAD/FUERZA y CANTIDAD, y utilizan principalmente la cantidad y/o la concentración de la energía acústica en cada momento de la producción de un fonema. Se presentan en nueve oposiciones binarias: VOCÁLICO/NO VOCÁLICO, CONSONÁNTICO/NO CONSONÁNTICO, DENSO (O COMPACTO)/DIFUSO, TENSO/FLOJO, SONORO/SORDO, NASAL/ORAL, INTERRUPTO/CONTINUO, ESTRIDENTE/MATE y RECURSIVO/INFRAGLOTAL.

(b) Los **rasgos de tonalidad** están relacionados con los rasgos prosódicos que utilizan la ALTURA O TONO de la voz. Estos rasgos se hacen patentes, principalmente, por medio de la distribución de la energía en el ESPECTRO de FRECUENCIAS de un FONEMA (Quilis, 1993: 119). Se presentan en tres oposiciones binarias: GRAVE/AGUDO, BEMOLIZADO/NORMAL y SOSTENIDO/NORMAL.

② En la FONOLOGÍA GENERATIVA, de acuerdo con los principios de la obra de Chomsky y Halle (1968) *Sound Pattern of English*, los 'rasgos distintivos' se ordenan en cinco grandes grupos: RASGOS DE CLASE MAYOR (*major class features*), RASGOS DE CAVIDAD (*cavity features*), RASGOS DE MODO (*manner-of-articulation features*), RASGOS DE FUENTE (*source features*) y RASGOS PROSÓDICOS (*prosodic features*). Los generativistas construyen este sistema más amplio de rasgos por considerar que el de Jakobson, del cual se consideran sucesores, es insuficiente y, hasta cierto punto, radical por reducir a doce las oposiciones. Ni que decir tiene que no todos los rasgos propuestos por Chomsky y Halle han tenido la misma aceptación; algunos son polémicos y se han propuesto otros como el de LABIAL.

**RASGO ESTILÍSTICO.** Se llama 'rasgo estilístico' a cualquier RECURSO ESTILÍSTICO que sirva como pista lingüística para justificar cualquier EFECTO ESTILÍSTICO (*cf* figura del lenguaje). Por ejemplo, la REPETICIÓN del sema «multitud» en un mismo sintagma u oración con palabras tales como *atestar, turba, muchedumbre, gentío*, etc., para conseguir el efecto de «agobio», es una claro 'rasgo estilístico'.

**RASGO FONOLÓGICO.** Equivale a RASGO DISTINTIVO.

**RASGO INHERENTE O INTRÍNSECO.** Véase en RASGO DISTINTIVO.

**RASGO PERTINENTE.** Equivale a RASGO DISTINTIVO.

**RASGO PRIVATIVO.** ① En la Escuela fonológica del CÍRCULO LINGUÍSTICO DE PRAGA se denomina 'rasgo privativo' a un tipo de OPOSICIÓN BINARIA en la que un miembro se considera MARCADO por la presencia de un RASGO que el otro miembro de la oposicion no tiene. Por ejemplo, en inglés la distinción entre /p/ y /b/, en la que este último FONEMA está marcado en lo que respecta al rasgo SONORIDAD.

② Dentro del marco de la FONOLOGÍA GENERATIVA se conocen como 'rasgos privativos' aquellos con un valor único. En lugar de referirnos a sonidos SORDOS y sonidos SONOROS hablaríamos de un 'rasgo privativo': sonoridad. Este enfoque resulta mucho más restrictivo puesto que, al existir (fonológicamente) un único rasgo, no aparecerán ambos valores en ninguna de las fases de la derivación fonológica. Si, por ejemplo, consideramos sonoridad como 'rasgo privativo', la consecuencia inmediata sería que el rasgo SORDO permanecería inerte desde el punto de vista fonológico y no podría desempeñar ningún papel activo en la derivación. García Mayo (1994) utiliza sonoridad como 'rasgo privativo' para explicar una serie de alternancias en algunos verbos irregulares en inglés (*bend-bent*; *leave-left*; *bleed-bled*, etc.) frente a otras propuestas que necesitaban hacer uso de los dos términos de la oposición (sordo-sonoro).

**RASGO PROSÓDICO.** Véase en RASGO DISTINTIVO y en FONEMA SUPRASEGMENTAL.

**Rasgo redundante.** En FONOLOGÍA se dice que un rasgo es 'redundante', no distintivo, o indistintivo, si su presencia no es necesaria para diferenciar un fonema de otro. Por ejemplo, lo que distingue *un pino* de un *vino* es el carácter sordo de [p] frente al sonoro de [b] y, son redundantes, a estos efectos, el rasgo tenso de [p] frente al flojo de [b]. Pero si las secuencias anteriores se pronuncian **cuchicheadas** —o sea, eliminando la SONORIDAD—, persiste la diferencia entre ambos elementos, pero ahora gracias al carácter tenso de [p] frente al flojo de [b] (Alarcos Llorach, 1983: 40).

**Rasgo relacionado con el cuerpo de la lengua.** En la FONOLOGÍA GENERATIVA, de acuerdo con los principios de la obra de Chomsky y Halle (1968) *Sound Pattern of English*, los 'rasgos relacionados con el cuerpo de la lengua' son RASGOS DE CAVIDAD referidos a los cambios de POSICIÓN DEL CUERPO DE LA LENGUA respecto de la posición neutral: ALTO, BAJO y POSTERIOR. *Cf* CORONAL, ANTERIOR, REDONDEADO, DISTRIBUIDO y CUBIERTO.

**Rasgo semántico.** Equivale a SEMA.

**Rasgo sintáctico.** Los 'rasgos sintácticos' ([+N], [±común], [±concreto], etc.) son una subclase de los RASGOS SEMÁNTICOS, que especifican el comportamiento sintáctico de las UNIDADES LÉXICAS. Estos 'rasgos' se presentan normalmente en forma de MATRIZ, susceptible de ser sustituida por una UNIDAD LÉXICA como podría ser *casa, perro*, etc. Hay escuelas que defienden la utilización de los 'rasgos sintácticos' en la categorización de las formas sintácticas, al modo que se sigue en FONOLOGÍA y en SEMÁNTICA. De esta manera, las CATEGORÍAS verbo, nombre, adjetivo y preposición quedarían caracterizadas de la siguiente forma: [+V –N], [–V +N], [+V +N] y [–V –N] (Crystal, 1991: 342). *Cf* símbolo complejo.

**Rasgo suprasegmental o prosódico.** En FONÉTICA se emplea el término 'rasgos suprasegmentales' para aludir a los componentes de lo que Abercrombie (1967: 89 y sgs.) llama **dinámica de la voz**, esto es, el ACENTO, el RITMO, la ENTONACIÓN, la TESITURA y el REGISTRO, a diferencia de los que forman la **cualidad de la voz**, es decir, el TIMBRE de los SEGMENTOS (*cf* fonética acústica). Cuando estos 'rasgos suprasegmentales' forman parte del sistema de una determinada lengua se habla de FONEMAS SUPRASEGMENTALES, en vez de 'rasgos'.

**Raya.** De acuerdo con el DRAE, la 'raya' es un guión algo más largo que se usa para separar oraciones incidentales o indicar el diálogo en los escritos. *Cf* énfasis.

**Realización.** ① En FONÉTICA se llama 'realización' a cada una de las MANIFESTACIONES, ALÓFONOS O VARIANTES de una FONEMA. También se ha extendido el significado a cualquier variante de una unidad funcional, por ejemplo, los MORFOS de un MORFEMA.

② Partiendo de las distinciones establecidas por Vendler (1967) en relación con la categoría *AKTIONSART* o modo de acción, se clasifican como 'realizaciones' tanto las situaciones como los predicados que las denotan cuando presentan las siguientes peculiaridades: (1) son situaciones dinámicas, en oposición a los ESTADOS; (2) son durativas, a diferencia de los LOGROS; (3) son situaciones TÉLICAS, a diferencia de las ACTIVIDADES. Por ejemplo, de conformidad con Moreno Cabrera (1991: 311 y sigs.) o con García Miguel (1995a: 84 y sigs.), los siguientes predicados denotan situaciones que pueden ser incluidas en la clase de las 'realizaciones': «Alberto corrió los 100 metros en once segundos», «Agustín hizo una silla en dos horas», «Fernando ha escrito una novela».

A diferencia, por ejemplo, de «Alberto tiene los ojos azules», las situaciones descritas son dinámicas porque implican algún cambio o actividad de las entidades mencionadas. Asimismo, a diferencia de «Ana guiñó un ojo», que alude a una acción puntual, las oraciones anteriores describen situaciones durativas, en cuanto que precisan un intervalo temporal más o menos amplio para su desarrollo (así queda reflejado por las complementaciones temporales «en once segundos», «en dos horas»). Por último, frente a «Alberto corre todos los días» o «Fernando escribe», que representan actividades, situaciones ATÉLICAS, las situaciones denotadas por «Alberto corrió los 100 mts.», «Agustín hizo una silla» o «Fernando ha escrito una novela» son télicas, porque tienen asignado un término, un objetivo («los 100 mts.», «una silla», «una novela») que debe ser alcanzado para que pueda decirse que la situación ha tenido lugar, que se ha realizado.

**REALIZACIÓN ESTRUCTURAL CANÓNICA.** Esta expresión, usual en GRAMÁTICA GENERATIVA, alude al tipo de estructura o categoría sintáctica (sintagma nominal, sintagma preposicional) que constituye la realización más habitual de un determinado PAPEL SEMÁNTICO en la oración. La 'realización estructural canónica' del papel semántico TEMA O PACIENTE, por ejemplo, es un sintagma nominal, dado que normalmente se representa en la oración por medio de esa categoría: «Colocó *la jaula* en la ventana», «Escogí *un libro*», «Consuelo limpió *los cristales*». El papel semántico META O DESTINATARIO, en cambio, adopta en español la forma de un sintagma preposicional, encabezado por la preposición *a*: «Le envié *a Manuel* una copia», «Les eché una bronca *a los niños*», «Le transmitiré sus condolencias *a la familia*». Esa es, por tanto, su 'realización estructural canónica».

**REALIZATIVO.** ① Equivale a PERFORMATIVO.

② Véase en ESTRATIFICACIONAL.

**REANÁLISIS.** Es un PROCESO consistente en que una secuencia de dos o más unidades gramaticales, originariamente independientes, pasa a interpretarse como una sola unidad. Según I. Bosque (1989, 1987), por ejemplo, en expresiones como «Porque tú lo has querido», «Aunque no me lo hayas dicho», las secuencias formadas originariamente por la preposición *por* o el adverbio *aun* y la conjunción *que*, han experimentado un proceso de 'reanálisis', puesto que son analizables como una unidad (*porque, aunque*) con las propiedades de una conjunción.

**RECATEGORIZACIÓN.** Es la utilización de una unidad perteneciente, en su uso básico, a una determinada clase o categoría, con los rasgos característicos de otra categoría distinta. El nombre *coche*, por ejemplo, pertenece, según su uso básico, a la clase de los nombres DISCONTINUOS y, como tal, se combina con cuantificadores en plural: *Tengo dos coches, Hay muchos coches*. En el enunciado *Es mucho coche para ti* se ha *recategorizado*; está utilizado con un cuantificador en singular, a semejanza de un nombre CONTINUO: *mucho café, poca tranquilidad, demasiada agua*.

**RECCIÓN.** ① En el sentido más tradicional del término, asociado a la gramática clásica, 'rección' alude a la relación que se establece entre dos elementos lingüísticos, vinculados sintácticamente (por ejemplo, un verbo y su complemento objeto, una preposición y su término) cuando uno de ellos, la unidad que se considera *regente*, exige una determinada forma gramatical (un CASO MORFOLÓGICO concreto, por ejemplo) en el otro elemento, el que se identifica como *regido*. Así, por ejemplo, en las siguientes construcciones latinas, que tomamos de Palmer (1971: 101), se da una relación de 'rección', en este sentido del término, entre el verbo y su objeto, dado que el verbo selecciona el caso (acusativo, genitivo, dativo, ablativo) en que aparece el nombre objeto:

| | | |
|---|---|---|
| *hominem* (acusativo) | *videre* | (ver al hombre) |
| *hominis* (genitivo) | *meminisse* | (recordar al hombre) |
| *homini* (dativo) | *parere* | (obedecer al hombre) |
| *gladio* (ablativo) | *uti* | (usar la espada) |

Igualmente, en construcciones preposicionales como *ad Italiam* (acusativo) (a Italia) o *ex Italia* (ablativo) («desde Italia»), existe 'rección' puesto que cada preposición exige una determinada forma de caso (acusativo, ablativo) en el nombre. Por ello se dice que la preposición, como el verbo en los ejemplos anteriores, *rige* al nombre o *rige* el caso del nombre (el hecho de que se diga indistintamente que un elemento, la preposición, el verbo, rige al nombre o rige el caso del nombre, obedece a que, como puso de relieve por ejemplo Hjelmslev (1972: 190), el concepto tradicional de 'rección' no es muy preciso con respecto a cuáles son realmente las unidades lingüísticas involucradas en la relación).

② El término 'rección' hace también referencia a una relación estructural clave en el modelo generativo conocido, precisamente, como RECCIÓN Y LIGAMIENTO. Aunque, según señala, por ejemplo, Demonte (1989: 137), el concepto de 'rección' utilizado en este modelo «tiene una estrecha semejanza [...] con la relación tradicional de todos conocida», la noción se delimita en términos mucho más precisos y técnicos, tal como puede apreciarse en la siguiente definición *formal* que tomamos de Fernández Lagunilla y Anula Rebollo (1995: 491): «A rige a B si A MANDA-C O MANDA-M a B y no existe ningún C que sea una BARRERA para B de forma que excluya a A». Por ejemplo, en el siguiente esquema de sintagma verbal (tomado de Hernanz y Brucart, 1987: 245 n.)

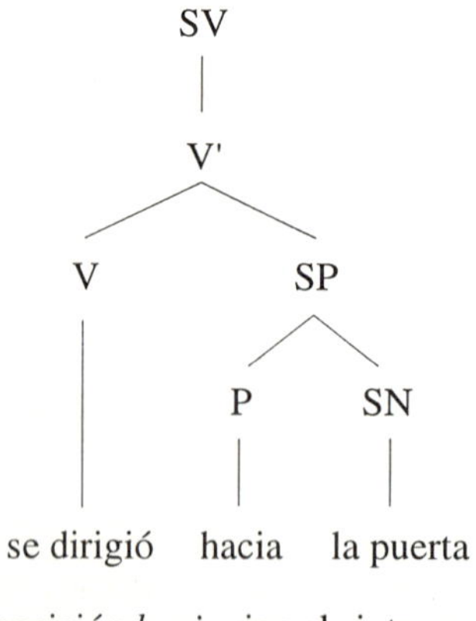


la preposición *hacia* rige al sintagma nominal *la puerta* porque, (1) mantiene con el sintagma la relación estructural que, en este modelo, se conoce como mando de constituyentes o mando-c: la categoría que domina a la preposición (SP) abarca también al SN, y ni la preposición domina al SN ni el SN a la preposición. (2) No existe entre ambos ninguna otra categoría que pueda actuar como barrera que impida la rección. El verbo *se dirigió*, por el contrario, no puede regir al sintagma nominal *la puerta*, porque, si bien puede entenderse que lo manda-c, se interpone entre ambos otra categoría, SP, considerada en este modelo como una barrera para la 'rección'.

**RECCIÓN LÉXICA.** Véase en RECCIÓN PROPIA.

**RECCIÓN POR ANTECEDENTE.** Véase en RECCIÓN PROPIA.

**RECCIÓN PROPIA.** En el modelo RECCIÓN Y LIGAMIENTO la relación de RECCIÓN se identifica como 'propia' cuando reúne unas determinadas características que, según se sostiene en esta teoría, son requisito indispensable en el caso de que sea una HUELLA la categoría regida.

La 'rección propia' abarca, realmente, dos modalidades alternativas, que se diferencian atendiendo a las propiedades del elemento regente, el elemento que domina en la estructura oracional a la categoría regida. Esas dos modalidades son las siguientes:

(a) **Rección léxica.** La 'rección propia' se denomina, de forma específica, 'rección léxica' cuando el elemento que actúa como regente en la relación es un núcleo léxico: un nombre, un adjetivo, una preposición, un verbo.

Tomemos por ejemplo la oración «¿Qué dices que estás cosiendo?». De conformidad con los análisis habituales en Rección y ligamiento, el término interrogativo *qué* ocupaba en la estructura oracional básica la posición sintáctica correspondiente al objeto directo de *estás cosiendo*. Por ello, al ser desplazado mediante una transformación de movimiento, debe dejar una huella (h) en esa posición sintáctica que inicialmente ocupaba: «Qué$_i$ dices que estás cosiendo

$h_i$». La huella (h) está en este caso léxica y, por tanto, propiamente regida, puesto que el elemento rector, el elemento con MANDO-C sobre ella, es el verbo *coser*, un núcleo léxico.

(b) **Rección por antecedente.** La rección propia presenta la modalidad conocida como 'rección por antecedente' cuando el elemento que, por su posición sintáctica, puede actuar como rector es una unidad COINDIZADA con la categoría regida; esto es, los dos elementos implicados en la relación de rección tienen asignado un mismo subíndice (i, j), convención formal que se utiliza para indicar que ambos elementos tienen la misma referencia.

Por ejemplo, la estructura que se asigna a una oración como «Who do you think saw Bill» («Quién crees que vio a Bill») es (de forma simplificada y ciñéndonos a la posición de las huellas) la siguiente: «Who$_i$ do you think $_{O'}$[ $_{COMP}$[ h'$_i$ $_O$[ h$_i$ saw Bill]]]» (*cf* Demonte, 1989: 120 y sigs.; Van Riemsdijk y Williams, 1986: 286 y sigs.). Esta estructura implica que el elemento interrogativo *who* ocupaba en la estructura básica la posición correspondiente al sujeto de *saw*. De ahí que, al ser desplazado, deje una HUELLA inicial (h) en esa posición. No obstante, el desplazamiento hasta su posición final no se realiza en un solo movimiento. En primera instancia, según suele plantearse en RECCIÓN Y LIGAMIENTO, se desplaza hasta la posición COMP de la oración más INCRUSTADA: «Do you think $_{O'}$[$_{COMP}$ [who$_i$ $_O$[h$_i$ saw Bill]]]». Una vez en COMP experimenta un nuevo traslado y deja, consecuentemente, en esa posición una segunda huella (h') con el mismo subíndice ($_i$) asignado a la primera, puesto que ambas comparten una misma referencia: $_{O'}$[ $_{COMP}$ [h'$_i$ $_O$[ h$_i$ saw Bill]]].

En este caso, a diferencia de lo que sucedía en la oración anterior, la primera huella (h) no está léxicamente regida, puesto que no hay núcleo léxico en una posición sintáctica en la que pueda actuar como rector. No obstante, el hecho de que la oración sea gramatical se explica porque, aun no existiendo un núcleo léxico, la huella (h) está 'propiamente regida': la huella intermedia en COMP (h'), que es una categoría coindizada con la huella inicial, puede, por su posición sintáctica, actuar como elemento rector. En consecuencia, *h* está regida 'por antecedente'.

La noción de 'rección propia' en sus dos modalidades es fundamental en la formulación del denominado PRINCIPIO DE LA CATEGORÍA VACÍA, el principio que establece, como condición necesaria para la GRAMATICALIDAD de una oración, que toda huella debe estar propiamente regida; esto es, debe estar regida o bien por un núcleo léxico o bien por antecedente.

**RECCIÓN Y LIGAMIENTO.** 'Rección y ligamiento' o, abreviadamente, RL (en inglés, *government and binding*, o *GB*) es el nombre que se da al modelo de gramática generativa desarrollado, fundamentalmente, por Chomsky desde 1981 hasta los comienzos de la década de los noventa. La denominación 'Rección y ligamiento' hace referencia a dos de los conceptos centrales en el modelo: el concepto de RECCIÓN que, complementado por la noción de BARRERA, regula las relaciones estructurales entre las categorías integrantes de la oración; el concepto de LIGAMIENTO, alusivo a las relaciones de CORREFERENCIA que pueden establecerse entre las categorías nominales que componen la oración. Junto con la prominencia relativa que adquieren esas nociones, son también aspectos distintivos de este modelo, entre otros, los siguientes:

(1) El énfasis en la determinación del sistema de PRINCIPIOS generales, de validez universal, que condicionan la buena formación de las oraciones. Así, según Fernández Lagunilla y Anula Rebollo (1995: 61), la gramática se concibe como «un conjunto restringido de principios generales, comunes a todas las lenguas, que lleva asociado un conjunto también restringido de PARÁMETROS responsables de la variación entre lenguas. Unos y otros especifican qué es-

tructuras son posibles y cuáles no». De ahí el nombre de PRINCIPIOS Y PARÁMETROS con que también se conoce este enfoque.

(2) La reducción drástica del componente transformacional. Las TRANSFORMACIONES quedan resumidas en una sola regla, MUÉVASE ALFA o movimiento de alfa, cuya aplicación viene condicionada por diversos MÓDULOS o subsistemas de la gramática.

**RECEPCIÓN DEL HABLA.** Véase en INTERPRETACIÓN TEXTUAL.

**RECEPTOR.** ① Véase en COMUNICACIÓN.

② El término 'receptor' también se utiliza para hacer referencia a un PAPEL SEMÁNTICO, frecuentemente vinculado a la función sintáctica OBJETO INDIRECTO. Se considera que una expresión nominal transporta el papel semántico de 'receptor' cuando representa a la entidad a la que se transfiere algo mediante la acción o proceso denotados por el predicado. Por ejemplo, según Dik (1981), en «John le dio un libro *a Peter*» o en «El clima le dio *a John* vigor renovado», *a Peter* y *a John* designan al 'receptor' en el ESTADO DE COSAS configurado por la predicación. Ambos representan una entidad, una persona, a la que se transfiere algo (*un libro, vigor renovado*). 'Receptor', en este sentido del término, viene a coincidir con DESTINATARIO[2].

**RECIPROCIDAD, RECÍPROCO.** ① En LEXICOLOGÍA la 'reciprocidad' (*converness* en inglés), también llamada 'complementariedad', es, junto a la SINONIMIA, la INCOMPATIBILIDAD (*rojo, verde, amarillo,* azul, etc.), la ANTONIMIA (*grande-pequeño*), la HIPONIMIA (*roble-árbol*) y la CONSECUENCIA (*destruir-atacar*), una de las seis RELACIONES LÉXICO-SEMÁNTICAS fijadas por John Lyons (1967) en su análisis del vocabulario de Platón. Existe 'reciprocidad', por ejemplo, entre *comprar* y *vender* o entre *padre* e *hijo*. Sin embargo, algunos lingüistas incluyen la 'complementariedad' y la 'reciprocidad' dentro de la de ANTONIMIA, debido a la larga tradición de abarcar bajo una misma CATEGORÍA los fenómenos léxicos referidos a términos opuestos y, también, a la dificultad de marcar los límites entre ellas, debido a los muchos puntos que tienen en común. Para otros, son equivalentes la 'reciprocidad' y la 'complementariedad', y para unos terceros se establecen diferencias entre esas dos.

Son relaciones de **complementariedad** las relaciones léxico-semánticas entre dos LEXEMAS[1], relación no graduable como en la antonimia, en la que la afirmación de uno supone la negación del otro, como, por ejemplo, entre *hombre* y *mujer* o entre *niño* y *hombre*. En cambio, en la **reciprocidad** hay una relación léxico-semántica de interdependencia entre los significados de los dos LEXEMAS[1], relación no graduable como en la antonimia, de forma tal que la existencia de uno presupone la del otro. Es la que se establece entre entre *marido* y *mujer*, *padre* e *hijo*, *comprar* y *vender*, etc. (Crystal, 1991: 83).

② Véase ORACIÓN RECÍPROCA, PRONOMBRE RECÍPROCO.

**RECONSTRUCCIÓN.** Se llama 'reconstrucción' o 'reconstrucción histórica' a las técnicas del MÉTODODO COMPARATIVO empleadas por la LINGÜÍSTICA COMPARADA para derivar de las formas conocidas de una lengua, es decir, de las formas documentadas, otras desconocidas, con el fin de descubrir o **reconstruir** su PROTOLENGUA (*cf* indoeuropeo). La 'reconstrucción' (Malmberg, 1967: 6 y sgs.) de la lengua a partir de la cual se habían desarrollado las lenguas actuales se convirtió en la tarea fundamental de la INVESTIGACIÓN LINGÜÍSTICA del siglo XIX. El Romanticismo del siglo XIX es responsable de la curiosidad que se sintió por el pasado de las grandes civilizaciones del Oriente. Rask toma cada una de las principales lenguas europeas y la compara con las lenguas escandinavas a fin de demostrar la regulariad de las correspondencia fonéticas descubiertas en palabras con significados parecidos. Al demostrar la regularidad de estas correspondencias, Rask estableció los fundamentos de un método comparativo. Las formas reconstruidas son hipotéticas y aparecen prefijadas con un ASTERICO, como **bhrátor*, correspondiente al inglés *brother*. En la 'reconstrucción' se habla de dos tipos: la externa o reconstrucción propiamente dicha y la interna. Los COMPARATISTAS del siglo XIX (Malmberg, 1968: 18-9), creadores y defensores del método de **reconstrucción externa**, defendían que no podían reconstruirse las etapas preliterarias de una lengua si no había posibilidad de compararla con otras afines. Por ejemplo, para Meillet, el vasco jamás podrá reconstruirse, por la sencilla razón de que no conocemos lenguas relacionadas con el vasco. Para estos lingüistas, una lengua aislada era una lengua sin historia. Estudiosos más modernos, como el comparatista italiano Bonfante, han expresado desacuerdo con este importante principio y han sostenido que la historia de una lengua también se puede determinar con auxilio de características internas. Este método de **reconstrucción interna** se basa en el supuesto de que el DESARROLLO de una lengua sigue ciertas LEYES y no es casual. La teoría de la 'reconstrucción interna' está íntimamente vinculada a la teoría del PROGRESO de Jespersen. *Cf* genealogía.

**RECURRENCIA.** Equivale a REPETICIÓN.

**RECURSIVIDAD, RECURSIVO.** ① La 'recursividad' es la propiedad lingüística consistente en que un determinado tipo de unidad o estructura (un sintagma, una oración) puede contener como constituyente otra estructura del mismo tipo: «La ventana de la casa de los vecinos de Juan», «Me dijo que Juan quería que Elisa le pidiera que volviera». La 'recursividad' también se considera una característica de las reglas gramaticales que permiten reflejar esa propiedad.

② En FONÉTICA, **recursivo** es el RASGO INHERENTE , también llamado **bloqueado**, que forma parte de la OPOSICIÓN BINARIA **interrupto**/infraglotal. El rasgo de 'recursivo' se caracteriza acústicamente por presentar en el ESPECTROGRAMA dos explosiones. La primera, que tiene lugar en la CAVIDAD BUCAL, es bastante visible, y la segunda, que ocurre en la GLOTIS (para las EYECTIVAS y las INYECTIVAS) y en el VELO (para los CLICS), es muy breve. Articulatoriamente corresponde a las consonantes no ESPIRADAS, es decir, las que no usan aire pulmonar, como las citadas EYECTIVAS, las INYECTIVAS y los CLICS (Martínez Celdrán, 1984: 203). El rasgo de 'infraglotal' se caracteriza por no tener el doble bloqueo de aire y por realizarse con aire pulmonar.

**RECURSOS ESTILÍSTICOS.** Se llama 'recursos estilísticos' al conjunto de RASGOS, medios, mecanismos o dispositivos (por ejemplo, la REPETICIÓN, las FIGURAS DEL LENGUAJE, la modificación del orden sintáctico esperado, etc.) con que cuenta el lenguaje para producir HECHOS ESTILÍSTICOS en un texto literario, los cuales, a su vez, generarán EFECTOS ESTILÍSTICOS.

**RED.** El término 'red' se emplea junto a otros, como HAZ O CAMPO, para caracterizar o poner de relieve las RELACIONES existentes entre diversos parámetros, CATEGORÍAS, NIVELES o unidades del lenguaje, especialmente en el ESTRUCTURALISMO, en donde la ESTRUCTURA se define como «red estática de relaciones entre objetos lingüísticos». *Cf* red temática.

**RED COMUNICATIVA, RED SOCIAL.** El término 'red social', y también **red comunicativa**, se usa en SOCIOLINGÜÍSTICA dentro de lo que se llama VARIACIONISMO LINGÜÍSTICO y CAMBIO LINGÜÍSTICO, junto a las VARIABLES tradicionales de sexo, edad, etnicidad y clase socio-económica, etc. De acuerdo con Coates (1987: 90 y sigs.), una 'red social' es un mapa cuantitativo y cualitativo de los contactos que una persona mantiene con los demás, es decir, de los individuos que participan en un mismo circuito comunicativo. Puede ser densa y múltiple. Se dice que una 'red social' es densa cuando las personas que conocen a un individuo también se conocen entre sí, y es múltiple si, además, se conocen en distintas funciones sociales (miembros de la misma familia, compañeros de trabajo o de estudios, amigos, amantes, vendedor y cliente, jefe y empleado, etc.). Los que defienden este constructo hipotético (Milroy, 1985) estiman que es mucho más válido para explicar el cambio y la variación lingüística, que el homogéneo e inmovilista de COMUNIDAD DE HABLA, ya que el uso del lenguaje no depende sólo del sexo, la edad o la clase social sino también de otros parámetros como el marco contextual, el interlocutor, el tema, etc., analizados en estas redes. En el análisis de las 'redes sociales' se considera que existe un núcleo estable de miembros o *core group* y otros que se mueven en la periferia o aledaños que, al estar en contacto con los miembros de otras redes, se 'contaminan' de éstas e introducen la variedad y el cambio, por su carisma, espíritu de innovación, etc.

**RED TEMÁTICA.** Equivale a ESTRUCTURA TEMÁTICA[2].

**REDONDEADO, REDONDEAMIENTO.** En la FONOLOGÍA GENERATIVA (Chomsky y Halle, 1968), 'redondeado-no distribuido' es uno de los RASGOS DISTINTIVOS[2] de CAVIDAD. Los sonidos 'distribuidos', representados con [+redondeado], son definidos articulatoriamente como lo que se producen cuando se aproximan las comisuras de los labios. Los no redondeados tienen los labios extendidos. En las vocales, tanto en la serie anterior como en la posterior, puede existir el redondeamiento de los labios; también los glides pueden redondearse. Y en las consonantes, las velares son las que más se suelen labializar, pero también las labiales pueden redondearse (Martínez Celdrán, 1983: 234). Se llama **redondeamiento** (*cf* abocinamiento) al proceso de aproximación de las comisuras de los labios para producir un sonido. *Cf* anterior, coronal, rasgos relacionados con el cuerpo de la lengua, distribuido, cubierto, glotal.

**REDUCCIÓN, REDUCIDO.** ① Véase en ABREVIACIÓN.

② Véase en SEMEMA.

**REDUCCIÓN DE COORDINADA.** ① En los análisis iniciales de la COORDINACIÓN que partían de un enfoque GENERATIVO-TRANSFORMACIONAL, 'reducción de coordinada' era la transformación gramatical que permitía derivar una sola oración con elementos coordinados («Alberto toca *el violín y la guitarra*», «Elvira *fregó y secó* los platos») a partir de una coordinación de oraciones idénticas salvo en los elementos que, finalmente, aparecían coordinados: «Alberto toca *el violín* y Alberto toca *la trompeta*», «Elvira *fregó* los platos y Elvira *secó* los platos» (*cf*, por ejemplo, Van Oirsouw, 1987: 15).

② En un sentido más restringido, 'reducción de coordinada' hace referencia a la ELIPSIS de la que resultan construcciones sin núcleo verbal explícito como las que se destacan en estos enunciados: «Eva le ha comprado unos vaqueros a Delia y *una falda a Pamela*», «Los González vendieron la finca en 1973 y *el resto de las propiedades en 1976*».También, por extensión, se identifica como 'de reducción de coordinada' este tipo de construcción sin verbo expreso, aun cuando no se interprete, estrictamente, como resultado de un proceso de elisión (*cf* Brucart, 1987: 111 y sigs.). Las construcciones de 'reducción de coordinada' se caracterizan porque, a semejanza de las de VACIADO («Eva le ha comprado unos vaqueros a Delia y *Yo una falda a Pamela*»), aparecen siempre en una estructura coordinada precedidas, necesariamente, de una construcción con una forma verbal plena: «Eva le *ha comprado* unos vaqueros a Delia», «Los González *vendieron* la finca en 1976». También se asemejan a las de vaciado en que, si bien, como se ha dicho, carecen de verbo explícito, la asignación de PAPEL SINTÁCTICO y SEMÁNTICO (objeto afectado, destinatario, ubicación temporal) a los constituyentes realizados (*una falda a Pamela, el resto de las propiedades en 1976*) implica un núcleo verbal idéntico en todos sus rasgos (incluidos también los de persona) al verbo pleno que les precede en el enunciado: «(*Le* ha comprado) una falda a Pamela», «(*Vendieron*) el resto de las propiedades en 1976».

Pero, a diferencia de las de VACIADO («*Eva* le ha comprado unos vaqueros a Delia y *Yo* una falda a Pamela»), no tienen un sujeto distinto del que se asigna al sintagma verbal pleno que les precede en el enunciado. Tampoco, según señalan Hernanz y Brucart (1987: 137), admiten, ni en inglés ni en español, la posibilidad de incluir un sujeto pronomimal que pueda interpretarse como CORREFERENCIAL con el sujeto precedente: «*María$_i$ estudió ruso en 1971 y ella$_i$ (misma) inglés en 1972", «*Mary$_i$ studied Russian in 1971 and she$_1$ English in 1972» en la construcción inglesa correspondiente. De ello podría inferirse, según Hernanz y Brucart (1987) y Brucart (1987) que, mientras la construcción de vaciado implica una coordinación oracional («[[$_O$ Eva le ha comprado unos vaqueros a Delia] y [$_O$ yo (le he comprado) una faldita a Pamela]]»), en la de 'reducción de coordinada' la coordinación no se establece entre oraciones, sino entre sintagmas verbales, uno con un verbo pleno, otro con un verbo vacío o elíptico, que comparten un mismo sujeto: «[Eva [$_{SV}$ le ha comprado unos vaqueros a Delia] y [$_{SV}$ [(le ha comprado) una falda a Pamela]]».

**Redundancia, redundante.** La 'redundancia' es una característica propia de las lenguas naturales, la cual consiste en la REPETICIÓN de RASGOS O CATEGORÍAS innecesarios en todos los NIVELES. Se trata (Quilis, 1993: 14) de una serie de reglas superfluas o **redundantes** que contribuyen a facilitar la COMUNICACIÓN, a pesar de todos los factores negativos de carácter interno (actitud o cansancio del receptor) o externo (ruido) que atenten contra la misma. Las lenguas naturales tienen un gran número de reglas fonológicas (RASGOS REDUNDANTES), sintácticas (CONCORDANCIA), léxicas (REGLA DE REDUNDANCIA LÉXICA).

En el GENERATIVISMO la 'redundancia' se ha formalizado con las llamadas **reglas de redundancia**, mediante las cuales son 'redundantes' los RASGOS de un SEGMENTO predecibles por la concurrencia de rasgos de otros segmentos próximos (Crystal, 1990: 293).

**Reduplicación.** En lexicología se llama 'reduplicación' a la repetición total o parcial de una palabra, de su raíz o de su tema. El inglés hace uso frecuente de la 'reduplicación' parcial o total para la FORMACIÓN DE PALABRAS como *willy nilly* (—quieras o no—, paralelo al latín *vellis nolis*); *goody goody* (—regular—, para expresar desaprobación), etc. Pero todas las lenguas tienen palabras formadas por 'reduplicación' total o parcial de sílabas, de palabras, en especial en el REGISTRO coloquial (*mamá, tete, tiquis miquis*, etc.) o de sonidos, como en las ONOMATOPEYAS (por ejemplo, *cacarear*). También es un recurso morfológico que en algunas lenguas sirve para la formación del plural, para expresar aspectos del verbo, para la comparación de adjetivos, etc. (*cf* sinonimia rimada).

**Reduplicación de clíticos.** Véase en DOBLADO DE CLÍTICOS

**Reestructuración.** Equivale a REANÁLISIS.

**Referencia, referencial, referente.** En las TEORÍAS semánticas se llama 'referencia' a la relación que se establece entre una expresión nominal y el objeto, real o conceptual, al que alude en una situación concreta de habla. Por ejemplo, si se emite el enunciado «*La mesa de la cocina* está sucia», entre el sintagma nominal *La mesa de la cocina* y la mesa concreta a la que en ese momento se alude (el REFERENTE) se establece una relación de 'referencia'. Tanto por ser propia de expresiones nominales como por su conexión con ENUNCIADOS vinculados a situaciones específicas se diferencia de la DENOTACIÓN, así como de la SIGNIFICACIÓN. La 'denotación', al igual que la REFERENCIA, es una relación que se entabla entre expresiones y entidades, propiedades o situaciones del mundo externo. Pero hay una importante distinción entre 'denotación' y 'referencia': esta última, en contraste con la primera, está ligada al contexto de una enunciación concreta. Por ejemplo, la expresión *aquella vaca* puede utilizarse en el contexto apropiado para hacer referencia a una *determinada* vaca, esto es, a su REFERENTE (Lyons, 1990: 145). *Cf* designación, adjetivo referencial.

**REFERENCIA DISJUNTA.** Se dice que dos expresiones nominales tienen 'referencia disjunta' cuando aluden a entidades diferentes. Por ejemplo, en «Lola$_i$ la$_j$ llamó por teléfono», el sintagma nominal *Lola* y la forma pronominal átona *la* tienen 'referencia disjunta', ya que cada una de estas expresiones hace REFERENCIA a una persona distinta y tienen asignados, por ello, subíndices diferentes ($_{i/j}$), como convención indicativa de que no son expresiones CORREFERENCIALES.

**REFLEXIVIZACIÓN.** En GRAMÁTICA GENERATIVO-TRANSFORMACIONAL se denominaba 'reflexivización' la regla transformacional que, hipotéticamente, convertía en PRONOMBRE REFLEXIVO un sintagma nominal, siempre que éste fuera correferencial con un sintagma nominal anterior, el sintagma sujeto de la oración. Así, por ejemplo, según D'Introno (1979: 52 y sigs.), «Luis hablará de sí mismo» podía considerarse una oración derivada de «Luis$_i$ hablará de Luis$_i$». Dado que los dos sintagmas Luis tienen el mismo referente (de ahí que se les asigne un mismo subíndice$_i$), una regla de 'reflexivización' debía convertir el segundo sintagma *Luis* en el pronombre reflexivo *sí*: «Luis hablará de *sí*». El proceso de derivación se completaba, según D'Introno, con la inserción de *mismo*.

**REFLEXIVO.** Véase en PRONOMBRE REFLEXIVO y en ORACIÓN REFLEXIVA.

**REFONOLOGIZACIÓN.** Véase en TRANSFONOLOGIZACIÓN.

**REFUERZO.** Véase en CONDUCTISMO.

**RÉGIMEN.** ① Equivale a RECCIÓN.

② Preposición o forma flexiva (*cf* caso) que un elemento *regente*, un verbo, una preposición, impone al elemento regido, es decir, a su complemento. *Cf* rección.

**REGIÓN, REGIONALISMO.** ① La 'región, junto con la SITUACIÓN, el CONTEXTO y el UNIVERSO DEL DISCURSO, constituyen el ENTORNO de la LINGÜÍSTICA DEL HABLAR. Coseriu (1967: 309 y sigs.) la define como el espacio dentro de cuyos límites un signo funciona en determinados sistemas de significación. Dicho espacio está delimitado, de una parte, por la tradición lingüística, y de otra, por la experiencia sobre las realidades significadas.

② La 'región' es la zona o porción de territorio determinada por caracteres lingüísticos, étnicos, climatológicos, etc., diferentes. Los vocablos o giros privativos de una región se llaman **regionalismos**, los cuales marcan la procedencia de una zona pero no constituyen una VARIEDAD lingüística como los DIALECTOS.

**REGISTRO, REGISTRO SOCIAL.** ① En FONÉTICA el término **registro** alude al rango o extensión de la escala musical, y por extensión, de la voz humana, y también a cada una de las grandes partes en que se puede dividir dicha extensión (grave, medio y agudo). Abercrombie (1967: 95), en su análisis de la **dinámica de la voz** o de la **cadena hablada** incluye el 'registro' y la TESITURA como rasgos suprasegmentales. El registro más agudo es el FALSETE o **voz de cabeza**, y el más grave es la **voz de pecho**, estando entre ellos el registro **natural** (Abercrombie, 1967: 100). Todos estos registros comportan cambios en la FRECUENCIA FUNDAMENTAL, así como en el TIMBRE.

② Pero, según Abercrombie (1967: 100-1), 'registro' es también cada una de las formas de FONACIÓN[2] que el hablante elige voluntariamente en lo que se llama VOZ HABLADA. De acuerdo con estas formas de fonación, el 'registro', que aquí también se llama VOZ, puede ser leñoso, aflautado, de trueno o muy grave, opaco o pardo, argentado o claro, etc., nombres todos ellos estilísticamente muy expresivos. Estos 'registros' o formas de fonación los emplea el hablante para expresar los ÍNDICES AFECTIVOS.

③ En ESTILÍSTICA y en SOCIOLINGÜÍSTICA son 'registros' o **registros sociales** las VARIEDADES del lenguaje originadas por el grado de formalidad, entendiendo por **formalidad** la estricta observancia de las reglas, normas y costumbres en la comunicación lingüística. Algunos especialistas a esta acepción del término 'registro' la llaman **estilo**, o usan indistintamente una y otra. La elección de los diversos 'registros' depende de diversas circunstancias, como puede ser la posición social o profesional de los interlocutores (ser juez, ser subordinado o superior con respecto a otros, etc.), la situación grupal (no se habla igual en un grupo de amigos que en un grupo de colegas, por ejemplo) y los sentimientos o la actitud (por ejemplo, no se emplea el mismo lenguaje cuando se está enfadado que cuando se está acariciando al cónyuge). De acuerdo con estos criterios, se distinguen los siguientes registros o estilos: solemne, formal o académico, estándar, profesional, coloquial, frío, vulgar y argot o jerga. Los enunciados «A los que estaban allí les entró la risa cuando oyeron lo que les dijo el que hablaba» y «Las palabras emitidas por el conferenciante suscitaron la hilaridad del auditorio» difieren ostensiblemente en su 'registro' o grado de formalidad, siendo el primero mucho más coloquial que el segundo. El 'registro' de formalidad es un parámetro importante en la caracterización del SIGNIFICADO DISCURSIVO, y muchas lenguas, como el español, el alemán y el francés, que tienen *tu, du, tu* y formas de cortesía como *usted, Sie, vous*, por ejemplo, permiten **cambios de estilo** fácilmente con recursos facilitados por sistema. Halliday, a esta acepción de 'registro' la llama TENOR DEL DISCURSO. *Cf* estilo, aceptabilidad, lengua estándar.

③ Como algunos especialistas a la acepción anterior de 'registro' la llaman **estilo**, reservan el término 'registro' para lo que se conoce como CAMPO DE DISCURSO. *Cf* acento[3], idiolecto, índice dialectal.

**REGLA.** ① Desde un punto de vista general, el concepto de 'regla' es una noción básica de la filosofía kantiana, según la cual, todo lo que tiene lugar en la naturaleza, ya entre los seres animados o los inanimados, se puede explicar por medio de reglas, aunque no las conozcamos todas. Las irregularidades no existen; cuando nos encontramos con fenómenos de este tipo, lo más que podemos decir es que no conocemos sus reglas (Katz, J. J., 1970: 11). *Cf* competencia.

② La ACTIVIDAD COMUNICATIVA, abordada dentro del PARADIGMA DE LA PRAGMÁTICA, está guiada por 'reglas' y por MÁXIMAS que reflejan las normas y convenciones comunicativas, a las que acudimos constantemente para entender y para producir el discurso. Estas reglas se podrían dividir en dos grandes grupos: las de *uso gramatical*, y las de *uso interactivo* (llamadas en inglés *use* y *usage* por Widdowson, H., 1979). Estas últimas son mucho más complejas que las anteriores, ya que tienen sub-reglas específicas de los diversos universos o dominios discursivos. Por ejemplo, no es el mismo dominio discursivo el de un contrato legal que el de una declaración amorosa. Los problemas en el uso *interactivo* surgen cuando se aplican las reglas de un dominio a otro.

**REGLA CATEGORIAL.** En GRAMÁTICA GENERATIVA, 'regla categorial' es la regla que especifica cómo puede expandirse una categoría: de qué constituyentes puede componerse, a qué categoría pertenecen, en qué orden se relacionan o qué constituyentes son opcionales y cuáles obligatorios. Por ejemplo, O → SN SV (notación usual en las primeras etapas de la gramática generativa) es una 'regla categorial'. Especifica que la categoría oración (O) se compone de dos constituyentes, SN SV, que se suceden en el orden reflejado en la regla general. N''→ Det N' es, asimismo, una regla de este tipo. Refleja que un sintagma nominal (N'') contiene dos elementos constituyentes, uno perteneciente a la categoría DETERMINANTE (por ejemplo, *la*) y una categoría N', integrada por un núcleo nominal (por ejemplo, *casa*) y sus posibles complementos (pongamos por caso, *de la abuela*): «*la* (Det) *casa de la abuela* (N')».

En los ejemplos mencionados, las 'reglas categoriales', según señala Radford (1988b: 272), se formulan en términos de constantes categoriales; esto es, expanden una categoría específica (O, N'') mediante secuencias de categorías específicas (SN, SV, Det, N'). Con la convención de la X CON BARRA estas reglas específicas se resumen en reglas categoriales generalizadoras, formuladas mediante variables (X es una variable que equivale a cualquier categoría: N, V, A, P), que reflejan las similitudes existentes entre las categorías léxicas en lo que concierne a su constitución interna.

X''→ [Esp] X', por ejemplo, es una 'regla categorial' de tipo generalizador, válida para cualquier categoría. Indica que cualquier expansión máxima (X'') de una categoría, por ejemplo, un sintagma nominal o un sintagma adjetivo, se componen de un ESPECIFICADOR, opcional, y una categoría intermedia constituida por el núcleo léxico y sus posibles complementos: «la (Esp) casa de los abuelos (X')», «muy (Esp) próxima a la carretera (X')». *Cf* estructura profunda.

**Regla de estructura de frase.** En GRAMÁTICA GENERATIVA es la regla que especifica cuál es la estructura interna de una oración gramatical o de un sintagma. En otros términos, las 'reglas de estructura de frase', según afirma, por ejemplo, Radford (1988b: 123), establecen cómo se estructuran las oraciones a partir de los sintagmas y los sintagmas a partir de las palabras.

O → SN SV, N''→ Det N', por ejemplo, son 'reglas de estructura de frase'. O → SN SV especifica que la estructura interna de una oración gramatical («Los árboles del jardín han crecido mucho», «Mis amigos trajeron un kilo de boquerones») responde al esquema general SN («los árboles del jardín», «mis amigos») SV («han crecido mucho», «trajeron un kilo de boquerones»). N''→ Det N' establece que la estructura interna de un sintagma nominal (N'') está integrada por un determinante (los, mis) y el constituyente N', que hace referencia a la unidad que forman el núcleo nominal y sus posibles complementos: «árboles del jardín», «amigos».

Las denominadas REGLAS CATEGORIALES (como O → SN SV, N''→ Det N') son, pues, 'reglas de estructura de frase', de ahí que ambos términos se utilicen frecuentemente como equivalentes.

**Regla de proyección.** En la teoría semántica elaborada por J. J. Katz y J. A. Fodor, las 'reglas de proyección' constituían el componente que, junto con el DICCIONARIO, permitía asignar una interpretación semántica a las estructuras oracionales generadas por el componente sintáctico de una gramática generativa.

Las 'reglas de proyección' determinaban cómo se combinan los rasgos semánticos de las unidades léxicas insertadas en una estructura oracional «para obtener los significados de cualquier constituyente sintácticamente compuesto, incluyendo la oración» (Katz, 1971: 137). Según Katz y Fodor (1976: 68), «La manera en que funciona el componente 'reglas de proyección' es yendo de abajo arriba por un árbol de estructura constituyente» y amalgamando, combinando adecuadamente, los significados de los constituyentes dominados por un mismo NUDO. Tomemos el ejemplo propuesto por Katz y Fodor (1976: 66 y sigs.) para explicar el funcionamiento de las 'reglas de proyección'. La oración «The man hits the colorful ball» («El hombre golpea la pelota de colores») tendría, de forma simplificada, la siguiente estructura básica:

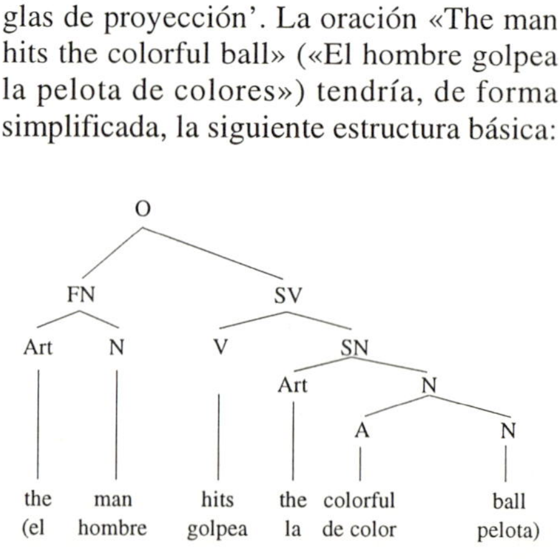

Al adjetivo *colorful* el DICCIONARIO le asigna, en uno de sus sentidos, los siguientes rasgos: (color) → [abundante en contrastes o variedad de colores vivos] <(objeto físico)>. (Color) y, [Abundante en contrastes o variedad de colores vivos] son rasgos semánticos (*cf* marcadores semánticos, diferenciadores semánticos), componentes de este sentido, en tanto que <(objeto físico)> es una RESTRICCIÓN DE SELECCIÓN, un rasgo que especifica con qué elementos puede combinarse el ítem léxico *colorful* en esta acepción.

Al nombre *ball*, asimismo, el diccionario le asocia, en uno de sus sentidos, los siguientes rasgos: (objeto físico) → [de forma esférica].

Puesto que *colorful* y *ball* están dominados en la estructura sintáctica por un mismo nudo categorial N, las 'reglas de proyección' combinarán adecuadamente los rasgos semánticos de ambos elementos para obtener el significado derivado que se asocia a ese constituyente N: *colorful* + *ball* → (objeto físico) → (color) → [[abundante en contrastes o variedad de colores vivos] [de forma esférica]]. El paso siguiente para la interpretación semántica de la oración es la amalgama de los rasgos componentes de N (los anteriormente mencionados) y el artículo definido (*the*) para asignar una interpretación al constituyente SN, el nudo situado en el nivel inmediatamente superior: *the* + *colorful* + *ball* → [algo contextualmente definido] → (objeto físico) → (color) → [[abundante en contrastes o variedad de colores vivos] [de forma esférica]]. Y así sucesivamente hasta componer el significado total de la oración.

**REGLA DE SELECCIÓN.** Las 'reglas de selección' constituyen uno de los tipos de reglas que integraban el COMPONENTE DE BASE en la TEORÍA ESTÁNDAR de la GRAMÁTICA GENERATIVA. De conformidad con Chomsky (1971: 92), las 'reglas de selección' expresaban lo que se conoce como RESTRICCIONES SELECCIONALES O RESTRICCIONES DE CO-APARICIÓN. Esto es, eran las reglas que analizaban los símbolos categoriales en rasgos tales como [+abstracto] —, — [+animado] y especificaban, por tanto, en qué contextos podía insertarse una determinada unidad léxica, un verbo, pongamos por caso. Según Chomsky, las reglas que se incluyen a continuación podrían considerarse un ejemplo de 'reglas de selección':

| | | |
|---|---|---|
| (I) | | [+Abstracto] Aux — |
| (II) | | [–Abstracto] Aux — |
| (III) | [+V] → SC/ | —Det [+Animado] |
| (IV) | | —Det [–Animado] |

Tal como señala Gràcia i Solé (1989: 92), un verbo como *admirar*, por ejemplo, sólo podría aparecer en un contexto como el especificado por (II), esto es, con un sujeto [–Abstracto]; por tanto, una oración como «*La sinceridad admira al niño» podía considerase AGRAMATICAL por violar las 'reglas de selección' incluidas en la base. Aunque las 'reglas de selección' pertenecían a la SINTAXIS, los rasgos utilizados en el análisis de los símbolos ([+–abstracto], [+–animado], etc., coinciden, *grosso modo*, con los CLASEMAS del ESTRUCTURALISMO EUROPEO. Asimismo, las DESVIACIONES estudiadas en la ESTILÍSTICA DE LA DESVIACIÓN (por ejemplo, «La roca ríe») coinciden, en buena medida, con anomalías que podrían catalogarse como violaciones de las 'reglas de selección': *reír*, como *admirar*, requeriría un sujeto [+animado], pero en «La roca ríe» se habría insertado en un contexto [–animado] —.

**REGLA DE SUBCATEGORIZACIÓN SINTÁCTICA.** Véase en SUBCATEGORIZACIÓN.

**REGLA FONOLÓGICA.** El término se emplea en la FONOLOGÍA GENERATIVA para aludir a las reglas que, de acuerdo con el PRINCIPIO CÍCLICO, operan de forma cíclica detrás de las reglas morfológicas y se aplican en primer lugar a la sarta sintáctica de morfemas —reglas de preciclo— borrando los paréntesis sintácticos del proceso y después a la sarta fonológica —reglas de posciclo— para completar la interpretación fonológica. Las REGLAS FONOLÓGICAS operan en un ciclo transformacional, introduciendo modificaciones tales como las de TENSIÓN O RELAJACIÓN de las vocales, la simplificación de los grupos consonánticos y la asignación del acento primario. *Cf* principio cíclico.

**REGLA SINTAGMÁTICA.** Equivale a REGLA DE ESTRUCTURA DE FRASE O a REGLA CATEGORIAL.

**REGRESIVO.** Véase en ASIMILACIÓN REGRESIVA.

**REGULARIDAD.** La 'regularidad' de los CAMBIOS LINGÜÍSTICOS, junto con la CONTINUIDAD LINGÜÍSTICA y la ARBITRARIEDAD DEL SIGNO, es uno de los pilares sobre los que se asienta el MÉTODO COMPARATIVO. De acuerdo con Lyons (1990: 173-74), el 'método comparativo' tiende a exagerar el grado de REGULARIDAD de un sistema lingüístico reconstruido, y parte del supuesto de que cada miembro de una FAMILIA de lenguas emparentadas se encuentra en línea directa sin mantener ningún contacto a lo largo del tiempo. Por estas razones las PROTOLENGUAS reconstruidas han de considerarse CONSTRUCTOS HIPOTÉTICOS.

**REIFICACIÓN.** En ESTILÍSTICA se llama 'reificación' al RECURSO ESTILÍSTICO consistente en transformar en sustantivo lo que es adjetivo, es decir, a dar cuerpo a lo que es una simple cualidad. Si en lugar de decir «las bayonetas blancas» decimos «la blancura de las bayonetas» hemos 'reificado' la cualidad *blanca* (Ullmann, 1968: 132) y, al mismo tiempo, la sucesión de las experiencias se ha conservado fielmente en el orden de las palabras, en primer lugar hemos quedado deslumbrado por una blancura que han resultado ser bayonetas.

**REITERACIÓN.** Equivale a ISOSEMIA.

**REJILLA MÉTRICA.** Véase en FONOLOGÍA MÉTRICA.

**RELACIÓN.** ① En la LINGÜÍSTICA, como en la vida en general, en la que es difícil imaginarse un mundo atomizado de partes inconexas sin ningún tipo de vínculo entre ellas, el concepto de 'relación' es básico. Desde que Saussure afirmó que una lengua es un SISTEMA *où tout se tient*, se ha aceptado en el PARADIGMA ESTRUCTURALISTA la 'relación lingüística' como una categoría fundamental en el ANÁLISIS y la DESCRIPCIÓN del lenguaje y de las lenguas. *Cf* adjetivo relacional.

Por tanto, el descubrimiento y el análisis de las RELACIONES LINGÜÍSTICAS ha sido y sigue siendo una meta del ESTRUCTURALISMO LINGÜÍSTICO, tanto del europeo (por ejemplo, las relaciones PARADIGMÁTICAS y la SINTAGMÁTICAS) como del norteamericano (por ejemplo, las relaciones —también llamadas construcciones— ENDOCÉNTRICAS y EXOCÉNTRICAS de Hockett, o la teoría ESTRATIFICACIONAL de Lamb). Y existe, incluso, una TEORÍA estructuralista, la GLOSEMÁTICA, basada exclusivamente en las 'relaciones'. No obstante, esta categoría no es exclusiva del ESTRUCTURALISMO, ya que se utiliza en muchas TEORÍAS de otros PARADIGMAS. Las 'relaciones lingüísticas' que más se han analizado son las RELACIONES FONOLÓGICAS, las RELACIONES MORFOSINTÁCTICAS y las RELACIONES LÉXICO-SEMÁNTICAS.

② De acuerdo con Pottier (1968: 65), se llama 'relación' al término de un CONJUNTO TÁXICO finito que tiene una incidencia doble, por ejemplo, *de* en «Partir <–de–> París». *Cf* identificación, formulación.

**RELACIÓN ANAFÓRICA.** Véase en ANÁFORA.

**RELACIÓN ASOCIATIVA.** Véase en PARADIGMA[1].

**RELACIÓN CATAFÓRICA.** Véase en ANÁFORA.

**RELACIÓN DE SIGNIFICACIÓN.** Equivale a RELACIONES LÉXICO-SEMÁNTICAS.

**RELACIÓN DE SOLIDARIDAD.** El término 'relaciones de solidaridad', también llamadas **relaciones sintagmáticas**, alude a las RELACIONES LÉXICO-SEMÁNTICAS de tipo sintagmático u horizontal entre LEXEMAS pertenecientes a distintos CAMPOS, en las que uno está incluido total o parcialmente en el otro, como rasgo distintivo, limitando de esta forma su capacidad combinatoria. No son relaciones RECÍPROCAS, como la que podría existir entre *comprar* y *vender*, sino de sentido único, como las que existen entre *árbol* y *talar*: *árbol* está contenido en *talar*, pero no a la inversa. También se emplea el ANGLICISMO COLOCACIONES para hacer referencia a estas relaciones sintagmáticas. El nombre de 'relaciones de solidaridad' es de Coseriu (1977: 143-61), quien clasifica estas relaciones en tres tipos: AFINIDAD, SELECCIÓN e IMPLICACIÓN.

**RELACIÓN FONOLÓGICA.** Véase en OPOSICIÓN y en CONTRASTE.

**RELACIÓN GENÉTICA.** Véase en AFINIDAD LINGÜÍSTICA y en GENEALOGÍA.

**RELACIÓN PARADIGMÁTICA.** Véase en PARADIGMA[1].

**RELACIÓN SEMÁNTICA.** Las 'relaciones semánticas', siguiendo a Coseriu (1968: 3-16), pueden ser de dos clases: **relaciones de significación** y **relaciones de designación**. Las primeras, también llamadas RELACIONES LÉXICO-SEMÁNTICAS, son abordadas por la rama de la SEMÁNTICA conocida con el nombre de LEXEMÁTICA, y se refieren a las relaciones entre los SIGNIFICADOS de los SIGNOS LINGÜÍSTICOS, y las segundas consisten en las relaciones entre los signos lingüísticos (significante y significado) y la realidad extralingüística, es decir, son relaciones de DENOTACIÓN.

**RELACIÓN SINTAGMÁTICA.** ① Véase en RELACIONES DE SOLIDARIDAD.

② En general, se entiende por 'relaciones sintagmáticas' las relaciones que contraen las unidades lingüísticas (fonológicas, gramaticales) con otras unidades con las que coaparecen en la cadena. Por ejemplo, según Rojo (1983: 30), en «La mesa está en el rincón» hay una relación sintágmática entre *la* y *mesa*. La coaparición no es, sin embargo, condición suficiente para la existencia de una relación sintagmática, al menos directa. Así, de conformidad con Moreno Cabrera (1991: 79), en «Llegó el presidente», *el* y *presidente* contraen relación sintagmática, pero *llegó* y *el* no. Según Rojo, la relación sintagmática directa entre dos elementos requiere que ambos sean constituyentes inmediatos de un tercer elemento.

**RELACIÓN TIPOLÓGICA.** Véase en TIPOLOGÍA y en AFINIDAD.

**RELACIONES DE DESIGNACIÓN, DE IMPLICACIÓN Y DE INTERPRETACIÓN.** Véase en SEMIÓTICA.

**RELACIONES GRAMATICALES.** Véase en FUNCIÓN SINTÁCTICA.

**RELACIONES LÉXICAS.** Las 'relaciones léxicas' pueden ser de dos tipos: (a) las que se basan en la FORMA DE LA EXPRESIÓN; y (b) las que se basan en la FORMA DEL CONTENIDO. A estas últimas se las llama RELACIONES LÉXICO-SEMÁNTICAS y, también, relaciones de sentido o relaciones de significación. Las que se basan en la forma de la expresión pueden serlo: (1) por razón de semejanza (*cf* homófono, homografo); (2) por pertenencia a un paradigma gramatical (*largo, larga, largos, largas; ancho/anchura*, etc.; y (3) contextuales (*ejercer influencia: influir*).

**RELACIONES LÉXICO-SEMÁNTICAS.** Véase en ANÁLISIS DE RELACIONES LÉXICO-SEMÁNTICAS.

**RELACIONES TEXTUALES.** Son varios los intentos de TAXONOMIZACIÓN de las relaciones existentes entre los componentes de un TEXTO (*cf* condiciones de textualidad), como la de Isenberg (1971: 66-85). He aquí algunas dentro de su largo repertorio: (a) TEMATIZACIONES de lo dado textualmente: «Cambiaron las puertas; los *marcos* estaban nuevos». En el segundo enunciado, *marcos* se refiere a algo ya conocido, las puertas; (b) Relación causal: «Suspendieron todas las asignaturas. No irán a la playa». El segundo enunciado está relacionado con el primero del que es la causa. (c) Interpretación diagnóstica: «El Gobierno ha disuelto las Cámaras; no tenían mayoría». Existe entre los dos enunciados una relación del tipo *se debe al hecho de que*...; (d) **Metatematización**: «Mi madre se cayó por la escalera. Al bedel lo llevaron al hospital. Luis chocó contra un árbol. Todo esto ocurrió cuando bajé a llamar por teléfono». Sin la última oración, no se trataría de un texto coherente, ya que faltaría la referencia común;

(e) Relación temporal: «El ladrón huye de la tienda. El policía le quita la bolsa».

**Relajación.** Véase en DEBILITAMIENTO y en RASGO DE RELAJAMIENTO.

**Relajamiento, relajamiento brusco, instantáneo, retardado.** Véase en RASGOS DE RELAJAMIENTO.

**Relatividad lingüística, relativismo lingüístico.** De acuerdo con la hipótesis de la 'relatividad lingüística' (Lyons, 1990: 192) propugnada por la mayoría de las corrientes del ESTRUCTURALISMO NORTEAMERICANO, y que se remonta a Humbolt, no existen propiedades universales para las lenguas humanas (*cf* cultura, anisomorfismo). Esta hipótesis, en el momento en que se formuló, se consideró como una reacción metodológica sana contra la tendencia a DESCRIBIR las lenguas aborígenes de América, a partir de las categorías de la gramática tradicional europea. Dicho con otras palabras, como los sistemas lingüísticos de una lengua están relacionados con sus modelos lógicos (por ejemplo, la gramática de las lenguas europeas está basada en la lógica griega) y culturales (por ejemplo, la gama de colores no es igual en todas las culturas), el análisis gramatical, fonológico y semántico de cada lengua deberá hacerse con categorías propias, no con categorías de otras lenguas consideradas más lógicas o superiores. *Cf* determinismo lingüístico, universalismo lingüístico.

**Relativización.** En GRAMÁTICA GENERATIVO-TRANSFORMACIONAL se daba el nombre de 'relativización al proceso transformacional del que se derivaban las ORACIONES DE RELATIVO incrustadas en un sintagma nominal. Por ejemplo, según Ruwet (1974: 272 y sigs.), dadas las oraciones «El hombre ha muerto» y «El hombre llegó ayer», se podía obtener «El hombre que llegó ayer ha muerto» mediante una transformación de 'relativización' que implicaba tres operaciones sucesivas (incrustamiento, atracción de SN a Qu, conversión de SN Qu en *que*).

**Relativo.** Véase PRONOMBRE RELATIVO, ORACIÓN ADJETIVA, ORACIÓN DE RELATIVO.

**Relevancia.** El término **teoría de la relevancia** (también llamado **teoría de la pertinencia** en español) fue propuesto por Sperber y Wilson (1986, edición revisada de 1995) para la explicación cognitiva (Werth, P., 1981) de la conducta comunicativa. Sperber y Wilson reúnen en un único **principio de relevancia** todas las MÁXIMAS de Grice (1975) y afirman que la búsqueda de la 'relevancia' subyace en la INTERACCIÓN COMUNICATIVA. Cuando en una conversación alguien introduce una proposición que transporta nueva información y alguno de los participantes replica «Eso no viene al caso», está aseverando que la información que aporta esa proposición no es 'relevante', es decir, no produce ninguna IMPLICACIÓN CONVERSACIONAL dentro del TEMA DISCURSIVO objeto de la CONVERSACIÓN. Pero, si por el contrario, alguien confirma «Eso que acabas de decir es muy importante», lo que realmente significa es que la información contenida en la citada proposición es muy 'relevante' por producir una o varias interpretaciones.

El modelo que proponen Sperber y Wilson aspira a identificar los mecanismos subyacentes, arraigados en la psicología humana, que explican cómo los humanos se comunican unos con otros (Sperber y Wilson, 1986: 32). Este propósito inicial se articula en cuatro premisas fundamentales (Wilson, 1994: 44): (1) Cada enunciado posee una variedad de posibles interpretaciones; (2) el oyente no recibe todas estas interpretaciones posibles de la misma forma, sino que algunas requieren más esfuerzo de procesamiento que otras; (3) los oyentes están dotados de un único criterio general para evaluar las interpretaciones; y (4) este criterio es suficientemente poderoso como para excluir todas las interpretaciones excepto una, que es la que finalmente se acepta.

En la descripción de su teoría, Sperber y Wilson ponen de relieve la capacidad del EMISOR para llamar la atención del DESTINATARIO sobre su INTENCIÓN de proporcionarle una información por medio de lo que se llama **actividad ostensiva**. A la vez, se pone un énfasis paralelo en la actividad INFERENCIAL del destinatario para dar sentido a la actividad comunicativa del emisor. No en vano, los mensajes a menudo comunican una información diferente de la que se puede extraer literalmente de las palabras que se pronuncian. En este sentido, la INFERENCIA llena el vacío que existe entre la representación semántica del enunciado y lo que de hecho comunica dicho enunciado (Sperber y Wilson, 1987: 697). La inferencia permite, además, diferenciar las posibles interpretaciones de un enunciado verbal o de una conducta no verbal (*cf* kinésica, paralingüística) del interlocutor (que Sperber y Wilson agrupan en el concepto de **estímulo**) en más o menos probables y, de forma paralela, en más o menos interesantes. Los autores opinan que hay una relación directa entre la confianza que posee el hablante en sus hipótesis interpretativas y la probabilidad de que éstas resulten ser correctas. Dichas hipótesis se forman a partir de cuatro fuentes principales: (a) mecanismos de percepción; (b) descodificación lingüística; (c) esquemas mentales almacenados en la mente del individuo; y (d) deducción.

La formación de estas hipótesis está supeditada a la búsqueda de relevancia que está arraigada en la cognición del ser humano: la **cognición humana** en su conjunto busca una mejor calidad del conocimiento del individuo. Para conseguir esta meta de la manera más eficaz posible, el individuo debe intentar, en cada momento, orientar sus recursos de procesamiento hacia la información más relevante (Sperber y Wilson, 1987: 700). Sin embargo, el **procesamiento de la información** que accede a nuestro cerebro está sujeto a riesgos y esfuerzo. Por un lado, el riesgo de no saber qué interpretación es la que el emisor desea que sea elegida (Blakemore, 1992: 21); y por otro, el esfuerzo de seleccionar una hipótesis interpretativa y procesarla tras una necesaria comparación con la información ya almacenada en la mente. Por eso, toda actividad que el emisor desea comunicar de una forma explícita (comunicación *ostensiva*) porta en sí misma la garantía de su relevancia, esto es, el emisor es consciente del esfuerzo cognitivo que ha de realizar su interlocutor y supone que a pesar de ello el esfuerzo valdrá la pena.

La recompensa que obtiene el destinatario en su esfuerzo cognitivo se genera en forma de *efectos contextuales*, y la relevancia final del estímulo dependerá del equilibro entre la producción de dichos efectos y el *esfuerzo de procesamiento* exigido. De este modo, la definición de 'relevancia' que proponen Sperber y Wilson (1986: 125) está formulada en dos condiciones complementarias: (a) Una suposición es relevante en un contexto siempre que el número de efectos contextuales sea alto. (b) Una suposición es relevante en un contexto siempre que el esfuerzo necesario para procesarla en ese contexto sea pequeño.

Como punto culminante de la teoría, Sperber y Wilson sugieren que si un destinatario encuentra una primera hipótesis interpretativa que ofrece un alto número de efectos contextuales a cambio de un esfuerzo de procesamiento pequeño, el destinatario elegirá dicha hipótesis como la más probable y detendrá su actividad interpretativa, dejando de lado otras alternativas menos plausibles. Sperber y Wilson proponen el ejemplo «Jones ha comprado *The Times*». Un lector de esta oración interpretará, como primera hipótesis fiable, que Jones ha comprado un ejemplar del periódico, y no tendrá en cuenta otras posibles interpretaciones (menos probables, ya que ofrecen un peor equilibrio de efectos y esfuerzo) como, por ejemplo, que Jones ha comprado la compañía que publica el periódico *The Times*.

La teoría de la 'relevancia' ofrece también una explicación alternativa del fenómeno de las IMPLICATURAS (Grice, 1975). Éstas se interpretan ahora como enunciados que exigen un mayor esfuerzo de procesamiento (ya que es necesaria la mediación de información contextual para su correcta interpretación), pero a cambio ofrecen una información adicional al oyente que puede compensar dicho aumento de esfuerzo. Muchas proposiciones pueden ser relevantes para unos, mientras que para otros son completamente irrelevantes. En el film «Bienvenido Mr. Chance» (*Being There*), protagonizado por Peter Sellers, el personaje principal, que se ha pasado la vida delante de un televisor, sólo sabe emitir enunciados televisivos (anuncios, eslóganes, etc.), que aparentemente no tienen ningún sentido, pero que para sorpresa de los espectadores, son muy 'relevantes' para su interlocutor por las implicaturas que en él crea.

**RELEXICACIÓN.** ① En SOCIOLINGÜÍSTICA se llama 'relexicación' (Trudgill, 1984), y también **monogénesis**, a la hipótesis utilizada para justificar las relaciones de semejanza existente entre los *pidgins* ingleses, franceses y españoles, que se formuló en el primer congreso celebrado en Jamaica sobre criollos y pidgins . De acuerdo con esta hipótesis, todos los anteriores derivan del *pidgin* portugués, que se comenzó a formar en el siglo XV en el África occidental, y todos han conservado la misma gramática, aunque se fueron diferenciando por las distintas unidades léxicas procedentes del inglés, el español y el francés. De esta forma se explica la existencia de *savvy?* (¿Sabes?) en casi todos los pidgins (Crystal, 1991: 297-98).

② Véase en NOMINALIZACIÓN[4].

**REMA.** Véase en ESTRUCTURA TEMÁTICA y en PERSPECTIVA FUNCIONAL DE LA ORACIÓN.

**REMODELACIÓN.** En LEXICOLOGÍA se denomina 'remodelación' al procedimiento de CREACIÓN LÉXICA consistente en la distorsión de un SIGNIFICANTE, generalmente con el fin de encubrir una VOZ TABUIZADA, por ejemplo, las interjecciones *¡jolín!*, *¡mecachis!* (Lillo Buades, 1996: 2). Cuando la voz resultante sólo conserva los segmentos fonéticos de la sílaba tónica original, su MORFOLOGÍA puede resultar OPACA (en inglés *cripes*, *crikey* por *Christ*), y en ocasiones se aprovecha la HOMONIMIA con una palabra ya existente para conseguir un mayor EFECTO ESTILÍSTICO, como en ingles *blooming* por *bloody*, *sugar!* por *shit!* Por el contrario, cuando el nuevo término pierde los segmentos fonéticos de la sílaba original, se puede conservar la rima con la voz a la que sustituye, y el resultado es un SINÓNIMO RIMADO (en inglés *ruddy* por *bloody*).

**REPARACIÓN.** Se entiende por 'reparación' la reformulación solicitada por el DESTINATARIO cuando el EMISOR envía un enunciado cuyo significado no puede integrar en su circuito cognoscitivo (*cf* interpretación textual), porque no sólo no coincide, sino que más bien choca, con las expectativas por él generadas. En este caso, el receptor utiliza algún MACROMARCADOR de 'reparación' del discurso (entendido en el sentido de NEGOCIACIÓN del significado), como «No le entiendo; se refiere Vd. a...». El estudio de la 'reparación' y de sus MARCADORES es uno de los parámetros de análisis de la comunicación lingüística tanto en SOCIOLINGÜÍSTICA, en el ANÁLISIS CONVERSACIONAL, en ETNOMETODOLOGÍA, como en el PARADIGMA DE LA PRAGMÁTICA (Brown, P. *et al.*, 1987).

**REPERTORIO LINGÜÍSTICO.** Véase en CORPUS y en LINGÜÍSTICA DE CORPUS.

**REPETICIÓN.** La 'repetición' es la recurrencia o reaparición de un elemento semántico o funcional del TEXTO (Bernárdez, 1982: 102). Tan pronto como el texto se pone en funcionamiento, sobre él actúan dos fuerzas o recursos: la ELIPSIS para conferirle agilidad, y la 'repetición' para proporcionarle la protección que necesita frente a los ataques que pueda recibir (ruido, cansancio del receptor, etc.). Estas dos fuerzas son dos atributos textuales que, a su vez, se asientan en dos principios lingüísticos distintos, el de economía, y el de seguridad, que, a primera vista, parecen contradictorios, ya que en uno de ellos la información se omite y, en el otro, se reitera; pero, tras una breve reflexión, se puede comprobar que son similares y complementarios, porque tanto la repetición como la elipsis surgen con unidades que tienen una relación de identidad, y las dos contribuyen a la creación y al mantenimiento de la COHESIÓN y la COHERENCIA textual.

Dado el carácter limitado de algunos componentes lingüísticos (por ejemplo, el fonológico pertenenece a un repertorio cerrado, el morfosintáctico a uno semiabierto, etc.), muchas 'repeticiones' son ineludibles o inevitables. Las repeticiones que interesan son las sistemáticas o motivadas, ya que, de acuerdo con la propia naturaleza del DISCURSO y del ENUNCIADO, están destinadas a cumplir una misión, pues parece evidente que si no realizaran ninguna función ni produjesen efectos, el lenguaje las evitaría por medio de los suficientes recursos y estrategias que posee.

La 'repetición' (y también la elipsis) pueden ser analizadas, por lo menos, desde tres distintas perspectivas, dando como resultado tres tipos de repeticiones: (a) la REPETICIÓN LÉXICO-SINTÁCTICA; (b) la REPETICIÓN DISCURSIVA O PRAGMÁTICA, y (c) la REPETICIÓN ESTILÍSTICA. *Cf* acoplamiento.

**REPETICIÓN DISCURSIVA.** Véase en REPETICIÓN PRAGMÁTICA.

**REPETICIÓN ESTILÍSTICA.** La 'repetición estilística' ha sido definida con precisión y claridad por R. Jakobson con «El conjunto sobre el mensaje» (*The set towards the message*), es decir, el conjunto de unidades equivalentes de un paradigma (*set*) o eje de selección, proyectadas, extendidas, o esparcidas, dicho con mayor expresividad, sobre la horizontalidad del eje sintagmático o de combinación de un mensaje (*message*). Por consiguiente, las estructuras que las CLASES DE EQUIVALENCIA manifiestan en el texto constituyen una realidad viva que debe ser estudiada.

La ISOTOPÍA (Rastier, 1972), y sus tres variantes, la ISOSEMIA o repetición sémica, la ISOTAXIA o repetición sintáctica y la ISOFONÍA o repetición fonética, forman un grupo muy importante de 'repetición estilística'. A las repeticiones sistemáticas (Dubois, J. y grupo μ, 1982; Leech, G., 1969) se las llama figuras de repetición (*cf* figuras del lenguaje). *Cf* acoplamiento.

**REPETICIÓN ISOFÓNICA.** Véase en ISOFONÍA.

**REPETICIÓN ISOSÉMICA.** Véase en ISOSEMIA.

**REPETICIÓN ISOTÁXICA.** Véase en ISOTAXIA.

**REPETICIÓN ISOTÓPICA.** Véase en ISOTAXIA.

**REPETICIÓN LÉXICO-SINTÁCTICA.** La 'repetición léxico-sintáctica' consiste en la reiteración de un SEMA, o nota conceptual, en el discurso. En la oración «Los niños más pequeños cantaron ayer» los morfemas de género y de número en el sintagma nominal, y los de tiempo y persona en el sintagma verbal son REDUNDANTES en gran parte, y sirven para ayudar a comprender mejor el mensaje, así como el haz de SEMAS, contenidos en el adverbio *ayer*. A este tipo de REPETICIÓN se la llama **redundancia**, la cual no añade información al enunciado, sólo confiere protección a la COMUNICACIÓN, ya que gracias a ella el RECEPTOR del mensaje está seguro de tener las pistas lingüísticas e informativas más importantes que le ayudarán a:

(a) vencer los factores negativos de orden externo (por ejemplo, el ruido) e interno (por ejemplo, el cansancio, la actitud y estado de ánimo del receptor, etc.). Gracias a la REDUNDANCIA del mensaje se puede reconstruir el mismo y superar los elementos adversos citados.

(b) activar las estrategias de INFERENCIA y de anticipación propias de la INTERPRETACIÓN discursiva.

A la 'redundancia' que tiene lugar dentro de los límites oracionales se la llama CONCORDANCIA (por ejemplo, la repetición antes citada de morfemas en la oración *Los niños más pequeños cantaron ayer*) y a la supraoracional COHESIÓN/COHERENCIA.

**Repetición pragmática.** La 'repetición pragmática' es típicamente discursiva y, por esta razón, se la llama también **repetición discursiva**. Es una 'repetición' cuya finalidad es procurar que se consiga la CONDICIÓN DE TEXTUALIDAD llamada COHESIÓN/HERENCIA. Si el nombre técnico de la REPETICIÓN LÉXICO-SINTÁCTICA es REDUNDANCIA, el de la 'repetición pragmática' es ISOTOPÍA.

**Repliegue vocálico.** Véase en CUERDAS VOCALES.

**Representación.** Uno de los objetivos de la lingüística moderna es la simbolización o 'representación' (*cf* nivel de representación) de los distintos MODELOS buscando la mayor ADECUACIÓN EXPLICATIVA. En la sistematización de las UNIDADES LINGÜÍSTICAS se emplean distintos tipos de representaciones: los HACES, los ÁRBOLES, las SARTAS, los 'campos', etc. Con el término 'campo' se alude a la red formada por un conjunto de UNIDADES LÉXICAS que mantienen RELACIONES entre sí o en torno a otra considerada la principal. *Cf* formalización, exponente.

**Representación fonética y fonológica.** Véase en TRANSCRIPCIÓN FONÉTICA Y FONOLÓGICA.

**Representativo.** Véase en ACTO DE HABLA.

**Resonador.** Equivale a CAVIDAD.

**Resonancia.** Se llama **resonancia** (*cf* antirresonancia) al fenómeno mediante el cual cualquier cuerpo capaz de vibrar, por ejemplo una guitarra, que en este caso llamaremos **resonador** (*cf* cavidad), se pone en movimiento, esto es, vibra por simpatía a causa de los efectos de las vibraciones de una frecuencia igual o próxima a la propia. Las ONDAS (Quilis, 1993: 99) que llegan a un resonador y lo ponen en movimiento constituyen la *entrada* del resonador. La respuesta del resonador a estas ondas se denomina *salida* y a la extensión de la frecuencia efectiva de un resonador se la denomina **ancho de banda**. Por tanto, se llama 'ancho de banda' a la frecuencia efectiva de un resonador y se calcula convencionalmente considerando sus límites entre aquellos armónicos cuya amplitud a la salida es el 70,7 % de la amplitud de salida de la frecuencia resonante.

**Respuesta.** Véase en CONDUCTISMO.

**Respuesta primaria, secundaria, terciaria.** Bloomfield (1965) distingue tres niveles de uso del lenguaje por parte del hablante, que llama 'repuesta primaria, secundaria y terciaria'. La **respuesta primaria** es el uso comunicativo del lenguaje que hacen los interlocutores para expresar sus necesidades de todo tipo (descriptivas, representativas, etc.). La **respuesta secundaria** la emplean cuando hablan de su propio lenguaje; coincide este concepto, en gran parte, con el METALENGUAJE, pero es más amplio porque comprende también valoraciones de tipo prescriptivo (correcto, incorrecto, familiar, etc.). La **respuesta terciaria** está formada por los enunciados empleados para justificar, de forma emotiva u objetiva, los juicios emitidos en las 'respuestas secundarias'.

**Restricción de la estructura coordinada.** Véase en CONSTRICCIÓN DE LA ESTRUCTURA COORDINADA.

**Restricción de la isla Qu.** Véase en CONSTRICCIÓN DE LA ISLA QU.

**Restricción del SN complejo.** Véase en CONSTRICCIÓN DEL SN COMPLEJO.

**Restricción del sujeto oracional.** Véase EN CONSTRICCIÓN DEL SUJETO ORACIONAL.

**Restricción seleccional.** Se denominan 'restricciones seleccionales' los condicionamientos que, por su SIGNIFICADO, imponen las UNIDADES LÉXICAS sobre los RASGOS SEMÁNTICOS de las unidades con las que pueden combinarse en una determinada estructura.

El verbo *conversar*, por ejemplo, puesto que implica un agente humano, requiere que su sintagma nominal sujeto posea el rasgo semántico [+humano] «Mis sobrinos estuvieron conversando toda la noche» es una oración bien formada porque «mis sobrinos» es un sintagma nominal que posee dicho rasgo y es, por tanto, compatible con *conversar*. «*Las piedras han estado conversando toda la noche», «*Las gallinas estuvieron conversando varias horas» son, por el contrario, oraciones anómalas, dado que ni «las gallinas» ni «las piedras» son sintagmas nominales humanos. Esa exigencia con respecto a los rasgos semánticos del sintagma nominal sujeto es, por tanto, una 'restricción seleccional' característica de la unidad léxica *conversar*. *Cf* clasema.

**RESTRICTIVO.** ① El término **restrictivo**, y también **especificativo**, identifica a los complementos —sintagmas adjetivos, preposicionales, nominales, oraciones adjetivas— que delimitan la REFERENCIA del sintagma nominal especificando alguna propiedad que debe tener la entidad o entidades a las que puede aludir. Son, por ejemplo, 'restrictivos' los complementos en cursiva en los siguientes enunciados: «Los coches *blancos* se ven mejor por la noche», «Las carreteras *que estén en mal estado* serán reparadas próximamente». En el primero, el sintagma nominal, y la predicación en que se incluye, abarca a todos, y sólo a ellos, los *coches* que tienen la propiedad de ser *blancos*. En el segundo abarca a todas, y sólo a ellas, las *carreteras* que presenten la propiedad de *estar en mal estado*.

Puesto que influyen en la delimitación de la referencia, la supresión de los complementos restrictivos, a diferencia de lo que sucede con los NO RESTRICTIVOS O EXPLICATIVOS, modifica la extensión del sintagma y, por tanto, el contenido del enunciado en que se integra. «Los coches se ven más por la noche», «Las carreteras serán reparadas próximamente» no son, claro está, enunciados equivalentes a los anteriores.

② Véase ADVERSATIVA RESTRICTIVA O ADVERSATIVA NO EXCLUYENTE.

**RETÓRICA.** La 'retórica', base de la formación lingüística clásica en Grecia y Roma y en Europa hasta principios del siglo XX, constaba de una serie de preceptos relativos al arte de hablar bien, en el que se estudiaba y analizaba, sobre todo, las técnicas de la EXPOSICIÓN y de la PERSUASIÓN. Más tarde, con el nombre de arte de la composición verbal, se extendió también al arte de escribir bien. Constaba de cinco apartados: la inventiva, la disposición (composición de las distintas MODALIDADES DISCURSIVAS), la elocución (estilo), la acción y la memoria. La parte más privilegiada fue la **elocución**, que se centró en el estudio de las FIGURAS DEL LENGUAJE, hoy también abordadas desde la ESTILÍSTICA, o mejor dicho, la estilística es la heredera de la *elocutio* clásica. La retórica moderna es una actividad multidisciplinar interesada en la comunicación, en su sentido más amplio, para lo que acude a campos como la lingüística, la filosofía, el psicoanálisis, las ciencias cognitivas, la sociología, la antropología, incluso la teoría política. *Cf* pragmática.

**RETRAÍDO.** Véase en POSTERIOR y en EXTENDIDO.

**RETROALIMENCIÓN.** Véase en COMUNICACIÓN.

**RETROFLEJO, RETROFLEXIÓN.** En FONÉTICA se emplea el término **retroflexión** para aludir a la articulación formada cuando el ápice de la lengua se curva hacia atrás, adhiriéndose al paladar por su parte inferior o, dicho con otras palabras, cuando hay un contacto entre el revés de la punta de la lengua y la parte superior del paladar. A las consonantes pronunciadas de esta manera se las llama **retroflejas** o **cacuminales**. En la llamada 'r' **retrofleja** del inglés norteamericano, representada en la TRANSCRIPCIÓN FONÉTICA con el símbolo [ɹ], al tiempo que se produce la 'retroflexión', los márgenes de la lengua se deslizan por la parte posterior de los alvéolos, produciendo un TIMBRE OSCURO. Otros sonidos retroflejos como [ʈ], [ɖ], que se encuentran en algunas de las lenguas de la India, son correlatos de las oclusivas [t] y [d].

**Retruécano.** El **retruécano** o **conmutación** es una FIGURA DEL LENGUAJE de carácter lúdico, formada por la REPETICIÓN de dos frases que contienen las mismas palabras en orden distintos, de forma que CONTRASTEN o se presenten como ANTITÉTICOS: «Ni son todos los que están ni están todos los que son».

**Rima.** La 'rima' es una de las REPETICIONES ISOFÓNICAS (ALITERACIÓN, RITMO, etc.) consistente en repetir al final de cada verso palabras que tengan la misma terminación (*cf* homofonía), normalmente la VOCAL TÓNICA y los FONEMAS que la acompañan (ASONANTE, CONSONANTE), con el fin de conseguir algún EFECTO ESTILÍSTICO, al menos, el llamado orquestal, propio de la repetición de FONEMAS. A la 'rima' se la considera un RECURSO ESTILÍSTICO superior y más evolucionado que la aliteración. Por ser una REPETICIÓN (*cf* isosemia), colabora en la COHESIÓN y COHERENCIA textual. La 'rima' es un recurso de la poesía, aunque también se la encuentra en la llamada 'prosa poemática o rimada', por ejemplo en la obra de Gabriel Miró, Virgina Woolf, etcétera.

**Ritmo.** El término 'ritmo' puede tener en lingüística, al menos, dos acepciones:

① En un sentido amplio se llama 'ritmo' a las sensaciones auditivas que se perciben a intervalos regulares de tiempo, producidas por REPETICIONES ISOFÓNICAS (y también por REPETICIONES ISOTÁXICAS e ISOTÓPICAS) de cualquier recurso prosódico del lenguaje, como pueden ser la rima, la cesura, etc.

② En un sentido estricto, el 'ritmo' es un PROSODEMA básico de la CADENA HABLADA, junto con la ENTONACIÓN y el ACENTO. Aun siendo conscientes, por una parte, de que lo que lo que realmente se percibe auditivamente es una PROMINENCIA O SALIENCIA de forma sincrética y, por otra, de la resistencia que ofrecen los FONEMAS PROSÓDICOS a su sistematización, conviene separar, en lo posible, los rasgos de *tensión* y los de *melodía* que se manifiestan en la cadena hablada; los rasgos de tensión corresponden al 'ritmo' (también llamado *ritmo verbal* para diferenciarlo del *ritmo musical*) y los de melodía a la ENTONACIÓN.

El 'ritmo' de un GRUPO FÓNICO es la pauta de tensión formada en el mismo por la combinación de sílabas tónicas y átonas, y largas y breves. El 'ritmo' es uno de los PROSODEMAS o fonemas prosódicos (o suprasegmentales) más característicos de una lengua. Como no todas las lenguas hacen el mismo uso de las sílabas largas y breves, y de las tónicas y átonas, habrá distintos tipos de ritmos; los más importantes son el acentual y el silábico. **Ritmo acentual** quiere decir que las pautas que se forman en el grupo fónico tienen un *tempo* marcado por el acento, o sea, están acompasadas por el acento, mientras que en el **ritmo silábico** es la SÍLABA la que sella el *tempo*, es decir, el 'ritmo' está acompasado por la sílaba; el del inglés es de tipo acentual, mientras que el del español lo es de silábico.

Las VOCALES del inglés poseen dos rasgos peculiares que no existen en castellano, y que contribuyen a que las diferentes pautas rítmicas sean distintas a las del español: (a) pueden ser largas y breves, con lo que unas sílabas tendrán mayor duración que otras; y (b) en la sílabas átonas pierden su timbre pleno, para convertirse en /ə/, /ɪ/, y a veces en /ʊ/. En cambio, en español los fonemas vocálicos poseen la misma cantidad aproximadamente, y la diferencia entre los timbres de las vocales tónicas y átonas apenas es perceptible. Para el oído inglés el 'ritmo' español resulta marcial, porque le produce el efecto subjetivo de una ametralladora, ya que da timbre pleno a todas las vocales de las sílabas. En cambio, al español, el 'ritmo' inglés le produce un efecto «entrecortado» y sujeto a «tirones»; el de esta lengua se caracteriza, además, por la ISOCRONÍA, es decir, por la tendencia a dejar el mismo tiempo entre dos sílabas tónicas, con independencia del número de sílabas átonas que haya entre las dos tónicas. *Cf* pie.

Desde el punto de vista de la expresión el 'ritmo verbal' constituye un ámbito de la SEMIOLOGÍA de la expresión en el que están implicados tanto el gesto como el lenguaje (Herrero, 1995: 69).

El 'ritmo' es probablemente el rasgo de la BASE ARTICULATORIA de una lengua cuya adquisición o dominio resulta más difícil al estudiante adulto de un idioma extranjero y, aunque la inteligibilidad depende en gran parte de su correcta emisión, a éste no se le presta la atención debida en la enseñanza de idiomas extranjeros (Abercrombie, 1967); por ejemplo, aunque el hablante inglés haga esfuerzos por entender al extranjero que use pautas rítmicas diferentes a las inglesas se corre el riesgo de que la comprensión del mensaje quede interrumpida, si se aplican indiscriminadamente pautas rítmicas castellanas al hablar inglés. Y, paradójicamente, es de los primeros rasgos que se aprende en la infancia durante la adquisición de la lengua manterna; hay tipos de AFASIA, en los que el daño cerebral ha causado la pérdida de todos los rasgos de la producción oral del lenguaje, excepto los sistemas de impulsos del mecanismo de aire pulmonar, como si éstos fueran los centros cerebrales del habla más resistentes. Véase 'función rítmica' en ACENTO.

**ROTACISMO.** ① Se llama 'rotacismo' el paso en LINGÜÍSTICA HISTÓRICA de /s, z/ a /r/ como en el latín de *amase* a *amare*.

② Véase en PATOLOGÍAS DEL LENGUAJE Y DEL MEDIO.

**RÓTICO.** Para la clasificación de los ACENTOS y de los DIALECTOS regionales del inglés se emplea el adjetivo 'rótico', que significa uso de la /r/ en posición posvocálica. El llamado **RP** (*received pronunciation*), que es el modelo aceptado por muchos como estándar, es no rótico, ya que pronuncia palabras como *car* o *bird* (['kɑː], ['bɜːd]) sin la 'r' posvocálica. La mayoría de los otros modelos, el norteamericnao, el canadiense, el australiano, emplean la 'r' en sus mútliples variedades: RETROFLEJA, VIBRANTE, etc.

**ROTULADO.** Véase PARENTETIZACIÓN.

**RUIDO.** ① En la FONÉTICA se llama 'ruido' al sonido en cuya formación no han intervenido las CUERDAS VOCALES y, consecuentemente, no puede haber ARMÓNICOS. Los 'ruidos' (Martínez Celdrán, 1983: 219) se presentan como conjuntos inarmónicos. Su imagen suele ser vertical y desordenada en el espectrograma. Su inarmonía contrasta fuertemente con la periodicidad de los formantes vocálicos. Su intensidad y su frecuencia, además del *locus*, caracteriza a cada una de las fricativas, sonidos que, característicamente, poseen estos ruidos.

La distinción entre 'ruido' y SONIDO (Gili Gaya, 1975: 16) se basa en la impresión que producen en nuestro OÍDO y, por tanto, no puede trazarse una línea divisoria fija entre unos y otros. En los sonidos el movimiento ondulatorio es periódico, o por lo menos, el oído no capta e interpreta fácilmente su periodicidad. Por lo que se refiere al lenguaje, las vocales son sonidos; en las consonantes sordas predomina su calidad de ruido; en las consonantes sonoras hay una mezcla de sonido y ruido en proporciones variables. Tanto la música como el lenguaje obtienen de los ruidos efectos expresivos importantes.

② En la TEORÍA de la COMUNICACIÓN (ORAL) se entiende que existe una serie de factores que perturban, o actúan en contra de la realización del ACTO COMUNICATIVO, entre los que destacan el cansancio del receptor o la barrera que impone el 'ruido'. Para amortiguar los efectos negativos del ruido se cuenta con varios recursos: (a) unos propios de la misma ENUNCIACIÓN, como la elevación de la voz o la articulación (PARALINGÜÍSTICA); (b) el empleo de gestos y de lenguaje corporal (KINÉSICA); y (c) los propios de la misma naturaleza del lenguaje, como la REPETICIÓN, en sus diversas formas de REDUNDANCIA.

# S

**Sabir.** En sociolingüística se da el nombre de 'sabires' a las lenguas mixtas nacidas de la necesidad comunicativa de pequeños grupos poliétnicos, por ejemplo, los que se forman en la tripulación de los barcos de pesca o de transporte. En realidad, los 'sabires' son los pidgins surgidos en la Europa mediterránea o en los puertos y países de lenguas de origen románico. Constan de un léxico restringido a las necesidades comunicativas, en el que predominan palabras italianas, españolas, portuguesas y francesas, de una sintaxis muy elemental, y de una morfología carente de la mínima flexión. Son lenguas aprendidas en determinades circunstancias, que no se transmiten de padres a hijos, como los criollos, por haberse creado exclusivamente para responder a las necesidades concretas de determinados grupos plurilingües y no a las de una comunidad de habla. El nombre probablemente proceda de *savvy?* (¿Sabes?), término que se encuentra en casi todos los pidgins (Crystal, 1991: 297-98).

**SAdj.** Equivale a sintagma adjetivo.

**Sandhi.** En la lingüística de raíz anglosajona se emplea el término 'sandhi' (en sánscrito esta palabra significa *unión*) para aludir a las modificaciones de orden fónico que experimentan las unidades gramaticales yuxtapuestas (*don't* por *do not* en inglés, o *j'ai* por *je ai* en francés). Los lingüistas hindúes consideraron en la descripción de los textos una doble versión: una normal, con 'sanhdi', esto es, con la pronunciación simplificada, de acuerdo con los hábitos linguísticos, y otra con las palabras separadas. La descripción con 'sandhi' comprendía, con todo detalle, los rasgos de juntura de los morfemas y de las palabras en las posiciones finales e iniciales de los grupos fónicos, la cantidad silábica, así como el tono y el ritmo (Robins, 1975: 142). Hay, por tanto, dos clases de 'sandhi', el interno y el externo. El **sandhi externo** trata de las reglas que son de aplicación en las fronteras de palabras, mientras que el **sandhi interno** aborda las morfofonológicas, es decir, las que se aplican a los morfemas que constituyen las palabras. El 'sandhi' comprende, además de la citada juntura, los fenómenos que se conocen con los nombres de asimilación y disimilación.

**Sapir-Whorf.** Véase en determinismo lingüístico.

**Satélite.** Según la terminología procedente de la gramática funcional desarrollada por S. Dik, entre otros, 'satélite' hace referencia a un constituyente de la oración que presenta las siguientes características: (1) no se corresponde con un argumento requerido por el predicado, ni forma parte, por tanto, de la predicación nuclear. (2) Amplía la información relativa al ESTADO DE COSAS configurado por la predicación nuclear aportando especificaciones semánticas adicionales, tales como la ubicación temporal o espacial, el modo, la causa, la finalidad, etc., de ese estado de cosas denotado por la predicación nuclear (*cf* predicación expandida). Por ejemplo, en «Juan conoció a su mujer en Madrid, en 1956», «Pedro miró a su padre con miedo», *en Madrid, en 1956, con miedo* funcionan como 'satélites'. A diferencia de *a su mujer,* o *a su padre*, no representan argumentos exigidos por *conocer* o *mirar*. Proporcionan una información añadida sobre el tiempo (*en 1956*), el lugar (*en Madrid*), el modo (*con miedo*) del proceso o la acción conformados por la predicación nuclear, la constituida por el verbo y sus argumentos: «Juan conoció a su mujer», «Pedro miró a su padre». 'Satélite' viene a coincidir, *grosso modo*, con ADJUNTO[3] o con COMPLEMENTO CIRCUNSTANCIAL.

**SATEM.** Véase en INDOEUROPEO.

**SCHWA.** En FONÉTICA se emplea este término, procedente del hebreo, para designar una VOCAL central y neutra, representada en la TRANSCRIPCIÓN FONÉTICA con el símbolo [ə], que se encuentra, por ejemplo, en gran parte de las VOCALES ÁTONAS del inglés (*necessary* /'nesəsərɪ/) y en la *e* caduca del francés (*samedi* /samə'di/).

**SECUENCIA HABLADA.** Véase en CADENA HABLADA.

**SECUNDARIO.** Véase ACENTO SECUNDARIO, ARTICULACIÓN SECUNDARIA, PREDICACIÓN SECUNDARIA y RESPUESTA SECUNDARIA.

**SEGMENTACIÓN.** ① La 'segmentación' es la primera operación del ANÁLISIS LINGÜÍSTICO propio del ESTRUCTURALISMO NORTEAMERICANO, y la segunda es la CLASIFICACIÓN. Se efectúa la 'segmentación' sobre el EJE SINTAGMÁTICO y, la clasificación, sobre el PARADIGMÁTICO. La 'segmentación' es la delimitación dentro de la CADENA HABLADA, de sus unidades DISCRETAS O SEGMENTOS. Consiste en dividir la cadena oral en sonidos o fonos; los fonos que no contrastan entre sí, es decir, los que estén en DISTRIBUCIÓN COMPLEMENTARIA o en variación libre en un mismo entorno pertenecen al mismo FONEMA. En el paso siguiente se aplica el mismo procedimiento a los MORFEMAS de la cadena, ahora de acuerdo con los principios de DISTRIBUCIÓN COMPLEMENTARIA y similaridad fonológica, por medio de la prueba de CONMUTACIÓN.

② El término 'segmentación' también se usa como sinónimo de DESCOMPOSICIÓN, especialmente en el ANÁLISIS FONOLÓGICO, o descomposición de la CADENA HABLADA en FONEMAS y RASGOS, y en el ANÁLISIS SÉMICO o descomposición en SEMAS.

**SEGMENTO, SEGMENTAL.** ① En lingüística, especialmente en el ESTRUCTURALISMO, un **segmento** (*cf* fonología articulatoria, fonología no lineal, fonología de dependencias) es el producto de la SEGMENTACIÓN. Se trata de una unidad DISCRETA del lenguaje, o cualquier fragmento lineal de la CADENA HABLADA sin tener en cuenta consideraciones funcionales de ningún tipo. El carácter LINEAL del 'segmento' ha servido para acuñar el adjetivo **segmental**, que se emplea en el término FONEMAS SEGMENTALES (VOCALES, CONSONANTES, SEMIVOCALES, DIPTONGOS, TRIPTONGOS), es decir, los que en su análisis y tratamiento se pueden 'segmentar' debido a su LINEALIDAD, término que está en oposición a **suprasegmental**, el cual comprende los fenómenos simultáneos del CONTINUUM oral, como el ACENTO, el RITMO o la ENTONACIÓN que, por no poder segmentarse, deben recibir un tratamiento y análisis distintos. *Cf* gesto[2].

② En el GENERATIVISMO el término 'segmento' tiene algunas acepciones especiales (Palmatier, 1972: 123):

(a) En sintaxis equivale a formante de una CADENA, y también a la MATRIZ formada por **rasgos sintácticos**, como [+N], [+común], [+concreto], etc., susceptible de ser sustituida por una categoría léxica como *casa, perro*, etc. Para muchos lingüistas, entre ellos McCawley (1972), estos 'rasgos sintácticos' son una subclase de los RASGOS SEMÁNTICOS que especifican el comportamiento sintáctico de las UNIDADES LÉXICAS.

(b) En fonética, un **segmento fonético** es una secuencia de las categorías fonéticas que forman la representación fonética de una palabra, por ejemplo [k], [a], [s], [a]; y un **segmento fonológico** es una MATRIZ O conjunto de RASGOS DISTINTIVOS especificados de forma BINARIA.

**SEGUNDA CONJUGACIÓN.** Véase en CONJUGACIÓN.

**SEGUNDA DE PASIVA.** En algunas gramáticas consideradas tradicionales se emplea el término 'segunda de pasiva' para aludir a las oraciones pasivas que carecen de COMPLEMENTO AGENTE. Por ejemplo, según R. Seco (1975: 196 y sigs.), «El centinela había sido relevado dos horas antes», «La carta fue expedida a tiempo» son oraciones 'segundas de pasiva', ya que en ninguna de las dos está expresado el AGENTE que lleva a cabo la acción denotada por el predicado.

**SEGUNDA PERSONA.** Véase en PERSONA.

**SELECCIÓN.** ① En LEXICOLOGÍA se llama 'selección' a la RELACIÓN DE SOLIDARIDAD (Coseriu, 1977: 143-61) existente entre dos LEXEMAS[1] cuando el ARCHILEXEMA del primero funciona como RASGO DISTINTIVO en el segundo. En la palabra alemana *Schiffahren* el archilexema «vehículo» funciona como rasgo distintivo de *fahren*, que significa «trasladarse en un vehículo». *Cf* implicación.

② Véase en REGLA DE SELECCIÓN y en RESTRICCIÓN DE SELECCIÓN.

**SELECCIONADORES.** Véase en DISCRIMINACIÓN.

**SEMA.** En algunas escuelas lingüísticas, sobre todo dentro del PARADIGMA ESTRUCTURALISTA, se asume que el SIGNIFICADO O SENTIDO de una UNIDAD LÉXICA es equivalente a su CONTENIDO SEMÁNTICO, y que éste está constituido por una serie de unidades mínimas, llamadas 'semas', que hay que descubrir. Al PROCEDIMIENTO DE DESCUBRIMIENTO de los 'semas' se le llama ANÁLISIS SÉMICO, término vinculado a escuelas semánticas europeas, en especial las francesas de B. Pottier (1968a) y J. Greimas (1966, 1970), y las alemanas de K. Heger (1974) y K. Baldinger (1970).

Los 'semas' no son más que las propiedades de las unidades léxicas y, como tales, representan el último grado de FORMALIZACIÓN real, constituyendo una ABSTRACCIÓN dotada de contenido sustancial (Fernández Leborans, 1977: 54). Los 'semas' se clasifican en **semas nocionales** y **semas categoriales**. A estos últimos también se les llama CLASEMAS. Normalmente se distinguen cuatro tipos de 'semas nocionales': genérico, específico, connotativo y ocasional:

(a) El **sema genérico** o dominante, llamado «archisemema». En la caracterización de *silla*, el 'sema genérico' es *asiento*, que es común a *taburete*, *sillón*, *sofá*, etc.

(b) Los **semas específicos** o diferenciales, también llamados **semas descriptivos**, los cuales pueden estar lexicalizados o no; en este último caso se expresan con una perífrasis que Pottier llama **metasigno**: finalidad («para sentarse»), forma «con/sin respaldo», etc., y también, cuando corresponda, pueden indicar la causa, el efecto, etc. *Cf semantema*[4].

(c) Los **semas connotativos** o sugeridos. Por ejemplo, la palabra *chalet* posee el 'sema connotativo' de «alta clase social» o «alto poder económico».

(d) Los **semas ocasionales** o **virtuemas** son 'rasgos ocasionales' ligados a la experiencia particular de un individuo o de un grupo de personas. Para Pottier, el sema *abombado* que aparece en el SEMEMA de *cofre* no es distintivo porque hay muchos cofres que no son abombados, pero está en la experiencia de muchas personas.

Por analogía con la física se les ha llamado, y considerado, átomos semánticos indivisibles, comparación que no es buena, porque los átomos son divisibles. Para resolver el problema de la indivisibilidad de los 'semas' se propone la identificación de unos semas primitivos o **primitivos semánticos**, como ocurre en FONOLOGÍA, con la ayuda de los cuales pudieran explicarse o definirse todos los demás elementos del lenguaje ordinario, cuestión difícilmente aceptable (Petoffi y García Berrio, 1978: 239).

**SEMANTEMA.** El término es polisémico y su significado depende de la escuela lingüística que lo emplee.

① Puede equivaler A SEMA.

② Es la parte formal de un LEXEMA[1] O UNIDAD LÉXICA, siendo el SEMEMA la parte conceptual.

③ En cambio, en otras teorías, quizás en la versión más usual, el 'semantema' es la parte de la unidad léxica que transporta el SIGNIFICADO LÉXICO, frente al MORFEMA, que transporta el SIGNIFICADO GRAMATICAL. En este caso 'semantema' equivale a LEXEMA[3].

④ Para Pottier es el conjunto de los SEMAS ESPECÍFICOS

**SEMÁNTICA, SEMÁNTICA GENERAL.** ① Bréal (1897) dio el nombre de 'semántica' a la ciencia del SIGNIFICADO (*cf* modi significandi). Para él, la 'semántica', dentro del HISTORICISMO en que fue concebida, era la disciplina que estudiaba el conjunto de LEYES reguladoras de los CAMBIOS de SENTIDO, así como del nacimiento y de la muerte de las palabras (*cf* evolucionismo). Una de las acepciones del término SEMASIOLOGÍA coincide con esta acepción de 'semántica.

A la 'semántica' también se la suele llamar **semántica general** o **semántica lingüística** para diferenciarla de la SEMÁNTICA FORMAL, la semántica booleana, etc., desarrolladas por otras disciplinas próximas a la lingüística, como la lógica, la filosofía del lenguaje, etc., interesadas en el estudio de los LENGUAJES ARTIFICIALES, además del LENGUAJE NATURAL. Sin embargo, también se emplea el término de 'semántica general' para aludir a los trabajos interdisciplinares, de fuerte base filosófica, publicados en la revista *ETC*, interesados en los aspectos no formales, sino en los reactivos, del significado, tal como los vio Bloomfield en el ESTRUCTURALISMO CONDUCTISTA norteamericano, o los de la PRAGMÁTICA moderna, conocidos con el nombres de SIGNIFICADO DISCURSIVO.

En su nacimiento, y también en todos los trabajos posteriores, los estudios de 'semántica' se han centrado en el SIGNIFICADO LÉXICO, el cual es, en principio, analizado dentro de lo que se llama RELACIONES SEMÁNTICAS; esta 'semántica' recibe igualmente el nombre de **semántica paradigmática** O LEXEMÁTICA. Pero Weinreich en el año 1965 ya anticipaba que «habrá una semántica que no será ya una semántica de la palabra, sino una semántica de la frase, una semántica en la cual la determinación por el CONTEXTO tendrá su pleno valor» (Baldinger, K., 1970: 18). A esta 'semántica', por contraste con la anterior, se la llama **semántica sintagmática**, la cual estudia dos tipos de significados, el SIGNIFICADO PROPOSICIONAL y el SIGNIFICADO DISCURSIVO.

De acuerdo con los tres PARADIGMAS más importantes de la segunda mitad del siglo XX, se pueden distinguir tres 'semánticas', la SEMÁNTICA ESTRUCTURAL, la SEMÁNTICA GENERATIVA y la SEMÁNTICA EN LA PRAGMÁTICA.

② Para Morris (1938) la 'semántica' es una de la tres ramas de la SEMIÓTICA. *Cf* significado discursivo, papel semántico.

**SEMÁNTICA COMPOSICIONAL.** La 'semántica composicional' estudia el SIGNIFICADO de las unidades léxicas y sintácticas basándose en el principio de la COMPOSICIONALIDAD, mediante el cual el significado de una expresión queda determinado por el significado de sus componentes O SEMAS.

**SEMÁNTICA ESTRUCTURAL, SEMÁNTICA LEXICOLÓGICA.** El PARADIGMA ESTRUCTURALISTA analiza los SIGNIFICADOS de las UNIDADES LÉXICAS y de las RELACIONES que éstas mantienen entre sí. Estos estudios, que se conocen también con el nombre de **semántica estructural**, **semántica lexicológica** y **lexicología semántica**, se pueden abordar desde dos perspectivas: la PARADIGMÁTICA y la SINTAGMÁTICA. Con la primera perspectiva se han desarrollado tres líneas de investigación: el ANÁLISIS SÉMICO O COMPONENCIAL, el ANÁLISIS DE LAS RELA-

CIONES LÉXICO-SEMÁNTICAS y el estudio de los CAMPOS SEMÁNTICOS O LÉXICOS. Con la segunda perspectiva se han analizado las RELACIONES LÉXICO-SINTAGMÁTICAS, también llamadas RELACIONES DE SELECCIÓN O COLOCACIONES. A esta parte de la 'lexicología semántica' también se la conoce con el nombre de LEXEMÁTICA.

Pero la **lexicología semántica** también estudia cuestiones tales como los TÉRMINOS COGNADOS, la IDIOMATICIDAD, los MODISMOS, los CLICHÉS, la ABREVIACIÓN, las SIGLAS, los PRÉSTAMOS, las ONOMATOPEYAS y las formas debidas a la VARIACIÓN ESTILÍSTICA y de REGISTRO (EUFEMISMO, DISFEMISMO), o las VARIACIONES SOCIOLINGÜÍSTICAS (ARGOT, TABÚ, etc.).

El ESTRUCTURALISMO NORTEAMERICANO correspondiente a la fase de Bloomfield, debido a su ANTIMENTALISMO, no estuvo interesado en el análisis del SIGNIFICADO[6], por considerarlo extralingüístico. En las generaciones siguientes este análisis entró a formar parte de los objetivos de la investigación lingüística de aquel país.

**SEMÁNTICA FORMAL.** Se llama 'semántica formal' (Lyons, 1990: 147 y sigs.) a la SEMÁNTICA nacida en el estudio de los LENGUAJES FORMALES construidos por los lógicos y aplicada recientemente a la investigación de los LENGUAJES NATURALES. En realidad, la expresión 'semántica formal' es un término general que abarca una nutrida serie de enfoques teóricos sobre el significado, aunque se suele aplicar normalmente a lo que se llama **semántica veritativa**. En este sentido, la 'semántica formal' o 'semántica veritativa' es complementaria de la SEMÁNTICA PRAGMÁTICA, interesada, no en el VALOR VERITATIVO del SIGNIFICADO, sino en el significado que nace por el USO y la ACTUACIÓN. Lo que hace la 'semántica formal' es describir el valor de los LEXEMAS[1] según la contribución que hacen a las CONDICIONES VERITATIVAS de las oraciones, y proporcionar un procedimiento preciso para computar las condiciones veritativas de cualquier oración arbitraria a partir del significado de sus lexemas constituyentes y de su estructura gramatical. De ello resulta que la 'semántica formal' se asocia con especial naturalidad a una u otra versión de la GRAMÁTICA GENERATIVA.

Siguiendo a Lyons (1990: 150-51), el intento de ampliar las nociones de la 'semántica formal' hasta cubrir los DATOS de las lenguas naturales no parece haber tenido demasiado éxito. No obstante, esta semántica ha puntualizado mucho de lo que en las perspectivas más tradicionales del estudio sobre el significado se había expresado con imprecisión o se había dado simplemente por sentado. Y, lo que es más importante, ha realizado un intento serio para justificar que el significado de una oración es el producto del significado léxico y gramatical, y ha tratado de formular con precisión el modo en que interactúan ambos tipos de significados.

**SEMÁNTICA GENERATIVA.** El PARADIGMA GENERATIVISTA sufrió su primera escisión a principios de los años setenta, y el resultado de la misma fue la aparición de dos comunidades de lingüistas generativistas: por una parte, los de la 'semántica generativa' constituida por George Lakoff (1971), James McCawley (1973), Haj Ross, Paul Postal y, de otra, los lingüistas de la 'semántica interpretativa' u ortodoxa, formada por Chomsky, Emonds, Jackendoff (1972), entre otros.

Posiblemente el primer interés por una semántica dentro del generativismo haya que encontrarlo en la obra de Katz y Postal (1964) *An Integrated Theory of Linguistic Description*, en la que plantear que una teoría gramatical debería concebirse como un sistema de reglas que relacionara las formas externas de las oraciones de una lengua con sus significados, por lo que toda descripción también debería dar cuenta de los significados. Para los lingüistas de esta escuela, las reglas de sintaxis generan, por una parte, las relaciones que hay entre las sartas de palabras y, por otra, sus significados con respecto a determinados contextos, es decir, la sintaxis no es independiente del 'significado'y del 'uso', cuestiones éstas muy explotadas, especialmente la última, en el PARADIGMA DE LA PRAGMÁTICA.

Pero el verdadero nacimiento de la **semántica generativa** parte de la publicación de McCawley (1973) llamada *Grammar and Meaning*. McCawley, que al igual que los lingüistas arriba citados, expone la posibilidad de prescindir, por ser totalmente innecesaria para la representación semántica, del nivel de ESTRUCTURA PROFUNDA, la cual cada vez se hacía más profunda. Las razones por las que no se necesita este nivel de representación son:

(a) en primer lugar, para él las representaciones semánticas y las sintácticas son entidades que poseen la misma naturaleza formal con algunas diferencias (por ejemplo, el orden de los elementos de la representación sintáctica es lineal, pero no tiene por qué serlo en la semántica);

(b) como consecuencia de lo anterior, tanto las representaciones sintácticas como las semánticas son DIAGRAMAS ARBÓREOS, que en los NUDOS no terminales tienen símbolos representativos de categorías sintácticas o semánticas; y finalmente.

(c) todas las lenguas cuentan con un sistema único de transformaciones, que convierten las representaciones semánticas de las oraciones en estructuras superficiales, es decir, reglas que unen la profundidad semántica con la superficialidad sintáctica (McCawley, J., 1974).

De esta manera se puede llegar a la conclusión de que la sintaxis, como componente independiente de la lingüística, no existe, y, por tanto, todas las generalizaciones que se hagan sobre la combinación de las palabras en una lengua dependen de las restricciones que imponga el contenido semántico y de los mecanismos que dicha lengua tenga para convertir las representaciones semánticas en formas oracionales de superficie.

La **semántica interpretativa** apareció con *Semantic Interpretation in Generative Grammar* de R. Jackendoff (1972). Esta semántica, contrariamente a la visión anterior, defiende el punto de vista ortodoxo sobre el lugar que debe ocupar la semántica en una teoría generativa. Frente a la visión homogénea y unitaria de la semántica y de la sintaxis de la 'semántica generativa', en parte debida a que entran factores semánticos en la formulación de las reglas de transformación, Jackendoff estima que si se formulan adecuadamente las reglas de interpretación semántica, las propiedades que de ellas se derivan pueden dar perfecta cuenta de los fenómenos semánticos, dejando en plena libertad al componente sintáctico, como en la versión original de la teoría contenida en *Syntactic Structures*. Los fundamentos de la 'semántica interpretativa' se asientan en dos principios: (a) la creencia de que corresponde a la estructura sintáctica transportar toda la información semántico-sintáctica básica; y (b) la convicción de que el significado puede ser tratado, de forma analítica y sintética, de acuerdo con los postulados de los RASGOS SEMÁNTICOS, de carácter universal.

En resumen, hay dos visiones de la semántica en el generativismo: una, identificada con la sintaxis ('semántica generativa'), y otra, la tradicional, como COMPONENTE SEMÁNTICO que opera sobre la estructura profunda ('semántica interpretativa'). Para los lingüistas de la 'semántica generativa' el concepto de SINTAXIS no es el mismo que para los partidarios de la 'semántica interpretativa'; en su opinión, la sintaxis no genera *sartas de palabras bien formadas*, como pretende la semántica interpretativa, sino más bien las *relaciones* que hay entre dichas sartas, por una parte, y sus significados, con respecto a determinados *contextos*, por otra; dicho con otras palabras, la semántica generativa trata de los vínculos existentes entre las oraciones y sus significados de acuerdo con los contextos en que se manifiestan. Es muy loable el intento de introducir el CONTEXTO en la DESCRIPCIÓN LINGÜÍSTICA, que se convertirá en una de las piedras angulares del PARADIGMA DE LA PRAGMÁTICA. Los practicantes de la 'semántica generativa' pronto se deshicieron del nivel de ESTRUCTURA PROFUNDA, pues, en palabras de McCawley (1974), por mucho que se ahondara en ella, se hacía cada vez más inalcanzable, y como parece lógico, se marcaron la meta de constituir una nueva teoría dentro de la semántica, sector de la lingüística, trascendental a todas luces (Lakoff, G., 1974).

Chomsky, en la llamada TEORÍA ESTÁNDAR AMPLIADA (Radford, A., 1981), dio una configuración nueva y más precisa a la semántica, admitiendo que también las estructuras superficiales pueden ser pertinentes para la interpretación semántica, pero insistió, lo mismo que sus discípulos, en el hecho de que *la sintaxis es independiente del significado y del uso*, posición radicalmente opuesta a la de los lingüistas de la 'semántica generativa'.

**SEMÁNTICA INTEPRETATIVA.** Véase en SEMÁNTICA GENERATIVA.

**SEMÁNTICA LEXICOLÓGICA.** Véase en SEMÁNTICA ESTRUCTURAL.

**SEMÁNTICA PRAGMÁTICA.** Los estudios de SEMÁNTICA dentro del PARADIGMA DE LA PRAGMÁTICA han dedicado su atención al análisis del SIGNIFICADO DISCURSIVO y a la INTERPRETACIÓN TEXTUAL que nacen del USO y de la ACTUACIÓN del lenguaje. En este sentido, esta 'semántica pragmática' es complementaria de la SEMÁNTICA FORMAL, interesada en la parte *veritativa* del significado, y de las demás semánticas que abordan el significado dentro del sistema lingüístico, como la SEMÁNTICA LEXICOLÓGICA.

**SEMÁNTICA TEXTUAL.** Los objetivos de la 'semántica textual' son similares a los de la SEMÁNTICA PRAGMÁTICA, que estudia el SIGNIFICADO DISCURSIVO, siempre teniendo en cuenta estas dos cuestiones: (a) no nos comunicamos con palabras, sino con ENUNCIADOS, y (b) en todo acto de enunciación existe un CONTEXTO, delimitador del SIGNIFICADO LÉXICO y generador de IMPLICATURAS. La 'semántica textual', por tanto, intenta ofrecer una representación semántica del texto en la que, además, queden explícitas las relaciones de COHERENCIA, COHESIÓN, PROGRESIVIDAD, etc. (*cf* condiciones de textualidad).

**SEMÁNTICA VERITATIVA.** Véase en SEMÁNTICA FORMAL.

**SEMASIOLOGÍA.** ① Para ordenar los CAMPOS SEMÁNTICOS se han utilizado normalmente dos aproximaciones, que Heger (1965: 13) llama la 'onomasiología', y la 'semasiología'. La **onomasiología** intenta llevar a cabo la estructuración a partir de conceptos o esferas básicas, por ejemplo, el amor, la guerra, la amistad, etc. Es decir, la ordenación parte de la SUSTANCIA DEL CONTENIDO, en el sentido hjelmsleviano de la palabra, o utilizando la terminología de Heger, de un NOEMA; por esta razón también se le puede llamar **ordenación noológica**. A esta metodología también se la llama hoy *descendente*, utilizando terminología inglesa (*top-down*).

La **semasiología**, sin embargo, tiene como objetivo la ordenación a partir de un CORPUS de unidades léxicas, que por definición es un repertorio cerrado. Como afirma Heger, «la 'semasiología' parte del SIGNIFICANTE, y estudia las significaciones, es decir, las RELACIONES que existen entre un SIGNIFICANTE y varios conceptos a los que puede asociarse; la 'onomasiología' arranca del concepto y estudia las designaciones, es decir, las relaciones que existen entre un concepto y varios significantes». A esta metodología también se la llama hoy *ascendente*, utilizando terminología inglesa (*bottom-up*).

Pero los enfoques onomasiológico y semasiológico son complementarios entre sí, puesto que todo estudio desde el significante al significado «comporta, necesariamente, un aspecto onomasiológico complementario» ( Rey, A., 1969: 21).

② Cuando se acuñó el término 'semasiología' (1825) su significado era muy similar al actual de SEMÁNTICA (que es el que ha prevalecido). Muchos de los fundamentos de la LEXICOLOGÍA moderna se pueden encontrar en la 'semasiología', por el énfasis que siempre puso en la estructuración del LÉXICO y en las relaciones que mantienen entre sí la UNIDADES LÉXICAS.

**SEMEMA.** ① En la lingüística de Bloomfield (1933: 182) un 'semema' es el SIGNIFICADO de un MORFEMA.

② En la SEMÁNTICA ESTRUCTURAL la acepción más aceptada de 'semema' es la de Pottier (1964: 125), para quien es el núcleo formado por el conjunto de los SEMAS NOCIONALES. En estos semas nocionales hay uno que es el dominante, que se llama **archisemema**. Para Greimas (1966: 44), en cambio, el 'semema' es el punto de encuentro del núcleo de los SEMAS NOCIONALES y de los categoriales o CLASEMAS. A este respecto conviene insistir en que los 'sememas', que Nida (1964: 105) llama *terminal meanings*, no son descripciones exhaustivas de los REFERENTES sino sólo de los rasgos más importantes que distinguen a unos de otros. Cuando el 'semema' se manifiesta en el DISCURSO, el CONTEXTO puede efectuar dos operaciones:

(a) **reducción**, es decir, la pérdida u ocultamiento de ciertos semas nocionales. Por ejemplo, en un *balón de oxígeno* se han perdido algunos de los semas de *balón.*

(b) **adición**, esto es, la ganancia de algún sema. Por ejemplo, en francés, la palabra *chef*, por sí sola tiene el significado de *chef-cuisinier*, en el contexto apropiado.

Se llama **episemema** a cada una de las manifestaciones de los sememas, de acuerdo con las posibilidades de reducción o de adición.

**SEMIABIERTA.** Véase en VOCAL.

**SEMIANTICADENCIA, SEMICADENCIA.** Véase en TONEMA.

**SEMICERRADA.** Véase en VOCAL.

**SÉMICO.** Véase en ANÁLISIS SÉMICO.

**SEMICONSONANTE.** Véase en SEMIVOCAL.

**SEMIOCLUSIVA.** Véase en AFRICADAS.

**SEMIOLOGÍA.** En Saussure (1945: 60 y sgs.) la 'semiología' es una ciencia que estudia la vida de los SIGNOS en el seno de la vida social; tal ciencia sería parte de la psicología social y, por consiguiente, de la psicología general. Para él, la LINGÜÍSTICA no es más que una parte de la 'semiología', la cual abordaría el análisis de todos los SISTEMAS DE SIGNOS (la escritura, el alfabeto, los símbolos militares, los ritos, etc.). El LENGUAJE, por ser el más rico y, al mismo tiempo, el más característico de los sistemas semiológicos, puede erigirse en el modelo general de toda la semiología. Aunque Saussure dejó inconcluso su tratado sobre la 'semiología', otros lingüistas, como Barthes (1967), en sus análisis de las modas, de la dieta, del mobiliario, etc., o como Morris (1938), con su SEMIÓTICA, han continuado este camino con rigor y fortuna diversa (Mounin, 1968a: 26 y sigs.), ya que todos estos sistemas son significativos pero no tienen intención comunicativa.

**SEMIOSIS, SEMIÓTICA.** Para Morris se llama **semiosis** al proceso que tiene lugar en toda percepción, mediante el cual una cosa puede actuar, en un momento determinado, como SIGNO para el intérprete de dicha percepción. Por ejemplo, el llavero con las llaves del coche en las manos de una persona o puesto en la mesa de una terraza al aire libre produce un efecto sobre la persona que interpreta lo que percibe, en virtud del cual actúa como SIGNO del *designatum*, el coche. Aunque en principio el término **semiótica** significó «la teoría médica de los síntomas», desde que John Locke lo utilizará en el siglo XVII y, más tarde, Peirce (Buchler, 1955) y Morris (1938) en el siglo XX, se entiende por 'semiótica' la ciencia de los signos y de sus significados, o dicho con otra palabras, la teoría general de los SIGNOS y de las propiedades de los SISTEMAS de los que éstos forman parte. Una de las contribuciones 'semióticas' más importantes de Charles Sanders Peirce fue su definición del SIGNO y la clasificación que hizo de los mismos (ICONOS, ÍNDICES y SÍMBOLOS).

De acuerdo con la 'semiótica' de Morris, en la COMUNICACIÓN hay tres elementos: un signo, un *designatum* y un usuario o intérprete, y entre ellos se desarrolla una triple relación, conforme indicamos en este esquema:

Signo
(SINTAXIS)
Designatum — Usuario(s)
(SEMÁNTICA) —— (PRAGMÁTICA)

Como se puede deducir de este esquema triádico de la semiosis, la PRAGMÁTICA aborda las dinámicas relaciones que se establecen entre los signos y sus usuarios (llamadas **relaciones de interpretación**). La **sintáctica** trata de los diversos nexos que los signos mantienen entre sí y de los que se establecen en el seno de los propios signos (**relaciones de implicación**), y la **semántica** analiza las vinculaciones de los signos con el mundo al que hacen referencia, es decir, con los objetos a los que se aplican (**relaciones de designación**). Los tres tipos de relaciones son imprescindibles, ya que es prácticamente imposible interpretar ningún mensaje si no se conocen las relaciones que los signos guardan entre sí, ni las que mantienen con el mundo al que hacen referencia.

Para muchos, 'semiótica' y SEMIOLOGÍA son equivalentes, aunque algunos reservan el término de 'semiótica' para el estudio de los signos no lingüísticos (PROXÉMICA, PARALINGÜÍSTICA y KINÉSICA), y sobre todo de los signos no sistemáticos, esto es, de los signos nacidos del análisis estético (por ejemplo, los carteles), del psicoanálisis, de la antropología, de la teoría de la comunicación, etc. En este sentido, la 'semiología' trataría los signos en los que hay una INTENCIÓN comunicativa consciente o inconsciente. Como parece evidente, las fronteras entre ambas están muy borrosas. *Cf* sigmática, canal semiótico.

**SEMIVOCAL.** Las **semiconsonantes** /j/, /w/ y las **semivocales** /i̯/, /u̯/ son sonidos con todas las características de las VOCALES, excepto la capacidad de ser núcleo de la SÍLABA, como en las palabras *hierba* /ˈjerba/, *huevo* /ˈweβo/ o en *aire* /ˈaire/ u *aula* /ˈala/. Por esta razón se las define como VOCOIDES marginales o no centrales. Algunos las llaman GLIDES empleando la terminología inglesa. *Cf* aproximantes.

En los DIPTONGOS crecientes españoles (/ja/, /je/, /jo/, /wa/, /we/, /wo/) la vocal débil es una SEMICONSONANTE, ya que precede al pico o CUMBRE silábico; en los diptongos decrecientes, la vocal débil es una SEMIVOCAL y sigue al núcleo silábico. Las 'semiconsonantes' se encuentran, por tanto, en posición de TENSIÓN, mientras que las semivocales están en DISTENSIÓN. Una característica de las 'semiconsonantes' (/j/, /w/) con relación a las vocales (/ɪ/, /u/) es su breve duración, ya que rápidamente se deslizan (por eso se llaman GLIDES) hacia la vocal que constituye el núcleo de la sílaba; las 'semivocales' (/i̯/, /u̯/), en cambio, se debilitan y, en algunas lenguas, como el inglés, pueden perderse; por ejemplo, la palabra *high* puede pronunciarse como /ˈha$^{ɪ}$/ o perder la 'semivocal'.

Algunos lingüistas, en especial los de tradición anglosajona, tanto a las 'semivocales' como a las 'semiconsonantes' las llaman semivocales, definiendo la primera /j/ como PALATAL y la segunda /w/ como LABIOVELAR.

**SENTIDO.** Los términos 'sentido' y SIGNIFICADO son utilizados como sinónimos por algunos lingüistas. Sin embargo, se pueden encontrar matizaciones.

① Véase en TRIÁNGULO BÁSICO.

② De acuerdo con Lyons (1990: 132 y sgs.) se llama 'sentido' a la relación que un LEXEMA[1] mantiene con otros lexemas; por ejemplo, *vaca, animal, toro, ternero*, etc., son conjuntos de lexemas con diversos tipos de relaciones de 'sentido', también llamadas RELACIONES LÉXICO-SEMÁNTICAS (sinonimia, antonimia, hiponimia, etc.). En cambio, la DENOTACIÓN es la relación que un lexema mantiene con entidades, propiedades, situaciones, etc., del mundo extralingüístico, por ejemplo, el lexema o la palabra *vaca* se relaciona con cierta clase de animales (mundo extralingüístico). Coseriu (1968: 3-16) al 'sentido' lo llama **significación**, y a la denotación, **designación**. Por tanto, para él habrá **relaciones de significación** y **relaciones de designación**. *Cf* actualización, cambio léxico-semántico.

③ Otra distinción entre significado y sentido es la introducida por Prieto. El significado estaría en la *langue*, en el sistema, mientra que el 'sentido' estaría en el habla, en la elocución, en el enunciado, en el que habría que tener en cuenta el CONTEXTO. En este caso, 'sentido' estaría relacionado con lo que se llama SIGNIFICADO DISCURSIVO. Wittgenstein (1953: 34) defiende también esta última posición: el 'sentido' de una unidad lingüística está en su USO.

**SN.** Equivale a SINTAGMA NOMINAL.

**SEÑAL.** La SEÑAL (por ejemplo, la del semáforo) es un clase de SIGNO, ya que es un hecho manifiestamente perceptible, que indica algo acerca de otro hecho que no es perceptible en ese momento, pero, a diferencia del indicio, que es fortuito, la 'señal' es convencional y, a la vez, explícita e inmediata, de forma que provoca un reflejo o reacción en el destinatario. Para Prieto la 'señal' es un hecho que se ha producido artificialmente para servir de indicio (Mounin, 1968b: 31). *Cf* ÍNDICE, SIGNO, ICONO.

**SEÑALADOR.** Véase en MARCADOR.

**SERIE DE FONEMAS.** Se llama 'serie de fonemas' al conjunto de fonemas organizado de acuerdo con el MODO DE ARTICULACIÓN. Por ejemplo, las consonantes /b, d, g/ constituyen una 'serie de fonemas' organizada con el modo OCLUSIVO (Martinet, 1969: 124). *Cf* órdenes de fonemas.

**SESEO.** Se conoce con el nombre de 'seseo' la sustitución de la FRICATIVA LINGUO-INTERDENTAL SORDA [θ] por la FRICATIVA LINGUOALVEOLAR SORDA [s]. Existen dos modalidades de 'seseo': (a) la que utiliza la 's' predorsal, principalmente en Andalucía y en Hispanoamérica, que se considera una forma culta o estándar; y (b) la que emplea la 's' apical, usada, entre otros, por vascos y catalanes, que se considera una variante vulgar (Gili Gaya, 1975: 138). En donde se emplea el 'seseo' se neutraliza la OPOSICIÓN entre [θ] y [s] existente en palabras tales como *casar* y *cazar*. *Cf* ceceo.

**SEXO.** Véase en GÉNERO, SOCIOLINGÜÍSTICA, VARIACIONISMO.

**SIBILANTE.** Se da el nombre de 'sibilantes' o **silbantes** a las FRICATIVAS dentoalveolares (/s/, /z/), las fricativas palatales (/ʃ/, /ʒ/) y las africadas (/ʧ/, /ʤ/). Una característica de estas sibilantes es que en algunas lenguas, como en inglés, el plural de los nombres se forma añadiendo /ɪz/ en vez de la fricativas alveolares /s, z/. Las 'sibilantes' (Martínez Celdrán, 1983: 171) pueden ser de tres clases: **ciceantes**, que suenan como [θ] y su zumbido se llama **ciceo**; **siseantes**, que suenan como [s] y su silbido se llama **siseo**, y **chicheantes**, que suenan como [ʧ] y su sonido es el **chicheo**.

**SIGLA, SIGLONIMIA.** Se llama **sigla** a la ABREVIACIÓN formada por una o varias letras iniciales de un LEXEMA o sintagma, y **siglonimia** (*cf* neología) al procedimiento de formación léxica partiendo de las inicales de un sintagma o de una una unidad léxica compuesta (*cf* lexía). Según Rodríguez González (1993), la denominación de 'sigla' se emplea comúnmente para referirse a tres tipos de LEXÍAS abreviadas que representan distintos grados de LEXICALIZACIÓN: la ABREVIATURA, la 'sigla' o 'literación' y el ACRÓNIMO.

La **sigla** o **literación** corresponde a un estadio más avanzado en el proceso de lexicalización que el de la abreviatura, esto es, se trata de una abreviación que se deletrea en el plano oral, por ejemplo *TV* /té-úbe/. Si bien en ocasiones la diferencia entre 'literación' y acrónimo puede resultar un tanto borrosa, Rodríguez González (1990: 416 y sigs.) ha señalado una serie de tendencias formales que hacen más marcada su distinción. Así, por ejemplo, los acrónimos suelen sufrir un proceso de **condensación**, por el cual algunos de sus rasgos formales originales (puntos detrás de las iniciales y mayúsculas) acaban desapareciendo, como en *O.T.A.N.*, que se ha convertido en *OTAN*, o *S.I.D.A.*, que ha pasado a *SIDA*, mientras que las 'literaciones' tienden hacia una **expansión** grafémica por medio de la escritura fonética de sus iniciales, por ejemplo, *LP* convertido en *elepé*.

Por lo general, en español el género y el número de las 'siglas' están sujetos a ciertas vacilaciones. El género suele venir determinado por el sintagma subyacente, *la* OTAN, porque es una *organización*, y *el* sida, porque es un síndrome, pero existen muchos casos de género ambiguo debido a la posibilidad de establecer la concordancia con dos lexemas asociados con la propia 'sigla'. Del mismo modo, el plural de las formas siglares suele construirse con el morfema -(e)s (*CDs*, *radares*) o bien con el morfema Ø (los *CD*), pero si la 'sigla' o el 'acrónimo' se interpretan como abreviaturas, también cabe la posibilidad de formar el plural por medio de una REDUPLICACIÓN, como *PP.CC.* (Rodríguez González, 1993: 13).

Como todo tipo de abreviación, la productividad de este procedimiento de formación de palabras obedece a una pura necesidad de ECONOMÍA LINGÜÍSTICA; pero, además, también ofrece muchísimas posibilidades expresivas a través de la HOMONIMIA, por ejemplo *RACE* (Real Automóvil Club de España), acuñado por homonimia con la voz inglesa *race* (carrera), especialmente cuando se pretende representar de manera plástica y breve el contenido esencial de la frase subyacente (ej.: inglés *GASGASGAS:* 'Gild of Ancient Suppliers of Gas Appliances, Skills, Gins, Accesories, and Substances') (Lillo Buades 1995: 36-37).

**SIGMÁTICA.** Se llama 'sigmática' a la parte de la SEMIÓTICA que estudia las RELACIONES DE DESIGNACIÓN. En este sentido 'sigmática' equivale a la SEMÁNTICA de Morris.

**SIGMATISMO.** Véase en PATOLOGÍAS DEL LENGUAJE Y DEL MEDIO.

**SIGNIFICACIÓN.** Véase en SENTIDO.

**SIGNIFICADO.** El estudio y la caracterización del 'significado' es una cuestión nuclear no sólo de la SEMÁNTICA sino también de toda la lingüística. En efecto, la conceptualización del 'significado' de la palabra, de la oración y el del enunciado ha sido un objetivo irrenunciable de la gramática tradicional y de la lingüística moderna, ya que está presente en todas las unidades del ANÁLISIS LINGÜÍSTICO, desde el MORFEMA O MONEMA hasta la ORACIÓN y el ENUNCIADO y, también, en el FONEMA, que, aunque es una unidad distintiva, transporta 'significado' como nos demuestra cualquier ANÁLISIS FONOESTILÍSTICO de una palabra u oración. La cuestión fundamental es saber qué se entiende por 'significado'.

Entre los muchos tratamientos del 'significado' se distinguen dos direcciones: el de la SEMÁNTICA PARADIGMÁTICA, que estudia el SIGNIFICADO LÉXICO, y el de la SEMÁNTICA SINTAGMÁTICA, que aborda los aspectos combinatorios de las unidades léxicas. Dentro de esta última habría que distinguir, a su vez, dos trayectorias: la del estudio del SIGNIFICADO PROPOSICIONAL y la del SIGNIFICADO DISCURSIVO, ENUNCIATIVO, COMUNICATIVO O TEXTUAL. En el análisis de este último 'significado' habría que diferenciar los SIGNIFICADOS NO VERBALES del ENUNCIADO.

La dificultad del estudio del significado nace de su naturaleza fugaz y resbaladiza; ésta es la razón, como afirma Christensen (1968: 187), de que todas las teorías sobre el mismo resulten insuficientes. Por eso, los lingüistas y los filósofos saben que la explicación plena de su naturaleza y funcionamiento está aún lejos del hombre. Muchas veces su análisis se ha hecho dentro de dicotomías (Rey, A., 1976), como SIGNO y VALOR, signo y SENTIDO, 'significado' y uso, signo y referencia, etc. Wittgenstein (1968: 74), tanto en el *Cuaderno azul* como en el *Cuaderno marrón*, otorga al 'significado' un carácter esotérico, cuando afirma que «es una de esas palabras de las que se puede decir que desempeñan funciones extrañas en nuestro lenguaje. Pertenece a uno de esos conceptos primarios como pueden ser vida, espíritu, relación, verdad, etc.». Y en otro de sus estudios, el 'significado' de una palabra es su USO. Por ser en parte reflejo de la realidad, el 'significado' es tan rico como ésta, y por tanto ha de verse como fuente inacabable de energía (Stepankova, 1970: 139); ahora bien, este último concepto de 'significado' se refiere al del lenguaje en acción, o sea al SIGNIFICADO DISCURSIVO, que no es idéntico al SIGNIFICADO LITERAL, al significado estático.

Salvo en breves períodos de su historia, por ejemplo, durante el auge del CONDUCTISMO en el ESTRUCTURALISMO NORTEAMERICANO, en la lingüística europea que arranca del *Cratilo* de Platón, los problemas del 'significado' son muy importantes. Tanto los ANOMALISTAS como los ANALOGISTAS griegos se interesaron por el problema de la significación, al preguntarse si las palabras respondían a la naturaleza de las cosas o si eran el resultado de la convención o acuerdo entre los hombres (Lyons, 1969: 6). Los anomalistas estoicos comprendieron uno de los problemas más actuales del 'significado', su falta de estabilidad, cuando rechazaron la ecuación, «a una palabra, un significado» (Robins, 1968: 24). Los MODISTAE medievales, estudiosos de los MODI SIGNIFICANDI de las palabras, y los racionalistas cartesianos, en quienes Chomsky ha querido ver antecedentes de sus concepciones lingüísticas, han sido eslabones fundamentales en la historia de la lingüística, que han mantenido la llama del interés por las cuestiones del 'significado'.

**SIGNIFICADO COGNITIVO, DENOTATIVO O REFERENCIAL.** Véase en DENOTACIÓN.

**SIGNIFICADO DISCURSIVO, ENUNCIATIVO, COMUNICATIVO O TEXTUAL.** El 'significado discursivo' se caracteriza como una fuente inacabable de sentidos, ya que dentro de la PRAGMÁTICA, o de cualquier TEORÍA del DISCURSO o del TEXTO, el SIGNIFICADO no es algo fijo o inamovible que se pueda adquirir automáticamente, como cuando se analiza formalmente dentro de modelos que examinan el sistema lingüístico. En los citados modelos el significado es, más bien, un fenómeno dinámico y complejo a la vez, condicionado por las circunstancias de lugar y de tiempo del enunciado y, por tanto, sometido a una interpretación dinámica (Tyler, S., 1978: 7). En opinión de Searle (1986), no tiene por qué ser conflictivo, más bien al contrario, puede ser fructífero, intentar conciliar los aspectos más relevantes de sus distintas caracterizaciones. Entre estas caracterizaciones se pueden destacar las de uso, condiciones de verdad, ostensión, estímulo del hablante y respuesta del oyente, concepto ideacional, etc. (Allan, K., 1986: 76 y sigs.). Al emitir un ENUNCIADO, en ocasiones todos hemos sido testigos de observaciones, por parte de los interlocutores, como éstas: «Con lo que acabas de decir, para mí estás *implicando* que...»; u otras como «Eso *presupone* que...», «Eso último que has dicho tenía una especie de tufillo (*connotación*)...». Lo que han estado haciendo estos interlocutores es analizar el 'significado discursivo', ya que lo que se implica, se presupone, se connnota, etc., de un enunciado son aspectos significativos del mismo que no se pueden pasar por alto. El significado discursivo se puede caracterizar, por tanto, como constituido por una serie de parámetros, entre los que sobresalen los siguientes: el SIGNIFICADO PROPOSICIONAL, el ACTO DE HABLA, la IMPLICACIÓN LÉXICA, la PRESUPOSICIÓN CONVENCIONAL, la PRESUPOSICIÓN SOCIAL y la IMPLICACIÓN SOCIAL. No obstante, con estos seis parámetros no queda agotada la configuración del 'significado discursivo'. Se pueden añadir otros, como la METÁFORA, la IRONÍA, la LÍTOTES y todos los que nacen de las FIGURAS DEL LENGUAJE.

**SIGNIFICADO ESTRUCTURAL.** El término 'significado estructural' se aplica por lo menos en dos sentidos:

① En la caracterización número 6 del SIGNIFICADO LÉXICO realizada por B. Pottier, para quien el significado consta de los RASGOS DISTINTIVOS, que él llama SEMAS.

② Para Fries, es el 'significado' que aportan a una oración los componentes gramaticales (MORFEMAS) de las palabras y las PALABRAS FUNCIONALES (artículos, preposiciones, conjunciones, etc.).

**SIGNIFICADO LÉXICO.** El 'significado léxico', abordado por la SEMÁNTICA PARADIGMÁTICA, es el más tradicional y también el más analizado por el ESTRUCTURALISMO. Normalmente se le representa entre comillas. Por ejemplo, el significado de la palabra *casa* es «casa», mientras que su TRANSCRIPCIÓN FONÉTICA es ['kasa]. He aquí algunas de las caracterizaciones más importantes del 'significado léxico':

① Para Saussure, el 'significado' es, solidariamente con el SIGNIFICANTE, una entidad constituyente del SIGNO LINGÜÍSTICO; es el *concepto* que acude a la mente del receptor cuando le llegan los sonidos del significante transportados en el medio oral-auditivo. Esta visión de Saussure, mediante la cual el signo lingüístico no une una cosa y un nombre sino un concepto (que Baldinger llama un *objeto mental* o un *esquema de representación*) y una imagen acústica coincide con la tradicional, incluso con la de los escolásticos medievales que expresaron el mismo estado de cosas con la conocida fórmula *Vox significat mediantibus conceptibus* (Baldinger, K., 1970: 26-27).

② En el TRIÁNGULO BÁSICO (NOMBRE-SENTIDO-COSA) de Ullman (1968), formulado previamente por Ogden y Richards (1923), se llama 'significado' a la relación recíproca y reversible entre el NOMBRE y el SENTIDO.

③ Heger (1974) transforma el triángulo anterior en su célebre TRAPECIO SEMÁNTICO, que metodológicamente tiene la ventaja de separar lo lingüístico de los extralingüístico.

④ Lyons en 1967 basa su concepto del 'significado léxico' en las llamadas RELACIONES DE SENTIDO O RELACIONES LÉXICO-SEMÁNTICAS, que para él son fundamentales y anteriores al concepto de significado y gracias a ellas se pueden descubrir los componentes semánticos. En su opinión, el 'significado', que es una función de estas relaciones, queda definido como el conjunto de relaciones paradigmáticas que una unidad lingüística contrae con otras, sin entrar en absoluto en el análisis de los contenidos de estas unidades. Esta concepción de Lyons recuerda la de Saussure sobre el SIGNO LINGÜÍSTICO: todo signo se define como tal dentro de un conjunto de otros signos y su valor nace de las oposiciones que contrae con ellos.

⑤ Posteriormente Lyons (1990: 132) adoptó una actitud más flexible, afirmando que el SENTIDO y la DENOTACIÓN son interdependientes y, consecuentemente, podríamos adoptar el punto de vista de que la denotación es el elemento básico, esto es, que las palabras son nombres o rótulos para las clases de entidades que existen con independencia del lenguaje, posición ya antes defendida por otros (Nilsen, 1969: 15). Y también cabría adoptar el supuesto de que fuera el 'sentido' el elemento básico, como en el punto anterior y, con ello, sostener que la denotación de un lexema viene determinada por su sentido, y que en principio es posible saber el sentido de un lexema sin conocer su denotación.

⑥ Para Pottier el significado léxico de un signo es su CONTENIDO SEMÁNTICO, el cual se caracteriza por medio de sus RASGOS DISTINTIVOS, en forma de SEMAS y de SEMEMAS. A esta aproximación al significado léxico se la ha llamado ANÁLISIS SÉMICO O COMPONENCIAL.

⑦ Las aproximaciones anteriores al significado son, unas más que otras, mentalistas y se basan en la concepción clásica del *stare pro aliquo*. Existen, además, las llamadas aproximaciones contextuales, para las cuales, siguiendo el *dictum* de Wittgesntein (1953: 34), el significado de una expresión es su USO y aplicación.

⑧ En el GENERATIVISMO se tiene la impresión de que el significado de una palabra (Katz y Postal, 1964) es algo sencillo y asequible, ya que se presta más atención al de la oración. Pero, como afirma Jackendoff (1972), el problema del significado oracional nace por las dificultades de caracterización del significado léxico.

⑨ En el ESTRUCTURALISMO NORTEAMERICANO, al menos en su versión bloomfieldeana, el significado no es tratado, por ser considerado una entidad extralingüística. A esta actitud se la llamó ANTIMENTALISMO y ANTISEMANTICISMO.

**SIGNIFICADO LITERAL.** Véase en SIGNIFICADO PROPOSICIONAL.

**SIGNIFICADO NO VERBAL.** Se llama 'significado no verbal' al producido por el componente no verbal de la ENUNCIACIÓN. Los 'significados no verbales' sirven para completar, reducir, realzar o anular los SIGNIFICADOS PROPOSICIONALES y surgen de los ACTOS NO VERBALES, propios de la INTERACCIÓN COMUNICATIVA. Los 'significados no verbales' se agrupan en torno a tres epígrafes: (a) la KINÉSICA, también llamada GESTUALIDAD, está formado por los movimientos faciales, corporales o gestuales; (b) el PARALENGUAJE, o sea, las modulaciones de la voz, la entonación, el carraspeo, etc.; y (c) la PROXÉMICA o espacio, posición o distancia que conscientemente los interlocutores guardan entre sí (Duncan, S., 1969; Lindenfeld, J., 1971). *Cf* acto no verbal.

**SIGNIFICADO PRAGMÁTICO.** Véase en SIGNIFICADO DISCURSIVO.

**SIGNIFICADO PROPOSICIONAL.** El **significado proposicional** de un enunciado, o **significado literal**, es el que corresponde a la oración u oraciones del mismo, interpretada en un contexto cero. ¿Pero es posible el **contexto cero**? Searle (1969) estima que lo que llamamos 'significado literal' de una oración no es más que el sentido que aplicamos a dicha oración de acuerdo con el contexto cero, que es el que que asumimos en el momento de la emisión o de la interpretación de un enunciado, o el que está más ampliamente aceptado dentro de la comunidad epistemológica. Por ejemplo, el enunciado «La potencia es lo que importa» tiene distintos significados según estemos en deportes, en matemáticas, en física, en filosofía o en cualquier otro dominio cognoscitivo.

**SIGNIFICADO REFERENCIAL.** Véase en DENOTACIÓN.

**SIGNIFICADO RELACIONAL.** Véase en PAPELES SEMÁNTICOS.

**SIGNIFICADO VERITATIVO.** Véase en CONDICIONES VERITATIVAS.

**SIGNIFICANTE.** ① Dentro de la TEORÍA del SIGNO LINGÜÍSTICO el 'significante' es la *imagen acústica*, es decir, la huella psíquica que dejan las palabras, y no está motivado por la realidad, si hacemos excepción de las ONOMATOPEYAS, aunque un gran número de palabras nazcan por MOTIVACIONES indirectas. Una característica del 'significante' es su LINEALIDAD. *Cf* fonemática.

② En un sentido más amplio (*cf* Trujillo, 1976; Rojo, 1979), 'significante' alude a todo elemento o procedimiento que, con independiencia de cuál sea su naturaleza, permite identificar un determinado significado. El concepto de 'significante', en esta acepción del término, no se reduce sólo a las unidades del plano fonológico; abarca también factores, como el orden, «que no son fónicos pero que pueden ser responsables de diferencias significativas» (Gutiérrez Ordóñez, 1983: 52). Por ejemplo, de conformidad con Bosque (1989: 69), en «La columna sostenía el bloque de mármol» y «El bloque de mármol sostenía la columna» es, fundamentalmente, el orden de las unidades el factor responsable de los diferentes significados que asignamos a ambos enunciados. Asimismo, según Trujillo, el 'significante' puede estar constituido por esquemas funcionales e incluso por datos de contenido. Por ejemplo, si en «El muchacho golpeó la puerta», *el muchacho* se interpreta como AGENTE, mientras que en «El muchacho sufría en silencio» no es posible esa interpretación, se debe a que sólo en el primer caso, *el muchacho*, además de ser un sintagma nominal con el rasgo semántico [+humano], se relaciona como SUJETO con un verbo, *golpear*, que denota una ACCIÓN, y no un ESTADO o un PROCESO.

**SIGNIFICATUM.** Véase en DESIGNATA.

**SIGNO.** Se puede definir como 'signo' (Montaner, 1993: 9 y sigs.) todo aquello, de carácter visual o auditivo, que representa o evoca otra cosa, algo distinto de sí mismo que represente un concepto o cosa, esto es, algo que tenga significado para un emisor y un receptor; en suma, algo que ocupa el lugar de otra cosa. Por ejemplo, las señales de tráfico, las palabras, la danza de las abejas, el humo, las representaciones de figuras geométricas, las notas musicales, etc., son 'signos'. La anterior definición del 'signo', así como su clasificación en ICONOS, ÍNDICES y SÍMBOLOS, ha sido una de las contribuciones SEMIÓTICAS más importantes de Charles Sanders Peirce (Buchler, 1955). Los 'signos' pueden ser verbales o lingüísticos y no verbales. *Cf* signo lingüístico.

**SIGNO DIACRÍTICO.** Se llaman **diacríticos** o 'signos diacríticos' a los elementos gráficos que van unidos a cualquier signo ortográfico o de representación fonética, para modificar su valor. Entre los signos diacríticos ortográficos destacan en español la **diéresis** o **crema** (*lingüística*), el **punt volat** del catalán (*cf* geminación), los **espíritus** del griego, el **apóstrofo** del francés en palabras como *l'élève*, así como los ACENTOS AGUDO, GRAVE Y CIRCUNFLEJO de esta misma lengua, que modifican el grado de abertura de la *e* o marcan otras características, el **gancho** colocado debajo de las vocales nasales del polaco, etc. La *ñ* española es una letra para los españoles, pero vista desde otras lenguas es un *n* con una **tilde**.

La TRANSCRIPCIÓN FONOLÓGICA hace uso de pocos signos diacríticos, pero en la transcripción fonética, en la que se quiere representar al máximo todos los rasgos de la articulación de un sonido son muy abundantes (LABIALIZACIÓN, PALATALIZACIÓN, DESONORIZACIÓN, ASPIRACIÓN y NASALIZACIÓN).

**SIGNO LINGÜÍSTICO.** Desde la aparición del ESTRUCTURALISMO, el **signo lingüístico**, también llamado **signo verbal**, ha sido la UNIDAD LINGÜÍSTICA por excelencia. El análisis más original que de él se ha hecho, y el que mayor trascendencia ha tenido, tanto por haber sido fuente de iluminación para otros posteriores como por su aplicación a otras ramas del saber, es el de Saussure (1945: 129). Para él, el 'signo lingüístico' es una entidad psíquica de dos caras: un concepto (entidad psíquica) y una IMAGEN ACÚSTICA (entidad psíquica), que están íntimamente unidos y que se reclaman recíprocamente. Esta bilateralidad del 'signo lingüístico' ha sido comparada con la que existe en un folio entre su recto y su verso, o folio vuelto. Sin embargo, Saussure propone sustituir *concepto* e *imagen acústica*, respectivamente, por el de un SIGNIFICADO y de un SIGNIFICANTE, entidades que son solidarias, en el sentido de que no se entiende una sin acudir a la otra, aunque con el apoyo de alguna TEORÍA podamos concebir y analizar las dos por separado, siendos distintos el análisis de uno y de otro. El 'signo lingüístico' así definido posee dos características: la ARBITRARIEDAD y la LINEALIDAD del significante.

El 'signo lingüístico' no es un simple elemento lingüístico; es un concepto nuclear de la lingüística, al aceptarse de forma axiomática en esta ciencia o disciplina que el lenguaje es un sistema de signos lingüísticos, cada uno de los cuales tiene un VALOR o identidad lingüística que nace de las relaciones que mantiene con los demás signos. Para Hjelmslev (1963: 80), el signo lingüístico es la entidad o unidad de expresión generada por la interconexión, o presencia simultánea, de una expresión que apunta o señala un contenido. Al signo lo llama función, y a la expresión y al contenido, los funtivos, siendo el signo una SOLIDARIDAD entre los dos funtores, con lo cual se quiere decir que no hay expresión sin contenido, ni contenido sin expresión significante.

**SIGNO NO LINGÜÍSTICO.** Véase en KINÉSICA, PARALINGÜÍSTICA y PROXÉMICA.

**SÍLABA.** La 'sílaba' es el punto de partida del ANÁLISIS DE LA CADENA HABLADA, de la cual constituye la unidad mínima, porque se la considera una unidad natural de dicha cadena, dado que todos los hablantes, incluso los de pueblos primitivos, los semianalfabetos, etc., son conscientes de su existencia como unidad fonética; consecuentemente, es una unidad básica en todas las descripciones fonéticas y fonológicas (1974: 48 y sigs.). Es, además, la unidad con la que se forman los ENUNCIADOS más pequeños; por ejemplo, enunciados como *¡Sh!, ¡Ah!, ¡Hmm!* constan de una sola 'sílaba'; esta es la razón por la que se dice que la sílaba es la menor unidad de habla real.

A pesar de su universalidad, su definición no es fácil, ni tampoco resulta sencillo marcar con exactitud sus límites (Abercrombie, 1968; Gili Gaya, 1975), debido a los varios enfoques o aproximaciones que se han empleado en su caracterización. Los límites de las sílabas no suelen coincidir normalmente con los de los MORFEMAS, ya que son unidades de distintos NIVELES.

Algunos lingüistas no reconocen la identidad física de la sílaba y sólo le atribuyen una existencia psicológica y fonológica. Otros, en cambio (Jakobson *et al.*, 1951), sí le atribuyen una existencia fonética (articulatoria y acústica) debido a la unión más íntima y al grado de coarticulación más estrecho que se perciben desde el núcleo silábico a sus dos márgenes. El DRAE la define como el sonido o sonidos articulados que constituyen un solo NÚCLEO fónico entre dos depresiones sucesivas de la emisión de voz. Desde un punto de vista ESPIRATORIO se trata de un acto unitario, integrado y complejo formado por movimientos minúsculos, continuos, rápidos y complicados, en el que intervienen las mandíbulas, los labios, la lengua, el velo del paladar, las cuerdas vocales y los músculos pulmonares. De acuerdo con la TEORÍA espiratoria (que en gran parte se debe al psicólogo norteamericano R. H. Stetson), cuando el mecanismo pulmonar entra en acción, los músculos respiratorios se contraen y se relajan alternativamente unas cinco veces por segundo produciendo una serie de pequeñas bocanadas. A la contracción se la llama **tensión silábica** y a la RELAJACIÓN, **distensión silábica**. Cada una de las contracciones y de las bocanadas de aire resultantes constituye la base de la sílaba y a cada uno de los movimientos de los músculos respiratorios se les ha llamado **impulso espiratorio**. Por tanto, todo impulso (Gili Gaya, 1975: 96) se compone de un movimiento de tensión creciente (tensión), seguido de otro de tensión decreciente (distensión).

Pero además, la sílaba (Jakobson *et al.*, 1951) es el marco básico para el análisis fonológico. Desde este punto de vista, la **estructura de la sílaba** consta de tres momentos: uno central, llamado **núcleo**, **ápice**, **cima** o **cumbre** de la sílaba (que Saussure llamó **punto vocálico**) y dos marginales, que preceden y siguen al central, llamados, respectivamente, **ataque** y **coda**. Los fonemas que componen el centro, o núcleo, se llaman fonemas centrales, silábicos o **silabemas**. Los otros, fonemas marginales o **asilabemas**. Las vocales y las líquidas son silabemas y las demás consonantes y las semiconsonantes /j, w/ (*hierro* /ˈjeo/, *hueco* /ˈweko/) son asilabemas.

Desde un punto de vista acústico, los fonemas que se encuentran antes del núcleo silábico presentan un aumento de la INTENSIDAD, la SONORIDAD y la PERCEPTIBILIDAD en el núcleo silábico, desde un mínimo hasta un máximo. Y, a la inversa, los fonemas que se encuentran después del núcleo silábico presentan una disminución de la intensidad, la sonoridad y la perceptibilidad, desde el máximo en el núcleo, hasta un mínimo (Quilis, 1993: 363).

Cuando una sílaba contiene un solo fonema (Gili Gaya, 1975: 99) a él corresponde la tensión y la distensión silábicas. Si contiene dos o más fonemas habrá que tener en cuenta dos condiciones: (a) el grado de PERCEPTIBILIDAD relativa de cada uno, que corresponde al de su ABERTURA articulatoria; (b) la posición tensiva o distensiva en que se halle, antes o después del punto vocálico. La ley que regula el mecanismo de la sílaba puede formularse así: los fonemas han de sucederse en la tensión por orden de abertura (o perceptibilidad) creciente y en la distensión por orden decreciente. La tensión y la perceptibilidad máximas corresponden al punto vocálico. Sin embargo, en la realidad lingüística (Gili Gaya, 1975: 102-3) la sílaba no se ajusta a menudo a esta ley de sucesión de aberturas crecientes en los fonemas de la tensión y decrecientes en la distensión. Se puede decir que lo esencial es el carácter explosivo y no prolongable de los fonemas que preceden al punto vocálico, y el implosivo y prolongable de los que le siguen. Son susceptibles de formar núcleo silábico las vocales y las líquidas.

Las sílabas se dividen en libres y trabadas. Son **sílabas libres**, también llamadas **sílabas abiertas**, las que terminan en vocal, es decir, en el mismo núcleo silábico y tienen, por tanto, una estructura CV. Son **sílabas trabadas**, también llamadas **sílabas cerradas**, las que terminan en una o varias consonantes y tienen, por tanto, la estructura CVC o VC. También se las divide en tónicas y átonas. Cuando la sílaba se produce con un impulso espiratorio reforzado se produce una **sílaba tónica**, también llamada acentuada. A las sílabas cuyo núcleo silábico no recibe la misma intensidad que el de la sílaba tónica se las llama **sílabas átonas**, o inacentuadas. *Cf* consonantes silábicas.

**SILABARIO.** Se llama 'silabario' al conjunto de símbolos escritos empleados en la representación de las sílabas de las palabras de una lengua. Entre las lenguas que hacen uso total o parcial de 'silabarios', dentro de las distintas modalidades que existen (con vocales, con sílabas abiertas y sílabas trabadas, etc.) destacan el japonés, el cheroke y el cretense antiguo, así como algunos de los sistemas cuneiformes de algunas lenguas del Índico. Aunque la ESCRITURA basada en 'silabarios' representa un gran avance sobre las LOGOGRÁFICAS son lingüísticamente menos rentables que las que utilizan ALFABETOS.

**SILABEMA.** Véase en ANÁLISIS SILÁBICO.

**SILÁBICO.** Véase en LÍQUIDAS.

**SILBANTE.** Véase en SIBILANTE.

**SÍMBOLO, SÍMBOLO CATEGÓRICO, SÍMBOLO COMPLEJO, SÍMBOLO FORMAL, SÍMBOLO VACÍO.** Siguiendo a Peirce (Buchler, 1955), los **símbolos** son una clase de SIGNOS, junto con los ICONOS y los ÍNDICES, en los que hay un vínculo de relación convencional. Saussure (1945: 131), sin embargo, ve un «rudimento de vínculo natural entre el SIGNIFICANTE y el SIGNIFICADO, el *agua* símbolo de pureza, el *fuego*, de amor, etc. El 'símbolo' tiene por carácter no ser nunca ARBITRARIO, es decir, no está vacío. El 'símbolo' de la justicia, la balanza, no podría reemplazarse por otro objeto cualquiera, un carro, por ejemplo».

En la GRAMÁTICA GENERATIVA, los **símbolos categóricos**, tales como *O, SN, SV*, etc., representan CATEGORÍAS sintácticas como ORACIÓN, SINTAGMA NOMINAL, SINTAGMA VERBAL, etc. En la representación semántica los DIFERENCIADORES semánticos se representan convencionalmente entre corchetes [ ], mientras que los MARCADORES SEMÁNTICOS van entre paréntesis. En este grupo de 'símbolos' suelen incluirse también los ABREVIADORES y los OPERADORES. Los **símbolos complejos**, que se aplican a los LEXEMAS, se obtienen aplicando las REGLAS DE SUBCATEGORIZACIÓN a los 'símbolos categóricos'. Estos 'símbolos complejos' contienen RASGOS SINTÁCTICOS y RASGOS SEMÁNTICOS.

Se llaman **símbolos formales** al conjunto de SIGNOS —CONSTANTES y VARIABLES— que utiliza un determinado LENGUAJE FORMAL (Montaner, P., 1993: 13 y sigs.). Los números o los signos de la lógica formal son 'símbolos', que se establecen por convenio. Una tabla de símbolos contiene tantos como sean necesarios para operar en el LENGUAJE ARTIFICIAL que se trate.

**SIMETRÍA.** Véase en DIÁLOGO y en ASIMETRÍA.

**SIMILARIDAD.** Véase en METÁFORA.

**SIMILITUD.** El ENTORNO O CONTEXTO lingüístico en el que aparece un FONEMA influye en las realizaciones ALOFÓNICAS que realmente se perciben. Por ejemplo, en las palabras inglesas *seventh* [sevn̪θ] y *eighth* [eit̪θ] son dentales [n̪] y [t̪] debido a la influencia de la dental [θ]. De acuerdo con la terminología de Daniel Jones, a este fenómeno se le llama **similitud** y consiste en la adición a un fonema de los rasgos de un sonido contiguo; la 'similitud' no debe confundirse con la ASIMILACIÓN, ya que, en este último caso, un fonema se convierte en otro, mientras que en la 'similitud' el fonema que se emite tiene una **articulación secundaria**, sin perder sus rasgos distintivos (*cf* articulación doble). Entre las 'articulaciones secundarias', adicionales o complementarias destacan la LABIALIZACIÓN, la PALATALIZACIÓN, la NASALIZACIÓN, la ASPIRACIÓN y la FARINGALIZACIÓN. La 'articulación secundaria', también llamada **coarticulación** (*cf* articulación doble), implica la coordinación de varias articulaciones para la generación de una unidad fónica, como en la producción de los CLICS.

**SIMULTANEIDAD.** Se emplea el término 'simultaneidad' al menos en dos sentidos:

① En el término **eje de la simultaneidades** es equivalente a SINCRONÍA y complementario del **eje de la sucesividades** O DIACRONÍA.

② Con el significado de CONCURRENCIA O realización al mismo tiempo de los signos verbales y los no verbales (la KINÉSICA, la PARALINGÜÍSTICA y la PROXÉMICA) en la COMUNICACIÓN efectuada en el MEDIO ORAL-AUDITIVO. Cuando la 'comunicación' se celebra en el MEDIO visual, los elementos noverbales, que eran simultáneos a los verbales, se manifiestan en **sucesividad**, es decir, antes o después de éstos. En el enunciado escrito «Acercándose a ella (PROXÉMICA), levantando la mano (KINÉSICA) y con VOZ muy grave (PARALINGÜÍSTICA) le dijo que estaba harto (verbal)» los cuatro elementos (verbal, proxémico, paralingüístico y kinésico) se han manifiestado en **sucesividad**. *Cf* contigüidad.

**SINALEFA, SINÉRESIS.** En métrica recibe el nombre de **sinéresis** la FUSIÓN en una sola sílaba, dentro de una palabra, de dos vocales que no forman diptongo; es el fenómeno opuesto a la DIÉRESIS. Cuando la fusión en una sílaba se hace entre palabras contiguas se llama **sinalefa** (Martínez Celdrán, 1983: 372). En español, la posibilidad de 'sinalefa' con más de dos vocales depende de que éstas se hallen en serie de ABERTURA creciente (*iea*), como en«Pedí empleo» o decreciente (*aei*), como en «La instancia», o de que las más abiertas estén en el centro de la sílaba como ápice silábico, en cuyo caso las más cerradas están en posición explosiva o implosiva, esto es, en la TENSIÓN O en la DISTENSIÓN, respectivamente (Gili Gaya, 1975: 117). *Cf* elisión, contracción, hiato.

**SINAPSIA, SINAPSIS.** Se dice de la UNIDAD LÉXICA compuesta cuyos elementos están unidos de forma sintáctica, por ejemplo, *caballo de vapor*, *pista de aterrizaje*, etc.

**SÍNCOPA.** Se llama 'síncopa' a la ELISIÓN o supresión de uno o de varios FONEMAS en la posición media de una palabra, como en *Navidad* por *Natividad*; en inglés también son usuales las formas sincopadas como *an'* en vez de *and* o ['ː,ɔːraɪ] por ['ɔːlraɪt] en la palabra *all right*. *Cf* aféresis, apócope.

**SINCRETISMO.** ① En MORFOLOGÍA se denomina 'sincretismo' a la coincidencia en la forma significante de dos o más MORFEMAS incluidos en un mismo PARADIGMA flexivo, en el conjunto de MORFEMAS portadores de información gramatical (caso, tiempo, número, etc.) que pueden combinarse con una UNIDAD LÉXICA. Por ejemplo, según Matthews (1980: 36), en inglés hay regularmente 'sincretismo' entre las terminaciones de tiempo pasado (*he tried* —intentó—) y las del participio (*he has tried* —ha intentado—), pues aunque {pasado} y {participio} son dos rasgos gramaticales diferentes y corresponden, por tanto, a morfemas distintos, se realizan mediante «dos formas idénticas tanto en la grafía como en su fonética». Se menciona comúnmente, asimismo, como ejemplo de 'sincretismo' (*cf*, por ejemplo, Martinet, 1978: 91; Rodríguez Adrados, 1974: 169) la identidad en las formas de nominativo (*templum*) y acusativo (*templum*) que caracteriza al paradigma flexivo de los nombres neutros latinos.

② También se da el nombre de 'sincretismo' al fenómeno consistente en que una sola secuencia de fonemas con valor morfológico (es decir, un MORFO) aglutina dos o más significados gramaticales (NÚMERO y PERSONA, por ejemplo) correspondientes a morfemas distintos, sin que sea posible aislar para cada uno de esos morfemas un segmento fónico diferenciado. Por ejemplo, según Bosque (1983a: 131), la desinencia *-rum* de la palabra latina *rosarum* (de las rosas) conlleva tres morfemas en una situación de 'sincretismo': «La desinencia aporta la información PLURAL, FEMENINO y GENITIVO, pero no podemos reconocer formalmente cada uno de estos signos en el fragmento [*-rum*] que hemos aislado». Como ejemplo, asimismo, de 'sincretismo', en este sentido del término, menciona Varela (1990: 74) el hecho de que la desinencia verbal */-n/* (*canta-n, bebe-n*) aglutine las categorías flexivas de persona y número, sin que, evidentemente, pueda aislarse para cada una de ellas un morfo distinto. El fenómeno aquí descrito es también conocido con el nombre de **amalgama**.

**SINCRETISMO DESCRIPTIVO.** Se llama 'sincretismo descriptivo' al intento de unir el punto de vista FORMALISTA y el FUNCIONALISTA en la descripción del lenguaje empleando categorías que abarquen ambas visiones. La importancia de una visión sincrética o, al menos, de complementariedad entre el formalismo y el funcionalismo, se puede observar en muchos intentos teóricos descriptivos, como el de la TAGMÉMICA (Pike, K., 1958; Cook, W., 1967; Longacre, R., 1964), la cual defiende la descripción por medio de TAGMEMAS, que son unidades formadas por FUNCIONES y FORMAS.

**SINCRONÍA, SINCRÓNICO.** Véase en DIACRONÍA.

**SINÉCDOQUE.** La 'sinécdoque' es la figura del lenguaje consistente en la representación de un término por otro, el cual se encuentra en relación de inclusión con el primero, por ejemplo, la parte por el todo, el género por la especie o viceversa. En la expresión «Me hacen falta muchas manos», *manos* es una 'sinécdoque', ya que la parte (*mano*) representa al todo (*obreros*). Jakobson (*cf* metáfora) considera la sinécdoque como una variante de la METONIMIA. Sin embargo, se pueden establecer diferencias entre ellas. En el enunciado «La mano que mece la cuna...» tenemos una 'sinécdoque' (*mano*, que es una parte de *persona*, que es el todo) y una metonimia (*cuna*, en cuya definición encontramos el SEMA O rasgo semántico *niño*).

**SINÉRESIS.** Véase en SINALEFA.

**SINESTESIA.** La 'sinestesia' es un RECURSO ESTILÍSTICO que consiste en la combinación sintética de sensaciones distintas (Ullmann, 1957: 266-289), combinación en la que se produce una **transferencia** de un sentido a otro. Estas interferencias intersensoriales están muy arraigadas en la percepción humana, por ejemplo, «colores fríos» (sensación táctica/sensación visual), «dulces sonidos, amargo silencio» (sensación gustativa/sensación auditiva), etc. Para la medicina, sin embargo, la 'sinestesia' puede llegar a ser una patología de carácter psiconeurológico y, como tal, ha sido descrita en diferentes tratados médicos. Las 'transferencias' sensoriales que no tengan un carácter patológico se realizan, casi siempre, desde un sentido inferior o más primario hacia otro superior o más complejo: *sabor fuerte* (tacto-gusto), *música suave* (tacto-oído), etc. (Mateo, J., 1988: 118 y sigs.). Siguiendo a Ullmann (1968), cada época literaria ha tenido su propia tendencia sinestésica: la del Renacimiento se basaba en colores/audición y la del Romanticismo en el color/timbre de la voz.

**SINGULAR.** Véase en NÚMERO.

**SINONIMIA, SINONIMIA LÉXICA.** ① En un sentido general, la 'sinonimia' es la relación de identidad o de similitud de significación entre distintas unidades de un mismo nivel de una lengua; es decir, puede existir 'sinonimia' en el nivel MORFOLÓGICO (*hubiera* con *hubiese*), el MORFOSINTÁCTICO (una oración en voz activa con su pasiva correspondiente), el LÉXICO-SEMÁNTICO y, por supuesto, el estilístico. La 'sinonimia' puede también definirse como la relación de IMPLICACIÓN o equivalencia bilateral entre dos unidades lingüísticas; por ejemplo, si una oración $O_1$ implica a otra $O_2$ y esta última implica a la primera, entonces $O_1$ y $O_1$ son equivalentes.

② No obstante, en el sentido más corriente, el término 'sinonimia' se aplica a la **sinonimia léxica**, es decir, a la relación de identidad semántica entre dos o más UNIDADES LÉXICAS, de forma tal que la sustitución de una de ellas por la otra en el mismo CONTEXTO no altera en absoluto el sentido del mensaje en el que aparecen; es el caso de palabras tales como *alegría, felicidad, gozo*, etc.

La 'sinonimia' es; junto a la ANTONIMIA, la INCOMPATIBILIDAD (*rojo, verde, amarillo,* azul, etc.), la HIPONIMIA (*roble-árbol*), la RECIPROCIDAD (*enseñar-aprender*) y la CONSECUENCIA (*destruir-atacar*), una de las seis RELACIONES LÉXICO-SEMÁNTICAS fijadas por John Lyons (1967) en su análisis del vocabulario de Platón, que él consideró de carácter universal en la caracterización del SIGNIFICADO LÉXICO. Es la relación más conocida y también la más aceptada por los lingüistas, aunque no es la más esencial. En este sentido, Lyons afirma que si la 'sinonimia' desapareciese, la estructura lexicológica de una lengua no se destruiría, aunque se produjera un empobrecimiento de la misma.

Para el examen de la 'sinonimia' se suelen emplear dos criterios: el contextual o de sustitución y el ANÁLISIS SÉMICO o componencial. Como Lyons (1967: 74) estima que la 'sinonimia' es una cuestión contextual, defiende el criterio de sustitución, el cual es de carácter empírico y se basa en el concepto clásico de equivalencia entre unidades. El inconveniente de este criterio es confundir la 'sinonimia' con la **correferencia** (Chafe, 1970: 137), relación extralingüística basada en el conocimiento del mundo no lingüístico; es el problema que se puede plantear al tomar como sinónimo a *Mr. Brown* con mi *profesor de inglés*, similitud que establecemos por nuestro conocimiento de la realidad. En cambio, Pottier (1968: 21) examina la 'sinonimia', que él llama **homosemia**, componencialmente.

Uno de los primeros problemas que surge en el análisis de la 'sinonimia' es si es posible la identidad total entre unidades léxicas. Entre las soluciones propuestas destaca la que considera estos tipos de sinónimos: (a) los perfectos o absolutos, (b) los perfectos parciales y (c) los aproximados. Son sinónimos perfectos absolutos las palabras o unidades léxicas mononémicas que participan del mismo semema. Son sinónimos perfectos parciales, los más comunes, en opinión de Duchacek (1964: 35-40), las unidades léxicas que constan de varios SEMEMAS, pero tienen uno en común. Son sinónimos aproximados los producidos por variaciones ESTILÍSTICAS. Varios lingüistas y filósofos (Quine, 1968) estiman que, como la 'sinonimia' total es imposible, el tratamiento más fructífero de la misma se presenta como una cuestión de grado, en cuyo caso es muy útil la aportación de las variantes estilísticas. Entre los esquemas o baremos de VARIANTES sinonímicas destacan los siguientes:

Baldinger (1967) utiliza las siguientes dimensiones: (1) nivel literario (prosa, poesía, etc.); (2) diferenciación geográfica; (3) diferenciación social; (4) profesión; (5) partido político; (6) edad; (7) sexo; (8) arcaísmo; (9) préstamo; (10) intensificación; (11) EUFEMISMO; (12) humor; (13) IRONÍA y parodia; (14) afectividad laudatoria; (15) afectividad PEYORATIVA. Todas estas variantes, como se observa, son sensibles o dependientes del contexto.

Coseriu (1977) distingue cuatro variantes que él llama **homosemia diasistemática**: (1) **diatópica** o variante geográfica; (2) **diacrónica** o variante en el tiempo; (3) **diastrática** o variante en el nivel social; (4) **diafásica** o variante en el nivel técnico.

Weinreich (1963: 70) distingue cinco tipos de 'sinónimos': (1) de distinto matiz; (2) de origen extranjero, ya CALCO, ya PRÉSTAMO; (3) de mayor color emocional; (4) de carácter literario o dialectal; (5) eufemístico.

Y Stephen Ullmann (1962) utiliza la siguiente escala: (1) un término es más general que otro: *refuse-reject*; (2) un término es más intenso que otro: *repudiate-refuse*; (3) un término es más emotivo que otro: *reject-decline*; (4) un término puede implicar aprobación o censura moral, mientras que el otro es neutro: *thrifty-economical*; (5) un término es más profesional que otro: *passing-death*; (6) un término es más coloquial que otro: *turn down-refuse*; (7) un término es más local o dialectal que otro: *flesher* (esc.) *butcher* (británico); (8) uno de los 'sinónimos' pertenece al habla infantil: *daddy/father*.

**SINÓNIMO RIMADO.** En LEXICOLOGÍA, es la VOZ formada por REMODELACIÓN (Lillo Buades, 1995: 47-54, 112) en la que se conserva la rima con la palabra a la que sustituye (en inglés, *rollocks* por *bollocks*), a menudo aprovechando la HOMONIMIA con una voz existente (por ejemplo, en francés *parbleu!* por *par Dieu*', o *corbleu* por *corps de Dieu*). Aunque la mayoría de sinónimos de este tipo son interjecciones o adjetivos EUFEMÍSTICOS, en el lenguaje coloquial y ARGÓTICO también se emplean como recurso lúdico para designar referentes no TABUIZADOS (por ejemplo, en el español de Chile *tongo-hongo* (sombrero), inglés *squid-quid* (libra).

**SINTÁCTICA.** Véase en PRAGMÁTICA.

**SINTÁCTICO.** Véase en SINTAXIS.

**SINTAGMA.** ① En la acepción más vinculada al sentido dado a este término por Ferdinand de Saussure, 'sintagma' designa cualquier COMBINACIÓN de dos o más elementos, sea cual sea la complejidad y la estructura de éstos, que contraen relaciones gramaticales. En este sentido, formarían sintagma tanto «libros», unidad formada por combinación de MONEMAS O MORFEMAS, como «La casa blanca» o «que contaminan las ciudades» (Rojo, 1983).

② En la lingüística española actual «sintagma» suele tener, no obstante, un sentido más restringido. Tanto en textos de orientación estructuralista o funcional como en los que parten de un marco generativo, son 'sintagmas' las unidades como «La casa blanca», «Cogió el coche», «Muy veloz», «Más lentamente», que coinciden en los siguientes aspectos:

(1) Son combinaciones de elementos gramaticales que forman una unidad con capacidad para asumir una función unitaria (sujeto, objeto directo, complemento, etc.) en un NIVEL superior de la estructura oracional.

(2) No presentan un esquema sujeto-predicado, sino que se corresponden con una estructura genérica de NÚCLEO (*casa, cogió, veloz, lentamente*) y COMPLEMENTO O modificador (*la...blanca, el coche, muy, más*).

Si se admite la anterior estructura, cabe distinguir distintos tipos de 'sintagmas' atendiendo a la CATEGORÍA LÉXICA del elemento que funciona como núcleo. Se habla, en consecuencia, de SINTAGMAS NOMINALES («La casa blanca»), SINTAGMAS VERBALES («Cogió el coche»), SINTAGMAS ADVERBIALES («Más lentamente»), SINTAGMAS ADJETIVOS («Muy veloz»).

Las unidades del tipo *con su maleta, de los coches*, constituidas por una PREPOSI-

CIÓN y un sintagma nominal, no parecen ajustarse tan claramente a ese esquema de núcleo y complementación. No obstante, es habitual que tales unidades se identifiquen como SINTAGMAS PREPOSICIONALES. En los textos de orientación estructuralista o funcional, la utilización del término *sintagma* en estos casos se justifica porque preposición y sintagma nominal forman una unidad de función en un nivel superior. En textos de orientación generativa se aduce, sobre todo, que en *con su maleta*, o *de los coches*, la preposición sería realmente el núcleo de la unidad, por lo que de nuevo estaríamos ante una estructura de núcleo (*con, de*) y complementación (*su maleta, los coches*). *Cf* frase, oración.

**SINTAGMA ADJETIVO.** Se denominan 'sintagmas adjetivos' los SINTAGMAS[2] que tienen como NÚCLEO una unidad léxica incluida en la categoría ADJETIVO. Son, por ejemplo, 'sintagmas adjetivos' las unidades sintácticas que se destacan en los siguientes enunciados: «El coche es *demasiado caro*», «Su hijo es *muy propenso a los resfriados*».

**SINTAGMA ADVERBIAL.** Se identifica como 'adverbial' el SINTAGMA[2] que tiene como NÚCLEO una unidad léxica perteneciente a la categoría ADVERBIO. Son, por ejemplo, 'sintagmas adverbiales' los constituyentes destacados en los siguientes enunciados: «Miguel Ángel vive *demasiado lejos de mi casa*», «Este niño come *muy despacio*».

**SINTAGMA DETERMINANTE.** En algunos textos (*cf* Fernández Lagunilla y Anula Rebollo, 1995) se da el nombre de 'sintagma determinante' a sintagmas del tipo «El hombre de Pekín», «Este cuadro», que están encabezados por un DETERMINANTE: *el, este*. El hecho de que se identifiquen como 'sintagmas determinantes' y no como SINTAGMAS NOMINALES, denominación más comúnmente utilizada para tales unidades, obedece a que se considera que el NÚCLEO de tal sintagma, el elemento que, por ejemplo, lo capacita para ser sujeto de una oración, es realmente el determinante y no el nombre: «*Hombre de Pekín/ El hombre de Pekín se ha retrasado», «*Cuadro/ Este cuadro vale millones».

**SINTAGMA NOMINAL.** Generalmente se identifica como 'nominal' el SINTAGMA que tiene como NÚCLEO una unidad léxica perteneciente a la categoría denominada SUSTANTIVO O NOMBRE[2]. Son, pues, 'sintagmas nominales' todas las unidades destacadas en los siguientes enunciados: «*Alberto* se ha ido con *su padre*», «*La crisis del transporte* ha hecho que aumenten *los precios*». No obstante, también se clasifican como 'nominales' los sintagmas integrados por un PRONOMBRE PERSONAL, dado que, como ya señaló A. Bello, los pronombres personales son «nombres» desde el punto de vista de su funcionamiento, aunque difieran por su modo de significar tanto de los NOMBRES COMUNES como de los NOMBRES PROPIOS. Así, por ejemplo, según Hernanz y Brucart (1987: 147), en «*Él* ha aprobado la selectividad», *Él* es un SN o 'sintagma nominal'.

**SINTAGMA NOMINAL COMPLEJO.** Un 'sintagma nomina complejo' es un SINTAGMA NOMINAL que incluye una oración como complemento del núcleo. Son 'sintagmas nominales complejos' los que contienen una ORACIÓN ADJETIVA —«Ya me han traído *la librería que pedí*»—, así como aquellos en los que el nombre núcleo va complementado por una ORACIÓN SUSTANTIVA precedida de preposición: «No ocultó *su pretensión de que todo siguiera igual*».

**SINTAGMA NOMINAL CONTROLADOR.** En GRAMÁTICA GENERATIVA se identifica como 'controlador' el sintagma que determina la interpretación del sujeto de una oración de infinitivo, representado por una CATEGORÍA VACÍA PRO. El 'sintagma nominal controlador' puede ser tanto el sujeto como uno de los complementos del verbo al que se subordina la oración de infinitivo. En «Pedro intentó asaltar un banco», el papel de 'controlador' corresponde al sujeto de *intentó, Pedro*. En «El abogado aconsejó a su cliente presentar una querella», el 'sintagma nominal controlador' es *su cliente*, objeto indirecto de *aconsejó*.

**SINTAGMA NOMINAL DEFINIDO.** Se identifica normalmente como 'definido' el sintagma nominal que contiene un DETERMINANTE DEFINIDO. Por ejemplo, puesto que están encabezados por un determinante de este tipo (*la, esta, mi*), son 'definidos' todos los sintagmas nominales destacados en los siguientes enunciados: «He conocido a *la novia*», «*Esta cocina* es estupenda», «*Mi coche* no arrancaba *esta mañana*». No obstante, la calificación 'definido' también se hace extensiva a los sintagmas que, si bien no contienen un determinante definido, están integrados por una categoría nominal similar en sus posibilidades referenciales, e incluso en su funcionamiento, a la unidad constituida por un nombre común y un determinante definido. Es el caso de los sintagmas formados por un NOMBRE PROPIO («*María* se presentó sin haber sido invitada») o por un PRONOMBRE PERSONAL («*Ella* se ha quedado con los niños»).

**SINTAGMA NOMINAL ESPECÍFICO.** Aunque la *especificidad*, como propiedad de determinadas expresiones nominales, se ha descrito mediante rasgos diversos y controvertidos (*cf*, por ejemplo, Leonetti, 1990: 49 y sigs.) puede considerarse como prototipo de 'sintagma nominal específico' el sintagma nominal que se utiliza para referir a una entidad que se presupone existente (de algún modo) y que está ya delimitada o es previamente conocida para el hablante. Es, por ejemplo, un 'sintagma nominal específico' el destacado en el enunciado siguiente: «Haré el trabajo con *un compañero de segundo que suele prestarme los apuntes*». Por el contrario, puede considerarse no específico o INESPECÍFICO el sintagma contenido en: «Trato de encontrar *un compañero de segundo que quiera prestarme los apuntes*». En tanto que inespecífico, el sintagma *un compañero de segundo que quiera prestarme los apuntes* se limita a proporcionar una descripción a la que podría adecuarse una entidad, pero ni presupone que exista «un compañero» que reúna las características incluidas en el sintagma ni, en cualquier caso, implica necesariamente que el hablante conozca a alguno en concreto que responda a esa descripción. En cambio, *un compañero de segundo que suele prestarme los apuntes*, en el enunciado en que se integra, no sólo describe una serie de características sino que, además, se utiliza para referir, para aludir a una persona del mundo extralingüístico; presupone, por otra parte, que existe realmente una persona que se ajusta a esa descripción, y que tal persona es alguien concreto, conocido para el hablante, aunque no lo sea para el receptor de la comunicación.

**SINTAGMA NOMINAL INDEFINIDO.** Se identifican como 'indefinidos' los sintagmas nominales que están encabezados por un DETERMINANTE INDEFINIDO. Así, por ejemplo, puesto que incluyen un determinante de este tipo (*un, dos, muchos*), son 'indefinidos' todos los sintagmas nominales que se destacan en los siguientes enunciados: «Ana va a casarse con *un banquero millonario*», «*Dos individuos extraños* llamaron a la puerta», «*Muchas familias* acaban endeudándose en Navidad».

**SINTAGMA NOMINAL INESPECÍFICO.** El prototipo de sintagma nominal identificado como 'inespecífico' lo constituyen los sintagmas nominales que, si bien proporcionan una descripción a la que podría adecuarse una entidad, no implican, necesariamente, que exista una entidad que responda a esa descripción o que, en caso de existir, tal entidad sea conocida para el hablante.

Los sintagmas nominales que contienen oraciones adjetivas en modo subjuntivo, como «Ana quiere casarse con *un hombre de cuarenta años que no le lleve la contraria*» o «Cuca quiere contratar *un mayordomo que cobre poco y que no revele sus secretos*», son generalmente considerados ejemplos típicos de 'sintagmas nominales inespecíficos'. Los dos sintagmas destacados en los enunciados anteriores describen unas determinadas características, a las que debería ajustarse un individuo para que «Ana quiera casarse con él» o para que «Cuca quiera contratarlo»; pero no comportan la presuposición de que existan personas que reúnan tales características o que el hablante aluda, mediante esos sintagmas, a una persona concreta o conocida.

**Sintagma preposicional.** Se denomina 'sintagma preposicional' la unidad sintáctica constituida por una preposición y por otra unidad que, usualmente, es un sintagma nominal («Delia lo siguió *hasta su casa*»), pero puede ser también un sintagma adjetivo («Elena presume *de sabia*») o un sintagma adverbial («Ana salió *de allí* llorando»). Los 'sintagmas preposicionales' han sido catalogados en numerosos estudios gramaticales como construcciones EXOCÉNTRICAS, esto es, como construcciones en las que no puede identificarse un NÚCLEO y un elemento subordinado. Por ejemplo, para Rojo (1983: 67), dado que las dos unidades que lo integran son igualmente imprescindibles para la existencia del 'sintagma preposicional', no sería lícito llamar núcleo a ninguno de sus componentes.

Sin embargo, en los trabajos que siguen el modelo generativo RECCIÓN Y LIGAMIENTO los 'sintagmas preposicionales' (al menos, los constituidos por una PREPOSICIÓN LLENA) son considerados categorías ENDOCÉNTRICAS (*cf* teoría de la X'), con un núcleo, la preposición, y un complemento, el sintagma al que la preposición asigna un determinado PAPEL SEMÁNTICO. Así, por ejemplo, en el 'sintagma preposicional' *a Madrid* («Iremos *a Madrid*»), la preposición *a* sería el núcleo y *Madrid* el complemento que recibe de la preposición el papel semántico DIRECCIÓN o lugar hacia el que se dirige un desplazamiento.

**Sintagma verbal.** Se denomina 'sintagma verbal' el SINTAGMA[2] que tiene como núcleo una unidad léxica perteneciente a la categoría VERBO. Son, por ejemplo, 'sintagmas verbales' todos los constituyentes que se destacan en los siguientes enunciados: «Ana María *le ha regalado una moto al niño*», «José Luis *ha comprado dos discos*», «Este hombre *bebe demasiado*».

**Sintagmática, sintagmático.** Se llama 'sintagmática' (Martinet, 1972: 24) el estudio de los elementos de la CADENA ORAL. Se opone al estudio de las ELECCIONES que debe hacer el sujeto hablante en cada punto de la cadena, que corresponde a la **paradigmática**.

**Sintaxis.** En el sentido más común del término, la 'sintaxis' es la rama de la gramática que tiene como objeto los aspectos (formales, semánticos, funcionales) relacionados con la combinación de las palabras en unidades significativas más amplias hasta configurar la ORACIÓN, la unidad máxima y básica de la 'sintaxis'. Al margen de esa delimitación de su dominio, comúnmente aceptada en la práctica, el espectacular desarrollo experimentado en las últimas décadas por lo estudios sintácticos, así como su dependencia de la no menos espectacular diversidad de enfoques teóricos que ofrece la lingüística actual, hacen imposible dar cuenta, en una síntesis apretada, de los aspectos concretos de que se ocupa esta disciplina (*cf* Hudson, 1994). Si dos décadas atrás afirmaba S. Stati (1979: 13) que «el intento de responder a la pregunta ¿qué es hoy la sintaxis? se topa con insalvables dificultades», la diversificación teórica de la actualidad ha incrementado, en buena medida, esas dificultades.

**Sintaxis autoléxica.** La 'sintaxis autoléxica' es una teoría gramatical (no exclusivamente sintáctica) formulada por J. M. Sadock hacia 1985. Según González Escribano (1992b), la 'Sintaxis autoléxica' puede inscribirse en el paradigma de la gramática generativa porque, tanto su concepción general del objeto de la lingüística, como los presupuestos filosóficos en que se basa la teoría, se inspiran, aunque con matizaciones, en los planteamientos chomskyanos. Difiere, no obstante, de otros modelos generativos, en su diseño general de la gramática y, en especial, a juicio de Sadock, en su concepción de la modularidad. Desde el punto de vista de Sadock, la gramática está integrada por un conjunto de MÓDULOS o subgramáticas, que son plenamente autónomos puesto que no se alimentan mutuamente; esto es, son módulos «informativamente encapsulados» que no tienen acceso a los principios y representaciones de los demás. Entre esos módulos o subgramáticas están la fonología, la morfología, la sintaxis y la semántica. A ellos se añade el léxico, que, si bien, según Sadock, no es propiamente un módulo, actúa como filtro o «interfaz» fundamental: «una expresión lingüística sólo está bien formada cuando sus diversas dimensiones organizativas resultan plenamente lexicalizables mediante el inventario léxico disponible» (González Escribano, 1992b: 304).

**SINTÉTICO.** Véase en VERDAD.

**SISEANTE, SISEO.** Véase en SIBILANTE.

**SISTEMA.** Véase en SISTEMA LINGÜÍSTICO.

**SISTEMA ARTICULATORIO.** Véase en ÓRGANOS DE ARTICULACIÓN, ARTICULACIÓN².

**SISTEMA DE CADENAS.** Véase en CADENA.

**SISTEMA FONATORIO.** Véase en ÓRGANOS DE ARTICULACIÓN, ARTICULACIÓN².

**SISTEMA FONOLÓGICO.** Véase en FONEMA.

**SISTEMA LINGÜÍSTICO.** Aunque la gran mayoría de las teorías lingüísticas conciben el lenguaje como un 'sistema lingüístico', ha sido el ESTRUCTURALISMO LINGÜÍSTICO, especialmente desde Saussure, el que más peso ha puesto en este concepto. En esta perspectiva investigadora el lenguaje es un 'sistema' formado por signos cuya misión primordial es significar. Este sistema rige, a la vez, su propio orden, constituido por las leyes o reglas combinatorias de los citados signos, y la meta del lingüista es el descubrimiento de las mismas.

**SISTEMA RESPIRATORIO.** Véase en CAVIDADES INFRAGLÓTICAS

**SISTÉMICO.** Véase en GRAMÁTICA SISTEMÁTICA.

**SITUACIÓN, SITUACIÓN DE HABLA.** ① La **situación**, junto con el CONTEXTO, la REGIÓN y el UNIVERSO DEL DISCURSO, constituyen el ENTORNO de la LINGÜÍSTICA DEL HABLAR. Coseriu (1967: 309 y sigs.) lo define como el espacio-tiempo del discurso, en cuanto creado por el discurso mismo y ordenado con respecto a un sujeto (*cf* Bloque I en CONTEXTO).

② De acuerdo con la sugerencia de Hymes (1972), en el análisis de la INTERACCIÓN COMUNICATIVA se pueden distinguir tres planos: (a) las 'situaciones de habla'; (b) los ACONTECIMIENTOS DE HABLA; y (c) LOS ACTOS DE HABLA. Las **situaciones de habla** son los marcos en donde tienen lugar los acontecimientos de habla y los actos de habla; al final del día pueden ser muchas, tales como las comidas, el foro, el taller, la oficina, el club, en el deporte, etc.

**SITUADORES.** Véase en DISCRIMINACIÓN.

**SOCIOLECTO.** La SOCIOLINGÜÍSTICA estudia los **sociolectos** o **dialectos sociales**, los cuales son las VARIEDADES SOCIOLINGÜÍSTICAS dentro de una COMUNIDAD DE HABLA, que determinan a un grupo (profesores, abogados, curas, deportistas, etc.) debidas a VARIABLES sociológicas tales como su clase social, educación, profesión, edad, sexo, procedencia étnica y otros parámetros sociológicos como la situación de uso (por ejemplo, el español distingue dos formas, *tú* y *Vd.*, que se reservan para situaciones de más o menos intimidad o amistad), y sin tener en cuenta para nada el carácter geográfico. La pertenencia a uno de esos grupos crea unos vínculos lingüísticos que, a su vez, les dan mayor cohesión y refuerzo como identificación frente a otros. En algunos países de tradición social jerarquizada, el 'sociolecto' de la clase dominante constituye un rasgo definitorio de la misma y una BARRERA para la integración social. Cuando se habla de los rasgos fonéticos diferenciadores de las distintas clases sociales el término empleado es ACENTO SOCIAL. El estudio de los sociolectos está relacionado con el ESTILO y el REGISTRO. *Cf* idiolecto.

**SOCIOLINGÜÍSTICA.** La 'sociolingüística' es la rama de la lingüística que estudia las relaciones entre el lenguaje, el individuo y los grupos sociales. Sin embargo, para una gran mayoría la'sociolingüística' no es una rama de la lingüística, es una disciplina autónoma, de carácter interdisciplinar, con principios y métodos propios, nacidos de la colaboración entre lingüistas y sociólogos, siendo diferente de la SOCIOLOGÍA DEL LENGUAJE. La sociolingüística surge de la función comunicativa del lenguaje y del hecho de que éste es un fenómeno social e individual. Es una disciplina reciente, nacida en la segunda mitad del siglo XX, aunque se pueden encontrar antecedentes en la GEOGRAFÍA LINGÜÍSTICA y en la DIALECTOLOGÍA. El texto *Languages in Contact* (Weinreich, 1953), que recoge más de seiscientas referencias sobre lenguaje y sociedad, puede considerarse el punto de arranque de la sociolingüística. Los trabajos efectuados a partir de los años sesenta, en especial por Fishman (1968, 1976), Labov (1971, 1972a, 1972b, 1972c, 1977, 1980), Hymes (1959, 1968, 1972, 1974), Trudgill (1974) y otros han contribuido a desarrollar los conocimientos del aspecto social del lenguaje incluyendo en los mismos VARIABLES tales como sexo, edad, origen social, temática, etc. Éstos han dado lugar a varias ramas dentro de la sociolingüística que se diferencian por el énfasis que ponen en algunas de las variedades motivadas por una de las variables anteriores, como la llamada GÉNERO Y LENGUAJE.

En un sentido estricto la 'sociolingüística' se ocupa principalmente del VARIACIONISMO, es decir, del estudio de la VARIACIÓN LINGÜÍSTICA, y del LENGUAJE y las CLASES SOCIALES. En un sentido más amplio estarían incluidos también en la 'sociolingüística' la ETNOGRAFÍA DE LA COMUNICACIÓN, y los estudios de BILINGÜISMO, MULTILINGÜISMO y DIGLOSIA (Moreno Fernández, 1989: 9). La CONVERSACIÓN también se ha convertido en un tema central de la sociolingüística. Entrecruzándose con las clasificaciones anteriores existe otra, conocida con el nombre de REGISTRO.

La 'sociolingüística' puede ser general e histórica. La **sociolingüística histórica** asume que no cambian los fonemas sino la gramática social de la comunidad de habla, es decir, la competencia sociolingüística de dicha comunidad (Gimeno Menéndez, 1995: 35). En el último tercio del siglo XX la 'sociolingüística' ha abordado el análisis de la influencia recíproca entre lenguaje y sociedad, mediante el uso de ENCUESTAS y de otros métodos de investigación empírica (*cf* empirismo lingüístico) y ha descubierto no sólo el reflejo de las capas sociales en el lenguaje sino también cómo éste construye y consolida las citadas capas. La realidad multicultural y multisocial de los Estados Unidos, el Reino Unido y otros países ha favorecido el desarrollo de la 'sociolingüística', con aportaciones innovadoras tales como el análisis estratificacional de lenguas, por ejemplo, el inglés de Nueva York, o nuevas teorías sobre el CAMBIO LINGÜÍSTICO, basadas en el variacionismo, distintas por completo a la corriente clásica presentada en el siglo XIX por los NEOGRAMÁTICOS. *Cf* etnografía de la comunicación, par de adyacencia.

**SOCIOLOGÍA DEL LENGUAJE.** De acuerdo con López Morales (1993: 25 y sigs.) hay dos grandes grupos de estudiosos del lenguaje y de la sociología. Uno, el de la 'sociología del lenguaje', que es más grande y frecuentado, está formado por estudiosos que tratan de describir aspectos lingüísticos de las sociedades, como, por ejemplo, el papel del BILINGÜISMO en el desarrollo de las sociedades, las clasificaciones en lenguas mayores o menores en determinadas sociedades, la influencia del lenguaje en la catalogación social, etc., y las diferencias de comportamiento que nacen en distintos contextos sociales; el otro, el de la SOCIOLINGÜÍSTICA, que se detiene a examinar ciertas VARIABLES sociales y otras llamadas

VARIABLES SOCIOLINGÜÍSTICAS, a fin de establecer ESTRATIFICACIONES lingüísticas y de estudiar los CAMBIOS que en éstas se producen.

**Sociopragmática.** Véase en PRAGMÁTICA.

**Solapamiento.** ① Véase en BIUNICIDAD.

② Véase en INTERRUPCIÓN.

**Solecismo.** Siguiendo a Martínez Sousa (1993: 446-47) se llama 'solecismo' a la falta de sintaxis o al uso incorrecto de una expresión, por ejemplo el uso incorrecto de *cuyo* («Dos señoritas traen los libros, cuyas señoritas...»), el uso de dos partículas incongruentes o mal colocadas en una expresión («Voy *a por* mi sombrero», «Se vende un reloj *con o sin* cadena»), etc. El ANACOLUTO y el PLEONASMO se consideran formas de solecismo. *Cf* barbarismo.

**Solidaridad léxica.** Véase en CAMPO SINTÁCTICO y en COLOCACIÓN.

**Sonante.** El término 'sonante' tiene diversas acepciones en FONÉTICA:

① Siguiendo a Alarcos Llorach (1983: 97) se llama 'sonante' a cualquier SONIDO que en una SÍLABA determinada asume el ÁPICE SILÁBICO, independientemente del carácter vocálico o consonántico que el mismo sonido tenga en otras posiciones. *Cf* vocoide.

② Las 'sonantes', de acuerdo con Gleason (Martínez Celdrán, 1983: 172-73), son sonidos en los que la única función de la BOCA y de la NARIZ es modificar por RESONANCIA el sonido que ya se ha producido en la LARINGE. Es decir, que no haya suficiente estrechamiento en la boca que produzca frotamiento u otros sonidos apreciables.

③ En la lingüística moderna se emplea el término 'sonante' para designar un tipo de consonantes que presentan el grado de obstáculo más débil (nasales, líquidas, vibrantes, *glides*) y se acercan en ello a las vocales, frente a las FRICATIVAS y las OCLUSIVAS, llamadas **consonadoras**, que se realizan acústicamente como RUIDOS (Martínez Celdrán, 1983: 173).

④ En la FONOLOGÍA GENERATIVA 'sonante' es un RASGO DE CLASE MAYOR. Son 'sonantes' (Martínez Celdrán, 1983: 229) aquellos sonidos producidos con una configuración en la cavidad vocal que posibilita la SONORIZACIÓN espontánea. En general, serán 'sonantes' todos aquellos sonidos cuyo cierre no sobrepase el de las SEMICONSONANTES (glides) [j], [w]. Todas las sonantes tienen el rasgo [+son]. Los que poseen el grado de cierre de dichos sonidos son OBSTRUYENTES.

⑤ Equivale a LARINGAL.

**Sonía.** Equivale a PERCEPTIBILIDAD.

**Sonido, sonido articulado.** ① Analizado desde la FONÉTICA AUDITIVA, se llama 'sonido' a la sensación percibida por los órganos de la AUDICIÓN, en forma de señal, que es producida por las vibraciones transmitidas a través del aire en forma de ONDAS SONORAS y luego es descodificada por el cerebro. En esta DESCODIFICACIÓN (Quilis, 1993: 84 y sigs.) el cerebro integra y procesa los estímulos acústicos, en los cuales hay información que va desde FRECUENCIAS relativamente bajas (20 ciclos por segundo) a relativamente altas (20.000 ciclos por segundos). Desde un punto de vista perceptivo o auditivo los 'sonidos' se caracterizan por medio del TONO, la INTENSIDAD, la DURACIÓN y el TIMBRE, que tienen sus correlatos articulatorios y acústicos (*cf* fonética auditiva).

② Examinado desde la FONÉTICA ACÚSTICA el 'sonido' (Solé Sabater, 1993: 3) es el resultado de las VIBRACIÓN de las moléculas de aire debida a cambios de presión, vibración que se propaga hasta nuestro oído. Quilis distingue varias fases en la producción de un sonido: (1) la fuente o fase productora de un movimiento vibratorio, (2) la fase de radiación del movimiento anterior al medio transmisor, (3) la fase de propagación a través del medio, (4) la fase de recepción, o llegada del movimiento vibratorio en forma de cambios de presión, y (5) la fase de percepción, formada por la identificación e interpetación de las sensaciones que llegan al cerebro.

Los sonidos pueden ser **periódicos** (*cf* sonoro) y **aperiódicos**, siendo periódicos los generados por la vibración de las cuerdas vocales y aperiódicos aquellos en los que éstas no intervienen. De acuerdo con Solé Sabater (1993: 2), la LARINGE es la fuente de los SONIDOS PERIÓDICOS, y las dos fuentes de sonido aperiódico son la FRICACIÓN y la PERCUSIÓN. El sonido creado por estas 'fuentes' se amplifica en el TRACTO VOCÁLICO por efecto de la RESONANCIA.

③ Desde un punto de vista articulatorio un 'sonido es el resultado de tres procesos llamados RESPIRACIÓN (*cf* cavidades infraglóticas), FONACIÓN y ARTICULACIÓN. Los 'sonidos' pueden ser articulados y no articulados. Los que realmente interesan en FONÉTICA ARTICULATORIA son los **sonidos articulados**, que son el producto de la acción conjunta de los tres procesos antes citados, aunque previamente ha debido existir una fase psíquica o intencional llevada a cabo mediante los impulsos neuromotrices que el centro nervioso del cerebro envía al DIAFRAGMA gracias a la acción del llamado **nervio recurrente** que actúa sobre el diafragma, comprimiéndolo sobre los PULMONES. Tres son las fases o momentos que se distinguen en la producción de los 'sonidos articulados': INTENSIÓN, TENSIÓN y DISTENSIÓN.

Los **sonidos no articulados** son considerados extralingüísticos, aunque un grupo de ellos, los llamados **clics**, pueden desempeñar claras funciones comunicativas. Los 'sonidos articulados' se clasifican de acuerdo con la acción de las CUERDAS VOCALES en SONOROS y SORDOS, clasificación que coincide con lo que se llama 'sonido periódico' y 'aperiódico' en la fonética acústica.

④ Utilizando los rasgos [consonántico] y [vocálico] de la FONOLOGÍA FUNCIONAL de Jakobson, el universo fónico se puede dividir en cuatro clases: VOCALES ([+vocálico], [–consonántico]), CONSONANTES ([–vocálico], [+consonántico]), LÍQUIDAS [+vocálico], [+consonántico]), GLIDES ([–vocálico], [–consonántico]).

⑤ En FONOLOGÍA el término 'sonido' equivale a ALÓFONO.

**SONIDO PERÍODICO.** Véase en SONORO.

**SONÓGRAFO, SONOGRAMA.** Equivalen respectivamente a ESPECTRÓGRAFO y ESPECTROGRAMA.

**SONORANTES.** Constituyen el grupo de 'sonorantes' los sonidos APROXIMANTES, LÍQUIDOS Y NASALES (Solé Sabater, 1993: 2).

**SONORIDAD.** El término 'sonoridad' tiene varias acepciones:

① En FONÉTICA AUDITIVA equivale a sonía o PERCEPTIBILIDAD.

② En FONÉTICA ARTICULATORIA es la característica que poseen los sonidos SONOROS.

**SONORIZACIÓN, SONORIZACIÓN ESPONTÁNEA.** Se llama **sonorización** a la ASIMILACIÓN de una CONSONANTE SORDA a una SONORA por influencia de la que le precede o de la que le sigue. Al fenómeno contrario, es decir, a la pérdida de la SONORIDAD de una consonante, se la llama DESONORIZACIÓN. En la FONOLOGÍA GENERATIVA se emplea el término **sonorización espontánea** para aludir al planteamiento hipotético de la vibración de las CUERDAS VOCALES sin que la GLOTIS esté totalmente cerrada. *Cf* obstruyentes.

**SONORO, SORDO.** ① Son **sonoros** los SONIDOS en cuya formación ha intervenido la VIBRACIÓN de las CUERDAS VOCALES de la LARINGE. La interrupción periódica de la columna de aire por las cuerdas vocales (Solé Sabater, 1993: 2) produce una serie de bolsas de aire que vibran a la misma frecuencia que las cuerdas vocales y resuenan en el tracto vocálico. De esta manera, la vibración de las cuerdas vocales genera un **sonido periódico** de muy baja intensidad que es la fuente de sonido de los segmentos sonoros. En los sonidos **sordos**, la cuerdas vocales están abiertas y el aire pasa libremente a través de ellas sin sufrir modificaciones. Las VOCALES, los DIPTONGOS, los TRIPTONGOS, las SEMIVOCALES y SEMICON-

SONANTES, y las CONSONANTES SONORAS (*cf* barra de sonoridad) son 'sonoros'. El resto de sonidos son 'sordos'. A los sonidos sonoros se les llama también sonidos periódico y a los sordos aperiódicos.

② Bloomfield (1933) utiliza el término 'sonoro' en el sentido de fenómeno físico, es decir, el mínimo elemento al cual puede llegar el ANÁLISIS LINGÜÍSTICO comparando distintos ENUNCIADOS.

**SOSTENIDO.** En la FONOLOGÍA DE LA ESCUELA DE PRAGA, 'sostenido' es el RASGO INHERENTE DE TONALIDAD, opuesto a **no sostenido**, también llamado **normal** (el número 12 en las lista de RASGOS DISTINTIVOS), que se caracteriza acústicamente por una elevación del segundo FORMANTE, o por un refuerzo de alguno de los componentes de alta frecuencia. El rasgo 'no sostenido' no acusa estos cambios. Articulatoriamente se produce este rasgo a causa de una dilatación del orificio del resonador bucal (la faringe) y de una PALATALIZACIÓN concomitante que reduce y divide la cavidad central (Quilis, 1993: 1201-1).

**STEMMA.** Véase en GRAMÁTICA DE DEPENDENCIAS.

**SUBCATEGORIZACIÓN.** En GRAMÁTICA GENERATIVA, el término 'subcategorización' hace referencia a la diferenciación de las unidades pertenecientes a una misma CATEGORÍA LÉXICA atendiendo al número y a los rasgos —estructurales y semánticos— de los complementos que requieren o permiten. Por ejemplo, *dormir*, *coger* y *confirmar* pertenecen a una misma categoría, al verbo, pero responden a una *subcategorización* diferente. *Dormir* no requiere ningún complemento; *coger* y *confirmar* seleccionan, por el contrario, un objeto directo. Asimismo, *coger* requiere como complemento un sintagma nominal que aluda a un objeto físico («Cogí el pañuelo»), pero no es compatible con una oración («*Cogí que vendría pronto»). El objeto directo de *confirmar*, sin embargo, puede ser tanto una oración —(«Confirmó que vendría pronto»)— como un sintagma nominal abstracto, una NOMINALIZACIÓN, por ejemplo. Según la gramática generativa, estos rasgos de subcategorización, que condicionan la buena formación de las oraciones, deben quedar especificados en las entradas de las unidades contenidas en el LEXICÓN. *Cf* símbolo complejo.

**SUBGLÓTICO.** Véase en GLOTIS.

**SUBÍNDICE.** Véase en COINDIZAR.

**SUBJUNTIVO.** El término alude a uno de los MODOS diferenciados en el verbo español. Hace referencia, por tanto, a una distinción gramatical relacionada con la MODALIDAD, con la actitud que se manifiesta ante lo enunciado, diferenciada mediante la flexión verbal. *Devuelvan, vengas, acaben, saliera, dediques, pidas* son formas pertenecientes al modo 'subjuntivo', en tanto que *devuelven, vienes, acabas, salía, dedicas, pides* se incluyen en un modo diferente: el INDICATIVO.

Como sucede con el indicativo, no hay concidencia sobre qué contenido específico cabe asociar al subjuntivo o sobre si, realmente, puede asignársele un único contenido. Son tres los valores que más comúnmente se le han asociado: *subjetividad, irrealidad, no aserción*, los tres valores opuestos a los que, asimismo, se han venido asociando al modo indicativo: objetividad, realidad, aserción.

(a) En los textos en los que se afirma que el subjuntivo es el modo de la subjetividad (*cf* Hernández Alonso, 1984) suele aducirse, como justificación, que el empleo del subjuntivo implica siempre una posición subjetiva ante lo enunciado. El hablante o el sujeto no presentan un estado o un proceso de una manera neutra, sino como algo dudoso, deseable, probable. Según esta interpretación, en «Quizás me *devuelvan* el dinero», «Quiero que *vengas* conmigo a la fiesta», sería la subjetividad el factor común al empleo del subjuntivo en ambos enunciados, si bien ese valor adopta matices disintos (duda, volición) mediante el adverbio *quizás* o el verbo volitivo *quiero*.

(b) En los textos en los que, por el contrario, se identifica al subjuntivo como el modo de la irrealidad (*cf* Alarcos, 1994; Pena, 1985) se aduce, por lo general, que en las oraciones con el verbo en subjuntivo, la situación, el proceso al que aluden no se asume como algo conforme a la realidad, bien porque se dude de ello, porque se considere contrario a lo real, o bien porque, aunque se desee que tenga lugar, no se trate de algo efectivamente realizado. En «Le ordenó que *saliera* inmediatamente de allí», «Ojalá mis hijos *acaben* pronto la carrera», «Es necesario que les *dediques* más tiempo a los niños», lo denotado por las oraciones con el verbo en subjuntivo no se presenta como acorde con la realidad, sino simplemente como algo que el sujeto o el hablante quiere que ocurra.

(c) En otros textos, por último, se sostiene que lo distintivo del subjuntivo es el valor no aserción (*cf* Bosque, 1990c): la oración con el verbo en subjuntivo no se introduce como la afirmación de un estado de cosas al que haya de atribuirse un valor de verdad, que pueda ser considerado verdadero o falso, ya sea porque no se presente como algo real, ya sea porque, aun tratándose de un hecho real, se introduce como presupuesto y no como el objeto específico de una aseveración. En «Estoy harto de que mis cuñados me *pidan* dinero», «Les ordenó que *salieran* inmediatamente de allí», el factor común a las oraciones con el verbo en subjuntivo sería, según esta interpretación, que las acciones a las que aluden no constituyen aseveraciones, aunque por razones distintas: en «que *salieran* inmediatamente de allí» porque el sujeto simplemente desea que otros realicen esa acción, pero aún no es algo realizado; en «que mis cuñados me *pidan* dinero», porque aunque la acción sí es conforme a la realidad, pues se trata de algo efectivamente ocurrido, forma parte de las presuposiones y no de lo específicamente afirmado. Se da por supuesto que «mis cuñados me piden dinero»; sólo afirmo que «estoy harto» de ello.

Según habrá podido apreciarse, *no aserción* e *irrealidad* no son valores coincidentes. La no aserción puede abarcar el contenido *irrealidad*, pero no a la inversa. Por consiguiente, parece aplicable a una gama más amplia de enunciados.

En cuanto al primero de los contenidos mencionados, la *subjetividad*, la objeción que más comúnmente suele plantearse a su utilización como base para explicar el uso del subjuntivo en español es la extrema vaguedad del concepto.

**SUBMORFEMA.** Véase en FONESTEMA.

**SUBORACIÓN.** Uno de los términos utilizados para aludir a la oración (a la estructura predicativa organizada en torno a un verbo) que carece de independencia sintáctica por hallarse incluida en otra oración o unidad sintáctica más amplia. Por ejemplo, para Marcos Marín (1980: 382) las oraciones sustantivas («El caso es *que salgamos esta tarde*») son 'suboraciones'.

**SUBORDINACIÓN.** ① Se denomina 'subordinación' el tipo de relación sintáctica que se establece entre dos unidades gramaticales, integradas en una estructura, cuando una de ellas (la que se identifica como **subordinante**) asume el papel de NÚCLEO, en tanto que a la otra unidad (la **subordinada**) le corresponde la función de COMPLEMENTO o modificador. Es, pues, una relación sintáctica de tipo jerárquico (a diferencia de la COORDINACIÓN) entre unidades que asumen diferentes funciones en una estructura. Por ejemplo, según Rojo (1983: 52), en «Hemos comprado *plantas exóticas*» existe una relación de 'subordinación' entre *plantas* (el núcleo subordinante) y *exóticas*, la unidad que actúa como modificador y que está subordinada a la anterior. Asimismo, según Jiménez Juliá (1995: 9), en «Antonio es *muy trabajador*» se da una relación de 'subordinación': *muy* se subordina, como modificador, a *trabajador*, el «constituyente 'nuclear' que define la naturaleza de la unidad y sus propiedades sintagmáticas».

② El término 'subordinación' también se ha utilizado, tradicionalmente, para aludir a la integración de una unidad oracional como constituyente de una oración más amplia (*cf* la definición de 'subordinación' que proporciona Lázaro Carreter en su *Diccionario de términos filológicos*). Por ejemplo, según Gili Gaya (1961: 287), en «No es probable que lo sepa», la oración sustantiva con función de sujeto, *que lo sepa*, se 'subordina' a la ORACIÓN PRINCIPAL, puesto que se incorpora a ella asumiendo una función sintáctica.

**SUBSTITUCIÓN.** Véase en SUSTITUCIÓN.

**SUCESIONES DE LENGUA.** Véase en DIACRONÍA.

**SUCESIVIDAD.** Véase en SIMULTANEIDAD, EJE DE SIMULTANEIDADES.

**SUFIJACIÓN.** En MORFOLOGÍA se llama **sufijación** al proceso morfológico mediante el cual se añaden sufijos a una RAÍZ o una BASE para desarrollar su FLEXIÓN y su DERIVACIÓN y, consecuentemente, modificar su sentido o valor gramatical.

**SUFIJO.** ① En su sentido más amplio, el término **sufijo** hace referencia a los AFIJOS, tanto flexivos como derivativos, que se posponen a la RAÍZ, TEMA O BASE. Pueden, por tanto, considerarse 'sufijos', en esta acepción del término, las unidades gramaticales que se destacan en las siguientes palabras: mata*dor*, coch*es*, encontra*ba*, ama*ble*. Todas ellas (*-dor, -s, -ba, -ble*) son afijos, MORFEMAS LIGADOS, que, en la estructura de la palabra, siguen a la unidad léxica que se identifica como base para la DERIVACIÓN (*mata-, ama-*) o como tema para la FLEXIÓN: *coche-, encontra-*.

② Con un sentido más restringido, el término 'sufijo' se utiliza únicamente para aludir a los afijos pospuestos a la base que se identifican como derivativos o no flexivos. Por tanto, *-dor, -ble* serían 'sufijos' según esta acepción, pero no *-s* o *-ba*, dado que estos últimos afijos pertenecen a paradigmas flexivos. Cuando se utiliza 'sufijo' con este sentido restringido suele oponerse a DESINENCIA, término que se reserva específicamente para los afijos de carácter flexivo (*-s, -ba*).

**SUFIJO AUMENTATIVO.** Se clasifican como 'aumentativos' cierto tipo de SUFIJOS entre los que se incluyen comúnmente las formas ligadas *-on, -azo, -ote*. Los 'sufijos aumentativos' se caracterizan porque se adjuntan a bases de tipo sustantivo (piso → pis*azo*, novela → novel*ón*) o adjetivo (bribón → bribon*azo*, torpe → torp*ón*, serio → seri*ote*) sin cambiar su categoría: la palabra resultante sigue siendo un sustantivo (*pisazo, novelón*) o un adjetivo (*bribonazo, torpón, seriote*). Añaden a la base la noción de grande o excesivo («Tiene un coch*azo* impresionante», «Nos ofreció una gran comil*ona*»), aunque también comportan, ya unido a esa noción, ya de modo exclusivo, un valor afectivo, un matiz de valoración subjetiva, que puede ser de signo positivo («¡Vaya pis*azo* que tienes»), pero que con más frecuencia adopta tintes despectivos: «Aquel guis*ote* no se podía comer», «Nos dio un vin*azo* horrible». Dado que habitualmente conllevan ese valor AFECTIVO, los 'aumentativos' suelen incluirse en la clase más general de los SUFIJOS APRECIATIVOS.

**SUFIJO APRECIATIVO.** 'Sufijo apreciativo' es un término con el que se alude a los SUFIJOS AUMENTATIVOS, DIMINUTIVOS y DESPECTIVOS. Así pues, son 'apreciativos' los sufijos que se destacan en las palabras siguientes: tip*ejo* (despectivo), marid*ito* (diminutivo), cuerp*azo* (aumentativo). La denominación 'apreciativo' se justifica porque, con este tipo de sufijos, se pueden expresar apreciaciones o valoraciones afectivas de distinto signo, ya positivo, ya negativo. Así, en «Mi marid*ito* nos ha preparado una paella estupenda», el sufijo diminutivo *-ito* no implica, necesariamente, que *mi marido* sea de tamaño reducido, sino que parece aportar a la base nominal un valor simplemento afectivo: añade un matiz cariñoso al nombre *marido*. Los aumentativos, asimismo, no sólo significan que lo denotado por la base es de tamaño grande o excesivo; también pueden implicar una valoración de carácter positivo («Tiene un cuer*pazo* impresionante») o negativo: de conformidad con Romero Gualda (1989: 58), el sufijo aumentativo *-ote* aporta en «general*ote*» un matiz peyorativo.

En cuanto a los sufijos despectivos (*-ejo, -ucho, -orrio*), son básicamente 'apreciativos', ya que su papel consiste en expresar una valoración de signo peyorativo sobre el objeto designado por la base: «Aunque los novios eran millonarios y famosos, la boda resultó un bod*orrio*», «Ese hombre es un tip*ejo* despreciable», «¿Qué quieres que haga con este papel*ucho*?».

**Sufijo despectivo.** Se consideran 'despectivos' SUFIJOS como *-aco, -ucho, -ajo, -orrio*, que coinciden en añadir a la BASE una valoración subjetiva de matiz peyorativo. Según Lang (1992), implican, por lo general, menosprecio, ridiculez o desagrado: «No me vengas a mí con esos latin*ajos*», «¡Qué blanc*ucho* estás, hijo mío!», «Ya estoy harta de estos libr*acos*», «Tuvimos que pasar la noche en un vill*orrio* miserable», «No hay quien se trague ese comistr*ajo*». Los 'despectivos' se incluyen, junto con los SUFIJOS DIMINUTIVOS y los SUFIJOS AUMENTATIVOS, en la clase más amplia de los SUFIJOS APRECIATIVOS.

**Sufijo diminutivo.** Se clasifican como 'diminutivos' cierto tipo de SUFIJOS entre los que comúnmente se incluyen las formas ligadas *-ito* (libr*ito*), *-illo* (becerr*illo*), *-in* (peque*ñín*) o *- uelo* (pill*uelo*). La denominación 'diminutivo' que se les aplica se justifica porque tales sufijos pueden aportar un sentido de aminoración o disminución de lo denotado por la unidad léxica a la que se adjuntan. Así, en «¿Dónde está el zapat*ito* del niño?», o en «Era un libr*ito* minúsculo», el sufijo *-ito* añade la idea de pequeñez a lo significado por el sustantivo, aminora el tamaño de los objetos denotados por *zapato* o por *libro*. Sin embargo, como puso de relieve Amado Alonso (1967: 161-189), la función aminoradora, el aportar la idea de disminución objetiva, no es la única que cumplen los 'diminutivos', ni tampoco es ese, con mucha frecuencia, su cometido. Así, como indica Lázaro Mora (1993: 305), difícilmente podría hablarse de función aminoradora del diminutivo en formaciones como *docenita, semanita o pesetita*.

Por el contrario, el 'diminutivo' suele conllevar, bien junto al sentido de disminución o aminoración, bien en su lugar, un sentido de valoración subjetiva, un matiz emocional que puede implicar amor, ternura, orgullo, afecto en definitiva («¿Qué ha hecho hoy mi marid*ito*?», «¿Se ha tomado la sop*ita* mi pequeñ*ín*?», «¿Cómo está ese pill*uelo*?») o también en ocasiones un cierto matiz de desprecio: «¿Aún sigue funcionando ese teatr*illo*?», «Veo que continúas escribiendo esas novel*itas* baratas». Por ello, los 'diminutivos' suelen incluirse en la clase más general de los SUFIJOS APRECIATIVOS.

Los 'diminutivos' se adjuntan, fundamentalmente, a bases de tipo sustantivo (libro → libr*ito*, novela → novel*ita*) o adjetivo (blanco → blanqu*ito*, blando → bland*ito*), aunque también pueden unirse a bases pertenecientes a otras categorías: depris*ita*, cerqu*ita*, calland*ito*. Como el resto de los sufijos apreciativos, no cambian la categoría de la base: la palabra que resulta al adjuntar a una base nominal o adjetiva un sufijo diminutivo sigue siendo un sustantivo (*librito, novelita*) o un adjetivo (*blandito, blanquito*).

**Sujeto.** ① 'Sujeto' es una función sintáctica, básica en el análisis de las LENGUAS ACUSATIVAS desde los inicios de la descripción gramatical. Pese a ello, como señala Halliday (1985: 33), es difícil encontrar en la tradición gramatical una explicación definitiva de lo que significa el papel de sujeto. A la función sintáctica 'sujeto' se le han asociado, entre otras, las siguientes características, de las que destacamos las que más comúnmente se han utilizado como criterios para su definición:

(1) Se realiza mediante unidades sintácticas de carácter nominal (sintagmas nomi-

nales, oraciones sustantivas u otras categorías con propiedades similares) que pueden aludir a entidades existentes en el universo extralingüístico. Es, pues, una función sintáctica que suele ser referencial. Por ejemplo, en el enunciado «*El atleta de Kenia* cambió de ritmo en el último obstáculo», el 'sujeto', *el atleta de Kenia*, es un sintagma nominal determinado, capacitado, por tanto, para hacer referencia a una persona existente en el contexto extraverbal.

(2) Constituye la realización canónica del papel semántico AGENTE, el papel que se sitúa en el lugar más prominente en la JERARQUÍA DE PAPELES SEMÁNTICOS. Así, si un verbo, como es el caso de *comprar* o *redactar*, implica un agente entre los argumentos que requiere para formar una predicación completa, este será el argumento que se realice como sujeto de la oración: «*La secretaria* (sujeto/agente) redactó el informe», «*La señora María* (sujeto/agente) se ha comprado otro sofá».

En esta peculiaridad halla su fundamento la conocida definición tradicional que caracteriza al sujeto como «el que realiza la acción expresada por el verbo».

(3) Desde el punto de vista morfosintáctico, el sujeto es, por un lado, el constituyente de la oración que controla, en primera instancia, la concordancia verbal. Según señala Dik sobre sobre este aspecto (1981: 107), «si existiese concordancia entre el verbo y cualquier otro constituyente de la cláusula, el sujeto es el primer candidato [...] para la determinación de esa concordancia». Así, en «*El perro* se ha comido los bombones», por ejemplo, es el sintagma 'sujeto' *el perro* y no el objeto, *los bombones*, el sintagma nominal concordante con el verbo.

Por otro lado, en las lenguas con flexión de caso, el sujeto suele presentarse, frente a las restantes funciones nominales, en el caso considerado más simple o NO MARCADO. En latín, por ejemplo, es el nominativo, el caso no marcado, aquel «en el que se pone el sustantivo cuando se cita» (Moreno Cabrera, 1991: 424) el que identifica al sujeto oracional. Estos rasgos morfosintácticos han sido también frecuentemente utilizados como criterios básicos para definir al sujeto oracional. Gutiérrez Araus (1978: 73), por ejemplo, afirma al respecto: «En nuestra opinión, es *la concordancia en número y persona*, marca formal dada por la lengua misma, el principal rasgo sintáctico que distingue la función sujeto de las otras funciones sintácticas [...] Así pues, *llamaremos sujeto al segmento que dentro del enunciado confiere al verbo sus marcas de persona y de número*». Alcina y Blecua (1975: 853), por citar otro ejemplo, plantean asimismo que «frente a la definición lógico-semántica que daba la Gramática tradicional, se postula la distinción del sujeto por el hecho de que es el único elemento nominal que cambia sus marcas de número con el verbo con el cual concuerda».

(4) En las ORACIONES DECLARATIVAS en que los constituyentes se siguen según el orden lineal considerado básico o no marcado (sujeto-verbo-objeto en el caso del español) los sujetos suelen ser, al mismo tiempo, el TEMA del enunciado, el constituyente que el hablante selecciona como punto de partida comunicativo, o aquello sobre lo que versa el enunciado. De modo que, como señala por ejemplo Lyons (1971: 348), «en inglés y en las lenguas de Europa más familiares los temas son habitualmente también sujetos y los comentos predicados». Así, en «*Carl Lewis* ganó su novena medalla de oro», *Carl Lewis*, además de ser el 'sujeto' de *ganó*, es, desde el punto de vista informativo, el TEMA del enunciado: representa a la persona sobre la que se habla, la entidad a la que se refiere el mensaje que emite el hablante.

Esta correlación entre 'sujeto' y tema es una propiedad que queda reflejada en la también tradicional definición del sujeto como la persona o cosa de la cual decimos algo (RAE, 1973: 350).

(5) Por lo que atañe al lugar que se le asigna en la estructura de la oración, el en-

foque bimembre, dominante (aunque no único) en el análisis oracional, sitúa al 'sujeto' en una posición estructural privilegiada con respecto a las restantes funciones nominales. De conformidad con ese enfoque bimembre, «sea cual sea la complejidad de la oración, los elementos que la integran se organizan en torno a dos constituyentes» (Hernanz y Brucart, 1987: 60), SN-SV o 'sujeto'-predicado. Por tanto, el 'sujeto' se sitúa en el mismo nivel que el predicado, como componente inmediato del núcleo de la oración, en tanto que a las demás funciones nominales se les asigna un nivel inferior, como integrantes del sintagma verbal o predicado.

Así, de conformidad con este análisis bimembre, la estructura de una oración como «*Delia* ha cogido las llaves» sería la que refleja el siguiente esquema:

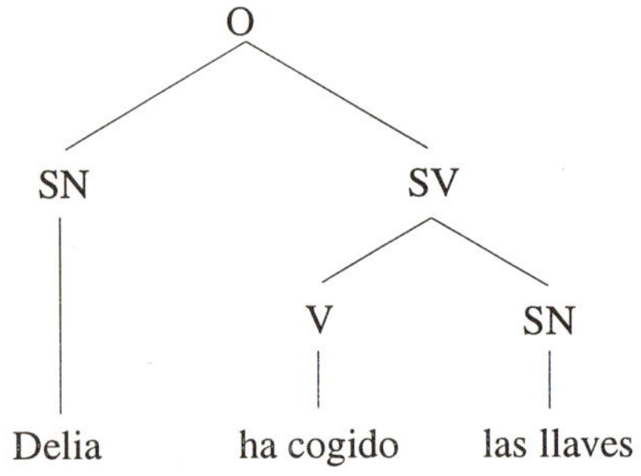


Si las definiciones de 'sujeto' anteriormente introducidas hacían referencia al papel semántico agente que suele representar, a los rasgos morfosintácticos de la categoría gramatical que lo realiza, o a la función informativa que a menudo asume en el intercambio comunicativo, es la posición estructural el rasgo que sirve de fundamento a la caracterización del 'sujeto' que, desde una perspectiva generativa, plantean, por ejemplo, Hernanz y Brucart (1987: 37): «el sujeto queda caracterizado como el nudo SN dominado inmediatamente por O». De este tipo es, asimismo, la definición que en el *Diccionario* de J. Dubois (1986) se presenta como propia de "la lingüística moderna": [sujeto es] la función gramatical del sintagma nominal en la oración básica compuesta por la cadena sintagma nominal + sintagma verbal; la oración básica, que es del tipo O → SN + SV, puede representarse mediante el árbol

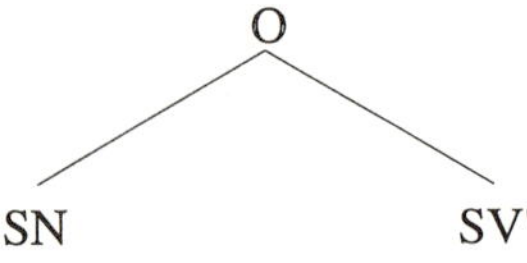


Dejando al margen la posición estructural, cuestión muy controvertida en los estudios gramaticales (téngase en cuenta, por ejemplo, la organización actancial planteada por Tesnière, que proyecta sobre la oración una estructura distinta de la bimembre), las características mencionadas y, por tanto, las definiciones que se basan en ellas, son realmente aplicables a 'sujetos' como los que se destacan en los enunciados siguientes: «*Julia* insultó al árbitro», «*El portero* ha recogido el correo». *Julia* y *el portero* son expresiones nominales que representan al agente controlador de la acción denotada por el núcleo verbal; concuerdan en número con el verbo y, puesto que ocupan la posición correspondiente al tema del enunciado, pueden identificarse como «la persona de la que decimos algo». No obstante, las definiciones aquí presentadas han sido objeto frecuente de críticas, porque no parecen proporcionar una caracterización definitiva y válida para todos los casos de lo que implica ser el 'sujeto' de una oración.

Uno de los problemas fundamentales que plantea la definición del 'sujeto' radica en que, si bien los rasgos mencionados coinciden en los 'sujetos' que, siguiendo a Comrie (1989), podemos identificar como prototípicos (caso de los sintagmas *Julia* y *el portero* en los ejemplos antes presentados), también puede suceder que se hallen disociados. Es decir, como plantea Comrie (1989: 161), puede ocurrir que «un sintagma nominal dado tenga ciertas propiedades de sujeto pero no todas», que sea «sujeto hasta cierto grado». Así, en «*Paco* no ha sido elegido para el cargo», *Paco* es el sintagma nominal concordante con el verbo y puede identificarse, asimismo, como el tema del enunciado. Pero no es el que realiza la acción sino la entidad que resulta afectada por ella. En «El coche lo ha roto *mi cuñado*», *mi cuñado*, además de ser el sintagma concordante con el verbo, representa al agente que realiza y controla la acción. Pero no puede considerarse como «la persona o cosa de la que decimos algo». El papel de tema corresponde en este enunciado al sintagma nominal *el coche*, el objeto directo desde el punto de vista sintáctico.

La CONCORDANCIA con el verbo sí es un rasgo que permanece constante en los 'sujetos' de todos los enunciados que hemos presentado. Por ello no es de extrañar que sea precisamente la concordancia con el verbo el criterio utilizado por un buen número de gramáticas actuales para delimitar lo que diferencia, frente a otras funciones nominales, a la función sintáctica 'sujeto'. Pero, por lo que respecta a la validez de esta característica como criterio para definir lo peculiar de la función 'sujeto', debe tenerse en cuenta que las propiedades de una función no se reducen a la forma de expresión que adopta (*cf* Gutiérrez Ordóñez, 1983; Rojo, 1979), sin olvidar, además que, como sugiere García Miguel (1995b: 48), «los procedimientos de expresión carecen en principio de validez interlingüística y difícilmente podríamos buscar aquí los fundamentos universales de un concepto como el de sujeto».

② En RECCIÓN Y LIGAMIENTO el término 'sujeto' se hace también extensivo a otros elementos oracionales que comparten con el sujeto de la oración —el elemento al que se hizo referencia en la explicación anterior— algunas propiedades consideradas relevantes en este modelo. Así, se admite generalmente que los sintagmas nominales cuyo núcleo es una NOMINALIZACIÓN (un nombre como *defensa, explicación, descripción*, derivado de un verbo) o cualquier otro elemento nominal (un NOMBRE PICTÓRICO, por ejemplo) con capacidad para seleccionar agumentos, como los verbos, puede tener también un 'sujeto': se identifica como tal el complemento del núcleo cuyo papel semántico (agente, experimentador, etc.) es similar al que corresponde al sujeto del verbo. En «La explicación *de María* fue muy convincente», «La defensa *del abogado* estuvo bien fundamentada», *de María, del abogado* pueden, por tanto, considerarse los 'sujetos' de sus respectivos sintagmas nominales. *Explicación* y *defensa* implican, como *explicar* y *defender* un argumento agente que, si en el caso de los verbos se realiza como sintagma nominal concordante con el verbo («*El abogado* defendió bien a su cliente», «*María* explicó la operación de un modo muy convincente»), en el caso de los sustantivos se realiza como sintagma preposicional complementario del nombre: *de María, del abogado.*

Según se dijo antes, la extensión del término 'sujeto' a este tipo de complementaciones nominales se justifica, fundamentalmente, porque estos sintagmas preposicionales parecen compartir con los sujetos de la oración algunas propiedades relevantes en la teoría del ligamiento. Ambos pueden, por ejemplo, ser el antecedente de una ANÁFORA contenida en el sintagma o en la oración. Así, si en «El abogado se defendió a sí mismo» el antecedente del reflexivo *sí mismo* es *el abogado*, el sintagma nominal sujeto de su oración, en «Pedro elogió la defensa de María de sí misma» (*cf* Fernández Lagunilla y Anula Rebollo, 1995: 183), el antecedente de la anáfora *sí misma* es *María,* el argumento agente de *defensa.*

**SUJETO ACCESIBLE.** En RECCIÓN Y LIGAMIENTO, 'sujeto accesible' alude a cierto tipo de relación entre dos NUDOS o categorías integrantes de la estructura oracional. Se define en términos similares a los siguientes: A es un 'sujeto accesible' para B si A MANDA-C a B y ambos pueden estar COINDIZADOS sin violar ninguna condición gramatical.

**SUJETO GRAMATICAL.** ① La distinción entre 'sujeto gramatical' y SUJETO LÓGICO o SUJETO PSICOLÓGICO fue introducida en los estudios gramaticales ante la evidencia de que los rasgos morfosintácticos (concordancia con el verbo, caso nominativo, etc.) y las carácterísticas semánticas (tales como «persona que realiza la acción») tradicionalmente asociadas al SUJETO no siempre coincidían en un mismo elemento, sino que podían corresponder a diferentes unidades oracionales: «*El proyecto* (sintagma nominal concordante con el verbo) ha sido revisado por *el ingeniero jefe* (agente que realiza y controla la acción)».

En consecuencia, se reservó la denominación 'sujeto gramatical' para la unidad nominal que presentaba los rasgos morfosintácticos característicos del sujeto, como la CONCORDANCIA con el verbo, aun cuando no representase al agente de una acción (sujeto lógico) o constituyese el tema del enunciado (sujeto psicológico). Así, en las oraciones «*El campeón del mundo* ha sido derrotado por un atleta desconocido», «A María le desagrada *tu risita sarcástica*», *el campeón del mundo* y *tu risita sarcástica* son los 'sujetos gramaticales', dado que, con independencia de su papel semántico o informativo, son los sintagmas nominales que concuerdan con el núcleo del sintagma verbal: «*Los campeones del mundo* han sido derrotados por un atleta desconocido», «A María le desagradan *tus risitas sarcásticas*».

② La distinción terminológica entre sujeto lógico y 'sujeto gramatical' fue también retomada por Chomsky en el marco de la gramática generativa. En *Aspectos*, por ejemplo, viene a identificar 'sujeto gramatical' con «sujeto respecto a la estructura patente» (Chomsky, 1971: 68) o superficial. Así, en «*John was persuaded by Bill to be examined* (Juan fue persuadido por Guillermo a ser examinado)», según Chomsky, *John* es el 'sujeto gramatical', en tanto que *Bill* sería el sujeto lógico, el agente sujeto profundo de la oración.

③ En algunos estudios gramaticales (*cf*, por ejemplo, Alarcos, 1985, 1994; Martínez García, 1986) se denomina 'sujeto gramatical' «el morfema personal incluido en la terminación del verbo» (Alarcos, 1994: 266) para distinguirlo del sujeto explícito o léxico: «el sintagma o grupo sintagmático que presenta concordancia con el sujeto gramatical» (Martínez García, 1986: 32). Así, según Alarcos (1994: 266), en *escribió* hay un sujeto gramatical (tercera persona del singular) del cual se predica la noción *escribir* significada por el signo léxico. En «El niño escribió» habría, además, un sujeto explícito o léxico: *el niño*.

**SUJETO LÉXICO.** Unidad sintáctica explícita o fonéticamente realizada que se identifica como SUJETO de una oración. Por ejemplo, en «*La bibliotecta* permanecerá cerrada durante todo el mes», *la biblioteca* es un 'sujeto léxico', un sintagma nominal explícito reconocible como sujeto de la oración. En cambio, en el caso de «Llevas la corbata torcida», si bien puede decirse que la oración tiene un sujeto indicado por la flexión verbal (véase al respecto SUJETO GRAMATICAL³), no hay un 'sujeto léxico', ya que no hay ninguna unidad nominal (un pronombre, por ejemplo) a la que pueda asignarse ese papel.

**SUJETO LÓGICO.** ① Con la denominación 'sujeto lógico', extendida, según Halliday (1985: 33), en la segunda mitad del siglo XIX, se vino a identificar al constituyente oracional que representaba al agente de la acción denotada por el predicado, aun cuando no fuera el SUJETO GRAMATICAL, el sintagma concordante con el verbo. Por ejemplo, en «Su trabajo ha sido revisado por el jefe del departamento», *el jefe del departamento* sería el 'sujeto lógico', puesto que alude a la persona que realiza la acción de *revisar*. No es, sin embargo, el sujeto gramatical; este papel corresponde a *su trabajo*, dado que es el sintagma que controla la concordancia verbal: «Sus trabajos han sido revisados por el jefe del departamento».

La distinción 'sujeto lógico'-sujeto gramatical permitía, pues, separar dos propiedades que, si bien tradicionalmente se habían atribuido de forma conjunta a la función sintáctica SUJETO, podían, de hecho, corresponder a diferentes unidades oracionales: (1) presentar ciertas características morfosintácticas, tales como el caso nominativo o la concordancia con el verbo (sujeto gramatical); (2) representar a la entidad que realiza la acción expresada por el verbo ('sujeto lógico').

② La distinción terminológica entre 'sujeto lógico' y sujeto gramatical sería también retomada por Chomsky, adaptándola a los planteamientos característicos de una gramática generativa. En *Aspectos*, 'sujeto lógico' viene a identificar al sintagma nominal que ocupa la posición correspondiente al sujeto en estructura profunda. Así, según Chomsky, en «*John was persuaded by Bill to leave* (Juan fue persuadido por Guillermo a irse)», *Bill* es el sujeto de la oración (sujeto *lógico*), no *John*, que es el llamado sujeto *gramatical* de la oración, es decir, sujeto respecto a la estructura patente (Chomsky, 1971: 68).

**SUJETO MORFOLÓGICO.** Equivale a SUJETO GRAMATICAL[3].

**SUJETO PACIENTE.** Denominación que tradicionalmente se aplica al SUJETO de una construcción PASIVA, como es el caso de *su hermano* en «*Su hermano* ha sido detenido otra vez por la policía».

La especificación 'paciente' se justifica porque, si en la construcción ACTIVA el sujeto representa al agente que realiza y controla la acción designada por el verbo («*La policía* —sujeto/agente— ha detenido a su hermano —objeto/paciente— otra vez»), en la construcción pasiva el argumento que se realiza como sujeto, como sintagma nominal concordante con el verbo, es el que corresponde al 'paciente' o entidad afectada por la acción, en tanto que el agente o bien se omite o bien se realiza como complemento: «*Su hermano* —sujeto/paciente— ha sido detenido otra vez por la policía —complemento/agente—».

**SUJETO PSICOLÓGICO.** La denominación 'sujeto psicológico' se introdujo en el siglo XIX para identificar al elemento de la oración que, si bien no presentaba los rasgos morfosintácticos (la concordancia con el verbo, por ejemplo) característicos del SUJETO, sí podía considerarse como el constituyente alusivo al tema del enunciado, a la entidad que se destacaba como «la persona o cosa de la que decimos algo», otro de los rasgos tradicionalmente asociados al sujeto de la oración. En «*El pasillo* lo ha pintado mi marido», por ejemplo, *mi marido* es el sintagma nominal concordante con el verbo, el constituyente que, de forma específica, se identificaría como SUJETO GRAMATICAL de la oración. Pero es *el pasillo* lo que se destaca como el objeto al que se refiere el mensaje, la entidad sobre la que se quiere proporcionar una información (mi marido lo ha pintado). Sería *el pasillo*, por tanto, el 'sujeto psicológico' de la oración, aquello que, según indica Halliday (1985: 33) refiriéndose al porqué de esta denominación, el hablante tiene en mente al iniciar la producción de la cláusula. 'Sujeto psicológico' viene a ser equivalente a TEMA.

**SUPERESDRÚJULA.** Véase en ACENTO[1].

**SUPERESTRATO.** En la teoría de los CAMBIOS LINGÜÍSTICOS se emplea el término SUPERESTRATO para designar el fenómeno, opuesto al SUSTRATO, merced al cual un lenguaje importado de otra comunidad idiomática ha ejercido una influencia durante un periodo determinado, pero se ha desvanecido luego, aparte de algunos indicios persistentes. Tal fue el caso del dialecto germánico (franco) hablado en la Galia septentrional después de las migraciones germánicas. *Cf* adstrato.

**SUPERFICIAL.** Véase ESTRUCTURA SUPERFICIAL.

**SUPERPOSICIÓN.** ① Dentro del análisis de la ALTERNANCIA DE TURNOS impropia (*cf* turno) se señalan dos fenómenos: la 'interrupción' y la 'superposición'. Siguiendo a Guillén Nieto (1995: 111 y sigs.), la **superposición**, también llamada **solapamiento**, es una ESTRATEGIA conversacional por la que el RECEPTOR emite un enunciado antes de que el EMISOR haya acabado de hablar, pero después de que haya concluido la **unidad de relevancia comunicativa**, es decir, la INFORMACIÓN nueva que deseaba comunicar (Sperber y Wilson, 1986). La 'superposición' no supone un intento de arrebatar el turno al emisor, sino más bien llevar a cabo otras iniciativas, casi siempre de cooperación, como: (1) completar los enunciados del emisor; (2) pedir alguna aclaración; (3) hacer algún comentario breve; (4) asentir o disentir; y (5) expresar frase o elementos paralingüísticos de apoyo como «m-hm», «aha», «sí», «por supuesto», «sí, es verdad». Por tanto, la 'superposición' es propia de CONVERSACIONES COOPERATIVAS.

La **interrupción** es la estrategia conversacional que consiste en la acción de tomar la palabra antes de que el interlocutor que dispone del turno haya agotado la unidad de relevancia comunicativa. En la interrupción sí que hay un intento de arrebatar el turno al emisor, circunstancia que lleva a la aparición de dos turnos simultáneos que rivalizan entre sí por lograr imponerse uno sobre el otro en el discurso. La 'interrupción' es una característica de las CONVERSACIONES COMPETITIVAS, porque indica diferencias sociales entre los interlocutores, así como conflicto de intereses y de creencias. Bengoechea (1993: 35 y sigs.) ha investigado las 'interrupciones' en las CONVERSACIONES entre hombres y mujeres y ha llegado a la conclusión de que, en los estudios de GÉNERO, se cree que la 'interrupción' es un rasgo de poder o de control masculino, a pesar de los múltiples trabajos que muestran que las mujeres, de acuerdo con los CONTEXTOS, interrumpen tanto o más que los hombres.

De todo lo anterior parece deducirse que la 'superposición' se basa en el principio de solidaridad, y la 'interrupción' en el de dominio o PRESTIGIO.

② Véase en FONOLOGÍA ARTICULATORIA.

**SUPLEMENTO.** Término propuesto por E. Alarcos para identificar a los complementos del verbo introducidos por preposición —*a, de, en, con, ...*— que presentaban estas características: se diferenciaban de los CIRCUNSTANCIALES por su mayor grado de cohesión con el núcleo verbal, de ahí que su supresión afectase de un modo diferente a la estructura de la oración. Asimismo, se diferenciaban de los objetos directos por sus rasgos formales: podían llevar una preposición distinta de *a*, no se sustituían por la formas átonas *lo, la*. En «Creo *en las brujas*», «Me arrepiento *de mis pecados*», *en las brujas, de mis pecados* son 'suplementos' en este sentido del término. En sus primeras referencias a los 'suplementos', E. Alarcos consideraba distintivo de éstos el hecho de que fueran incompatibles con el objeto directo. Sin embargo, posteriormente (*cf* Martínez García, 1986) se varió el concepto para dar cabida a los complementos preposicionales, requeridos igualmente por el verbo, pero coexistentes con el objeto directo: «Cifró sus esperanzas *en la llegada de su hijo*», «Convierte los fracasos *en triunfos personales*». 'Suplemento' viene a ser equivalente a OBJETO PREPOSICIONAL.

**SUPRAGLÓTICO.** Véase en GLOTIS.

**SUPRASEGMENTAL.** Véase en SEGMENTAL y en FONEMAS SEGMENTALES.

**SUSPENSIÓN.** Véase en TONEMA.

**SUSTANCIA.** Véase en FORMA.

**SUSTANCIA DE LA EXPRESIÓN.** Véase en VOCOIDE y la FORMA$^2$.

**SUSTANCIA DEL CONTENIDO.** Véase en FORMA$^2$.

**SUSTANTIVO.** El término 'sustantivo' —o también **nombre sustantivo** o simplemente NOMBRE— designa a la categoría léxica en la que se incluyen palabras como *Juan, libro, teatro, verdad, electricidad* o *belleza*. Como todas las categorías léxicas que poseen una larga tradición en los estudios gramaticales, el 'sustantivo' —ya como subdivisión del nombre, ya como categoría diferenciada del adjetivo— ha sido caracterizado, bien tomando como base sus rasgos nocionales o semánticos, bien apelando a criterios morfológicos o sintácticos (*cf* Calero Vaquera, 1986; Gómez Asencio, 1981; Ramajo Caño, 1987).

(a) Desde una perspectiva nocional, predominante en las gramáticas tradicionales, el 'sustantivo' se ha definido a partir del tipo de entidades que comúnmente designan, en la realidad extralingüística, las palabras incluidas en esta clase. Así, según la *Gramática* académica de 1771 (RAE, 1984: 121), «nombre sustantivo es el que significa alguna sustancia corpórea o incorpórea»; en la *Gramática* de 1931 (RAE, 1931: 12) aparece asimismo definido como «aquella parte de la oración que sirve para designar seres, personas o cosas que tienen existencia independiente, ya en la realidad, ya por abstracción o personificación». Las definiciones de este tipo han sido comúnmente rechazadas en los estudios lingüísticos actuales, tanto por su clara base extralingüística, como por considerarlas excesivamente vagas y circulares. Así, según señala Palmer (1971: 59), refiriéndose a su vaguedad, sería imposible juzgar a partir de ellas si una determinada palabra, como *verdad, electricidad* o *belleza*, es un sustantivo. Por lo que atañe a su circularidad, tal como indica Lyons (1971: 331), estriba, fundamentalmente, en que «la única razón que tenemos para decir que *verdad, belleza* o *electricidad* son "cosas" reside en que las palabras que en español se refieren a ellas son nombres». No obstante, según el mismo Lyons, las definiciones nocionales encierran algo de verdad, en cuanto que la mayoría de las unidades léxicas que denotan personas, lugares o cosas pertenecen a la clase de los 'sustantivos' o nombres.

(b) También abundan en la tradición gramatical de Occidente las definiciones del sustantivo que toman como base sus rasgos morfológicos; esto es, los MORFEMAS O ACCIDENTES gramaticales de que es suceptible esta clase. De hecho, era precisamente un criterio morfológico el que permitía agrupar a sustantivos y adjetivos en una sola categoría, la denominada «nombre». En las gramáticas españolas, no obstante, no son usuales las definiciones del nombre o 'sustantivo' basadas únicamente en rasgos formales; suelen combinarse con los criterios semánticos o nocionales. Según Nebrija (*cf* 1989: 176), el nombre (como categoría que agrupa a sustantivos y adjetivos) «es una de las diez partes de la oración que se declina por casos, sin tiempo y significa cuerpo o cosa». Para Salvá (*cf* 1988: 137), son nombres «las palabras que significan un ser o una calidad y que son suceptibles de números, casos y géneros».

Ya en la actualidad, Alcina y Blecua (1975: 198), por ejemplo, aunque distinguen entre sustantivo y adjetivo como subclases del nombre, diferenciadas por su funcionamiento, consideran distintivo de las palabras incluidas en esta clase el hecho de que «admiten los categorizadores que se denominan género, número y artículo (o uno de ellos por lo menos) en su realización en el mensaje». Al margen de la mayor o menor adecuación de las formulaciones, la crítica más común a las definiciones de la categoría 'sustantivo' basadas en criterios morfológicos o formales es que carecen de validez interlingüística, porque las lenguas presentan grandes diferencias en lo que concierne a las propiedades flexivas tanto de esta como de otras categorías. Las caracterizaciones morfológicas, por tanto, pueden servir para describir los 'sustantivos' de una lengua concreta, pero no pueden proporcionar una definición de la categoría sustantivo aplicable a cualquier lengua.

(c) Desde un punto de vista sintáctico-funcional, el 'sustantivo' se ha definido por su capacidad para ser constituyente único («*Juan* se ha marchado») o constituyente nuclear («*El perro* me hace mucha compañía») de una expresión que desempeñe una función sintáctica argumental (*cf* argumento), particularmente la función sintáctica SUJETO.

Para Barrenechea (1979: 21), por ejemplo, los 'sustantivos' son «las palabras que tienen las funciones privativas de sujeto, objeto directo, objeto indirecto y agente». Para Alarcos (1994: 60) «es sustantivo toda palabra capaz de cumplir en los enunciados llamados oraciones la función de sujeto explícito o la de objeto directo sin necesidad de ningún otro elemento». No obstante, aunque los NOMBRES PROPIOS pueden, por sí solos, desempeñar una función argumental como es el caso de la función sujeto («*Juan* se ha marchado»), los NOMBRES COMUNES precisan por lo general alguna forma de DETERMINACIÓN[2]. («**Hombre* se ha marchado»). De ahí que se pueda matizar, como hace M. Seco (1972), que el sustantivo se distingue por su capacidad para «funcionar como núcleo del sujeto».

**SUSTITUCIÓN.** ① En la GLOSEMÁTICA (Hjelmslev, 1963: 73-4) el término 'sustitución' tiene un significado restringido, frente al de CONMUTACIÓN, y se aplica al cambio de una UNIDAD LINGÜÍSTICA por otra sin que se produzca ningún cambio en el significado. Por ejemplo, si en la cadena oral ['desde] cambio ('sustituyo') la [*s*] por [*z*] y pronuncio ['dezde] no se produce cambio de significado; en este caso *s* y *z* son elementos VARIANTES y están en 'sustitución'.

② En cambio, en el ESTRUCTURALISMO NORTEAMERICANO el término tiene un significado más amplio y general y se aplica al PROCEDIMIENTO DE DESCUBRIMIENTO, llamado en este caso **prueba de sustitución**, empleado en la búsqueda (identificación, SEGMENTACIÓN y CLASIFICACIÓN) de UNIDADES LINGÜÍSTICAS que están en OPOSICIÓN, es decir, que pertenecen a un mismo PARADIGMA o están en relación PARADIGMÁTICA. Consiste en cambiar un elemento (fónico, morfológico, sémico, etc.) de una CADENA HABLADA por otro elemento del mismo nivel. Si al efectuar el cambio no se produce modificación del significado, los elementos están en sustitución; y en caso contrario, no lo están. El término 'sustitución' se emplea al menos en tres sentidos: la 'prueba de sustitución', el conjunto de elementos (CLASES DE FORMAS) que son sustituibles (Bloomfield), y la relación que mantienen estos elementos entre sí. *Cf* combinación.

③ En GRAMÁTICA GENERATIVA, la 'sustitución' es uno de los tipos generales de movimiento que se diferencian atendiendo al lugar en que se sitúa el elemento movido o desplazado. En el movimiento por 'sustitución', el elemento que se desplaza pasa a ocupar una posición ya existente en la estructura básica. Son, por ejemplo, de este tipo, los movimientos de sintagma nominal que se suponen operantes en construcciones con VERBOS DE ASCENSO:

[$_{SN}$ *e*] parece [Ángel estar descontento]
[Ángel$_{i}$] parece [$t_{i}$ estar descontento]

El sintagma nominal trasladado, el sujeto de la oración subordinada (*Ángel*) se coloca en una posición, la del sujeto vacío de *parece* ($_{SN}$e), que ya existe en la estructura oracional básica.

**SUSTRATO.** En la teoría de los CAMBIOS LINGÜÍSTICOS se emplea el término SUSTRATO para designar la conservación de ciertos hábitos lingüísticos (la forma de pronunciar ciertos sonidos o el uso de ciertas construcciones o expresiones idiomáticas) que puede suceder cuando un pueblo abandona su lengua nativa y empieza a hablar otra lengua, a consecuencia de una conquista o invasión, por ejemplo. Lo que en principio eran errores se va aceptando gradualmente en el nuevo lenguaje. De esta manera, la lengua de un pueblo conquistador puede modificarse por influencia del lenguaje de los conquistados (Malmberg, B., 1967: 20). *Cf* adstrato, superestrato.

**SV.** Véase en SINTAGMA VERBAL.

# T

**Tabú lingüístico, tabuizado.** Dentro de la SOCIOLINGÜÍSTICA se llama **interdicción lingüística** o **interdicción del vocabulario** (Casas, 1986: 20-8) a la prohibición de usar ciertas palabras que designan cosas desagradables (*cf* cacofonía) o temidas (*cf* formas estigmatizadas en PRESTIGIO). La 'interdicción' se resuelve o es atenuada en la COMUNICACIÓN por medio de EUFEMISMOS, METÁFORAS y FIGURAS DEL LENGUAJE, PERÍFRASIS, recursos KINÉSICOS o gestuales, el silencio, o con fórmulas como «Tú ya sabes». El término **tabú** es el más representativo de la 'interdicción lingüística'. Se llama 'tabú' a la palabra que es evitada por el hablante porque designa una realidad desagradable o de carácter sagrado. Los 'tabúes' sociales o religiosos y las palabras que los designan están condicionados por los valores culturales (convenciones sociales, religión y supersticiones) de cada comunidad de hablantes, que proscriben la mención de determinados referentes e imponen su enmascaramiento verbal a través de los recursos antes citados. En la cultura occidental el 'tabú' lingüístico gira en torno a conceptos tales como el sexo, la religión, la muerte y las funciones fisiológicas, y ocasionalmente también se extiende a los nombres de ciertas enfermedades o deficiencias físicas o psíquicas. También existen **palabras tabuizadas** de una manera indirecta, en virtud de su POLISEMIA (por ejemplo, el verbo *coger* en algunas VARIANTES del español de América) o debido a la semejanza fonética con una voz interdicta (Andersson y Trudgill, 1992: 57). Así, por ejemplo, en japonés el número cuatro (*shi*) se considera tabú por ser HOMÓFONO de la palabra *muerte*, y en la tribu sudafricana de los pondo la capacidad de evocación a través del paralelismo fonético hace que las mujeres casadas deban evitar todas aquellas palabras que rimen con los nombres de los hermanos mayores de su marido, de su suegro o de los hermanos de su suegro (Lillo Buades, 1995: 29). De manera similar, en inglés americano la POLISEMIA ha producido el desplazamiento de las voces *cock* (gallo) y *cockroach* (cucaracha), que son sustituidas por *rooster* y *roach* para evitar la evocación del tabú *cock* (pene).

**Tachado.** En el GENERATIVISMO se emplea el término 'tachado', y también **deleción**, en la expresión **transformación de tachado** para dar cuenta del proceso generador de la ELIPSIS. *Cf* vaciado.

**Táctica.** ① En lingüística la palabra 'táctica' o **taxis** se emplea con el sentido de «organización LINEAL y sistemática de las unidades del lenguaje de cualquier NIVEL», como en los términos FONOTÁCTICA, MORFOTÁCTICA, SINTÁCTICA y SINTAXIS. La **fonotáctica** trata de las normas y reglas que regulan la combinación de los FONEMAS de una lengua; por ejemplo, las reglas fonotácticas del español impiden plurales como *clubs* o *films*, siendo las formas correctas, de acuerdo con la fonotáctica de esta lengua *clubes* y *filmes*. *Cf* estratificacional.

② En LINGÜÍSTICA APLICADA A LA ENSEÑANZA DE LENGUAS EXTRANJERAS la 'táctica' alude a las decisiones didácticas del segundo nivel, siendo la ESTRATEGIA las del primer nivel, y las **técnicas** las del tercer nivel. Por ejemplo, elegir un enfoque estructural en la programación de un curso de lenguas extranjeras es una decisión de estrategia. La elección de uno de los métodos que ofrece esta estrategia (por ejemplo, el audiovisual, el audiolingual, etc.) es una decisión de segundo nivel o de 'táctica'. La elección de las actividades o 'técnicas' es una decisión de tercer nivel.

**TACTO.** Véase en CORTESÍA.

**TAGMA, TAGMEMA, TAGMÉMICA.** ① El **tagmema** (Robins, 1975: 205) es una unidad mínima gramatical, de la misma forma que el FONEMA es una unidad mínima de la FONOLOGÍA, y el MORFEMA lo es de la MORFOLOGÍA. El 'tagmema' está formado por una FUNCIÓN y una FORMA. La función es una CASILLA VACÍA o *ranura* (*slot*), y la forma, una CLASE de elementos sustituibles (*filler*, relleno) que pueden ocupar la casilla o ranura. Expresado con otras palabras, un 'tagmema' es la correlación de una función gramatical con una clase de formas. Por ejemplo, el SUJETO, como 'tagmena', es una función (o ranura) en la que se pueden introducir varias clases de elementos, los nombres, los pronombres, etc. Y una frase, o cualquier otra construcción sintáctica, se puede visualizar como un 'tagmema', esto es, como un marco de casillas vacías o funciones en el que se pueden ubicar formas que desempeñen dichas funciones. El 'tagmema' es útil en lenguas, como el español o el inglés, en las que una misma clase (nombre, por ejemplo) desempeña diversas funciones (sujeto, objeto, etc.) y, a la inversa, la misma función (por ejemplo, sujeto) puede ser desempeñada con distintas clases.

Dentro de la dicotomía -ÉMICO/-ÉTICO, el 'tagmema' pertenece al plano -émico, siendo las unidades del plano -ÉTICO los **tagmas** y los **alotagmas**, términos creados a semejanza del MORFO y de los ALOMORFOS. Se llama **tagmémica** (Pike, K., 1954; Cook, W., 1967; Longacre, R., 1964) a la teoría y la práctica de este tipo de análisis lingüístico, en el cual se distinguen tres CATEGORÍAS básicas, la partícula, el campo y la onda. De esta forma, toda unidad DISCRETA es una **partícula**; cuando está en relación con otras, es decir, cuando se considera su DISTRIBUCIÓN, forma un **campo**, y cuando se estudian sus distintas VARIANTES forma una **onda** (*cf* punto de vista, estructuralismo).

Para identificar 'tagmemas' hay que considerar tanto la función semántica como la sintáctica, en cuyo caso la 'tagmémica' claramente se aleja del ANTIMENTALISMO NORTEAMERICANO. La 'tagmémica' aspira a ser un claro exponente del SINCRETISMO DESCRIPTIVO, conciliador de las DESCRIPCIONES FORMALES y de las DESCRIPCIONES FUNCIONALES. No obstante, el análisis de Pike (1954) es muy complejo, como da a entender el título de su obra *Language in Relation to a Unified Theory of the Structure of Human Behavior*, en el que intenta presentar un método que integre los hechos lingüísticos en su contexto cultural, es decir, que abarque la conducta lingüística y la no lingüística.

② Para Bloomfield el 'tagmema' es la unidad mínima portadora de significado gramatical. *Cf* taxema.

**TAUTOLOGÍA, TAUTOLÓGICO.** Se llama 'tautología' a la expresión circular, esto es, una oración del tipo A = A, en la que el sujeto es igual a su predicado nominal, por ejemplo, «Los niños siempre serán niños», «Los padres son los padres». Esta REPETICIÓN puede ser involuntaria, en cuyo caso se considera una falta o descuido; si es voluntaria es un RECURSO ESTILÍSTICO, utilizado para producir varios EFECTOS ESTILÍSTICOS como el ÉNFASIS. Cuando es un recurso estilístico el significado de la primera unidad no equivale al de la segunda unidad. Al primero se le llama EXTENSIÓN, SIGNIFICADO EXTENSIONAL O DENOTATIVO y al segundo, INTENSIÓN, SIGNIFICADO INTENSIONAL O CONNOTATIVO. Así, en «Los niños siempre serán niños», el significado del primer *niños* es extensional, es decir, alude a las clase de personas menores de edad, mientras que el segundo se refiere al conjunto de rasgos (*cf* semas) asociados a los niños (irresponsabilidad, alegría, vitalidad, travesura, etc.).

**TAXEMA, TAXA.** ① Dentro de la corriente -ÉMICA (FONEMA, MORFEMA, etc.), Bloomfield acuñó el término 'taxema' para aludir al RASGO ABSTRACTO mínimo de carácter SINTAGMÁTICO. Por ejemplo, son 'taxemas' la CONCORDANCIA, el RÉGIMEN, el orden sintáctico, etc. Los 'taxemas' se manifiestan en unidades gramaticales convencionales, que aquí se llaman **formas tácticas**. *Cf* tagmemas.

② Para Pottier (1967: 69) los 'taxemas' son las CATEGORÍAS gramaticales (por ejemplo, NÚMERO, MODO, etc.) de las que están formadas las IDENTIFICACIONES, las RELACIONES y las formulaciones. Cada 'taxema' está constituido por dos o tres **taxas**. Por ejemplo, el 'taxema' NÚMERO tiene las 'taxas' *singular* y *plural.*

**TAXIS.** Véase en TÁCTICA.

**TAXONOMÍA, TAXONÓMICO, TAXONOMIZACIÓN.** ① La **taxonomización**, también llamada **clasificación**, es una de las técnicas del MÉTODO CIENTÍFICO-INDUCTIVO que, apoyándose en la INDUCCIÓN o razonamiento inductivo, intenta poner orden en los elementos observados (*cf* teoría taxonómica). La 'clasificación' consiste, por tanto, en la IDENTIFICACIÓN de los atributos comunes de varios elementos y su ordenación en CLASES o, dicho con otras palabras, en el agrupamiento en clases de las unidades lingüísticas que tienen las mismas propiedades formales, semánticas, etc. Pero el término 'clasificación' también designa el resultado o producto de una 'taxonomización', es decir, el conjunto de CLASES (en forma de relaciones, listas, FAMILIAS, CAMPOS, RASGOS, en suma, CLASES y CATEGORÍAS). En este caso, 'clasificación' equivale a **taxonomía**. Las teorías y los métodos empleados en la clasificación se llaman **teorías taxonómicas** y **métodos taxonómicos**. La clasificación es una forma de ABSTRACCIÓN, característica de la INVESTIGACIÓN LINGÜÍSTICA. De acuerdo con Wunderlich (1979), la clasificación se efectúa, en parte, respondiendo a una serie de preguntas: ¿Cuáles son los rasgos más sobresalientes? ¿Cuál es la organización interna de los constituyentes? ¿Cuáles son los rasgos diferenciadores en relación con otros fenómenos próximos? ¿Cómo se presenta el rasgo? ¿Como señal, como síntoma, como expresión intencional? ¿Qué le antecede? ¿Qué le sigue?

Sin embargo, esta tendencia a formar catálogos de la realidad no es nueva; se ha visto desde la antigüedad en las clasificaciones de las partes de la oración, las figuras retóricas del lenguaje, etc. El ESTRUCTURALISMO NORTEAMERICANO fue pionero en el desarrollo de procedimientos de segmentación y de 'clasificación' de las unidades del lenguaje (Bloomfield, 1933; Bloch y Trager, 1942; Wells, 1947; Pike, 1947; Harris, 1951; Fries, 1952; Hockett, 1958; Gleason, 1961). Pero el ESTRUCTURALISMO EUROPEO también utilizó la taxonomización. Halliday (1968), por ejemplo, concede gran importancia a las 'clasificaciones' y los grados de refinamiento o pormenorización que se pretendan alcanzar en los sistemas de taxonomización del lenguaje. Y se extendió también a la POÉTICA (Jakobson, 1973) y la narratología (Propp, 1958; Greimas, 1966), etc.

La 'taxonomización' puede basarse en criterios geográficos, estilísticos, funcionales, tipológicos, etc., y pueden ser objeto de la misma las lenguas, los dialectos o cualquier unidad lingüística (fonemas, morfemas, etc.).

② Para el GENERATIVISMO, los términos

'taxonomía', 'taxonomización', 'taxonómico', etc., pueden tener una connotación peyorativa, la de quedarse en el análisis de los problemas superficiales del lenguaje, como hizo el estructuralismo y, consecuentemente, ser incapaz de ofrecer una EXPLICACIÓN de la ESTRUCTURA PROFUNDA del mismo.

③ 'La taxonomización' también fue una meta de la PRAGMÁTICA, como, por ejemplo, las clasificaciones de los ACTOS DE HABLA, de las RELACIONES TEXTUALES, etc.

**TEA.** Véase en TEORÍA ESTÁNDAR AMPLIADA.

**TEAR.** Véase en TEORÍA ESTÁNDAR AMPLIADA REVISADA.

**TÉCNICA.** Véase en TÁCTICA.

**TÉCNICAS DE INVESTIGACIÓN EMPÍRICA.** Dentro de la INVESTIGACIÓN LINGÜÍSTICA del ESTRUCTURALISMO, especialmente del norteamericano, las TÉCNICAS DE INVESTIGACIÓN EMPÍRICA (las ENCUESTAS, el estudio de casos, etc.) son las actividades, de metodología INDUCTIVA, basadas en la OBSERVACIÓN de DATOS y, si cabe, en su EXPERIMENTACIÓN, que, desarrolladas por cada escuela o tendencia lingüística (Hanson, N. R., 1977), tienen como objetivo la posterior SEGMENTACIÓN y CLASIFICACIÓN de la realidad lingüística, con el fin de *descubrir* sus atributos y de formar INVENTARIOS O CORPUS (Stubbs, 1983: 218-43). Son, por tanto, técnicas de tipo TAXONÓMICO. *Cf* empirismo lingüístico, corpus.

**TECNOLECTO.** Se llama 'tecnolecto' al subcódigo de un lengua dirigido al uso especializado en una determinada disciplina o especialidad científica o técnica. Los dos componentes más característicos de un tecnolecto son el LÉXICO y la SINTAXIS. Al léxico se le llama TERMINOLOGÍA La sintaxis está limitada a un número determinado de construcciones o estructuras. Por ejemplo, en el 'tecnolecto' sintáctico de los químicos son abundantes las oraciones condicionales («Si ponemos...»), los nexos adversativos, concesivos, causales y consecutivos, las oraciones pasivas, especialmente las reflejas («Se obtiene...») y, en algunos casos, los imperativos.

**TÉLICO.** Se identifican como 'télicos/as', bien las acciones, bien los verbos o sintagmas verbales que los designan, que implican la consecución de un objetivo para que pueda decirse que tal acción ha tenido efectivamente lugar. «Correr los 400 mts. vallas», por ejemplo, es un sintagma verbal que alude a una acción 'télica': si alguien comienza a correr los 400 mts. vallas pero abandona la carrera una vez pasada la primera valla, sin concluir el recorrido, la acción de «correr los 400 mts. vallas» no se ha realizado. En cambio «andar» no designa una acción 'télica'. Si alguien comienza a andar y se interrumpe al momento de haber iniciado su actividad, ya podrá decirse que la acción de «andar» ha tenido lugar.

**TEMA.** ① En la COMUNICACIÓN es el componente oracional, sea cual sea su función sintáctica, que el EMISOR selecciona como punto de partida comunicativo para la presentación del ENUNCIADO y determina, por tanto, la organización lineal de éste. Dada su función en la organización del mensaje, es lógico que el CONSTITUYENTE al que se asigna el papel de 'tema' se sitúe al comienzo del enunciado. De hecho, en lenguas como el español o el inglés, el 'tema' se identifica, básicamente, por su posición inicial, aunque otras lenguas utilicen también una marca especial para el constituyente elegido.

Los siguientes enunciados: «El Everest es el monte más alto del mundo», «El monte más alto del mundo es el Everest» utilizan los mismos constituyentes, presentan estructuras sintácticas análogas y aluden a un mismo estado de cosas. Difieren, sin embargo, en la selección de 'tema', en su perspectiva comunicativa. En el primer caso, puede decirse que el emisor enuncia un mensaje sobre *El Everest*, que éste es su punto de partida comunicativo. El segundo enunciado, por el contrario, versa sobre *El monte más alto del mundo*. Este es su 'tema' y, por tanto, el constituyente que inicia el enunciado.

Es frecuente que el 'tema', en esta acepción, coincida, desde el punto de vista informativo, con la INFORMACIÓN DADA; es decir, que haga referencia a una entidad previamente mencionada en el contexto lingüístico o relevante en el contexto extraverbal. Pero no siempre es así. Por ejemplo, en «El café es lo que me sienta mal, no el té», *El café* sería el 'tema' de la oración, en el sentido en que lo hemos caracterizado y, sin embargo, desde el punto de vista informativo representa una información destacada como nueva. Pese a que las definiciones que ofrecen son muy afines, los textos que utilizan la noción de 'tema' con el sentido aquí esbozado discrepan parcialmente cuando se trata de establecer cuál de los elementos iniciales de un enunciado es el 'tema' de éste.

Los análisis coinciden en los casos en que la posición inicial del enunciado la ocupa un constituyente que asume en el núcleo oracional alguna de las funciones sintácticas tradicionales (SUJETO, OBJETO DIRECTO, etc.). Así, ante anunciados como «La gasolina ha subido de nuevo» o «A los funcionarios les van a congelar el sueldo», la identificación del 'tema' no ofrece dudas: ese papel lo asumiría *La gasolina* en el primer caso y *A los funcionarios* en el segundo.

Casos como estos son, además, los que mejor pueden adaptarse a la fórmula con que, frecuentemente, se resume en los textos la noción de 'tema' que aquí nos ocupa: el 'tema', punto de partida comunicativo, es, en definitiva «aquello de lo que el emisor quiere hablar», «la entidad sobre la que se predica algo». Pero mientras unos textos restringen la posibilidad de asumir el papel de 'tema' al primer constituyente del enunciado integrado con función sintáctica y semántica en el núcleo oracional, otros la hacen extensiva a elementos iniciales del enunciado que no presentan esa característica. Entre ellos: sintagmas encabezados por expresiones del tipo *en cuanto a, en lo que respecta a* («*En cuanto a los libros*, he comprado unos ejemplares muy baratos») que establecen el punto de vista desde el que es válido lo afirmado en la oración, pero que no tienen marca de función sintáctica y semántica en el núcleo oracional; CONECTORES («*En consecuencia*, la chica no llegó a tiempo»); ADVERBIOS DISJUNTOS («*Afortunadamente*, la casa está intacta»), CONJUNCIONES («*Si* pudieras regresar pronto, lo verías»). Por consiguiente, a pesar de la semejanza de las definiciones, *tema* no se emplea con un sentido unívoco (*cf* Halliday, 1985; Berry, M., 1996).

② Además del significado anterior, en otros textos se da a este término un sentido equivalente a «información dada o conocida». En esta segunda acepción, por tanto, el término 'tema' identifica lo que en una oración, integrada en un discurso, se presenta como parte de la información compartida por emisor y receptor, bien porque aluda a algo ya mencionado previamente o presente en el contexto extraverbal, bien, simplemente, porque el emisor quiera presentarlo como conocido o relevante en el contexto, con independencia de que objetivamente lo sea. El 'tema' puede estar formado por uno o varios constituyentes oracionales, sea cual sea su función sintáctica.

Si analizamos las oraciones «Laura ha regado las macetas» y «Las macetas las ha regado Laura» concluiremos que ambas coinciden en su estructura sintáctica. Su diferencia radica en el constituyente que se selecciona como 'tema', en conexión con el discurso en el que se integran. La primera oración sería, por ejemplo, una respuesta lógica a «¿Qué ha hecho Laura?», pero no a «¿Quién ha regado las macetas?» Laura es el constituyente que se selecciona como 'tema', puesto que ha sido mencionado antes. La segunda oración, por el contrario, podría responder a *¿Quién ha regado las macetas?* pero no a *¿Qué ha hecho Laura?* En este caso, *las macetas* es el tema de la oración, la parte de ella que representa la información conocida, mientras que el hecho de que haya sido Laura quien lo hizo forma parte de la información nueva.

En las dos oraciones propuestas el 'tema' es, precisamente, el constituyente oracional que aparece en primer lugar y, de hecho, es frecuente que la información conocida —tema, en esta acepción— se tome como punto de partida para la organización lineal de la oración, según se indicó anteriormente.

No obstante, aunque esta correlación *tema*-posición inicial sea la normal en la ordenación no marcada, no alterada por procedimientos de énfasis, no es constante. Por un lado, toda una oración puede ser información nueva; por ejemplo, al comienzo de discurso. Por otro lado, la información conocida también puede situarse detrás de una unidad destacada como información nueva. Por ejemplo, en una secuencia discursiva como la siguiente: *Creo que Luis se ha comprado un apartamento. —Un chalet se ha comprado Luis, no un apartamento. Un chalet* es INFORMACIÓN NUEVA, destacada como FOCO informativo y va seguida de lo DADO o conocido. No se cumpliría, por tanto, la relación posición inicial-*tema*, información conocida.

Tampoco en el caso de la noción de *tema* que ahora nos ocupa se da total coincidencia en su aplicación al análisis de enunciados concretos. Mientras algunos estudiosos restringen la condición de posible *tema* a los constituyentes incluidos con función sintáctica y semántica en el núcleo oracional (sujeto, objeto directo, núcleo del predicado, objeto indirecto, circunstancial), otros la hacen extensiva a expresiones que quedan fuera de ese núcleo, tales como las encabezadas por *en cuanto a, en lo que respecta a* y equivalentes.

③ En la acepción que ahora recogemos, 'tema' no hace referencia a un elemento de la estructura informativa, sino a una FUNCIÓN SEMÁNTICA O PAPEL TEMÁTICO. En concreto, designa el ARGUMENTO que experimenta un cambio o sufre los efectos en la acción o proceso denotado por el verbo. Por ejemplo, en la oración «Luis entregó los originales a tiempo», *los originales* asumiría el papel de 'tema', puesto que corresponde al argumento que sufre los efectos de la acción denotada por *entregó*.

④ Aunque este uso parece menos extendido que los anteriores, algunos gramáticos utilizan 'tema' con un sentido equivalente al de TÓPICO[1] (*cf* Dik, 1981) o al de TÓPICO[3], en cuyo caso también se le llama TEMA DISCURSIVO.

⑤ En MORFOLOGÍA se identifica como 'tema' el componente de la palabra al que se añaden los AFIJOS FLEXIVOS. De otra manera, el 'tema' de una palabra es la parte que resta cuando se eliminan los afijos flexivos. Así, de conformidad, por ejemplo, con Hockett (1971) o J. Pena (1993), los temas contenidos en *blancos, blancuzcos, rojinegros*, serían, respectivamente, *blanc-, blancuzc-, rojinegr-*, puesto que son las unidades que permanecen cuando se suprimen los afijos flexivos de género (*-o*) y número (*-s*). Como puede inferirse de los ejemplos anteriores, los 'temas' presentan una complejidad morfológica variable: *blanc-* es inanalizable en unidades morfológicas menores, pero no así *blancuzc-* o *rojinegr-*. De ahí que, tomando como base su estructura, puedan diferenciarse varios tipos de 'temas':

(a) **Tema simple.** Es el que consta de una sola unidad morfológica, una sola RAÍZ, sin elementos adicionales. *Blanc-*, por ejemplo, es un 'tema simple'.

(b) **Tema complejo** o **derivado.** Se considera 'complejo' o 'derivado' el tema que está formado por una raíz y un AFIJO DERIVATIVO. *Blancuzc-*, por ejemplo, es un 'tema' de este tipo, puesto que está integrado por una raíz léxica, *blanc-*, y un sufijo derivativo, *-uzc-*.

(c) **Tema compuesto.** Se denominan 'compuestos' los temas constituidos mediante combinación de unidades que, a su vez, pueden identificarse como raíces o 'temas' de formaciones más simples. Por ejemplo, *rojinegr-*, según Hockett, es un 'tema compuesto', ya que está formado por *roj-*, el 'tema' de *rojo, roja*, y *negr-*, el 'tema' de *negro, negra*.

⑥ También se utiliza 'tema' en MORFOLOGÍA con el sentido de unidad morfológica mínima —indescomponible en elementos morfológicos menores— dotada de significado léxico. Por ejemplo, según Moreno Cabrera (1995: 410), *bueno, buenísimo, bondadoso* son palabras formadas a partir de un mismo 'tema': *bOn* (/O/ indica que puede realizarse, según los entornos morfológicos, como /ue/ o como /o/), la unidad morfológica mínima con significado léxico común a las tres formaciones.

**TEMA DISCURSIVO.** Se llama 'tema discursivo' y, sobre todo, TÓPICO³, a la información que se intercambia en una CONVERSACIÓN, es decir, a la cuestión de la que se habla. Extendida a otras MODALIDADES DISCURSIVAS, el 'tópico' es la PROPOSICIÓN (o conjunto de proposiciones) sobre la que se *da* o se *pide* nueva información. Esta noción de 'tópico' es fundamental para el desarrollo de la INTERPRETACIÓN TEXTUAL, ya sea en una conversación telefónica, en un diálogo cara a cara con otro interlocutor, en una conferencia o en la lectura de un texto, ya que el 'tópico' impondrá una regla de COHERENCIA interpretativa que afectará a los demás elementos del DISCURSO. Los 'tópicos' o 'temas discursivos' se crean y se mantienen gracias a la acción de varios recursos discursivos, entre los que destacan la ISOSEMIA y los MACROMARCADORES.

Todo 'tópico' consta de una oración o proposición básica que se llama la *oración tópica*. En un enunciado puede haber uno o más tópicos. Por ejemplo, en el enunciado «Tengo diez años. Esto es lo que mi abuela cuenta a todo el mundo» hay dos 'tópicos': *los años que tengo*, y *lo que cuenta mi abuela*. Son varios los intentos de clasificación de los 'tópicos' o 'temas discursivos' (Ochs, E., 1979), como el de distinguir el *principal* y el *colaborador*. Con frecuencia el 'tópico' inicial, que podría ser el *principal*, se convierte en el tema *colaborador*, como se puede comprobar en la oración que sigue: «Los pescadores desde los barcos lanzaban las redes en los bancos de peces. *Todo esto* me lo contaba mi abuelo para dormirme cuando era pequeña».

**TEMÁTICO.** ① Relacionado con TEMA en todas sus acepciones.

② Véase en VOCAL TEMÁTICA.

**TEMATIZACIÓN.** ① En algunos modelos explicativos del DIÁLOGO, éste queda caracterizado como un contrato que comprende las siguientes cláusulas: (1) la TOPICALIZACIÓN, (2) la **tematización**, (3) la colaboración (PRINCIPIO DE COOPERACIÓN, ESTRATEGIA DE COLABORACIÓN) y el principio de RELEVANCIA y el de CORTESÍA, y (4) los TURNOS DE HABLA O DE PALABRA.

Dado que existe una correlación entre TEMA y posición inicial de un enunciado, se llama 'tematización' a la ESTRATEGIA comunicativa mediante la cual pasan a posición temática o de arranque del 'enunciado', es decir, se convierten en 'tema', algunos constituyentes del ENUNCIADO, que no suelen estar en posición inicial. Desde un punto de vista sintáctico, 'tematización' es el proceso sintáctico mediante el cual se señala como TEMA¹ un constituyente que normalmente no asume ese papel en la ordenación oracional considerada no marcada, por ser la más frecuente y, en consecuencia, la habitualmente esperada. El proceso de 'tematización' implicará el desplazamiento del constituyente seleccionado a la posición inicial de oración, la adjunción de partículas especiales, etc., según lo que sea característico de cada lengua para indicar a qué elemento se asigna el papel de tema. Por ejemplo, tanto en español como en inglés, el orden de CONSTITUYENTES considerado no marcado en las oraciones declarativas es aquel en que el sujeto de la oración aparece en primer lugar y, por tanto, se identifica como tema. Habrá 'tematización' siempre que se seleccione como tema, y se marque como tal, un constituyente que no sea el sujeto de la oración. Así pues, en enunciados como «Esa canción la aprendí hace muchos años», «Al perro le he dado ya su comida» se ha realizado un proceso de 'tematización'. En ellos aparece como tema, ocupando la posición inicial, no el sujeto, sino un complemento (*esa canción, al perro*) que en la ordenación no marcada se situarían en posición posverbal (*Aprendí esa canción hace muchos años, Le he dado ya su comida al perro*).

En español la tematización de los complementos pertenecientes al ámbito de la subcategorización verbal está sujeto a ciertas restricciones. Si un objeto directo se 'tematiza', pero no se focaliza, debe dejar junto al verbo un clítico de acusativo («Esa canción *la* aprendí hace muchos años»); y si fuera un objeto indirecto, dejaría un clítico de dativo («Al perro *le* di ya su comida»). Según Hernanz y Bruccart (1987: 81 y sigs.), no existen límites teóricos en cuanto al número de constituyentes que se pueden tematizar: «A Pamela, la chaqueta se la di hace tiempo». En inglés un constituyente se puede tematizar siempre que se utilice la entonación adecuada: «*Liz* I like» (entonación ascendente-descendente), «*With 'Johnny* I danced» (entonación descendente). Otros recursos de 'tematización' son la VOZ PASIVA y las llamadas ORACIONES HENDIDAS. La tematización es uno de los recursos de la INTENCIONALIDAD textual. *Cf* metatematización.

② Puede equivaler también a TOPICALIZACIÓN.

**TENOR.** ① En ESTILÍSTICA el término 'tenor', junto con 'vehículo y 'fundamento', fue acuñado por Richards para el análisis de las METÁFORAS y de las IMÁGENES (Ullmann, 1968: 218-19). El **tenor** es la cosa de la que estamos hablando; el **vehículo** es aquello con lo que se está comparando el 'tenor', mientras que el rasgo o rasgos comunes constituyen la **base** o **fundamento** de la imagen. Las imágenes se pueden clasificar de acuerdo con estos tres elementos. Así, según el tenor sabemos cuáles son los asuntos que en un autor u obra requieren una expresión metáforica. También se puede analizar el 'vehículo', por ejemplo, las moscas en Sartre, insectos para expresar vívidamente el envilecimiento físico y mental del hombre. En cuanto al fundamento, las imágnes pueden ser perceptuales, sinestéticas, afectivas y pragmáticas.

② Halliday (1978: 108 y sigs.) utiliza la expresión 'tenor' o **tenor del discurso** para aludir a la VARIEDAD del lenguaje que surge según su grado de FORMALIDAD. En este sentido es equivalente a REGISTRO y también a ESTILO. Con frecuencia este mismo autor utiliza el término 'tenor del discurso' para aludir a la identidad de los INTERLOCUTORES y al tipo de relación que se establece entre ellos en un DIÁLOGO. *Cf* contexto social.

**TENSIÓN.** El término 'tensión' se emplea frecuentemente en LINGÜÍSTICA y, sobre todo, en FONÉTICA:

① Con el sentido de segundo tiempo de la ARTICULACIÓN de un sonido, siendo el primero la 'intensión', y el tercero, la 'distensión'. Se llama **intensión** al primer momento de la articulación, en el que los órganos realizan los movimientos necesarios para adquirir la posición característica del sonido. Esta posición la mantienen durante más o menos tiempo en el segundo momento o **tensión**, y finalmente deshacen la posición adquirida en el tercer momento o **distensión** (Gili Gaya, 1975: 79). En español los órganos que intervienen en la pronunciación de las vocales mantienen la TENSIÓN muscular necesaria para que su TIMBRE sea relativamente uniforme en toda su DURACIÓN, aunque en algunas SÍLABAS ÁTONAS sus vocales se pronuncien con menor tensión muscular, es decir, más relajadas, pero sin que el timbre llegue a ser impreciso. En inglés, en cambio, las vocales átonas, sobre todo, se pronuncian con variaciones articulatorias perceptibles, es decir, de forma relajada, que dan a la vocal un timbre impreciso (Gili Gaya, 1975: 110); este fenómeno es aún más perceptible en las llamadas FORMAS DÉBILES. En las consonantes el 'debilitamiento' se nota en español, por ejemplo, en la transformación de las OCLUSIVAS sonoras en FRICATIVAS sonoras, como en *lado* /ˈlaðo/ o, en su pérdida en posición final, como en ciudad /θjuˈdaØ/ o en posición intervocálica como en la pronunciación coloquial de los participios como *amado, comprado* [a'mao, kom'prao], o en la pronunción vulgar de palabras como *Senado* [se'nao].

② Sirve para diferenciar la clasificación de las vocales inglesas. Daniel Jones emplea la cantidad para ordenar pares del sistema vocálico inglés como /i:/-/i/, /o:/-/o/, /u:/-/u/. Pero Gimson detectó que lo que realmente distinguía estos pares de vocales no era la cantidad, que como rasgo redundante o suplementario podía ser importante, sino la 'tensión'. Por tanto utilizó símbolos distintos para los pares anteriores, aunque conservó la marca de cantidad: /iː/-/ɪ/, /ɒ/-/ɔː/, /uː/-/ʊ/.

③ Sirve para dividir las consonantes en tensas y no tensas en vez de sordas y sonoras.

④ 'Tensión' es el nombre que se da al segundo momento de las OCLUSIVAS, también llamado OCLUSIÓN.

**TENSO.** ① En la FONOLOGÍA FUNCIONAL de Jakobson 'tenso'es un RASGO INHERENTE, que forma parte de la OPOSICIÓN BINARIA 'tenso-flojo'. Acústicamente, los sonidos 'tensos' tienen una cantidad total de energía, junto a una mayor difusión de ésta en el espectrograma y una más amplia extensión en el tiempo, al contrario que los **flojos**, también llamados **laxos**. Desde un punto de vista articulatorio, 'tenso' y 'flojo' se definen como la mayor (o menor) deformación del sistema de fonación con respecto a su posición de reposo. Este rasgo está aún bastante lejos de ser estudiado (Martínez Celdrán, 1983: 197).

② En la FONOLOGÍA GENERATIVA (Chomsky y Halle, 1968), 'tenso-no tenso', representado con [+tenso] y [–tenso], es uno de los RASGOS DE MODO caracterizado por un movimiento deliberado, preciso, con una distinción máxima, que necesita un considerable esfuerzo muscular; los sonidos no tensos se producen rápidamente y con cierta falta de distinción (Martínez Celdrán, 1983: 240).

③ Véase en FUERTE.

**TENTACIÓN PARONÍMICA.** Véase en PARÓNIMO, EQUIVALENCIA[2].

**TEOREMA.** Las 'teorías' están expresadas por medio de enunciados (Mulder, J., 1975: 87-104), los cuales pueden ser de tres clases: los AXIOMAS y las DEFINICIONES, que son términos primitivos, y los TEOREMAS, que son términos derivados. Los *teoremas* son los enunciados que se deducen de los axiomas, es decir, son aseveraciones o descripciones de los datos, de los fenómenos o de los objetos que constituyen el dominio de la teoría; el caso más patente de un uso exhaustivo de teoremas se percibe en todos los modelos teóricos del generativismo. En la teoría «El lenguaje es un sistema de signos que mantienen dos tipos de relaciones entre sí, una paradigmática y otra sintagmática», el axioma, es decir, el enunciado que se acepta sin discusión por parecer razonable, es «el lenguaje es un sistema de signos», y el teorema, o enunciado o enunciados que, formando parte de la teoría, se emplea para expresar una idea que es demostrable, o sobre la que se pueden hacer conjeturas, es «los signos mantienen dos tipos de relaciones entre sí, una paradigmática y otra sintagmática».

Por otro lado, es función de las definiciones otorgar significación a los términos empleados en los enunciados o proposiciones de los axiomas y de los teoremas. Cuando definimos algo estamos introduciendo otro enunciado, y como no podemos seguir hasta el infinito porque se llegaría a una circularidad en determinado momento, la interpretación tiene que ser necesariamente intuitiva a partir de algún punto. Las definiciones son los enunciados necesarios para comprender términos como *sistema, paradigmático, sintagmático*, etc., que pueden ir incorporados a la teoría.

**TEORÍA, TEORIZAR, TEORIZACIÓN.** Una de las actividades propias de la INVES-

TIGACIÓN LINGÜISTICA es **teorizar**, es decir, la construcción de 'teorías' (*cf* teorías lingüísticas). Formular teorías es una práctica especulativa decidida, casi siempre arriesgada desde un punto de vista científico, que va seguida normalmente de una estricta comprobación. Para Popper (1973: 395), teorizamos constantemente, incluso cuando hacemos el enunciado singular más trivial que pueda haber, ya que no existe una frontera nítida entre un lenguaje EMPÍRICO y un lenguaje teórico.

En términos generales una **teoría** es un sistema de principios conceptuales y metodológicos que responden a un sistema epistemológico, cuyo objetivo es dar cuenta o explicar un conjunto o clase de hechos o fenómenos, y las distintas formulaciones que se hacen dentro de ellas se llaman MODELOS. Las 'teorías' están expresadas por medio de enunciados (Mulder, J., 1975: 87-104), los cuales pueden ser de tres clases: los AXIOMAS y las DEFINICIONES, que son términos primitivos, y los TEOREMAS, que son términos derivados. Las aseveraciones que se exponen en una hipótesis son, en parte, distintas a las de las teorías porque aquéllas se refieren a un hecho concreto y son, en principio, inmediatamente evaluables con los datos de la realidad, por lo que una teoría, en su conjunto, podría ser considerada como una hipótesis global (Wunderlich, D., 1979: 100). Muchas de las teorías que se formulan para dar cuenta de un determinado número de datos son verificables empíricamente. Otras, en cambio, no son verificables empíricamente pero SÍ FALSABLES.

Las teorías se pueden clasificar (Hartmann, P., 1974) de acuerdo con: (a) su importancia (TEORÍA SUSTANTIVA); (b) su objetivo (TEORÍA TAXONÓMICA); (c) el grado de ABSTRACCIÓN (TEORÍA DE ALTA/BAJA ABSTRACCIÓN ); (d) el MÉTODO (Chao, Y., 1970) en el que se basan (TEORÍAS FENOMENOLÓGICAS O DE CAJA NEGRA y TEORÍAS ESPECULATIVAS O DE CAJA TRASLÚCIDA).

Con el término **teorización lingüística** se alude a todo el andamiaje conceptual (TEORÍAS, MODELOS, HIPÓTESIS, MÉTODOS) imprescindible para el avance de los conocimientos lingüísticos. *Cf* adecuación científica, teoría científica.

**TEORÍA CIENTÍFICA.** El término 'teoría científica es ambiguo. Los neopositivistas del MÉTODO CIENTÍFICO-INDUCTIVO se reservan, y para ellos en exclusiva, la calificación de *científico*, porque en su opinión este término connota *exactitud*, *infalibilidad*, etc. No obstante, esta infalibilidad cae por su base, debido a que la OBSERVACIÓN, primera fase del método, es falible porque se lleva a cabo necesariamente de acuerdo con determinadas teorías, las cuales son todas *falibles*.Y frente al dogmatismo inflexible de las teorías propias del método científico-inductivo, Popper (1973) propone que sólo son 'teorías científicas' aquellas que son FALSABLES o refutables empíricamente, ya que no hay ninguna teoría científica que sea verdadera, porque todas son reflejos o formulaciones del estado de progreso en que se encuentra una disciplina o ciencia en un determinado momento de su investigación, y consecuentemente, la mayoría de ellas tienen una vida efímera dentro de su paradigma, y pronto son sustituidas por otras mejor formuladas o de mayor alcance.

**TEORÍA DE ALTA/BAJA ABSTRACCIÓN.** Al ser la ABSTRACCIÓN uno de los rasgos propios del ANÁLISIS LINGÜÍSTICO, las TEORÍAS se pueden clasificar, según el mayor o menor grado de abstracción, en 'teorías de alta abstracción' y 'teorías de baja abstracción'.

Las **teorías de alta abstracción** elaboran los postulados ontológicos y epistemológicos de carácter básico que, de una forma u otra, sirven para definir un área de estudio o de investigación. Esta modalidad no ofrece mucha orientación al desarrollo de la especulación investigadora fundada sobre bases empíricas pormenorizadas, ya que se caracteriza por su distanciamiento de las mismas, y se encuentra normalmente más en lo que se llama LINGÜÍSTICA PURA que en las teorías de las lenguas o de las gramáticas. Por el contrario, las **teorías de baja abstracción** están más próximas a los DATOS. Las TEORÍAS FENOMENOLÓGICAS son teorías de baja abstracción. Entre estos dos polos —'alta y baja abstracción'— se encuentra una gama muy variada de teorías.

**TEORÍA DE LA ACOMODACIÓN.** En SOCIOLINGÜÍSTICA esta TEORÍA de tipo psicosociológico (Beeve y Giles, 1964) intenta explicar de forma muy coherente y pormenorizada las muy complejas razones (eficacia comunicativa, deseo de mayor aceptación social por parte del interlocutor, etc.) que, en determinadas circunstancias, mueven a un hablante a cambiar el ESTILO de su expresión oral para converger con el de su interlocutor, o para separarse de él (Spolsky, 1988: 108).

**TEORÍA DE LA PERTINENCIA O DE LA RELEVANCIA.** Véase en RELEVANCIA.

**TEORÍA DE LA X'.** En GRAMÁTICA GENERATIVA es el subsistema que establece las características estructurales de las categorías sintácticas (O, SN, SV, SAdj, etc.) o, dicho de otra manera, «los patrones a que deben ajustarse las reglas sintagmáticas» (Brucart, 1987: 36). Según la hipótesis más difundida en el modelo RECCIÓN Y LIGAMIENTO, todas las categorías sintácticas pueden reconducirse a un mismo esquema formal estándar:

X"→ (Esp) X'

X'→ X (Complemento).

En este esquema, X es una VARIABLE que simboliza a cualquier categoría léxica (Nombre, Verbo, Adjetivo, Preposición) o funcional (Flexión, Complementante). X" simboliza la proyección máxima de X; esto es, la unidad sintáctica más amplia que contiene como núcleo a X. Por ejemplo, para N (nombre), la proyección máxima N" corresponde al SN o sintagma nominal (*los libros de matemáticas*), la unidad más amplia que tiene como núcleo a un nombre (*libros*). En lo que respecta al adjetivo, por poner otro ejemplo, es el sintagma adjetivo o SA (*muy propenso a la gordura*) la unidad que se identifica como A", la proyección máxima de la categoría. X', por último, simboliza una categoría intermedia entre X" y X, integrada por el núcleo y sus complementos. Así, en el sintagma nominal *los libros de matemáticas*, N' correspondería a la unidad formada por el núcleo *libros* y el complemento *de matemáticas*.

Con estas mínimas precisiones veamos qué implica el anterior esquema en lo que respecta a la estructura de las categorías sintácticas, tomando como ejemplo las dos ya mencionadas: el sintagma nominal y el sintagma adjetivo.

La regla X"→ (Esp) X' establece que la proyección máxima de una categoría, SN en el caso del nombre, SA en el caso del adjetivo, puede estar integrada por dos constituyentes: (1) Uno, al que se denomina Especificador, que es estructuralmente opcional, de ahí que figure entre paréntesis. En el sintagma nominal esta posición de Especificador es la que teóricamente ocupan los determinantes, en tanto que en el sintagma adjetivo correspondería ocupar dicha posición a los adverbios intensificadores del tipo *muy, tan, bastante*. (2) El segundo constituyente, éste ya obligatorio, es X' (N', A'), la categoría integrada por el núcleo (N, A) y sus complementos, según se dijo antes. Por tanto, en un primer nivel, los sintagmas *los libros de matemáticas* y *muy propenso a la gordura* tendrían la estructura siguiente:

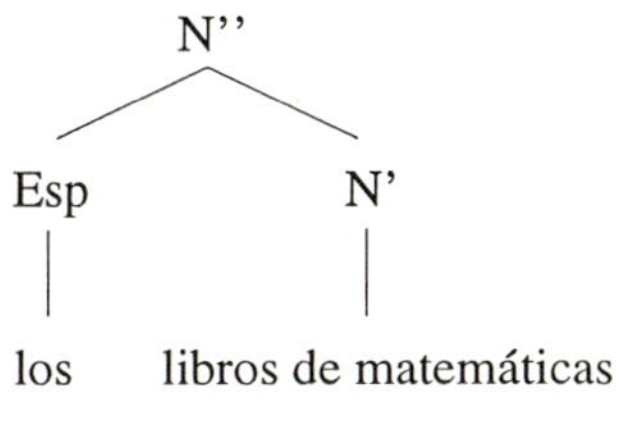


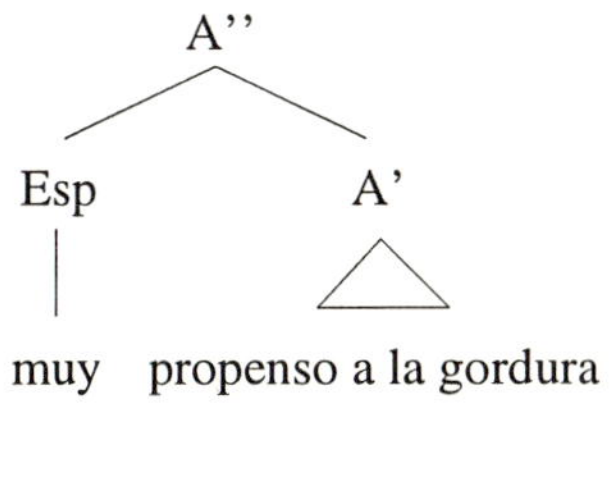

La regla X'→ X (comp) establece que, a su vez, la categoría intermedia X' (N', A') puede realizarse mediante dos constituyentes: (1) Uno, obligatorio, que es X (N, A), el núcleo de la unidad. (2) Otro, opcional, que corresponde a los complementos del núcleo. Añadiendo esta segunda instrucción, la estructura completa de los sintagmas anteriores quedaría, por tanto, como sigue:

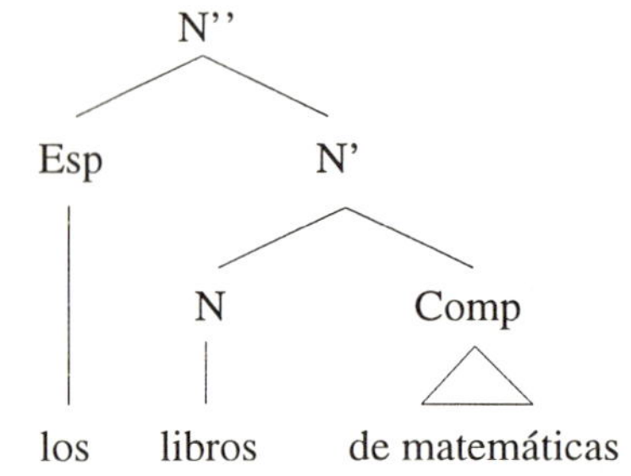


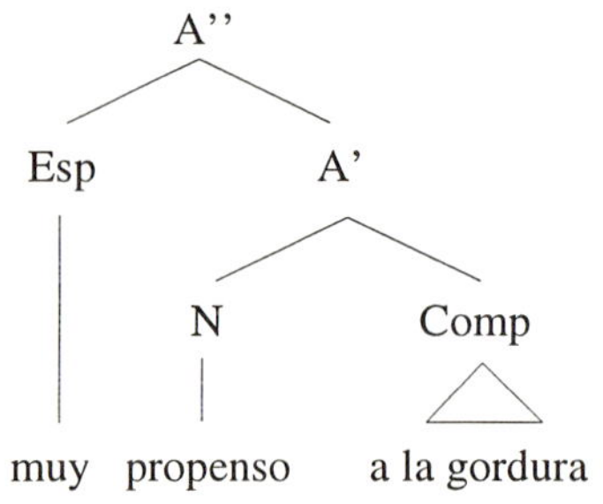


De estos ejemplos puede, pues, colegirse que, como se dijo al principio, según el esquema propuesto en RECCIÓN Y LIGAMIENTO, tanto SN como SA tienen idéntica estructura y lo mismo puede hacerse extensivo a las proyecciones de las restantes categorías identificadas en este modelo: F'', COMP'', V'', P''. Puede inferirse asimismo, entre otras de las propiedades reflejadas en este esquema, que, si bien Especificador y Complemento son estructuralmente opcionales, el núcleo X de una proyección es siempre un elemento obligatorio. De manera que, como señala Brucart (1987: 36) por ejemplo, cuando ese núcleo «no está realizado léxicamente se ha de suponer que hay una categoría vacía en tal posición: «El coche de María es más rápido que [$_{SN}$ el *e* de Luis]», donde *e* es la categoría vacía que representa al núcleo del SN.

**TEORÍA DEL CASO.** En RECCIÓN Y LIGAMIENTO es uno de los MÓDULOS o subsistemas de la gramática que dan razón de la gramaticalidad de las oraciones. Descansa en un principio general, recogido en esta teoría con la denominación FILTRO DE CASO, según el cual todo sintagma nominal fonéticamente realizado debe recibir, para que la oración esté bien formada, una marca de caso (*cf* caso abstracto). Tomando como base ese principio, compete a la 'teoría del caso' establecer las condiciones que regulan la asignación de caso y determinan, en consecuencia, en qué posiciones de la oración pueden aparecer los sintagmas nominales: sólo aquellas en que pueden recibir, en condiciones adecuadas, una marca de caso. Por ejemplo, según suele plantearse en esta teoría, es el nudo FLEX (flexión), que incluye CONC (condordancia), el que asigna, bajo RECCIÓN, caso nominativo al sujeto de la oración. Partiendo de tales condicionamientos se puede explicar, por ejemplo, por qué son agramaticales las oraciones completivas de infinitivo con un sujeto léxico, con un sintagma nominal, fonéticamente realizado, ocupando la posición de sujeto: «*José María anhela sus hermanos trasladarse a otra ciudad». Esta oración es ANÓMALA por las siguientes razones:

(1) El sintagma nominal *sus hermanos* no puede recibir marca de caso porque la oración de infinitivo carece de FLEX(ión), la CATEGORÍA que asigna caso NOMINATIVO al sujeto.

(2) Por tanto, *sus hermanos* es un sintagma nominal fonéticamente realizado que no recibe marca de caso. Se incumple así en esta oración el principio conocido como Filtro de caso.

En cambio, tanto «José María anhela trasladarse a otra ciudad» como «José María anhela que sus hermanos se trasladen a otra ciudad» son oraciones gramaticales. La primera, porque, si bien la oración de infinitivo tiene (según los planteamientos característicos del modelo Rección y ligamiento) un sujeto, éste es la categoría vacía PRO que, como tal, no precisa marca de caso, dado que no es un sintagma fonéticamente realizado. En la segunda oración, la completiva «sus hermanos se trasladen a otra ciudad», puesto que presenta un verbo (*trasladen*) en forma personal, sí implica la categoría FLEXIÓN, que asigna caso nominativo a *sus hermanos* mediante la concordancia.

**TEORÍA DEL CONTROL.** En RECCIÓN Y LIGAMIENTO es el MÓDULO o subsistema de la gramática que regula la distribución de PRO (la categoría vacía, no realizada fonéticamente, que en este modelo se postula como sujeto de las oraciones de infinitivo), así como las condiciones que determinan la interpretación de su referencia, ya sea específica («Gonzalo$_i$ quiere PRO$_i$ revisar los planos», donde el sujeto de revisar es el mismo *Gonzalo*), ya sea arbitraria o genérica: «Es agradable PRO$_{arb}$ nadar bajo la luna», donde el agente de *nadar* puede ser todo el mundo o cualquiera.

**TEORÍA DEL LIGAMIENTO.** En el modelo RECCIÓN Y LIGAMIENTO se conoce como 'teoría del ligamiento' el conjunto de PRINCIPIOS que regulan las condiciones en que son posibles, necesarias o imposibles las relaciones de CORREFERENCIA entre las CATEGORÍAS nominales, VACÍAS o plenas, que pueden conformar la estructura de las oraciones. Correspondería, pues, a la 'teoría del ligamiento' dar cuenta de que, por ejemplo, el reflexivo *sí (mismo)* debe ser correferencial con el sintagma nominal *Luis* pero no con el sintagma *Juan* en la siguiente configuración: «*Juan* detesta que *Luis* se menosprecie tanto a *sí mismo*», mientras que en «*Juan* detesta que *Luis lo* menosprecie tanto», la forma *lo* puede ser correferencial con *Juan* o referir a una tercera entidad, no nombrada en el enunciado, pero no puede aludir al mismo referente que *Luis*, el sintagma nominal que actúa como sujeto de su oración.

La 'teoría del ligamiento' la integran tres principios básicos, comúnmente identificados como A, B y C, que resumen tanto las posibilidades de correferir como los requisitos estructurales que deben satisfacer para ello los diversos tipos de categorías nominales que se diferencian en esta teoría: ANÁFORAS, PRONOMINALES y EXPRESIONES-R o expresiones referenciales.

El **principio A** establece que una anáfora ha de estar ligada en su categoría rectora (Demonte, 1989: 180). Esta formulación implica que una anáfora, por ejemplo, un reflexivo, (1) debe tener un antecedente, debe haber una expresión nominal que le transmita su referencia. (2) Ese antecedente ha de tener con el reflexivo una determinada relación estructural: de forma simple, debe estar bien en la misma oración, bien en el mismo sintagma nominal y situado en una posición estructural más alta. Ambos requisitos se cumplen en «Juan detesta que Luis$_i$ se menosprecie tanto a sí mismo$_i$». El reflexivo *sí* tiene un antecedente, *Luis*, al que se ha asignado el mismo índice ($_i$) para señalar que ambas expresiones nominales tienen el mismo referente. Además, *Luis* se encuentra en la misma oración que el reflexivo y, puesto que actúa como sujeto, se sitúa en una posición más alta en la estructura de la oración. Sin embargo, según este Principio A, el reflexivo *sí* no podría ser correferencial con el sintagma nominal *Juan*, puesto que dicho sintagma se halla en un dominio oracional distinto.

De conformidad con el **principio B** de la 'teoría del ligamiento', un pronominal ha de estar libre en su categoría rectora (Demonte, 1989: 180). Este enunciado implica que, a diferencia de las anáforas, los pronominales, pongamos por caso los pronombres personales, no pueden tener un antecedente situado en una posición más alta en su misma oración o en el mismo sintagma. Por ello, en «Juan$_i$ detesta que Luis$_j$ lo$_{i/*j}$ menosprecie tanto», *Luis*, el sujeto de la oración que contiene el pronombre personal *lo*, no puede interpretarse como antecedente de éste. Sí puede serlo, en cambio, el sintagma nominal *Juan*, porque se halla fuera de su dominio oracional.

Por último, el **principio C** establece que una expresión referencial ha de estar libre (Demonte, 1989: 180). Esto es, un sintagma constituido por un nombre común o un nombre propio no puede ser correferencial con otro sintagma nominal, al menos en determinadas configuraciones estructurales. «*Ana $_i$ quiere que Ana $_i$ alquile un apartamento en Campello» no es una oración gramatical si, según indica la asignación de un mismo índice, los dos sintagmas nominales *Ana* se interpretan como correferenciales. Podría ser gramatical, aunque extraña, en el caso de que ambas expresiones tuvieran referentes distintos: «Ana$_i$ quiere que Ana$_j$ alquile un apartamento en Campello».

**TEORÍA DEL PROGRESO.** Véase en PROGRESO.

**TEORÍA ESTÁNDAR.** Se conoce como 'teoría estándar' el modelo de gramática generativo-transformacional propuesto por Chomsky en *Aspectos de la teoría de la sintaxis*.

**TEORÍA ESTÁNDAR AMPLIADA.** Versión de la gramática generativo-transformacional propuesta por Chomsky en los inicios de los años setenta (1971; 1972). Con respecto a la TEORÍA ESTÁNDAR, la diseñada en *Aspectos de la teoría de la sintaxis* (Chomsky, 1964) presenta algunas modificaciones destacables; entre ellas:

(1) Se introduce en la base la notación de la X con barra, plenamente incorporada en los posteriores desarrollos de la gramática generativa.

(2) Mientras que en la teoría estándar se sostenía que la interpretación semántica de la oración debía realizarse solamente sobre la base de la ESTRUCTURA PROFUNDA, en la 'teoría estándar ampliada' se admite, por el contrario, que también las ESTRUCTURAS SUPERFICIALES son pertinentes para la interpretación semántica: «Todos los hombres aman a una mujer» y su teórica transformación pasiva «Una mujer es amada por todos los hombres» no son, evidentemente, debido al orden superficial de los cuantificadores, oraciones equivalentes desde el punto de vista semántico.

**TEORÍA ESTÁNDAR AMPLIADA REVISADA.** Modelo de gramática generativa elaborado por Chomsky y sus seguidores a mediados de los años setenta. Surge como desarrollo de la llamada TEORÍA ESTÁNDAR AMPLIADA y serviría, a su vez, de base al modelo conocido como RECCIÓN Y LIGAMIENTO, imperante en los años ochenta. Entre las aportaciones de los trabajos que configuran esta versión de la gramática generativa cabe destacar las siguientes (*cf* Newmeyer, 1982; Van Riemsdijk y Williams, 1986):

(1) El perfeccionamiento del sistema de la X con barra, introducido ya en la teoría estándar ampliada, «con el fin de simplificar las reglas de base y permitir al mismo tiempo expresar las generalizaciones transcategoriales adecuadas» (Newmeyer, 1982: 265).

(2) La restricción del aparato transformacional existente en versiones anteriores mediante la reducción de las transformaciones, limitadas finalmente a una sola regla (MUÉVASE ALPHA) y el desarrollo de condicionamientos generales (como el PRINCIPIO DE SUBYACENCIA) para restringir su aplicación.

(3) La introducción de HUELLAS en el lugar de la estructura oracional desde el que se desplaza un sintagma nominal por la aplicación de una regla de movimiento.

(4) El reconocimiento de que la interpretación semántica toma como base el nivel de la ESTRUCTURA SUPERFICIAL que, a su vez, se halla modificado con respecto a versiones anteriores: se sitúa en un nivel más abstracto y, como ya se ha señalado, está enriquecido con la incorporación de las huellas.

**TEORÍA FENOMENOLÓGICA.** Las TEORÍAS FENOMENOLÓGICAS (Bunge, 1972: 55 y sigs.), que se oponen a las TEORÍAS REPRESENTACIONALES, son aquellas que se limitan al análisis externo o superficial de los DATOS y son, por tanto, teorías de 'baja abstracción'. Las teorías descriptivas llevadas a cabo en el ESTRUCTURALISMO con la perspectiva investigadora del método científico-inductivo son 'teorías fenomenológicas', también llamadas **teorías descriptivas** o **teorías inductivas**. Igualmente reciben el nombre de **teorías de caja negra** o conductistas, pues sus VARIABLES son todas externas y globales, directamente observables o indirectamente mensurables, es decir, son operativas (Davis, P., 1973). Esta investigación renuncia y, a veces, proscribe la intromisión de conocimientos intuitivos sobre la naturaleza del lenguaje, por mínimos que sean, porque impedirían o, en el mejor de los casos, limitarían la objetividad de la investigación. Consecuentemente, estas teorías huyen de la mínima EXPLICACIÓN causal hecha por medio de HIPÓTESIS DEDUCTIVAS, que para estos teóricos es simple charlatanería acientífica, y en la mayoría de los casos versan sobre técnicas de CLASIFICACIÓN y SEGMENTACIÓN de las propiedades explícitas de los SIGNOS LINGÜÍSTICOS.

**TEORÍA LINGÜÍSTICA.** Con las 'teorías' utilizadas en la investigación lingüística se pueden hacer dos grupos: las de ADECUACIÓN DESCRIPTIVA y las de ADECUACIÓN EXPLICATIVA. Para las primeras teorizar es descubrir el orden que se presume subyace bajo la confusa aglomeración de datos, por entender que en los fenómenos de la lingüística, como en los de todas las ciencias observacionales, hay un *orden constituyente* bajo el desordenado cúmulo de datos (Guillaume, G., 1984); por ejemplo, en la teoría de la doble articulación del lenguaje se estima que hay un orden constituyente: una primera articulación formada por unidades mínimas significativas llamadas monemas, y una segunda, configurada por unidades mínimas distintivas llamadas fonemas.

De esta manera, las teorías nacidas de una aproximación científico-inductiva se caracterizan por los siguientes rasgos: (a) tienen como objetivo construir sistemas con los datos utilizados en la investigación, buscando las relaciones existentes entre los elementos y estableciendo, a la vez, una distinción entre los variables y los invariables (Greimas, A. J., 1974); (b) las aseveraciones contenidas en los sistemas se basan en la generalización obtenida tras la observación y el análisis de fenómenos y datos lingüísticos, y no en criterios de tipo estético, moral o ético; (c) la meta de estos sistemas no es la EXPLICACIÓN de hechos y de fenómenos lingüísticos sino su DESCRIPCIÓN, es decir, su representación verbal; y, por tanto, (d) se oponen al prescriptivismo del llamado método tradicional.

En cambio las teorías de adecuación explicativa son formulaciones precisas, sistemáticas, generales y simples a la vez, con cierto grado de FORMALIZACIÓN y de ABSTRACCIÓN, en las que se postula la existencia de entidades imaginarias llamadas CONSTRUCTOS HIPOTÉTICOS, dirigidas a posibilitar la instrumentación intelectual necesaria para llegar a una comprensión mejor y más profunda de la naturaleza y del uso del lenguaje, de sus componentes, de las relaciones que éstos mantienen entre sí, de sus funciones, etc. La comprensión de la naturaleza y uso del lenguaje antes aludida debe entenderse en un triple sentido:

(a) facilitar una *perspectiva unitaria* de los hechos y datos lingüísticos que, aparentemente, son heterogéneos;

(b) *explicar* las regularidades reveladas en estudios realizados con anterioridad sobre una clase de fenómenos;

(c) potenciar la capacidad de *predicción* de fenómenos desconocidos.

La EXPLICACIÓN de las regularidades antes citada se refiere a las pautas, las configuraciones, en suma, al orden detectado; por ejemplo, con la teoría transformacional-generativa podríamos dar cuenta de regularidades muy interesantes en la estructura profunda, regularidades que desaparecen cuando aquélla se proyecta, por medio de una serie de reglas de transformación, a un conjunto de estructuras de superficie; y también se puede dar razón de regularidades lingüísticamente valiosas en las reglas de transformación y en las estructuras superficiales. Como afirma Escribano (1994: 285), ante la gran variedad de teorías lingüísticas resulta imposible y desconcertante, incluso para el iniciado, mantenerse al día en la investigación que se realiza en ellas y, como la investigación metateórica es escasa en nuestro campo, los lingüistas se adscriben a una u otra y procuran cerrar los ojos ante lo que hacen lo demás, lo cual, aun siendo comprensible, es lamentable porque fomenta el sectarismo gratuito.

**TEORÍA REPRESENTACIONAL.** Las TEORÍAS REPRESENTACIONALES (Bunge, 1972: 55 y sigs.), que se oponen a las TEORÍAS FENOMENOLÓGICAS, hacen referencia a procesos internos que se describen por medio de VARIABLES indirectamente controlables. Estas teorías no son operativas (Davis, P., 1973: 9), ya que no tienen procedimientos mecánicos u funcionales que lleven a dar cuenta de un *corpus* de DATOS. Los datos de la experiencia sugieren HIPÓTESIS y problemas ineludibles a la hora de construir teorías, las cuales deberán contener leyes (reglas) que, por una parte, den una EXPLICACIÓN satisfactoria de esos mismos datos y, por otra, hagan PREDICCIONES sobre otros nuevos, es decir, demuestren que ciertos hechos o fenómenos observables se derivan de estas leyes. Popper afirma que no se puede dar el salto directamente desde los datos, en la construcción de las teorías, sin pasar por los CONSTRUCTOS HIPOTÉTICOS. Por tanto, este último tipo de teorías, además de 'representacionales', reciben el nombre de **teorías explicativas**, **teorías deductivas** o teorías de **caja traslúcida**.

**TEORÍA SUSTANTIVA.** En la INVESTIGACIÓN LINGÜÍSTICA son 'teorías sustantivas' las que constituyen el sostén de la perspectiva investigadora de un paradigma al existir en ellas el consenso y reconocimiento necesarios para los proyectos investigadores. Entre las 'teorías sustantivas' del estructuralismo destacamos las distintas que hay sobre el FONEMA, la de separación de niveles (en el estructuralismo norteamericano), la de LENGUA y HABLA, la de PARADIGMA y SINTAGMA, etc. La de COMPETENCIA y ACTUACIÓN, la de ESTRUCTURA SUPERFICIAL y PROFUNDA, etc., son 'teorías sustantivas' en el PARADIGMA GENERATIVISTA; y la de ACTOS DE HABLA (Austin, Searle), la de IMPLICATURA CONVERSACIONAL (Grice), la de la PRESUPOSICIÓN, etc., lo son en el paradigma de la pragmática.

**TEORÍA TAXONÓMICA.** En la INVESTIGACIÓN LINGÜISTICA son **teorías taxonómicas** (*cf* taxonomización) las que intentan *ordenar* y *clasificar*, es decir, encontrar un lugar apropiado y coherente a cada uno de los elementos lingüísticos dentro de una organización jerárquica general del lenguaje formada por NIVELES; las teorías taxonómicas dan cuenta de los datos ofreciendo listados o clasificaciones, asignando cada uno de ellos a un determinado conjunto o clase (clases de equivalencia), al tiempo que hacen generalizaciones sobre los mismos. Son teorías **no-taxonómicas** las que tratan de explicar los *procesos* que tienen lugar entre elementos lingüísticos, y de sus resultados; para expresar estos procesos y resultados las teorías se sirven de fórmulas o de ecuaciones cuyos miembros están separados por flechas (→), que significan que la parte de la izquierda se convierte en, es sustituida por o da como resultado lo que está a la derecha.

**TEORÍA TEMÁTICA.** En RECCIÓN Y LIGAMIENTO, esta teoría es uno de los MÓDULOS o subsistemas que conforman la gramática. Conciernen, fundamentalmente, a la 'teoría temática', las cuestiones relacionadas con los PAPELES TEMÁTICOS o semánticos (AGENTE, TEMA, DESTINATARIO, etc.) que se asocian a los argumentos en la ES-

TRUCTURA-P o estructura básica: su naturaleza, la delimitación de los elementos que los asignan, su vinculación con determinadas posiciones sintácticas, o los condicionamientos generales que operan sobre la buena formación de las estructuras semánticas básicas (véase a este respecto el CRITERIO TEMÁTICO, que constituye uno de los principios clave en esta teoría). Pese a que son realmente los elementos primitivos básicos de este subsistema de la gramática, la dilucidación y sistematización de los papeles semánticos relevantes es, tal vez, uno de los aspectos menos desarrollados de la teoría temática. Comenta Gràcia i Solé al respecto que, desde que Chomsky introdujo la noción de papel semántico en la gramática, se ha ido evidenciando la necesidad de establecer entre ellos distinciones más precisas, pero en la práctica (Gràcia i Solé, 1989: 127) las definiciones de cada papel-θ continúan siendo tan vagas como en los primeros años. Muy a menudo el elemento decisivo a la hora de establecer distinciones o de formular definiciones de los papeles-θ es la intución.

**TEORIZAR, TEORIZACIÓN LINGÜÍSTICA.** Véase en TEORÍA y en ADECUACIÓN EXPLICATIVA.

**TERCERA CONJUGACIÓN.** Véase en CONJUGACIÓN.

**TERCERA PERSONA.** Véase en PERSONA.

**TERMINAL.** Véase en NUDO[1].

**TERMINATIVO.** Véase ASPECTO TERMINATIVO, PERÍFRASIS TERMINATIVA.

**TÉRMINO, TERMINOLOGÍA.** ① En LEXICOLOGÍA se llama 'término' a la unidad léxica de carácter técnico cuyo significado está definido de forma unívoca dentro de una teoría (Cabré, 1993). Se diferencia el 'término' de los LEXEMAS[1] del lenguaje ordinario en que éstos son POLISÉMICOS, AMBIGUOS, transportan CONNOTACIONES, poseen SINÓNIMOS, y su significado se activa dentro de un CONTEXTO (*cf* tecnolecto).

Los 'términos' no se comportan igual en todas las ciencias. En las llamadas ciencias *duras* (matemática, química, física, etc.) los términos *polinomio* o *ácido sulfúrico* son unívocos. En cambio en las ciencias *blandas* (lingüística, sociología, derecho) los términos pueden ser polisémicos, especialmente cuando dos o más teorías han hecho uso del mismo significante con significados diferentes o aproximados. Por ejemplo, el término TAGMEMA para Bloomifield es la unidad mínima portadora de significado gramatical, mientras que para Pike es una unidad formada por una función y una forma. Y, del mismo modo, un TAXEMA es para Bloomfield un rasgo abstracto mínimo de orden sintagmático, mientras que para Pottier son categorías más amplias en las que se incluyen el género, la flexión, etcétera.

En derecho, a pesar de las definiciones claras y precisas dadas por las autoridades políticas o judiciales, surge siempre la polisemia. Así, por ejemplo, en el derecho inglés la palabra *defence* puede tener, al menos, tres claros significados: (a) defensa; (b) réplica a la demanda; (c) eximente, causas de inimputabilidad, circunstancias eximentes de la responsabilidad criminal, etc.

La forma de superar las zonas difuminadas de los términos son dos: (a) una definición precisa y completa, y (b) la localización de la teoría o modelo dentro de la cual adquieren sus sentido.

Los términos se forman de acuerdo con varios recursos:

(a) la composición con palabras y afijos de origen clásico;

(b) la metaforización, incluyendo en este proceso la metonimia y la sinécdoque.

La palabra **terminología** se emplea, al menos, en tres acepciones: (1) conjunto de términos especializados de una disciplina; en este sentido es sinónimo de METALENGUAJE (*cf* campos semiartificiales); (2) ciencia interdisciplinar (lingüistas, especialistas de la materia) que estudia la confección y el análisis de términos especializados; y (3) la teoría especializada en el análisis de los términos. *Cf* abreviatura.

② Por influjo del cálculo de predicados, se llaman 'términos' (Dik, 1981) las expresiones nominales, potencialmente referidoras, que sirven como argumentos en una predicación. En *Luis ha vendido la casa, Luis* y *la casa* serían, pues, los *términos* enlazados por el predicado *ha vendido*.

**Término de polaridad negativa.** Con esta denominación se identifican los elementos cuyo uso implica un entorno negativo. Es el caso, por ejemplo, de *tampoco, ni siquiera*. Compárese la buena formación de estas secuencias: «No he aprendido francés. Yo tampoco», «Evelina no lee ni siquiera novelas de amor», con la anormalidad de: «He aprendido francés. *Yo tampoco»; «Evelina lee *ni siquiera novelas de amor». *Cf* activador negativo.

**Término de polaridad positiva.** Elemento cuya aparición en un enunciado presupone un contexto afirmativo. Es, por ejemplo, el caso de *también*. La secuencia «A Alejandro le gustan los caracoles. A mi perro también» no presenta ninguna anomalía porque *también* aparece en un entorno afirmativo. En cambio, en «A Luisa no le entusiasma el rock duro. *A mí también», el entorno negativo —*no le entusiasma*— hace inaceptable el uso de *también*.

**Tesaurus, tesoro.** Véase en Diccionario.

**Tesitura.** Abercrombie (1967: 95) en su análisis de la **dinámica de la voz** o de la **cadena hablada** incluye el 'registro' y la 'tesitura' como rasgos suprasegmentales. Si el 'registro' es el rango o extensión de la voz humana, la **tesitura** es el rango, extensión o altura, propia de la voz de cada persona, según las características de sus cuerdas vocales, pudiendo ser también grave, media y aguda. Sin embargo, el hablante, a voluntad, puede cambiar la 'tesitura' de su voz, de acuerdo con su actitud o disposición de ánimo.

**Texto.** No existe un gran consenso para la definición del término 'texto'. Unos especialistas consideran que es un signo lingüístico complejo; otros estiman que es un conjunto de oraciones o, incluso, una unidad sintáctica de orden superior (Halliday, M. A. K. *et al.*, 1976: 293; Schmidt, S., 1977). En la definición de Lotman (1982: 10) el 'texto' es cualquier comunicación efectuada en un determinado sistema sígnico y en la definición de Beaugrande (1980: 16), que es más esotérica, el 'texto' es un sistema cibernético que continuamente regula las funciones de sus ocurrencias constitutivas, manteniendo su estabilidad. Otros tratadistas, como Weinrich (1981: 180-1), no conceden demasiada importancia a la definición de 'texto', considerando que éste se percibe como una cadena de signos, que tiene un principio y un final y entre ambos hay un *transcurso* con sentido. Para Teresa Cabré (1993: 219) el 'texto' es la materialización lingüística del discurso. En este sentido, 'texto' es sinónimo de enunciado. Y se reserva el término discurso para aludir al texto considerado desde el punto de vista de sus condiciones de producción.

La mayoría de las definiciones del 'texto' son operativas, entre las que destaca la que considera como 'texto' el conjunto de oraciones que tiene textualidad. La 'textualidad' es un rasgo inherente del texto (Hasan, R., 1985: 70-96), del mismo modo que la gramaticalidad es el atributo que deben poseer las oraciones. Son varios los modelos empleados para caracterizar la 'textualidad'; la mayoría de ellos poseen todas o casi todas las características siguientes llamadas las condiciones de textualidad: (a) la cohesión; (b) la coherencia; (c) el significado; (d) la progresividad; (e) la intencionalidad; y (f) la clausura o cierre.

Los términos 'texto' y discurso están relacionados; así, por ejemplo, para Van Dijk, el 'texto' es un constructo teórico que se manifiesta con el discurso, es decir, entre ellos existiría la misma relación que podría haber entre la oración y el enunciado. En un sentido amplio, pueden considerarse como sinónimos parciales, siempre que no se pierda de vista que cuando se habla del discurso se está poniendo de relieve el aspecto *interactivo*, dinámico y generador del lenguaje, o sea, el LENGUAJE EN ACCIÓN, en tanto que el 'texto' se considera obra o producto del discurso, a modo de *matriz de observación*.

**TEXTUALIDAD.** La 'textualidad' (Hasan, R., 1985: 70-96) de un texto es un atributo del mismo, igual que la GRAMATICALIDAD es el atributo que deben poseer las oraciones. Este atributo se puede caracterizar de varias formas, y una de ellas es mediante un modelo consistente en siete propiedades del texto, conocidas también como las **condiciones de textualidad**: (a) la cohesión; (b) la coherencia; (c) el significado; (d) la significación; (e) la progresividad; (f) la intencionalidad; y (g) la clausura o cierre textual, también llamado «final de texto».

**THETA.** Véase en POSICIÓN THETA.

**TIC.** Véase en CLICHÉ.

**TIEMPO.** El 'tiempo' es una CATEGORÍA gramatical de carácter DEÍCTICO, propia del verbo. Los 'tiempos' verbales, esto es, las distinciones que cada lengua establece dentro de la categoría 'tiempo' se expresan a través de la FLEXIÓN verbal (*regresó, regresará*) o mediante la utilización de VERBOS AUXILIARES (*Ha* regresado). En lo que respecta a su contenido, se caracteriza por situar el estado o el evento denotado por el verbo en un espacio temporal anteior, simultáneo o posterior a un punto de referencia, que puede ser el momento de la enunciación u otra situación indicada en el texto. De ahí el carácter deíctico de la categoría 'tiempo'. En «El chico *regresará* tarde», el 'tiempo' verbal localiza la acción de *regresar* en un espacio temporal posterior al momento de la enunciación. En «El chico *regresó* tarde», por el contrario, se sitúa en un momento anterior al de la emisión del enunciado. En ambos casos, el punto de referencia para la localización del evento es el momento de la enunciación. En «El chico *habrá regresado* cuando finalice la película», la acción de *regresar*, en cambio, se localiza como anterior a otra situación indicada en el contexto (cuando finalice la película). El punto de referencia es aquí, por tanto, otro evento expresado en el enunciado. Esta diferencia entre los 'tiempos' verbales en cuanto al punto que toman como base para orientar la situación del evento designado por el verbo es la causa de la distinción que suele establecerse entre TIEMPOS ABSOLUTOS y TIEMPOS RELATIVOS.

**TIEMPO ABSOLUTO.** Se denominan 'absolutos' los TIEMPOS verbales que, según su significado básico, sitúan un evento como anterior, simultáneo o posterior a un solo punto de referencia, normalmente el momento de la enunciación, o emisión del enunciado. El PRETÉRITO PERFECTO SIMPLE en español, por ejemplo, es un 'tiempo absoluto'. Cuando decimos «*Llegó* pronto», simplemente localizamos la acción de «llegar» en un espacio temporal previo al de la emisión del enunciado. El perfecto simple, por tanto, sitúa un evento como anterior al momento de la enunciación, sin tomar ninguna otra referencia.

**TIEMPO RELATIVO.** Se identifican como 'relativos' los TIEMPOS verbales que, a diferencia de los ABSOLUTOS, no implican el momento de la emisión del enunciado como primera y única referencia para la localización temporal del evento designado por el verbo. Antes bien, en su significado básico sitúan ese evento en un espacio temporal que es anterior, simultáneo o posterior en relación con otro momento o con otro evento dado por el contexto. El PRETÉRITO PLUSCUAMPERFECTO (*había acostado*) y el FUTURO PERFECTO (habrá preparado), por ejemplo, son 'tiempos relativos'. En «Ya *había acostado* al niño cuando él llegó», la acción de *acostar al niño* se presenta como anterior a otra, indicada en el enunciado, la de *llegar él*. En «Eloísa *habrá preparado* la cena antes de que termine la partida», la acción de *preparar la cena* se sitúa en un espacio temporal anterior al momento de *terminar la partida* que, a su vez, es futuro, posterior al instante de la enunciación.

**TILDE.** La 'tilde' (DRAE) es una rayita oblicua que en la ortografía española vigente baja de derecha a izquierda del que escribe o lee. Se usa para indicar en determinados casos la mayor fuerza espiratoria de la sílaba cuya vocal la lleva (cámara, símbolo, útil, allá, salió) y también para distinguir una palabra o forma de otra escrita con iguales letras (*sólo*, adverbio, frente a *solo*, adjetivo), o con ambos fines a la vez (*tomó* frente a *tomo*; *él*, pronombre personal, frente a *el*, artículo).

**TIMBRE.** En FONÉTICA se llama 'timbre' (Gili Gaya, 1975: 15 y sigs.) a la cualidad del SONIDO que nos hace distinguir las notas de un violín de las de una flauta o de la VOZ humana, suponiendo que todas se produjesen con la misma INTENSIDAD y el mismo TONO. Son los RESONADORES, especialmente la BOCA, los que añaden al TONO fundamental los ARMÓNICOS o hipertonos que caracterizan el 'timbre' de un sonido. El hecho de que en el CUCHICHEO se perciba con claridad el 'timbre' de las vocales prueba que sus matices distintivos dependen esencialmente del resonador bucal. Acústicamente el 'timbre' depende de la ESTRUCTURA ESPECTRAL de los FORMANTES. *Cf* fonética auditiva.

**TIPO, TIPOLOGÍA LINGÜÍSTICA.** ① El término **tipo** se usa en lingüística con el significado de esquema o modelo. A cada una de las manifestaciones de un 'tipo' se la llama **ocurrencia**.

② Se llama 'tipología lingüística' a la clasificación que se hace de las LENGUAS NATURALES de acuerdo con la ANALOGÍA de varias de sus características, sin tener en cuenta en absoluto su GENEALOGÍA, es decir, se forman grupos de lenguas que comparten ciertos rasgos con independencia de las FAMILIAS lingüísticas a las que históricamente pertenecen. Las lenguas se clasifican 'tipológicamente' de acuerdo con el grado de similaridad de sus formas en cada uno de sus niveles. De esta manera, se distinguen, entre otras, las siguientes tipologías: la fonética, la fonológica, la gramatical y la semántica. La **comparación tipológica** (Robins, 1965: 325 y sigs.) fue uno de los objetivos básicos de la lingüística de los siglos XVII y XVIII, mientras que la genealógica lo fue del siglo XIX.

En la **tipología fonética** se utilizan, entre otros, los siguientes parámetros: (1) sonidos de articulación ingresiva, muy abundantes en las lenguas del Cáucaso y escasos en las lenguas de la Europa occidental; (2) vocales anteriores labializadas, muy corrientes en francés, danés, alemán, etc., y desconocidos en español, inglés, italiano, etcétera.

En la **tipología fonológica** se emplean, entre otros, los siguientes parámetros: (1) el tono como rasgo de caracterización léxica en las LENGUAS TONALES (chino, vietnamita, etc.) frente a las europeas que no hacen uso de este rasgo como recurso léxico; (2) las distintas formas de estructuración silábica, unas abundantes en unas lenguas y otras apenas existentes en otras; (3) las PAUTAS FONOLÓGICAS de las distintas lenguas, etc.

En la **tipología sintáctica** se distinguen, en un extremo, lenguas cuya organización gramatical se basa exclusivamente en el orden sintáctico, como el chino, el vietnamita y algunas lenguas orientales, y en el otro extremo lenguas, como el latín, el español, etc., en las que el orden sintáctico podría ser menos relevante debido a la importancia de la categorías morfológicas de FLEXIÓN y de DERIVACIÓN y las sintácticas como la CONCORDANCIA y RÉGIMEN. La organización de la UNIDAD LÉXICA O PALABRA ha sido uno de los rasgos que se emplearon en el siglo XIX para hacer una tipología de las lenguas. De acuerdo con la estructura interna de las palabras (Robins, 1994: 334), Humboldt clasificó las lenguas en tres tipos: 'aglutinantes', 'aislantes' y 'flexivas'. En realidad no se encuentran lenguas puras que respondan a la clasificación anterior;

por eso, Meillet la calificó de mero juego académico.

Las **lenguas aglutinantes**, como el turco o el japonés, se caracterizan porque sus palabras están formadas por una serie lineal ordenada de MORFEMAS, portadores de funciones sintácticas y semánticas, que se añade al LEXEMA, portador del SIGNIFICADO LÉXICO, como sucede por ejemplo en la palabra española *des-integra-ción*. Las **flexivas** se caracterizan porque las palabras tienen FLEXIONES que expresan OPOSICIONES de tipo morfológico (GÉNERO, NÚMERO y CASO), como pueden existir en las palabras españolas (*amo, amaré, amó*, etc.). En las lenguas **aislantes**, como el chino, el vietnamita, etc., todas las palabras son invariables y la mayor parte de las relaciones sintácticas están marcadas por el orden de las palabras o por MORFEMAS independientes. Como parece lógico, no están claras las fronteras entre las tres clases de lenguas, debiendo decirse, con mayor propiedad, que una lengua es más flexiva que aglutinante, etc. A los tres tipos anteriores se ha unido otro llamado **lenguas polisintéticas** (el esquimal, las lenguas amerindias), las cuales se caracterizan por combinar en una sola UNIDAD LÉXICA varios MORFEMAS y PALABRAS de una oración.

En otra tipología de las lenguas, **lenguas análiticas** y **lenguas sintéticas**, las primeras se aplicarían a las llamada 'aislantes' (chino, viernamita, etc.) y las segundas (latín, griego, turco, etc.) abarcarían las 'flexivas', las 'aglutinantes' y las 'polisintéticas'. No obstante, sería más apropiado hablar de una diferenciación o tipología de grado, ya que no hay lenguas que puedan clasificarse totalmente en un grupo o en otro.

**TIPO PERCEPTIVO.** Véase en FONÉTICA AUDITIVA.

**TONADA.** Se llama 'tonada' a la melodía o curva melódica formada por el conjunto de TONOS de un grupo semántico, que constituye la unidad melódica, también llamada **grupo fónico**. El grupo fónico o 'tonada' se corresponde con el de un sintagma u oración simple. Se suele analizar la 'tonada' en tres partes: cuerpo pretónico, TONEMA y cola. Normalmente el tonema se encuentra en la última sílaba tónica del grupo semántico, a no ser que se quiera dar mayor relieve a otra. Los tonos anteriores al tonema constituyen el cuerpo pretónico, y los tonos que siguen al tonema forman la cola. En el ENUNCIADO «Por la mañana» el análisis de su tonada ofrece el tonema en *ña*, el cuerpo pretónico en *por la ma-* y la cola en *na*. A la sistematización de las 'tonadas', al análisis de sus fronteras dentro de unidades prosódicas superiores, y al estudio del significado que transportan (*cf* entonación) y de su función informativa se le llama **tonalidad** (*cf* tonicidad) en la tradición fonológica británica.

La sistematización de las 'tonadas' básicas es una cuestión controvertida. La dificultad de esta sistematización radica en la multiplicidad de CONTRASTES prosódicos que se observan, y en el hecho de que los RASGOS tonales no son formalmente tan DISCRETOS como los RASGOS SEGMENTALES. Consecuentemente, hay varias MODELOS propuestos para su tratamiento y descripción. La que ha hecho O'Connor y Arnold, que ha sido seguida por otros (Crystal, Halliday, Brazil, Gimson, Thompson, Gutiérrez), con algunas variantes, consta de tres fases: el cuerpo pretónico, o parte inicial, la parte media, y la cola o parte final. De las tres, la fundamental es la parte media, que no puede faltar porque contiene el TONEMA o tono básico.

**TONALIDAD.** Véase en TONADA.

**TONEMA.** ① Los 'tonemas' o TONOS nucleares también son conocidos con el nombre de «tonos dinámicos», porque cambian de dirección, es decir, pasan de grave a agudo o a la inversa. Según la dirección que sigan se llaman **tonos ascendentes** (cuando pasan de grave a agudo), **tonos descendentes** (cuando pasan de agudo a grave), y la combinación de los dos recibe el nombre de **tonos quebrados**, los cuales pueden ser, a su vez, **ascendentes-descendentes** o **descendentes- ascendentes**. Como los puntos de partida y de llegada de los ascendentes y los descendentes pueden variar ligeramente, tendríamos ascendentes altos y ascendente bajos, y también descendentes altos y descendentes bajos. De esta manera habría seis 'tonemas' o tonos básicos: **ascendente alto**, **ascendente bajo**, **descendente alto**, **descendente bajo**, **ascendente-descendente** y **descendente-ascendente**. Esta clasificación, que es de O'Connor y Arnold, ha sido ampliamente aceptada por la mayoría de los lingüistas ingleses, aunque cada uno ha introducido modificaciones. Así, Crystal no da categoría de tono diferenciado al descendente bajo; Gimson estima que el ascendente-descendente es una variante del ascendente alto; Halliday no cree que el ascendente bajo sea un tono distinto al ascendente alto, etc.

② Navarro Tomas (1950) llama 'tonema' a la inflexión final del GRUPO FÓNICO, también llamado TONADA, y distingue para el español cinco tonemas con los caracteres siguientes:

(a) **cadencia**, que es el descenso final de unos ocho SEMITONOS en el habla corriente y de una octava en locución enfática, que indica el final de una UNIDAD LINGUÍSTICA;

(b) **anticadencia**, que es el ascenso de unos cuatro o cinco semitonos;

(c) **semicadencia**, que es un descenso menos grave que el de la cadencia, de tres o cuatro semitonos;

(d) **semianticadencia**, que es el ascenso menos agudo que el de la anticadencia, de dos o tres semitonos;

(e) **suspensión**, que es la terminación del grupo fónico sin ascenso ni descenso sensible en la altura de la voz con respecto a la rama interior de la unidad (Gili Gaya, 1975: 61). *Cf* acento afectivo.

**TONÍA.** Equivale a TONO.

**TONICIDAD.** En los estudios de ENTONACIÓN se llama 'tonicidad', en la tradición británica (*cf* tonalidad), al análisis de la SÍLABA de la curva melódica o ENTONACIÓN que transporta la máxima PROMINENCIA, normalmente porque lleva el TONEMA, y en la mayoría de las oraciones declarativas suele ir en la última sílaba tónica (*cf* foco²). Por ejemplo, en el enunciado «Yo me casé por la maÑAna» la 'tonicidad', con su tono más prominente o relevante, está en la *ña*. Dicha sílaba es la prominente, nuclear o sílaba de 'tonicidad'. A este tipo de 'tonicidad' se la llama neutra o no marcada, porque es la esperada desde el punto informativo. Pero la 'tonicidad' se puede cambiar, con lo que se cambia el foco, para modificar la información esperada; por ejemplo, en «Mi herMAno (no mi primo) se casó por la mañana», gracias a la tonicidad se ha cambiado la información esperada, con lo que se enriquece el significado con implicaciones y, en algunos casos, con presuposiciones. Por esta razón se dice que la 'tonicidad' es un recurso para la organización de la información nueva y dada.

**TONO.** ① También se define el 'tono' como la ALTURA MUSICAL de cada SÍLABA. Tradicionalmente al 'tono' se le ha llamado ACENTO MELÓDICO. Vistos desde la FONÉTICA ARTICULATORIA, los 'tonos', constitutivos de la ENTONACIÓN, se forman por la vibración de las CUERDAS VOCALES y se mueven en la escala de mayor a menor vibración (agudo-grave), mientras que los ACENTOS, componentes de las PAUTAS RÍTMICAS, se mueven en la de mayor a menor intensidad (tónico-átono); cuanto mayor sea la vibración, tanto más agudo será el 'tono'. Acústicamente los 'tonos'están relacionados con la FRECUENCIA. Los 'tonos' pueden ser estables y dinámicos; los primeros se mueven en la misma línea o dirección, es decir, no cambian de agudo a grave o de grave a agudo y pueden ser altos, medios y bajos. Los segundos también son conocidos con el nombre de TONEMAS. En los últimos años del siglo XX, el análisis y la representación del 'tono', con una nueva aproximación, han sido objeto de estudio de la llamada FONOLOGÍA AUTOSEGMENTAL.

Cada persona tiene su *tono normal* de voz, es decir, la nota que dentro de su registro individual se produce con más naturalidad y menor fatiga. En torno a ella se suceden los movimientos ascendentes y descendentes. Se comprueba que, descartando las diferencias individuales, las gentes de determinadas regiones o países suelen expresarse en un tono normal medio más agudo o más grave. El español, en especial el de Castilla, se habla en tono más grave que el francés o el italiano (Gili Gaya, 1975: 54).

② También se llama 'tono' a la función distintiva que cumple la FRECUENCIA FUNDAMENTAL en el nivel de la PALABRA (Quilis, 1993: 94). De la misma manera que en español el ACENTO tiene una función distintiva, como recurso de diferenciación léxica, por ejemplo, *ingles* e *inglés*, *pérdida* y *perdida*, etc., existen lenguas, como el chino o el vietnamita, que se sirven del 'tono' para estos fines. Por ejemplo, /ma/ puede significar varias cosas distintas, desde *madre* a *caballo*. Con un 'tono' estático alto significa *madre*, con un 'tono' dinámico ascendente, significa *cáñamo*, con un 'tono' dinámico descendente-ascendente significa *caballo*, y con un 'tono' descendente significa *riña* (Ladefoged, P. A., 1971: 171). A las lenguas que usan el 'tono' como recurso en la FORMACIÓN DE PALABRAS se las llama **lenguas tonales**.

③ También equivale el término 'tono' a ENTONACIÓN O ACENTO[5], como en el enunciado «Me lo dijo con un *tono* muy impertinente».

**TONO FARÍNGEO.** ① En FONÉTICA se llama 'tono faríngeo', y también VOZ FARÍNGEA, a la corriente de aire espirado que ha experimentado las modificaciones vibratorias de las cuerdas vocales, con el fin de formar las VOCALES, las CONSONANTES SONORAS y los TONOS. Desde un punto de vista acústico, el 'tono faríngeo'está compuesto por una FRECUENCIA fundamental y múltiples ARMÓNICOS con una intensidad muy débil; son tan débiles estos armónicos que si no poseyésemos las CAVIDADES SUPRAGLÓTICAS O RESONADORES el sonido emitido no sería percibido por el oído (Martínez Celdrán, 1984: 83-6).

**TOPICALIZACIÓN.** En algunos modelos explicativos del DIÁLOGO, éste queda caracterizado como un contrato que comprende las siguientes cláusulas: (1) la 'topicalización'; (2) la TEMATIZACIÓN; (3) la colaboración (PRINCIPIO DE COOPERACIÓN, ESTRATEGIA DE COLABORACIÓN) y el principio de RELEVANCIA y el de CORTESÍA; y (4) los TURNOS DE HABLA O DE PALABRA. Se llama 'topicalización' al proceso mediante el cual se establece un TÓPICO[3] O TEMA DISCURSIVO (*cf* isosemia).

② Se da también el nombre de 'topicalización' al proceso, o procesos, por el cual un constituyente se destaca como TÓPICO en cualquiera de los sentidos del término. Así, para algunos lingüistas, la anteposición de un constituyente oracional que deja junto al verbo un CLÍTICO de acusativo o de dativo es un procedimiento de 'topicalización': «*A Juan* no *lo* he visto» (*cf* tematización). Para otros, lo es la DISLOCACIÓN de un constituyente a la izquierda y el uso de expresiones como *en cuanto a*, *por lo que respecta a* ante el constituyente dislocado: «En cuanto a la economía, cada día estamos peor».

**TÓPICO.** ① Elemento externo al núcleo oracional, no incluido, por tanto, como argumento en la predicación expresada por éste, que se sitúa por lo general al comienzo del enunciado y alude a una entidad o conjunto de entidades con respecto a las cuales tiene validez lo expresado en el núcleo oracional subsiguiente.

Puesto que es un elemento extrapredicativo, el 'tópico' carece de marcas de función, pero puede ir señalado por rasgos prosódicos, por expresiones del tipo *en cuanto a, en lo que concierne a* y equivalentes, o por otros medios variables según la lengua. En el enunciado «En cuanto a la economía, no hay duda de que atravesamos una profunda crisis», *la economía* sería el tópico de la oración, puesto que señala el ámbito para el que es relevante lo afirmado en el núcleo oracional *no hay duda de que atravesamos una profunda crisis.*

② Algunas gramáticas reservan el término 'tópico' para indicar, exclusivamente, el papel que desempeña en la estructura informativa aquel constituyente oracional, con función sintáctica y semántica en el núcleo de la oración, que se toma como punto de partida para la ordenación lineal del mensaje. En el enunciado «En cuanto a la economía, el ministro no ha adelantado nada nuevo», sería 'tópico', según esta acepción, *el ministro*, pero no *En cuanto a la economía*. Este sentido de 'tópico' coincide, pues, con el de algunas aplicaciones de TEMA[1] (*cf* Dik, 1981).

③ En otros textos el término 'tópico' equivale a TEMA DISCURSIVO. Se llama 'tópico' a la información que se intercambia en una conversación, es decir, a la cuestión de la que se habla, o dicho con unidades lingüísticas, a la proposición (o conjunto de proposiciones) sobre la que se *da* o se *pide* nueva información. Esta noción de tópico, llamado frecuentemente tema discursivo, es fundamental para el desarrollo de la comprensión discursiva, ya sea en una conversación telefónica, en un diálogo *vis-à-vis* con otro interlocutor, en una conferencia o en la lectura de un texto, ya que impone una regla de coherencia interpretativa que afecta a los demás elementos del discurso.

④ Véase en CLICHÉ.

**TOPONIMIA, TOPÓNIMO.** Véase en ONOMÁSTICA.

**TRABADO.** Véase en SÍLABA TRABADA.

**TRABAJO DE CAMPO.** Véase en CAMPO[1].

**TRACTO VOCÁLICO.** Véase en CAVIDAD BUCAL.

**TRADUCCIÓN.** Normalmente se define la 'traducción' como la expresión de un enunciado en la LENGUA DE LLEGADA que sea equivalente al de la LENGUA DE PARTIDA (*cf* definición). Por tanto, una cuestión básica en la 'traducción' es el concepto de EQUIVALENCIA[2]. La 'traducción' se divide en literal y en libre, también llamada TRADUCCIÓN OBLICUA. En la literal se intenta reproducir de forma fidedigna las unidades lingüísticas de la lengua de partida; el objetivo de la libre es obtener los mismos EFECTOS ESTILÍSTICOS que en el texto original.

La 'traducción' es una actividad filológica cuyo *status* está poco definido: para unos se trata de una ciencia y para otros de un arte; no faltan tratados sobre la *ciencia* de la traducción y también sobre el *arte* de la traducción. Esta polémica sobre si es ciencia o arte resulta gratuita, porque ya Saussure dejó bien claro que el PUNTO DE VISTA crea el objeto, es decir, las «realidades» que conocemos nacen por el punto de vista que adoptemos al analizar un determinado fenómeno y, consecuentemente, si nos apoyamos en parámetros basados en los cánones de la observación, la formulación de hipótesis, etc., nuestra aproximación será científica, y si, por el contrario, consideramos más el estudio de los efectos y los recursos estéticos, estilísticos o afectivos, nos estaremos moviendo, con toda probabilidad, en el arte de la traducción.

De todas formas, esta discusión no parece estar bien planteada, porque habría que distinguir entre la 'traducción' propiamente dicha y el *estudio* de la traducción llamado **traductología** (Vázquez Ayora, 1977) o **translémica** (Santoyo y Rabadán, 1990). El objeto de esta disciplina es la investigación de los fundamentos básicos del proceso de la traducción, así como de los MODELOS teóricos que la sustentan. Dicho con otras palabras, la 'traductología' estudia la aplicación de las teorías lingüísticas a la traducción y descubre los recursos lingüísticos que son útiles a la misma, y como tal, es un valioso acompañante del traductor (Vázquez Ayora, 1977). Las profesiones de traductor y de traductólogo, que deberían ser convergentes, en ocasiones no lo son, porque para algunos traductores los traductólogos son teóricos del lenguaje alejados de la realidad de la traducción. Ni que decir tiene que un buen conocimiento de la naturaleza del lenguaje, de acuerdo con distintas teorías, proyecta luz radiante para una mejor comprensión del fenómeno de la traducción, por ejemplo de la llamada TRADUCCIÓN OBLICUA.

**TRADUCCIÓN OBLICUA.** Tal y como lo definen Vázquez Ayora (1977) y Vinay y Darbelnet (1966), constituye un método de TRADUCCIÓN que, a fin de alcanzar la mayor naturalidad en la lengua de destino, guardando al tiempo fidelidad al texto original, se sirve de una serie de estrategias lingüísticas, como la TRANSPOSICIÓN, la CONDENSACIÓN y la AMPLIFICACIÓN; estilísticas, como la MODULACIÓN; y culturales (*cf* cultura) como la ADAPTACIÓN, la EQUIVALENCIA, y la explicitación.

**TRADUCTOLOGÍA.** Véase en TRADUCCIÓN.

**TRANSCRIPCIÓN FONÉTICA Y FONOLÓGICA.** Se llama 'transcripción', y en ocasiones ESCRITURA, al empleo de un conjunto de signos para representar simbólica o gráficamente los SONIDOS o los FONEMAS de una lengua sin tener en cuenta las letras o signos ortográficos que se emplean en la escritura ordinaria; así, por ejemplo, el fonema /f/ del inglés tiene varios signos ortográficos de representación: *ph* (*photograph*), *gh* (*laugh*), *f* (*family*). El descubrimiento del fonema ha permitido distinguir dos planos distintos en la descripción de la pronunciación, el fonológico y el fonético, es decir, el funcional y el pormenorizado. En el plano funcional nos estamos refiriendo a los fonemas, y en el pormenorizado nos estamos centrando en las distintas realizaciones alofónicas de un fonema. Tendremos, por tanto, dos tipos de transcripción: la fonológica (o funcional) y la fonética (o alofónica). La primera la representamos entre barras (/ /), y la segunda entre corchetes ([ ]). Antes del descubrimiento del fonema, a la transcripción fonológica se la llamó **transcripción ancha** y a la fonética, en la que se incluían muchos más signos diacríticos, **transcripción estrecha** o **estricta**, de acuerdo con la denominación que, desde 1886, empleó las *Association Phonétique Internationale*.

La 'transcripción fonética', o estrecha, es recomendable cuando se quiere poner de relieve determinadas particularidades de pronunciación, ya sean los ALÓFONOS CONTEXTUALES, o los ALÓFONOS DIATÓPICOS. En el primero de los casos nos estamos refiriendo a las variantes del entorno lingüístico de un 'fonema'; así, por ejemplo, a la 'transcripción fonética' de la palabra inglesa *eighth* [eit̪θ] hemos añadido el SIGNO DIACRÍTICO [̪] para indicar que la /t/, en esta palabra, no es alveolar sino dental, debido al contacto con la dental /θ/. En el caso de los alófonos diatópicos nos estamos refiriendo a las particularidades regionales; así, por ejemplo, la transcripción fonética de la pronunciación regional andaluza de *mismo* sería [ˈmihmo]. Y en ambos casos, tanto en la representación de los alófonos contextuales como en el de los diatópicos, podríamos haber utilizado más signos diacríticos, si hubiéramos querido, para intentar representar la información articulatoria y auditiva de los rasgos fonéticos de los alófonos de cada emisión oral, pero, como se puede adivinar, tratar de representar todos los rasgos de los sonidos es una labor inacabable. Los dialectólogos suelen emplear la 'transcripción fonética' para reflejar todas las variantes de una pronunciación, mientras que a los profesores de lenguas extranjeras es la 'transcripción fonológica' la que más les interesa, entre otras razones, porque es un recurso muy útil que permite reforzar la memoria 'auditiva'. La transcripción fonética y fonológica que se emplea hoy proviene de los trabajos fonéticos de 1886, cuando un grupo de profesores fundaron en Francia la *Association Phonétique Internationale*, con el fin de divulgar los descubrimientos y las prácticas que estaban realizando en el campo de la fonética y de la notación de los sonidos. Es encomiable que en una época en que el concepto de FONEMA era desconocido, se sentaran las bases de la transcripción: un símbolo para cada sonido, uso de las letras latinas para representar los sonidos, siempre que sea posible, y el mínimo número de signos diacríticos para evitar que la trasncripción sea un álgebra del lenguaje.

**TRANSFERENCIA.** Véase en INTERFERENCIA, ANÁLISIS DE CONTRASTES y en SINESTESIA.

**TRANSFONOLOGIZACIÓN.** La 'transfonologización', o **transfonematización**, también llamada **refonologización**, junto con la FONOLOGIZACIÓN y la TRANSFONOLOGIZACIÓN, es una reorganización del sistema fonológico que deja intacta una oposición a pesar de que cambian los valores fónicos de la mismagos. Hay refonologización, por ejemplo, cuando la oposición /p/-/b/ se reorganiza como /p/-/β/.

**TRANSFORMACIÓN.** ① En GRAMÁTICA GENERATIVA es la regla que deriva la estructura superficial de las oraciones a partir de la estructura considerada más básica, la ESTRUCTURA PROFUNDA. Por ejemplo, si la posición básica del objeto directo en español es la posverbal «A quién habéis elegido» se derivaría de *Habéis elegido a quién* mediante una 'transformación' que desplaza el objeto directo de su posición originaria. El número y la clase de reglas transformacionales propuestas por la GRAMÁTICA GENERATIVA ha ido modificándose conforme han evolucionado los MODELOS gramaticales. Frente a la variedad de reglas característica de los comienzos, en el modelo RECCIÓN Y LIGAMIENTO las 'transformaciones' se reducen a desplazamientos de constituyentes, resumidos en la regla genérica MÚEVASE ALFA.

② En el sentido procedente de Z. S. Harris y asumido por M. Gross y sus seguidores, una 'transformación' es una relación sistemática entre dos oraciones que, si bien difieren en su estructura, conservan sin variaciones su contenido informativo. Según señala, por ejemplo, Levy (1983), el concepto de 'transformación' utilizado por Gross difiere del del empleado en gramática generativa, en primer lugar, en que se trata de una relación que se da siempre entre oraciones, y no entre estructuras que se suceden en una derivación. En segundo lugar, también se diferencian en que la 'transformación' se concibe como una relación sin dirección, en la que no es requisito indispensable que una de las oraciones corresponda a una pauta nuclear. Según indica Lamiroy (1991), la 'transformación' se utiliza en LÉXICO-GRAMÁTICA como un dispositivo destinado a poner de manifiesto las características sintácticas pertinentes en una estructura determinada.

**TRANSFORMACIÓN DE TACHADO.** Véase en TACHADO.

**TRANSFORMACIÓN FACULTATIVA.** Según la teoría gramatical formulada por Chomsky en *Syntactic Structures*, ciertas TRANSFORMACIONES eran OBLIGATORIAS, mientras que otras eran tan sólo 'facultativas' u optativas. Una transformación se consideraba 'facultativa' si tanto en el caso de no aplicarse a una estructura subyacente como si se optaba por su aplicación «el resultado es una oración» (Chomsky, 1974: 63). Por ejemplo, «El coche fue registrado por la policía» es una oración gramatical bien formada, pero también lo es «La policía registró el coche». Por consiguiente, la denominada 'transformación' PASIVA que, teóricamente, debería aplicarse a la estructura básica de «La policía registró el coche» para obtener la correspondiente a la oración pasiva era una 'transformación facultativa': se aplique o no «el resultado es una oración».

**TRANSFORMACIÓN GENERALIZADA.** En la gramática generativa diseñada en *Estructuras sintácticas* (Chomsky, 1974) se identificaban como 'generalizadas' las TRANSFORMACIONES que, a diferencia de las SIMPLES, teóricamente operaban sobre dos estructuras oracionales básicas. Por ejemplo, si una oración como «Me encanta el ramo de rosas que me ha regalado» se derivaba mediante la inclusión o incrustación de la estructura oracional correspondiente a «Me ha regalado un ramo de rosas», en el sintagma nominal sujeto de la estructura subyacente a «Me encanta *el ramo de rosas*» esa transformación de inclusión o INCRUSTACIÓN era una 'transformación generalizada': actuaba sobre dos estructuras oraciones subyacentes para unirlas en una única estructura oracional derivada. Las 'transformaciones generalizadas' desaparecieron en la TEORÍA ESTÁNDAR.

**TRANSFORMACIÓN OBLIGATORIA.** Según la teoría formulada por Chomsky en *Estructuras sintácticas*, las TRANSFORMACIONES operantes en la gramática podían ser 'obligatorias' o FACULTATIVAS. Una transformación era 'obligatoria' si necesariamente debía aplicarse a una ESTRUCTURA PROFUNDA para obtener una oración gramatical. Por ejemplo, de conformidad con los planteamientos de *Estructuras sintácticas*, todo sintagma verbal estaba integrado en la estructura profunda por un constituyente denominado AUX(ILIAR), que abarcaba los rasgos específicamente gramaticales del sintagma verbal (tiempo, modo, persona, etc.) y por el verbo, en tanto que lexema verbal puro, situado detrás del Auxiliar. Por tanto, siguiendo a Chomsky, la oración inglesa «John plays» (John juega) y la oración española «Los niños juegan» tendrían la siguiente estructura de base:

| SN | Aux | V |
|---|---|---|
| John | -s | play |
| Los niños | -n | juega |

(-s es el AFIJO, en inglés, de tercera persona de singular; -n es el afijo, en español, de tercera persona del plural).

Evidentemente, ni «John s play» ni «Los niños n juega» son oraciones gramaticales. Para que lo sean, debe aplicarse a esa estructura subyacente una transformación que sitúan los afijos verbales (-s, -n) asociados al Auxiliar detrás del lexema verbal: «John play*s*», «Los niños juega*n*». Esta transformación, que comúnmente se denominaba *afijal* era, pues, 'obligatoria': debía aplicarse necesariamente para obtener una oración gramatical.

**TRANSFORMACIÓN OPCIONAL.** Véase en TRANSFORMACIÓN FACULTATIVA

**TRANSFORMACIÓN OPTATIVA.** Véase en TRANSFORMACIÓN FACULTATIVA

**TRANSFORMACIÓN SIMPLE.** En el modelo de gramática generativa elaborado en *Estructuras sintácticas* (Chomsky, 1974), se identificaban como 'simples' las TRANSFORMACIONES que, a diferencia de las denominadas GENERALIZADAS, operaban sobre una sola estructura oracional subyacente. Por ejemplo, la transformación pasiva, que derivaba una oración como «La pelota fue golpeada con fuerza por el delantero centro», a partir de «El delantero centro golpeó con fuerza la pelota», era una 'transformación simple': transformaba una única oración básica.

La distinción entre 'transformaciones simples' y transformaciones generalizadas desaparecería en la TEORÍA ESTÁNDAR.

**TRANSFORMACIÓN SINGULAR.** *Cf* transformación simple.

**TRANSITIVIDAD.** Con el término 'transitividad' se alude a una característica sintáctica y/o semántica (puesto que su naturaleza resulta controvertida) que en los estudios gramaticales se ha venido asociando, bien a la oración, como una propiedad sintagmática, bien al verbo, como un rasgo vinculado a sus VALENCIAS o a su contenido léxico. Véase en ORACIÓN TRANSITIVA, en VERBO TRANSITIVO y en DOBLE TRANSITIVIDAD.

**TRANSLÉMICA.** Véase en TRADUCCIÓN.

**TRANSPARENCIA SEMÁNTICA, TRANSPARENTE.** Se usa el concepto de **transparencia** para indicar que el SIGNIFICADO de una palabra compuesta (*cf* lexía compuesta) es **transparente** o deducible del de los componentes de su estructura. El significado de las 'lexías complejas' (*cf* clichés) es **opaco** o no transparente porque su significado no es deducible del de sus componentes, como en *irse por las* ramas o *estirar la pata. Cf* estilística de la desviación.

**TRANSPORTE DE LA NEGACIÓN.** Véase en ASCENSO DE LA NEGACIÓN.

**Transposición.** ① En gramática es el proceso sintáctico que consiste en capacitar a una unidad incluida en una categoría —adjetivo, sustantivo, etc.— para asumir una función que se considera propia de una categoría distinta. Por ejemplo, en *la casa de madera* el sustantivo *madera* queda habilitado mediante la preposición *de* para realizar una función característica de la categoría adjetivo: la de modificador o complemento del nombre. Es un caso, por tanto, de *transposición* de un sustantivo. Como puede deducirse de lo dicho, el concepto de *transposición* se basa en el supuesto de que cada tipo de función debe realizarse mediante una(s) determinada(s) categoría(s) y no otras.

② En traductología es la técnica de traducción oblicua, basada en la idea de que la misma carga sémica puede ser transportada por distintas categorías gramaticales, que permite, por ejemplo, traducir del inglés «He spoke again» por «*Volvió a* hablar».

**Transpositor.** Elemento mediante el cual se realiza la transposición de una unidad. Así, en *la casa de madera*, la preposición *de* es un *transpositor*, dado que es el elemento que habilita a *madera* para asumir una función propia de un adjetivo.

**Trapecio.** ① En semántica, Heger (1974) sustituyó el triángulo básico de Ogden y Richards (1928) por un 'trapecio', que metodológicamente tiene la ventaja de separar lo lingüístico, situado a la izquierda como en el triángulo básico, de lo extralingüístico (el concepto y la cosa)

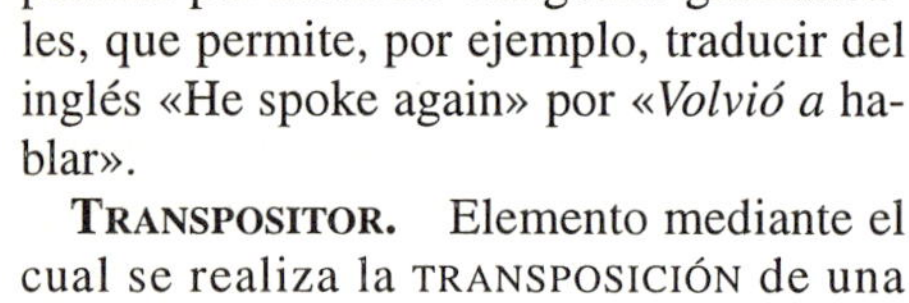


② En fonética inglesa se emplea el trapecio de Daniel Jones en vez del triángulo de Helwag, por ser éste insuficiente para la representación del sistema vocálico de lenguas, como el inglés, que poseen doce vocales. La disposición de las vocales en este trapecio, que corresponde, al sistema vocálico inglés, no es exactamente igual que la de las vocales cardinales que representan puntos ideales:

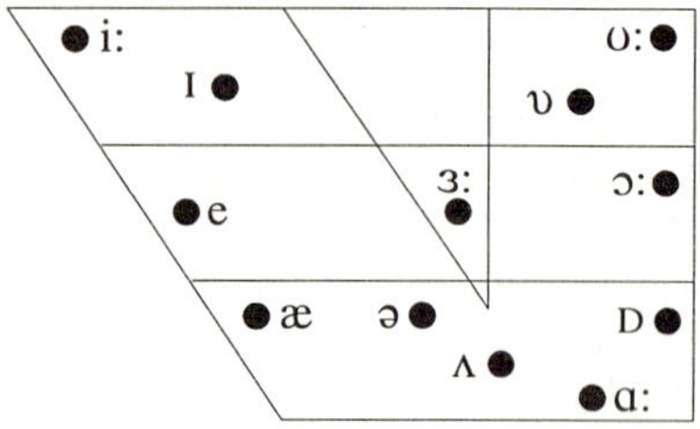


**Traslación.** Equivale a transposición.

**Traza.** Equivale a huella.

**Triángulo básico, triángulo semántico.** En semántica, Ogden y Richards (1923) diseñaron un triángulo, que llamaron **triángulo básico**, para caracterizar de forma analítica las relaciones existentes entre el significado, el significante y el referente. El significante *simboliza* un significado, el significado se *refiere* a un referente, y el significante *representa*, de forma convencional, al referente.

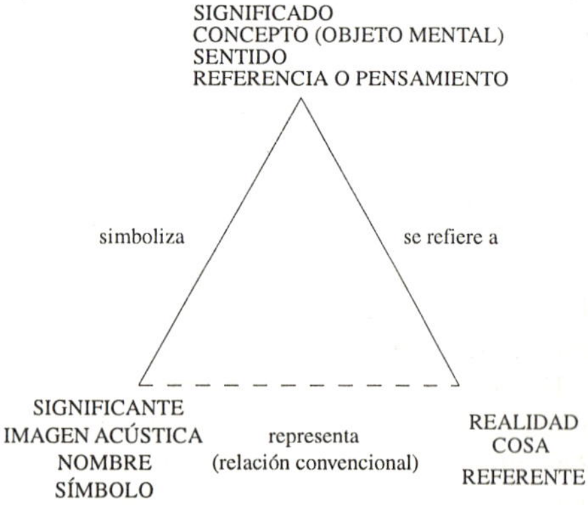


Este triángulo ha sido asumido por varios estudiosos del significado, entre ellos Ullmann (1968: 21), que, sin introducir grandes modificaciones en los conceptos, cambió los términos originales a **nombre**,

**sentido** y **cosa**. El 'sentido' es la información proporcionada por el NOMBRE. Pero, por ser el REFERENTE extralingüítico, la relación tripartita se reduce a una relación BINARIA entre el nombre y el 'sentido', la cual es recíproca y reversible. Para el que habla, el 'sentido' precede al nombre; por ejemplo, pensará en un *lápiz* y luego articulará la palabra «Lápiz». En el otro extremo, el del oyente, la secuencia está invertida, ya que primero percibirá el nombre, que le hará pensar en un *lápiz*. Se llama 'significado' a la relación recíproca y reversible entre el nombre y el 'sentido'. Heger quiso enriquecer estas relaciones con el llamado TRAPECIO DE HEGER (1968).

**TRIÁNGULO SEMIÓTICO.** Véase en PRAGMÁTICA.

**TRIÁNGULO VOCÁLICO.** En fonética se emplea el llamado TRIÁNGULO VOCÁLICO que diseño Helwag en el siglo XVIII para representar el punto de articulación de las VOCALES haciendo uso de dos dimensiones: un eje vertical correspondiente al GRADO DE ABERTURA, y un eje horizontal correspondiente a la parte de la lengua que queda afectada.

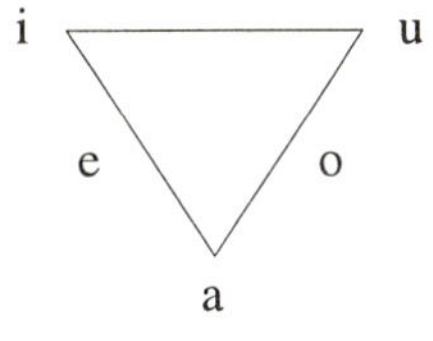


El 'triángulo' ha sido sustituido en lenguas que tienen un vocalismo más rico, como el inglés, por el llamado TRAPECIO de Daniel Jones. *Cf* vocales cardinales.

**TRIPTONGO.** Una secuencia de tres VOCALES (Quilis, 1993: 182-83) en la misma SÍLABA forma un 'triptongo'. Como en el del DIPTONGO, la vocal más 'abierta' es el NÚCLEO SILÁBICO. Los 'triptongos' consolidados del español son /jai/ (sitiáis), /jei/ (*sitiéis*), /wai/ (*Uruguay*), /wei/ (*buey*). En inglés también existen triptongos, como /aɪə/ (*fire*), /aʊə/ (*flower*), etc. Sin embargo, cada vez es mayor en esta lengua la tendencia a DIPTONGACIÓN de los mismos e incluso a su MONOPTONGACIÓN como /fɑː/, /flɑː/ en las palabras anteriores.

**TROPO.** Véase en FIGURA DEL LENGUAJE.

**TRUNCAMIENTO.** ① El 'truncamiento' es la construcción sintáctica en la que, como realización de una INTERROGATIVA INDIRECTA, aparece sólo el sintagma interrogativo («Es seguro que va a dimitir, pero no sabemos *cuándo*», «Alguien me lo dijo pero no recuerdo *quién*». Se le considera un tipo de ELIPSIS (*sluicing* en inglés) recuperable a partir del texto precedente: «No sabemos cuándo (va a dimitir)». «No recuerdo quién (me lo dijo)». *Cf* vaciado, reducción de coordinada.

② En LEXICOLOGÍA, el 'truncamiento', también llamado **mutilación**, es un procedimiento de FORMACIÓN DE PALABRAS por medio de la reducción o ABREVIACIÓN de una parte (uno o varios fonemas) de una UNIDAD LÉXICA simple o compuesta (*cf* elisión). Dependiendo del lugar en donde se haga el 'truncamiento' el resultado se llamará AFÉRESIS, SÍNCOPA o APÓCOPE. *Cf* abreviación.

**TURNO DE HABLA O DE PALABRA.** El análisis de los 'turnos de habla o de palabra', también llamados **turnos conversacionales**, junto con el de la TOPICALIZACIÓN, la TEMATIZACIÓN y la colaboración (PRINCIPIO DE COOPERACIÓN, estrategia de colaboración, principio de RELEVANCIA y el de CORTESÍA), es uno de los parámetros básicos en el estudio del DIÁLOGO o conversación diádica. Siguiendo a Guillén Nieto (1994: 81 y sigs.), el MODELO conversacional más relevante para explicar la organización de los 'turnos de palabra', su duración, su adjudicación, su alternancia, etc., es el de Sacks, Schegloff y Jefferson (1978).

Para llevar a cabo dicho análisis (Cestero, 1994: 77-99) se diferencian dos conceptos: los 'turnos' y las 'alternancias de turno'. El **turno de habla** es la unidad básica definida como periodo de tiempo que se inicia cuando un conversador empieza a hablar y concluye cuando dicha persona deja la palabra; en ese periodo de tiempo, el HABLANTE emite un mensaje con la intención de ofrecerlo completo. La **alternancia de turnos** (también llamada **juego de alternancias**) es una acción recurrente que consiste en la toma de la palabra por el otro interlocutor cuando el primer hablante ha emitido su mensaje y, por tanto, ha agotado su turno. Este interlocutor, por medio de una serie de MARCAS CONVERSACIONALES, señala la conclusión de su mensaje. La 'alternancia' puede ser propia e impropia. La **alternancia propia**, que es la más habitual, tiene lugar cuando la **toma de turnos**, esto es, la transición de un turno a otro, se produce de forma coordinada, a saber, el segundo interlocutor toma la palabra al finalizar su turno el primero. La **impropia** se caracteriza porque existe una INTERRUPCIÓN (*cf* superposición), ya involuntaria (si el interlocutor no ha interpretado correctamente el valor de las MARCAS), ya voluntaria (si los interlocutores no atienden conscientemente a las marcas conversacionales). De todas formas (Jensen, 1996: 305), las pautas que se siguen en la regulación de los 'turnos de habla' no es universal; hay culturas en las que se espera que se ceda el turno (en inglés *floor-givers*) y otras en las que se toma el turno (*floor-takers*). *Cf* gambito.

# U

**Ubicación.** Se llama 'ubicación', **locación**, o **locativo**, al PAPEL SEMÁNTICO que corresponde a la entidad en la que se sitúa algo, o en la que tiene lugar la acción, el estado o proceso a que hace referencia el PREDICADO. Por ejemplo, según Dik (1980), el constituyente *en Amsterdam* tiene asignado el papel semántico (o función semántica) 'ubicación' en el siguiente enunciado: «John vive *en Amsterdam*». Designa el lugar en el que transcurre lo denotado por el predicado. En «John guardó su dinero *en un calcetín viejo*», el papel 'ubicación' corresponde al constituyente *en un calcetín viejo*, esto es, alude al lugar en el que se sitúa algo, *su dinero*.

**Ultrasonido.** Véase en UMBRAL DE LA AUDICIÓN.

**Umbral de la audición, umbral del dolor.** El oído humano, órgano receptor de las ONDAS SONORAS, percibe SONIDOS con FRECUENCIAS comprendidas entre los 16 cps y los 20.000 cps. Estos son los valores medios, lo cual no quiere decir que no haya personas que perciban sonidos con frecuencias inferiores (**infrasonidos**) y superiores a las indicadas (**ultrasonidos**). En ACÚSTICA se ha acordado convencionalmente colocar el cero DECIBELIOS (0 dB) en el punto de mayor sensibilidad del oído, llamado **umbral de la audición**, que es análogo a una potencia eléctrica de $10^{-16}$ w/cm$^2$ para un sonido de 2.000 CICLOS por segundo (cps). Pero este 'umbral' depende también de la FRECUENCIA, por lo que en un gráfico se representa en forma de curva. El **umbral del dolor** se sitúa a unos $10^{-3}$ w/cm$^2$, lo que da una idea de la inmensa posibilidad auditiva del oído humano; se manifiesta cuando el sonido es muy intenso y ejerce sobre nuestro oído una sensación desagradable, dolorosa e incluso perjudicial, ya que nos puede causar lesiones. Se llama **campo de la audición** al espacio teórico, correspondiente a la la PERCEPCIÓN de una onda sonora, comprendido entre la curva del 'umbral de la audición' y la del 'umbral de dolor' (Martínez Celdrán, 1983: 37 y sigs.; Quilis, 1993: 136-37).

**Umlaut.** Equivale a APOFONÍA.

**Unario.** Véase en RASGO DISTINTIVO.

**Unidad acentual.** Véase en GRUPOS ACENTUALES.

**Unidad deíctica.** Véase en DEÍXIS.

**Unidad fonética, fonológica, léxica, lingüística, morfosintáctica, semántica.** En la INVESTIGACIÓN LINGÜÍSTICA se distinguen varias UNIDADES LINGÜÍSTICAS, que son características de cada uno de los NIVELES del ANÁLISIS LINGÜÍSTICO.

① En FONÉTICA los SONIDOS y las SÍLABAS son las 'unidades fonéticas' por excelencia, y la de la FONOLOGÍA es el FONEMA (y sus alófonos). Desde la aparición de la FONOLOGÍA FUNCIONAL, y también de la GENERATIVA, el RASGO se ha convertido en una 'unidad fonológica'. Últimamente, en la FONOLOGÍA NO LINEAL se consideran como 'unidades fonológicas' el SEGMENTO, la MORA, la SÍLABA, el PIE, el AFIJO y la PALABRA.

② En LEXICOLOGÍA, las 'unidades léxicas', también conocidas con el nombre de **piezas léxicas**, son la PALABRA y el LEXEMA O LEXÍA.

③ En MORFOSINTAXIS la unidad formal mínima es el MORFEMA, la máxima, la ORACIÓN.

④ En SEMÁNTICA las unidades propias de este plano de análisis son el SEMA O COMPONENTE, la PALABRA y la ORACIÓN.

**UNIMEMBRE.** Véase en FRASE UNIMEMBRE y en ENUNCIADO BIMEMBRE.

**UNIVERSALES LINGÜÍSTICOS.** ① Los 'universales lingüísticos' son las propiedades que sirven para definir el posible LENGUAJE NATURAL y la gramática potencial de una lengua natural. Aunque los 'universales lingüísticos' son un punto central del GENERATIVISMO, no son una cuestión nueva en lingüística; por ejemplo, el mismo Saussure aceptó la existencia de una fonética universal, al igual que Troubetzkoy (1973) primero y Jakobson (Jakobson, R., Fant, G. y Halle, M., 1951) más tarde, con su original teoría fonológica basada en el BINARISMO. Y en la gramática RACIONALISTA, en los estudios de Port Royal (*Grammaire générale et raisonée*, de Antoine Arnauld y Claude Lancelot), como ha reconocido Chomsky, se encuentran claros antecedentes de su formulación teórica.

En opinión de Chomsky (1965: 28), uno de los cometidos que toda TEORÍA lingüística debe marcarse es desarrollar una descripción de los 'universales lingüísticos', con lo que, tras su definición lo más precisa posible, debería ser capaz de distinguir los lenguajes humanos posibles (en cuyas gramáticas estarían los 'universales lingüísticos') de los lenguajes humanos imposibles, cuyas gramáticas carecerían de ellos (Hawkins, J., 1988). Los 'universales lingüísticos', que son «principios abstractos, generales y específicos, que determinan la forma y la interpretación de las oraciones» (Bouveresse, J., 1974), están intrínsecamente vinculados al INNATISMO del lenguaje (*cf* adquisición del lenguaje) de manera que son como una propiedad o constituyente del mismo.

Chomsky distingue dos tipos de universales: los **universales formales** y los **universales sustantivos**. Los primeros están relacionados con la FORMA de una gramática, a saber, sus COMPONENTES (sintáctico, semántico, fonológico, etc.), con los distintos tipos de REGLAS (reglas estructurales, de transformación, etc.), con los principios de interacción (los CICLOS), etc.; los segundos se refieren, en cambio, a los CONTENIDOS de estas reglas y categorías sintácticas, como pueden ser los RASGOS DISTINTIVOS en FONOLOGÍA O SEMÁNTICA, los grupos nominales en sintaxis, etc., la POLISEMIA en semántica, etc. (Hawkins, J., 1988). Tanto el SIGNIFICADO como la FORMA de las lenguas deben ser descritos con caracterizaciones fonéticas y semánticas 'universales' de manera que las representaciones, al ser universales, sean independientes de las lenguas que describen. Por ejemplo, en el estructuralismo, la teoría de los RASGOS DISTINTIVOS de Jakobson, que postula en fonología la existencia de una serie de rasgos distintivos independientes de cualquier lengua, es una teoría de 'universales lingüísticos'.

La cuestión de los universales lingüísticos es uno de los puntos diferenciadores entre el ESTRUCTURALISMO y el generativismo, ya que a los primeros, con su perspectiva analítica-inmanentista (*cf* inmanentismo lingüístico), les interesó más la DESCRIPCIÓN de los rasgos propios de las distintas lenguas que el estudio de las regularidades y restricciones de orden general, a saber, las propiedades o rasgos tipológicos y principios abstractos que todas las lenguas comparten, o sea, los 'universales lingüísticos', que fue preocupación de los segundos.

② La aproximación anterior al estudio de los 'universales lingüísticos', propia de los generativistas, se llama aproximación innatista al estudio de los 'universales lingüísticos', y está interesada por la investigación de la subyacencia común que caracteriza a todas las lenguas, lo que se llama **universales absolutos** (Hawkins, 1988). Existen, además, otras direcciones de análisis de los universales, por ejemplo el enfoque funcionalista de Givon (1983), o el enfoque tipológico de la GRAMÁTICA UNIVERSAL TIPOLÓGICA; los investigadores de esta última tendencia, llamados **tipólogos** (Hawkins, Keenan, Comrie, Seiler, etc.), están más interesados en la comparación y clasificación de las lenguas de acuerdo con los **universales relativos**, nombre con el que se conoce las tendencias generales y observables de una lengua que admiten excepciones.

**UNIVERSALISMO LINGÜÍSTICO.** En la teorización sobre sobre las relaciones entre LENGUAJE y pensamiento, y la función que desempeña la LENGUA en la adquisición y representación del conocimiento se distinguen dos claras tendencias: el DETERMINISMO LINGÜÍSTICO y el 'universalismo'. Este último defiende la existencia de 'universales lingüísticos' frente al relativismo del 'determinismo lingüístico'.

**UNIVERSO DEL DISCURSO O DISCURSIVO.** ① El **universo discursivo** o **mundo discursivo** (*cf* contexto) es el dominio cognoscitivo concreto que cumple una triple condición de carácter COGNITIVO: (a) se pueden representar objetos en él; (b) las proposiciones empleadas en la representación de los objetos pueden ser verdaderas o falsas; y (c) las reglas de INFERENCIA lógica pueden considerarse a efectos prácticos como válidas. Estamos, pues, ante un concepto de mundo entendido como dominio en el que las proposiciones pueden ser verdaderas, los objetos pueden existir, y las inferencias lógicas pueden ser válidas. Los mundos pueden ser **reales** y **no reales**. Los primeros son innumerables. Por ejemplo, si yo le pregunto a alguien qué es potencia, sólo podrá contestarme si se basa en un mundo de los varios posibles: el de las matemáticas, el de la física, el de la filosofía, etc.

Los mundos no reales pueden ser mundos de creencias, mundos de suposiciones y mundo de narraciones. Un **mundo de creencias** es aquel en el que son verdaderas o falsas las proposiciones que el hablante estima como verdaderas o como falsas; este mundo pertenece a las escalas de valores éticos, morales, estéticos, etc. Las personas hablamos con frecuencia de cosas que no existen o que hemos identificado erróneamente (**mundos de suposiciones**); estas cosas inexistentes o que hemos identificado erróneamente sí existen como *índices* en nuestras mentes, es decir, el mundo de nuestras percepciones diarias, el de nuestras intuiciones, etc., en este caso, en alguno de los mundos antes citados, aunque no existan en el mundo real. El **mundo de las narraciones** puede referirse a culturas y seres imaginarios (*Alicia en el País de las Maravillas*), a culturas del pasado (el mundo egipcio o el de los incas), a lucubraciones de nuestra imaginación, etc. *Cf* comunidad epistemológica.

② El 'universo del discurso', junto con la SITUACIÓN, el CONTEXTO y la REGIÓN, constituyen el ENTORNO de la LINGÜÍSTICA DEL HABLAR. Coseriu (1967: 309 y sigs.) la define como el sistema universal de significaciones que determina la validez o el sentido de un DISCURSO O ENUNCIADO. Son 'universos de discurso', por ejemplo, la literatura, la mitología, las ciencias, etc.

**URBANO.** Véase en PRESTIGIO.

**USO.** Se llama 'uso' a la utilización del lenguaje en CONTEXTOS o situaciones concretas. El uso del lenguaje está relacionado con el HABLA y con la ACTUACIÓN. Por esta razón, este término se emplea en la definición de la PRAGMÁTICA, que es el estudio del LENGUAJE EN USO, o también LENGUAJE USADO. Pero antes ya se había empleado este termino en lingüística, por ejemplo, en alguna definición del SIGNIFICADO LÉXICO[7], como la de Wittgenstein. Chomsky (1974) también introduce el término 'uso'cuando habla del *aspecto creador* (*cf* creatividad) del 'uso' del lenguaje, esto es, «que el 'uso' del lenguaje es innovador, en el sentido de que una gran parte de lo que decimos diariamente es completamente nuevo y no es repetición de lo que hayamos oído con anterioridad, está libre del control de estímulos externos, es coherente y apropiado a las situaciones, al tiempo que suscita en el destinatario del mensaje pensamientos relacionados con los del emisor». *Cf* actuación.

**Uso dislocado (de los tiempos verbales).** Se denomina 'uso dislocado' de una forma verbal al empleo de dicha forma con un valor semántico no acorde con el significado temporal básico que tiene asignado en el sistema verbal. De conformidad con Rojo (1974), por ejemplo, los sentidos que aportan las formas verbales destacadas en los siguientes enunciados: «Aunque lo niegue, Ana Isabel *tendrá* ya cuarenta años», «Son las diez, el partido ya *habrá terminado*» corresponden a 'usos dislocados' de los futuros *tendrá* y *habrá terminado*. *Tendrá*, según su uso no dislocado o básico, sitúa un evento en un espacio temporal posterior al momento del habla: «Ana Isabel *tendrá* cuarenta años en el año dos mil», «La semana próxima *tendrá* Vd. terminadas las puertas». En cambio, en «Aunque lo niegue, Ana Isabel tendrá ya cuarenta años» no se manifiesta ese valor básico; lo denotado por el predicado se presenta como simultáneo al instante de la enunciación, con un matiz añadido de probabilidad (valor modal, no temporal) que no estaría expresado si se hubiera utilizado el presente, el tiempo indicativo de la simultaneidad: «Ana Isabel ya tiene cuarenta años». *Simultaneidad* y *probabilidad* son, pues, valores asociados a un 'uso dislocado' del futuro *tendrá*, en cuanto que no se corresponden con su significado temporal básico: posterioridad. En «Son las diez, el partido ya *habrá terminado*», el futuro perfecto *habrá terminado* sitúa el evento a que hace referencia en un espacio temporal anterior al momento de la enunciación, añadiendo, además, ese valor modal «probabilidad» que estaría ausente en «El partido ya *ha terminado*». También es, por tanto, un 'uso dislocado', dado que ambos valores, «anterioridad al momento del habla», «probabilidad», no reflejan el significado temporal básico que tiene asignado en el sistema verbal *habrá terminado*: situar el evento designado por el verbo en un tiempo anterior a otro momento o a otro evento futuro con respecto al instante de la enunciación: «Cuando llegue Juan a la taquilla el partido ya *habrá terminado*».

**Úvula, uvular.** La 'úvula', también llamada **campanilla**, es el apéndice posterior del VELO DEL PALADAR. En algunas lenguas, como el francés o el árabe, existen articulaciones **uvulares**, que se forman elevando el posdorso de la LENGUA hacia la 'uvula'. Por ejemplo, en árabe existe una OCLUSIVA uvular /q/, y en francés una FRICATIVA uvular [ʁ], la llamada **r uvular**, que es uno de los ALÓFONOS del FONEMA /r/. En español, las realizaciones del fonema oclusivo /g/ de algunos hablantes es más 'uvular' que velar, y también es más 'uvular' que velar la fricativa /x/, cuando va acompañada de una vocal posterior (*julio, jueves, jota*, etc.).

# V

**Vaciado.** El término 'vaciado' se utilizaba en la gramática generativa transformacional para aludir al proceso de ELIPSIS verbal que daba origen a construcciones como las que van en cursiva en los siguientes enunciados: «Los vecinos han arreglado el patio y *nosotros la escalera*», «Carlos recibirá a Luis el martes y *Julia el jueves*». Las construcciones de este tipo se identifican comúnmente como construcciones —u oraciones— de 'vaciado' o 'vaciadas', aun en el caso de que quienes así las llaman no recurran a procesos de elipsis para explicarlas.

Son rasgos típicos de las construcciones de 'vaciado' los siguientes:

(1) Se presentan fundamentalmente como miembros de una coordinación.

(2) Están precedidas por una oración plena, no vaciada: «Los vecinos han arreglado el patio», «Carlos recibirá a Luis el martes».

(3) No presentan núcleo verbal fonéticamente realizado, pero la correcta interpretación sintáctica y semántica de la oración implica un verbo coincidente con el de la oración plena, tanto en su contenido léxico como en sus rasgos temporales, aunque pueden variar los de persona: «Los vecinos han arreglado el patio y nosotros (hemos arreglado) la escalera»; «*Carlos recibirá a Luis el martes y Julia (recibió a Luis) la semana pasada».

(4) Puede, asimismo, no realizarse fonéticamente alguno(s) de los complementos de la oración plena pero, no obstante está presente en la interpretación de la oración de vaciado: «Julia (recibirá a Luis) el martes».

(5) Aunque, como se ha dicho, puede faltar tanto el núcleo como alguno de los complementos, en la construcción vaciada está presente un constituyente que se interpreta como sujeto (*nosotros, Julia)* y al menos otro constituyente que corresponda a un complemento (*la escalera, el martes*).

(6) La estructura sintáctica y la semántica de la construcción vaciada es completamente paralela a las de la oración plena. No contiene ninguna función que no esté presente en la oración precedente y, a la inversa, ésta no presenta ninguna función que no se proyecte sobre la construcción vaciada. *Cf* zeugma.

**Vacío.** Véase en PALABRA VACÍA, CATEGORÍA VACÍA, CASILLA VACÍA, PREPOSICIÓN VACÍA, HUELLA.

**Valencia.** ① En la terminología introducida por L. Tesnière, iniciador de la llamada GRAMÁTICA de VALENCIAS O DE DEPENDENCIAS, 'valencia' es el número de ACTANTES, de entidades participantes que requiere un determinado verbo en función del proceso que denota. *Recoger*, por ejemplo, es un verbo con 'valencia'2, puesto que alude a una acción que implica la participación de dos actantes: «*Antonio* recogió *los discos*», «*Eloísa* ha recogido *los resultados del análisis*». *Dormir*, en cambio, es un verbo con 'valencia' 1; el proceso que designa exige únicamente la existencia de un actante: «*Ana* dormía plácidamente», «*El gato* dormía en un rincón».

② Aunque inicialmente el concepto de 'valencia' aparece vinculado al verbo, en los trabajos desarrollados en el marco de la gramática de dependencias o de valencias (*cf* Báez de San José, 1988) se ha hecho también extensivo a otras unidades léxicas, tales como los sustantivos o los adjetivos. Por consiguiente, 'valencia' ha venido a designar el potencial combinatorio de una unidad léxica —con independencia de que sea o no un verbo—, el número de elementos con los que dicha unidad puede o debe combinarse. *Propenso*, por ejemplo, puede considerarse un adjetivo con 'valencia' 2, puesto que implica combinación con dos unidades: «*Un hombre* propenso *a la ira*», «*Un niño* propenso *a los resfriados*».

**VALENCIA SEMÁNTICA.** Se denomina 'valencia semántica' al conjunto de características semánticas —ya inherentes, ya relacionales— que imponen a los elementos que saturan sus VALENCIAS tanto los verbos como las restantes categorías léxicas —sustantivos, adjetivos— a las que se ha hecho extensiva la aplicación del concepto de valencia. En el caso de un verbo, como, por ejemplo, *asesinar*, la 'valencia semántica' puede estar constituida por los siguientes aspectos:

(1) Los RASGOS SEMÁNTICOS inherentes (humano, animado, concreto, etc.) que deben presentar las unidades correspondientes a los ACTANTES requeridos por el verbo. *Asesinar* exige que los dos actantes que implica, las dos entidades participantes en la acción que denota, sean ambos de carácter humano: «*El malvado conde* asesinó a *su inocente esposa*», «**La señora de la casa* asesinó con una escoba a *la cucaracha voladora*».

(2) Los PAPELES SEMÁNTICOS —característica semántica de tipo relacional— que asigna a cada uno de los actantes implicados. Al primer actante de asesinar (*el malvado conde*) le corresponde el papel semántico de agente: es el que realiza y controla la acción. Al segundo actante (*su inocente esposa*) se le asocia el papel de paciente: es la entidad afectada por la actuación del agente.

**VALENCIA SINTÁCTICA.** Se denomina 'valencia sintáctica' al conjunto de rasgos sintácticos —clase de unidad, función sintáctica— característicos de las unidades gramaticales que precisan, para cumplimentar sus VALENCIAS, tanto los verbos como las restantes categorías léxicas —sustantivos, adjetivos— a las que se ha hecho extensiva la aplicación del concepto de valencia. En el caso de un verbo como, por ejemplo, *entregar*, la 'valencia sintáctica' estaría integrada por aspectos como los siguientes:

(1) La clase de unidad o categoría gramatical —sintagma nominal, sintagma preposicional, oración— mediante la que normalmente se representan los ACTANTES, tanto obligatorios como opcionales, que el verbo selecciona. De los tres actantes, de las tres entidades participantes en la acción que implica *regalar*, las dos primeras se representan por medio de un sintagma nominal: «*Anselmo* entregó finalmente *las llaves*». El tercero, cuya presencia en la oración es opcional, se realiza mediante un sintagma preposicional con la preposición *a*: «Anselmo (le) entregó finalmente las llaves *a la portera*».

(2) Las funciones sintácticas (sujeto, objeto directo, etc.) que corresponden en el esquema oracional a cada uno de los actantes implicados. En el caso de *entregar*, el primer actante (*Anselmo*) desempeña la función de sujeto oracional; el segundo (*las llaves*) la de objeto directo; al tercero (*a la portera*) le corresponde el papel sintáctico de objeto indirecto.

**VALOR.** En lingüística el término valor se emplea con varias acepciones:

① Con el significado de IDENTIDAD LINGÜÍSTICA.

② El BLOQUE III del CONTEXTO, llamado también PRESUPOSICIÓN PRAGMÁTICA, consta de la ESCALA DE VALORES de una comunidad o individuo, en la caracterización del SIGNIFICADO COMUNICATIVO.

③ En la investigación SOCIOLINGÜÍSTICA, cada una de las VARIABLES o atributos de la POBLACIÓN que es objeto de investigación tiene distintos 'valores'. Por ejemplo, la variable «sexo» tiene dos 'valores', *hombre* y *mujer*. A las variables de dos 'valores' se las llama **variables dicotómicas** y son, evidentemente, las que menos dificultades presentan en su manipulación. La variable *estado civil* toma muchos más 'valores': *soltero*, *casado*, *viudo*, *separado/divorciado*, así como la variable «palabra que se emplea para referirse al cónyuge femenino», que posee, al menos, los siguientes valores: *mujer*, *esposa*, *señora*, *pariente*, *media naranja*, etc.

**VALOR VERITATIVO O DE VERDAD DE UNA PROPOSICIÓN.** En SEMÁNTICA FORMAL (Lyons, 1990: 148-49) se llama 'valor veritativo' de una proposición a su verdad o falsedad, valor que es *invariable*. Por ejemplo, podemos cambiar nuestro parecer sobre la verdad de una proposición. Así, en un momento dado creyendo que la tierra es plana y más tarde, tanto si procedemos correctamente como si no, pensando que no lo es. Pero esto no implica que la proposición que anteriormente era verdadera se haya vuelto falsa. Sin embargo, la mayoría de las oraciones carecen como tales de 'valor veritativo', ya que la proposición que expresan depende, por lo general, de la referencia de las expresiones referenciales deícticas y no deícticas que contienen, pero pueden tener CONDICIONES VERITATIVAS.

**VALORATIVO.** Véase en ADJETIVO VALORATIVO.

**VARIABLE, VARIABLE LINGÜÍSTICA.** El término 'variable' tiene distintas acepciones en lingüística:

① En un sentido procedente de la lógica de predicados, 'variable' es un SÍMBOLO (normalmente una letra: *x*, *y*, *z*) carente de contenido, que puede adquirir distintos *valores* al ser sustituido por una CONSTANTE, un elemento con contenido y, por tanto, interpretable (Montaner, P., 1993: 13 y sigs.). Puesto que carecen de valor propio, las 'variables' sólo señalan el lugar que puede ocupar una CONSTANTE en el interior de una estructura. Por ejemplo, en el esquema «*x* rompió *y*», *x* e *y* son 'variables' SÍMBOLOS indicativos de que *rompió* puede relacionar dos entidades, pero, evidentemente, no se concreta cuáles. Tanto *x* como *y* pueden ser sustituidas por diversas expresiones nominales, las constantes, dando así lugar a diferentes enunciados ya interpretables: «*Juanito* rompió *la ventana*», «*Mi madre* rompió *la carta*», «*El vecino* rompió *el coche*». *Cf* rango de variable.

② En un sentido relacionado con el anterior, también se utiliza el término 'variable' para aludir a los elementos oracionales cuya interpretación o referencia viene fijada por otro elemento de la oración o el contexto. El pronombre *él*, por ejemplo, puede considerarse una 'variable' en este sentido (Bosque y Moreno Cabrera, 1988). En una expresión como «Dáselo a *él*», *él* puede aludir a diferentes individuos (*Antonio Martínez*, *el chico de la fotocopiadora*, *el abuelo*, *el repartidor del agua*), dependiendo de las especificaciones del contexto.

③ Asimismo, en RECCIÓN Y LIGAMIENTO, las HUELLAS del MOVIMIENTO DE QU, esto es, las dejadas por el desplazamiento de un pronombre relativo o interrogativo, se conceptúan como «expresiones referenciales con valor de variable» (Demonte, 1989: 203) debido a que su referencia debe quedar acotada por otro elemento.

④ Según la terminología procedente de la GLOSEMÁTICA, una 'variable' es el elemento de una relación gramatical cuya presencia es opcional; esto es, no es condición necesaria para que subsista el otro elemento con el que mantiene la relación. Son 'variables', en este sentido del término, tanto los complementos de un núcleo como los elementos relacionados mediante coordinación. Tomemos, por ejemplo, el enunciado «Quiero un coche de carreras». La relación gramatical que se estable entre el nombre *coche* y el sintagma preposicional *de carreras* puede describirse como una relación entre una CONSTANTE, el núcleo *coche*, cuya presencia es imprescindible para que pueda aparecer el complemento («*Quiero un de carreras») y una 'variable', *de carreras*, un elemento opcional, dado que su ausencia no condiciona la aparición del núcleo: «Quiero *un coche*». Asimismo en «Se ha comprado un coche y una moto», la relación existente entre *un coche* y *una moto* puede describirse como una relación entre dos 'variables', ya que ninguno de los dos sintagmas necesita de la presencia del otro para formar una construcción gramatical como «Se ha comprado *un coche*», «Se ha comprado *una moto*».

⑤ En la GRAMÁTICA TRADICIONAL se emplea el adjetivo 'variable' para aludir a las CLASES de palabras que admiten ACCIDENTES GRAMATICALES.

⑥ En la INVESTIGACIÓN EMPÍRICA, propia de la sociología, los trabajos de campo, las 'variables' son las características o atributos de la POBLACIÓN que son objeto de investigación; por ejemplo, la edad, el estado civil, el sexo, la profesión, el estatus social o económico, la residencia, la educación, etc., son características de una población, es decir, son 'variables' de dicha población (Durá, J. M. *et al.*, 1988: 9; Castro, J., 1990). Las **variables sociales** se pueden relacionar entre sí. Por ejemplo, al analizar una VARIABLE SOCIOLINGÜÍSTICA en el cuestionario de una encuesta (por ejemplo, el grado de aceptabilidad de una determinada oración como «Me amaneció el árbol temprano») podemos también tener en cuenta otras variables de la población que la ha contestado, a saber, la educación, el sexo, la residencia, etc.; y, de esta manera, sería factible encontrar curiosas interdependencias entre las variables que hemos contrastado, las cuales que se pueden objetivar en lo que se llama **reglas de variables**. Las 'variables sociológicas' se clasifican en VARIABLES CATEGÓRICAS y en VARIABLES MEDIBLES.

⑦ En la INVESTIGACIÓN SOCIOLINGÜÍSTICA, desde que Labov (1971, 1972a, 1972b, 1973c, 1977) lo introdujo, se llaman **variables lingüísticas** las UNIDADE LINGÜÍSTICAS que varían de forma más sistemática respecto de las 'variables' de la investigación social (edad, sexo, clase socioeconómica, origen social, etc.). Por ejemplo, podemos estar interesados en saber qué palabra o palabras se utilizan en determinada banda de población para referirse al cónyuge femenino; en este caso la 'variable sociolingüística' que es objeto de estudio es «la palabra que se emplea en determinada lengua (o DIALECTO) para referirse al cónyuge femenino». La anterior es una variable léxica. En FONOLOGÍA el FONEMA /s/ es una 'variable fonológica' formada por unos alófonos O VARIANTES[2] que, en este caso, constituyen una tríada: la sibilancia [s, z], la aspiración [h] y la elisión [Ø]). Por tanto, como dice López Morales (1993: 84 y sigs.), una 'variable lingüística' es un conjunto de equivalencia formado por las REALIZACIONES o expresiones patentes de un mismo elemento o principio subyacente.

**VARIABLES CATEGÓRICAS.** Las 'variables categóricas' son términos referidos a características que no son cuantificables, y se dividen, a su vez, en VARIABLES CATEGÓRICAS NOMINALES y VARIABLES CATEGÓRICAS ORDINALES.

**VARIABLES CATEGÓRICAS NOMINALES.** Son 'variables categóricas nominales' aquellas VARIABLES CATEGÓRICAS en las que a los resultados de la OBSERVACIÓN no se les atribuye un orden o grado de preferencia, sólo se les da una etiqueta o rótulo; por ejemplo, los VALORES de la variable «estado civil de una persona» son soltero (1), casado (2), viudo (3), divorciado (4), separado (5), es decir, simples nombres; y de la misma forma, al analizar la variable «parte de la oración que representa cada palabra de un texto» los valores o resultados posibles sólo son nueve: sustantivos (1), adjetivos (2), artículos (3), verbos (4), pronombres (5), etc. Tanto en el caso de las VARIABLES CATEGÓRICAS ORDINALES como en el de las nominales se asignan números a los valores o resultados, como hemos podido ver; pero en las variables ordinales esta asignación se hace conforme a un determinado orden (por ejemplo, el grado de aceptación de un enunciado, como «Me amaneció el árbol temprano»), mientras que en las nominales el orden es irrelevante y sólo utilizamos las cifras como simples referencias para una manipulación estadística más cómoda y manejable; es decir, cuando hablemos del valor 2 de la variable *estado civil* nos estaremos refiriendo al valor *casado*; y, de la misma forma, cuando hablemos del valor 3 de la variable «parte de la oración que representa cada palabra de un texto» nos estaremos refiriendo al *artículo*.

**VARIABLES CATEGÓRICAS ORDINALES.** Son 'variables categóricas ordinales' aquellas VARIABLES CATEGÓRICAS en las que los resultados de la OBSERVACIÓN se suelen ordenar de acuerdo con un criterio, que es normalmente un orden de preferencia. Por ejemplo, «el grado de aceptabilidad de una oración», como la del ejemplo que sigue, puede ser una variable ordinal, y los valores de la misma pueden ser *inaceptable*, *casi aceptable*, *aceptable*. «Señale con una cruz la opinión que le merece la oración *Me amaneció el árbol temprano en alma llena*: (2) ___ aceptable; (1) ___ casi aceptable; (0) ___ inaceptable». Como es comprobable, los valores de la variable y, consecuentemente, el resultado de la encuesta, estarán relacionados con el grado de satisfacción o de aceptación de los encuestados con relación a la citada oración.

**VARIABLES DICOTÓMICAS.** Véase en VALOR[3].

**VARIABLES MEDIBLES.** Son 'variables medibles' aquellas en las que los VALORES O resultados de la OBSERVACIÓN son medibles o cuantificables; por ejemplo, la edad de una persona, el número de personas de una familia, el número de veces que un determinado locutor o presentador de radio o televisión emplea adverbios acabados en *-mente*, la expresión *a nivel de*, etc.

**VARIABLES SOCIALES.** Véase en VARIABLE[6] y en VARIACIONISMO.

**VARIACIÓN, VARIACIONISMO.** ① Se llama 'variación' (o **variabilidad**, en inglés *variability*) a la propiedad que tienen las lenguas de presentar oscilaciones o fluctuaciones lingüísticas que guardan una clara coherencia con determinadas VARIABLES SOCIALES (sexo, edad, clase social, etc.). Dentro de la SOCIOLINGÜÍSTICA el estudio de la 'variación' en los DIALECTOS urbanos es una de sus ramas más originales. De acuerdo con López Morales (1993: 84), la 'variación', que ocurre en todos los niveles de la lengua, es el eje que permite la manifestación de los parámetros de diferenciación social (*cf* red social).

Se llama **variacionismo** al análisis cuantitativo de las correlaciones existentes entre VARIABLES LINGÜÍSTICAS (*cf* variable[7]) y las mencionadas variables sociales. Este análisis cuantitativo permite convertir en coeficientes de probabilidad la covariación de unas variables lingüísticas con otras variables sociales. La perspectiva unánimemente adoptada desde la obra pionera de Labov fue la probabilística, y su corolario, la adopción de métodos cuantitativos (García-López, 1996: 17). Como afirma Martín Butragueño (1994), 'variacionismo' es la teoría o perspectiva que defiende que el argumento cuantitativo tiene alguna importancia en el estudio del lenguaje. Al 'variacionismo' también se le llama **lingüística correlacional** (Turell, 1990: 205 y sigs.), que como su nombre indica estudia la correlación de una determinada variable lingüística con otros factores lingüísticos, estilísticos y sociales. Éstos, a su vez, dan cuenta de la naturaleza de la variación lingüística, la cual puede reflejar un indicio de que se está produciendo un CAM-

BIO LINGÜÍSTICO en una determinada COMUNIDAD DE HABLA determinada.

Dicho con otras palabras (Serrano, 1994: 379), el 'variacionismo' pretende verificar de qué forma la selección de VARIANTES lingüísticas que realizan los individuos de una COMUNIDAD DE HABLA viene condicionada por las variables sociales antes citadas (edad, sexo, nivel profesional o de estudios y etnia). A partir de los años ochenta (Coates, 1987: 190), los estudios variacionistas comienzan a fijarse en otras variables sociales, distintas de las anteriores, como el grado de ambición social, el prestigio social, etc., integradas, a su vez, dentro de otros parámetros, como la SITUACIÓN DE HABLA, el interlocutor, el TEMA DISCURSIVO, etc. (*cf* acontecimiento de habla), dando lugar al nacimiento de otro constructo teórico llamado RED SOCIAL.

El estudio del 'variacionismo' se debe a Labov, sus discípulos y seguidores, ya que la 'variación' como tal fue ignorada por la lingüística estructural o la generativa, que la consideraron respectivamente como fenómenos del HABLA o de la ACTUACIÓN, al interesarse sólo por el estudio del sistema o de la COMPETENCIA. Para Chambers (1995) el 'variacionismo' iniciado a partir de los años sesenta ha alcanzado un grado tal de madurez que permite explicar varios fenómenos lingüísticos, como por ejemplo, la motivación social en el CAMBIO LINGÜÍSTICO (Coates, 1987: 195).

② El término 'variación' también se usa en la dicotomía 'variación lingüística'-CAMBIO LINGÜÍSTICO' para aludir a las VARIEDADES de orden SINCRÓNICO, o LECTOS, de una lengua, tanto de carácter regional como social (DIALECTO, IDIOLECTO, SOCIOLECTO, BASILECTO, etc.); el cambio lingüístico, sin embargo, aborda las modificaciones de tipo DIACRÓNICO.

**VARIACIÓN ESTILÍSTICA.** Véase en VARIEDAD LINGÜÍSTICA[2].

**VARIANTE.** ① En lingüística se llama VARIANTE a las distintas formas de una UNIDAD LINGÜÍSTICA sea del nivel que sea. Visto desde la SOCIOLINGÜÍSTICA se llama 'variante' a cada una de las REALIZACIONES de una VARIABLE LINGÜÍSTICA. Siguiendo a R. Trujillo (1976: 39), toda DESCRIPCIÓN lingüística debe comenzar por separar lo constante de lo variable, esto es, lo que es función semántica, sintáctica o fonológica de lo que es manifestación (o REALIZACIÓN) de esa función. *Cf* apofonía, alternancia.

② En FONOLOGÍA, 'variante' es sinónimo de ALÓFONO en muchas escuelas lingüísticas (*cf* variante combinatoria), por ejemplo, en la GLOSEMÁTICA el FONEMA se llama INVARIANTE y los alófonos, 'variantes'.

③ En MORFOLOGÍA las 'variantes' de realización de un morfema reciben el nombre de ALOMORFOS.

④ En LEXICOLOGÍA merecen destacarse la SINONIMIA y las variantes llamadas VULGARISMOS, EUFEMISMOS, DISFEMISMOS.

**VARIANTE COMBINATORIA.** Equivale a ALÓFONO CONTEXTUAL.

**VARIEDAD.** ① Equivale a VARIEDAD LINGÜÍSTICA. Acento[3], dialecto, comunidad de habla.

② En SOCIOLINGÜÍSTICA el término 'variedad' equivale a LECTO. *Cf* acrolecto, basilecto, mesolecto.

**VARIEDAD LINGÜÍSTICA.** ① En DIALECTOLOGÍA y en SOCIOLINGÜISTICA se llama 'variedad lingüística' o LECTO (acrolecto, basilecto, mesolectro, dialecto, idiolecto) a la diversidad de formas en el sistema lingüístico de una lengua motivada por razones geográficas o sociales. Entre las formas que se estudian destacan los SOCIOLECTOS, los DIALECTOS, los IDIOLECTOS y las variaciones estilísticas.

② En ESTILÍSTICA se aplica a algunas de las variantes de un SINÓNIMO.

**VELARES.** Son CONSONANTES en cuyo PUNTO DE ARTICULACIÓN intervienen el posdorso de la lengua como ARTICULADOR ACTIVO y el velo del paladar como ARTICULADOR PASIVO. Las principales 'velares' son las OCLUSIVAS VELARES [k,g] y la NASAL VELAR [ŋ].

**Velarización, velarizado.** La 'velarización' es la ARTICULACIÓN SECUNDARIA, representada en la TRANSCRIPCIÓN FONÉTICA con el signo [~] atravesando el FONEMA correspondiente, que consiste en el desplazamiento hacia atrás del PUNTO DE ARTICULACIÓN de un SONIDO (el ALÓFONO de cualquier FONEMA), por el contacto con un sonido VELAR. En este caso, el posdorso de la LENGUA se eleva hacia el velo del paladar (*cf* labialización). El caso típico de 'velarización' se percibe en la llamada '*l* oscura' del inglés, como en la palabra *all* ['ɔːl]. Siguiendo a Daniel Jones, en estas circunstancias no se habla de un fenómeno de 'asimilación' sino de SIMILITUD. El fenómeno inverso a la 'velarización' es la PALATALIZACIÓN.

La vocal o la consonante que resulte afectada por el desplazamiento anterior se llama **velarizada**. Por ejemplo, la /l/, que es un fonema PALATAL, está 'velarizada' en palabras como *lugar*, por influencia de la vocal velar /u/; esta presencia complementaria confiere a la articulación un timbre más claro que el que tiene en palabras como *libro*, *liebre*, etc. Desde un punto de vista acústico, la 'velarización' debilita y desciende el segundo FORMANTE (y también el tercero) de la vocal afectada, al contrario de lo que ocurre con la PALATALIZACIÓN.

**Velo.** Véase en PALADAR.

**Verba dicendi.** Véase en ESTILO DIRECTO E INDIRECTO.

**Verbo.** 'Verbo' designa a la categoría léxica en la que se incluyen palabras como *correr, tocar, admirar, existir, ver*. Como todas las categorías léxicas que poseen una larga tradición en los estudios gramaticales, el 'verbo' ha sido caracterizado tomando como base criterios de índole diversa: nocionales, semánticos, morfológicos, sintácticos (*cf* González Calvo, 1978). Según Gómez Asencio (1981: 188), en la primera mitad del siglo XIX, las gramáticas españolas más ligadas a la tradición caracterizan al verbo con un criterio básicamente nocional, según el cual el verbo es la palabra que significa «acción, pasión, existencia o estado». También la Gramática de la Real Academia de 1931 parte de un criterio similar cuando define al verbo como «la parte de la oración que designa estado, acción o pasión, casi siempre con expresión de tiempo y de persona. Este tipo de definición ha sido comúnmente rechazado en los estudios lingüísticos actuales, entre otras muchas razones, por su escasa operatividad. Así, según suele señalarse en las críticas a las caracterizaciones de base nocional, nombres como *acción, pasión, estado, existencia* deberían considerarse 'verbos' puesto que se ajustan a esas definiciones.

El recurso a los rasgos morfológicos para la caracterización del 'verbo' se remonta a los inicios de la tradición gramatical. Así, en la definición de Dionisio de Tracia, que serviría de fundamento a numerosas gramáticas posteriores, la categoría 'verbo' aparece delimitada por sus rasgos flexivos, aunque también se incluya en la caracterización su significado: «parte de la oración sin flexión de caso, pero con flexión de tiempo, persona y número, y que significa una actividad o un proceso realizado o experimentado» (*cf* Robins, 1974: 43). El Brocense, asimismo, nos proporciona en su *Minerva* una definición del 'verbo' eminentemente morfológica: «Verbo es la voz que tiene número, persona y tiempo». Ya en la actualidad, la Real Academia en su *Esbozo* (1973: 249) también define al 'verbo' tomando como base un criterio morfológico: «es aquella parte de la oración que tiene morfemas flexivos de número, como el nombre y el pronombre, morfemas flexivos de persona, como el pronombre personal, y además, a diferencia del nombre y del pronombre, morfemas flexivos de tiempo y de modo».

La crítica que más comúnmente suele hacerse a las caracterizaciones morfológicas de la categoría 'verbo' (como a las de otras categorías léxicas que utilizan el mismo criterio) es que, si bien pueden servir para describir los verbos de una lengua concreta, no pueden tomarse como definiciones de la categoría aplicables a cualquier lengua, debido a las diferencias que, en lo que concierne a las propiedades flexivas, existen entre las lenguas. Según indica Lyons (1971: 332), por ejemplo, la flexión está lejos de ser un rasgo universal de las lenguas y, además, las lenguas que presentan flexión no manifiestan forzosamente las categorías de número y tiempo. Para Bosque (1989: 32), asimismo, «la variación es en este punto muy grande, porque existen desde sustantivos con tiempo y aspecto, como en nutka, hasta verbos sin flexión de persona, como en danés, o con género, como en árabe».

Por último, y fundamentalmente, el 'verbo' ha sido caracterizado, tanto desde el punto de vista semántico como sintáctico, partiendo de su vinculación con el papel de PREDICADO. Desde este punto de vista, el 'verbo' aparece delimitado como un elemento léxico con capacidad para seleccionar argumentos, para atribuir propiedades o relaciones a las entidades, o para constituir el núcleo de un PREDICADO[1] o incluso de la oración. Por ejemplo, para Barrenechea (1979: 20), «los verbos pueden individualizarse por la función obligatoria de predicado, la única que cumplen en la estructura oracional». Para González Calvo (1978), el «verbo en español es esa clase de palabra que sintácticamente desempeña la función obligatoria de relación predicativa (siendo núcleo del predicado o formando parte de él), que en su flexión indica siempre tiempo y que en la secuencia establece o puede establecer regímenes propios».

**VERBO AVALENTE.** En la terminología procedente de la GRAMÁTICA DE DEPENDENCIAS se identifica como 'avalente' el verbo que no requiere ningún ACTANTE O ARGUMENTO para formar una predicación completa. *Llover*, por ejemplo, es un 'verbo avalente' puesto que, como puede apreciarse en «Llovió a cántaros la semana pasada», no requiere ningún ARGUMENTO (ni SUJETO ni OBJETO) para formar una PREDICACIÓN completa.

**VERBO AUXILIADO.** Se llama 'auxiliado' al verbo que, junto con el denominado AUXILIAR, forma una PERÍFRASIS VERBAL. En los enunciados «Ana está *leyendo* el periódico», «La conocida actriz va a *casarse* con un millonario», «Sólo llevo *escritas* tres páginas», *leyendo, casarse, escritas* son los 'verbos auxiliados' de las perífrasis *está leyendo, va a casarse, llevo escritas*. A diferencia del auxiliar (*está, va, llevo*), el 'auxiliado' es siempre un verbo en forma no personal: un gerundio (*leyendo*), un infinitivo (*casarse*) o un participio (*escritas*). Pero, no obstante, constituye el núcleo semántico de la perífrasis: aporta el significado léxico específico, alusivo a la acción, estado o proceso a que hace referencia la predicación, y selecciona tanto el papel semántico del sujeto como el tipo de complementación. Así, por ejemplo, «Ana está *leyendo* el periódico», «La conocida actriz va a *casarse* con un millonario» son enunciados aceptables porque *leer* y *casarse* requieren un sujeto humano, y tanto «Ana» como «la conocida actriz» lo son. «*La silla está leyendo» y «*Mi planta favorita va a casarse» son, en cambio, enunciados anómalos, no porque «la silla» y «mi planta favorita» sean incompatibles con el auxiliar («La silla está rompiéndose», «Mi planta favorita va a florecer»), sino porque, puesto que aluden a entidades inanimadas, son semánticamente incompatibles con *leer* y *casarse*, con el 'auxiliado'.

**VERBO AUXILIAR.** Se clasifican como 'auxiliares' ciertos verbos que, como los no auxiliares, aportan al sintagma verbal las marcas de tiempo, número, persona, así como matices modales o aspectuales. Pero que, a diferencia de los verbos plenos, no auxiliares, se han gramaticalizado, esto es se han vaciado de contenido léxico. Por ello, para constituir un sintagma verbal precisan otra unidad que aporte el contenido semántico relativo a la acción, estado o proceso a que alude el sintagma. Son auxiliares los verbos destacados en los siguientes enunciados: «*He* acabado el trabajo»,

«*Anda* pidiendo dinero a todo el mundo», «*Estoy* acabando un libro».

**Verbo bivalente.** Según la terminología característica de la GRAMÁTICA DE DEPENDENCIAS, es 'bivalente' el verbo que precisa dos ACTANTES O ARGUMENTOS para formar una predicación completa. *Abofetear, adorar* son 'verbos bivalentes'. Como puede apreciarse en los enunciados siguientes, requieren dos elementos (un sujeto y un objeto directo) para formar una predicación completa: «*Alejandra* abofeteó a *Carlos Alberto*», «*Eloísa* adoraba a *sus niños*».

**Verbo copulativo.** Clase de verbos que se caracterizan por su escaso o nulo contenido léxico y por constituir el 'núcleo' verbal en las oraciones ADSCRIPTIVAS: «El niño *es/está* insoportable». Dada su condición de verbo vacío o casi vacío de SIGNIFICADO LÉXICO, se considera comúnmente que el papel básico del 'verbo copulativo' es aportar las distinciones de TIEMPO, MODO, ASPECTO, etc., necesarias para la existencia de una predicación, en tanto que el ATRIBUTO constituiría el verdadero núcleo semántico del sintagma verbal. No existe total acuerdo sobre cuáles son los 'verbos copulativos' en español. Mientras para algunas gramáticas sólo lo serían *ser* y *estar*, en otras, la clase se hace extensiva también a verbos como *ponerse, volverse, quedarse*. Para justificar su condición de 'verbos copulativos' se aduce que en enunciados como «El cielo se puso gris», «La casa se ha quedado helada», «El chico se ha vuelto triste», estos verbos se han GRAMATICALIZADO. Esto es, con respecto a los valores que exhiben cuando no se utilizan como 'copulativos' («Ana *se puso* su mejor traje», « Federico se *ha quedado* en su casa para terminar el trabajo», «El chico *se volvió* a su pueblo para pasar las Navidades»), *ponerse, volverse, quedarse* se han **desemantizado**, se han vaciado de contenido léxico y han modificado, en consecuencia, su capacidad para seleccionar complementos (ya no requieren un OBJETO DIRECTO O un complemento de lugar) e, incluso, para seleccionar a su SUJETO (*ponerse*, por ejemplo, ya no require un sujeto [+animado]). Solamente aportan a la oración, además de los MORFEMAS específicamente verbales, ciertas matizacioneas aspectuales (*cf* Porroche, 1990).

**Verbo de ascenso.** Especialmente en GRAMÁTICA GENERATIVA se denominan 'verbos de ascenso' una serie de verbos que, si bien tienen vacía la posición argumental correspondiente al sujeto (de una manera más simple, carecen de sujeto profundo), presentan en ocasiones un sujeto superficial al que se considera, en realidad, un sintagma nominal ascendido, trasladado desde otra posición sintáctica más baja en la estructura oracional: la de sujeto de una oración incrustada, subordinada al 'verbo de ascenso'. *Parecer*, por ejemplo, es un verbo generalmente clasificado como 'de ascenso' en los trabajos generativos sobre el español. No tiene sujeto propio, según puede apreciarse en enunciados como: «*Parece* que Juan odia a su cuñado», «*Parece* que los niños prefieren la ropa informal». Sin embargo, cuando se dan determinadas condiciones en la oración incrustada, como, por ejemplo, que carezca de flexión verbal (de una manera simplificada: «*Parece* [Juan odiar a su cuñada]», «*Parece* [los niños preferir la ropa informal]»), el sintagma nominal correspondiente al sujeto del verbo subordinado (*Juan, los niños*) debe desplazarse a una posición más alta en la estructura oracional: la de sujeto superficial del verbo *parecer*, concordado en número y persona con él: «*Juan parece* odiar a su cuñada», «*Los niños parecen* preferir la ropa informal».

**Verbo de aserción débil.** Se consideran 'de aserción débil' ciertos verbos como *creer, pensar, suponer, figurarse*. Se diferencian de los llamados, simplemente, VERBOS DE ASERCIÓN (o también DE ASERCIÓN FUERTE), como *afirmar, asegurar*, en que no parecen aludir a la realización de un acto comunicativo, sino a 'creencias', 'juicios' u otros estados mentales análogos (Bosque, 1990c: 29). Sin embargo, coinciden con los verbos de aserción en que también se utilizan para introducir ASERCIONES, sólo que suavizando su pretensión de verdad, mitigando la contundencia que conllevan, por ejemplo, las aserciones encabezadas por *afirmar* o *asegurar*. Compárense al respecto «*Pienso/creo* que este hombre está loco» y «*Afirmo/aseguro* que este hombre está loco».

**VERBO DE ASERCIÓN FUERTE.** Se consideran 'de aserción' o, más específicamente, 'de aserción fuerte' (*cf* verbo de aserción débil) verbos como *decir, afirmar, repetir, replicar, declarar*, que reúnen, entre otras, las características siguientes: (1) introducen ORACIONES SUSTANTIVAS que constituyen ASERCIONES; esto es, en «Afirmo que *este hombre está loco*», «Declaro que *realizo este trabajo altruistamente*», el hablante presenta como conforme a la realidad el estado de cosas denotado por la oración sustantiva que introducen *afirmar* o *declarar*: *este hombre está loco, realizo este trabajo altruistamente.*

(2) El 'verbo de aserción' hace explícito que el acto lingüístico que se realiza es un acto declarativo o asertivo, añadiendo algunos otros matices significativos. Así, si «Este hombre está loco» es una aserción, en «Afirmo que este hombre está loco» el hablante hace explícito, mediante el verbo *afirmo*, que al emitir el enunciado está realizando un acto asertivo. Estos verbos también han sido denominados **verbos de lengua** o **verbos declarativos.**

**VERBO DE CONTROL.** En RECCIÓN Y LIGAMIENTO se denominan 'verbos de control' los verbos que, como es el caso de *planear*, pueden realizar uno de sus argumentos mediante una oración de infinitivo («Jaime planea *robar la recaudación*») cuyo sujeto, la categoría vacía PRO según se propone en este modelo («Jaime planea *PRO* robar la recaudación»), es controlado por (esto es, toma su referencia de) otro de los argumentos del verbo. En «Jaime$_i$ planea PRO$_i$ robar la recaudación», el sintagma *Jaime*, el sujeto explícito del 'verbo de control' *planear* es el elemento que asigna la referencia a PRO, la categoría que representa al sujeto no expreso de *asaltar*. De ahí que se interprete que es también *Jaime* y no otra persona distinta quien va a *robar la recaudación*. En función de cuál sea el argumento que asigna la referencia al sujeto del infinitivo, se distinguen dos tipos de 'verbos de control':

(a) **Verbos de control del sujeto.** Son verbos como *planear* o *querer* cuyo sujeto es el elemento que actúa como controlador de PRO, el que determina su referencia: «*Venancia* $_i$ *quiere* PRO $_i$ reconciliar a la familia».

(b) **Verbos de control del objeto.** Son verbos como *ordenar* u *obligar* en los que es un argumento objeto (directo o indirecto) el que impone la referencia al sujeto del infinitivo: «El general *les$_i$ ordenó* PRO $_i$ asaltar la fortaleza», «Su padre *la*$_i$ *obligó* a PRO$_i$ estudiar durante las vacaciones».

**VERBO DE INFLUENCIA.** Se consideran 'de influencia' verbos como *aconsejar, invitar, obligar, ordenar, permitir, exhortar*, también denominados tradicionalmente *verbos de orden o de mandato*. El hecho de que se llamen 'verbos de influencia' tiene su justificación en que los enunciados que se construyen con tales verbos, como, pongamos por caso: «Vicente *aconsejó* a Luis que se hiciera un plan de pensiones», «El padre de la novia *invitó* a las dos parejas a que se unieran a la fiesta», «El jefe *ordenó* a su secretaria que le trajera el café», responden a un mismo esquema semántico básico: alguien («Vicente», «el padre de la novia», «el jefe») trata de influir en alguien («Luis», «las dos parejas», «su secretaria») para que realice una determinada acción: «hacerse un plan de pensiones», «unirse a la fiesta», «traer el café».

**VERBO DEFECTIVO.** Se consideran 'defectivos' los verbos que no tienen un PARADIGMA flexivo completo. Es decir, son verbos que, por razones semánticas, fonológicas, o de otra índole, tienen limitada su conjugación a determinadas formas flexivas. Así, por ejemplo, *concernir, acontecer, atañer* son 'verbos defectivos', pues, debido a que sólo pueden predicarse de eventos o cosas (*cf.* Alarcos, 1994: 189), únicamente pueden conjugarse en tercera persona: «Este asunto no me *concierne*», «Sus problemas no nos *conciernen*», «*Aconteció* que en ese instante se produjo un estrépito tremendo», «Eso a nosotros no nos *atañe*». *Manir, abolir* son, asimismo, 'verbos defectivos' porque *manir*, según la Real Academia (1973), sólo se utiliza en infinitivo y en participio: *manido*. En lo que concierne a *abolir*, según el *Diccionario* de María Moliner (1970), únicamente se emplea en las formas cuya DESINENCIA comienza por *i*: *abolimos, abolió, aboliesen*.

**VERBO DESINENTE.** Denominación tradicional, utilizada ya por Andrés Bello, con la que se identifica a los verbos que, por su modo de acción O AKTIONSART, implican llegar a un término para que el evento al que aluden pueda considerarse realizado. Según la Real Academia Española, por ejemplo, son 'desinentes' verbos como *nacer, morir, concluir, acabar* porque resaltan «el momento en que la acción llega a ser completa, acabada, perfecta» (1973: 461). También se utiliza con el mismo sentido la denominación **verbo perfectivo**.

**VERBO DITRANSITIVO.** Se denominan 'ditransitivos' los verbos que seleccionan dos objetos. Así, por ejemplo, según Quirk y Greenbaum (1973), *give* («dar») es un 'verbo ditransitivo', puesto que, como puede apreciarse en el enunciado «He had given *the girl an apple*» («Le ha dado a la chica una manzana»), implica dos objetos: *the girl* (la chica) y *an apple* (una manzana).

**VERBO ERGATIVO.** ① Se denominan 'ergativos' ciertos verbos intransitivos que tienen la peculiaridad de poder utilizarse con dos esquemas sintáctico-semánticos distintos: (1) como transitivos, con un argumento AGENTE O CAUSA que se realiza sintácticamente como sujeto, y un argumento TEMA que se representa, en el plano sintáctico, como objeto: «John (ag/suj) *broke* the window (tem/obj)» («John rompió la ventana»), «Ana (ag/suj) *hirvió* la leche (tem/obj)». (2) Como intransitivos o ergativos, con un solo argumento que mantiene con el verbo una relación similar a la establecida con el objeto de la construcción transitiva; así, por ejemplo, corresponde al sujeto de la construcción intransitiva el papel semántico de TEMA, y no el de causa o agente como al sujeto de la transitiva: «The string (tem/suj) *broke*» («La cuerda se rompió»), «La leche (tem/suj) *hirvió*». (Las construcciones inglesas con 'verbos ergativos' suelen corresponderse en español con CONSTRUCCIONES PRONOMINALES ergativas o anticausativas: «The string broke» = «La cuerda *se* rompió»).

② En esta acepción equivale a VERBO INACUSATIVO.

**VERBO FACTIVO.** ① En la acepción más amplia del término se denominan 'factivos' verbos como *lamentar, asombrar, molestar, descubrir, advertir*, cuando se utilizan con el sentido que tienen en construcciones con ORACIONES COMPLETIVAS como las siguientes: «Lamento que te hayan suspendido», «Le molesta que no dependa de él», «Me asombra que siempre esté tan alegre», «Descubrí que me estaba robando», «Advertí que pasaba por graves dificultades». Son dos, fundamentalmente, las características que diferencian a los verbos (o a los predicados) 'factivos':

(1) Transportan la presuposición de que lo representado por la oración completiva es verdadero. Prueba de ello es que si en las oraciones anteriores se niega el núcleo verbal 'factivo' el hecho al que alude la completiva se sigue presuponiendo verdadero: «No lamento que te hayan suspendido» presupone «te han suspendido», aunque «yo no lo lamento»; «No descubrí que me estaba robando» implica, asimismo, que es cierto que «me estaba robando».

(2) La oración completiva puede estar introducida bien por *que*, como en los

ejemplos anteriores, bien por *el hecho de que*: «Le molesta *el hecho de que* no dependa de él».

Los 'verbos factivos', en este sentido del término, suelen subdividirse en dos tipos: **verbos factivo-emotivos** y **verbos factivos -no emotivos.**

Son 'factivo-emotivos' los verbos como *lamentar, asombrar, molestar*, que denotan una reacción emotiva o una valoración subjetiva, relacionada con el hecho representado por la oración completiva. Como puede verse en los ejemplos anteriores, los verbos 'factivo-emotivos' se caracterizan, en español, porque rigen una completiva en modo SUBJUNTIVO. *Descubrir, advertir*, en cambio, son 'factivos-no emotivos', puesto que, a diferencia de *lamentar, molestar, asombrar*, no denotan reacciones emotivas. En español se distinguen de los anteriores porque, cuando no van precedidos de negación, requieren el modo INDICATIVO en la oración completiva. Cuando son negados, no obstante, la completiva puede ir en modo indicativo o en subjuntivo, pero la elección de un modo u otro implica un cambio de significación: en «No advertí que *pasaba* por graves dificultades», la oración sustantiva en modo indicativo presupone que la subordinada es verdadera («pasaba por graves dificultades», pero «yo no lo advertí»); si la oración sustantiva va en subjuntivo, el modo de la no-aserción queda en suspenso, en cambio, el valor de verdad de la subordinada: «No advertí que *pasara* por graves dificultades».

② En un sentido más restrictivo se denominan 'factivos' únicamente los verbos que, en el apartado anterior, se identificaban como 'factivo-emotivos'; es decir, los verbos como *lamentar, asombrar, molestar* que, en español, rigen subjuntivo. Los verbos del tipo *descubrir, advertir* se denominan, más específicamente, VERBOS SEMIFACTIVOS.

**VERBO FUERTE.** Véase en FUERTE.

**VERBO INACUSATIVO.** Especialmente en los estudios gramaticales vinculados al modelo generativo RECCIÓN Y LIGAMIENTO, se denominan 'inacusativos' un grupo de verbos intransitivos, entre los que suelen incluirse *llegar, salir, entrar*, que, según suele admitirse en estos estudios, presentan las siguientes peculiaridades:

(1) Implican un argumento con el papel semántico de TEMA en la posición de objeto, pero no asignan papel semántico a la posición sintáctica básica correspondiente al sujeto. Así, según señala Demonte (1989: 70), la estructura básica de «Ha llegado Juan» sería la siguiente: $_{O}$[ $_{SN}$[ e ] $_{SV}$[ $_{V}$[ ha llegado] $_{SN}$ [Juan]]] ([ e ] indica que la posición del sujeto está vacía y «Juan» ocupa la posición sintáctica que corresponde al argumento interno, al objeto).

(2) Como establece la GENERALIZACIÓN DE BURZIO, puesto que estos verbos no asignan papel semántico al sujeto, tampoco pueden asignar CASO ESTRUCTURAL ACUSATIVO al objeto.

(3) En consecuencia, el sintagma nominal objeto debe ser trasladado (*cf* movimiento de SN) a la posición de sujeto de la oración para poder recibir marca de caso a través de la flexión verbal (*cf* filtro de caso): $_{O}$[ $_{SN}$[ Juan$_{i}$ ] $_{SV}$ $_{V}$[ ha llegado] $_{SN}$ [ h$_{i}$] (h$_{i}$ es la HUELLA que deja en su posición inicial el sintagma nominal trasladado).

En definitiva, lo que singulariza a los 'verbos inacusativos' es que sus sujetos superficiales son, realmente, objetos profundos que han sido trasladados.

**VERBO INCOATIVO.** Se denominan 'incoativos' los verbos que por su *AKTIONSART* o modo de acción denotan el comienzo, la fase inicial, de un estado, proceso o acción. Por ejemplo, según la Real Academia Española (1973: 461) o según Alcina y Blecua (1975: 784), *enrojecer, florecer, anochecer, amanecer* son 'verbos incoativos'.

**VERBO INTRANSITIVO.** Se denominan 'intransitivos' los verbos que no presentan las características asociadas a los VERBOS TRANSITIVOS, en cualquiera de los sentidos de este término.

Son 'verbos intransitivos' canónicos aquellos que no implican un argumento con el papel sintáctico de objeto directo. Es el caso, por ejemplo, de *llegar, dormir, morir, nacer*.

**Verbo modal.** Se llaman 'modales' ciertos verbos que, como es el caso de *poder* y *deber*, expresan nociones relacionadas con la MODALIDAD: posibilidad, obligación, necesidad. De ahí que formen parte, en calidad de VERBOS AUXILIARES, de PERÍFRASIS VERBALES de contenido modal: «*Puedo terminarlo*», «*Debes presentarte*» (*cf* perífrasis modal).

**Verbo monovalente.** En la terminología procedente de la GRAMÁTICA DE DEPENDENCIAS es *monovalente* el verbo que sólo requiere un ACTANTE O ARGUMENTO para formar una oración completa. Es, por ejemplo, el caso de *dormir, correr*: «*El niño* se ha dormido», «*Juan* corría todos los días».

**Verbo parentético.** Verbo utilizado entre pausas, y en primera persona del singular, bien en el interior, bien al final de un enunciado (de carácter asertivo por lo general). Así, por ejemplo, *insisto, creo, imagino, supongo* son 'verbos parentéticos' en los siguientes enunciados: «El jefe, *insisto*, no siempre tiene la razón», «El cachorro ya está recuperado, *creo*», «Ustedes no querrán gastar mucho, *imagino*», «Tu mujer, *supongo*, estará de acuerdo contigo».

**Verbo performativo o realizativo.** Véase en PERFORMATIVO y en ACTOS DE HABLA DIRECTOS.

**Verbo permanente.** Denominación tradicional, empleada ya por Andrés Bello, con la que se identifica a una clase de verbos coincidentes en un determinado modo de acción o AKTIONSART: denotan estados o procesos que se desarrollan a través de un intervalo de tiempo y que no implican alcanzar, necesariamente, un término. Según la Real Academia Española, por ejemplo, son verbos 'permanentes' *conocer, saber, contemplar, vivir, querer, respetar*, porque aluden a actos «que interesan principalmente en su continuidad, en su transcurso, sin fijarnos en su comienzo o en su terminación» (1973: 461). También se utilizan, con el mismo sentido, las denominaciones **verbo durativo** y **verbo imperfectivo**.

**Verbo principal.** Equivale a VERBO AUXILIADO.

**Verbo pronominal.** Se consideran 'pronominales' los verbos que, como es el caso de *jactarse, arrepentirse, vanagloriarse, repantigarse*, se utilizan invariablemente con una forma personal átona de tipo REFLEXIVO o reflejo (*me, te, se*, etc.), concordante en los rasgos de persona con el sujeto de la oración: «Ángel siempre *se jacta* de sus conquistas», «Yo *me arrepiento* de haberle ayudado», «El vecino *se repantigó* en la butaca delante del televisor», «*Te vanaglorias* excesivamente de tus habilidades».

**Verbo psicológico.** Clase semántica de verbos a la que pertenecen, por ejemplo, los incluidos en los siguientes enunciados: «La abuelita *admira* a las bailarinas», «Mi vecina *teme* a los perros», «Sus palabras *conmovieron* a los asistentes», «A María le *gustan* los deportes». Los 'verbos psicológicos', como *admirar, temer, conmover, gustar*, se caracterizan porque:

(1) Aluden a procesos o estados psíquicos que afectan a entidades humanas o animadas.

(2) Requieren, en función de su significado, dos ARGUMENTOS: uno, correspondiente al EXPERIMENTADOR, a la entidad humana o animada, afectada por ese proceso (*la abuelita, mi vecina, los asistentes, María*); otro, alusivo a la CAUSA O TEMA del mismo (*Cf* Belletti y Rizzi, 1987): *las bailarinas, los perros, sus palabras, los deportes*.

(3) Pueden diferir, no obstante, en la representación sintáctica de tales argumentos. En el caso de *temer* y *admirar*, el experimentador aparece como sujeto, y el tema como objeto. Con *conmover* y *gustar*, en cambio, la causa o tema es lo que se realiza como sujeto, mientras que el experimentador aparece como objeto.

**Verbo semifactivo.** Se llaman 'semifactivos' los verbos que comparten características tanto con los FACTIVOS como con los VERBOS DE ASERCIÓN. *Notar, descubrir, observar* pueden considerarse 'verbos semifactivos' (*cf* Guitart, 1990). Como los factivos, admiten, por ejemplo, una oración sustantiva introducida bien por *que*, bien por *el hecho de que*: «¿Has *notado* que/ el hecho de que cada día está más gruñón?», «No *descubrió* que/ el hecho de que su socio lo engañaba». Con los asertivos coinciden, por ejemplo, en que seleccionan oraciones sustantivas con el verbo en indicativo (*está, engañaba*) y pueden utilizarse para introducir aserciones, afirmaciones que pueden ser consideradas verdaderas o falsas: en «He *observado* que procuras evitarme», «procuras evitarme» puede entenderse como una afirmación del hablante a la que se puede atribuir un valor de verdad; de ahí que una réplica negativa, como «no es cierto», pueda entenderse específicamente referida a la oración sustantiva: «No es cierto que procuro evitarte».

**Verbo terciopersonal.** Véase en DEFECTIVO y en VERBO IMPERSONAL.

**Verbo transitivo.** ① En el sentido más común del término se consideran 'transitivos' los verbos que implican, junto al argumento correspondiente al sujeto, un segundo argumento que se realiza como objeto directo. Por ejemplo, *devorar, acariciar* son 'verbos transitivos', ya que requieren, además de un AGENTE al que se asigna la función sujeto, un PACIENTE u objeto afectado, que se presenta, en el plano de las funciones sintácticas, como objeto directo: «Alberto devoró los pasteles», «El león devoró a su víctima», «José María acarició al perro», «La abuela acarició con ternura sus mejillas».

*Salir,* o *suspirar*, en cambio, son verbos no transitivos o intransitivos, puesto que sólo requieren un argumento que se realiza, sintácticamente, como sujeto: «Su corazón latía aceleradamente», «Elisa suspiró al oír la noticia». Tampoco serían 'transitivos', en este sentido del término, los verbos cuyo segundo argumento no se presenta como objeto directo, sino como OBJETO PREPOSICIONAL: «Cuidé *de los niños*», «Gozaba *de la vida* como si fuera a perderla».

Según indica, por ejemplo, Lyons (1971: 363 y sigs.), el concepto de 'verbo transitivo' se ha fundamentado tradicionalmente en un criterio de base nocional: son transitivos los verbos que denotan una acción cuyos efectos «pasan» de un agente o actor a un paciente o término; de ahí la exigencia de un objeto «en el cual la acción logra su cumplimiento» (R. Seco: 1975: 62). Así, la Real Academia Española, en su *Gramática* de 1931 definía como 'transitivo' «el verbo cuya acción recae o puede recaer en la persona o cosa que es término o complemento de la oración».

Las definiciones nocionales de este tipo han sido criticadas en numerosas ocasiones, tanto por su fundamento extralingüístico, como, en especial, por lo limitado de su alcance. Evidentemente, no todos los verbos que se combinan normalmente con un objeto directo pueden catalogarse como verbos de acción; pueden denotar, asimismo, un estado («María *tiene* los ojos azules», «La pista *mide* cuatrocientos metros», «La agricultura *constituye* su principal riqueza), o un proceso («*Amo* a los animales», «*He visto* a tu hermano»), y pueden implicar, en consecuencia, diferentes tipos de relación semántica tanto con el sujeto como con el objeto directo.

No obstante, los problemas suscitados por el concepto de 'verbo transitivo' no se han limitado a la fundamentación tradicional del término.

Tal como indican Cano Aguilar (1981) o Hernanz y Brucart (1987), por ejemplo, buena parte de los verbos conceptuados como 'transitivos' pueden construirse con o sin objeto directo («Estoy leyendo un libro»/ «Estoy leyendo», «Acepto el cargo»/ «Acepto»); asimismo, verbos que, como *dormir* o *vivir*, son considerados intransitivos pueden formar parte de estructuras con objeto directo: «Vivió una vida relajada», «Dormía el sueño de los justos». Por ello, una de las cuestiones más debatidas en lo que concierne a la noción de 'verbo transitivo' es si la transitividad puede considerarse, realmente, como un rasgo propio de ciertos verbos, o si, por el contrario, sólo cabría hablar de transitividad en el nivel de la oración o del sintagma verbal.

Alarcos (1980: 148 y sigs.), por ejemplo, ha sustentado que carece de sentido afirmar que un verbo es 'transitivo' o intransitivo. Puesto que la mayoría pueden funcionar, ya como 'transitivos', con un objeto directo («Juan comía uva», «Pedro bebe vino», «Ana escribió una carta»), ya como intransitivos, sin objeto («Juan comía», «Pedro bebe», «Ana escribió»), la transitividad debería ser considerada como «una característica de ciertos predicados, pero no del verbo».

Hernanz y Brucart (1987: 247), por el contrario, haciéndose eco de la postura defendida por la gramática generativa, afirman que el carácter 'transitivo' o intransitivo de un verbo, como peculiaridad relacionada con los entornos sintácticos en que puede aparecer, «es un hecho idiosincrásico que debe reflejarse en la entrada que en el LEXICÓN posee cada pieza léxica». Es decir, sí consideran que tiene sentido y que es pertinente para la descripción gramatical clasificar a los verbos como 'transitivos' o como no transitivos.

② También se ha hecho extensivo el concepto de 'verbo transitivo' a los verbos que implican, además del argumento correspondiente al sujeto, un segundo argumento, ya se realice como objeto directo, ya se realice como OBJETO PREPOSICIONAL.

Así, por ejemplo, según Fernández Lagunilla y Anula Rebollo (1995: 271), también podrían incluirse en la clase de los 'verbos transitivos' «los verbos de acción cuyo argumento paciente/tema se realiza a través de un complemento preposicional, como, por ejemplo, *pensar en algo o alguien, soñar con algo o alguien*, etc.».

**VERBO TRIVALENTE.** En la terminología característica de la GRAMÁTICA DE DEPENDENCIAS se identifica como 'trivalente' el verbo que requiere tres ACTANTES O ARGUMENTOS. *Entregar, regalar* son ejemplos de 'verbos trivalentes'. Como puede apreciarse en los siguientes enunciados implican tres ARGUMENTOS (SUJETO, OBJETO DIRECTO, OBJETO INDIRECTO) para formar una PREDICACIÓN: *verbos trivalentes*: «Juan Luis *entregó* los papeles a la policía», «Ana María le *regaló* al niño su colección de sellos».

**VERBO UNIPERSONAL.** Esta denominación, introducida por A. Bello, se aplica a verbos como *nevar, lloviznar, alborear*. Son verbos que, en su significación básica, forman parte de oraciones con esquema IMPERSONAL, sin posibilidad de sujeto expreso: «La semana pasada *nevó* en la sierra», «Cuando salimos del cine *lloviznaba*», «Ya *alboreaba* cuando llegaron a la venta». Por ello se utilizan normalmente en la misma PERSONA verbal: la tercera persona del singular. De ahí su calificación como 'unipersonales'.

**VERDAD.** En el LENGUAJE ARTIFICIAL (*cf* semántica veritativa, condiciones veritativas) se emplea el término 'verdad' en varios sentidos (Garrido, 1988: 43-4):

(a) Una proposición es una **verdad lógica** si es verdadera en todos los MUNDOS POSIBLES en virtud de su forma. Por ejemplo, la oración «'La nieve es blanca' es verdadera si, y sólo si, la nieve es blanca» es una verdad lógica.

(b) Una proposición es una **verdad analítica** si es verdadera en todos los mundos posibles, sea en virtud de su forma, sea en virtud de las RELACIONES LÉXICO-SEMÁNTICAS existentes entre sus componentes. Es analíticamente verdadera «No se cumple que hoy sea lunes y que hoy no sea lunes» en virtud de su forma, y «Los gatos son felinos» es analíticamente verdadera en virtud de la relación léxico-semántica de HIPONIMIA existente entre *gato* y *felino*.

(c) una proposición es una **verdad sintética** cuando no es analítica, es decir, cuando es verdadera en unos mundos posibles y falsa en otros, por ejemplo, «Cervantes murió en 1616».

**VERNÁCULO.** Lyons (1990: 240) utiliza el término 'vernáculo' para aludir no sólo a los DIALECTOS no estándares de una lengua dada, sino también a dialectos *sin relación genética entre sí*, y que en ciertos países guardan la misma relación funcional con respecto al estándar que la que en otros guardan los dialectos genéticamente emparentados. *Cf* pidgin, criollo.

**VIBRACIÓN.** ① En FONÉTICA ARTICULATORIA se emplea la palabra 'vibración' en el término 'vibración de las cuerdas vocales', la cual es un movimiento de aproximación/separación de los repliegues vocálicos. Al iniciarse la FONACIÓN[1], o emisión de la CADENA HABLADA, la GLOTIS se cierra, se produce entonces una presión del aire infraglótico contra los lados de la tráquea y contra la glotis, cuyos bordes se separan, dejando salir una determinada cantidad de aire, que pasa entre las CUERDAS VOCALES, las cuales, por su elasticidad interior, se aproximan nuevamente, pero por su parte inferior llegan a cerrar la glotis; esta oclusión se desplaza hacia lo alto, y el mismo movimiento se repite una y otra vez. Las cuerdas vocales están en un continuo proceso de vibración/no vibración semejante al movimiento encendido/apagado de cualquier aparato eléctrico. Durante un sesenta por ciento del tiempo que dura cualquier emisión oral las cuerdas están vibrando, es decir, durante ese sesenta por ciento se están emitiendo CONSONANTES SONORAS y VOCALES y sobre éstas los TONOS que percibimos (Fry, D. B., 1979: 69).

② En FONÉTICA ACÚSTICA las 'vibraciones' son los movimientos (*cf* sonido) de COMPRESIÓN y RAREFACCIÓN del aire que forman las ONDAS SONORAS originados por el cambio de presión. Las interrupciones en la salida de la corriente de aire, debidas al cierre y apertura repetidas de la glotis y a la tensión de las cuerdas vocales, originan 'vibraciones' del aire de la misma frecuencia fundamental que los cierres y aberturas de la glotis (Quilis, 1993: 60-1) arriba citados.

**VIBRACIÓN ARTICULATORIA, VIBRANTES.** La **vibración articulatoria** es la fuente de sonidos empleada en la producción de las **vibrantes** (Solé Sabater, 1993: 3), las cuales pueden ser simples o múltiples. En el primer caso, estas CONSONANTES se forman con una vibración (OCLUSIÓN breve y ligera del ÁPICE de la LENGUA contra los alvéolos superiores, al tiempo que la parte central de la lengua mantiene una ligera posición cóncava). Existen en palabras españolas como *caro* y *pero*. En el segundo caso, son varias las 'vibraciones' que, de forma rápida, realiza la lengua, interrumpiendo alternativamente la salida del aire; existe en español en palabras como *carro* y *perro* y también en la pronunción escocesa de la /r/ del inglés. En esta lengua, aunque existe la 'vibrante simple', como alófono del fonema /r/, la variedad más usual es la llamada FRICATIVA POST-ALVEOLAR.

**VISIBILIDAD.** Véase en CONDICIÓN DE VISIBILIDAD.

**VOCABULARIO.** ① El 'vocabulario' es, en líneas generales, el conjunto de las UNIDADES LÉXICAS de una LENGUA. El 'vocabulario' es posiblemente el COMPONENTE LINGÜÍSTICO más privilegiado dentro del ANÁLISIS DEL DISCURSO, por filólogos y lingüistas, ya que objetivamente es el portador de mayor carga semántica de todo el enunciado. Cualquier teoría gramatical requiere la construcción de un léxico o vocabulario. En la mayoría de los MODELOS de DESCRIPCIÓN el 'vocabulario' está relacionado con la FONOLOGÍA, la MORFOSINTAXIS, la SEMÁNTICA y la ESTILÍSTICA.

En principio, los términos LÉXICO y 'vocabulario' son intercambiables. El conjunto de palabras de una lengua constituye su 'vocabulario' o 'léxico' (Perrot, J., 1971: 613). No obstante, se suelen hacer algunas matizaciones. Por lo general, se reserva el término 'léxico' para referirse al conjunto de CLASES ABIERTAS portadoras de significado, mientras que el de 'vocabulario' se aplica a las CLASES CERRADAS, dado que, en la opinión de algunos lingüistas, en especial los del ESTRUCTURALISMO NORTEAMERICANO, no se puede hacer una DESCRIPCIÓN estructural sin que se reduzcan las clases abiertas a clases cerradas. En este sentido se habla del 'vocabulario' de un escritor, aunque también se habla del *léxico general de una obra* (Mitterand, H., 1961: 84). El vocabulario de una persona, con sus rasgos específicos sería su idiolecto, y el de un grupo regional, profesional o social, su dialecto.

'Léxico' y 'vocabulario' están relacionados respectivamente con la DICOTOMÍA saussureana LENGUA y HABLA; el 'léxico' pertenecería a la primera y el 'vocabulario' a la segunda. O dicho con otras palabras, el 'léxico' sería el conjunto de palabras que en un momento determinado están a disposición de un locutor/receptor, y el 'vocabulario' sería la puesta en uso de un determinado número de palabras del léxico individual o de un grupo.

② En la época de mayor predominio del ANTIMENTALISMO dentro del ESTRUCTURALISMO NORTEAMERICANO, el 'vocabulario' es ignorado por ser el COMPONENTE LINGÜÍSTICO portador de la mayor carga semántica, al entender esta perspectiva investigadora que el campo de acción de la SEMÁNTICA es extralingüístico. Bloomfield (1933: 274) lo considera como «una lista de irregularidades básicas», y Gleason (1955: 342) «como un rasgo transitorio del dominio que los individuos tienen de las lenguas, que viene y se va con relativa facilidad y rapidez».

③ En las GRAMÁTICAS FORMALES (*cf* cadena) el VOCABULARIO de dichas gramáticas son los elementos o SÍMBOLOS de las cadenas combinados por medio de OPERADORES (+, –, $\cap$, etc.).

**VOCAL.** El término 'vocal', así como el de CONSONANTE, deriva del griego. Hoy es un término ambiguo, porque se suele aplicar tanto a las LETRAS del ALFABETO como a las unidades de la CADENA HABLADA. En FONÉTICA ARTICULATORIA el término 'vocal' se emplea en estos tres sentidos:

(a) SEGMENTO fónico cuyo MODO DE ARTICULACIÓN es de ABERTURA libre;

(b) segmento central o NÚCLEO de la SÍLABA.

(c) FONEMA VOCÁLICO.

La primera acepción se basa en el análisis de la SUSTANCIA del segmento fónico, y la segunda en la FUNCIÓN. Cuando entran en conflicto estas dos acepciones, a la primera se la llama VOCOIDE, y el término 'vocal' se reserva para la segunda.

Las 'vocales' son, por tanto, segmentos (o fonemas) SONOROS con un timbre característico, en cuya formación la CAVIDAD BUCAL siempre está lo suficientemente ABIERTA (*cf* abertura). Normalmente el velo del paladar está elevado, con lo que las 'vocales' son orales, al salir por ella, sin encontrar obstáculo alguno, la COLUMNA DE AIRE LARÍNGEO; cuando el velo está separado de la pared faríngea el aire también sale por la cavidad nasal, en cuyo caso las vocales son nasales. Como la articulación es de abertura libre, no hay PUNTOS DE ARTICULACIÓN, como ocurre con las consonantes; se habla, más bien, de ZONAS DE ARTICULACIÓN. (Véase en FORMANTES la caracterización ESPECTROGRÁFICA de las vocales.)

Lo importante para la produción de las vocales es la función que desempeñan sobre el aire sonorizado procedente de la LARINGE los cuatro RESONADORES supraglóticos (FARINGE, BOCA, NARIZ y LABIOS). Las vocales, pronunciadas con la misma intensidad y el mismo tono, se diferencian entre sí porque el resonador bucal refuerza determinados ARMÓNICOS y debilita o apaga otros, según la forma y capacidad que adopte para cada vocal (Gili, 1975: 113).

La boca o cavidad bucal es el más importante de todos los resonadores, ya que la LENGUA con sus movimientos hacia arriba y hacia abajo (eje vertical), y hacia adelante y hacia atrás (eje horizontal), formará diversas cavidades generadoras de los diversos timbres. Debido a estos movimientos se emplean dos ejes para clasificar las vocales: uno vertical (también llamado modo de articulación) y otro horizontal (igualmente conocido como lugar de articulación):

(a) Mediante el eje vertical, o movimiento vertical de la lengua hacia el paladar, las vocales se clasifican en **cerradas**, **semicerradas**, **semiabiertas** y **abiertas**. La distancia entre la lengua y el paladar es mínima en las cerradas /i/ y /u/, y máxima en las abiertas /a/ del español y /ɑː/ del inglés. Una vocal abierta es, por tanto, aquella en la que el canal bucal permanece abierto al adoptar la lengua una posición baja y una vocal cerrada es aquella en la que el canal bucal permanece cerrado (en realidad, casi cerrado, porque, si no, se produciría una OCLUSIVA). Por esta razón, a las cerradas también se las llama altas; a las abiertas, bajas; a las semicerradas, semialtas; y a las semiabiertas, semibajas. Son semicerradas la /e/ y la /o/ del español y la /e/ (*men*) y la /ɔː/ (*pork*) del inglés. Son semiabiertas la /æ/ (*man*) y la /ɒ/ (*dog*) del inglés. De acuerdo con el criterio de GRADO DE ABERTURA (Gili Gaya, 1975: 101), las 'vocales' cerradas tienen grado de apertura 5, las semicerradas y semiabiertas, el grado 6, y las abiertas, el grado 7. Desde el punto de vista acústico, las vocales abiertas son compactas y las cerradas, difusas. *Cf* espectrograma.

(b) Mediante el eje horizontal, que corresponde a la parte de la lengua (predorso, dorso o posdorso), que queda afectada por el movimiento anterior, las vocales se dividen en **anteriores o palatales**, **centrales** y **posteriores o velares**. Son palatales la /i/ y la /e/ del español y la /iː/, /ɪ/, /e/, /æ/ del inglés. Son centrales la /a/ del español y la /ɜː/ (*bird*), /ʌ/ (*bus*) y /ə/ (*moth<u>er</u>*) del inglés.

Con estos dos parámetros se han formado el TRIÁNGULO DE HELWAG y el TRAPECIO DE JONES. A estos dos ejes se les añaden otros cuatro para la clasificación de las vocales:

(c) Un tercer eje para la clasificación de las vocales es la posición del velo del paladar.

Si éste está adherido a la pared faríngea, el aire sale por la boca, y si está separado, el aire saldrá en parte por la boca y por las fosas nasales. En el primer caso, las vocales serán **orales** y en el segundo **nasales**.

(d) Un cuarto eje para la clasificación de las vocales es la posición de los labios o resonador labial. Cuando los labios están abocinados o redondeados se dice que las vocales son LABIALIZADAS (/o/, /ʊ/); cuando están extendidos, las vocales son no-labializadas.

(e) Un quinto parámetro es la CANTIDAD. De acuerdo con la cantidad, las vocales pueden ser **largas** y **breves**; las largas se suelen representar con el signo diacrítico /ː/. En algunas lenguas, como el inglés, la cantidad es distintiva: /liːp/ (*leap*: saltar), /lɪp/ (*lip*: labio).

(f) Un sexto parámetro es la TENSIÓN MUSCULAR. De acuerdo con este parámetro, las 'vocales' pueden ser **tensas** y **relajadas** o **laxas**. En algunas lenguas, como el inglés, la tensión muscular es un rasgo distintivo más importante que la cantidad. Por ejemplo, las vocales /iː/ (*leap*) e /ɪ/ (*lip*) se pueden diferenciar más por el grado de tensión (tensa la primera, laxa la segunda) que por la cantidad.

(g) Las vocales que entran a formar parte de los DIPTONGOS se clasifican en FUERTES y DÉBILES. Las 'fuertes' son las más abiertas /a, e, o/ y las 'débiles' las más cerradas /i, u/. Se llaman 'débiles' porque al encontrarse en posición inicial o de TENSIÓN /ia, ie, io/ o en la final, o de DISTENSIÓN, se abrevian al mismo tiempo que estrechan su ARTICULACIÓN hasta el punto de perder en parte su naturaleza vocálica y convertirse en SEMICONSONANTES /j, w/ y SEMIVOCALES /i̯, u̯/, de acuerdo con la posición que tengan.

Además de las clasificaciones anteriores, las vocales pueden ser **puras** O MONOPTONGOS e **impuras** O DIPTONGOS. Desde el punto de vista de la FONÉTICA ACÚSTICA, las vocales abiertas y semiabiertas son compactas, y las cerradas y semicerradas son difusas. *Cf* abertura.

En la FONOLOGÍA FUNCIONAL de Jakobson las 'vocales' son fonemas caracterizados por poseer los RASGOS INHERENTES [+vocálico] y [–consonántico]. Para la definición ACÚSTICA de las vocales españolas (Quilis, 1993: 122) se utilizan los siguientes rasgos: VOCÁLICO Y NO CONSONÁNTICO; COMPACTO/NO COMPACTO; DIFUSO/NO DIFUSO; GRAVE/NO GRAVE; AGUDO/NO AGUDO. De esta forma, /a/, por ejemplo, es vocálico, no consonántico, compacto, no difuso, no grave, no agudo.

**VOCAL CARDINAL.** En FONÉTICA son sonidos 'cardinales', en su acepción de *principal* o *fundamental*, aquellos cuya posición articulatoria se considera la norma o estándar. En la configuración de las VOCALES CARDINALES, Daniel Jones formó un primer grupo de ocho vocales correspondientes a un TRAPECIO ideal, llamadas **vocales cardinales primarias**, de las cuales las cuatro primeras eran NO LABIALIZADAS (l. i; 2. e; 3. ɛ; 4. a) y las cuatro restantes, labializadas (5. a ; 6. ɔ; 7. o; 8. u). Cambiando las labializadas a deslabializadas y las deslabializadas a labializadas formó un segundo grupo que llamó **vocales cardinales secundarias**, de las cuales las cuatro primeras eran labializadas, las que antes eran no labializadas (9. [y]; 10. [ø]; 11. [œ]; 12. [ɶ]); y cuatro no labializadas (13. [ɒ]; 14. [ʌ]; 15. [ɣ]; 16. [ɯ]), las que antes eran labializadas. En el trapecio, las secundarias están representadas entre corchetes:

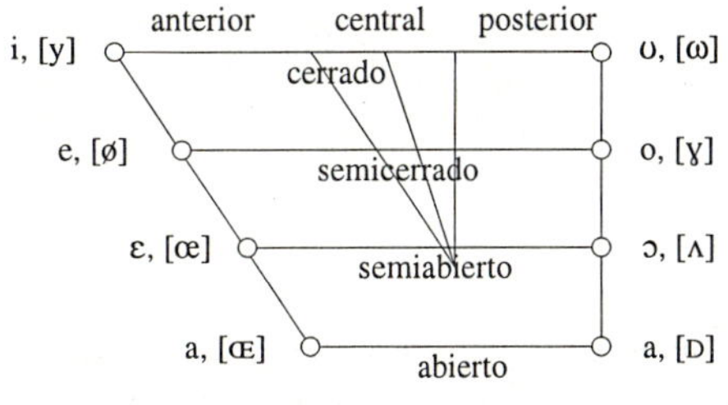


Las vocales que van entre corchetes son las cardinales secundarias

**VOCAL TEMÁTICA.** En GRAMÁTICA se llama 'vocal temática' (Don, I. *et al.*) a la MARCA morfológica que indica la CONJUGACIÓN o la DECLINACIÓN a la que pertenece una palabra. Por ejemplo, en el griego clásico los nombres pertenecían a tres declinaciones. Si un nombre era de la primera declinación la RAÍZ iba seguida de la 'vocal temática' —a— (*môus+a+n*, en acusativo singular; *môus+a+y* en nominativo plural, —la musa—); si pertenece a la segunda, la vocal temática es —o— (*log+o+n*, en acusativo singular, *log+o+y*, en nominativo plural), etc.

**VOCOIDES Y CONTOIDES.** Para evitar la ambigüedad de las palabras VOCALES y CONSONANTES, Pike (1943) acuñó los términos 'vocoides' y 'contoides', los cuales se refieren exclusivamente a la SUSTANCIA DE LA EXPRESIÓN, es decir, a los TIMBRES fonéticos percibidos, con independencia de la función que éstos desempeñen. Son **vocoides** los 'sonidos' formados con aproximación ABIERTA de sus articuladores. Son **contoides** todos los demás. En inglés se pueden dar las siguientes combinaciones: (a) contoide silábico (vocales); (b) vocoide no silábico (semiconsonantes); (c) contoide silábico, por ejemplo, las LÍQUIDAS en posición silábica como en *people*, *little*, etc. en inglés; en la interjección *pst* el 'contoide' *s* ocupa el NÚCLEO SILÁBICO (Alarcos Llorach, 1983: 97); (d) contoides no silábicos (consonantes).

**VOZ.** Varias son las acepciones del término 'voz' en lingüística:

① En FONÉTICA ARTICULATORIA tiene dos significados: el general, o 'voz humana', y el especializado o 'voz laríngea'. Se llama **voz laríngea**, y también TONO FARÍNGEO, a las modificaciones vibratorias que la corriente de aire espirado sufre en el acto de la FONACIÓN, con el fin de formar las VOCALES, las CONSONANTES SONORAS y los TONOS. Se llama **voz humana** a los SONIDOS producidos por las personas cuando el aire espirado, tanto el que ha experimentado las modificaciones vibratorias producidas por las cuerdas vocales (es decir, la 'voz laríngea'), como el que ha pasado por la GLOTIS en posición abierta, sufre los efectos de los RESONADORES y de los ARTICULADORES. A veces, el término voz equivale a REGISTRO[2]. De esta forma, se habla de **voz leñosa o muy aguda, voz de trueno o muy grave, voz opaca o parda, voz argentada o clara**, etc. *Cf* polifonía, disfonía.

Los diferentes tipos de 'voz' se manifiestan de forma clara en el ESPECTROGRAMA (Solé Sabater, 1993: 26). Por ejemplo, la vocal [a] muestra distintas formas de ESTRIACIONES según los tipos de la VOZ. Pronunciada con voz normal muestra estriaciones regulares de los PULSOS GLOTALES (*cf* fonación). Con voz **soplada** (*breathy voice*) presenta estriaciones más irregulares, que indican un escape de aire superior al normal debido a la imperfecta cerrazón de las cuerdas vocales. La voz **cuchicheada** (*whispered voice*), en la que la fricción glotal sustituye a la vibración laríngea, muestra la falta de estructura armónica: carencia de energía en las frecuencias más bajas (falta de vibración glotal), y fricción aperiódica en las frecuencias altas. La voz de FALSETE (*cf* voz de cabeza) presenta estriaciones muy juntas, reflejando la alta frecuencia de vibración de las cuerdas vocales, y una gran separación entre los armónicos.

② En gramática, el término 'voz' alude a una categoría gramatical que expresa las diferentes relaciones que se establecen entre los argumentos del verbo y las FUNCIONES SINTÁCTICAS que los realizan en la oración. Así, según García Miguel (1995b: 108), los términos marcados de esta categoría indican una correspondencia entre funciones sintácticas y argumentos distinta de la esperada en un cierto predicado. Por ejemplo, en la VOZ ACTIVA, la que se considera básica o no marcada, un verbo como *abofetear* conlleva dos argumentos con los papeles semánticos de AGENTE y PACIENTE. El agente se realiza como SUJETO en tanto que el paciente se presenta en la estructura sintáctica o gramatical como OBJETO DIRECTO: «Federico$_{ag/suj}$ abofeteó a Paco $_{pac/obj}$». En la VOZ PASIVA, en cambio, es el argumento paciente el que se destaca como sujeto, en tanto que el agente o bien se omite o se realiza como complemento: «Paco$_{suj/pac}$ fue abofeteado (por Federico $_{ag/comp}$)». Hay, por tanto, un cambio en la conexión entre funciones sintácticas y argumentos. La 'voz' se ha considerado una categoría verbal, esto es, vinculada al verbo, porque, como indica García Miguel, se marca formalmente en el predicado mediante morfemas flexivos, perífrasis u otros procedimientos. Así, en «Federico *abofeteó* a Paco» y en «Paco *fue abofeteado* por Federico» el núcleo verbal es formalmente distinto (sobre la existencia de la voz pasiva en español, *cf* Pena, 1982; Alarcos, 1980: 163 y sigs.; Lázaro Carreter, 1975).

No obstante, puesto que las diferentes formas verbales asociadas a la 'voz' expresan conexiones entre argumentos y funciones, la 'voz' también afecta a la estructura de la oración. De ahí que también se diga que es toda la oración la que presenta una 'voz' determinada.

③ En LEXICOLOGÍA, el término 'voz' equivale a VOCABLO, y en LEXICOGRAFÍA, a ENTRADA LÉXICA (*cf* diccionario).

**VOZ ACTIVA.** El término 'activa' alude a una de las distinciones incluidas en la categoría VOZ.

① En el sentido más corriente del término se dice que una oración es 'activa' o está en voz activa cuando el SUJETO de la oración es el AGENTE de la acción, o dicho con otras palabras, cuando los PAPELES SEMÁNTICOS de AGENTE y PACIENTE, implicados por el significado del verbo NÚCLEO del SINTAGMA VERBAL, se realizan como SUJETO y OBJETO DIRECTO, respectivamente. En este sentido estricto, una oración como «Ana acariciaba con placer a su gato» es activa.

② Puesto que la 'activa' es comúnmente la variante no MARCADA dentro de la categoría voz, el término puede hacerse extensivo a oraciones que, simplemente, no presentan las características de la VOZ PASIVA o de la VOZ MEDIA, aun cuando carezcan de OBJETO DIRECTO, como en «Juan bailó hasta el amanecer», o cuando su sujeto no sea en realidad un AGENTE, como en «Sus palabras le pusieron un nudo en la garganta».

③ Asimismo, se dice que un verbo está en voz 'activa' cuando se halla en la forma, distinta de la forma pasiva o media, que corresponde a una oración activa en cualquiera de los dos sentidos anteriores. Así, si se acepta la existencia de diferentes voces en el verbo español, formas verbales como *acariciaba, bailó, pusieron* pertenecerían a la voz activa. *Cf* voz activa.

**VOZ DE CABEZA, VOZ DE PECHO.** Véase en FALSETE.

**VOZ MEDIA.** El término 'media' alude a una de las distinciones incluidas en la categoría VOZ, en contraste con ACTIVA y PASIVA.

① Se dice que una oración es 'media' o está en voz 'media' cuando, con respecto a la construcción activa, el verbo ha perdido un ARGUMENTO, el correspondiente a la causa u originador del proceso, y se destaca como sujeto la entidad afectada por ese proceso. Pueden considerarse 'medias', según este sentido del término, las oraciones «María se ha emocionado», «La rama se ha partido». Los verbos *emocionar, partir*, en las oraciones activas («La música emocionó a María», «El viento partió la rama») implican dos argumentos: la causa o el AGENTE, que aparece como sujeto (*la música, el viento*) y la entidad afectada, representada por el objeto directo (*a María, la rama*). En la construcción 'media', por el contrario, hay una sola función sintáctica, el sujeto (María, *la rama*), que, desde el punto de vista semántico, es la entidad afectada por el proceso denotado por el verbo. No se presupone la existencia de una causa o un agente externo como originador de ese proceso. Simplemente se indica que 'al sujeto le ocurre algo' (García Miguel, 1985, 1995b).

② Se dice que un verbo está en voz 'media' cuando presenta una forma flexiva, distinta de la activa, que indica que la oración es 'media' en el sentido anterior. Según ejemplo tomado de García Miguel (1995b), en griego *phaino* (*mostrar*) es una forma correspondiente a la voz activa, en tanto que *phaínomai* (*mostrarse*) es la que forma 'media', la que adopta el verbo en una oración de sentido medio.

**VOZ PASIVA.** El término **pasiva** hace referencia a una de las distinciones asociadas a la categoría VOZ.

① Se dice que una ORACIÓN es 'pasiva' o está en 'voz pasiva' cuando tiene como núcleo del sintagma verbal un verbo que implica, por su significado, un AGENTE y un TEMA O PACIENTE —por ejemplo, *confirmar, realizar*—, pero, a diferencia de lo que sucede en la voz activa, es el argumento correspondiente al tema o paciente el que se realiza como sujeto de la oración, en tanto que el agente o bien se omite o bien aparece como complemento. Son pues 'pasivas' las oraciones contenidas en los enunciados siguientes: «La noticia ha sido confirmada», «Las reformas fueron realizadas por los internos». *Cf* cadena[3].

② También se dice que un VERBO está en voz pasiva cuando, conforme al sistema de conjugación, adopta una forma diferente de la activa al aparecer en este tipo de oraciones. Así, «han sido confirmadas», «fueron realizadas» serían formas pasivas de *confirmar, realizar*. *Cf* primera de pasiva, segunda de pasiva, antipasiva.

**VULGARISMO.** Son VARIANTES (léxicas, sintácticas, fonéticas) desprestigiadas.

# X

**X, X', X''.** Véase en TEORÍA DE LA X.

**X⁰.** En RECCIÓN Y LIGAMIENTO, '$X^0$' es la variable utilizada para simbolizar el núcleo (o categoría de nivel cero) de una PROYECCIÓN MÁXIMA.

**XENISMO.** En LEXICOLOGÍA se llama así a los EXTRANJERISMOS que han entrado a formar parte una lengua, sin acomodarse a sus normas morfofonológicas, es decir, manteniendo su grafía propia, la cual suele escribirse con letra cursiva; por ejemplo en español son 'xenismos' términos como *dossier, marketing, amateur, sandwich,* etcétera.

Una característica de muchos de los 'xenismos', como *perestroika* (ruso), *ombudsman* (sueco) y otros, es que entran a través del inglés y, como afirma Rodríguez González (1996), a través de esta lengua se produce una creciente uniformización e internacionalización de los mismos. *Cf* barbarismo[2], adopción léxica.

# Y

**YUXTAPOSICIÓN.** Con el término 'yuxtaposición' se alude, comúnmente, a una relación entre dos unidades sintácticas que se siguen en el enunciado sin que medie una conjunción, o cualquier tipo de nexo expreso, que indique el tipo específico de conexión que se establece entre ambas. Por ejemplo, de conformidad con Dik (1968: 32), habría 'yuxtaposición' en los siguientes enunciados: «*Cinco, seis* minutos más tarde, la bomba explotó», «*Hace demasiado calor*: nos quedaremos en casa». En ninguno de los dos casos existe una conjunción que haga explícito el tipo concreto de relación que se establece entre las unidades destacadas en cursiva. Su conexión sólo viene señalada por medio de la ENTONACIÓN. Asimismo, para Alarcos (1994: 316), en «Llegué, vi, vencí» hay tres oraciones enlazadas por 'yuxtaposición' en un mismo enunciado, mientras que en «Escribió novelas, cuentos, ensayos» son tres sustantivos los elementos 'yuxtapuestos'. No obstante, se observan discrepancias en los estudios gramaticales en lo que concierne al estatus de la 'yuxtaposición' con respecto a la COORDINACIÓN y a la SUBORDINACIÓN. Para Rojo (1978), por ejemplo, la 'yuxtaposición' es una forma de expresar relaciones sintácticas que se caracteriza por la ausencia de marca gramatical explícita (*cf* asíndeton), pero que puede afectar por igual a la coordinación y a la subordinación. Cualquiera de estas dos relaciones, según Rojo, puede aparecer con una marca gramatical («Llegué, vi *y* vencí», «Le ruego *que* me envíe a vuelta de correo...»), o sin marca de conexión; es decir, como 'yuxtaposición': «Llegué, vi, vencí», «Le ruego me envíe a vuelta de correo».

Para otros, en cambio (*cf* Alarcos, 1994; Hernández Alonso, 1984), coordinación y 'yuxtaposición' implican el mismo tipo de relación sintáctica: unión de elementos equifuncionales, esto es, equivalentes en cuanto a su función. Sólo se diferencia por la forma de expresión: la coordinación conlleva una conjunción o conector, pero no la 'yuxtaposición'. Así, según Hernández Alonso, habría 'yuxtaposición' en «llega, salta, corre, vuela», pero no en «Le ruego me envíe el pedido inmediatamente», puesto que, en este último enunciado, *ruego* y la oración completiva objeto «*me envíe el pedido inmediatamente*» no son elementos equifuncionales.

# Z

**Zetacismo.** Véase en PATOLOGÍAS DEL LENGUAJE Y DEL MEDIO.

**Zeugma.** En la RETÓRICA clásica, el término **zeugma** (y también **ceugma** o **ceuma**) se refiere a un concepto amplio que se aplica a varias FIGURAS de construcción, especialmente aquellas en las que algún elemento está elíptico, presupuesto o sobreentendido. Una de las construcciones comprendidas bajo este término sería la que, a partir de los análisis transformacionales, se denomina VACIADO, como en «Mi tío vive en Madrid y mi tía ф en Salamanca». *Cf* elipsis.

**Zona de articulación.** En FONÉTICA ARTICULATORIA se llama 'zona de articulación' al lugar de la CAVIDAD BUCAL en donde se produce la APROXIMACIÓN ABIERTA de un ARTICULADOR activo con uno pasivo. En los demás casos se suele utilizar el término PUNTO DE ARTICULACIÓN. Gili Gaya (1975: 136), no obstante, también emplea el término 'zona de articulación' para referirse a la articulación de la FRICATIVAS, cuyo punto de articulación es menos preciso que el de las OCLUSIVAS; en este caso se propone hablar de 'zonas de articulación', como la dento-alveolar, la velo-palatal, la velo-uvular, dentro de las cuales se sitúa buen número de las variedades. *Cf* área de seguridad.

# BIBLIOGRAFÍA

## A


ABAD, F. y GARCÍA BERRIO, A., eds. (1983): *Introducción a la lingüística*. Madrid: Alhambra.

ABERCROMBIE, D. (1967): *Elements of General Phonetics. Edimburgo*: Edinburgh University Press.

— (1968): «Paralanguage». *British Journal of Disorders of Communication* 3: 55-9.

ACHTERT, W. S. *et al.* (1985): *The MLA Style Manual*. Nueva York: The Modern Language Association of America.

ADAMS, J. (1985): *Pragmatics and Fiction*. Amsterdam: John Benjamins.

AGUIAR E SILVA, V. DE (1980): *Competencia lingüística y competencia literaria*. Madrid: Gredos.

AIJMER, K. y ALTENBER, B. (1991): *English Corpus Linguistics*. Londres: Longman.

ALARCOS LLORACH, E. (1972): *Gramática estructural*. Madrid: Gredos.

— (1977): «Metodología estructural y funcional en lingüística». *RSEL* 7,2: 1-16.

— (1980): *Estudios de gramática funcional del español*, 3.ª ed. Madrid: Gredos.

— (1983): *Fonología española*, 4.ª ed. Madrid: Gredos.

— (1985): «Generalidades en torno a la gramática funcional», págs. 7-14 en *Lecciones del I y II Curso de Lingüística Funcional (1983 y 1984)*. Oviedo: Universidad de Oviedo.

— (1994): *Gramática de la lengua española*. Madrid: Espasa-Calpe.

ALBALADEJO MAYORDOMO, T. (1981): «Aspectos del análisis formal de texto». *Revista Española de Lingüística* 11,1: 117-160.

— (1982): «Struttura comunicativa testuale e proposizioni performativo-modali». *Lingua e Stile* 18: 113-59.

— (1983): «Componente pragmático, componente de representación y modelo lingüístico-textual». *Lingua e Stile* 18: 3-46.

— (1984): «La crítica lingüística», págs. 141-208 en AULLÓN DE HARO, P., coord.

— (1992): Semántica de la narración: la ficción realista. Madrid: Taurus.

ALBALADEJO, T. y GARCÍA BERRIO, A. (1983): «La lingüística del texto», en ABAD, F. y GARCÍA BERRIO, A., eds.

ALCARAZ, E. (1982): *Semántica de la novela inglesa*. Alicante: CAP.

— (1983a): «De la lingüística oracional a la supraoracional». *Estudios de Lingüística* 1: 7-24.

— (1983b): «An approach to the language of *Mrs. Dalloway*». *Cauce* (Universidad de Sevilla) 6: 211-24.

— (1987): «La elipsis en el discurso inglés». *Annuari d'Anglès* (Universitat Autònoma de Barcelona) 10: 9-23.

— (1990): *Tres paradigmas de la investigación lingüística*. Alcoy: Marfil.

— (1993): «La lingüística y la enseñanza de las lenguas extranjeras», págs. 19-107 en GARCÍA HOZ, ed.

— (1994): *El inglés jurídico*. Barcelona: Ariel.

— (1996): «Translation and Pragmatics», págs. 99-115 en ÁLVAREZ, R. *et al.*, ed.

ALCARAZ, E. *et al.* (1975): *Fonética inglesa para españoles*. Alicante: CAP.

— (1980): *Morfosintaxis inglesa para hispanohablantes*. Alicante: CAP.

— (1981): *La evaluación del inglés*. Madrid: SGEL.

— (1992): *Didáctica del inglés: metodología y programación*. Madrid: Alhambra.

ALCINA FRANCH, J. Y BLECUA, J. M. (1975): *Gramática española*. Barcelona: Ariel.

ALCOBA RUBIO, S. (1987): «Los parasintéticos: constituyentes y estructura léxica». *Revista Española de Lingüística* 17,2: 245-67.

ALFARO, R. (1964): *Diccionario de anglicismos*. Madrid: Gredos.

ALGEO, J. (973): *On Defining the Proper Name*. Gainesville: University of Florida Press.

ALLAN, K. (1986): *Linguistic Meaning*. Londres: Routledge.

ALLEN, J. *et al.*, eds. (1971): *Chomsky: Selected Readings*. Oxford: O.U.P.

ALONSO, A. (1955): *Materia y forma en poesía*. Madrid: Gredos.

— (1967): *Estudios Lingüísticos. Temas españoles*. Madrid: Gredos.

ALONSO, A. y HENRÍQUEZ UREÑA, P. (1977): *Gramática castellana. Primer curso*. Buenos Aires: Losada (28.ª ed.).

— (1981): *Gramática castellana. Segundo curso*, 26.ª ed. Buenos Aires: Losada.

ALONSO, D. (1952): *Poesía española. Ensayo de métodos y límites estilísticos*. Madrid: Gredos.

— (1962) «Poesía correlativa inglesa en los siglos XVI y XVII». *Filología Moderna* 2: 1-47.

ALVAR EZQUERRA, M. (1976): *Proyecto de lexicografía española*. Barcelona: Planeta.

— (1993a): *La lexicografía descriptiva*. Barcelona: Biblograf.

— (1993b): *La formación de palabras en español*. Madrid: Arco Libros.

ÁLVAREZ, A. I. (1995): *Las construcciones consecutivas*. Madrid: Arco Libros.

ÁLVAREZ AMORÓS, J. (1991): *'Ulysses' como paradigma de intertextualidad: la hipótesis del narrador-citador*. Madrid: Palas Atenea.

ÁLVAREZ MARTÍNEZ, M.ª ÁNGELES (1987): «Las oraciones subordinadas: esbozo de clasificación». *Verba* 14: 117-48.

— (1986): *El artículo como entidad funcional en el español de hoy*. Madrid: Gredos.

— (1989): *El pronombre I. Personales, Artículo, Demostrativos y Posesivos*. Madrid: Arco Libros.

— (1992): *El adverbio*. Madrid: Arco Libros.

ÁLVAREZ MENÉNDEZ, A. I. (1988): «El adverbio y la función incidental». *Verba* 15: 215-36.

— (1989): *Las construcciones consecutivas en español*. Oviedo: Departamento de Filología española.

ÁLVAREZ, R. y VIDAL, A., eds. (1996): *Translation, Power, Subversion*. Clevedon: Multilingual Matters.

ANDERSEN, H. (1973): «Abductive and deductive change». *Language* 49: 765-93:

ANDERSON, J. (1971): *On Case Grammar: Prolegomena to a Theory of Grammatical Relations*. Londres: Croom Helms.

— *et al.* (1987): *Principles of Dependency Phonology*. Cambridge: Cambridge University Press.

ANDERSON, R. (1978): «Schema-directed processes in language comprehension», en LESGOLD, A. *et al.*, eds.

ANDERSON, S. R. (1980): «Problems and perspectives in the description of vowel harmony», págs. 1-49 en VAGO, R., ed.

ANDERSSON, L. *et al.* (1990): *Bad Language*. Londres: Penguin.

ANSHEN, F. (1969): *Statistics for Linguists*. Rowley, Mass.: Newbury House.

APREYSAN, F. *et al.* (1969): «Semantics and Lexicography: Towards a New Type of Unilingual Dictionary», págs. 1-33 en KIEFER, ed.

ARENS, H. (1976): *La lingüística* (2 vols.). Madrid: Gredos.

ASENSI, M. (1987): *Theoria de la lectura*. Madrid: Hiperión.

ASTI-VERA, A. (1972): *Metodología de la investigación*. Madrid: Cincel.

ATKINS S. *et al.* (1992): «Corpus design criteria». *Literary and Linguistic Computing* 7, 1: 1-16.

AULLÓN DE HARO, P., coord. (1984): *Introducción a la crítica literaria actual*. Madrid: Playor.
AUROUX, S. *et al.*, eds. (1984): *Matériaux pour une histoire des théories linguistiques*. Université de Lille III: Diffusion P.U.L.
AUSTIN, J. L. (1962): *How to Do Things with Words*. Londres: Clarendon Press. [Trad. *Cómo hacer cosas con palabras. Palabras y acciones*. Barcelona: Paidós, 1982.]
AYTO, J. *et al.* (1993): *The Oxford Dictionary of Modern Slang*. Oxford: Oxford University Press.
AZORÍN FERNÁNDEZ, D. (1994): «El diccionario como instrumento didáctico», pp. 174-99 en *Lenguaje y Comunicación II*. Valencia: Universidad Internacional Menéndez Pelayo.
AZORÍN FERNÁNDEZ, D. y MARTÍNEZ LINARES, M. A. (1994-1995): «Léxico y sintaxis en los diccionarios monolingües del español». *Estudios de Lingüística* 10: 227-246.

**B**

BAAMONDE, G., (1986): «Aproximación semiológica a la expresión gestual en Valle-Inclán» en GARRIDO, M.A., ed.
BABB, H., ed. (1972): *Essays in Stylistic Analysis*. Nueva York: Harcourt.
BACH, K. *et al.* (1968): *Universals in Linguistic Theory*. Nueva York: Holt, Rinehart and Wilson.
— (1982): *Linguistic Communication and Speech Acts*. Cambridge, Mass.: The M.I.T. Press.
BÁEZ SAN JOSÉ, V. (1988): *Fundamentos críticos de la gramática de dependencias*. Madrid: Síntesis.
BAKER, M. C. (1988): *Incorporation. A Theory of Grammatical Function Changing*. Chicago: University of Chicago Press.
BAKHTIN, M. (1982): *Estética de la acción verbal*. Madrid: Siglo XXI.
BALDINGER, K. (1967): «Structures et systèmes linguistiques». *Tra li li* 1: 123-39.
— (1970): *Teoría semántica. Hacia una semántica moderna*. Madrid: Ediciones Alcalá.
BALLESTA, J. (1991): *Diccionari de gramàtica generativo-transformacional*. Barcelona: Universitat Autònoma de Barcelona.
BALLY, C. (1902/1951): *Traité de stylistique française II*. Heidelberg: Winter.
— (1905): *Précis de stylisque française*. Ginebra: Eggimann.
— (1950): *Linguistique générale et linguistique française*. Berna.
— (1952): *El lenguaje y la vida*. Buenos Aires: Losada.
BANFIELD, A. (1982): *Unspeakable Sentences: Narration and Representation*. Londres: Routledge.
BAR-HILLEL (1971): *Pragmatics of Natural Language*. Dordrecht: Reidel. BARRENECHEA, A. M. (1979): «Las clases de palabras en español, como clases funcionales», pp. 9-26 en BARRENECHEA, A. M. y MANACORDA, M. V.
BARRENECHEA, A.M. y MANACORDA, M. V. (1979): *Estudios de gramática estructural*. Buenos Aires: Paidós (5.ª edición).
BARTHES, R. (1966/1972): *Análisis estructural del relato*. Barcelona: Ediciones Buenos Aires.
— (1967): *Elements of Semiology*. Londres: Cape.
— (1968): «Linguistique et litterature». *Langages* 12: 3-8.
— (1974): *El placer del texto*. Madrid: Siglo XXI.
— (1977): *Image, Music, Text*. Nueva York: Hill and Wang.
— (1980): *S/Z*. Madrid: Siglo XXI.
BARZUN, J. *et al.* (1977): *The Modern Researcher*. Nueva York: Harcourt.
BASBØLL, H. (1988): «Phonological theory», págs. 192-215 en NEWMEYER, F. J., ed.
BATES, E. (1976): *Language and Context*. Nueva York: Academic Press.
BATHIA, V. K. (1993): *Analysing Genre: Language Use in Professional Settings*. Nueva York: Longman.
BAUDHUIN, E. (1970): *Obscene Language and Persuasive Communication: an Experimental Study*. Ann Arbor, Mich.: UMI Dissertation Information Service.
BEAUGRANDE, R. DE (1980): *Text, Discourse and Process*. Londres: Longman.
— (1984): «Linguistics discourse: A case study from semantics». *Word* 35: 15-57.

— (1985): «Textlinguistics in Discourse Studies», págs. 41-70 en VAN DIJK, T. A., ed.
— (1988): *Linguistic Theories: Retrospects and Prospects*. Londres: Longman.
— (1996): «The 'pragmatics' of doing language science: The 'warrant' for large-corpus linguistics». *Journal of Pragmatics* 25: 503-35.
— (1997): *New Foundations for a Science of Text and Discourse. Cognition, Communication and the Freedom of Access to knowledge and Society*. Norwoods, N.J.: Ablex.
BEAUGRANDE, R. DE *et al.* (1981): *An Introduction to Textlinguistics*. Londres. Longman.
— eds. (1994a): *Language, Discourse and Translation*. Amsterdam: John Benjamins.
— (1994b) «Cognition, communication, translation, instruction», págs. 1-22 en BEAUGRANDE, R. *et al.*, eds.
BECERRA, J. M. (1989): «Algunos dobletes semánticos en el español actual hablado». *RESLA* 5: 23-35.
BEEVE, L. M. y GILES, H. (1984): «Speech-accommodation theories: a discussion in terms of second-language acquisition». *International Journal of the Sociology of Language* 46: 5-32.
BELL, R. (1978): «Functional models of language», págs. 62-115 en *Sociolinguistics*. Londres: Batsford.
BELLETTI, A. (1987): «Los inacusativos como asignadores de caso», págs. 167-230 en DEMONTE, V. y FERNÁNDEZ LAGUNILLA, M., eds.
BELLETI, A. y RICCI, L. (1987): *Los verbos psicológicos y la teoría temática*, págs. 60-122 en DEMONTE, V, y FERNÁNDEZ LAGUNILLA, M., eds.
BELLO, A. (1981): *Gramática de la lengua castellana*. Edición crítica de R. Trujillo. Tenerife: Instituto Universitario de Lingüística Andrés Bello. (Primera edición 1847.)
BENGOECHEA BARTOLOMÉ, M. (1993): «Dominance and sex: two independent variables in the analysis of interruption». *Pragmalingüística* 1: 35-52.
BENNET, J. R. (1976): «Beginning and Ending: a Bibliography». *Style* 10,2: 184-8.
BENVENISTE, E. (1956): *La linguistique de l'énonciation*. París: Didier.
— (1971): *Problemas de lingüística general I*. Madrid: Siglo XXI.
— (1977): *Problemas de lingüística general II*. Madrid: Siglo XXI.
BERGER, R. (1988): *Implementing for Research*. Newbury Park, Ca.: Sage Publications.
BERGER, R. *et al.* (1988): *Planning for Research*. Newbury Park, Ca.: Sage Publications.
BERNABÉ, A. (1988): «Tipología frente a reconstrucción: la hipótesis glotálica». *Revista Española de Lingüística* 18, 2: 357:-73.
BERNÁRDEZ, E. (1982): *Introducción a la lingüística del texto*. Madrid: Espasa-Calpe.
— (1987): *Lingüística del texto*. Madrid: Arco/Libros.
— (1995): *Teoría y epistemología del texto*. Madrid: Cátedra.
BERRENDONNER, A. (1981): *Éléments de pragmatique linguistique*. París: Éditions de Minuit. [Trad. *Elementos de pragmática lingüística*. Buenos Aires: Gedisa.]
BERRY, M. (1975): *An Introduction to Systemic Linguistics: Structures and System*. Londres: Batsford.
— (1987): «Is teaching an unanalysed concept», págs. 41-63 en HALLIDAY, M. A. K. *et al.*
— *et al* (1995a): «*Meaning Form: Systemic Functional Interpretations*. Norwood, N. J.: Ablex
— (1995b): «What is theme? Another personal view», págs. 1-64 en PERRY, M. *et al.*, eds.
BERRY, R. (1969): *How to Write a Research Paper*. Elmsford, Nueva York: Pergamon.
BES, G. (1984): «Compétence/performance. Distinction méthodologique ou affirmation empirique?», págs. 637-48 en AUROUX, S. *et al.*, eds.
BEYLSMITH, J. J., ed. (1980): *Linguistic Bibliography for the Year 1972*. La Haya: Martinus Njhoff Publishers.
BICKERTON, D. (1975): *Dynamics of a Creole System*. Cambridge: Cambridge University Press.
BIERWISCH, M., ed. (1969): *Recent Developments in Linguistics*. La Haya: Mouton.
BIRD, S. (1995): *Computational Phonology*. Cambridge: Cambridge University Press.
BIRDWHISTELL, R. L. (1952): *Introduction to Kinesics: An Annotated System for Analysis of Body Motion and Gesture*. Washington, D.C.: Department of State, Foreign Service Institute.

— (1970): *Kinesics and Context: Essays on Body Motion Communication.* Filadelfia: University of Pennsylvania Press.

BLACK, M. (1962): *Models and Metaphors.* Nueva York: Cornell University Press.

BLAKE, N. (1988): «Reflections on some Approaches to Style and Stylistics». *Revista Alicantina de Estudios Ingleses* 1: 7-18. Alicante: Universidad.

BLAKEMORE, D. (1987): *Semantic Constraints on Relevance.* Oxford: Blackwell.

— (1992): *Understanding Utterances.* Oxford: Blackwell.

BLAUSBERS, M. y JARRETT, K. (1977): «Semantic anomaly: linguists' intuition versus interpretation in context», págs. 101-9 en ECKMAN, F., ed.

BLOCH, B. y TRAGER, G. (1942): *Outline of Linguistic Analysis.* Baltimore: Waverly Press.

BLOCH, E. (1969): «Proceso y estructura», págs. 25-61 en PIAGET, J. *et al.*, eds.

BLOOMFIELD, L. (1933/1965): *Language*, 8.ª ed. Nueva York: Holt, Rinehart and Winston.

BLUM-KULKA, S. (1996) «Introducción a la pragmática del interlenguaje», págs. 155-170 en CENOZ, J. Y VALENCIA, H.

BOBES, C. (1972): «La coordinación en la frase nominal castellana». *Revista Española de Lingüística* 2,2: 285-311.

— (1973): «La coordinación en la frase nominal castellana (II)». *Revista de Española de Lingüística* 3,2: 261-95.

BONVILLAIN, N. (1993): *Language, Culture and Communication.* Londres: Prentice Hall.

BONORINO, P. R. (1993): «Sobre la abducción». *Cuadernos de Filosofía del Derecho*, 14: 207-41.

BOSQUE, I. (1983a): «La morfología», págs. 115-153 en ABAD, F. *et al.*

— (1983b): «Clases de nombres comunes» págs. 75-88 en *Serta Philologica F. Lázaro Carreter.* I. Madrid: Cátedra.

— (1985): «Sobre las oraciones recíprocas en español». *Revista Española de Lingüística* 15,1: 59-96.

— (1986): «Prólogo» a FERNÁNDEZ RAMÍREZ, S. *Gramática española 4. El verbo y la oración.*

— (1987): «Constricciones morfológicas sobre la coordinación». *Lingüística Española Actual*: 83-100.

— (1989): *Las Categorías Gramaticales.* Madrid: Síntesis.

— ed. (1990a): *Indicativo y subjuntivo.* Madrid: Taurus.

— ed. (1990b): *Tiempo y aspecto en español.* Madrid: Cátedra.

— (1990c): «Las bases gramaticales de la alternancia modal. Repaso y balance», pp. 13-65 en BOSQUE, I. ed. (1990a).

BOSQUE, I. y MORENO, J. C. (1990): «Las construcciones con *lo* y la denotación del neutro». *Lingüística* 2: 5-50.

BOTHA, R. P. (1971): *Methodological Aspects of Transformational Generative Grammar.* La Haya: Mouton.

— (1973): *The Justification of Linguistic Hypotheses.* La Haya: Mouton.

BOU FRANCHS, P. *et al.* (1994): «La presentación de la imagen en conversaciones entre hablantes nativas y no nativas de inglés», *Pragmalinguistics* 2: 37-62.

BOUVERESSE, J. (1974): «On linguistic methodology», págs. 301-15 en PARRET, H., ed.

BRACHMAN, R. (1978): *A Structural Paradigm for Representing Knowledge.* Cambridge: Bolt, Beranek Technical Report 3605.

BRAITHWAITE, R. B. (1958): *Scientific Explanation. A Study of the Function of Theory, Probability and Law in Science.* Cambridge: Cambridge University Press. [Trad. *La explicación científica.* Madrid: Tecnos, 1965.]

BRESNAN, J., ed. (1982): *The Mental Representation of Grammatical Relations.* Cambridge, Mass.: MIT Press.

BRESNAN, J. y KAPLAN, R. (1982): «Introduction: Grammars as mental Representations of Language», págs. xvii-lii en BRESNAN, J., ed.

BREVA-CLARAMONTE, M. (1973): «Orígenes y evolución de la noción de estructura profunda». *Revista Española de Lingüística* 3: 1-21.

BRIGHT, W., ed. (1992): *International Encyclopedia of Linguistics*. Oxford: Oxford University Press.

BROWMAN, C. y GOLDSTEIN, L. (1992): «Articulatory phonology: an overview». *Phonetica* 49: 155-80.

BROWN, G. *et al.*, eds. (1994): *Language and understanding*. Oxford: Oxford University Press.

BROWN, P. y LEVINSON, S. C. (1987): *Politeness. Some Universals in Language Usage*. Cambridge: Cambridge University Press.

BRUCART, J. M. (1987): *La elisión sintáctica en español*. Barcelona: Universitat Autònoma de Barcelona.

BRUNER, J. (1975): «The ontogenesis of speech acts». *Journal of Child Language* 2: 1-20.

BUCHLER, J., ed. (1955): *Philosophical Writings of Peirce*. Nueva York: Dover.

BÜHLER, K. (1934): *Sprachtheorie*. Jena: Fischer. [Trad. de Julián Marías, *Teoría del lenguaje*. Madrid: Revista de Occidente, 1950.]

BUNGE, M. (1969): *La investigación científica*, 7.ª ed. Barcelona: Ariel.

— (1972): *Teoría y realidad*. Barcelona: Ariel.

— (1981): *Epistemología*. Barcelona: Ariel.

— (1983): *Lingüística y filosofía*. Barcelona: Ariel.

BURTON, D. (1980): *Dialogue and Discourse. A Sociolinguistic Approach to Modern Drama Dialogue and Naturally Occurring Conversation*. Londres: Routledge.

BURTON-ROBERTS, N. (1989): *The Limits to Debate. A Revised Theory of Semantic Presuposition*. Cambridge: Cambridge University Press.

BURZIO, L. (1981): *Intransitive Verbs and Italian Auxiliaries*. Tesis doctoral del *MIT*. Cambridge, Mass.

BUSSMAN, H. (1996): *Routledge Dictionary of Language and Linguistics*. Londres: Routledge.

BUSTOS GISBERT, J. J. (1996): *La construcción de textos en español*. Salamanca: Ediciones Universidad.

## C

CABRÉ, T., ed. (1990): *La Lingüística aplicada avui*. Barcelona: Universitat de Barcelona.

— (1993): *La terminología*. Barcelona: Editorial Antártida/Empuries.

CABRÉ, T. y RIGAU, G. (1986): *Lexicologia i semàntica*. Barcelona: Enciclopèdia Catalana.

CALERO VAQUERA, M. L. (1986): *Historia de la gramática española (1847-1920)*. Madrid: Gredos.

CALNAN, J. (1976): *One Way to Do Research: The A-Z for those who must*. Londres: Heinemann.

CAMPOS, M. A. (1991): «Presuposiciones y connotaciones en el discurso expositivo». *Anuari d'Anglès*, XIII: 53-9.

— (1994): «A few notes on translating journalistic articles», págs. 99-112 en GUILLÉN NIETO, V. y MATEO MARTÍNEZ, J., eds.

— (1995a): «Deixis as a reference to an alleged shared situation in persuasive discourse», en *Revista Alicantina de Estudios Ingleses*, 8 (1995): 57-67.

— (1995b): «Una primera aproximación a la traducción jurídica», en VALERO, C., ed.

CANEDA CABRERA, M. T. *et al.* (1996): *Os estudios ingleses no contexto das novas tendencias*. Vigo: Universidad.

CANO AGUILAR, R. (1981): *Estructuras sintácticas transitivas del español actual*. Madrid: Gredos.

— (1983): *El predicado verbal*. Madrid: Coloquio.

CARAMÉS, J. L. *et al.* eds. (en prensa): *La Interdisciplinariedad en el Discurso Artístico*: Volumen II, Oviedo, Servicio de Publicaciones de la Universidad.

CARBONERO CANO, P. (1978): «Criterios para una caracterización funcional de los adverbios». *Revista Española de Lingüística* 8,1: 169-197.

CARRILLO HERRERA, G. (1963): «Estudios de Sintaxis. Las oraciones subordinadas». *Boletín de Filología* XV: 165-221.

CARSTON, R. (1988): «Language and cognition», págs. 36-68 en NEWMEYER, ed.

CARTER, R. (1982): *Language and Literature*. Londres: Allen and Unwin.

— (1986): «A question of interpretation. An overview of some recent developments in stylistics», págs. 7-26 en D'HUEN, T., ed.

CASARES, J. (1950): *Introducción a la lexicografía moderna*. Madrid: CSIC.

CASAS, M. (1986): *La interdicción lingüística. Mecanismos del eufemismo y del disfemismo*. Cádiz: Servicio de Publicaciones de la Universidad.

CASTRO CALVÍN, J. (1990): *Actitud y motivación de los alumnos de COU en el aprendizaje del inglés*. Alicante: Servicio de Publicaciones.

CENOZ, J. (1996) «La competencia comunicativa: su origen y componentes», págs. 95-114 en CENOZ, J. Y VALENCIA, H.

CENOZ, J. Y VALENCIA, H. (1996): *La competencia pragmática: elementos lingüísticos y psicosociales*. Vitoria: Publicaciones de la Universidad del País Vasco.

CERDÁ, R. (1995): «Dispersión y solapamiento en pragmática». *Revista Española de Lingüística* 25, 2: 271-295.

CESTERO MANCERA, ANA M.ª (1994): «Intercambios de turnos en la conversación en lengua española». *Revista Española de Lingüística* 24,1: 77-99.

CHAFE, W. (1970): *Meaning and the Structure of Language*. Chicago: Chicago University Press.

— (1974): «Wallace Chafe», págs. 1-125 en PARRETT, H., ed.

— (1976): «Givenness, contrastiveness, definitenes, subjects, topic and point of views», págs. 27-55 en LI, C., ed.

CHIVA, T. y KAJIYAMA, M. (1941): *The Vowel: its Nature and Structure*. Tokio: Kaiseikan.

CHALMERS, A. (1984): *Qué es esa cosa llamada ciencia*. Madrid: Siglo XXI.

CHAMBERS, J. K. (1995): *Sociolinguistic Theory: Linguistic Variation and its social significance*. Oxford: Blackwell.

CHAO, Y. (1970): «Some aspects of the relation between theory and method», págs. 16-21 en GARVIN, P., ed.

CHATMAN, S., ed. (1971): *Literary Style: A Symposium*. Oxford: Oxford University Press.

CHERRY, C., ed. (1974): *Pragmatic Aspects of Human Communication*. Dordrecht: Reibel.

CHICO RICO, F. (1988): *Pragmática y construcción literaria*. Alicante: Universidad.

CHOMSKY, N. (1957): *Syntactic Structures*. La Haya: Mouton. [Trad. *Estructuras sintácticas*. Méjico: Siglo XXI, 1974.]

— (1959): «A Review of 'Verbal Behavior'». *Language* 35: 26-59.

— (1961): «Some methodological remarks on general grammar». *Word* 17,2: 219-39.

— (1964): *Current Issues in Linguistic Theory*. La Haya: Mouton. [Trad. *Problemas actuales en teoría lingüística*. Madrid: Siglo XXI, 1977, 2.ª ed.]

— (1965): *Aspects of the Theory of Syntax*. Cambridge, Mass.: The M.I.T. Press. [Trad. de C. P. OTERO, *Aspectos de la teoría de la sintaxis*. Madrid: Aguilar, 1971.]

— (1966): «The Current Scene in Linguistics: Present Directions», *College English* 27: 587-95; publicado también en págs. 3-7 REIBEL, D. A. y SCHANE, S. A., eds. (1969).

— (1967/1970): *Remarks on nominalization*, págs. 184-221 en JACOBS, R. A. *et al.*, eds.

— (1968): *Language and Mind*. Nueva York: Harcourt. [Trad. *El lenguaje y el entendimiento*. Barcelona: Seix Barral, 1971.]

— (1969): «Form and meaning in natural language», págs. 63-85 en ROLSLANASKY, J., ed.

— (1971): «Deep structure, surface structure and semantic interpretation», págs. 183-216 STEINBERG, D. D.y JAKOBOVITS, L., eds.

— (1972a): *Studies on Semantics in Generative Grammar*. La Haya: Mouton.

— (1972b): *Language and Mind*. Nueva York: Harcourt Brace Jovanovich.

— (1975): *Reflections on Language*. Nueva York: Pantheon Books.

— (1979): *Language and Responsibility*. Brighton: The Harvester Press.

— (1980): *Rules and Representations*. Nueva York: Columbia University Press.

— (1981): *Lectures on Government and Binding*. Dordrecht: Foris.

— (1986a): *Barriers*. Cambridge, Mass.: The M.I.T. Press [Trad. *Barreras*. Barcelona: Paidós. 1990.]

— (1986b): *Knowledge of Language: its Structure, Origin and Use.* Nueva York: Praeger.
— (1988a): *Language and Problems of Knowledge. The Managua Lectures.* Cambridge, Mass.: The M.I.T. Press. [Trad. de CLARIBEL ALEGRÍA y D. L. FLAKOLL y revisión técnica de AZUCENA PALACIOS, *El lenguaje y los problemas del conocimiento.* Madrid: Visor, 1989.]
— (1988b): *La nueva sintaxis. Teoría de la rección y el ligamiento.* Barcelona, Buenos Aires: Paidós.
— (1992): *A Minimalist Program for Linguistic Theory. MIT Occasional Papers in Linguistics.* Cambridge, Mass.: MIT Press.
— (1995): *The Minimalist Program.* Cambridge, Mass.: MIT Press.
CHOMSKY, N. *et al.* (1977): «Formal Analysis of Natural Language», págs. 269-321 en LUCE, R. *et al.*, eds.
CHOMSKY, N. y HALLE, M. (1968): *The Sound Pattern of English.* Nueva York: Harper and Row.
CIFUENTES, J. L. (1994): *Gramática cognitiva. Fundamentos críticos.* Madrid: Eudema.
CLARK, H. *et al.* (1982): «Speech Acts and Hearers' Beliefs», págs. 1-36 en SMITH, N. V., ed.
CLEMENTS, G. N. (1985): «The geometry of phonological features». *Phonology Yearbook*, 2: 225-52.
COATES, J. (1986): *Women, Men and Language.* Londres: Longman.
COATES, R. (1987): «Phonology», págs. 30-58 en LYONS, J. *et al.*, eds.
— (1987): «Historical linguistics», págs. 179-99 en LYONS, J. *et al.*, eds.
COHEN, D., ed. (1974): *Explaining Linguistic Phenomena.* Nueva York: Wiley Sons.
COHEN, D. *et al.*, eds. (1975): *Testing Linguistic Hypotheses.* Washington, D. C.: Hemisphere Publishing Co.
COLE, P. y MORGAN, J. L., eds. (1975): *Syntax and Semantics, vol. 3: Speech Acts.* Nueva York: Academic Press.
COLLINGE, N. E., ed. (1990): *An Encyclopedia of language.* Londres: Routledge.
COMRIE, B. (1976): *Aspect.* Cambridge: Cambridge University Press.
— (1981): *Language Universals and Linguistic Typology: Syntax and Morphology.* Oxford: Blackwell. [Trad. *Universales del lenguaje y tipología lingüística.* Madrid: Gredos, 1989.]
CONTE, M. E., ed. (1971): *La linguistica testuale.* Milan: Feltrinelli.
CONTRERAS, H. (1978): *El orden de palabras en español.* Madrid: Cátedra.
COOK, W. (1967): *Introduction to Tagmemic Analysis.* Nueva York: Holt, Rinehart and Winston.
— (1989): *Case Grammar Theory.* Washington, D. C.: Georgetown University Press.
COOPER, C. W. y ROBINS E. J. (1967): *The Termpaper: a Manual and Model.* Stanford, Cal.: Stanford University Press.
COOPER, M. (1984): *The Integrative Research Review: a Systematic Review.* Newbury Park, Cal.: Sage Publications.
CORDER, S. P. (1981): *Error Analysis and Interlanguage.* Oxford: Oxford University Press.
CORNEILLE, P. (1979): *La lingüística estructural (su proyección, sus límites).* Madrid: Gredos.
CORNISH, F. (1986): *Anaphoric Relations in English and French: A Discourse Perspective.* Londres: Croom Helm.
COSERIU, E. (1967/1973): «Determinación y entorno», págs. 282-323 en *Teoría del lenguaje y lingüística general.* Madrid: Gredos.
— (1967): «Sistema, norma y habla», págs. 11-113 en *Teoría del lenguaje y lingüística general.* Madrid: Gredos.
— (1967): *Teoría del lenguaje y lingüística general.* Madrid: Gredos.
— (1977a): *Principios de semántica estructural.* Madrid: Gredos.
— (1977b): *Tradición y novedad en la ciencia del lenguaje.* Madrid: Gredos.
— (1981): *Lecciones de lingüística general.* Madrid: Gredos.
— (1986): *Introducción a la lingüística.* Madrid: Gredos.
COULMAS, F., ed. (1981): *Conversational Routines.* La Haya: Mouton.
COULON, A. (1987): *La etnometodología.* Madrid: Cátedra.
COULTHARD, M. (1977): *An Introduction to Discourse Analysis.* Londres: Longman.
CRUSE, D. A. (1986): *Lexical Semantics.* Cambridge: Cambridge University Press.

CRUZ, J. DE LA (1988): «Los paradigmas verbales en la historia del inglés: más allá del epifenómeno». *Revista Española de Lingüística* 18,1: 47-91.
CRYSTAL, D. (1969): *Prosodic Systems and Intonation in English*. Cambridge: Cambridge University Press.
— (1973): «Semiotics». *English Language Teaching* 28,3: 209-215.
— (1991): *A Dictionary of Linguistics and Phonetics*. Oxford: Blackwell.
CRYSTAL, D. y QUIRK, R. (1964): *Systems of Prosodic and Paralinguistic Features*. La Haya: Mouton.
CULLER, J. (1975): *Structuralist Poetics*. Londres: Routledge and Kegan Paul.
— (1976): *Saussure*. Londres: Fontana.

## D

D'AGOSTINO, F. (1986): *Chomsky's Systems of Ideas*. Oxford: Clarendon.
DASCAL, M. (1985): *Dialogue: An Interdisciplinary Apagsroach*. Amsterdam: John Benjamins.
D'HUEN, T., ed. (1986): *Linguistics and the Study of Literature*. Amsterdam: Rodopi.
DAVIDSON, D. y HARMAN G., eds. (1979): *Semantics of Natural Language*. Dordrecht: Reidel.
DAVIS, P. (1973): *Modern Theories of Language*. Englewood Cliffs, N. J.: Prentice-Hall.
DE GEORGE, R. *et al.*, eds. (1975): «Linguistics and Poetics», págs. 85-122 en *The Structuralists from Marx to Levi-Strauss*. Nueva York: Anchor Books.
DE JOIA, A. *et al.* (1980): *Terms in Systemic Linguistics. A Guide to Halliday*. Londres: Batsford Academic.
DELABASTITA, D. (1990): *There's a Double Tongue. An investigation into the Translation. of Shakespeare's Wordplay*. Lovaina: Universidad Católica de Lovaina. (Tesis doctoral inédita.)
DE MAN, P. (1987): *The Resistence to Theory*. Manchester: Manchester University Press.
— (1983): *Blindness and Insight. Essays in the Rhetoric of Contemporary Criticism*. Minneapolis, Min.: University of Minnesota Press.
DELATRE, P. (1965): *Comparing the phonetic features of English, French, German and Spanish*. Nueva York: Chilton Books.
DELL, F. (1980): *Generative Phonology*. Cambridge: Cambridge University Press.
DEMONTE, V. (1977): *La subordinación sustantiva*. Madrid: Cátedra.
— (1989): *Teoría sintáctica: De las estructuras a la rección*. Madrid: Síntesis.
DEMONTE, V. y FERNÁNDEZ LAGUNILLA, M. eds. (1987): *Sintaxis de las lenguas románicas*. Madrid: El Arquero.
DERRIDA, J. (1972): *Dos ensayos. La estructura, el signo y el juego en el discurso de las ciencias humanas. El teatro de la crueldad y la clausura de la representación*. Barcelona: Anagrama.
— (1979): *Spurs. Nietzsche's Styles*. Chicago: The University of Chicago Press.
— (1981): *Dissemination*. Chicago: The University of Chicago Press.
— (1982a): *Margins of Philosophy*. Brighton: The Harvester Press.
— (1982b): *Positions*. Chicago: The University of Chicago Press.
— (1984a): *Of Grammatology*. Baltimore: The Johns Hopkins University Press.
— (1984b): *Speech and Phenomena And Other Essays on Husserl's Theory of Signs*. Evanston: Northwestern University Press.
— (1985): *Writing and Difference*. Londres: Routledge.
DERWING, B. L. (1973): *Transformational Grammar as a Theory of Language Acquisition*. Cambridge Studies in Linguistics, 10. Cambridge: Cambridge University Press.
DICK, D. (1974): «Experiments with Everyday Conversation», págs. 59-78 en CHERRY, C., ed.
DIK, S. C. (1968): *Coordination. Its Implications for the Theory of General Linguistics*. Amsterdam: North Holland.
— (1980): *Studies in Functional Grammar*. Londres: Academic Press.
— (1981): *Gramática funcional*. Madrid: Sociedad General Española de Librería, S. A.
DINEEN, F. (1967): *General Linguistics*. Nueva York: Holt, Rinehart and Winston.
DINGWALL, W. (1963): «Transformational grammar: form and theory. A contribution to the theory of linguistics». *Lingua* 12: 233-275.

— ed. (1971): *A Survey of Linguistic Science*. Baltimore: University of Maryland.
DINSMORE, J. (1981): *The Inheritance of Presuposition*. Amsterdam: John Benjamims.
D'INTRONO, F. (1979): *Sintaxis transformacional del español*. Madrid: Cátedra.
DIXON, R. (1965): *What is Language? A New Approach to Linguistic Description*. Londres: Longman.
DON, J. *et al.* (1996): *Dictionary of Linguistic Terms*. Utrecht: Internet.
DOUAY, G. (1984): «Pour une histoire de théories de l'énonciation: 'The Theory of Speech and Language' de A. H. Gardiner», págs. 505-516 en AUROUX, S. *et al.*, eds.
DOUGHERTY R. (1994): *Natural Language Computing. An English Generative Grammar in Prolog*. Hillsdale, NJ.: Lawrence Erlbaum.
DOWNING, A. (1982): «Un tipo de relaciones sintagmáticas». *Filología Moderna* 74-76: 241-59.
— (1983): «Aspectos del bilingüismo». *Actas del I Congreso Nacional de Lingüística Aplicada* (Universidad de Murcia): 339-48
— (1990): «El tema tópico en inglés», págs. 119-28 en TURELL, M. T.
— (1991): «An alternative approach to theme: a systemic-functional perspective». *Word* 42,2: 119-43.
— (1994): «Thematic layering and focus assignment in Chaucer's '*General Prologue to the Canterbury Tales*'», págs. 147-63 en GHADESSY, M., ed.
— (1995): «Recensión de '*English Grammar: a Function-Based Introduction*, de T. Givón (1993)'». *Functions of Language* 2,2: 229-47.
— (1996): «Discourse-pragmatics distinctions of the past-in-present in English and Spanish», págs. 510-31 en BERRY, M. *et al.*, eds.
DOWNING, A. y LOCKE, P. (1992): *A University Course in English Grammar*. Londres: Prentice-Hall.
DRESSLER, W. U. (1986): «Forma y función de los interfijos». *Revista Española de Lingüística* 16,2: 381-95.
DROSTE, F. G. y JOSEPHS, J. E. (1991): *Linguistic Theory and Grammatical Description. Current Issues in lingüistic Theory, 75*. Amsterdam: Benjamins.
DUBOIS, J. *et al.* (1986): *Diccionario de Lingüística*. Madrid: Alianza.
DUBOIS, J. y GRUPO µ (1982): *Rhétorique de la poesie*. Bruselas: Éditions Complexe.
DUBOIS-CHARLIER, F. (1972): «La sémantique génerative: une nouvelle théorie linguistique? *Langages* 27: 5-67.
DUCHACEK, O. (1964): «Différents types de synonymes». *Orbis* 1: 35-40.
DUCHET, J. L. (1984): *La fonología*. Barcelona: Oikos-Tau.
DUCROT, O. (1982): *Decir y no decir*. Barcelona: Anagrama.
DUCROT, O. *et al.* (1995): *Nouveau dictionnaire encyclopédique des sciences du langage*. París: Seuil.
DUNCAN, S. (1969): «Non-verbal communication». *Psychological Bulletin* 72,2: 118-37.
DURÁ, J. M. *et al.* (1988): *Fundamentos de estadística*. Barcelona: Ariel.
DURAND, J. (1989): «Teoría de la subespecificación y fonología de dependencia». *Revista Española de Lingüística* 19, 2: 251-90.

## E

EAGLETON, T. (1983): *Literary Theory*. Oxford: Blackwell.
— (1984): *The Function of Criticism*. Londres: Verso.
— (1986): *Against the Grain*. Londres: Verso.
EASTMAN, C. (1978): *Linguistic Theory and Language Description*. Filadelfia, Pen.: Lincott.
EATON, T. (1966): *The Foundations of Literary Semantics*. La Haya: Mouton.
ECKMAN, F., ed. (1977): *Current Theories in Linguistics*. Washington: Hemisphere.
ECO, U. (1974): La *estructura ausente*. Barcelona: Lumen.
— (1979): *The Role of the Reader*. Bloomington, In.: Indiana University Press.
— (1982): *Cómo se hace una tesis*. Barcelona: Gedisa.
EDMONDSON, W. (1981): *Spoken Discourse: A Model for Analysis*. Londres: Longman.

EHRMAN, J. (1970): *Structuralism*. Nueva York: Anchor Books.

ELLIS, J. M. (1973): *The Theory of Literary Criticism. A Logical Analysis*. Berkeley, Ca.: University of California Press.

ELLIS, R. (1985): *Understanding Second Language Acquisition*. Oxford: O.U.P.

ERVIN-TRIPP, S. (1987): «Cross-Cultural and Developmental Sources of Pragmatic Generalizations», págs. 47-60 en VERSCHUEREN, J. y BERTUCCELLI-PAPI, eds.

ESCANDELL VIDAL, M. V. (1993): *Introducción a la pragmática*. Barcelona/Madrid: Anthropos/UNED.

— (1995a): «Cortesía, fórmulas convencionales y estrategias indirectas». *Revista Española de Lingüística* 25,1: 31-66.

— (1995b): *Los complementos del nombre*. Madrid: Arco Libros.

ESCRIBANO, J. L. G. (1989): «Una crítica de la GPSG». *Revista Española de Lingüística* 19,2: 291-376.

— (1990a): *Una teoría de la oración*. Oviedo: Universidad.

— (1990b): «Los efectos de una crítica de la GPSG». *Revista Española de Lingüística* 19,2: 291-376.

— (1990c): «Parámetros para una metateoría sintáctica: un primer esbozo». *Actas del V Congreso de Lenguajes Naturales y de Lenguajes Formales*. Universidad de Barcelona. Vol. I: 167-89.

— (1991): *Una teoría de la oración*. Oviedo: Servicio de Publicaciones de la Universidad.

— (1992a): «Recensión de '*Autolexical Syntax: A Theory of Parallel Grammatical Relations*, de J. M. Sadock (1990)'». *Atlantis* XIV 1,2: 297: 308.

— (1992b): «El concepto de 'modularidad' en la metateoría lingüística. *Revista Canaria de Estudios Ingleses* 25: 25-43.

— (1993): «On syntactic metatheory». *Atlantis* XV 1,2: 229: 267.

— (1994): «Recensión de *Linguistic Theory and Grammatical Description* de F. G. Droste y John E. Josephs (1991)». *Atlantis* XVI 1,2: 285-93.

— (1995): «On the incompatibility of genitives and restrictive relative clauses: an explanation within the theory of principles and parameters». *Linguistics* 33: 711-740.

ESCHBACH, A. (1988): *Karl Bühler's Theory of Language*. Amsterdam: Benjamins.

**F**

FAGES, J. (1967): *Para comprender el estructuralismo*. Buenos Aires: Editorial Galerna.

FANN, K. T. (1970): *Peirce's Theory of Abduction*. La Haya: Mouton.

FENTE, R. (1971): *Estilística del verbo en inglés y español*. Madrid: S.G.E.L.

FERNÁNDEZ LABORANS, M.J. (1985): «Notas sobre el sintagma en la lengua española», pp. 179-188 en *Philologica Hispaniensia. In Honorem Manuel Alvar*, II. Madrid: Gredos.

FERNÁNDEZ LAGUNILLA, M. y ANULA REBOLLO, A. (1995): *Sintaxis y cognición. Introducción al conocimiento, el procesamiento y los déficits sintácticos*. Madrid: Síntesis.

FERNÁNDEZ ORDÓÑEZ, I. (1993): «Leísmo, laísmo y loísmo. Estado de la cuestión», págs. 63-96 en FERNÁNDEZ SORIANO, O., ed.

FERNÁNDEZ PÉREZ, M. (1986): *La investigación lingüística desde la filosofía de la ciencia. A propósito de la lingüística chomskiana*. Universidad de Santiago: Secretariado de Publicaciones.

— (1993): «Sobre la distinción Aspecto Vs. Aktionsart». *Estudios de Lingüística* 9: 223-51.

FERNÁNDEZ RAMÍREZ, S. (1986): *Gramática española. 4. El verbo y la oración*. Volumen ordenado y completado por I. BOSQUE. Madrid: Arco Libros.

FERNÁNDEZ SEVILLA, J. (1974): *Problemas de lexicografía* actual. Bogotá: Instituto Caro y Cuervo.

FERNÁNDEZ SORIANO, O., ed. (1993a): *Los pronombres átonos*. Madrid: Taurus.

— (1993b): «Los pronombres átonos en la teoría gramatical», págs. 13-62 en FERNÁNDEZ SORIANO, O., ed.

FEYERABEND, P. (1974): *Contra el método*. Barcelona: Ariel.

— (1987): *Adiós a la razón*. Madrid: Tecnos.

FILLMORE, C. (1968): «The case for case», págs. 1-88 en BACH-HARMS, ed.

— (1985): «Linguistics as a tool for discourse analysis», págs. 11-39 en VAN DIJK, T. A.

FILLMORE, C. F. *et al.*, eds. (1971): *Studies in linguistic semantics.* Nueva York: Holt, Rinehart y Winston.

FIRTH, J. R. (1957): *Papers in Linguistics, 1934-1951.* Londres: Oxford University Press.

— (1964): *The Tongues of Men and Speech.* Londres: Oxford University Press.

FISHMAN, J., ed. (1968): *Readings in the Sociology of Language.* La Haya: Mouton.

— (1976): *Bilingual Education.* Nueva York: Regents.

FLORES D'ARCAIS *et al.*, eds. (1983): *The Process of Language Understanding.* Nueva York: John Wiley.

FODOR, J. *et al.*, eds. (1964): *The Structure of Language.* Englewood Cliffs: Prentice Hall.

— (1983): *The Modularity of Mind.* Cambridge, Mass.: MIT Press.

FOLEY, J. (1977): *Foundations of Theoretical Phonology.* Cambridge: Cambridge University Press.

FORSTER, K. I. (1976): «Accessing the mental lexicon», págs. 257-87 en R. J. WALES *et al.*, *New Approaches to Language Mechanisms.* Amsterdam: New Holland.

FOWLER, F. (1988): *Survey Research Methods.* Newbury Park, Cal.: Sage Publications.

FOWLER, R. (1978): *Literature as Social Discourse. The Practice of Linguistic Criticism.* Londres: Batsford. [Trad. de Francisca Rodríguez, *La literatura como discurso social.* Alcoy: Marfil, 1988.]

— (1979): *Linguistic Criticism. Inaugural Lecture.* Norwich: East Anglia University.

— (1981): «Halliday's linguistic model for criticism», págs. 295-302 en SHAFFER, E. S., ed.

— (1986): *Linguistic Criticism.* Oxford: Oxford University Press.

FOWLER, R. *et al.* (1979): *Language and Control.* Londres: Routledge and Kegan Paul.

FOX, B. (1985): *Discourse Structure and Anaphora. Written and Conversational English.* Cambridge: Cambridge University Press.

FRANCIS, W. (1958): *The Structure of American English.* Nueva York: The Ronald Press.

FRANCO AIXELÁ, J. (1995): *Los elementos culturales específicos en la traducción del inglés al español.* Alicante: Universidad de Alicante. (Memoria de Licenciatura inédita.)

— (1996a): *Condicionantes de traducción y nombres propios.* Alicante: Universidad de Alicante. (Tesis doctoral inédita.)

— (1996b): «Culture-Specific Items in Translation», págs. 52-78 en ÁLVAREZ, R., Y VIDAL, A., eds.

FREGE, G. (1971): *Estudios sobre semántica.* Barcelona: Ariel.

FREIRE, J. L. (1989): «Correlaciones socio-culturales en el lenguaje convencional». *Revista Española de Lingüística* 19, 1: 49-62.

FRIES, C. C. (1940): *American English Grammar.* Nueva York: Appleton Century.

— (1952): *The Structure of English: an Introduction to the Construction of English sentences.* Nueva York: Harcourt.

FRY, D. B. (1979): *The Physics of Speech.* Cambridge: Cambridge University Press.

FUENTES RODRÍGUEZ, C. (1989): «De nuevo sobre la aposición». *Verba* 16: 215: 1-236.

— (1991): «Adverbios de modalidad». *Verba* 18: 275-321.

**G**

GADET, F. (1989): *Saussure and Contemporary Culture.* Londres: Hutchinson Radius.

GALVÁN REULA, F. *et al.* (1990): «Del indefinido español e inglés en las construcciones atributivas y ecuativas», págs. 85-96 en *Estudios de Filología Inglesa: Homenaje al Doctor Pedro-Jesús Marcos Pérez.* Alicante: Universidad.

GARCÍA BERRIO, A. (1968): «El distribucionalismo lingüístico de Z. S. Harris», págs. 434-55 en *Anales de la Universidad de Murcia.* Murcia: Universidad.

GARCÍA BERRIO, A. y VERA LUJÁN, A. (1977): *Fundamentos de Teoría Lingüística.* Málaga: Alberto Corazón.

GARCÍA HERNÁNDEZ, B. (1980): *Semántica estructural y lexemática del verbo.* Barcelona-Reus.

— (1977): *Fundamentos de teoría lingüística.* Madrid: Alberto Corazón.

GARCÍA HOZ, V., ed. (1993): *Enseñanza y aprendizaje de las lenguas extranjeras.* Madrid: Editorial Rialp.

GARCÍA-LECUMBERRI, M. L. (1980): *Intonational Signalling of Information Structure in English and Spanish. A Comparative Study*. Vitoria: Universidad del País Vasco.
GARCÍA MAYO, M.ª P. (1994a): «Complex Event Nominals in English and Spanish: A Comparative Approach». *Miscelánea* 15: 301-317.
— (1994b): 'Privative voice and English irregular verbs'. *Atlantis* XVI, 1,2: 105-118.
GARCÍA-MIGUEL, J. M. (1985): «La voz media en español: las construcciones pronominales con verbos transitivos». *Verba* 12: 307-343.
— (1991): «La duplicación de complemento directo e indirecto como concordancia». *Verba* 18: 375-410.
— (1995a): *Transitividad y complementación preposicional en español*. *Verba* anexo 40: Universidade de Santiago de Compostela.
— (1995b): *Las relaciones gramaticales entre predicado y participantes*. Santiago de Compostela: Universidade de Santiago de Compostela.
GARRIDO, M. A., ed. (1986): *Crítica semiológica de textos literarios hispánicos*, 835-41. Madrid: CSIC.
GARRIDO MEDINA, J. (1988): *Lógica y lingüística*. Madrid: Síntesis.
GARRUDO, F. (1991/1996): *Diccionario sintáctico del verbo inglés* (2 volúmenes). Barcelona: Ariel.
— (1996): «Los nuevos caminos del análisis contrastivo», págs. 11-24 en MARTÍNEZ VÁZQUEZ, M.
GARVIN, P., ed. (1970): *Method and Theory in Linguistics*. La Haya: Mouton.
—, ed. (1964): *A Prague School Reader on Esthetics, Literary Structure and Style*. Washington, D.C.: Georgetown University Press.
GARY-PRIEUR, M. N. (1971): «La notion de connotation». *Littérature* 4: 96-107.
GAZDAR, G. (1987): «Generative grammar», págs. 122-51 en LYONS, J. *et al.*, eds.
GAZDAR, G. *et al.* (1989): *Natural Processing in Prolog*. Wokingham: Addison Wesley.
GENETTE, G. (1966): «Fronteras del relato», págs. 193-208 en BARTHES, R., ed.
— (1972): *Narrative Discourse*. Oxford: Blackwell.
GERMAIN, C. (1986): *La semántica funcional*. Madrid: Gredos.
— (1994): «Thematic layering and focus assignment in Chaucer's *General Prologue to the Canterbury Tales*», págs. 147-63 en GHADESSY, M., ed.
GHADESSY, M., ed. (1994): *Thematic Development in English Texts*. Londres y Nueva York: Pinter.
GILI GAYA, S. (1961); *Curso superior de Sintaxis Española*. Barcelona: Biblograf.
— (1975): *Elementos de fonética general*, 5.ª ed. Madrid: Gredos.
GILES, W. *et al.* (1982): *Form and Style: Theses, Reports, Term Papers*, 6.ª ed. Boston: Houghton Mifflin.
GIMENO MENÉNDEZ, F. (1995): *Sociolingüística histórica*. Madrid: Visor.
GIMSON, A. C. (1962): *An Introduction to the Pronunciation of English*. Londres: Arnold.
GIVÓN, T. (1993): *English Grammar: a Function-Based Introduction*. Amsterdam: Benjamin.
GLEASON, H. (1961): *An Introduction to Descriptive Linguistics*. Nueva York: Holt, Rinehart and Winston.
GODEL, R. (1957): *Les sources manuscrites du "Cours de linguistique générale de F. de Saussure"*. París: Minard.
GOLDSMITH, J., ed. (1995): *The Handbook of Phonological Theory*. Oxford: Blackwell.
GÓMEZ ASENCIO, J. J. (1981): *Gramática y categorías verbales en la tradición española (1771-1847)*. Salamanca: Universidad de Salamanca.
GÓMEZ SOLIÑO, J. S. (1995): «Texto y contexto en la teoría de la gramática funcional». *Revista de lenguas para fines específicos* 2: 201-16.
— (1996): «La organización jerárquica de los textos desde una perspectiva funcional», págs. 43-67 en CANEDA CABRERA, M. T. *et al.*, eds.
GÓMEZ TORREGO, L. (1993): *Manual de español correcto II*, 4.ª ed. Madrid: Arco Libros.
GONZÁLEZ, R. (1996): «Texto y contexto: la ironía como fenómeno del discurso». *Revista Española de Lingüística* 26,1: 57-70.

GONZÁLEZ CALVO, J. M. (1978): «El concepto de verbo». *Anuario de Estudios Filológicos* I: 67-89.
— (1979): «El género ¿una categoría morfológica?». *Anuario de Estudios Filológicos* IV: 115-127.
— (1980): «Nueva consideración del imperativo». *Anuario de Estudios Filológicos* III: 57-75.
— (1983): «Hacia una clasificación de la oración simple según el *modus*», págs. 251-261 en *Serta Philologica F. Lázaro Carreter*. I. Madrid, Cátedra.
GONZÁLEZ Y FERNÁNDEZ-CORUGEDO, S. (1987): *Análisis de la entonación: una perspectiva.* (Tesis doctoral inédita.) Oviedo: Universidad de Oviedo.
GOODENOUGH, W. (1956): «Componential analysis and the study of meaning». *Language*, 32.
— (1964): «Cultural Anthropology and Linguistics», págs. 36-40 en HYMES, D., ed.
GOODMAN, P. (1973): *Speaking and Language*. Londres: Wildwood House.
GOODWIN, C. *et al.* (1992): *Rethinking Context*. Cambridge: Cambridge University Press.
GRACIA, F., ed. (1972): *Presentación del lenguaje*. Madrid: Taurus.
GRÀCIA I SOLÉ, LL. (1989): *La teoria temàtica*. Bellaterra: Universitat Autònoma de Barcelona.
— (1995): *Morfologia lèxica. L'herència de l'estructura argumental*. València: Universitat de València.
GRANDY, R. *et al.*, eds. (1986): *Philosophical Grounds of Rationality*. Oxford: Clarendon Press.
GREENBAUM, S. (1977): «The linguist as experimenter», págs. 125-44 en ECKMAN, F., ed.
—, ed. (1977): *Acceptability in Language*. La Haya: Mouton.
GREENBAUM, S. *et al.* (1970): *Elicitation Experiments in English: Linguistic Studies in Use and Attitude*. Londres: Longman.
GREENE, J. C. (1974): «The history of science and the history of linguistics», págs. 487-501 en HYMES, ed.
GREIMAS, A. J. (1966): *Semantique structurale. Récherche de méthode*. París: Larousse.
— (1970): *Du sens: essais sémiotiques*. París: Seuil.
— (1974): «Algirdas J. Greimas», págs. 55-79 en PARRETT, H., ed.
GREIMAS, A. J. *et al.* (1972): *Essais de Sémiotique Poétique*. París: Larousse.
— (1982): *Semiótica. Diccionario razonado de la teoría del lenguaje*. Madrid: Gredos.
GRICE, H. P. (1975): «Logic and conversation», págs. 44-58 en COLE, P. y MORGAN, J. L., eds.
GRIMM, J. (1980): *Geschichte der deutschen Sprache*. Leipzig.
GRIMSHAW, J. (1990): *Argument Structure. Linguistic Inquiry Monograph Eighteen*. Cambridge, Mass.: MIT Press.
GUBA, E. (1983): *The Context of Emergent Paradigm Research*. Kansas: University Press.
GUILLAUME, G. (1984): *Foundations for a Science of Language*. Amsterdam: John Benjamins.
GUILLÉN NIETO, V. (1994): *El diálogo dramático y la representación escénica*. Alicante: Institut de Cultura Juan Gil Albert.
GUILLÉN NIETO, V. y MATEO MARTÍNEZ, J., eds. (1994b): *English for Specific Purposes: Approaches and Strategies*. Alicante: Servicio de Publicaciones de la Universidad.
GUIRAUD, P. (1966): *La semantique*. París: PUF.
— (1971): *Essais de stylistique. Problèmes et méthodes*. París: Klincksiek.
— (1984): «Communicative competence revisited», págs. 278-89 en SCHIFFRIN, D., ed.
— (1985): *Discourse Strategies*. Cambridge: Cambridge University Press.
GUITART, J. M. (1990): «Aspectos pragmáticos del modo en los complementos de predicados de conocimiento y de adquisición de conocimiento en español», págs. 315-29 en BOSQUE, I., ed. (1990a).
GUMPERZ, J. *et al.* (1981): «The transition to literacy», en TANNE, D., ed.
GUMPERZ, J. (1968): «Types of linguistic communities», págs. 460-70 en FISHMAN, J., ed.
GUNDEL, J. (1974): *The Role of Topic and Comment in Linguistic Theory* (tesis doctoral): Austin: Universidad de Texas.
GUTIÉRREZ ARAUS, M. L. (1978): *Estructuras sintácticas del español actual*. Madrid: Sociedad General Española de Librería.
— (1987): «Sobre la transitividad preposicional en español». *Verba* 14: 367-381.
GUTIÉRREZ ORDÓÑEZ, S. (1977-78): «Sobre los dativos superfluos». *Archivum* 27-12: 415-452.

— (1983): «La determinación inmanente de las funciones en sintaxis». *Contextos* 2: 41-56.
— (1984): «¿Es necesario el concepto de oración?». *Revista Española de Lingüística* 14,2: 245-270.
— (1986): *Variaciones sobre la atribución*. León: Universidad de León.

**H**

HABERMAS, J. (1988): *La lógica de las ciencias sociales*. Madrid: Tecnos.
HADLICH, R. (1971): *A Transformational Grammar of Spanish*. Englewood Cliffs, N. J.: Prentice-Hall.
HAENSCH, G. *et al*. (1982): *La lexicografía. De la Lingüística teórica a la Lexicografía práctica*. Madrid: Gredos.
HALL, E. T. (1959): *The Silent Language*. Nueva York: Doubleday.
— (1966): *The Hidden Dimension*. Nueva York: Doubleday.
— (1968): 'Proxemics' en *Current Anthropology*, 9, 2-3: 83-95. Chicago: Chicago University Press.
HALL, R. (1964): *Introductory Linguistics*. Nueva York: Chilton Press.
HALLIDAY, M. A. K. (1970): «Language structure and language function», págs. 140-165 en LYONS, J., ed.
— (1971): «Linguistic function and literary style», en CHATMAN, S., ed.
— (1973): *Explorations in the Functions of Language*. Londres: Arnold.
— (1975): *Learning How to Mean*. Londres: Arnold.
— (1978a): *The Functions of Language*. Cambridge: Cambridge University Press.
— (1978b): *Language as Social Semiotics*. Londres: Arnold.
— (1985a): *An Introduction to Functional Grammar*. Londres: Arnold.
— (1985b): *Language, Context, and Text: Aspects of Language in a Social-semiotic Perspective*. Victoria: Deakin University Press.
HALLIDAY, M. A. K. *et al*. (1965): *The Linguistic Sciences and Language Teaching*. Londres: Longman.
— (1976): *Cohesion in English*. Londres: Longman.
—, eds. (1981): *Readings in Systemic Linguistics*. Londres: Batsford.
—, eds. (1987): *New Developments in Systemic Linguistics: Theory and Description* (vol. I). Londres: Frances Pinter.
HANCHER, M. (1979): «The classification of co-operative illocutionary acts». *Language in Society* 8,1: 1-14.
HANSON, N. R. (1977): *Patrones de descubrimiento. Observación y explicación*. Madrid: Alianza.
HARRIS, R. A. (1981): *The Language Myth*. Londres: Duckworth.
— (1993): *The Linguistic Wars*. Nueva York: O.U.P.
HARRIS, Z. S. (1951): *Methods in Structural Linguistics*. Chicago. University of Chicago Press.
— (1952): «Discourse Analysis». *Language* 18: 1-30.
HARTMANN, P. (1974): «Peter Hartmann», págs. 151-178 en PARRETT, H., ed.
HARTMANN, R. R. K., ed. (1984): *Lexeter'83. Proceedings*. Tübingen, Max Niemeyer.
HATCH, E. (1982): *Research Design and Statistics for Applied Linguistics*. Rowley, Mass.: Newbury House.
HAWKINS, J. (1988a): *Explaining Language Universals*. Oxford: Blackwell.
— (1988b): «On generative and typological approaches to universal grammar». *Lingua* 74: 85-100.
HAYES, B. (1985): *A Metrical Theory of Stress Rules*. Nueva York: Garland.
HEGER, K. (1964): «Les bases méthodologies de l'onomasiologie et du classement par concepts», *Tra li li*, 3,1: 7-32.
— (1969): «La sémantique et la dichotomie de langue et parole», *Tra li li*, 7,1: 47-111.
— (1974): *Teoría semántica. Hacia una semántica moderna II*. Madrid: Ediciones Alcalá.
HEMPEL, C. (1973): *Filosofía de la ciencia natural*. Madrid: Alianza Editorial.
HERMNANS, T. (1988): «On Translating Proper Names, with reference to 'De Witte and Max Havelaar'», págs. 11-28 en WINTLE, M., ed., *Modern Dutch Studies*. Londres: Athlone.
HERNÁNDEZ ALONSO, C. (1984): *Gramática funcional del español*. Madrid: Gredos.

— (1995): *Nueva sintaxis de la lengua española*. Salamanca: Colegio de España.
HERNANZ CARBÓ, M. L. (1982): *El infinitivo en español*. Bellaterra: Universidad Autónoma de Barcelona.
— (1988): «En torno a la sintaxis y la semántica de los complementos predicativos en español», *Estudi general* 8: 7-29.
HERNANZ, M. LL. y BRUCART, J. M. (1987): *La sintaxis*. Barcelona: Crítica.
HERRERO, A. (1988): *Semiótica y creatividad. La lógica abductiva*. Madrid: Palas Atenea.
— (1995): *El decir numeroso. Esquemas y figuras del ritmo verbal*. Alicante: Universidad de Alicante.
HICKEY, L. *et al.* (1994): «Politeness as deferecen: a pragmatic view», *Pragmalinguistics* 2: 267-86.
HJELMSLEV, L. (1938): *Actes du 4ème Congrès Internationale de Linguistes*. Copenhague.
— (1963): *Prolegomena to a Theory of Language*. Madison: The University of Wisconsin Press. [Trad. *Prolegómenos a una teoría del lenguaje*, 2.ª ed. Madrid. Gredos, 1974.]
— (1971): *El lenguaje*. Madrid: Gredos.
— (1972): *Ensayos Lingüísticos*. Madrid: Gredos.
HOCKETT, C. (1947): «Problems of Morphemic Analysis». *Language* 23: 321-343.
— (1955): *A Manual of Phonology*. Bloomington: Indiana University Press.
— (1958): *A Course in Modern Linguistics*. Nueva York: MacMillan. [Trad. *Curso de lingüística moderna*. Buenos Aires: EUDEBA, 1971.]
— (1961): «Linguistic Elements and their Relations». *Language* 37: 29-53.
— (1974): *El estado actual de la lingüística*. Madrid: Akal.
HOEK, L. H. (1981): *La marque du titre*. París: Mouton.
HOEY, M. (1983): *On the Surface of Discourse*. Londres: Allen and Unwin.
HOGG, R. *et al.* (1991): *Metrical Phonology*. Cambridge: Cambridge University Press.
HOPPER, P. J. y THOMPSON, S. A. (1980): «Transitivity in Grammar and Discourse». *Language* 56,2: 251-299.
HORROCKS, G. (1987): *Generative Grammar*. Londres: Longman.
HORSTEIN, N. (1995): *Logical Form*. Oxford: Blackwell.
HUDSON, R. (1994): «A spectator's guide to syntactic theories». *Links and Letters* 1: 25-50.
HURFORD, J. (1977): «The significance of linguistic generalizations». *Language*, 53: 574-20.
HYMES, D. H. (1959): «Field work in linguistics and anthropoly» (Annotated Bibliography). *Studies in Linguistics* 14: 82-91.
—, ed. (1964): *Language in Culture and Society*. Nueva York: Harper and Row.
— (1968): «The ethnography of speaking», págs. 99-138 en FISHMAN, J., ed.
— (1972): «On communicative competence» págs. 269-293 en PRIDE, J. B. *et al.*, eds.
— (1974): «Traditions and paradigms», págs. 1-37 en *Studies in the History of Linguistics*. Bloomington: Indiana University Press.

**I**

ISENBERG, L. (1971): «Riflessioni sulla teoria del testo», págs. 66-85 en CONTE, M. E., ed.

**J**

JACKENDOFF, R. (1972): *Semantic Interpretation In Generative Grammar*. Cambridge, Mass.: The M.I.T. Press.
— (1985): *Semantics and Cognition*. Cambridge, Mass.: The M.I.T. Press.
JACOB, A. (1969): «Génesis y estructura en lingüística II», págs. 226-237 en PIAGET, J. *et al.*, eds.
JACOBS, R. A. (1979): *Readings in English Transformational Grammar*. Waltham, Mass.: Blaisdell.
JACOBS, R. A. *et al.* (1970): *Readings in English Transformational Grammar*. Waltham, Mass.: Blaisdell.
JACOBSEN, B. (1986): *Modern Transformational Grammar with Particular Reference to the Theory of Government and Binding*. Amsterdam: North Holland.

JAKOBSON, R. (1960): «Linguistics and poetics», págs. 250-77 en SEBEOK, T. A., ed.
— (1963): *Essais de Linguistique I*. París: Éditions de Minuit.
— (1970): «La linguistique», págs. 504-556 en *Tendances principales de la recherche dans les sciences sociales et humaines. Partie I; Sciences sociales*. La Haya: Mouton.
— (1983): *Dialogues*. Cambridge, Mass.: The M.I.T. Press.
JAKOBSON, R., FANT, G. y HALLE, M. (1951): *Preliminaries to Speech Analysis*. Cambridge, Mass.: The MIT Press.
JAKOBSON, R. y LÉVI-STRAUSS, C. (1973): «'Les chats' de Charles Baudelaire», págs. 155-158 en *Ensayos de poética*. Madrid: Fondo de Cultura Económica.
JACQUES, F. (1979): *Dialogiques. Recherches logiques sur le dialogue*. París: P.U.F.
JAMESON, F. (1972): *The Prison-House of Language*. Princeton: Princeton University Press.
JENSEN, E. D. (1996): «Los gambitos en la enseñanza del español oral: ¿con vídeo se puede?». *Actas del I Congreso Internacional de AESLA*: 305-10.
JESNER, U. (1996): «Interlenguaje: pasado, presente y futuro», págs. 117-25 en CENOZ, J. y VALENCIA, H.
JESPERSEN, O. (1934): *Essentials of English Grammar*. Londres: Allen and Unwin.
— (1975): *La filosofía de la gramática*. Barcelona: Anagrama.
JIMÉNEZ JULIÁ, T. (1987): «La construcción coordinativa en español». *Verba* 14: 271-345.
— (1989): «Modalidad, modo verbal y modus clausal en español». *Verba* 16: 176-214.
— (1991): «Sobre neutralización y funciones sintácticas». *Verba* 18: 129-164.
— (1995): *La coordinación en español. Aspectos teóricos y descriptivos*. *Verba* anexo 39: Universidade de Santiago de Compostela.
JOHNSON, K. (1997): *Acoustic and Auditory Phonetics*. Oxford: Blackwell.
JONES, D. (1962): *An Outline of English Phonetics*, 9.ª ed. Londres: Heffer and Sons.
— (1973): «The Phoneme», págs. 180-204 en JONES, J. W. y LAVER, J., eds.
JONES, W. J. (1982): *Writing Scientific Papers and Reports*, 8.ª ed. Dubuque, Iowa: C. Brown.
JONES, W. y J. LAVER, eds. (1973): *Phonetics in Linguistics. A Book of Readings*, 9.ª ed. Londres: Heffer and Sons.

## K

KASHER, A. (1977): «What is a theory of use?» *Journal of Pragmatics* 1: 105-120.
— (1984): «On the psychological reality of pragmatics». *Journal of Pragmatics* 8: 539-557.
KATAMBA, F. (1989): *An Introduction to Phonology*. Londres: Longman.
KATES, C. (1980): *Pragmatics and Semantics*. Nueva York: Cornell University Press.
— (1971): *Filosofía del lenguaje*. Barcelona: Martínez Roca.
KATZ, J. J. (1972): *Semantic Theory*. Nueva York: Harper. [Trad. *Teoría semántica*. Madrid: Aguilar, 1979.]
— (1977): *Propositional Structure and Illocutionary Force*. Nueva York: Crowell.
KATZ, J. J. y FODOR, J. A. (1963/1974): *La estructura de una teoría semántica*. Méjico: Siglo XXI.
KATZ, J. J. y LANGENDOEN, D. T. (1976): «Pragmatics and presupposition». *Language* 52: 1-17.
KATZ, J. J. y POSTAL, P. (1964): *An Integrated Theory of Linguistic Descriptions*. Cambridge, Mass.: The M.I.T. Press. [Trad. *Teoría integrada de las descripciones lingüísticas*. Madrid: Aguilar, 1981.]
KEENAN, E. L. (1971): «Two kinds of presuposition in natural language», págs. 45-52 en FILLMORE y LANGENDOEN, eds.
— (1975): *Formal Semantics of Natural Language*. Cambridge: Cambridge University Press.
— (1978): «Language variation and the logical structure of universal grammar» en SEILER, H., ed.
KELLY, J. *et al.* (1989): *Doing Phonology*. Manchester: Manchester Universitry Press.
KELLY, J. R. *et al.* (1985): *On Time and Method*. Newbury Park, Cal.: Sage Publications.
KEMPSON, R. M. (1975): *Presuposition and the Delimitation of Semantics*. Cambridge: Cambridge University Press.

— (1984): «Pragmatics, anaphora and logical form», págs. 1-9 en SCHIFFRIN, D., ed.
KENNETH, C. S. (1992): *A History of Indo-European Verb Morphology. Amsterdam*: Benjamins.
KIEFER, F., ed. (1970): *Studies in Syntax and Semantics*. Dordrecht: Reidel.
KINNEAVY, J. L. (1971): *A Theory of Discourse. The Aims of Discourse*. Nueva York: W. W. Norton.
KLINKENBERG, J. M. (1973): «Le concept d'isotopie en sémantique et en sémiotique littérarie». *Le Français Moderne* 3: 285-90.
KOLAKOWSKI, L. (1972): *Positivist Philosophy*. Harmondsworth: Penguin.
KOUTSOUDAS, A. (1971): «Gapping, conjunction reductions and coordinate deletion». *Foundations of Language* 5: 337-86.
KOVACCI, O. (1965): «Las proposiciones en español». *Filología* XI: 23-39.
KRESS, G. (1985): «Ideological structures in discourse», págs. 27-42 en VAN DIJK, T. A., ed.
KRESS, G. *et al.* (1979): *Language as Ideology*. Londres: Routledge and Kegan Paul.
KUHN, T. (1975): *La estructura de las revoluciones científicas*. México: Fondo de Cultura Económica.
— (1982): *La tensión esencial*. México: Fondo de Cultura Económica.
— (1984): *Segundos pensamientos sobre paradigmas*. Madrid: Tecnos.
KUNO, S. (1976): «Gapping: a functional analysis». *Linguistic Inquiry* 7,2: 300-18.
KURZON, D. (1985): «Signposts for the Reader: A Corpus-based Study of Text Deixis» . *Text* 5,3: 187-200.

**L**

LABOV, W. (1971): «Methodology», págs. 413-96 en DINWALL, W., ed.
— (1972a): «Some principles of linguistic methodology». *Language in Society*, 1: 97-120.
— (1972b): *Sociolinguistic Patterns*. Filadelfia: University of Pennsylvania Press.
— (1972c): *Sociolinguistics*. Filadelfia: University of Pennsylvania Press.
— (1977): *Therapeutic Discourse: Psychotherapy as Conversation*. Nueva York: Academic Press.
LABOV, W. y WEINREICH, B. (1980): *Weinreich. On Semantics*. Filadelfia: University of Pennsylvania Press.
LAFONT, CARMEN (1994): *La razón como lenguaje. Una revisión del giro lingüístico en la filosofía alemana del lenguaje*. Madrid: Visor.
LAKATOS, I. *et al.*, eds. (1970): *Criticism and the Growth of Knowledge*. Cambridge: Cambridge University Press. [Trad. *La crítica y el desarrollo del conocimiento*. Barcelona: Grijalbo, 1975.]
LAKOFF, G. (1971): «On generative semantics», en STEINBERG, D. D. y JAKOBOVITS, L. A., eds.
— (1974): «George Lakoff», págs. 151-78 en PARRETT, H., ed.
LAMB, S. (1966a): *Outline of Stratificational Grammar* (ed. rev.). Washington, D. C.: Georgetown University Press.
— (1966b): «Epilegomena to a Theory of Language». *Romance Philology* 19: 531-73.
LADEFOGED, P. A. (1971): *Preliminaries to Linguistic Phonetics*. Chicago: The University of Chicago Press.
— (1975/1982): *A Course in Phonetics*, 2.ª ed. Nueva York: Harcourt.
LAGO, J. (1991): «Un type special de modification non restrictive: l'apposition». *Verba* 18: 487-520.
LAMÍQUIZ, V. (1982): *El sistema verbal del español*. Málaga: Ágora.
— (1987): *Lengua española. Métodos y estructuras lingüísticas*. Barcelona: Ariel.
LAMIROY, B. (1991): *Léxico y gramática del español. Estructuras verbales de espacio y de tiempo*. Barcelona: Anthropos.
LANG, M. F. (1992): *Formación de palabras en español*. Madrid: Cátedra.
LAPESA, R. (1978): «Sobre dos tipos de subordinación causal», págs. 173-205 en *Estudios ofrecidos a Emilio Alarcos Llorach* 3. Oviedo: Universidad de Oviedo.
LASNIK, H. *et al.* (1988): *A Course in GB Syntax. Lectures on Binding and Empty Categories*. Cambridge, Mass.: The M.I.T. Press.

LASS, R. (1980): *On Explaining Language Change*. Cambridge: Cambridge University Press.
— (1984): *Phonology. English Phonology and Phonological Theory*. Cambridge: Cambridge University Press.
LASSO DE LA VEGA, J. (1977): *Cómo se hace una tesis doctoral*. Madrid: Fundación Universitaria Española.
LAUDAN, L. (1977): *Progress and its Problems*. Berkeley, Ca.: University of California Press.
LAVER, J. y HUTCHENSON, S., eds. (1983): *Communication in Face-to-Face Interaction*. Nueva York/Londres: Penguin.
LAVRAKAS, P. (1986): *Telephone Survey Methods: Sampling, Selection and Supervision*. Newbury Park, Cal.: Sage Publications.
LÁZARO CARRETER, F. (1968): *Diccionario de términos filológicos*, 3.ª ed. Madrid: Gredos.
— (1969): «La lingüística norteamericana y los estudios literarios en la última década». *Revista de Occidente* 81: 319-47.
— (1975): «Sobre la pasiva en español», págs. 61-72 en *Estudios de lingüística*. Barcelona: Crítica.
LÁZARO MORA, F. (1985): «Algunas notas sobre la preposición», pp. 375-389 en *Philologia Hispaniensia. In Honorem Manuel Alvar*, II. Madrid: Gredos.
— (1987): «Sobre adverbios de tiempo». *Lingüística Española Actual* IX: 257-265.
— (1993): «Compatibilidad entre lexemas nominales y sufijos diminutivos», págs. 303-315 en VARELA, S., ed.
LEECH, G. (1969a): *A Linguistic Guide to English Poetry*. Londres: Longman.
— (1980a): *Towards a Semantic Representation of English*. Londres: Longman.
— (1980b): *Semantics and Pragmatics*. Amsterdam: John Benjamins.
— (1983): *Principles of Pragmatics*. Londres: Longman.
— (1991): «The state of the art in corpus linguistics» en AIJMER, K. *et al.*, eds.
LEHRER, A. (1983): «The development of scientific language» en *Wine and Conversation*. Bloomington, Ind.: Indiana University Press.
LEÓN, P. (1960): «Teaching Pronunciation» en VALDMAN, A., ed.
LEONETTI JUNGL, M. (1990): *El artículo y la referencia*. Madrid: Taurus.
LEONT'EVA, N. (1974): «On the semantic incompleteness of texts», págs. 119-46 en *Essays on Lexical Semantics. Soviet Papers in Formal Linguistics*. Estocolmo.
LEPSCHY, G. (1970): *A Survey of Structuralist Linguistics*. Londres: Faber.
LEVIN, S. (1962): *Linguistic Structures in Poetry*. La Haya: Mouton.
— (1963): «Deviation in poetic language». *Lingua* 12: 276-290.
— (1964): Poetry and grammaticalness» en *Proceedings of the 9th International Congress of Linguist (1962)*. La Haya: Mouton.
LEVINSON, S. C. (1982): «Speech act theory: the state of the art», en *Surveys* (Cambridge: Cambridge University Press.) 2: 20-39.
— (1983): *Pragmatics*. Cambridge: Cambridge University Press. [Versión castellana de ÁFRICA RUBIÉS, *Pragmática*. Barcelona: Teide, 1989.]
LEVY, E. (1982): «Towards an Objective Definition of 'Discourse Topic'», págs. 295-304 en *Papers from the 18th Regional Meeting*. Chicago Linguistic Society.
LEVY, P. (1983): *Las completivas objeto en español*. México: El Colegio de México.
LEWANDOWSKI, TH. (1982): *Diccionario de Lingüística*. Madrid: Cátedra.
LEWIS, D. (1972): «General semantics» en DAVIDSON, D. *et al.*, eds.
LI, C. N., ed. (1976): *Subject and Topic*. Nueva York: Academic Press.
— (1981): *On the Organization of the Lexicon*. Bloomington, In.: Indiana University Linguistics Club.
LIBERMAN, M. y PRINCE, A. (1977): «On stress and linguistic rythm». *Linguistic Inquiry* 8: 249-336.
LIGHTER, J. E. (1994): *Random House Historical Dictionary of American Slang*. Vol. 1, A-G. Nueva York: Random House.
LILLO BUADES, A. (1995): *Aspectos lingüísticos de la rima en el argot inglés*. Alicante: Secretariado de Publicaciones de la Universidad de Alicante.

— (1996): «Drinking and Drug Addiction Terms in Rhyming Slang». *Comments on Etymology*, 25, 6: 1-23.

LINDENFELD, J. (1971): «Verbal and non-verbal elements in discourse». *Semiotica* 3: 223-33.

LLINÀS I GRAU, M. (1990): «Incorporation and the syntax of some verbal sequences». *Anuari d'Anglès* XI-XII: 41-51.

LLORENTE MALDONADO, A. (1967): *Teoría de la lengua e historia de la Lingüística*. Madrid: Alcalá.

LLORENTE MALDONADO, A. y MONDÉJAR, J. (1974): «La conjugación objetiva en español». *Revista Española de Lingüística* 4,1: 1-60.

LODGE, D. (1966): *Language of Fiction*. Londres: Methuen.

— (1977): «Metaphor and metonymy: Jakobson's theory,» págs. 73-77 en *The Modes of Writing*. Londres: Arnold.

LONGA MARTÍNEZ, V. M. (1991): «La gramática generativa en su historia: ¿Un mismo proyecto de investigación?». *Verba* 18: 569-87.

LONGACRE, R. E. (1964): *Grammar Discovery Procedures*. La Haya: Mouton.

— (1979): «Why do we need a vertical revolution in linguistics», págs. 247-70 en WOLGANG WÖLCK *et al.*, eds.

— (1972): «A Taxonomy of the Deep Structure of Propositions», págs. 51-92 en *Hierarchy and Universality of Discourse Constituents in New Guinea Languages. Discussion*. Georgetown, Washington D. C.: Georgetown University Press.

— (1976): *An Anatomy of Speech Notions*. The Peter de Ridder Press.

— (1983): *The Grammar of Discourse*. Nueva York: Plenum.

LOPE BLANCH, J. M. (1979): *El concepto de oración en la lingüística española.* Méjico: Universidad Nacional Autónoma de Méjico.

LÓPEZ, M. L. (1970): *Problemas y métodos en el análisis de preposiciones*. Madrid: Gredos.

LÓPEZ GARCÍA, A. (1983): «La comparación en español. Estructura fraseológica y estructura oracional», págs. 315-27 en *Serta Philologica F. Lázaro Carreter*. I. Madrid: Cátedra.

— (1988): «Fundamento y desarrollo de la gramática liminar». *Revista Española de Lingüística* 18,2: 385-401.

LORENZO, E. (1959): «La lingüística y la enseñanza de las lenguas modernas», *Revista de Educación*. Madrid. (Publicada en 1980 en *El español y otras lenguas*. Madrid: SGEL.)

— (1969a): «La lingüística y la enseñanza de las lenguas modernas». *Bordón* 21: 127-139.

— (1969b): *El español y otras lenguas*. Madrid: SGEL.

— (1994): *El español de hoy, lengua en ebullición*, 4.ª ed. Madrid: Gredos.

— (1996): *Anglicismos hispánicos*. Madrid: Gredos.

LOTMAN, J. (1982): *Estructura del texto artístico*. Madrid: Istmo.

LOUNSBURY, F. (1964): «The Structural Analysis of Kinship Semantics» en *Proceedings of the Ninth International Congress of Linguists*.

LOZANO, J. C. *et al.* (1986): *Análisis del discurso*. Madrid: Cátedra.

LUCE, R. *et al.*, eds. (1977): *Handbook of Mathematical Psychology*, vol. 2. Nueva York: Wiley.

LYONS, J. (1967): *Structural Semantics*. Oxford: Blackwell.

— (1969): *Introduction to Theoretical Linguistics*. Cambridge: Cambridge University Press. [Trad. *Introducción en la lingüística teórica*. Barcelona: Teide, 1971.]

— (1970a): *New Horizons in Linguistics*. Hardmondsworth: Pelican.

— (1970b): *Noam Chomsky*. Nueva York: Viking.

— (1979): «Deixis and anaphora», págs. 88-103 en MYERS, T., ed.

— (1980): *Semántica*. Barcelona: Teide.

— (1981a): «Is linguistics a science?», págs. 37-44 en *Language and Linguistics*. Cambridge: Cambridge University Press.

— (1981b/1990): *Language and Linguistics*. Cambridge: Cambridge University Press. [Trad. *Introducción al lenguaje y la lingüística*. Barcelona: Teide, 1990.]

— (1982): *Language, Meaning and Context.* Londres: Fontana Paperbacks.
LYONS, J. *et al.* (1987): *New Horizons in Linguistics*, 2. Harmondsworth: Pelican Books.

M

MADELBROT, B. (1965): «Information theory and pscyholinguistics,» págs. 110-155 en WOLMAN, B. y NAGEL, E., eds.
MALINOWSKI, B. (1935): *Coral Gardens and their Magic.* Vol. II. Londres: Allen Unwin.
MALKIEL, Y. (1993): «El análisis genético de la formación de palabras», pp. 71-115 en VARELA, S., ed.
MALMBERG, B. (1967): *Los nuevos caminos de la lingüística.* Madrid: Siglo XXI.
— (1989): «Forma y sustancia de la expresión en el conjunto de una teoría del lenguaje». *Revista Española de Lingüística*: 19,1: 7-24.
MALMKJAER, K., ed. (1991): *The Linguistics Encyclopedia.* Londres: Routledge.
MANTECA ALONSO-CORTÉS, A. (1987): «Sintaxis del compuesto». *Lingüística Española Actual* IX: 333-346.
MARCHESE, A. *et al.* (1991): *Diccionario de retórica, crítica y terminología literaria.* Barcelona: Ariel.
MARCOS MARÍN, F. (1972): *Aproximación a la gramática española.* Madrid: Cincel.
— (1980): *Curso de gramática española.* Madrid: Cincel.
MARCOS, PÉREZ, P. J. (1971): *Los anglicismos en el ámbito periodístico.* Valladolid: Universidad.
— (1975): *En torno a la expresión volitiva.* Valladolid: Universidad.
MARINER, S. (1971): «Triple noción básica en la categoría modal castellana». *Revista de Filología Española* LIV: 209-52.
MARTIN, R. (1973): «Logique et mechanisme de l'antonymie». *Tra li li*, Xl, I, págs. 37-51.
MARTÍN ARISTA, J., ed. (1994): *Estudios de gramática funcional.* Zaragoza: Mira editores.
MARTINELL GIFRE, E. (1984): «De la complementación a la composición en el sintagma nominal». *Revista Española de Lingüística* 14,2: 223-44.
MARTINET, A. (1965): *Eléments de linguistique générale.* París: P. U. F. [Trad. *Elementos de lingüística general.* Madrid. Gredos, 1974.]
— (1967): «Connotation, poésie et culture». *To Honor Roman Jakobson* II. La Haya: Mouton.
— (1968): *La linguistique synchronique: études et recherches.* París: P.U.F.
— (1971): *El lenguaje desde el punto de vista funcional.* Madrid: Gredos.
— (1972): *La lingüística.* Barcelona: Anagrama.
— (1978): *Estudios de sintaxis funcional.* Madrid: Gredos.
— (1987): *Sintaxis general.* Madrid: Gredos.
MARTÍNEZ, J. A. (1985a): «La construcción apositiva en español», págs. 453-467 en *Philologica Hispaniensia. In Honorem Manuel Alvar*, II. Madrid: Gredos.
— (1985b): «Oraciones consecutivas y comparativas», págs. 141-51 en *Lecciones del I y II Curso de Lingüística Funcional (1983-1984).* Oviedo: Universidad de Oviedo.
— (1989): *El pronombre II. Numerales, Indefinidos y Relativos.* Madrid: Arco Libros.
MARTÍNEZ CELDRÁN, E. (1978): «En torno a los conceptos de interfijo e infijo en español». *Revista Española de Lingüística* 8,2: 447-460.
— (1984): *Fonética.* Teide: Barcelona.
— (1991): *Fonética experimental. Teoría y práctica.* Madrid: Síntesis.
MARTÍNEZ DE SOUSA, J. (1987): *Diccionario de ortografía técnica.* Madrid: Fundación Germán Sánchez Ruipérez.
— (1993): *Diccionario de redacción y estilo.* Madrid: Pirámide.
— (1996): *Diccionario de usos y dudas del español actual.* Barcelona: Bilograf.
MARTÍNEZ-DUEÑAS ESPEJO, J. L. (1993): *La metáfora.* Barcelona: Octedro.
— (1996): *Función de la representación y la descripción: lo verbal y lo iconográfico en el retrato inglés.* Granada: Ediciones Virtual.
MARTÍNEZ GARCÍA, H. (1986): *El suplemento en español.* Madrid: Gredos.

— (1996): *Construcciones temporales*. Madrid: Arco Libros.

MARTÍNEZ VÁZQUEZ, M., ed. (1996): *Gramática contrastiva inglés-español*. Huelva: Servicio de Publicaciones.

— (1996): «Lexical ergativity in English and Spanish», págs. 25-24 en MARTÍNEZ VÁZQUEZ, M., ed.

MASTERMAN, M. (1970): «La naturaleza de los paradigmas» en LAKATOS, I. *et al.*, eds.

MATEO MARTÍNEZ, J. (1988): «D. H. Lawrence y la naturaleza: una empatía sinestésica». *Revista Alicantina de Estudios Ingleses* 1: 139-51.

— (1992a): *Mundos en conflicto*. Alicante: Universidad.

— (1992b): «Ironía y cortesía en el discurso dramático de *Saint Joan* de G. Bernard Shaw». *Atlantis* XV: 121-44.

MATHIOT, M. (1970): «Theory-building in the descriptive approach», págs. 159-169 en GARVIN, P., ed.

MATORÉ, G. (1953): *La méthode en lexicologie*. París: Didier.

MATTHEWS, P. H. (1980): *Morfología. Introducción a la teoría de la estructura de la palabra*. Madrid: Paraninfo.

— (1981): *Syntax*. Cambridge: Cambridge University Press.

MAY, R. (1985): *Logical Form*. Cambrige, Mass.: The MIT Press.

MCCAWLEY, J. (1973): *Grammar and Meaning*. Tokio: Taishukan Publishing Co.

— (1974): «James McCawley», págs. 250-277 en PARRET, H., ed.

— (1982a): *Thirty Million Theories of Grammar*. Londres: Croom Helms.

— (1982b): «How to get an interpretive theory of anaphora to work», págs. 128-158 en *Thirty Million Theories of Grammar*. Londres: Croom Helms.

— (1985): «Review of Newmeyer, F.» (1983): *Grammatical Theory: its Limits and Possibilities*. Chicago: University of Chicago Press. *Language*, 61.3: 668-78.

— (1988): «Review of Noam Chomsky's *Knowledge of Language*». *Language*, 64,2: 355-65.

MELROSE, R. (1995): «The seduction of abduction: Peirce's theory of signs and indeterminacy in language». *Journal of Pragmatics* 23: 493:507.

MENASCHE, L. (1982): *Writing the Research Paper: a Guide for Advanced Learners of English*. Pittsburgh: English Language Institute.

MENDIKOETXEA, A. O. (1996): «Minimizing Grammar». *Estudios Ingleses de la Universidad Complutense* 4: 265-286.

MEY, J. L. (1995): *Writing the Research Paper: a Guide for Advanced Learners of English*. Pittsburgh: English Language Institute.

MICHAELS, S. *et al.* (1981): «Establishing conversational cooperation», págs. 178-91 en *Proceedings of the 7th Annual Meeting of the Berkeley Linguistic Society*. Berkeley.

MILL, J. S. (1843/1986): *A System of Logic Ratiocinative and Inductive*. Lincoln: Rembrandt Publishing.

MILLER, J. (1985): *Semantics and Syntax*. Cambridge: Cambridge University Press.

MILROY, L. (1980): *Language and Social Networks*. Oxford: Blackwell.

MOLINA REDONDO, J. A. (1985): «En torno a la oración compuesta en español», págs. 513-27 en *Philologia Hispaniensia. In Honorem Manuel Alvar*, II. Madrid: Gredos.

MOLINER, M. (1970): *Diccionario de uso del español*. Madrid: Gredos.

MONAGHAM, J. (1979): *The Neo-Firthian Tradition and its Contribution to General Linguistics*. Tübingen: Niemeyer.

MONROY CASAS, R. (1979): *Aspectos fonéticos de las vocales españolas*. Madrid: SGEL.

MONTAGUE, R. (1972): «Pragmatics and intensional logic», en DAVIDSON, D. y HARMAN, G., eds.

MONTANER, P. *et al.* (1993): *Teoría y práctica de la lógica proposicional*. Barcelona: Vicens.

MORENO CABRERA, J. C. (1983): «Las perífrasis de relativo», págs. 455-468 en *Serta Philologica F. Lázaro Carreter*. Madrid: Cátedra.

— (1987): *Fundamentos de Sintaxis General*. Madrid: Síntesis.

— (1991): *Curso universitario de lingüística general. Tomo I: Teoría de la gramática y sintaxis general*. Madrid: Síntesis.

— (1995): *Curso universitario de lingüística general. Tomo II: Semántica, pragmática, morfología y fonología*. Madrid: Síntesis.

MORENO FERNÁNDEZ, F. (1989): «Sociedad educación en los EE. UU.». *RESLA* 5: 9-21.

MORIER, H. (1975): *Dictionaire de politique et rhétorique*. París: PUF.

MOORE, T. (1982): *Understanding Language: Towards a Post-Chomskian Linguistics*. Londres: MacMillan.

MORRIS, C. (1938): «Foundations of the Theory of Signs» págs. 1-13 en *International Encyclopedia of Unified Science,* vol. 1,2, Chicago: University Press. [Trad. de Esther Torrego, «Fundamentos de la teoría de los signos», págs. 53-65 en *Presentación del lenguaje*. Francisco Gracia, comp. Madrid: Taurus, 1972.]

— (1946): *Signs, Language and Behavior*. Nueva York: Prentice Hall.

MOUNIN, G. (1963): *Les Problèmes theóriques de la traduction*. París: Gallimard. [Traducción de Julián Lago, *Los Problemas teóricos de la traducción*. Madrid: Gredos, 1977.]

— ( 1968a): *Saussure: presentación y textos*. Barcelona: Anagrama.

— (1968b): *Claves para la lingüística*. Barcelona: Anagrama.

— (1982): *Diccionario de lingüística*. Barcelona: Editorial Labor.

MRAYATI, M. *et al.* (1988): «Distinctive regions and modes: a new theory of speech production». *Speech Communication* 7: 257-86.

MULDER, J. (1975): «Linguistic theory, linguistic descriptions and the speech-phenomena». *La Linguistique* 11,1: 87-104.

MULKERNE, D. J. D., *et al.* (1983): *The Term Paper Step by Step*. Garden City, Nueva York: Anchor Press/Doubleday.

MULLER, CH. (1973): *Estadística lingüística*. (Versión española de Antonio Quilis.) Madrid: Gredos.

MYERS, T., ed. (1979): *Conversation and Discourse*. Edimburgo: Edinburgh University Press.

## N

NAGEL, E. (1968): *La estructura de la ciencia*. Buenos Aires: Paidós.

NARBONA, A. (1989): *Las subordinadas adverbiales impropias en español. Bases para su estudio*. Málaga: Ágora.

— (1990): *Las subordinadas adverbiales impropias en español (II)*. Málaga: Ágora.

NAVARRO DOMÍNGUEZ, F. (1995): *Nouveau roman. Estudios lingüísticos*. Málaga: Ágora.

NAVAS RUIZ, R. (1977): *Ser y estar. El sistema atributivo en español*. Salamanca: Almar.

NEBRIJA, A. DE (1989): *Gramática de la lengua castellana*. Edición de Antonio Quilis, 3.ª ed. Madrid: Centro de Estudios Ramón Areces. (Primera edición 1492.)

NEIJT, A. (1978): *Gapping*. Dordrecht: Foris Publication.

NEWMEYER, F. (1982): *El primer cuarto de siglo de la gramática generativo-transformatoria (1955-1980)*. Madrid: Alianza.

— (1983): *Grammatical Theory: its Limits and Possibilities*. Chicago: University of Chicago Press.

— (1986a): *Linguistic Theory in America*, 2.ª ed. Nueva York: Academic Press.

— (1986b): «Has there been a Chomskian revolution in linguistics?». *Language* 62.1: 1-18.

—, ed. (1988): *Linguistics: The Cambridge Survey (I Linguistic Theory: Foundations; II Linguistic Theory: Extensions and Implications II; III Language: Psychological and Biological Aspects; IV Language: The Socio-cultural Context*). Cambridge: Cambridge University Press.

NEWTON-SMITH, W. M. (1987): *La racionalidad de la ciencia*. Barcelona: Paidós.

NIDA, E. (1965): *Toward a Science of Translating*. Leiden, Holanda: E. J. Brill.

— (1975): *Componential Analysis of Meaning*. La Haya: Mouton.

NIETZSCHE, F. (1985): *Más allá del bien y del mal*. Madrid: Alianza.

— (1987): *El caminante y su sombra*. Madrid: Busma.

NOLAN, F. (1982): «Speech research». *Surveys* (Cambridge: Cambridge University Press), 2: 61-78.

— (1992): «The descriptive role of segments: evidence from assimilation». *Papers in Laboratory Phonology II: gesture, segment, prosody*. Cambridge: Cambridge University Press.

NOLTINGK, B. (1965): *Time and Method: A Guide for the Graduate*. Amsterdam: Elsevier.

NUYTS, J. (1987): «Pragmatics and cognition: on explaining language», págs. 715-32 en VERSCHUEREN, M. y BERTUCELLI-PAPI, eds.

## O

OCHS, E. (1979): *Developmental Pragmatics*. Nueva York: Academic Press.

O'CONNOR, J. D. y ARNOLD G. F. (1961): *Intonation of Colloquial English*. Londres: Longman.

OGDEN, C. K. y RICHARDS, I. A. (1923/1972): *The Meaning of Meaning*. Nueva York: Academic Press.

OHMAN, R. (1971): «Speech acts and the definition of literature». *Philosophy Rhetoric* 4: 1-19.

OHMAN, S. (1953): «Theories of the linguistic field». *Word* 9: 123-34.

OLIVARES, C. (1994): «Funcionalismo y funcionalismos», págs. 13-21 en MARTÍN ARISTA, J., ed.

ORTEGA Y GASSET, J. (1937): «Miseria y esplendor de la traducción», págs. 125-62 en *El libro de las misiones*. Madrid: Espasa-Calpe.

## P

PALMATIER, R. A. (1972): *A Glossary of English Transformational Grammar*. Nueva York: Appleston.

PALMER, F. (1971): *Grammar*. Harmondsworth: Penguin.

PARRET, H. (1983): *Structural Semiotics and Integrated Pragmatics*. Amsterdam: Benjamins.

—, ed. (1974): *Discussing Language*. La Haya: Mouton.

PAULA POMBAR, M. N. (1983): *Contribución al estudio de la aposición en español*. *Verba* anejo 20: Universidad de Santiago de Compostela.

PENA, J. (1982): «La voz en español. Intento de caracterización». *Verba* 9: 215-52.

— (1985): «Las categorías gramaticales: sobre las denominadas 'categorías verbales'», págs. 163-179 en *Lecciones del I y II Curso de Lingüística Funcional (1983 y 1984)*. Oviedo: Universidad de Oviedo.

— (1991): «La palabra: estructura y procesos morfológicos». *Verba* 18: 69-128.

— (1993): «La formación de verbos en español: La sufijación verbal», págs. 217-82 en VARELA, S., ed.

PENG, F., ed. (1984): *Language in a Semiotic Frame*, *Language Sciences*, 6/2.

PEIRCE, C. S. (1957): «The Logic of Abduction», en THOMAS, V., ed.

PERCIVAL, W. K. (1976): «The applicability of Kuhn's paradigms to the history of linguistics», *Language* 52: 285-294.

PÉREZ GÁLLEGO, C. (1977): *Sintaxis social*. Madrid: Fundamentos.

PERLMUTTER, D. (1986): «The split morphology hypothesis: evidence from Yiddish». *The Milwaukee Morphology Meeting*. 15th Annual University-Milwaukee Linguistics Symposium. Milwaukee.

PERRIN, P. G. (1950): *Writer's Guide*. Nueva York: Scott, Foreman and Co.

PETERS, S. (1972): *Goals of Linguistic Theory*. Englewood Cliffs, N. J.: Prentice-Hall.

PETOFI, J. S. *et al.* (1973): *Studies in Text Grammar*. Dordrecht: Reidel.

PETOFI, J. S. y GARCÍA BERRIO, A., eds. (1978): *Lingüística del texto y crítica literaria*. Madrid: Alberto Corazón-Comunicación.

PIAGET, J. (1968): *Le structuralisme*. París: P.U.F.

PIAGET, J. *et al.*, eds. (1969): *Las nociones de estructura y génesis*. Buenos Aires: Editorial Proteo.

PICARD, M. (1994): *Principles and Methods in Historical Phonology*. Montreal: McGill-Queen's University Press.

PIKE, K. L. (1943): *Phonetics. A Critical Analysis of Phonetic Theory and a Technique for the Practical Description of Sounds*. Ann Arbor, MI: University Press.

— (1947): *Phonemics*. Ann Arbor, MI: University Press.

— (1954/1977): *Language in Relation to a Unified Theory of the Structure of Human Behavior*. La Haya: Mouton.

— (1958): «On tagmemes *née* grammemes». *IJAL* 24: 273-78.

POLANY, M. (1973): *Personal Knowledge*. Londres: Routledge.

POLO, J. (1986): *Epistemología del lenguaje e historia de la lingüística*. Madrid: Gredos.

POPPER, K. (1973): *La lógica de la investigación científica*. Madrid: Tecnos.

— (1984a): *Sociedad abierta, universo abierto*. Madrid: Tecnos.

— (1984b): *El universo abierto. Un argumento en favor del indeterminismo*. Madrid: Tecnos.

— (1985a): *Búsqueda sin término. Una autobiografía intelectual*. Madrid: Tecnos.

— (1985b): *Teoría cuántica y cisma en física*. Madrid: Tecnos.

— (1988): *Conocimiento objetivo*. Madrid: Tecnos.

PORROCHE, M. (1990): *Aspectos de la atribución en español*. Zaragoza: Libros Pórtico.

PORTO DAPENA, J. A. (1987): *El verbo y su conjugación*. Madrid: Arco Libros.

— (1989): *Tiempos y formas no personales del verbo*. Madrid: Taurus.

— (1991): *Del indicativo al subjuntivo*. Madrid: Arco Libros.

— (1992): *Complementos argumentales del verbo: directo, indirecto, suplemento y agente*. Madrid: Arco Libros.

PORTOLÉS, J. (1993): «Sobre los interfijos en español», págs. 339-359 en VARELA, S., ed.

POSTAL, P. M. (1968): «Epilogue», págs. 265-289 en JACOBS *et al.*, eds.

POTTIER, B. (1964): «Vers une sémantique moderne», *Tra li li*, 2,1: 104-37.

— (1965): «La définition sémantique dans le dictionaire», *Tra li li*, 3,1: 33-39.

— (1968a): *Presentación de la lingüística*. Madrid: Ediciones Alcalá.

— (1968b): *Lingüística moderna y filología hispánica*. Madrid: Gredos.

— (1980): «Comment dénommer les semes», Group de Recherches semiologiques, Institut de la Langue Française. *Le Bulletin*, 13: 21-30.

POTTS, T. (1975): «Model Theory and Linguistics», págs. 241-282 en KEENAN, ed.

POYATOS, F. (1970): «Paralingüística y kinésica para una teoría del sistema comunicativo del hablante español». *Actas del Tercer Congreso Internacional de Hispanistas:* 725-38. México: El colegio de México.

— (1975): «Gestures inventories: fieldwork methodology and problems» en *Semiotica*, 13,2: 199-27.

— (1976): «Language in the context of total body communication». *Linguistics*, 168: 49-62.

— (1984): «The multichannel reality of discourse: language-paralanguage-kinesics and the totality of communication systems», págs. 307-337 en PENG, F.

— (1993): *Paralanguage*. Amsterdam/Filadelfia: John Benjamins Publishing Company.

— (1994): *La comunicación no verbal*. Vol. II: *Paralenguaje, kinésica e interacción*. Madrid: Istmo.

PRATT, C. (1981): *El anglicismo en el español peninsular contemporáneo*. Madrid: Gredos.

PRATT, M. L. (1977): *Toward a Speech Act Theory of Literary Discourse*. Bloomington: Indiana University Press.

— (1978): «The 'poetic language' fallacy», págs. 3-37 en *Toward a Speech Act Theory of Literary Discourse*. Bloomington, In.: Indiana University Press.

PRIDE, J. B. (1971): *The Social Meaning of Language*. Londres: Oxford University Press.

PRIDE, J. B. *et al.*, eds. (1972): *Sociolinguistics*. Harmondsworth: Penguin.

PRIETO, L. (1964): *Principes de noologie*. La Haya: Mouton.

PRINCE, A. (1983): «Relating to the grid». *Linguistic Inquiry* 14: 19-100.

PROPP, V. (1958): «Morphology of the Folktale, Part III». *International Journal of American Linguistics*. Indiana University Research Center in Anthropology, Folklore and Linguistics.

## Q

QUEMADA, B. (1987): «Notes sur lexicographie et dictionnairique». *Cahiers de Lexicologie* 51: 229-242.

— (1990): «La nouvelle lexicographie», pp. 55-78 en CABRE, M. T., ed.

QUILIS, A. (1981): *Fonética acústica de la lengua española*. Madrid: Gredos.

— (1992): *Tratado de fonología y fonética españolas*. Madrid: Gredos.

QUILIS, A. y FERNÁNDEZ, J. A. (1974). *Curso de fonética y fonología españolas*, 7.ª ed. Madrid: C.S.I.C.

QUINE, W. (1964): «From a logical point of view», en FODOR *et al.*, eds., *The Structure of Language*.

— (1968): *Palabra y objeto*. Barcelona: Labor.

QUIRK, R. *et al.* (1972): *A Grammar of Contemporary English*. Londres: Longman.

QUIRK, R. y GREENBAUM, S. (1973): *A University Grammar of English*. Londres: Longman.

**R**

RABADÁN, R. (1991): *Equivalencia y traducción. Problemática de la equivalencia translémica inglés-español*. León: Universidad.

RADFORD, A. (1981): *Transformational Syntax. A Students's Guide to Chomsky's Extended Standard Theory*. Cambridge, Mass.: The M.I.T Press. [Trad. *Introducción a la sintaxis transformatoria*. Barcelona: Teide, 1988a.]

— (1988b): *Tranformational Grammar*. Cambridge: Cambridge University Press.

RAIMONDO CARDONA, G. (1991): *Diccionario de lingüística*. Barcelona: Ariel.

RAMAJO CAÑO, A. (1987): *Las gramáticas de la lengua castellana desde Nebrija a Correas*. Salamanca: Universidad de Salamanca.

RAMÓN TRIVES, E. (1979): *Aspectos de semántica lingüístico-textual*. Madrid: Istmo-Alcalá.

— (1982): *Estudios sintáctico-semántico del español I. La dinámica interoracional*. Murcia: Godoy.

RASTIER, F. (1972): «Systématique des isotopies», en GREIMAS, A. J. y otros. *Essais de Sémiotique Poétique*. París: Larousse.

REAL ACADEMIA ESPAÑOLA (1931): *Gramática de la lengua española*. Madrid: Espasa-Calpe.

— (1973): *Esbozo de una nueva gramática de la lengua española*. Madrid: Espasa-Calpe.

— (1984): *Gramática de la lengua castellana 1771*. Edición facsímil de R. Sarmiento. Madrid: Editora Nacional, 1.ª ed., 1781.

— (1992): *Diccionario de la lengua española*, Madrid: Espasa-Calpe.

REIBEL, D. A. *et al.*, eds. (1969): *Modern Studies in English*. Englewood Cliffs, N. J.: Prentice-Hall.

REITHER, J. A. (1985): «Writing and Knowing: Toward Redefining the Writing Process». *College English*, 47,6: 620-628.

REY, A. (1969): «Remarques semantiques». *Langue Française*, 4: 33-39

— (1976): *Théories du signe et du sens*. París: Klincksieck.

RICHARDS, J. C. *et al.*, eds. (1990): *Second Language Teaching Education*. Nueva: C.U.P.

RICO VERCHER, C. y MARTÍN DE SANTA OLALLA, A. (en prensa): «New trends in machine translation». *Meta*.

RICOEUR, P. (1971): *Interpretation Theory. Discourses and the Surplus of Meaning*. Austin: The Texas Christian University Press.

RIFFATERRE, M. (1959): «Criteria for style analysis». *Word* 15: 154-174.

— (1972): «Describing poetic structures: Two approaches to Baudelaire's 'Les chats'», págs. 362-92 en BABB, H. S., ed., *Essays in Stylistics Analysis*. Nueva York: Harcourt.

RINGEN, J. (1975): «Linguistic facts: a study of the empirical scientific status of transformational generative grammars», págs. 1-43 en COHEN, D. *et al.*, eds.

— (1977): «On evaluating data concerning linguistic intuition», págs. 145-60 en ECKMAN, R., ed.

RIVAS, E. (1989): «Observaciones sobre las concesivas. Su comparación con las condicionales y las adversativas». *Verba* 16: 237-55.

— (1990): «A propósito de condicionales y concesivas reales. Referencias diacrónicas en torno a estas últimas». *Verba* 17: 159-169.

RIVERO, M. L. (1977): *Estudios de gramática generativa del español*. Madrid: Cátedra.
— (1991): *Las construcciones de relativo*. Madrid: Taurus.
RIVERS, W. M. (1983): *Communicating Naturally in a Second Language*. Cambridge: Cambridge University Press.
ROBERTS, J. (1962): *Literary Linguistics: A Bibliography, 1946-1961*. Texas Studies in Language and Literature
ROBINS, R. H. (1971): *Lingüística general*. Madrid: Gredos.
— (1975): *Breve historia de la lingüística*. Madrid: Paraninfo.
ROBINSON, W. P. (1972): *Language and Social Behaviour*. Harmondsworth: Penguin Books.
ROCA PONS, J. (1974): *Introducción a la gramática*, 3.ª ed. Barcelona: Teide.
ROCHE, B. y RODRÍGUEZ GONZÁLEZ, F. (1989): «Les dénominations de *l'épouse* dans les langues romanes: une enquête sociolinguistique». *Actes du XVIII Congrès International de Linguistique et de Philologie Romanes*, VII: 470-81.
ROCHESTER, S. y MARTIN, J. R. (1979): *Crazy Talk*. Nueva York: Plenum.
RODRÍGUEZ ADRADOS, F. (1968): *Estudios de lingüística general*. Barcelona: Planeta.
— (1969/1974): *Lingüística estructural* (2 vols.). Madrid: Gredos.
— (1971): «El campo semántico del amor en Safo». *Revista Española de Lingüística* 1,1: 5-24.
RODRÍGUEZ GONZÁLEZ, F. (1989): «Lenguaje y contracultura juvenil: anatomía de una generación», págs. 135-66 en *Comunicación y lenguaje juvenil*. Madrid: Fundamentos.
— (1990): «Valor metasémico de la sigla: la metáfora y otros cambios de sentido». *Romanische Forschungen* 102: 416-23.
— (1993a): 'Las siglas como procedimiento lexicogenésico'. *Estudios de Lingüística de la Universidad de Alicante*, 9: 9-24.
— (1993b): «Morphovariation and synonymy of acronyms». *Meta* 38,2: 276-92.
— (1996): «Functions of anglicisms in contemporary Spanish». *Cahiers de Lexicologie* 68,1.
RODRÍGUEZ LEDESMA, M.ª N. (1996): «Un caso paralelo de degradación semántica en inglés y español», págs. 245-63 en MARTÍNEZ VÁZQUEZ, M., ed.
RODRÍGUEZ SOUSA, M. E. (1979): «La adversatividad en español». *Verba* 6: 235-312.
ROJO, G. (1974): «La temporalidad verbal en español». *Verba* 1: 68-149.
— (1979): «La función sintáctica como forma del significante». *Verba* 6: 107-51.
— (1983): *Aspectos básicos de sintaxis funcional*. Málaga: Ágora.
— (1990): «Relaciones entre temporalidad y aspecto en el verbo español», págs. 18-43 en BOSQUE, I., ed. (1990b).
ROJO, G. y JIMÉNEZ JULIÁ, T. (1989): *Fundamentos del análisis sintáctico funcional*. Santiago de Compostela: Universidade de Santiago de Compostela.
ROJO, G. y MONTERO CARTELLE, E. (1983): *La evolución de los esquemas condicionales. Verba,* Anexo 22.
ROLSLANASKY, J., ed. (1969): *Communication*. Amsterdam: North Holland.
ROMANO, D. (1973): *Elementos y técnica del trabajo científico*. Barcelona: Teide.
ROMERO, J. (1995): *Gestural organization in Spanish. An experimental study of spirantization and aspiration*. Universidad de Connecticut (tesis doctoral).
— (1996): «Articulatory blending of lingual gestures». *Journal of Phonetics* 24, 1: 99-111.
ROMERO GUALDA, M. V. (1989): *El nombre: sustantivo y adjetivo*. Madrid: Arco Libros.
ROMO FEITO, F. (1995): *Retórica de la paradoja*. Barcelona: Octaedro.
ROSEMBAUM, H. (1977): «Zapotec gapagsing as counter evidence to some universal proposal». *Linguistic Inquiry* 8,2: 379-395.
ROSS, J. R. (1969): «Gapping and the order of constituents», en BIERWISCH, ed.
— (1970): «On declarative sentences», en JACOB, R. A. *et al.*, eds.
RUIZ DE MENDOZA, F. (1996) «La ilocución en gramática funcional», págs. 149-91 en MARTÍN ARISTA, J.
— (1996) «Aspectos pragmáticos de la negociación del significado», págs. 47-68 en CENOZ, J. y VALENCIA, H.

RUSKIEWICK, J. J. (1981): *Well-Bound Words: a Rhetoric*. Austin: Scott Foresman.
RUWET, N. (1974): *Introducción a la gramática generativa*. Madrid: Gredos.

S

SACKS, H. *et al.* (1974): «A simplest systematics for the organizations of turn-taking for conversation». *Language* 50,4: 696-735.
SACRISTÁN, M. (1964): *Introducción a la lógica y al análisis formal*. Barcelona: Ariel.
SADOCK, J. M. (1990): *Autolexical Syntax: A Theory of Parallel Grammatical Relations*. Studies in Contemporary Linguistics. Chicago: Universtity of Chicago Press.
SALVÁ, V. (1988): *Gramática de la lengua castellana*. Edición de Margarita Literas. Madrid: Arco Libros (primera edición 1830).
SALVADOR, G. (1985): *Semántica y lexicología del español: estudios y lecciones*. Madrid: Paraninfo.
SAMANIEGO FERNÁNDEZ, E. (1996): *La traducción de la metáfora*. Valladolid: Universidad.
SAMPSON, G. (1980): *Schools of Linguistics*. Stanford, Ca.: Stanford University Press.
SÁNCHEZ, A. (1993): *Hacia un método integral en la enseñanza de idiomas*. Madrid: SGEL.
— (1997): *Los métodos en la enseñanza de idiomas. Evolución histórica y análisis didáctico*. Madrid: SGEL.
SÁNCHEZ CARRIÓN, J. J. (1988): *Introducción al análisis de datos con SPSS/PC+*. Madrid: Alianza Editorial.
SÁNCHEZ DE LAS BROZAS, F. (1976): *Minerva*. Edición de F. Rivera Cárdenas. Madrid: Cátedra. (Primera edición 1587.)
SÁNCHEZ DE ZAVALA, V., comp. (1974): *Semántica y sintaxis en la lingüística transformatoria/1*. Madrid: Alianza.
—, comp. (1976): *Semántica y sintaxis en la lingüística transformatoria/2*. Madrid: Alianza.
SÁNCHEZ LANCIS, C. E. (1988): «Hacia una nueva definición del complemento indirecto en español», *Estudi General* 8: 65-79.
SÁNCHEZ MÁRQUEZ, M. J. (1972): *Gramática moderna del español*. Buenos Aires: EDIAR.
SANCHO CREMADES, P. (1995): *La categoria preposicional*. València. Universitat de València.
SANTOYO, J. C. (1983): *La cultura traducida*. León, Universidad de León.
— (1988): «Los calcos como forma de traducción», págs, 91-7 en *Problemas de Traducción*. Madrid: Fundación Alfonso X el Sabio.
SANTOYO, J. C. y RABADÁN, R. (1990): «Traductología/translémica. Una nueva disciplina lingüística». *Revista Española de Lingüística Aplicada (Granada: AESLA)*. Anejo I.
SAPIR, E. (1921): *Language*. Nueva York: Harcourt.
SAUSSURE, F. DE (1945): *Curso de lingüística general*. Buenos Aires: Losada.
SCALISE, M. (1984): *Morphologia lessicale*. Padua: CLESP.
— (1987): *Morfología generativa*. Madrid: Alianza.
SCENT, G. (1978): *Paradoxes of Progress*. San Francisco: W. H. Freeman.
SCHACHTER, P. (1977): «Does she or doesn't she?». *Linguistic Inquiry* 8: 763-767.
SCHAEDER, B. (1981): *Lexicographie als Praxis und Theorie*. Tübingen: Max Niemeyer.
SCHEGLOFF, E. y SACKS, H. (1973): «Opening up Closings». *Semiotica* 8: 289-327.
SCHIFFRIN, D., ed. (1984): *Meaning, Form and Use in Context: Linguistic Apagslications*. Georgetown: University Press.
— (1994): *Approaches to Discourse*. Oxford: Blackwell.
SCHMIDT, S. (1977): *Teoría del Texto*. Madrid: Cátedra.
SCHOLES, R. (1974): *Structuralism in Literature*. New Haven. Londres: Yale University Press.
SCHULTE, R. y BIGUENET, J., eds. (1992): *Theories of Translation: An Anthology of Essays from Dryden to Derrida*. Chicago: University of Chicago Press
SEARLE, J. R. (1965): «What Is a Speech Act?» en BLACK, M., ed.
— (1969): *Speech Acts*. Cambridge: Cambridge University Press.

— (1972): «Chomsky's Revolution in Linguistics», *The New York Review of Books* 29: 16-24.
— (1974): *La revolución de Chomsky en lingüística*. Barcelona: Anagrama.
— (1979): *Expression and Meaning*. Cambridge: Cambridge University Press.
— (1975): «Indirect speech acts», págs. 59-82 en COLE, P. *et al.*, eds.
— (1976): «The classification of illocutionary acts». *Language in Society* 5,1: 1-24.
— (1983): *Intentionality*. Cambridge: Cambridge University Press.
— (1986): «Meaning, communication and representation», págs. 209-36 en GRANDY, R. *et al.*, eds.
SEARLE, J. R. *et al.* (1980): *Speech Acts Theory and Pragmatics*. Dordrecht: Reidel.
— ed. (1960): *Style in Language*. Cambridge, Mass.: The M.I.T. Press.
SEBEOK, T. A. (1966): *Current Trends in Linguistics*, vol. III. La Haya: Mouton.
SECO, M. (1972): *Gramática esencial del español*. Madrid: Aguilar.
SECO, R. (1975): *Manual de gramática española*. Madrid: Aguilar (10.ª edición).
SEILER, H. J. (1969): «Génesis y estructura en lingüística», págs. 219-225 en PIAGET, J. *et al.*, eds.
—, ed. (1978): *Language Universals*. Tübingen: Gunter Narr Verlag.
SELINKER, L. (1972): «Interlanguage». *IRAL* 10: 209: 31.
SELL, R. D. (1985): «Tellability and politeness in 'The Miller's Tale'. First steps in literary pragmatics». *English Studies* 6: 496-512.
SELKIRK, E. (1980): «The role of prosodic categories in English word stress». *Linguistic Inquiry* 11: 563-605.
SELLS, P. (1985): *Lectures on Contemporary Syntactic Theories: An introduction to Government, Binding Theory, Generalized Phrase Structure Grammar and Lexical-Functional Grammar* (Center for the Study of Language and Information). Chicago: University of Chicago Press. [Trad. *Teorías sintácticas actuales*. Barcelona: Teide, 1989.]
SERRANO, M. J. *et al.* (1994): «Condicionantes sociales de una cambio sintáctico». *Revista Española de Lingüística* 24, 2: 379-92.
SHAFFER, E. S., ed. (1981): *Comparative Criticism*. Cambridge: Cambridge University Press.
SHANKAR BHAT, D. (1986): *An Introduction to Linguistics*. Chanchipur: Teachers' Forum.
SHOPPEN, T. (1972): *A Generative Theory of Ellipsis*. Bloomington, IN: Indiana University Linguistic Club.
— (1976): «Ellipsis as grammatical indeterminacy». *Foundations of Language* 10: 65-77.
SHUKMAN, A. (1981): «Linguistics, Language, Literature». *New Literary History* (U. of Virginia) 12: 563-9.
SIERRA BRAVO, J. (1986): *Tesis doctorales y trabajos de investigación*. Madrid: Paraninfo.
SIEWIERSKA, A. (1991): *Functional Grammar*. Londres: Routledge.
SIFAKIS, N. C. (1990): *A Presentation of Cognitive Phonetics*. Essex University.
SINCLAIR, J. M. y COULTHARD, R. M. (1975): *Towards an Analysis of Discourse*. Oxford: Oxford University Press.
SKINNER, B. F. (1957): *Verbal Behavior*. Nueva York: Appleton Century Crofts.
SLAMA CAZACU, T. (1961): *Langage et context*. La Haya: Mouton.
SMARIN, W. (1967): *Field Linguistics*. Nueva York: Holt, Rinehart and Winston.
SMITH, B. H. (1968): *Poetic Closure: A Study of How Poems End*. Chicago: The University of Chicago Press.
SMITH, N. V., ed. (1982): *Mutual Knowledge*. Londres: Academic Press.
SMITH, N. V. y WILSON, D. (1979): *Modern Linguistics: the Results of Chomsky's Revolution*. Penguin: Hammorsworth.
SMITH, P. M. (1985): *Language, the Sexes and Society*. Oxford: Blackwell.
SOLÉ SABATÉ, M.ª JOSÉ (1984): «La experimentación en fonética y fonología», págs. 1-70 en *Estudios de Fonética Experimental*. Barcelona: Universidad.
— (1992): «Phonetic and phonological processes: the case of nasalization». *Language and Speech* 35, (1,2): 29-43.
— (1993): «Fonética acústica, fonología e informática». *IX Jornadas Nacionales de la Sociedad Médica Española de Foniatría*: 1-28.

— (1994): «New ways of analyzing sound change. Speech rate effects». *Belgian Journal of Linguistics* 9: 21-44.
— (1995a): «Connected speech processes: a cross-linguistic study». *Proceedings of Eurospeech '95*: 2239-2242.
— (1995b): «Spatio-temporal patterns of velopharyngeal action in phonetic and phonological nasalisation». *Language and Speech* 38, 1: 1-23.
SPENCER, A. (1966): *Phonology: Theory and Description.* Oxford: Blackwell.
SPERBER, D. y WILSON, D. (1982): «Mutual Knowledge and Relevance in Theories of Comprehension», págs. 61-85 en SMITH N. V., ed.
— (1986a): *Relevance: Communication and Cognition.* Londres: Blackwell.
— (1986b): «On defining relevance», págs. 243-58 en GRANDY, R. *et al.*, eds.
— (1987): «Precis of Relevance: Communication and Cognition». *Behavioral and Brain Sciences* 10: 697-754.
SPITZER, L. (1961): *Lingüística e historia literaria.* Madrid: Gredos.
SPOLSKY, B. (1988): «Bilingualism», págs. 100-118 en NEWMEYER, F. J., ed. *Linguistics: The Cambridge Survey* (vol. IV *Language: The Socio-cultural Context*).
STATI, S. (1972): *Teoria e metodo nella sintassi.* Bolonia: Il Mulino.
— (1977): *Le teorie sintattiche del Novecento.* Bolonia: Il Mulino.
— (1979): *La sintaxis.* Méjico: Nueva Imagen.
STEINBERG, D. D. y JAKOBOVITS, I. A. (1971): *Semantics.* Cambridge: Cambridge University Press.
STEPANKOVA, J. (1970): «La categoría del 'sentido' en la nueva crítica francesa y en el estructuralismo checo», en *Lingüística formal y crítica literaria.* Madrid: Alberto Corazón.
STRAWSON, P. P. (1952): *Introducción a la teoría de la lógica.* Buenos Aires: Nova.
STRENSKI, E. *et al.* (1981): *The Research Paper Workbook.* Nueva York: Longman.
STUBBS, M. (1983): *Discourse Analysis. The Sociolinguistic Analysis of Natural Language.* Oxford: Blackwell.
STURRROCK, J., ed. (1979): *Structuralism and Since: From Lévi-Strauss to Derrida.* Oxford: Oxford University Press.
SUBIRATS RÜGGEBERG, C. (1987): *Centenial Complementation in Spanish. Lexico-gramma Etnical Study of Three Classes of Verbs,* Amsterdam/Filadelfia: Benjamins.
SUINO, M. E. (1980): «Poetic closure». *Papers in Slavic Philology in Honor of James Fencee* 1: 271-5.
SUÑER, M. (1990): «El tiempo en las subordinadas», págs. 77-105 en BOSQUE, I., ed. (1990b).
SUÑER, M. y PADILLA RIVERA, J. (1990): «Concordancia temporal y subjuntivo», págs. 185-201 en BOSQUE, I., ed. (1990a).
SUPES, P. (1986): «The primacy of utterers' meaning», págs. 109-129 en GRANDY, R. *et al.*, eds. *Philosophical Grounds of Rationality.* Oxford: Clarendon Press.
SUPPE, F. (1979): *La estructura de las teorías científicas.* Madrid: Editora Nacional.
SUPPE, F. *et al.*, eds. (1976): *Proceedings of the 1976 Biennial Meetings of the Philosophy of Science Association 1.* East Lansing.

## T

TAGLIGHT, J. (1984): *Message and Emphasis: on Focus and Scope in English.* Londres: Longman.
TAMBIAH, S. J. (1968): «The magical power of words». *Man* 3: 175-208.
TANNE, D., ed. (1981): *Oral and Written Discourse.* Norwood, N. J.: Ablex.
TATHAM, J. (1984): «Towards a cognitive phonetics». *Journal of Phonetics* 12: 37-7.
TEJADA, P. (1988): *Tematización y rematización en inglés antiguo.* Madrid: Editorial de la U. Complutense.
TENCH, P. (1990): *The Roles of Intonacion in English Discourse.* Francfort: Peter Lang.
TESNIÈRE, L. (1966): *Eléments de syntaxe structurale*, 2.ª ed. París: Klincksieck.
THOMAS, V., ed. (1957): *Peirce's Essays in the Philosophy of Science.* Nueva York.

THOMSON, R. (1969): «Creative Thinking», págs. 186-201 en *The Psychology of Thinking*. Harmondsworth: Pelican.
THORNE, J. P. (1970a): «Stylistics and generative grammar». *Journal of Linguistics* 1,1:49-59.
— (1970b): «Generative grammar and stylistic analysis», págs. 185-97 en LYONS, J., ed.
TIMM, LENORA A. (1987): «Cleft structures in Breton». *Word* 38,2: 127-142.
TODOROV, T. (1971): *The Poetics of Prose*. Ithaca, Nueva York: Cornell University Press.
TOMPKINS, J. (1988): «A Short Course in PostStructuralism». *College English* 50: 733-747.
TOULMIN, S. (1953): *The Philosophy of Science*. Londres: Hutchinson.
— (1977): *La comprensión humana I: el uso colectivo y la evolución de los conceptos*. Madrid: Alianza Universidad.
TOURY, G (1995): *Descriptive Translation Studies - and Beyond*. Amsterdam: John Benjamins.
TRAGER, G. L. (1958): «Paralanguage: a first approximation». *Studies in Linguistics* 13,11: 1-12.
— (1963): *Linguistics is Linguistics*. Buffalo, Nueva York.
TRASK, R. L. (1993): *A Dictionary of Grammatical Terms in Linguistics*. Londres y Nueva York: Routledge.
— (1996): *Dictionary of Phonetics and Phonology*. Londres: Routledge.
TROUBETZKOY, N. S. (1973): *Principes de Phonologie*. París: Klincksiek. [Trad. *Principios de Fonología*. Madrid: Cincel, 1973.]
TRUJILLO, R. (1976): *Elementos de semántica lingüística*. Madrid: Gredos.
TRUSGILL, P. (1974): *Sociolinguistics: An Introduction*. Harmondswoth: Penguin.
TURELL, M. T., ed. (1990): *Nuevas corrientes lingüísticas. Aplicación a la descripción del inglés*. Revista Española de Lingüística Aplicada. Anexo I.
— (1990b):«La lingüística correlacional: estudio sociolingüístico del morfema inglés *-ing*», págs. 205-19 en TURELL, M. T. (1990a).
TYLER, S. (1978): *The Said and the Unsaid*. Nueva York: Academic Press.

## U

ULLMANN, S. (1951): *The Principles of Semantics*. Londres: Blackwell.
— (1967): *Semántica. Introducción a la ciencia del significado*. Madrid: Aguilar.
— (1968): *Lenguaje y estilo*. Madrid: Aguilar.

## V

VAGO, R., ed. (1980): *Issues in Vowel Harmony*. Amsterdam: Benjamins.
VALDMAN, A., ed. (1960): *Trends in Language Teaching*. Nueva York: McGraw Hill.
VALERO, C., ed. (1995): *Actas de los I Encuentros Alcalaínos de Traducción*. Alcalá: Cultura sin Fronteras.
VAN DER HULST, (1983) : *The Structure of Phonological Representations*. Dordrecht: Foris Publication.
VAN DIJK, T. A. (1972): *Some Aspects of Text Grammars: a Study in Theoretical Linguistics and Poetics*. La Haya: Mouton.
— (1980): *Macrostructure*. Hillsdale, NJ: Lawrence Erlbaum.
— (1981): *Studies in the Pragmatics of Discourse*. La Haya: Mouton.
— (1983a): *La ciencia del texto. Un enfoque interdisciplinario*. Barcelona: Paidós.
— (1983b): *Discourse and Literature*. La Haya: Benjamins.
— (1984): *Prejudices in Discourse* (Pragmatics and Beyond). Amsterdam: Benjamins.
— (1985a): *Discourse and Literature*. Amsterdam: John Benjamins.
— (1985b): *Handbook of Discourse Analysis. Disciplines of Discourse*. Londres: Academic Press.
—, ed. (1985c): *Handbook of Discourse Analysis. Discourse Analysis in Society* (vol. 4). Nueva York: Academic Press.
VAN OIRSOUW, R. R. (1987): *The Syntax of Coordination*. Londres: Croom Helms.

VAN REENEN, P. (1982): *Phonetic Feature Definition: their Integration into Phonology and their Relation to Speech.* Dordrecht: Foris.

VAN RIEMSDIJK, H. y WILLIAMS, E. (1986): *Introduction to the Theory of Grammar.* Cambridge, Massachusetts: MIT Press.

VAN VOORST, J. (1988): *Event Structure.* Amsterdam: John Benjamins.

VARELA ORTEGA, S. (1990): *Fundamentos de Morfología.* Madrid: Síntesis.

—, ed. (1993): *La formación de palabras.* Madrid: Taurus.

VARGAS LLOSA, M. (1989): «Karl Popper, al día». *El País,* 27.5.89, p. 13.

VÁZQUEZ ROZAS, V. (1995): *El complemento indirecto en español.* Santiago de Compostela: Universidade de Santiago de Compostela.

VENDLER, Z. (1967): *Linguistics and Philosophy.* Nueva York: Cornell University Press.

VERA LUJÁN, A. (1986): *Aspectos sintáctico-semánticos en la sufijación.* Murcia: Universidad de Murcia.

— (1988):«Aspectos prototípicos en la categorización lingüística». *Studi orientali e linguistici* III (Universidad de Bolonia): 55-65.

— (1990): *Las construcciones pronominales impersonales y pasivas en español.* Murcia: Universidad de Murcia.

— (1994): *Fundamentos del análisis sintáctico. De la palabra al texto.* Murcia: Universidad de Murcia.

VERHAAR, J. (1970): «Methods, theory and phenomenology», págs. 42-77 en GARVIN, P., ed.

VERSCHUEREN, J. *et al.,* eds. (1987): *The Pragmatic Perspective.* Amsterdam: John Benjamins.

VIDAL, M. C. (1989): *Bajo el signo de Saturno: ? o la apertura posmoderna* (tesis doctoral inédita). Alicante: Universidad.

## W

WAGENSBERG, J. (1989): «Falsadores y falsarios», *El País.* 8.5.89, p. 11.

WALES, R. J. *et al.* (1976): *New Approaches to Language Mechanisms.* Amsterdam: New Holland.

WALKER, M. (1963): *The Nature of Scientific Thought.* Englewood Cliffs: Prentice-Hall.

WARDHAUGH, R. (1985): *How Conversation Works.* Nueva York: Blackwell. *Lenguaje en Textos.*

WARTBURG, W. *et al.* (1969): *Problèmes et méthodes de la linguistique.* París: P.U.F.

WEINRICH, H. (1963): «Lexicology», págs. 60-93 en *Current Trends in Linguistics.* La Haya: Mouton.

— (1972): *Explorations in Semantic Theory.* La Haya: Mouton.

— (1981): *Lenguaje en Textos.* Madrid: Gredos.

— (1981): «De la cotidianidad del metalenguaje», págs. 111-139 en *Lenguaje en Textos.* Madrid: Gredos.

WEINRICH, U. (1954): *Languages in Contact.* La Haya: Mouton.

WELLEK, R. *et al.* (1953): *Teoria literaria.* Madrid: Gredos.

— (1971): «Closing Statement», págs. 409-19 en SEBEOK, T. A., ed.

— (1971): «Stylistics, poetics and criticisms», en CHATMAN, S., ed.

WELLS, R. (1947): «Immediate constituents». *Language* 23: 81-117.

WERNER, R. (1982): «Léxico y teoría general del lenguaje», págs. 21-94 en HAENSCH, G. *et al.*

WERTH, P., ed. (1981): *Conversation and Discourse.* Londres: Crooms Helms.

WHITEHEAD, A. N. (1982): *An Inquiry Concerning the Principles of Natural Knowledge.* Nueva York: Dover.

WHORF, B. L. (1956): *Language, Thought and Reality.* Cambridge, Mass.: The M.I.T. Press.

WIDDOWSON, H. (1978): *Teaching Language as Communication.* Oxford: Oxford University Press.

— (1979): «Rules and procedures in discourse analysis», págs. 61-71 en MYERS, T., ed.

— (1984): *Explorations in Applied Linguistics.* Oxford: Oxford University Press.

WIEGAND, H. E. (1984): «On the structure and contents of a general theory of lexicography», págs. 13-30 en HARTMANN, R. R. K., ed.

WILKINSONS, A. *et al.* (1974): *The Quality of Listening.* Londres: McMillan.

WILLIAMS, R. (1976): *Keywords*. Londres: Fontana.
WILSON, D. (1994): «Relevance and understanding», págs. 35-58 en BROWN, G. *et al.*, eds.
WILSON, D. y SPERBER, D. (1993): «Linguistic form and relevance». *Lingua* 90: 1-25.
WINER, B. (1971): *Statistical Principles in Experimental Design*. Nueva York: McGraw Hill.
WINSTON, M. (1976): «Did a Kuhnian scientific revolution occur in linguistics?», págs. 25-53 en SUPPE, F. *et al.*, eds.
— (1982): *Explanation in Linguistics. A Critique of Generative Grammar*. Bloomington, In.: Indiana University Linguistics Club.
WISTIN, M. (1982): *Explanation in Linguistics: a Critique of Generative Grammar*. Bloomington, In: Linguistics Club.
WITTGENSTEIN, L. (1968): *Cuadernos azul y marrón*. Barcelona: Tecnos.
— (1979): *On Certainty*. Oxford: Blackwell.
WOODS, A. *et al.* (1986): *Statistics in Language Studies*. Cambridge: Cambridge University Press.
WUNDERLICH, D. (1979): *Foundations of Linguistics*. Cambridge: Cambridge University Press.
WUNDT, W. (1905): *Die Sprache*. Leipzig: Wilhelm Engelmann Verlag.
WÖLCK, WOLGANG y GARVIN, P., eds. (1979): *The Fifth LACUS Forum*. Columbia, SC: Hornbeam.
WOLMAN, B. y NAGEL, E., eds. (1985): *Scientific Psychology*. Nueva York: Basic Books.
WRAY, A. (1993): *The Focusing Hypothesis*. Filadelfia, PA: John Benjamins.

## Y

YEARLEY, S. (1984): *Science and Sociological Practice*. Londres: Open University Press.
YIN, R. K. (1987): *Case Study Research*. Newbury Park, Ca.: Sage Publications.
YNGE, V. (186): *Linguistics as a Science*. Bloomington, In.: Indiana University Press.
YUS RAMOS, F. (en prensa, a): *Pragmática y relevancia. Un modelo escripto-icónico aplicado al discurso del cómic inglés*. Tesis doctoral. Edición en microficha. Servicio de Publicaciones. Universidad de Alicante.
— (en prensa, b): «Relevance theory and media discourse: a verbal-visual model of communication». *Poetics*.
— (en prensa, c): «Iconicidad y Doble Articulación: Dos proyectos infructuosos de la Semiótica respecto al Arte», págs. 435-58 en CARAMÉS, J. L. *et al.*, eds.

## Z

ZOLTAN, SZABÓ (1972): «The types of stylistic studies», *Linguistics*, 62: 96-104.
ZGUSTA, L. (1988): *Lexicography Today*. Tübingen: Max Niemeyer.
ZSIGA, E. S. (1994): «Acoustic evidence for gestural overlap in consonant sequences». *Journal of Phonetics* 22,2: 121-39.
ZURDO, M.ª TERESA (1994): «El componente no verbal en la interacción comunicativa». *Revista Española de Lingüística* 24,2: 289-313.

Impreso en el mes de mayo de 1997
en Talleres Gráficos HUROPE, S. L.
Recaredo, 2
08005 Barcelona